중국정치사상사 ¹

중국정치사상사 ¹

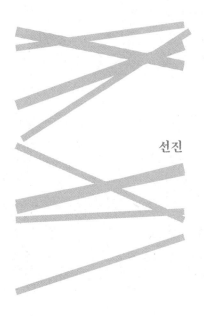

선진

류쩌화
쓰고 엮음

장현근
옮김

글항아리

이 책을 류쩌화 선생님의
영전에 바칩니다

옮긴이와 고 류쩌화 교수(2015)

일러두기

『중국정치사상사』의 1권 선진권은 류쩌화劉澤華, 2권 진한위진남북조권은 류쩌화, 두홍이杜洪義, 쭝더성宗德生, 장펀톈張分田, 거취안葛荃, 3권 수당송원명청권은 장펀톈, 거취안, 두홍이, 천한밍陳寒鳴, 차오즈중喬治忠이 함께 작업했다.

작은 서문
— 세 마디로 말함

중국 고대 정치사상의 주제는 무엇인가? 대답은 천만 갈래일 수 있으나 다음 세 가지로 귀납될 수 있다.

군주 전제주의
신민臣民의식
성인 숭배 관념

고대 정치 관념에서 근대 정치 관념으로의 전환은 주로 위 세 가지를 넘어섬을 의미한다. 즉,

군주 전제주의로부터 민주주의로의 전환
신민의식으로부터 공민公民의식으로의 전환
성인 숭배 관념으로부터 자유 관념으로의 전환

하느님이 나에게 시간 여유를 주신다면 제4권과 제5권에서 이 논의를 이어갈 생각이다.
이로써 서문을 삼는다.

1992년 가을
류쩌화 붙임

한국어판 서문

장현근 박사께서 나와 내 동료들이 쓴 『중국정치사상사』(전3권)를 한국에서 번역·출간하면서 서문을 요청해와 기쁘기 그지없다.

필자는 이 기회를 빌려 중국 역사학과 사상 문화사에서 중국 정치사상사가 갖는 위치와 의의에 대해 몇 마디 하고자 한다. 이를 설명하려면 우선 중국 역사의 특징부터 짚어봐야 할 것이다. 중국과 유럽의 역사는 이런저런 다른 점이 있으나, 그중 가장 주의를 기울일 만한 점은 중국이 대일통의 전제 제국으로 제왕이 사회 정점에 자리하고 있었다는 사실이다. 필자는 이 특징을 '중국의 왕권주의王權主義'라고 부른다.

필자가 말하는 왕권주의는 사회 형태를 가리키는 것이 아니며 통상 이야기하는 권력 체계에 한정된 이야기도 아니다. 일종의 사회적 통제와 운행 기제mechanism를 가리킨다. 대체로 세 가지 차원으로 나누어볼 수도 있겠다. 하나는 왕권을 중심으로 한 권력 체계이고, 둘째는 이러한 권력 체계를 골격으로 하여 형성된 사회 구조이며, 셋째는 이상의 상황에 어울리는 관념 체계다.

왕권이 중심이 된 권력 체계에는 다음 몇 가지 특징이 있다. 첫째, 일체의 권력 기관은 모두 국왕의 사무 기관이거나 파견 기관이다. 둘째, 국왕의 권력은 지고한 것으로 효율과 절차를 갖춘 그 어떤 견제, 균형의 역량도 없으며, 왕의 권위는 평생 세습된다. 셋째, 국왕의 권력은 무한하다. 시간상 영구적이며 공간상 무제한적이다. 천지 동서남북의 인간사와 만물은 모두 왕권의 지배 대상에 속한다. 혹은 왕권이 무한하다는 것은 그것이 일체를 포괄한다는 의미가 아니라 왕권이 매우 넓고 커서 성글지만 빠뜨리는 것이 없음을 뜻한다. 즉 관여하고 싶으면 무엇이든 관여할 수 있는 그러한 것이라고 말할 수도 있다. 특정한 인간사의 경우, 일정한 거리를 떼어놓고 "왕의 일과 무관하다"고 말한다 하더라도 결국은 왕권에서 벗어날 수 없다. 넷째, 국왕은 전능하며 천, 지, 인을 통괄하여 한 몸에 구현한 이른바 대일통大一統이다.

왕권의 형성 과정에서 그에 상응하는 사회 구조 체계가 동시에 형성되었다. 왕권은 어떤 중간 단계를 거칠 필요도 없이 직접 무력에 입각하여 '천하'를 소유하고 지배할 수 있다. 이른바 "하늘 아래 모두가 왕의 땅 아닌 곳이 없으며, 땅 기슭 어디에도 왕의 신하 아닌 자가 없다" "천지 사방은 황제의 땅이다" "사람의 발자취가 닿은 곳이면 신하가 아닌 자가 없다" "천자는 사해를 집으로 삼는다" "땅이란 땅은 모두 왕의 소유다" 등등은 허상을 비유한 말이 아니라 역사적 사실의 반영이다. 그 시대에 정치적 통치권과 토지 및 인민 점유, 지배권은 한데 섞여 있었다. 토지와 사람의 육신 모두를 다층적으로 소유하는 왕은 곧 모든 소유권의 꼭대기에 위치했다고 할 수 있다. 이렇게 관념과 명의상의 최고 소유는 때로 '허상'이기도 했으나 또한 언제든 '실상'으로 바뀔 수 있었다. '허'와 '실'이 결합하고 '허'로써 '실'을 통섭할 수 있는 그런 것이었다. 따라서 권력의 조합과 분배 과정은 동시에 사회적 재화와 사회적 지위의 조합, 분배 과정이기도 했다.

왕권—귀족, 관료 체계는 정치 체계였을 뿐만 아니라 사회 구조 체계이며 사회 이익 체계로 정치, 경제, 문화가 모여 일체화된 것이었다. 이 체계와 그 구성원들은 주로 권력과 강제력을 가지고 대부분의 토지, 인민과 사회적 재화를 통제, 점유, 지배했다. 토지를 집중시키는 방식은 주로 '지대를 통한 토지 재산화'가 아니라 '권력을 통한 토지 재산화'였다. 이 체계가 사회의 전체 구조 체계 안에서 주된 지위를 차지했고, 다른 체계는 모두 그것의 지배와 제약을 받았다.

관념상 왕권주의는 전체 사상 문화의 핵심이었다. 각종 사상을 볼 때, 전부는 아니지만 대부분의 사상이 기본적으로 왕권주의로 귀결된다. 춘추 전국 시대의 백가쟁명은 중국 역사상 사상 문화의 형태가 변화한 시기일 수 있다. 제자백가가 창립한 학설과 사유 방식은 그 후 2000여 년의 문을 열었다. 후인들에게 창조가 없었던 것은 아니지만, 근대 이전까지 기본적으로 그 시대의 창조적 사유 방식과 틀을 벗어나지는 못했다. 그 여운을 계승했을 뿐이라고 이야기할 수도 있다. 따라서 제자백가 사상에 총체적 평가를 내리는 것은 그 후 2000여 년의 사상을 파악하는 데 극히 중요한 참고가 된다. 여기서 필자는 두 가지 문제만을 제기하겠다. 첫째, 제자백가 사상의 주류와 귀결점은 무엇인가? 마땅히 정치다. 이 점에 대해서는 사마담司馬談이 잘 개괄하고 있다. "『주역』「계사하繫辭下」에 말하길 '천하의 목표는 일치하나 그것을 향한 생각은 수만 가지이고, 다 같이 한곳으로 귀결되나 걷는 길이 다르다'고 한다. 음양, 유, 묵, 명, 법, 도덕가 모두는 정치에 힘쓴 사람들이다. 다만 그들이 좇는 말이 다른 길을 걸어 혹자는 전해져 성찰되었으나 혹자는 성찰되지 못했을 따름이다."(『사기史記』「태사공자서太史公自序」) 반고班固의 견해는 사마씨를 계승하여 제자백가란 '왕도王道'가 분화된 결과이며, 철두철미하게 국왕을 위해 봉사하는 것이었다고 주장한다. "사람들로 하여금 훌륭하고 성스러운 군주를 만나 절충하는 바를 얻을 수 있도록 모두 온몸의 자질을 다했다."(『한서漢書』「예문지藝文志」) 제자백가가 논한 바는 위로 푸른 하늘에서 아래로 황천에 이르기까지 미치지 않음이 없지만, 마지막에는 '치治' 한 글자로 귀결된다. 이것은 의심할 여지가 없는 사실이다. 우리는 현대의 과학적 분류를 가지고 과거의 사상에 대해 그에 상응하는 연구를 행할 수는 있다. 그러나 해당 시대의 사상은 하나의 전체이며 그 나름의 특정한 논리와 구조를 가지고 있다. 정치사상이야말로 그것의 핵심이고 주류였다. 이 기본적인 사실을 무시한다면 역사적 사실에 가까이 접근하기가 매우 어렵다. 도가 가운데 '장자학莊學'은 정치적 의미를 애써 배제하면서 자연으로 돌아갈 것을 주장한다. 그렇다면 무엇으로부터 돌아간다는 말인가? 가장 중요한 것은 정치를 내던져버려야 비로소 회귀를 이야기할 수 있다는 것이다. 이를 위해서는 반드시 어떻게 정치와 거리를 유지할 것인가를 끊임없이 토론해야 한다. 다시 말해 반드시 정치에 대해 논의하고 정치에 대응해야 한다는 것이다. 장자 천고의 걸작인 「응제왕應帝王」 편이야말로 정치에서 떨어지고 싶어도 떨어지지 못하는 뛰어난 문장이 아닌가. 둘째, 정치의 중심은 무엇이었는가? 필자는 오직 한 가지 결론밖에 없다고 생각한다. 그것은 바로 왕권과 왕제王制다. 중국 역사상 몇 안 되는 사람만이 무군론無君論을 주장했을 뿐, 모두 유군론자였다. 왕권과 왕제를 옹호한다는 점에서 그들은 공통되며, 그들의 정치적 이상은 거의 모두가 왕도와 성왕의 정치다.

관념이 된 왕권주의의 가장 중요한 점은 바로 왕을 높이고 신하를 낮추는 이론과 사회의식이다. 우리의 가장 위대하고 걸출한 사상가들은 거의 모두가 왕을 높이기 위해 각양각색의 이론을 짜냈으며, 역사적 운명과 태평 시대의 사명을 왕에게 맡기고 있다.

이상의 인식에 기초해서 필자는 중국 정치사상사 연구야말로 전체 중국 역사 연구에서 빠져서는 안 될 기본 고리라고 생각한다. 또한 중국 사상 문화 역사의 참모습을 정확히 이해하고 싶다면 정치사상과 정치정신을 떠나서는 할 수 없다고 생각한다. 정치사상과 정치정신을 떠난다면 그것은 중추신경을 팽개치고 뼈와 살을 이야기하는 것과 같으니, 중국의 역사정신에 접근하기란 매우 어려울 것이다. 예컨대 어떤 사람은 중국 전통 사상 문화의 정신이 '천인합일'이라고 말하는데, 천인합일이란 곧 인간과 자연의 화해다. 그렇다. 천인합일에는 확실히 이런 내용이 들어 있다. 하지만 무시해서는 안 될 것이 천왕합일天王슴—이야말로 천인합일의 주지이고 주체라는 점이다. 천인합일을 이야기하면서 천왕합일을 이야기하지 않으면 이는 역사적 사실과 비교할 때 대부분을 놓친 것이라고 할 수 있다! 또 한 가지 예를 들어보자. 어떤 사람은 중국의 사상 문화 정신이 화합 혹은 중화中和라고 말하며, 이른바 화합과 중화란 바로 사람과 사람 사이의 화해, 평등, 우애 등이라고 한다. 그런데 사실을 따져보면 이런 판단은 역사적 실제에서 멀어져도 너무 멀어졌다. 중국 고대의 화합이 사람과 사람의 평등한 화해라는 것은 불가능하다. 귀천의 구별이 뚜렷한 등급 질서의 조합일 뿐이다. 결국 정치사상과 정치정신을 떠나서는 진정한 중국의 역사정신을 이해할 수 없다.

필자가 보기에 중국의 정치사상과 정치정신에 대한 연구는 중국의 역사와 현실을 이해하는 데 반드시 거쳐야 할 길로, 돌아서 지나칠 수 없다. 그런데 유감인 것은 1949년 이후 중국의 특수한 정치 환경과 대학에서 전공 설치의 편향성 때문에 정치사상사 연구가 오랜 기간 거의 중단되다시피 했다는 점이다. 1950년대부터 1980년대 초까지 대학은 기본적으로 정치학과를 없앴으며, 정치사상사 또한 자연히 소멸되었다. 대학의 역사학과에서 매우 드물게 사상사 강의가 있었으나 정치사상사라는 말을 붙이기는 어려웠다. 철학과에서 강의하는 철학사는 유심, 유물 등 형이상학적 내용이 전부였고, 정치사상에 대한 언급은 역시 많지 않았다. 따라서 전체 학계에서 정치사상사 연구에 종사하는 사람은 가련할 정도로 적었다. 1980년대부터 시작해 상황이 차츰 호전되었으나 지금도 여전히 학자들의 충분한 관심을 끌어내지 못하고 있다.

필자가 정치사상사에 대한 학습과 연구를 시작한 것은 1960년대까지 거슬러 올라가지만, 정력을 모아 주 전공으로 삼은 것은 1970년대 말로 보아야 한다. 그 후 계속 일련의 저작을 출판하고 논문을 발표했다. 동시에 수십 명의 대학원생을 배출했다. 그리하여 난카이南開대학에서 차츰 학문 동업자 그룹이 형성되었다. 필자와 필자의 동료들은 근 20년간 20종에 가까운 중국 정치사상사 관련 저작을 출판했는데, 여기서 간단히 소개하고자 한다. 필자의 저작으로는『선진정치사상사』(톈진: 난카이대학출판사, 1984),『중국 전통 정치사상 반사反思』(베이징: 싼롄출판사, 1987),『중국의 왕권주의』(상하이런민출판사, 2000),『사인과 사회』('선진권', 톈진런민출판사, 1988)가 있다. 필자와 거취안葛荃, 장펀톈張分田 박사 등이 공동으로 쓴 것으로『중국정치사상사』(3권본, 저장런민출판사, 1996),『중국 전통 정치철학과 사회통합』(베이징: 중국사회과학출판사, 2001),『중국 고대 정치사상사』(대학원 교재, 난카이대학출판사, 1992년 초판, 2001년 개정판),『정치학설 간명독본』(난카이대학출판사, 2001),『중국 전통 정치 사유』(지린런민출판사, 1992)가 있다. 필자와 왕마오허汪茂和, 왕란중王蘭仲의 공동 저작으로『전제권력과 중국사회』(지린문사출판사, 1988)가 있다. 그리고 거취안 박사의 저작으로『정덕지政德志』(상하이런민출판사, 1998),『입명과 충성: 사인정치정신의 전형분석』(저장런민출판사, 2000, 타이완판 즉시 출간)이 있다. 장펀톈 박사의 저작으로『정치학지』(상하이런민출판사, 1998),『주인이고 노예이고: 중국 고대 관료의 사회인격』(저장런민출판사, 2000, 타이완판 즉시 출간)이 있다. 장룽밍張榮明 박사의 저작으로『은주 시대 정치와 종교』(타이완: 우난도서출판공사,

1997), 『왕권의 토템화—정교합일과 중국사회』(저장런민출판사, 2000, 타이완판 즉시 출간), 『중국의 국교』(베이징: 중국사회과학출판사, 2001)가 있다. 후쉐창胡學常 박사의 저작으로 『문학언어와 권력언어: 한부漢賦와 양한 정치』(저장런민출판사, 2000)가 있다. 앞으로도 우리는 협력하여 정치 이념과 사회운동의 관계 등에 대해서 더 깊이 있는 연구를 해나갈 것이다. 필자가 이렇게 많은 책을 번잡하게 소개한 까닭은 독자들에게 우리 연구의 현황을 알려주기 위함이다. 동시에 난카이대학의 이 학술 공동체야말로 중국 정치사상사 연구 분야에서 무시할 수 없는 중진들이라는 것을 필자는 조금도 과장하지 않고 말할 수 있다.

장현근 박사가 『중국정치사상사』를 한국어로 번역한 것은 한중 학계의 큰 사건임에 틀림없다. 나에겐 한국 학계에 많은 친구가 있다. 난카이대학 역사학과에서 공부하고 있는 한국의 젊은 학자도 많다. 그중에는 나에게 석사와 박사 지도를 받고 있는 학생도 있다. 한중 수교 이전 나의 정치사상사 관련 논문집이 한국의 한 학자에 의해 『중국 고대 정치사상』이라는 제목으로 한국어로 번역된 적이 있다. 결국 나와 한국 학계는 그다지 서먹하지 않다. 앞으로 한국 학계의 친구들과 더 잦은 교류 기회를 갖고 서로 절차탁마하여 공동으로 학문 발전을 이룰 수 있기를 진심으로 바란다.

2002년 5월 15일
중국 톈진 난카이대학에서

옮긴이 서문

1. 한국에서의 중국 정치사상사 연구

사람 사이에서 발생하는 일체의 갈등을 처리·해결하는 과정을 정치政治라고 하면, 인간관계를 맺고 사는 우리 삶에 정치 아닌 것은 거의 없을 터이다. 혼자 살지 않는 한 갈등이 없을 순 없기 때문이다. 어느 한쪽이 다른 한쪽을 일방적으로 짓눌러버리는 폭력 관계이거나, 사랑과 화해만 있을 뿐 어떤 종류의 갈등도 없는 유토피아의 경우 정치가 불필요하다고 주장할 수도 있다(예컨대 옌자치嚴家其의 『수뇌론首腦論』). 그러나 갈등을 어떻게 정의하느냐의 차이일 뿐, 폭력의 세계이건 타협·협상의 세계이건 사람과 사람이 살아가는 방식은 기본적으로는 갈등 해결에 있다. 지배와 피지배라는 권력 관계가 동서고금 인간 사회의 핵심 요소가 되었던 점은 이와 같은 인간人間의 불가피한 속성 때문일 것이다. 역사가 길고, 인구가 많고, 땅이 넓다면 더욱 다양한 의미의 정치가 전개된다. 중국이 그 대표적인 예다.

중국은 중원을 중심으로 형성된 중화中華 민족, 즉 한족漢族이 분열과 통합을 거듭하면서 주변 민족을 통합하고, 영토를 넓히고, 훗날에는 북방 민족들과 대결하면서 수천 년간 독자적인 정치 전통을 형성해왔다. 인간 사회에서 생각할 수 있는 온갖 종류의 갈등과 그것을 처리·해결하는 과정을 보여주었고, 더 나은 세계를 향한 지식인들의 고뇌가 정치에 관한 다양한 사유를 만들어냈다. 중국 정치사상사를 돌아보는 것은 바로 이처럼 더 나은 인간관계와 다양한 정치적 사유에 대한 지혜를 찾아가는 길이다.

지리적 근접성 때문에 우리나라에도 큰 영향을 끼친 중국 사상사를 공부하는 것은 우리 문화의 본질에 대한 탐구이기도 하다. 그런데 19세기 말 서구의 충격을 겪고, 20세기 서양 중심의 근대화를 거치면서 우리나라에서 중국 정치사상 연구는 거의 단절되다시피 했다. 그 이전 중국의 저작을 며칠 또는 몇 달 내에 받아보며 풍부한 지적 교류를 했던 시절과는 천양지차의 격세지감을 느낀다. 1980년대 이래 동양철학 및 동양사학 영역에서 중국 정치사상사에 대한 접근이 일부 있었으나, 주로 일본어로 쓴 저작의 번역이거나 몇 편의 논문을 묶은 모음집이 대부분이었다. 주자학 이래 특정 사상 조류를 다루기도 했고, 개념 분석으로 정치사상을 철학사 영역 안에서 다루기도 했으나 통시대적 고찰을 통한 중국 정치사상사 전체에 대한 소개는 거의 없었다. 서울대 최명 교수가 샤오궁취안蕭公權의 『중국정치사상사中國政治思想史』 영어본을 번역한 것이 거의 유일하다. 하물며 이 번역도 초기에는 선진先秦 부분 일부만 되어 있다가 손문호 교수와 공역으로 근대 부분까지 완역된 것은 1998년이었다.

중국 자체에서도 자신들의 정치사상사에 대한 연구가 활발하지는 않았다. 량치차오梁啓超의 『선진정치사상사先秦政治思想史』 등 초기 업적은 여럿 있었고, 1945년에 출간된 위 샤오궁취안의 탁월한 저술이 있었으나 격동의 시기를 거치면서 중국 정치사상사가 학문 분야로 연구된 것은 이 책의 저자가 한국어판 서문에서 밝히고 있듯이 1980년대에 와서야 가능했다. 물론 마르크스주의 시각으로 중국 정치사상사를 재해석한 뤼전위_呂_{振羽}의『중국정치사상사』(1937) 등 관련 저술이 없지는 않았으나 사회주의라는 체제적 속성 때문에 연구가 매우 제한적이었다. 반면, 타이완 학계에서는 중화문화부흥운동으로 중국 정치사상에 대한 연구도 활발했으나, 대체로 정통 사학의 성취에 입각한 전통적 해석의 범위 안에서 이루어져왔으며, 우리나라와 마찬가지로 오리엔탈리즘의 한계를 벗어나지 못한 채 서양 정치학의 틀 속에 함몰되곤 했다.

한국 정치학이 서양적 학문 분류에 입각한 사회과학의 한 분과학문으로 자리 잡은 지 1갑자 이상이 흘렀다. 하지만 이 땅에서 지식인들이 정치에 대해 고민하고 사상사 저작을 남긴 역사는 한국의 역사만큼이나 오래되었다고 할 수 있다. 진정한 한국적 정치학을 확립하는 데 필수인 중국 정치사상사도 이제 본격적인 연구에 들어가야 할 때라고 생각한다. 샤오궁취안의 위 작품이 전통적 시각에 입각하고 서양 방법론을 수용한 논리 분석에 충실한 좀 어려운 책이라면, 류쩌화가 펴낸『중국정치사상사』는 현대적 시각에 입각한 사료 방증과 전통적 학문 방법에 충실한 비교적 쉬운 책이다. 중국 난카이대학의 정치사상사 연구 그룹의 중추인 류쩌화 교수와 거취안, 장펀텐 박사 등의 공동 저작인 이 책은 선진先秦, 진한위진남북조秦漢魏晉南北朝, 수당송원명청隋唐宋元明淸 세 권으로 구성되어 있다. 방대한 고문 원전 자료의 인용, 규모, 세밀한 분석, 다양한 해석과 예시 등에서 타의 추종을 불허하며, 특히 갑골문甲骨文을 인용한 상商대 정치사상 분석, 그리고 그동안 소홀히 다루어진 분야 및 인물에 대한 철저한 고증을 통한 사상사적 복원 등은 이 분야의 선구적 업적으로 평가된다. 류 교수와 그의 수십 명 연구 그룹이 동참하여 펴낸『중국 정치사상통사中國政治思想通史』(2014)의 내용 대부분 또한 이 책의 확장이다. 따라서 국내에서 중국 정치사상사 연구를 진작시키는 데 필요한 자료로서의 가치를 풍부히 함유하고 있으며, 동서양 사상을 융합한 새로운 정치 이념을 모색하는 데 있어서도 빛나는 지혜를 제공해줄 것이다.

역사학을 전공한 저자들이 무려 2167쪽에 달하는 이 책의 태반을 원전 사료로 채우고 있어 우리말 번역에서 그 분량이 두 배 이상 늘었다. 이 책의 특징을 살리고 자료로서의 가치를 높이기 위해 옮긴이는 일일이 원전 사료에 대한 고문 원문을 각주로 달았으며, 옮긴이 주를 통해 비교적 상세한 해설을 보완했다.

아쉬운 것은 이 책의 사료적 가치와 분석의 탁월성에도 불구하고 옮긴이가 동의하지 못하는 접근 시각상의 차이점이 있어 우리 독자들의 양해를 바란다는 점이다.

첫째, 역사의 동력이 생산력과 생산관계라는 기본 입장을 견지하고 있는 저자는 사상가 분석을 끝낸 뒤 일부 편장에서 한 문단 정도의 짧은 평을 달고 있는데, 대부분은 그 사상 자체의 공시적共時的, 통시적通時的 특성과는 관련이 적다는 점이다. 둘째, 사회주의적 평등성 추구 때문인지 저자는 곳곳에서 전통 정치를 인간 불평등의 산물이라고 비판하고 있는데, 시대적 갈등을 해결하려는 사상가들의 고뇌의 산물로 보지 않고 정치를 명령과 복종, 그리고 억압의 질서로만 파악하고 있다는 점이다. 셋째, 한국어판 서문에서 저자가 지적하고 있듯이 저자는 중국 정치의 특징을 '왕권주의王權主義'로 보면서 중국의 정치 전통이 오로지 왕권을 위해서만 존재하는 것으로 해석하고 있다. 이는 특히 최근 중국 인문사회과학계에서 루쉰魯迅의 작품에 비견된다는 호평을 받은 류쩌화의 『중국의 왕권주의』라는 책에서 종합, 정리되고 있다. 그러나 도덕주의가 역설적으로 왕권에 대한 강렬한 인식의 통제를 가해왔다는 점에서, 도덕지상주의는 왕권 강화를 위한 공허한 이상일 뿐이라는 이 주장은 정치사상에서 중국적 성취를 과소평가한 것으로 생각된다. 이상이 없이 어떻게 현실 정치를 재단할 수 있겠는가? 하지만 이 작은 문제점은 공산당이 모든 것을 영도하는 현대 중국 정치하에서의 학문 활동의 한계와 무관하지 않기 때문에 저자만의 문제로 볼 수는 없다. 그 몇 군데 짧은 평만 스쳐가면서 책을 읽는다면 객관성을 담보한 사상사 서술의 본질에 충실한 책임을 확인할 수 있을 것이다.

2. 번역어와 표기 문제

중국어 번역에서 가장 크게 부딪히는 문제는 번역어의 선택이다. 구한말 이래 급작스레 단절된 중국학 연구와 전통문화 연속성의 파괴는 우리 언어를 크게 변화시켰다. 일본식 표기와 영어 표기가 융합되면서 나름대로 한국어 범위를 확장시키기는 했으나, 역시 풍부한 한자어의 조합을 통해 어휘를 늘리고 의미를 풍성히 했던 과거만은 못한 듯하다. 100여 년의 단절은 지성의 영역에서 중국어를 우리말로 옮기는 데 난관을 초래했다. 조선시대 선비라면 듣기만 해도 쉬 이해했을 두 자로 된 한자 단어도 문법 체계의 혼란을 감수하면서까지 억지로 풀어서 설명해야 할 만큼 우리 언어의 내면은 빈약해졌다. 이 문제는 중국학과 한국어학을 하는 사람들이 앞으로 수많은 논의를 거쳐 새롭게 정립해야 할 문제이므로, 여기서는 이 책의 방만해진 문체에 대한 변명 정도로만 언급하고 넘어가겠다.

번역에서 또 하나의 문제는 고유 명사에 대한 표기다. 이치에 따르자면 미국인은 영어로 불러주고 일본인은 일본어로 불러주듯, 중국인은 중국어로 불러주어야 옳을 것이다. 하지만 한자어가 수천 년 문화 교류를 통해 우리 언어에 녹아들어 한 몸이 되어버렸기 때문에 그 독음을 우리말로 어떻게 표기할 것인가가 문제로 등장한다. 최신 한글맞춤법통일안처럼 1911년 신해혁명을 전후하여 그 이전은 한국식 독음으로, 그 이후는 중국어 발음으로 읽으라는 것은 사실 좀 납득하기 어려운 일이어서 어떤 중국어 번역자든지 곤경에 처하기 십상이다. 더 곤란한 일은 중국어 발음에 대한 표준 표기법이 제대로 정립되지 않았다는 사실이다.

옮긴이는 이 책에서 국립국어원 외래어표기법을 따랐으나 여전히 한글 독음 표기에 대한 지지를 포기하기 어렵다. 그 이유는 다음과 같다.

첫째, 상호주의 원칙이다. 현재 중국은 타이완을 포함해 모든 한자음을 북경어 표준음으로 읽는다. 한국인의 이름을 읽는 방법도 마찬가지다. 따라서 한국에서도 중국인을 한글 발음으로 읽는 것이 상호주의에 맞는다. 우리가 강택민江澤民을 장쩌민이라고 읽어도 저들은 절대로 김대중이라 읽지 않고 베이징어 진다중金大中이라 부른다. 지명 등 다른 고유 명사도 마찬가지다. 한 예로 일본을 보면, 상호주의 때문에 김대중이라고 읽어주고 우리도 다나카라 불러준다. 그러나 중국에서 일본어 다나카를 톈중田中이라고 읽기 때문에, 일본에서도 등소평鄧小平을 북경어 덩샤오핑이 아닌 일본어 도쇼헤이라고 부른다.

둘째, 전통주의 원칙이다. 이 땅에서 공부하는 후배 지식인으로 선배 학자들이 읽고 썼던 방식을 존중하는 것은 우리나라의 고문화 전적을 이해하는 데도 도움이 된다. 중국식 발음으로 읽음으로써 화자와 청자, 저자와 독자 사이에 사상사 이해의 단절을 초래할 우려가 있다. 이미 우리 문화의 한 자리에 친숙하게 자리 잡은 많은 중국의 인명, 지명 등을 낯설게 만듦으로써 선인들과 단절하는 데는 큰 대가가 따른다. 현실적으로 한국인이 읽고 쓰는 중국인의 대부분은 한글 독음일 때 이해가 빠르다. 즉 한국에서 중국어 발음으로 쿵쯔라 이야기할 때보다 공자라고 이야기하는 것이 훨씬 더 친숙하고 이해하는 데 현실적이다.

셋째, 언행일치의 원칙이다. 비록 중국어 발음으로 표기를 해두었어도 옆에 한자를 쓰면 우리는 자연스레 한글 독음으로 읽게 된다. 어려서부터 또 한자를 많이 머금은 우리말 환경의 특수성 때문에 중국어보다 한자와 그 한글 독음을 먼저 배우는 까닭이다. 그러므로 중국어 발음 표기를 고집하더라도 강의실이나 대화 마당에서는 우리 독음으로 읽게 된다. 강의 용어와 논문 용어를 일치시켜야 한다.

넷째, 전통과의 일관성 원칙이다. 예컨대 공자에 대한 한漢대 발음과 송宋대 발음, 청淸대 발음이 같지 않다. 진秦 이래 2000여 년간 문자의 통일을 이루어온 뜻글자인 중국어는 발음의 변화가 내용의 이해에 거의 지장을 주지 않는다. 반면 표음문자인 한글 표기를 현대 북경어 표기법에 따른다면 이는 후대의 내용 이해에 큰 문제를 안겨줄 수 있다. 일관성 있는 표기가 필요하다. 청나라 인물을 한글 독음으로 표기하고 신해혁명 이후 인물은 중국어 발음으로 읽는 것은 사실상 일관성의 결여이지 않을까. 이 점에서 변화가 훨씬 덜한 한글 독음으로 표기하는 것이 실체에 더 가까울 수 있다.

다섯째, 중국어 자체의 문제 때문이다. 중국어 발음은 끊임없이 변해왔고, 지금도 변하고 있다. 특히 북방 민족의 방언이 심하게 개입되고 간략해진 현대 북경어 발음 체계로 고대인을 읽어주는 것이 확실히 고대 중국인의 이름을 제대로 불러주는 것이라고 볼 수 없다. 공자 당시의 음가는 현대 중국어 음가인 쿵쯔가 아니었다. 우리의 한글 독음과 현대 북경어 표준어의 발음 체계 가운데 어느 것이 고대 인명, 지명에 더 적절한 발음인지 알 수 없다. 현대 중국어는 역사적으로 지극히 변화가 심했던 베이징 지방의 사투리다. 또 앞으로 중국어 발음이 어떻게 변할 것인가에 대한 보장도 없는데 한국인이 읽는 책에 현대 중국어식 발음을 고집할 필요가 있을까. 영미권에서도 웨이드자일식 발음 표기 등 다양한 표기법으로 인해 발음 통일이 안 되고 있다. 예컨대 순자荀子를 Xunzi로도 쓰고 Shünzhe로도 쓰는데 그 음가가 다르다.

여섯째, 한글 독법상의 문제다. 다른 나라 사람들을 그 나라 발음에 따라 표기한다 하더라도 한국 사람들의 독음을 그곳 사람들이 정확히 이해한다고 할 수 없다. 궁극적으로 한국인의 구강에 편한 구조로 발음하지, 정확한 해당 국가의 발음대로 되지 않기 때문이다. 가령 우리가 아리스토텔레스라 읽으면 Aristotle이라 읽는 영어권이나 그리스식 발음과도 달라 알아듣지 못한다. 1911년 전과 후 모두 작품이 있는 양계초梁啓超를 량치차오라고 써서 독자들이 그대로 읽더라도 발음 문제, 끊어 읽기, 성조 문제 등이 내재되어 있다.

일곱째, 표준 표기법의 부재 때문이다. 아직 한국 내에서 한글 전용과 한자 사용의 문제가 정리되지 못하고 있는 실정이고, 실질적으로 중국어와 한자를 명확히 구분한다는 것은 어려운 일이다. 그리고 프랑스어와 스페인어의 차이보다 큰 방언 체계가 있는 중국 자체에서도 표준 발음 체계를 갖고 공부하기 어려운 실정인데, 한국에서 중국어를 읽기 위한 표준 표기법을 제정한다는 것은 지난한 일이다.

한글 전용은 가능하다. 그러나 풍부한 어휘 개발과 전통의 계승을 위해 한자 사용은 필수다. 한자를 우리글의 일부로 인식한다면 고대 중국인이든 현대 중국인이든 위의 원칙들 때문에 중국 인명, 지명 등을 한글 독음으로 읽어야 하지 않을까. 북경어도 한자 독음 체계 가운데 하나에 지나지 않는다. 한자를 우리글로 인식하면 우리말인 한글식 독음으로 중국어를 읽어도 무방할 것이다. 문화적 경계와 정치적 경계를 일치시킬 필요는 없으며, 굳이 중국의 정치 체계에 편입되어 그들 언어를 따라갈 이유가 없다. 같은 이유에서 한자가 비록 중국에서 발생했다고 하나 우리글의 60퍼센트가 한자로 표현 가능하다는 사실을 염두에 둘 때 한자에 대한 우리 발음의 고집은 중국어 문제가 아니라 사실상 우리말의 문제일 수 있다. 이 책에서도 어쩔 수 없이 한글맞춤법 통일안에 따라 1911년을 기점 삼아 중국어로 인명과 지명을 표기하지만 향후 더 치밀한 논쟁이 필요하다는 것을 밝혀둔다.

제1장

상商대의 정치 관념: 신우왕권神佑王權

중국 역사상 첫 번째 왕조는 하夏 왕조다. 그런데 오늘날까지 문자로 된 하대의 기록은 발견되지 않고 있다. 이치로 보면 정치사상사는 응당 하로부터 시작해야 할 것이나, 자료가 없어 잠시 비워둘 수밖에 없다.

상商은 하에 이은 두 번째 왕조다. 기원전 16세기부터 기원전 11세기까지 존속한 위엄 있는 중원의 대국이었다. 반경盤庚 시기에 은殷으로 천도했기에 상나라는 은나라라고도 불린다.

상대의 계급사회에는 씨족 계급, 평민 계급, 노예 계급 등이 있었다.

통치계급의 최고 수령은 국왕이었다. 왕은 광대한 토지와 노예를 점유하고 인민 생살여탈의 대권을 장악하여 강력한 통치를 행사했다. 왕 밑으로 제자諸子, 제부諸婦 및 태사太師, 소사少師, 후侯, 백伯, 남男 등의 귀족이 있었다. 또한 제사와 점복占卜을 관장하는 무사巫史와 정인貞人, 이민족의 추장으로 이민족의 통치를 담당하는 대리인인 방백邦伯과 후侯 등이 있었는데 이를 통틀어 '백성百姓'이라 부르기도 한다. 그들은 평상시의 생활이나 죽은 뒤에도 한결같이 매우 호화로웠다. 허난성 안양 우관촌武官村 귀족들의 거대한 묘 속을 들여다보면 순장물로 사람, 말, 전차와 군마가 있고,

빼어난 청동기, 도기, 석기가 있으며, 꽃이 조각된 골기骨器 등 일상용품이 있다. 동시에 순장된 무수한 인골이 수십 구씩 발견되기도 했다.

은허殷墟에서 출토된 '갑골甲骨' 위에 새겨진 문자를 갑골문이라 부른다. 갑골문이나 기타 상나라 대의 문자(이를테면 은나라 대의 청동기 명문銘文, 도문陶文, 석옥기명문石玉器銘文 등)를 통해 우리는 중국 문자가 상대 후기에 이미 기본적으로 성숙해 있었다는 것을 알 수 있다. 한자 구조의 기본 방식인 상형象形, 지사指事, 회의會意 및 형성形聲이 여기에 모두 사용되고 있다. 주周나라 사람은 "은나라 선조들에게 책冊이 있고 전典이 있었다"[1]고 말한다. 다만 애석하게도 은대의 전, 책 대부분은 전해 내려오지 못했다. 『서경書經』「상서商書」에는 상대 문헌 몇 편이 보존되어 있다. 갑골문과 이런 문헌들이야말로 상대의 정치사상을 연구하는 데 믿을 만한 자료를 제공한다. 중국 정치사상사의 시작은 현재 상나라를 기점으로 삼을 수밖에 없다.

01

상제,
조상 숭배 및
상왕에 대한 비호

상제 숭배와 권위

중국의 종교는 원시 씨족 사회에 기원을 두고 있음에 틀림없다. 다만 당시의 문자 기록이 없고 지금으로부터 매우 멀리 떨어져 있어 사료의 대부분이 사라져버렸기 때문에 그 시대 사람들의 신앙 상황이나 종교적 의식을 구체적으로 이해할 길은 없다. 오늘날 사실 재료를 가지고 증명할 수 있는 것은 은 반경 이후의 일이다. 은나라 사람들은 매우 미신적이었다. 『예기禮記』「표기表記」는 "은나라 사람들은 신을 존중했다. 백성을 인솔하여 신을 섬겼다"[2]고 말한다. 복사卜辭와 「상서」는 이에 대해 충분한 증거를 제공해준다. 은나라는 계급사회였으므로 은대의 종교는 원시사회의 종교와 질적으로 다른 변화가 있었다.

원시사회에는 계급 구분이 없었다. 따라서 당시의 신 또한 등급 구분이 없었고, 씨족공동체 구성원들의 신에 대한 존경도 평등한 것이었다. 당연히 신도 사람에 대하여 아무 차별을 두지 않았다. 그런데 계급사회에 들어서면서 이러한 소박한 평등성은 완전히 사라졌다. 계급이 출현함에 따라 신도 분화하게 되었다. 인간 사회에는 최고 통치자가 출현했다.

이 최고 통치자의 형상에 따라 지고무상의 신이 창조되기도 했다. 이 지상신은 완전히 새로 창조된 것이 아니라 원시 시대부터 숭배해온 여러 신의 일부가 바뀐 것이다. 이 과정은 단번에 이루어지지 않는다. 계급 형성과 마찬가지로 매우 긴 시간의 경과를 필요로 했다. 계급사회의 신은 여러 방면에서 씨족 시기 신의 형태를 보존하고 있지만, 그 기능이나 본질에 있어서는 질적으로 변화가 이루어져왔다. 예컨대 지상신은 완전히 변하여 통치자의 형상이 되었다.

복사로부터 우리는 제帝나 상제上帝가 은대의 지상신이었음을 알 수 있다. '제'가 어떻게 생겨난 말인가에 대해서는 학계의 해석이 분분하다. 복사의 상형문자에서 제는 帝, 帝 등의 형상이다. 오대징吳大澂은 이를 꽃꼭지의 꼭지蒂로 해석했고 왕궈웨이王國維도 그의 해석을 따랐다. 帝가 어떻게 변하여 은나라의 지상신이 되었는지에 대해서는 별도의 고증이 필요하다. 제帝가 만약 '체蒂'의 초기 글자였다면 최초에는 아마도 식물 숭배의 상징이었을 것이다. 은 민족은 황하黃河 유역에서 생활했는데, 이 지역은 식물 재배 농업이 아주 일찍부터 발달했다. 은나라 사람들은 매우 일찍 농업에 종사했으므로 식물을 특별히 숭배하고 있었을 것이다. 그러다가 계급사회에 들어선 뒤 식물에 대한 숭배가 점차 승화하여 차츰 지상신으로 변해갔으리란 추측은 가능성이 커 보인다.

상제는 지고무상한 존재로 절대적 권위를 갖추고 있다. 그는 일체의 자연 현상을 총관하며 바람, 비, 볕, 맑음, 번개 등은 모두 그의 주재하에 있다. 이에 관련된 복사의 기록은 셀 수 없이 많다. 이를테면 다음과 같다.

"점을 쳐 묻습니다. 제께서 비를 내리시니 풍년이 들게 하심이 아니나이까?[3]
점을 쳐 묻습니다. 제께서 비를 내리셔 풍년이 들게 하심이나이까?"[4]

"······ 啟이 점을 쳐 물었더니 이번 3월에 제께서 많은 비가 내리도록 명하셨나이다."[5]

"다음 계묘癸卯날에 제께서 바람이 일도록 함이었나이까?[6]

다음 계묘날에 제께서 바람이 일도록 함이 아니었나이까?"[7]

그 외에도 복사 가운데는 점을 쳐서 천시天時를 묻는 기록이 숱하다. 직접 상제를 언급하지 않는 곳도 있지만 대부분은 상제에 대해 점을 치고 있다고 단정할 수 있다.

제는 자연 현상을 관장하는 것 외에도 인간 세상 사물의 일체, 즉 정벌, 천렵畋獵, 생산, 성읍 건설, 재해 등의 일을 주재한다. 이를테면 다음과 같다.

"갑진甲辰날 점, 㲋[8]이 점을 쳐 묻습니다. 아군이 마馬 지방을 치려는데 제께서 우리를 보살펴주시겠나이까? 1월."[9]

"신축辛丑날 점, 㲋[10]이 점을 쳐 묻습니다. 몸[11] 지방을 치려는데 제께서는 우리를 보살펴주시겠나이까?"[12]

"무술戊戌날 왕의 점, 점을 쳐 묻습니다. 전田 지역을 치는데 가고 옴에 재앙이 없겠나이까?[13]

왕께서 점괘를 보고囚[14] 말씀하시길, 크게 길하리라. 4월.[15]

여기 㲋[16]에서 여우 열하고도 세 마리를 잡으리라."[17]

"······ 㲋이 점을 쳐 묻습니다. 우리가 풍년을 이루겠나이까?[18]

······ 우리가 기장의 풍년을 이루겠나이까? 2월."[19]

"왕이 읍을 건설하려 합니다. 제께서 보살펴주시나이까?"[20]

"기묘己卯날 점, 㲋이 점을 쳐 묻습니다. 왕이 읍을 건설하려 하는데, 제께서 보살펴주시나이까? 우리가 그것을 따르자니 저촉되나이다[21]."[22]

"……축丑날 점, 점을 쳐 묻습니다. 비가 오지 않는 것은 제께서 우리에게 가뭄 재앙을 내리시려는 것이나이까?"[23]

"경술庚戌날 점, 점을 쳐 묻습니다. 제께서 가뭄 재앙을 내리심이나이까?"[24]

"점을 쳐 묻습니다. 우리가 중인衆人(농민)들을 잃게 되나이까?"[25]

"……왕께서 중인들에게 크게 영을 내리십니다. 함께 농사일을 하면 풍년이 들겠습니까? 11월."[26]

"우리가 사巳날 빈제賓祭를 올리면 제께서 보살펴주시겠나이까?[27]

우리가 빈제를 올리지 않으면 제께서 보살펴주지 않으시나이까?"[28]

제는 드러난 양의 세계를 총관할 뿐만 아니라 당연히 보이지 않는 음의 세계도 관리한다. 인간귀신도 제에 종속되어야 한다.

"갑진甲辰날 점, 殷이 점을 쳐 묻습니다. 하을下乙은 제에게 올리는 빈제에 배향해야 하나이까?[29]

점을 쳐 묻습니다. 함咸 장군은 제에게 올리는 빈제에 배향하지 않아야 하나이까?"[30]

"점을 쳐 묻습니다. 하을은 제에게 올리는 빈제에 배향하지 않아야 하나이까?[31]

대갑大甲은 제에게 올리는 빈제에 배향해야 하나이까?"[32]

제를 최고로 여기는 성향은 은나라 사람들이 왕을 최고로 여기는 성향의 반영임에 틀림없다. 신은 사람이 창조한 것이지만 결국은 그 창조자를 모델로 삼기 때문이다.

제는 상족의 지상신이다. 그러나 더 정확히 말하면 그는 은나라 왕의 수호신이고 상징이다. 다시 말해 은의 관방신官方神이다. 그러나 표면적으로는 전체 은나라 사람을 대표하고 보호한다. 우리는 복사를 통해 은나라 왕이 일거수일투족을 제에게 청원해 교시해주시길 바라며 길과 흉에 대해 묻고 있음을 알 수 있다. 하지만 그것이 흉이든 길이든 상관없이 모두 은왕을 보호하려는 것으로 상제는 어쨌든 은왕 편에 서 있다. 이를테면 다음과 같다.

"점을 쳐 묻습니다. 소신이 중인에게 영을 내려 기장을 심도록 할까요?"[33]
"임술壬戌날 점, 중인을 잃지 않겠나이까?[34] 중인을 잃게 되나이까?"[35]
"점을 쳐 묻습니다. 우리가 중인을 잃게 되나이까?"[36]
"······ 뭉[37]이 점을 쳐 묻습니다. 견주어 재앙이 없겠나이까? 중인을 잃지 않겠나이까?"[38]
"영을 내려 중인들을 모으겠나이다."[39]
"병오丙午날에 중인을 약탈하겠나이다."[40]
"을묘乙卯날에 점을 쳐 묻습니다. 삽箒에게 명하여 중인을 이끌고 용龍 지방을 치게 하면 재앙이 없겠나이까?"[41]

은나라에서는 상제를 숭배하는 것 외에도 방方[즉, 사방신], 사社[즉, 사직신] 및 산천 등 자연 숭배가 성행했다. 방과 사는 주로 수확을 기원하거나 비를 기원하는 대상이었다. '사' 앞에 왕왕 지명을 씌워 적으며, '방' 앞에는 방향을 씌우는데 이들 간의 구별은 잠시 논외로 한다. 어쨌든 방, 사는 곧 토지신이며 이는 농업과 가장 밀접한 관계에 있었다고 단정할 수 있다.

"점을 쳐 묻습니다. 亩 사직신에게 풍년을 기원하지 말아야 하나이까?"[42]

"또 박亳 사직신에게 흉 제사를 지내면 비가 오나이까?"[43]

"사방신에게 풍년을 기원하면 큰비가 오나이까?"[44]

"갑인甲寅날 점, 사방신에게 체禘 제사를 지내는데 강羌족 한 명, 소 한 마리, 개 아홉 마리로 하나이까?"[45]

"남南 사방신에게 비를 기원하나이다."[46]

『시경詩經』에도 방, 사에 제사 지냈다는 기록이 있다. "우리 집 피쌀을 깨끗이 씻고 희디흰 양을 제물로 삼아 사社(즉, 토지신)와 방方(즉, 사방신)에 제사 지내리. 우리 전답에 풍년 들었으니 농부들의 경사로다. 비파 뜯고 북 두드려 농사신 어전과 조상신에 제사 드리며 단비를 내려달라 기원하도다. 우리 기장 잘되게 하여 우리 식솔을 먹게 해주소서."[47] 주석한 전箋에 의하면 "가을에 사와 사방에 제사하는데 이는 오곡백과의 성숙에 대한 그간의 공로에 보답하기 위함이다"[48]라고 한다. '삼례三禮' 중에도 방, 사에 관한 기록이 있다. 방, 사에 대한 숭배는 자연 숭배 관념의 보존 외에 방, 사 그 자체가 사회적 신의 의미를 지니고 있다. 亩(邦)토土, 박亳토, 하夏토 등은 지방마다 그 지방의 토土(즉, 사社)가 있었음을 설명해준다. 아마도 지방의 신들일 것이다.

조상 숭배

은나라 왕은 상제와 산천의 여러 신을 숭배하는 것 외에 조상에 대한 숭배도 성대하게 행했다. 상제에 대한 숭배와 비교할 때 조상 숭배는 더하면 더했지 못하지 않았다. 조상은 상제와 마찬가지로 일체를 총관하는 존재이므로 은왕은 사사건건 조종祖宗을 향해 점을 치며 묻곤 했다. 뿐만 아니라 조상에 대해서는 지극히 번쇄한 일련의 제사 제도를 갖추고 있었다. 상제도 이런 복은 누릴 수 없었다.

은왕의 조상은 상제와 어떤 관계가 있을까? 혹자는 상제가 바로 은왕의 조상이라고 주장한다. 그런데 복사로 볼 때 은왕의 선조와 상제는 한 몸이 아니다.

상대 후기 이전에는 상제와 조상을 이원적 관계로 표현했다. 제는 엄연히 독립적인 초연한 통수統帥였으며 은왕은 제의 지배를 받아야 했다. 이에 대해서는 『서경』「반경盤庚」편에 매우 분명히 설명하고 있다. "천명에 삼가 근신한다."[49] "오늘날 옛것을 이어가지 않으면 하늘이 그 명을 끊어버림을 알지 못한다."[50] "하늘이 새로 건설된 읍에서 우리의 명을 영원케 하시리라."[51] 상대 후기에 와서야 제와 조祖가 하나로 합쳐지는 현상이 나타난다.

은왕 선조의 권위와 상제의 권위를 엄격하게 구분 짓는 것은 매우 어렵다. 상제에게 있는 것이면 대체로 조상들도 가지고 있었다. 이를테면 다음과 같다.

"신유辛酉날 점, 끔이 점을 쳐 묻습니다. 끝에 왕에게 재앙이 내리겠나이까?"[52]
"점을 쳐 묻습니다. 조신祖辛이 우리에게 재앙을 내리나이까?"[53]
"점을 쳐 묻습니다. 왕해王亥에게 풍년을 기원할까요?"[54]
"점을 쳐 묻습니다. 대갑大甲에게 몸 방으로 출정함을 알릴까요?"[55]
"몸 방을 조을祖乙께 알리나이다."[56]

위에서 보듯이 점을 쳐서 조상에게 묻는 것은 거의 포괄하지 않는 일이 없을 정도다. 농사일이나 비바람과 같은 농사와 관련 있는 자연 현상에다 전쟁까지 물었다. 물론 자세히 고찰해보면 상제와 왕제王帝는 약간 다르다. 기도를 올리는 일을 보면 대체로 선조를 통해 우회적으로 상제의 보살핌을 청원하는 형태다.

은왕은 살아서 인왕人王이 되고 사후에는 귀왕鬼王으로 변해 저승세계를 통치한다. 『서경』「반경」편에는 이 문제를 아주 잘 설명하고 있는 두 단락의 문장이 있다.

"옛날 우리 선왕께서 그대들의 할아버지, 아버지와 더불어 편안한 일, 힘든 일을 더불어 하시었는데 내 어찌 부당한 벌칙을 사용하겠소? 대대로 그대들의 노고에 힘입어왔으니 내 그대들의 잘한 일을 덮어버리지 않으리라. 여기 내가 선왕들께 큰 제사를 올리고자 하니 그대들의 조상도 더불어 누리리라."[57]

"옛날 우리 선왕께서 그대들의 할아버지, 아버지와 더불어 힘들게 경영하시었고, 그대들은 또 내가 길러내야 할 어린 백성이로다. 그대들이 만일 해칠 의향을 마음에 간직하고 있다면, 우리 선왕이 그대들의 할아버지, 아버지를 편안케 하시었던 만큼 그대들의 할아버지, 아버지도 [오히려] 너희와 관계를 끊고 포기하여 죽어도 구해주지 않을 것이다. 그런데 여기 나와 더불어 정사를 펼치고 관직에 있는 사람들이 제멋대로 패옥貝玉을 모으고 있다. 그러니 그대들의 할아버지, 아버지가 우리 선조 대왕께 '우리 자손들에게 큰 벌을 내리소서!'라고 크게 고할 것이다. 선조 대왕께서 이 말을 들으면 그대들에게 무서운 재앙을 내릴 것이다."[58]

은왕의 선조는 귀왕이 되어 귀신의 세계를 관리해야 할 뿐만 아니라, 더욱 중요한 것은 인간 세상에의 통치 권력을 공고히 할 수 있도록 현세의 은왕을 돕는 것이다. 그는 살아 있는 신료들에게 직접 명령을 내릴 수도 있다. 듣지 않으면 "선왕이 너희의 죄질에 대하여 큰 형벌을 내린다."[59] 동시에 신료들의 조상귀신에게 명령하여 그들의 자손으로 하여금 은왕의 명령을 잘 듣도록 훈계할 수도 있다.

은왕의 조상은 이렇게 대내적으로 인민에게 압박 통치를 했고 대외적으로 약탈적 권력을 행사했다. 이는 은왕 권력의 반영이기도 하며 은나라 국가의 권능이 종교 숭배의 형태로 표현된 것이기도 하다.

은왕의 귀신에 대한 숭배 가운데 우리가 특히 주의해야 할 현상이 한 가지 있다. 그것은 바로 선대 신하들에 대한 복문卜問(점을 쳐 물음)과 제사다. 여기 몇 가지 예를 들어보면,

"병인丙寅날에 점을 쳐 묻습니다. 승제升祭와 세제歲祭에 이윤伊尹에게 소 두 마리를 바치나이다."[60]

"황윤黃尹에게 몸을 알리나이다."[61]

"을축乙丑날에 점을 쳐 묻습니다. 이伊奭[62]에게 바람을 그치도록 해주세요."[63]

"무진戊辰날 척陟에게 屮[64]제와 벌제伐祭를 올리는데 우리 속 양을 희생으로 쓰나이까?"[65]

"점을 쳐 묻습니다. 함술咸戊에게 屮제사를 드리나이다."[66]

둥쭤빈董作賓 등의 고증에 의하면 위에 든 몇 사람 외에도 복사에는 임지任遲, 감반甘盤 등이 출현한다. 이로써 『사기史記』「은본기殷本紀」 가운데 보이는 저명한 대신들이 거의 모두 증명된 셈이다. 복사 가운데는 또 은왕

의 세계世系에 속하지 않은 일련의 사람들이 보인다. 그러나 은나라 왕이 제사를 거행하거나 복문卜問하는 사람들 가운데 어떤 이들은 은왕의 가속 중 왕위에 오르지 못한 위 세대일 가능성이 있으며, 또 어떤 사람들은 이윤과 같은 현신賢臣일 가능성도 있다. 은왕은 왜 선대 신하들에 대해 점을 치고 제사까지 지내야 했는가? 이는 바로 역사 과정의 반영이다. 은 왕조는 탕湯왕 이후로 점차 계급사회로 진입했는데, 은 왕조 초기와 중기에는 은왕의 지위가 그다지 공고하지 못했다. 과거 씨족 사회 귀족들은 고관대작으로 바뀌어 경제적으로든 정치적으로든 여전히 막강한 권력을 가지고 은왕과 동등한 지위와 권력을 누리기도 했다. 『사기』 「은본기」에 보이는 이윤의 고사는 매우 흥미롭다. 이윤의 권력은 막강했으며 중임中壬이 죽은 뒤 "이윤은 태정太丁의 아들 태갑太甲을 세워"[67] 왕으로 삼았을 정도다. 또 태갑이 변변치 못하자 "그를 동궁桐宮으로 쫓아내고",[68] "모든 행정을 통괄하여 국사를 담당했다."[69] 나중에 태갑이 훌륭한 사람으로 변하자 이윤은 정권을 되돌려주고還政 일장 훈계를 했다. 이윤 사후에는 "재앙이 있으면 이윤의 일에 비추어 교훈을 삼았다."[70] 「반경」 편은 은왕 본인도 "옛날 우리 선왕께서도 구시대 인물들과 공동 정권을 도모할 수밖에 없었음"[71] "사람들이 오직 구시대만을 추구함"[72] "옛날 우리 선왕께서 그대들의 할아버지, 아버지와 더불어 편안한 일, 힘든 일을 더불어 하셨음"[73]을 인정한다. 이러한 것은 모두 은나라 전기에 은왕의 힘이 반경 이후처럼 그리 전제적이지 못했음을 설명해준다. 적어도 군사민주軍事民主 시대의 흔적을 아직 보존하고 있었으며, 그런 까닭에 조상 숭배 가운데 이런 현상이 반영된 것으로 보인다. 은왕의 선대 신하들에 대한 숭배는 한편으로 과거 씨족 단계에서의 영웅 숭배 영향을 받았다고 할 수 있지만, 더 중요한 것은 귀족들을 농락하고 있는 점이다. 즉 은왕에 충성을 다하는 선대의 모범적 양태를 지금의 귀족들을 위해 만들어냈다. 선대 신하들은 한결같이 은왕을 위해 몸과 마음을 바쳐 온 힘을 기울였다는 것이다.

상제, 조상, 은왕 삼자 간의 관계에 대해서는 연구되어야 할 문제가 아직 많다. 정치 관념으로 볼 때 삼자는 통일적이었다. 상제와 조상은 은왕을 비호했으며, 은왕은 또 상제, 조상 숭배의 힘을 빌려 자신의 권력을 강화해갔던 것이다.

02 '여일인餘一人'과 왕권 전제 관념

은대의 최고 통치자는 '왕王'이라 불렸다. '王'이 무슨 뜻인가에 대해서는 대대로 해석이 분분했다.

"왕이란 다른 사람을 쳐서 다스릴 수 있는 사람이다."[74]

"제후들을 신하로 거느린 사람이 왕이다."[75]

"명령을 중국의 여러 제후 나라에 실행시킬 수 있는 사람을 일컬어 왕이라 한다."[76]

"천하를 능히 사용할 수 있는 사람을 일컬어 왕이라 한다."[77]

"그 옛날 글자를 만든 사람이 삼 획을 긋고 그 가운데를 연결시켜 이를 王이라 일컬었다. 세 획은 하늘, 땅, 사람을 말하고 가운데를 잇는 것은 그 도가 하나로 관통한다는 의미다."[78]

선진先秦의 사상가들이 왕이라 말하는 사람은 강자였다. 그런데 동중서董仲舒는 이를 하늘, 땅, 사람天地人을 관통하는 것으로 해석하여 명백히 신비적인 색채를 띠고 있다. 선진 제자들의 해석이 타당하다 하겠다.

갑골문에는 왕이 大, 太, 五, 王으로 되어 있다. 어떤 사람은 이를 최고의 노예주로 해석한다. 한 사람이 한가운데에 똑바로 두 손을 맞잡은 채로 단정히 섬으로써 뭇 신하를 조회하는 모습과 같다는 것이다. 또 어떤 사람은 이를 도끼 형상으로 해석하여 왕권의 상징이라 한다. 후자의 해석이 타당해 보인다. 갑골문이나 여타 문헌으로 볼 때 왕의 권력은 갈수록 더 커졌다.

은나라 전기는 씨족 사회를 벗어난 지 얼마 안 돼 은왕 개인의 전횡이 그다지 높은 단계에 이르지는 않았다. 대신 이윤이 태갑을 방출한 사건은 귀족 세력이 아직 대단했음을 설명해주는 대목이다. 그러다가 반경이 은허로 천도할 때 은왕의 권력은 누구도 침범할 수 없는 경지에 이르게 되었다. 신료들이 천도에 반대하자 그는 오히려 "내 그대들의 코를 베어 진멸시키겠노라"[79]고 공언했다. 은 주왕紂王 시대에 이르면 어떤 사람이라도 왕의 언행에 위반되었을 경우 살신의 화를 당했다. 예컨대 비간比干은 간언을 했다는 이유로 심장이 찢겼다. 은왕은 권력 정도가 강화됨에 따라 '왕'이라는 월계관만으로는 성에 차지 않았다. 자신을 신화화할 필요를 느꼈다. 복사에는 어떤 경우 이미 죽은 왕을 제라고 부르기도 한다. 이를테면 '제정帝丁' '제갑帝甲' '문무제文武帝'라 부르기도 하며, 혹은 일반적으로 '왕제王帝' '제帝' '하제下帝'라 부르기도 한다. 은 주왕은 자칭 '제신帝辛'이었다.

상제와 왕이 다 같이 제로 불리면서 왕은 사람과 신이 결합된 성질을 지니게 되었다. 따라서 왕은 다른 일체의 사람들과 대립적인 존재가 되어 사람 위의 사람이 되었다. 이에 스스로 '여일인余一人(나 한 사람)'이라 불렀다.

복사에서 왕은 자칭 '여일인'이라 하고 문헌으로 된 「반경」 편에도 '여일인'이란 기록이 있다.

'여일인'이란 말은 천하의 광대함을 표시하는 동시에 사해 안에 '나 한 사람'이 가장 높다는 뜻을 포함하고 있다. 이 표현이 갖는 의미는 다음과 같다.

'여일인'은 하늘을 받들고, 조상을 승계하며, 백성을 구제할 지위에 있다. 천제는 지고무상한 존재인데 왕만이 하늘의 명령을 받들 수 있으니 왕은 곧 하늘의 화신이다. 조종祖宗은 신명한 존재이니 왕만이 그 계승자가 될 수 있다. 모든 사람과 백성은 왕으로 말미암아 구제되며 지배되는 존재다.

사람이란 어디서 오는 것인가? 상대 자료에서는 이에 대한 직접적인 논의를 발견할 수 없다. 비교적 늦게 나온 『시경』 「상송商頌, 현조玄鳥」 장에는 "하늘이 현조玄鳥에게 명했도다. 지상에 내려와 상을 낳았느니라"[80]라고 말한다. 이는 아마 자신의 종족 기원에 대한 상나라 사람들의 신화 전설일 것이다. 최근 많은 사람이 이를 토템 숭배라고 해석하는데 크게 일리가 있다. 『서경』 「고종융일高宗肜日」 장은 "왕의 일은 백성을 공경하는 것입니다. 한 명 한 명 하늘의 자손이 아닌 사람이 없습니다"[81]라고 말한다. 여기서는 백성民을 하늘天의 후예로 보고 있다. 대다수의 학자는 「고종융일」 장이 늦게 형성되었지만 하늘이 백성을 낳았다는 관념은 믿을 만하다고 생각한다. 「반경」 편에서는 하늘이 백성을 낳았다고 명백히 언급하고 있진 않지만, 만백성의 운명은 천제에 의해 조종된다고 말한다. 왕은 '여일인'을 특수한 사명의 하나로 삼는다. "내가 그대들을 맞아들여 이어가는 바迓續는 하늘로부터 명을 부여받았기 때문이다. 내 어찌 그대들을 위협하랴汝威. 나는 그대 무리를 봉양畜할 따름이다."[82] 여기서 아迓는 영접을, 속續은 접속을 의미한다. 여위汝威는 위여威汝의 도치구이고 축畜은 기른다는 뜻이다.

이 인용구의 의미는 다음과 같다. '너희의 생명은 내가 하늘에 청하여 그로부터 접속해 내려 받은 것이다. 내 어찌 힘으로 너희를 억압하겠느냐. 다 너희를 양육하기 위함이로다!' 만백성의 생명이 기왕에 왕이 하늘로부터 청구하여 받아 내린 것이며, 또 그들이 왕에 의해 양육되는 존재라면 이 이론은 논리적으로 다음과 같은 결론에 이른다. '너희 모두는 반드시 내 말을 들어야 한다.' 실제 사정도 이와 딱 맞아떨어졌다. 「반경상盤庚上」편에 "그대들의 힘을 힘껏 발휘하라. 나 한 사람의 말만獻 들어라"[83]라고 말한다. 어떤 이는 유獻를 도모하다로 해석한다. 단옥재段玉裁는 『이아爾雅』 「석고釋詁」에 의거해 뿐이다已로 해석한다. 이 문장의 대의는 '너희의 온 힘을 다 바쳐야 하며 행동거지에 있어 나 한 사람의 말을 들어야 한다(또는 나 한 사람의 결단과 지휘에 복종해야 한다)'는 것이다. 이 이치에 따르면 만백성의 의사는 왕에 종속되는 것이다. 그리하여 은왕은 선포했다. '내 의사는 너희의 의사를 대표한다'고. "나 한 사람과曁 같은 마음을 지닐獻지어다."[84] 기曁는 '더불다'이고 유獻는 '도모하다'라는 의미다. 이 문장의 뜻은 '나의 계획에 한마음으로 협력해야 한다'는 것이다. 이에 따라 어떤 사람도 왕의 결정을 벗어난 다른 생각, 다른 행동을 허용받지 못했다. "짐의 말을 명심해 들어라. 짐의 명령을 결코 소홀히荒失 해서는 안 되느니."[85] 황荒은 깬다는 뜻이다. 강성江聲은 실失을 일佚로 읽어야 하며 소홀함의 뜻이라고 주장한다. 이 문장의 대의는 '모든 것을 나에게 따르고 나의 취지를 위반해서는 안 된다'는 것이다. 내 결정과 명령을 떠나면 모두 잘못된다. 만일 내 말을 듣지 않는다면 이는 상제를 거스르는 짓이니 끝이 좋지 않을 것이다. "그대 스스로 곤궁하고鞠 고통스러울 뿐唯이다. 배를 탔는데 더 이상 나아가지 못하고 썩어臭 넘어지는 형국이 되리라."[86] 유唯는 다만, 국鞠은 빈궁함, 취臭는 썩는다는 뜻이다. 이 문장의 대의는 '내 말을 안 듣는다는 건 너희 스스로 고난의 길을 찾는 짓이다. 마치 배를 탔는데 건너가지 못하고 배에 앉은 채 죽음을 기다리는 것과 같다'

는 뜻이다. 문제는 여기서 끝나지 않는다. 은왕은 명령을 듣지 않으면 형벌을 운용하겠다고 선포한다. 일체의 위반자를 직접 죽이겠다는 것이다. "내 너희의 코를 베고劓 진멸殄滅해버리리라. 한 점 혈육育도 남기지 않으리라."[87] 의劓는 코를 벤다는 뜻이고 진殄은 멸절한다는 의미다. 육育은 주胄와 같이 읽으며 후대를 가리킨다. 이 문장의 의미는 '내가 너희를 모두 죽여버리고 너희를 멸종케 하여 자손이 끊기게 만들겠다'는 것이다. 결국 만백성의 생명은 나 은왕이 천제로부터 청해온 것이므로 생사 또한 마땅히 내 수중에 있어야 한다는 것이다. 왕은 또 말한다. "하물며 나는 그대들 목숨의 길고 짧음長短之命도 장악制하고 있거늘."[88] 제制는 장악을, 장단지명長短之命은 생사의 운명을 말한다. 이 뜻은 '내가 너희에 대하여 생살의 대권을 장악하고 있다'는 것이다.

여기서 개인 전제주의 탄생 근원과 그 실황을 논의하지는 않겠다. 이론적으로 은나라 왕이 모든 사람으로 하여금 자기의 말을 듣고 자기에게 복종하고 죽일 수도 살릴 수도 있는 까닭은 뭇 백성이 누리는 모든 것을 왕 자신이 하사한 것이라는 생각을 전제하고 있기 때문이다. 만백성이 누리는 일체의 것이 왕의 하사품이라면 만백성의 모든 것은 응당 왕의 소유가 된다. 이것이 논리적으로 맞다. 조금이라도 무엇을 네게 남겨준 것이 있다면 응당 은덕에 감사해야 하리라!

사업의 성공과 공덕은 '여일인'에게 있다. 그런데 만일 정치를 잘하지 못했다면 그 책임도 자연히 '일인'이 져야 할 것이다. 그래서 "나라가 잘되지 못하면 오직 나 한 사람이 징벌을 받으리라"[89]고 말하기도 한다. 논리적으로도 사정이 이렇게 되어야 마땅하다. 그러나 실제로 이렇게 자기 스스로 책임을 떠맡는 경우는 매우 드물다. 왜냐하면 권력을 실행할 때와 그를 스스로 검토할 때 배경으로 하는 역사적 조건이 근본적으로 상이하기 때문이다. 당시 은왕의 전제와 독단은 왕이 모든 것에 최고 소유권을 장악하는 것이 기본이었다. 그런데도 어떤 역사적 조건이 그로 하여금 권력을 행사하는 것과 마찬가지로 잘못을 스스로 묻고 인정하게 할 수 있단 말인가? 경제적으로든 정치적으로든 이런 제약은 없었다. 잘못을 한 사람이 책임져야 한다는 인식은 다른 측면에서 보면 왕의 작용이 크다는 것을 설명한다. 그 한 사람이 깨치지 못하면 전체가 재앙을 맞는다는 것이다. 이 말은 왕이 잘못을 범할 수도 있다는 사실을 지적해준다고 하지만 이 또한 근본적으로 군주 전제 이론을 벗어나지 못한 말이다.

몇 가지 중요한 정치 개념

자료의 한계 때문에 상대의 정치사상에 대하여 체계적인 이론을 정리해내기는 매우 어렵다. 그러나 이 시기에는 후대 정치사상에 중대한 영향을 끼친 약간의 개념이 출현했다. 개념이란 사유의 그물망이며 사유운동의 중요한 매개체다. 여기 몇 가지를 소개한다.

'덕德'에 관하여

갑골문에 '덕德' 자가 있는지 없는지에 관해 학계에 두 가지 학설이 있다. 하나는 '덕' 자가 있다고 주장하며 ♰ 형태라고 한다. 금문金文은 그 눈 목자 아래에 ♨(心) 자를 덧붙인다. 또 다른 학설은 '덕' 자가 없다고 주장한다.

『서경』「반경」 편 등을 보면 '덕'은 이미 중요한 정치, 도덕적 개념이다. '덕'이라 함은 주로 다음 몇 가지의 함의를 지닌다.

천명을 삼가고 선왕을 따르는 것이 '덕'이다. 「반경상」 편은 천명에 순종하고 조상의 업을 계승하라고 서술한 뒤 다음과 같이 말한다. "내 스스로

이 덕을 잃지荒 않으리."[90] 황荒은 폐실廢失의 뜻이다. 대의는 '내가 하늘을 공경하고 조상을 존중하니 덕을 잃은 바가 없다'는 말이다.

옛사람을 신용함이 '덕'이다. 반경은 지임遲任의 말을 인용하면서 이렇게 말했다. "사람만이 옛것을 추구한다. 기물은 옛것을 구하지 않는다. 새것이면 된다"[91]고 하며 이어서 "나 또한 감히 덕스럽지 않은 것을 동원해쓰지 않겠다"[92]고 말한다. 이 뜻은 '나는 한결같이 옛사람과 더불어 정치를 하며 감히 한 걸음이라도 덕에서 벗어나지 않는다'는 의미다. 아주 분명하게 옛사람을 쓰는 것을 덕으로 여기고 있다.

왕의 말만 잘 듣는 것을 덕이라 한다. "그물이 씨줄에 걸려 있어 조리있고 혼란스럽지 않은 것과 같고, 농부가 밭에 엎드려 힘써 가을걷이를하여 그대들이 여유 있는 가을을 맞는 것과 같소이다. 그대들이 사사로운 마음을 버리면 참된 덕을 백성에게 베풀 수 있을 것이오. 그리하여 친척과 벗들에게까지 그 영향이 미칠 것이니 그대들은 감히 큰소리를 칠수 있을 것이오. 쌓은 덕이 있었노라고."[93]

보물, 재화를 그러모으지 않고 열심히 맡은 일에 종사하는 것도 '덕'이라 불렀다. "재화와 보물을 모으지 말고 삶에 충실하여 열심히 공庸을 세우시오. 백성에게 덕을 많이 베풀어敷 영원히 한마음을 가질 수 있도록肩하시오."[94] 용庸은 공로를, 부敷는 베풂을, 견肩은 극克, 즉 충분히 할 수 있음을 의미한다. 이 문장의 의미는 재물을 탐욕하지 말고, 끊임없이 생성해내며, 열심히 일하고, 덕성스러운 가르침을 널리 퍼뜨리라는 것이다. 그리하여 같은 마음, 같은 덕을 영원히 유지하여 새로운 국가를 건설하라는 말이다. 이와 상반되는 것을 '덕을 어지럽힌다'고 말한다. 미자微子는 은주왕을 설득하면서 "술독에 빠져 주정을 부리니 아랫대에 와서 그분들의덕을 어지럽히고 망치게 되었나이다"[95]라고 말했다.

'덕'이야말로 정치의 성패득실과 관련된다. 그래서 '덕을 쌓아라' '덕을 운용하여 옛 어른들의 훌륭함을 퍼뜨려라'라고 반복해서 강조하는 것이다. 제발 '덕스럽지 못한' 행동을 하지 말지어다.

은나라에서 덕에 대한 관념은 경천敬天, 존조尊祖 사상의 지배를 받았다. 그래서 덕은 무엇보다 먼저 종교적 관념이었다. 당연히 여기에는 인사人事도 포함되어 있다.

'예禮'에 관하여

은나라 대에 이미 예禮 관념이 있었다. 이 점에 대해서는 서주西周 초년의 문헌들에 명확히 적시되어 있다. 『서경』「주서周書, 군석君奭」 편은 소공召公의 다음과 같은 이야기를 기술하고 있다. 즉 소공은 은나라 역사를 이야기하면서 은의 현명한 왕과 현명한 신하가 집정하는 동안 "은나라 예는 배천配天의 제사를 올렸고陟 이에 여러 해를 넘기게 되었나이다"[96]라고 지적했다. 척陟은 오른다는 뜻이다. 이 의미는 은왕은 하늘 제사에 조상 제사를 곁들여 지내는 배천의 제례를 누렸고, 그리하여 오랜 세월 동안 국가를 향유할 수 있었다는 말이다. 공자는 "은나라는 하나라 예를 따르고 있는데, 그 줄어든 바와 늘어난 바를 알 수 있다. 주나라는 은나라 예를 따르고 있는데 그 줄어든 바와 늘어난 바를 알 수 있다"[97]고 말했다. 『서경』「고종융일」 장에는 "항상典 제사를 지낼 때 제 아버지 사당昵에만 풍성히 예를 갖추지豊 마십시오"[98]라는 한마디가 있다. 전典은 항상, 일昵은 통칭으로 아버지 사당을 말한다. 옛 제도에 살아 계실 때 부父라 하고, 돌아가신 뒤에는 고考라 하며, 사당에 안치된 뒤에는 일昵이라 했다. 『사기』는 이 구절을 인증하면서 "항상 제사를 지냄에 도를 벗어나는 예란 있을 수 없다"[99]고 말한다. 풍豊과 예禮가 서로 통한다는 설명이다. 이 구절의 의미는 자신의 부친 사당에 대한 제사의 예가 너무 융중하면 안 된다는 것이다. 그렇지 않으면 예의 규정에 어긋난다는 말이다. 왕궈웨이는 『관당집림觀堂集林』 「석례釋禮」라는 글에서 다음과 같이 이야기하고 있다. 복사에 豊 자는 쁨, 쁩 등인데 "모양이 그릇에 옥玉이 두 개 있는 형태인데, 옛날 사람들은 옥으로 예를 행했다."[100] 따라서 『설문해자說文解字』는 "豊, 예를 행하는 기물이다"[101]라고 한다. "풍성한 옥으로 된 신에게 바치는 그릇을 일컬어 쁪라 하며, 豊과 같다. 이로 미루어 신에게 바치는 단 술을 일컬어 예醴라고도 하며, 더 미루어 짐작건대 신을 받드는 일을 통틀어 예禮라 일컫는다."[102]

우리는 복사에서 수많은 제사 제도를 보게 되는데 그 모두를 '예'라고 부를 수 있다. 정치사상사의 각도에서 우리가 고찰해야 할 것은 '예'에 관한 이론이다. 그런데 애석하게도 문헌이 부족하여 더 깊은 논의를 전개할 수 없다. 예와 제사는 긴밀한 상관관계에 있다. 신권정치 시대에는 이 또한 정치의 일부분이었다. 당시 사람들은 예에 관련된 기물을 매우 중시했다. 미자가 주나라에 투항할 때 그는 이 예기禮器를 갖고 있었다. 주나라 사람들이 땅을 나눌分封 때 이 예기를 하사하는 것이 분봉의 중요한 요소가 되었다. 예컨대 백금伯禽은 "하후夏后씨의 구슬璜"[103]을 나누어 받았다. 공자는 "기물과 이름만은 다른 사람에게 빌려줄 수 없다"[104]고 말한 바 있다.

'인민 중시重民'와 '대중 부양畜衆'

『서경』 「반경」 편은 "중아민重我民"이라고 말한다. 우리 백성을 중시한다는 의미다. "망불유민지승罔不唯民之承"이라고도 한다. 민의를 따르지 않을 수 없다는 의미다. 또는 "시민리용천視民利用遷"이라고 한다. 즉 백성의 이익에 근거하여 도읍을 옮긴다는 이야기다. "용봉축여중用奉畜汝衆"이라고도 한다. 용用은 무엇무엇으로써의 뜻이고, 봉奉은 도움을 줌, 축畜은 기른다는 뜻이다. 이 말은 읍을 옮기는 것은 너희를 양육하기 위함이라는 것이다. 「고종융일」장에는 "왕의 일은 백성을 공경敬民하는 것입니다. 한 명 한 명 하늘의 자손이 아닌 사람이 없습니다"[105]라는 말이 있다. 경민敬民이란 말까지 출현하고 있는 것이다. 이 편이 늦게 성립되었다고는 하지만 참고할 만하다.

'민民'과 '중衆'의 신분에 관해서는 사람들 사이에 의론이 분분하다. 「반경」편에 보면 지칭하는 범위가 꽤 넓은데 하부 관속들과 피통치자 모두를 포괄한다. 계급적 대립은 '분分'이 필요했을 뿐만 아니라 상하 구별을 엄격히 해야 했다. 동시에 상하의 이익은 일치하며, 상은 하를 위한다고 선전해야 했다. 역사적 경험으로 볼 때 이와 같은 결론은 어렵지 않게 얻을 수 있다.

옛사람 임용用人唯舊

「반경」편에 중심 사상이 하나 있는데 오로지 옛사람을 쓴다用人唯舊가 그것이다. "오로지 구舊인물을 임용하여 더불어 정치를 도모할 뿐이다"[106]라고 말한다. 용인유구란 혈연관계 및 씨족귀족의 연합으로 정권을 장악했다는 표시이며 정치연맹의 반영이기도 하다. 이 사상은 나중 중요한 정치사상 가운데 하나가 되었다.

편안함을 구하지 말고無傲從康 게으르지 말 것無戲怠

「반경」편은 "오만하게 편안함을 좇지 말라"[107] "놀며 게으르지 말지어다"[108] "재화, 보물을 그러모으지 말고 삶에 충실하여 열심히 일하라"고 지적한다. 이러한 말은 모두 하부 관속들에게 태만하지 말고 열심히 정무에 종사할 것을 훈계하는 것이다. 이는 주나라 초엽 '무일無逸' 사상의 선구다.

법도를 바로 세움正法度

「반경」편은 "선왕들에게 복服이 있었다"[109]고 말한다. 복은 법령 제도라는 뜻이다. 또 "항상 구복舊服으로써 법도를 바로 한다"[110]고 말한다. 구복이란 선왕의 구제도란 의미다. 주공周公은 주나라 사람들에게 "일 맡은 사람들은 은나라 법도 가운데 이치에 맞는 것을 본받도록 하라"[111] "벌을 다루는 일에 은나라 법을 써서 그 옳은 형벌과 그 옳은 죽임을 이용하라"[112]고 훈계하면서 은나라의 법도에 대해 설명한다. 법도를 바로 세운다正法度는 말은 정치 행위가 규범화되어야 하며 자의적으로 행사될 수 없다는 것을 강조한다.

이상에서 제기한 것들은 일련의 개념일 뿐으로 아직 체계적 이론이 형성되진 않았다. 그러나 이 개념들은 매우 중요하며 당시 정치사상에 이미 어떤 핵심이 존재하고 있었음을 보여준다. 또한 이 개념들은 향후 정치사상이 체계화되는 데 기초를 세워주었다. 따라서 정치사상사 입장에서 중요한 위치를 점한다고 하겠다.

결어

종교는 인류의 사유가 발전해간다는 징표의 하나다. 동시에 역사의 진행 과정에서 나타나는 우매함의 징표이기도 하다. '신'은 사람들 마음속에서 매우 숭고한 존재이지만, 사실 사람들이 초월적인 외부 힘을 믿으면 믿을수록 사람의 본성은 기형적인 형태가 되기 쉽다. 신을 향한 숭배는 일정한 범위 안에서 사람의 행위 규범에 일부 적극적인 작용을 할 수 있다. 즉 사람들로 하여금 원만한 생활을 하도록 유도할 수 있다. 그러나 동시에 사람들을 종종 짐승 같은 행위로 이끌기도 한다. 신격화가 진행될수록 잔혹한 행위가 수반된다. 신을 위한다는 명분으로 살인을 하는데, 이는 신을 위한다는 필요성에서뿐만 아니라 심지어는 감정상으로도 이를 윤허하게 된다. 예컨대 사람을 순장하는 것이 그렇다. 따라서 신격화와 야수화는 뗄 수 없는 관계에 있다. 백성을 이끌고 신을 섬긴 은왕이 바로 야수성이 가장 짙은 사람이었다. 수십 수백 수천의 사람을 제사 용품으로 사용했으며 희생물로 썼다.

왕권은 신의 이름을 빌려 강화되었고 신의 이름을 빌림으로써 극단적으로 잔혹해졌다. 왕권이 신격화될수록 현실로부터 멀어졌으며 더욱 거리낌이 없어져갔다. 신격화의 결과 정책적인 조정의 여지를 자주 잃었다. 은 주왕이 바로 이런 경우다.

1 唯殷先人有冊有典.(『書經』「多士」)

2 殷人尊神, 率民以事神.

3 貞, 帝令雨弗其足年.

4 貞, 帝令雨足年?(『殷虛書契前編』1, 50, 1)

5 ······呂貞, 今三月帝令多雨.(『殷虛書契前編』3, 19, 6)

6 羽(翌)癸卯帝其令風?

7 羽(翌)癸卯帝不令風?(『殷虛文字乙編』2452)

8 다툴 爭爭 자로 풀이했다. ─옮긴이

9 甲辰卜, 㱿貞, 我伐馬方, 帝受我又(佑)? 一月.(『殷虛文字乙編』5408)

10 que(췌)로 읽는다. ─옮긴이

11 gong(궁)으로 읽고, 弓라고도 쓴다. ─옮긴이

12 辛丑卜, 㱿貞, 伐吕方, 帝受我又(佑)?(『殷契粹編』1073)

13 戊戌王卜, 貞, 田戈, 往來無災?

14 점괘를 본다는 의미의 갑골 固의 오기로 여겨진다. ─옮긴이

15 王囚曰: 大吉. 在四月.

16 지명으로 생각된다. ─옮긴이

17 兹蟲, 獲犾亡(狐)十又三.(『殷虛書契前編』2, 28, 7)

18 ······㱿貞, 我受年?

19 ······我受黍年? 二月.(『殷虛書契續編』1, 37, 1)

20 王乍(作)邑, 帝若?(『卜辭通纂』373)

21 唐 자의 해석이 분명치 않다. ─옮긴이

22 己卯卜, 㱿貞, 王乍(作)邑帝若? 我從之唐.(『殷虛文字乙編』570)

23 ······丑卜, 貞, 不雨, 帝唯茣我?(『龜甲獸骨文字』1, 25, 13)

24 庚戌卜, 貞, 帝其降茣?(『殷虛書契前編』3, 25, 4)

25 貞, 我其喪衆人?(『殷契佚存』487)

26 ······王大令衆人曰: 劦(協과 같음)田, 其受年? 十一月.(『殷虛書契續編』2, 28, 5)

27 我其巳賓, 乍帝降若?

28 我勿巳賓, 乍帝降不若?(『卜辭通纂』367)

29 甲辰卜, 㱿貞, 下乙賓于帝?

30 貞, 咸不賓于帝?(『殷虛文字乙編』7197)

31 貞, 下乙不賓于帝?

32 大甲賓于帝?(『殷虛文字乙編』7434)

33 貞, 叀(惟와 같은 허사임)小臣令衆黍?(『殷虛書契前編』4, 30, 2)

34 壬戌卜, 不喪衆?

35 其喪衆?(『殷虛文字甲編』381)

36 貞, 我其喪衆人?(『殷契佚存』487)

37 옛 고古 자와 같다. ―옮긴이

38 ……旬貞, 㞢亡災? 不喪衆?(『殷虛書契後編』下, 35, 1)

39 令奴(共)衆人.(『殷契粹編』1287)

40 唯丙午, 黍衆.(『殷虛文字甲編』2691)

41 乙卯貞, 令𡧛以衆伐龍, 弋?(『庫方二氏藏甲骨卜辭』1001)

42 貞, 物黍(구할 求 자와 같음)年于誩土(邦社).(『殷虛書契前編』4, 17, 3)

43 其又燎亳土(社), 又(有)雨?(『殷契佚存』928)

44 燎年于方, 又(有)大雨?(『殷契粹編』808)

45 甲寅卜, 其帝方, 一羌一牛九犬?(『殷虛卜辭』718)

46 燎雨于南方.(『殷虛文字甲編』753)

47 以我齊明, 與我犧羊, 以社以方, 我田旣臧, 農夫之慶. 琴瑟擊鼓, 以御田祖, 以祈甘雨, 以
    介我稷黍, 以穀我士女.(『詩經』「小雅, 甫田」)

48 秋祭社與四方, 爲五穀成熟報其功也.

49 恪謹天命.

50 今不承於古, 罔知天之斷命.

51 天其永我命於玆新邑.

52 辛酉卜, 吅貞, 季希(祟, 祟의 오기)王?(『殷虛書契前編』5, 405)

53 貞祖辛㞢(災와 같음)我?(『殷虛書契前編』1, 11, 5)

54 貞于王亥黍年?(『殷虛書契前編』上, 1, 1)

55 貞, 于大甲告方出?(『殷虛書契後編』上, 29, 4)

56 告吕方于祖乙.(『殷虛書契續編』3, 7, 4)

57 古我先王, 曁乃祖乃父, 胥及逸勤, 予敢動用非罰? 世選爾勞, 予不掩爾善. 玆予大亨於先
    王, 爾祖其從與亨之.(『書經』「盤庚上」)

58 古我先后, 旣勞乃祖乃父, 汝共作我畜民. 汝有戕, 則在乃心, 我先后綏乃祖乃父. 乃祖乃
    父乃斷棄汝, 不救乃死. 玆予有亂政同位, 具乃貝玉. 乃祖乃父丕乃告我高后曰: '作丕刑

於朕孫!' 迪高后丕乃崇降弗祥.(『書經』「盤庚中」)

59   先后丕降與汝罪疾.(『書經』「盤庚中」)

60   丙寅, 貞, 又み(升)歲于伊尹二牟.(『殷虛書契後編』上, 22, 1)

61   告曷于黃尹.(『卜辭通纂』236) '황윤'을 곽郭씨는 '아형阿衡'과 '이윤'으로 해석한다. —저
     자주

62   爽과 같음. 伊尹의 배우자. —옮긴이

63   乙丑貞, 哷(寧과 같다 —옮긴이)風于伊奭.(『殷虛文字甲編』828)

64   너그러울 유侑 자와 같다. —옮긴이

65   戊辰, 虫伐于陟, 卯宰?(『金璋所藏甲骨卜辭』481) 척은 이척伊陟으로 생각된다. —저자
     주

66   貞, 虫于咸戊.(『殷虛書契前編』1, 43, 5)

67   伊尹乃立太丁之子太甲.

68   放之於桐宮.

69   攝行政當國.

70   咎單訓伊尹事.

71   古我先王, 亦唯圖任舊人共政.

72   人唯求舊.

73   古我先王, 暨乃祖乃父胥及逸勤.

74   夫王者, 能攻人者也.(『韓非子』「五蠹」)

75   臣諸侯者王.(『荀子』「王制」)

76   令行於諸夏之國謂之王.(『荀子』「王制」)

77   能用天下之謂王.(『荀子』「王制」)

78   古之造文者, 三劃而連其中, 謂之王. 三劃者, 天地與人也, 而連其中者, 通其道也.(『春秋
     繁露』「王道通三」)

79   我乃劓殄滅之.

80   天命玄鳥, 降而生商.

81   王司敬民, 罔非天胤.

82   予迓續乃命於天, 予豈汝威, 用奉畜汝衆.

83   勉出乃力, 聽予一人之作猷.

84   暨予一人猷同心.

85   明聽朕言, 無荒失朕命.

86　爾唯自鞠自苦, 若乘舟, 汝弗濟, 臭厥載.

87　我乃劓殄滅之, 無遺育.

88　矧予制乃長短之命.

89　邦之不臧, 唯予一人有佚罰.

90　非予自荒茲德.

91　人唯求舊, 器非求舊, 唯新.

92　予亦不敢動用非德.

93　若網在綱, 有條而不紊; 若農服田力穡, 乃亦有秋. 汝克黜乃心, 施實德於民, 至於婚友, 丕乃敢大言, 汝有積德.

94　無總於貨寶, 生生自庸, 式敷民德, 永肩一心.

95　用沈酗於酒, 用亂敗厥德於下.(『書經』「微子」)

96　殷禮陟配天, 多歷年所.

97　殷因於夏禮, 所損益可知也; 周因於殷禮, 所損益可知也.(『論語』「爲政」)

98　典祀無豐於昵.

99　常祀無禮於棄道.

100　象二玉在器之形, 古者行禮以玉.

101　豐, 行禮之器.

102　盛玉以奉神人之器謂之豐, 若豐. 推之而奉神人之酒醴亦謂之醴, 又推之而奉神人之事通謂之禮.

103　夏后氏之璜.(『左傳』定公4年)

104　唯器與名不可以假人.(『左傳』成公2年)

105　王司敬民, 罔非天胤.

106　亦唯圖任舊人共政.

107　無傲從康.

108　無戲怠.

109　先王有服.

110　以常舊服, 正法度.

111　司師, 茲殷罰有倫.

112　事罰, 蔽殷彝, 用其義刑義殺.(『書經』「康誥」)

제2장

서주西周의 정치사상:
경천보민敬天保民과 천하왕유天下王有

주周 민족은 서북 황투고원黃土高原에 살고 있었으며 상商나라에 예속되어 있었다. 주 문왕文王 때 적극적으로 '전상翦商(상商나라를 멸망시킴)'하는 방향으로 경영했다. 문왕이 죽고 아들 무왕武王이 왕위를 계승했다. 기원전 1046년 무왕은 우방들과 연합하여 공동으로 상을 멸망시키고 주 왕조를 건립했다.

주나라 정치 제도의 중요한 특징은 분봉제分封制와 종법제宗法制의 유기적 결합으로 주 천자天子를 호위하도록 한 것이다. 이는 정치와 윤리가 결합하는 데 근거를 제공하며 현실적인 기초가 되어준다.

서주西周의 생산관계는 노예제이면서 봉건제였다. 각급 영주, 귀족 및 그들의 국가는 농업과 수공업에 종사하는 한 무리의 생산노예를 부렸다. 당시 단신單身의 노예는 '인격人鬲' '격鬲' 또는 '신訊' '축표' 등으로 불렸다. 그리고 성가한 노예는 '신臣'이라 불렸는데 '가家'로 그 숫자를 계산했다. 보통 상급 귀족이 한 급 아래 귀족에게 노예를 상으로 내렸다. 수공업 생산에 종사하는 노예는 '백공百工'이라 이름했다. 서주의 각종 주요 수공업으로는 청동 주물, 골기骨器 제조, 옥기玉器, 방직 등이 있었는데 모두 노예노동을 활용했다. 위에서 설명한 노예 외에 노예보다는 지위가 높은 또 다른 계급으로 '민民'이 있었는데 당시 '서민庶民' 혹은 '서인庶人'이라고도 불렀다. 그들은 원래 '촌사村社'의 나머지 조직 내에 거주했다. 각급의 귀족들은 원래 '촌사' 조직을 이용하여 노동 집단으로 편제했으며 그들로 하여금 농업 방면의 집단 노동에 종사하도록 했다. 그들의 신분은 노예보다 높았으며 주인이 매매하거나 임의로 도살할 수 없었다. 그들은 가정을 이루고 살았으며 일부 농기구와 가축 등 재산을 보유하기도 했다. 그러나 그들의 몸은 엄격한 속박을 받아 마음대로 이사할 수는 없었다. 귀족은 그들을 농토와 묶어 신하에게 분봉할 수 있었다. 그들의 지위는 농노 상태였다.

주는 '작은 나라'로 '큰 나라' 상을 깨부수었다. 이는 엄청난 사건으로 역사적으로는 천리와 인심에 순응한順天應人 '혁명'으로 불린다. 바로 이 '혁명'이 중국 고대 정치사상의 비조 주공周公을 배출했다.

주공周公의 혁명 사상

주 무왕이 이끈 목야牧野의 전투로 주는 일거에 상나라를 정복했다. 그러나 무왕은 은殷 주왕紂王을 죽였을 뿐 진정으로 상을 멸망시킨 것은 아니다. 상의 옛 땅은 여전히 주왕의 아들 무경武庚이 통치하도록 하고 있었다. 이 전쟁을 통해 은나라와 주나라의 지위에 거대한 변화가 생겨났는데 무경이 주나라를 향해 신하를 칭했으니 주는 은나라의 속국에서 일약 종주국으로 바뀌었다. 무왕은 무경에 대해 마음을 놓을 수가 없어 자신의 세 아우를 파견하여 무경을 감시토록 했다. 이들을 '삼감三監'이라 부른다. 무왕은 호경鎬京으로 돌아온 뒤 연만하여 곧 죽었다. 태자 성왕成王이 나이가 어려 무왕의 아우인 주공 단旦이 정무를 보좌했다. 삼감은 주공이 대신하여 왕좌에 오르려 한다고 생각했다. 그들은 무경과 결탁하여 주나라에 반란을 일으켰다. 주공은 병사를 이끌고 동방 정벌의 길에 올라 3년간 혈전을 치른 뒤 무경과 삼감을 없애버렸다. 이로써 진정한 의미에서 상은 멸망했다. 이 점에서 주공이야말로 주나라 개국의 완성자이며 제도를 확정한 사람으로 불러야 마땅하다.

　주공은 상전벽해의 대변란을 경험한 사람이다. 은나라의 멸망 경험에서 얻을 수 있는 교훈은 무엇인가? 자칭 작은 나라인 주나라가 어떻게 통치를 공고히 해나갈 수 있겠는가? 주공 단은 일련의 고명誥命[1]을 실행하는 과정에서 식견 있는 해답을 제시했다. 「주서周書」 중 「대고大誥」 「강고康誥」 「주고酒誥」 「자재梓材」 「소고召誥」 「낙고洛誥」 「다사多士」 「무일無逸」 「다방多方」 「입정立政」 편 등은 모두 주공과 직접 관계가 있다. 많은 학자는 이를 주공의 작품이라 생각한다. 이 작품들은 주나라의 고명과 정책일 뿐만 아니라 주공이 그 전의 역사에 대해 내린 총결이기도 하다. 고대 정치사상사에서 주공은 특수한 위치를 차지한다. 그는 체계적인 정치 주장과 이론을 제기했는데 중국 고대 정치사상사의 개산조사라고 할 수 있다.

순천응인順天應人의 혁명론

주 민족은 원래 은나라에 예속되어 있었다. 종교적 신앙에서도 상제上帝를 지상신으로 여겼다. 1977년 주나라의 옛 도읍 유적지가 있는 기산岐山에서 주나라가 상나라를 멸망시키기 이전에 상제에게 점을 쳐 물었던 갑골 한 무더기가 발견되었다. 이 갑골의 주인이 누구인가에 대해서는 학계에 논쟁이 분분하다. 일설에는 주나라 사람이라고 하고, 또 다른 설은 은나라 사람이라고 한다. 그런데 당시의 정치·지리적 형세로 볼 때 은나라 사람이라고 하기는 좀 곤란하다.『시경詩經』「면綿」편은 주나라 역사를 서술하면서 고공단보古公亶父가 복卜을 사용했다면서 문장 가운데 "나의 거북으로 서약을 하려는가"[2]라고 말하고 있다. 점을 기록한 갑골이 주나라 사람의 것이라면 이는 주나라 사람들도 마찬가지로 상제를 신봉했다는 점이 증명된다.

은나라 사람 입장에서 보면 상제는 은왕의 보호신이다. 그리고 은나라 말기에 이르면 제帝와 왕王이 합치되는 현상이 나타난다. 그렇다면 주나라 사람들 앞에는 커다란 모순이 펼쳐지지 않을 수 없다. 즉 한편으로 상제는 포기해서는 안 될 존재이며, 다른 한편으로는 어떻게 해야 상제를 은

왕의 수중에서 빼앗아 자기 수중으로 가져와 주나라의 보호신으로 바꿀 수 있는가다. 주공은 이 문제를 해결했다.

주공의 말을 보면 상제의 절대 권위를 추호도 의심하지 않는다. 은나라와 주나라의 상제를 일컫는 칭호에는 약간의 변화가 있었다. 갑골문을 보면 은나라 때의 '천天'과 '상제'는 하나의 개념이 아니었다. '천'에는 신비로운 의미가 없었다. 그런데 주나라는 '천'과 '상제'를 함께 지칭했다. 주나라 사람들의 관념에는 천 또는 제帝가 지상신이었다. 은나라 때와 마찬가지로 주공은 무슨 말을 하든 무슨 짓을 하든 모두 천의 의지와 명령이라고 일컬었다. 이러한 권위는 "어진 사람에게 명하시며, 길하도록 또는 흉하도록 명하시며, 통치의 연속을 명하시리라"³는 말에 집중적으로 표현되어 있다. '명命'은 명을 하사한다는 그 명이다. 이 의미는 하늘이 지극히 어진 이聖哲에게 큰 명을 하사하시고, 또 길이나 흉을 내리며, 통치 기간의 길고 짧음 또한 모두 천명天命에 의해 결정된다는 것이다.

주공은 은나라 때 상제지상의 신념을 수정하여 계승했다. 그 핵심은 명이 항상 일정치 않은 바이니 오로지 덕德 있는 자만을 받을 수 있다는 것이다.

"명이 항상 일정치 않다"⁴는 상제가 하사하신 큰 명이 고정불변한 게 아니라는 뜻이다. 상제는 무엇에 근거하여 길흉을 운명 짓는가? 하는 모양을 보고서 결정한다. 하늘이 더 이상 은왕을 보살피지 않은 까닭은 은나라 왕 신辛이 온갖 못된 짓을 하고, 사치가 극에 이르렀으며, 술기운이 하늘에 뻗쳐 하늘이 이를 포기했기 때문이다. 「주고」는 말한다. "그래서 하늘이 은나라에 벌을 내리셨다. 이렇게 은을 더 이상 아끼지 않은 것은 그들이 너무 안일했기 때문이다. 하늘이 잔인한 것이 아니라 그들 백성이 스스로 죄를 부른 것이다."⁵

「다사」편에서 주공은 "상제가 안일하도록 이끈다"⁶는 고어古語에 근거하여 천명은 항상 일정치 않다는 데 대해 역사적으로 분석한다. 이 고어에는 역대로 여러 해석이 있다. 간단히 말하면 상제는 사람에 대하여 항상 바르게 경고하고 선으로 이끌며, 만일 잘못하고도 고치지 않으면 벌을 내리게 될 것이라는 의미다. 주공은 역사상의 흥망을 들어 이 말에 대해 다음과 같이 설명한다. 당초 "하夏나라 사람들이 방종逸을 절제適하지 않았다".[7] 적適은 절제, 일逸은 방종을 말한다. 그 의미는 하나라 사람들이 방종한 행동을 절제하지 못했다는 것이다. 그리하여 "제帝께서 천명을 바로 아는 사람을 강림시켜 하나라를 옳게時 이끌라고格 권고嚮하셨다".[8] 격格은 사람을 바로 만들다, 똑바로 알게 만든다는 의미로, 여기서는 하늘이 천명을 아는 사람을 생성해낸다는 뜻이다. 향嚮은 권고하다, 시時는 옳다는 의미다. 이 문장의 대의는 상제가 천명을 아는 사람을 내려 하나라를 권면해 잘 이끌도록 했다는 말이다. 그런데 하나라 사람들은 명을 듣지 않았고 오히려 "크게 음란하며 말만 많았다".[9] 방종함을 그치지 않았고 위로 교만스레 하늘을 속이는가 하면 그런 말들을 크게 외쳐댔다. 상제는 하나라를 구할 방도가 더 이상 없음을 간파했다. 그리하여 "그에 으뜸 되는 명을 폐하시고 벌을 내리셨다".[10] 즉, 하나라를 없애라는 큰 명을 내려 징벌토록 한 것이다. 결국 "그대들의 선조 성탕成湯이 하나라를 바꾸라革는 명을 받게 되었고 뛰어난 백성이 사방을 다스리게旬 된 것이다".[11] 전旬은 다스린다는 뜻이다. 이 의미는 천명이 너희 선조인 성탕에게 하나라를 뒤바꾸라는 큰 명을 내려 유능한 사람들을 임용하여 사방을 다스리라고 한 것이다. 이것이 바로 역사상 '성탕 혁명'설의 시초다.

성탕에서 제을帝乙까지 뭇 왕은 모두 유덕한 정치를 행하려 노력했고 상제에 대한 제사를 존중했다. 그래서 상제는 은나라를 보우하여 평안히 다스려지도록 했다. 그런데 후대의 왕위 계승자인 제신帝辛과 무경은 위로 하늘의 가르침을 듣지 않았을 뿐만 아니라 상제를 속이기까지 했다. 사치하고 부패했으며 백성의 위난을 돌보지 않았다. 그러니 "상제께서 보우하지 않으시고 이와 같은 큰 멸망大喪을 내리신 것이다."[12] '대상大喪'이란 은나라가 주나라에 의해 멸망당한 것을 가리킨다. 주나라가 은나라를 대체하여 일어난 것은 주나라의 선왕들 때문이다. 특히 문왕, 무왕이 천명을 삼가 존중하고 열심히 정무에 종사했으며 감히 술판을 벌이거나 사치에 빠지지 않았기 때문이다. "그래서 우리가 오늘에 이르러 은나라를 극복하라는 명을 받은 것이다."[13]

'명이 항상 일정하지 않음'은 주나라 초엽에 일종의 사회의식으로 형성되었다. 『시경』「문왕文王」편은 "천명은 일정하지 않다"[14]고 말하여 문제를 더욱 간단명료하게 개괄하고 있다. 「대명大明」편도 "하늘은 믿기 어렵다. 하기 쉽지 않은 것이 왕인가보다. 하늘이 처음 은나라를 보위하더니 이제 또 그들로 하여금 사방을 다스리지 못하게 만들었다"[15]고 말한다. 이 말의 뜻은 다음과 같다. '천명은 믿기 어렵다! 하기 쉽지 않은 것이 왕이다. 하늘은 본래 은의 적손을 보호했는데, 또 그로 하여금 사방을 통치할 수 없게 만들었다.'

천명이 일정치 않다는 말은 하늘이 누가 정권을 장악하든 관심을 두지 않는다는 말이 아니다. 그 핵심은 하늘이 상황에 따라 권력을 장악한 사람을 바꾼다는 데 있다. 즉 덕德에 의거하여 "백성의 주인民主을 구한다"는 것이다. '민주民主'라는 말은 「주서, 다방」에 맨 처음 보인다. 『시경』에도 여러 번 나타난다. 이때 '민주'는 '군주君主'이며 뭇 백성의 주인衆民之主이라는 말이다. 누가 '민주'할 수 있는지는 하늘에 의해 선정될 것이다. 하나라가 정권을 장악했을 때 하의 주인은 천하를 해쳤으며 상제의 명령을 듣지 않았다. 그래서 "하늘은 때에 맞춰 민주를 구하시어 성탕에게 현휴顯休의 명령을 크게 내리셨다. 하나라를 징벌하여 멸망시키라고."[16] 현顯은 광영, 휴休는 아름다움이니 현휴顯休의 명이란 영광스럽고 아름다운 명령을 뜻한다. 이 의미는 '하늘이 영광스럽고 아름다운 큰 명을 성탕에게 내리시어 그로 하여금 하나라를 징벌토록 명령했다'는 것이다. 그래서 성탕은 "하나라를 대신하여 민주가 되었다."[17] 성탕으로부터 제을에 이르기까지 모든 왕은 하늘의 도움을 받았다. 그런데 제신이 왕위를 계승한 뒤 온갖 못된 짓을 했으므로 상천上天은 유덕한 주를 다시 선택하여 상을 대신해 민주가 되도록 한 것이다. 그리고 또 "하늘이 하를 용석庸釋한 것이 아니로다, 하늘이 은을 용석한 것이 아니로다"[18]라고 말한다. 용庸은 쓴다는 뜻이고 석釋은 버린다는 뜻이다. 이 말의 의미는 하늘이 고의로 하와 은을 버리려는 게 아니라 하와 상의 군주가 완전히 제 무덤을 판 것이라는 뜻이다.

주나라가 하늘에 의해 선택되어 상나라를 대신하게 된 까닭은 주나라에 덕이 있었기 때문이다. "너의 현달하신 아버지 문왕께옵서는 덕을 밝히시고 벌을 신중히 하셨다. 감히 홀아비, 홀어미도 업신여기지 않으셨다. 애쓰시고, 공경하시며, 위엄 있게 백성에게 밝히셨다. 그리하여 우리 중국夏에 구획을 처음 만드셨다."[19] 하夏는 중국으로 주나라를 뜻한다. 이 의미는 영명한 조상인 문왕이 덕을 숭상하며 벌을 신중히 했고, 비비고 의지할 데 없는 남녀노소를 함부로 업신여기지 않았으며, 쓸 만한 사람을 쓰고, 공경할 일에 공경하고, 위엄을 부릴 만한 일에 위엄을 부려 백성으로 하여금 모두 이치를 명백히 깨치도록 했다는 것이다. 그리하여 상제께서 우리 작은 나라인 주를 강성하게 만들었다는 것이다. 「대고」편도 "아! 나 어린 자식은 감히 상제의 명을 거역하지 못하겠도다. 하늘이 영왕寧王을 아름답게 여기시어 우리 작은 나라 주를 일으켜 세우셨으니"[20]라고 말한다. 영왕은 문왕을 말한다. 이는 '아! 나는 [문왕의] 아들로서 감히 상제의 명을 버리지 못하겠다. 상제께서 문왕을 도와 우리 작은 나라 주를 흥성하게 만들었으니 그렇다'는 것을 의미한다.

주공은 상나라에 덕이 모자랐고 주나라가 덕을 갖추었음을 반복해서 주장한다. 그래서 주나라가 상나라를 대신하여 하늘의 뜻을 집행하게 되었다는 것이다. 「입정」 편에서 "제께서 흔연히 그를 벌하시어 마치 상나라가 명을 받았던 식으로 우리로 하여금 중국을 갖도록 하여 만백성을 어루만지도록 하셨다"[21]고 말했다. 이 말의 뜻은 상제가 상나라 왕을 무겁게 징벌하고 우리 주나라로 하여금 상나라 왕 대신 명을 받아 만백성을 다스리도록 했다는 것이다. 소공召公도 "하늘의 상제께서 그 원자元子를 바꾸셨다"[22]고 말한다.

『시경』 「대아大雅, 황의皇矣」는 상제에게 '민주'를 구하면서 인격적으로 묘사하고 있다. "위대하신 상제께서 아래로 강림하시니 빛나도다. 사방을 두루 살피시어 백성의 고난을 구하시도다. 이 [하와 은] 두 나라의 정치가 성과를 못 보니, 저 사방이 나라들을 살피고 또 헤아리시도다. 상제께서 노하심은 그 정치가 잘못됨을 미워하셨기 때문이로다. 이에 서쪽(주나라)을 돌아보시고 여기에 함께 머무르시고자 한 것이니라."[23]

금문金文에도 위에 언급한 이야기와 유사한 말이 매우 많다. 예컨대 「모공정毛公鼎」은 "문, 무임금을 크게 드러내도록 했다. 하늘은 그들의 덕을 많이 키우도록 하여 우리 주나라를 길러 천명을 받도록 하셨다"[24]고 한다.

하늘의 의지는 어디에서 알 수 있는가? 점을 쳐 아는 것 외에 백성의 정서, 즉 민정民情을 살펴야 한다. 민정을 통해 천명을 보는 것이다. 「강고」 편은 "하늘이 두려워하고 진정으로 도와줌은棐忱 민정으로 대략 알 수 있다"[25]고 말한다. 비棐란 도움, 침忱이란 믿음을 말한다. 이 의미는 상제의 두려움과 성심誠心은 민정을 통해 알 수 있다는 것이다. 민정이란 눈앞에 펼쳐져 있는 것이니, 이로부터 백성은 가깝고 하늘은 멀다는 진척된 생각을 끌어낼 수 있다. 민정을 모르면 천명을 함부로 논하지 말아야 한다. 「대고」 편은 "지혜를 발휘하여遭哲 백성을 강康하게 적迪하지 못했다면 어찌 천명을 격格하여 안다고 하겠소?"[26]라고 말한다. 조造는 만남, 철哲은 지혜, 적迪은 이끎, 강康은 평안, 격格은 격지格知, 즉 미루어 궁구한다는 뜻이다. 이 의미는 '만약 아직도 백성으로 하여금 사정을 명명백백하게 알도록 하여 편안하고 행복한 상태에 이르도록 이끌지 못했다면 어찌 천명을 알았다고 말할 수 있겠소?'라는 것이다. 『좌전左傳』 양공襄公 31년에 노 목숙魯穆叔은 「태서大誓」를 인용하여 "백성이 하고자 하는 바를 하늘은 반드시 따른다"[27]고 말한다. 이 말은 『좌전』 소공昭公 원년과 『국어國語』 「주어周語」, 「정어鄭語」에도 보인다. 『맹자孟子』 「만장상萬章上」 편은 「태서」를 인용하여 "하늘은 우리 백성의 눈을 통해서 보고, 하늘은 우리 백성의 귀를 통해 듣는다"[28]고 말한다. 대다수의 학자는 「태서」가 늦게 성립되었다고 생각한다. 여기서의 인용은 참고적 의미에서다. 맹자의 말은 어쩌면 주나라 초엽 사람들의 말이 아닐 것이다. 그러나 이런 사상은 주 초 몇 편의 글 가운데 이미 맹아를 보이고 있다.

사정은 역시 실제 상황으로 귀결되어야 할 텐데 도대체 누가 천명을 알 수 있단 말인가? 주공의 말에 의하면 당시 주 문왕이나 주공 등과 같은 사람만이 비로소 하늘의 마음속 깊은 곳을 더듬을 수 있다는 것이다. 「대고」 편에 "오직 열 사람만이 상제의 명을 알았도다. 하늘은 성실히 도움을 주고 계시니 그대들은 감히 법을 바꾸지 말아야 하리라"[29]라고 말한다. 열 사람이 누구인지에 대해서는 대대로 갖가지 해석이 있다. 『논어論語』에는 무왕의 말을 인용하여 "나에게 난亂이 있으니 신하 열 사람이 있다"[30]고 한다. 정현鄭玄은 문모文母, 주공, 태공太公, 소공, 필공畢公, 영공榮公, 태전太順, 홍요閎夭, 산의생散宜生, 남궁적南宮適 10인을 가리킨다고 주장한다. 이 문장의 의미는 열 명의 성스러운 인재만이 상제의 본뜻을 이해할 수 있다는 것이다. 상제는 진심으로 성의를 다해 주나라를 돕고 있다. 너희(주나라의 신민을 가리킴)는 상제의 본뜻에 대하여 태만하지 말아라. 「대고」 편은 삼감이 반란을 일으켰을 때 주공이 발원했던 맹서다. 그러니 주공 등 열 사람 외에 같은 종족의 일반 사람들 및 주 민족과 동맹을 맺은 나라의 수령들은 모두 상제의 명령을 만질 수 없는 것이다. 「대고」는 "그 대들은 또한 천명이 바뀌지 않음을 모르리라"[31]라고 말한다. 이 의미는 '너희는 천명이 바뀔 수 없다는 사실을 알지 못한다'는 것이다. 『시경』 「대명」 편에도 이와 유사한 기록이 있다. "이 문왕께서 삼가고 조심하여 상제를 밝게 섬기시고 많은 복을 품으시도다. 그 덕에 어긋남이 없이 사방의 나라들을 받으셨도다."[32]

이상 언급한 사상이 매우 분명히 보여준 사실은 하나의 동그라미를 맴돌고 있다는 것이다. 즉 상제가 주 천자의 손아귀로 돌아왔다는 사실이다. 이 선을 따라가면 주 천자는 상제의 화신이며, 주 천자만이 천명을 알 수 있고, 상제도 주 천자만을 보호한다. 이런 유의 사상은 금문 가운데 더 충분히 드러나 있다.

주공은 총명이 절정에 오른 인물이다. 혹자는 그가 근본적으로 상제를 믿지 않았다고 말하지만 거기까지 동의하지는 못하겠다. 다만 확실한 것은 그가 종교 이론 개혁가라는 사실이다. 당시로서는 아직 상제를 포기할 만한 역사적 조건을 갖추지 못했으며 또한 방기할 수도 없었다. 주공의 이론은 상제를 아직 지키고 있었을 뿐만 아니라 왕조의 교체까지도 이로써 해석했다. 다시 말해 상제를 정신적 보호망으로 삼은 동시에 당면한 현실에 들어맞도록 인사人事를 중시하는 논리를 제시했다. 이로써 그는 신神과 인간 양측의 요구를 다 만족시켜주었다.

02

조상 숭배와
윤리의 정치화

종법제와 분봉제는 주나라 정치의 외재 형식이다. 이들은 권력과 재산 분배에 중요한 작용을 했다. 이런 상황에 적응해가면서 주나라 사람들은 조상을 존숭하고 종가宗家를 받드는 것을 매우 강조했다. 이와 관련된 주공의 논술은 매우 많다.

주공은 문왕이 하늘로부터 명을 받았다는 사실을 반복해서 선전한다. 「대고」 편은 "하늘은 나라를 편케 하신 왕(즉 문왕)을 아름다이 여기시어 우리 작은 나라 주를 일으키셨다"[33]고 한다. 「강고」 편은 "제께서 어여삐 여기시니, 하늘이 문왕에게 큰 명을 내리셨도다"[34]라고 한다. 「낙고」 편은 "백성을 다스리도록 명령받으신 당신 할아버지 문왕과 빛나는 공을 세운 당신 아버지 무왕을 받들고 계승하라시니 저는 삼가 조심하겠나이다"[35]라고 한다. 「주고」 편은 "그대들이 존경해 마지않는 문왕께서 서쪽 땅에 나라를 세우셨다"[36]고 말한다. 문왕과 무왕이 하늘로부터 명을 받았다는 사실을 주공은 모든 공무 처리의 근거요 출발점으로 삼았다. 주공은 또 문왕과 무왕이 후대를 위하여 길을 개척하고 기본을 다졌으며, 기본 국책은 모두 문왕과 무왕이 제정한 것임을 재삼 강조했다. 덕을 밝히고 벌을 삼간다는 '명덕신벌明德愼罰'이라는 가장 기본적인 정책도 문왕, 무왕이 확정한 것이다. 백성을 풍요롭게 한다는 '유민裕民' 정책도 문왕이 제기한 것이다. 「자재」 편은 "선왕께서는 명덕(정책)을 삼가 쓰셨다"[37]고 말한다.

주공은 그가 하는 일체의 행위가 모두 선대의 업을 따르고 계승한 것임을 거듭 밝힌다. 그는 문왕, 무왕의 방침과 유훈에 따라 일을 처리한다는 것이다. 예컨대 삼감과 무경의 반란을 징벌한 것도 문왕의 뜻을 받든 것이라고 한다. 「대고」 편은 "그로써 문왕, 무왕이 도모한 업을 완수敉한다"[38]고 말한다. 미敉는 편안히 어루만지고 평정한다, 즉 완성한다는 뜻이다. 이 의미는 문왕과 무왕이 도모했던 공업을 완성한다는 것이다. 강숙康叔을 분봉하면서 발포한 「강고」 편 가운데는 일련의 정책 원칙을 강론하고 있는데 모두 문왕, 무왕을 계승한다고 말한다. 「주고」를 발포함으로써 주나라 사람들이 술독에 빠지는 것을 금지했는데, 이 또한 문왕이 이미 제정해놓은 정책이라고 말한다. "문왕의 가르침을 숭상하고 지킬 수 있어 술을 많이 마시지 않았다."[39]

주공은 문왕, 무왕의 신령이 하늘에 있으며 제 좌우에 서서 시시로 모든 것을 내려다보고 계시다고 선전한다. 『사기』 「봉선서封禪書」는 "주공이 성왕의 재상을 할 때 후직后稷에게 교郊 제사를 드림으로써 천과 나란히 했고, 명당明堂에서 문왕에게 종宗 제사를 드림으로써 상제와 나란히 했다"[40]고 말한다. 금문으로 볼 때 이는 근거 있는 말이다. '대풍궤大豐簋'는 무왕이 문왕의 은殷 제사에 쓰던 제기인데, 거기 새겨진 명문銘文에는 "문왕이 위에서 내려다보고 계신다"[41]고 되어 있다. 문왕 이후의 수많은 기물에 있는 명문에는 모두 왕이 죽은 뒤 그 '엄嚴(사후에 그 영혼이 불멸하는 것을 일컬음)'이 위에서 제 좌우를 받치고 있다고 말한다.

은나라, 주나라 시기나 그 이후까지도 조상 숭배는 계속 성행했다. 인류에게는 언제고 두 가지 생산이 존재한다. 하나는 자신의 생산이고 다른 하나는 물질 자료의 생산이다. 이 두 가지 생산은 모두 그에 상호 적응하는 사회관계를 수반한다. 생산이 발달하지 못할수록 사람의 활동 범위는 작으며, 혈연관계의 작용이 커지고, 가부장제 요소가 강하다. 조상에 대한 숭배, 즉 존조尊祖 사상은 바로 이와 같은 기초 위에 생겨난 것이다. 당시에는 계급의 등급 구분에도 신비주의적 혈통 관념을 활용하여 호신부를 삼을 필요가 있었다. 조종祖宗에 대한 신격화는 바로 종가의 자손宗子을 신격화하는 작용을 불러일으킨다. 종법제에 따르면 대종大宗만이 조상에게 제사를 지낼 수 있었는데, 이는 대종만이 선조의 유일한 계승자임을 나타낸다. 소종小宗은 제사를 거드는 역할밖에 할 수 없었으니 소종은 대종의 울타리에 예속되었다. 따라서 종가에 대한 공경, 즉 경종敬宗과 부모에 대한 친애, 즉 친친親親은 종법제를 유지하고 군권君權을 수호하는 데 없어서는 안 될 것이었다.

종법제와 분봉제를 유지하려면 조상을 존중하고 종가를 공경尊祖敬宗해야 할 뿐만 아니라 동시에 친친해야 한다. 「주서」에는 친친 두 글자가 보이지 않는다. 그러나 후대인들은 항상 '친친' 사상을 주공과 연결시킨다. 예컨대 『여씨춘추呂氏春秋』 「장견長見」 편에는 주공이 백금伯禽을 책봉할 때 그에게 일정한 시정 방침을 주었는데 곧 '친친과 상은上恩(은혜를 많이 베풀라)'이었다고 쓰여 있다. 「주서」의 기록을 보면 주공은 효孝와 우애를 십분 강조하고 있다. 이와 '경종' '친친'은 일치한다. 「강고」 편은 "원악元惡 대대大懟는 역시 신惟 불효하고 우애롭지 못한 것이다"[42]라고 선포한다. 원元은 머리, 대懟는 간악함, 신惟은 또한, 유惟는 이것이란 뜻이다. 이 말은 크고 무거운 죄악은 불효와 불우不友에 속하는 것이라는 의미다. 자식된 사람이 어버이에게 효도하지 않으며, 어버이된 사람이 자식을 사랑하지 않으며, 동생이 형을 공경하지 않으며, 형이 동생을 사랑하지 않는 것은 모두 죄과로 큰 난리를 불러올 수 있다. 그러므로 불효, 불우한 자에 대하여 "이에 속히 문왕으로 하여금 벌을 내리시어 죄를 용서치 말라고 하시었다."[43] 이 의미는 신속히 문왕이 제정한 형법에 의거하여 엄격히 다스려 절대로 관용을 베풀지 말아야 한다는 것이다.

종족宗族 체계와 정치 체계의 통일은 존조, 경종 사상이 정치적 내용을 갖도록 만들었으며 윤리적 내용도 갖도록 했다. 둘은 합치되어 하나가 되었다.

03

명덕明德·보민保民·신벌愼罰 사상

'덕德'은 은대에 이미 하나의 정치 개념으로 자리 잡았다. 주공이 공헌한 가장 중요한 것 중 하나는 덕을 정치사상의 중추로 만들었다는 점이다. 덕이 있을 때 위로 하늘의 도움을 얻을 수 있고, 아래로 백성의 화합을 끌어낼 수 있다. 하늘의 보우가 있고 또 백성의 화합을 얻으면 곧 왕이 될 수 있으며 오랜 세월 스러지지 않는다.

'명덕明德'은 주공이 발포한 일련의 고명誥命에서의 사상적 지주였다. 주공은 '덕'으로 '천天'의 의향을 설명했는데 하늘은 오로지 덕으로 선택한다는 것이다. 그는 '덕'의 성쇠로 하, 상, 주 왕권 교체의 역사적 기준을 삼았다. 유덕한 사람은 왕이 되며 덕이 없는 사람은 천하를 잃는다는 것이다. 덕이 있으면 백성이 화합하고 덕이 없으면 백성이 배반한다. 주공이 말한 '덕'의 내용은 지극히 광범위하다. 당시로 보면 좋고 아름다운 물건은 모두 덕의 개념 속에 포함되었다. 종합하면 다음의 열 가지로 귀결된다. 1)경천敬天 2)경조敬祖하고 조상의 업을 계승함 3)왕명을 존중함 4)마음을 비우고 선대 현인들—상나라 때 선왕, 선현들의 성공 경험을 포함하여—의 유훈을 받아들임 5)어린 백성을 동정함 6)신중한 행정으로 심혈을 기울여 백성을 다스림 7)나태하지 않음 8)교화敎化를 행하여 "불혜 不惠한 사람을 사랑하고 불무不懋한 사람을 근면케 함,"⁴⁴ 여기서 혜惠는 사랑, 무懋는 근면을 뜻하므로 이 말은 사랑의 방법으로 길들여지지 않은 사람들을 이끌고 교육시키며 부지런하지 못한 사람들이 근면하게 되도록 격려한다는 의미임 9)"새로운 백성으로 만듦,"⁴⁵ 즉 은나라 유민을 새로 개조하여 정도를 가게 만듦 10)형벌을 신중히 함이 그것이다.

덕이란 종합적인 개념이다. 신앙, 도덕, 행정, 정책이 녹아 일체가 된 개념이다. 덕의 원칙에 의거하면 하늘과 조상에 대해 성실해야 하고, 자신에 대해서는 엄격해야 하며, 다른 사람과 선한 관계를 맺어야 한다. 이를 정치에 적용하면 가장 중요한 것은 보민保民과 신벌愼罰이 된다.

'보민'이란 주공이 제기한 새로운 정치 개념이다. 「강고」 편은 "예민乂民을 보호하고 다스려라"⁴⁶ "백성을 편안히 보호하거라"⁴⁷ "백성이 편히 다스려지리라"⁴⁸ 등의 말을 반복하고 있다. '유민裕民(백성을 부유하게 함)' '민녕民寧(백성을 안녕케 함)'이라는 말도 있다.

'예민'은 백성을 다스린다는 말이다. '보민'과 '예민'은 서로 가까운 개념이지만 다른 면도 있다. 『설문해자』에 따르면 보保란 기른다養는 말이다. '축畜' 자를 양養으로 쓰기도 한다. 『서경』 「반경盤庚」 편에 '축민畜民' '축중畜衆'이라는 말이 있다. '보민'은 당연히 '축민' '축중'의 발전이다. '보민'은 또한 '양민養民' 등 다른 화법으로 의미가 확대되기도 했다.

'보민'이란 우선 백성을 다스리는 태도를 강조하는 말이다. 주공은 백성의 고통을 자신의 고통으로 간주하여 더욱 중시해야 한다고 제안한다. "통관恫瘝이 그대 몸에 있듯이 공경할지어다."⁴⁹ 통恫은 고통, 관瘝은 병을 말한다. 위아래 문장과 연결했을 때 이 말은 백성의 고통을 자기 몸에 있듯이 여겨 특별히 주의를 기울이라는 의미다.

역사는 백성의 고통에 관심을 기울이지 않으면 반란이 일어날 수 있다는 사실을 경험적으로 증명한다. 주공은 자신의 고통을 대하는 것처럼 다스려갈 때만이 통치자로서 지위가 온전할 수 있다고 생각했다. 이는 동정심에서 나온 것일 뿐만 아니라 현실적인 모순을 반영한 것이기도 하다.

주공은 그의 자제子弟와 신료들에게 자신의 생각과 행위를 단속하라고 재삼 훈계한다. "원망을 짓지 말라. 생각 없는 짓을 말라. 법을 어기지 말라."50 이는 백성에게 원망을 사지 말고, 좋지 않은 생각을 갖지 말며, 법에 위반된 일을 하지 말라는 의미다. 만일 자신의 행위가 법도에 어긋나면 위의 행위가 아래로 흘러 결국 대란을 초래한다는 것이다.

어떻게 '어린 백성小民'을 지켜줄 수 있는가? 주공은 뭇 신하와 자제에게 안락을 탐하지 말고 제멋대로 행동하지 말며 신중히 정치에 종사하라고 훈계한다. 「무일」 편은 말한다. "백성을 다스림에 있어 공경하고 두려운 마음을 가져 감히 안락한 놀음에 빠지지 않는다."51 「강고」 편은 말한다. "일하지 않고 놀기만 좋아하지 말라."52 다른 한편으로 백성의 사정民情을 살펴 "씨 뿌리고 거두는 어려움을 알고,"53 "어린 백성이 힘들어 의지한 바依를 알아야 한다".54 의依는 가려짐, 즉 감춰진 아픔, 고통을 말한다. 백성의 아픔을 상관 않고 방치해서는 안 되며 깊은 관심을 보여야 한다. 특히 고아, 과부, 노인들에 대해서는 특별히 보살펴야 한다. 「무일」 편은 말한다. "어린 백성을 아끼고 보호하며 홀아비, 과부를 혜선惠鮮하셨습니다."55 선鮮은 잘한다는 의미이니 혜선은 사랑으로 보호한다는 뜻이다.

주공은 또 민중을 자신을 돌아보는 거울로 삼아야 한다고 주장한다. 「주고」 편은 "사람은 물을 거울로 삼을 것이 아니라 백성을 거울로 삼아야 한다"56고 말한다. 이 탁월한 견해는 중국 정치사상사에 심원한 영향을 끼쳤다. 당시와 고대사회에 이 사상이 직접 실천으로 옮겨질 수는 없었지만 여기에 내포된 민주적 요소는 매우 분명한 것이다.

덕의 정면이 보민이라면 또 다른 측면은 신벌이다. 주공은 은대의 어지러운 형벌亂罰이 백성의 원망과 반란을 초래했다는 역사적 경험을 고려하여 벌에 대한 원칙을 새로이 천명했다. 그것이 '신중한 형벌愼罰'이다. 신벌은 덕의 내용 가운데 하나일 뿐만 아니라 덕과 병렬되는 것으로 흔히 '명덕신벌'이라 부른다. 덕이 근본이고 형벌은 보충인 셈이다.

'신벌'은 '의형의살義刑義殺'이라고도 부른다. 의義는 마땅하다는 의미다. '의형의살'은 마음 내키는 대로 멋대로 하는 형벌과 상대되는 말이다. 「강고」 편은 강숙에게 '물용이차勿用以次', 즉 네 멋대로 행하지 말라고 훈계한다. 『순자荀子』 「유좌宥坐」 편은 이 말을 인용하여 신벌에 대한 이론 근거로 삼고 있다. 형벌 운용用刑 문제에 대하여 주공은 다음 몇 가지를 강조한다.

먼저 기성의 법전에 의거하여 형벌을 운용해야 한다. 「강고」 편은 말한다. "공경할지어다! 원망을 짓지 말라. 생각 없는 짓을 말라. 법을 어기지 말라."[57] 주공은 '상전常典'과 '정형正刑'에 의거하여 형벌을 운용하라고 강조한다. 이로써 은 주왕이 형벌을 남용했던 잘못을 고치려 한 것이다. 이는 민심을 안정시키는 데 중요한 작용을 했다.

다음으로 용형은 범죄자의 태도에 주의해야 한다. 「강고」 편은 말한다. "어떤 사람이 작은 죄를 지었는데 잘못眚이 아니라 하고 끝까지 그렇게 한다乃惟終면 스스로 법을 어긴 것不典으로서 고의로 그런 것式爾이니 죄가 작다고 하더라도 죽이지 않을 수 없다."[58] 생眚은 반성, 내유종乃惟終은 입장을 고치지 않고 견지한다는 뜻이다. 부전不典은 법에 맞지 않다는 의미다. 식式은 쓰다는 뜻이니 식이式爾란 고의로 그렇다는 말이다. 이 의미는 '한 사람이 작은 죄를 범했는데 그가 반성하지 않고 끝까지 태도를 바꾸지 않은 채 계속 그런 입장을 고수해간다면 죄가 크지 않다 하더라도 반드시 그를 죽여야 한다'는 것이다. 반대로 한 사람이 큰 죄를 범했는데 태도를 고집하지 않고 죄를 참회하며 또 고의로 그런 것이 아니라면 용서하여 죽이지 않아도 된다. 이것이 바로 「강고」 편에서 말하는 "큰 죄를 지었더라도 끝까지 그렇지 않고 재앙, 과실로 인해 우연히 지은 것이라면 자신의 잘못을 다 인정했다 하더라도 이를 죽여서는 안 된다"[59]는 의미다.

그다음으로 용형하는 마음이 선善에서 출발해야지 기회를 틈타 함부로 해서는 안 된다. 선이라 함은 용형할 때 민심이 참으로 복종할 수 있도록 방법을 모색해야 한다는 말이다. 그러면 "크게 명복할 것이며 백성이 조심하며 화합에 힘쓸敕 것이다"[60] 명복이란 순종, 복종, 칙敕은 힘쓴다는 뜻이다. 이 말은 용형이 백성으로 하여금 마음으로 복종하게 만들면 백성은 본분에 안주하며 열심히 맡은 일에 종사하여 범죄 같은 짓을 저지르지 않게 되리라는 의미다. 사람의 죄를 다스릴 때는 그 죄인 자신의 일만으로 취급해서는 안 된다. 관직에 있는 사람도 책임이 있는 것이다. "허물 있는 듯이 하라. 백성이 허물을 벗으리라."[61] 이 말은 백성에게 죄가 있을 때 자신이 잘못한 것처럼 하면 백성이 감동하여 저절로 개정되리라는 의미다. "어린아이 보호하듯 하면 백성이 편안히 다스려지리라"[62]는 말은 백성에 대하여 어린아이 보호하듯 하면 백성이 감화되어 잘 다스려지리라는 의미다. 이런 마음가짐이 있다면 사람을 죽이고 사람의 코를 베는 형벌을 받는다고 하더라도 옆 사람이 보기에 매우 명백한 것이다. 이는 사사로운 원한에서 나온 게 아니라 죽이거나 베지 않으면 안 되는 것으로, 개인이 사람을 죽인 것이 아니라 죄가 용서받지 못한 것이다.

그다음으로 판결할 때 절대로 급하게 서두르지 말고 시간을 가지고 여러모로 고찰해야 한다. "죄수囚를 판결할要 때 5~6일은 복념服念하고 열흘이나 한철에 이르러 죄수를 크게 결판하라."[63] 요要는 규찰함, 수囚는 범인을 말한다. 복服은 엎드림, 염念은 생각, 시時는 3개월을 뜻한다. 이 말은 범죄자를 판결할 때 5~6일에서 열흘, 3개월까지 신중히 생각해야 오판을 면한다는 의미다.

주공은 다음 사항에 해당되는 범죄라면 특히 엄벌에 처해야 한다고 주장한다. "백성이 스스로 죄를 짓고 구양간귀寇攘姦宄하며 사람을 죽여 넘어뜨리고越 재물을 약탈于하면서 억지로暋 죽음을 두려워하지 않으면 미워하지憝 않을 수 없다."[64] 구寇는 도둑질, 양攘은 약탈, 간姦은 내부에서의 소란, 귀宄는 외부에서의 반란을 말한다. 월越은 넘어뜨리는 것, 우于는 탈취하는 것을 말한다. 민暋은 억지, 대憝는 원망이다. 이 말은 백성이 고의로 도둑질, 약탈, 소란, 반란 및 살인, 재산 강탈 등의 범죄를 저질러 백성의 분노가 극에 이른 자는 잡아 죽여야 한다는 의미다. 그 밖에 불효하거나 우애하지 못한 죄인은 엄벌에 처해야 하며, 법을 어긴 관리는 특히 가중 처벌해야 하고, 국왕의 명령을 따르지 않은 자 등에게는 징벌을 가해야 한다.

형벌은 국가의 가장 중요한 기능이며 국가 권위의 최상의 표현이다. 형벌은 사람들로 하여금 보기만 해도 두렵게 만든다. 그러나 역사가 증명하듯이 형벌은 만능이 아니다. 주공은 왕조의 변천 과정에서 은 왕의 권력 구조물이 붕괴되는 것을 목격했다. 이는 그로 하여금 냉정하게 현실을 대면하지 않을 수 없게 만들었다. 형벌은 사람들로 하여금 두려움이 생기게 하지만 반드시 성스러운 것으로 포장되어야 한다. 형벌은 결코 없어서는 안 될 것이지만 반드시 신중하여 남용하지 말아야 한다. 그래서 주공은 선으로 법을 운용하고 덕으로 형벌을 시행하도록 강조한다. 마음이 선한가 아닌가의 여부는 물론 이와 전적으로 다른 종류의 일이다.

04 창업과
수성

주공은 역사상 왕조의 흥망성쇠에 근거하여 창업과 수성의 사상을 제기했다. 『서경』「대고」편은 창업의 어려움을 반복하여 설명하고 있다. 삼감의 반란이 있은 뒤 주나라가 처한 형세는 '깊은 물을 건너는 것'과 같았다. 그러나 일이 이미 시작되어 중도에 그만둘 수 없었다. 이를테면 집을 짓는다고 하자. 아버지가 어떻게 지으라고 이미 결정해놓았어도 아들이 기초를 다지지 않으면 어떻게 집을 짓는다고 말할 수 있겠는가? 또는 아버지가 이미 땅을 잘 갈아놓았는데 아들이 파종을 하지 않으면 어떻게 수확을 하겠는가? 용감하게 진행해갈 때 비로소 수확을 얻을 수 있다. 그는 사람들에게 창업을 위해서는 희생을 치러야 한다고 격려했다.

정치가 안정된 뒤에도 주공은 여전히 위험성을 강조하며 위태로운 상태로 치달을 수 있음을 경고한다. 『서경』「군석」편은 두 가지 앞길이 닥칠 수 있음을 명확히 지적하고 있다. "잘하지弔 못했기에 하늘은 은나라에 벌을 내렸고 그리하여 은은 하늘의 명으로 버림받았다. 우리 주나라가 그 명을 받았는데 그 기업이 영원히 아름다운休 믿음으로孚 이어갈는지 나는 감히 알 수 없다. 하늘의 도움이 계속된다 하더라도 상서롭지 못함에서 완전히 벗어날 수 있을는지 나는 또한 알 수 없다."[65] 조佛는 선함, 부孚는 믿음, 휴休는 아름다움을 뜻한다. 이 말은 '은나라가 수많은 나쁜 일을 저질러 하늘이 은나라에 벌을 내렸다, 우리 주나라가 큰 명을 받았으나 우리 사업이 영원히 잘되리라고는 감히 말할 수 없다, 위로 하늘의 도움이 있다 하더라도 우리 사업이 상서롭지 못함에서 벗어나리라고는 감히 말할 수 없다'는 의미다. 「무일」 「입정」 편은 어떻게 수성할 것인지에 대하여 상세히 논하며 반복 설명하고 있다. 아래로 백성의 정황을 이해해야 하며 행정을 신중히 해야 한다. 백성의 원망이 있거든 반성하라. 철학자를 기용하고 옛사람을 가까이해야 하나 절대로 파당을 지어서는 안 된다. 시시각각 자신을 단속해야 한다. "쾌락에 빠지지 말라. 안일에 빠지지 말라. 놀이에 빠지지 말라. 사냥에 빠지지 말라."[66] 즉 과도하게 즐거움을 좇지 말고, 무사안일을 탐하지 말며, 사방으로 쏘다니거나 사냥을 다니지 말라는 말이다.

정치의 앞날에 대해 두 가지 가능성을 제기한 것은 자신을 실제 현실에 더욱 가깝게 접근하도록 만들기 위해서만은 아니었다. 한 가지 앞날만 이야기한다는 것은 경직된 정치사상을 드러내면 은 주왕처럼 무지몽매해지기 십상이기 때문이다.

05   결어

주나라가 은나라를 대체한 것은 한 차례 왕조가 뒤바뀐 것에 불과할지도 모른다. 그러나 이 왕조 교체는 사회적 동요로 말미암아 이루어진 것으로 민중이 사회 동요의 주체 세력이었다. 통치 질서가 정상적으로 유지되는 시절에 사람들이 보는 것은 대부분 통치자의 위력이다. 특히 당시 상나라 왕의 지고무상한 권위는 전체 사회를 지배할 수 있었다. 그런데 역사의 대변화는 무명 인사들의 힘이 모아져 이루어진다는 것을 보여주었다. 바로 이렇게 모아진 힘이 지고무상한 상왕의 권위를 무너뜨린 것이다. 사람들은 신비주의적 관점으로 이 모든 것을 볼 수도 있다. 그러나 일선에서 활약하고 있는 깨어 있는 정치가는 현실을 직시하지 않을 수 없었다. 주공의 정치사상은 바로 이와 같은 역사 운동의 움직임 아래서 생겨난 것이다.

주공의 사상과 작은 나라 주가 큰 나라 상을 이겼다는 두 가지 사실은 지극히 밀접한 관계가 있다. 작은 나라가 큰 나라와 전쟁하여 승리를 거두었다는 사실은 간단히 신명에 의지할 수 있는 성질의 것이 아니다. 단순히 고유한 역량에 의존한 것이라고만 이야기할 수도 없다. 퍼내도 퍼내도 다하지 않는 힘의 원천을 찾아야 한다. 이 원천이 바로 민중이다. 주공이 민중을 중시한 것과 이와 같은 사실은 그래서 밀접한 관계가 있는 것이다.

주공이 하늘天을 도구로 사용했을 뿐이라는 주장은 아마 사실이 아닐 것이다. 그렇다고 주공이 천을 유일한 보물로 섬긴 것은 확실히 아니다. 그는 민정民情을 통해 하늘의 의지가 맑고 흐린지 여부를 살핀 것이다. 이는 그의 신학神學 가운데 상당히 많은 세속적 내용이 포함되어 있음을 설명해준다. 그리하여 그의 사상은 신비주의적 색채를 띨 뿐만 아니라 더욱더 현실성을 갖게 되었다.

은나라가 주나라로 바뀌는 과정에서 우리는 또한 다음과 같은 사실을 알 수 있었다. 즉 절대 무상의 권력과 상제에 대한 절대적 숭배는 인식 발전 과정상의 질곡이라는 것이다. 은 주왕이 자신의 인식을 교정하여 현실을 맞닥뜨릴 가능성이 전혀 없었던 것은 아니다. 그러나 주왕의 절대적 권력이 이와 같은 인식을 말살했고, 상제에 대한 무한한 신봉 또한 이런 작용이 더불어 일어나게 했다.

주나라가 은나라를 대체한 것은 한 차례 왕조 교체일 뿐이지만 이 교체의 의의는 대단히 중요하다. 왕권의 신비성이 교체 와중에 하강한 것이다. 새로 흥기한 최고 통치자도 자신을 위해 애써 신비적 외피를 둘러썼다. 그러나 그들은 현실을 직접 대면해야 했다. 냉정한 현실이 그들로 하여금 전혀 새로운 생각을 하지 않을 수 없게 만들었고, 이로써 인식론적 발전이 이루어졌다. 주공의 사상은 바로 이와 같은 변화의 산물이다.

제 2 절

'천자'와 전제주의 관념

서주의 국가 체제는 분봉제와 종법제를 기초로 한 주권의 다층분산형 가부장적 전제였다. 주나라 천자天子는 천하가 다 같이 받드는 공주共主이고, 최고 권력의 상징이며, 유한한 권력의 실현자였다. 주 천자는 제후諸侯에게 땅을 나누어주었고分封, 제후는 경卿과 대부大夫에게 분봉했다. 이는 그들 사이가 상하 예속관계였음을 나타낸다. 또한 제후는 주 천자에 대하여, 경, 대부는 제후에 대하여 모두 일정한 범위 내에서 독립적 정치 주권과 경제권을 갖고 있었다. 주 천자와 제후, 경대부는 자신의 정치 구역 내 정치권력 구조와 운행 방식에서 모두 전제專制의 유형에 속했으며 가부장적 체제의 특징을 띠고 있었다. 이런 상황과 어우러져 가부장적 전제주의 관념은 정치의식 가운데 특별한 위치를 점하게 되었다. 서주 시대에는 아직 전문적인 사상가가 없었고 이에 따라 자연히 체계 있는 정치 이론도 있을 수 없었다. 다만 제한된 파편적인 사료들에 의존하여 당시의 정치 관념을 고찰, 분석할 수 있을 뿐이다. 필자가 보기에 정치 관념 가운데 주도적 지위를 점한 것은 전제주의 관념이었다. 여기서는 천자 관념을 중심으로 분석해가고자 한다.

왕권 신수와
천자의 독존

주나라 왕의 권력은 어디서 온 것인가? 혹은 누가 준 것인가? 이는 권력의 합법성 문제와 관련 있다. 이 문제에서 역사적 사실과 관념은 하나의 일이 아니다. 역사적 사실로 볼 때 주왕의 권력은 무력을 통해 획득한 것이다. 그러나 관념적으로 주왕은 사실과 이론을 같은 선상에 놓지 않았다. 사실의 배후에 어떤 신비적 힘이 작용하고 있다고 생각했다. 이것이 바로 왕권 신수다.

주나라 사람들의 관념 가운데 천이나 상제는 지상신이며 일체의 현상을 결정하는 최후의 힘이었다. 바로 이 상제가 국왕에게 권력을 부여했다. 「대우정大盂鼎」은 말한다. "크게 현달하시도다, 문왕이여. 하늘이 보우하사 큰 명을 받으셨도다. 무왕께서 문왕을 이어받아 나라를 일으키고 그 숨겨진 곳을 펴시며 사방을 엎드려 복종케 하시고 그 백성을 바로잡으셨다."[67] 문왕이 처음으로 천명을 받았고 무왕은 이를 이어받아 천하를 갖게 되었다는 것이다. 「사극수師克盨」는 말한다. "문왕, 무왕이 크게 현창하시므로 이에 큰 명을 받으시고 사방을 복종시켰다."[68] 『서경』 「강고」 편은 말한다. "하늘이 문왕에게 크게 명하여 은나라를 정벌토록 했다. 이렇게 하늘의 명을 받았으므로 그 나라 그 백성이 안정되었도다."[69] 「자재」편은 말한다. "위대한 하늘이 중국 백성을 부치시어 선왕께 그 강토를 내리시었다."[70] 「무일」편은 말한다. "문왕이 명을 받으셨다."『시경』「대아, 황의」는 말한다. "제께서 나라를 세워 하늘에 응대하심은 태백大伯과 왕계王季로부터라. 이 왕계야말로 (…) 사방을 모두 갖게 되셨도다."[71] 「대아, 대명」에는 "하늘로부터 명이 있었도다. 문왕에게 이를 명하시어 주나라와 그 수도에 내리시었다. 훌륭한 여인으로 신莘나라의 따님이 있어 큰아들을 갖게 하시니 곧 문왕을 낳으셨다. 그이를 보살피시고 명을 내리시어 큰 상나라를 정벌케 하시었으니"[72]라고 쓰여 있다. 「주송周頌, 집경執競」은 말한다. "위대하다, 성왕, 강왕康王이시여. 상제께서 임금 되게 하시었으니. 그리하여 성왕, 강왕으로부터 사방을 모두 갖게 되셨으니."[73]

주왕의 권력과 지위는 하늘로부터 받았다. 이는 당시로 볼 때 가장 신성하고 권위 있는 관념이었다. 동시에 가장 설득력이 있었다. 이 관념은 종교적 권위와 정치적 권위가 하나로 결합된 것이다. 지금까지의 사료로 판단할 때 이 시기에는 주 천자의 권력만이 하늘로부터 주어졌다. 제후 등의 권력은 하늘의 부여, 하늘의 보우天授天佑 등과는 아무런 관계가 생길 수 없었다. 춘추春秋 시대에 이르러 비로소 천명이 아래로 옮겨진다는 관념이 생겨났고 이로써 제후들도 천명을 받을 수 있게 되었다.

왕권 신수와 천자의 독존은 공생 관계다. 주왕은 '왕'이라는 칭호 외에 '천자'로도 불렸다. '왕'이라는 호칭은 의심할 바 없이 정치적 권위의 표식이다. 그러나 '왕'이 유일한 존재는 아니었다. 주왕 외에 몇몇 제후도 왕을 칭했다. 국왕으로서 유일하고 독존적인 칭호는 '천자'였다. 현존하는 자료로 보면 문왕, 무왕 때는 아직 천자라 부르지 않았다. 주공이 등극했을 때도 왕이라 칭했을 뿐이다. 천자라는 명칭은 성왕 때 비로소 나타난다. 「대우정」은 "옛날에 천의 날개가 자식에게 임하사天異臨子 율법으로 선왕을 보우하셨나니 사방을 □□ 갖게 되시었다"[74]고 말한다. 천이림자天翼臨子란 하늘의 날개가 그 자식에게 임하여 도움을 준다는 의미다. 강왕 이후 천자는 자주 보이는 용어가 되었다. 천자란 곧 하늘의 아들이다. 이는 주왕이 사람과 신이 결합된 이중적 성질을 지닌 존재임을 매우 분명히 드러내준다. 주나라의 천자와 그 선왕들만이 하늘에 제사 지내고祭天, 하늘 제사에 조상 제사를 같이 할配天 자격이 있다. 『사기』 「봉선서」는 "주공이 성왕의 재상을 할 때 후직에게 교郊[75] 제사를 드림으로써 천과 나란히 했고, 명당明堂에서 문왕에게 종宗[76] 제사를 드림으로써 상제와 나란히 했다"[77]고 말한다. 주 천자는 살아생전에는 인간 세상에서 상제의 대표가 되며, 죽은 뒤에는 상제 곁으로 되돌아가게 된다. '대풍궤'는 무왕이 문왕을 제사하는 그릇인데 새겨진 글에 "문왕이 위에서 내려다보고 계신다"[78]라고 쓰여 있다. 서주의 수많은 기물에 새겨진 글銘文에는 모두 국왕이 죽으면 그 '엄嚴'이 위에, 제帝의 좌우에 있게 된다고 말한다. 『시경』 「대아, 문왕」은 "문왕이 오르내리시도다. 제의 좌우에 계시도다"[79]라읊고 있다. 이 말은 문왕의 신령이 천지 사이에 오르내리시며, 상제의 좌우에서 상제를 보좌하고 있다는 의미다.

주 천자는 은나라 왕과 마찬가지로 스스로 '여일인余(予)一人, 나 한 사람'이라 칭했다. 금문이나 사적에 모두 이런 기록이 있다. 『예기禮記』 「옥조玉藻」 편은 말한다. "무릇 스스로 칭하기를 천자는 여일인이라고 말한다."[80] 「곡례하曲禮下」 편은 말한다. "천하를 통솔하는 군주를 천자라 한다. 제후의 조회를 받으며, 직책을 나누어 정무를 맡기고 공헌에 따라 임용하며, 여일인이라고 말한다."[81] 춘추 시대 제후들도 자칭 '여일인'이라 한 사람이 있었으나 예를 어지럽히는 행위로 취급되었다.(『좌전』 애공哀公 16년조와 『사기』 「공자세가孔子世家」 참조) '여일인'이란 천자를 부르는 일반적인 칭호였을 뿐만 아니라 유아독존의, 일체를 초월한 사람이라는 정치 관념의 일종이다. 진시황秦始皇이 '짐朕'을 황제만이 독점하는 자기 칭호로 삼은 것은 바로 이 '여일인'이 발전하여 이루어진 것이다. '여일인'은 바로 군주 전제주의를 반영하고 있다.

천하왕유와
국왕의
권력 독점

천하天下란 지리적 개념이며 동시에 '천天' '제帝'가 '위上'에 있다는 것에 상대되는 종교적 관념이다. '천'이 공간적으로 끝이 없다無限면, '천하' 또한 이에 상응하여 갓이 없다無邊. '천'의 권위가 무한하므로 '천하'의 모든 것 또한 천의 주재에 귀속된다. 주나라 천자는 천제天帝의 인간계 대리인이므로 '천하' 또한 주 천자의 소유로 돌아간다. 『시경』 「소아小雅, 북산北山」이 말하는 "두루두루 하늘 아래 왕의 땅 아닌 곳 없도다, 온 세상 끝까지 왕의 신하 아닌 이 없도다"[82]는 바로 이를 일컫는다. 천하를 구체화한 말이 바로 '사방四方'이고 '만방萬邦'이다.

'사방'이란 동서남북을 가리키며 지리 관념상 무한한 것이다. '사방'은 모두 주 천자에 속한다. 주나라 초엽의 명문銘文인 「영이令彝」에는 "왕께서 주 공자에게 명하여 이윤伊尹의 삼사三事로 사방을 밝게 보전하라고 하셨다"[83]라고 실려 있다. 「대우정」에는 "무왕 때에 (…) 사방을 널리 보우하사 그 백성을 바로 이끄셨다"[84] "율법으로 선왕을 보우하셨나니 사방을 □□ 갖게 되시었다" "아침저녁으로 나 한 사람을 부르시어 사방에 겨울 제사烝를 올리게 하시었다"[85]라고 기록하고 있다. 「괵계자백반虢季子白盤」에는 "대단히 밝은 자백子伯이 융戎, 공工에 대항하여 굳센 무력으로 사방을 경영하고 보호했다"[86]고 기재되어 있다. 『시경』에도 이와 같은 기록이 많다. "그 성왕과 강왕으로부터 사방을 모두 갖게 되었도다."[87] "부지런하시도다, 우리 왕이시여. 사방을 통괄하여 다스리신다."[88] "이 중국에 은혜로움으로써 사방이 편안해지도다."[89] "장강長江과 한수漢水의 물이 넘실거린다. 무사들 위풍이 당당하도다. 사방을 두루 경영하셔서 공로를 왕께 아뢰도다."[90] 사방은 갓이 없는 것으로 관념상 모두 주 천자의 소유로 귀속된다. 「강한」 장의 "강역을 바로잡아 남해까지 이른다"[91]는 게 바로 이 말이다.

서주 때에는 주왕의 직할지王畿를 중심으로 많은 제후국과 사방 이민족四夷 국가들이 있었다. 이러한 나라들을 방邦이라고도 불렀다. 방국邦國이 매우 많았으므로 '만방萬邦' '다방多邦'이라는 칭호가 있었다. 만방과 주 천자의 관계가 멀고 가까움에 상관없이 명목상으로 만방은 모두 주 천자의 통솔 범위에 속해 있었다. 「장반墻盤」이라는 명문은 "가로대 옛날 문왕께서 (…) 상하를 모두 갖추시고 두루 만방을 받으시었다"[92]고 말한다. 「이이盠彝」에는 "천자께서 오랜 세월에도 질리지 않으시고 우리 만방을 보살피신다"[93]고 쓰여 있다. 『서경』 「낙고」 편은 "그날로부터 가운데서 다스려 만 나라가 편안해진다면 왕께서 성적을 거두시는 것입니다"[94]라고 기록하고 있다. 『시경』 「소아, 유월六月」은 "문무를 갖춘 길보吉甫 장군이 만 나라의 모범이 되시도다"[95]라고 말한다.

왕유천하王有天下 관념이 사실과 일치하는지 여부는 다른 이야기다. 그러나 이 개념은 매우 중요하다. 그것은 군주 전제주의의 핵심이다. 바로 이 관념이 제왕으로 하여금 최고 통치자가 되게끔 만들어준다. '천하'의 모든 땅이 왕의 소유로 귀속될 뿐만 아니라 천하의 모든 인민 또한 그의 신하인 것이다. 어떤 의미에서 이 관념은 사실 여부보다 훨씬 더 중요하다. 왜냐하면 이는 정신적으로 모든 인민의 주체의식과 가치를 빼앗아버리기 때문이다. 천하에는 단 한 사람만이 주체일 수 있다. 그는 바로 천자다.

천하왕유의 정치적 표현이 바로 권력왕수權力王授[96]다. 제후의 권력과 지위는 주 천자의 책명冊命을 거쳐야만 합법성을 획득한 것으로 여겨졌다. 『시경』「당풍唐風, 무의無衣」에 대한 『모전毛傳』의 해석은 "제후가 천자에게 명령받은 경우가 아니면 군君이 되지 못한다"[97]고 말한다. 『모전』의 성립 시기가 늦기는 하지만 이 주장은 기본적으로 사실과 부합한다. 주 천자와 제후의 관계는 매우 복잡하다. 어떤 제후는 주 천자가 분봉한 것이고, 어떤 제후는 원래의 방국邦國에 봉호封號를 부여받은 것이다. 이 때문에 주 천자에 대한 예속의 정도가 아주 다르다. 그러나 어떤 경우든 천자로부터 봉호를 얻었을 때에만 그 제후의 권력과 지위는 공인될 수 있었다. 주 천자가 수여할 권력의 주요 내용은 강토, 인민, 명호名號, 예기禮器를 주는 것이다.

"인민을 주고 강토를 준다"[98]는 내용은 각종 문헌이나 금문金文 어디에나 기록이 있다. 이는 봉호를 받은 사람의 토지와 인민에 대한 통치권이 주 천자로부터 기원한다는 것을 매우 분명하게 드러내준다.

명호란 존비귀천에 대한 관념적 규정이다. 명호 문제는 대단히 복잡하여 학계의 견해도 매우 다양하다. 공, 후, 백, 자, 남 다섯 가지 작위의 배열이 후세의 주장처럼 그렇게 엄격한 것은 아니었지만 등급을 표시하는 명호는 천자의 책명을 거친 뒤에야 비로소 성립되는 것이었다.

예기禮器 또한 존비귀천의 표식이었는데 마찬가지로 천자로부터 하사받아야 했다.

제후의 권력은 천자로부터 수여되므로 천자와 제후 사이에는 명분상 통상적으로 이야기되는 군신 관계라는 것이 존재한다. 이 점은 천자의 권위가 쇠약해진 춘추 시대에 이르기까지 여전히 사람들에게 준수되었다.

『국어』「제어齊語」는 이렇게 기록하고 있다. "규구葵丘의 회맹會盟에서 천자는 재상 공孔으로 하여금 제齊 환공桓公에게 치조致胙[99] 하면서 말했다. '여일인의 명은 위로 문, 무에 받든 바 있으니 공으로 하여금 치조케 하노라.' 그러고 난 뒤 명하여 말하기를 '당신 스스로 신분을 낮추나 실상은 당신을 아저씨伯舅라 부르고 있으니 하배下拜[100]할 필요 없소'라고 했다. 이에 환공이 관자管子를 불러 상의했다. 관자가 대답하기를 '군주가 군주답지 않고, 신하가 신하답지 않은 것이 난의 근본입니다'라고 했다. 환공은 걱정되었다. 이에 나와서 사람들을 보고 '하늘의 위엄을 지척에서 거스를 수 없도다. 나 소백小白은 감히 천자로부터 너는 하배하지 말라는 명을 받았으나 이는 아마도 아래에서 위의 체면을 떨어뜨리는 짓일 테니 천자로서는 부끄러운 일이 된다'고 말했다. 그러고 나서 하배하고 천자의 명을 높이 받들었다. 상으로 큰 수레가 내려지고, 용의 깃발에 면류관 아홉 갈래의 술을 드날리며, 커다란 문으로 붉은 교룡 깃발을 앞세우고 나아가니 제후들이 칭송하며 따랐다."[101] 이 기록은 영락한 주 천자와 패업을 이룬 제 환공 사이의 복잡한 이중 심리를 생동감 있게 나타내고 있다. 원래 주 천자는 천자의 위엄과 높은 곳에 앉아 아랫것들을 대하는 위세를 보여주고 싶었다. 동시에 환공의 하배 예식을 면해주어 환공의 환심을 사고 싶었다. 환공은 본래 하배의 예를 올리지 않음으로써 패주霸主로서 자신의 위세를 보여줄 생각이었다. 그러나 한편으로 예의에 어긋난 행동을 함으로써 여론의 압력을 받게 될 것이 두려웠다. 그리하여 끝내 군신의 예에 따라 행사를 치렀고 그것이 제후들의 칭찬을 받기에 이른 것이다. 진晉 문공文公 중이重耳는 제 환공의 뒤를 이어 더욱 권위 있는 패주가 된 사람이다. 그런 그이지만 천자가 내린 명령을 받아들인 뒤 제 환공과 마찬가지로 전전긍긍하는 태도를 연출하면서 "중이는 감히 재배하고 머리를 수그리어 천자의 크고 혁혁하신 명을 받들어 빛내려 하나이다"[102]

라고 말했다.

　천자의 책명이 있어야만 권력의 합법성을 갖출 수 있었다. 전국 시대 초 한韓, 조趙, 위魏 세 나라가 제후를 칭할 때의 모습을 봐도 이를 증명할 수 있다. 당시 주 천자의 기반은 제후들에게 잠식당해 콩알만 한 땅이 있었을 뿐이며, 빈곤 정도가 심해 최하급 나라로 전락해 있었다. 반면 한, 조, 위의 세력은 휘황찬란했다. 그럼에도 그들은 대부의 신분에서 제후로 상승하는 데 제멋대로 할 수 없었다. 여전히 주 천자의 책봉이 있어야 정식으로 제후를 칭할 수 있었고 다른 제후들로부터 인정을 받았다.

　제후의 권력과 지위는 주 천자가 수여한 것이다. 그러니 이에 상응하여 수여받은 사람은 자연히 천자의 은덕에 감지덕지해야 한다. 금문이나 여타 문헌 가운데 천자의 은총을 찬송하는 말은 매우 많다. 예컨대 "왕의 아름다움을 힘써 찬양하다" "높으신 왕에게 공경과 찬양을 드리다" "왕의 아름다움을 마주하다" "왕의 아름다움을 마주하여 찬양하다" "천자의 아름다움을 받아들이다" "천자의 크게 드러나신 아름다움을 마주해 찬양하다" 등이 그렇다. 이는 마치 후대의 "황은이 망극하옵나이다"라는 말과 같다. 관념적으로 모든 은혜를 천자에게 돌리고 있으며, 일체의 은전은 천자에게 의탁한다. 이와 같은 관념은 신민臣民들이 독자적으로 사상을 싹틔우고 발전시키지 못하도록 막아버리는 역할을 했다.

　천하는 왕의 소유다天下王有, 권력은 왕으로부터 나온다權力王授, 모든 공은 천자에게 돌아간다功歸天子는 관념이 사실과 얼마만큼 거리가 있든 간에 그것이 가리키는 방향은 오직 하나뿐이다. 그것은 바로 군주 전제주의다.

효와
가부장적
전제주의

은, 주 시대에 왕권王權과 부권父權은 긴밀히 연결된 일체였다. 특히 서주는 분봉제를 시행했는데, 분봉을 받은 사람들 가운데 희姬씨 성의 자제가 매우 많았다. "문, 무의 성공은 사실 희씨[의 천하]를 이룬 데 있다."[103] "옛날 무왕이 상을 정복하고 널리 천하를 차지하니 그 형제로 나라國를 가진 사람이 15명이었으며, 희씨 성으로 나라를 가진 자가 40명이었다."[104] 순자는 주나라 초기 71개의 나라를 세웠는데 그 가운데 53개를 희씨가 독점했다고 말한다.(『순자』「유효儒效」 참조) 주의 분봉제는 혈연관계와 함께 짜였다. 천자와 희씨 제후는 군신 관계이면서 동시에 아버지, 형, 숙부, 백부, 아들, 조카의 관계이기도 했다. 주 천자는 여러 희씨의 큰 종가大宗이며 종가의 주인宗主이었다. 효孝야말로 혈연관계와 혈연 정치를 유지하는 데 가장 중요한 윤리 관념이며 정치 관념이다. 주공은 효도하지 않고不孝, 우애하지 않음不友을 최고의 악으로 취급했다. 이는 그가 효를 극단적으로 중시했음을 설명해준다. 효의 함의는 비교적 복잡한데 중요한 것만 이야기하면 다음과 같다.

첫째, 조상과 부모를 받드는 데 쓰인다. 금문과 문헌 가운데 이 방면의 자료가 가장 많다. 둘째, 종실宗을 받드는 데 쓰인다. "제사를 지내 종실에 효도하다."[105] "제사를 지내 큰 종실에 효도하다."[106] "종묘에 효도하다."[107] "제사를 지내 종실의 원로에게 효도하다."[108] 셋째, 형제, 친척, 친구에게 쓰인다. "효로써 형제, 부모, 처가 외가, 여러 조상에 제사 지내다."[109] "제사를 지내 드높은 신, 돌아가신 조상님들, 많은 벗에게 효도하다."[110] 넷째, 하급자가 상급자를 대하는 데 쓰인다. "이에 상제上帝에게 바삐 달려가 주나라가 효도를 다하고 있음에 명령을 끝마치지 못하게 하다."[111]

효는 그 함의가 다양하지만 그 중심은 조상과 종실에 대한 존경, 혈연 관계의 유지에 있다. 종족宗族 관계와 정치 관계가 함께 짜여 있으므로 효를 다하는 것과 윗사람을 존중하고 따르는 것은 한가지 일이 된다. 묵자墨子의 "신하와 자식이 임금과 어버이에게 효도하지 않음이 이른바 난亂이다"[112]라는 말이 바로 그렇다. 진나라 대부 난공자欒共子는 말한다. "성成이 듣기에 '사람은 셋에서 나지만 섬기기는 하나같이 한다'고 한다. 어버이는 낳아주시고, 스승은 가르쳐주시며, 임금은 먹고살게 해주신다. 어버이가 안 계셨으면 생겨나지 못했을 것이고, 음식이 없었으면 자라나지 못했을 것이며, 가르침이 없었으면 살아 있는 존재임을 알지 못했을 것이다. 그래서 하나같이 섬긴다."[113] 진나라 태자 신생申生은 말한다. "내 양설羊舌대부가 말하는 것을 들으니 '임금은 공경으로 섬기고 어버이는 효도로 섬긴다'고 한다. 명을 받아 바꾸지 않으면 공경하는 것이며, 경건히 순종하여 편안히 해드리는 것이 효도다."[114] 이 이야기들은 춘추 시대 사람들이 인륜을 논하는 말이지만 그 정신만큼은 서주에서 왔다.

효는 조상에 대한 존중, 종가에 대한 공경, 윗사람에 대한 순종을 요구한다. 그리하여 효는 가천하家天下와 가부장적 전제주의 정치를 지탱하는 가장 유력한 무기가 되었다.

「여형呂刑」의 형벌 통치와
형벌 운용 이론

『상서정의尙書正義』에 따르면 여후呂侯는 목왕穆王 때 사구司寇가 되었는데 왕명을 받들어 형서刑書를 지어 「여형呂刑」이라 불렀다고 한다. 양수다楊樹達는 『적미거금문설積微居金文說』 제4권에 「모백반궤毛伯班簋」가 무왕 때의 청동기인데, 이 명문에 등장하는 여백呂伯이 「여형」 중의 여후라고 주장한다. 『예기』에서는 「여형」을 「보형甫刑」이라 부른다. 혹자는 여후의 자손이 선왕宣王 때 '보甫' 지방에 봉해져 '보후甫侯'가 되었는데, 후인들이 그 자손의 봉지 이름을 따서 「보형」이라 부른다고 주장한다. 그 외 일부 학자는 이 글 자체에 대하여 의혹을 제기하며 당시의 사실 기록이 아니라 동주東周 시대의 작품이라고 주장한다. 그러나 서주 역사를 연구하는 수많은 사람이 이 글에 기초하여 서주의 형법 제도를 논술하고 있으며, 대부분 이를 사용해 금문을 고증한다. 이 점에서 우리는 「여형」을 서주 시기 형법 상황이 반영되어 있는 저작으로 간주하고자 한다.

일부 역사 기록은 형법의 기원을 하나라 우임금 때까지 소급해 올라간다. 심지어 이보다 더 일찍부터 있었다고도 한다. 『국어』 「노어상魯語上」에는 당요唐堯 시대에 이미 형법이 만들어졌다고 주장한다. "요임금은 고른均

형법을 펼침單으로써 인민을 똑바르게儀 만들 수 있었다."[115] 위韋씨의 주석에 의하면 단單은 다하다, 균均은 공평하다, 의儀는 선하다는 뜻이다. 이 말은 '요임금은 공평하게 형벌을 운용할 수 있었기에 백성으로 하여금 선에 귀의케 했다'는 의미다. 상나라 때 형벌이 있었다는 것은 갑골문으로 이미 증명되었다. 주공 등은 상나라 형벌에 의거하여 일을 처리해야 한다고 재삼 강조하고 있다. 『서경』「강고」의 "은나라 형벌은 조리가 있었다"라든가 "은나라 법" 등 기록으로 볼 때 상나라는 아마 성문법이 있었던 것 같다. 『좌전』 소공昭公 6년조는 "주나라에 정치를 어지럽히는 일이 생겨 9형九刑을 지었다"[116]고 기록하고 있다. 『좌전』 문공文公 18년조에서는 말한다. 주공이 "서명誓命을 지어 말했다. [오륜의 법칙을] 무너뜨리면 적賊이다. 적을 감춰줌은 장藏이다. 몰래 [재물을] 빼앗음은 도盜다. [나라의] 기물을 훔치는 것은 간奸이다. 감추어둔 것으로 이름을 날리고, 간사하게 [빼앗은 기물의] 이용에 의지하는 것이야말로 크나큰 흉악함이니 일정한 형벌을 두어 용서하지 말아야 한다. 이는 9형의 문서에 기록된 것이다".[117] 이는 주나라 초기에 이미 성문법이 있었음을 설명해준다. 주공의 형벌 운용 원칙에 대해서는 앞서 간단히 다룬 바 있다. 따라서 여기서는 「여형」에 보이는 형벌의 기원 및 형벌 원칙에 대하여 좀더 진전된 논의를 하고자 한다.

형법의 기원에 관하여 「여형」은 형법이 치란治亂에 기원을 둔다고 주장한다. 그러나 형벌을 제정할 때는 상이한 두 가지 길이 있었다고 한다. 하나는 치우蚩尤의 난형亂刑이고, 다른 하나는 치우와 상대적으로 백이伯夷 등이 지었다는 덕형德刑이다. 「여형」은 치우가 난을 일으키자 천하가 불안해지고 풍기가 문란해져, "도적 아닌 사람이 없고, 치의鴟義하고 간귀奸宄하며, 탈양奪攘하고 교건矯虔했다"[118]고 말한다. 치鴟는 제멋대로 날뜀, 의義는 아俄처럼 읽어 삿된 길에 빠져 있음을 뜻한다. 간귀는, 안에서의 도적질을 간姦, 바깥 도적질을 귀宄라 한다. 탈奪은 강제로 빼앗음이다. 교건은, 사칭하는 것을 교矯라 하고, 강제로 취하는 것을 건虔이라 한다. 이 말은 도처에 도적이 있으며 안팎으로 교란하여 못된 짓을 서슴지 않고 강탈과 약취가 만연했다는 뜻이다. 치우는 묘苗족의 우두머리였다. 치우가 나빴기에 묘 백성도 정부 명령에 귀 기울이지 않고 악순환을 거듭했다. 그래서 치우는 "오학五虐의 형이란 것을 만들어 법이라 부르며 무고한 사람을 살육했다. 조금 잘못淫이 있으면 의이탁경劓刵椓黥의 형에 처했다. 지나치면 여형麗刑을 가했다. 벌금도 매겼으며 심사 요구에 귀 기울이지 않았다".[119] 음淫은 잘못, 의劓는 코를 베는 형, 이刵는 귀를 베는 형, 탁椓은 궁형宮刑, 즉 불알을 까는 형, 경黥은 이마에 먹물을 저미는 형이다. 여麗는 죄의 굴레, 즉 벌을 받는다는 말이고 형刑은 죽인다는 뜻이다. 치우가 복잡한 국면을 통제하기 위해 다섯 가지 잔혹한 형법을 제정하여 무고한 사람들을 멋대로 죽였는데, 그 형벌에 이, 비, 탁, 경이 있었고 벌금형도 있었다. 치우는 또한 형벌을 받는 사람들의 심사 요구를 들어주지도 않았다. 그 결과 전체 사회생활이 오히려 더 혼란스러워졌다. 평민들은 서로 사기를 치고, 문란하여 질서가 없었으며, 작당하여 믿음이 없었다. 상제께서 만민의 무고함을 불쌍히 여겨 묘 백성을 징벌하라는 영을 하달했다. "그리하여 무리들이 하늘, 땅과 교통하는 것을 끊도록 거듭 명하셨다."[120] 묘 백성이 하늘과 교통하고, 하늘에 제사 지내는 것을 금지한 것이다. 이로써 그들은 생존 권리마저 박탈당했다. 상제는 정령政令과 덕교德敎를 제창하여 '삼후三后', 즉 백이, 우, 직稷(즉, 후직后稷)에게 "백성을 구휼하는 공을 세우라"고 명령했다. 상제는 또 백이에게 전典을 내려降 "백성에게 형을 절충하여 쓰라"고 명했다. 강降이란 내린다는 의미이고, 전은 예법을 말한다. 이 말은 먼저 예법을 하달한 뒤 그 예법으로 형벌을 조절하라는 의미다. 다시 말해 예가 먼저이고 그다음이 형이니 예로써 형을 조절하라는 뜻이다. 상제는

"우임금에게 물과 흙을 골라 산천을 주재하라"[121]고 명했고, 또 "직에게 파종법을 하달하여 아름다운 농작물을 길러내라"[122]고 명했다. 세 사람이 더불어 행하여 덕의 가르침德教을 우선하라는 것이었다. "사士는 백성을 형벌의 와중에 있지 못하게 하고 오로지 덕으로 가르쳐라."[123] 그리하여 천하는 태평해졌다. 치우의 형벌 운용과 비교하면 이 형법 제도의 특징은 덕을 우선으로 하며, 덕을 형벌 가운데 관철시키는 것이니 먼저 덕으로 한 뒤 나중에 형벌을 가한다先德而後刑는 말이다.

선덕이후형 원칙에 의거하면, 덕이 형을 이끈다는 기본 정신은 형벌 운용에 '중中'을 표준으로 삼아 "형벌 속에서 그 뜻을 밝히고"[124] "오형五刑 중에 드러나도록 한다".[125] 여기서의 '중'은 '중도中道', 또는 합리적이고 마땅하다는 의미다. 구체적으로는 다음 몇 가지 점을 들 수 있다.

첫째, "양 조造를 구비하여" "오사五辭를 모두에게 간부簡孚케 한다". 조造는 이를 지至의 뜻이다. 안건을 심사하고 소송을 처리함에 당사자 쌍방을 모두 자리에 오도록 해야 하며 한쪽 말만 들어서는 안 된다는 말이다. '오사'는 곧 『주례周禮』「소사구小司寇」에서 말하는 오청五聽, 즉 말하는 것으로 듣는 사청辭聽, 얼굴색으로 듣는 색청色聽, 말하는 기색으로 듣는 기청氣聽, 귀에 들려오는 것으로 듣는 이청耳聽, 눈으로 본 것으로 듣는 목청目聽이다. '오청'을 한 뒤 사실 여부를 심의해야 한다. 그것을 '간부'라 한다. 간簡은 간단히 맞아떨어짐, 부孚는 검증을 말한다. 심의를 할 때 '간부'유중簡孚有衆해야 한다. "미세한 곳까지惟貌 잘 살펴有稽 맞아떨어지지 않으면 듣지 않고無簡不聽 엄격히 하늘의 위엄을 지킨다其嚴天威."[126] 간부유중이란 뭇사람에게 증명토록 해야 한다는 말이다. 즉 『주례』「소사구」에서 말하는 소위 삼신三訊이다. 하나는 뭇 신하들에 신문하는 것이고, 둘은 뭇 관리들에 신문하는 것이며, 셋은 만민에게 신문하는 것이다. 유모惟貌의 '모'는 손성연孫星衍의 주장에 따르면 묘緢여야 한다. 묘는 미세하다는 뜻이다. '유묘유

戒惟緃有稽의 의미는 미세한 곳까지 잘 심사해야 한다는 것이다. '무간불청
無簡不聽' '구엄천위具嚴天威'의 의미는 사실로 증명할 수 없을 때는 죄를 논
하기 어려우니 그로써 하늘의 위엄을 지킨다는 것이다. 양 조造의 구비는
판결할 때 반드시 준수해야 할 기본 원칙이다. 이 원칙이 없다면 판결의
공정성이라는 대전제를 잃게 된다.

둘째, "상하上下를 가려 죄를 비比한다". 상하는 대소, 즉 크고 작음을 말
한다. 비는 이미 행해진 일에 대하여 서로 견준다는 뜻이다. '상하비죄'란
죄의 대소에 따라 형량을 나누는 것을 말한다. 「여형」은 '형'을 세 가지로
구분하여 규정한다. 오형五刑, 오벌五罰, 오과五過가 그것이다. 오형이란 다
섯 가지 육형肉刑을 가리킨다. 오벌은 의혹이 있어 오형을 확정할 수 없을
때 그에 상응하여 벌금을 매김을 말한다. 「여형」은 말한다. "이마에 먹물
을 저미는 묵벌墨罰을 받는 족속이 1000명, 코를 베는 의벌劓罰을 받는 족
속이 1000명, 발꿈치를 베는 비벌剕罰을 받는 족속이 500명, 불알을 까는
궁벌宮罰을 받는 족속이 300명, 목을 베는 대벽大辟을 받는 족속이 200명
이다. 이렇게 오형을 받은 족속이 3000명이다."127 '오과'는 오벌보다 더 가
벼운 것으로 과실을 가리킨다. 형을 가할 수는 없어 벌로 처리하고, 벌을
가할 수 없어 방면해주는 것을 오과라 한다. 판결은 오폐五弊를 방지해야
한다. '유관唯官' '유반唯反' '유내唯內' '유화唯貨' '유래唯來'가 그것이다. '유관'은
위세가 개입해 권력을 염두에 두고 일을 처리함을 말한다. '유반'은 개인
적 원한을 갚음을 말한다. '유내'란 뒷구멍 쑤시기와 같이 안에서 내부자
거래를 하는 것을 말한다. '유화'란 뇌물을 받는 것을 말한다. '유래'의 '내
來'는 마馬씨 판본에 '구求'로 되어 있으며 '구賕'로 읽는다. 즉 재물로 법을
왜곡시키는 것을 말한다. 또 하나의 학설은 구가 청구, 즉 인정에 부탁하
는 것이라 한다.

셋째, "형벌의 경중에는 권權이 있다".128 권이란 권변權變, 즉 영활한 변

통성을 말한다. 권변이란 죄의 대소, 사건 경위, 태도 및 전체 사회 상황을 고려해야 한다는 말이다. 죄가 크다 하더라도 사건 경위가 가벼우면 가벼운 쪽으로 형벌을 가져가야 한다. 죄는 크지 않지만 사건 경위가 무거우면 무거운 쪽의 형벌을 고려해야 한다. 이른바 "상위 형벌이 가벼운 쪽으로 가면 하위 형벌이 그에 따르고, 하위 형벌이 무거운 쪽으로 가면 상위 형벌이 그에 따른다".[129] 형벌 운용은 또 전체 사회의 치란 상황을 고려해야 한다. 소위 "형벌은 어떤 세상에서는 가볍고 어떤 세상에서는 무겁다"[130]는 말이 그렇다. 『순자』「정론正論」에서는 이를 다음과 같이 해석한다. "형벌이 죄에 맞게 이루어지면 치세이고 죄에 맞게 이루어지지 않으면 난세다. 따라서 치세이면 형벌이 무겁고 난세이면 형벌이 가볍다. 치세를 침범하는 죄이기에 무겁게 다스리며, 난세를 범하는 것이기에 가볍게 다루어진다."[131] 그는 '세경세중世輕世重(세상에 따라 가벼워지고 무거워짐)'을 '유제비제維齊非齊(가지런하다지만 가지런하지 못함)'[132]라 부르기도 한다. 강성江聲은 말한다. "상위 형벌이 가벼운 쪽으로 가고 하위 형벌이 무거운 쪽으로 가는 것이 비제非齊, 즉 고르지 못함이다. 가볍고 무거운 것이 변통성을 가지며權, 세상 변화에 따라 결정되므로 고르지 못한 고름이다."[133]

넷째, "말재간으로 판결하지 마라. 오로지 양良으로 판결하라. 알맞지 않음이 없도록 하라".[134] 이것의 의미는 판결을 주재할 때 말재간에 의존해서는 안 되며 '양', 즉 선한 입장에서 공정해야 하는데, 그래야만 딱 맞게 처리할 수 있다는 것이다. 말을 잘하는 사람에 대해서는 앞뒤 모순 여부를 자세히 분석한다. "차이差를 잘 살펴 따르지 않거나 따른다."[135] 차差란 차이가 일정하지 않은 앞뒤 모순된 것을 말한다. 이 의미는 판결할 때 말의 앞뒤 모순에 주의하여 입으로 승인하지 않더라도 사건 경위가 사실과 맞아떨어지면 단죄해야 한다는 것이다. '양'에 따른다 함은 바로 "애경哀敬으로 판결하고, 형벌책을 분명히 가르쳐 서로 은연중 지키면胥占 모두 다행히咸庶 중정中正에 이른다"[136]는 말이다. 경敬은 마땅히 '긍矜'으로, 가련 하다는 의미로 해석해야 한다. 서胥는 서로라는 말이고 점占은 은밀한 정 도를 말한다. 함咸은 모두, 서庶는 다행스럽다는 말이다. 이 문장의 의미는 '불쌍히 여기는 마음으로 판결하고, 형벌책에 따라 판결안을 대조한다면 대개 옳고 바르며中正 잘못이 없는 데 이를 수 있다'는 것이다.

다섯째, "상위 잘못에 형벌을 가하고 그로써 두 형벌을 겸하도록 한 다."[137] 이 말은 두 가지 이상의 죄를 지은 경우 무거운 쪽을 치죄하고 가 벼운 죄는 따로 형벌을 추가하지 않는다는 의미다.

「여형」은 형벌이 덕의 보완이며 형벌을 시행하는 것은 덕을 위해서라 고 반복해서 강조한다. "짐이 형벌에 신중한 것은 덕을 생각하며 형벌을 행하기 때문이다."[138] 대소 관리들은 형벌 운용에 모두 '중정'을 견지해야 한다. 그렇지 않으면 위로 하늘이 죄를 내릴 것이다. 특히 벌금의 경우 그 목적은 징벌을 가하기 위함이지 결코 관리들의 배를 채우기 위함이 아니 다. 만일 그 사이에 탐오가 있으면 반드시 죄인과 똑같이 처벌을 받도록 해야 한다. 내용 가운데에도 그런 말이 있다. "옥사로 인한 뇌물은 보배가 되지 못하며, 오직 죄만 쌓이게 되어 [나중에] 원망으로 보복을 받느니 라."[139]

만약 모두가 위에 언급한 원칙에 따라 판결을 행할 수 있다면 이런 형 벌을 '양형樣刑(모범적인 형)'이라 부를 수 있을 것이다. '형'을 덕의 파생물이 라고 말한다면 형벌은 복을 부르는 수단이 되기도 한다. 형벌을 받는 사 람을 덕에 대립하는 자로 보기 때문에 형벌을 받는 사람은 사상, 이론적 으로도, 그리고 도덕적으로도 심판을 받는 위치에 놓인다.

서주 후기의 정치조절론

서주는 목왕을 기점으로 전성기에서 쇠퇴기로 바뀐다. 주 목왕 시기에 주나라의 국력은 여전히 꽤 강대했다. 사방으로 병사를 내었고 천하를 두루 살펴서 그 위세가 사해에 진동했다. 그러나 이와 동시에 정치적 위기를 드러내기도 했다. 주 민족은 예로부터 무武를 숭상했는데 이 시기부터 상무 정신에 대하여 의혹을 제기했다. 주周 여왕厲王 이후 서주는 몰락기에 접어든다. 안팎으로 궁핍해졌고 모순이 첩첩산중이었다. 복잡하고 어려워진 현실 앞에서 서주 건국 초부터 있었던 전통 사상은 더 이상 새로운 환경에 적응할 수 없게 되었다. 이에 대해 의문을 제기하는 사람이 있는가 하면, 위기를 타개하기 위한 대책을 내놓는 사람도 있었다. 어떤 이는 강한 질책을 가하기도 했다. 이러한 정치 위기가 활발한 사상이 일어날 토양을 마련해주었다. 여기서는 이 시기에 정치사상적으로 영향력 있었던 명제를 제기한 몇몇 인물에 대하여 소개하고자 한다.

제공모부의
덕병론德兵論

제공모부祭公謀父는 주공의 후손이다. 주공의 장자 백금은 노魯나라에 봉해졌으며, 다른 여러 아들 또한 각기 분봉되었다. 범凡, 장蔣, 형邢, 모茅, 조胙, 제祭는 바로 주공의 아들들이 봉토로 받은 나라다. 제는 국왕의 땅 안에 있었던 봉국이며 제공모부는 그 후예다. 제공모부는 주 목왕의 경사卿士였다. 주 목왕 때 "왕의 도는 이미 쇠미해졌으나",[140] 목왕은 여전히 견융犬戎족을 정벌하려 했다. 견융은 북방(오늘의 산시성陝西省 북부, 산시성山西省 북부, 내몽골 남부)의 강대한 부족 가운데 하나였다. 제공모부는 정벌에 찬성하지 않으면서 덕德, 병兵 양자의 관계에 대해 설파했다. 그는 말한다. "선왕은 요덕耀德하지 관병觀兵하지는 않는다."[141] 요耀는 밝음, 관觀은 보인다는 뜻이나. 이 의미는 선왕온 덕화를 숭상하고, 가볍게 무력시위를 하거나 창칼을 동원하지 않았다는 것이다. 소위 '요덕'이란 "열성으로懋 덕을 바로 하여 백성의 성정을 도탑게 한다. 재물 요구를 들어주고阜 기기의 사용을 이롭게 만든다. 이익과 손해의 방향鄕을 분명히 밝히고 문화로 치장시킨다. 이로움에 힘쓰게 하고 해를 피하게 하며, 덕을 품고 위엄을 두려워하도록 한다"[142]는 것이다. 무懋는 힘씀, 부阜는 크게 됨, 향鄕은 방향과 같다. 이것의 의미는 '덕으로 인민을 격려하여 그들의 성정을 순후하게 만들고, 그들의 물질적 요구를 가능하면 만족시켜주며, 기기 사용을 이로운 데 하도록 하고, 이해관계를 분명히 하며, 예로 교화시켜 그들로 하여금 이익에 힘쓰고 해를 피하도록 하며, 덕을 품고 무력 사용을 두렵게 느끼도록 한다'는 것이다. 제공모부는 역사를 예로 들며 인민에게 덕을 베풀어야만 승리할 수 있다는 이치를 설파한다. 즉 주나라는 흥할 때가 있었고 쇠락할 때가 있었는데, 덕에 힘쓸 때 흥했고 쇠락한 근본 이유는 덕에 힘쓰지 않았기 때문이라는 것이다. 무왕이 은의 왕 제신을 패퇴시킬 수 있었던 까닭은 다음 두 가지가 결합되었기 때문이다. 하나는 제신이 "인민에게 크게 악했기" 때문이며, 또 하나는 무왕이 "인민의 숨은 고통을 구휼하는 데 힘썼고 해를 없앴기"[143] 때문이다. 제공모부의 결론은 주나라의 승리가 "무력에 힘썼기" 때문이 아니라, "선왕은 무력에 힘쓰지 않았으니"[144] 덕에 힘쓴 결과 때문이라는 것이다.

그렇다고 제공모부가 군사가 필요 없다고 말한 것은 아니다. 만일 국왕의 명령을 위반하는 사람이 있으면 먼저 교화해야 하고, 가르쳤음에도 복종하지 않는 사람에게는 다시 병사와 형벌을 사용한다는 것이다. "오복五服(나라 안은 경복甸服, 나라 밖은 후복侯服, 후侯, 위衛는 빈복賓服, 만이蠻夷는 요복要服, 융적戎狄은 황복荒服) 규정에 따르면 '수의修意(뜻으로 다스림)' '수언修言(말로 다스림)' '수문修文(문화로 다스림)' '수명修名(명분으로 다스림)' '수덕修德(덕으로 다스림)'으로 나뉜다. 문화적 방법으로 효과를 볼 수 없으면 다시 병사와 형벌을 동원한다. 그러나 황복荒服의 오랑캐 땅에 대해서는 민중을 동원하여 군사를 일으키기에 부적합하다. 거리가 너무 멀어 힘만 들고 효과는 별로 없기 때문이다. 다만 가까운 데서 복종하기만 하면 먼 곳은 자연히 귀화하게 된다는 것이다.

만약 군대를 사용하려면 반드시 준비가 있어야 한다. '때'에 맞춰 '움직여'야 한다. 농사철을 그르쳐서는 안 된다. 전통에 따르면 세 철은 농사에 힘쓰고 한 철만 싸움에 임하도록 한다. 군사를 동원하지 않으면 그만이지만 일단 움직이면 '위엄威'이 있어야 한다. 무력 사용은 장난이 아니다. 경거망동은 성공할 수 없을뿐더러 오히려 손해다. 이것이 그가 말하는 "보기에 노는 것 같고 놀면 두려워하지 않는다"[145]는 의미다.

제공모부의 덕과 군사 관계에 대한 논술은 당시의 시대 상황과 잘 맞아떨어진다. 목왕 때 강토는 이미 상당한 규모여서 필요한 것은 수성이었다. 그런데 주 목왕은 오히려 무력을 즐기는 전문가였으며 무력놀음의 명수였다. 이는 인민의 원망을 불러일으키지 않을 수 없었다. 이런 상황에서 필요한 것은 덕을 쌓는 일이다. 제공모부가 제시한, 먼저 덕을 베풀고 나중에 군사에 의존한다先德後兵는 주장은 후세에 매우 큰 영향을 미쳤다.

소공의
비방합리화론

소邵 목공穆公, 즉 소공邵公 호虎는 주나라 초 소공 석奭의 후손이다. 소邵는 왕의 땅 안에 있는 봉국이었다. 소공 호는 주 여왕 때의 경사였다. 주 여왕은 포악하여 "나라 안 사람들이 왕을 비방했다". 소공은 주 여왕에게 "백성이 명을 견뎌내지 못하나이다"[146]라고 말했다. 여왕은 이 말을 듣고 대로하여 시위衛 무巫에게 '감방監謗(비방을 감시)'하라는 지령을 내렸다. 무는 원래 사람과 신의 관계를 소통시키는 성직聖職이었는데 여기서는 특무 간첩으로 이용되고 있는 셈이다. 우리는 여기서 대단한 사실 하나를 발견할 수 있는데, 즉 성직은 허위라는 것이다. 시위 무는 비판자들을 주 여왕에게 밀고했고, 여왕은 이런 사람들을 죽이라고 명령했다. 정치 분위기는 공포로 가득 찼다. "나라 사람들이 감히 말을 못 하고 길목마다 감시의 눈이 빛났다."[147] 주 여왕은 스스로 득의만면하여 즐거워했다. "나는 비방 중상을 없앨 수 있다. 그대들이 감히 말이나 하겠는가"[148]라고 호언했다. 소공은 만민의 침묵 속에서 위기를 감지했다. 그는 다음과 같은 유명한 한마디를 남겼다. "백성의 입을 막는 것은 하천의 둑을 막는 것보다 심하다. 하천의 옹벽이 일단 붕괴하면 반드시 많은 사람이 다친다. 백성도 이와 같다. 따라서 하천을 위하는 사람은 한쪽으로 터서 물길을 유도하며, 백성을 위하는 사람은 잘 알려서 언로를 이끈다."[149] 천자가 아래 사정을 이해하려면 말길을 터 창통시켜야 한다. 공경公卿, 열사列士들로 하여금 시詩를 올리게 하면 시로써 그 뜻을 말할 것이다. 고瞽(음악 담당관)는 곡曲을 올려 곡으로 마음의 소리를 전할 것이고, 사史(기록관)는 서書를 올릴 것이며, 사師는 잠箴(훈계)을 바칠 것이고, 수瞍(장님)는 부賦를 올리며, 몽矇(청맹과니)은 송誦을 올리고, 백공百工은 간언하고, 서인庶人은 말로써 전하고 (…) 모든 방면의 상황이 모두 반영되어 올라온다. "그런 뒤 왕이 잘 짐작해 처리함으로써 일은 제대로 되고 어그러지지 않는다."[150] 소공은 또 사람의 입이 달려 무엇 하는 것이냐고 묻는다. 그것은 말하기 위함이다. "입은 말을 밝히는 곳이다."[151] 백성의 의론을 통해 인심의 향배를 알 수 있으며, 나아가 일의 '잘됨과 그릇됨'을 알 수 있다. 왕은 응당 "잘되게 만들고 실패에 대비해야 한다."[152] 소공은 이렇게 결론짓는다. "무릇 백성은 마음으로 생각하여 입으로 드러낸다. 말이 되어 나오는 쪽으로 행해야지 어떻게 틀어막을 수 있는가? 만약 입을 틀어막는다면 그들과 더불어 몇 해나 넘길 수 있을 것인가?"[153] 문제 제기에 수긍이 가며 예리하기 이를 데 없다. 그럼에도 주 여왕은 거부하고 들어주지 않았다. 그 결과 몇 해 못 가 주 여왕은 국인들에게 쫓겨 달아났다.

소공의 사상은 밤하늘의 유성처럼 하늘을 가르고 빛을 발했다. 그런데 또 순식간에 긴 밤의 터널 속으로 사라지고 말았다. "입은 말을 밝히는 곳이다." 이 얼마나 절실하고 정확한 발언인가. 그러나 그 시대는 현실적 조건을 제공해주지 못했다.

예양부의 국왕 이익
독점 불가론

예양부芮良夫는 왕의 땅 안 봉국인 예백芮伯의 후예로 예백이라고도 불린다. 주 여왕 때 조정을 보좌했다. 주 여왕은 영榮 이공夷公을 신임했는데, 영榮도 왕기 내의 봉국으로 영 이공은 그 후손이었다. 주 여왕과 영 이공은 '전리專利' 정책을 실시했다. 많은 사람이 '전리'를 뭍山林과 물池澤에서 나는 이익을 독점하는 것으로 해석한다. 원래 산림과 못은 국인들도 사용할 수 있는 것이었다. 그런데 주 여왕은 이를 국가의 이익 독점으로 되돌려버렸다. 따라서 국인들부터 귀족에 이르기까지 모든 사람의 반항에 부딪혔다. 「○수▮繼」라는 명문에 이 사건이 기록되어 있다. 예양부는 '전리' 정책에 반대했다. 그는 자신의 주장을 천명하면서 "이익이란 만물이 만들어낸 것이며 하늘과 땅에 실려 있는 바다"[154]라는 의견을 제시했다. "천지 만물은 모든 사람이 얻을 수 있는 바인데 어찌 독점한단 말인가?"[155]라고도 했다. 천연의 재물은 자연이 제공한 것으로 사람마다 획득할 권리가 있다. 국왕 개인이 멋대로 재단할 수 없다. 만약 국왕이 "이를 독점한다"면 반드시 민중의 반대에 부딪히고 "분노한 사람이 매우 많을 것이다". 전리만을 생각하고 백성의 원성을 저버리는 것을 가리켜 "큰 어려움에 대비하지 않는다"고 말한다. 전리는 일시적 이익을 가져다줄 수 있겠지만 '큰 어려움'이 마침내 그 자신을 궤멸해버릴 수 있다. "필부가 전리하면 그를 도둑이라 하며, 왕이 그렇게 하면 결말이 좋지 않으리!"[156]

예양부가 제기한, 자연의 이익은 모든 사람이 향유하고 사용할 수 있다는 관점은 자연 재화 앞에 모든 사람의 권리가 대등해야 하며 누구도 제멋대로 독차지할 수 없음을 밝히고 있다. 이 자연 재화 앞의 권리평등론은 왕권의 자연 지배에 대한 회의와 부정이다.

예양부가 '이利'를 천지자연이 생성한 것으로 말한 점은 다소 단편적이다. '이'란 자연 형태일 뿐만 아니라 노동의 응결 형태이기도 하기 때문이다. 그러나 생산 수준이 낮으며, 인류의 생활 물자 대부분을 자연 개조에 의하지 않고 자연물을 이용하는 데 그쳤던 당시 상황으로 볼 때 예양부의 관점과 그 시대는 잘 어울린다고 하겠다. 여기에 더하여 제기할 수 있는 것은 이 이론이 인간을 위해 자연을 이용하고 자연을 개조한다는, 그동안 금지되어왔던 영역을 타파함으로써 정치적 질곡을 부수었다는 사실이다.

예양부의 논의 가운데 언급할 만한 사항이 또 한 가지 있는데, 그가 왕을 하나의 정치적 범주로 보았다는 사실이다. 예양부 이전 사람들은 왕에 대해 어떤 왕은 덕이 있고, 어떤 왕은 덕을 잃었다는 등 구분을 지었었다. 주공이 상나라 왕을 열거할 때 벌써 이와 유사한 구분을 한 적이 있다. 그러나 이런 이야기는 언제나 구체적인 왕과 관련된 것이었다. '선왕先王'이라는 개념이 독립화된 경향이 있기는 했으나 일반적으로는 역시 문, 무 등의 왕을 가리켰다.

국왕의 좋고 나쁨은 정치에 중대한 영향을 미친다. 그래서 사람들은 하나의 문제, 즉 왕이라면 모름지기 어떠해야 하는가라는 문제를 제기한다. 그리하여 왕은 점차 하나의 인식 대상으로 바뀐다. '왕'은 한 명 한 명의 구체적인 왕 가운데서 차츰 추상화되어 '왕'의 일반적 개념으로 화한다. 이 문제를 최초로 제기한 사람이 예양부다. 그는 구체적인 주 여왕과 이론상의 왕을 구분지었다. 그는 말한다. "무릇 왕이란 사람은 이익을 끌어내어 위아래에 베푸는 사람이다. 신과 사람으로 하여금 만물의 지극함을 얻지 않음이 없도록 한다. 마치 태양이 무서워 경계하는 것처럼 원망이 일어날까 두려워한다."[157] 예양부는 위와 같은 요구에 따라 일하는 사람만을 진정한 왕이라 부를 수 있다고 말한다. 주 여왕의 전리 정책은 이 원칙에 부합하지 않는 것으로, '왕'도를 위배했다고 주장한다.

'왕'의 추상화, 이론화는 결코 왕에 대한 부정이 아니다. 왕의 존재에 대해 더욱 보편적인 이론 근거를 만드는 일이다. 그러나 동시에 구체적으로 특정 왕을 비판할 수 있는 길을 연 것이기도 하다. 이론상의 '왕'이 현실의 왕보다 훨씬 더 고상하기 때문에 현실의 왕은 '왕'이라는 이론 앞에 검사를 받아야 했다. 어떤 계급이든, 어떤 집단이든 반드시 자아비판 능력이 있을 때 비로소 존재하고 발전해갈 수 있다. 만일 자아비판의 무기를 결하거나 없애버린다면 미래가 있을 수 없다. 예양부의 왕에 관한 이론이야말로 자아 인식의 실행이며, 자아비판 이론 중 하나다.

괵 문공의
농업중시론

괵虢 문공文公은 주초 괵숙虢叔에게 봉해진 지역의 후손으로 선왕宣王 때의 경사다. 선왕은 즉위 후 "1000무畝의 농토에 경작 행사를 하지 않았다"고 한다. 즉 적전례籍田禮[158]를 폐기한 것이다. 괵 문공은 이에 대해 백성에게 가장 큰일은 농사民之大事在農라는 주장을 발표했다.

적전례를 폐기했다는 의미는 무엇인가? 이에 대해 학계의 의견은 분분한데 여기서 일일이 검토하지는 않겠다. 필자가 보기에 적전례란 춘경례春耕禮[159]다. 선왕이 천 무에 적전을 하지 않았다 함은 군사와 관련 있다. 글의 내용이나 관련 문헌 자료로 볼 때 당시에는 일반적으로 농한기에만 훈련 및 군사 논의를 할 수 있었다. "세 철은 농사에 힘쓰고 한 철만 군사를 논했다."[160] 적전례란 군사 논의가 끝나고 세 철의 농경이 시작되었음을 나타낸다. 그런데 선왕은 농토 경작에 나서지 않음으로써 이 전통을 깨뜨렸다. 농번기에도 군대를 움직이려 한 것이다. 괵 문공은 이에 대해 반대하는 태도를 견지하면서 대단히 의미심장한 이치를 설파했다. 그는 농사야말로 모든 사회활동이 존재할 수 있는 기초가 되어준다고 주장한다. "백성의 대사는 농사에 있다. 상제의 제사 그릇에 담는 곡식이 여기서 나오며, 백성의 수가 불어남이 여기서 생겨나며, 할 일이 주어짐이 여기에 있으며, 화목협동이 여기서 흥성하며, 재화의 씀씀이가 여기서 불어나며, 성실하고 크고 순정하고 굳건한 것은 모두 여기서 이루어진다."[161]

농업이 바탕인 자연경제 시대에서 이 주장은 당시의 실정과 잘 부합한다. 괵 문공의 가장 중요한 공헌은 경제가 모든 사회생활의 기초가 되며 정치 활동은 이 규율에 복속되어야 한다는 주장을 전개한 점이다. 국왕의 정사에서 가장 중요한 것은 농업 생산의 보장이다. 마음대로 사역시키거나, 군사적 동원을 한다거나, 농업 생산에 장애를 주어서는 안 된다. 이는 확실히 "국가 대사는 제사와 군사에 있다"[162]는 사상과 다르다. 농사야말로 제사보다, 군대보다 더 중요하다. 괵 문공이 시대 환경의 한계에도 불구하고 당시에 정치, 군사는 경제논리에 귀속되어야 한다는 견해를 제기했던 것은 탁견이라고 말할 수 있다.

백양보의
화동론和同論

백양보伯陽父(伯陽甫)는 백익伯益의 후손이라 전해진다. 백익은 소호少皞의 후예다. 백익은 백예伯翳라고도 부르는데 순舜임금 때 우관虞官이었다. 백양보는 유왕幽王 때 태사太史였으므로 사백史伯이라고도 불린다. 당시 정鄭 환공桓公이 왕의 경사였는데, 정 환공은 사백에게 왕실의 운명이 어찌 되려는지 물었다. 사백은 유왕이 "화和를 버리고 동同을 취하기"[163] 때문에 주 왕실은 장차 멸망할 것이라고 대답했다.

무엇이 '화'이고 '동'인가? '화'란 바로 '이타평타以他平他(타자로 타자를 다스림)'다. '이타평타'란 각기 다른 사물끼리의 배합과 협조를 가리킨다. 백양보는 사물이 "토土와 금金, 목木, 수水, 화火의 뒤섞임"[164]으로 생겨난다고 생각했다. 사물이 서로 뒤섞이고 협조·배합하여 장점이 단점을 보완함으로써 최상의 효과를 만들어낼 수 있다는 것이다. "그래서 오미五味가 화합하여 입맛을 조절하고, 사지가 굳건하여 몸을 보위하며, 육률六律이 조화하여 귀를 맑게 하고, 얼굴의 일곱 구멍을 바로 하여 마음을 부리고……"[165] 이렇게 나아가 정치까지 이야기한다. 정치 또한 '화'를 제창해야 하며 군신 간에 서로 잘 배합하여 장점을 취하고 단점을 보완하라는 것이다.

'동同'이란 사물의 단일성을 가리킨다. 단일한 물건은 장구할 수 없다. "동하면 계속성이 없고" "동으로 동을 버금하면 다하고 난 뒤 내버리게 된다."[166] "소리가 한가지라면 들을 만한 것이 없고, 색깔이 한가지라면 꾸밈이 있을 수 없고, 맛이 한가지라면 열매가 없고, 사물이 한가지라면 이야기할 것이 없다"[167]고도 말한다. 다 같이 하나의 성조라면 음악이 있을 수 없다, 다 같이 하나의 색깔이라면 다양한 모양이 있을 수 없다, 다 같이 하나의 맛이라면 맛있는 것이 있을 수 없다, 사물이 모두 한가지라면 비교할 대상이 있을 수 없다.

'화' '동'의 이론에 근거하면 국왕은 '화'를 따르고 '동'을 버려야 한다. '화'에서 가장 중요한 것은 "신하를 잘 선택해 간언 잘하는 사람을 취함으로써 여러 사정을 말하도록 해야 한다"는 점이다.[168] 군주가 반드시 간언을 받아들여 사정을 비교해볼 때 비로소 통치를 공고히 할 수 있다. 그러나 유왕은 오히려 이와 상반되게 행동했다. 유왕은 화를 버리고 "동에만 전념했다."[169] 간언을 받아들이지 않고 잘못을 감추었다. '명덕明德'한 신하를 거절하고 아첨으로 받드는 말만을 따랐다. '중상모략'하는 사람을 중용했다. 백양보는 "동하면 계속성이 없다"는 이치에 근거해 유왕이 오래가지 못할 것이라고 단언했다.(인용문은 모두 『국어』 「정어鄭語」를 참조)

사백은 사물의 복잡성과 다양성, 그리고 상호 보완의 이치에 따라 군주가 간언을 받아들여야 한다는 주장을 끌어냈다. 그러나 현실은 그렇지 못했다. 유왕은 그와 정반대로 행동한 것이다. 이는 개인의 전제와 간언의 수용 사이에 필연적 내재 관계가 존재하지 않음을 설명해준다. 간언 수용은 일종의 미덕이지만 제도적 뒷받침이 없으면 공리공담으로 흐르기 십상이다. 실제로 전제주의의 조건하에서 납간은 전제주의를 보완해주는 구실을 했을 뿐이다.

1   봉건 시대에 오품관五品官 이상 문무관리의 임용, 토지 및 작위수여 등에 발하는 왕의 인사명령.『서경』에서 주공이 성왕 및 신료들에게 정치적 주문을 하는 방식이기도 하다. ―옮긴이

2   爰契我龜.

3   命哲, 命吉凶, 命歷年.(『書經』「召誥」)

4   唯命不於常.(『書經』「康誥」)

5   故天降喪於殷. 罔愛於殷, 惟逸. 天非虐, 惟民自速辜.

6   上帝引逸.

7   有夏不適逸.

8   惟帝降格, 嚮於時夏.

9   大淫泆有辭.

10 厥惟廢元命, 降致罰.

11 乃命爾(은사殷士를 가리킴)先祖成湯革夏, 俊民甸四方.

12 上帝不保, 降若玆大喪.(『書經』「多士」)

13 故我至於今, 克受殷之命.(『書經』「酒誥」)

14 天命靡常.

15 天難忱斯, 不易維王. 天位殷適, 使不挾四方.

16 天惟時求民主, 乃大降顯休命於成湯, 刑殄有夏.(『書經』「多方」)

17 代夏作民主.

18 非天庸釋有夏, 非天庸釋有殷.(『書經』「多方」)

19 惟乃丕顯考文王, 克明德愼罰, 不敢侮鰥寡. 庸庸, 祇祇, 威威, 顯民. 用肇造我區夏.(『書經』「康誥」)

20 已! 予惟小子, 不敢替上帝命. 天休於寧王, 興我小邦周.

21 帝欽罰之, 乃伻我有夏式商受命, 奄甸萬姓.(『書經』「立政」)

22 皇天上帝, 改厥元子.(『書經』「召誥」)

23 皇矣上帝, 臨下有赫. 監視四方, 求民之莫. 維此二國, 其政不獲. 維彼四國, 爰究爰度. 上帝耆之, 憎其式廓. 乃眷西顧, 此維與宅.

24 丕顯文武, 皇天弘膺厥德, 配我有周, 膺受天命.

25 天畏棐忱, 民情大可見.

26 弗造哲, 迪民康, 矧曰其有能格知天命?

27 民之所欲, 天必從之.

28 天視自我民視, 天聽自我民聽.

29 亦有十八迪, 知上帝命. 越天棐忱, 爾時罔敢易法.

30 我有亂臣十人.

31 爾亦不知天命不易.

32 維此文王, 小心翼翼, 昭事上帝, 聿懷多福. 厥德不回, 以受方國.

33 天休於寧(文)王, 興我小邦周.

34 帝休. 天乃大命文王.

35 承保乃文祖受命民, 越乃光烈考武王, 弘朕恭.

36 乃穆考文王, 肇國在西土.

37 先王旣勤用明德.

38 以於敉寧武圖功.

39 尙克用文王教, 不腆於酒.

40 周公旣相成王, 郊祀后稷以配天, 宗祀文王於明堂以配上帝.

41 文王監在上.

42 元惡大憝, 矧惟不孝不友.

43 乃其速由文王作罰, 刑玆無赦.

44 惠不惠, 懋不懋.(『書經』「康誥」)

45 作新民.(『書經』「康誥」)

46 用保乂民.

47 用康保民.

48 惟民其康乂.

49 恫瘝乃身, 敬哉.(『書經』「康誥」)

50 無作怨, 勿用非謀非彝.

51 治民祇懼, 不敢荒寧.

52 無康好逸豫.

53 知稼穡之艱難.

54 知小人之依.(『書經』「無逸」)

55 懷保小民, 惠鮮鰥寡.

56 人無於水監, 當於民監.

57 敬哉! 無作怨, 勿用非謀非彝.

58 人有小罪, 非眚, 乃惟終, 自作不典, 式爾, 有厥罪小, 乃不可不殺.

59 乃有大罪, 非終, 乃惟眚災, 適爾, 旣道極厥辜, 時乃不可殺.

60 乃大明服, 惟民其敕懋和.(『書經』「康誥」)

61 若有疾, 惟民其畢棄咎.(『書經』「康誥」)

62 若保赤子, 惟民其康乂.

63 要囚, 服念五六日, 至於旬時, 丕蔽要囚.(『書經』「康誥」)

64 凡民自得罪, 寇攘奸宄, 殺越人於貨, 暋不畏死, 罔弗憝.(『書經』「康誥」)

65 弗弔天降喪於殷, 殷旣墜厥命. 我有周旣受. 我不敢知曰厥基永孚於休, 若天棐忱, 我亦不敢知曰其終出於不祥.

66 無淫於觀, 於逸, 於游, 於田.(『書經』「無逸」)

67 丕顯文王, 受天有(佑)大令(命). 在武王嗣文王乍(作)邦, 闢(闢)氒匿, 匍有三(四)方, 畯政氒民.

68 丕顯文武膺受大命, 匍有四方.

69 天乃大命文王, 殪戎殷, 誕受天命, 越厥邦厥民.

70 皇天旣付中國民, 越厥疆土於先王.

71 帝作邦作對, 自大伯王季, 維此王季 (⋯) 奄有四方.

72 有命自天, 命此文王, 于周于京. 纘女維莘, 長子維行, 篤生武王. 保右命爾, 燮罰大商.

73 不顯成康, 上帝是皇. 自彼成康, 奄有四方.

74 古(故)天異(翼)臨子, 法保先王, □有四方.

75 郊祭라고도 하며 성밖에서 하늘과 땅에 올리는 제사. —옮긴이

76 집안에서 조상에게 드리는 제사. —옮긴이

77 周公旣相成王, 郊祀后稷以配天, 宗祀文王於明堂以配上帝.

78 文王監在上.

79 文王陟降, 在帝左右.

80 凡自稱, 天子曰予一人.

81 君天下曰天子. 朝諸侯, 分職授政任功, 曰予一人.

82 溥天之下, 莫非王土; 率土之濱, 莫非王臣

83 王令(命)周公子·明保尹三事四方.

84 在武王 (⋯) 匍有(敷佑)四方, 畯正氒民.

85 夙夕召我一人蕫(烝)四方.

86 丕顯子伯, 壯武於戎工, 經護(護)四方⋯⋯

87 自彼成康, 奄有四方.(「주송, 집경」)

88 勉勉我王, 綱紀四方.(「대아, 역박棫朴」)

89 惠此中國, 以綏四方.(「대아, 민노民勞」)

90 江漢湯湯, 武夫洸洸. 經營四方, 告成於王.(「대아, 강한江漢」)

91 於疆於里, 至於南海.

92 曰古文王 (…) 匍有上下, 合受萬邦.

93 天子不叚不其萬年保我萬邦.

94 曰自時中乂(乂는 다스린다는 의미의 乂가 옳은 듯하다―옮긴이), 萬邦咸休, 惟王有成績.

95 文武(여기서는 문왕과 무왕을 뜻하는 말이 아니라 문무겸비의 뜻으로 이 구절을 여기서 인용하는 것은 적절하지 못하게 생각된다―옮긴이)吉甫, 萬邦爲憲.

96 권력은 국왕이 부여함, 즉 모든 정치권력은 국왕으로부터 나온다. ―옮긴이

97 諸侯不命於天子, 則不成爲君.

98 授民授疆土.

99 천자가 제사를 지내고 난 육포를 신하들에게 나누어주는 행위. ―옮긴이

100 신하가 주군 앞에 무릎을 꿇고 드리는 예. ―옮긴이

101 葵丘之會, 天子使宰孔致胙於桓公, 曰: '余一人之命有事於文武, 使孔致胙' 且有后命曰: '以爾自卑勞, 實謂爾伯舅, 無下拜.' 桓公召管子而謀, 管子對曰: '爲君不君, 爲臣不臣, 亂之本也.' 桓公懼. 出見客曰: '天威不違顏咫尺, 小白余敢承天子之命曰: 爾無下拜, 恐隕越於下, 以爲天子羞.' 遂下拜, 升受命. 賞服大輅, 龍旗九旒, 渠門赤旂, 諸侯稱順焉.

102 重耳敢再拜稽首, 奉揚天子之丕顯休命.(『左傳』僖公28年)

103 文武之功, 實建諸姬.(『國語』「晉語4」)

104 昔武王克商, 光(廣)有天下, 其兄弟之國者十有五人, 姬姓之國者四十八.(『左傳』昭公28年)

105 用享孝宗室.(「曼龔父盨」)

106 用享考(孝)于大宗.(「兮熬壺」)

107 用好(孝)宗朝(廟).(「舲伯簋」)

108 用享孝于宗老.(「辛中姬鼎」)

109 用孝享于兄弟父母姻媾諸考.(「叔季良父壺」)

110 用享孝于皇申(神), 祖考, 于好朋友.(「杜伯盨」)

111 克奔走上帝無終令於有周追考(孝).(「邢侯簋」)

112 臣子之不孝君父, 所謂亂也.(『墨子』 「兼愛上」)

113 成聞之: '民生於三, 事之如一.' 父生之, 師教之, 君食之. 非父不生, 非食不長, 非教不知生之族也, 故壹事之.(『국어』 「晉語1」)

114 吾聞之羊舌大夫曰: '事君以敬, 事父以孝'. 受命不遷爲敬, 敬順所安爲孝.(『국어』 「晉語1」)

115 堯能單均刑法以儀民.

116 周有亂政而作九刑.

117 作誓命曰: 毁則爲賊, 掩賊爲藏, 竊賊爲盜, 盜器爲奸. 主藏之名, 賴奸之用, 爲大凶德, 有常無赦. 在九刑不忘.

118 罔不寇賊, 鴟義奸宄, 奪攘矯虔.

119 惟作五虐之刑曰法, 殺戮無辜, 爰始淫爲劓刵椓黥, 越兹麗刑, 並制, 罔差有辭.

120 乃命重黎絕地天通.

121 禹平水土, 主名山川.

122 稷降播種, 農殖嘉穀.

123 士制(止)百姓於刑之中, 以教祗德.

124 乃明於刑之中.

125 觀於五刑之中.

126 惟貌有稽, 無簡不聽, 具嚴天威.

127 墨罰之屬千, 劓罰之屬千, 剕罰之屬五百, 宮罰之屬三百, 大辟之罰其屬二百. 五刑之屬三千.

128 輕重諸罰有權.

129 上刑適輕下服, 下刑適重上服.

130 刑罰世輕世重.

131 刑稱罪則治, 不稱罪則亂. 故治則刑重, 亂則刑輕. 犯治之罪固重, 犯亂之罪固輕也.

132 즉 불평등의 평등, 계시적 질서의 정당화로 해석할 수 있다. —옮긴이

133 上刑適輕, 下刑適重, 非齊也. 輕重有權, 隨世制官, 齊非齊也.

134 非佞折獄, 惟良折獄, 罔非在中.

135 察辭於差, 非從惟從.

136 愛敬折獄, 明啓刑書, 胥占, 咸庶中正.

137 其刑上備, 有並兩刑.

138 朕敬於刑, 有德惟刑.

139 獄貨非寶, 惟府辜功, 報以庶尤.

140 王道衰微.(『史記』「周本紀」)

141 先王耀德不觀兵.

142 懋正其德而厚其性, 阜其財求而利其器用, 明利害之鄕, 以文修之, 使務利而避害, 懷德而畏威.(『국어』「周語上」)

143 勤恤民隱(苦痛)而除其害也.

144 先王非務武也.

145 觀則玩, 玩則無震.

146 民不堪命矣.

147 國人莫敢言, 道路以目.

148 吾能弭謗矣, 乃不敢言.

149 防民之口, 甚於防川. 川壅而潰, 傷人必多, 民亦如之. 是故爲天者決之使導, 爲民者宣之使言.

150 而後王斟酌焉, 是以事行而不悖.

151 口之宣言也.

152 行善而備敗.

153 夫民慮之於心, 而宣之於口, 成而行之, 胡可壅也? 若壅其口, 其與能幾何?(『국어』「周語上」)

154 夫利, 百物之巢笙也, 天地之所載也.

155 天地百物, 皆將取焉, 胡可專也?

156 匹夫專利, 猶謂之盜, 王而行之, 其歸鮮矣!(『국어』「周語上」)

157 夫王人者, 將導利而布之上下者也, 使神人百物無不得其極, 猶日怵惕, 懼怨之來也.(이상 인용문은 모두 『국어』「周語上」 참조)

158 왕이 토지 경작을 직접 시범하던 예법. ―옮긴이

159 봄에 국왕이 논에 나가 모내기 행사를 하는 것. ―옮긴이

160 三時務農, 一時講武.

161 夫民之大事在農, 上帝之粢盛於是乎出, 民之蕃庶於是乎生, 事之供給於是乎在, 和協輯睦於是乎興, 財用蕃殖於是乎始, 敦庞純固於是乎成.(『국어』「周語上」)

162 國之大事在祀與戎.

163 去和而取同.

164 土與金木水火雜.

165 是以和五味以調口, 剛四支以衛體, 和六律以聰耳, 正七體(七竅)以役心…(『국어』「鄭語」)

166 以同裨同, 盡乃棄矣.

167 聲一無聽, 物一無文, 味一無果, 物一不講.

168 擇臣取諫工而講以多物.

169 而與剸同.

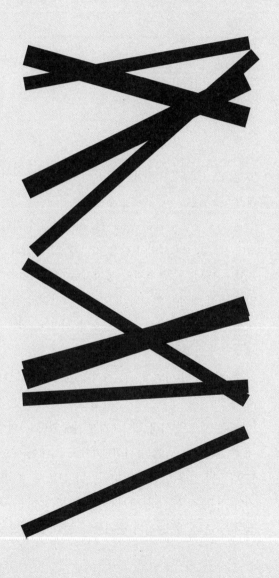

제3장

춘추 시대의 정치사상:
신 중심에서 인간 중심으로의
전환

춘추春秋(기원전 770~기원전 476) 시대는 중국 역사상 보기 드문 대변동의 시기였다.

정치 형세의 변화는 주로 주周 천자의 영향력이 거의 없어지고 제후 및 경대부卿大夫들의 세력이 판을 치며, 가신家臣들의 활약과 민民의 지위 상승으로 나타났다. 주 천자의 통치자로서의 지위가 쇠약해진 뒤 크고 작은 몇몇 정치 중심이 형성되었다. 제후국 사이의 겸병 전쟁은 사회 여러 방면에서 관계의 대변화를 몰고 왔으며, 겸병의 결과 몇몇 대구역을 통일한 제후국들이 만들어지기도 했다.

춘추 시대의 사회경제적 관계 또한 신속한 변화가 일어났다. 철기 사용과 우경牛耕의 확충은 사회적 생산력과 기술 면에서 청동기 시대와는 전혀 다른 새로운 시대로 나아가게 해주었다. 사회적 생산력의 새로운 발전에 수반하여 사람들의 사회관계에도 거대한 변화가 생겨났다. 이는 대체로 다음과 같은 현상으로 나타났다. 1)토지 쟁탈전이 갈수록 격렬해져 토지의 소유, 점유, 사용 관계가 날로 다양화하는 추세를 보였다. 2)착취 방식이 서주西周의 '농지에 근거한 노동력籍田以力'으로부터 역역力役과 조세租

税로 변화했다. 가정 단위의 개별 생산 체제가 점차 보편화되었으며, 노예 제도는 축소, 약화되어갔다. 3)공상업이 신속히 발전하면서 사영私營 공상업과 관영官營 공상업이 대등한 힘으로 경쟁하게 되었다.

사회 사상과 관념 또한 정치, 경제의 변화와 상부상조하면서 큰 변화를 일으켰다. 이 시기 정치사상은 다루는 문제가 갈수록 많아지면서 다양성이 특징적으로 드러났다. 그 경향과 발전 추세는 주로 서주의 천제天帝, 천자天子 관념의 울타리를 깨뜨리고 세속적이고 실제적이며 인간을 향해 전환되는 방향으로 나타났다. 지금까지의 자료로 보면 노자老子, 공자孔子 이전에 독립적이고 이론 체계를 갖춘 정치사상가는 아직 나타나지 않았던 것 같다. 이 장에서는 주로 사회 사조 및 몇몇 정치가의 사상을 논하고자 한다.

제1절

춘추 시대
정치사상 개괄

하늘과
국왕을 향한 원망:

정치사상 전환의
출발점

『시경』은 문학 작품이다. 그런데 춘추 시대 이전 시詩는 사람들이 자신의 생각을 나타내는 주된 방식 가운데 하나였다. 『좌전左傳』을 통해 우리는 외교 현장에서 수많은 사람이 시를 사용해 대답하는 것을 볼 수 있다. 어떤 사람들은 시를 인용해 자신의 정치적 관점을 피력하기도 했다. 공자는 이런 말을 했다. "시를 배우지 않으면 할 말이 없다."[1] "시는 감흥을 일으키며, 득실을 관찰할 수 있게 하고, 사회를 올바르게 화합시켜주며, 분노 없이 원한을 드러내게 한다. 가까이는 부모를 섬기는 데 좋고 멀리는 임금을 섬기는 데 좋다. 새, 짐승, 풀, 나무 등의 이름을 많이 알게도 해준다."[2] 시는 정치 논의와 다르다. 그러나 시는 사람의 뜻이 승화된 것이므로 어떤 시는 선명한 정치성을 지니고 있다. 혹자는 이를 가리켜 정치시라고 부른다. 서주 말기와 춘추 초기에 일련의 풍자시가 등장했다. 이 시의 저자들이 창끝을 상제上帝와 주왕에게 겨누고 있는 것을 보면 사상이 대대적으로 해방되었음을 알 수 있다. 정치사상 측면에서 볼 때 명확하게 이성적인 것이라고 할 수는 없지만, 그런 시가 반영하고 있는 정서는 오히려 특정한 이론들을 선도하고 있다. 이론과 감정의 관계에서 보면 이론이야말로 감정을 담당하는 지도교사가 되겠지만, 이론의 어머니는 도리어 감정이다. 이런 의미에서 볼 때 우리는 이런 풍자시가 갖는 정치적 의의를 중시하지 않을 수 없다.

하늘天, 조상祖, 국왕王은 한 몸으로 연결되어 있었다. 따라서 하늘을 욕하고, 조상을 욕한다는 것은 곧 왕을 욕하는 것이다. 역대 주석가들 대부분은 이런 견해를 가지고 있었다. 하늘을 원망하고 조상을 욕하는 시구절은 매우 많다. 이를테면 다음과 같다.

"저 높은 하늘이시여! 불공평하시도다. 이런 지독한 흉액을 내리시다니."[3]

"저 높은 하늘이시여! 은혜롭지 못하도다. 이런 큰 죄업을 내리시다니."[4]

"저 높은 하늘이시여! 너무도 어리석구나. 나는 정말 무고한 사람일진대."[5]

"넓고 넓은 하늘이지만 제 은덕을 상시로 지키지는 못하도다."[6]

"조상님은 사람이 아니었단 말인가! 어떻게 내게 이런 고난을 견디게 하실까?"[7]

그 밖에 몇몇 시구는 일반적인 책망을 넘어서 구체적인 정치 상황과 맞물려 있다. 이를테면 다음과 같다.

상벌이 불공평함을 책망한다. "저 높은 하늘이시여! 너무 포악하도다. 깊이 사려하지도, 도량이 넓지도 않구나. 죄 있는 무리들을 그대로 버려두고 그들의 죄업을 감춰주기만 하는구나. 그리고 이렇게 죄 없는 사람들은 서로 엮여 형벌의 고통에 빠져 있구나."[8]

바른말 곧은 권고는 듣지 않고, 오로지 꾸미는 말 미사여구에 귀를 기울임을 질책한다. "저 높은 하늘을 어찌할 거나? 규범에 맞는 말을 믿지 않으니."[9] "혼란이 생기고 또 생기는 것은 군자君子[10]가 참언을 믿기 때문이다."[11] "비방하는 사람의 말은 그럴듯하게 달콤하니 그럴수록 혼란이 하나씩 더해지는 것과 같다."[12] "꾸미는 말은 마치 생황笙[13]의 혀와 같나니, 정말 낯가죽이 두껍도다!"[14]

정책이 잘못되었음을 질책한다. "정책이 삿되고 기울어 있도다. 어느 날에 그칠 수 있을꼬? 지극히 좋은 정책은 행해지지 않도다. 좋지 않은 것만 오히려 쓰인다. 내 보기에 정책 또한 큰 병을 앓고 있다."[15]

말만 많고 책임지는 사람이 적은 것을 비판한다. "계책을 입안하는 사람은 참으로 많은데, 그럼에도 공을 이룬 바가 없도다. 발언하는 사람은 누구이며, 또 누가 감히 진정으로 책임지려 하는가?"[16]

천박한 견해를 어지러이 이용함을 책망한다. "옛사람들의 모범을 따르고자 하지 아니하며, 크게 계획하여 나아가지 아니하도다. 천박한 말에 귀 기울일 뿐이며, 천박한 말로 싸우려고만 한다. 그러하면 길 가운데 집을 짓는 것과 같으니 성공할 수 없으리!"[17]

위와 같은 이야기들을 볼 때 어디에 저 높이 닿을 수 없는 '하늘天'을 비판하는 말이 있는가? 분명히 하늘을 과녁 삼아 왕을 비판하고 있다. 마치 「절남산節南山」의 다음 말처럼. "집마다 어른들이 노래 지어 부르니, 모두 왕의 허물을 따지도다."[18]

서주가 안정된 통치를 구가하던 시기에 하늘, 조상과 왕은 감히 논의 대상이 될 수 없는 것이었다. 숭배하거나 찬송할 수 있을 뿐이었다. 그런 사정의 다른 면이 바로 사상의 질곡이며 교조화다. 하늘, 조상, 왕 관념의 울타리를 깨부숴야만 비로소 다른 세상이 열릴 수 있다. 하늘을 탓하는 적잖은 작가의 귀결점은 하늘이 갖는 이미지를 보완하는 것이었다. 그런데 하늘이 먼저 머리부터 구멍이 뚫렸으니 다시 보완한다 해도 상흔은 남아 있을 수밖에 없다. 이로써 하늘의 신성성, 조상의 신성성, 왕의 신성성은 모두 폭로되었다.

시인들이 격정으로 새로운 시각을 개벽한 것이다!

신 존중에서 인간 존중으로의 전환

서주의 멸망은 엄청난 사건이었다. 이는 사람들로 하여금 정치적 흥망성쇠의 원인에 대해 전혀 새롭게 생각하도록 했다. 게다가 뒤를 이은 춘추 시대의 기나긴 전란과 쟁탈은 사람들을 현실의 투쟁 일선으로 밀어냈다. 쟁탈의 와중에서 몇몇 제후국은 승리했고 발전했다. 몇몇 제후국은 쇠락하거나 멸망했다. 변화를 모르는 일부 완고한 사람들은 이런 사실을 천명天命에 귀결시키기도 했지만, 더 많은 사람은 현실 정치에서 그 근본적인 이유를 찾아냈다. 진晉나라의 중행中行씨가 멸망당할 때 중행문자中行文子(즉, 순인荀寅)와 태축太祝[19] 사이의 일단의 대화는 위 두 가지 사상을 모두 그려내고 있다. 중행문자는 태축이 신에게 제사 지낼 때 쓰는 희생물을 살진 것으로 하지 않았기 때문에 멸망을 초래했다고 질책했다. 더 웃기는 일은 성직에 종사하던 축사祝師가 오히려 별개의 이치를 설파하고 있다는 것이다. "한 사람이 축원하고 한 나라 사람들이 저주합니다. 한 사람의 축원은 만민의 저주를 이길 수 없소이다. 나라가 망한 건 당연한 것 아니오?"[20] 보라. 성직 종사자마저 국가의 흥망성쇠가 신에게 있지 않고 정책의 득실에 있음을 명백히 하고 있다. 신권정치는 이렇듯 끝으로 치닫고 있었다.

신권정치의 쇠락과 세속적인 정치사상의 흥기는 주로 두 가지 형태로 나타났다. 하나는 정치의 흥망이 신에게 달려 있지 않고 민심의 향배와 군신君臣의 정책 및 품질에 달려 있다는 것이다. 또 하나는 '하늘天'이 일반 개념의 하나로 바뀌어 신비주의적 성질이 감소되었다는 것이다.

백성을 얻는 자는 흥하고 백성을 잃는 자는 망한다得民者昌, 失民者亡

춘추 시대는 천하 대란의 시기였다. 제후국 사이의 전쟁이 여기저기서 벌어져 멈출 날이 없었다. 어떤 나라는 멸망했고 어떤 나라는 성쇠의 변화를 겪었다. 각 국가 내부에서도 왕위를 쟁탈하려는 싸움이 다각도로 벌어졌다. 경대부들과 군주 상호 간의 싸움 또한 그치지 않았다. 생사존망을 눈앞에 두고 사람들은 승패의 원인을 관찰, 분석, 연구했다. 그 와중에서 실패하지 않고 승리를 쟁취할 비결을 찾으려 했다. 일부는 전통의 속박에 갇혀 천명과 신탁으로부터 근본적인 이유를 찾으려 했으나, 현실을 직시한 일련의 인사들이 등장하여 사건 내부로부터 원인을 찾는 데 열중했다. 그들은 제각기 다른 각도에서 출발했으나 대체로 일치된 하나의 결론을 얻었다. 그것은 백성의 향배가 성패의 근본이라는 것이었다.

나라의 승패는 백성의 향배에 따라 결정되는 것이다. 초楚나라가 육六과 요蓼를 멸한 사실에 대해 노魯나라의 장문중臧文仲은 다음과 같이 평했다. 육과 요는 "덕이 바로 서지 않았으며 백성이 돕지 않아 애석하게 무너졌다."[21] 양백梁伯은 "공궁公宮에 도랑을 파다 백성이 흩어져"[22]버렸기 때문에 진秦나라에게 멸망당했다. 이런 일들은 정치가들에게 심각한 영향을 미쳤다. 그렇게 숱한 세월이 지난 뒤 초나라 영윤令尹이 된 술戌은 역사적 경험을 총결산하면서 여전히 이를 끌어다 경계했다. 그는 다음과 같이 말했다. "백성이 군주를 버리면 망하지 않고 무얼 기대하겠는가?"[23] 이와 같은 인식에 근거하여 각 나라가 서로 전쟁을 벌일 때는 항상 상대방 인민의 태도를 고려해 군사 행동을 채택할 것인가의 여부를 결정하는 근거의 하나로 삼았다. 한번은 적적赤狄이 진晉나라를 침공했는데, 진의 중행환자中行桓子는 이렇게 말했다. "그 나라 백성을 못살게 굴어 목적을 관철코자 한 것이므로 장차 죽임을 당하게 될 것이다."[24] 진나라가 괵虢나라를 정벌하려 하자 사위士蔿가 말했다. "안 됩니다. 괵공虢公은 교만합니다. 갑자기 우리에게 승리라도 한다면 반드시 제 백성을 버릴 것입니다. 사람이 없어진 뒤에 정벌하십시오. 그때는 우리를 막고자 해도 누구와 더불어 하겠습니까?"[25] 초나라가 한 차례 정鄭나라의 수도로 공격해 들어갔다. 그때 정백鄭伯은 맨몸으로 죄를 청하며 자신의 백성에게 관대했다. 이 광경을 본 초 왕은 "그 군주가 능히 아랫사람에게 굽힐 줄 안다는 건 반드시 그 백성을 믿고 쓸 수 있다는 말이다. 내 몇 해를 견디겠는가?"[26]라고 말하며 이내 군사를 거두어가 평온해졌다.

어떤 때는 쌍방이 장기 전략의 안목에서 상대방 백성의 호감을 사서 상대 국가의 민심을 얻으려 했다. 진晉나라가 크게 굶주리자 진秦나라에 구원을 청했다. 이에 진秦나라 내부에서 의견이 두 파로 갈렸다. 한 파는 지원에 반대했고, 한 파는 지원을 주장했다. 자상子桑이 말했다. "은혜를 두터이 하면 보답할 것이니 군주께서 더 무엇을 구하시겠습니까. 은혜를 두터이 해도 보답하지 않으면 그 백성이 이반할 것입니다. 이반하면 토벌할 수 있습니다. 사람이 없으면 반드시 패하게 됩니다."[27] 자상이 진나라 원조를 주장한 출발점은 진晉의 백성을 쟁취하겠다는 데 있다. 먼저 종자를 뿌려 나중에 수확한다는 전략이다. 『좌전』 희공僖公 14년에는 진이 흉년 들어 진晉에게 구원을 청했는데 진晉이 은혜를 원수로 갚았다고 기록하고 있다. 『좌전』 희공 15년에 보면 진秦과 진晉이 교전했는데 진秦나라 군사들은 원수 같은 적개심으로 임했던 데 비해 진晉의 군사들은 부끄러움이 가득해 결국 진晉의 군대가 대패했다. 오신서吳申胥(즉, 자서子胥)는 오吳왕 부차夫差, 초楚 영왕靈王, 월越왕 구천勾踐 등 각 인물의 대민 정책을 예로 들며 백성을 가까이하는 사람은 반드시 승리하고 백성 위에 교만하게 군림하는 자는 반드시 패한다고 적시했다.(『국어國語』「오어吳語」 참조) 초나라 자서子西는 오왕 합려闔閭와 부차의 대민 정책을 비교한 뒤 부차가 "백성 보기를 원수같이 하고 날마다 새로 부리기"[28] 때문에 반드시 패망을 자초할 것이라고 지적했다. 당시 많은 사람은 전쟁을 하기 전에 먼저 백성에 대한 위무 정책을 시행하여 백성의 지지를 구했다. 진晉나라 지영知罃은 초, 진 "두 나라가 각기 사직을 도모하여 그 백성을 넉넉히 위무했다"[29]고 말한다.

공자公子들이 국내에서 왕위 쟁탈전을 벌일 때에도 항상 먼저 백성을 자신에게 기울도록 만들었다. 위衛의 주우州吁는 왕위를 다투며 "제후에게 총애를 구함으로써 백성과 화합한다"[30]는 정책을 채택했다. 송宋나라 공자 포鮑 또한 백성에게 은혜로운 대출을 해줌으로써 백성의 지지를 얻어내 군주가 되었다.(『좌전』 문공文公 16년) 이런 사례는 매우 많다. 통치자들에게 토지와 민중은 없어서는 안 될 것이었다. 토지와 민중의 관계를 이야기하면서 어떤 사람은 반드시 먼저 민중이 있고 난 후 토지가 있을 수 있다고 주장한다. 진나라의 이오夷吾는 "들어와 백성을 다스릴 수 있으면 되지 토지는 어디에 있어도 싱관없다"[31]고 말한다. 왕위를 쟁취한 뒤 이를 공고히 하기 위해서도 마찬가지로 방법을 생각해 반드시 백성의 지지를 얻어내야 한다. 진晉 문공文公이 바로 그 전형적인 사례다. 그는 즉위 후 '그 백성을 교육하고敎其民' '백성을 이롭게 하고利民' '백성을 믿게 만들고信民' '백성을 예로 다스리는禮民' 등의 조치를 취함으로써(『좌전』 희공僖公 27년) 왕위를 공고히 했다.

수많은 정치가가 대민 정책을 치란治亂의 지침으로 간주했다. 제齊 양공襄公의 정책에 항상성이 없어 포숙아鮑叔牙가 지적했다. "군주가 백성으로 하여금 소홀한 마음을 갖게 만든다면 장차 난이 일어날 것이다."[32] 과연 나중에 그는 권좌에서 쫓겨났다. 주周나라 단목공單穆公은 역사 경험과 교훈을 총결산한 뒤 이렇게 말했다. "말로써 백성에게 덕을 베풀면 백성은 감동하여 덕을 따르게 되니 민심이 돌아오는 것이다. 위에서 민심을 얻어 사방에 퍼지게 되면 성공하지 않음이 없고, 구하여 얻어지지 않음이 없을 것이다. 그러면 즐길 수 있다."[33] 반대로 "위에서 민심을 잃으면 성공하지 못하고, 구하여 얻어지지 않을 것이니 어떻게 즐길 수 있겠는가?"[34] 주의 영주구伶州鳩 또한 이와 비슷한 주장을 했다. 주 경왕景王이 큰 종을 주조했는데 음률도 맞지 않으면서 재화만 낭비했다. 주구는 말한다. "백성이 무리 지어 좋아하면 성공하지 못한 경우가 드물다. 무리 지어 싫어하면 폐기되지 않는 경우가 드물다. 그래서 격언에 '무리의 마음이 성을 쌓고 무리의 입이 쇠를 녹인다'고 한다."[35] 초나라 두차斗且는 초 왕의 수탈이 심해 민심이 이반했을 때 다음과 같이 말했다. "백성의 마음을 따사롭게 해야 한다. 이는 큰 하천을 막는 것과 같다. 구멍이 뚫리면 반드시 엄청난 일이 벌어진다."[36] 진晉의 이극里克은 여희麗姬가 내외, 상하의 분란을 일으켜 서로를 원망하게 만든 상황을 비판하면서 이렇게 말했다. "백성으로 하여금 그 마음에 증오를 감추고 있도록 만들어서는 안 된다. 아마도 큰 하천을 막고 있는 둑과 같을지니 한번 뚫리면 막을 도리가 없게 된다."[37] 진陳나라 봉활逢滑은 진 군주에게 다음과 같이 말했다. "신이 듣자옵건대 나라가 흥한다는 것은 백성 보기를 자신의 상처 어루만지듯 함이니 복이 옵니다. 나라가 망한다는 건 백성의 목숨을 초개처럼 버리는 것이니 화가 생깁니다."[38]

이론상으로 더 큰 의미를 지닌 일도 있다. 즉 개인의 소망과 요구는 민중의 지지를 얻었을 때만 실현될 수 있으며, 그렇지 않으면 반드시 실패하리라는 사실을 일부 인사가 인식하게 되었다는 것이다. 노나라 계季씨가 자신의 군주를 축출하고, 노魯 소공昭公이 수복을 기도한 문제를 논의하면서 송나라 낙기樂祁는 말했다. "정권이 계씨에게 간 지 3대가 흘렀다. 노나라 군주가 정권을 잃은 이후로 네 명의 공公이 거쳐갔다. 백성이 없는데도 제멋대로 할 수 있는 사람은 없다. 나라의 군주는 그래서 그 나라 백성을 진무해야 한다. 그래서 『시경』에서는 '사람들이 망했다고 운운하는 건 마음이 두렵기 때문이리!'라 한다. 노의 군주는 백성을 잃었는데 어떻게 마음대로 할 수 있겠는가? 그저 운명을 기다릴 뿐이다. 움직이면 반드시 우환이 있을 것이다."[39] 낙기는 여기서 개별 사건을 논하는 것이 아니다. 그는 하나의 보편적 진리를 개괄하고 있다. 즉 '백성이 없는데도 마음대로 할 수 있는 사람은 없다'가 그것이다. 착취 제도하에서, 특히 군주 전제 제도하에서는 개인이 민의를 위반한 채 마음대로 하는 현상이 비일비재했다. 낙기 논의의 탁월성은 보통 사람의 견해를 뛰어넘었다는 데 있다. 운무가 가득한 상황 아래서도 사물의 본질을 꿰뚫은 것이다. 낙기의 주장이야말로 자산子産의 "민중의 분노는 범하기 어렵고 혼자의 욕망은 이루기 어렵다"[40]는 말보다 훨씬 더 심오하다. 모든 심오한 인식은 일반적으로 나름대로의 원인과 출처가 있다. 낙기 이전 주 단양공單襄公 또한 이와 유사한 사상을 어렴풋 주장한 적이 있다. 초나라와 진晉나라가 언鄢에서 전쟁을 치렀는데 진나라가 승리했다. 진의 각지郤至는 자신이 인仁, 예禮, 용勇 삼덕을 갖추었기에 승리할 수 있었다며 공을 과장했다. 이에 대해 단양공이 비평했다. "진나라가 승리한 것은 하늘이 초나라를 미워했기 때문으로 진나라를 깨우쳐주기 위함이었다. 그런데 각지가 하늘의 공을 도둑질하여 자신의 공으로 삼으려 하니 안 될 말 아닌가? (…) 그리고 각지는 어떻게 스스로 세 가지 덕을 갖추었다고 하는가? 인, 예, 용은 모두 백성이 이야기할 일이다."⁴¹ 이 기록은 여전히 매우 농밀한 신비주의 색채를 띠고 있다. 그러나 그가 전쟁 중 결정적인 작용을 한 것은 '민民'이지 개인이 아니라고 한 말은 탁월한 견해다.

'많은 사람[의 의견]에 따른다從衆'는 사상과 위에 언급한 인식은 밀접한 관계가 있는 동일한 문제의 양면이다. 기원전 585년 초와 진이 교전했는데, 진나라 중군 장수 난무자欒武子는 철군하라는 명령을 내렸다. 그러나 다수의 장군들이 이에 찬성하지 않았다. 어떤 사람이 난무자에게 물었다. "성인은 많은 사람衆과 바라는 바가 같기 때문에 일을 성공시킬 수 있습니다. 당신은 어찌하여 많은 사람의 주장을 따르지 않습니까? 당신은 대권을 갖고 있으니 백성을 헤아려야 할 것입니다. 당신을 열한 사람이 보좌하고 있는데, 그 가운데 세 사람만이 전쟁을 바라지 않습니다. 그러니 전쟁을 바라는 사람이 다중이라고 할 수 있습니다."⁴² 성인은 다중과 바라는 바가 같다는 주장은 훌륭한 철학적 이치를 담고 있으며, 그로써 난무자가 군대를 움직이는 문제를 끝내버렸다. 그러나 난무자 또한 총명한 인물이었다. 그는 또 하나의 도리를 설파했다. "옳은 말이오, 많은 사람에 따른다. 그런데 선善이야말로 다중의 핵심 아니겠소. 삼경三卿은 한 주인을 섬기는데, [숫자로는] 그들을 다중이라 부를 수 있소. 그들을 따른다니 가당키나 하오?"⁴³ 언뜻 보면 난무자의 말은 궤변에 가깝지만, 사실 매우 심오한 견해를 제기하고 있다. 일이란 단순히 수적인 다소를 준거로 삼을 수 없다. '선', 즉 정확한 것은 다수보다 훨씬 더 중요하다. 그래서 더욱 높은 원칙이다. 똑같이 '선'하다면 선 가운데 다수의 의견을 따라야 할 것이다. 선이 소수의 수중에 있으면 '선'을 따르는 것이 바로 다중을 따름이다. 도대체 어떻게 다중에 따를지, 선에 따를지를 통일시킬 것인가? 이는 당시로서는 해결할 수 없는 문제였다. 그러나 문제 제기만큼은 사람들에게 계발의 여지를 충분히 제공해주고 있다.

민중의 지지를 얻으면 위를 범하여 난을 일으킬 수 있다. 그럴 만한 충분한 이유를 갖게 된다. 이것이야말로 춘추 시대의 가장 급진적인 언설이며 견해다. 노나라 3환桓씨는 장기간 정권을 전횡했는데, 계씨가 권력을 장악한 기간에 노 소공은 쫓겨 달아나 귀국할 수가 없었다. 기원전 515년 제후들은 회맹會盟하여 노 소공의 노나라 귀국 문제를 논의했다. 진晉 범헌자范獻子는 찬성하지 않으며 이렇게 말했다. "계씨는 백성의 지지를 깊이 얻고 있다. 회이淮夷 땅이 그에게 주어져 있고 10년을 준비해왔다. 제齊, 초가 원조하고 있으며 하늘이 찬성하고 있다. 거기에 백성이 돕고 있으니 굳건히 지키려는 마음이 있는 것이다……"[44] 모인 사람들은 범헌자의 이야기를 듣고 그만둘 수밖에 없었다. 기원전 510년 노 소공이 진나라에서 죽었다. 조간자趙簡子는 사묵史墨에게 계씨가 주군을 쫓아내 다시 귀국하지 못하게 하여 타향에서 죽었는데, 이는 좀 너무한 것 아닌가라고 물었다. 사묵이 대답했다. "노나라 군주는 평생 잃기만 했습니다. 반면 계씨는 일생을 근면하게 닦아왔습니다. 백성은 군주를 잊어버렸습니다. 그가 외지에서 죽었다고 한들 누가 긍휼히 여기겠습니까?"[45] 군주의 신성성은 파괴되었다. 백성을 얻음이 군주를 쫓아내는 이유가 될 수 있다는 것은 정치사상사에서의 일대 비약이다.

백성에 대한 중시로 말미암아 수많은 사람이 '무민撫民(백성을 어루만짐)' '친민親民(백성을 친애함)' '휼민恤民(백성을 구휼함)' '안민安民' '이민利民' '이덕화민以德化民(백성을 덕으로 교화함)' 등의 정치 주장을 제기했다. 이 주장들을 관통하는 중심 사상은 군주와 집정자들로 하여금 백성에게 은덕을 열고 혜택을 베풀라는 요구였다. 그들은 군민君民 관계의 핵심이 오직 이利 한 자에 있다고 말한다. 백성이야말로 군주의 재원財源이므로 군주는 재원이 말라버리도록 이익을 갈취해서는 안 된다. 재원이 마르도록 갈취하면 반드시 자신이 의도한 반대 방향으로 치닫게 될 것이다. 주 경왕이 대전大錢

을 주조하여 백성의 재화를 착취하자 단양공이 말했다. "백성이 쓸 것을 모조리 잘라 왕실을 살찌우는 것은 샘물의 원류를 막아 썩은 웅덩이를 채우는 일과 같으니 며칠 못 가 말라버릴 것입니다. 만일 백성이 모두 떠나 재원이 비어버린다면 재앙이 오고 망하는 길에 들어설 것입니다. 왕께서 장차 이를 어찌 하시렵니까?"[46] 초楚 영왕靈王 때의 오거伍擧는 이 문제를 더욱 명료하게 설파했다. "나라를 다스리는 군주는 백성과 더불어 살아가야 한다. 백성이 비쩍 말라 있는데 군주가 어떻게 살찔 수 있겠는가? 사욕私欲이 넘쳐나면 덕의德義는 줄어든다. 덕의가 행해지지 않으면 가까운 데 있는 사람들이 소요하게 되고 멀리 있는 사람들은 거역의 길을 가게 된다."[47] 이런 이야기들은 군주가 백성을 기른다養民는 전통 관념들을 부수어버렸다. 군주가 양민하는 것이 아니라 백성이 군주를 키운다는 것이다. 군주의 덕과 재물은 반비례하니 백성의 수중에서 착취가 많으면 많을수록 그 군주는 덕이 없는 군주가 된다는 것이다.

이 시기에 제기된 친민, 이민은 정책의 목표가 아니라, 백성을 부리기 위해 채택된 일종의 수단이었다. 초나라 자서가 오나라 왕에 대해 한 말이 꼭 그렇다. "오광吳光이 새로 나라를 얻어 그 백성을 친애하며, 신고를 같이 누리고 사는데 이는 장차 그들을 이용하기 위함이다."[48] 진나라 사위의 말도 마찬가지다. "백성과 일을 사양하고 화목을 즐기며, 친애하여 대하고 슬피 문상한 뒤에 그들을 이용할 수 있다."[49] 이민利民을 목표 자체로 간주하고 민리民利를 일체의 우위에 놓는다는 주장은 주자邾子의 일장 연설에 한 번 등장할 뿐이다. 주邾 문공文公이 수도를 옮기려 하자, 점을 친 뒤 사관史官이 "백성에게는 이로우나 군주에게는 불리합니다"[50]라고 말했다. 이에 주자는 이렇게 대답했다. "백성에게 이롭다면 과인에게도 이로운 것이다. 하늘이 백성을 낳으시고 그리고 군주를 세우셨다. 백성이 기왕 이롭다면 과인은 반드시 그들과 더불어 하겠다."[51] 좌우가 말렸으나 주자는 듣지 않았다. 주자가 이 정도 사상을 제기할 수 있었다는 사실은 실로 고귀한 일이다.

군민 관계에서 가장 급진적인 주장은 백성이 자신들을 궁핍하게 만드는 주군을 뒤엎거나 포기할 수 있다는 것이다. 당시 어떤 군주들은 지나치게 잔혹하여 백성에 의해 뒤집혔다. 이런 현상에 대하여 통치권 내의 많은 사람은 반대했다. 이렇게 난을 일으키고 위에 항거한다는 것은 죄가 매우 크다는 것이다. 그러나 일부 깨인 사람들은 이를 오히려 합리적이라고 생각했다. 진晉의 지무자知武子는 헌자獻子에게 이렇게 말했다. "내가 부덕하면 장차 백성이 나를 버릴 것이오."[52] 경정慶鄭은 말한다. "사람들이 베푼 은혜를 저버리면 재앙을 만나게 되나니 이는 백성이 그것을 반대하기 때문이다."[53] 초의 영윤 술戌은 양梁나라가 멸망당했을 때 이렇게 말했다. "백성이 그 군주를 버렸으니 망하지 않고 무엇을 기다리겠는가?"[54] 귀족들 입에서 백성의 군주에 대한 항거를 합리적이라고 말했다는 사실은 전대미문이라고 할 수밖에 없다. 더욱 비중 있는 말은 진나라 사광師曠의 견해다. 위衛나라 백성이 위 군주를 쫓아내버리자, 진의 제후가 "위나라 사람들이 자신의 군주를 몰아낸 건 너무 심한 것 아니오?"[55]라고 물었는데 사광은 이렇게 대답했다. 훌륭한 군주는 "백성 기르기를 자식처럼 합니다", "백성은 자신의 군주를 받들며 사랑하기를 부모처럼 합니다."[56] 만일 군주가 "백성을 곤핍하게 만든 군주"라면 민중이 그를 하야하게 만드는 것은 마땅한 일이다. "백성을 향한 하늘의 사랑은 깊습니다. 어찌 한 사람으로 하여금 백성 위에서 방자하게 놀도록 만들었겠습니까? 어찌 음란함에 빠져 천지의 성性을 버리도록 놓아두겠습니까? 반드시 그렇지 않을 것입니다."[57] 사광이 민중을 선동하여 모반하라고 부추긴 것은 결코 아니다. 다만 그는 폭군을 몰아내는 것이 천리天理에 합치한다고 주장했다. 군주가 제멋대로 방자하게 굴면 반드시 징벌을 받게 된다는 것이다.

현인의 임용任官尙賢

　제후국들의 내외 모순이 격화됨에 따라 지력智力 문제 또한 돌출하게 되었다. 훌륭한 정책과 판단력을 갖춘 사람이 없는 국가는 다스려질 수 없었고, 전쟁을 하면 졌다. 그래서 수많은 군주가 현자 기용을 가장 중요한 일로 간주했다. 제 환공이 패자가 된 중요한 이유 가운데 하나는 그가 유능한 사람을 임용했기 때문이다. 관중管仲의 기용은 친지나 구세력을 타파한 전형적인 예증이다. 『국어』「제어齊語」는 제 환공이 현인 임용을 기본 정책의 하나로 삼고 있었다는 사실을 기록하고 있다. 그는 명령을 발포하여 향장鄕長(고을의 장관)들에게 '현인을 진출進賢'시키도록 했다. 만일 현인이 있음에도 보고하지 않는 사람이 있으면 '현인 은폐蔽賢'라고 말했다. '현인 은폐'는 범죄 행위로 처벌을 받아야 했다. 위 문공衛文公이 나라를 되찾은 뒤 "토지를 나누어주며 능력 있는 인사를 임용함"[58]을 치국책의 하나로 내걸었는데 즉각적으로 실효를 거두었다. 현인 임용의 바람은 진晉나라가 가장 왕성했다. 진 문공 이후 공족公族 세력은 약화되었으며 주요 보직에 임용된 사람은 이성異姓의 대부大夫들이었다. 당시 이성 대부들은 막 흥기하던 중이어서 기존 세력이나 친인척 관계에 의존한다는 건 불가능했다. 그리하여 여공厲公, 도공悼公, 평공平公 시기에 능력 있는 인사들이 배출되었고 이는 진의 정치를 매우 생기 있게 만들었다. 이것이 진나라가 패주霸主 지위를 유지하게 된 중요한 원인 가운데 하나다.

　현인 숭상의 분위기는 심지어 군주의 계승 문제에 대해서까지도 영향을 미쳤다. 춘추 시대에는 군주가 되기 위해 무수한 살육이 벌어졌다. 그래도 결국 몇몇 경우는 현명한 사람들에게 왕위가 양위되었다. 송宋 선공宣公은 그의 아들 여이與夷에게 물려주지 않았다. 그는 현인에게 전한다傳賢는 이유로 왕위를 자신의 동생에게 물려주었다. 당시 수많은 대신이 동의하지 않았는데, 그는 다음과 같이 말했다. "선왕께서 과인을 현명하게 여겨 사직을 이끌도록 하셨습니다. 내가 덕을 버리고 양보하지 않는다면 선왕의 추천을 폐기하는 셈입니다. 이를 어찌 현명하다 하겠소?"[59] 조趙나라에서도 이와 같은 일이 발생했다. 아들 장臧을 세워 군주로 삼으려 했는데, 그는 스스로 재덕이 부족하다며 받지 않았다.(『좌전』 성공成公 13, 14년 참조)

이때 현신들의 작용을 어떻게 인식할 것인가의 문제를 두고 많은 새로운 견해가 제기되었다. 조귀曹劌는 출신 성분이 그다지 분명치 않음에도 감히 고귀한 사람들에게 도전했던 인물이다. 노魯 장공莊公 때 제나라가 노나라를 공격하자 조귀가 뵙기를 청했다. 고을 사람들이 말했다. "약육강식을 일삼는 자肉食者가 일을 도모하는데 무슨 틈새가 있겠소?"[60] 이에 조귀는 "약육강식을 일삼는 자는 비루하여 멀리 내다볼 수가 없소이다"[61]라고 대답했다. 역사적으로 볼 때 약육강식을 일삼는 자 모두가 우둔한 사람이었던 것은 아니지만 대부분 기생충이었던 것은 사실이다. 조귀의 이 말은 귀족들에 대한 도전으로 매우 탁월한 견해다. 그 밖에 일부는 현자를 임용할 수 있느냐의 여부가 국가의 흥망과 관계있다고 인식했다. 진晉나라 양처보陽處父는 "유능한 사람을 부리면 국가의 이익이다"[62]라고 말한다. 초나라의 왕손어王孫圉가 진나라에 사신으로 갔을 때 조간자가 '백형白珩'이란 구슬이 여태 초나라에 있느냐고 물었다. 왕손어는 다음과 같이 대답했다. 초나라는 여태껏 그것을 보물로 여긴 적이 없다, 관야보觀射父, 좌사의左史倚 재상 등 재간 있는 몇 분의 대신이 있는데, 이 사람들이야말로 초의 보물이다, "백형으로 말할 것 같으면 선왕의 노리개일 뿐인데 어찌 보물이랄 수 있겠습니까?"[63] 초의 성자聲子는 초나라와 진나라의 정치를 분석했다. 그는 초가 쇠약하고 진이 강성한 까닭은 초나라에서 인재가 중용되지 않는 데 있다고 생각했다. 그 인재들이 다른 나라로 가서 오히려 그 나라의 동량이 되고 있으니, "초에 인재가 있다고 하나 진나라에서 그들을 쓴다"[64]는 그의 말은 바로 이를 지적한 것이다.

현인을 천거하여 칭송을 들은 사람은 진晉나라의 기해祁奚였다. 나이가 들어 퇴임하면서 현명함을 기준 삼아 그의 원수를 천거했고, 아들과 자신의 부하도 그런 식으로 추천했다. 군자君子들이 이를 평론했다. "기해야말로 천거를 잘하는 사람이라고 할 수 있다. 원수라 해도 모함하지 않았다. 아들을 세우면서도 견주지 않았다. 한쪽을 천거하면서도 작당하지 않았다."[65] 여기서 특별히 지적해야 할 것은 기해가 원수를 추천했다는 사실인데, 이는 정치가로서의 도량을 드러낸다.

당시 사람들은 왕 앞에 과감히 나아가 간언하는 신하를 현신賢臣이라 생각했다. 군주가 치세를 이루고 싶을 때 가장 기본이 되는 조건 또한 직간을 하는 신하의 중용이다. 진나라 범문자范文子는 말한다. "흥성한 나라의 왕은 직간하는 신하에게 상을 주며, 없어질 나라의 왕은 그에게 벌을 준다."[66]

친인척이나 구세력은 관계가 먼 사람이나 다른 성씨의 현인을 기용하는 것에 대하여 항상 적대시하는 태도를 지니고 있었다. 『좌전』 양공襄公 10년조에는 같은 성씨와 다른 성씨가 서로 다툰 일을 기록하고 있다. 왕숙王叔의 재宰와 백여伯輿의 대부 하금瑕禽은 궁정에서 감옥살이를 했는데, 사개士丐가 그들이 말하는 것을 들었다. 왕숙의 재는 이렇게 말했다. "기울어진 싸리 대문[67]의 한미한 사람 주제에 임금을 능멸하고 임금을 곤란하게 만들었으니!"[68] 하금은 다르게 말했다. "옛날 평왕이 동쪽으로 천도할 때 모두 일곱 성씨가 왕을 따르며 각종 물품을 희생하여 필요를 충족시켜드렸습니다. 왕은 그들을 믿었고 성모騂旄[69]를 하사하며 맹서하기를 '자손 대대로 직책을 잃지 않도록 하리라'라고 했습니다. 기운 싸리 대문 사람이었다면 동쪽 바닥으로 올 수나 있었겠습니까!"[70] 같은 성씨들은 새로 일어나는 다른 성씨 사람들을 '기울어진 싸리 대문 사람들'이라 욕하면서 같은 성씨 친인척의 대단함을 내보이려 한 것이다. 위衛 석작石碏은 위 장공莊公에게 다음과 같이 간언했다. "미천한 신분으로 고귀한 사람을 비방하는 것, 젊은이가 연장자들을 능멸하는 것, 관계가 먼 사람이 가까운 사람을 이간하는 것, 신세력이 구세력을 이간하는 것, 작은 가문으로 큰 가문을 밟는 것, 음란함으로 의로움을 깨부수는 것을 이른바 여섯 가지 반역이라고 합니다."[71] 석작은 매우 분명하게 사람을 쓸 때는 친인척과 구세력을 주로 쓰라고 주장하고 있다. 진晉의 수무자隨武子는 초나라 정치를 평하면서 말이 초의 도읍 사람들에게 이르자 "그 군주가 사람을 씀에 안으로는 친인척의 성씨를, 밖으로는 구세력의 성씨를 뽑더라……"[72]라고 말했다. 이는 당시 초나라에 친인척과 구세력을 쓰는 풍조가 성행했음을 보여준다. 『좌전』을 보면 춘추 시대의 인재 등용은 대부분 친인척과 구세력을 이용했다. 일부 친인척親, 구세력舊은 왕왕 창칼을 동원하여 신인新人, 원인遠人의 임용에 반대했다. 『좌전』 소공昭公 7년조에는 주나라 단헌공單獻公이 친인척을 버리고 원인을 등용하여 양襄, 경頃 등의 무리에 의해 피살되었음을 기록하고 있다. 『좌전』 정공定公 원년조에는 주의 축간공築簡公이 그의 자제를 버리고 원인을 등용했기에 그의 자제들에 의해 피살된 사건을 기록하고 있다. 『좌전』 성공成公 18년조에는 진晉 여공厲公이 원인을 임용했기 때문에 피살되었다고 기록하고 있고, 『좌전』 소공 7년조에는 연燕 간공簡公이 신인을 등용시키고 쫓겨난 일이 쓰여 있다. 이로 보아 신인, 원인의 임용은 친·구세력 사람들의 맹렬한 반대에 부딪혔음을 알 수 있다. 그러나 당시의 각축은 유능한 신인을 등용하지 않을 수도 없는 상황이었다. 그래서 유능한 인재를 기용해야 한다는 목소리는 날로 높아지고 있었다.

사람을 앞세우고 신을 뒤로함先人後神

사람이 중시됨에 따라 신과 인간의 관계에서도 사람을 중시하고 신을 경시하며, 사람을 앞세우고 신을 뒤로하는 관념이 출현했다. 신神과 민民의 관계로 볼 때 이 시기 신·민 관계상 비교적 개방적인 견해는 민이 신의 주재자란 주장이다. 먼저 민이고先民 나중이 신이니後神 신은 민에 의지하여 공사를 행하며, 민이 화합하면 신이 복을 내린다고 생각하게 된 것이다. 수隨나라의 계량季梁은 말한다. "민이 신의 주主입니다. 그래서 성왕은 먼저 민을 이루고 나중에 신에 힘을 쏟았습니다. (…) 그런데 지금 민이 각자 마음을 달리하고 있으니 귀신은 주가 없는 셈입니다."[73] 송공宋公이 사람을 써서 제사를 지내려 하자 사마자어司馬子魚는 "민이 신의 주입니다. 사람을 쓴다면 누가 누린단 말입니까?"[74]라고 말했다. 노나라 조귀는 "민이 화목한 뒤 신이 복을 내린다"[75]고 말한다. 이런 생각들은 신을 최종적으로 부정한 것은 아니지만, 신·민의 위치에 엄청난 변화가 생겨 민이 첫 번째 위치로 상승하고 신이 두 번째 지위로 내려앉았음을 나타낸다. 여기서 말하는 '주主'는 '주인主人'이 아니라 제주祭主다. 어쨌든 이 말은 민이 없다면 신도 말할 근거가 없어진다는 이치를 지적하고 있는 셈이다. 이런 사유로부터 끌어낼 수 있는 정치 원칙이 바로 민에 대한 중시다. 계량의 "도란 민에게 충실하고 신을 믿는 것이다"[76]라는 말이 바로 그렇다. 군주의 정치 활동은 의당 민중을 향해야 하며, 먼저 '백성을 이룬成民' 뒤 신에게 주력해야 한다. 백성을 이룬다 함은 먼저 정상적인 생산 활동을 보장해주고, 생산이 충족된 기초 위에서 교육을 행하며, 사람과 사람의 관계를 조절하고, 도덕을 강구하는 것을 가리킨다. 민이 신보다 훨씬 더 중요하므로 정치의 중점도 민의 신상에 놓여야 한다. 괵나라의 사은史嚚은 말한다. "나라가 장차 흥하려면 백성에게 귀를 기울이고, 망하려면 신에게 귀를 기울인다."[77] 몇 글자 안 되지만 이 말은 두 가지 서로 다른 정치 방침을 밝히고 있다.

천天 관념의 일반화와 자연화

서주 시대에 천과 상제는 하나의 존재로 최고신이었다. 그런데 서주 말기에 이르러 천을 자연 현상으로 보는 사람이 나타났다. 예컨대 『시경』 「소아小雅, 정월正月」에 "하늘이 아무리 드높다 하나 굽히지 않을 리 없으며, 땅이 아무리 두텁다 한들 밟히지 않을 리 없도다."[78] 「소아, 소명小明」에 "밝고 밝은 하늘이여 이 땅 위를 내리비추도다."[79] 「소아, 대동大東」에 "저 하늘을 우러르니 은하수 빛 찬란하다."[80] 「소아, 소완小宛」에 "작은 산비둘기 울어대누나, 날개 펴고 하늘로 날아오르누나."[81] 이런 묘사들을 보면 천은 분명히 자연성을 띠고 있다.

'천'과 '도'는 서주 시대에 각기 다른 두 관념이었다. 도는 도로로서 『서경』과 『시경』의 몇 부분에서는 규칙이란 의미로 쓰이기도 했다. '천도天道'는 『서경』 「강고康誥」 편에 최초로 보인다. "하늘이 그 도道를 가르치시어 사방을 이끌라고 당부하셨다."[82] 「필명畢命」 편에도 '천도'라는 개념이 보이지만, 학자들은 「필명」 편을 후대인의 작품이라고 생각한다. 춘추 시대에 이르면 '천도'는 이미 매우 광범하게 유행하는 개념이 된다. 그러나 그 구체적인 내용에 대해서는 사람마다 견해가 일치하지 않는데, 대체로 다음 두 가지로 귀결힌다.

하나는 신비주의적인 것이다. 천도, 천명 모두를 '상제' '천'의 의지의 표현으로 보는 것으로 서주 시대의 '천'과 크게 구분되지 않는다. 이런 관념은 여전히 상당히 유행하고 있었으며 수많은 사람이 그에 따랐다.

또 한 가지는 천도란 모호한 개념으로 그 가운데 다양한 의미를 함축하고 있다는 것이다. 천, 지, 인 통일의 필연성과 규율성뿐만 아니라 어느 때는 신비적 성분도 없지 않다는 것이다. 한 사람 한 사람의 논술을 보면 강조점이 다르다. 어떤 사람은 천도가 가리키는 것이 해와 달의 운행 규칙이라고 주장한다. 예컨대 범여范蠡는 "천도가 드높으니 해와 달이 그로써 항상한다"[83] 또는 "천은 원래대로 되돌아온다"[84]고 말한다. 어떤 사람은 천, 지가 자연 현상의 물질적 본원이라고 주장한다. 예컨대 단양공은 "천은 6이고 땅은 5인 것이 숫자에 항상하는 규칙이다. 날줄經이 하늘이고 씨줄緯이 땅이다. 경위經緯가 어그러지지 않음이 문文의 상징이다"[85]라고 말한다. 이에 대해 위韋씨는 다음과 같이 주를 달고 있다. "천에 육기六氣가 있는데 음陰, 양陽, 풍風, 우雨, 회晦(어둠), 명明을 말한다. 지에 오행五行이 있는데 금金, 목木, 수水, 화火, 토土이다." 위소韋昭의 설명에 따르면 천, 지는 몇 가지 원소로 구성된다. 이 원소 또한 만물 자연의 본원이다.

또 하나의 견해가 있는데 사물이 변화하는 모종의 규칙을 천도로 보는 것이다. 예컨대 등만鄧曼은 "가득 찼다가 텅 비는 것이 천의 도다"[86]라고 하고, 오자서吳子胥는 "차면 반드시 기우는 것이 천의 도다"[87]라고 했다. 또 인류 관계를 천도로 귀결시키는 주장도 있다. 예컨대 안평중晏平仲은 이렇게 말한다. "군주된 사람은 믿음에 입각하고, 신하된 사람은 공경에 입각하여, 충실한 믿음과 돈독한 공경으로 위아래가 하나 되는 것이 천의 도다."[88]

사람들의 천도에 대한 견해는 서로 크게 달랐지만 한 가지는 공통적이었다. 즉 사람은 천도에 지배받고 좌우되기 때문에 천도가 정치에 직접적으로 작용하고 영향을 준다고 생각한 점이 그렇다.

신비주의 입장에서는 천도, 천명이 모든 인사人事를 주재한다고 주장한다. 이 시기에 하늘이 특정한 형상으로 사람에게 뜻을 드러낸다는 천상시인설天象示人說과 하늘이 사람의 일에 감응한다는 천응인사설天應人事說이 크게 발전했다. 기원전 525년 겨울, 혜성이 대진大辰의 서쪽에 출현하여 동쪽으로 천한天漢 지방에 이른 일이 발생했다. 이에 신수申須가 말했다. "혜성이란 옛것이 제거되고 새로운 것이 펼쳐짐을 뜻합니다. 천은 늘 상징을 통해 사람에게 보여줍니다. 지금 불을 제거했는데, [심성心星이 나왔으니] 이는 반드시 불이 퍼질 것입니다. 제후에게 화재가 있지 않겠습니까?"[89] 재신梓愼이 "왕년에 내 본 적이 있는데 이것은 그 상징이다"[90]라고 말했다. 기원전 555년 초나라와 진晉나라가 전쟁을 벌였는데 동숙董叔은 진나라가 필승하리라 생각했다. "천도의 대부분이 서북쪽에 있으며 남쪽 군대는 때를 못 만났으니 반드시 이길 수 없다"[91]고 생각했기 때문이다. 이들 모두를 천견론天譴論으로 볼 수 있다. 이렇게 볼 때 천신天神 사상이 한편으로 쇠락해가면서도 다른 한편으로 발전하고 있음을 알 수 있다. 천견론은 자연계의 곤혹스러운 현상을 중간 매개로 한다.

천도의 신비성을 의심하고 부정하는 사람들의 천도에 대한 태도 또한 크게 두 가지로 나뉜다.

하나는 자연에 순응해야 인간사가 흥성해질 수 있다고 주장한다. 이에 관해 주나라 태자 진晉의 탁월한 언술이 있다. 주 영왕靈王은 계곡의 물과 낙수洛水의 물이 모여 물살이 급해지면 왕궁이 붕괴될지도 모른다고 생각했다. 그래서 제방을 쌓아 계곡의 물을 막을 계획을 세웠다. 태자 진은 "자연이 인민을 위해 재물을 제공하기 때문에 백성은 살아생전에 재물을 사용하고 죽어서는 자연에 묻힙니다"[92]라고 간언했다. 자연의 삼라만상은 물이 낮은 곳으로 흐르는 것처럼 제가기 본성을 가지고 있으므로, 군주된 사람은 이 자연의 본성을 이용할 수 있을 뿐 이치에 어긋나게 움직여서는 안 된다는 것이다. 역사적으로 공공共工[93]의 실패는 물의 성질에 거슬러 움직였기 때문인데, 물길을 열어주지 않고 막아버림으로써 결국은 천하에 해를 입혔다. 곤鯀도 공공의 전철을 다시 밟았기 때문에 큰 화를 초래했다. 하夏의 우禹는 공공의 방법을 바꾸어 "냇물을 소통시키고 막힌 곳을 풀어주는"⁹⁴ 방법을 채택하여 천하를 이롭게 했다. 태자 진은 왕에게 계곡 물을 막지 말라고 권했다. 그렇지 않으면 큰 화를 부를 것이라고 주장한다. 태자 진은 역사를 통해 성왕과 천지, 백성, 신과의 관계를 고찰한 뒤 위로 '상천象天(하늘의 계시에 따름)'하고, 아래로 '의지儀地(땅의 섭리에 따름)'하며, 가운데로 '화민和民(백성끼리 화목케 함)' '순시順時(때를 따름)' '경신敬神(귀신을 공경함)'해야만 평안할 수 있다고 말한다. 태자 진은 이 다섯을 '오칙五則'이라 불렀다. 이 오칙 가운데 여전히 귀신을 공경한다는 항목이 하나 있긴 하지만, 겨우 끝자리에 자리매김했을 뿐이다. 성왕은 이를 따르고 오칙을 전반적으로 고려해야만 정확한 정책을 만들어낼 수 있다는 것이다.(『국어』「주어하周語下」 참조)

의화醫和의 의학 이론 또한 사람의 생리 규율과 자연 규율의 통일성을 기초로 삼고 있다. 그는 말한다. "하늘에 육기六氣가 있는데 내려서 오미五味를 만들고, 펼치어 오색五色이 되며, 모아져 오성五聲이 된다."⁹⁵ 자연물의 맛味, 색깔色, 소리聲는 모두 사람을 기르지만 과하면 질병이 생긴다. 즉 "과하면 육질六疾이 생긴다". 음陰, 양陽, 풍風, 우雨, 회晦(어둠), 명明의 '육기' 또한 반드시 서로 협조해야 하며 지나치면 병이 생긴다. "음이 과하면 한질寒疾, 양이 과하면 열질熱疾, 풍이 과하면 말질末疾, 우가 과하면 복질腹疾, 회가 과하면 혹질惑疾, 명이 과하면 심질心疾이 생긴다."⁹⁶ 의화는 사람을 자연의 일부로 생각했으며 자연 규율과 사람의 생리 및 인간 심리 활동의 통일성을 가지고 질병의 원인을 고찰했는데 매우 탁월한 안목이다.

상술한 몇몇 관점은 다음과 같은 기본 명제를 제기하고 있다. 즉 어떻게 자연을 대할 것이냐를 정치의 주요 내용 가운데 하나로 삼고 있는 것이다. 이 관점은 매우 가치가 있다. 정치는 사람과 사람의 관계를 처리하는 것만이 아니라 어떻게 자연을 대할 것인가 하는 문제까지를 포괄한다. 인간은 자연을 떠날 수 없으며 반드시 자연 가운데 생존해야 한다. 자연을 대하는 방식은 개인의 사적인 일이 아니라 사회성을 갖는 일이다. 위에 언급한 이야기 가운데 찬탄을 금치 못하게 하는 사상이 하나 더 있다. 즉 어떤 사람이 자연 규율을 위반했을 경우 그 개인만 징벌을 받는 것이 아니라는 점이다. 만일 권력을 장악하고 있는 인물이 강제로 자연 규율에 어긋나는 일을 추진한다면 사회 전체가 자연의 보복을 받게 되리라는 것이다. 그들의 관점에 따르면 강제로 자연 규율에 위배되는 일을 추진하여 사회에 재난을 가져온 사람은 제재를 받아야 한다. 공공이 타도되고, 곤이 우산羽山에서 주살되었듯이.

천도에 관한 또 하나의 태도는 천과 인간이 다르다는 천인상분天人相分[97]을 강조한다. 한번은 주단자周單子가 진晉나라에 난리가 있을 것이라고 예언했다. 노후魯侯가 물었다. "묻자온대 천도 때문이오, 아니면 사람의 연고요?"[98] 이에 대답했다. "저는 고瞽[99]도 아니고 사史[100]도 아닌데 어떻게 천도를 알겠습니까?"[101] 그는 난의 원인을 사람 때문이라고 생각했다. 송나라에 큰 화재가 발생하자 진후晉侯가 사약士弱에게 물었다. 이에 사약은 신비로 가득 찬 천도에 대해 일장 연설을 시작했다. 진후가 "꼭 그렇게 정해져 있단 말이오?"라고 물었을 때도 사약은 다음과 같이 대답했다. "도리가 그렇단 말이지요. 나라가 어지러워도 드러나는 현상이 없으면 알 수가 없지요."[102] 천이 신비롭기는 하지만 천은 인사에 간여하지 않는다. 기원전 521년 일식이 발생했다. 노 소공이 재신에게 물었다. "어떤 징조요? 화복이 어찌 되겠소?"[103] 새신은 다음과 같이 대답했다. "하지와 동지, 춘분과 추분에 일어나는 일식은 재앙이 아닙니다. 해와 달이 진행하다가 춘분, 추분에는 같은 길에 들어서 있기에 생길 수 있으며, 하지, 동지에는 서로 정반대로 멀어져 있기에 지나치다가 생길 수 있습니다. 다른 달에 재앙이 있으리라 생각할 수 있는데 이는 태양陽이 이기지 못한 것으로 물이 많은 상태로 바뀔 수 있습니다."[104] 이 가운데는 천인이 서로 나뉜다는 주장도 있고 천인이 서로 응한다는 내용도 있다. 정상적인 운행 범위 내에서 천과 인은 서로 상관이 없으나 그렇지 못한 경우 재앙이 있을 수 있다. 당시 대부분의 사람은 혜성을 불길한 징조로 받아들였다. 안자晏子는 "천도는 의심받아서는 안 되며, 천명은 두 가지가 있을 수 없다"[105]고 주장했다. 그는 천인상분 입장에서 출발하여 제사를 지내 혜성의 화를 없애자는 데 찬성하지 않았다. 자산의 "천도는 멀고 인도는 가깝다"[106]는 말은 더더욱 분명하게 천인상분을 표명하고 있다. 천도에 신성함이 있어도 좋고 없어도 상관없다. 그것은 사람의 일과 너무 멀리 떨어져 있어 심각하게 고려할 필요가 없다.

신비주의적 입장에서 천과 인 사이의 통일성을 찾으려 한다면 합리적인 결론을 얻을 수 없다. 그것은 사람들을 미신과 우매함의 길로 인도할 뿐이다. 천인상분의 관점은 적극적인 측면에서 볼 때 천도의 신비주의적 내용을 포기했거나 되돌아보지 않았다고 할 수 있다. 그러나 이러한 인식은 분명한 약점을 갖고 있다. 즉 천과 인 사이의 객관적인 통일성을 무시했다는 것이다. 자연 규율이란 측면에서 천인의 통일성을 찾은 것은 사상사에 있어 위대한 공헌이었다. 그러나 당시의 시대적 조건하에서 사람들은 문제를 명료히 할 줄 몰랐고 수많은 의혹 앞에서 신비주의로 흐르기 십상이었다.

이상의 이야기들을 종합하면, 춘추 시대에는 인간을 정치 세계의 주체로 삼게 되었고 인간 스스로에게 정치의 흥망성쇠가 잠재되어 있다고 생각했다. 이는 신이 정치를 결정한다는 관념을 사실상 한쪽으로 밀어내버렸다. 천을 자연으로 생각하게 된 것과 천도를 객관 필연적 범주로 사용하게 된 것도 천의 신비적 관념을 근본적으로 바꾸어버렸다. 이 두 가지 인식이 발전하면서 서로 합심 협력해 신권정치神權政治를 쇠락의 길로 힘껏 밀어냈다.

03 군주론과 군주 전제주의

이론적이고 추상적인 왕은 『시경』에 벌써 출현하고 있다. 이 문제에 대해서는 춘추 시대에 더욱 많이 논의되었다. 주 천자는 더 이상 '덕'의 상징이나 체현자가 아니었다. 각국의 제후는 몇몇 패주覇主만 사람들의 존경을 받았을 뿐 절대다수는 부끄러움을 모른 채 방탕한 생활을 일삼아 인민의 비난 대상이었다. 하지만 그런 시대라 하더라도 군주가 없을 수는 없었고, 사람들은 군주의 품덕에 대해 이론적인 토론을 일삼았다. 이론상 추상적인 군주가 현실 군주의 모델이 되었고, 동시에 현실 군주를 비판하는 이론적 무기가 되기도 했다.

한편으론 실제적인 군주 전제 제도가 날로 강화, 발전되었다. 이에 따라 군수 전제주의와 관련된 사상이나 이론도 점차 완벽해져갔다. 수많은 사람이 여러 각도, 여러 방향에서 군주 전제주의 사상을 위한 벽돌을 하나하나 쌓아올렸다. 이와 관련된 산발적인 논의들을 모아보면 춘추 이후의 체계적인 군주 전제주의의 이론 기초가 이 시기에 다져졌음을 분명하게 알 수 있다.

이상적인 군주에 대한 형상화와 기대, 그리고 현실적인 군주 전제에 대한 논증이라는 두 항목이 춘추 시대 군주론과 관련된 가장 기본적인 논의다.

군주의 기원과 군주에 대한 태도 문제에 관하여

은, 주 이래 군주는 하늘天의 아들子 또는 하늘이 선정한 '백성民의 주인主'이라고 말해져왔다. 이 견해는 춘추 시대에도 여전히 유행했다. 예컨대 "하늘은 백성을 낳으시고 군주를 세우셔서 그들을 관리감독하게 함으로써 성정을 잃지 않도록 하셨다"[107]는 것이다. 군주는 천에 근본을 두거나 혹은 바로 '천'이었다.

이러한 견해를 깨뜨렸던 사람은 서주 말년의 사백史伯(즉, 백양보伯陽甫)이다. 그는 천명론을 부정하진 않았지만 인사人事를 더욱 중시했다. 그는 인류 역사에 중대한 공헌을 한 사람이나 그 자손만이 군주가 될 자격이 있다고 주장한다. 그는 말한다. "하늘과 땅에 큰 공을 이룬 사람과 그 자제들이 현달하지 않은 적은 일찍이 없었다."[108] 우虞, 하, 상, 주가 서로 군주를 승계한 까닭은 모두 그들의 조상이 인류 역사에 획기적인 공헌을 했기 때문이라는 것이다. 우의 막幕(위韋씨의 주석에 의하면 순舜임금의 후예인 우사虞思를 말한다)은 바람과 비를 잘 다루어 때맞춰 기운을 순조로이 함으로써 만물을 육성하고 만물로 하여금 생명을 즐기도록 했다. 우禹는 능히 수재水災를 막아내 만물의 고하를 막론하고 제 처소를 얻을 수 있도록 했다. 상의 설契은 능히 백성의 부, 모, 형, 제, 자식들을 화목하도록 가르쳐 백성으로 하여금 평안히 대면하고 살도록 했다. 주의 기弃, 즉 후직后稷은 능히 백 가지 곡식과 소채를 파종하여 인민으로 하여금 옷과 먹거리를 얻을 수 있도록 했다. 따라서 그들의 후예는 모두 '왕王, 공公, 백伯, 후侯'가 되었다. 이런 주장은 분명히 보응론報應論적 성격을 띠고 있으나 위대한 업적을 군주의 전제 조건으로 삼았다는 점에서 대단히 중요한 견해다.

주 태자 진晉은 또 하나의 견해를 피력했다. 그는 말한다. "하늘이 받드는 자손이라도 논밭에 엎어져 있으면 그로 인해 백성을 어지럽힐 수 있으며, 농사짓는 사람이라도 사직社稷에 있으면 백성을 편안히 해줄 수 있다. 무슨 다름이 있으리오."[109] 여기에는 매우 중요한 논거가 제기되어 있다. 즉 농사짓는 사람이라도 사직의 주인이 될 수 있다는 것으로 사실상 군주가 되는 조건에 대한 인식의 일대 전환이 일어난 것이다.

진나라 사묵은 사물의 대립과 전환이라는 각도에서 군주의 지위가 영원할 수 없다고 주장한다. 그는 "사물의 존재에는 양면兩이 있다"고 생각했다. '양兩'이란 대립면의 통일을 말한다. 군君과 신臣은 '양'의 구체적인 표현 가운데 하나다. '양'은 서로 돕지만 일정한 조건하에서 바뀌기도 한다. 그래서 그는 다음과 같이 주장한다. "사직이라고 항상 받들어지는 것은 아닙니다. 군주와 신하가 영원히 그 지위에 있는 것은 아닙니다. 옛날부터 그래왔습니다. 그러므로 『시경』에 말하길, '높은 언덕 골짜기 되네, 깊은 골짜기 구릉이 되네'라고 합니다. 삼대의 왕족이 오늘날 서인이 되었습니다. 이는 왕(조간자趙簡子를 가리킴)께서도 아시는 바입니다."[110] 사묵이 보기에 군주와 신하가 자리를 바꾸고, 사직의 주인이 갈리는 것은 옛날부터의 규율이었다. 사묵은 이런 변화를 이야기하면서도 여전히 '천'이라는 성스러운 외피를 둘러쓰고 있지만 군주의 신비성은 이로써 완전히 벌거벗겨졌다.

군주에 대한 다른 의견은 곧 군주에 대한 다른 태도를 이끌어냈다.

군주가 하늘이라는 관점에서 출발하면 군주를 추종하거나 그 명령에 복종할 수밖에 없다. 이런 주장에 대해서는 뒤에서 다시 논의하겠다.

또 다른 견해는 의義가 군주보다 높다는 것이다. 이것은 진晉의 비정조鄭에 의해 제기되었다. 비정은 순식荀息과 쟁론을 벌이면서 선명한 의견 개진을 했다. 진晉 헌공獻公이 여희를 얻어 해제奚齊를 낳았다. 그 후 그녀는 왕의 총애를 바탕으로 태자 신생申生을 폐하려 했다. 이에 순식이 주장했다. "제가 듣기에 군주를 섬기는 사람은 있는 힘을 다해 할 일을 할 뿐입니다. 명령을 어긴다는 말은 듣지 못했습니다. 군주가 세워지면 신하는 복종해야 합니다. 어찌 두마음이 있을 수 있습니까?" 그러나 비정은 달리 생각했다. "제가 듣기에 군주를 섬기는 사람은 의義에 따르지 미혹함에 아부하지 않습니다. 미혹하면 백성을 오도하게 됩니다. 백성이 오도되면 덕을 잃게 되어 백성을 버리는 것입니다. 백성에게 군주가 있다는 것은 그로써 의를 다스린다治義는 말입니다. 의롭기에 이利가 생기며, 이가 생겨 백성은 풍요로워집니다. 하물며 백성과 더불어 살면서 어찌 그들을 버린단 말입니까? 태자는 반드시 있어야 합니다."[111] 비정은 여기서 중요한 몇 가지 논쟁점을 제기하고 있다. 첫째, 군주와 의義의 관계에서 비정은 '군주'와 '의'를 두 가지 일로 생각한다. 군주는 의와 같지 않으며 의가 군주보다 높다는 것이다. 군주와 의 사이에 모순이 생기면 의를 따르지 군주를 따르지 않는다從義不從君는 주장이다. 둘째, 의와 이의 관계에서 의는 이를 생성하는 데 뜻이 있다는 것이다. 셋째, 이와 민의 관계에서 이는 백성을 풍요롭게 하는 데 뜻이 있다는 것이다. 넷째, 민과 군의 관계에서 백성이 군주를 필요로 하는 까닭은 치의治義하기 위함이라는 것이다. 결국 의가 군주보다 높다. 구체적으로 말하면 비정의 주장은 태자를 바꿀 수 없다는 의미다. 우리가 보기에 이는 개혁적인 명제가 아니다. 그러나 이 사건에서 끌어낸 이론은 군주의 지위를 의보다 아래로 하강시키고 있다. 군주 또한 의 앞에서 평가를 받아야 한다. 이와 같은 이론의 제기와 발전은 통치자들에게 내부로부터의 자아비판의 무기를 하나 더 늘린 셈이다. 이를테면 노魯 선공宣公이 여름에 사수泗水에서 저인망으로 물고기를 남획했다. 이에 대부 이혁里革은 노 선공에게 물고기, 짐승 등이 생장 번식하는 시기에 잡아서는 안 되는데 "지금 물고기가 산란하는 시기에 성장을 못하게 하며 그물질을 하시니 탐욕이 너무 지나치십니다"[112]라고 간언했다. 그럼에도 선공이 듣지 않자 이혁은 손을 움직여 어망을 잘라버렸다. '옛 교훈' 앞에서 선공은 그만두지 않을 수 없었다. 의가 군주보다 높다는 데서 출발하여 신하는 군주의 잘못을 시정해줄 의무가 있었다. 사암史黯의 다음 말이 바로 그렇다. "군주를 섬기는 사람은 잘못을 간언하여 선을 상주게 하고, 옳은 일을 추천하여 그른 일을 대체하게 하며, 능력을 바쳐 현명한 사람을 나아가게 하고, 재능 있는 인사를 골라 추천하며, 조석으로 선정을 외쳐 받아들이도록 한다. 형식을 갖추어 말을 하고, 잘 순응하여 행동하며, 근면에 힘쓰고, 죽음으로 주장한다. 들으면 나아가고 그렇지 않으면 물러간다."[113] 사암이 여기서 말하는 바는 신하의 책임이다. 군신 간의 절대적 예속관계와 당시 성행하던 군주가 죽으면 신하도 따라야 한다는 관념을 깨뜨렸다는 데 그 사상적 의의가 있다고 하겠다. 군신 관계에서는 정견政見이 우선인데, 군주가 들어주면 나아가고 듣지 않으면 물러간다는 것이다.

선왕론

이론화되고 추상화된 선왕先王 관념은 서주 후기에 이미 출현했는데, 춘추 시대에 이 관념은 더욱 발전했다. 사람들이 선왕을 새롭게 인식하고 이를 이론화, 추상화시킨 것은 역사를 되새기려는 것이 결코 아니다. 오히려 세상의 왕 또는 당시의 군주에 대한 인식과 긴밀한 관련이 있다. 선왕에 대한 논의는 역사 이야기라기보다 그것을 무기로 현실 군주를 인식하기 위한 것이었다고 말하는 편이 옳다. 사람들의 입장과 관점이 달랐기에 선왕에 대한 각자의 관점도 일치하지 않았다. 간단히 말해 복고 보수적 선왕관이 있었는가 하면, 현실 비판적 선왕관도 있었다.

어떤 사람은 선왕의 깃발을 이용하여 진부한 제도를 묵수하면서 전통 유습의 타파에 반대했다. 이것을 복고 혹은 보수적 선왕론이라 부를 수 있다. 예컨대 진晉과 제 두 나라가 한 차례 전쟁을 치렀는데 진나라 제후는 공삭鞏朔으로 하여금 제나라에 승리했음을 주왕에게 알리도록 했다. 그런데 왕이 접견해주지 않았다. 왕은 단양공을 시켜 예禮로 공삭에게 설교토록 했다. 그 의미는 이렇다. 선왕의 제도에 따르면, 만일 형제나 외조카, 외삼촌 사이에 왕제王制를 파괴하는 사람이 있다면 응당 왕명을 받은 뒤 벌해야 하며, 형제나 외조카, 외삼촌 사이에서 얻은 승리를 왕에게 알릴 수는 없다는 것이다. 또한 예의 규정에 따르면 응당 진의 제후가 직접 와서 왕을 배알해야 한다. 그런데 지금 공삭을 파견해왔을 뿐이니 예의 규정에 어긋나며 '선왕의 명을 농간한' 것이다. 주왕은 선왕의 예를 들어 공삭을 비판했고, 공삭으로 하여금 대답할 말이 없게 만들어 한바탕 꾸중만 듣게 한 것이다.

또 하나의 선왕관은 현실 비판적 성질을 지닌다. 그들은 선왕을 무기로 삼아 현실 군주에 대한 비판을 전개했다. 노魯 장공莊公이 큰 공사를 일으켰는데 기둥과 대들보에 조각과 그림을 과도하리만치 사치스럽게 했다. 이에 장사匠師 경慶이 선왕은 '검소함'을 숭상했다는 것을 기치로 내세워 장공에 대한 비판을 가했다. 그는 "군주의 사치는 덕으로 대체해야만 합니다"[114]라고 주장했다. 진秦 목공穆公이 죽었을 때 사람을 순장하여 많은 비난을 받았는데 그가 선왕의 도를 위배했다는 이유였다. "선왕은 세상을 어겨서라도 [백성을] 남겨두는 법인데, 하물며 살아 있는 착한 사람들의 목숨을 빼앗는대서야!"[115] 초나라의 자기子期, 즉 성자는 현인을 쓰지 않고 그릇된 형벌이 많아 현명한 대부들이 사방으로 도망해 다른 나라에서 쓰이고 있음을 비판하면서 선왕이 백성을 다스리던 일을 이렇게 인용했다. "상으로 권면하고 형벌을 두려워하도록 했다. 백성 구휼에 태만하지 않았다"[116]면서 초나라 왕이 선왕의 도를 위배했다고 비난했다. 진晉나라 평공平公은 병이 생기자 사람을 진秦나라로 보내 의원을 청했다. 진秦은 의화를 파견하여 병을 치료하도록 했다. 의화는 진晉 제후의 병이 여색을 탐해 심지가 상하여 생긴 병이라고 진단했다. 진秦의 제후가 반문했다. "여자를 가까이해서는 안 된단 말이오?" 의화는 대답했다. "절제해야지요." 그런 다음 의화는 선왕을 깃발 삼아 "선왕의 즐김은 온갖 일을 절제했기 때문이라"는 도리를 설파했다. 진晉나라 군주가 선왕의 도에 위배되게 "절제하지도 때를 가리지도 않았으니 어찌 이 지경에 이르지 않을 수 있었겠습니까?"[117]라고 말했다.

이상과 같은 선왕론은 선왕을 존숭해서라기보다 선왕으로 칼을 삼아 현실을 해부하고 비판했다고 보는 것이 옳다. 군주 전제주의 시대에 신하는 군주를 비판할 권한이 없었다. 그래서 조상을 끌어내 호신부로 삼은 것이다. 이런 현실 비판적 선왕관에는 일종의 이상적 성분이 함유되어 있다.

당시 또 한 가지 견해가 있었는데, 선왕은 시류에 따라 제도를 바꾸며 고정불변의 법을 고집하지 않는다는 주장이 그것이다. 이 사상은 정면으로 제기된 것이 아니라 측면에서 은은하게 표현되어 나왔다. 자조子朝는 주周 경왕景王의 서자인데 총애를 받았다. 태자 수壽가 죽자 먼저 자맹子猛을 세웠다가, 나중에 자조를 다시 세웠다. 바로 이때 경왕이 죽어 자맹이 계위했으니, 그가 곧 도왕悼王이다. 도왕이 곧이어 사망하고 동생이 즉위했는데 그가 곧 경왕敬王이다. 그리하여 자조가 난을 일으켜 왕위를 다투었는데 실패한 뒤 초나라로 도망했다. 그는 급한 나머지 여러 제후에게 편지 한 통을 썼는데, 주 왕조의 역사를 헤아리면서 경왕과 그를 보좌하는 신하 단기單旗, 유적劉狄이 왕실을 파괴하고 천하를 분탕질하고 있다며 질책했다. 그는 단기, 유적 등이 선왕의 고유한 법을 인정하지 않고 "선왕이 어디 항상 있었던 것이냐고 말한다"[118]고 지적했다. 단기, 유적에게 진짜로 이런 사상이 있었는지는 여기서 논할 수 없지만, 이런 생각이 존재했던 것은 사실인 듯하다. 단 한 마디에 불과하고 간접적이긴 하지만 그 시대에서 가장 번쩍이는 사상의 불꽃임에 분명하다. 당시 누구도 선왕의 위대성과 정확성을 부인하지 못할 때 그는 역사상 처음으로 선왕이 항상 존재하는 법은 없다는 의견을 제기했다. 여기서 얻어낸 결론이 바로 선왕에게 구애받을 필요가 없다는 것이다. 이렇게 한 번 번쩍이고 스러진 불꽃은 사람들로 하여금 완전히 새로운 사고를 할 수 있도록 빛나는 길을 제시했다. 역사상 선왕의 도와 현실 사이의 모순은 피할 수 없다. 사람들은 실제로 어떻게든 혹은 많게 혹은 적게 선왕의 도를 바꾸어왔으나 선왕의 정신적 굴레를 깨부수기란 여간 어려운 일이 아니었다. "선왕이 어찌 항상 있는 것이냐"는 말은 바로 선왕의 미신을 돌파한 것이니 얼마나 소중한 사건인가!

사람들은 구구절절 선왕의 제도, 선왕의 예를 말했지만 사실 선왕의 예나 선왕의 제도가 대체 무엇이냐고 하면 아무도 정확히 알지 못했다. 한번은 진晉나라가 순력荀躒을 주 왕실에 파견하여 장례에 참석토록 했다. 이때 적담籍談을 조수로 삼아주었다. 적담은 조상이 전적典籍을 주관했기 때문에 이를 씨氏로 삼은 사람으로 대대로 전수典守를 역임했다. 주왕이 거행하는 첫 번째 연회에서 주왕은 '예禮'와 진나라의 역사를 이야기했으나 순력은 알지 못했고, 적담도 몰랐다. 그래서 주왕은 "전典을 여러 차례 했음에도 조상을 잊었다"[119]며 적담을 비난했다. 적담이 돌아온 뒤 숙향叔向에게 이 일을 이야기했다. 숙향은 그렇게 생각하지 않는다며 오히려 주왕이 예를 모른다고 비판했다. 숙향의 이야기에 따르면 주 왕실은 1년 내에 두 사람(왕의 태자 수壽와 목후穆后)의 상을 당했으며 응당 삼년상을 치

러야 한다. 그럼에도 왕은 오히려 초대연을 베풀고 제후들에게 예기禮器를
요구하기도 했다. 이는 선왕의 예법에 부합하지 않는다. 그래서 그는 "예
가 아니다"라고 말한 것이다. 당시 사람들은 선왕의 예에 대하여 그다지
정확히 알고 있지 못했다. 그러나 간혹 선왕을 대두시키기만 하면 그것
은 여전히 일정한 작용을 해주었다. 진 문공이 자신을 왕의 예로 대우할
것을 요구했을 때, 주周 양왕襄王은 선왕의 제도를 끌어다 댔고 진 문공은
그만둘 수밖에 없었다.(『국어』「주어중周語中」 참조)

선왕론은 전통과 경험을 숭상하는 사회에서 매우 힘 있는 무기였으나
제멋대로 해석할 성향을 지나치게 드러냈다. 그러니 큰 깃발을 끌어다 호
랑이 가죽이라고 호언하는 짓에 불과했다. 그렇게 이론적으로 비판할 수
있었음에도 불구하고 사람들은 여전히 선왕의 종복이었고, 이 가운데서
정치적 주체의식이 생겨나기는 어려운 일이었다.

군주 전제주의 이론

춘추 시대 사람들은 군주에 대해 새롭게 인식하기 시작했으며 일부는
감히 군주를 인식 대상으로 삼아 이러쿵저러쿵 평가를 내리기도 했다. 그
러나 일에는 또 다른 면이 있게 마련이다.

상층의 통치자들은 군주 지위를 빼앗기 위해 혈안이 되어 있었고 이
때문에 수많은 사람의 목이 잘리기도 했다. 그러나 이 분쟁을 통해 얻은
결론은 오히려 군주의 권력이 지고무상해야 하며, 군주가 모든 것을 독점
해야 한다는 것이었다. 서주 시대 분봉分封에 의해 조성된 분권分權이 춘추
시대에 이르러 권력의 중심이 다원화되는 현상을 보였다. 이 현상에 직면
해 적잖은 사람이 "나라가 둘일 수는 없다"는 주장을 제기했다. 『좌전』은
공隱公 원년의 "정백鄭伯이 언鄢에서 단段에게 승리를 거두었다"[120]는 사건

은 이 사상을 기록한 최초의 것이다. 정鄭 장공莊公의 아우 공숙단共叔段은 모후의 세력에 의지하여 군위를 탈취하려 했다. 정나라 공자 여침呂鍼은 이 위급한 상황을 만나 정 장공에게 다음과 같이 말했다. "나라가 둘일 수는 없습니다. 군주께서는 장차 어찌 하시렵니까? 큰 아재비(즉 공숙단) 에게 주시려면 신하로서 그를 섬기기를 청합니다. 만일 주지 않으시겠다 면 그를 제거하길 청합니다. 민심이 요동하지 않아야 합니다." 이른바 "나 라가 둘일 수 없다國不堪貳" 함은 군권이 단일하고 지고무상한 지위를 가져 야 하며, 권력이 나뉘어 행해지는 것을 철저히 금해야 한다는 말이다. 전 국이 단일 권력의 통치하에 있을 때만이 군주가 권력을 공고히 하는 데 더 유리하다. 통치계급들의 정치투쟁이 전개됨에 따라 "나라가 둘일 수 없다"는 사상은 끝없이 풍부해지면서 차츰 통치자들이 공인하는 하나의 정치 원칙이 되었다. 나중에는 권력에서 일체의 '이貳(둘)'라는 현상을 십 분 기피하게 되었다. 주의 대부 신백辛伯은 다음과 같이 말했다. "첩과 왕 후가 같이 취급되고, 서자와 적자가 필적하며, 권신과 관료가 정권을 다 투고, 큰 도시가 수도처럼 큼은 난의 근본이다."[121] 진晉의 대부 호돌狐突도 같은 말을 한다. "안으로 첩과 왕후가 같이 총애받고, 밖으로 권신과 신료 가 정권을 다투고, 서자가 적자처럼 대접받고, 큰 도시가 수도처럼 큰 것 은 난의 근본이다."[122] 제齊 도공悼公은 이렇게 말했다. "군주의 기물은 여 느 것과 달라 두 개가 있어서는 안 된다. 기물이 둘이라면 부족하지 않을 는지 모르지만 군주가 기물을 두 개 가지고 있다면 어려움이 그만큼 많 다는 것이다."[123]

나라가 둘일 수 없다는 말보다 군주 전제 사상의 발전을 더욱 촉진시 킨 것은 '본本'과 '말末'이라는 대립 명제의 제기였다. 이 명제는 진晉나라 대부 사복師服이 제기했다. 그는 이렇게 말했다. "내가 듣기에 국가國家를 세움에 근본을 크게 하고 말절을 작게 하면 능히 굳건하다. 따라서 천자가 땅을 나누어 국國을 건설하고, 제후가 땅을 나누어 경, 대부의 가家를 일으키고, 경이 뭇 자식으로 실室을 두고, 대부는 적자 외의 자식으로 따로 종宗을 세우고, 사土는 자제子弟들에게 어디에 예속되어 업무에 종사하게 하며, 서인庶人, 공工, 상商은 제각각 나뉜 친척들이 있으니 모두 친소의 차등이 있다. 그래서 백성은 그 윗사람에게 복종하며 아랫사람은 분수에 넘치는 일을 넘보지 않는 것이다."[124] 사복은 군권을 본으로 삼고, 종속적인 한 급 아래의 권력을 '말'로 삼았다. 양자 관계에서 본은 응당 말보다 커야 했다. 그는 진晉 소후昭侯가 환숙桓叔을 곡옥曲沃에 봉하고 또 난빈欒賓으로 하여금 그를 보좌하도록 했는데, 이는 "제후의 신분으로 국을 건설한 것"으로 군주와 신하 간 권력 점유의 정상적인 비례를 벗어났다고 생각했다. 그래서 신하의 권력이 과대해지면 "본이 약화되는데 오래갈 수 있겠는가?"라고 주장한다. 군주가 신하의 세력 팽창을 방지하고, 군주에 대항하는 권력 형성을 피하기 위해서는 반드시 군권이 영원한 절대 우세의 지위를 점하고 있어야 한다. 군권의 절대적인 위협 역량이 견지되어야 한다. 이를 가리켜 "근본을 크게 하고 말절을 작게 하면 능히 굳건하다"[125]고 말한다. '근본을 크게 하고 말절을 작게 함'은 '나라가 둘일 수 없다'는 사상의 진일보한 발전이며, 권력 일원화를 옹호하기 위해 군주가 강조한 원칙이었다. '나라가 둘일 수 없다'로부터 '근본을 크게 하고 말절을 작게 함'까지의 발전은 군주 전제 이론이 심화되었다는 반증이다.

군주 권력은 하나일 뿐 둘이 아니고, 본은 말보다 커야 함을 확보하기 위해 군주는 반드시 권력을 자기 수중에 즉각적으로 확실하게 장악해야만 했다. 어떤 사람에게도 나누어줄 수 없었다. 이것이 바로 "기물器과 명칭名만은 다른 사람에게 빌려주어서는 안 된다"는 말이다. 진나라의 사묵은 노나라 계씨가 소공을 쫓아낸 데 대해 일정한 지지를 보내고 심지어 철학적, 역사적으로 "사직은 항상 받들어지는 것이 아니며 군주와 신하는 항상 그 자리에 있는 것이 아니다"라는 식의 필연적 현상으로까지 논증했다. 그리고 그 자신은 이 사건으로부터 하나의 기본 결론을 얻어내고 있다. 즉 "그래서 군주된 사람은 기물과 명칭을 삼가 다른 사람에게 빌려주어서는 안 된다"[126]는 것이다. 기물과 명칭은 권력의 상징이며 표식이다. 이런 물건은 가볍게 다른 사람에게 줄 수 없다. 다른 사람에게 주었다가 되돌아오지 않아서 반대로 고난을 당하는 경우가 자주 있었다.『좌전』성공 2년에도 이와 유사한 공자의 이야기를 싣고 있다. "기와 명만은 다른 사람에게 빌려주어서는 안 된다." "만약 다른 사람에게 빌려주면 다른 사람에게 정권政을 주는 셈이니" 이는 군주가 크게 금기해야 할 사항이다.

이상 세 가지 견해는 각기 다른 측면에서 군권의 절대 권위에 대해 원칙적인 규정을 하고 있는데 군권의 독점성과 군권 일원화를 강조하고 있다.

춘추 시대의 통치자들은 권력 분배 측면에서 군권의 절대 우세를 특히 강조했다. 이것이 군신 관계에 반영되어 군주의 신하에 대한 필연적인 절대 지배를 강조했으며 신하의 의무에 대해 몇 가지 규정을 마련하기도 했다. 그리고 신하들에게 군주에 대한 절대복종을 요구하기도 했다. 이를 한마디로 개괄하면 "군주의 명령은 둘일 수 없다"[127]이다. 진晉 도공悼公이 말했다. "사람들이 군주에게 요구하는 것은 명령을 발해달라는 것이다." 이 말은 곧 군주의 직책은 명령 발포이고, 신료들의 의무는 무조건 복종이라는 것이다. 그러나 군명君命의 효력은 왕왕 여러 요소의 영향으로 '군주의 명령은 둘일 수 없다'를 실현시키기 어렵게 만든다. 그렇다면 어떻게 해야 군명의 권위를 강화시킬 수 있는가? 혹자는 관습법의 구속력에 도움을 청한다. 예컨대 진晉나라 사인피寺人披는 "군주의 명령이 둘일 수 없음은 옛날부터의 제도다"[128]라고 말한다. 군명의 절대성을 논증하기 위해 혹자는 군명에 신비의 외투를 둘러씌우기도 한다. 신의 권위를 빌려 군명의 불가항력성을 강화하려는 것이다. 이 신비의 높은 권위가 바로 '하늘天'이다. 군은 '하늘'이므로 군명은 곧 '천명'이다. 춘추 시대 사람들의 '하늘'에 대한 이해는 형형색색이었다. 혹자는 '천'을 최고신으로 삼았으며, 혹자는 '천'을 자연 규율로 여겼고, 혹자는 '천'을 짐작할 수 없는 운명으로 여겼다. 심지어는 몇몇 이해가 안 되는 사물이나 그 원인을 한꺼번에 천에 귀결시키기도 했다. 견해는 서로 다르지만 그들에게는 하나의 공통점이 있다. 즉 '천'에는 사람의 힘을 초월하는 강대한 위력이 있다는 것이다. 통치자는 바로 사람들이 '천'에 대해 경외하는 심리를 이용했다. 군주, 군명과 '천'을 연결지음으로써 군명의 권위를 강화했다. 초나라 잠윤 극황箴尹克黃은 "군주는 하늘이다"[129]라고 말했다. 진의 조선자趙宣子는 "가장 위대한 것은 천天과 지地이고 그다음이 군君과 신臣이다"[130]라고 말하여 군신의 통속 관계를 '천지'와 병론했다. 군주가 기왕 '천'과 구별되지 않는다면 군주의 의지는 곧 '천'의 의지이고, 군명은 곧 '천명'이다. 그래서 초나라 운공鄖公 신辛은 "군명은 하늘이다"[131]라고 말한다. 지고무상의 군명을 대하면 신하는 응당 어떤 태도를 품어야겠는가? 고鼓의 대부 숙사리夙沙釐의 견해는 이러했다. "신하는 인질로 위탁된 사람이니 두마음이 있을 수 없다."[132] 신하는 군주에 대하여 응당 오로지 한마음일 뿐 둘일 수 없다. "두 마음이 있을 수 없음"은 천성天性에 합치되는 일이기도 하다. 정나라의 원번原繁은 이렇게 말했다. "신하에게 두마음이 없는 것은 하늘의 제도다."[133] 신비주의를 이용히여 군명의 권위를 절대화로 믿고 간 것은 군주 전제에 강력한 이론적 지지 기반이 되었다.

군명을 절대화하는 또 하나의 방법은 혈연, 종법의 전통을 이용하여 군신 관계와 부자 관계를 연결시키는 것이었다. 종법의 가부장적 전제 사상을 빌려 신하의 군주에 대한 복종을 강조한 것이다. 진의 대부 난공자欒共子는 말한다. "듣기에 '백성은 셋이서 낳았으니 셋을 하나같이 섬긴다'

고 한다. 부모가 낳고, 스승이 가르치며, 군주가 먹인다. 부모가 아니었으면 생명이 없고, 먹지 못하면 성장할 수 없고, 가르치지 않으면 사람임을 모르니 하나로 섬겨야 하리라." 신하는 군주에게 "죽음으로 생명에 보답하고, 힘을 다해 은전에 보답"하는 것이 "사람의 도리", 즉 사람됨의 유일한 법칙이라고 주장한다.(『국어』 「진어晉語 1」) 난공자의 사상은 당시에 대표성을 지녔던 것으로 생각된다. 이를테면 진 헌공이 공자인 중이重耳를 죽이려 하자 중이는 "부군父君의 명령에 반대할 수 없다"[134]고 말했다. 군명을 아버지의 명령父命과 똑같이 여기고 있다. 군신, 부자의 이중 관계 압제하에 신하는 고개를 숙이고 귀를 기울일 수밖에 없으며, 오로지 군부君父의 명령에 따를 뿐이다. 신하는 추호의 정치적 주동성이 없을 뿐만 아니라 심지어 독자적으로 사고할 수도 없다. 진나라 비정은 말한다. "나는 마음이 없다. 따라서 군주를 섬기는 사람은 군주를 나의 마음으로 삼는다."[135] 이런 신하여야 군주 전제 통치의 필요에 맞는다. 종법적 가부장 전제를 정치 관계 속에 끌어들인 것은 중국 고대 정치의 커다란 특징 가운데 하나다. 이렇게 '군신' '부자' 관계를 병론하는 것이 중국 고대 정치사상의 특색이 되었다.

다음으로 전통적인 도덕 관념을 이용하여 신하의 행위를 도덕에 따라 규정짓기도 한다. 신하들로 하여금 군주의 명령에 무조건 복종하기를 강요하는 것이다. 이를테면 "충절로 군주를 섬겨"야 한다고 강조한다. 춘추 시대 사람들의 '충忠'에 대한 인식은 각양각색이었다. 그중 가장 중요한 관념 가운데 하나가 '군주'에 대한 충성이었다. '충'은 '신도臣道'를 기본적으로 규정하는데, 소위 "군주를 섬김에 두마음을 품지 않아야 신하라 불린다"[136]가 그것이다. '충'은 또 '효孝' '경敬'과 더불어 이야기되기도 한다. 이른바 "경으로써 군주를 섬기고, 효로써 부모를 섬긴다"[137] "충과 경을 잃으면 어떻게 군주를 섬기겠는가?"[138]가 그렇다. 춘추 시대의 정치 집단은 대부분 가정이나 가족이 확대된 형태였기 때문에 국가의 정치적 중추는 특정한 가정이나 가족을 핵심으로 삼고 있었다. 따라서 '효'와 '충'은 한 쌍의 쌍둥이 도덕 규범이 되어 신하들을 구속했던 것이다. 진의 대부 호돌은 말한다. "자식이 성장하여 벼슬길에 들어섬은 부모가 충성하도록 가르쳤기 때문으로 이는 옛날의 예법 제도입니다."[139]

춘추 시대의 통치자들은 '군주의 명령은 둘일 수 없다' '신하는 두마음을 품어서는 안 된다' '충절로 군주를 섬겨야 한다' 등의 원칙에서 출발하여 신하의 행위에 대해 진일보한 규정을 만들기도 했다. 정상적인 상황 아래서는 신하들에게 '군명을 어기지 말 것'을 요구한다. 진의 대부 순식은 말한다. "내가 듣기에 군주를 섬기는 사람은 있는 힘을 다해 맡은 일을 열심히 할 뿐, 명령을 어긴다는 말은 듣지 못했다."[140] 『좌전』의 기록에 따르면 노魯 양공襄公 23년에 제나라 군대가 거莒를 치자 거의 자중子重은 제나라 대부 기식杞殖, 화주華周에게 뇌물을 주어 맹약을 청했다. 이에 화주가 말했다. "재물을 탐내 명을 저버리는 건 아마 당신도 싫어할 것이오. 황혼에 받은 명령을 날이 밝기도 전에 저버린다면 어떻게 군주를 섬긴다고 하겠소?"[141] "군명을 저버리지 않음"은 곧 "군명을 거역하지 않음"이다. 진의 양설羊舌대부는 "명을 위반하는 것은 불효이고 일을 저버리는 것은 불충이다"[142]라고 말한다. 군명을 위반하는 사람은 바로 불충, 불효한 사람이다. 이런 사람은 "또한 죽이지 않을 수 없다."[143] "군명을 위반하지 않는다" 함은 신하들에게 맹목적으로 군주에게 복종하기를 요구하는 것이다. 이는 군주 전제 통치하에서 신하들이 지켜야 할 최소한의 행위 준칙이었다.

군명이 생명과 모순을 일으키는 상황에서는 신하들에게 "군명을 위해 죽기"를 요구했다. 『좌전』에는 노魯 문공文公 18년에 문공이 죽은 일을 기재하고 있다. 이에 노의 대부였던 공자 수遂가 "적자를 죽이고 서자를 세우며", 더불어 "군명으로 혜백惠伯(즉, 숙팽생叔彭生)을 소환했다. 혜백의 재상인 염무冉務 등은 그를 말리며 '들어가면 죽습니다'라고 간하였다. 그러자 숙중叔仲(즉, 혜백)은 '군명을 위해 죽어도 된다'고 말했다."[144] 신하는 군명에 절대복종해야 하며 죽음에 이르더라도 변함이 없어야 한다. 진의 대부 해양解揚도 다음과 같이 말했다. "신은 진나라 군주의 명을 받아 사신으로 왔습니다. 죽음의 위험이 있더라도 명령을 폐기할 수는 없습니다. 어찌 뇌물에 넘어가겠습니까? 신은 이미 우리 군주께 진나라 군주의 명령을 성공시키겠다고 응낙했습니다. 군주의 명령을 성공시킨다면 죽더라도 이는 신의 복입니다."[145] '군명을 위해 죽기'는 '군명을 위배하지 않는다'와 비교했을 때 군주 전제주의가 신하의 행위에 대한 한층 높은 요구임을 알 수 있다. 신하들에게 죽음을 애석해하지 않는 자세로 군명에 충성을 다하는 헌신을 요구한 것이다.

'군명을 위해 죽기'와 가까운 또 하나의 견해는 "군이 욕을 당하면 신하는 죽음으로 맞선다"이다. 월나라 대부 범여는 말한다. "신이 듣기에 신하된 사람은 군주가 걱정하면 신하는 있는 힘을 다하고, 군주가 욕을 당하면 신하는 죽음으로 맞선다고 합니다."[146] 군주가 위난을 당했을 때 신하는 몸을 바쳐야 한다는 말이다. 노魯 성공成公 16년, 진나라와 초나라의 언릉鄢陵전투에 정나라는 초나라의 친선 국가로서 전쟁에 참여했다. 초나라와 정나라가 패하자 정나라 대부 당구唐苟는 석수石首에게 이렇게 말했다. "'자네는 군주의 측근에 있으니 전투에 패했으면 군주를 모시고 크게 후퇴해야 하네. 나는 자네처럼 가까운 사람이 아닐세. 자네는 빨리 군주의 수레를 쫓아 물러가야 하네. 나는 예서 머물 수밖에 없네.' 그리하여 전사했다."[147] '군주가 욕을 당하면 신하는 몸을 바친다'며 군주를 섬기는 적극적인 태도를 강조한다. 이는 신하의 행위에 대한 군주 전제주의의 한층 더 높은 요구이며 규정이었다.

이상의 서술을 종합하면 춘추 시대에 군주 전제를 어떻게 강화시킬 것이나를 둘러싸고 수많은 관점과 요구가 제기되었으며, 그 가운데 가장 특출한 사고는 군권의 독점성과 독재성을 강조한 것이라고 할 수 있다. 이때 제기된 사상은 아직 분명한 이론 체계를 형성하지 못했다. 그러나 시대적으로 군주 전제 이론은 이미 사회정치 사조가 되어 폭넓게 전파되었다. 현실 정치생활에 대한 반작용 또한 일정 정도에서 군주 전제주의의 강화를 촉진시켰다. 춘추 시대의 군주 전제 이론은 당시 사회정치 생활에 거대한 영향을 미쳤을 뿐만 아니라 전국, 진秦, 한漢 대에 더욱 완벽해진 군주 전제 이론 체계를 위한 기초가 되었다.

예, 법, 형, 정

예禮, 법法, 형刑, 정政은 정치적 실체를 구성하는 데 어느 것 하나 없어서는 안 될 부분이다. 이 네 가지는 서로 관련이 있기도 하고 구분되기도 한다. 넷은 상호 보완 작용을 하므로 하나라도 빠져서는 안 된다. 그러나 실정에 따라 각각 다른 모습을 띠기도 한다. 예는 전통과 습속으로부터 형성된 행위 규범이며, 법은 사람이 확정한 강제성을 갖춘 규정이다. 형은 강제 수단을 가리키고, 정은 정치권력을 지칭한다.

예의 기원, 작용 및 주지主旨에 관한 각종 이론

시대 변화에 따라 예 또한 변화했다. 춘추 시대에는 모든 사람이 예를 말했다. 그러나 도대체 어떻게 해야 예에 부합하는가에 대해서는 사람마다 견해가 사뭇 달라 어느 것이 옳은지 판가름하기가 쉽지 않다. 예의 구체적인 범위에 대해서는 수많은 사람이 쟁론을 벌여왔다. 그러나 대다수 사람은 예를 치국의 기본 방침, 핵심 요체라고 생각했다. 혁신적인 인물로 불리든 아니면 수구적인 인물로 불리든 예로 나라를 다스린다는 점에 있어서는 그리 큰 차이를 드러내지 않았다. 다음 예문은 당시 사람들의 공통된 견해를 개괄적으로 대표한다.

"예란 국가를 경영하고, 사직을 획정하며, 백성을 질서 지우고, 후사를 이롭게 하는 것이다."[148]
"예란 국가의 기율이다."[149]
"예란 왕의 큰 법칙이다."[150]
"예란 상하의 기율이며, 천지의 경위經緯이니 백성은 이로써 생존한다."[151]

국가의 정치생활 속에서 예의 작용에 대해서는 아무런 의문도 제기하지 않았으며 뚜렷한 이견을 보이지도 않았다. 그러나 예의 기원 및 예의 주지에 대해서는 매우 분명한 견해 차이를 드러냈다.

예의 기원 문제에 대한 비교적 진부한 관점으로 예를 인간 사회를 초월한 무엇으로 보는 견해가 있다. 이 관점은 예를 사회 자체의 산물이 아니라 인간 사회 밖에서 인간 사회로 베풀어진 어떤 것으로 본다. 이 관점은 결국 신神과 상관이 있다. 노나라의 계문季文은 "예로써 하늘을 따르나니 하늘의 길이다"[152]라고 말한다. 안영晏嬰도 기본적으로 이 견해를 견지했다. 예의 역사는 요원하고 유구하며, "예가 나라의 중심이 된 지 오래인데 천지와 더불어 있었다"[153]고 그는 말한다. 그렇다면 이 예가 어떻게 인간 사회로 내려오게 되었는가? 그는 "선왕이 천지로부터 품부받아 그 백성을 보위하게 되었다. 그래서 선왕은 예를 최상으로 여긴다"[154]고 말한다.

위 관점보다 실제에 더 가까운 견해로 유강공劉康公의 '정명定命'설이 있다. 그는 이렇게 말했다. "내 듣기에 백성은 천지의 가운데를 부여받아 생겨났다. 이것이 이른바 명命이다."[155] 백성의 '명'은 자발적으로 존재할 수 없으며 예의禮儀에 의지하여 규범을 진행시켜야 한다. "그리하여 예의, 위의威儀의 규칙에 따라 움직임으로써 명이 정해진다."[156] 예의는 모든 사람에게 일률적으로 평등한 것이지만, 예의를 대하는 태도에 있어서 모든 사람이 다 같은 것은 아니라고 그는 생각했다. 어떤 사람은 예의와 위의를 능히 지킬 수 있으나 어떤 사람은 그렇지 못하다. "할 수 있는 사람은 그것을 키우기에 복이 되며, 할 수 없는 사람은 실패하여 화가 된다. 따라서 군자는 예에 부지런하고 소인은 힘쓰는 일을 다한다. 예에 부지런함은 지극히 공경함만 못하고, 힘에 진력함은 돈독함만 못하다. 공경은 정신을 휴양함에 있고, 돈독은 본업을 지킴에 있다."[157]

자산은 예가 자연스러움自然에서 나온다고 생각했다. "예란 하늘의 법칙經이며 땅의 의義이며 백성이 가는 바다. 천지의 법칙이기에 백성이 이를 준칙으로 삼는다."[158] 예가 기왕에 자연스러운 질서이고 규율이므로 사람들은 그 자연스러움에 순응하고 또 예에 따라야만 한다. 예를 자연스러운 과정으로 취급하는 것은 신비화하는 것에 비해 한 걸음 진보한 것이다. 그러나 당시로서는 천신天神 관념과 확실하게 경계 짓기가 어려웠다. 당시로서는 이런 필연성에 대해 과학적으로 설명하기가 대단히 어려웠기 때문이다.

진나라의 사복은 예의 기원에 대하여 전혀 새로운 해석을 내렸다. 그는 이렇게 생각했다. "예는 의로부터 나온다. 정치는 예로 말미암아 이루어진다. 정치를 통해 백성을 올바르게 인도한다. 따라서 정치가 효력을 발휘함으로써 백성이 명령에 복종한다. 예와 의가 바뀌면 난리가 일어난다."[159] 의가 무엇을 가리키는지에 대해 사복은 아무런 설명이 없다. 의의 내적 함의를 파악하기 위해 다른 사람의 관련 설명을 참고해도 괜찮을 듯싶다. 진의 비정은 말한다. "이利는 의에서 생겨나고 백성은 이로 말미암아 풍요롭다."[160] 진의 이극은 말한다. "의란 이가 충족됨이다."[161] "의를 폐하면 이가 서지 않는다."[162] 진의 해양은 말한다. "군주가 적절히 명령을 제정할 수 있으면 의이고, 신하가 그 명령을 잘 받들어 모실 수 있으면 신信이다. 신하의 신으로 군주의 의를 잘 행해지도록 할 수 있으면 [국가의] 이익이다."[163] 여기서 의의 중심 내용이 이익임을 알 수 있다. 자연히 사람들의 이利에 대한 해석에도 여러 가지가 있을 수 있다. 그러나 이를 이야기한다는 것은 어쨌든 사람들의 사회생활과 긴밀한 관련이 있다. 여기서 우리는 예가 사회관계에서 생겨나는 것임을 증명할 수 있다. 진나라 각결郤缺은 능히 아홉 가지 공덕을 실천할 수 있는 것이 바로 예라고 생각했다. '아홉 공덕'이란 '육부六府'에 '삼사三事'를 더한 것이다. "물, 불, 쇠, 나무, 흙, 계곡을 일컬어 육부라 하고, 정덕正德, 이용利用, 후생厚生을 일컬어 삼사라 한다."[164] '육부'는 주로 재화의 원천을 이야기하는 것이며, '삼사'는 재화 사용의 원칙을 가리킨다. "의로 이것들을 한데 묶어 행함을 덕, 예라 일컫는다."[165] 각결이 말하는 예는 하늘이나 신의 의지가 아니다. 사회상의 실질 경제나 정치생활을 종합하고 추상해서 나온 원칙이다. 이는 사복이 전해 들은바 "예는 의로부터 나온다"는 생각과 일치한다. 결국 예는 사회생활에 근원을 둔다는 것이다.

역사는 이렇게 곡절이 많고 편협하다. 사람들이 습관적인 예를 보편적으로 신봉하고 고수할 때는 그 기원에 대하여 아무도 연구하지 않았는데, 그것이 파괴되고 변경될 때 사람들은 오히려 그 기원에 대하여 탐구하기 시작했다. 이렇게 된 것이 어쩌면 규칙에 맞는 이야기다. 사물의 기원에 대한 설명은 결국 그 미래의 운명을 가리킨다. 예를 신성한 것으로 말하는 것은 맹목적으로 고수하기 위함이며, 예를 사회생활의 산물로 말하는 것은 그것의 변경 가능성을 제기하여 변경 속에서 예의 부활을 추구해야 한다는 것이다. 조용히 고수한다는 것은 그 사물이 경직되어간다는 의미다. 문제의 근본을 찾는 것이야말로 지혜의 출발점이다.

춘추 시대가 사회 변동의 시대이긴 하지만 이 변동이 예를 생활 속에서 완전히 포기하게 만들지는 못했고 또 그럴 수도 없었다. 사람들이 할 수 있는 것이라곤 예의 가치와 작용을 새롭게 인식하고 그것에 대하여 필요한 만큼의 변경을 가하는 것이었다. 학계에서 매우 유행하는 하나의 인식 틀이 있는데, 바로 예라는 말이 나오기만 하면 어쨌든 이를 보수와 연결짓는 것이다. 예를 말하는 사람은 모두 시대에 뒤떨어진 일군의 구시대 유물의 수호자로 취급되는 듯하다. 이런 주장은 전반적이긴 하지만 깊이 통찰하지는 못한 것으로 역사를 단순화하는 짓이다. 『좌전』을 보면 예를 말하는 사람은 확실히 수구에 편향되어 있다. 그러나 이 가운데 정말로 주 천자의 권세를 옹호하고 서주 시대로 되돌아가려는 사람은 거의 찾아볼 수 없다. 더욱 많은 사람이 예를 옹호한다는 구실로 자신의 세력과 지위를 확대하고 있다. 각기 다른 사람의 수중에서 예는 각기 다른 의미를 지녔다. 이를테면 제나라는 표면상 예를 옹호한다는 깃발을 내걸었으나 사실은 천자를 끼고 제후를 호령하여 다른 나라를 치고 땅을 빼앗았다. 마치 노나라 계문자季文子가 지적한 대로 예를 앞세움은 오히려 예를 위반하는 것으로, 예를 명분 삼아 자신의 세력을 확대하려는 것이다.(『좌전』 문공 15년 참조) 제나라 진陳씨의 세력이 날로 발전하여 제후들은 속수무책이었다. 이에 안자晏子는 대책을 올려 예를 이용해야만 진씨를 억누를 수 있다고 주장했다. 예에 따르자면 "[대부의] 가에서 베푸는 것은 국에 미치지 못하니"[166] 사가私家는 공가公家와 백성을 다툴 수 없다는 것이다. 그러나 진씨 또한 예를 빌려 자신의 세력을 발전시켰다.

각양각색의 인물이 모두 예를 이야기하고 예를 이용했다. 그렇다면 예의 주지는 무엇인가? 사람들의 견해는 역시 일치하지 않는다. 그 가운데 가장 유행하는 관점은 예의 주지가 군신, 상하, 부자, 형제, 내외, 대소를 구별 짓는 데 있다는 주장이다.(『좌전』 양공 31년 참조) 진의 수무자는 말한다. "군자와 소인은 등급이 달라 여러 복장으로 존비를 나타낸다. 신분이 고귀한 사람은 항상 존중을 받으며 천한 사람은 차등을 두어 구분한다. 그래야 예에 어긋나지 않는다."[167]

진나라의 여숙제女叔齊는 예의 근본이 권위權位를 장악하는 데 있다고 생각했다. 노 소공이 진나라로 망명해왔는데 행동거지가 점잖고 예절이 밝았다. 이에 진나라 군주가 사람들은 노 소공이 예를 모른다고 하던데 자신이 보기에는 예를 매우 잘 아는 것 같다고 말했다. 여숙제는 이에 대해 소공이 준수한 것은 의儀(형식)이지 예가 아니라고 논평했다. "예로써 나라를 지키고 정책을 집행한다면 그 백성을 잃지 않을 것이다."[168] 권력을 모두 잃어버린 주제에 어떤 예를 더 이야기할 수 있겠는가?

초나라의 성자는 또 다른 각도에서 예의 주지를 논술했다. 그는 '상을 권면하고' '형벌을 두려워하도록 하며' '백성을 긍휼히 여기는' 것이 예의 큰 대목이라고 생각했다. 그래서 "예가 있으면 실패가 없다."[169] 이 주장은 번쇄한 예의禮儀에 구속받지 않는 정책을 강조한다.

또 하나의 견해는 예를 인륜 관계의 지도적 정신, 즉 '효' '양讓' '충' '서恕' 등으로 본다. 이를테면 "효는 예의 시작이다."[170] "예가 있기에 충, 신, 인, 의를 관찰할 수 있다."[171] "군자는 능력을 숭상하며 아랫사람에게 겸양한다. 소인은 힘써 농사를 지어 윗사람을 섬긴다. 이로써 위아래는 예를 갖추게 된다."[172] "관용하며 행동하는 것이야말로 덕의 준칙이요 예의 벼리다."[173] "군자는 자신이 존귀해진 뒤 다른 사람에게 미칠 수 있다. 이로써 예를 갖추게 된다."[174]

또 다른 견해도 있다. 예는 주로 빈객의 접대와 빈민 구제에서 드러난다는 것이다. 조曹나라 부기負羈는 말한다. "예의 바른 손님 접대와 빈민을 보살핌이 예의 으뜸이다."[175]

이상 언급한 여러 견해는 치중한 바가 각기 다르지만 이야기 주제들 사이에 큰 모순이 있는 것은 아니다. 여러 주장이 어긋나지 않고 병행되기도 하고 서로 보완 작용을 하기도 한다. 이런 견해를 모두 합하면 예의 중요한 작용들이 아주 잘 드러날 것이다. 춘추 시대 예악의 붕괴란 예의 실행 범위에서 발생한 변화와 예의 형식이 바뀌었음을 표명하는 것일 뿐이다. 예 자체는 폐기되지 않았다. 반대로 예의 개조 과정에서 예는 오히려 새로운 생명을 얻었다.

법에 관한 문제

학계의 적잖은 사람은 예와 법을 대립하는 두 가지 것으로 취급한다. 법은 예에 대한 부정이며, 예는 낙후되고 법은 진보적인 것으로 생각한다. 예와 법은 대립관계인가 아닌가? 춘추 시대 자료를 보면 양자는 구분되기도 하고 통일성을 지니기도 한다. 그러나 양자는 결코 대립관계가 아니다.

역사적으로 볼 때 예와 법은 상호 보완 작용을 했다. 예컨대 주나라에는 '문왕文王의 법'이 있었고, 초나라 문왕文王도 '복구僕區의 법'을 가졌던 적이 있다.(『좌전』 소공 7년) 진晉나라에는 "당숙唐叔이 받아들인 법"이 있었다.(『좌전』 소공 29년) 노나라를 분봉할 때 백금伯禽에게 "주공周公의 법칙에 따를 것"을 명령했다.(『좌전』 정공 4년) 진의 조순趙盾은 국정을 잡은 뒤 '이수夷搜의 법'을 만들었는데, 그 내용은 "각종 사무 규정을 만들고, 법률의 경중을 바로 세우고, 형법과 감옥 일을 처리하고, 경제사범의 처리와 계약에 의한 경제 대책을 마련하고, 구악을 일소하고, 귀천을 구분하여 본래의 예를 잃지 않도록 하는"[176] 등의 조치로 진나라 '상법常法'으로 존중되었다. 진 문공은 "집질執秩의 관, 피려被廬의 법"[177]을 만들었는데, 공자는 이 모두가 예에 합당하다고 생각했다. 범무자范武子(즉, 사회士會)가 주나라에 사자로 갔는데 주왕은 그에게 예에 대해 한바탕 강연을 했다. 그는 진나라로 돌아온 뒤 "그것으로 진나라의 법을 수정했다".[178] 진 도공이 즉위하자 "범무자의 법"을 다시 한번 긍정하고 시행했으며 "사위의 법을 수정했다".(『좌전』 성공 18년) 이상 언급한 바에 따르면 역대의 법과 예는 모순없이 병존했다.

수많은 상황 아래서 법과 예는 한가지 의미였다. 법은 즉 예였다. 노 장공이 제나라에 사직의 제사를 구경하러 가려는데 예에 맞지 않았다.[179] 조귀는 가는 것이 적절치 못하다고 생각된다며 예로 간언하면서 이렇게 말했다. "군주가 움직이면 반드시 기록으로 남겨야 합니다. 기록했는데 법에 어긋났다면 나중 사람들이 어떻게 보겠습니까?"[180] 여기서 '법'과 예는 같은 것이다. 또 하나의 예를 들어보자. 진晉 영공靈公이 지나치게 음탕하여 조순과 사계士季가 수차례 간언했다. 이에 원한을 품은 영공이 조순을 암살하려 했으나 성공하지 못했다. 기원전 607년 조천趙穿(조순의 서제庶弟)이 진 영공을 죽였다. 영공이 살해되기 전 조순은 혐의를 피해 망명하려고 국경선에 이르렀는데 영공이 살해되었다는 이야기를 듣게 되었다. 그는 다시 조정으로 되돌아왔다. 이 일을 두고 태사太史 동호董狐는 "조순이 자신의 군주를 시해했다"고 기록하고 이를 조정에 내보였다. 조순은 이 일이 사실에 부합하지 않는다며 변명을 늘어놓았다. 이에 동호가 말했다. "당신은 정경正卿이면서 망명하여 국경을 넘지도 않았고 반대로 도적을 토벌하지도 않았으니 당신이 아니면 누구란 말이오?"[181] 조순은 예 앞에서 아무 대답할 말이 없어 어리석음을 자인할 수밖에 없었다. 공자는 이에 대해 다음과 같이 평가했다. "동호는 옛날의 훌륭한 사관이다. 기록에 감춤이 없었다. 조선자는 옛날의 훌륭한 대부다. 법도를 위하여 수모를 받아들였다. 애석한 일이로다, 국경을 넘었으면 책임을 면했을 것을."[182] 이 사건의 시비곡직과 관계없이 여기서 이야기하는 '법'과 예는 같은 일이다.

진의 조앙趙鞅이 범선자范宣子가 지은 형서刑書를 주조할 때 공자는 심하게 반대했다. 그 이유는 형서가 당숙으로부터 내려온 '법'에 위배되고, 문공이 만든 '집질執秩의 법(관官으로도 씀)' '피려被廬의 법'에 위배된다는 것이었다. 공자는 범선자의 형이 '어지러운 제도'인데 "그와 같은 것이 어떻게 법이 되겠느냐?"[183]고 주장했다. 분명히 공자는 형서의 주조를 반대한 것이지 '법'을 반대한 것이 아니다. 반대로 그는 오히려 선대 군주의 법을 존숭하라고 요구했다. 법과 예가 대립적인 것이 아님을 알 수 있는 부분이다. 『좌전』『국어』 가운데서는 선왕의 예, 선왕의 제도를 선왕의 법, 법도, 법제 등으로 부르는 곳을 자주 볼 수 있다.

이상의 논의를 종합하면 법과 예는 대립 배척의 관계가 아니었다. 한쪽은 예에 따랐고, 다른 쪽은 법에 따랐다는 역사적 사실이란 존재하지 않는다. 그렇다면 예와 법에 구분이 없단 말인가? 있다. 예가 주로 관습과 전통으로 표현되는 데 비해 법은 실제 상황에 맞는 정치적 규정이었다. 이런 규정이 예와 일치할 수 있었으므로 예와 법이 병존, 병행되어 괴리가 없었던 것이다. 그러나 법적 규정이 전통 관습과 맞지 않을 때도 있었다. 예컨대 자산이 구부丘賦를 짓자 일부 인사가 그를 욕했다. 혼한渾罕이 말했다. "나라가 아마 먼저 망할지도 모르지요. 군자가 법을 만듦에 야박하다면 그 폐단은 탐욕에 있을 것입니다. 법을 만들어 위를 탐한다면 그 폐단을 어찌 하시렵니까?"[184] 혼한의 말은 매우 분명하다. 그는 일체의 '법'에 반대한 것이 아니다. '구부'가 지나치게 탐욕스럽다고 생각했을 뿐이다.

예가 관습과 전통이 된 데에는 깊은 사회적 기초가 있다. 그러나 법은 대부분 그때그때의 사건에 따라 만들어진 것으로 비교적 풍부한 시대성을 함유하고 있다. 그러므로 예는 역사의 진행 과정에서 타성을 더 현저히 드러내는 것이다. 사회경제적 기반에 거대한 변동이 없는 한 예가 크게 변화하기는 대단히 어렵다. 따라서 변법變法도 중요하지만 어떤 의미에서는 변례變禮가 더 중요하다. 변례는 변법보다 훨씬 더 어렵다. 전국 시대에 이르러서야 이 모순은 정치적 분파로 나타난다.

형刑에 관하여

형刑은 법보다 더 협애한 개념이다. 예는 전통 습속을 가지고 사람들을 이끌어가거나 금지하는 것이며, 법은 법조문의 규정으로 이끌어가거나 금지하는 것인 데 비해 형은 금지만을 주로 한다. 『설문해자』에는 "형이란 목을 자르는 것이다"[185]라고 쓰여 있다. 형벌은 매우 일찍 생겨났다. 아마도 계급의 대립과 더불어 인간 세상에 왔을 것이다. 억압 수단으로서의 형벌은 어떤 통치자든 한 번도 포기한 적이 없다. 마치 법이 예의 대립물이 아닌 것처럼 형도 예의 대립물이 아니다. 다음의 논의들을 살펴보자.

"정치政로 백성을 다스리고 형벌刑로 사악함을 바로잡는다."[186]
"진나라 제후는 위강魏絳이 형벌로써 백성을 잘 돌보는 사람이라 생각했다."[187]
제 환공이 실행했던 '덕, 형, 예, 의'는 제후들의 본보기가 되었다.(『좌전』 희공 7년)
진나라 호돌은 말한다. "형벌이 남용되지 않음은 군주의 총명함이요 신하의 유덕함이다."[188]
초나라 신숙申叔은 시국 사정을 태자에게 가르칠 때 형벌을 예, 시詩, 영令(시령時令), 전典(규장 제도規章制度), 지志(역사歷史)등과 병렬하여(『국어』 「초어상楚語上」 참조) 없어서는 안 될 과목 가운데 하나로 취급했다.

형은 고대문에서 본받는다는 의미로 쓰일 때도 있었다. 이를테면 "한 사람이 선을 본받으면刑, 만백성이 화합하게 된다."[189] "의식을 치러 문왕의 덕을 본받는다."[190] 이때의 '형刑'은 '형型'의 가차자다. 형벌의 형은 칼과 창을 쓰는 것을 가리키며, 때로는 용병用兵도 형이라 부른다. "반란을 징벌함에 군대를 일으킨다."[191] 그래서 '병兵'과 '형'은 때로 하나의 의미다.

주 시대의 형벌에는 일정한 원칙이 있었다. 우리는 앞에서 '신중한 벌愼罰' '의형義刑' '의벌義罰' 등에 대해 이야기했다. 『좌전』에도 "같은 죄에 다른 벌을 가하는 것은 형이 아니다"[192]라는 주장이 있다.

당시에는 일반적으로 '덕'과 '형'을 두 가지 수단으로 같이 논의했다. 덕은 예에 가깝고 주로 교화를 지칭하며, 형은 폭력이다. 양자는 병행하며 서로 보완 작용을 한다. "덕은 더할 나위 없이 두텁게, 형은 더할 나위 없이 위엄 있게 해야 한다. 복종하는 사람은 덕의 품에 안기기를 바라는 사람이고, 두마음을 가진 사람은 형벌을 두려워하게 된다."[193] "덕과 형이 서지 않으면 거짓, 간악함이 함께 온다."[194] "나라를 잘 다스리면 상이 참람되지 않고 형이 남용되지 않는다."[195]

덕과 형벌의 관계에 대해서는 몇 가지 상이한 주장이 있다. 초나라의 성자는 덕과 형벌이 적절하게 들어맞는 데서 그쳐야 하며, 들어맞지 않을 경우 상을 많이 줄지언정 형을 남용해 선한 사람이 다치는 것을 막아야 한다고 주장한다. 그는 말한다. "만일 불행히 잘못을 저질렀다면 참람할지언정 남용해서는 안 된다. 선한 사람을 잃느니보다 간특한 사람이 이롭게 되도록 그냥 놔두는 것이 낫다."[196] 선한 사람은 나라를 다스리는 데 쓰일 인재다. "선한 사람이 없으면 나라는 그에 따라 무너진다."[197] 성자는 또한 「하서夏書」 중 한 구절을 인용하여 그 근거로 삼았다. 즉 "무고한 사람을 죽이는 것보다 원칙이 조금 흔들리는 것이 낫다."[198] 성자의 이 주장은 형을 남용하는 초나라의 현실 상황을 두고 나온 것이다. 초나라가 형을 남용했으므로 수많은 인재가 다른 나라로 도망했는데, 성자는 이를 매우 애석히 생각한 것이다.(『좌전』 양공 26년 참조)

자산은 훌륭한 정치가는 관용寬을 숭상한다고 생각했다. 그러나 이것은 보통 사람이 할 수 있는 일이 아니고, "오직 유덕한 사람만이 너그러움으로 백성을 복종시킬 수 있다"[199]고 말한다. 만약 이렇게 할 수 없다면 "사납게 하는 것이 낫다". 그는 이를 물과 불에 비유했다. "불꽃은 타오르는 것이므로 사람들이 바라보고 두려워한다. 그래서 불 때문에 죽는 자는 드물다. 그런데 물은 나약하므로 사람들이 가벼이 여기고 놀기 때문에 많이 죽는다. 따라서 너그러우면 [이루기] 어렵다."[200] 정책을 집행할 때는 엄혹함이 너그러움보다 많아도 상관없다는 이야기다.

공자는 관寬과 맹猛을 겸용할 것을 주장했는데, 형세에 따라 무게중심이 달랐다. 그는 말한다. "정치가 너그러우면 백성이 태만해진다. 태만해지면 사나움猛으로 이를 교정해준다. 사나우면 백성이 잔혹해진다. 잔혹해지면 관용을 베푼다. 너그러움으로 사나움을 구제하고, 사나움으로 너그러움을 구제하니 정치란 이로써 화합을 이룬다."[201]

정나라의 연명然明은 양쪽 다 선명해야 한다고 주장한다. 그는 말한다. "백성 보기를 자식처럼 해야 한다. 어질지 못한 자는 그를 주살하는 데 매가 참새를 쫓듯이 해야 한다."[202]

주의 왕손열王孫說은 주왕의 포상 행위를 말하면서 너그러움과 사나움의 문제에 대하여 다른 견해를 발표했다. 그는 덕과 형벌 모두 독자적으로 그 어느 하나를 두드러지게 할 수 없다고 주장한다. 그는 이렇게 생각했다. "성인의 베풂과 거둠에 대해서도 논쟁할 수 있다. 기쁨과 분노, 취함과 내줌에 대해서도 의논할 수 있다. 그러므로 너그러움을 주로 하지도 않고, 사나움을 주로 하지도 않는다. 덕과 의를 중시할 따름이다."[203] 그는 관과 맹에 근거하여 말을 만들어내지 말아야 하며, 합리적인가 아닌가를 중심으로 고려해야 한다고 주장한 것이다. 비교적 이치에 맞는 말로 여겨진다.

형과 예 사이에는 모순이 있는가 없는가? 혹자는 숙향이 자산의 형서 주조에 반대하고 공자가 조앙의 형서 주조에 반대한 것을 증거로 삼는다. 실제로 자산과 조앙이 형서를 주조할 때 각기 숙향과 공자, 사묵의 반대에 부딪혔고 그들 수중의 무기는 예였다. 실상 문제의 고리는 그들이 예를 가지고 형서의 주조에 반대했다는 데 있지 않고, 숙향, 공자, 사묵이 근본적으로 형을 원했느냐 아니냐에 있다. 실제로도 그렇지 않았다. 숙향이 자산에게 보내는 편지에 명명백백히 선왕은 "엄히 형벌을 집행함으로써 간특한 사람들에게 위엄을 보였다"[204]고 쓰여 있다. 공자도 형이 필요하다고 생각한 사람이다. 그들이 자산, 조앙의 형서 주조에 반대한 주된 이유는 백성이 "장차 예를 버리고 형서만을 근거로 삼을까"[205] 봐서였다. 그래서 사람들에게 형서와 예는 본래 대립적이 아니냐는 일종의 착각을 불러온 것이다. 이 문제를 해결하기 위해 여기서 잠시 형서 문제를 토론해도 괜찮을 것 같다. 형서는 자산의 형서 주조에서 시작된 것이 아니다. 「여형呂刑」 중에도 확실히 '형서'라는 말이 있다. 기원전 564년 송나라에 큰 화재가 한 번 있었다. 낙희樂喜가 집정관으로 화재 진압을 지휘했다. 그는 "낙천樂辿으로 하여금 형기刑器를 보호토록"[206] 명령을 내렸다. 두杜씨의 주석에 따르면 형기란 형서다. 이 일은 자산이 형서를 주조하기 전이다. 기원전 528년 자산이 형서를 주조한 7년 뒤 진나라의 형후刑侯, 옹자雍子, 숙어叔魚(숙향叔向의 아우) 세 사람은 토지 때문에 소송을 벌였다. 이에 숙향의 의견을 자문했는데, 숙향은 「하서」'고요皐陶의 형'을 근거로 인용하며 세 사람에게 동등한 죄목을 적용하라고 주장했다. 공자는 숙향을 평가하며 이렇게 말했다. "옛날부터 내려오는 올곧은 [집안의] 사람이다. 나라를 다스리려 형을 만들어 친척이라고 숨겨주지 않았다."[207] 이는 진나라도 범선자의 형서 주조 이전에 이미 형서가 있었음을 설명해준다. 기원전 506년 위衛 영공靈公은 자어子魚(태축太祝 타佗)로 하여금 제후들의 회합에 사자로 가도록 했다. 이에 자어가 사양하며 "신은 온몸을 바쳐 옛 직무를 수행해왔습니다. 한데 또 다른 직무를 주시니 성공하지 못하여 형서를 저촉할까 두렵습니다"[208] 운운했다. 이는 위衛나라에도 '형서'가 있었음을 뜻한다.

필자의 생각에 예와 형은 대립적인 것이 아니다. 그러면 숙향, 공자가 예를 이유 삼아 자산과 조앙의 형서 주조에 반대한 일을 어떻게 해석할 것인가? 필자는 이를 기성의 예와 변화하는 형 사이의 모순이라고 생각한다. 원래 있던 형과 변화한 형 사이의 모순이라고 이야기할 수도 있다. 단순히 두리뭉실하게 예와 형이 모순되었다고 말만 하는 것은 근거가 박약하다.

정政에 관한 문제

예, 법, 형과 병렬되는 것으로 또한 정政이 있다. 예컨대 진나라의 수무자는 "덕, 형, 정, 사事, 전典, 예"를 병렬시켜 "덕이 세워지고, 형벌이 적절히 시행되고, 정치가 성공적이고, 사무가 모두 적합하고, 모두가 제도를 따르고, 예가 순조로워야"[209] 한다고 주장한다. 자산 또한 예, 형, 정을 구분하여 논하고 있다.(『좌전』 소공 25년) 정이란 정치권력政權, 정부 명령政令을 뜻한다. 이를테면 노나라의 경우 성공成公 이후 실제 권력은 계씨가 장악했다. 조晉나라의 낙기는 "정권이 계씨에게 넘어간 지 삼대가 되었다"[210]고 말한다. 진나라의 여숙제도 노나라 "정부명령이 일개 가문에서 나온다"[211]고 말한다. 『좌전』에 '집정執政'이란 말이 자주 보인다. '집정'이란 실제 권력을 행사하는 집정 관료로 '위국정爲國政'(『좌전』 문공 6년)이라고도 불렸다.

진, 제, 정 등 몇몇 나라는 춘추 후기에 이르러 대부들이 각기 일련의 토지 기반을 가지면서 "정권이 여러 가문에서 나온다"고 말하게 되었다.

정치는 권력權柄 현상이기 때문에 반드시 쟁탈이 있게 된다. 각국의 통치자는 내부 투쟁을 통해 먼저 정권을 다투었고, 정권이 있고서야 다른 권력을 소유할 수 있었다. 예컨대 정권만 있으면 예법도 바꿀 수 있었다. 계씨가 팔일무八佾舞를 추게 했다든가, 태산泰山을 여행하고자 했다든가 하는 것이 그 예다.[212]

정치권력의 작용은 다양한 경제 조건에 따라 각기 다른 성질을 갖는다. 경제가 발달하지 못한 곳일수록 권력의 초경제적 성질이 분명히 드러나며, 권력이 경제를 지배하는 힘 또한 커진다. 권력이야말로 특정 인물이나 집단이 경제적 이익을 획득할 수 있는 가장 직접적이고 유효한 수단이다. 이 때문에 경제적 이익을 쟁취하려면 무엇보다 먼저 정권을 탈취해야 한다. 춘추 시대는 무력으로 권력과 이익을 쟁탈하던 때였다.

충효와
인에 관하여

은, 주 이래 정치의 윤리화 내지 윤리의 정치화 경향은 계속 강화되고 이론화되었다. 정치, 윤리의 일체화에 대한 개념은 매우 많으나 여기서는 충효忠孝와 인仁만을 다루고자 한다.

충효에 관하여

군주와 신하, 주인과 노복의 예속관계가 관념적으로 반영된 것이 충忠의 요구였으며, 가족, 종법宗法 관계에서는 효孝를 요구했다. 충, 효는 윤리 관념일 뿐만 아니라 종족 관계와 정치 체계가 결합되어 있기 때문에 정치사상이기도 하다.

춘추 시대에는 군신 간의 주종 관계가 여전히 매우 강한 편이었으나, 다른 한편으로는 급변하는 시기이기도 했다. 신하가 군주를 죽이는 등 하극상이 적잖이 노정되었고, 이는 관념적인 측면에도 반영되어 충에 대한 이해를 달리하게 되었다.

가장 유행했던 관점은 신하가 있는 힘을 다해 군주를 섬기는 것을 충이라고 생각하게 된 것이다. 진나라 순식의 말은 이를 전형적으로 대변한다. 진 헌공은 여희를 총애하여 여희의 아들인 해제를 귀여워했다. 여희는 태자인 신생을 음해하여 죽였고, 헌공은 해제를 후계자로 세우려 하면서 순식을 해제의 사부로 삼았다. 헌공은 병이 들자 순식에게 자식을 부탁하면서 신하는 군주를 어떻게 섬겨야 하느냐고 물었다. 순식은 이렇게 대답했다. "신은 온몸의 힘을 다 바칠 것이며 거기에 충忠과 정貞을 더하겠나이다. 성공한다면 군주의 영민함이며, 실패한다면 따라 죽겠습니다."[213] 헌공이 물었다. "무엇을 충, 정이라 하오?" 순식이 대답했다. "공公의 집안에 이익이라고 생각되면 안 하는 일이 없는 것을 충이라 합니다. 죽은 사람을 보내거나 산 사람을 섬기거나 한 점 의혹이 없도록 하는 것을 정이라 합니다."[214] 헌공이 죽은 뒤 이극, 비정 등이 문공을 받아들이고자 했으며 3공자三公子(신생申生, 중이重耳, 이오夷吾)를 따르는 무리가 난을 일으켰다. 이극 등은 순식의 동참을 얻어내려 했지만 순식이 완강히 거부하고 죽음으로 약속을 지켰다. 당시 군자들은 순식을 충하다고 여겼다. 순식의 충은 무조건적이고 죽음에도 변치 않았던 것이다.

춘추 시대에는 극소수 인물을 제외하고는 군주와 '사직' '국'을 구분 짓지 않았다. 대다수 사람은 군주를 '국' '사직'과 일체라고 생각했다. 이 때문에 국과 사직에 최선을 다하는 사람도 충이라 했다. "초의 자낭子囊은 오나라를 정벌하고 돌아와 곧 죽었다. 그는 죽으면서 자경子庚에게 '수도인 영郢의 성곽을 튼튼히 해야 한다'고 유언했다. 군자들은 자낭을 충하다고 말한다. 군주가 죽었음에도 그 명성을 더하도록 하는 것을 잊지 않았고, 죽음에 이르러 사직을 보위하는 것을 잊지 않았다. 이를 어찌 충하다 하지 않을 수 있겠는가? 충이란 백성의 소망이다.'"[215] 조맹趙孟은 노나라 숙손叔孫을 이렇게 평했다. "환난을 당하여 나라를 잊지 않았으니 충이다. 어려운 일을 생각함에 관원의 직분을 넘지 않았으니 신信이다. 나라의 발전을 도모하는 데 죽음도 잊었으니 정貞이다."[216] 숙향은 말한다. "나는 충성과 신의는 예의 기물이요, 낮춤과 사양이 예의 으뜸이라고 들었다. 구구절절 나라를 잊지 않음이 충성, 신의이며, 나라를 앞세우고 자기를 뒤로 하는 것이 낮춤, 양보다."[217] 정나라는 초나라의 종의鍾儀를 붙잡아 진晉나라에 돌려보냈다. 종의는 모든 일에 초나라를 따르고 자신의 주군을 그리워했다. 범문자는 종의를 이렇게 평했다. "옛 주인을 잊지 않았으니 신이다. 사사로운 마음이 없었으니 충이다."[218]

춘추 시대의 '공公'은 군주를 가리킨다. 경, 대부는 공에 상대하여 '사私'로 불렸다. '공' '사' 관계에서 사가 공에 복종하는 것을 충이라 일컬었다. 진의 범문자는 노의 계문자를 평하면서 이렇게 말했다. "계손季孫은 노나라에서 두 군주의 재상을 했다. 그럼에도 부인은 비단옷을 못 입었고 말은 서속을 먹지 못했다. 어찌 충하다 하지 않을 수 있겠는가? (…) 아들 숙영제叔嬰齊는 군주의 명을 받들어 행하는 데 사私가 없었고, 국가의 일을 도모함에 두마음을 품지 않았으며, 자신의 몸을 추스를 때도 군주를 잊지 않았다."[219]

계문자가 죽었을 때 집안에는 사적인 축재가 하나도 없었다. "그래서 군자는 계문자가 공실에 충으로 임했음을 알았다고 한다. '세 군주의 재상을 하고도 사적 축재가 없었다니 어찌 충하다 하지 않을 수 있겠는가?'"[220]

국가의 이익을 위해 인재를 아끼는 것도 충이라 부른다. 그렇지 않으면 불충이다. "정나라의 사천駟歂은 등석鄧析을 죽이면서 그의 죽형竹刑을 사용했다. 이에 군자는 '그러므로 자연子然(즉 사천駟歂)은 불충하다. 국가를 위해 좀더 많은 도움을 보탤 수 있는 사람이라면 조금의 잘못은 방치할 수도 있지 않은가'라고 말한다."[221] 자신의 원칙만 따지고 사람을 아끼지 않는 것은 국가에 불충한 증표라는 것이다.

충군忠君 사상 가운데 새로운 사조가 하나 있는데, '도道'로써 군주를 섬기기를 강조하는 것이다. 신하는 군주에 대해 예속관계만은 아니며 법을 지키고 정책을 집행하는 역할을 아울러 가지고 있다. 기원전 570년 진 도공 등 제후들이 회맹했다. 이때 도공의 아우 양간楊干이 '난행亂行'을 저질렀다. 위강은 양간의 종을 죽임으로써 양간을 징계했다. 이 일 때문에 진 도공은 노기충천하여 위강을 죽이려 했다. 위강은 상서를 올렸다. "신이 듣자니 군대를 통솔하는 사람은 순종을 무기로 삼으며, 군사적 사무는 없앨지언정 명령을 어기지는 않아야 공경을 받는다고 합니다."222 그는 이어서 자신의 죄과는 양간의 종을 죽인 데 있지 않고 법령을 엄격히 집행하지 못해 양간으로 하여금 범법을 하도록 둔 데 있다고 말했다. 그래서 자결하겠노라고 주청했다. 이 말을 들은 도공은 부끄러워 어쩔 줄 몰라 하며 위강에게 잘못을 인정했다.(『좌전』 양공 3년)

앞의 충 관념과 달리 진나라 지무자는 조선자를 평가하면서 간언諫하는 것을 충이라 했다. "선자는 양공襄公, 영공靈公에게 있는 힘을 다해 간언했다. 간하여 악을 없애는 데 죽음도 꺼리지 않고 나아갔다. 어찌 충하다 하지 않을 수 있겠는가?"223 영성백榮成伯도 "원대한 계획을 하는 것이 충"224이라고 말한다.

충에 관한 또 한 가지 견해가 있는데, 바로 백성에게 이로운 것을 충이라 했다. 수나라 계량은 말한다. "도라 함은 백성에게 충하고 신에게 신의 있음을 말한다. 위에서 백성의 이익을 생각하는 것이 충이고, 축사祝史의 관리가 언사를 올바로 하는 것이 신이다."225 노나라의 조귀가 장공과 정치에 대해 논할 때 장공이 자랑했다. "먹고 입는 것이 안정되었으니 독점하지 말고 반드시 골고루 분배해야 할 것이오. (…) 크고 작은 옥살이를 다 보살필 수는 없겠으나 반드시 인정으로 감싸야 할 것이오."226 이 말을 들은 조귀는 "충에 속하는 일이지요"라고 대답했다.(『좌전』 장공 10년)

충에 대한 또 다른 이해가 있다. 즉 충은 주인에게 할 뿐이라는 것이다. 어떤 이가 주인이면 곧 그 사람에게 충해야 한다는 말이다. 진나라 호돌은 회공懷公을 보좌하는 신하였는데, 그의 아들 모毛는 공자 중이重耳를 따랐다. 회공은 호돌에게 중이를 떠나도록 그의 아들에게 명령하라고 요구했다. 이에 호돌은 이렇게 말했다. "아버지 되는 사람은 자식이 벼슬길에 나아가 직무에 충실하라고 가르치는 것이 옛날부터의 제도입니다. 죽간에 이름 새기고 예물을 갖추어 인사드렸음에도 마음을 바꾼다면 이는 범죄입니다. 오늘날 신의 자식이 중이를 따른 지 여러 해가 흘렀습니다. 그런데 그를 다시 불러들인다면 범죄를 가르치는 것입니다. 아버지가 자식에게 범죄를 가르치면 어떻게 군주를 섬기겠습니까? 형벌이 남용되지 않음은 군주의 영명함이요 신하의 덕입니다. 형벌을 남발해 군주의 마음이 기뻐진다면 누가 죄를 피할 수 있겠습니까? 신은 그저 주군의 명령을 듣길 원합니다."[227] 『좌전』에는 가신들이 주인에 대한 충을 다하기 위해 죽은 사례가 많이 보인다.

또 하나의 견해는 혈족을 위한 복수를 하지 않음을 충이라 여겼다. 진나라 유병臾駢이 말했다. "나는 '적에 대한 은혜와 적에 대한 원한을 후대에 이어가지 않는다'는 옛날 뜻있는 사람의 말을 들은 적이 있는데, 이것이 충의 길이라고 생각한다."[228] 이 견해는 독특한 품격을 지니며 매우 개방적인데, 아마도 당시 혈족들 간의 복수에 대한 일종의 비판일 것이다.

효에 관해서는 대체로 진통적인 관념을 그대로 따르고 있었다. 이를테면 "[부모의] 명을 어기는 것은 불효다".[229] "혈육의 정을 지키고 부모를 기쁘게 해드리는 것이 효도다."[230] 효는 정치이기도 했다. "효하면 백성을 안정시킬 수 있다."[231]

인仁에 관하여

갑골, 금문, 『서경』 「주서周書」에는 모두 '仁'이라는 글자가 없다. 인 개념은 대체로 서주 시대 후기에 생겨났다. 『설문해자』에는 "인이란 친근함으로 두 사람의 관계에서 나왔다"[232]고 쓰여 있다. 맹자는 "인이란 사람다움이다"[233] "인이란 사람의 마음이다"[234]라고 말한다. 이에 근거하여 혹자는 인을 인학人學, 즉 사람을 연구하는 것이라고 주장한다. 이런 식의 견해는 지나치게 포괄적이다. 『좌전』 『국어』 등으로 볼 때 인은 사람 사이의 관계를 설명하는 새로운 개념이었다. 여기서 특히 중요한 것은 정치 관계와 윤리 관계다.

사람들의 인에 대한 견해는 각양각색인데 대략 다음의 몇 가지로 분류할 수 있다.

(1) 예를 준수하는 것이 인이다. 어떤 사람들은 예와 인을 동전의 양면이라고 생각한다. 예가 사회 질서를 규정하는 것이라면, 인은 예에 대한 추구이며 순종이라고 한다. 공자는 초 영왕이 「기초祈招」라는 시를 듣고 자신을 억제할 수 없다가 끝내는 다른 사람에게 살해당했다는 사실을 평가하면서 고사성어 한마디를 인용했다. "옛날 「지志」에도 '자신을 억제하고 예를 회복하는 것이 인이다'라는 말이 있다."[235] 예를 인의 객관적 표상으로 삼는 것은 당시 비교적 유행했던 관점이다. 조문자趙文子는 궁궐을 지으면서 예 규정을 초과했으므로 인하지 못하다고 평가받았다.(『국어』 「진어晉語 8」 참조) 예의 중심은 '친친親親(가까운 사람을 친애함)'이다. 따라서 친친하면 인이 된다. "인하려는 사람은 가까운 사람을 사랑하면 인이라 할 만하다."[236]

(2) 군주의 명령을 좇고 공실을 이롭게 하는 것이 인이다. 진 헌공이 여희를 총애하자 여희는 태자인 신생을 음해하려 했다. 신생의 신하

는 신생에게 망명을 건의했다. 그러나 신생은 이것이 군주의 의향이니 순종할 수밖에 없다고 생각했다. 그는 이렇게 말했다. "나는 '인한 사람은 군주를 원망하지 않으며, 지혜로운 사람은 곤경에 힘들어하지 않고, 용감한 사람은 죽음에 도망하지 않는다'고 들었다."[237] "만일 내가 도망가겠다면 가서 죄를 풀어달라는 것일 테니 잘못이 군주에게 귀결될 것이다. 이는 군주를 원망하는 짓이다. 아버지의 악함을 세상에 알리는 꼴이니 제후들의 웃음거리가 될 것이다. 내 어느 지방으로 들어갈 수 있단 말인가."[238] 그리하여 신생은 앉아서 죽음을 기다렸다. 진나라 장로張老는 진 도공에게 위강의 사람됨이 매우 훌륭하다고 말하면서 "그의 어짊은 공실을 이롭게 할 수 있으면서 그것을 잊지 않는다"[239]고 했다. 당시 군주와 공公은 기본적으로 동일했다. 이런 식의 인 관념은 신하의 군주에 대한 충성과 절대복종을 드러낸다. 군주의 면전에서 모든 사람은 어떠한 독립적 가치도 지닐 수 없다.

(3) 나라를 이롭게 하고, 대중을 이롭게 하고, 백성을 보호하는 것이 인이다. 『국어』 「진어」는 말한다. "나라를 위한 사람은 나라를 이롭게 하는 것을 인이라고 말한다."[240] 국가의 이익이 개인의 이익보다 높으며, 양자 간에 모순이 생기면 국가에 유리한 것만 하고 친지는 버릴 수 있어야 한다. 그러므로 "백성을 기르는 사람은 친지가 없으며 대중을 친지로 여긴다. 대중이 이롭게 되면 백성이 화합할 것이니 어찌 군주를 꺼릴 수 있으리오?"[241] 백성에게 유리하기만 하다면 군주를 포함해서 어떤 다른 일도 고려할 필요가 없다. 「주어중周語中」에도 언급되어 있다. "의로 인해 이익이 생긴다. 일정 양식을 통해 신을 섬긴다. 인으로 백성을 보호한다. (…) 불인하면 백성이 모여들지 않는다."[242] 이 견해는 군주에게 충성해야 한다는 주장과 첨예하

게 대립된다. 백성에게 유리한가의 여부를 표준으로 삼으니 인이야
말로 백성을 이롭게 하는 정책적 지도 원칙이다.

(4) 나라를 양보할 수 있는 것이 인이다. "송공이 병들자 태자인 자부玆
父가 굳게 청원했다. '목이目夷가 착하고 인하니 군주께서는 그를 세
우십시오.' 이에 공이 자어에게 명했다. 자어는 고사하며 말했다.
'나라도 양보할 수 있으니 어떤 인이 이보다 크겠습니까? 신은 그에
미치지 못합니다.'"243 목이(즉, 자어子魚)는 자부의 서형庶兄이다. 쌍방
은 모두 인을 군주의 지위보다 높은 곳에 두었다. 현자에 대한 숭상
을 육친 간의 전달보다 중시한 것이다.

(5) 무도한 사람을 죽이고 도가 있는 사람을 세우는 것이 인이다. 만
약 군주의 정치가 '국'에 불리하거나 통치의 안정성에 불리하면 불
인에 속한다고 주장하는 관점도 있다. 불인하면 군주의 자격을 잃
게 되는 것이다. 이로부터 도가 없는 사람을 죽이고 도가 있는 사람
을 세우는 것이 논리에 합당하다는 결론이 나온다. 진晉 혜공惠公이
진秦나라의 포로가 되었다. 이에 진秦의 대부들은 죽일 것인지, 쫓아
버릴 것인지, 되돌아가도록 할 것인지 세 가지 가운데 도대체 어느
방법이 유리한가를 두고 논의했다. 자계子繫가 죽이자고 주장하자
공손지公孫枝는 죽이면 좋지 않은 영향이 올 것이라고 반대했다. 이
에 자계가 반박했다. "내 어찌 그를 무고히 죽이려 하겠습니까? 나
는 장차 공자 중이에게 그의 자리를 대신케 하려 합니다. 진晉 군주
의 무도함은 이미 널리 알려져 있으며, 공자 중이의 어짊은 모르는
사람이 없습니다. 큰 나라와 전쟁하여 승리함은 무武라 합니다. 무
도한 사람을 죽이고 유도한 사람을 세우는 것을 인이라 합니다."244
그러나 공손지는 친친의 관점에서 출발하여 죽이는 것이 타당하지
못하다고 주장한다. "아우를 죽이고 형을 세우는 것은 그 형이 내

게 후덕하게 하더라도 육친을 망각한 꼴이니 인이라 부를 수 없습니다."[245] 자계와 공손지는 인에 대하여 각기 이해를 달리하고 있다. 공손지는 친친을 강조하고 자계는 도가 있어야 함을 강조한다. 매우 분명한 것은 자계가 도와 인을 군주 개인보다 위에 두어 진보적이라는 사실이다.

(6) 사람을 사랑하는 것이 인이다. 주의 단양공은 "다른 사람을 사랑하니 인할 수 있고, 제도에 이로우니 의로울 수 있다"[246]고 말한다. '다른 사람을 사랑한다'는 것은 친친의 부정이다. 이는 통치자가 민중의 마음을 쟁취해야 한다는 사실을 도덕 관념으로 표현한 말이다.

(7) 덕, 정正, 직直 삼자를 구비하는 것이 인이다. 진나라 한헌자韓獻子가 말했다. "백성을 긍휼히 여기면恤民 덕이고, 정직하면 정이며, 왜곡된 것을 바로잡으면 직이다. 삼자가 어우러져 인이 된다."[247] 휼민恤民이란 정책을 가리키며, 정은 심성, 인품을 말한다. 직은 타인의 잘못을 과감히 교정하는 것이다. 이 셋이 결합했을 때 비로소 '인'이라 부를 수 있다. 한헌자가 이야기하는 인이란 매우 높은 수준의 기준으로 개인의 품행과 정책이 일체가 되어야 한다는 의미다.

(8) 뜻을 지켜 변하지 않는 것이 인이다. 진나라 두원관杜原款은 말한다. "몸을 희생하여 뜻을 이루는 것이 인이다."[248] 두원관의 구체적인 논술을 보면 그가 말하는 '뜻'이란 수구적인 것이다. 그러나 인을 지키는 것이 모두 수구를 의미한다고 말할 수는 없다. 두원관 이론의 취지는 '뜻'을 빼앗을 수는 없으며, 죽은 뒤에야 없어지고, 신앙과 지기志氣는 생명보다 고귀하다는 것을 설명하는 데 있다.

(9) 공리功利가 인이다. 노나라에 괴이한 사건이 발생한 적이 있다. 바다새 한 마리가 노나라 동문 밖에 와 사흘을 머물렀다. 이에 장문중

이 제사를 지내려 했다. 그러나 전금展禽이 찬성하지 않았다. 나라의
제도에 합치하지 않는다는 이유에서였다. 그는 "인이란 공로를 말합
니다. (…) 공로가 없음에도 제사 지내는 것은 인이 아닙니다"[249]라
고 말했다. 전금은 공로가 있는 사람에게만 제사 지낼 수 있을 뿐,
괴이하다고 하여 제사 지낼 수는 없다고 주장한 것이다. 공리를 말
하지 않고 인을 말한다면 인은 객관적 표준을 잃은 것이란 뜻이다.
이런 공리적 관점에 대해서는 당군상棠君尙도 말한 적이 있다. "공로
를 취하려 행동하는 것이 인이다."[250] 공리가 바로 인이라는 이 견해
야말로 대단히 현실적이다.

  인에 대해서는 이외에도 여러 견해가 있으나 여기서 일일이 열거하지
는 않겠다. 인에 대한 이해가 각기 다른 것은 사람들의 입장과 관점이 다
름을 설명해준다. 동일한 개념에 대해서 다양한 함의를 부여할 수 있는
것이다. 그 가운데는 진보적인 것도, 보수적인 것도 있어서 구체적인 분석
을 필요로 한다. 당시로 볼 때 인을 가지고 공리, 다른 사람에 대한 사랑,
무도한 군주에 대한 비판 등을 설명했다는 사실 자체가 진보적 의미를
지닌다고 할 수 있다.

화이론華夷論

중국 역사에서 민족 간 모순은 왕왕 정치적으로 큰 문제가 되곤 했다. 서주 말년 융적戎狄 민족의 주나라에 대한 위협 수위가 갈수록 높아지더니 마침내 견융犬戎이 주도하여 서주를 멸망시켰다. 이는 화하華夏족에게 심대한 타격이었으며, "남이南夷와 북이北夷가 교통하면 중국中國은 그것을 실처럼 끊어버리는 [어떤 역할도] 못 할 것이다"251라는 말이 나돌 정도였다. 민족 간 모순의 격화는 화이華夷 구별론의 발전을 촉진시켰다.

주周 목왕穆王 때 제공모부의 견융족에 대한 견해는 여전히 사실적이었다. 그는 주나라가 견융의 무리 가운데서 생겨났다고 생각했으며, 견융의 성정이 순박하다고 말하기도 했다.(『국어』「주어周語」 참조) 그런데 춘추 시대에 이르면 이적夷狄에 대해 멸시하는 이야기를 많이 하게 된다.

혹자는 화와 이는 종족이 달라 선천적으로 우열의 구분이 있다고 주장한다. 주의 부진富辰은 중원 나라들 간의 쟁탈은 형제간 싸움이며, 융적과의 쟁투는 안팎 간의 싸움이라고 적시했다. 그는 『시경』을 인용했다. "형제끼리 안에서 다투다가도 밖으로부터의 수모에 대해서는 같이 맞선다."252 융적과의 연합에 반대했으며, 화하와 융적의 통혼에 반대했고, 융적을 근본적으로 사람 취급하지 않았다. 그는 융적이 "승냥이, 늑대의 천성을 지녔다"[253]고 비하했다. 진나라 사계는 화하와 융적은 예가 통하지 않으니 예로 대접할 수 없다고 주장했다. 그 또한 융적은 "혈기가 다스려지지 않아 금수와 같다"[254]고 비하했다. 진나라 위강도 융족을 '금수'라고 욕했다.(『좌전』 양공 4년) 이것들 모두 대화하주의大華夏主義(대중화주의)로 사실과는 괴리가 있다.

또 다른 견해로는 사이四夷를 역사적으로 도태당한 죄인들의 후예로 간주하는 주장이다. 내사과內史過는 융적이 최초에는 본래 화하와 한집안이었으나 그들의 조상이 예의를 준수하지 않아 처벌받아 변경 지대로 쫓겨났으며, 그 후예들이 적狄, 만蠻의 족속이 되었다고 말한다. 칼로 묵형墨刑을 당한 사람들의 후예이므로 성정이 좋지 못하며, 그렇기 때문에 지금도 선량하지 못하다는 것이다.(『국어』 「주어상」 참조)

세 번째 관점은 화하와 융적은 원래 동족동성同族同姓인데 상이한 거주 지역과 문화생활의 습성 차이 때문에 다른 민족이 되었다는 것이다. 당시 융족의 어떤 성과 중원 여러 나라의 성이 같았다. 예를 들어 강융姜戎은 자칭 사악四岳의 후예라 했는데 중원의 제齊, 허許, 여呂, 신申과 같은 성이었다. 진 혜공도 융족을 "사악의 후예"[255]라고 생각했다. 진 헌공이 혼인한 견융의 적희狄姬와 여융麗戎의 여희는 주와 성이 같았다. 「정어鄭語」 가운데 등장하는 선우鮮虞는 춘추 시대에는 백적白狄이었는데 역시 성이 희姬였다. 그런데 생활 방식과 문화, 언어가 달라서 다른 민족이 되었다. 강융씨의 다음 말이 바로 이를 증명한다. "여러 융족의 음식, 의복은 화와 달랐으며, 폐백, 예물이 불통하고 말이 연결되지 않았다."[256] 이 관점에 기초하여 혹자는 융적과 화족이 서로 바뀔 수 있다고 주장한다. 평왕이 동천할 때 신유辛有가 이천伊川 땅에 이르렀는데 들판에서 머리를 풀고 제사 지내는 것을 보았다. 그는 이렇게 말했다. "100년도 못 되어 이토록 융족과 같아졌단 말인가! 예가 먼저 망하는구나."[257]

위의 여러 견해 가운데 세 번째 생각이 그래도 사실적이며 비교적 평등성을 지닌다. 첫째와 둘째는 대중화주의다. 물론 이를 통해 우리는 다른 측면, 즉 시대적 조건하에서 당시 화와 이를 구분했던 것은 중화 문화를 발전시키는 데 일부 적극적인 의의가 있었음을 파악할 수는 있다.

대표 인물들의 정치사상

관중의
수구,
개량 사상

관중管仲은 관이오管夷吾 또는 관경중管敬仲이라 불린다. 『사기』「관안열전管晏列傳」에는 안후이성 잉상潁上 사람이라 쓰여 있다. 「색인索引」에 의하면 잉상은 한漢의 영양潁陽, 영림潁臨인데, 오늘날의 허난성 쉬창許昌 서쪽으로 춘추 시대에는 정鄭나라에 속해 있었다. 그러니 관중은 정나라 사람임에 분명하다. 『사기』에는 관중이 청년 시절 포숙鮑叔과 같이 장사를 한 적이 있다고 말한다. 『전국책戰國策』「진책秦策 5」에는 "관중은 촌뜨기 상인이었다"[258]라고 쓰여 있다. 나중에 관중은 포숙과 제나라로 갔다. 포숙은 공자公子 소백小白의 수하로 들어갔고, 관중은 공자 규糾의 문에 몸을 부렸다. 제齊 양공襄公 사후 공자들의 권력 쟁탈 결과 공자 소백이 즉위하여 제齊 환공桓公이 되었다. 관중은 공자 규를 따라 노나라로 도망했는데, 포숙의 추천으로 제 환공이 그를 받아들였다. 관중은 이렇게 재상의 임무를 부여받고 환공을 보좌하여 패업을 이룸으로써 역사적으로 저명한 정치가가 되었다. 『좌전』의 기록에 의하면 관중과 환공 모두 노 희공 17년에 죽었으니 기원전 643년에 해당된다.[259] 관중은 환공과 더불어 정치의 시작과 끝을 같이했으며 정치 무대에서 40여 년간 활동한 셈이다.

관중의 사적과 언행에 대해서는 주로 『좌전』『국어』「제어齊語」가운데 기록되어 있다. 『관자管子』라는 책은 전국 시대 인물이 쓴 것으로 관중 본인의 작품이라고 볼 수 없다. 「제어」에 쓰인 관중의 다음 주장에 그의 정치사상이 집중적으로 드러나 있다. "옛 제도를 고쳐 그중 좋은 것을 택해 창조적으로業 활용한다. 인민의 풍요를 이끌어주고, 재물이 없는 사람에게는 더하여 주되 백성을 공경하면 국가는 안녕하다."[260] 위韋씨의 주석에 의하면 업業은 '창조와 같다'. 이 말은 다음 세 가지 사상을 포괄하고 있다. 옛 제도에 대해 간단히 혁파하거나 폐기해버리지 않고 훌륭한 점을 뽑아 창조적으로 운용한다; 인민에 대해 주로 생계 문제를 해결한다; 백성, 즉 귀족에 대해 존중하고 의지해야 한다. 관중의 정치사상과 조치에 대해 구체적으로 살펴보면 다음 몇 가지 측면이 있다.

사민四民을 분할 거주시키고 고정 직업에 종사토록 함

이것은 관중이 사회 각급의 계층 관계를 다루는 기본 주장이었다. 사민四民이란 사士, 농農, 공工, 상商을 가리킨다. 원래 이 네 종류 사람들의 경계는 매우 엄격했다. 그런데 사회가 발전함에 따라 상황이 변하기 시작했다. 일부 사는 농업에 종사하지 않을 수 없었고, 전쟁 수요 때문에 농민 가운데서 병사를 뽑아야만 했다. 공, 상의 지위에도 변화가 생겼다. 공인들은 비교적 집중력을 가진 존재로 반항 투쟁이 매우 특별했으며, 일부 상인들의 사회적 지위 또한 상승일로로 치달아 풍부한 재력으로 공후公侯들과 교제했다. 이런 상황이 발전해가면서 전체 사회관계에 변화를 초래했다. 이에 대해 관중은 비교적 보수적인 입장을 견지했다. 그는 사민이 뒤섞여 살고 입장이 바뀌는 것에 반대했다. 그는 이렇게 생각했다. "사민은 뒤섞여雜 살아서는 안 된다. 섞여 살면 말이 난잡해지고 하는 일이 뒤바뀐다."[261] '뒤섞이는' 상황에 직면하여 그는 '분거해 고정 직업에 종사分居定業'할 것을 주장했다. 사, 농, 공, 상이 뒤섞여 사는 것을 허락하지 않고, 각자 "무리가 집단萃을 이루어 모여州 살아야"[262] 한다. 위씨의 주석에 따르면 '췌萃는 집단, 주州는 모이는 것'을 말한다. "공인의 거처는 관부官府에, 상인의 거처는 시장 바닥에, 농민의 거처는 들녘 농토에 있도록 한다."[263] 사에 관해서는 "맑고 고요하게 지내도록閑燕 한다"고만 말했을 뿐 어디에 살아야 하는지를 밝히지 않았다. 당시 사인들이 모두 나라의 중심지에 살고 있었기 때문이다. 한연閑燕이란 청정清靜으로, 그 의미는 다른 잡사에 상관하지 않고 전문적으로 사의 활동에 종사하는 것을 가리킨다. '분거하여 고정 직업에 종사한다'는 정신에 의거하여 "공인의 자식은 항상 공인이 되고"[264] "상인의 자식은 항상 상인이 되며" "농민의 자식은 항상 농민이 된다". 제각기 자신의 업을 지키고 교류해서는 안 된다. 그중 '빼어난 백성秀民'은 신분이 상승하여 사가 될 수 있다. 그러나 반드시 '관리有司'들에 의해 선정되어야 한다.

이러한 '분거, 정업'은 경제 수단이 아닌 권력과 행정이라는 강제 수단을 이용해 따르도록 했다. 그는 엄격한 행정 제도를 통해 사민을 쪼개고 호적법으로 엄격히 통제하도록 주장한다. 이를테면 "나라를 21개 향鄕으로 제도화하고", 그 가운데 "공상의 향을 여섯", "사의 향을 열다섯"으로 한다. 농민은 논밭이 있는 들에 살도록 하되 "30가家를 한 읍邑으로" "10읍을 한 졸卒로" "10졸을 한 향鄕으로" "3향을 한 현縣으로" "10현을 한 속屬으로 하여" 전체 제나라를 '5속'으로 나눈다.(『국어』 「제어」) 이 제도가 실제로 행해졌을까? 『좌전』을 통해서는 이를 증명할 수 없다.

관중은 분거, 정업의 장점이 다음과 같다고 생각했다. "마음이 안정되어 다른 것을 동경하여 옮기지 않는다."[265] 각자 자신의 직업에 종사하여 "서로 일을 가지고 이야기하고, 서로 기술로 자신을 보이며, 서로 성공한 것을 펼치므로"²⁶⁶ 기능, 기술 및 효율을 높일 수 있다. 귀에 익고 눈에 익어서 경험으로 계승되어 자손 대대로 이어진다. "부형은 가르침이 엄숙하지 않아도 목적을 이루며, 자제들은 힘들이지 않아도 능하게 된다."²⁶⁷

관중은 '잡'에 대한 두려움에서 출발한다. '잡'의雜議는 활발한 사상활동의 유발, 즉 '언방言哤(말이 난잡해짐)'을 일으키기 때문이다. '잡'과 '언방'은 또한 '일을 뒤바뀌게事易' 만들어 통치 질서를 위협한다. 당시 정세로 볼 때 이런 행태는 진보적이라고 말할 수 없다. 당시 역사는 바로 '잡' '언방' '사역'을 필요로 했으며, 그렇게 했을 때만이 낡은 경제 체계와 정치 질서의 분해가 가능했다.

공물貢物을 징수하는 데 관중은 상지쇠징相地衰徵(해당 토지에 맞추어 세금을 부과함)의 방법을 주장했다. 이는 무지한 농민들로 하여금 정해진 거처에서 생업에 전념토록 만드는 경제 조치였다. 이른바 상지쇠징이란 토지의 좋고 나쁨에 따라 상하로 나누고, 상이한 토지 상황에 따라 세금을 거두는 것이다. 그는 말한다. "육陸(높고 평평한 곳), 부阜(육의 큰 곳), 능陵(부의 큰 곳), 근墐(도랑 위의 길), 정井(아홉 칸으로 나누는 것이 정인데 정 사이에는 도랑이 있다), 전田(계곡 경사지에 있는 땅), 주疇(삼을 심는 땅)가 균평하면 백성이 서운해하지 않는다."²⁶⁸ 상지쇠징은 '백성이 옮겨다니지 못하도록' 만들기 위함이다. 세금 징수는 국가가 폭력으로 직접 빼앗을 수도 있지만 여기서는 자연 조건이 생산품에 끼치는 영향력을 어느 정도 고려했다. 즉 자연 조건이 가져다준 이익을 국가에 귀속시켜 노동자들로 하여금 좋은 땅과 나쁜 땅에서의 수익을 대체로 같게 인식하도록 함으로써 인민을 안거하게 한다는 것이다.

경제 문제에서 관중은 "산과 연못의 물산은 때에 맞춰 거두어야 한다"²⁶⁹ "제사 희생물을 멋대로 해서는 안 된다" "백성의 농사철을 빼앗지 말라" 등의 주장을 거듭 제기했다. 옛날 사람들은 산림, 연못의 진입 금지 시기에 매우 주의했다. 이는 자연자원에 대한 보호와 합리적 사용의 의미를 포함하고 있다. "백성의 농사철을 빼앗지 말라"는 농경이 정상적으로 진행되도록 보호하는 데 필요한 조건이었다. 당시 농사철을 위반하는 현상이 매우 보편적이어서 관중은 이를 절제하여 농업 생산 규율에 적응하라고 주장한 것이다. "제사 희생물을 멋대로 말라"는 제사를 지내기 위해 멋대로 죽이고 베는 행위를 제한하여 가축의 성장에 도움을 주라는 말이다.

군사 조직의 강화

이 점은 관중의 정치 주장 가운데 특히 중요한 위치를 차지한다. 당시는 전쟁이 잦았던 시대로 사士의 대부분이 대대로 군사직을 업으로 삼았다. 그런데 서주 후기부터 이런 기운이 약간씩 해이해져갔고, 관중은 사를 다시 새로이 조직하여 군사에 전념토록 해야 한다고 주장했다. 나라 안의 사를 15향鄉으로 나누고 15향의 행정과 군사 편제를 서로 결합시켰다. 행정 조직으로는 "5가家를 궤軌라 하고 궤가 그 장이 된다. 10궤를 리里라 하고 리에는 유사有司를 둔다. 4리를 연連이라 하고 연이 그 장이 된다. 10련을 향鄉이라 하고 향에는 양인良人을 둔다."[270] 군사와 행정의 상호 결합 형태로 "5가가 궤이므로 5인이 오伍가 되어 궤장軌長이 지휘한다. 10궤가 리이므로 50인이 소융小戎(융은 수레 한 대)이 되어 리유사里有司가 지휘한다. 4리가 연이므로 250인이 졸卒이 되어 연장連長이 지휘한다. 10연이 향이므로 2000명이 여旅가 되어 향양인鄉良人이 지휘한다. 5향을 한 장수가 지휘하므로 1만 명이 1군軍이 된다. 5향의 우두머리가 이들을 지휘한다."[271] 5향을 1군으로 제나라는 3군으로 나뉜다. 제 제후가 중군을 이끌고, 국國, 고高 두 성씨가 각각 1군씩을 맡는다. 향의 사들로 구성된 사졸

土卒들은 전적으로 군사 훈련과 작전에 종사한다. 1오伍가 하나의 전투 조직이 되어 화복을 같이 나누고 "삶을 같이 즐기고, 행동에 같이 조화하며, 죽음에 같이 슬퍼한다."[272] 행정과 군사 업무를 결합시키고 "군령은 내정에 의지한다."[273] 군사 장비와 무기를 늘리기 위해 죄지은 사람은 무기로 속죄하도록 한다. 죄의 대소에 따라 서갑犀甲(코뿔소가죽 갑옷), 극戟(창), 궤순繢盾(수놓은 가죽끈이 연결된 방패), 금金(품질이 나쁜 쇠 또는 품질 좋은 쇠), 시矢(화살) 등으로 속죄한다. 그리하여 제나라는 "갑옷 병기가 크게 풍족해졌다".

행정적으로 관중은 권위를 이용한 통치를 주장한다. '민' 한 명 한 명이 모두 권위를 두려워하도록 만들며, 민이 마음 내키는 대로 하도록 놔두어서는 절대 안 된다고 주장한다. 그가 보기에 "병에 걸린 듯 권위를 두려워하는" 민이야말로 가장 좋은 '민'이며, "물 흐르듯 가슴에 품은 대로 하는" 민이야말로 가장 나쁜 '민'이다. 그는 이렇게 이야기하기도 한다. "정당하게 권력을 행사하는 정치를 하여 표준이 되는 법도를 마련하는데, 근본이 바르면 끝도 바르다. 상을 주어 권면하고 형벌을 주어 바로잡는다. 위아래 질서가 잡혀 그릇됨이 없는 것이야말로 백성을 다스리는 원리원칙이다."[274] 정치는 민을 부리되 공평하고 정당해야 한다. 법도로 표준을 삼아 민중의 일을 헤아려야 한다. 근본이 발라야 한다. 근본이 발라야 말절이 바르게 된다. 상을 줌으로써 좋은 일을 장려하고 형벌을 사용하여 치우침을 교정한다. 그리하여 노소로 하여금 질서를 갖도록 한다. 이것이 바로 백성을 다스리는 강령 원칙이다. 군주는 육병六柄(여섯 칼자루)을 장악해야 하는데, 육병이란 생生, 살殺, 빈貧, 부富, 귀貴, 천賤이다. 육병은 신중히 운용해야 하며 자의적으로 행해서는 안 된다. 후대 법가들이 관중을 받들어 모신 것은 이러한 사상과 밀접한 관련이 있다.

존왕양이 尊王攘夷

이것은 관중의 화하華夏와 이적夷狄 사이의 모순을 다루는 기본 주장이다. 서주가 견융족에게 멸망당한 뒤 남이, 북적이 중원을 횡행했다. 당시 군웅들 가운데에는 지도자가 없었는데, 환공이 "제후들의 질서를 잡는 일에 종사하겠다"[275]는 뜻을 세운다. 관중은 그렇게 하려면 안으로 군정軍政을 수습하고 밖으로 왕실을 존중하며, 제후들과 연합하여 왕실의 끊긴 맥을 잇고 오랑캐를 구축해야 한다고 건의했다. 관중의 주장은 당시로서는 현실에 매우 부합하는 것이었다. 환공은 그의 건의를 실행에 옮겨 화하를 위기에서 구했으며 패업을 성공시켰다.

관중의 공적과 사상은 후대 중국 정치에 지대한 영향을 미쳤다. 법가의 종사가 되었을 뿐만 아니라 유가들도 존숭했다. 다른 학파도 모두 그가 탁월한 공훈을 세운 명재상이었음을 인정한다. 이로써 그는 역사상 모든 재상의 본보기 중 한 명이 되었다.

02 　안영晏嬰의 군주보다 사직이 중요하다는 주장과 화동론

　　안영晏嬰(?~기원전 500)은 안평중晏平仲이라고도 불린다. 제나라의 저명한 정치가로 영공靈公, 장공莊公, 경공景公의 세 조정을 거쳤다. 이 세 조정은 제나라 대부들 사이에 큰 쟁투가 벌어졌던 시기이며, 대부와 공실이 고하를 다투기도 했다. 제 영공 때 적자를 폐하고 서자를 세워 고후高厚가 태자가 되었다. 영공이 죽자 최저崔杼는 폐태자 광光을 옹립하여 장공을 삼고 고후를 살해했다. 이로써 최저는 전권을 쥐게 되었다. 장공 또한 옹립 6년 만에 최저에게 살해당하고, 장공의 배다른 동생 저구杵臼가 경공이 되었다. 최저가 우상右相, 경봉慶封이 좌상左相이었는데, 얼마 못 가 최씨와 경씨 간에 세력 다툼이 벌어져 경봉이 최저를 죽이고 최씨를 완전히 멸해버렸다. 이로써 경봉이 권력을 독차지했다. 경공 3년 진陳, 포鮑, 고高, 난欒 네 성씨가 연합하여 경씨를 멸했다. 그리고 경공 16년(기원전 532) 진씨와 포씨는 고씨와 난씨를 멸했다. 안영은 이와 같은 동란의 와중에 살았다. 그는 권력이 있어도 전횡하지 않았으며, 부를 누리되 과하지 않았고, 세상의 난리를 만나더라도 좋은 방향으로 몸을 돌렸으며, 틈새를 잘 보아 자신의 입지를 세웠고, 위험할 때도 죽음에 이르지 않았다. 공자는 그를 가리켜 "사람과의 사귐에 훌륭했으니, 끝까지 상대방을 공경했다"[276]고 말한다. 안자晏子의 정치사상에 울타리를 뛰어넘는 획기적인 점은 없지만, 그 일부 관점은 빼어나 사람들의 찬사를 받았다.

당시 제의 공실은 이미 쇠약해지고 진씨가 흥기하던 중이어서 대다수 사람이 진씨에게 귀의했다. 제 경공이 안영에게 어떻게 하면 좋으냐고 묻자 그는 '예禮'를 실행하는 것만이 진씨의 장대함을 억제할 수 있다고 주장했다. 안자는 '예'를 '천지와 더불어' 생겨나 인류 역사를 초월하는 성스러운 물건으로 간주한다. 안자가 말하는 예의 기본 내용을 보면 이렇다. "군주는 명령하고 신하는 받들며, 부모는 자상하고 자식은 효도하며, 형은 우애하고 동생은 공경하며, 남편은 화목하고 아내는 부드러우며, 시어미는 자애롭고 며느리는 경청한다."[277] 또는 "가정의 쓰임새가 국가와 같아서는 안 되며, 백성이 이주하지 않고, 농민이 옮겨다니지 않고, 상공업자들이 바뀌지 않고, 선비는 도에 지나침이 없고 관리는 차고 넘침이 없으며, 대부는 공공 이익을 제 것으로 만들지 않는다."[278] 안자는 이런 식으로 예를 이용하여 전田[279]씨의 발전을 억제하려 했다. 당시 사회경제의 변화는 계급 관계나 계층 구성에 중대한 변화를 일으켰는데, 이런 형세에 적응하는 사람만이 승리할 수 있었다. 거역하는 자들은 어떤 효과도 거둘 수 없었다. 그럼에도 안자가 진부한 예의 강화를 주장한 것은 그가 전통의 굴레를 넘어서지 못하고 있음을 보여준다. 그러나 안자의 다음 몇 가지 사상이 소중한 가치를 지닌 것도 사실이다.

군신 관계에서 안자는 한편으로 '군령신공君令臣恭(군주는 명령하고 신하는 받든다)'을 강조한다. "군주는 명령하되 서로 어긋나서는 안 되며, 신하는 받들되 두마음이 있어서는 안 됨"[280]을 주장한다. 다른 한편으로는 맹목적으로 군주를 위해 죽는 낡은 길을 좇아서는 안 되며 사직이 군주보다 중요하다는 주장을 제기한다. 기원전 548년 최저가 제 장공을 시해했을 때, 이 문제를 두고 세 가지 다른 태도가 나타났다. 최저와 그의 가신들은 근본적으로 군주를 안중에 두고 있지 않았다. 최저의 가신이 장공을 죽일 때 장공이 용서를 구하고, 맹서를 하겠다고 하고, 자살하겠노라고 해도 최저의 가신은 들은 체도 하지 않았다. 그들은 최저의 명령을 집행해야 한다는 것만 알 뿐 다른 말은 할 필요가 없다고 했다. 그리고 끝내 장공을 죽여버렸다. 장공의 총애를 받고 충성하던 사람들 가운데 혹자는 싸우다 죽고 혹자는 자살했다. 예컨대 축타부祝佗父는 장공의 명을 받들어 고당高唐으로 가서 조상에게 제사를 드리고 돌아왔는데, 최저가 장공을 살해했다는 말을 듣고 제사 옷도 벗지 않은 채 최씨의 문밖으로 가서 주군을 위해 자살했다. 그런데 안자는 이 싸움의 와중에서 매우 독특한 자세를 취했다. 그는 최씨의 문밖에 서서 최씨와 싸우려 하지도 않았으며, 주인을 위해 죽지도 않았고, 그렇다고 집으로 돌아가지도 않았다. 가신들은 그의 뜻을 이해할 수 없어 물어보았다. 여기서 안자는 한바탕 연설을 했다. "백성의 군주된 사람이 어떻게 백성을 능욕할 수 있겠는가? 사직이 그 주인이다. 군주의 신하된 사람이 어떻게 군주가 주는 봉록 때문에 일하겠는가? 사직이 키워줄 따름이다. 따라서 군주가 사직을 위하여 죽었으면 그를 위해 죽고, 사직을 위해 망했으면 그에 따라 망한다. 만일 자신 때문에 죽었거나 자신 때문에 망했다면, 이는 사적으로 가깝게 할 수 없는 일이니 누가 감히 그를 따르라고 하겠는가?"281 이 논의에는 파격적인 두 가지 새로운 사상이 담겨 있다. 첫째, 그는 군주와 사직을 나누고 있다. 군주는 단순히 일반인을 능가하는 권위나 지고무상의 통치자로서만 있어서는 안 되며, 응당 사직의 주인이어야 한다. 사직은 곧 국가이며, 모든 통치계급을 대표하는 기관이다. 대단히 중요한 구분으로서 사직이 군주 개인보다 높다는 주장이다. 둘째, 신하는 사직을 위하여 충성을 다하는 존재이지 군주 개인의 노예가 아니라는 것이다. 만일 군주가 사적인 일로 죽는다면 신하는 목숨을 바칠 의무가 없다. 총애하던 측근만이 그렇게 할 뿐이다. 장공이 음란하여 피살되었으므로 안자는 목숨을 바치지 않았으며 시체를 껴안고 한바탕 통곡을 했을 뿐이다.

군신 관계에서 안자의 가장 유명한 주장은 화동和同론이다. 기원전 522년 경공은 사냥을 마치고 안자와 일단의 대화를 나누었다. 경공이 말했다. "거據(자유子猶라 불린 양구거梁丘據를 말함, 경공이 총애하던 대부)와 나는 화和할 뿐입니다."[282] 이에 안자는 거는 '동同'이라 말할 수 있을 뿐 '화'라고 말할 수 없다고 응답했다. 경공이 '화'와 '동'의 구별이 어디에 있느냐고 물었다. 안자는 '화'와 '동'은 원칙적으로 구별된다고 대답했다. 무엇이 '화'인가? 마치 요리사가 물, 불, 젓갈, 식초, 소금, 매실을 사용하여 고깃국을 만드는 것처럼 불기운과 각종 재료의 수량을 완전히 장악해야 한다. "두루 맛을 내되 모자란 것은 더하고 넘친 것은 빼야"[283] 맛이 좋아 입에 들어맞을 수 있다. 또한 음악을 짓는 것과도 같다. 각양각색의 악기를 갖추어 5성五聲, 6률六律, 7음七音을 잘 배합해야 하며, "맑고 탁함, 작고 큼, 짧고 깊, 빠르고 느림, 슬프고 기쁨, 굳강하고 부드러움, 늦고 이름, 높고 낮음, 나고 듦, 펼침과 소략함이 서로를 구제해야"[284] 소리가 우아하고 귀를 즐겁게 한다. 군신 관계 또한 국 끓이는 것, 음악 짓는 것과 같다. 똑같이 상호 간의 협조와 보완을 요한다. "군주가 가可를 말하면 부否가 있어야 하니, 신하는 부를 제기함으로써 군주의 가를 성취시켜주어야 한다. 군주가 부를 이야기하면 가가 있어야 하니, 신하는 가를 제기함으로써 군주의 부를 없애주어야 한다. 그렇게 함으로써 정치는 평온하여 갈등이 없고 백성은 다투는 마음이 없게 된다."[285] 안자가 이야기하는 '화'에는 다음의 세 가지 특징이 있다. 첫째, '화'는 대립과 차이를 전제한다. '화'는 단일한 사물 또는 동질의 물건이 아니다. 둘째, 하나의 사물이 완벽하기란 매우 어렵다. 편향과 한계가 있기 마련이다. '가' 가운데 '부'가 있고, '부' 가운데 '가가 존재한다. 셋째, '화'란 하나의 대립물이나 차이물이 서로 보완하고 협조함이다.

'동'은 '화'와 다르다. 차별 없음을 '동'이라 부른다. 군신 관계에서는 바로 순종과 같은 의미로 나타난다. "군주께서 가라고 말하면 거據도 가라고 아뢰고, 군주께서 부라고 말하면 거도 부라고 아룁니다. 물로 물을 섞어 만든다면 누가 그것을 맛있다고 먹겠습니까? 거문고와 비파가 한소리만 낸다면 누가 그것을 들어주겠습니까? 동이 안 되는 것 또한 이와 같습니다."[286]

안자의 화동설은 군주가 잘못이 없을 수 없다는 사실을 논증한다. 그러니 군주 한 사람이 말했다고 다 되는 것은 아니며, 신하는 순종을 최상으로 여겨서는 안 된다. 응당 군주의 부족을 보충해주는 것을 자신의 임무로 삼아야 한다. 이 관점은 의심할 바 없이 민주적 요소를 포함하며, 백양보伯陽甫의 화동설을 발전시킨 것이다.

안자는 백성이 공실을 배반하고 전씨에게 귀순하는 것을 슬픈 눈으로 바라보았다. 하지만 그는 사정의 발생 원인을 분석하면서 현실주의적 태도를 취했다. 그는 이런 현상이 나타나게 된 관건은 '이利' 한 글자에 있다고 생각했다. 공실의 각박함은 끝이 없었으니, "백성은 생산의 3분의 2를 공실로 들여보내고, 나머지 3분의 1을 가지고 입고 먹었다. 공실에는 물건이 쌓여 썩은 좀이 무성함에도 거리의 노인들은 얼고 굶어 죽었다. 나라의 여러 도시에서는 보통 신발은 싸고 발뒤꿈치가 잘리는 형벌을 받은 사람들이 신는 뒤축 없는 용踊 신발은 비쌌다".[287] 이런 상황에서 진陳씨는 "자기 집안의 [큰] 되를 사용하여 빌려줄 때는 많이 주고 되받을 때는 [작은] 공적인 되를 사용하여 적게 거두었다. 나무 값이 산이나 시중이나 같았고, 생선, 소금, 대합조개 값이 포구나 시중이나 일반이었다".[288] "백성이 힘들고 괴로울" 때 진씨는 "그들을 따뜻하게 대하며" "부모처럼 사랑했다". 그러므로 백성이 "흐르는 물처럼 그에게 귀의한"[289] 것은 매우 자연스러운 현상이었다. "민심을 얻으려 하지 않는다 해도 달리 피할 방법이 없지 않은가?"[290]

안자의 '이利'에 대한 견해는 이중성을 띠고 있다. 한편으로는 "민생을 도탑게 하는 데 이를 이용한다"[291]고 하면서 본인 스스로도 감추지 않고 '부富'를 좋아한다고 선언했다.(『좌전』 양공 28년) 그러나 다른 한편으로는 "혈기 있는 동물은 모두 다투는 마음이 있다. 따라서 이익을 강화시켜서는 안 되며 의를 생각함을 으뜸으로 삼아야 한다"[292]고 주장한다. 그는 재물이 모이면 반드시 화를 초래하고, 이익이 많으면 필시 멸망한다고 여겼다. 이와 같은 견해야말로 시대적 모순의 산물이다. 춘추 이전 시대에 재산의 소유권은 여러 계층에서 보유하고 있었으며, 최고 소유권은 천자나 국군에게 속했다. 그러나 이 시기 경대부의 세력이 장대해지면서 재산에 대한 더 많은 지배권을 요구하게 되었다. 후자의 세력이 늘어가는 추세이긴 했지만 자주 전자의 제약을 받았으며, 같은 계급 간 상호 경쟁도 치열해서 많이 모은 사람도 자주 쓰러져갔다. 제나라 경씨가 멸망당한 뒤 제의 군주는 안자에게 북전邶殿의 읍邑 60개를 상으로 내렸는데 안자는 받지 않았다. 자미子尾가 말했다. "부는 사람이면 다 바라는 바인데 그대는 어찌하여 홀로 원하질 않는가?"[293] 안자가 대답했다. "경씨는 읍이 풍족하길 원했으므로 망했습니다. 저는 읍이 풍족하길 원하지 않는데 북전의 읍을 더하면 풍족해집니다. 풍족하길 원한다면 얼마 못 가 망할 것입니다. 한편으로 제 읍이 하나라도 잘려서는 안 됩니다. 북전을 받지 않은 것은 부를 싫어해서가 아니라 부를 잃을까 두려워서입니다."[294] 안자의 생각은 매우 분명하다. 첨예한 대립의 와중에서 입신할 땅을 구하고 부를 지키려 할 뿐 모험하려 하지 않는다. 그는 베를 한 폭 한 폭 재듯이 재부財富도 제한해야 한다고 주장한다. 이를 가리켜 '폭리幅利'라 불렀다. 안자는 말한다. "이익이 과하면 실패하게 된다. 내 감히 많음을 탐하지 않으니 이를 가리켜 폭幅이라 한다."[295]

　안자의 사상은 당시뿐만 아니라 그 후에도 광범한 영향을 미쳤다. 적잖은 사람이 그의 언행을 칭송하고 인용했다. 어떤 사람은 그의 이름을 빌려 『안자춘추晏子春秋』를 짓기도 했다.

03

자산의
입법구세立法救世 사상

　자산子産은 공손교公孫僑, 자미子美, 교僑라 불리기도 하며 시호는 공손성
자公孫成子다. 생년은 알 수 없으나 기원전 522년에 죽었다. 기원전 554년
경卿이 되었고, 기원전 543년부터 정나라 집정執政이 되어 죽을 때까지 계
속했다. 정나라에서 가장 중요한 정치 인물로 20여 년을 지낸 것이다. 자
산은 저명한 정치가요 정치사상가이며 철학자로서 당시에도 크게 명성
을 얻었다. 초나라 초거椒擧는 자산을 "제후들 중 최고의 두뇌"296로 평
가했다.

　정나라는 원래 샨시陝西 주 왕실의 왕기王畿 안에 있었다. 그런데 평왕平
王이 동천東遷할 때 정鄭 환공桓公이 주로 보좌하면서 함께 동쪽으로 이주
했다. 그때 괵虢, 회鄶나라 일부 영토를 점기하고, 또 오鄔, 폐弊 등 8읍을
점령했다. 이로써 정나라 땅은 성주成周의 동쪽, 앞으로는 영潁, 뒤로는 하
河, 오른쪽에는 낙洛, 왼쪽에는 제濟를 경계로 했다. 동주 초기 왕실 대권
은 주로 정이 조종했으나 왕실이 안정을 찾은 뒤에는 정의 통제에서 벗
어났다. 그 뒤로 제, 진, 초나라가 강성해졌다. 기원전 7세기부터 기원전
546년까지는 초와 진이 첨예하게 대립했는데, 200여 년 동안 몇몇 강국

이 쟁패하면서 거의 중단 없는 전쟁이 계속되었다. 정나라는 초와 진 사이에 끼여 있어 항상 쟁탈의 대상이었다. 정은 생존을 위해 초와 진에 양다리를 걸치고 앞뒤를 재는 정책을 취했다. 정나라 내부에서는 씨족 세력이 비대하여 수차례 소란이 일었는데, 자산의 부친인 자국子國은 이 씨족 내란의 와중에 숨졌다. 자피子皮가 자산에게 권력을 줄 때 자산은 이렇게 말했다. "대외적으로 나라는 작고 핍박을 받고 있으며, 대내적으로 씨족이 강대하여 농락이 심합니다. 이래서는 안 됩니다."[297] 매우 정확하게 정나라의 형세를 짚어내고 있다. 자산은 자피의 지지로 말미암아 집정직을 얻을 수 있었다. 자산이 집정한 뒤의 정치적 조치와 이념은 주로 "나라는 작고 핍박을 받고 있으며, 씨족이 강대하여 농락이 심한" 상태를 어떻게 해결할 것인가를 맴돌며 전개되었다. 기본 노선은 예禮로 절제하는 것이었다.

자산은 예를 천지 만물을 통솔하는 요체로 생각했다. "예는 하늘의 경經이요, 땅의 의義이며, 백성의 행行이다."[298] 예는 하늘, 땅, 백성의 총 규범이라는 것이다. 천, 지, 민 삼자 사이에서 민은 천과 지를 따라야 한다. "천지에 대원칙이 있고 백성은 그것을 모범으로 삼는다."[299] 그는 또 말한다. "하늘의 밝음을 본받고 땅의 성질을 따라서 육기氣(즉, 음陰, 양陽, 풍風, 우雨, 회晦, 명明)가 생겨나고 오행行(즉, 금金, 목木, 수水, 화火, 토土)을 운용하게 되었다. 기가 변해 오미味(즉, 시고, 짜고, 쓰고, 맵고, 단 맛)가 되고, 발하여 오색色(즉, 청靑, 황黃, 백白, 적赤, 흑黑)이 되고, 펼쳐져 오성聲(즉 궁宮, 상商, 각角, 치徵, 우羽)이 되었다. 음란하면 혼란해지니 백성이 본성을 버리게 된다. 그래서 예를 제정해 백성으로 하여금 이를 받들도록 했다."[300] 예의 기본 원칙으로 다음 몇 가지를 든다.

첫째, 제사 때 바치는 물건은 오미에 합치해야 하고, 용기와 복식은 오색에 합치해야 하고, 음악은 오성에 합치해야 한다.

둘째, 군신, 상하, 부부, 부자, 형제, 자매, 숙질, 처가첩가, 동서사위 등 총체적 관계가 천, 지의 구분, 그리고 뭇 별이 북두칠성을 에워싸고 있는 것과 마찬가지여야 한다.

셋째, 정사政事, 노역, 행정 사무는 사시四時의 규율에 따라야 한다.

넷째, 형벌, 옥사는 뇌성벽력과 같아 백성으로 하여금 두려움을 갖도록 해야 한다.

다섯째, 온정, 은혜는 하늘이 만물을 키우듯이 부드럽게 해야 한다.

여섯째, 백성은 육기를 이어받는데 호好, 오惡, 희喜, 노怒, 애哀, 낙樂 육정六情의 형태로 나타난다. 이 육정은 예를 가지고 절제해야 한다.

일곱째, 기쁨喜은 좋아함好에서 생기고, 분노怒는 싫어함惡에서 생긴다. 사람은 살기를 좋아하고 죽기를 싫어한다. 따라서 "심사숙고하여 명령에 신뢰를 얻고 화와 복, 상과 벌로써 생사를 통제할 수 있어야"[301] 한다.

예는 총체적 규율이며 인간 활동의 기본 규범이다. 여기에 상응하는 정책으로는 "군주의 위엄을 두려워하고, 정치에 귀 기울이며, 신분이 고귀한 사람을 존중하고, 윗사람을 섬기며, 부모를 봉양케 하는"[302] 것이다. 이 다섯 가지는 자산치국의 근본 원칙이었다. 이 원칙에 입각하여 자산은 수많은 구체적인 정책을 제시한다.

먼저 나라를 다스리는 데에는 명확히 의지할 대상이 있어야 한다. 그는 「정서鄭書」에서 한 구절을 인용한다. "국가를 안정시키려면 반드시 큰 문을 앞세워야 한다."[303] 그는 집정한 뒤 '큰 가문을 안정시키는安大' 조치를 취했다. 예를 들어 명문거족인 백석伯石들에게 읍을 선물로 주어 백석들의 마음을 돌리려 했다. 대부 풍권豐卷이 축출당해 진晉나라로 도망했는데도 자산은 풍권의 읍을 그대로 남겨두어 풍권이 돌아오길 기다렸다.(『좌전』 양공 30년 참조) 자공백子孔伯이 피살당하자 자산은 그의 아들 공손설公孫泄과 양지良止를 세워 "그를 위무했다".(『좌전』 소공 7년 참조) 자산이 정치하는 동안 그의 '안대安大' 정책으로 말미암아 현달한 귀족들은 보호를 받았으며, 이 때문에 큰 내란이 발생하지 않았다.

'대중을 안정시키는 것安衆'이 그의 또 하나의 정책이었다. 기원전 563년 자공子孔이 정무를 담당하며 일련의 명령을 반포했다. 그는 뭇 경대부 및 유사有司들에게 엄격히 "순서대로 위치를 지워 정치 명령에 귀 기울이도록"[304] 요구했다. 즉 각자 자기 직무를 지켜 정부 명령을 받들며 조정의 정치에 참가해서는 안 된다는 것이었다. 당연히 대부들과 뭇 유사가 집단으로 일어나 반대하며 집행을 거부했다. 자공은 상급자에 대항하는 사람을 죽이려 했다. 이에 자산은 자공에게 '재서載書(명령을 담은 문서)'를 태워버릴 것을 권유했다. 자공은 이를 받아들이지 않으면서 이렇게 말했다. "문서를 만들어 나라를 안정시키는 법입니다. 대중이 분노한다고 그것을 태워버린다면 대중이 정치하는 것이니 나라가 어려워지지 않겠습니까?"[305] 자산이 대답했다. "대중의 분노란 범하기 어렵고, 사람들의 욕망은 모두 이루기 어렵습니다. 이 두 어려운 일이 합쳐지면 나라를 안정시키기가 참으로 어려우니 위태로운 길입니다. 차라리 문서를 태워 대중을 안정시키면 당신은 바라는 바를 얻고 대중 또한 안정을 얻을 테니 옳은 것이 아닙니까? 사람들의 욕망은 성공하기 어렵고, 대중을 범하면 화를 초래할 것이니 당신은 꼭 이를 따르셔야 합니다."[306] 자산의 '안중安衆'이 가리키는 무리는 귀족의 경대부다. '사람들의 욕망' '대중에 대한 침범' '대중의 분노' 사이에서 그가 취한 것은 조화의 길이었다. 쌍방으로 하여금 모두 한발씩 양보하게 하여 편안한 결과를 얻으려는 것이었다.

그에게는 정치적으로 또 하나의 주장이 있었다. 그것은 언로 개방이었다. 이른바 '소결사도小決使道(조금 터서 소통시킴)'가 그것이다. 정나라에는 '향교鄕校'가 있었다. 경대부들은 자주 향교에 가서 정치를 이야기했고, 집정자의 득실을 논평했다. 연명然明이 향교를 헐어버리고 대중의 입을 막아야 한다고 주장했다. 자산은 찬성하지 않았다. 그가 말했다. "사람들이 조석으로 물러나 놀면서 집정이 잘되는가 아닌가를 논의한다. 좋다고 하는 것은 내 그대로 실행하고, 나쁘다고 하는 것은 내 그것을 고칠 터이니 모두 나의 스승이다. 그러한데 어찌 헐어버리겠느냐? 나는 선에 충실하여 원망을 줄인다는 말은 들었지만, 위엄을 지어 원망을 막는다는 말은 듣지 못했다. 두려워서 그치지는 않을 것이다. 마치 냇물을 막는 것과 같은데, 크게 터서 침범하면 필시 다치는 사람이 많을 것이니 내 다 구제할 수가 없다. 차라리 작게 터서 소통하게 함만 못하다. 차라리 내 들은 바를 보약으로 삼느니만 못하다."[307] 여기서 이야기하는 것이 비록 귀족들의 민주民主이긴 하나 이러한 민주를 대하는 태도에도 다른 두 가지 견해가 있을 수 있다. 자산은 모두로 하여금 논의토록 하여 그 가운데 유익한 의견을 흡취함으로써 정치의 폐단을 보완하자고 주장한다. 그는 조금 터주어 소통이 가능토록 하여 숨을 쉬도록 해주어야 봇물처럼 터져 대재앙이 오는 것을 막을 수 있음을 알고 있었다. 같은 상황을 두고도 연명은 매우 폭이 낮은 견해를 보여주었다. 공자는 이 사건을 두고 다음과 같이 논평했다. "이 일로 보아 자산이 어질지 못하다는 사람들의 말을 나는 믿지 않는다."[308] 이 일을 통해 우리는 자산의 정치가로서의 풍도와 민주적 기풍을 엿볼 수 있다.

자산은 실질 문제의 해결에 특히 주의했다. '구세救世'를 위하여 그는 강력한 조치를 취했다. 집정에 임명된 지 1년(즉 기원전 543년) 만에 이린 규정을 만들었다. "서울都과 시골鄙을 구분 짓고, 상하의 복식을 달리하며, 전답에 경계를 짓고封 물길洫을 트며, 마을廬井은 다섯 집 단위로 묶는다."[309] '도都와 비鄙를 구분 짓는' 목적은 도성과 향촌을 구별시키는 데 있었다. '상하의 복식을 달리한다'는 것은 신분 귀천에 따라 의관, 복식을 다르게 규정한 것이다. '전답에 봉封과 혁洫을 튼다'의 봉은 전답의 경계, 혁은 물길을 말하므로 토지 경계를 구분 짓는다는 의미다. '여정廬井을 오伍로 묶는다'고 할 때 여정이란 읍邑(마을)을 이야기하며, 오란 다섯 집을 오伍로 삼는 제도를 실시한다는 것이니 엄밀한 호적 제도의 수립을 의미한다. 이 제도는 시행 시작부터 일부 경대부의 반대에 부딪혔다. 그들은 자산을 죽여버리겠노라고 공언했다. 그런데 시행 3년이 지난 뒤 오히려 칭찬을 받게 되었다. "내게 자제들이 있는데 자산이 가르침을 주었다. 내게 전답이 있는데 자산이 늘려주었다. 자산이 죽는다면 누가 계승할꼬?"[310] 이 제도의 통과는 경대부 세족 집안이 토지, 전답, 읍을 점유하도록 승인해주었으며, 한편으로는 그들로 하여금 각자 자기 몫을 지켜 상호 간의 균형과 안정을 견지하게 했다. 그리하여 일시적으로 쟁탈을 면하게 되었다. 기원전 538년 자산은 "구부丘賦를 만들었다". '구丘'에 관해 다양한 해석이 있다. 본문에서 볼 때 '구부'는 나라 안 사람들과 비교적 큰 관계가 있는 세금이므로 시작부터 국인들의 반대에 부딪혔다. 혼한渾罕(즉, 자관子寬)은 구부가 부담을 늘렸다고 논박했다. 자산은 국가에 이롭기만 하다면 실행되어야 한다고 주장하면서 "좋은 결과를 위한 것이므로 제도를 바꾸지 못한다"[311]고 못 박았다. 그는 생사를 도외시했다. 이렇게 시행된 구부는 정나라의 군비를 증강시켜주었다. 기원전 536년 그는 또 형서刑書를 주조했다. 형서의 내용에 관해서는 고증할 길이 없지만, 숙향叔向이 자산에게 보낸 편지를 통해 일부를 알 수 있다. 형서는 전통을 타파했으며, "백성이 법 있음을 알면 윗사람을 꺼려하지 않을 것"[312]이니 형서 주조는 '세상을 어지럽힐亂世' 것이라고 숙향은 주장했다. 자산은 숙향을 거듭 신임했지만, 자신의 형서 주조가 세상을 어지럽히는 것이 아니라 '세상을 구제하는救世' 것임을 더욱 굳게 믿었다. 자산의 구세론은 정확했고 시대적 수요에 맞아떨어졌다.

덕德과 형刑의 관계를 처리하는 데 자산은 너그러움寬과 사나움猛을 결합하되 사나움을 위주로 해야 한다고 주장한다. 자산은 임종 직전에 자대숙子大叔에게 이렇게 일렀다. "내 죽거든 자네가 필시 정무를 담당할 걸세. 오로지 덕 있는 사람만이 너그러움으로 백성을 복종시킬 수 있으니, 그다음으로는 사나움이 최고일세. 불길이 맹렬하면 백성이 보고 무서워해 죽는 사람이 드물다네. 그런데 물은 나약하여 백성이 쉽게 보고 놀다가 많이 죽지 않는가. 너그럽기란 어려운 일일세."[313]

사람을 쓰는 문제에서 자산은 능력 있는 사람을 뽑아 잘 부려야 한다고 주장한다. 자산은 사람의 장점을 잘 이용하고 단점은 취하지 않았다.(『좌전』 양공 31년 참조) 예컨대 풍간자馮簡子는 큰일에 결단을 내릴 줄 알았으며, 공손휘公孫揮는 외교에 능했고, 자대숙은 문장이 상세했으며, 비심裨諶(즉, 비신裨臣)은 모의에 능했다. 이에 대해 공자는 다음과 같이 말한다. 정나라에 "명령이 있으면 비신이 초안을 만들어내고, 세숙世叔(즉, 유길游吉, 자대숙子大叔)이 이를 토의·검토하며, 행인行人 자우子羽(즉, 공손휘公孫揮)가 이를 수식하고, 동리東里 자산이 이를 윤색한다."[314] 자산은 집단 회의를 통해 결단을 내렸으므로 정나라는 "패하는 일이 거의 없었다".

주변국과의 관계는 남북 두 패자에 어떻게 대처하느냐가 주된 과제였다. 자산은 예를 기치로 삼아 변론은 강하고 행동은 신중하게, 낮추는 가운데 거만함을 보이고 거만한 가운데 낮춤을 드러내며, 앞뒤를 재어 오로지 이익을 도모하는 방침을 채택했다. 이 방법에 의지하여 그의 집정 기간 20여 년 동안 외부로부터의 중대한 재난은 발생하지 않았다. 물론 이는 당시 초와 진나라 사이의 전쟁 종식과도 큰 관계가 있다.

또 한 가지 짚고 넘어가야 할 것은 자산이 상인에 대하여 자유 정책을 취했다는 점이다. 그는 간섭과 제한을 많이 하지 않았으며 "관청에서 지켜야 할 기물이 아니면"[315] 모두 자유무역을 할 수 있도록 했다.(『좌전』 소공 16년) 가격도 시장의 수요 공급에 따라 결정하도록 했으며, 정부는 "시장 가격을 예정하지 않는" 정책을 취했다. 상인을 보호하는 것은 정나라의 전통적 정책이었는데 자산은 이를 더욱 확실하게 집행했다. 매우 진보적인 정책이라 하겠다.

결과적으로 자산은 소심하고 조신한 사람으로 현실을 인정했으나 앞을 향해 큰 걸음을 내딛는 정치가는 아니었다. 총체적으로 그는 먼저 생각한 뒤 행동했고 행동은 처음 생각을 뛰어넘지 못했다. 그 자신도 이렇게 말하고 있다. "정치란 농사에 공을 들이는 것과 같다. 밤낮으로 생각하는데, 처음 생각한 대로 끝을 이룬다. 아침저녁으로 행동에 옮기지만 행동은 생각의 범위를 넘어서지 않는다. 그렇게 하면 마치 농사에 경계가 있는 것과 같아 잘못이 적다."[316] 자산은 진취적인 부분보다 수성守成한 부분이 더 많으며, 상층과 화해하여 하층을 억압했다. 그는 정나라의 현상을 유지했을 뿐 정나라를 강성하게 만들지는 못했다. 그가 죽은 뒤 정나라는 쇠퇴의 길을 걷는다.

변법變法에
반대한
숙향의 수구 사상

숙향叔向은 양설힐羊舌肹을 말한다. 진晉 무공武公의 손자 돌突이 양설羊舌 지역의 대부로 봉해졌는데, 봉읍을 따서 씨로 삼았다. 숙향은 돌의 손자다. 숙향의 생몰 연대는 알 수 없다. 기원전 562년(『좌전』 양공 11년) 진나라 사자가 되었는데, 기원전 527년(『좌전』 소공 15년) 이후로는 사료에 나타나지 않는다. 기원전 514년(『좌전』 소공 28년) 그의 아들이 피살됨으로써 양설씨는 사라졌다. 이로 볼 때 숙향은 기원전 527년에서 기원전 514년 사이에 죽은 것으로 추측할 수 있다. 『설원說苑』 「경신敬慎」 편은 숙향이 80여 세를 살았다고 말한다. 숙향은 진의 외교가이면서 진晉 평공平公의 사부傅이기도 해 지위가 높았다. 숙향 본인은 특별히 중대한 정치 활동을 한 것이 없지만 외교에 종사했기 때문에 일을 만나 많은 논평을 냈고, '예'를 아는 사람으로 저명했다. 몇몇 단편적인 문장으로 볼 때 숙향은 보수 인물의 대표였다. 이와 같은 경향은 그가 형서의 주조에 반대하며 자산에게 보낸 편지에 가장 분명히 드러나 있다. 그 밖에 숙향은 자산이 '[전답의 경계를 정하는] 봉혁封洫[317]을 하는 데' '[국정 논의를 허용한] 방정謗政[318]을 세우는 데' '[세 가지 일에 대한 법으로] 참벽參辟[319]을 제정하는 데' 한결같이 반대했다. 그는 형서의 주조가 '백성을 편안하게' 하지 못하고 민란을 일으킬 뿐이라고 주장한다. 숙향은 "[상부의] 일에 대한 논의로써 만들어지는 것이라는 말은 형벌과 법으로 행하지 않는다"[320]는 진부한 제도를 철저히 고수했다. "일에 대한 논의로써 만들어지는 것이지 형벌과 법으로 행하지 않는다." 전적으로 장관의 의지에 따라 일을 처리한다는 뜻이다. 장관의 의지가 곧 형이고 법이다. 숙향은 이뿐만이 아니라 "백성에게 다투는 마음이 있을까 두려우니"[321] '의義' '정政' '예禮' '신信' '인仁' '녹위祿位' '형벌로 엄단함嚴斷刑罰' 등으로 보완해야 한다고 생각했다. 숙향은 새로운 성문법에 반대하며 전통적인 관습법으로 옳고 그름을 판단하는 낙후되고 보수적인 주장을 개진했다. 역사의 발전 과정으로 볼 때 일반적으로 성문법이 관습법보다 진보한 것이다. 관습법은 이성의 산물이 아니며, 성문법보다 훨씬 많은 오류를 포함하고 있다. 그럼에도 숙향의 견해는 이와는 정반대였다. 그는 "국가가 망하려면 반드시 제도가 많아진다"[322]고 여겼다. 그는 각종 신 '제도에 반대하고 '예'와 '위威'로 치국할 것을 주장한다. 예의 주지는 '등급等'에 있다. "등급으로 예를 말한다."[323] 또 예만 가지고는 아직 안 되며 위의威儀로 보완할 필요가 있다고 한다.

숙향이 보수적이긴 했으나 무지몽매한 도배는 아니었다. 그는 혁신에 찬동하지 않았지만 그렇다고 모든 옛 사물을 간단히 긍정해버리지도 않았다. 그는 선왕을 미화함으로써 당대의 혼탁한 현실을 자주 비판했다. 하지만 그가 품은 '선왕' 이미지 가운데는 현실적으로 실행에 옮길 만한 새로운 무엇이라고는 없었다. 숙향 개인의 인품으로 볼 때 그는 탐욕도 없고, 악랄하지도 않았으며, 그다지 간사하지도 않았다. 그는 자신의 관점을 직접 드러내놓는 것을 서슴지 않았으며, 이 때문에 계찰季札에게 말을 아끼라는 권고를 듣기도 했다. "내 자식은 올곧음을 좋아하지만 스스로 곤경을 면할 방도를 꼭 생각합니다."[324] 그럼에도 그는 여전히 자기 방식

대로 살았다. 숙향은 인품이 정직하고 사상은 보수적인 사람의 전형적인 예다.

범여의
지영, 정경, 절사론

범여范蠡가 생몰한 연대는 고증할 길이 없다. 그는 춘추 말년 월越나라 왕 구천勾踐이 오吳나라를 멸망시킬 때 보좌했던 주요 참모였다. 『국어』「월어越語」는 범여의 이야기를 주로 기록하고 있다.

범여는 국가를 다스리는 데 가장 중요한 것은 '지영持盈(번영 상태의 유지)' '정경定傾(위기를 안정으로 전환)' '절사節事(절도 있는 일 처리)' 세 가지 일을 장악하는 것이라고 주장한다. '지영'이란 국가가 강성할 때 방법을 만들어 그 강성함을 견지해야 한다는 말이다. '정경'이란 국가가 위험에 직면했을 때 위기를 안정으로 잘 전환시켜야 한다는 말이다. '절사'란 평상시 정무를 잘 처리해야 한다는 말이다. 이 세 가지는 상호 연계되어 있고 서로 바뀌기도 한다. 범여는 번영 상태를 유지하는 비결은 천도에 순종하는 것이라고 주장한다. "가득한 성취를 지키는 사람은 하늘과 더불어한다."[325] "천도는 가득 차도 넘치지 않고, 왕성해도 교만하지 않으며, 힘들여 일해도 그 공을 자랑하지 않는다."[326] 성인은 천도처럼 교만하지도, 공을 자랑하지도, 자만하지도 않는다. 위기를 안정으로 전환시키는 관건은 '사람과 더불음與人', 즉 인도에 순종하는 데 있다. 일을 절도 있게 잘 처리하는 것은 '땅과 더불음與地', 즉 지도地道에 순종하는 것이다.

이 세 가지는 총체적 원칙이다. 구체적인 운용은 적과 아의 실제 상황에 맞추어 핵심을 선택해야 한다. 이 세 가지가 문제를 관찰하는 사유와 방법을 제공하므로 실행에 옮길 때는 구체적인 상황에 맞추어 민활하게 운용해야 한다는 말이다. 이를테면 월왕 구천이 급히 오나라를 공격하려고 범여에게 의견을 물어오자 그는 이 몇 가지 원칙으로 월과 오의 상황을 분석했다. 그는 월나라 내부 상황으로 볼 때 아직 용병할 준비가 되지 않았는데, 만일 급히 군대를 움직인다면 "아직 차지 않았는데 남용하고, 왕성하지 않은데 교만하며, 일하지 않고 공을 자랑하는"[327] 잘못을 범해 천도에 위배된다고 구천에게 설명했다. 또 오나라의 상황을 보니 오나라는 아직도 왕성한 세가 있고 내부적으로도 노릴 만한 틈이 없었다. 특히 전쟁이라는 것은 놀이가 아니었다. "용맹은 덕에 거스르는 것이고, 병기는 흉기이며, 싸움은 일의 말단이다."[328] 자신이 덕을 충분히 쌓지 않고 먼저 전쟁을 일으키는 것은 인도를 위반하는 짓이다. 재삼재사 불리한 상황 아래서 전쟁을 벌인다면 반드시 실패를 초래할 것이라고 했다. 그러나 구천은 범여의 말을 듣지 않았고 그 결과 오나라에게 패했다. 나중에 구천은 범여가 다시 생각났고 그를 불러 계책을 모의하도록 했다. 범여는 여전히 이 세 가지를 말했다. 구천이 "사람과 더불어 한다는 것은 어떻게 하는 것이오?"라고 물었다. 범여는 당시의 오, 월에 대한 상황 비교를 바탕으로 '낮춤'으로써 오를 섬기고, "부드럽되 비굴하지 말라"고 건의했다. 구천은 범여의 말을 받아들여 노예 신분으로 3년간 오나라를 섬겼다. 그리고 마침내 오왕의 용서를 받아 석방되어 고국에 돌아왔다. 구천은 귀국 후 어떻게 '절도 있는 일 처리'를 하는가를 물었다. 범여는 땅이 만물을 낳는 데에는 자연의 규율이 있으며, 물질의 미추를 막론하고 제각각의 의미가 있어 모든 사람에게 쓰이니, 이 규율을 따르고 위반해서는 안 된다고 설명했다. "때가 이르지 않으면 강하게 날 수 없고, 일을 궁구하지 않으면 훌륭하게 성취할 수 없다."[329] 자연에 순응하는 것과 마찬가지로 천하의 세를 평가하려면 시기를 잘 잡아 조치를 취해야 한다. "남녀가 다 같이 열심히 일하도록 하고 백성의 해를 제거하여 하늘의 재앙을 피한다."[330] 친히 적극적으로 노동에 참여해 백성과 더불어 밭을 갈아야 하고, 농사철을 거슬러서는 안 된다. "백성의 일로 때로 삼락三樂을 절제한다. 인민의 노고를 어지럽히지 않고, 하늘의 때를 어기지 않아 오곡이 잘 여물면 인민은 번성한다."[331] 논밭을 개간하고, 정부 비축을 실하게 하며, 군신 모두 각자 맡은 바에 충실해야 한다. 일마다 근신하고, 때를 놓쳐 일을 망침으로써 사람들이 난리를 조성하게 해서는 안 된다. 인내심을 가지고 시기를 기다리면 천시가 반드시 바뀔 것이며, 인사는 비집고 들어갈 틈이 생길 것이니 "때가 되돌려지고 일에 틈이 생길 것이다."[332] 만일 천시에 변화가 없다면 인사도 끼어들 틈이 없으니 절대로 경거망동해서는 안 된다. 이 기간에는 시기를 이용해 "백성을 위무하고 교화하는" 정책을 행하여 시기의 도래를 기다릴 일이라고 주장했다.

교훈을 생생히 실천에 옮긴 지 4년이 지나고 월나라는 강성해졌다. 이에 구천은 몇 차례에 걸쳐 군대를 움직여 오나라를 치려고 했다. 그때마다 범여는 '천도' '인사'를 가지고 오나라의 상황을 분석하여 때로는 천도가 갖춰지지 않았다며, 때로는 인사 때문에 끼어들 틈이 없다며 용병의 중지를 권고했다. 한번은 구천이 불만에 가득 차 범여가 자신을 속이고 있다며 견책했다. 이에 범여는 마음속에 다 생각이 있다는 듯이 한 걸음 더 나아가 "인사가 천지와 맞아떨어질 때가 반드시 있을 것이니 그 뒤에 일을 도모해야 성공할 수 있다"[333]는 도리를 설파했다. 오, 월 두 나라의 구체적인 상황을 직시하는 한편, 구천은 한 걸음 더 나아가 외유내강하고 겉으로는 방자해도 속으로 조신하며, 겉으로는 엉성해도 속으로는 절도 있는 책략을 구사해야 한다고 건의했다. 그리하여 오나라를 마비시켜 오왕 부차夫差로 하여금 경계심을 완전히 잃게 하는 한편, 더욱 교만하고 방자하며, 간언을 거부하고 그릇된 길로 나가도록 만들어야 한다는 것이었다. 구천은 또 한 차례 범여의 권고를 받아들였다. 그리고 마침내 오왕에게 민중의 반란과 친인척의 이반이 생겼을 때 군대를 일으켜 일거에 오나라를 멸망시켜버렸다.

범여가 제기한 지영, 정경, 절사 세 가지 원칙은 정치사상사에 있어 대단한 공헌이다. 오, 월의 역사적 변화를 볼 때 정경하기는 대단히 어려웠을 것이고, 지영하기는 더 어려웠을 것이다. 그리고 절사야말로 지영, 정경의 기초가 아닌가.

범여는 사태의 추이를 잘 관찰하고 냉정하게 감정을 이겨내는 인물이었다. 구천이 승리한 뒤 절반의 토지를 나누어주겠다고 제의했을 때 범여는 거절하고 받지 않았다. 장기간 접촉하면서 구천이란 인물이 "어려움은 같이 나눌 수 있되 행복을 같이하기는 어렵다"[334]는 것을 알았기 때문이다. 범여는 또 대부 종種에게 "새를 다 잡으면 좋은 활은 감추고, 토끼를 다 잡으면 사냥개는 삶아 먹는다"[335]는 이치를 알려주며 물러나 다른 길을 찾으라고 권했다. 대부 종은 그의 말을 믿지 않았고 끝내는 구천의 의심을 사 죽임을 당하고 말았다. 범여는 오히려 멀리멀리 달아나 다른 길을 찾아 장사를 시작했고 거부가 되었다. 범여의 경력에서 우리는 정치적 재능이란 권모술수, 속임수, 시기, 질투 등이 한데 결합되어 있는 것임을 알 수 있다.

제 3 절

「홍범」의 정치사상

　「홍범洪範」의 제작 연대에 관해서는 몇 가지 상이한 주장이 있다. 혹자
는 주나라 초엽의 작품이라고 하지만, 대다수 사람은 전국 시대 작품이라
고 생각한다. 그 속에서 또 초기설, 중기설, 말기설로 나뉜다. 『좌전』에는
「주서周書」를 인용한 곳이 세 군데 있는데, 「홍범」과 유사하다.(『좌전』 양공 3
년, 문공 5년, 성공 6년에 보임) 『묵자墨子』「겸애하兼愛下」 편에서도 「홍범」을 인
용한 바 있는데 묵자는 이를 『주시周詩』라 부르고 있다. 손이양孫詒讓의 고
증에 의하면 옛날 사람들은 곧잘 『서경』과 『시경』을 구분하지 않았다고
한다. 만일 『묵자』의 문장에 「홍범」의 문장을 인용했다면 「홍범」의 제작
연대는 전국 시대 이전이어야 한다. 『좌전』에 인용된 상황으로 볼 때 「홍
범」은 춘추 시대 중기에 이미 유행한 것이 된다. 이 때문에 여기서는 「홍
범」을 춘추 시대에 포함시켜 서술하고자 한다.

　「홍범」은 전국 시대에 수많은 사람이 중시한 책이다. 『순자荀子』의 「수
신修身」「천론天論」 편, 『한비자』「유도有度」 편, 『여씨춘추』「귀공貴公」 편 등에
고루 인용되고 있다. 한漢 이후 『서경』이 흠정欽定[336]의 경전이 되었기 때문
에 더욱 많은 사람이 중시했다. 봉건 시대에 「홍범」을 연구하는 이는 셀

수 없이 많았다. 주희朱熹는 "천하의 일 가운데 큰 것은 대개 여기에 갖춰져 있다"[337]고 말한다.

홍洪은 크다고 해석되고, 범範은 법으로 해석된다. 홍범은 곧 큰 법, 큰 강령의 의미다. 아홉 개 방면의 일을 말하고 있으므로 '홍범구주洪範九疇'라 부르기도 한다. 주疇란 종류라는 뜻이다. 이 아홉 범주는 다음과 같다. "첫째, 5행五行, 둘째, 5사五事를 경건히 행함, 셋째, 8정八政을 힘써 행함, 넷째, 5기五紀를 조화롭게 씀, 다섯째, 황극皇極을 세워 운용함, 여섯째, 3덕三德을 다스려 씀, 일곱째, 의문을 풀어 밝게 씀, 여덟째, 여러 징험을 심사숙고하여 씀, 아홉째, 5복五福을 길러 씀과 6극六極을 위엄으로 운용하는 것이다."[338] 전설에 의하면 이 9조는 무왕武王이 기자箕子를 방문했을 때 얻은 회답이라고 한다. 바로 주희의 말처럼 이 아홉 개 방면의 일은 천하 대사를 포괄하고 있다. 그러나 이 9조에 내재된 논리적 연관성은 없다. 정치사상의 입장에서 다음 몇 가지 점은 주의해서 볼 만하다.

『홍범』은 내용 속에서 정치를 하려면 명확히 관찰하고 잘 생각해야 한다는 소위 '경용오사敬用五事'를 제기하고 있다. 이 다섯 가지 일이란 겉모양貌, 말言, 보기視, 듣기聽, 생각思을 말한다. 겉모양이란 행위를 가리키고, 말, 보기, 듣기, 생각은 일에 대해 고찰하거나 사고하는 것을 말한다. 만일 일을 처리하는 데 공손하고 근엄하며, 말이 조리 있고, 사물을 정확하고 명백하게 관찰하고, 다른 사람의 의견을 잘 들으며, 사고 또한 매우 통달했다면, 다시 말해 "겉모양이 공손히고, 말이 조리 있고, 시각이 명확하고, 듣기를 총명하게 하고, 사고가 예리하면"[339] 천하를 다스리는 데 문제될 것이 없다. 여기서 저자는 정치를 담당하는 사람은 몸소 밝게 성찰하고 잘 판단해야 한다는 것을 강조하고 있다.

다음으로 정치는 여덟 가지 방면의 정사를 진지하게 처리해야 한다는 소위 '농용팔정農用八政'이다. 팔정八政 가운데 가장 의미 있는 것은 지은이가 '식食'을 팔정의 머리로 삼고 있다는 사실이다. 그다음이 '화貨', 즉 상업 시장과 화폐다. 그다음에야 제사 및 각종 국가의 직능활동을 언급한다. 저자는 이것이 무슨 의미인지 설명하지 않고 있다. 그러나 '음식'과 '재화'를 제사나 군사 앞에 놓았다는 것은 저자가 경제를 중시함을 설명해주는 대목으로 칭찬할 만하다. 후대의 역사서에 등장하는 '식화지食貨志'라는 이름은 여기서 유래했다.

다음으로 제기한 것은 '왕도황극王道皇極'이다. 황皇은 큼, 극極은 지고무상이다. '황극'은 최고의 표준 또는 원칙을 말한다. "삐뚤거나 기울지 않고 임금의 의를 따른다. 멋대로 좋아하는 일을 하지 않고 임금의 도를 따른다. 멋대로 싫어하는 일을 만들지 않고 임금의 길을 따른다. 삐뚤지 않고 치우치지 않으면 왕도는 넓으며, 치우치지 않고 삐뚤지 않으면 왕도는 평탄하다. 거꾸로 하지 않고 기울어지지 않으면 왕도는 바르고 곧으며, 법칙을 지키는 사람들만 모으면 법칙을 지키는 사람들이 따르게 되리!"[340] 왕도의 중심 사상은 일의 중심을 파악하는 데 있다. 한쪽으로 기울어서는 안 되며, 과하지도 덜하지도 말아야 한다. 삐뚤음, 기울음, 좋아함, 싫어함, 파당 지음, 거꾸로 감, 치우침 모두 왕도에 위반되는 행위이므로 피하고 금지해야 한다. 또 왕이 되면 부모의 마음가짐을 가져야 한다. "백성의 부모가 됨으로써 천하의 왕이 된다."[341]

다음으로 세 가지 통치 수단을 장악해야 한다고 말한다. 하나는 '정직正直'이며, 둘은 '강극剛克(강성 제압)'이고, 셋은 '유극柔克(연성 제압)'이다. '정직'이란 곧게 올바름을 지키고 왕도정신에 입각하여 사건을 처리함을 말한다. '강극'과 '유극'은 '정직'의 양쪽 날개로 보완 작용을 한다. '강'을 사용하여 반역자에게 대처하고, '유'를 사용하여 순한 백성을 다룬다.

그 밖의 내용 가운데 언급한 천인감응天人感應 또한 정치적 관념의 일종이다. 저자는 하늘이 사람의 일에 징조를 나타낸다고 생각했다. 비, 갬, 따뜻함, 추위, 바람이 그것이다. 정치 담당자들이 왕도의 '9주' '5사'에 의거하여 일을 처리하면 바람과 비가 순조롭다. 이를 가리켜 '휴징休徵(편안한 징조)'이라 부른다. 반대로 하면 나쁜 징조가 생기는데, 비바람이 때를 가리지 않고 추위와 더위가 적절치 못하게 된다. 천인감응은 사람이 가진 권력의 대소에 따라 달리 나타난다. 천자가 잘못하면 그 영향이 1년 내내 미치며, 경이나 사가 잘못하면 달을 넘겨 영향을 미치고, 관리는 며칠에서 몇십 일까지 영향을 미칠 수 있다. 철학적으로 볼 때 이런 천인감응설 또는 천견론天譴論은 오류투성이이며, 정치사상적으로도 황당한 것이다. 그러나 역사의 발전 과정을 염두에 두고 볼 때 그 나름의 역사적 합리성을 지니고 있다. 특히 그 가운데 두 가지 점은 주의를 기울여볼 만하다. 하나는 군주 전제 시대의 일반적인 상황 아래서 신민들은 군주의 행위에 간섭하거나 이를 변화시킬 수 없었다. 그런데 위의 이론은 천신의 권위와 군주의 권위를 통일시킬 뿐 아니라 둘 사이에 모순, 충돌의 요소도 지니고 있다. 그래서 사람들은 천신의 위력을 빌려 군주에 대한 일정한 견제를 도모했다. 또 하나는 글 가운데 밝히고 있는 권력의 대소와 조성된 위해의 대소가 정비례한다는 것인데, 일리가 있는 말이다. 물론 이런 합리성은 극히 제한된 범위 내에서 의미가 있을 뿐 과도한 평가를 내려서는 안 될 일이다.

1 不學詩, 無以言.(『논어』「季氏」)

2 詩, 可以興, 可以觀, 可以群, 可以怨. 邇之事父, 遠之事君, 多識於鳥獸草木之名.(『논어』「陽貨」)

3 昊天不傭, 降此鞠訩.(『詩經』「小雅, 節南山」)

4 昊天不惠, 降此大戾.(『詩經』「小雅, 節南山」)

5 昊天泰憮, 予愼無辜.(『詩經』「小雅, 巧言」)

6 浩浩昊天, 不駿其德.(『詩經』「小雅, 雨無正」)

7 先祖匪人, 胡寧忍予?(『詩經』「小雅, 四月」)

8 旻天疾威, 弗慮弗圖. 舍彼有罪, 旣伏其辜. 若此無罪, 淪胥以鋪.(『詩經』「小雅, 雨無正」)

9 如何昊天, 辟言不信?(『詩經』「小雅, 雨無正」)

10 서주 시대 군자君子의 의미는 현실 정치상의 통치자를 가리킨다. ―옮긴이

11 亂之又生, 君子信讒.(『詩經』「小雅, 巧言」)

12 盜言孔甘, 亂是用餤.(『詩經』「小雅, 巧言」)

13 취주악기의 일종. ―옮긴이

14 巧言如簧, 顔之厚矣!(『詩經』「小雅, 巧言」)

15 謀猶回遹, 何日斯沮? 謀臧不從, 不臧覆用. 我觀謀猷, 亦孔之邛.(『詩經』「小雅, 小旻」)

16 謀夫孔多, 是用不集. 發言盈庭, 誰敢執其咎?(『詩經』「小雅, 小旻」)

17 匪先民是程, 匪大猶是經. 維邇言是聽, 維邇言是爭. 如彼築室于道, 謀是用不潰于成.(『詩經』「小雅, 小旻」)

18 家父作誦, 以究王訩.

19 제사의식을 주관하는 관료. ―옮긴이

20 一人祝之, 一國詛之; 一祝不勝萬詛, 國亡不亦宜乎!(『新序』「雜說」)

21 德之不建, 民之無援, 哀哉.(『좌전』文公5年)

22 溝其公宮而民潰.

23 民棄其上, 不亡何待?(『좌전』昭公23年)

24 使疾其民, 以盈其貫, 將可殪也.(『좌전』宣公6年)

25 不可. 虢公驕, 若驟得勝於我, 必棄其民, 無衆而後伐之, 欲御我誰與?(『좌전』莊公27年)

26 其君能下人, 必能信用其民矣, 庸可幾乎?(『좌전』宣公12年)

27 重施而報, 君將何求. 重施而不報, 其民必携(分離), 携而討焉, 無衆必敗.(『좌전』僖公13年)

28 視民如仇, 而用之日新.(『좌전』哀公元年)

29 二國圖其社稷, 而求紓其民.(『좌전』成公3年)

30 求寵於諸侯以和其民.(『좌전』隱公4年)

31 入而能民, 土於何有.(『좌전』僖公9年)

32 君使民慢(使民起慢易之心), 亂將作矣.(『좌전』莊公8年)

33 以言德於民, 民歆而德之, 則歸心焉. 上得民心, 以殖義方, 是以作無不濟, 求無不獲, 然則能樂.

34 上失其民, 作則不濟, 求則不獲, 其何以能樂.(『국어』「周語下」)

35 民所曹好, 鮮其不濟也, 其所曹惡, 鮮不廢也. 故諺曰: ‘衆心成城, 衆口鑠金.’(『국어』「周語下」)

36 民心之慍也, 若防大川焉, 潰而所犯必大矣.(『국어』「楚語下」)

37 使百姓莫不有藏惡於其心中, 恐其如壅大川, 潰而不可救御也.(『국어』「晉語2」)

38 臣聞國之興也, 視民如傷, 是其福也. 其亡也, 以民爲土芥, 是其禍也.(『좌전』哀公元年)

39 政在季氏三世矣, 魯君喪政四公矣. 無民而能逞其志者, 未之有也, 國君是以鎭撫其民. 詩曰: ‘人之云亡, 心之憂矣’. 魯君失民矣, 焉得逞其志? 靖以待命猶可, 動必憂.(『좌전』昭公25年)

40 衆怒難犯, 專欲難成.(『좌전』襄公10年)

41 晉之克也, 天有惡於楚也, 故儆之以晉, 而卻至佻(偸)天之功以爲己力, 不亦難乎? (…) 且卻至何三伐之有? 夫仁禮勇, 皆民之爲也.(『국어』「周語中」)

42 聖人與衆同欲, 是以濟事. 子盍從衆? 子爲大政, 將酌於民者也. 子之佐十一人, 其不欲戰者, 三人而已. 欲戰者可謂衆矣.

43 善鈞, 從衆. 夫善, 衆之主也. 三卿爲主, 可謂衆矣. 從之, 不亦可乎?(『좌전』成公6年)

44 季氏甚得其民, 淮夷與之, 有十年之備, 有齊楚之援, 有天之贊, 有民之助, 有堅守之心…….

45 魯君世從其失, 季氏世修其勤, 民忘君矣. 雖死於外, 其誰矜之?(『좌전』昭公32年)

46 絶民用以實王府, 猶塞川原而爲潢汚也, 其竭也無日矣. 若民離而財匱, 災至而備亡, 王其若之何?(『국어』「周語下」)

47 夫君國者, 將民之與處; 民實瘠矣, 君安得肥? 且夫私欲弘侈, 則德義鮮少; 德義不行, 則邇者騷離而遠者距違.(『국어』「楚語上」)

48 吳光新得國, 而親其民. 視民如子, 辛苦同之, 將用之也…….(『좌전』昭公30年)

49 夫民讓事樂和, 愛親哀喪, 而後可用也.(『좌전』莊公27年)

50 利於民而不利於君.

51 苟利於民也, 孤之利也. 天生民而樹之君, 以利之也. 民旣利矣, 孤必與焉.(『좌전』文公13
    年)

52 我之不德, 民將棄我.(『좌전』襄公9年)

53 背施幸災, 民所棄也.(『좌전』僖公14年)

54 民棄其上, 不亡何待?(『좌전』昭公23年)

55 衛人出其君, 不亦甚乎?

56 民奉其君, 愛之如父母.

57 天之愛民甚矣, 豈其使一人肆於民上, 以從其淫, 而棄天地之性? 必不然矣.(『좌전』襄公
    14年)

58 授方任能.(『좌전』閔公2年)

59 先君以寡人爲賢, 使主社稷, 若棄德不讓, 是廢先君之擧也, 豈曰能賢?(『좌전』隱公3年)

60 肉食者謀之, 又何間焉?

61 肉食者鄙, 未能遠謀.(『좌전』莊公10年)

62 使能, 國之利也.(『좌전』文公6年)

63 若夫白珩, 先王之玩也, 何寶之焉?(『국어』「楚語下」)

64 雖楚有材, 晉實用之.(『좌전』襄公26年)

65 祁奚於是能擧善矣. 稱其仇, 不爲陷. 立其子, 不爲比. 擧其偏, 不爲黨.(『좌전』襄公3年)

66 興王賞諫臣, 逸王罰之.(『국어』「晉語」)

67 필문규두篳門圭竇, 싸리 대문과 기울어진 집이란 말로 한미한 집안을 가리킨다. ─옮
    긴이

68 篳門圭竇之人而皆陵其上, 其難爲上矣!

69 붉은 소의 꼬리털로 장식한 깃발. ─옮긴이

70 昔平王東遷, 吾七姓從王, 牲用備具. 王賴之, 而賜之騂旄之盟, 曰: '世世無失職.' 若篳
    門閨竇其能來東底乎!

71 賤妨貴, 少陵長, 遠間親, 新間舊, 小加大, 淫破義, 所謂六逆也.(『좌전』隱公3年)

72 其君之擧也, 內姓選於親, 外姓選於舊……(『좌전』宣公12年)

73 夫民, 神之主也. 是以聖王先成民而後致力於神. (…) 今民各有心, 而鬼神乏主.(『좌전』
    桓公6年)

74 民, 神之主也, 用人, 其誰饗之?(『좌전』僖公19年)

75 民和而後神降之福.(『국어』「魯語上」)

76 所謂道, 忠於民而信於神也.(『좌전』桓公6年)

77 國將興, 聽於民; 將亡, 聽於神.(『좌전』莊公32年)

78 謂天蓋高, 不敢不局. 謂地蓋厚, 不敢不蹐.

79 明明上天, 照臨下土.

80 唯天有漢, 臨亦有光.

81 宛彼鳴鳩, 翰飛戾天.

82 皇天用訓厥道, 付畀四方.

83 天道皇皇, 一月以爲常.

84 天有還(反)形.(『국어』「越語下」)

85 天六地五, 數之常也. 經之以天, 緯之以地. 經緯不爽, 文之象也.(『국어』「周語下」)

86 盈而蕩, 天之道也.(『좌전』莊公4年)

87 盈必毀, 天之道也.(『좌전』哀公11年)

88 君人執信, 臣人執共, 忠信篤敬, 上下同之, 天之道也.(『좌전』襄公22年)

89 慧所以除舊布新也. 天事恒象, 今除於火, 火必出布焉. 諸侯其有火災乎?

90 往年吾見之, 是其徵也.(『좌전』昭公17年)

91 天道多在西北, 南師不時(杜씨는 不時를 세월에 저촉함으로 해석), 必有功.(『좌전』襄公 18年)

92 是以民生有財用, 而死有所葬.

93 중국 상고 시대 전설상 인물로 전욱顓頊과 제위를 다투었다. ―옮긴이

94 疏川導滯.

95 天有六氣, 降生五味, 發爲五色, 徵爲五聲.

96 陰淫寒疾, 陽淫熱疾, 風淫末疾, 雨淫腹疾, 晦淫惑疾, 明淫心疾.(『좌전』昭公元年)

97 하늘과 사람은 가는 길이 서로 달라 상관이 없다는 주장. ―옮긴이

98 敢問天道乎, 抑人故也?

99 주내의 음악 담당 관리. ―옮긴이

100 주대 천문역법을 담당한 관리. ―옮긴이

101 吾非瞽史, 焉知天道?(『국어』「周語下」)

102 在道. 國亂無象, 不可知也.(『좌전』襄公9年)

103 是何物也? 禍福何爲?

104 二至二分, 日有食之, 不爲災. 日月之行也; 分, 同道也; 至, 相過也. 其他月則爲災. 陽不克 也, 故常爲水.(『좌전』昭公21年)

105　天道不謟, 不貳其命.(『좌전』昭公26年)

106　天道遠, 人道邇.

107　天生民而立之君, 使司牧之, 勿使失性.(『좌전』襄公14年)

108　夫成 天地之大功者, 其子弟未嘗不章.

109　天所崇之子孫,或在畎苗, 由欲亂民也; 畎苗之人, 或在社稷, 由欲靖民也.無有異焉.(『국어』「周語下」)

110　社稷無常奉, 君臣無常位, 自古以然. 故詩曰: 高岸爲谷, 深谷爲陵. 三后之姓, 于今爲庶, 王(指趙簡子)所知也.(『좌전』昭公32年)

111　吾聞事君者, 端力以役事, 不聞違命. 君立臣從, 何貳之有? 丕鄭則認爲: 吾聞事君者, 從其義, 不阿其惑. 惑則誤民, 民誤失德, 是棄民也. 民之有君, 以治義也. 義以生利, 利以丰民, 若之何其民之與處而棄之也? 必立太子.(『국어』「晉語1」)

112　今魚方別孕, 不敎魚長, 又行網罟, 貪無藝(邊,極)也.(『국어』「魯語上」)

113　夫事君者, 諫過而賞善, 薦可而替否, 獻能而進賢, 擇材而薦之, 朝夕誦善敗而納之. 道之以文, 行之以順, 勤之以力, 致之以死, 聽則進, 否則退.(『국어』「晉語九」)

114　君侈, 令德替矣.(『국어』「魯語上」)

115　先王違世, 猶詒之法, 而況奪之善人乎! (『좌전』文公6年)

116　勸賞而畏刑, 恤民不倦.(『좌전』襄公26年)

117　不節不時, 能無及此乎?(『좌전』昭公元年)

118　先王何常之有.(『좌전』昭公26年)

119　數典而忘其祖.(『좌전』昭公15年)

120　鄭伯克段于鄢.

121　并后, 匹嫡, 兩政, 耦國, 亂之本也.(『좌전』桓公18年)

122　內寵并后, 處寵二政, 嬖子配嫡, 大都耦國, 亂之本也.(『좌전』閔公2年)

123　君異于器, 不可以二. 器二不匱, 君二多難.(『좌전』哀公6年)

124　吾聞國家之立也, 本大而末小, 是以能固. 故天子建國, 諸侯立家, 卿置側室, 大夫有貳宗, 士有隷子弟,庶人,工,商 各有分親, 皆有等衰. 是以民服事其上而下無覬覦.(『좌전』桓公2年)

125　本大爲末小, 是以能固

126　是以爲君, 愼器與名不可以假人.(『좌전』昭公32年)

127　君命無貳.(『좌전』成公8年 晉士燮語)

128　君命無二, 古之制也.(『좌전』僖公24年)

129 君, 天也.(『좌전』宣公4年)

130 大者天地, 其次君臣.(『국어』「晉語5」)

131 君名, 天也.(『좌전』定公4年)

132 季質爲臣, 無有二心.(『국어』「晉語9」)

133 臣無二心, 天之制也.(『좌전』莊公14年)

134 君父之命不校.(『좌전』僖公5年)

135 我無心. 是故事君者, 君爲我心.(『국어』「晉語2」)

136 事君不貳是謂臣.(『국어』「晉語2」)

137 事君以敬, 事父以孝.(『국어』「晉語四」)

138 失忠與敬, 何以事君?(『좌전』僖公5年)

139 子之能仕, 父教之忠, 古之制也.(『좌전』僖公23年)

140 吾聞事君者, 竭力以役事, 不聞違命.(『국어』「晉語1」)

141 貪貨棄命, 亦君所惡也. 昏而受命, 昧中而棄之, 何以事君?

142 違命不孝, 棄事不忠.(『좌전』閔公2年)

143 亦不可不殺也.(『국어』「魯語上」)

144 以君命召惠伯, 其宰公冉務人止之, 曰: '入必死.' 叔仲曰: '事君命可也.'

145 受命以出, 有死無霣, 又可略乎? 臣之許君, 以成命也, 死而成命, 臣之祿也.(『좌전』宣公15年)

146 臣聞之, 爲人臣者, 君憂臣勞, 君辱臣死.(『국어』「越語下」)

147 '子在君側, 敗者壹大. 我不如子, 子以君免, 我請止.' 乃死.(『좌전』成公16年)

148 禮, 經國家, 定社稷, 序民人, 利後嗣者也.(『좌전』隱公11年)

149 禮, 國之紀也.(『국어』「晉語4」)

150 禮, 王之大經也.(『좌전』昭公15年)

151 禮, 上下之紀, 天地之經緯也, 民之所以生也.(『좌전』昭公25年)

152 禮以順天, 天之道也.(『좌전』文公15年)

153 禮之可以爲國也久矣, 與天地幷.

154 先王所稟于天地, 以爲其民也, 是以先王上之.(『좌전』昭公26年)

155 吾聞之, 民受天地之中以生, 所謂命也.

156 是以有動作禮義威儀之則, 以定命也.

157 能者養之以福, 不能者敗之以禍. 是故君子勤禮, 小人盡力. 勤禮莫如致敬, 盡力莫如敦篤; 敬在養神, 篤在守業.(『좌전』成公13年)

158　夫禮, 天之經也, 地之義也, 民之行也. 天地之經, 而民實則之.(『좌전』昭公25年)

159　義以出禮, 禮以體政, 政以正民, 是以政成而民聽, 易則生亂.(『좌전』桓公2年)

160　義以生利, 利以豐民.(『국어』「晉語1」)

161　夫義者, 利之足也.

162　廢義則利不立.(『국어』「晉語2」)

163　君能制命爲義, 臣能承命爲信. 信載義而行之爲利.(『좌전』宣公15年)

164　水火金木土穀, 謂之六府. 正德利用厚生, 謂之三事.

165　義而行之, 謂之德禮.(『좌전』文公7年)

166　家施不及國.(『좌전』昭公26年)

167　君子小人, 物有服章, 貴有常尊, 賤有等威, 禮不逆矣.(『좌전』宣公12年)

168　禮, 所以守其國, 行其政令, 無失其民者也.(『좌전』昭公5年)

169　有禮無敗.(『좌전』襄公26年)

170　孝, 禮之始也.(『좌전』文公2年)

171　禮所以觀忠信仁義也.(『국어』「周語上」)

172　君子尙能而讓其下, 小人農力而事其上, 是以上下有禮.(『좌전』襄公13年)

173　恕而行之, 德之則也, 禮之經也.(『좌전』隱公11年)

174　君子貴其身, 而後能及人, 是以有禮.(『좌전』昭公25年)

175　禮賓矜窮, 禮之宗也.(『국어』「晉語4」)

176　制事典, 正法罪, 辟刑獄, 董逋逃, 由質要, 治舊洿, 本秩禮.(『좌전』文公6年)

177　執秩之官, 爲被廬之法.(『좌전』昭公29年)

178　以修晉國之法.(『좌전』宣公16年)

179　당시 제나라는 사제社祭를 지내면서 군대를 훈련하고 군사 시설을 정돈했기 때문에 노 장공은 이를 보러 가려던 참이었다. ―옮긴이

180　君擧必書, 書而不法, 後嗣何觀?(『좌전』莊公23年)

181　子爲正卿, 亡不越境, 反不討賊, 非子而誰?

182　董狐, 古之良史也, 書法不隱. 趙宣子, 古之良大夫也, 爲法受惡. 惜也, 越境乃免.(『좌전』宣公2年)

183　若之何以爲法.(『좌전』昭公29年)

184　國氏其先亡乎! 君子作法於涼, 其敝猶貪; 作法於貪, 敝將若之何?(『좌전』昭公4年)

185　刑, 剄也.

186　政以治民, 刑以正邪.(『좌전』隱公11年)

187 晉侯以魏絳爲能以刑佐民矣.(『좌전』 襄公3年)

188 刑之不濫, 君之明也, 臣之愿也.(『좌전』 僖公23年)

189 一人刑善, 百姓休和.(『좌전』 襄公13年)

190 儀式刑文王之德.(『좌전』 昭公6年)

191 伐叛, 刑也.(『좌전』 宣公12年)

192 同罪異罰, 非刑也.(『좌전』 僖公28年, 『좌전』 襄公6年)

193 德莫厚焉, 刑莫威焉; 服者懷德, 貳者畏刑.(『좌전』 僖公15年)

194 刑德不立, 奸軌並至.(『좌전』 成公17年)

195 善爲國者, 賞不僭而刑不濫.(『좌전』 襄公26年)

196 若不幸而過, 寧僭無濫. 與其失善, 寧其利淫.

197 無善人, 則國從之.

198 與其殺不辜, 寧失不經.

199 唯有德者能以寬服民.

200 夫火烈, 民望而畏之, 故鮮死焉. 水懦弱, 民狎而玩之, 則多死焉. 故寬難.(『좌전』 昭公20年)

201 政寬則民慢, 慢則糾之以猛, 猛則民殘, 殘則施之以寬. 寬李濟猛, 猛以濟寬, 政是以和(『좌전』 昭公20年)

202 視民如子, 見不仁者誅之, 如鷹鸇之逐鳥雀也.(『좌전』 襄公25年)

203 聖人之施舍也議之, 其喜怒取與亦議之. 是以不主寬惠, 亦不主猛毅. 主德義而已.(『국어』 「周語中」)

204 嚴斷刑罰, 以威其淫.

205 將棄禮而徵于書.(『좌전』 昭公6年)

206 使樂遄庀刑器.(『좌전』 襄公9年)

207 古之遺直也. 治國制刑, 不隱于親.(『좌전』 昭公14年)

208 臣展四體, 以率舊職, 猶懼不給, 而煩刑書.(『좌전』 定公4年)

209 德立, 刑行, 政成, 事時, 典從, 禮順.(『좌전』 宣公12年)

210 政在季氏三世矣.(『좌전』 昭公25年)

211 政令在家.(『좌전』 昭公5年)

212 태산은 하늘에 제사 지내는 곳으로 천자만이 제사 지낼 수 있었고, 팔일무도 등급사회에서 천자만이 누리는 권한이었다. —옮긴이

213 臣竭其股肱之力, 加之以忠貞. 其濟, 君之靈也; 不濟, 則以死繼之.

214　公家之利, 知無不爲, 忠也. 送往事居, 耦俱無猜, 貞也.(『좌전』僖公9年, 『국어』「晉語2」)

215　楚子囊還自伐吳卒, 將死, 遺言謂子庚: '必城郢'. 君子謂子囊忠: 君薨, 不忘增其名; 將死, 不忘衛社稷, 可不謂忠乎? 忠, 民之望也.(『좌전』襄公14年)

216　臨患不忘國, 忠也. 思難不越官, 信也. 圖國忘死, 貞也.(『좌전』昭公元年)

217　吾聞之曰, 忠信, 禮之器也; 卑讓, 禮之宗也. 辭不忘國, 忠信也. 先國後己, 卑讓也.(『좌전』昭公2年)

218　不忘舊, 信也. 無私, 忠也.(『좌전』成公9年)

219　季孫於魯, 相二君矣. 妾不衣帛, 馬不食粟, 可不謂忠乎? (…) 子叔嬰齊奉君命無私, 謀國家不貳, 圖其身不忘其君.(『좌전』成公16年)

220　君子是以知季文子之忠于公室也: '相三君矣, 而無私積, 可不謂忠乎?'(『좌전』襄公5年)

221　鄭駟歂殺鄧析, 而用其竹刑. 君子謂: '子然于是不忠. 苟有可以加于國家者, 棄其邪可也'.(『좌전』定公9年)

222　……臣聞師衆以順爲武, 軍事有死無犯爲敬.

223　宣子盡諫於襄靈, 以諫取惡, 不憚死進, 可不謂忠乎?(『국어』「晉語6」)

224　遠圖者, 忠也.(『좌전』襄公28年)

225　所謂道, 忠于民而信于神也. 上思利民, 忠也. 祝史正辭, 信也.(『좌전』桓公6年)

226　衣食所安, 不敢專也, 必以分人 (…) 小大之獄, 雖不能察, 必以情.

227　子之能仕, 父敎之忠, 古之制也. 策名委質, 貳乃辟也. 今臣之子, 名在重耳, 有年數議. 若又召之, 敎之貳也. 父敎子貳, 何以事君? 刑之不濫, 君之明也, 臣之愿也. 淫刑以逞, 誰則無罪, 臣聞命矣.(『좌전』僖公23年)

228　吾聞前志有之曰: '敵惠敵怨, 不在後嗣', 忠之道也.(『좌전』文公6年)

229　違命不孝.(『좌전』閔公2年)

230　守情說父, 孝也.(『국어』「晉語2」)

231　孝而安民.(『좌전』閔公2年)

232　仁, 親也, 從人二.

233　仁也者, 人也.

234　仁, 人心也.

235　古也有志: '克己復禮, 仁也'.(『좌전』昭公12年)

236　愛仁者, 愛親之謂仁.(『국어』「晉語1」)

237　吾聞之, '仁不怨君, 智不重困, 勇不逃死'.

238　去而罪釋, 必歸於君, 是怨君也. 章父之惡, 取笑諸侯, 吾誰鄕而入.(『국어』「晉語2」)

239 其仁可以利公室而不忘.(『국어』「晉語7」)

240 爲國者, 利國之謂仁.

241 長民者無親, 衆以爲親. 苟利衆而百姓和, 豈能憚君.(『국어』「晉語1」)

242 夫義, 所以生利也; 祥, 所以事神也; 仁, 所以保民也. (…) 不仁則民不至.

243 宋公疾, 太子玆父固請曰: '目夷長且仁, 君其立之.' 公命子魚. 子魚辭曰: '能以國讓, 仁孰
大焉? 臣不及也.'(『좌전』僖公8年)

244 吾豈將徒殺之? 吾將以公子重耳代之. 晉君之無道莫不聞, 公子重耳之仁莫不知. 戰勝大
國, 武也. 殺無道而立有道, 仁也.

245 殺其弟而立其兄, 兄德我而忘其親, 不可謂仁.(『국어』「晉語3」)

246 愛人能仁, 利制能義.(『국어』「周語下」)

247 恤民爲德, 正直爲正, 正曲爲直, 參和爲仁.(『좌전』襄公7年)

248 殺身以成志, 仁也.(『국어』「晉語2」)

249 夫仁者講功 (…) 無功而祀之, 非仁也.(『국어』「魯語上」)

250 度功而行, 仁也.(『좌전』昭公20年)

251 南夷與北夷交, 中國不絶若線.

252 兄弟鬩于內, 外御其侮.

253 豺狼之德也.(『국어』「周語中」)

254 其血氣不治, 若禽獸焉.(『국어』「周語中」)

255 四岳之裔胄也.(『좌전』襄公14年)

256 諸戎飮食衣服, 不與華同, 贄幣不通, 言語不達.(『좌전』襄公14年)

257 不及百年, 此其戎乎! 其禮先亡矣.(『좌전』僖公22年)

258 管仲, 其鄙人之賈人也.

259 관중의 사망 연도에 대하여 몇 가지 학설이 있다. 1)『좌전』은 희공 17년에 죽었다고 하
니 기원전 643년이다. 2)『사기』「진본기秦本紀」는 진秦 목공穆公 12년에 "제의 관중과
습붕隰朋이 죽다"라고 하는데, 이해는 기원전 648년이다. 3)『시기』「제세기齊世家」는
진 목공이 진晉 혜공惠公을 포로로 잡았다가 다시 돌려보냈는데, 이해에 관중과 습붕
이 죽었다고 한다. 이 사건은 목공 15년에 일어난 일이니 기원전 645년인 셈이다. 4)『사
기』「진세가晉世家」는 혜공 7년에 "중이重耳는 관중이 죽었다는 이야기를 듣고 적翟을
떠나 제로 갔다"고 하는데, 이해는 기원전 644년에 해당된다. ―저자주

260 修舊法, 擇其善者而業用之; 遂滋民, 與無財, 而敬百姓, 則國安矣.

261 四民者, 勿使雜處, 雜處則其言哤, 其事易.(『국어』「齊語」)

262 群萃而州處.

263 處工就官府, 處商就市井, 處農就田野.

264 工之子, 恒爲工.

265 其心安焉, 不見異物而遷焉.

266 相語以事, 相示以巧, 相陳以功.

267 父兄之教不肅而成, 其子弟之學不勞而能.(『국어』「齊語」)

268 陸阜陵墐井田疇均, 則民不憾.

269 山澤各致其時.

270 五家爲軌, 軌爲之長; 十軌爲里, 里有司; 四里爲連, 連爲之長; 十連爲鄕, 鄕有良人焉.

271 五家爲軌, 故五人爲伍, 軌長帥之; 十軌爲里, 故五十人爲小戎, 里有司帥之; 四里爲連, 故二百人爲卒, 連長帥之; 十連爲鄕, 故二千人爲旅, 鄕良人帥之; 五鄕一帥, 故萬人爲一軍, 五鄕之帥帥之.

272 居同樂, 行同和, 死同哀.

273 夫軍令則寄諸內政矣.(『국어』「齊語」)

274 式權以相應, 比緻以度, 立事本肇末, 勸之以賞賜, 糾之以刑罰, 斑序顚毛, 以爲民紀統.(『국어』「齊語」)

275 從事於諸侯.(『국어』「齊語」)

276 善與人交, 久而敬之.(『논어』「公冶長」)

277 君令臣共, 父慈子孝, 兄愛弟敬, 夫和妻柔, 姑慈婦聽.

278 在禮, 家施不及國, 民不遷, 農不移, 工賈不變, 士不濫官不滔, 大夫不收公利.(『좌전』昭公26年)

279 진陳씨가 민심 획득에 성공하여, 전田씨로 바꾸었다. 나중에 궁정 쿠데타를 통해 강姜씨의 제나라를 삼킴으로써 대부들이 제후의 나라를 차지하는 대변동의 시대가 열리는데, 이때부터를 전국戰國 시대라 부른다. ―옮긴이

280 君令而不違, 臣共而不貳.

281 君民者, 豈以陵民? 社稷是主. 臣君者, 豈爲其口實, 社稷是養. 故君爲社稷死, 則死之; 爲社稷亡, 則亡之; 若爲己死而爲己亡, 非其私昵, 誰敢任之?(『좌전』襄公25年)

282 唯據與我和夫.

283 齊之以味, 濟其不及, 以泄其過.

284 淸濁小大短長疾徐哀樂剛柔遲速高下出入周疏, 以相濟也.

285 君所謂可而有否焉, 臣獻其否以成其可; 君所謂否而有可焉, 臣獻其可而去其否. 是以政

平而不干, 民無爭心.(『좌전』昭公20年)

286 君所謂可, 據亦曰可. 君所謂否, 據亦曰否. 若以水濟水, 誰能食之? 若琴瑟之專壹, 誰能
聽之? 同之不可也如是.(『좌전』昭公20年)

287 民之參力, 二入于公, 而衣食其一. 公聚朽蠹, 而三老凍餒. 國之諸市, 屨賤踊貴.

288 以家量貸, 而以公量收之. 山木如市, 弗加于山. 魚鹽蜃蛤, 弗加于海.

289 歸之如流水.

290 欲無獲民, 將焉辟之?(『좌전』昭公3年)

291 夫民生厚而用利.

292 凡有血氣, 皆有爭心, 故利不可強, 思義爲愈.(『좌전』昭公8年)

293 富, 人之所欲也, 何獨弗欲?

294 慶氏之邑足欲, 故亡. 吾邑不足欲也, 益之以邶殿, 乃足欲. 足欲, 亡無日矣. 在外, 不得宰
吾一邑. 不受邶殿, 非惡富也, 恐失富也.

295 利過則爲敗, 吾不敢貪多, 所謂幅也.(『좌전』襄公28年)

296 諸侯之良也.(『좌전』昭公4年)

297 國小而逼, 族大寵多, 不可爲也.(『좌전』襄公30年)

298 禮, 天之經也, 地之義也, 民之行也.

299 天地之經, 而民實則之.

300 則天之明, 因地之性, 生其六氣, 用其五行. 氣爲五味, 發爲五氣, 章爲五聲, 淫則昏亂, 民
失其性, 是故禮以奉之.(『좌전』昭公25年)

301 審行信令, 禍福賞罰, 以制死生.

302 畏君之威, 聽其政, 尊其貴, 事其長, 養其親.(『좌전』昭公元年)

303 安定國家, 必大焉先.

304 以位序, 聽政辭.

305 爲書以定國, 衆怒而焚之, 是衆爲政也, 國不亦難乎?

306 衆怒難犯, 專欲難成, 合二難以安國, 危之道也. 不如焚書以安衆, 子得所欲, 衆亦得安,
不亦可乎? 專欲無成, 犯衆興禍, 子必從之.(『좌전』襄公10年)

307 夫人朝夕退而游焉, 以議執政之善否. 其所善者, 吾則行之. 其所惡者, 吾則改之, 是我師
也. 若之何毀之? 我聞忠善以損怨, 不聞作威以防怨. 豈不遽止. 然猶防川, 大決所犯, 傷
人必多, 吾不克救也. 不如小決使道, 不如吾聞而藥之也.

308 以是觀之, 人謂子産不仁, 吾不信也.(『좌전』襄公31年)

309 都鄙有章, 上下有服, 田有封洫, 廬井有伍.

310 我有子弟, 子産誨之, 我有田疇, 子産殖之, 子産而死, 誰其嗣之?(『좌전』襄公30年)

311 爲善者不改其度.

312 民知有辟, 則不忌于上.

313 我死, 子必爲政. 唯有德者能以寬服民, 其次莫如猛. 夫火烈, 民望而畏之, 故鮮死焉. 水懦弱, 民狎而玩之, 則多死焉. 故寬難.(『좌전』昭公20年)

314 爲命, 裨諶草創之, 世叔討論之, 行人子羽修飾之, 東里子産潤色之.(『논어』「憲問」)

315 非官府之守器.

316 政如農功, 日夜思之, 思其始而成其終. 朝夕而行之, 行無越思, 如農之有畔, 其過鮮矣. (『좌전』襄公25年)

317 전답과 물길의 경계를 만들어 각자의 범위를 지키도록 만든 자산의 정책. ―옮긴이

318 향교 등을 통해 국정을 의론하는 것을 용인하는 정책. ―옮긴이

319 작봉혁作封洫, 입방정立謗政, 제삼벽制參辟은 모두 『좌전』문공 6년에 나오는 자산이 제정한 법에 관한 기록이다. 그 가운데 '參'은 '삼三'으로 읽고 '辟'은 '일'로 해석되어 세 가지 사건 혹은 세 가지 일을 말하는데, 이에 대한 이견이 매우 많다. 이를테면 『진서晉書』「형법지刑法志」에는 큰 형벌에는 갑병甲兵을 쓰고, 중간 형벌에는 칼을 쓰며, 작은 형벌에는 채찍을 쓴다는 기록이 있다. ―옮긴이

320 議事以制, 不爲刑辟.

321 懼民之有爭心.

322 國將亡, 必多制.

323 講禮于等.(『좌전』昭公13年)

324 吾子好直, 必思自免于難.(『좌전』襄公29年)

325 持盈者與天.

326 天道盈而不溢, 盛而不驕, 勞而不矜其功.

327 未盈而溢, 未盛而驕, 不勞而矜其功.

328 勇者, 逆德也; 兵者, 凶器也; 爭者, 事之末也.

329 時不至, 不可強生; 事不究, 不可強成.

330 同男女之功, 除民之害, 以避天殃.

331 百姓之事, 時節三樂, 不亂民功, 不逆天時, 五穀睦熟, 民乃蕃滋.

332 時將有反, 事將有間.

333 人事必將與天地相參, 然後乃可以成功.

334 可與同患, 難與處安.

335 蜚鳥盡, 良弓藏; 狡兔死, 走狗烹.

336 황제의 저술 또는 황제의 명령으로 간행되는 책. —옮긴이

337 天下之事其大者, 大槪備於此矣.(『朱子全書』卷34 『尙書二』「洪範」)

338 初一曰五行, 次二曰敬用五事, 次三曰農用八政, 次四曰協用五紀, 次五曰建用皇極, 次六
     曰乂用三德, 次七曰明用稽疑, 次八曰念用庶徵, 次九曰嚮用五福. 威用六極.

339 貌曰恭, 言曰從, 視曰明, 聽曰聰, 思曰睿.

340 無偏無頗, 遵王之義; 無有作好, 遵王之道; 無有作惡, 遵王之路; 無偏無黨, 王道蕩蕩;
     無黨無偏, 王道平平; 無反無側, 王道正直. 會其有極, 歸其有極!

341 作民父母, 以爲天下王.

제4장

백가쟁명과 정치이성의 발전

제후들의
상이한 정치,
제자들의
상이한 학설

만약 우리가 역사의 페이지를 열어 2000여 년 전 춘추 말기에서 전국 시대로 가보면 대단히 기이한 현상이 눈앞에 펼쳐질 것이다. 사상, 이론계는 무수한 산봉우리처럼 높이를 다투고, 위대한 인물의 출현에 따라 그 사상의 봉우리는 더욱 높아져갔다. 도대체 이 시기의 사상가는 얼마나 될까? 반고班固의 『한서漢書』 「예문지藝文志」에 기록된 책 목록을 보면 제자백가의 작품은 거의 100종에 이른다. '백가百家'라는 말을 사용하여 뭇 학설이 울창하게 일어났음을 표현한 것은 일찍이 전국 시대부터 유행했다. 『장자莊子』 「추수秋水」 편에 공손룡公孫龍이 "백가의 지식을 곤란하게 했다"거나, 순자荀子가 여러 사상가를 '백가의 학설'로 부른 것이 그 예다. 전한前漢에 이르러 사마천司馬遷은 제자를 '백가의 술術'이라 불렀다. 이후 차츰 습관이 되어 제자백가를 언급하면 사람들이 자연스레 전국 시대 학문의 바다를 연상하게 되었다.

'백가'란 사상 유파가 많음을 가리킨다. 계급, 계층, 정치적 입장 및 사유 방식의 차이에 따라 사상가들은 당연히 각기 다른 유파로 나뉘었고, 이 때문에 사람들은 유파를 '가家'라고 불렀다. 일찍이 전국 시대부터 이런 분야 구분과 분류가 시작되었다. 묵자는 「비유非儒」 편을 지어 유가와 묵가의 대립을 상정했고, 맹자가 양주楊朱, 묵자, 신농神農의 학 및 병가兵家 등을 힘써 배척함으로써 각 학파의 분화는 더욱 분명해졌다. 순자는 「비십이자非十二子」를 지어 열두 명의 학자를 6개 학파로 나누었으며, 『장자』 「천하天下」 편에서도 열몇 사람의 저명한 사상가를 6대 학파군으로 나누고 있다. 한비韓非의 「현학顯學」 편은 특히 유가와 묵가를 당시 가장 유행하는 두 학파로 보고 있다. 이와 같은 학파 구분을 기초로 전한의 사마담司馬談은 「논육가요지論六家要旨」를 써서 진일보한 학파 구분의 기준을 이론적으로 명확히 했다. 사마담이 나눈 육가는 음양陰陽, 유儒, 묵墨, 법法, 명名, 도덕道德가다. 반고는 사마담이 나눈 육가 외에 종횡縱橫, 잡雜, 농農, 소설小說 사가를 더 나누었다. 사마담과 반고의 구분법은 역대 학자들에게 받아들여져 오늘날까지 이어지고 있다.

사마담과 반고가 제자들의 유파를 구분한 것은 옳아 보인다. 그들은 각 학파가 철판처럼 고정불변한 것이 아니라, 학파 내에도 다른 학파가 있을 수 있음을 알고 있었다. 이에 대해 한비는 일찍이 공자가 죽은 뒤 유가는 8개로, 묵자가 죽은 뒤 묵가는 3개로 나뉘었다고 적시했다. 물론 각 학파 간의 논쟁은 격렬했다. 그러나 학파 내의 파벌 간 논쟁 또한 어떤 때에는 큰 학파 간의 논쟁 못지않았다. 예컨대 순자는 유가를 '대유大儒' '아유雅儒' '소유小儒' '속유俗儒' '산유散儒' '천유賤儒' '구무유溝瞀儒(어리석은 시골 유생)' 등으로 나누었다. 그는 '속유'가 유가를 모방했을 뿐 사실은 "묵자와 다름없다"고 주장했으며, 자사子思, 맹가孟軻를 공자 문하의 죄인이라고 몰아세우기도 했다.

유파 간 논쟁과 학파 내 논쟁은 사상가들의 면전에 많은 문제를 제기했다. 이는 사상가들로 하여금 사유의 촉각을 각개 영역으로 뻗치게 했고 위로는 하늘, 아래로는 땅, 가운데로는 만물과 인사, 종으로 고금을 논하게 했다. 이 때문에 그들의 저작은 대부분 백과전서의 성질을 띠고 있다. 『순자』를 예로 들어보자. 전체는 10여만 자에 불과하지만 언급하고 있는 문제는 대단히 광범하다. 철학을 논하는 것으로 「천론天論」「해폐解蔽」「정명正名」「성악性惡」「비상非相」 편 등이 있고, 정치학에 관해 논하는 것으로 「왕제王制」「왕패王覇」「군도君道」「신도臣道」「강국強國」「예론禮論」「악론樂論」 편 등이 있으며, 경제를 논하는 것으로 「부국富國」 편 등이 있고, 교육을 논하는 것으로 「권학勸學」「수신修身」「불구不苟」 편 등이 있으며, 군사를 논하는 것으로 「의병議兵」 편 등이 있다. 그 밖에 책 전체가 윤리 도덕을 논하고 있음에도 어떤 편은 자연과학과 역사학의 여러 문제를 논급하고 있다. 순자는 논쟁을 펴기 위해서 계획적으로 목적이 분명한 저술을 해나갔다. 편마다 하나의 주지가 있고, 편명과 내용이 일치한다. 어떤 의미에서 순자는 중국 고대의 사회 관련 학문을 여러 학문 분과로 나눈 창시자 중 한 사람인 셈이다.

백가쟁명百家爭鳴은 사람들로 하여금 어떤 방면 또는 어떤 영역의 핵심을 향해 인식의 지평을 넓혀가도록 이끌었다. 사람마다 파악하게 된 백과사전적 지식은 사물에 대한 종합적 고찰과 심오한 분석을 촉진시켰다. 백가百家와 백과百科가 격랑함으로써 문제 하나하나마다 적게는 수 종, 많게는 수십 종의 다양한 견해가 제기될 수 있었다.

이 사상의 보고야말로 중화 민족의 문화적 축적이며 지혜의 결정으로 기초가 잘 다져진 위대한 창조나. 제자백가의 존재와 쟁명은 중화 민족 문화가 그만큼 성숙했다는 징표다. 그 후 2000여 년간 봉건사회 역사의 긴 물결 속에서 등장한 각양각색의 사상은 대부분 전국 시대 제자백가 속에서 그 원형과 축소형을 찾을 수 있다. 오늘날에도 사회과학 내의 수많은 문제에 부딪히면 많든 적든 제자백가의 사상 속에서 그에 상응하는 명제나 사상의 원류를 찾아낼 수 있다.

왜 이 시기에 그렇게 많은 사상가가 출현했는가? 우선 그 시대에 대해 이야기해볼 필요가 있다. 춘추 전국 시대는 중국 역사상 대변동의 시기다. "높은 언덕이 골짜기로 바뀌고, 깊은 계곡이 구릉이 되는" 정도로 변화가 심한 운동은 전통적인 생활과 관념을 철저히 타파했다. 과거의 모든 것을 어떻게 봐야 하는가? 이에 대한 대답이 필요했다. 현실을 어떻게 살아야 하는가? 창조가 필요했다. 역사의 수레바퀴는 어디를 향해 움직이려는가? 사람들의 예측이 필요했다. 헤아릴 수 없이 많은 문제가 사람들의 면전에 가지런히 놓여 있었다. 한마디로 사회 역사는 전혀 새로운 인식을 필요로 하나니! 백가쟁명은 바로 이 역사 변동이 사람들의 인식 지평 위에 그려진 것이다.

백가쟁명을 촉진한 또 하나의 원인은 각국의 정치 변혁과 상호 경쟁이었다. 정치가 이론적 지침을 필요로 했기 때문이다. 당시 각 제후국은 모두 내정과 외교라는 양대 과제를 어떻게 잘 해결할 것인가라는 문제에 직면해 존망의 선택을 해야 하는 중대한 기로에 놓여 있었다. 복잡한 형세 앞에서 문벌이나 명분 같은 낡고 썩은 본보기로는 어떠한 일도 해결할 수 없었다. 효과적인 유일한 방법은 시의적절한 전략과 정책뿐이었다. 첨예한 투쟁 속에서 실력이야말로 의심할 바 없는 기초였다. 그러나 적절치 못한 전략은 우세를 열세로 바꿔버릴 수도 있었다. 투쟁은 물질적 역량의 경쟁이기도 하지만 지적 역량(지력智力)의 경쟁이기도 하다. 물질적 역량은 소수에 의해 독점되거나 통제될 수 있다. 그러나 지력은 독점할 수 없는 것이다. 물질적 역량을 갖추었더라도 꼭 지력을 구비하고 있는 것은 아니었다. 상대적으로 안정을 누리는 상황이라면 권력 담당자들은 지식을 유야무야한 위치에 두어도 상관없을 것이다. 그러나 다원적이고 뒤끓는 경쟁의 시대라면 지식, 재능에 대한 포기는 곧 자신의 훼멸을 의미한다. 당시 수많은 통치 계층 인물은 인재와 지모의 역할에 대해 매우 분명한 자기 견해를 갖고 있었다. 한번은 제齊 위왕威王과 양梁 혜왕惠王이 회동했다. 양 혜왕이 제 위왕에게 밝은 진주明珠가 있느냐고 물었다. 제 위왕이 없다고 대답하자 양 혜왕은 의아해하며 물었다. "우리 나라는 작은데도 그 빛이 수십 장丈을 가는 명주가 10여 과나 있습니다. 제나라는 이렇게 큰데 어떻게 없을 수 있습니까?" 이에 제 위왕은 다음과 같이 대답했다. "제가 말하는 명주는 당신이 말하는 것과 다릅니다. 저는 인재를 명주로 여깁니다." 이로부터 우리는 당시 인재의 지위와 작용을 알 수 있다. 각국은 경쟁적으로 인재를 초빙했다. 어떤 군주는 현자를 구한다는 훈령을 하달하기도 했으며, 어떤 군주는 많은 재물로 사기도 했다. 백가의 흥기는 바로 지력 경쟁에의 적응이었다. 그들 대부분의 목적 또한 매우 분명했다. 그것은 바로 "군주의 일에 간여"하는 것이었다.

백가가 쟁명하게 된 또 하나의 원인은 당시 정치적 공간이 비교적 컸다는 사실에 있다. 지식인들이 힘을 쓸 땅이 널려 있어 자유롭게 활약할 수 있었다. 이는 당시 어떤 개명한 정치 제도가 있었기 때문이 아니라 제후국들이 널려 있었기 때문이다. 지식인들은 각 나라 사이를 돌아다니며 자유로이 문제를 논의할 수 있었다.

백가쟁명의 자유도, 상호 자극과 편향

사상의 자유, 백가의 쟁명, 인식의 심화 이 삼자는 서로를 조건 지어주며, 서로 인과관계를 이루고, 서로를 촉진시켜주는 관계일 뿐만 아니라 진행 순서가 분명한 관계이기도 하다. 사상의 자유가 있었기에 백가가 쟁명할 수 있었으며, 백가의 쟁명이 있었기에 인식을 심화시킬 수 있었다. 인식의 심화 정도는 인류의 지혜와 문명의 발전에 중요한 지표가 된다.

이 시기의 쟁명은 상당히 자유로웠는데 구체적으로 다음 몇 가지 방면으로 나타났다.

인식 주체로서 인격의 독립

인식 주체로서의 인격의 독립과 자주는 독립적 사고를 행하는 전제 조건이다. 독립적이고 자유로운 사고를 할 수 있어야 백가쟁명이 있을 수 있다. 따라서 인식 주체로서 인격의 독립 자주 정도가 사유의 자유 정도를 결정지으며, 백가쟁명의 범위와 깊이도 결정짓는다고 말할 수 있다. 거꾸로 사상의 자유 정도가 인식 주체로서의 인격의 독립 자주를 평가하는 중요한 지표가 된다고도 할 수 있다. 이 시기에는 모두가 인격의 상대적 독립과 사고의 자유를 보편적으로 얻을 기회를 갖지는 못했다. 이런 기회와 조건을 얻은 사람들은 '사인士人'뿐이었다. 그들은 수가 많진 않았지만 전체 사회를 진동시켰다. 때로 어떤 통치자는 군주의 예禮 대신 주객主客의 예를 행함으로써 군주와 사 사이의 상대적 평등 관계를 보여주기도 했다. 당시 사회의 특징 가운데 하나는 바로 사를 존중하는尊士 풍습이 매우 성행했다는 것이다. "현명한 사를 예로 대접함禮賢下士"은 당시 사를 존중하는 풍습의 단면이다.

사료를 하나 살펴보자. 『사기』「맹상군열전孟嘗君列傳」의 언급이다. "맹상군이 한번은 빈객을 접대하며 저녁 식사를 했다. 그때 어떤 사람이 불빛을 가렸다. 객이 화가 나 식사가 공평치 못하다며 밥그릇을 덮고 물러가 버렸다. 이에 맹상군이 일어나 자신의 밥상과 비교해주었다. 그 객은 부끄러워 자살했다. 이 일로 인해 수많은 선비가 맹상군에게 귀의했다."[1] 군중의 한 명에 불과함에도 사가 사회적으로 이와 같은 지위를 누릴 수 있었던 것은 중국 역사상 극히 드문 일이다.

인식 주체가 상대적으로 독립성을 갖도록 만들어주는 외재적 요인이 하나 있다. 당시 여러 정치권력이 병존하던 상황이 바로 그것이다. 이 국면은 사의 유동성을 조성했다. 동쪽에서 원치 않으면 서쪽으로 갔다. 당시 저명했던 인물들, 이를테면 오기吳起, 맹가, 소진蘇秦 등은 모두 여러 나라에서 일을 한 바 있다. "아침에는 진秦나라, 지녁에는 초楚나라"야말로 당시 사회의 사진이다. 전국사회로 보면 아침에 진나라, 저녁에 초나라라는 말은 인격적 자유의 한 표현이며, 사들이 선택의 자유를 누렸다는 말이다.

주체의 독립은 인식 자유의 전제 조건이다. 한 사람에게 자신의 자주성마저 없다면 어떻게 인식의 자주성을 말할 수 있겠는가. 인식에 자주성이 없으면 쟁명을 이야기할 수 없다. 전국 시대 백가쟁명의 국면이 형성될 수 있었던 것은 마침 전국 시대의 환경과 맞아떨어져 상대적으로 자주적인 일군의 사들이 있었기 때문이다. 이것이 전국 시대에 백가가 쟁명하게 된 역사적 조건이며 논리적 전제다.

모든 것을 인식 대상으로 삼을 수 있었다

역사의 진행 과정에서 인식 주체와 인식 대상이 언제나 자유롭게 서로를 반영하거나 반영되는 관계일 수는 없다. 더 많은 경우 인식 주체는 제한을 당하거나 자유롭게 인식하도록 허락되지 않는다. 인식 객체가 여러 원인으로 분할되기도 하고, 어떤 영역이나 대상은 인식하도록 허락되지도 않는다. 그런데 전국 시대의 인식은 거의 전방위적으로 개방되어 있었으며, 모든 것을 인식 대상에 집어넣을 수 있었다.

이치로 볼 때 인식의 자유는 통치자의 윤허에 의해 미리 한정될 수 없으며, 인식 대상을 자유롭게 인식하는 것을 자유의 지표로 삼아야 할 것이다. 전국 시기 사람들은 이성적으로 각종 문제를 판단할 수 있었다. 상천上天이란 대체 어찌된 일인가, 신인가? 천자, 군주는 어떻게 만들어졌는가? 어떤 군주라야 합리적인가? 어떤 경우든 인식해서는 안 되는 문제라곤 찾아볼 수 없다.

여러 인식 대상 가운데 가장 인식하기 어려운 것은 군주에게 속하는 것일 터이다. 그러나 역사는 필경 군주에 대해서도 완전히 새롭게 인식하는 기회를 제공했다. 장자는 그의 이론으로부터 논리적으로 군주야말로 큰 도둑大盜이라는 주장을 만들어냈다. 맹자는 당시의 군주들이 사람을 잡아먹는 금수와 같은 도배라고 비판하고, 실명을 거론하며 양 혜왕이 "어질지 못하다"고 비판했다. 순자는 자신의 논리에서 출발하여 당시 군주들이 모두 격에 맞지 않는다고 주장했다. 이런 비판들을 군주가 좋아했을 리도 없지만 그렇다고 군주들이 칼을 들고 죄를 묻지도 않았다.

인식의 대상을 모두 인식할 수 있어야 인식은 완전하고 깊이를 지닐 가능성이 높다. 그렇지 않으면 인식은 완전하지 못한 기형물이 될 수 있다.

인식 대상 앞에서 인식 주체의 평등

모든 것을 인식 대상으로 삼을 수 있었음은 사상의 해방에 있어 매우 중대한 의미를 지닌다. 그렇지만 그것은 여전히 소수 인물들의 범위 내에 국한되어 있었다. 조귀曹劌는 노공魯公에게 간언하고 논쟁하면서 이런 현상에 대해 이야기한 적이 있다. 조귀는 출신이 다소 빈곤했을 가능성이 있다. 당시 일반인들은 상제, 군주 등 성스러운 것에 대해서는 인식할 만한 어떤 관념적인 권리도 없었다. 국가의 정무를 담당한 사람이라 하더라도 권세 있는 사람이나 귀족만이 그에 대해 의견을 개진할 수 있었다. 조귀가 노공을 만나 군사 문제를 토의할 때 어떤 사람이 그러지 말라고 저지했다. "고기를 먹는 사람들과 모의하면 되었지 어찌 [다른 이에게 끼어들어] 사이를 벌리십니까?"[2] 고기를 먹는 사람이란 귀족을 가리킨다. 귀족만이 국사에 참여할 수 있지 하층 인물은 의견을 발표할 자격이 없다는 것이다. 공자 또한 인식 대상 앞에서 인식 주체가 평등해지는 것에 반대했다. 그가 말하는 "예가 아니면 보지 말고, 예가 아니면 말하지 말고, 예가 아니면 듣지 말고, 예가 아니면 행동하지 말라"[3]는 바로 예를 가지고 사람들의 인식의 자유를 제한하는 것이다. 그가 "백성은 그를 따르게 할 수는 있어도 알게 할 수는 없다"[4]고 한 말은 백성에게 인식 권리가 없음을 더욱 명백히 밝히고 있는 부분이다. 사람의 본성에 따라 공자는 사람을 '상성上聖' '중인中人' '하우下愚'로 구분했다. "중인 이상은 더불어 상성을 이야기할 수 있으나 중인 이하는 더불어 상성을 이야기할 수 없다."[5] 여기서는 주로 교육에 대해 이야기하고 있긴 하지만, 사실상 '중인' 이하 의 사람들을 모두 인식 주체 바깥의 존재로 배척하고 있는 것이다. 인식 대상 앞에서는 자연히 인식의 평등 따위를 이야기할 수 없었다.

선진 시대에 제자백가는 사람을 성인, 현인, 지자智者와 범인, 우자愚者, 천자賤者 양대 계층으로 나누었다. 후자는 인식의 권리를 이야기할 수도 없었으며, 인식능력도 없었다. 묵자는 모든 도리가 귀자貴者, 현자賢者, 혜자 慧者로부터 나오며, 빈자貧者, 천자는 복종하는 역할을 할 뿐이라고 주장했 다. 맹자는 사람을 노심자勞心者와 노력자勞力者로 나누고 노력자는 자연히 무슨 인식 따위를 논할 수 없다고 했다. 순자도 마찬가지로 성인, 군자의 인식상의 지위와 작용을 과대 과장했다.

그러나 사士를 이야기할 때면 적잖은 사상가가 사라면 응당 꺼리는 바 없이 모든 것을 인식해야 한다고 주장한다. 실제로 수많은 사는 가슴을 크게 열고 하늘, 땅, 사람에 대해 이야기했다. 맹자는 당시의 상황을 이렇 게 말하고 있다. "성왕이 행사하지 못하니 제후들은 방자하고, 처사處士들 은 제멋대로 의론하여 양주, 묵적墨翟의 언론이 천하에 가득하다."[6] '제멋 대로 의론'했다는 것은 사들이 토론했던 문제에 걸림이 없었음을 뜻한다. 『장자』「천하」편에서는 송견宋鈃, 윤문尹文의 무리가 "천하를 잊지 못해 밤 낮을 쉬지 않고 의론한다"[7]고 말한다. 다시 말해 이 사람들은 그럴 만한 위치에 있지 않으면서도 정치를 모의하려 하고, 어느 외톨이도 천하의 일 에는 관심을 기울인다는 의미다. 그래서 「천하」편의 저자는 다음과 같은 결론을 끌어냈다. 이 사람들은 "세상을 구하는 사로 자처하며 자랑스러워 한다!"[8] 『여씨춘추』「박지博志」편은 말한다. "공자, 묵자, 영월寧越은 모두 포 의布衣의 사다. 그들은 천하의 일을 걱정하여 그 어떤 것도 선왕의 술術만 못하다고 생각하여, 밤낮으로 선왕의 술을 공부했다."[9] 이 말도 그럴 만한 위치에 있지 않으면서 정치를 도모한 경우다. 『회남자淮南子』「초진론椒眞論」은 말한다. "주 왕실이 쇠락하고 왕도가 폐하자 유가, 묵가의 무리들이 도를 열거하며 의론을 시작했다. 무리를 나누어 쟁송하기 일쑤였다. 폭넓은 학문으로 성왕을 모방하려 했으며 화려한 언변으로 대중을 위협했다. 가무를 하며 시詩, 서書를 잘 수식하여 천하에 이름을 팔았다."[10] 유가, 묵가의 무리는 각자의 도를 견지하며 기존 학설을 멸시했다. 폭넓은 학문으로 널리 의론하며 학생을 모집했다. 성인은 어디 계신가? 선인은 바로 나의 붓 아래 있도다! 방자한 논의, 제멋대로의 논쟁이야말로 인식의 새 영역을 개척한다. 그리하여 인식 수준을 새로운 봉우리로 밀어올린다!

전국 시대의 백가쟁명이라는 실제 상황 속에서 쟁명하던 사상가들은 인식 대상 앞에서 자유로운 인식과 선택이 얼마든지 가능했다. 그리하여 인식의 심화를 촉진했다.

권權과 리理의 상대적 이원화

권력과 인식 사이의 관계는 인류 역사상 매우 골치 아픈 문제 가운데 하나다. 권력은 주로 이해관계의 문제를 처리하지만, 인식은 시비, 가치 문제에 관한 논의를 중시한다. 그러나 이해와 시비, 가치는 항상 한 덩어리로 짜여 있어 권력이 인식에 간여하거나 인식이 권력의 득실을 평론하는 등의 현상이 자주 일어난다. 이렇게 권력과 인식 사이에는 모순, 충돌이 발생하곤 한다. 권력을 팽창시키거나 강화하려면 대부분 온갖 수단을 동원하여 인식에 간여하거나 통제를 가한다. 심지어 인식을 일정한 범위 내에서만 이루어지도록 가두고 여기서 한 걸음도 벗어나지 못하게 한다. 만일 인식이 권력의 규정을 범했다면 권력 장악자는 엉큼한 위협을 가한다. 이 점은 주周 여왕厲王이 측근 무巫를 이용하여 비방을 감시했던 사실만 봐도 충분히 알 수 있다.

춘추 이래 주나라 천자의 쇠락에 따라 제후들이 무리 지어 일어나 상호 경쟁하는 와중에 차츰 여론이 개방되는 상황이 만들어졌다.

유가는 도道(이상 정치)와 왕王(현실 정치)의 통일을 힘써 구했다. 도와 왕에 모순이 생길 경우 그들은 도에 따르며 왕을 따르지 않고從道不從君 도가 군주보다 높다는 주장을 했다. 도가는 자연의 '도'를 숭상했다. 제왕은 이와 대등하면서도 아래에 있는 자였다. 『노자老子』는 왕을 우주 사대四大(우주 간의 네 가지 큰 존재)의 하나로 보았으나 동시에 이렇게 이야기하기도 했다. "왕은 땅을 본받고, 땅은 하늘을 본받고, 하늘은 도를 본받고, 도는 자연을 본받는다."[11] 왕은 도와 자연에 제약당하는 존재다. 『노자』는 도를 근본으로 삼으며, 왕은 도를 따를 때에만 그 자리를 보전할 수 있다고 한다. 이렇게 인식상 군주와 도를 이원적으로 분리시키고 도를 군주보다 높은 곳에 둔다. 법가는 군주 전제를 창도했다는 점에서 제자백가의 우승자다. 그럼에도 불구하고 그들 또한 법가적 이론, 원칙에 근거하여 군주를 품평하고 있다. 『관자』「형세해形勢解」는 말한다. "훌륭한 군주의 임무는 도를 행하는 데 힘쓰는 것이다. 작은 물질은 괘념치 않는다."[12] 여기서의 도란 치국방략을 말한다. 묵자의 중요 주장 가운데 하나는 '상동尙同'[13]이다. "천자가 옳다고 하는 바는 반드시 옳은 것으로 한다. 천자가 그릇되었다고 하는 바는 반드시 그릇된 것으로 한다."[14] 그럼에도 천자라는 지위와 그것이 실천하려는 이론은 여전히 이원적 구조를 이루고 있다. 묵자가 보기에 군주든 천자든 반드시 묵가의 주장을 실행에 옮겨야 하며, 그렇지 못할 경우 폭군暴主에 속했다.

권력과 도리를 이원화하는 관점을 모든 군주가 다 받아들이고 싶어하는 것은 아니다. 실천하여 현실화하는 것은 더욱 원치 않는다. 그러나 당시 지능 경쟁의 와중에서 인재를 불러 모으기 위해 일부 군주는 때로는 주동적으로 때로는 피동적으로 정도에 맞게 이 사실을 받아들였다. 그들은 권력과 도리를 둘로 나누었다. 전국 시대 초기 위魏 문후文侯는 대업을 힘써 도모하고, 개혁을 추구하며, 인재를 잘 모으는 군주였다. 당시 단간목段干木이라 불리는 명사가 있었다. 위 문후가 높은 벼슬을 약속하고 여러 차례 초빙했으나 단간목에게 번번이 거절당했다. 위 문후는 단간목의 집 앞을 지나갈 때마다 항상 "식軾을 했다". 식軾이란 복식伏軾으로 수레 앞에 가로누운 앞막이 나무를 말한다. "식을 했다"란 예절의 일종으로 엎드려 수레 앞막이 나무에 기대 말꼬리를 쳐다본다는 의미이며 존경의 뜻을 표시한다. 위 문후의 시종(수레 모는 사람)이 물었다. "군주께서는 어찌하여 식을 다 하십니까?"[15] 위 문후가 대답했다. "단간목은 권세와 이익을 좇지 않으니 군자의 도를 품은 사람이다. (…) 단간목은 덕에 넓고 과인은 세에 밝다. 단간목은 의義가 풍부하고 과인은 재부가 풍부하다. 세는 덕만큼 존귀하지 못하고, 재는 의만큼 높지 못하다."[16] 위 문후는 권세, 재부와 도의, 지식을 이원적으로 구분한다. 전자는 군주의 손에 장악되어 있고, 후자는 아마 사들의 장기로 군주들이 미치지 못하는 바였을 것이다. 권세를 장악한 군주가 만일 이런 인식을 하지 못했다면 현인을 기용할 수 없었을 것이며, 마음을 비우고 신하들이 올리는 의견에 귀를 기울이지도 않았을 것이다.

공자의 손자인 자사는 당시 저명한 지식인 가운데 한 명이었다. 노魯무공繆公이 한번은 자사에게 이렇게 물었다. "옛날에는 천승千乘의 제후가 사와 친구를 했다는데 어찌 된 일입니까?"[17] 이 말을 들은 자사는 매우 불쾌해하면서 말했다. "옛날 사람들은 그를 섬긴다고 말했습니다. 어떻게 그와 친구를 했다고 말했겠습니까?"[18] 옛날 사람들은 군주가 사를 스승으로 삼았는데, 어떻게 사들과 친구로 사귀었다고 말할 수 있겠느냐는 뜻이다. 맹자는 이 일을 빌려 한층 진전시켰다. "지위로 보면 당신은 군주이고 나는 신하입니다. 어찌 감히 군주와 친구를 할 수 있겠습니까? 덕으로 보면 당신은 나를 섬기는 사람입니다. 어찌 나와 친구가 될 수 있겠습니까?"[19] 이 말의 뜻은 다음과 같다. 지위를 논하면 너는 군주이고 나는 신하인데 내 어찌 감히 너와 친구로 사귈 수 있겠느냐? 그런데 도덕을 논하면 너는 나에게 배워야 하는 사람으로 나를 스승으로 삼고 있는데, 어떻게 나와 친구로 사귈 수 있겠느냐? 자사와 맹자도 여기서 권세와 도의의 이원적 관계를 강조하고 있다.

『전국책戰國策』「제책齊策 4」에 기재된 제齊 선왕宣王과 안촉顔斶 사이의 한 차례 논쟁은 권세와 도의 이원화에 대한 또 다른 예증이다. 제 선왕은 안촉과 상견례를 가진 후 "촉은 앞으로 오라!"고 말했다. 촉은 "왕께서 이리 오시지요!"라고 대답했다. 제 선왕은 매우 불쾌했다. 좌우 대신들도 "왕은 군주이시고, 촉은 신하입니다"[20]라고 말하며 안촉이 왕에게 맞대답하는 것은 무례한 짓이라고 했다. 이에 안촉이 답했다. "촉이 앞으로 나가는 것은 세를 사모해서이며, 왕께서 앞으로 오시는 것은 사를 좇기 때문입니다. 촉으로 하여금 세를 좇도록 하는 것은 왕께서 사를 좇느니만 못할 것입니다."[21] 제 선왕은 돌연 정색을 하며 "왕이 귀하단 말이요, 사가 귀하단 말이요?"[22]라고 물었다. 이리하여 왕이 귀한가, 사가 귀한가를 둘러싸고 제 선왕과 안촉 사이에 일장 면대면 논쟁이 벌어졌다. 안촉은 고금을 왔다 갔다 하며 왕이 확실히 권세를 가지고 있지만, 사들의 보좌와 책략의 지도가 없다면 대부분 실패로 귀결될 것이라고 역설했다. 끝내 제 선왕은 승복하고 "아아! 군자가 어찌 모욕을 당해서 되겠는가, 과인이 스스로 무덤을 팠도다!"[23]라고 말했다. 그리고 그 자리에서 안촉을 스승으로 섬기고 싶다는 의사 표시를 했다.

왕과 사 중 누가 존귀한가에 관한 논쟁은 사실상 권세와 도의 및 인식 가운데 어느 것이 귀한가에 관한 논쟁이다. 당시 역사로 볼 때 대부분의 군주들은 권력과 인식을 구분하는 이원론이나 인식을 권세보다 위에 두는 견해를 받아들이지 않았다. 그러나 이런 견해를 받아들이는 군주도 일부 있었다. 이들은 사에 대한 존중, 스승에 대한 존중, 이치에 대한 존중을 행동으로 나타냈다.

권력과 인식의 이원화는 군주의 권위와 정치 운용을 골치 아프게 하거나 심지어 곤란하게 만들 수 있다. 만약 권력 장악자가 이 양자 관계를 잘만 처리한다면 실제 정치에서는 절대적으로 유익할 뿐 해로움은 없다. 뭔가 뜻을 가지고 개혁을 도모했던 군주는 대부분 언로를 활짝 열고 지식인을 존중했던 사람들이다.

권력과 인식의 이원화는 인식을 깊고 넓은 쪽으로 발전시켜가는 데 필수 불가결한 것이다. 전국 시대에 권력과 인식의 이원화라는 조건과 분위기가 있었다는 것은 백가쟁명을 발전시키고 깊이 있게 만드는 데 아주 훌륭한 환경을 마련해주었다. 다시 말해 이는 백가쟁명의 전개를 위한 전제 조건이었다.

꼭 따라야 할 권위가 없었다

인식을 발전시키는 동력 가운데 하나는 서로 다른 관점과 견해 사이의 상호 자극相激, 즉 도전과 응전이다. 인식 영역은 남이 우리를 건드리지 않으면 우리도 남을 건드리지 않는다는 그런 상황 아래 존재하는 것이 아니다. 인식의 자연스러운 성질 가운데 하나가 바로 '남을 건드리는 성향'이다. 다른 것을 건드린 뒤에야 새로운 견해가 있을 수 있다. 다른 것을 건드리려면 어쩔 수 없이 무언가를 '깨뜨려야' 한다. '깨뜨림'과 '세움'은 반대되면서도 서로를 이루어주는 과정이다. 선진 시대의 제자백가는 이미 공개적으로 서로 대진하고, 지적하며, 원칙을 무한히 고양시키기도 했고,

흥미진진하며 미묘한 언어를 통해 변론을 하기도 했다. 어떤 것은 전체 학파를 상대하고, 어떤 것은 개별 논점만을 다루기도 했다. 쟁명하면서도 한계가 분명치 않아 상대의 주장 속에 내 것이 있고, 내 주장 속에 상대의 것이 있곤 했다. 사람에 따라 말문을 닫는가 하면, 취사선택을 겸하기도 했다. 어떤 사람은 학파의식이 매우 강했는가 하면, 또 다른 사람은 학파를 완전히 포기해버렸다. 결과적으로 쟁명 중에 재판관은 없었고 자기 자신만이 인식에서의 하느님이었다.

전국 시대 제자백가의 상호 자극이 어느 정도였는지는 다음 두 가지 방면으로 고찰할 수 있다.

첫째, 비판할 수 없을 정도로 신성한 논제는 그 어디에도 없었다. 선진 제자들이 대체 얼마나 많은 논제를 제기했는지에 대해서는 아직까지 누구도 통계를 내본 적이 없다. 다만 한 가지 분명한 사실은 어느 이론을 막론하고 모든 사람이 공통되게 존중하는 절대적 위치를 차지하지는 못했다는 것이다. 어떤 이론이든 토론이 가능했다. 신앙하는 사람은 있었지만 꼭 그렇게 해야 할 필요도 없었고, 그리하도록 규정짓지도 않았다. 유가는 인과 예에 대해 각기 다른 해석을 내리면서 그것으로 자기 이론의 기치를 삼았으나, 도가들이 보기에 인과 예는 오히려 인간 세상의 해악을 조성하는 근원이었다. 『노자』는 말한다. "도를 잃은 뒤 덕이요, 덕을 잃은 뒤 인이다. 인을 잃은 뒤 의요, 의를 잃은 뒤 예다. 예란 진실한 믿음忠信이 약해진 결과이며 혼란의 근원이다."[24] 인, 예는 '도'와 대립적이며 '도'를 파괴한 나쁜 결과다. 『장자』는 인, 예와 같은 물건은 사람의 자연 본성에 속하지 않으며, 일 꾸미기를 좋아하는 성인(도가에서 말하는 성인聖人이 아님)이 만들어낸 것이라고 주장한다. "도, 덕을 훼멸하고 인, 의가 생겼으니 성인의 잘못이다."[25] 인, 예의 흥기는 일련의 나쁜 결과를 만들어냈다. 사람을 질곡에 빠뜨렸을 뿐만 아니라 사람들을 서로 시기하게 만들었다. 가련하고 슬픈 일이다. 더욱 가증스럽게 여겨 글쓴이는 "호랑이, 승냥이가 인 이다"[26]라고 질책을 가하기도 했다. "두루 사랑하라兼愛는 것 또한 우회적 인 말 아닌가? 사사로움이 없다는 것이 곧 사사로움이다."[27] 법가 가운데 어떤 사람은 제한적인 인, 예를 주장하기도 했으나, 『상군서商君書』의 일부 저자는 인과 예를 이나 좀벌레에 비유하면서 철저히 근절해야 한다고 주 장한다. 어쨌든 전국 시대의 어떤 이론이든 재인식, 재토론, 재비판이 안 되는 것이라곤 찾아볼 수 없다.

둘째, 비판받지 않는 권위는 없었다. 쟁명하는 가운데 유파가 형성되었 고 권위도 출현했다. 유가에서의 공자, 도가에서의 노자, 묵가에서의 묵자, 법가에서의 이회李悝는 모두 권위 있는 지위에 올라 있었다. 공자와 노자 는 심지어 신성시되기도 했다. 공자는 스스로 "하늘이 나에게 덕을 부여 했다"고 말한다. 자공子貢이 공자를 칭송한 것을 보자. "중니仲尼는 해님이 요 달님이다. 그 누구도 이분을 넘어설 수 없다. 사람들이 제아무리 그 명 성을 훼절하려 해도 어떻게 해와 달에게 상처를 입힐 수 있겠는가?"[28] 자 공은 공자를 해와 달에 비유하며 누가 공자를 부족하다고 말하면 그것 은 제 주제를 모르는 소치라고 주장한다. 그런 말은 또 있다. "선생님께서 미치지 못하는 바가 있다면 그것은 계단이 없어 하늘에 오르지 못함과 같다."[29] "인간이 탄생한 이래 선생님의 경지에 이른 사람이 없다."[30] 그럼 에도 당시 수많은 학파가 존재하는 상황에서 이 사람들 또한 철저한 토 론과 비판의 대상이 되었다. 한 문지기는 공자를 "불가능함을 알면서도 하려고 하는"[31] 이상주의자라고 비판했다. 이것은 그나마 약과다. 『장자』 「도척盜跖」 편의 저자는 공자를 "가짜 성인"으로 취급하며 공자에 대한 전 면적인 부정과 비판을 가한다. 맹자는 양주와 묵자에 대해 이론적으로 비판을 행하는 것 외에도 그들을 '금수禽獸'와 같은 이론가라며 배척한다.

제자들 상호 간의 격렬한 논쟁은 인식 수준을 한 단계 한 단계 더 높은 봉우리로 밀어올렸다. 이론상의 상호 공박, 실명 거론이 쟁명의 깊이를 더해 인식의 심화를 촉진한 것이다.

쟁명하면서 '편격偏激(한쪽으로 치우치는 편향)'하는 현상도 나타났다. 무엇이 편격인가? 이에 대해 명확히 정의를 내리기는 어렵다. '편격'은 '중정中正'의 상대이다. 사회에 대한 인식 속에서 하나의 통일된 '중정'을 찾을 수는 없으며, 무엇이 '편격'인지도 판단할 수 없다. 대체로 어떤 이론의 관점이 극단적인 방법으로 치달으면 이를 '편격'으로 취급할 수 있다. '편격'은 논쟁에서 피할 수 없이 생겨나며, 어떤 이론을 철저히 기술하기 위해서도 면하기 어려운 현상이다. 그 밖에 논쟁하는 쌍방이 상대방을 비판할 때, 왕왕 특정 부분만을 집중 공격하며 나머지는 다루지 않는 경향이 있는데, 이렇게 되면 상대의 손을 거치면서 특정 논점만을 극단적으로 밀고 나가는 폐단이 있을 수 있다. 그리고 같은 학파 내부에서 정통正統을 다투기 위해 왕왕 자신의 관점과 다른 것을 이단으로 취급하곤 하는데, 이단 또한 대부분은 편격 현상과 일정한 관계가 있다.

편격 현상에 관해서는 일찍이 전국 시대부터 식별 작업이 진행되었다. 순자의 「비십이자」 편은 이런 현상을 식별하는 비교적 초기 저작이다. 글 가운데서 순자는 유가 내부의 '중정'과 '편격' 문제를 논술하고 있으며, 동시에 다른 학파의 일부 편격한 인물에 대한 비판도 행하고 있다.

유가 내부에서 순자는 정통을 자임했다. 그는 자신보다 위로 오직 두 사람, 즉 공자와 자궁子弓만을 존중했다. 그는 공자와 자궁이야말로 선후를 승계한 두 분의 성인이라고 주장한다. 두 분 성인은 치국을 위한 방침과 책략을 제기했고, 백성을 위한 원칙極을 세웠으며, 천하를 위한 방향을 분명히 했다. 그들의 이론을 실행에 옮겼으면 천하는 바로 태평성세의 길에 들어설 수 있었을 것이라고 한다. 이치에 따르면 공자, 자궁은 응당 권력을 행사하는 지위를 얻어 고견을 실행에 옮겼어야 한다. 그런데 애석하게도 때를 못 만나 "성인임에도 세력을 얻지 못한 사람들이었다."[32] 공자와 자궁을 제외한 다른 유가들, 예컨대 자사, 맹가씨의 유儒, 자장子張씨의 유, 자하子夏씨의 유, 자유子游씨의 유에 대해서는 모두 비판을 가했다. 그들은 공자, 자공이 마련한 정도에서 벗어났다고 비판되었다. 자사, 맹가씨의 유는 선왕을 본받았으되 주요 강령을 터득하지 못했다. 그들은 고대의 관념에만 천착하여 거품 학설을 만들어 '오행五行'을 조작해냈는데 황당하고 조리가 없으며, 신비주의적이어서 보편적 이해가 불가하며 내용이 뚜렷하지 않아 이해할 수 없다는 것이다. 자장씨의 유는 드높이 유가의 모자를 썼으나 말에 의미가 없고, 순임금과 우임금이 갔던 길을 모방하고 있으나 사람들에게 이해되지 않는다. 자하씨의 유는 점잔을 빼고 의관을 정제한 채 온종일 말소리도 내지 않으니 사람들을 싫증나게 한다. 자유씨의 유는 오랫동안 살며 일을 두려워하고 염치없이 먹고 마시는 것을 탐하면서 군자는 본래 힘들여 일하는 것이 아니라고 큰소리를 쳐 사람들의 비위를 상하게 만든다. 순자의 자사와 맹자에 대한 비판은 현존하는 자사와 맹자의 저작을 가지고 비교해볼 때 정확하다고 할 수는 없다. 자사, 맹자의 유심주의 사상은 확실히 좀 신비적이고 불가지론적이어서 다른 유가들의 비판이 정확히 들어맞는다고 보기 어렵다. 그러나 이 한 가지만은 믿어도 될 것이다. 즉 자사, 맹자씨의 유, 자장씨의 유, 자하씨의 유, 자유씨의 유가 확실히 공자학의 특정 방면을 극단으로 밀고 나갔다는 것, 다시 말해 편격의 길을 갔다는 사실이다.

순자의 다른 학파에 대한 비판은 선택적인 것이었다. 그는 과도하게 편격한 학설에 비판의 중점을 두었다. 예를 들어 그는 도가에 대해 일괄적으로 비판하지 않고 타효它囂, 위모魏牟를 선택했다. 타효, 위모는 도가 중에서도 자연을 숭상하며 욕망을 좇는 분파다. 그들이 보기에 사람의 본성에는 감정적 욕구情欲가 있는데, 이 감정적 욕구를 충족시키기 위해 대문을 활짝 열고 자유에 맡겨야 한다는 것이다. 순자가 비판한 것은 바로 이 점이었다. "정욕을 좇고, 제멋대로 살며, 금수와 같은 행위를 하니 도리를 가지고 다스려갈 수가 없다."[33] 감정적 성향에 따라 방종하고, 임의로 발작하며, 행동이 금수와 같아 예의 법규에 위배되는 곳으로 치닫는다는 의미다.

『장자』「천하」편도 각 학파의 정正과 편偏을 분석하고 있다. 순자의 「비십이자」편과 다른 점은 지은이가 사람에 따라 분류한 것이 아니라 각종 학설의 정과 편을 분석하고 있다는 것이다. 이를테면 묵가를 분석하면서 내린 지은이의 결론은 이렇다. 묵가들이 사치하지 말 것을 주장한 본래 의도는 좋고 취할 만하다. 그러나 그들의 행위가 극단으로 치우쳐 사람들에게 고통으로 즐거움을 삼으라고 요구하니 "장딴지에 솜털이 없어지고 정강이에 털이 나지 않는다".[34] 예의를 폐지하고 음악을 취소한 것이 현실적으로 지나치게 편격하다. "묵자 자신은 홀로 그럴 수 있었어도 천하는 어찌할꼬! 세상에서 떠나려 하지만 왕에게서 멀어지기도 어렵다."[35]

사마담의 「논육가요지」는 황로黃老의 입장에 서서 각 학파의 정과 편을 분석하고 있다. 그의 음양가에 대한 분석을 보자. "음양의 술은 크게 길함에도 대중이 꺼리며, 사람들이 속박을 받으면서도 대부분이 두려워한다. 그러나 그것이 사시를 순조롭게 자리매김했다는 점을 잃어서는 안 된다."[36] 여기서는 자연에 따르는 음양가의 이치를 긍정하고 있다. 동시에 일마다 길흉을 점침으로써 꺼리는 것을 많이 만들어내고, 사람들로 하여금 위축되어 스스로 속박당하게 만드는 폐단이 있다고 비판한다.

반고는 『한서』「예문지」에서 구류십가九流十家의 정正과 편偏을 일일이 식별했다. 그는 편격을 '혹자惑者(미혹된 자)' '벽자辟者(편벽된 자)' '방자放者(풀어진 자)' '구자拘者(얽매인 자)' '각자刻者(각박한 자)' '교자譑者(거짓된 자)' '폐자蔽者(닫혀 있는 자)' '사인邪人(삿된 사람)' '탕자蕩者' '비자鄙者(비루한 자)' '소지자小

知箸(앎이 적은 자)'라 불렀다. 이런 편격한 사람들이 각자의 학설을 극단화
시켰다는 것이다. 예를 들어 도가는 "역대의 성패, 존망, 화복, 고금의 도
를 기술한 뒤 그 요체와 근본을 잡아 청허淸虛로 지키고, 비약卑弱으로 간
직하니 이는 군주가 남면南面하는 기술이다. 요임금의 겸양, 『주역』의 겸
손에 부합하여 한번 겸손하니 사방이 유익하다. 이것이 그들의 장점이다.
그런데 방자放者들은 이를 위하여 예학禮學을 근절하려 하고 인의를 폐기
하여 오로지 청허해야만 치세를 이룰 수 있다고 말한다".[37] 여기서 말하
는 방자란 방탕하여 거침없는 사람으로 순전히 자연을 내세워 자연스레
살고 자연스레 죽는다면서 일체의 행정과 도덕 규범의 취소를 주장한다.
'방자'란 편격한 사람임에 틀림없다.

사람들이 정통과 편격을 식별하는 것은 편격을 없애는 데 그 목적이
있다. 필자가 여기서 편격을 이야기하는 것도 단순히 편격이 있다는 사실
을 제창하려는 것이 아니라, 편격이 인식을 심화시켜가는 데 작용하는 의
의를 이야기하려는 것이다.

인식의 심화는 직선적으로 이루어지는 것이 가장 좋다. 그러나 실제로
이렇게 되기란 불가능하다. 이런 식의 인식이란 있어본 적도 없다. 인류
의 인식은 언제든 곡절과 다양성 속에서 앞을 향해 나아가는 것이다. 인
식 과정으로 볼 때 편격이란 피할 수 없는 것일 뿐만 아니라 인식을 심화
시키는 데에도 없어서는 안 될 사항이다. 편격이 있어야만 하나의 사상과
이론을 극단적 형식으로 철저히 드러낼 수 있기 때문이다. 편격은 인식론
적 평온 상태를 깨뜨리는 방법이다. 편격 자체는 결함이 있을지 모르지만
그것은 사람들이 중정의 인식을 선택하는 좌표 가운데 하나가 되기도 한
다. 이런 좌표가 없으면 중정의 의의가 드러날 수 없다. 중정과 편격은 서
로를 참고 자료로 삼는다. 편격은 감정만이 아니며, 심화된 이론일 수 있
다. 순자가 「비십이자」 편 가운데 "견지하고 있는 바가 까닭이 있고, 말하

는 바가 이치에 닿는다"[38]고 말한 것은 이를 가리킨다. 다시 말해 편격 또한 일정한 근거가 있으며 일정한 이치가 있다는 것이다. 만일 이렇듯 일정한 근거와 이치를 가진 편격한 논의를 논박하려면 더 많은 근거와 이치를 제기해야만 할 것이다. 바로 이것이 편격에 대한 논의가 인식 발전의 동력 가운데 하나가 될 수 있는 이유다.

이론을 선택하기 위한 것이라면 중정과 편격의 구분이 필요하다. 인식하는 데에도 유익하다. 그런데 구분 목적이 편격한 논의를 없애버리기 위한 것이라면 중국의 선조들처럼 결과가 그다지 좋지 못할 것이다. 진, 한 이후 역대 봉건 통치자들은 모두 특정한 학설을 독존적 지위로 획정하려고 모색했다. 그 결과 사상을 질곡에 빠뜨렸을 뿐만 아니라 스스로도 선택 능력과 변화에 대응하는 능력을 상실하게 되었다.

전국 시대에 백가가 쟁명하는 데 편격한 논의들이 없었다면 쟁명이 그토록 심화되지는 못했을 것이며, 그렇게 다채롭지도 못했을 것이다. 그리고 총명한 재능을 갖춘 사들도 그렇게 신속하게 발전할 수 없었을 것이다.

정치이성의
발전

정치는 사람의 능동성이 가장 잘 드러나는 일이다. 이성, 감정, 신앙, 심리, 종교 등은 모두 정치에 막대한 영향을 가져다준다. 이 가운데 이성의 제고야말로 정치적 진보와 명철한 지혜에 가장 중요한 요인임에 틀림없다. 제자백가의 쟁명은 정치이성의 발전을 대대적으로 촉진했는데, 이는 주로 다음 몇 가지 방면에서 드러난다.

첫째, 제자백가의 대부분은 정치를 인식과 파악이 가능한 대상으로 간주하고 신비주의가 정치에 간여하는 것을 배제 또는 약화시켰다. 백가를 개창했던 노자와 공자는 근본적으로 신을 부정하지는 않았지만, 정치에 관해 논술할 때는 기본적으로 신을 한편에 따로 떼어놓았다. 공자의 "정치란 올바름이다"[39]라는 말은 정치를 완전히 인간 행위 속의 일로 간주한 것이다.

둘째, 정치철학의 문제를 폭넓게 토론했다. 정치철학이 무엇인지에 대한 학계의 견해는 상당히 다르다. 우리가 보기에 정치에 관한 철학적 사고나, 철학적 방식을 사용해서 정치 문제를 사유하는 것 모두 정치철학이라 부를 수 있다. 다시 말해 정치철학이란 정치에 관한 거시 체계와 일반 규율에 대한 인식으로 정치 문제를 고도로 추상화한 것이다. 선진 시대 제자들은 구체적인 치국방략을 논술하면서 정치철학 문제를 깊이 있게 탐구했다. 그 가운데 두드러진 것으로 천天과 정치의 관계, 인성人性과 정치의 관계, 모순관矛盾觀과 정치의 관계, 역사관과 정치의 관계 등이 있다.

제자 가운데 '천'의 함의는 매우 복잡하고도 모호하며 심지어 신성神性을 지닌 것이기도 하다. 당시 사조로 볼 때 대체로 사람의 의식을 초월하는 자연적 존재에 속하는 것이면 모두 천이라 불렀다고 할 수 있다. 천과 인人은 밀접한 관계를 지녀 분리시킬 수 없다. 그래서 제자의 대부분은 천인합일天人合一을 주장했다. 인간을 천의 피조물로 보는가 하면 사람이 천의 제약을 받아 살아간다고 생각하기도 했다. 그래서 천과 정치는 지극히 밀접한 관계를 갖게 된다. "자연을 본받는다." "천에 순종하는 자는 잘되고 천에 거역하는 자는 망한다."[40] 이 말은 천과 정치의 긴밀한 관계를 더 덧붙일 말이 없을 정도로 잘 개괄하고 있다. 순자처럼 "천과 인의 상호 구분天人相分"을 주장하는 사람도 있었지만, 그렇다고 천과 정치가 무관하다고 말하지는 않았다. 순자는 '천'의 존재와 운동 방식이 인간사와 다름을 강조하는 것일 뿐이다. 사람이 천명을 제어해 이용할 수는 있지만 천을 거역하며 행할 수는 없다는 것이다. 천인관계를 폭넓게 다룬 선진 제자의 대부분은 이와 상응하는 정치적 결론을 얻어냈다.

인성 문제는 거의 모든 제자백가가 정치 문제를 토론하는 출발점이며 귀결점이었다. 정치의 주체는 사람이고 정치 활동은 사람의 활동이다. 정치의 기본 기능은 사람과 사람의 관계를 다루는 데 있다. 『관자』「패언覇言」편은 이렇게 말한다. "패업의 시작은 사람을 근본으로 삼는 데 있다."[41] 인성을 어떻게 인식하느냐는 정치 논의의 논리적 출발점이 되었다. 인성이 악하다는 데서 출발하여 이에 상응하는 일련의 정치 원칙을 끌어내는가 하면, 인성이 선하다는 데서 출발하여 또 다른 정치 원칙을 끌어낼 수 있었다. 제자의 인성에 대한 인식이 여러 갈래로 갈려 있었고 거기서 끌어낸 정치 원칙에 분명한 차이가 존재했지만, 인성을 둘러싼 쟁명은 하나의 종합적인 문화 관념을 형성했다. 그것은 바로 정치는 사람을 중심으로 생각해야 하며, 일체의 사회 원칙과 조치는 사람에 대한 인식으로부터 만들어져야지 신령스러운 것에서 근거를 얻어서는 안 된다는 사실이었다.

역사와 정치의 관계는 더욱 직접적이다. 정치사상가들과 뜻있는 정치가들은 어떤 사람보다도 역사를 중시한다. 다양한 역사관은 정치사상의 구축에 직접적인 영향을 미친다. 유가는 '3대三代'를 정치적 이상세계로 상정한다. 이에 근거하여 그들은 문文, 무武 두 임금의 제도를 본받아憲章文武 옛 규정에 따르고 복고復古해야 한다는 정치 주장을 펼친다. 법가는 역사가 부단히 변화한다고 생각했다. 끊임없이 발전하므로 역사상의 모든 법률, 전통, 습속, 가치관 또한 시대에 따라 바뀐다는 것이다. 그들이 여기서 얻은 정치적 결론은 "옛것을 숭모하지 않고 오늘날의 것에 매여 있지 않는다" [42]였다. 변하면 변하고 갱신하면 갱신한다. '갱법更法(법을 갱신함, 변법)'은 그들에게 가장 우렁찬 구호가 되었다.

자연과 사회는 모순으로 가득하다. 이 모순을 어떻게 볼 것인가는 사회 운용 방식과 직접적인 관계가 있다. 제자백가의 정치관과 그들의 모순관은 긴밀히 연계되어 있다. 모순에 대한 상이한 견해야말로 그들 간의 상이한 정치 방법론의 근거였다.

정치철학은 정치 이론의 대세에 영향을 끼친다. 징치철학의 깊이는 정치이성의 깊이의 지표가 된다.

셋째, 제자백가는 정치 운영의 규율과 기제를 폭넓게 논의했다. 정치란 지극히 복잡한 주·객관적 요소가 교차하는 운동 과정이다. 한번 계산이 틀리면 전체가 혼란스러워질 가능성이 있다. 제자백가는 정치에 영향을 주는 각종 요소를 일일이 분석했다. 자연에서 사회까지, 총체에서 국부까지, 군중에서 개인까지, 일반적 관념에서 개인의 품격과 기쁨, 싫어함까지 모든 것을 깊이 있게 토의했다. 그리고 각 요소의 정치 운용 과정에서의 지위와 작용을 제기했다. 그들의 결론은 고상한 것과 저열한 것, 조악한 것과 세밀한 것으로 나뉘지만 깊이 있게 문제를 연구하는 정신만큼은 탄복할 만하다.

넷째, 정치 노선과 정책을 여러 가지로 탐구하고 설계했다. 당시 사회는 거대한 변화의 와중에서 제후들이 경쟁하던 시기였다. 각국의 통치자들은 경쟁적으로 부국, 강병, 안민安民, 적에게 승리하는 방법 등을 강구했다. 수많은 사람이 각기 다른 각도에서 출발해 대체로 일치된 결론을 얻었다. 정치의 성패는 정치 노선의 적절성 여부가 상당 정도를 결정했다. 제자백가 각자가 문제를 보는 입장과 방법이 달랐기 때문에 정치 노선에 대해서도 완전히 다른 견해를 갖고 있었다. 이를테면 맹자는 인정仁政, 왕도王道의 실행을 승리의 근본이라고 생각했다. 하지만 한비는 또 다른 결론을 얻었다. "국가가 항상 강할 수도 항상 약할 수도 없다. 법을 받드는 사람이 강하면 나라가 강해지고, 법을 받드는 사람이 약하면 나라가 약해진다."[43]

다섯째, 제자백가는 통치자의 자기조절 문제를 폭넓게 토론했다. 통치자들은 자신의 통치 지위를 유지하기 위해 반드시 자신을 조절해나가야 했다. 제자백가는 역사적, 현실적 경험을 통해 이 문제의 중요한 의의에 대해 상세히 논증했다. 그리고 일련의 조절 이론과 조절 방식을 제기했다. 토론의 중심은 군주의 품격과 어떻게 정확히 권력을 사용하고 정책 결정을 할 것인가였다. 제자백가 가운데 일부 원견, 탁견을 가진 사람은 외부로부터 조절을 가하는 문제, 즉 이른바 성인의 '혁명革命' 문제를 논의하기도 했다.

이상은 몇 가지 상황만을 열거해 정치이성의 발전을 설명한 것에 불과하다. 제자백가가 쟁명하는 과정에서 섭렵한 문제는 위에서 열거한 것보다 훨씬 많고도 많다.

1　孟嘗君曾待客夜食, 有一人蔽火光. 客怒, 以飯不等, 輟食辭去. 孟嘗君起, 自持其飯比之. 客慚, 自剄. 士以此多歸孟嘗君.

2　肉食者謀之, 又何間焉?(『좌전』莊公10年)

3　非禮勿視, 非禮勿言, 非禮勿聽, 非禮勿動.

4　民可使由之, 不可使知之.

5　中人以上, 可以語上也; 中人以下, 不可以語上也.(『논어』「雍也」)

6　聖王不作, 諸侯放恣, 處士橫議, 楊朱墨翟之言盈天下.(『孟子』「滕文公下」)

7　不忘天下, 日夜不休.

8　圖傲乎救世之士哉!

9　孔墨寧越, 皆布衣之士也, 慮於天下, 以爲無若先王之術者, 故日夜學之.

10　周室衰而王道廢, 儒墨乃始列道而議, 分徒而訟. 於是博學以疑(왕인지王引之는 '疑를 擬로 읽는다'고 함)聖, 華誣以脇衆, 弦歌鼓舞, 緣飾詩書, 以買名譽於天下.

11　王法地, 地法天, 天法道, 道法自然.(『노자』 25장)

12　明主之務, 務在行道, 不顧小物.

13　가치에 대한 인식을 상위 존재의 인식으로 일치시켜가는 것. ―옮긴이

14　天子之所是, 必亦是之; 天子之所非, 必亦非之.(『墨子』「尙同中」)

15　君何爲軾?

16　段干木不趨勢利, 懷君子之道 (…) 段干木光於德, 寡人光於勢; 段干木富於義, 寡人富於財. 勢不若德尊, 財不若義高.(『淮南子』「修務訓」)

17　古千乘之國以友士, 何如?

18　古之人有言曰, 事之云乎, 豈曰友之云乎?

19　以位, 則子, 君也; 我, 臣也; 何敢與君友也? 以德, 則子事我者也, 奚可以與我友?

20　王, 人君也; 閭, 人臣也.

21　夫閭前爲慕勢, 王前爲趨士. 與使閭爲趨勢, 不如使王爲趨士.

22　王者貴乎? 士貴乎?

23　嗟乎! 君子焉可侮哉, 寡人自取病耳!

24　失道而後德, 失德而後仁, 失仁而後義, 失義而後禮. 夫禮者忠信之薄而亂之首.(『老子』 38장)

25　毀道德以爲仁義, 聖人之過也.(『莊子』「馬蹄」)

26　虎狼, 仁也.(『장자』「天運」)

27 夫兼愛不亦迂乎? 無私焉, 乃私也.(『장자』「天道」)

28 仲尼, 日月也, 無得而逾焉. 人雖欲自絕, 其何傷於日月乎?(『논어』「子張」)

29 夫子之不可及也, 猶天之不可階而升也.(『논어』「子張」)

30 自生民以來, 未有夫子也.(『맹자』「公孫丑上」)

31 知其不可爲而爲之.

32 是聖人之不得勢者也.

33 縱情性, 安恣睢, 禽獸行, 不足以合文通治.

34 腓無胈, 脛無毛.

35 墨子雖獨能任, 奈天下何! 離於天下, 其去王也遠矣.

36 陰陽之術, 大祥而衆忌諱, 使人拘而多所畏; 然其序四時之大順, 不可失也.(『史記』「太史公自序」)

37 歷記成敗存亡禍福古今之道, 然後知秉要執本, 淸虛以自守, 卑弱以自持, 此君人南面之術也. 合於堯之克攘. 易之嗛嗛, 一嗛而四益, 此其所長也. 及放者爲之, 則欲絕去禮學, 兼棄仁義, 曰獨任淸虛可以爲治.

38 其持之有故, 其言之成理.

39 政者, 正也.

40 順天者昌, 逆天者亡.

41 夫霸王之所始也, 以人爲本.

42 不慕古, 不留今.

43 國無常強, 無常弱. 奉法者強則國強, 奉法者弱則國弱.(『한비자』「有度」)

제5장

유가 윤리 중심의 정치사상

유가 개론

유儒와 유가

공자가 유가 학파를 창립했다. 그런데 왜 유자儒者, 유사儒士, 유가儒家라 불렸는가? 이는 공자 이전에 유儒가 있었는가 없었는가 하는 문제와 관련이 있다. 이 문제에 관해 학계에서는 지금까지도 논쟁이 계속되고 있다. 전통적인 견해는 공자 이전에 유가 이미 존재했다는 것인데, 근세에 어떤 학자는 공자 이전에 유라는 이름이 없었다고 주장하기도 했다. 사료로 보면 전자의 학설이 비교적 사실적이다. 공자는 자하를 이렇게 깨우쳤다. "너는 군자유君子儒가 되어라, 소인유小人儒가 되지 말아라."[1] 이는 공자가 유를 특정한 신분으로 간주하고 있다는 말이며, 유에 대하여 분류도 했다는 말이다. 분류했다는 것은 대상이 일찍부터 존재했다는 말이기도 하며, 다양하게 존재했음을 전제한 것이다. 그렇지 않다면 경솔하게 분류 문제를 제기할 리가 없다. 『주례周禮』 가운데 유를 언급한 곳이 두 군데 있다. 우선 「천관天官, 태재太宰」는 "아홉 가지로 나라의 백성을 헤아린다. (…) 셋째 사師인데 현명함으로 백성을 이끈다. 넷째 유儒인데 도로써 백성을 이끈다"[2]고 언급하고 있다. 정현鄭玄의 주석에 따르면 "사란 (…) 덕행이 있어 이로써 백성을 가르치는 사람이며, 유란 육례六禮를 갖추어 그것으로 백성을 가르치는 사람이다".3 다음으로 「지관地官, 대사도大司徒」는 말한다. 대사도는 "여섯 가지 풍속을 기본으로 만백성을 다스린다. (…) 넷째 사, 유와 연계한다".4 정현의 주석은 이렇다. "사, 유란 향리에서 도道, 예藝로 가르치는 사람이다".5 '육예六藝'에 관해서는 『주례』 「지관地官, 사도하司徒下」에 다음과 같이 설명하고 있다. "보保씨는 왕이 싫어하는 바를 간언하는 일을 맡았는데, 나라의 젊은이를 도로 기르고 육예로 가르쳐야 한다고 했다. 첫째 오례五禮(예절), 둘째 육악六樂(음악), 셋째 오사五射(활쏘기), 넷째 오어五馭(승마), 다섯째 육서六書(글쓰기), 여섯째 구수九數(셈)가 그것이다".6 『주례』라는 책의 제작 연대에 대해서는 학계의 의견이 분분하다. 하지만 그 가운데 춘추 시대 이전의 사료가 대량으로 보존되어 있는 것은 사실이다. 다만 유가 '육예'에 입각하여 교육활동에 종사했는지는 지금 증명할 방법이 없다. 요컨대 유는 교육에 종사한 사람들이고 공자 이전에 이미 존재했다. 그들이 교육에 종사했으니 자연히 일정한 교재가 있었을 것이고, 당시에는 이를 '유서儒書'(『좌전』 애공 21년)라 불렀다. '육예'와 유서는 '반드시 관계가 있을 것'이다.

유들은 교육에 종사하는 것 외에 상례相禮(즉, 양례襄禮)7 활동에도 종사했다. 주周나라 사람들은 특히 예를 따졌다. 사람들의 일거수일투족 모두에 일정한 예의禮儀 규정이 있었다. 그런데 일반 사람들은 때로 예의 형식과 진행 순서 등을 명확히 알 수가 없다. 그래서 전문가를 데려다 예식을 주재케 한다. 유는 바로 이 예식을 주재하는 일에 종사했던 사람들이다. 공자는 이름을 얻은 뒤에도 여전히 상례相禮 활동에 종사했다. 『논어』 「자한子罕」 편에는 공자의 다음 말을 싣고 있다. "나아가면 공경公卿을 섬기고, 들어오면 부형父兄을 섬긴다. 장례 일을 힘써 수행하지 않으면 안 된다. 술 때문에 그르쳐서는 안 된다. 나에게 더 무슨 할 일이 있겠는가".8 "장례

일을 힘써 수행하지 않으면 안 된다"는 말은 곧 사람을 도와 장례를 치르는 상례 역할을 담당했다는 뜻이다. 묵자墨子는 유자들을 이렇게 비꼰 적이 있다. "부잣집이 상을 당하면 크게 기뻐하며 '이것으로 입고 먹을 건더기가 생겼다'고 좋아서 떠든다."9 유자들이 상례의 일을 관장했음을 이로써 증명할 수 있다.

춘추 시대 중엽 이전에 유는 대체로 관리 집단의 구성원이었는데 나중에 차츰 사회로 흩어져 교육과 상례를 주업으로 삼았다. 공자는 이 유자들 가운데 가장 뛰어난 사람이었다. 공자는 유를 업으로 삼았지만 그저 답습만 한 사람은 아니었다. 그는 유라는 직업 위에서 특별한 연출을 했는데, 주로 다음 세 가지로 요약된다.

첫째, 얼굴을 사회로 돌리고 광범위하게 제자를 불러 모았다. 학문은 관청 귀족이나 하는 것學在官府이라는 생각은 춘추 시대부터 이미 쇠퇴해 갔으며, 이에 맞추어 사인私人이 학생을 불러 모으는 일이 생겨났다. 사인들이 학교를 운영하는 일이 바야흐로 힘을 탈 때 공자는 용맹한 장수 역할을 해냈다. 눈빛을 전체 사회로 돌리고 어디에도 구속되지 않은 채 폭넓게 제자들을 모았다. 공자가 제자를 받아들이는 원칙은 두 가지가 있었다. 하나는 "가르치는 데 신분을 가리지 않는다"10이고, 또 하나는 "제가 속수束脩(마른 고기 한 묶음) 이상의 예물만 들고 찾아오면 나는 그를 가르치지 않은 적이 없다"11이다. 그가 불러 모은 제자들은 복잡하고 다양했다. 그의 학생은 사회 여러 계층에서 모여들었다. 어떤 학생은 매우 부유했고, 어떤 학생은 매우 가난했으며, 범죄 경력이 있는 학생, 강도짓을 했던 학생, 유랑하는 건달까지도 있었다. 공자가 불러 모은 학생은 많게는 3000여 명에 달했다. 이것은 정말 위대한 창조이며 역사의 기적이다! 공자가 불러 모은 학생들은 복잡하고 다양했지만, 그의 교육활동은 한 가닥도 흐트러짐이 없었고 열성적으로 책임을 졌다. 그는 학생들의 각기 다른 상황에 근거하여 재능에 따라 교육을 펼쳤다因材施敎. 공자가 사회 전체를 향해 얼굴을 돌리고 제자들을 불러 모은 것은 교육사상 획기적인 의의를 지니며, 사회생활에도 광범위한 영향을 끼쳤다.

둘째, 공자는 전통문화를 체계적으로 정리했다. 노魯나라와 송宋나라는 은殷, 주周 문화가 집중된 지역이다. 공자는 전통문화에 깊은 애정을 갖고 있었으며, 가르치는 데도 일정한 교재가 필요했다. 그는 교학敎學을 결합하여 서주 이래의 전통 문헌을 정리, 선별, 편찬했다. 후세에 이야기하는 '육경六經'은 아마 공자가 선별 편찬한 교재일 것이다. '육경'은 『시詩』『서書』『예禮』『악樂』『역易』『춘추春秋』다. 이 '육경' 가운데 『악』은 전해오는 판본이 없다. 어떤 사람은 실전되었다고 하고, 어떤 사람은 원래 『악』이 없었다고 하며, 어떤 사람은 『시』와 『예』 가운데 존재한다고 주장한다. 어쨌든 후세에 독립된 『악경』은 없으며, 그래서 '오경'이라 부르기도 한다. 공자가 '육경'(혹은 '오경')을 편찬했는지에 대해서는 지금까지 여러 논의가 있어왔다. 어떤 사람은 공자의 손에서 나왔다고 하고, 어떤 사람은 공자와 무관하다고 생각한다. 양측을 비교해보면 공자의 손에서 나왔다는 주장이 비교적 타당한 이유를 갖고 있다. 『논어』를 보면 공자의 교육 내용은 주로 시, 서, 예, 악 등이다. 「술이述而」 편에 쓰여 있다. "선생님이 아언雅言이라고 한 것을 보면 시, 서 및 예의 집행이 모두 아언이었다."[12] 아언은 당시의 표준어를 가리킨다. 또 "나한테 수년의 시간이 더 주어져 오십에 역易을 공부한다면 큰 잘못은 없게 될 것이다"[13]라고 한다. 「태백泰伯」 편은 공자의 이런 말을 기술하고 있다. "시에 흥하고, 예에 서며, 악에 이룬다."[14] 맹자孟子는 공자가 "『춘추』를 지었다"[15]고 말한다. 『장자莊子』「천운天運」 편은 말한다. "구丘가 시, 서, 예, 악, 역, 춘추 육경을 다루면서 제멋대로 이는 오랜 전통이라고 말하는데, 그것이 옛것임을 누가 안단 말인가!"[16] 또 노자老子에 의탁하여 이렇게 말했다. "육경이란 선왕이 지나온 자취다. 어찌 그가 남긴 자취이겠는가!"[17] 어쨌든 공자가 가르친 내용과 전국 후기에 이야기되는 유가의 '육경' '오경' 등은 일치된다.

'육경' 혹은 '오경'의 원시 문헌은 아마 좀 산란하고 잡박했던 것 같다. 『시경』을 예로 들어보자. 『사기史記』「공자세가孔子世家」에 의하면 옛 시 3000여 편이 있었는데 공자가 중복된 것과 난잡한 것을 삭제했다고 한다. 『논어』에서 일컫는 "『시』 삼백"은 아마 공자의 선장본일 것이다. 공자가 선별 편찬한 '육경'은 또 후대인들에 의해 가감되었다. 우리가 오늘날 보는 판본을 공자가 선별한 원본으로 취급하기는 확실히 어려운 점이 많다. 반대로 그 속의 잘못된 부분만 이용하여 육경과 공자와의 관계를 전면 부정하는 것은 더 말이 안 된다.

문헌을 선별하여 정리한다는 것은 절대로 단순한 기술적 작업이 아니다. 여기에는 존폐의 기준에 관한 문제가 있다. 공자가 상정한 기준은 그의 사상 및 이론과 밀접한 관계를 갖고 있다. 이를테면 그는 시에 대하여 다음과 같은 평가를 내리고 있다. "시 삼백 편을 한마디로 요약하면 '생각에 어긋남이 없다'고 할 수 있다."[18] 공자가 고문헌을 채로 걸러 선별한 것이 도대체 잘한 일인가, 잘못한 일인가? 이는 간단히 대답하기 어렵다. 고문헌이 난잡한 상황에서 공자가 이를 체계적으로 정리하고 선별 편찬한 것은 대단히 의미 있는 일임에 틀림없다. 산만한 형식 속에서 문화적 성과는 오래 지속되기 어렵다. 한곳으로 모아야만 농도가 짙어질 수 있으며, 보존과 전달에도 유리하다. 그러나 선별 편찬이란 아무래도 편파적이 되는 것을 면하기 어렵다. 선별자의 주관적 기호에 제한을 받아 중요한 부분이 쓸모없는 것으로 여겨져 제거되는 경우가 있을 수 있기 때문이다. 이것이 또 하나의 결함이다. 하지만 이는 어쩔 수 없으며 피하기 어려운 일이다.

셋째, 체계적인 이론을 제기했다. 공자는 자칭 "기술할 뿐 창작하지 않았다"[19]고 한다. 사실 이는 겸손한 표현이다. 공자는 기술하면서 창작했을 뿐만 아니라 체계적 이론을 만들어내기까지 했다. 예컨대 '육경'을 보면 그는 정리하고 선별, 편찬을 했을 뿐만 아니라 이론으로 승화시켜 핵심 의의를 추출해냈다. 『예기禮記』「경해經解」편은 공자의 육경에 대한 평론을 싣고 있다. "사람됨에 온유하고 돈후하라는 것이 『시』의 가르침이다. 소통하여 멀리 알라는 것이 『서』의 가르침이다. 폭넓고 어진 삶을 살라는 것이 『악』의 가르침이다. 정밀하고 미묘한 것을 잘 재어보고 헤아리라는 것이 『역』의 가르침이다. 공손, 검약하고 엄숙, 경건하라는 것이 『예』의 가르침이다. 사건을 잘 비유하여 말을 하라는 것이 『춘추』의 가르침이다."[20] 『사기』「활계열전滑稽列傳」에는 공자의 이런 말을 싣고 있다. "다스리는 데 육예는 한 가지 이치다. 『예』로 사람을 조절하고, 『악』으로 화목을 도모케 하며, 『서』로 일을 이야기하게 하고, 『시』로 뜻을 드러내게 하며, 『역』으로 신묘하게 하고, 『춘추』로 올바르게 한다."[21] 이 말들을 공자가 직접 한 것이라고 단정할 수 없지만 『논어』 가운데 관련 있는 부분과 대조하면 공자의 사상과 부합함을 알 수 있다. 어떤 사물이 스스로 발동하는 상태에 있을 때는 그 자신의 가치를 충분히 드러내기 어렵다. 이론적으로 그것에 대해 논증을 가했을 때 비로소 사람들에게 그것의 가치와 의의를 이해시킬 수 있다. 공자는 서주의 전통문화에 대해 이론적으로 설명하고 논증했다. 그는 인식을 새로운 경지로 끌고 가 사람들이 전통문화를 재음미할 때의 알코올 농도를 높여주었다. 공자가 한 행위는 여기에 그치지 않았다. 수많은 신이론, 신인식을 제기했는데 이에 대해서는 아래에서 다시 논의하겠다.

공자가 이상 세 가지 방면의 일을 한 것으로 보면 그가 학파를 창립한 것은 필연적인 사건이 된다. 이 학파는 전통문화를 자신의 생존 기반으로 삼았으며, 교사를 자신들의 직업으로 삼았다. 여기에 공자의 심오한 철학이 더해져 한번 탄생하자 바로 강한 생명력과 끈기를 갖게 되었다.

이 학파를 유라고 부르게 된 까닭은 분명히 유라는 직업과 관련 있다. 그러나 공자 이후의 유와 그 이전의 유는 크게 달라졌다. 직업 외에 주로 이론적으로 구별되는 학파로 표현되었다. 그 밖에 유자들은 자신들만의 독특한 복장을 하기도 했는데 이를 '유복儒服'이라 불렀으며 한 번 보면 바로 유생임을 알아볼 수 있었다. '유'가 한 학파의 칭호가 된 것은 공자의 사후 얼마 되지 않아서였다. 묵자가 「비유非儒」 편을 지은 것은 확실히 유가를 하나의 학파로 간주한 증거다. 맹자는 공자의 학문을 유라고 부르며 "유에서 도망하면 꼭 양楊(양주楊朱의 무리)으로 돌아갔으며, 양에서 도망하면 반드시 유로 귀의했다"[22]고 말한다. 순자荀子는 유가의 깃발을 더욱 높이 들었다. 요컨대 다른 사람들의 반대와 스스로 긍정하는 소리가 난무하는 가운데 유가는 선진先秦의 제자백가 중 가장 혁혁한 학파가 되었다.

유가의 사상적 특징

유가는 하나의 통일된 정치 분파가 아니었으며 통일된 철학 분파도 아니었다. 그럼에도 여기에서 한 장을 할애하여 유가를 논술하는 것은 다음과 같은 근거 때문이다. 유가는 그들의 공통된 사상 형식이 있었다. 공통의 언어, 개념과 범주가 있었다. 그리고 공통의 스승이 있었다. 유가의 사상적 특징에 관해서는 유가 자신, 반대자, 연구자들이 각기 다른 각도에서 개괄해놓았다. 유가 스스로의 유가에 대한 개괄은 일찍이 공자 생전에 그와 그의 제자들이 시작했다. 공자가 증자曾子에게 말했다. "삼參아! 나의 도는 일관되어 있다."[23] 증자는 이를 구체적으로 해석하여 "선생님의 도는 충忠과 서恕일 따름"[24]이라고 했다. 그 뒤 맹자와 순자는 모두 진일보하여 이를 개괄했다. 반대자와 연구자들은 또 다른 각도에서 유가를 개괄한다. 그중 묵자의 「비유」, 『장자』 「천하天下」, 한비자韓非子의 「현학顯學」 편에 가장 집중되어 있다. 『여씨춘추呂氏春秋』의 적잖은 편에도 언급되고 있다. 이들을 총괄하면 유가 사상에는 다음 몇 가지 특징이 있다.

첫째, 유가는 요堯, 순舜의 말을 본떠 글을 쓰고祖述堯舜 문文, 무武의 제도를 모방하며憲章文武, 선왕의 도를 자신들의 깃발로 삼는다. 공자로부터 요, 순을 칭송하고 문, 무의 제도를 으뜸으로 받들기 시작했다. "위衛나라 공존조公孫朝가 자공子貢에게 물었다. '중니仲尼는 어떻게 공부했습니까?' 자공이 대답했다. '문, 무의 도가 아직 땅에 떨어지지 않고 사람들에게 건재해 있습니다. 현명한 사람은 그 가운데 큰 요체를 알아차리지만 현명하지 못한 사람은 작은 것만을 압니다. [당시] 문, 무의 도가 없어지지 않았던 것입니다. 선생님께서 무엇을 배우지 않았겠습니까? 또 어찌 고정된 스승을 가졌겠습니까?"[25] 맹자는 선왕의 도를 자신의 기치와 이상으로 더욱 선명하게 내걸었다. 순자는 맹자의 법선왕法先王(선왕의 도를 본받음)을 비판하고 이에 대응하는 법후왕法後王(현존한 훌륭한 왕의 도를 본받음)을 제기했다. 그러나 사실 순자의 법후왕은 곧 맹자의 법선왕이다. 왜냐하면 순자의 후왕은 맹자의 선왕, 즉 요, 순, 우禹, 탕湯, 문, 무왕을 지칭하기 때문이다. 순자도 명백히 법선왕을 제창했다. 「유효儒效」 편에서는 "유자라면 선왕을 본받아야 한다"고 말한다.

둘째, 육예六藝를 모범으로 삼는다. 『장자』 「외물外物」 편은 말한다. "유들은 시, 예로 무덤을 쓴다."[26] 「천하」 편은 말한다. "시, 서, 예, 악에 대해서는 추, 노鄒魯나라의 사士들, 벼슬아치 신사들 대부분이 꿰뚫고 있다."[27] 사마담司馬談은 말한다. "유자들은 육예를 모범으로 삼는다."[28] 『사기』 「공자세가」는 말한다. "중국에서 육예를 말하는 사람이면 공 선생에게 절충한 것이다."[29] 유가의 육예 숭상은 교재 때문만은 아니었다. 사실은 주 이래의 전통문화를 숭상한 것이다. 육예는 전통문화를 감당하고 있었다.

셋째, 예의를 숭상했다. 유가는 예로 나라를 다스리고, 예로써 군신, 부자, 귀천, 친소親疏를 구별해야 한다고 주장한다.

넷째, 인仁, 의義, 예禮, 지智, 충忠, 효孝, 신信, 애愛, 화和, 중中 등은 유가에 공통된 기본 개념이고 범주였다. 물론 이 개념들이 함축하는 의미에 대한 이해에서 학자마다 많은 차이를 보였다. 이들 개념과 범주는 유가의 독특한 사상적 외피를 구성했으며, 사람들로 하여금 한번 보면 바로 유가임을 알도록 해주었다.

다섯째, 공자를 종사宗師로 받들었다. 유가 내부는 수많은 분파로 갈렸고 서로 비난도 잦았다. 그러나 그들 모두 공자를 조사로 삼았으며 자기가 공자의 정통을 이어받은 사람이라고 선포했다. 이런 싸움을 한 번 거칠 때마다 공자의 지위는 내려갈 수가 없었고 오히려 한 걸음씩 올라갔다.

이상 몇 가지는 유가의 공통된 특징이다. 이 몇 가지에 근거하면 누가 유인지, 누가 유가 아닌지, 누가 유의 영향을 받았는지 등의 문제를 비교적 쉽게 판명할 수 있다.

유가의 분화

학파 내 분파 현상은 사상의 발전 과정에서 피하기 어려운 것이며, 필연적 법칙이라고 할 수 있다. 공자 생전에 제자들의 스승의 사상에 대한 이해와 깨침 정도에 벌써 차이가 생겨나기 시작했다. 그가 죽자 이해상의 차이는 공개적인 문파 싸움으로 바뀌었다. 공자 이후 유가분화의 상황에 관해서는 순경荀卿(순자)이 그의 저작에서 여러 각도로 묘사한 적이 있다. 이를테면 그는 유를 대유大儒, 아유雅儒, 속유俗儒, 소유小儒, 산유散儒, 천유賤

儒 등으로 구분한다. 그는 유가의 구호를 외치고 유가의 복장을 하고 있으면서 유가 정신의 실질에 대해서는 조금도 알지 못하는 "방법이 황당하고 학문이 잡박한" 유를 속유라고 생각했다. 유가 정신의 실질을 깨쳐 관통하고 그 운용이 자유자재하며 하자 없이 순정한 사람을 대유, 속유와 대유의 중간에 낀 사람을 아유라고 한다. 순자는 속유를 비난하기는 했지만 그래도 그들이 속인들보다는 강해야 한다고 주장한다. "군주가 속인을 쓰면 만승萬乘의 나라라도 망하며, 속유를 쓰면 만승의 나라가 존립은 한다. 아유를 쓰면 천승千乘의 나라가 안정된다. 대유를 쓰면 100리百里의 땅이라도 오래 지속하여 3년 뒤에는 천하를 통일하고 제후들을 신하로 거느리게 된다. 만승의 나라라면 움직이자마자 안정되며 하루아침에 패업을 이룰 수 있다."[30] 순자는 또 각 인물을 대표로 삼아 유가의 분파들을 분류했는데, 구체적으로 다음 몇 파를 들 수 있다.

중니, 자궁子弓의 유 순자는 자궁이 공자의 정통을 이어받은 자라고 생각했다.

자사子思, 맹가孟軻의 유 이 파는 "대략 선왕을 본받는다 하나 정통을 이해하지 못하고 있으며, 재주와 뜻만 크고 듣고 보는 바가 잡박하다."[31]

자장子張씨의 유 이 파는 "관을 눌러쓰고 그럴듯하게 말을 늘어놓으며 우임금이나 순임금의 걸음걸이를 흉내 낸다."[32]

자하子夏씨의 유 이 파는 "의관을 정제하고 낯빛을 바꾸지 않으며 묵묵히 온종일 이야기하지 않는다."[33]

자유子游씨의 유 이 파는 "유를 참칭해 일을 꾸미고 염치를 모른 채 음식만 탐하면서 반드시 군자는 힘쓰는 일을 하지 않는다고 말한다."[34]

한비자는 그의 스승 순자의 영향을 받아 「현학顯學」 편에서 유가의 분화 상황을 더욱 체계적으로 묘사했다. 그는 이렇게 말한다. "공자가 죽은 뒤 자장의 유, 자사의 유, 안顔씨의 유, 맹孟씨의 유, 칠조漆雕씨의 유, 중량仲良씨의 유, 손孫씨의 유, 악정樂正씨의 유가 있었다."[35] 공자 사후에 "유는 여덟 개로 분화되었다". 유가가 여러 유파로 분화되었다는 사실은 유가가 쇠락했다는 표시가 아니며, 오히려 유가가 발전했다는 중요한 징표다. 어떤 의미에서 보면 내부의 분파싸움은 그를 통해 큰 분파가 발전하는 필요조건이 되기도 한다.

유가의 정치 성향

오늘날 수많은 학자가 유가 학파의 정치 성향을 연구하고 있는데 그 견해들이 크게 엇갈리고 있다. 같은 한 사람을 두고도 어떤 사람은 혁명파로 어떤 사람은 반동파로 취급하는가 하면, 혹자는 노예주의 대변인으로 혹자는 봉건영주의 대변인으로 간주한다. 이견 속에서 굳이 공통된 주장을 찾자면 절대 다수가 유가를 당시 통치자의 입장에 서서 통치자들을 위해 계책을 도모한 사람들이라고 인정한다는 것이다. 사마담은 「논육가요지論六家要旨」에서 바로 이것을 지적하고 있다. 유가들이 현실적이지 못한 곳이 수없이 많지만 그 가운데 "군신, 부자간의 예를 나열하고, 부부, 장유 간을 구별 지은 것은 어떤 학파라도 바꿀 수 없었다"[36] 순자는 유가의 작용에 대해 일단의 고백을 하고 있는데, 이는 유가의 정치 성향을 매우 잘 설명해준다. 진秦 소왕昭王은 유가를 믿지 않았다. 그는 순경과 대화하면서 "유는 사람들의 나라에 무익하다"[37]고 지적했다. 순자는 이렇게 대답했다. "유자들은 선왕을 본받으며 예의를 드높입니다. 신하의 입장에서 삼가며 윗사람을 지극히 높입니다. 군주가 유자를 쓰면 현 조정의 세력을 떨치게 해줄 것입니다. 쓰이지 않아도 물러나 백성을 유덕하게 재편할 것이니 반드시 아래가 순화될 것입니다. 그들은 가난하고 배고프고 추위도 절대 삿된 길을 탐하지 않을 것이며, 송곳 꽂을 땅조차 없어도 사직의 대의를 확실히 지킬 것입니다."[38] 순자의 이 한마디는 매우 솔직하고 실제적으로 유가의 공통된 성질을 이야기하고 있다. 통치자를 위해 계책을 모의하고, 자기 분수에 맞추어 살라고 인민을 가르치는 것이야말로 유가 정치사상의 기초다. 유가는 어떻게 통치 질서를 공고히 할 것인가를 총체적으로 토론하는 데 치중했으며, 당시 실행 가능한 정책에 대한 논의는 부족했다. 그래서 선진 시대에 유가는 현실적 정치 활동 밖에서 논다고 배척당하곤 했다.

다음은 본 장에서 논의할 몇몇 사상가에 대한 간단한 설명이다.

공자 예禮로 나라를 다스릴 것을 주장했다. 예 가운데 특히 인仁에 주목했다. 사회적 모순에 대해서는 중용中庸의 도로 응했다. 공자의 정치 성향은 보수에 치우쳤지만 그렇다고 완고하게 변화를 거부하지는 않았다. 당시 신과 구가 모순을 일으키던 상황하에 그는 보수의 변경에서 애써 균형을 추구했다. 공자는 개인적 정치도덕의 완벽성과 수양에 중점을 두었으며, 현실 세계의 구제 방안은 부족했다.

『대학大學』과 『중용中庸』 지은이는 공자의 개인수양에 대한 이론과 주장을 발전시켜 개인적 수양, 수신修身, 양성養性을 모든 사회 문제의 중심에 두었다. 지은이는 수신-제가-치국-평천하의 정치 방정식을 제기했다.

맹자 성선性善을 출발점으로 사람의 본성과 그 변화 및 사회 모순을 분석했다. 그는 성선설로부터 인정仁政이라는 정치적 주장을 끌어내어 성선, 도덕, 정치를 일체화했다. 전체적으로 보아 맹자는 통치자 편에 섰지만 인민의 고통에 동정을 보내기도 했다. 통치자에게 인민의 고통을 돌봐야 한다고 권고하는가 하면 폭군에게 맹렬한 비판을 가하기도 했다.

순자 성악性惡을 출발점으로 삼아 사람과 자연 및 사회 모순을 분석했다. 순자는 반드시 예의를 사용하여 사람의 악한 성품을 개조하고 통제해야 한다고 주장한다. 개조의 기본 수단이 예였기 때문에 정치적으로 예치주의로 나타났다. 예의 기본 정신은 '분分(나눔)'인데, 이 '분'만이 악성의 팽창을 통제할 수 있다는 것이다. 순자가 말하는 예는 법가의 법法과 상당히 많은 부분이 상통하여 유가, 법가가 합류하는 경향을 보이고 있다.

『역전易傳』 지은이는 힘써 천天과 인人의 통일성을 구하며, 그 통일성을 이용하여 당시 사회정치적 구조의 필연성을 논증하고자 한다. 『역전』은 변화變를 이야기하는 데 중점을 둔다. 그래서 정치적으로도 변화에 대응하는應變 정치에 관해 중점적으로 논의한다. 응변하는 과정에서 도량度量39을 잘 장악해야 한다고 저자는 강조한다. 도량의 조정을 통하여 사물의 안정을 구할 수 있다는 것이다.

『주례』 국가 체제와 각종 관리의 직무에 대해 상세히 논의한다.

공자의 예禮, 인仁 중심의
정치사상

공구孔丘의 자字는 중니仲尼다. 기원전 551년(기원전 552년 탄생설도 있음)에 나서 기원전 479년에 죽었다. 공구의 조상은 송宋나라 사람인데, 증조부를 방숙防叔이라 부른 것은 노나라에 피신해 방防대부가 되었기 때문이다. 방숙은 백하伯夏를 낳고 백하는 숙량흘叔梁紇을 낳았다. 숙량흘은 추鄹읍의 대부를 지낸 적이 있고 공구를 낳았다. 공구는 아버지가 일찍 죽어 가세가 쇠락했으므로 "나는 어렸을 때 비천했다"[40]고 말한다. 『사기』는 "가난하고 비천했다"고 말한다. 여기서 이야기하는 '빈천貧賤'이란 상대적으로 그의 선대가 귀족이었고, 또 그 자신이 나중에 상승하여 대부大夫가 된 것으로 볼 때 일반적으로 이야기하는 평민 수준의 비천함이 아니다. 공구의 가세가 쇠락했다고 하지만 어린 시절 그가 받은 것은 여전히 귀족 교육이었다. 당시에는 집안이 쇠락할수록 오히려 예절을 중시하여 자신이 평범하지 않음을 나타냈고, 평민과 어울리는 것을 원치 않는 경향이 있었다. 예컨대 진晉나라 기결冀缺은 집안이 망한 뒤 할 수 없이 제힘으로 밥벌이를 하고 살았는데도 부부가 서로 마주할 땐 여전히 "서로 손님처럼 대했다."[41] 『사기』에는 공구가 어려서부터 예를 좋아해 소꿉놀이를 할 때

"곧장 제기를 진설하고 예로 손님을 맞는 놀이를 했다"[42]고 기록하고 있다. 이 행동을 천성으로 귀결시켜 나중 공구가 예를 존중하는 복선을 깐 것이라고 말하는 것은 분명 잘못이다. 그저 공자의 가정이 아직 귀족 냄새를 보존하고 있었다고 말할 수 있을 뿐이다.

당시의 예는 매우 번잡하여 대다수 사람은 정확히 알지 못했다. 그래서 전문적으로 예를 관장하는 사람을 두었으며, 그를 행사의 주례司儀와 마찬가지 의미의 상례相禮라고 불렀다. 춘추 시대에 제후의 모임이나 외교 행사장, 성대한 제례식 및 경축활동의 상례를 맡는 것은 매우 영광스러운 일이었다. 예를 들어 기원전 535년 노魯 소공昭公이 초楚나라를 방문하고 돌아오자 소공 환영식이 베풀어졌는데, 노나라 대부 맹희자孟僖子는 상례 역을 맡지 못한 것을 지극히 유감스러운 일로 여겼다.(『좌전』 소공 7년) 공자는 성인이 된 뒤 자주 상례활동에 종사했다.

공구는 한 발 한 발 위로 올라갔다. 20세 전후에는 계季씨 문중에 들어가 위리委吏(창고를 관리하는 직무), 승전乘田(소나 양을 돌보는 직무) 등을 담당했다. 그러나 열심히 예를 익혀 30세 전후에는 예를 아는 사람知禮으로 불렸다. 아마 이때부터 제자를 거두고 사학私學을 운영하기 시작했을 것이다. 공구는 일생 동안 실제 정치 활동을 그다지 많이 하지 못했다. 오십 몇 살 때 단기간 노의 중도재中都宰, 소사공小司空과 사구司寇를 역임한 적이 있을 뿐이다. 노와 제齊 두 나라 군주가 협곡夾谷에서 모일 때 상례 역할을 맡은 적이 있다.(『좌전』 정공 10년) 하지만 관운이 늘지 못해 도중에 물러났으며, 그 후에는 주로 교육활동에 종사했다.

공구의 주된 공헌은 교육에 있다. 그는 '유교무류有敎無類(신분고하를 가리지 않고 가르침을 베풂)' 정신에 입각하여 갖가지 신분이 다른 제자들을 받아들였다. 그중 대부분은 사士였다. 당시는 관료 제도가 막 생기는 중이었는데, 사는 바로 관료 후보자였다. 공자가 학교를 운영하는 목적은 정치

종사자를 배양하기 위함이었다. 자하子夏의 "배워서 출중하면 벼슬한다"[43]는 말은 그런 뜻이다. 공자 자신도 "배우면 녹이 그 가운데 있게 된다"[44]고 이야기했다. '학學(배움)'과 '사仕(벼슬)'를 함께 취급하는 것은 당시의 시대정신이었다. 배워 출중하면 벼슬한다는 말은 배우지 않고도 벼슬을 한다거나 '친친親親(가까운 사람과의 친한 관계)'으로 벼슬하는 것보다 훨씬 더 진보적이다. 배워서 출중하면 벼슬길에 나가는 것이 당시와 그 이후의 조류가 되었다.

공자가 운영한 것은 정치 학교였다. 따라서 그는 정치에 대단한 관심을 기울였고, 고금의 정치를 이론적으로 개괄했다. 그가 가르친 과목은 시詩, 서, 예, 악, 사, 어였는데(달리 예禮, 악樂, 사射, 어御, 서書, 수數란 주장도 있음), '육예六藝'라 불렀다. 「술이」 편은 말한다. "선생은 네 가지로 가르쳤는데, 문文, 행行, 충忠, 신信이었다."[45] 이러한 것들은 당시의 정치학이었다. 공자가 강의한 정치학은 일반적으로 경험적 사실에 대한 논의가 아니었으며, 구체적인 정책도 아니었다. 그는 구체적 정치사건과 역사로부터 이론과 원칙을 추론해내는 방식이었다. 후인들이 편집한 『논어』 한 권은 공자의 이런 언행을 담고 있는데, 공자 사상을 연구하는 중요한 자료가 된다.

공자는 중국 역사상 위대한 교육가이며 사상가다. 그가 논술한 문제의 범위는 지극히 광범하다. 그 가운데서 중요한 것은 정치사상과 윤리 사상인데 이 둘은 서로 관통되어 있다. 공자는 중국 정치사상사에서 특별히 중요한 지위를 차지하고 있으며 봉건 시대 정치사상의 조사祖師 가운데 한 사람이다.

인간 중심의 정치 및 인치人治로의 전환

춘추 시대 이래 신으로부터 인간 지향으로 전환하려는 정치적 사유가 급속히 발전했다. 공자는 이런 흐름을 집대성한 사람이다. 그와 노자가 어깨를 나란히 한 것은 이런 역사적 전환의 징표다. 노자는 사람을 자연으로 환원시켰고, 공자는 사람을 사회로 환원시켰다. 정치는 사회적 인간을 향해야 한다는 것이 공자의 정치사상의 주제였다.

공자는 신과 완전히 결별하지는 않았지만, 신을 비현실적인 것虛位으로 자리매김해야 한다고 주장했다. "백성의 의무를 다하는 것은 귀신을 공경하되 멀리하는 것이다."[46] 공자는 특수한 사유 방법을 하나 개창했다. 그것은 신으로 하여금 백성 삶의 주재자가 되지 않도록 하면서도, 귀신을 포기함에 따라 맞는 공허함을 원치도 않았다는 것이다. 공경하면서도 그게 부담되는 것은 싫었던 것이다. 신과 인간의 관계에서 공자는 인간사를 더 중시했다. 그래서 그의 제자 계로季路가 귀신을 어떻게 섬겨야 하느냐고 물었을 때 이렇게 대답했다. "아직 사람도 섬길 수 없는데 어떻게 귀신을 섬길 수 있겠느냐?"[47] 공자는 사람과 사회를 끌어다 인식 대상, 연구 대상으로 삼은 것이다.

인치人治

정치의 여러 요소 가운데 공자가 가장 중시한 것은 집권자의 역할이었다. 잘 다스려지느냐 아니냐는 사람에 의해 결정된다는 것이다. 계강자季康子가 공자에게 정치에 관해 묻자 공자는 이렇게 대답했다. "정치란 올바르게 함입니다. 당신이 올바름으로 통솔한다면 누가 감히 올바르지 않겠습니까?"[48] 이런 말도 했다. "군자[49]의 덕은 바람과 같고, 소인[50]의 덕은 풀과 같습니다. 풀 위로 바람이 스치면 풀잎은 반드시 그에 따라 쓰러집니다."[51] 공자가 인치人治를 제창한 것은 다음과 같은 이유에서였다.

공자는 집권자, 특히 군주는 정치생활에 결정적 역할을 한다고 생각했다. 군주의 한마디로 나라를 흥하게 할 수도 있고, 한마디로 나라를 망하게 할 수도 있다는 것이다. 이 말은 공자가 제기한 것이 아니라 노 정공魯定公이 공자에게 물으면서 한 말이다. 정공은 "한마디로 나라를 흥하게 할 수 있고,"[52] "한마디로 나라를 망하게 할 수 있는"[53] 그런 말이 있는지 없는지를 물었다. 이에 공자는 문제를 절대화할 수는 없으나 그와 비슷한 말은 있다고 대답했다. 예컨대 다음과 같은 말이 있다는 것이다. "내가 군주된 것은 즐거울 것이 없지만 아무도 내 말을 거역하지 못하는 것이 즐겁다."[54] 이 말은 군주로서 내가 가장 좋아하는 일을 하면 누구도 감히 그 말을 거역하지 못하니 즐겁다는 의미다. 공자는 이 말을 이렇게 평했다. "그 말이 훌륭한 것이라면 거역하지 못할 것이니 또한 좋은 것 아니겠습니까? 그런데 좋지 못한 것인데도 거역하지 못한다면 이는 한마디가 나라를 망치는 것 아니겠습니까?"[55] 공자는 정공의 물음에 사정을 절대화할 수는 없다고 주장했지만 주체적으로 그 자신은 여전히 그와 비슷한 생각을 받아들이고 있었다. 한마디가 나라를 흥하게 하고, 한마디가 나라를 망하게 한다는 말은 복잡한 문제를 단순화하고 있음에 틀림없다. 즉 집권자의 역할을 지나치게 과장하고 있다. 그렇지만 군주 전제 시대에 이런 식의 말은 그런대로 일정한 역사적 근거를 갖고 있었다. 군주의 생각 하나의 차이가 여러 결과를 만들어내곤 했기 때문이다. 바로 이와 같은 사실에 근거하여 공자는 집권자 개인의 수양과 품덕을 특별히 강조했다.

공자가 인치를 강조하는 또 하나의 근거는 사람이야말로 도의 체현자이고 담당자이기 때문이라는 것이다. 공자가 말하는 '도'의 내용은 매우 방대하다. 대체로 정신, 정책, 도덕, 전통 및 그에 상응하는 여러 제도 모두를 포괄한다. '도'라는 것은 역사적 과정의 산물이며, 주나라 문, 무의 도가 지속적인 영향력을 갖듯이 역사적 삶의 한가운데 존재하기도 한다. 그러나 이는 일정한 인재를 통해서만이 생명력을 가질 수 있다. 사람과 도의 관계에서 사람이 도에 생명을 불어넣는 요인이 된다. 공자는 말한다. "사람이 도를 키울 수 있지, 도가 사람을 키우는 것이 아니다."[56] 사람이 도를 더욱 발전시킬 수 있는 것이지, 도가 사람의 재능을 확대시켜줄 수는 없다는 말이다. 공자의 이 한마디는 대단한 탁견임에 틀림없다. 전통은 살아 있는 사람을 통해서만 그 역할을 할 수 있다. 이를 위해 공자는 학學, 도道, 입立, 권權의 관계를 제기하기도 한다. "더불어 같이 공부學할 수는 있지만 더불어 도道에 응할 수는 없다. 더불어 도에 응할 수는 있지만 더불어 도를 세울立 수는 없다. 더불어 도를 세울 수는 있지만 더불어 [경중을] 헤아릴權 수는 없다."[57] 이 말은 함께 공부할 수 있는 사람이라고 해서 꼭 같이 도를 배웠다고 할 수는 없으며, 도를 배웠다는 사람이라고 해서 꼭 도를 굳게 지킨다고 할 수 없고, 도를 견지하는 사람이라고 해서 꼭 그것을 응용하여 발전시킬 수는 없다는 의미다. 공자가 '권權(헤아림)' 할 수 있어야 진정으로 일정 수준에 오른 것이라고 본 것은 확실히 남보다 월등한 생각이다.

또 한 가지, 공자는 정치 관계와 정치 과정을 자신으로부터 타인에 미치는_{由己及人} 관계이자 과정이라고 주장한다. 여기에 근거하여 그는 "자신을 수양함으로써 타인을 편안케 한다,"[58] "자신을 수양함으로써 백성을 편안케 한다"[59]고 이야기한다. 위정자는 반드시 수신에서 출발해야 하며 그를 본받으려는 힘이야말로 정치의 결정적 요인이다. "그[군주]의 행신이 바르면 명령하지 않아도 행해지며, 행신이 바르지 못하면 명령을 내려도 따르지 않는다."[60] "그 행신이 바르다면 정치하는 데 무슨 문제가 있겠느냐? 행신이 바르지 않다면 어떻게 사람을 바로 이끌겠느냐?"[61] 공자가 정政을 '정正', 즉 집권자의 '정正'이라고 말한 것은 나름대로 일리가 있다. 그러나 전체적으로 볼 때 이는 확실히 문제를 단순화시켰다. 공자의 견해에 따르면 정치 관계란 무엇보다 위에서 하면 아래서 따르는_{上行下效} 관계가 되어버리며, 복종과 피복종 관계 또는 권력의 제약 관계가 아니다. 이런 견해는 근본적으로 정치 현실과 맞지 않는다. "행신이 바르면 명령하지 않아도 행해지는" 것은 개별적 사실일 수는 있어도 절대로 정치의 보편 현상일 수는 없다. 반대로 "행신이 부정하면 명령을 내려도 따르지 않는다"고 하지만, 많은 경우 집권자의 행신이 부정해도 아랫사람들은 그의 명령에 반드시 복종해야 한다. 정치 관계의 핵심은 도덕적 관계가 아니라 권력과 정책으로 유대하는 관계다. 정인군자가 꼭 나라를 잘 다스린다고 할 수는 없다.

사람이 정치에서 지극히 중요한 위치를 차지한다는 것은 틀림없다. 그러나 제도, 정책에서 비켜나 사람을 돌출시키고, 특히 도덕적 품격을 가장 중요한 조건으로 삼은 것은 현실적이지 못할 뿐만 아니라 기만에 빠지기 쉽다.

인재 선발

인치에서 출발하면 필연적으로 현인 정치가 도출된다. 집권자가 '군자' '성인成人' '인인仁人' '현인'이기만 하면 모든 문제는 곧 해결된다. 공자의 현인 정치사상은 두 측면을 포함한다. 하나는 사인士人들에게 열심히 공부하고 수양하여 자신을 현인으로 만들어 벼슬길에 나아갈 자격을 갖추라는 요구이다. 번지樊遲가 농사일을 배우는 데 반대한 것은 확실히 공자가 노동을 천시했음을 나타낸다. 그러나 그가 출발부터 노동을 비천하게 여겼기 때문은 아니다. 그는 사士라면 응당 도를 배우고 예를 익히는 것을 임무로 삼고, 관료가 되는 것을 자신의 앞길로 여겨야 한다고 주장한다. 그래서 말한다. "위에서 예禮를 좋아하면 백성이 그를 존경하지 않을 수 없다. 위에서 의義를 좋아하면 백성은 감히 불복종하지 못한다. 위에서 신信을 좋아하면 백성은 감히 사사로운 정을 이용하지 않는다. 이렇게 해야만 사방의 백성이 제 자식들을 포대기에 싸들고 몰려들 것이다. 농사지어 될 일인가?"[62] 이 말은 농사짓는 기술을 익혀서는 백성을 다스릴 수 없으며 예의만이 백성을 다스릴 수 있다는 의미다. 당연히 생계로 볼 때도 농사를 배우는 것은 관료가 되느니만 못하다. "군자는 도를 도모할 뿐 먹는 것을 도모하지 않는다. 밭은 갈아도 그 가운데 배고픔이 있지만, 도를 익히면 그 가운데 봉록이 있다. 군자는 도를 근심할 뿐 가난을 걱정하지 않는다."[63] 공자는 정치에 종사하기 전에 반드시 학습하라고 주장한다. 배워서 출중해야 비로소 벼슬길에 나아갈 수 있다. 배우지도 않고 관료가 되는 것이야말로 가장 나쁜 일이다.

다른 한편으로 집권자는 뛰어난 인재를 선발하여 벼슬길에 들도록 해야 한다는 것이다. 중궁仲弓이 계季씨의 재宰가 되었을 때, 정치를 어떻게 해야 하느냐고 공자에게 물었다. 공자는 이렇게 이야기해주었다. "소속 관리들이 제 능력을 다 발휘토록 하고, 작은 잘못을 범한 자들을 사면하고,

현명한 인재를 뽑거라."[64] 중궁이 다시 물었다. "어떻게 현명한 인재임을 알아서 선발합니까?"[65] 공자가 말했다. "네가 아는 바대로 선발하거라. 네가 모르는 인재는 주위에서 추천하지 않겠느냐?"[66] 한번은 번지가 지智가 무엇이냐고 묻자 공자는 "사람을 아는 것이다"라고 대답했다. 번지가 여전히 이해를 못하자 공자는 한 걸음 더 나아가 해석해주었다. "곧은 것을 들어 굽은 것에 놓으면 굽은 것을 곧게 할 수 있는 법이다."[67] 번지는 이번에도 그 요체를 파악하지 못하고 자하에게 다시 물었다. 자하가 말했다. "참으로 함축이 풍부한 말이로다! 순임금이 천하를 얻어 대중 속에서 고요皐陶를 선발하자 어질지 못한 자들이 멀어졌다. 탕왕이 천하를 얻어 대중 속에서 이윤伊尹을 선발하자 어질지 못한 자들이 멀어졌다."[68] 자하의 해석은 스승 공자의 사상을 잘 반영하고 있다. 공자는 정권을 장악한 사람이 현인을 두고도 돌아보지 않는 데 심한 불만을 표출했다. 장문중臧文仲이 정권을 장악하고도 현인 유하혜柳下惠를 쓰지 않자 그는 이렇게 비판했다. "장문중은 자리를 도둑질한 사람이로구나?"[69]

현명한 인재를 선발해야 하고, 관료가 되기 위해서는 먼저 배우라는 공자의 주장은 당시로서는 그런대로 진보적이었다. 이는 친인척을 관료로 삼고, 배우지 않아도 관료가 되는 풍토에 일격을 가한 것이다. 그런데 그가 말하는 현인은 예禮와 인仁을 준칙으로 삼고 있다. 따라서 그의 현인 정치론이 강조한 것은 도덕적 품격이지 재능과 지식이 아니다. 그 밖에 '현명한 인재 선발擧賢才'과 '대중 가운데서 뽑음選於衆'이 가리키는 것은 윗자리에 있는 사람이 위로부터 아래를 선발한다는 것이지 민주적 선거 제도는 아니다.

예로 나라를
다스림以禮治國

예는 공자의 정치사상 중 사회 구조에 대한 체계다. 『좌전左傳』『국어國語』에는 예에 관한 논의가 매우 많다. 요컨대 예란 등급을 중심으로 하는 사회 질서, 사회 구조이며 사람들의 행위 준칙에 관한 기본 규범이다. 바로 이 때문에 예는 나라를 다스리는 근본으로 여겨져왔다. "예란 국가를 경영하고, 사직을 확정하며, 백성을 질서 지우고, 후대를 이롭게 하는 것이다."[70] "예란 국가의 기율이다."[71] "예는 국왕의 큰 법칙이다."[72]

공자는 서주 이래의 예에 관한 사상을 전면 계승하고 발전시켰다. "모든 국사를 예로 처리한다"[73]는 말은 정치에 있어서 예의 지위와 역할에 관한 공자의 인식을 단적으로 드러내준다. 공자는 치국하고 치민治民하는 네 정政과 형刑에만 의존해서는 안 된다고 지적한다. "행정 수단政으로 이끌고 형벌刑로 질서를 잡으면 백성은 죄를 면하는 데 급급할 뿐 부끄러워할 줄 모르게 된다."[74] 행정 명령과 형벌은 백성을 잠시 범죄에서 벗어나도록 해줄 수 있을 뿐, 끝내 백성으로 하여금 마음으로 복종하게 만들 수는 없다. "덕으로 이끌고 예로 질서를 잡아야"[75]만 백성으로 하여금 "부끄러움도 알고 품격도 갖추게 할 수 있다".[76] 공자는 "위에서 예를 좋아하면 백성이 감히 불경한 짓을 못하며,"[77] "위에서 예를 좋아하면 백성을 쉽게 부릴 수 있다"[78]고 생각했다.

귀천 종속 관계에 대한 옹호

공자의 예는 귀천貴賤, 군신君臣, 부자父子의 등급 종속 관계를 핵심으로 하는 사회 통합 체계를 구축하려 했다. 이는 주로 다음 두 가지 방면에서 드러난다.

첫째, 예를 사회 통합의 준칙으로 삼는데, 그 준칙은 귀천 등급 제도였다. 그는 "귀와 천은 어그러질 수 없으며", 백성은 "신분이 높은 사람을 존중"해야 한다고 주장한다.(『좌전』 소공 29년) 공자는 예로 규정한 명분과 등급은 절대로 넘나들 수 없다고 생각했다. 계씨가 궁정에서 팔일무八佾舞[79]를 추게 하자 공자는 분기탱천하여 이렇게 말했다. "차마 이런 일을 할 수 있다니, 무슨 일인들 못 하겠는가?"[80] 노나라의 계, 맹孟, 숙叔씨 등 세 집안이 "옹雍"[81]을 연주하며 제사를 끝내자, 공자는 이렇게 비판했다. "'제후들이 따르는도다, 천자께서는 숙연하시도다'라는 내용을 세 대부 집 사당에서 연주하다니?"[82] 그는 예를 어기는 어떠한 행위도 용납할 수 없음을 분명히 했다. 학생을 가르칠 때도 예는 중요한 내용 가운데 하나였다. 학생들이 모두 "예에 입각"하여 행동하기를 요구했다.(『논어』 「태백」) 예로 사회 질서를 통합하여 안정을 지켜내라는 것이다. 공자가 『춘추』를 지은 것은 바로 이 명분과 원칙을 널리 알리기 위함이었다.

둘째, 귀천 종속 관계에 군신과 부자라는 두 항목이 특출하며, 이 둘을 전체 인간관계의 핵심으로 취급했다. 공자는 군신 관계가 예와 충을 원칙으로 삼아야 한다고 주장한다. "군주는 예로써 신하를 부리고, 신하는 충으로 군주를 섬긴다."[83] 공자는 구체적 군주에 대해 맹목적으로 아부하지는 않았지만, 군신 관계를 신성불가침한 것으로 생각하고 있으며, 특히 하극상의 작란은 대역무도한 것으로 취급한다. 「향당鄕黨」 편의 한 구절은 공자가 존군尊君하는 심경을 적나라하게 드러내고 있다. "궁궐 문을 들어갈 때는 깊이 허리를 굽히고 마치 얼굴이 없는 듯했다. 군주가 다니는 중문에 멈추어 서지 않았으며 문지방을 밟고 걷지 않았다. 군주 앞을 지날 땐 매우 황송한 기색으로 걸음걸이를 심히 조심했으며, 마치 말이 안 나오는 것처럼 보였다. 궁궐 계단을 오를 땐 옷섶을 잡고 허리를 굽혔는데, 마치 숨도 제대로 못 쉬는 것처럼 했다."[84] 공자는 마음과 행동의 일치를 주장하는데, 여기서 묘사한 것이 설마 정신적 복종이 겉으로 드러난 것은 아닐는지?! 자하가 "군주를 섬김에 온몸을 다 바칠 수 있다"[85]고 한 말이야말로 공자 군신 관계의 준칙을 정확히 표현했다고 보아야 할 것이다. 공자는 부자관계에서 자식이 부모에게 종속됨을 주장한다. 그의 효에 대한 규정은 '양養(보살핌)'과 '경敬(공경)'만이 아니다. 더욱 중요한 것은 '뜻을 거스르지 않음無違', 즉 절대복종이다. "부모는 자식을 위해 감싸주고, 자식은 부모를 위해 감싸준다"[86]는 그의 말은 낮은 차원에서 서로 비호하는 것으로 볼 수 없다. 육친을 위해 숨겨주는 것은 공자 쪽에서 볼 때 숭고한 도덕원칙이었다.

군신, 부자의 일방적 종속 관계는 다른 인간관계를 제약했으며, 등급적 명분체제를 유지하는 데 중추가 되기도 했다. 군권주의君權主義와 부권주의父權主義는 서로 버팀목이 되어주었다.

공구가 실행하고자 한 예는 기본적으로 주나라의 예周禮였다. 이는 그의 다음 말 속에 잘 나타난다. "주는 위 두 왕조를 계승하여 찬란한 문화의 꽃을 피웠도다! 나는 주를 따르겠노라."[87] 그는 주의 예가 쇠락했다고 여겨 "예의 회복復禮"을 외치기도 했다.(『논어』 「안연」) 그러나 '예의 회복'이란 사실 좀 황당하여 그의 학생들조차 의문을 제기했다. 삼년상을 예로 들어 재아宰我가 물었다. "삼년상을 치르는 것은 기간이 너무 깁니다. 군자가 3년 동안이나 예를 익히지 않는다면 예가 반드시 무너질 것입니다. 3년간 음악을 하지 않는다면 음악이 반드시 붕괴될 것입니다. 묵은 곡식이 들어가고 새 양식이 나오며 불씨를 새로 가는 1년이면 끝내도 될 것 같습니다."[88] 재아의 말은 합리적이라 할 만하다. 그의 말은 삼년상에 대한 개혁적 성분과 계승의 측면을 모두 갖추고 있다. 그럼에도 공자는 재아의 논의에 여전히 강한 불만을 터뜨린다. 공자는 "삼년상은 천하의 일반적 상례"[89]라고 생각했다. "자식으로 태어나 삼 년이 지나야 부모의 품에서 벗어나기"[90] 때문에 삼년상을 꼭 지켜야 한다는 것이다. 그는 재아가 이론적 논의를 제기한 것은 대역무도하고 "어질지 못한不仁" 짓이라고 주장한다.(『논어』「양화」)

기물과 명분에 대한 군주의 독점

기물器과 명분名을 타인에게 양도해서는 안 된다는 것과 정명론正名論은 공자의 예학禮學에 대한 중요한 발전이고 보완이었다. 기란 예기禮器를 가리키며, 명이란 예 규정에 따른 명분을 가리킨다. 서주 역사로 볼 때 등급에 따라 사용하는 기물[91]이 각기 달랐으며 서로 넘나들 수 없었다. 기물의 차별이야말로 등급 제도의 외재 규정이며 정형화의 징표다. 명분이라는 것은 관념과 제도적 차원에서 사람을 여러 등급으로 나누는 것이다. 공자는 기와 명을 군주가 장악해야 한다고 주장한다. "기와 명만은 절대로 타인에게 양도해서는 안 된다."[92] 기와 명을 타인에게 양도해선 안 된다는 논의는 예의 권력적 의미와 군주 집권 사상을 드러낸다. 이는 그가 제기한 "예악과 정벌은 천자에게서 나온다"[93]는 군주 집권 사상과 일치하는 것이다.

'정명正名' 사상은 그가 위衛나라를 주유할 때 한 말이다. 자로子路가 공자에게 물었다. "위 군주께서 선생님을 모시고 정치를 하려 한다면 선생님은 무엇부터 먼저 하시겠습니까?"[94] 공자가 대답했다. "반드시 명분을 바로잡겠노라!"[95] 자로는 이 말에 의혹을 품고 선생님의 주장이 좀 진부하다고 비판했다. 공자는 자로가 사리를 구분하지 못한다고 질책하며 자세히 설명했다. "명분이 바르지 못하면 말이 이치에 맞지 않고, 말이 이치에 맞지 않으면 일이 안 되고, 일이 안 되면 예악이 궤도에 오르지 못하고, 예악이 궤도에 오르지 못하면 형벌이 먹혀들지 않고, 형벌이 먹혀들지 않으면 백성은 손발을 둘 데가 없어진다."[96] 정치에서 정명은 매우 중요한 문제임에 틀림없다. 명분이 바로 서지 않으면 정치 활동에는 규범이 없게 되며 정책을 시행할 수도 없어진다. 따라서 문제는 정명을 하느냐 마느냐가 아니라 어떻게 정명하느냐에 있다. 공자의 정명은 현실에서 명분을 취하는 것이 아니다. 그는 기존의 명분을 가지고 현실을 교정하려 한다. 즉 전통적 등급 명분으로 변화무쌍한 현실을 바로잡으려 한다. 등급 명분을 바꾸어서는 안 되는 성스러운 것으로 취급하는데, 이는 공자의 강렬한 교조주의 정신을 드러낸 것으로 후대에 막대한 영향을 끼쳤다.

예로 언행의 규범을 삼음

공자는 모든 사람에게 예를 언행의 전 과정에 관철하라고 요구한다. 일거일동 모두가 예를 객관적 준칙으로 삼아야 한다는 것이다. 그가 말한 "매사를 묻는다"의 물음이란 예에 합치하느냐의 여부다. 그는 곳곳을 모두 "예로 제약해야 한다"[97]고 주장하며, "예가 아니면 보지 말고, 예가 아니면 듣지 말고, 예가 아니면 말하지 말고, 예가 아니면 움직이지 말라"[98]고 선명하게 외친다. 이 '네 가지 말라四勿'는 참으로 대단하다. 사람의 모든 행동과 능동성을 예의 범위 내로 제한해버린다. 인간의 가치는 실천을 통해 부단히 새로운 것을 실현시키는 데 있어야 하고, 발전에 유리하기만 하면 긍정되어야 한다. 그러나 공자의 '네 가지 말라'는 인간의 발전성과 창조성을 말살하고 있으며, 사람을 완전히 기성 예의 종복이요 수단으로 만들고 있다. 사람으로 하여금 다시는 창조적 의의를 갖지 못하게 한다.

예를 사상에 적용한 것이 바로 예에 의한 시비판단이다. 이것이 바로 공자의 예학에 대한 새로운 보완이었다. 생각한다는 것이야말로 인류의 가장 본질적 특징 가운데 하나다. 공자는 이를 매우 중시했다. 그는 한편으로 사고하지 않고 책만 읽는 것에 반대한다. 이는 공자의 장점이다. 그런데 다른 한편으로 공자는 사람의 사유 활동을 제한하고 있다. 인간의 사상이 예 규정을 초월해서는 안 된다는 것이 그렇다. 그가 말한 "그 자리에 있지 않으면 그 정치를 모색하지 말라"[99]든가, 그의 제자 증자가 말한 "생각이 그의 위상을 벗어나서는 안 된다"[100]는 것은 모두 예로 준칙을 삼은 예다. 공자가 보기에 사람의 인식은 자신의 사회적 지위와 예 규정을 넘어설 수 없다. 그는 예를 이용해 사람의 창조적 인식능력을 제한하고 있는 것이다. 그가 말한 '네 가지 말라'는 예를 인식의 전제로 삼고 있으며, 그리하여 예를 벗어난 것은 인식 밖의 것으로 배척하고 인식이 아직 진행되기도 전에 인식에 대한 결론을 확정해버리고 있는 셈이다.

공자는 여러 문제에서 제자들이 끝까지 파고드는 것을 허락했는데, 오직 예 문제에 있어서는 문제 제기를 허락하지 않았다. 어떤 사람이 '체締'[101]를 어떻게 하는 것이냐고 묻자 그는 이렇게 대답했다. "모른다. 말할 줄 아는 사람이라면 천하의 일에 대해서도 그와 같이 훤할 것이니!"[102] 이 말은 자신은 모르지만, 이 도리를 아는 사람이라면 천하를 다스리는 일도 그 앞에 놓인 물건을 보듯 쉽게 할 수 있으리라는 의미다. 문제는 공자가 진짜 몰랐을 수도 있지만, 더욱 중요한 것은 이것이 천자의 조상에 대한 제사 예식이기 때문에 신성하여 물어서는 안 된다는 것이다. 또 한 번은 노魯 애공哀公이 재아에게 사社[103]에 대해 물었다. 재아가 대답했다. "하후夏后씨는 소나무로, 은나라 사람은 잣나무로, 주나라 사람은 밤나무栗로 했습니다. 백성으로 하여금 전율케 하려던 것이지요."[104] 공자는 재아의 대답을 듣고 매우 불만스러웠다. 공자의 생각에 깊이 탐구할 수 없으므로 응당 "이루어진 일은 이야기하지 않고, 흘러간 일은 간언하지 않고, 지난 잘못은 따지지 않는다"[105]는 태도를 취했어야 한다는 것이었다.

예의 이치를 말하는 것은 전적으로 타당하다고 할 수 없다. 예에 대한 부정이라고도 할 수 없다. 그러나 어찌 되었든 사람들이 그것을 인식 대상으로 간주하면 탐구하는 과정에서 자신의 출로를 찾을 수 있을 것이다. 공자의 보수적 성향으로 볼 때 사람들에게 주나라의 예를 고수하라고 말하기보다 차라리 예를 신성화하여 사람들이 예를 탐구하거나 새로운 인식을 제기하지 못하도록 하는 편이 적절했다고 생각된다. 이는 예의 개혁 가능성을 철저히 막아버리는 것이다.

공자 이전의 예는 외재 규범에 치중되어 있었다. 공자는 이런 외재 규범을 사람이 자각해야 할 것으로 바꾸었으며, 사상과 인식의 준칙으로 삼았다. 물론 공자가 예에 대한 가감, 변통을 일절 거절한 것은 아니다. 자장이 물었다. "열 왕조 이후를 알 수 있습니까?"[106] 공자가 회답했다. "은나라는 하나라의 예를 본받았으니 그 손익을 내가 알 수 있다. 주는 은의 예를 본받았으니 그 손익을 내가 알 수 있다. 그렇게 주를 계승한 왕조라면 백 대 후라도 내가 알 수 있겠다."[107] 실제 행동에서 공자는 대중을 따라 더하거나 덜거나損益 한 적이 있다. 그가 말했다. "고운 삼베 모자가 예에 맞지만, 지금은 명주 제품을 쓴다. 검소함이다. 나는 대중을 따르겠다."[108] 이런 손익은 전체 국면과 관계가 없으므로 그는 받아들일 수 있었다. 그러나 그는 예의 가장 기본적인 원칙, 예컨대 귀천의 등급 같은 것은 절대로 바꾸어서는 안 된다고 생각했다. 우리가 만일 예를 역사적 과정으로 간주한다면 공자가 떠받든 것은 당시 일어난 변화가 아니라 썩어빠진 주나라의 예가 된다. 그가 주나라 예를 고수한 것은 때로 진부하여 웃기는 지경에 이르렀다. 그럼에도 그는 스스로 이를 미덕이라고 생각했으며 완고하게 바꾸지 않았다. 예라는 측면에서 보면 공자는 상당히 보수적이었다.

03

인仁:
정치와 윤리의
일체화

예와 인이 공자 사상의 양대 기둥임은 학계가 공인한 일이다. 인의 기본 정신은 무엇인가? 인과 예는 어떤 관계인가? 이에 대해 사람들의 견해 차가 너무 심하고 다종다양하여 일치시키기가 어렵다.

인과 예의 관계

개괄적으로 말하면 예는 정치 실체이고 인은 그 정신이다. 예는 인의 실천 규범이다. 바꿔 말해 인으로써 예에 충실케도 하고, 예를 관철시키기도 한다. 공자는 말한다. "지식知이 있어도 인仁을 지킬 수 없으면 민심을 얻었다 하더라도 반드시 다시 잃게 된다. 지식이 있고 인을 지킬 수 있어도 위엄 있게 임하지莊 않으면 백성이 존경하지 않는다. 지식이 있고, 인을 지킬 수 있고, 위엄 있게 임해도 행동이 예에 맞지 않는다면 아직 잘한다고 할 수 없다."109 여기서 공자는 지知, 인仁, 장莊, 예禮의 네 가지 문제를 제기한다. 네 가지 모두 정치에 없어서는 안 될 요소다. 이 가운데 예는 다른 성취들을 총괄하는 것으로 최후의 규범이다. 공자는 또 말한다. "자신을 이기고克己 예로 되돌아가는復禮 것이 인이다. 어느 한 날 극기복례할 수 있게 되면 천하는 인에 귀의케 된다."[110] 이 한마디로 복례復禮가 인의 종점이고 인의 객관적 표준임을 분명하게 밝히고 있다.

사람의 수많은 도덕적 품성, 예컨대 공恭(공손함), 신愼(신중함), 용勇(용감함), 직直(솔직함) 등은 인의 범주에 속한다. 하지만 이것들은 예로 조절할 필요가 있다. "공손하기만 하고 예가 없으면 힘들어 보이고, 신중하기만 하고 예가 없으면 위축되어 보이며, 용감하되 예가 없으면 난폭해지며, 솔직하되 예가 없으면 조급해 보인다."[111] 예는 사람들의 품성과 행위의 최후 규범이다.

공자의 예는 사람들의 현실 생활에 경계선이 되었다. 그렇다고 인이 더 이상 중요치 않다는 말은 아니다. 공자는 처음으로 인의 개념을 제기한 사람은 아니지만, 그의 손을 거치면서 인 개념은 확실히 대대적인 발전을 이루어 하나의 이론 범주로 자리하게 된다. 사상적 입장에서 동일한 말이라 하더라도 그것이 이론 범주를 갖추고 있느냐 아니냐 하는 것은 그 의미가 크게 다르다. 우리는 자의字義, 개념 및 범주를 구분해야 한다. 공자 이전에 수많은 사람이 인에 이론적 내용을 부여하긴 했지만 아직 이론 체계를 갖추지는 못했다. 처음으로 인을 고도의 이론 범주로 이끌어낸 인물은 공자였다. 이런 의미에서 공자가 인학仁學을 제기했다는 말은 충분히 가능하다.

인—자신으로부터 타인에게로由己及人

공자의 인은 일종의 다면경多面鏡이라 말할 수 있다. 일체의 좋은 물건, 특히 정신상의 각종 미덕은 모두 인이라 부를 수 있다. 『논어』에 인을 언급한 곳은 100여 곳에 이른다. 그런데 동쪽을 만나면 동쪽이라 말하고,

서쪽을 만나면 서쪽이라 이야기하고 있어 도무지 종잡을 수가 없다. 대체 인의 중심이 무엇인가를 놓고 사람들은 한쪽에만 치우치곤 하여 쟁론이 끊이지 않고 있다. 큰 줄기를 잡자면 역시 다면경을 써서 공자의 인을 분석하는 것이 비교적 현실적이다. 요약하면 다음 몇 가지로 귀납할 수 있다. 복례, 극기, 효제孝悌, 애인愛人, 즉 충서忠恕, 다섯 가지 미덕의 존중, 네 가지 악덕의 제거가 그것이다. 복례는 그 바탕 자체가 정치적 목적이며, 나머지 넷은 자신으로부터 타인에게 미치는由己及人 과정이다. 이 과정의 내용은 도덕적 관계일 뿐만 아니라 정치적 관계이기도 한다.

인의 목적은 예로 되돌아감復禮에 있다. 이에 대해서는 앞에서 이미 서술했으므로 다시 중복하지 않겠다.

복례의 관건은 '극기'다. 극기한 뒤에야 예로 되돌아갈 수 있다. 극기의 '극'은 무슨 뜻인가? 이에 대해 두 가지 해석이 있다. 하나는 '이김勝' '억누름克制'을 말하고, 다른 하나는 '능히 할 수 있음能够' '능히 감당함堪能' 등으로 해석된다. 전자에 따르면 극기는 자신을 억제하여 주나라의 예로 되돌아갈 수 있다는 의미다. '극' 자에 대한 해석의 차이에 따라 '기己'와 '예禮'의 관계도 달라진다. 자신을 억제하는 것으로 해석하면 '기'와 '예'는 화해和諧 관계가 아니다. 오히려 그 사이에 모순이 존재하고, 적어도 모순된 곳이 있어야만 자신을 억누르고 예에 순종할 수 있게 된다. 그런데 '능히 할 수 있음'으로 해석하면 '기'와 '예'는 모순이 없어지며, 모순이 좀 있다 하더라도 주요한 것은 못 된다. 사람들이 능동성을 충분히 발휘하기만 하면 주나라의 예로 되돌아갈 수 있다. 『논어』의 관련 구절들로 볼 때 '극'은 '억제'로 해석하는 것이 훨씬 더 정확하다. 그렇다면 어떻게 '극기'할 것인가? 이에 대해서는 공자의 온전한 논술이 있다.

'수기修己'는 '극기'의 중요한 방식이다. 자로가 군자가 무엇이냐고 묻자 공자는 이렇게 대답했다. "자신을 수양함으로써 공경한다……. 자신을 수양함으로써 타인을 편안케 한다……. 자신을 수양함으로써 백성을 편안케 한다."[112] 『설문해자說文解字』를 보면 "수修는 꾸밈飾이다". 수기의 '수'는 꾸민다, 다스린다는 사고가 들어 있다. 「술이」편에 적힌 "예를 수양하지 못한"의 '수' 또한 이 의미다.

'극기'를 위해 공자는 '약約'을 제기하기도 한다. 공자는 말한다. "검약約하고도 실패하는 일은 드물다."[113] 이런 말도 했다. "폭넓게 학문을 익히고, 예로써 단속하니約 도리에 어긋나지 않을 수 있구나!"[114] 안연顏淵(즉 안회顏回)은 말한다. "선생님께서는 한 단계 한 단계 사람을 잘 이끌어주신다. 학문으로 나를 넓혀주시고, 예로 나를 단속約하신다."[115] 공자가 말하는 '약'은 모두 예를 준칙으로 삼아 자신을 억제하는 것을 가리킨다. 안회야말로 자신을 단속할 줄 아는 전형적 인물이다. 그래서 공자는 이렇게 말했다. "어질도다. 회는! 보리밥 한 그릇, 물 한 바가지로 뒷골목에 사는 사람이면 누구나 가난 걱정이 태산인데, 회는 그 즐거움을 바꾸려 하지 않는다. 어질도다. 회는!"[116] 안회는 자신을 단속하여 현상에 안주하는 비굴한 사람이다. 이런 식의 절제는 만성화된 자살증과 다름없다.

스스로 경계하는 것自戒은 극기하는 또 하나의 방법이다. 공자는 말한다. "군자는 세 가지를 경계해야 한다. 어려서 아직 혈기가 안정되지 않을 때는 여색을 경계해야 하며, 장년이 되어 혈기가 바야흐로 굳건해질 때는 싸움을 경계해야 하고, 늙어서 혈기가 쇠락할 때는 소유욕을 경계해야 한다."[117] 번지가 어떻게 하면 "미혹을 분별할辨惑 수 있는가를 물었을 때 공자는 시비를 분별하는 방법을 일러주지 않고 여전히 스스로 경계하라고 이야기했다. 그는 말한다. "한때의 분노로 자신을 망각하고 부모에게까지 영향이 미치면 이것이 미혹 아니겠느냐?"[118] 공자는 자신의 감정을 억제하여 일시적 충동을 막아 스스로 경계함으로써 우환을 막을 수 있다고 생각한 것이다. 공자는 또 말한다. "군자는 먹어 배부름을 갈구하지 않고, 살며 편안함을 바라지 않는다. 일은 민첩하게 하고 말은 신중하게 한다. 도가 있는 곳으로 나아가 매사를 바르게 하니 학문을 좋아한다고 말할 수 있다."[119] 여기서도 그는 사람들에게 스스로 경계하라고 가르치고 있다. 공자는 또 사람들에게 특별히 경고한다. "이단을 전공하면 해로울 뿐이다."[120] 스스로 경계하는 것은 어떤 상황에서든 필요하다. 문제는 무엇으로 자계하느냐이다. 공자는 주나라의 예로 자계하라고 주장한다. 이런 식의 자계는 당시로서도 진취적 정신의 반열에 들지 못했으며, 사람들의 주관적 능동성을 제한하고 구속했던 것이 분명하다. 특히 이단에 대한 전공 불허는 사람들의 진취적 정신을 더욱 질식시키는 것이었다. 이단이라고 모두 역사적 진보인 것은 아니다. 그러나 역사의 진보는 반드시 이단이다. 옛것과 다르지 않고 어떻게 진보가 있겠는가!

공자는 또 '자송自訟(마음속으로 자책함)' '자성自省(스스로 반성함)' '자책自責(스스로 책망함)'을 제창한다. 그 의의는 역시 극기에 있었다. 공자는 말한다. "현인을 보면 그와 같아질 것을 생각하고, 현명하지 못한 사람을 보면 안으로 자성한다."[121] 이런 말도 한다. "자기 자신은 무겁게 다루고 다른 사람의 허물은 가볍게 책망하면 원성이 멀어진다."[122] 증자는 문제를 더욱 분명하게 설파한다. "나는 하루에 내 자신에 대해 세 가지를 반성한다. 다른 사람과 일하며 성실하지 못한 적은 없었는가? 친구와 사귀며 불신한 적은 없었는가? 전해 들은 바를 열심히 익히지 않은 적은 없었는가?"[123] 당시 극소수의 사람만이 자아 검토 정신을 갖고 있었다. 이에 공자는 개탄해 마지않았다. "끝났구나! 나는 잘못을 보고도 마음속으로 자책하는 사람을 보지 못했다."[124] 사람은 잘못을 저지를 수 있는 존재라는 점에서 '자책' '자송' '자성'은 합리적인 면이 있다. 그러나 자책, 자성은 제한된 범위 내에서만 사용할 수 있다. 사회상의 모든 모순을 자신의 심신으로 끌어와 제거하려 한다면 이는 사회의 진보에 이롭지 못하다.

『논어』의 여러 군데에서 '신언愼言(말을 삼갈 것)' '신행愼行(행동에 신중할 것)'을 언급하는데 이 또한 극기의 한 방식이다. 신언과 신행이 상당히 일리가 있다는 것은 의심의 여지가 없다. 그러나 공자가 이야기하는 신愼(삼감)의 대부분은 사람들의 수족을 꽉 묶고 있다.

공자는 또 '무쟁無爭(다투지 말 것)'을 재삼 강조한다. "군자는 다투는 일이 없다."[125] 증자의 "누가 나를 건드려도 시비하지 않는다"[126]는 말, 즉 사람들이 나에게 시비를 걸어도 상대하지 않는다는 말은 공자의 무쟁과 일치한다. 공자는 이렇게도 이야기한다. "군자는 긍지가 넘쳐도 남과 다투지 않는다."[127] 「술이」 편에 기재된 "공자는 낚시는 해도 그물질은 하지 않았으며, 화살을 쏘되 자는 새를 쏘지는 않았다"[128]는 말도 공 선생의 무쟁을 설명하려는 것으로 일을 할 때 자아를 절제하고 사건을 경계하는 데 주의했다는 의미다. 무쟁은 가장 철저한 극기 방식이며, 동시에 가장 소극적인 방법이다.

이상으로부터 우리는 '극기'야말로 공자가 사람들에게 제기한 가장 중요한 요구 가운데 하나임을 알 수 있다. 극기는 일종의 미덕인 동시에 미덕을 이루는 데 반드시 거쳐야 할 길이기도 하다. 극기는 모든 사람이 사회 구성원의 한 명이며 무슨 방식으로든 사회 내에 존재해야 한다는 것을 자기 스스로 항상 고민하는 방식이라는 점에서 합리적인 측면이 있다. 그러나 공자의 극기는 사람들에게 시시각각 언제 어디서든 자기 자신을 투쟁의 대상으로 삼고, 자신을 억제하여 현상에 안주하고, 전통에 안주하고, 과거의 물건에 안주하라고 가르치고 있다. 극기는 사람들에게 분수를 아는 사람이 되라고 가르칠 뿐 사업을 성취하라고 가르치지 않는다. 극기를 통해 강화하고자 한 것은 도덕의식이지 실천의식이 아니다. 도덕은 어떻게 사람이 될 것인가를 가르치지만, 실천은 세계를 인식하고 세상을 바꾸라고 가르친다. 극기는 도덕의 실현이지 사람들을 실천의 주체로 만드는 것이 아니라는 점에서 분명히 보수적이다.

효孝, 제悌(부모와 형을 잘 섬김)는 인仁의 또 한 가지 기본 내용이다. 유자有子는 말한다. "효제야말로 인의 근본이 아닌가?"[129] 유자의 말은 공자의 정신과 합치한다. 공자는 효를 부자간의 정리情理일 뿐만 아니라 동시에 정치적인 것으로 생각했다. 어떤 사람이 공자에게 왜 직접 관료가 되어 정치에 참여하지 않느냐고 묻자, 공자는 효도를 선전하고 효제의 도리로 정치에 영향을 미치는 것 또한 정치에 참여하는 것이라고 대답했다.(『논어』, 「위정」) 효의 최고 정신은 '무위無違(거스르지 않음)'다. 이에 대해서는 앞에서 이미 언급했다. 공자는 자식을 아버지의 사유물로 여겼는데, 이는 그 시대의 현실이었다. 부자지간의 투쟁과 갈래 또한 마찬가지로 시대적 산물임에도 공자가 옹호한 것은 전자였다. 한 사람을 다른 사람의 부속물로 취급했으며 설령 아들 대 아버지라 하더라도 개성은 말살되었다. '무위' 정신은 대단히 번성했고 원산지에서 순환을 거듭하며 생존한 것 외에는 역사의 진보와 발전에 일종의 장애가 되었다.

공자가 효를 직접적인 정치로 간주한 것은 해당 시대를 볼 때 근거가 있었다. 공자의 시대에는 종법宗法, 분봉分封 제도가 주도적 지위를 차지했다. 종법혈연 체계는 정치 체계와 밀접하게 한데 결합되어 있었으며 종자宗子(종가의 어른)와 정치수뇌에 대한 복종은 동일한 차원의 일이었다. 그래서 효도는 그 자체로 직접적인 정치였다.

인仁을 사람과 사람의 관계에 적용한 것이 애인愛人(타인에 대한 사랑)이다. 번지가 인에 대해 물으니 공자는 "사람을 사랑하는 것"이라고 대답했다.(『논어』, 「안연」) 혹자는 당시 귀족만이 '인人'이라 불릴 수 있었으므로 '애인'이란 귀족을 사랑하라는 말이라고 주장한다. 이 주장은 말은 되지만 사료 고증이 없으므로 믿기 어렵다. 당시 '인'은 일반적인 칭호였다. 얼굴이 둥글고 발이 네모난 존재면 모두 인人이라 부를 수 있었다. 글자대로 풀이하면 '애인愛人' '범애중泛愛衆'이란 모든 인을 사랑하라는 말이다. 여기에는 어떠한 계급, 등급 규정도 없다. 애인이란 사람의 공통 성질에 착안한 것이지 사회적 차별에 기초한 것이 아니다. 애인의 구체적 방법은 충忠, 서恕였다. 충은 적극적인 측면에서 말한 것으로 "자기가 서려고 하면 타인을 세워주고, 자기가 다다르려 하면 타인을 다다르게 해주는 것"[130]을 말한다. 서는 소극적인 측면에서 말한 것으로 "자기가 원하지 않는 바는 타인에게 행하지 말라"[131]는 것이다. 적극적인 측면이든 소극적인 측면이든 애인의 과정은 자신으로부터 타인에 이르는由己及人 과정이다. 나로부터 출발하여 자신이 자신을 대하고 있는 만큼 다른 사람도 그렇게 대해야 한다는 것이다.

위의 두 마디는 공자의 전체 사상 가운데 가장 빛나는 대목이라고 말할 수 있는데, 이론상의 범주 안에서는 모든 사람을 평등한 지위에 놓고 있다. 등급의 울타리를 깨부수었으며 개성 해방의 요소까지 갖추고 있다. 상술한 문제에 대해서 스스로 자신보다 높은 어떠한 외부의 권위도 인정하지 않으며, 또 자신을 다른 사람보다 높다고 생각지도 않는다. 개성의 평등과 독립을 강조하므로 '살신성인殺身成仁'을 논할 수 있고, "삼군을 거느렸어도 그 장수를 빼앗을 수 있지만, 필부라도 그 뜻을 빼앗을 수는 없다"[132]는 드높은 기개가 있을 수 있다. 자공은 스승의 가르침에 근거하여 다음과 같이 호언장담했다. "다른 사람이 나에게 해서 싫은 것이면, 나도 다른 사람에게 하지 않겠습니다."[133]

그럼에도 우리는 "자기가 서려고 하면 타인을 세워주는" 것과 "자기가 원하지 않는 바는 남에게도 하지 말라"는 것이 논리적으로 치명적인 약점이 있음을 지적하지 않을 수 없다. 이는 개인이 사회를 존재하게 하는 원자라는 사실에만 주의를 기울였을 뿐, 전체 사회야말로 개인이 존재하는 전제 조건이라는 기본적인 사실을 무시하고 있다. 마치 자기로부터 해나가기만 하면 일체의 모순을 자기로부터 없앨 수 있으며, 더 나아가 자기 한 사람의 힘으로 전체 사회를 극락세계로 이끌 수 있다는 논리다. 이는 논할 필요도 없이 오류가 명백한 논리다.

다섯 가지 미덕을 존중하고, 네 가지 악을 제거함

공자는 인을 정치에 관철시키려고 각양각색의 주장을 했다. 그 가운데 다섯 가지 미덕五美의 존중과 네 가지 악四惡의 제거야말로 총강령이라고 할 수 있다. 관련 기록을 여기에 초록해도 무방하리라 생각한다.

자장이 "무엇을 다섯 가지 미덕이라 합니까?"라고 묻자, 공자는 이렇게 대답했다. "군자는 은혜를 베풀되 낭비하지 않으며, 힘들게 일을 시키되 원성을 듣지 않으며, 바라지만 탐하지 않으며, 크게 움직이면서도 거만하지 않으며, 위엄을 부리되 압박하지 않는다."[134] 자장이 물었다. "은혜를 베풀되 낭비하지 않는다 함은 무엇을 말하는 것입니까?"[135] 공자가 대답했다. "백성이 이롭게 여기는 바 그대로의 이익을 얻도록 해주는 것이야말로 은혜를 베풀되 낭비하지 않는 것 아니겠느냐? 애써서 할 만한 가치가 있는 일을 시키는데 누가 원망을 하겠느냐? 인을 바라 그것을 얻겠다는데 어찌 탐욕스럽다 하겠느냐? 군자는 수의 많고 적음에 상관하지 않으며, 일의 작고 큼에 상관하지 않으며, 두려워하지도 오만하지도 않는다. 그러니 크게 움직여도 거만스레 뵈지 않는 것 아니겠느냐? 군자는 의관을 바로 하고 눈빛을 점잖게 갖추니 사람들이 보고 두려워한다. 그러니 위엄을 부리되 압박하지 않는 것 아니겠느냐?"[136] 자장이 물었다. "네 가지 악이란 무엇을 말합니까?" 공자는 이렇게 대답했다. "사전에 가르쳐주지도 않았으면서 처벌하는 것을 잔학虐하다고 한다. 알려주지도 않았으면서 성과를 보이라고 하는 것을 포악暴하다고 한다. 늑장 명령을 내렸으면서 기한을 독촉하는 것을 도적賊이라고 한다. 남에게 주어야 할 것인데도 출납에 인색한 것을 벼슬아치有司라 부른다."[137]

공자가 말하는 아름다운 정치美政란 결코 간단한 규정이 아니다. 사물 간의 관계를 다루면서 적절한 지점을 찾아야 하는데, 이 적절한 지점은 모순된 쌍방 모두에게 절제하도록 요구하며, 동시에 적당한 만족을 얻을 수 있도록 해주어야 한다. 위 글 가운데 등장하는 은혜惠와 낭비費, 힘든 일勞과 원성怨, 바람欲과 탐욕貪, 몸짓이 큼泰과 교만함驕, 위엄威과 압박감猛 의 다섯 가지 관계를 보자. 그 가운데 앞의 세 가지는 모순 관계이고, 뒤 의 두 가지는 가까우면서도 같지 않은 관계다. 공자는 모순대립 관계는 화해관계로 바꾸고, 서로 가까운 관계는 구별 지으라고 주장한다. 본래 은혜와 낭비는 화해하기 어렵다. 은혜를 베풀려면 어쨌든 소모되기 때문 이다. 어떻게 해야 양자를 화해시킬 수 있는지를 몰랐기 때문에 자장은 연이어 물었던 것이다. 그럼 도대체 어떻게 이 모순을 해결할 수 있는가? 공자는 간단히 한쪽을 희생하여 다른 한쪽을 만족시키지는 않았다. 그는 양극단에서 탈출하여 다른 방도를 찾아냈다. 이 방법은 은혜와 연결될 뿐만 아니라 은혜惠를 낭비 아님不費으로 바꾸어놓았다. 그것은 바로 "백 성이 이롭게 여기는 바 그대로의 이익을 얻도록 해주는 것"이었다. 다시 말해 백성으로 하여금 자신들에게 유리한 일을 하도록 시킴으로써 쌍방 모두 일정한 만족을 얻도록 한 것이다. 몸짓이 큰 것泰과 교만함驕은 외관 상 구분하기 어려움에도 불구하고 공자는 양자를 반드시 구분해야 한다 고 생각했다. 교만의 특징은 적은 것寡을 기만하고, 작은 것小을 업신여기 지만, 몸짓이 큰 것은 많고 적음, 크고 작음에 상관없이 모두 한가지라는 것이다. 이 점을 명백히 한다면 교만이 제거된 큰 몸짓이 가능할 수 있다.

오미五美와 마찬가지로 사악四惡 또한 간단히 규정되는 것이 아니다. 이 를테면 그는 간단하게 처벌殺을 악이라 선포하지 않고, 사전에 가르쳐주지 않고 처벌하는 것이 악덕에 속하므로 없애야 한다고 말한다. 가르쳐 주었는데도 듣지 않을 때 처벌하는 것은 미덕이 될 수도 있다는 것이다.

공자의 인학은 매우 복잡한 혼합체다. 인륜, 도덕, 정치가 한데 녹아 있으며, 자기己, 타인人, 가정家, 국가國가 한 꾸러미로 뭉뚱그려져 있다. 실제 행위에서 인은 예를 그 범위로 삼는다. 사물 간의 관계를 다룰 때는 그 사물 간 모순의 연결점에 중점을 두려 한다. 인은 주관적으로 운용되어 자아수양의 강화를 강조하기도 한다. 수양을 기초로 주관적 능동성을 충분히 발휘하여 하고 싶은 바를 마음대로 할 수 있는 데까지 이르도록 한다. 그렇지만 하고 싶은 바를 마음대로 할 수 있다는 것이 예의 규칙을 어길 수 있다는 말은 아니다. 인은 옛것의 범위 내에서 일체를 만족시킬 수 있으며 수구를 고집하지 않는다. 그렇다고 새로운 사물의 성장을 결코 찬성하지도 않는다. 새로운 사물이 그것을 깨부수기란 지극히 어려운 일이다. 왜냐하면 인이 포함하는 내용이 너무도 풍부하여 옛것 모두를 포괄할 뿐만 아니라 새로운 것에 대해서도 흡수할 수 있는 것은 힘껏 흡수해 들이기 때문이다. 이로써 인은 지극히 강한 끈기를 지닌다.

부유한 백성과
풍족한 군주富民足君,
덕을 우선하고
형벌은 뒤로先德後刑

부유한 백성과 풍족한 군주

공자는 중국 역사상 최초로 민부民富를 주장한 사상가 가운데 한 사람이다. 공자가 위衛나라에 갔을 때 염유冉有가 수행했다. 공자가 말했다. "인구가 참 많구나!" 염유가 물었다. "인구가 많아진 다음에는 또 무엇을 더 해야 합니까?"[138] "부유하게 해주어야지." "이미 부유해졌다면 또 무엇을 더해야 합니까?"[139] 공자는 "가르쳐야지"라고 대답했다.(『논어』「자로」) 그는 "백성의 식량, 상례, 제례를 중시했다."[140]

『논어』를 보면 공자는 경제, 교육, 도덕의 관계에 대해 군자와 소인이 같아서는 안 된다고 주장한다. 본성적으로 군자와 소인은 질적 차이가 있다는 것이다. "군자는 덕을 생각하는데 소인은 땅을 생각한다. 군자는 형법 준수를 생각하는데 소인은 혜택받을 생각만 한다."[141] "군자는 의로움에 밝으나 소인은 이익에 밝다."[142] 공자는 소인이 "땅을 생각하고" "혜택받을 생각만 하고" "이익에 밝은" 데 멸시하는 태도를 품고 있었지만, 그럼에도 그는 이것이 우선적으로 해결해야 할 현실 문제라고 생각했다. 계강자가 도둑이 걱정되어 공자에게 묻자 공자는 이렇게 대답했다. "당신이 욕심을 부리지 않는다면 상을 주어도 도둑질하지 않을 것이오."[143] 공자는 계강자보다 높은 데 서서 깊이 내다보았다. 그는 도둑을 가지고 논의하지 않고 백성이 도둑이 되는 근본 원인은 집권자의 과다한 탐욕에 있다는 일침으로 정곡을 찔렀다. 말은 간단했지만 역사 현상의 중요한 내적 원인 하나를 짚어낸 것이다. 따라서 문제를 해결하는 방법 또한 여기서 끌어내야 했다. 공자는 백성을 부리되 때를 맞추고, 백성의 것을 취하는 데 정도가 있어야 하며, 아껴 쓸 것을 주장한다.

"백성을 부리되 때를 맞추라使民以時"는 말을 공자가 처음 제창하지는 않았다. 그러나 그는 진일보한 입장에서 이 문제를 천명했다. 그는 백성을 부리려면 제사를 지낼 때처럼 시간을 맞추고 신중해야 한다고 주장한다. 중궁이 인을 묻자 공자는 이렇게 대답했다. "문을 나서면 귀한 손님을 대하듯 공손해야 하며, 백성을 부림에 큰 제사를 모시듯 공경해야 한다."[144] 당시의 시대적 조건으로 볼 때 통치자 눈앞의 노동력이란 상품의 성격을 갖지 못했고 통치자가 점유하는 것으로 인식되었다. 백성의 노동력 징발이 노동자들에게 응당한 보수를 가져다줄 수도 없었거니와 노동자들에게 막대한 직접적 손상을 입히는 것이기도 했다. 공자가 백성을 부림에 큰 제사를 모시듯 공경하라고 주장한 것은 비록 어떠한 규제력을 갖지도 못했지만 인식론적으로 문제를 높은 수준으로 끌어올렸음이 틀림없다. 공자는 또 의로움으로 백성을 부릴 것, 먼저 은혜를 베푼 뒤 백성을 부릴 깃 등을 주장하기도 했다.

백성의 것을 취하는 데 정도가 있어야 한다는 주장은 흉포하게 거둬들이는 당시 세금 제도를 두고 한 말이다. 공자는 세금을 무겁게 매기는 것을 반대하여 "세금을 작게 거둬야 한다"[145]고 주장했다.

백성의 노동력을 적게 징발하고 세금을 적게 거두는 것은 문제의 단면일 뿐이다. 또 다른 측면에서 반드시 "아껴 써야" 한다.(『논어』 「학이」) 통치자들의 사치와 낭비가 극심한 데 대해 공자는 통한해 마지않았다. 그는 우임금이 궁실을 낮추고 논밭의 수로를 확충하는 데 진력한 것을 높이 찬양했다.

공자의 민부에 대한 주창이 백성의 진정한 부를 목적으로 삼은 것으로 이해될 수는 없다. 그의 진짜 목적은 풍족한 군주足君에 있었다. 유약有 若이 말했다. "백성이 풍족한데 군주가 어떻게 부족하게 지낼 수 있겠습니까? 백성이 부족하게 지내면 군주가 어떻게 풍족하게 지낼 수 있겠습니까?"146 이는 공자의 주장과 일치하는 것으로 민부와 족군의 관계를 명백히 밝히고 있다.

여기서 우리는 "고르게 살면 가난이 없다"는 문제에 관해 토론해볼 필요가 있다. 사건은 계씨가 전유顓臾를 치려고 하는 데서 생겨났다. 이때 염유와 자로는 계씨의 가신이었다. 이들은 전유를 치기 전에 공자의 의견을 구하러 갔는데 공자는 바로 다음과 같은 논리를 폈다. "나 구가 듣기에 국國이나 가家를 다스리는 자는 가난함147을 걱정하지 않고 고르지 못함을 걱정한다. 적음148을 걱정하지 않고 분수를 지키지 못함을 걱정한다. 고르면 가난이 없고, 화합하면 부족함이 없고, 분수를 지키면 기울어지지 않는다……"149 여기서 이야기하는 대상은 국이나 가를 다스리는 사람이다. 춘추 시대에 '가'는 '국'에 상대하는 개념으로 '가'는 일반적으로 경대부를 가리키고, '국'은 제후를 가리킨다. '균均'에 관해서는 일찍이 『시경』에 이미 제기되었다. 「소아小雅, 북산北山에 쓰여 있다. "대부들이 정무에 고르지 않도다! 내 홀로 종사하니 어질도다."150 여기서 균이 가리키는 것은 정사政事다. 춘추 시대의 조귀曹劌도 말한 적이 있다. "백성에게 덕을 퍼뜨리고 정사를 고르게 하니, 군자는 다스리려 노력하고 소인은 힘쓰는 데 노력한다."151 조귀가 말하는 평균平均은 사회적 분업이다. 「제어齊語」에는 관중管仲의 말이 기록되어 있다. "육陸(높고 평평한 곳), 부阜(육의 큰 곳),

능陵(부의 큰 곳), 근堇(도랑 위의 길), 정井(아홉 칸으로 나누는 것이 정인데 정 사이에는 도랑이 있다), 전田(계곡경사지에 있는 땅), 주疇(삼을 심는 땅)가 고르면 백성이 서운해하지 않는다."[152] 관자管子의 균은 토지의 사용을 말한다. 공자가 말하는 균은 관자와 가깝다. 그러나 그것이 가리키는 것은 국과 가를 다스리는 사람의 재산 점유에 관한 문제다. 혹자는 "고르면 가난이 없다"를 공자의 경제 강령으로 생각하면서 여기에서 이야기하는 빈貧(가난)은 일반 민중을 포괄한다고 주장한다. 이 주장은 공자의 원래 의도와는 맞지 않다. 춘추 시대에 재산 점유 관계상 심한 변화가 생기기는 했지만, 전통을 기반으로 각 귀족은 다소간의 토지, 재산을 점유하고 있었다. 또 귀족이라면 모두 일정한 양을 갖추고 있어야 했다. 공자가 이야기하는 '균'은 '평균'의 '균'이 아니라 일정한 등급 규정을 초과할 수 없다는 것을 가리킨다. 이 점에 대해서는 계씨를 위해 세금을 더 거두려는 염구冉求를 공자가 반대한 사실로 증명할 수 있다. 당시 노나라의 계씨는 노 공실보다 더 부유했다. 예법 제도로 볼 때 이는 참람 행위다. 그럼에도 염구는 계씨를 위해 재산을 더 늘리려 했다. 공자는 크게 노하여 염구는 "내 제자가 아니다"라고 선포했고, 다른 제자들을 호령하여 "북을 울리고 그를 공격하라"[153]고 지시했다. 공자가 제기한 "고르면 가난이 없다"는 주장은 당시로 볼 때 혁명적 명제가 아니었으며, 오히려 보수적이라고 말해야 한다.

분배 관계와 절용節用의 조정을 통하여 민부와 족군 문제를 해결하고, 균을 통해 귀족의 재산에 대한 점유를 조화시키는 것이야말로 공자 경제론의 기본이다.

덕을 우선하고 형벌은 뒤로

덕德과 형刑은 정치에서 양손과 같다. 공자는 양손의 겸용, 즉 덕을 우선하고 형벌은 뒤로하라는 주장을 폈다. 공자는 말한다. "정치는 덕으로 한다. 마치 북극성과 같다. 북극성은 제자리를 지키는데 뭇 별이 주위를 에워싸고 돈다."154 선덕후형先德後刑은 다음 몇몇 관계에서 드러난다.

경제와 정치의 관계에서 공자는 먼저 잘살게 한 뒤 가르칠 것先富後教을 주장한다. 염유가 정치를 할 때 가장 먼저 해결해야 할 문제가 무엇이냐고 물었을 때 공자는 먼저 백성을 잘살게 만든 뒤 다시 교화를 행해야 한다고 대답했다. 자공이 정치의 목적에 대해 묻자, 공자는 "민생의 충족, 군비의 충족, 백성의 신뢰"155라고 말하면서 역시 민생의 충족足食을 맨 앞자리에 놓았다. 『논어』를 보면 그는 귀족과 일반 백성에 대한 주장이 다르다. 귀족에 대하여 그는 예의를 먼저 말해야 한다고 주장한다. 그들로 말하자면 먹는 것은 문제가 안 되기 때문이다. 그런데 일반 백성에게는 우선적으로 먹을 밥을 마련해주어야만 한다. 그런 다음에야 교화를 이야기할 수 있다.

혜택惠과 사역使의 관계에서 공자는 먼저 혜택을 준 뒤 사역시키라고 주장한다. 공자는 무조건 사역을 시켜서는 안 되며 일정한 전제 조건이 있어야 한다고 생각했다. 그것은 바로 먼저 혜택을 주는 것이었다. "혜택을 주면 사람들을 충분히 부릴 수 있다."156 먼저 혜택을 준 뒤 사역시키라는 것 외에 먼저 가르친 뒤 사역시켜야 한다고도 주장한다. 자로가 정치에 대해 묻자 공자는 이렇게 이야기했다. "앞장서고 힘든 일을 시켜라."157 이 말은 먼저 교화하여 이끈 뒤 다시 사역하라는 의미다. 마치 전쟁처럼 먼저 훈련을 시킨 뒤에야 백성을 참전시킬 수 있지, 그렇지 않다면 백성을 죽이려 보내는 것과 다름없다는 것이다. "훌륭한 사람이 7년 동안 백성을 교화시키면 전쟁에 참여시킬 수도 있다."158 "가르치지도 않고 전쟁터에 내보냄은 백성을 버린다는 말이다."159

통치자들은 필연적으로 백성을 사역시킨다. 그러나 전제 조건이 있는 것과 없는 것과는 크게 다르다. 당시는 "백성이 있는 힘을 다해 셋을 이루면 그 가운데 둘은 공실로 들어갔으며,"[160] 백성을 가르치지도 않고 전쟁에 내모는 것이 보편적 현상이었다. 이런 상황에서 공자가 먼저 혜택을 준 뒤 사역시킬 것, 먼저 가르친 뒤 부릴 것을 주장한 것은 적극적인 의미를 지닌다고 할 수 있다.

또 한 가지는 교화敎와 형벌殺의 관계다. 공자는 곧음直으로 굽음枉을 바로잡고, 먼저 가르친 뒤 벌을 주라고 주장한다. 애공哀公이 물었다. "어떻게 하면 백성이 복종합니까?"[161] 공자가 대답했다. "곧은 사람을 천거하여 굽은 사람들 사이에 놓으면 백성이 복종합니다. 굽은 사람을 천거하여 곧은 사람들 사이에 놓으면 백성이 복종하지 않습니다."[162] 여기서 이야기하고 있는 것은 어떤 사람을 쓸 것인가의 문제다. 그는 이렇게도 말한다. "착한 사람을 천거하고 능력이 부족한 사람들을 잘 가르치면 백성이 열심히 권면한다."[163] 곧음直과 착함善은 모두 구체적인 내용을 갖추고 있다. 그러나 이 명제의 본래 의미는 정치를 하려면 먼저 표준을 세우고, 이 표준에 의하여 교육해야 한다는 주장이다. 우두머리 양이 있어야 양 떼를 통솔할 수 있는 것이다.

형벌 문제에서 공자는 신중한 형벌을 주장한다. 계강자는 공자에게 정치에 대해 물었다. "무도한 자들에게 형벌을 가함으로써 도를 이루려 한다면 어떻습니까?"[164] 공자가 대답했다. "당신은 정치를 한다면서 어찌 형벌을 사용하려 하시오? 당신이 선정을 베풀려고 하면 백성도 착해질 것이오."[165] 무도한 자들에게 형벌을 가하여 도를 이룬다는 것은 엄격히 규정되어야 할 명제다. 논리적으로 볼 때 이는 공자의 사상과 어긋난 곳이 없다. 따라서 이치상 이 문제에 대한 대답은 간단했어야 한다. 그런데 이 문제를 피해갔다는 데 공자의 절묘함이 있다. 그는 형벌을 가해야 하는지 아닌지에 대해 정면으로 회답하지 않고, 이런 식으로 문제를 제기하지 말고 먼저 선정을 베풀어야 한다고 주장한다. 물론 덮어놓고 착해질 수는 없으니 "너그러움寬과 사나움猛을 더불어 시행"해야 한다.

선덕후형은 재판에서 드러나기도 한다. 단죄의 목적이 시비를 가리는 데 있는 것만은 아니다. 그와 더불어 백성으로 하여금 옳고 그름을 알아 다시는 유사한 사건이 생기지 않도록 해야 한다. "재판을 하는 데는 나도 다른 사람과 마찬가지다. 다만 나는 반드시 재판이 없는 상태로 만들고 자 하지!"166 「여형呂刑」에도 이와 유사한 사상이 있다. 그러나 문제를 지적 한 사람은 공자다. 재판을 제재 수단으로만 보지 않고 교육 수단으로 간 주한 것은 공자의 새로운 공헌이다.

유도有道와 무도無道:

통치자의
자아 인식

　　정치적 이상국가 이론과 보편적 의미를 지닌 정치 원칙을 제기했느냐 여부는 정치사상가가 될 수 있느냐의 여부를 판가름하는 기본적인 지표 가운데 하나다. 공자가 남긴 말이 매우 단편적이기는 하지만 적어도 이 문제에 관한 그의 논술은 대단히 분명하다. 공자의 정치적 이상국가와 기본적 정치 원칙이란 바로 그가 자주 이야기하는 '유도有道(도를 갖춤)' 두 글자에 함축되어 있다. 공자의 말 중 '도'는 다양한 함의를 지니고 있으나, 정치에 쓰였을 경우는 '유도'가 공자의 이상 정치와 기본 정치 원칙을 대표한다고 할 수 있다. 이와 상대적인 말이 '무도無道'다. 이와 관련 있는 논의들을 종합하면 공자의 '유도' 정치이상이란 바로 예와 인의 화해 및 통일, 그리고 민부와 족군이다.

　　공자의 정치이상과 기본 정치 원칙은 무슨 놀랄 만한 주장이 있는 것도 아니며 현학적이고 오묘한 논의가 깔려 있는 것도 아니다. 그저 사람들로 하여금 평범하고 가깝게 느낄 수 있도록 해준다. 그럼에도 실천에 옮기려고 하면 대단히 어렵다. 또 어렵기는 하지만 그렇다고 도저히 오를 수 없을 정도로 높은 것도 아니다. 공자가 보기에 선대의 위대한 성군聖君

은 모두 이를 실행한 적이 있다. 3대(하, 은, 주)의 성군은 이 경지에 도달했다. 공자가 묘사하는 이런 이상적 경지는 실제와 이상을 유기적으로 통일하고 있다. 그가 묘사한 이상은 현실적으로 존재한 관계를 출발점으로 삼기 때문에 전체를 실현시키기란 확실히 어렵다. 다만 그 방향으로 몇 걸음 가는 것은 얼마든지 가능하다. 이렇게 함으로써 통치자들이 실제로 정치를 하면서 돌아갈 여지를 제공하고 있다.

도가 특히 장자의 학문인 순수 자연주의 이론처럼, 하나의 정치 이론이 만일 역사적 진행 과정과 대립한다면 현실 속에서 자신의 존재근거를 찾기란 불가능하다. 반대로 법가法家처럼 덮어놓고 현실을 긍정하면 끝없는 발전과 변화가 이루어지는 실제 정치를 이끌어갈 훌륭한 지도자를 충당하기가 어려울 것이고, 사실상 살아 있는 정치를 회복할 여지를 줄 수 없어진다. 법가는 과도하게 군주를 긍정하며 모든 것을 군주의 명령에 따르라고만 한다. 이는 현실적으로 정치적 경직을 불러일으키며, 자아 인식과 자아 조절을 할 여지가 너무 협애하게 남는다. 공자의 정치이상과 정치의 기본 원칙은 이렇지 않다. 그는 실제로 존재하는 사회적 관계와 정치적 관계를 긍정하면서, 동시에 현상에도 만족하지 않는다. 당시의 실제 정치에 대해 상당히 비판적인 입장을 견지한다. 그러나 이 비판은 부정이 아니며 개선과 개량을 바란다. 이를테면 공자의 위衛 영공靈公에 대한 태도가 바로 이렇다. 공자는 위 영공이 '무도'하다고 비판하지만 여러 차례 위 영공의 힘을 빌려 나라를 잘 다스리기를 희망했다. 공자의 눈에 당시는 '무도'한 시대였으나 그렇다고 이 때문에 그 시대를 포기하지는 않았다. 그가 보기에 사정은 여전히 구제 가능성이 있었다. 또한 이를 위해 그는 부지런히 갈구했으며 일생을 분주히 지냈다. 공자는 "만일 나를 써주는 사람이 있으면 1년 만에 기초를 다질 수 있고 3년이면 큰 성공을 거둘 것이다"[167]라는 식의 말을 여러 군데에서 하고 있다. 그는 정치개혁에 대해 믿음과 희망으로 가득했다. 통치자의 전체적이고 장기적인 이익이란 측면에서 볼 때, 그들은 자아를 긍정할 필요가 있을 뿐만 아니라 때때로 자아 인식과 자아비판을 꾸준히 진행할 필요가 있다. 당시의 간의諫議와 관련된 몇몇 논의는 바로 자아 인식과 자아비판을 위한 것이었다. 당시 수많은 정치가와 사상가는 간언을 하는進諫 것과 간언을 받아들이는納諫 문제가 정치적으로 지극히 중요한 위치를 차지한다고 생각했다. 그것은 국가의 흥망과도 관련이 있다고 여겼다. 공자의 '유도'와 '무도' 문제에 관한 논의는 통치자들의 자아 인식과 자아비판을 새로운 단계로 끌어올렸다. 공자는 '유도'한 이론을 정치 검증의 표준으로 삼았는데, 통치자들의 모든 행위는 응당 이 이론 앞에서 평가와 검증을 받아야 했다. '유도' 이론의 규정을 위반하면 '무도'한 무리 또는 '무도'한 거동에 속했다. 공자의 '유도'와 '무도' 이론은 당시뿐만 아니라 향후 2000여 년의 봉건사회 내내 통치자들의 자아 인식, 자아비판, 자아 조절의 이론적 근거가 되었다. 공자의 정치적 이상과 기본적 정치 원칙은 현존 사회의 기본 질서와 폐정 비판, 현실 개량 등이 적절히 한데 잘 결합되어 있다. 이 이론은 통치계급 가운데 집권자의 수요를 만족시켜줄 수 있었을 뿐만 아니라 재야세력 및 개혁을 도모하는 다른 세력 사람들이 정치를 비판하는 데 이론적인 근거를 제공해주기도 했다. 동시에 피해를 심하게 본 사람들에게도 환경을 개선할 수 있다는 희망을 주었다. 공자의 이론이 갖춘 폭넓은 적응력이야말로 그의 사상이 봉건 통치자들에게 지도 사상으로 신봉을 받는 중요한 원인 가운데 하나다.

공자의 정치 이론 가운데 특별히 주의를 기울여야 할 부분이 또 한 가지 있다. 그것은 바로 정치 원칙과 군주와의 관계 문제다. 일찍이 서주 초기 주공周公의 언설 가운데서 벌써 정치 원칙과 군주 행위 사이의 차이 문제가 제기되기 시작했다. 예컨대 주공은 신의 뜻神意 외에 '덕德'이라는 원칙을 제기했다. 그가 보기에 은殷 주왕紂王의 행위는 '덕'을 위배했다. 그래서 상제上帝가 그를 버렸다. 주周 문왕文王은 덕정德政을 행했으므로 상제의 보우를 받은 것이다. 주공이 말하는 '덕'은 곧 이상화된 통치자의 전체 이익을 대표할 수 있는 보편적 정치 원칙이다. 주공의 논의는 왕조의 교체라는 특수 상황 아래서 제기된 것이었다. 그런데 주나라의 통치가 공고해지면서 주 천자는 양자의 재분리를 원하지 않았고, 따라서 그 후 기나긴 시기 동안 주 천자는 자신의 행위를 덕의 체현으로 선전했다. 자신이 덕의 화신이라는 이야기인데, 이는 금문金文에 대단히 명확하게 반영되어 있다. 서주 후기에 이르러 정치적 위기가 출현함에 따라 사람들은 통치자의 보편적 정치 원칙과 주 천자의 언행 간 대립 문제를 다시 제기하기 시작했다. 춘추 시대에 이르면 혹자는 상당히 명쾌한 언어로 이 모순을 직접 드러내기도 했다. 이를테면 진晉나라 비정丕鄭은 말한다. "내 듣기에 군주를 섬김은 의義에 따르는 것이지 미혹한 말에 아첨하는 것이 아니다."[168] 비정은 의를 군주보다 높게 여긴다. 공자는 이 사상을 계승하고 발전시켰다. 그가 재삼 강조하는 바는 "신하는 충으로 군주를 섬겨야 한다"[169], 군주 앞에서는 다른 사람들이 싫증낼 정도로 공경을 다해야 한다, 예컨대 "임금이 자리에 있을 때는 조심조심 느릿느릿 걷는다"[170] 등 노예적 양태를 드러내고 있지만, 이 모두는 예의 각도에서 문제를 다루고 있을 때뿐이다. 정치 원칙에서 보면 그는 군주를 섬김에 구차히 순종, 영합해서는 안 된다고 주장한다. '도'에 부합하느냐 아니냐를 먼저 고려해야 하며, "도로써 군주를 섬겨야 한다"[171]고 생각했다. 공자가 보기에 위衛나라의 사어史魚와 거백옥蘧伯玉이야말로 도를 최고의 위치에 놓은 인물들이었다. 그는 이들을 극구 찬양했다. 공자는 말한다. "올곧도다. 사어여! 나라에 도가 있으면 화살처럼 곧았고, 나라에 도가 없어도 화살처럼 곧게 살았다. 군자로다, 거백옥이여! 나라에 도가 있으면 나아가 벼슬했고, 나라에 도가 없으면 뜻을 거두어 가슴에 묻고 지낼 줄 알 았다."[172] 그 자신은 꿈속에서라도 정치를 하고 싶었으나 도가 행해지는 지의 여부를 참정의 조건으로 삼고 있다. 행해지지 않으면 나아가 벼슬하 지 않는다. "도가 행해지지 않으니 뗏목을 타고 바다로 떠나버릴까 한다." [173] "의롭지 못한 부귀영화는 내게 뜬구름과 같다."[174] 공자의 마음은 군 주에게 기울어 있었다. 군주를 석 달 보지 못하면 마치 혼백이 달아난 듯 황공해하고 불안해했다. 그러나 그의 정치 생애를 볼 때 노나라에서의 짧 은 기간 운이 좋았던 것을 제외하곤 평생 뜻을 이루지 못하고 번번이 상 가의 개 신세였다. 이런 처량한 지경에 떨어질 수밖에 없었던 것은 아마 도 공자가 정가의 주변을 돌 줄 몰라서도 아니며, 그가 무능해서도 아니 다. 그가 '도'를 군주보다 높게 보고, 권력과 지위보다도 높게 보았기 때문 일 것이다. 항상 이 점이 사상가와 실제 정치가가 다른 부분이다. 만일 한 사상가의 행동이 자신의 이론과 너무 많이, 너무 크게 위배된다면 대체 로 이런 사상가는 사상이론가로서의 자격을 잃게 된다. 사실 공자가 견지 한 정치 원칙은 통치계급의 이익에 아무런 손해를 끼치지 않았다. 근본적 으로 군주를 옹호하는 데 유리한 것이었다. 이와 반대로 어떤 군주와 집 권자들은 오히려 통치계급들의 보편적 이익에 손해를 주는 거동을 하여 자신을 파괴하고 약화시키곤 했다. 이것이 바로 후대에 이야기되는 도통 道統과 군통君統의 모순이다. 이 모순에서 공자는 도통의 입장에 섰고, 양 자가 맞아떨어지기 어려울 때 공자는 도통이 군통보다 높으며, 도의道義가 권력의 명령보다 중요하고, 도를 따를 뿐 군주를 따르지 않는다고 주장했 다. 이런 상황에서 공자는 군주에게 협조하지 않는 듯 보이고, 심지어 표 면적으로 대립하기도 했다. 그러나 그가 견지한 도의란 오히려 더 높은 각도에서 통치계급의 이익을 옹호하고 있으며, 군주의 권한을 옹호하고, 군주를 원망하면서도 그를 향한 깊은 애정으로 충만해 있다. 공자가 강조한 도의가 군주보다 높다는 사상은 충성스럽고 용감한忠勇 일군의 선비士를 길러냈다. 이 충성스럽고 용감한 선비들이 바로 봉건 통치를 옹호한 튼튼한 기둥이었다. 이 사람들은 군주를 사랑하면서도 아첨하지 않았으며, 따르면서도 맹종하지 않았고, 명령을 어기는 일이 있어도 속이지는 않았으며, 원망은 해도 한을 품지는 않았다. 그리하여 도의의 견지와 군권의 옹호, 통치계급 보편적 이익의 옹호는 기묘하게 통일되는 상태에 이른다.

　공자의 정치 이론은 먼저 현존 정치 질서를 긍정한다. 이 전제하에 사람들로 하여금 현실을 비판하도록 이끄는데, 그 목적은 귀천이 평등한 화해의 추구였다. 이 이론은 착취자들의 생활 조건을 개선하는 내용을 담고 있지만, 착취자와 통치자에게 절대적으로 유리한 것이었다. 바로 이 때문에 공자는 '권세 있는 사람들에게 성인'이 되었을 것이다!

중용:
정치평형의
술

공자는 정치와 윤리 원칙만을 가지고 사람들을 가르치지 않았다. 그는 사람들의 사유 방식을 배양하는 데 더 중점을 두었다. 공자의 사유 방식과 철학적 특징에 관해서는 철학사 연구자들이 이미 상세히 논의한 바 있다. 따라서 여기서 우리는 역사와 정치의 각도에서 몇 가지 설명만 덧붙이고자 한다. 공자의 사유 방식의 특징은 한계평형론이라 일컬을 수 있다.

공자는 낡은 깃발을 흔들고 있지만, 그렇다고 그저 진부한 시대로 되돌아가자는 것은 아니었다. 그는 현재와 미래를 세심하게 살피고 있지만, 그렇다고 미래를 개척하는 사람도 아니었다. 어쨌든 그는 진부한 정신을 현재와 미래에 주입하고 싶어했다. 그의 바람은 옛 사물의 범위 안에서 최대한도로 각 사람이 모두 만족을 얻을 수 있게 되는 상태였다. 공자는 사물 간의 모순을 보았다. 이 모순 앞에서 그는 모순이 무너지기를 바라지 않았을 뿐만 아니라 바뀌는 것도 바라지 않았다. 그는 오로지 온 힘을 다해 모순된 쌍방이 옛 사물을 근본적으로 변화시키지 않는 상황에서 평형을 얻을 수 있는 그런 연결 고리를 찾고자 했다.

중용과 집중

이는 공자가 찾는 한계평형의 기본 방식 가운데 하나다. '중용中庸' 개념은 공자에 의해 제기되었다. "중용을 덕으로 삼는 것은 지극한 일이로다! 백성 가운데 이를 지닌 사람이 오랫동안 드물었다."[175] 공자가 말하는 중용의 덕이란 품덕品德, 품질品質이 아니라 사물에 대한 태도를 가리킨다. 중용과 "그 가운데를 잡는다允執其中"는 말은 같은 의미다. '윤집기중'은 요임금이 제기한 것으로 전해지고 있다. 집중執中은 상당히 오래된 사상인 듯하다. 『서경書經』과 『시경』의 몇몇 편에서 이미 '중中'을 명확한 정치도덕 개념으로 사용하고 있다. '중용'은 바로 '용중用中(중을 사용함)'이다. '중'은 중간의 의미가 아니다. 일정한 표준에 따라 일을 하는 것, 대립하는 양측의 연결점을 찾아 대립하는 쌍방의 평형을 추구하는 것, 어떤 행위에 한계를 정하고 명확한 행동 목표를 정해주는 것, 그리하여 사물들로 하여금 옛것을 지키고 질적 안정을 갖도록 하는 것을 가리킨다.

『논어』 및 관련 기록을 보면 공자는 예를 '중'으로 본다. 모든 행위가 예에 부합하는 것이 바로 집중이다. 공자는 매사에 모두 예로 시비를 가르고 사람을 평가했다. 그가 제기한 '4물四勿(네 가지 말라)'은 예와 중이 일치하는 것임을 증명한다. 『예기』 「중니연거仲尼燕居」에는 이를 명확히 기록하고 있다. 그는 "예가 있기 때문에 중이 만들어진다"[176]고 말한다. 무엇이 중인가? 공자는 "예법에 맞는 예禮乎禮"라고 말한다. 이런 순환 논법은 예와 중이 하나임을 증명하고 있다. 『예기』의 기록이 공자의 원래 언어인지 아닌지 고증하기 어렵지만, 이런 주장은 공자의 사상과 부합하는 것이다.

예에 규정되어 있는 것은 예에 따라 행한다. 그러나 생활은 복잡한 것이고 예 속에서 모든 것의 근거나 모델을 찾을 수는 없다. 이런 상황에 '중'의 방법을 찾는다. 사물을 고찰하여 대립하는 쌍방의 연결점을 확정하고 이로써 쌍방의 평형을 추구한다. 이를테면 공자는 빈貧과 부富가 대립한다고 생각했다. "부와 귀는 사람들이 바라는 바다. (…) 빈과 천은 사람들이 싫어하는 바다."[177] 빈부 사이의 모순을 어떻게 해결할 것인가? 그는 단순히 부를 추구하는 입장에 서지 않는다. 간단하게 가난을 없앨 방법을 모색하지도 않는다. 그는 '의義'라는 한 글자를 제시한다. 의를 빈부 사이의 모순을 조정하는 중심 고리로 삼는다. 의에 합치하면 부귀한 사람은 부귀하게 살고, 반대로 부귀해질 수 없으면 빈천한 데 안주할 것이다. 군주와 백성 사이의 이해관계도 모순적이다. 이 모순을 다루면서도 공자는 마찬가지로 간단히 한쪽으로 기울지 않고, 분배와 절용을 양자 관계를 조절하는 중심 고리로 삼는다. 민부하고도 족군할 수 있다는 주장으로 양자 사이의 평형을 추구한다. 통치자는 백성에게 힘든 일을 시키는데, 힘든 일은 반드시 백성들의 원성을 야기한다. 이 모순에 대해 공자는 무제한으로 백성을 부리라고 주장하지 않으며, 원망하는 백성들의 편에만 서지도 않는다. 그는 "힘들게 일할 만한 가치가 있는 일을 골라 일을 시켜라"[178]라고 주장한다. 그리하면 백성을 부릴 수 있을 뿐만 아니라 민원을 없앨 수 있어 쌍방의 평형이 구해진다는 것이다. 이런 방법을 조화라고 부를 수 있다. 조화란 어느 일방이 다른 일방을 먹어야 한다는 주장이 아니라 일정한 방법을 찾아 한편으로 갑을 포괄하면서도 한편으로 을도 포괄하게 하면서, 동시에 갑과 을이 함께 연결되도록 하며 쌍방으로 하여금 기존 범위 안에서 안정을 유지하도록 하는 것을 말한다.

어떤 사물이든지 변화하고 발전한다. 그리고 일정한 조건하에서 두 가지 길, 두 가지 가능성에 직면해 양극단으로 치달을 수 있지만 질적으로 전통적인 안정을 유지하기 위해서는 양극단으로 치달으면 안 된다. 공자는 각종 사물의 범위를 규정하고 훈계한다. 그가 말하는 '6호六好(여섯 가지 좋은 일)'와 '6폐六蔽(여섯 가지 폐단)'의 관계는 그 전형적인 예다. 공자는 말한다. "인仁을 좋아하면서도 배우기를 좋아하지 않으면 어리석어지는愚

폐단이 있다. 지혜知(智)를 좋아하면서도 배우기를 좋아하지 않으면 방탕해지는蕩 폐단이 있다. 믿음信을 좋아하면서도 배우기를 좋아하지 않으면 해를 입는賊 폐단이 있다. 올곧음直을 좋아하면서도 배우기를 좋아하지 않으면 목을 조이듯 가혹한絞 폐단이 있다. 용맹勇을 좋아하면서도 배우기를 좋아하지 않으면 난리를 일으키는亂 폐단이 있다. 굳셈剛을 좋아하면서도 배우기를 좋아하지 않으면 사나워지는狂 폐단이 있다."[179] 폐蔽는 '폐弊'와 같으며 여기서는 폐단을 가리킨다. 인仁, 지知(智), 신信, 직直, 용勇, 강剛은 공자가 긍정하는 여섯 가지 덕행이다. 일정한 조건하에서 잘 배우지 않으면 이런 덕행도 다른 극단으로 치달을 수 있다. 인은 어리석음으로, 총명은 방탕으로, 성실은 재앙으로, 솔직함은 가혹함으로, 용감함은 혼란 조성으로, 강직함은 포악함으로 바뀔 수 있다. 공자는 호학好學으로 6덕六德이 극단으로 치닫는 것을 막으려 했다. 자장이 어떻게 관직에 종사할 것인가를 묻자 공자는 이렇게 대답했다. "많이 들어 의심스러운 것을 빼고 나머지를 신중하게 이야기한다면 허물이 적을 것이다. 많이 보아 위태로운 것을 빼고 나머지를 신중하게 행동으로 옮긴다면 뉘우칠 일이 적을 것이다."[180] 공자가 논하는 관료의 길은 사물의 안정과 평형을 유지하고, 그 평형 가운데서 자신의 밥그릇을 지키는 것이 핵심이다. 이런 식의 논의는 『논어』 곳곳에 보인다. 예컨대 "군자는 두루 사귀되 파당을 짓지 않는다"[181] "군자는 태연하되 교만하지 않는다"[182] "군자는 화합하되 부화뇌동하지 않는다"[183] 등이 그렇다.

또 다른 상황은 사람의 행위가 본래 확정적이지 못하다는 것이다. 따라서 이런 상황에서 사람들이 질적으로 전통적인 안정을 파괴하는 행위를 하지 못하도록 하려면 명확한 목표가 있어야 한다. 공자가 말하는 '9사九思(아홉 가지를 생각함)'는 이런 사상을 매우 잘 설명해준다. "군자에게는 아홉 가지 생각이 있다. 보면 명확한가를 생각하고, 들으면 분명한가를 생각하고, 안색은 부드러운가를 생각하고, 표정은 공손한가를 생각하고, 말은 진실한가를 생각하고, 일은 신중한가를 생각하고, 의심나면 물어볼까 생각하고, 화가 나면 그로 인해 생길 환난을 생각하고, 이득을 보면 의로운가를 생각한다."[184] 생각하고 반성하고 돌이켜 사유한다. 범사에 명확한 목표가 있어야 하며 자신의 행동 노선을 정해야 한다. 이 목표는 사물의 안정성 유지가 기본 원칙이다.

'지나침'과 '못 미침'의 탈피

'과過(지나침)'와 '불급不及(못 미침)'은 중中의 양극단을 말한다. 이 양극단을 좇으면 중이 파괴되고, 사물이 가진 본래의 평형이 깨진다. 이 때문에 공자는 과와 불급을 탈피하라고 요구한다. 자공이 사師(즉, 자장子張)와 상商(즉, 자하子夏) 두 사람 중 누가 더 나으냐고 물었을 때, 공자는 "사는 지나치고, 상은 못 미친다"[185]고 말했다. 자공이 그럼 사가 상보다 좀 나으냐고 다시 묻자 공자는 "지나침과 못 미침은 같다"[186]고 대답한다. 공자는 항상 그의 학생들의 지나침을 제재하고 못 미침을 보충해주었다. 이것이 바로 일진일퇴의 교육 방법이다. 그의 염구와 자로(즉, 유由)에 대한 교육의 중점이 달랐다. "구求는 항상 뒤로 물러나므로 그를 앞으로 나아가게 했고, 유由는 항상 남의 몫까지 하려 함으로 그를 물러서게 했다."[187]

공자는 일상생활에서 정치 행위에 이르기까지 '과'와 '불급'을 탈피하라고 거듭 강조한다. 자장이 어떻게 미혹을 분별하느냐고 묻자, 공자는 이렇게 말했다. "사랑하면 그가 살기를 바라고, 미워하면 그가 죽기를 바라는 법이다. 그가 살기를 바라거나 죽기를 바라는 것이 미혹이다."[188] 이것은 확실히 '과'하므로 공자가 비판을 가한 것이다. 그는 이런 말도 했다. "주공과 같은 재능을 갖추었다 할지라도 교만하고 인색하다면 그 나머지는 볼 것도 없다."[189] 이 말은 정치 행위에서의 '과'를 뜻한다. 공자는 이렇게 말한 적도 있다. "바탕이 형식을 앞서면 야만스럽고, 형식이 바탕을 앞서면 문약하게 보인다. 형식과 바탕이 조화를 이루어야 군자답다."[190] 여기서는 형식과 내용 관계에서 과와 불급을 비판했다. 과와 불급 모두 편협한 것이므로 편협한 것은 바로잡고 폐단은 보완하는 방법으로 모든 것을 중정中正으로 귀결시켜야 한다.

과와 불급에 반대하는 이러한 이론은 질적으로 전통적인 안정을 전제로 삼는다. 왜냐하면 새로운 사물의 본질에 대한 규정은 전통적인 사물을 대신하는 과정에서 점진적으로 만들어지며, 옛 사물에 대한 '중정中正' 및 과, 불급의 모순 가운데서 형성되는 것이기 때문이다. 따라서 새로운 사물이 성장하는 과정에 있을 때는 그것의 본질을 확정하기가 일시적으로 매우 어렵다. 이와 반대로 옛 사물의 본질이 이미 응고된 것이라면 그 앞에서 과, 불급은 명약관화해진다. '과와 불급이 같다'는 명제는 본래 이런 전제를 암암리에 깔고 있다. 안정된 '중'이 없다면 '과' '불급'을 주장할 수가 없다. 그 외에도 사물의 운동 방식은 각양각색이다. 일반적으로 옛 사물에서의 '정正'을 새로운 사물의 '정'으로 직접 옮겨올 수는 없다. 새로운 사물의 '정'은 옛 사물을 파괴하면서 이루어진 것이기 때문이다. 한편 질적으로 새로운 '정' 또한 자신의 '과' '불급' 운동 속에서 확정될 수밖에 없다. 이렇게 볼 때 공자가 반대한 과, 불급은 보수적 명제임이 분명하다.

불가하면 그만둠

일을 처리할 때는 마디마디에 신중을 기해야 한다. 본질적 규정을 깨뜨리는 행동을 해서는 안 된다. 이를 위해 공자는 불가하면 그만두라고 주장한다. 군주를 섬기는 문제를 예로 들어보자. 그는 한편으로 군신의 상대적 관계를 제창했다. "군주는 신하를 예로 부리며, 신하는 군주를 충으로 섬긴다."[191] "도로써 군주를 섬긴다."[192] 그런데 다른 한편으로 그는 군신 관계에서 신하는 반드시 군주가 모든 것을 주도하도록 해야 한다고 주장한다. 신하의 사명은 군주를 섬기는 것이니 "나아가면 공경公卿을 섬기고,"[193] "섬기는 데 공경을 다한 뒤 봉록을 받는다."[194] 신하는 절대로 항명하거나 반란을 일으킬 수 없다. 공자는 나아가 간언하기를進諫 주장한다. 간언해도 듣지 않으면 신하는 적당히 하고 그치든지 용퇴하여 제 몸이나 깨끗이 하든지 해야 한다. 공자는 말한다. "훌륭한 신하라 함은 도로써 군주를 섬긴다. 불가하면 그만둔다."[195] "나라에 도가 있으면 벼슬하고, 나라에 도가 없으면 뜻을 거두어 가슴에 묻는다."[196] "쓰이면 나아가 행하고 버리면 들어와 숨는다."[197] "천하에 도가 있으면 드러내고, 도가 없으면 은거한다."[198] 이런 관계에서 신하는 절대로 군주에게 위협 세력이 될 수 없다.

친구에 대한 것도 마찬가지다. "충고하여 잘 이끌되 불가하면 그만두어 자신을 욕되게 만들지 마라."[199]

불가하면 멈추는 것이나 자신의 깨끗함을 지키며 안주하는 것과 완고한 것과는 당연히 구별된다. 그렇지만 이러한 철학이 과거의 안정성에 절대로 해를 입히지는 못한다. 전진하는 역사의 압박을 받아 변혁의 시기를 맞았을 때 이런 현상이 특히 잘 나타난다.

하겠다는 것도 없고 안 하겠다는 것도 없음無可無不可

만일 '중용'이 절충주의로 맞지 않는다면 '하겠다는 것도 없고 안 하겠다는 것도 없는 것無可無不可'이야말로 의심할 바 없이 전형적인 절충주의다. 공자는 '위선자鄕愿'를 "덕의 도적"으로 생각했다.(『논어』「양화」) '하겠다는 것도 없고 안 하겠다는 것도 없는 것'은 사실 '향원'과 같은 일이다. 공자는 자신과 일련의 은자들을 비교했다. 백이伯夷와 숙제叔齊는 "자신들의 뜻을 굽히지 않았고, 제 몸을 욕보이지 않았다".[200] 즉 자신의 의지를 바꾸지 않았고 자신의 신분을 욕되게 하지 않았다. 유하혜와 소련少連은 좀 영활해서 "뜻을 굽히고 몸을 욕되게 했으나"[201] 여전히 "말에 도리가 있었고 행동에 사려가 깊었다".[202] 즉 윤리에 합당한 말을 했고 깊은 생각을 거쳐 행동했다. 우중虞仲과 이일夷逸에 대한 표현은 또 달랐다. "은거하여 큰소리를 쳤으나 몸가짐이 깨끗했고 물러남이 시의적절했다."[203] 은거 생활을 하면서 말은 제멋대로 했으나 자신들의 결백함을 지켰고 직위에서 떠날 때 권도가 시의에 적절했다는 것이다. 이 세 부류 사람들은 높낮이의 차이는 있으나 제각기 자신의 행동 철학을 갖고 있었다. 공자는 이 사람들을 존경해 마지않았으나, 그 자신은 이 사람들과 또 달랐다. 공자의 행동원칙은 "꼭 하겠다는 것도 없고 안 하겠다는 것도 없었다".[204] 이런 언행은 지극히 많은데 여기 몇 가지 예만 들면 다음과 같다.

한편으로는 신을 믿어 "신에게 제사를 지낼 때는 마치 신이 곁에 있는 듯했다".[205] 그러나 다른 한편으로 신의 존재를 의심했다.

한편으로는 사람의 "성품이 서로 비슷하다"[206]고 주장하면서 다른 한편으로 "나면서부터 아는 사람"[207]이 있다고 하는가 하면 "아주 지혜로운 사람과 아주 어리석은 사람은 바뀌지 않는다"[208]고도 주장한다.

한편으로는 자신을 배워서 안 사람으로 생각하면서 다른 한편으로 자신을 천명의 담지자로 "하늘이 내게 덕을 내리셨다"[209]고 말하기도 했다.

한편으로는 "한 몸을 희생해서 인을 이룬다,"[210] "위기를 보면 목숨을 내놓는다"[211]고 주장하면서 다른 한편으로 "위험한 나라에는 들어가지 않으며 어지러운 나라에는 살지 않는다"[212]고 주장하기도 한다.

이상에서 언급한 것들은 한 사물의 두 측면이 아니라 두 가지 서로 다른 사물에 대한 이야기다. 이들의 성질에 따르면 양자는 조화할 수 없으며, 둘 가운데 하나만 존재할 수 있을 뿐이다. 그럼에도 공자는 이래도 좋고 저래도 좋다고無可無不可 한다. 이론적으로 '무가무불가'는 죽기를 각오하고 고수해야 하는 것도 아니고, 결코 새로운 명제를 구하는 것도 아니다. 무가무불가는 사람들을 교활하고 줏대 없는 길로 인도할 수 있을 뿐이다. 사물의 변화 과정에서 이런 사상은 과거적인 것을 보존하는 데 유리할 뿐, 새로운 것을 성장시키기에는 불리하다.

07 결어

공자의 정치윤리 사상은 중화 민족, 특히 한족漢族에게 지대한 영향을 미쳤다. 역사상 어느 시기에는 심지어 민족의 공통적 심리이면서 주요한 사유 방법을 구성하기도 했다. 그러나 이는 공자의 학설이 자체적으로 전파되어 일어난 일이 아니다. 대부분은 봉건 통치자들이 부단히 교육을 강화하고 주입한 결과다. 바로 이런 역사적 배경 때문에 공자의 사상이 제아무리 민족의 공통 심리였고 강력한 전통을 형성했다고는 하더라도 그것에 대해 전전긍긍할 필요가 없는 것 아니겠는가!

제3절

『중용』 『대학』의
수제치평修齊治平 사상

『중용中庸』과 『대학大學』은 처음에 『예기』에 수록되어 있었다. 『예기』는 유가 학자들의 논문을 모아 편집한 책이다. 『중용』과 『대학』의 저자 문제에 관해서는 대대로 논쟁이 있어왔다. 사마천은 『사기』 「공자세가」에서 "자사가 『중용』을 지었다"[213]고 말하고, 정현도 "공자의 손자인 자사급伋의 작품"[214]이라고 생각했다.(정현의 『목록目錄』에 대한 공영달孔穎達의 인용) 『대학』의 저자에 대해서 송宋나라 이전에는 아무도 언급하지 않았다. 주희朱熹는 증자 작품설을 제기했고 왕백王柏은 자사가 지었다고 주장한다. 오늘날까지도 두 책의 성립 연대에 대해서는 논란이 많다. 자사의 작품이라는 견해가 있는가 하면, 전국 시대 말이나 진, 한 교체기의 유가 학자의 작품이라는 견해도 있다. 『중용』에 "오늘날 천하는 수레의 폭이 통일되었으며, 같은 문자를 쓰게 되었고, 행동 규범이 하나가 되었다"[215]는 말이 있는데, 혹자는 이 구절이야말로 이 책이 진나라의 통일 이후 성립되었다는 점의 확실한 증거라고 주장한다. 그런데 또 다른 사람들은 이 구절이 문장 가운데서 위아래 내용이 일치하지 않는다며 후인들이 끼워 넣은 것이라고 주장한다. 여기서는 책의 성립 연대를 맹자 이전으로 잡는 주장에 따르고자 한다. 어쩌면 자사, 증자의 작품일지도 모른다.

송대 성리학자들은 이 두 책을 특별히 중시했다. 정이程頤와 정호程顥는 『대학』을 떠받들었고, 주희는 이를 계승하면서 『중용』도 떠받들었다. 주희는 이 두 책과 『논어』『맹자』를 사서四書로 배열하고 주석을 달아 학자들의 필독서로 만들었다. 이로써 두 책은 사상 영역에 광범한 영향을 미치게 되었다. 『중용』과 『대학』의 사상은 기본적으로 일치한다. 따라서 여기서는 함께 논하고자 한다.

공자는 성현의 정치와 도덕으로 나라를 다스릴 것道德治國을 주장했다. 『중용』『대학』은 공자의 도덕치국론을 극단으로 밀어올렸고, 정치에 있어서 개인적 품격의 위치와 작용을 더욱 강조했다. 치국, 평천하의 근본으로 '수신修身'을 제기하여 정치사상적으로 극단적인 개인 본위론을 드러냈다. 『중용』은 말한다. "수신하는 소이를 알면 사람을 다스리는 소이를 알게 된다. 치인의 소이를 알면 천하 국가를 다스리는 소이를 알게 된다."[216] 『대학』은 말한다. "제 몸이 닦여진 뒤라야 집안의 질서가 잡히고, 집안의 질서가 잡힌 후라야 나라가 다스려지며, 나라가 다스려진 뒤라야 천하가 태평하다."[217] 『중용』과 『대학』 모두 정치적으로 수신을 정치의 근본으로 삼고 있다. 마치 물에 던진 돌에서 둥그런 파문이 퍼져가듯 개인이 정치적 파문의 근원이자 중심이 된다. 그리하여 개인의 작용을 더할 나위 없이 높은 정도로 강조한다.

01

수신의
도

『중용』『대학』에서 수신의 길은 내면을 향한內向 공부를 기본으로 삼아 안에서 밖으로 퍼져가는 것이다.

내향內向이란 본성에 따르고順性 마음을 참되게誠心 함이다. 『중용』은 말한다. "천명을 본성性이라 하고, 그 본성을 이끄는 것을 도道라 하고, 그 도에 따르는 것을 가르침敎이라 한다."[218] 전체적으로 보면 『중용』『대학』의 '도'는 대동소이하다. 『중용』에서의 도는 주로 중용의 도를 가리킨다. 『대학』에서의 도는 바로 책머리에 이야기하는 세 가지 항목이다. "덕을 밝히는 데 있고, 백성을 친애하는 데 있고, 지극히 참됨에서 멈추는 데 있다."[219] 양자가 제기하는 방법은 다르지만 그 실제 내용은 매우 가깝다. 도는 기왕의 본성에 따라 나타나는 것이면서도 도덕적 품격을 드러낸다. 이를 거꾸로 이야기하면 그들이 이야기하는 '본성'은 본질적으로 선한 것이어야 한다. 이 사이에 맹자 성선설性善說의 태반이 묻혀 있다.

어떻게 해야 본성을 이끌 수 있는가? 요체는 '성誠(참됨)' 한 글자에 있다. 『중용』은 말한다. "천하의 지극히 참됨至誠만이 그 본성을 다한다고 할 수 있다."[220] 이렇게도 이야기한다. "참되어 밝아지는 것을 가리켜 본성이라 한다."221 『대학』에서는 '본성을 이끄는 것率性'에 대해서는 언급하지 않는다. 그러나 수신을 이야기하면서 그 중심을 역시 성의誠意, 정심正心에 두고 있다.

참됨은 주로 주관적 의지와 신념을 가리킨다. 『중용』에서 '참됨'은 또두 가지로 나뉜다. 하나는 본래적으로 고유한 '참됨'이다. "참됨誠이란 천하의 도다."222 이런 참됨은 성인만이 가지고 있다. "참됨이 힘쓰지 않아도적중하고, 생각지 않아도 얻어지며, 온몸이 도와 맞아떨어지는 사람이 성인이다."223 또 한 가지, 참됨은 수양과 학습 등 후천적 노력을 통해 도달할 수 있는 것이다. 이를 "참되게 하는 것誠之者"이라 부른다. "참되게 하는것은 사람의 도다."224 나면서부터 있는 것이든 배워서 얻게 된 것이든 일단 참됨을 달성하면 아무런 구분이 없어진다. "스스로 참되어 밝음을 가리켜 본성이라 한다. 스스로 참됨을 밝히도록 함을 가리켜 가르침이라한다. 참되면 밝아지고, 밝아지면 참되게 된다."225 출발점은 다른데 귀결점은 하나다.

참됨이 비록 주관 의식이 내적으로 추구하는 수양이기는 하지만 이참됨이 개인에 한정된 것만은 아니다. 참됨을 구하는 것은 객관을 바꾸기위함이다. "참됨은 스스로 자신을 이루는 것만이 아니다. 다른 사물을 이루어주는 바다."226 또는 "참되지 않으면 사물이 없다."227 '불성무물不誠無物'에 대해서는 두 가지 해석이 있다. 하나는 참되지 않으면 곧 사물이 없다는 주장이다. 그렇다면 물物은 참됨의 파생물이 된다. 또 하나의 주장은참되지 않으면 무슨 일이든 성공할 수 없다는 것이다. 『중용』을 보면 이두 가지 의미가 모두 있다. 참되기만 하면 안 통하는 일이 없으며, 성공하지 못하는 일이 없다. "오로지 천하의 지극한 참됨至誠만이 하늘의 본성을다하게 할 수 있다. 하늘의 본성을 다할 수 있으면 사람의 본성을 다하게할 수 있고, 사람의 본성을 다할 수 있으면 만물의 본성을 다하게 할 수 있고, 만물의 본성을 다할 수 있으면 천지의 변화, 생육化育을 도울 수 있고, 천지의 화육을 도울 수 있으면 천지의 운용에 동참할 수 있다."[228] 저자는 추리의 방법으로 개인의 주관적 작용을 극한까지 과장시킨다. 가물가물 신묘하다. 또 참됨의 작용을 인식 방면에 결부시켜 지성至誠에 도달하면 일체를 인식할 수 있다고 한다. "지성의 도에 이르면 사전의 모든 것을 알 수 있다."[229] "선한 것도 반드시 먼저 알고, 선하지 못한 것도 반드시 먼저 한다. 따라서 지성하면 신과 같아진다."[230] 사실 이것은 일종의 신비주의다.

참됨은 의지와 수신의 강화에 중점이 있다. 수신의 외재적 표준은 바로 중용의 도다. 『중용』은 중용의 도가 '참됨'으로부터 이끌려 나오는 것이라고 주장한다. "참됨이란 스스로 이루어지는 것이다. 그래서 도 또한 스스로 도다."[231] 참됨은 타고난 본성이며, 중용의 도는 참됨에서 이끌려 나온 것이다. 중용의 도는 참됨이 정情과 행동 위에 드러난 것이다.

중화中和는 중용의 도의 정수다. 『중용』의 '중'은 우선 매우 안정된 심리 상태를 가리킨다. 이런 상태야말로 본성에 가장 가깝고 도덕과 참됨에 가장 부합한다. 따라서 이렇게 말한다. "희로애락이 아직 발하지 않은 상태를 중이라 한다."[232] 희로애락은 욕망의 여러 가지 표현이다. 사람의 감정에는 두 가지 정황이 있다. 하나는 '중'에 어긋나, 즉 도에 배치되면서 아무 거리낌이 없는 것이다. 또 한 가지는 '중'과 통일되며 '절節'이라 부른다. '절'은 질도가 있어 꼭 일맞은 것을 가리킨다. 과하지도 않고 못 미치지도 않는다. "발하여 모두가 중, 절中節하는 것을 화和라 부른다."[233] '화'는 감정 상의 중용이라 말할 수 있다.

중용이 행동으로 나타난 것이 예이며, 효孝, 충忠, 지知, 신信, 인仁, 의義 등과 같은 유가의 도덕윤리 규정이다.

모순된 사물을 대할 때 중용은 "양 끝단을 잡아 그 가운데 것을 백성에게 운용하라"[234]고 요구한다. 다음 인용문이야말로 이 말의 참된 의미를 아주 잘 표현하고 있다. 자로가 강함에 대해 묻자 공자가 말했다. "남방의 강함 말이냐? 북방의 강함 말이냐? 아니면 그냥 강함 말이냐? 관대하고 부드럽게 사람들을 가르치고 무도한 행위에도 보복하지 않는 것이 남방의 강함인데, 보통의 군자들은 그렇게 산다. 창과 갑옷을 끼고 죽어도 눌리지 않는 것이 북방의 강함인데, 강직한 사람들이 그렇게 산다. 따라서 진정한 군자는 둘을 조화하여 한쪽으로 흐르지 않으니 참으로 강하니라! 가운데 서서 치우치지 않으니 참으로 강하니라! 나라에 도가 있다고 해서 지켜야 할 바를 바꾸지 않으니 참으로 강하니라! 나라에 도가 없어도 평생 지킬 바를 바꾸지 않으니 참으로 강하니라!"[235] 강한 것에는 세 종류가 있다. 하나는 남방 사람들의 강함인데, 관대하게 사람들을 가르치고 무리한 행위에 보복하지 않는다. 일반적인 군자라면 이런 종류의 강함은 갖추고 있다. 두 번째는 북방 사람들의 강함인데, 병장기와 갑옷을 베개 삼아 죽어도 후회하지 않는다. 용감무쌍한 열사라면 이런 종류의 강함을 갖추고 있다. 세 번째는 진정한 군자의 강함인데, 양자를 통일해야지 한쪽으로 치우쳐서는 안 된다. 양자 사이에 서서 어느 쪽에도 기울어지지 않아야 한다. 나라에 도가 있을 때 자신의 태도를 바꾸지 않으며, 나라에 도가 없어도 자신의 입장을 바꾸지 않으니 이 얼마나 강한 것인가! 저자의 견해에 따르면 남방의 강함이나 북방의 강함이나 모두 취할 만한 점이 있지만 동시에 다소 치우친 면도 있다. 중용의 도는 이 둘을 결합할 때 그 사이에 놓인다. 물론 그렇다고 그 두 길과 갈려 완전히 제 갈 길을 가 삼자가 정립鼎立하는 형세를 이루는 것은 아니다. 마치 노새가 말, 나귀와 정족鼎足의 형세를 이룰 수 없는 것과 같다. 이런 종류의 강함은 남방의 부드러운 강함柔強을 흡수했을 뿐만 아니라 북방의 굳센 강함剛強도 흡수하여 유와 강이 한 몸을 이룬 강함이다. 그 묘미는 '화和'와

'중립中立'에 있다.

언행에서 중용은 여지를 남겨야 하는 것으로 표현되기도 한다. "평상의 덕은 실천하고, 평상의 말은 삼가야 한다. 어딘가 모자라면 열심히 덕을 닦아, 여지를 남겨 다함이 없도록 해야 한다. 말은 실천을 돌아보고 행동은 말을 돌아보아야 한다."[236] 언행은 앞뒤를 너무 재어 결단성 없듯이 해야 하고 신중하다 못해 소심하게까지 되어야 한다는 것이다.

중용의 도는 기존 질서와 규범 타파에 반대한다. "은밀한 것을 찾고 괴이한 행동을 하는 것素隱行怪"에 단연코 반대한다.(『중용』 11장) 소素는 찾는다는 뜻, 은隱은 은벽한 것을 말하며 행괴行怪란 전통에 어긋난 괴이한 행동을 지칭한다. 소, 은, 행, 괴 모두 긍정할 만한 가치가 없다. 그러나 혁신적이고 선진적인 언행은 모두 기존 규범과 전통에 대한 파괴임에 틀림없으며 따라서 틀림없이 소, 은, 행, 괴한 것에 속한다. 중용의 도는 현상에 안주하라고 특별히 강조한다. "평소에 부귀하면 부귀하게 행동하고, 평소에 빈천하면 빈천하게 행동한다. 평소에 오랑캐 땅에 살면 오랑캐에 맞게 행동한다. 평소 환난을 당했으면 환난의 범위 내에서 행동한다."[237] 한마디로 눈앞에 전개된 상황이 무엇이냐에 따라 그 상황에 맞게 대처할 뿐 다른 외적인 것을 바라지 않는다는 의미다. 이렇게도 이야기한다. "군자는 다른 구멍을 찾아들지 않으며, 스스로 무엇을 얻으려 하지도 않는다."[238] 어떤 지경에 이르든지 언제나 태연자약할 수 있으며, 하늘을 원망하지 않고, 다른 사람을 원망하지 않는다. 오직 제 자신을 책망할 뿐이며, 혹은 스스로 안위하고 스스로 도취한다. "세상을 등지고 지혜를 갈구하지도 않고 후회하지도 않는다."[239] 이 점은 장자의 출세간出世間 사상과도 상당히 가깝다.

『중용』과 『대학』은 수신을 논할 때 한결같이 '신독愼獨'을 강조한다. 즉 사람은 홀로 있을 때도 단정하고 정직해야 함을 강조함으로써 사상과 행위의 철저한 일관성을 추구하고 있다.

『중용』과 『대학』의 수신은 내심으로 참됨을 추구하고, 행동에선 중中을 추구한다. 정신적으로 추구하는 것은 초인이지만 실제 행동은 난쟁이 같아 아무런 창조적 정신도 찾을 수 없다.

수제치평:
현인 정치

　『중용』과『대학』에서는 수신修身을 제가齊家, 치국治國, 평천하平天下의 근본으로 선전하는데, 그 이유는 다음과 같다.

　첫째, 자기己, 집안家, 국가國, 천하天下는 일종의 서열 관계인데 여기서 자기가 그 서열의 시작이다. 수신, 제가와 치국은 내재적 통일성을 갖는다. 치국은 제가의 확대인데, 그 사이의 통일성은 바로 '효' 한 글자에 있다. 저자는 순임금, 주 무왕, 주공 모두가 효에 발을 딛고 출발하여 천자의 지위에 올랐고 성왕이 되었다고 주장한다. 효의 기본 정신은 뭇 선조의 유지를 준수하는 것이다. "효란 선조의 유지를 잘 계승하는 것이며, 조상의 일을 잘 기술하는 것이다."[240] 그 밖에도 잘 정돈된 제사의식과 예법제도를 굳게 지켜야 한다. 효에 밝으면 "나라를 다스리는 것이 마치 제 손바닥 보듯 쉬우리라!"[241] 『대학』도 말한다. "이른바 나라를 다스리려면 반드시 먼저 제 집안을 다스릴 줄 알아야 한다. 제 집안도 가르치지 못한 사람이 다른 사람을 가르칠 수 있는 경우는 없다. 따라서 군자는 집을 나서지 않아도 나라에 가르침을 행할 수 있다. 효도란 그것으로 군주를 섬기는 바이며, 공손함이란 그것으로써 윗사람을 섬기는 바이며, 자애로움이란 그것으로써 만백성을 부리는 바다."[242] 이런 식의 논조에는 일정한 역사적 근거가 있다. 춘추 이래 전국 시대 전기까지 종법제도와 정치 체계는 일치되었다. 국은 가의 확대였으며 가는 흡사 독립된 작은 나라와 같아 가신家臣, 가조家朝, 가졸家卒이 있었다. 국은 곧 가가 확대되어 이루어진 것이었다. 위魏, 조趙, 한韓 등이 바로 원래는 가였는데 국으로 바뀐 예다.

효는 가를 유지하는 사상의 중심 고리였고 가는 국의 세포로 국으로 바뀔 수도 있었다. 이런 상황에서 수기修己하려면 무엇보다도 먼저 효하기를 요구받았고, 사람과 사람의 관계는 "친친親親을 최고로 여겼다."(『중용』 20장) 효는 자기, 집안, 국가, 천하의 서열 가운데 정신적 중추였다.

둘째, 사회의 여러 도덕적 관계 가운데서 수신은 출발점이자 중심 고리이다. "무릇 천하, 국가를 위한 일에는 아홉 가지 법칙九經이 있다. 가로되 제 몸을 닦는 것修身이요, 현인을 존중함尊賢이요, 육친과 친애함親親이요, 대신을 공경함敬大臣이요, 뭇 신하를 이해함體群臣이요, 뭇 백성을 자식으로 여김子庶民이요, 온갖 기술자를 유인해 옴來百工이요, 먼 데 있는 사람을 부드럽게 주무름柔遠人이요, 제후들을 끌어안음懷諸侯이 그것이다."[243] 이 아홉 가지 원칙 가운데 수신은 시작일 뿐만 아니라 근본이다. 수신해야만 도를 세울 수 있다. 즉 "수신하면 도가 선다."[244] 나머지 여덟 개 항목은 어떤 한 방면의 일을 해결할 뿐이며, 수신이 그 방면들의 문을 열어준다. 『대학』은 말한다. "그 옛날 이 세상에 밝은 덕을 밝히고자 한 사람이면 먼저 제 나라를 잘 다스렸으며, 제 나라를 잘 다스리려는 사람이면 먼저 제 집안을 잘 다스렸으며, 제 집안을 잘 다스리려는 사람이면 먼저 제 몸을 잘 닦았으며, 제 몸을 잘 닦으려는 사람이면 먼저 제 마음을 바르게 했으며, 제 마음을 바르게 하려는 사람이면 먼저 제 뜻을 참되게 했으며, 제 뜻을 참되게 하려는 사람이면 먼저 제 지식을 넓혔다. 지식의 넓힘은 사물의 이치를 파고드는 데 있다."[245] 평천하, 치국, 제가, 수신, 정심, 성의, 치지, 격물 여덟 가지 가운데서 수신은 중추 위치를 차지한다. 정심正心, 성의誠意, 치지致知, 격물格物은 수신의 공부功夫이며 수신의 방법이다. 수신의 외적 확충을 제가, 치국, 평천하로 나타냈다. 저자는 이를 보편적 규율이라고 말한다. "천자에서 서인에 이르기까지 일체의 모든 것은 수신을 근본으로 삼는다. 근본이 어지러우면서 말단이 잘 다스려지는 경우란 없다."[246] 자신을 어떻게 꾸밀지 아는 사람만이 다른 사람을 어떻게 다스릴 것인지를 알 수 있다. 『중용』은 말한다. "수신하는 까닭을 알면 다른 사람을 다스리는 까닭을 알게 된다."[247] 치인治人, 치물治物, 치국治國, 치천하治天下는 수신의 외적 변화이며 확대다.

셋째, 도덕과 사람의 관계에서 사람은 도덕의 체현자다. 저자는 특히 자기가 올바를 때 다른 사람을 올바르게 할 수 있다고 강조한다. 자신이 바르지 못하면 다른 사람을 바르게 할 수 없다는 것이다. 『대학』은 말한다. "군자는 자기로부터 갖춘 뒤에야 다른 사람에게 구하며, 자신에게 없는데도 타인에게서 구하는 짓을 하지 않는다. 제 몸이 너그러움으로 충만해 있지 않으면서 다른 사람을 깨우칠 수 있는 사람은 아직 없었다."[248] 몸의 수양이야말로 타인에게 무엇을 요구할 수 있는 밑천이며 전제 조건이다.

『중용』『대학』 모두 모범의 힘을 특별히 강조한다. 그들은 아랫사람이 반드시 윗사람을 따라야 하고, 배워야 한다는 이론에 근거하여 위가 좋으면 아래는 반드시 그를 따라 좋게 배우고, 위가 나쁘면 아래는 반드시 그를 따라 나쁘게 배운다고 주장한다. 『대학』은 말한다. "이른바 평천하란 제 나라를 잘 다스리는 데 있다. 윗사람이 모든 노인을 제집 노인처럼 섬기면 백성 사이에 효가 흥할 것이고, 위에서 연장자를 제집 연장자처럼 대우하면 백성 사이에 공손함이 흥할 것이며, 위에서 외롭고 쓸쓸한 이들을 잘 보살피면 백성은 서로 배반하지 않을 것이다."[249] "요, 순이 인仁으로 천하를 통솔하니 백성이 모두 그렇게 따랐으며, 걸桀, 주紂가 포악暴으로 천하를 이끄니 백성이 모두 그렇게 따랐다. 명령이 좋아하는 바에 어긋나게 내려지면 백성은 그를 따르지 않게 된다."[250]

넷째, 사람과 정치 제도 등 정치 실체와의 관계에서 사람이야말로 살아 있는 주동적 요소다. 저자는 치국의 근본은 사람에 있으며 제도나 법률 같은 정치 실체가 아니라고 여겼다. 이에 따라 그들은 인치人治를 주장하고 법제나 정치에 반대한다. 『중용』은 말한다. "문, 무왕의 정치는 방책[251]에 잘 드러나 있다. 사람이 있으면 그와 같은 정치가 일어나고 사람이 없으면 그런 정치는 그치게 된다."[252] "사람의 도가 정치를 민활하게 한다"[253]고도 말한다. 사람과 예의 관계에서도 사람이 있어야 예가 행해진다고 한다. 『중용』은 말한다. "예의 형식이 300가지가 넘고 위엄 있는 의식이 3000가지를 넘는다. 모두 사람이 있고 나서 행해지는 것이다."[254] 예는 고정적이고 응고된 물건이지만 사람은 살아 있는 요소다.

다섯째, 몸을 잘 닦은 사람만이 덕과 재화의 관계를 잘 처리할 수 있다. 저자는 덕이 재화의 주체이며 덕 있는 사람만이 재화를 가질 수 있다고 주장한다. 『대학』은 말한다. "밝은 덕을 지니면 대중을 얻고, 대중을 얻으면 토지를 얻으며, 토지를 얻으면 재화가 있게 되고, 재화가 있으면 쓸모가 있다. 덕이 근본이고 재화는 말단이다."[255] 덕이 근본 뿌리이고 재화는 가지의 끝이다. 만일 이와 반대로 "근본을 제쳐두고 말단을 추구하면外本內末" 필시 백성의 불만과 반항을 불러올 것이다. 저자의 결론은 이렇다. "그러므로 재화가 쌓이면 백성이 흩어지고, 재화가 흩어지면 백성이 모인다. 따라서 말이 [도리에] 거슬러 나아가면 또한 거슬러 들어오고, 재화가 [이치에] 거슬러 들어오면 또한 거슬러 나간다."[256] 저자는 재물과 도덕의 모순, 전환 관계를 간파하고 있다. 여기에 한 가지 대단히 중요한 사항이 있는데, 그것은 저자가 사람과 토지에서 재화가 생긴다고 인정한 사실이다. 즉 사람을 부려야만 재화를 만들어낼 수 있다는 것이다. 『대학』은 또 말한다. "재화의 생성에는 큰 도가 있다. 생산하는 사람은 많고 무위도식하는 사람이 적으며, 열심히 생산하고 아껴서 쓰면 재화는 항상 풍족할 것이다."[257] 저자는 통치자에게 한편으로 재화 생성의 길을 열어 놓고, 다른 한편으로 절약해서 써야 재화가 풍족해진다고 권고하고 있다. 이 도리가 의미하는 바는 상당히 깊다. 한 사람의 인품과 명예를 가지고 논하면서 주로 재화에 대한 태도를 관찰하고 있다. 『대학』은 말한다. "어진 사람은 재화를 [멀리하기에 사람을 얻어] 몸을 일으키지만 어질지 못한 사람은 몸을 [망치면서까지] 재화를 탐한다."[258] 이와 같은 이치에 근거하여 저자는 "국가는 [경제적] 이익을 [국가적] 이익으로 삼지 않고, 의로움을 이익으로 삼는다"[259]를 치국의 지도 사상으로 삼고 있다.

위와 같은 논변은 제한된 범위 내에서는 나름대로 일리가 있다. 즉 통치자의 가혹한 착취를 경고하는 작용을 한다. 그러나 저자가 재화와 도덕을 대립시키고 재부를 도덕의 부속물로 삼는 것은 역사 발전 과정에 들어맞지 않는다. 이 이론은 역사적으로, 특히 사회가 개혁으로 전환하던 시기의 일종의 소극적 보수 이론이었다.

이상의 논의를 종합하면 『중용』 『대학』의 저자는 개인의 품격과 수양을 정치적 성패의 관건으로 여기고 있다. "한 집안이 어질면 한 나라기 어질고, 한 집안이 사양을 알면 한 나라가 사양을 알고, 한 사람이 탐욕하면 한 나라에 난이 일어나는 법이니 그 발동의 연유가 이와 같다. 이는 한마디 말이 일을 그르칠 수 있고, 한 사람이 나라를 안정시킬 수 있다는 말이다."[260]

『중용』과 『대학』은 공자의 인치 사상을 발전시켰으며, 이를 더욱 충실하고 명확히 한 것이므로 우리는 이를 인치주의라 부를 수도 있겠다. 인치주의와 당시 흥기하던 법치 사상은 첨예하게 대립했다. 어떤 의미에서 보면 인치의 제창, 특히 집정자들에게 몸으로 모범을 보이라고 요구한 것은 그 나름의 합리성을 지니고 있었다. 군주 전제라는 조건하에서 이런 주장은 군주에게 행위의 표준을 제기하고 요구한 것이므로 이론적으로는 군주에 대한 일종의 제약이었다. 어떤 때는 군주를 비판하는 무기가 되기도 했다.

이론적으로 따지면 인치주의는 정치의 근본을 포착하지 못하고 있다. 군주 전제 조건하에서 전제 군주의 지위는 도덕으로 유지되는 것이 아닐 뿐더러 강대한 국가 기구만이 군주 전제 정치 실현의 전제 조건이 된다. 이 전제 조건을 비껴가면서 개인의 수양만 이야기하는 것은 현실과 동떨어진 공허한 이야기다.

정치를 개인 품격이 확대된 것으로 간주하거나 정치 과정을 자기로부터 타인에게 이르는 과정으로 보는 것 또한 완전히 현실에 맞지 않는다. 국가란 하나하나의 개인들로 이루어진 것이므로 개인 수양의 강조가 중요한 작용을 하는 것은 틀림없다. 그러나 한 사람 한 사람이 모두 더해진 총화가 곧 국가 개념이라고 할 수는 없다. 정치도 그와 같은 개념이 아니다. 모든 사람이 다 군자라 하더라도 일체의 문제가 모두 해결된다고 할 수 없다. 국가의 문제는 개인들이 한데 더해진 총화보다 훨씬 크다. 예컨대 경제 문제, 제도 문제, 정책 문제, 외교 문제 등은 단순한 개인들의 총화로 포용될 수 있는 것이 아니다. 국가와 정치 문제를 개인의 수양으로 귀결하는 것은 개인이 모든 책임을 져야 한다는 황당한 논의다.

이론적으로 보면『중용』『대학』은 개인의 작용을 대단히 중시한다. 성품을 잘 가누어 마음을 참되게만 하면 안 되는 것이 없다. 이는 완전히 주관주의적 상상이다. 솔성성심率性誠心의 요지는 예의와 중용으로 귀결되며, 그 목적은 모든 사람을 도덕적 인물로 길러내는 데 있다. 도덕적 인물이 지적 성취와 결부되지 않으면 길들여진 백성을 만들어낼 뿐, 절대로 역사를 전진시키는 적극적인 사람이 될 수 없다. 길들여진 백성이야말로 군주 전제를 실행할 수 있는 가장 좋은 군중적 기초다.

제 4 절

맹자의 인정仁政 사상

맹가孟軻는 추鄒(오늘날의 산둥성 쩌우청鄒城)나라 사람이다. 생몰 연대는 대략 기원전 371년부터 기원전 289년까지다. 그는 자신을 공자의 손자인 자사를 사숙한 제자라고 칭했다.

공자가 죽은 뒤 유가는 대단히 불경기였고 양주楊朱, 묵적墨翟 등의 학설이 물 좋은 시장을 만났다. 이를 맹자는 이렇게 표현했다. "공자의 도가 드러나지 못하고 사악한 학설이 백성을 그르치며 인의를 틀어막는다."[261] 맹자는 자신을 공자학의 계승자로 보고 유학을 회복하는 데에 뜻을 세웠다. 그는 "인심을 바로잡고, 사악한 학설을 그치게 하며, 그릇된 행위를 못 하게 하고, 음란한 말을 막는 것"[262]을 자신의 임무로 여겼다. 맹자는 대부 반열에 올랐으나 실제 직무를 수행한 적은 없다. 학생을 모집하여 생업을 삼았고 여러 나라를 내왕하며 유세를 계속했다. 그의 사회적 지위는 매우 높았다. 각국의 국왕 대부분이 높은 손님으로 대접했으며 많은 금은을 베풀었다. 그래서 그는 십분 위엄을 뽐냈다. "뒤로 수십 대의 수레를 거느렸으며 따르는 사람만도 수백 명이었다."[263]

맹자는 정치에 대단한 열의를 보였다. 의당 정치학자로 불려야 할 것이다. 정치적으로 매우 자부심이 강해 모든 사람을 무시하고 제 자랑을 크게 늘어놓았다. "천하를 바로잡으려는 사람이 있다면 지금 세상에 나를 빼고 그 누가 있겠는가?"[264] 다음은 그의 세상 구제 방법을 소개한 것이다.

01

성선설과
윤리 사상

성선설

인간 본성 문제는 일찍이 춘추 시대에 제기되었는데 맹자 시대에 이르면 이미 제자백가의 중대한 토론 과제로 자리 잡게 된다. 공자는 "인성은 서로 비슷하다性相近"는 학설을 주장했다. 춘추 이래 어떤 사람들은 인성은 이익을 좋아한다性好利는 학설을 주장했는데, 이 학설은 법가에 의해 받아들여져 발전되었다. 신도愼到는 사람의 본성이란 '자위自爲(스스로 하기 나름)'라고 명확히 못 박았다. 고자告子는 "사람의 본성은 선함도 선하지 않음도 없다性無善無不善"고 주장했다. 그 밖에 "성은 선이 될 수도 불선이 될 수도 있다性可以爲善, 可以爲不善"는 설, "어떤 성은 선하고 어떤 성은 불선하다有性善, 有性不善"는 주장 등도 있다. 이런 여러 이론에 대하여 맹자는 생각을 달리하여 성선설性善說을 제기했다. 이론상의 파괴와 정립은 결국 하나로 모아지게 되어 있다. 맹자의 쟁론 대상은 주로 고자에 겨냥되어 있다. 고자는 사람의 인의도덕 등 여러 품성이 후천적으로 형성된 것이라고 생각했다. 목재를 가공하여 정해진 그릇을 만드는 것이지 애초부터 완성된 공구란 있을 수 없다는 주장이다. 만일 인의를 사람의 본성이라고 말한다면, 이는 곧 공구를 자연적으로 생겨나는 것으로 간주하는 것과 다름없이 황당한 일이다. 고자는 도덕 관념으로 사람의 본성을 설명하는 데 반대한다. 그는 사람의 본성이 응당 자연성 가운데서 찾아져야 한다고 주장한다. 그는 말한다. "날 때부터의 것을 본성이라 한다." "먹는 것과 하는 것이 성이다."[265] 고자의 말은 사람의 자연성과 사회성을 구분 짓고 자연성을 본성으로 여기고 있는 것이다.

고자의 이론을 깨뜨리지 않고는 맹자의 성선설이 이루어질 수 없다. 그러나 맹자의 고자에 대한 반박은 상당히 창백하다. 맹자는 반문하는 방법을 사용하는데 그 논거라는 것이 억지 비교에 매여 있다. 맹자의 말은 이런 식이다. "너 고자는 인의가 사람의 본성이 아니라고 주장하는데, 그럼 사람들이 인의를 행함은 사람의 본성을 해치는 것이 아니겠느냐?" 고자 또한 인의의 굴레를 벗어나지 못하고 있었기 때문에 난처한 입장에 처할 수밖에 없게 된다. 맹자는 또 이렇게 이야기한다. "너 고자는 공구를 제작하려면 목재의 본성에 순응해야 한다고 주장하는데, 설마 인의도덕이 사람의 본성에 순응하지 않는단 말이냐?"(『맹자』 「고자상」 참조) 맹자는 고자와의 쟁론을 통해 자신의 성선설을 천명하고 있다.

맹자는 말한다. "사람의 본성이 선함은 물이 낮은 데로 임하는 것과 같다."[266] 성선의 핵심은 "사람은 모두 차마 참지 못하는 마음이 있다"[267]는 데 있다. 이 차마 참지 못하는 마음은 '측은지심惻隱之心'이라고도 부르며 다른 사람의 불행에 동정심을 갖는 것을 말한다. '불인인지심不忍人之心'을 둘러싸고 또 '수오지심羞惡之心' '사양지심辭讓之心' '시비지심是非之心'이 있다.(『맹자』 「공손추상」) 이를 개괄하여 '사심四心'이라 부른다.

맹자는 다음과 같은 상황에서 사람들이 표현하는 바가 사람의 본성이 선함을 드러내고 있다고 주장한다. 즉 한 어린애가 우물가로 기어가다 곧 물에 빠지려 할 때 어떤 사람이 돌연히 아이 옆에 나타났다면, 그는 팔을

뻗어 아이를 붙잡아야 한다고 의식할 것이다. 바로 이 찰나에 아이를 구한 사람은 어떤 명확한 동기도 없다. "속으로 아이의 부모 마음을 사려고 결탁한 것도 아니며, 마을 친구들 사이에 명예로워지고 싶어서도 아니며, 나쁜 소리를 듣게 될까 저어해서 그런 것도 아니다."[268] 이런 본능은 '차마 참지 못하는 마음'을 근거로 삼고 있으며 본질적으로 선한 것이다. 만일 이런 상황을 만나고도 위기에서 어린애를 구하지 않는다면 이런 사람은 "사람이 아니다".

맹자는 또 사람과 동물을 구별하는 과정에서 사람의 본성이 선하다고 추정한다. 묵자는 사람과 동물의 차이점이 '역力', 즉 노동에 있다고 주장했으나 맹자는 이 관점을 받아들이지 않았다. 그는 기본적으로 공자가 갔던 길을 따라 나아갔는데, 공자는 사람과 동물의 차이점은 주로 예의의 유무에 있다고 생각했다. 맹자는 말한다. "사람이 금수와 다른 점은 극히 드물다."[269] 사람이 금수와 다른 점은 바로 '불인인지심'이다.

맹자가 성선을 논증하는 또 하나의 방법은 공통된 성질의 진행에 따른 추론이다. 그는 사람은 하나의 유라고 말한다. 인류는 "입은 맛에 대해 같은 기호를 갖는다. 귀는 소리에 대해 같은 청각을 갖는다. 눈은 색에 대해 같은 미감을 갖는다."[270] 사람의 입맛은 개나 말과 다르다. 개나 말은 또 그들 나름의 공통된 입맛을 가지고 있다. 여기에서 한 가지 문제가 제기된다. "무릇 같은 유는 대개 서로 유사하다. 어떻게 오직 사람에 대해서만 그렇다고 의심할 수 있겠는가?"[271] 여기서 한 걸음 더 나아가 추론하면, "심心에 대해서만은 오직 공통되는 바가 없단 말인가?"[272]가 된다. 반문하는 과정에서 긍정적으로 내포되어 있는 의미는 사람의 마음에 공통된 점이 있다는 것이다. 그의 논증 방식은 모든 사물에는 공통된 성질이 있으며, 인심人心이라는 물건도 당연히 공통된 성질이 있다는 것이다. 그렇다면 사람의 공통성은 무엇인가? 맹자는 말한다. "마음의 공통된 성질이란 무엇인가? 그것은 리理이고, 의義다."²⁷³ 리는 도리道理를 가리키고 의는 곧 인의仁義다.

맹자는 또 가정 안에서의 정으로부터 사람의 본성이 선함을 논증한다. 그는 이렇게 말한다. "사람이 배우지 않고도 할 수 있는 것은 양능良能 때문이다. 심려하지 않고도 알 수 있는 것은 양지良知 때문이다. 두세 살 어린 자식이라고 제 부모를 사랑할 줄 모르는 아이는 없다. 자라서 제 형을 공경할 줄 모르는 아이는 없다. 부모를 사랑하는 것은 인이요, 윗사람을 공경하는 것은 의다. 이는 다른 것이 아니라 천하에 공통된 사항이다."²⁷⁴ 맹자는 부모와 아들딸 사이의 정을 본능으로 여기고, 이 본능이 도의상 나타난 것이 인의라고 주장한다. 따라서 사람의 본성은 선한 것이다.

맹자의 성선에 관한 논증은 경험적 근거를 갖고 있다. 어린아이를 구하는 일은 우리 생활 가운데 존재하는 사실이며, 사람이 제 스스로를 구원하는 일종의 본능이다. 이런 본능은 사회적 의미에서 볼 때 당연히 선하다고 말해야 한다. 우리는 사람의 본능 가운데 어떤 것은 사람의 사회적 성질 가운데 선하다고 부르는 것들과 내재적인 통일성 및 연계를 갖고 있음을 인정하지 않을 수 없다. 이 점만 가지고 본다면 맹자의 관찰은 매우 세밀하고, 그의 사고는 상당히 깊다. 그러나 총체적으로 볼 때 맹자의 견해는 편면적이다. 맹자가 합당하지 못한 점은 그가 사람의 자연적 본능을 끌어올려 다른 본능보다 위에 두고 있다는 사실에 있다. 사람의 본능이 제 스스로를 구원하는 데에만 존재하는 것은 아니다. 맹자도 다른 본능이 있다는 것을 알았다. 그는 이렇게 말한 적이 있다. "입으로 맛을 보고, 눈으로 색에 반응하고, 귀가 소리를 듣고, 코가 냄새 맡는 것, 사지가 편해지고 싶은 것은 본성이다."²⁷⁵ 이런 본성과 불인인지심이라는 본성과의 관계를 어떻게 볼 것인가? 그는 이목구비 등 감관적 욕망의 본성은 '소성小性' '소체小體'에 속하고, '불인인지심'이야말로 '대성大性' '대체大體'라고 주장한다. 이는 명백한 궤변이다. 그는 이렇게 이야기한 적도 있다. "사람이 어릴 땐 부모를 사랑하고, 색을 알게 되면 예쁜 여자를 사랑하고, 처자가 있게 되면 처자를 사랑하고, 벼슬하면 임금을 사랑하고, 임금의 은총을 얻지 못하면 얻으려 열중한다."[276] 그의 생각에 이런 것들도 본성에 속하지만, 마찬가지로 작은 본성小性에 속하는 것들이다.

사람의 본능과 사회적 성질 사이에는 일정한 통일성이 존재할 수 있다. 그러나 사람의 사회적 성질은 필경 사람의 동물적 본능과는 다를 수밖에 없다. 한 가지 본능에 의거하여 사람의 사회적 성질에 대해 전면적인 판단을 내리는 것은 생물성과 사회성의 경계와 구분을 혼동하는 것일 뿐만 아니라 부분으로 전체를 개괄하는 잘못을 범하는 짓이다.

인의예지와 성선

맹자는 공자의 윤리 체계 가운데서 인仁, 의義, 예禮, 지智를 돌출시켜 냈다. 그는 이 넷과 성선설을 하나의 체계로 만들었다. 사람은 태어나면서부터 누구나 '사심四心'이 있는데 이 사심이 바로 인의예지 4대 윤리 범주의 뿌리라는 것이다. 그는 말한다. "측은하게 여기는 마음은 인의 실마리며, 부끄럼을 아는 마음은 의의 실마리며, 사양하는 마음은 예의 실마리며, 시비를 가리는 마음은 지의 실마리다. 사람에게 이 네 가지 실마리가 있는 것은 마치 몸에 사지가 있는 것과 같다."[277] 만일 외부로부터의 파괴 없이 '사단四端'에 따라 진전한다면 인, 의, 예, 지는 하나로 연결될 것이며 더욱 크게 발전될 것이다. "무릇 자신에게 있는 이 사단을 모두 확충할 줄 알면 불이 타오르기 시작하듯, 샘물이 솟아나기 시작하듯 번질 것이다."[278] "인의예지란 외부에서 나를 녹이는 것이 아니라 내 자신에게 본래부터 있던 것이다."[279] 그럼에도 일부 사람이 이 네 가지를 결여하고 있는 것은 "생각이 없기" 때문이다. 즉 반성하지 않고 스스로 만들어낸 결과다.

"인의예지는 마음에 뿌리를 둔다."[280] '사심四心' 가운데 '불인인지심'이 중심이듯, 이에 대응하여 인의예지 가운데에서는 인이 중심이다. "인은 하늘이 내린 존귀한 벼슬이며 사람이 편히 살 수 있는 집이다."[281] 맹자는 작위를 '천작天爵'과 '인작人爵'으로 구분한다. "인, 의, 충, 신하고 선을 즐기며 게으르지 않는 것이 천작이다. 공, 경, 대부 따위의 벼슬은 인작이다."[282] 물론 천작이 인작보다 더 진귀함에 틀림없으며 특히 인은 천작 가운데서도 으뜸이다.

인에 관한 맹자의 견해는 공자를 계승하고 있다. 그러나 논술 방식은 완전히 같다고 할 수 없다. 맹자의 인은 성선을 기초로 삼는다. 공자의 인처럼 그렇게 상황에 따라 하나하나 보는 것이 아니다. 그에게는 하나의 출발점이 있었는데 바로 '마음'이었다. "인이란 사람의 마음이다."[283] 사람에겐 남을 해치려는 마음이 있을 수 없다. "사람이 남을 해치지 않으려는 마음으로 충만할 수 있다면 인은 충분히 쓰고도 남을 것이다."[284] 이것은 사실 매우 실천하기 어려운 일이므로 한 발 물러서서 차선을 강구한다. "사람에게 모두 차마 참지 못하는 바가 있는데, 참는 데까지 이르도록 하는 것이 인이다."[285] 예를 들어보자. 내가 차마 다른 사람을 착취할 마음이 없는데도 남을 착취할 수밖에 없다고 하자. 남을 착취할 때 차마 다른 사람을 착취할 마음이 없음을 끝까지 관철한다면 이것이 바로 인이다. 다시 말해 보살의 마음과 망나니의 행위를 결합하고 있다. 맹자가 여기서 강조하고 있는 것은 동기다. 동기가 좋으면 효과가 상반되더라도 인이라 부를 수 있다는 것이다.

물론 맹자의 인은 동기 위에 머물러 있는 것만은 아니며 행동으로의 전환을 요구하기도 한다. 행동의 원칙은 마음으로부터 행위로, 자신으로부터 타인으로, 부모로부터 먼 사람으로 향한다. 그는 공자의 "인이란 사람을 사랑하는 것"이라는 주장에 동의한다. 그러나 사람 사랑은 먼저 부모를 향한 사랑으로부터 출발해야 한다. "인의 실질은 부모를 잘 섬기는 것이다."286 이렇게도 이야기한다. "부모를 친애하는 것이 인이다."287 부모를 섬기는 것을 효라 부르기도 한다. "효자의 극치는 부모를 존중함보다 큰 것이 없다."288 '효'는 또 정치의 근본이다. "요, 순의 치도는 효와 제悌일 따름이었다."289 맹자의 사람 사랑愛人은 묵자가 주장하는 '두루 사랑'兼愛과 원칙적인 차이가 있다. 맹자는 묵자의 겸애가 중심이 없고 차등과 순서次第가 없다고 주장하면서, 묵자의 겸애는 "자기 부모도 몰라보는" 짓이라고 공격했다.(『맹자』 「등문공하」) 또 다른 사람의 부모를 제 부모처럼 여기라는 묵자의 주장을 '이본二本'론이라 공격했다. 묵자 학파를 공격하는 맹자의 논의를 통해 우리는 효와 친친親親이야말로 인의 근본임을 더욱 분명히 알 수 있다.

'의義'는 맹자 윤리 관념 중에서 인 바로 다음 가는 범주다. 의는 '그릇됨을 부끄러워하는 마음羞惡之心'에서 발단한다. "의는 사람의 길이다."290 사람의 길이란 바로 사람의 행위 규범을 말한다. 사람의 길과 그릇됨을 부끄러워하는 것은 어떤 관계가 있는가? 수치와 증오는 사람의 길을 이루는 두 가닥 경계선이기 때문에 무엇이 수치인지 또 무엇이 증오인지 모르면 자연히 인생의 길을 말할 수 없게 된다. 맹자는 한 걸음 더 나아가 인간의 기본적 행로는 형을 따르고從兄, 어른을 공경하며敬長, 임금을 앞세우는先君 것이다. "의의 실질은 형을 따르는 것이다."291 "어른을 공경하는 것이 의다."292 "의롭고도 군주를 뒷전에 두는 사람은 아직 없습니다."293 의는 또 고정된 길을 따라 행동하면서 반드시 스스로를 절제하기를 요구한다. 그는 말한다. "사람이면 모두 해서는 안 되는 일이 있는데, 해도 되는 데까지 도달하는 것이 의다."294 이렇게 하는 것을 왜 의롭다고 부르는

가? 왜냐하면 사람들은 자기가 가장 좋아하는 일을 하면서 가장 쉽게 그 까닭을 잊고, 통제를 잃어버리기 때문이다. 맹자는 사람들에게 한계를 넘지 말라고 경고한 것이다.

맹자가 말하는 예는 양보와 진퇴 따위의 행위 규범을 가리키며 무슨 새로운 내용은 없다. 그러나 이론적으로는 새로운 설명을 하고 있다. 먼저 그는 예와 성선설을 한데 연결하여 예가 사람에게 고유한 '사양하는 마음辭讓之心'에 기원한다고 한다. 한편 맹자는 예의 위상을 낮추어, 공자처럼 그렇게 예를 중시하지 않았다. 공자에게서 예는 인의 행위 규범이었지만, 맹자에게서 예는 인의에 종속되는 것으로 인의의 외재적 표출이었다. "예의 실질은 [외적 행위로서] 절제와 형식 이 두 가지다."[295] 예가 인의에 종속된다고 중요하지 않다는 것은 아니다. 그는 "예는 [출입하는] 문이다"[296]라고 말한다.

지智는 '옳고 그름을 가르는 마음是非之心'이 근본이며, 그 작용 또한 '옳고 그름'을 밝히는 데 있다.(『맹자』「공손추상」) 글자의 의미로 보면 지는 인륜 관계가 아니라 인식론이다. 그러나 맹자가 이야기하는 지는 주로 인의에 판단을 내리는 것으로, 지란 "[인과 의] 둘을 잘 알아 없애지 않는 데"[297] 있다. 따라서 지 또한 인식론적 개념으로부터 윤리적 개념으로 바뀌고 있다.

맹자의 윤리 범주는 이상의 네 가지만이 아니다. 그 밖에도 도, 덕, 신, 충 등이 있다. 다만 이 넷이 핵심이고 다른 것은 외연으로 볼 수 있다. 맹자의 새로운 공헌은 주로 윤리 범주와 성선설을 한데 연결시킨 데 있다. 인륜 관계가 사람의 본성에서 나온다는 맹자의 이 한 가지 주장은 유가 윤리 관념사에서 획기적인 의의를 지닌다. 이전의 유가는 이를 하늘의 뜻天意이라고 말하든지 아니면 관습과 전통을 통해 긍정해가든지 했다. 공자는 잘해야 인지상정이란 말로 소략하여 윤리의 기원을 건드렸을 뿐이다. 그런데 맹자는 전혀 다른 길을 개척하여 인간 본성을 가지고 이 관념을 논증해나갔다. 인의예지는 사람의 외부에서 오지 않고 사람의 마음에서 온다. 그것은 인성의 선한 속성으로부터 유발된 것이다. 과거에는 윤리의 위반을 하늘의 뜻이나 전통에 위배되는 것으로 말했으나, 맹자는 인성에 위배되는 것이라고 주장했다. 인의예지에 배치되면 사람 대접을 받을 수 없었으므로 이로부터 윤리 관념은 더욱 견고해지고 경직되어갔다.

인성 분석과
정치 인격

성선설은 맹자의 인간 본질에 대한 인식이면서 동시에 사람의 품성을
구분하는 방법이고 표준이기도 했다. 여기서는 이를 인성 분석이라 부르
고자 한다.

인간동류설

맹자는 과거 그 누구도 제기한 적이 없던 관점을 제기했다. 그것은 바
로 모든 사람, 성인에서 민에 이르기까지 모두 같은 부류同類에 속한다는
것이다. "기린은 다리를 가졌다는 점에서 짐승과, 봉황은 날아다닌다는
점에서 새와, 대신泰山은 높은 구릉과, 황하黃河는 바다와 같은 부류다. 싱
인 또한 백성이니 민과 같은 부류다."298 이렇게도 이야기한다. "성인은 나
와 같은 부류의 사람이다."299 "요, 순은 [보통의] 사람들과 같다."300 그는
또 안연의 입을 빌려 이렇게 이야기한다. "순은 어떤 사람인가? 나는 어떤
사람인가? 무언가를 하는 사람은 다 마찬가지다."301 순이 어떤 한 사람
이라면 나 또한 어떤 한 사람이니, 무엇인가 하는 사람이라면 모두 이와

같아야 하리라! 민과 성인이 동류일 뿐만 아니라 민과 군주도 동류다. 그는 성간成覵이 제齊 경공景公에게 한 말에 전적으로 찬성했다. "당신은 장부이며, 나도 장부입니다. 내 어찌 당신을 두려워하겠습니까?"[302] 이렇게 성인, 왕, 민이 모두 한 부류라는 것이다.

맹자의 인간동류설에는 두 가지 함의가 있다. 하나는 인간이 자연세계에서 하나의 부류를 이루고 있어 다른 동물과 다르다는 것이고, 또 하나는 사람이 동류인 까닭은 내재적 통일성을 갖추고 있다는 것 때문이며 그 통일성은 바로 성선이라는 것이다. 요순이 위대한 까닭은 바로 그들이 인류 본성의 가장 특출한 대표자라는 데 있다. 맹자는 말한다. "요순은 본성 그 자체다."[303] 일부 인간들은 매우 나쁜데 그것은 타고난 본질이 아니다. "선하지 못한 행위를 하는 것은 날 때부터의 죄가 아니다."[304] 사람의 본성은 모두 같은데, 바로 이 본성이 일반인들을 요순과 통하게 하는 교량 구실을 한다. "순은 사람이다. 나도 사람이다. 순은 천하에 모범이 되어 후세에 길이 전한다. 그런데 나는 촌놈을 면하지 못하고 있으니 실로 걱정스럽다. 무엇을 걱정하는가? 순과 같고 싶을 뿐이다."[305] 어떤 사람이든지 수양하여 본성으로 돌아가 "요임금의 옷을 입고, 요임금의 말을 읊조리며, 요임금의 행동을 하면 요일 따름이니"[306] 모두 요와 같은 사람이 될 수 있다. 그래서 이렇게 이야기한다. "사람은 모두 요순이 될 수 있다."[307]

맹자가 말하는 인간 동류同類, 동성同性설은 두 가지 방면에서 보아야 한다. 한편으로 이는 성인은 마음대로 될 수 없는 것이라는 사상에 일대 충격을 가함으로써 보통 사람의 지위를 높여주었다. 인성의 동일성을 가지고 사람이 본질적으로 평등하다는 것을 논증했으며, 보통 사람도 요순과 같은 사람이 될 수 있다고 했다. 다른 한편으로 맹자는 인성의 동일성을 통해 '인의'를 더 높은 위치로 끌어올렸다. 표면적으로 볼 때 성인의 지위는 내려갔다. 성인은 타고난 것이 아니라 수양과 본성의 회복反性을 통해 도달하는 것이기 때문이다. "순은 삼라만상에 밝았고 인륜을 잘 관찰하여 [모든 행동을] 인의에 근거하여 했을 뿐, [날 때부터] 인의를 행한 것이 아니다."[308]

성인의 지위 하강은 오히려 인의의 숭고함에 대한 반증이다. 범인과 성인이 동류이니 범인의 지위가 상승한 것이다. 그런데 그렇게 끌어올리는 바탕은 인의이지 사회경제나 정치적 지위가 아니다. 이렇게 성인과 범인이 하강과 상승을 하는 와중에 윤리 관념은 절대화되어갔다.

인성의 분화와 도덕의 차별

사람의 본질은 동일한 것이므로 본성의 발전에 따른다면 사람은 모두 선인이어야 한다. 그런데 실제 상황은 그렇지 못하다. '요와 같은 무리'가 있는가 하면 '[대도] 척跖과 같은 무리'도 있고, '선을 행하는' 사람이 있는가 하면 '선하지 못한 행위를 하는' 사람도 있다. 어떻게 이와 같은 상황이 생겨나는가? 맹자는 인성에 내재하는 원인이 있는가 하면 사회적 원인도 있다고 주장한다.

내재적 원인을 보자. '성선'이란 '대체' '대성'과 이목구비의 욕구라는 '소체' '소성' 사이의 모순투쟁이 사람들로 하여금 각기 다른 방향으로 발전하도록 만든다. 성선은 '큰 본성'이기는 하지만 내심 깊은 곳에 존재하며, 이목구비의 욕구인 '작은 본성'은 외물과 교통하는 과정에서 특징이 드러난다. 마음과 이목구비의 작용은 다르다. "귀와 눈이라는 감각 기관은 생각이 작용하지 않으므로 물질에 가려진다. 물질과 물질이 교통하면 [물질의 논리대로] 그에 끌려다닐 뿐이다. 마음이라는 기관은 생각의 작용이다. 생각하면 얻게 되고 생각하지 않으면 얻지 못한다. 이는 하늘이 내게 부여해준 바다."[309] 이 말은 감관의 욕망에 따라 발전하면 잘못된 길에 들어서게 되며, 마음으로 감관의 욕망을 통제하면 성선의 본질을 지킬 수 있을 뿐만 아니라 그것을 더욱 발전시킬 수 있다는 것이다. 맹자의 견해에 따르면 인심人心과 인욕人欲은 모순된 것인데, 인욕이 사람들을 그릇된 길로 인도한다는 것이다. 이렇게 보면 맹자가 비록 성선설을 주장했다고 하지만, 그는 동시에 사람의 본능 가운데 악의 바탕이 존재하고 있음을 시인하고 있는 셈이다.

어떻게 마음으로 하여금 욕망에 승리하도록 할 것인가? 맹자는 '진심盡心(마음을 다함)'하고 '존심存心(마음을 온전히 함)'하라고 주장한다. '진심'하고 '존심'하는 첫걸음은 '양심良心', 즉 타고난 '사심'을 지키는 것이다. '양심'을 지키기 위해 가장 중요한 것은 '방심放心'과 싸워야 하는 것이다. 욕망이 양심을 압도해버리는 것을 가리켜 '방심'이라 한다. 맹자는 말한다. "학문의 길은 달리 없다. 방심으로부터 구하는 것일 뿐이다."[310] 외부 사물로부터 자극을 받았을 때 "마음이 움직이지 않아야不動心" 한다.(『맹자』「공손추상」) 존심하고 진심하는 더욱 적극적인 방식은 마음의 생각으로 본성을 구하는 것이다. 앞에 언급했듯이 "생각하면 얻게 된다". 심사心思 외에 또 하나의 방법이 있는데 '양기養氣(기의 보양)'라 부른다. 특히 '야기夜氣'나 '새벽 기운'을 잘 길러야 한다.(『맹자』「고자상」) 하룻밤의 휴식으로 낡은 욕망이 묽어지고 새 욕망이 아직 일지 않은 이때의 기가 본성에 가장 적합하기 때문이다. 이런 양기 방법은 다소간 신비한 맛을 띠고 있다. 위에 든 '존심' '양심' 등의 방법은 한가지로 귀결된다. 그것은 바로 욕망과 싸워야 한다는 것인데, 그 비결은 단 두 글자 '과욕寡慾'이다.

인성의 변화를 일으키는 요소로 마음과 욕구 사이의 모순투쟁 외에 또 다른 외적 요인이 있다. 그는 다음과 같은 하나의 예를 들어 외적 요인의 작용을 설명한 적이 있다. "우산牛山의 나무가 아름답다지만, 그것이 대국의 교외에 있어 [무수한 사람이] 도끼로 찍어내린다면 어찌 아름다울 수 있겠는가?"[311] 인성도 이와 마찬가지다. 날마다 도끼로 내리찍어 나쁜 사람에게 교사를 당한다면 좋은 사람도 나쁜 사람으로 바뀔 수 있다. 외적 요인은 결국에는 역시 내적 요인을 통해 작용을 일으킨다. 즉 사람의 내재적 욕망을 통해 작용하니 인성의 변화는 결국 '방심' 때문에 생겨난다고 할 수 있다. 이런 사람은 모두 의지가 굳건하지 못한 사람이다. 도가 있는 선비라면 외부 사물의 간섭을 받지 않을 것이다.

선한 본성을 지키는 사람을 '군자'라 부르고, 선한 본성을 잃은 사람을 '소인'이라 부른다. 춘추 이전에 군자와 소인은 사람들의 사회적 등급을 나눌 때 쓰였으며, 전국 시대까지 여전히 등급적 함의를 지니고 있었다. 그런데 서주 말년부터 시작하여 '군자' '소인'은 정치적 품성을 뜻하는 의미를 지니게 되었다. 이는 『시경』 몇몇 편 가운데 매우 명확하게 드러난다. 춘추 시대에는 정치적 품성과 도덕적 함의가 더욱 분명했고, 공자가 말한 '군자' '소인'은 사회등급적 함의가 있기는 하지만 주로 도덕적 정치적 품성을 가리키는데, 맹자는 더욱더 그러했다.

맹자는 도덕과 정치 품성에서 군자와 소인은 다음과 같은 점이 구분된다고 주장했다. 전자는 '마음을 다하고盡心' '본성을 보존存性'하나 후자는 '방심'하고 '욕망을 좇는다從欲'. "군자가 사람들과 다른 점은 마음을 보존한다는 점이다. 군자는 인으로 마음을 보존하고 예로 마음을 보존한다."[312] "그 작은 것을 기르면 소인이 되고, 그 큰 것을 기르면 대인이 된다."[313] "대체를 좇으면 대인이 되고 소체를 좇으면 소인이 된다."[314] "대인은 갓난애의 [순결한] 마음을 잃지 않는 사람이다."[315] 맹자가 이야기하는 '대인大人'과 '군자'가 완전히 같지는 않다. 그러나 여기서의 '대인'은 바로 '군자'를 말한다. '군자'는 선한 본성의 인격화이고, '소인'은 감관과 욕망의 인격화다. 감관 욕망의 발전은 심성에 대한 부정이다. 맹자는 이렇게도 이야기한다. "순과 도척이 어떻게 구분되는지 알고 싶다면 다른 것이 아니라 이利와 선善의 차이를 알아볼 일이다."[316] 군자는 선을 구하는 데 있고, 소인은 이를 구하는 데 있다. 물론 군자도 재산과 권력을 절대적으로 배척하지는 않는다. 다만 중요한 것은 본성을 지키는 것이다. "넓은 땅과 많은 민중은 군자가 바라는 바이지만 즐거움은 그 안에 있지 않다. 천하의 한가운데 서서 사해의 민중을 아우름은 군자가 즐기는 바이지만 본성이 그 안에 있지 않다. 군자가 지키는 본성이란 큰일을 한다고 더해지지 않으며, 가난하게 산다고 덜어지지 않는다. [애초에] 확실히 나뉘어 정해져 있기 때문이다. 군자가 지키는 본성은 인의예지가 마음에 뿌리를 두고 있어 맑고 윤택한 모습이 얼굴에 드러나며, 뒷모습도 [덕으로] 풍만하여 그 위엄이 사지에 나타나니 따로 말하지 않아도 사지가 자연스레 알아서 움직인다."[317] 군자는 광활한 대지와 수많은 인민을 거느리는 것을 좋아하며 천하의 주인이 되는 것을 즐긴다. 그러나 그의 본성은 여기에 있지 않다. 그의 본성은 권세의 증감, 순경과 역경에 따라 바뀌지 않는다. 군자의 본성은 인의예지이며, 내심에서 발하여 언표에 넘쳐나므로 사람들이 일목요연하게 알 수 있다.

'군자'와 '소인'은 상대적인 두 대표를 지칭한다. '군자' 쪽에는 '대인' '인자仁者' '유도자有道者' '현인' '선자善者' '성인'이 있으며, '소인' 쪽에는 '불인자不仁者' '잔적殘賊(잔혹한 도적)' '폭暴(포악한 사람)' '시기 질투하고 아첨하는 사람' '유幽(속이 검은 사람)' '여厲(언행이 거친 사람)' 등이 있다.

인성분화와 등급

군자와 소인은 본성과 도덕상의 구분인데 어떤 측면에서는 계급적 구분이기도 하다. 예컨대 맹자는 왕도王道를 설명하면서 이렇게 이야기한다. "군자들은 현황玄黃을 비筐에 .담아 [주나라] 군자를 맞이했고, 소인들은 대그릇에 밥을 담고 항아리에 음료를 담아 [주나라의] 소인들을 맞이했다."[318] 비筐는 물건을 담는 대광주리다. 현황玄黃은 검은색과 노란색의 두 가지 직물로 예식용 기물로 쓰였다. 여기서 이야기하는 군자와 소인은 분명히 상이한 계급의 두 종류의 사람들을 가리킨다. 이런 이야기도 한다. "군자가 없으면 야인野人을 다스릴 수 없고, 야인이 없으면 군자를 먹여 살릴 수 없다."[319] 여기서의 군자와 소인도 분명히 서로 다른 계급을 가리킨다.

계급, 등급의 합리성을 논증하기 위해 맹자는 인성이 서로 동일하다는 자신의 관점과 다르게 이런 말을 하고 있다. "사람이 금수와 다른 점은 거의 드문데, 서인은 이것마저 버리고 군자는 이를 지킨다."[320] 또 같은 '자질'을 갖고 태어난다는 관점과 다르게 사람은 천성적으로 선각선지先覺先知와 후각후지後覺後知의 구분이 있다고 말한다. "하늘이 이 백성을 낳으실 제 선지자로 하여금 후지자를 깨우치게 하고, 선각자로 하여금 후각자를 깨우치도록 했다."[321]

맹자의 노심勞心(정신노동), 노력勞力(육체노동) 분업설은 계급, 등급의 합리성을 논증하는 이론 가운데서도 특별한 위치를 차지한다. 노심, 노력 분업설은 맹자에서 비롯되었지만 일찍이 춘추 시대 초기 조귀가 이런 이야기를 한 적이 있다. "군자는 마음에 힘쓰고, 소인은 노동에 힘쓴다." 묵자도 왕공대인王公大人과 서민庶民은 각자 "일을 나누어 해야지" 뒤섞여서는 안 된다고 주장했다. 맹자는 여기서 한 걸음 더 나아가 노심, 노력 분업설로 발전시켰다. 그는 말한다. "어떤 이는 마음에 힘쓰고, 어떤 이는 노동에 힘쓴다. 노심자는 사람을 다스리고, 노력자는 사람에게 다스림을 받는다. 다스림을 받는 사람은 사람을 먹여 살려야 하고, 다스리는 사람은 다른 사람들에 의해 먹여 살려져야 한다."[322] 맹자는 이런 사실을 긍정하고 승인했을 뿐만 아니라 사회 산업의 분업론이 필연적인 것이라고 술회했다. 그는 사회적으로 공업과 농업의 분업이 있고, 공업 중에서도 각종 장인 사이에 구분이 있다고 말한다. 사람마다 모든 장인이 갖추어야 할 기술을 다 갖출 수 없으니 노동의 교환을 통해서만 살아갈 수 있다는 것이다. 더 나아가 노심자와 노력자도 일종의 분업이라고 주장한다. 특히 주의할 곳은 밭갈이에 종사하지 않는 군자를 백수건달로 취급해서는 안 된다는 말이다. 군자가 군주를 도와 국가를 다스리고 교육에 종사하는 일이 더욱 중요하다는 것이다.

맹자는 계급, 등급이 구분된다는 사실을 승인하고 긍정했는데, 이는 그의 인성에 대한 분석과 병행이 될 수도 있고 모순이 될 수도 있다.

인성이 선하다고 할 때 이야기하는 바는 사람의 공통된 속성共性이다. 그런데 등급과 계급은 개체의 속성個性에 속한다. 공통의 속성은 사람마다 응당 준수해야 한다. 그것이 어느 계급에 속하든 모두 인도仁道를 받들어야 한다. 맹자는 말한다. "천자가 어질지 못하면 사해를 지킬 수 없다. 제후가 어질지 못하면 사직을 지킬 수 없다. 경대부가 어질지 못하면 종묘를 지킬 수 없다. 사, 서인이 어질지 못하면 [제 몸] 사지를 지킬 수 없다."323

인성 분석과 계급 분석 간의 모순은 두 가지 경우에서 생긴다. 하나는 인성상동론人性相同論에 대한 포기다. 군자는 그것을 지키고 서민은 그것을 잃고 있다고 주장하는 것은 인성 이론을 계급적 현실에 굴종케 만드는 짓이다. 또 하나는 인성 이론을 첫 번째 위치에 놓으며 인성 이론으로 각양각색의 인물들을 추측하고 재단하는 것이다. 서민을 열등한 위치에 놓는 설정은 말할 필요도 없이 맹자의 계급적 본성론에 합치하는 것이다. 그래도 비교적 의의가 있다고 한다면 그가 이 이론을 가지고 왕, 제후, 대부들을 저울질했다는 사실이다. 그는 "불인인지심"을 잃고 인정仁政을 행하지 않는 자는 백성의 부모가 될 자격이 없으며 군주 같지도 않은 존재라고 주장한다. 왕위에 있으면서 폭정을 행하는 자는 금수를 이끌고 사람을 잡아먹는 도배에 다름 아니다. 이런 군주는 군주될 자격이 없으며 '잔殘' '적賊' '유幽' '여厲'로 부를 수 있을 따름이다. 걸, 주는 그런 군주이니 '일부一夫(한 명의 보통 사내)', 즉 포악한 독재자로 부를 수 있을 따름이다.

03 　　　　　인정설

　　맹자가 말하는 '인정仁政' '왕도王道' '왕정王政' '선왕의 도先王之道' '도道' '요 순의 도堯舜之道' '부왕의 다스림父王之治' 등은 모두 같은 의미다. 인정은 현 실에 직접 부닥치면서 제기한 것이고, 선왕의 도는 역사적 방식으로 제기 한 것이다. 우리는 맹자가 이야기하는 선왕의 도를 역사에 대한 서술로 보아서는 안 되며, 간단히 복고라고 인식해서는 더더욱 안 된다. 맹자의 정치에 관한 주장은 역사에서 베껴온 것이 아니라 성선에 관한 이론과 현실이 서로 결합하여 나온 산물이다.

　　인정설仁政說은 이론적으로 성선설에서 나왔다. "차마 참지 못하는 마 음이 있으니 차마 참지 못하는 정치가 있다. 차마 참지 못하는 마음으로 차마 참지 못하는 정치를 하면 천하를 다스리기를 마치 손바닥 놀리듯 할 것이다."[324] 차마 참지 못하는 정치不忍人之政의 출발점은 사람들로 하여 금 능히 생활해가도록 하고, 능히 삶을 충분히 누리고養生 죽음에 이르도 록 하고, 배고프지 않고 춥지 않도록 해야 한다. "위로 족히 부모를 섬길 수 있어야 하고, 아래로 족히 처자를 먹여 살릴 수 있어야 한다."[325] 그래 서 맹자는 말한다. "양생하고 죽음에 이르러 아무 유감이 없는 것이 왕도의 시작이다."[326]

인정의 주된 내용은 다음에 열거하는 바와 같다.

첫째, 백성이 '항산恒産(항구적 재산)'하도록 해준다. '항산'과 『관자管子』에서 이야기하는 '경산經産'은 같은 의미다. 항산은 주로 토지와 저택을 가리킨다. 당시 민중의 재산은 군주가 장악하고 있었기 때문에 군주가 "백성의 재산을 통제해야"[327] 했다. 맹자는 항산이 농민의 생활을 보증할 뿐만 아니라 통치자가 백성을 통치할 수 있느냐 없느냐의 중심 고리가 된다고 생각했다. "항구적인 재산이 없으면서도 항구적인 마음을 가질 수 있는 것은 사士만이 가능하다. 일반 백성이라면 항산이 없으면 항심도 없다. 항심이 없으면 방탕, 편벽, 사악, 사치하여 자기만을 위한다."[328] 이 문제를 해결하기 위하여 맹자는 두 가지 방안을 제기한다. 하나는 제齊 선왕宣王과 양梁 혜왕惠王에 대해 말한 "백성의 재산을 통제하는" 방안으로 백성으로 하여금 이렇게 하도록 한다. "5무五畝의 저택에 뽕나무를 심게 하면 오십 먹은 사람이 의복을 해 입을 수 있을 것이다. 닭, 돼지, 개 등 가축을 기르게 하여 때를 놓치지 않는다면 칠십 먹은 사람이 고기를 먹을 수 있을 것이다. 100무의 전답을 경작케 하여 때를 빼앗지 않는다면 여덟 식구의 집안이 굶지 않게 될 것이다."[329] 또 하나는 등滕 문공文公에게 이야기한 정전제井田制다. 맹자의 견해에 따르면 정전제는 서주의 제도이지만 맹자 당대에도 응용할 수 있다고 한다. 그 내용은 이렇다. "[성 밖] 교외에서는 9분의 1의 조법助法을 실시하고, 도성 안에서는 10분의 1의 조세를 부과한다. 경 이하의 사람들은 반드시 규전圭田을 갖게 하되 규전은 50무로 한다. 나머지 농부 자제들은 25무씩 준다. 그러면 죽어도 고향을 떠나는 일이 없을 것이며, 고향의 정전 내에서 같이 밭을 갈고 드나듦에 친구처럼 지낼 것이다. 서로 도와 지켜주며 질병이 나면 서로가 도와주어 백성의 친목이 돈독해질 것이다. 사방 1리마다 정전을 두어 1정을 900무로 하며, 가운데 것을 공전公田으로 한다. 여덟 가구가 100무씩 사전으로 삼고 공전은 같이 경작한다. 공전의 일이 끝난 뒤에 사전의 일을 할 수 있게 한다. 군자와 야인을 구별해야 하기 때문이다. 이것이 [정전제의] 대략이다. 이를 빛나게 하고 안 하고는 군주에게 달려 있다."330 이 글의 내용에 대한 쟁론은 끊이지 않고 있으며 글 속에서도 모순된 곳이 매우 많다. 이를테면 정전제를 도대체 어느 부문의 사람들에게 실행한단 말인가? 글 가운데서는 '국인國人'들에게만 실행한 듯 보인다. 그런데 야인野人들은 9분의 1을 세금으로 낸다는 부분에 이르면 야인도 포함되는 것 같다. 이것이 선진 시대 전적 가운데 정전제에 관한 최초의 기록이다. 맹자가 이야기하는 정전제가 도대체 학설인지 아니면 역사인지 단정하기 어렵다. 맹자 자신도 모순을 저지르고 있다. 「진심상盡心上」편에 문왕이 "전답과 마을을 제도화했다"331고 할 때는 대체로 첫 번째 설과 같은데 정전제와 관련짓지는 않는다. 「등문공상滕文公上」편에 은나라는 조법助法의 세제를 실시했고 주는 100무 단위로 나누어 철법徹法을 실시했다고 하면서 주의 제도에 '공전公田'이 있었다고 하지만, 역시 정전을 언급하지는 않는다. 「만장하萬章下」편에 주대 작록의 배열을 이야기하면서 그 가운데 농부와 서인의 전답이 있었다고 하지만, 역시 '1부夫 100무'라고 말할 뿐 정전을 언급하지 않는다. 어쨌든 맹자의 주장은 상당 부분이 어긋나고 있다. 그럼에도 한 가지만은 공통적이다. 그것은 바로 백성으로 하여금 100무의 '항산'을 갖도록 했다는 사실이다. 맹자의 항산론은 당시로서는 대단히 가치 있는 주장이었다. 항산은 농민이 항심할 수 있는 물질적 전제 조건이었으니, 이는 그가 말한 항심이 빈말이 아니었음을 뜻한다.

둘째, 부세賦稅와 요역徭役은 정해진 제도에 따른다. 부세와 요역은 통치 기구의 생존을 가능케 하는 물질적 기초였다. 부세와 요역의 경중은 농민의 생산과 생활에 직접적으로 영향을 주는 것이었으며, 심지어 결정적인 작용을 하기도 했다. 부세와 요역은 무상으로 그리고 폭력으로 징수하는 것을 특징으로 한다. 얼마를 걷느냐는 물론 생산수준과 경제 규율의 제한을 받지만, 수량이 고정된 것은 아니어서 많이 거둘지 적게 거둘지는 통치자의 수요와 의지에 따라 주로 결정되었다. 맹자는 요역은 가볍게 하고 부세는 얇게 할 것을 주장했다. 요역은 "농사 때를 거스르지 않음"을 원칙으로 삼았다. 그렇지 않으면 "부모가 얼어 죽거나 굶어 죽고, 형제와 처자식이 이산되는"³³² 상황이 발생한다는 것이다. 이를 가리켜 백성을 "함정에 빠뜨려 익사시킨다"³³³고 말한다.

셋째, 형벌을 가벼이 한다. 여기서 특히 제기할 필요가 있는 것은 그가 연좌제에 반대한 것이다. 그는 "죄는 처자식에까지 미치지 않아야 한다"³³⁴고 주장한다. 이 생각은 매우 좋다. 그러나 통치자들에게 한 번도 받아들여지지 않았다. 그 밖에 백성이 범죄를 저지르는 까닭을 분석하여 대부분이 통치자가 핍박한 결과라 밝혔다.

넷째, 가난한 사람을 구제한다. 맹자는 인정의 시행은 반드시 먼저 환鰥(홀아비), 과寡(과부), 독獨(의지할 곳 없는 늙은이), 고孤(고아)를 구제하는 것에서 시작해야 한다고 주장한다.

다섯째, 공상업을 보호한다. 맹자는 공상업이 사회 산업과 교환에 없어서는 안 될 경제 분야라고 강조한다. 당시에는 관문과 저자에서의 세금 징수가 공상업에 큰 걸림돌이었다. 이런 현상을 보면서 그는 주장했다. "저자는 짐포세를 받되 물건세를 받지 않으며, 시장의 법에 의해 다스리되 [따로] 점포마다 세금을 거두어들이지 않아야 한다."³³⁵ "관문에서는 [이상한 사람들을] 잘 관찰할 뿐 통행세를 받지 않아야 한다."³³⁶ 이런 주장은 공상업의 발달에 유리한 것이다.

맹자는 인정의 시행 여부가 흥망성쇠의 근본이라고 강조한다. "3대三代가 천하를 얻은 것은 인 때문이었고, 천하를 잃은 것은 불인不仁 때문이었다. 나라의 존폐와 흥망이란 역시 그렇다."[337] 나라의 흥망성쇠에는 외적 요인과 내적 요인이 있다. 맹자는 결정적인 작용을 하는 것은 내인이라고 생각했다. 내인은 정책에 있고, 정책은 인정의 시행 여부에 달려 있다. 국가를 다스리는 일에서는 몇 가지 개별 사건의 처리가 주효한 것이 아니다. '도'로써 착수하고, 정책으로 착수해야 한다. "천하가 물에 빠지면 도로써 구원한다"[338]는 그의 말은 바로 이 의미다.

맹자가 보기에 당시의 정치는 모두 왕도에 위배되었다. 그는 제후들이 강도처럼 잔혹하게 세금을 거둔다며 질타했다. 토지를 빼앗기 위해 인민을 사지로 몰아넣는데 "땅을 뺏으러 전쟁하니 사람을 죽여 들판에 가득하고, 성곽을 빼앗으려 전쟁하니 사람을 죽여 성안에 가득하다. 이것은 이른바 토지를 거느리려 인육을 먹는 짓이니 그 죄는 죽음으로도 용서되지 않는다"[339] 그러나 이는 동시에 왕도를 행할 가장 좋은 시기이기도 했다. 왜냐하면 "백성이 학정에 초췌해 있음이 이보다 심한 적이 없었으니, 배고픈 자는 쉽게 밥을 먹고 목마른 자는 쉽게 물을 마시기"[340] 때문이다. 이런 상황에서는 조금만 인정을 시행해도 인심을 얻을 수 있다. "출중한 지혜도 기회를 타는 것만 못하니"[341] 이때야말로 기회를 탈 시기다. "일을 옛사람의 반만 해도 공은 배가 될 것이니 이때가 바로 그러하다."[342]

맹자는 당시의 정치를 비판하면서 선왕의 도를 들먹였다. 오늘날은 옛날만 못하다는 주장이다. 순자는 그가 선왕만을 본받았다法先王고 비판했다. 법가들은 옛것을 읊조리며 현실을 비난하는 논의는 "어리석음 아니면 거짓말"에 속한다고 질타한다. 수많은 연구자 또한 맹자를 복고적이고 수구적이라고 생각했다. 이 문제를 정확하게 설명하기 위해서는 두 가지 근본적인 문제부터 분명히 짚고 넘어가야 한다. 첫째, 맹자가 거론하는 선왕의 도는 역사학의 범주에 속하느냐 아니면 하나의 학설 또는 이론이냐 하는 것이다. 둘째, 그의 주장은 당시의 사회 역사적 조건으로 볼 때 어떠

한 의의를 지니느냐 하는 것이다. 우리가 보기에 그가 말하는 선왕의 도
는 역사학 범위 내의 문제가 아니라 선왕을 빌려서 자신의 이론을 드러
내고 있는 것일 뿐이다. 호랑이 가죽으로 깃발을 만들듯 겉모양으로 사
람을 놀라게 하는 이런 형식은 물론 진부한 것이었지만, 내용으로 볼 때
는 시대적 요구와 맞아떨어진 것이었다. 맹자가 말한 인정은 공허한 인의
도덕론이 아니라 실질적인 경제 방면의 내용을 갖추고 있다. 그가 말한
선왕의 도 또한 복고주의가 아니라 현실 비판의 정신을 함유하고 있다.

군신론 및 권세에 대한
도덕 우위론

군권신수설과 군주의 품성

군주의 기원에 관해 맹자는 천명론, 즉 군권신수설을 계승했다. 그는 『서경』 중의 "하늘이 아래로 백성을 내려 [그들 중에서] 군주를 만들었고 스승을 만들었다"[343]는 말에 찬동한다. 왕위는 하늘이 부여한 것이므로 왕 자신이 왕위를 순수한 개인 사유물로 여겨서는 안 되며, 왕위는 사적으로 처리할 수 없다. "천자는 천하를 들어 다른 사람에게 줄 수 없다."[344] 따라서 그는 사사로이 서로 선양禪讓하는 것에 반대한다. 당시 연燕나라 왕 쾌噲는 왕위를 자지子之에게 물려주었는데, 맹자는 연왕 쾌가 권한을 넘어섰고 신의 허락을 거치지 않았으므로 "연나라를 다른 사람에게 줄 수 없다"[345]고 주장했다. 맹자는 절대적으로 선양에 반대한 것도 아니다. 그는 선양하려면 반드시 하늘의 뜻이 있어야 하므로, 선양하려는 사람은 먼저 계승자를 하늘에 추천해야 한다고 강조한다. 하늘에 추천하는 방식은 "그로 하여금 제사를 주재하게 하여 온갖 신들이 흠향한다면 하늘이 그를 받아들인 것이며, 그로 하여금 일을 주재케 하여 일이 잘 처리되어 백성이 편안하다면 백성이 그를 받아들인 것이다."[346] 그는 또 『서경』「태서泰誓」 편의 말을 인용한다. "하늘은 우리 백성의 눈을 통해서 보며, 하늘은 우리 백성의 귀를 통해서 듣는다."347 하늘의 뜻이 아니고, 천자의 추천이 없으면 제아무리 도덕이 높아도 안 된다. "필부라도 천하를 소유한 자가 있는가 하면 덕이 순, 우임금에 버금해도 천자의 추천이 있어야 하는 사람이 있다. 그래서 중니는 천하를 가질 수 없었다."348

맹자는 응보론에서 출발하여 조상 가운데 큰 공덕이 있는 사람이면 그 자손이 필시 창성할 것이라고 강조한다. "선을 행했다면 필경 후세의 자손 가운데 왕자가 있을 것이다. 군자가 창업하여 전통을 후세에 넘긴다면 면면히 계승될 것이다. 그 성공은 하늘에 달려 있다."349 창업하여 전통을 후세에 넘김은 천자의 기초이지만 최후의 결정권은 역시 하늘에 있다. 군주의 권력이 신에게서 부여받은 것이기는 하지만 군주는 여전히 인정을 행해야만 군주의 보좌를 지켜낼 수 있다. 그렇지 않으면 필경 하늘과 인민의 분노를 유발해 끝내 쫓겨난다.

맹자는 한 번은 잘 다스려지는 치세이고 한 번은 어지러운 난세—治—亂인 것이 역사의 진행 과정이라고 주장한다. 치治는 '성인' '성왕'의 공이고, 난亂은 '폭군'의 잘못이다. 성왕과 폭군이 역사의 면모를 결정짓는다. 군주가 포악하면 백성이 떠나고, 군주가 인정을 행하면 백성이 순종한다. "군자의 덕은 바람과 같고 소인의 덕은 풀과 같다. 풀 위에 바람이 스치면 [풀은] 자연스레 [바람 부는 대로] 쓰러진다."350 맹자는 군주의 품성이야말로 천하를 유지하는 연결 고리라고 생각했다. 군주의 "몸이 바르면 천하가 그에 귀의할 것이다."351 따라서 군주에게 가장 중요한 일은 품성을 수양하는 일이다. 자신을 돌아보고 성찰하는 것은 제 몸부터 시작해야 한다. "천하의 근본은 나라에 있다. 나라의 근본은 집안에 있다. 집안의 근본은 제 몸에 있다."352 "군자가 지킬 바로 제 몸을 잘 수양하면 천하가 태평하다."353 "군주가 어질면 어질지 않은 사람이 없고, 군주가 의로우면 의롭지 않은 사람이 없고, 군주가 바르면 바르지 않은 사람이 없다. 한 명의 올바른 군주가 있으면 나라는 안정된다."³⁵⁴

군주는 도덕의 모범이 되어야 하며 천하를 다스리려면 반드시 학습해야 한다. 맹자는 요, 순 모두 열심히 학습하여 성왕이 되었다고 말한다. 순은 "다른 사람과 잘 함께했으며, 자기 고집을 버리고 다른 사람의 의견을 좇았고, 다른 사람의 의견을 즐겨 취하는 것을 옳게 여겼다. 밭 갈고 그릇 굽고 고기 잡던 때부터 제위에 오르기까지 그는 다른 사람의 의견을 취하지 않음이 없었다."³⁵⁵ 우임금도 이런 품성을 지녔다. "우는 좋은 말을 들으면 절을 했다."³⁵⁶ 맹자는 학습 문제를 생각할 땐 권세에 대한 생각을 한쪽으로 버려야 한다고 주장한다. 그는 말한다. "옛날의 현명한 왕은 선을 좋아하고 권세는 잊고 지냈다. 옛날의 현명한 선비라고 어찌 홀로 그렇지 않았겠는가? 도를 즐길 뿐 사람들의 권세 따위는 잊어버렸다."³⁵⁷ 맹자의 견해는 대단히 일리가 있다. 공부하는 데 권세는 아무런 도움도 되지 못한다. 권세를 한쪽으로 버렸을 때만이 무엇이라도 배울 수 있는 것이다. 이에 대해 맹자는 천자도 '필부'와 친구가 되어(『맹자』「만장하」) 걸개를 벗어던질 수 있어야 한다고 주장한다.

이와 같은 맹자의 견해를 우리는 두 가지 측면에서 관찰해야 한다. 하나는 그가 군주를 향해 대단히 높은 요구를 하고 있다는 것이다. 군주는 도덕적 모범을 이루어 천하의 본보기가 되어야지 도덕이 권력에 복종해서는 안 된다. 이 때문에 그는 어지럽고 포악한 군주에게 비판을 가한다. 어지럽고 포악한 군주는 인민을 고난에 빠뜨린 죄과에 책임을 져야 한다. 다른 하나는 군주에게 도덕적 요구를 제기하는 동시에 천하의 운명을 군주의 목 위에 걸어 두고 있다. 맹자는 시류의 폐단을 맹렬히 공격하고, 당시의 군주들이 사람을 잡아먹는 금수와 같은 도배라고 질책하며 날카롭게 비판한다. 그러나 말투는 대단히 격렬했지만 백성의 손발을 움직일 수 있게 하지는 못했다. 맹자는 인민에게 그저 기다리라고 가르쳤다. "500년이 지나면 반드시 왕자가 나타나리라!"[358]

신하의 역할과 품성

맹자는 정치에서 신하의 역할을 매우 중시했다. 신하의 보좌가 없으면 현명한 왕이라도 일을 성취하기 어려우며 "현인을 쓰지 않으면 망한다."[359] 그는 군주에게 인애仁愛와 현능賢能으로 급선무를 삼으라고 권고했다. "어진 사람은 사랑이 있어야 하고 현명한 사람과 가까이 지냄을 급선무로 해야 한다."[360] 각급 관리는 현능한 사람이 맡도록 해야 한다. "현명한 사람이 제 위치에 있어야 하고 능력 있는 사람이 제 직무를 수행해야 한다."[361] "현명한 사람을 존중하고 능력 있는 사람을 부리며 준걸을 제 위치에 있도록 해야 한다."[362]

신하의 군주를 대하는 태도는 순종만이 최고가 아니다. 순종만 하는 것은 "부인네들의 도다."[363] 신하의 군주 섬김은 도의에 기초해야 한다. 맹자는 군주와 운명은 하나라는 전통 관념에 반대한다. 군왕을 향한 공경과 불경은 순종하느냐 순종하지 않느냐로 드러나는 것이 아니라 인의를 이야기하느냐 아니냐에 달려 있다. 인의의 원칙에 벗어나 그저 고분고분 명령에만 따르는 것이 바로 불경이다. 나아가 인의를 말하는 것이 진정한 공경이다. 그는 제나라에서 스스로에 대해 이렇게 자랑했다. "나는 요, 순의 도가 아니면 감히 왕 앞에 진언하지 않는다. 그러니 제나라 사람들 가운데 나만큼 임금을 공경하는 사람은 없다."[364] 신하를 측정하는 표준은 왕도다. "본 조정에 우뚝 서 있음에도 도가 행해지지 않는다면 부끄러운 일이다."[365] 그는 신하된 사람은 대장부 정신을 가져야 한다고 제창했다. 이 정신의 주지는 도의를 위하여 헌신하고 권세에 머리 숙이지 말라는 내용이다. "천하의 넓은 집에 살며, 천하의 바른 위치에 서며, 천하의 대도를 행한다. 뜻을 얻으면 백성과 더불어 행하고, 뜻을 못 얻으면 홀로 도를 실천한다. 잘살고 귀해져도 음란해지지 않으며, 가난하고 천해져도 뜻을 바꾸지 않으며, 위협과 무력 앞에 굴종하지 않는 사람을 대장부라 일컫는다."[366] 여기서 말하는 '넓은 집'이 가리키는 것은 '인'이다. "무릇 인이란 (…) 사람의 편안한 거택이다."[367] '바른 위치正位'가 가리키는 것은 '예'다. 공자의 "예를 배우지 않으면 설 곳이 없다"[368]는 말이 바로 맹자 '정위'의 원본이다. 신하된 사람은 반드시 '인' '예' '도'를 견지해야 한다. 뜻을 얻으면 기회를 이용하여 이런 것들을 실행해야 하며, 기회를 얻지 못하면 제 몸이라도 홀로 선하게 해야지 아첨하거나 무조건 순종해서는 안 된다. "천하에 도가 있으면 도를 위해 제 몸을 바치고, 천하에 도가 없으면 제 몸을 도에 바칠 뿐이다. 아직 도가 [권세 있는] 다른 사람에게 바쳐진다는 말을 듣지는 못했다."[369] 맹자는 군주가 악을 저지르도록 돕는 사람은 죄가 있지만 이런 죄는 오히려 비교적 작은 편이며, 최대의 죄악은 아첨과 알랑거림이다. "군주의 [원래 있던] 악을 키워주는 사람은 그 죄가 작으나 군주에게 [원래 없던] 악을 만나게 해주는 사람은 그 죄가 크다."[370]

맹자가 말하는 인의를 어떻게 평가하든지 그는 이론적 원칙을 군주보다 더 신성시했다. 이는 정치사상에서 매우 의미 있는 작업이다. 군주와 운명이 둘이 아니라는 맹종주의에 대해 힘 있는 일격을 날린 것이다.

권세에 대한 도덕의 우위

맹자는 도의道義를 군신 종속 관계 위에 두었다. 여기에서 출발하여 군신 관계에 대한 새로운 인식론을 끌어냈다.

맹자는 군신이란 일종의 상대적 관계이지 절대적 복종 관계가 아니라고 생각했다. 그는 제 선왕에게 이렇게 이야기했다. "군주가 신하를 수족처럼 여기면 신하는 군주를 심장처럼 여길 것이다. 군주가 신하를 개나 말처럼 여기면 신하는 군주를 나라 안 보통 사람처럼 여길 것이다. 군주가 신하를 초개처럼 여기면 신하는 군주를 원수처럼 여길 것이다."[371] 맹자의 이 말을 춘추 시대에 성행하던 한번 신하이면 죽어야 끝이 난다는 전통과 비교해볼 때 양자 간의 차이가 얼마나 큰지 알 수 있다! 군신 관계라는 문제에서 맹자는 시대에 앞장선 사상가였다. 그는 신하를 군주의 졸개나 노예로 보는 데 단연코 반대했다.

맹자는 특히 군주는 신하로부터 배워야 한다고 강조한다. 그는 머리를 낮추어 신하의 가르침에 귀를 기울이는 것이 군주의 미덕이라고 주장한다. "장차 큰일을 하려는 군주는 반드시 함부로 불러들이지 못하는 신하가 있다. 무언가를 도모하려면 가서 그의 의견을 따른다. 덕을 존중하고 도를 즐김이 그만 못하면 더불어 일을 할 수 없기 때문이다. 그래서 탕임금은 이윤에게 배움을 청한 뒤 그를 신하로 삼았으므로 힘들이지 않고 왕업을 이루었다. 환공桓公은 관중에게 배움을 청한 뒤 그를 신하로 삼았으므로 힘들이지 않고 패업을 이루었다."[372] 맹자는 또 신하 중의 성인은 지위는 왕에 못 미치지만 도덕은 오히려 왕보다 높다는 것을 특별히 강조한다. 왕의 권력은 일세에 발휘되는 것이지만 성인의 가르침은 백대가 지나도 쇠하지 않는다는 것이다. "성인은 백세의 스승이다."[373] 맹자의 견해에 따르면 이윤, 백이, 유하혜는 성인이며, 공자는 인간 세상이 생겨난 이래 가장 위대한 성인이다. "인간 세상이 생겨난 이래 공자보다 풍성한 사람은 아직 없었다."[374]

앞에서 언급했듯이 맹자는 국가의 흥망성쇠가 왕에게 달려 있다고 주장했다. 그런데 여기서 그는 또 신하의 현능이야말로 왕의 역할을 넘어선다고 강조한다. 이는 맹자가 권력과 도덕, 지식 사이에 일종의 제약적 권역을 구축하려 기도하고 있음이 매우 명백하다. 현실 생활에서 군주의 권력은 지고무상한 것이다. 그러나 관념의 범주 안에서는 도덕, 지식이 권력보다 높아 이로써 권력에 제약을 가할 수 있는 것이다. 이러한 권력과 도덕 이원론이 실제로는 그다지 큰 작용을 했다고 볼 수 없지만, 이론적으로는 중요한 의의를 지니고 있다. 이원론 속에서 군주의 지고무상함을 부정했으며, 권력이 있으면 도덕이 있다는 구시대적 합일론의 전통을 부정했다. 이것은 사람들이 군주와 도덕 간의 관계를 인식하는 데 새로운 눈을 열어주는 작용을 했다.

도덕과 권력의 사이에서 신하는 당연히 전자를 중시해야 한다. 도를 지키는 신하는 군주에게 간언하는 것으로 자기 소임을 삼으며, 인의의 원칙에 근거하여 "군주 마음의 잘못됨을 바로잡아야 한다."[375] "군주의 결함을 공격하는 것을 공恭이라 일컫고, 선을 펼치도록 하고 사악함을 막아주는 것을 경敬이라 일컫고, 군주를 무능하게 만드는 것을 적賊이라 일컫는다."[376] 신하는 도로써 군주를 섬기되 군주가 들어주지 않으면 사직하고 물러가야지 이록을 탐하여 원칙을 저버려서는 안 된다.

일반적인 상황하에서 신하의 직능은 간언이며 들어주지 않으면 물러가야 한다. 그런데 특수한 상황이라면 군주를 쫓아내거나 다른 사람으로 대신하게 만들 수 있다. 제 선왕이 경卿에 대해 묻자 "맹자가 말했다. '왕께서는 어떤 경에 대해서 물으시는 것입니까?' 왕이 가로되, '경이 다릅니까?' 가로되, '다르지요. 귀족 친척의 경이 있는가 하면 성씨가 다른 경이 있지요'. 왕이 가로되, '귀족 친척의 경에 대해 묻겠습니다'. 가로되, '임금에게 큰 잘못이 있으면 나아가 간언하고, 반복해도 듣지 않으면 왕위를 바꿀 수 있지요'. 왕이 깜짝 놀라 낯빛을 바꾸었다. 가로되, '왕께서는 이상히 여기지 말아주십시오. 왕께서 신에게 물으시는데 신은 감히 올곧게 대답하지 않을 수 없었습니다'. 왕의 낯빛이 안정된 뒤 다른 성씨의 경에 대

해 물었다. 가로되, '임금에게 잘못이 있으면 간언하고, 반복해도 들어주
지 않으면 떠납니다'."[377] 그는 또 다른 곳에서 이런 이야기도 하고 있다.
성씨가 다른 신하라도 이윤처럼 현명하면 군주를 쫓아내는 방법을 동원
하여 교육시키고, 잘못을 고친 뒤에 다시 왕위를 돌려줄 수 있다. 이런 방
식의 채용은 반드시 이윤과 같은 뜻이 있음을 전제해야 한다. 그렇지 않
으면 그것은 바로 왕위 찬탈이다.(『맹자』「진심상」 참조) 군주가 걸, 주와 같
으면 신하라도 '방放(몰아냄)' 혹은 '벌伐(정벌)'할 수 있다. 걸, 주가 군주로
서의 조건을 완전히 상실했기 때문이다.(『맹자』「양혜왕하」 참조)

맹자의 군신 간 상하 종속 관계 및 권력에 대한 도덕 우위론에 관한
이원적 주장은 군신 관계를 조정하기 위해 하나의 전동축을 장치한 것이
었다. 그렇게 하여 경직되어가던 군주 전제 제도에 다소나마 생명력을 갖
게 만들어주었다. 맹자의 주장은 군주 전제 제도를 부정한 것이 아니라
일부 보완 작용을 했을 뿐이다.

의義, 이利 관계와
민심 획득의 길

수많은 연구자는 맹자가 의義와 이利를 절대적으로 대립시켰으며, 의를 제창하고 이에 반대했다고 주장한다. 이 말엔 합리적인 면이 있지만 편향된 점도 있다. 맹자는 의와 이가 대립적일 뿐만 아니라 통일성도 있다고 생각했다.

의와 이의 모순은 '의'와 '이' 양자 간의 절대적 배척의 문제가 아니라 무엇을 첫 번째 위치에 두고 무엇을 주도적 위치에 놓을 것인가의 문제다. 만약 '이'가 주도한다면 사람들은 모두 이를 다툴 것이니 정치와 인륜 관계는 혼란해져 수습할 수 없게 될 것이다. 그는 순임금과 도척의 차이는 "다른 것이 아니라 이利와 선善 간의 문제"[378]라고 말한다. 양 혜왕이 그에게 어떻게 하면 위魏나라가 이익을 얻게끔 하겠느냐고 물었을 때, 그는 이렇게 대답했다. "왕이시여! 어찌 이를 이야기하십니까? 인의가 있을 따름이지요."[379] 맹자가 보기에 제후들이 나라를 이롭게 하기를 강구하면, 대부들은 집안을 이롭게 하기를 추구할 것이고, 사士, 서인庶人은 제 몸을 이롭게 하기를 갈구할 것이다. 그렇다면 이가 군신 관계, 인륜 관계를 짓눌러버려 상하좌우가 서로를 죽이는 재앙이 생겨날 것이다. "군신, 부자, 형제가 끝내 인의를 버리고 이에 대한 생각만을 품고 서로 만나는 상황이 되고도 망하지 않는 나라는 아직 없었다."380

맹자는 인간 본성은 선한데 욕망의 발전이 본성의 질적 변화를 초래하게 된다고 주장했다. 만일 이利를 첫 번째 위치에 둔다면 맹자의 모든 이론과 주장은 즉각 와해된다. 그는 그의 이론을 지키기 위해 이를 첫 번째 위치에 두는 데 반대했다.

그러나 맹자는 이를 말하지 않는 사람은 아니며, 이를 절대적으로 배척한 사람은 더더욱 아니다. 반대로 인의가 주도하기만 한다면, 위정자는 피통치자의 의식衣食에 관한 최소한의 이에 관심을 가져야 한다고 말한다. 그가 제기한 일련의 인정 방안과 정책은 모두 이에 사실적 기초를 두고 있다. 의와 예에 관한 맹자의 논의를 세밀하게 분석해보면 그가 대상에 따라 강조하는 중점을 달리한다는 것을 금방 알 수 있다. 통치자에 대해서는 반드시 먼저 인의하고 나중에 이하라고 하지만, 일반 백성에 대해서는 실제적인 물질의 이익을 얻은 뒤라야만 인의를 행할 가능성이 있다고 강조한다. 다음 구절은 이 문제를 매우 분명하게 밝히고 있다. "지금 백성의 재산을 통제함이 위로 부모를 모실 수가 없고 아래로 처자식을 먹여 살릴 수 없다. 풍년이 들어도 끝내 몸이 괴롭고, 흉년이 들면 죽음을 면하기 어렵다. 이런 상황에서 죽음을 구하려 해도 그리 할 수가 없거늘, 무슨 여유가 있어 예의를 말하겠는가?"381 맹자는 백성에 관한 한 항산恒産과 의식을 첫 번째 위치에 두어야 한다고 주장한다. "백성에 대한 도로 말할 것 같으면 항산이 있는 사람은 항심이 있고, 항산이 없는 사람은 항심도 없다."382 확실히 백성에 대해서는 항산이 첫 번째 위치다. 백성이 항산이 없으면 입을 옷도 먹을 음식도 없으니 필경 '방종, 편벽, 간악, 사치'의 길에 들어설 것이다. 맹자는 백성에 대해 확실히 질책하고 있지만, 훌륭한 점은 여기에 그치지 않았다는 점이다. 그는 백성의 범죄를 조성하는 원흉은 군주와 관리라고 주장한다. 그들이 백성에게 최소한의 생활도 보장해 주지 못하므로 백성이 어쩔 수 없이 자포자기식 행동을 취한다는 것이다. 맹자의 다음 구절은 백성을 먼저 먹여 살린 뒤에야 인의라는 사상이 있을 수 있다는 주장을 더욱더 투철하게 표현하고 있다. "성인이 천하를 다스림에 [식량인] 콩과 조가 물, 불처럼 [풍성하게] 있게 되었다. 콩과 조가 물불처럼 가득한데 백성 중 어질지 않은 사람이 있겠는가?"[383]

맹자가 말하는 의와 이의 관계는 추상적인 것이 아니다. 통치자가 의를 행하려면 백성에게 먼저 이를 베풀어야 한다. 백성은 의식이 족한 뒤라야 인의를 행할 수 있기 때문이다. 맹자의 의와 이의 관계에 관한 두 가지 의미, 특히 뒷부분의 내용을 분명히 구분하여 이해했을 때 비로소 그의 민심 획득에 관한 논의의 핵심을 파악할 수 있다.

맹자는 민을 지극히 중시했으며, 적잖은 사람이 맹자를 민본주의자라고 생각한다. 그런데 엄격하게 말해 이 견해는 정확한 것이 아니다. 왜냐하면 당시의 조건하에서 민을 모든 것의 우위에 놓기란 불가능하기 때문이다. 그러나 언어적 표현으로 볼 때 맹자는 확실히 민을 중시하는 말을 적잖이 했다. "백성이 귀하며, 사직이 그다음이고, 군은 가볍다."[384] 이 말은 최고로 유명한 구절이다. 이 말에 관하여 사람들은 여러 가지 해석을 내놓고 있다. 어떤 사람은 민이 가장 존귀하다고 주장하고, 혹자는 민은 자유민이지 노동 대중을 포함하지 않는다고 말한다. 또 어떤 사람은 '귀貴'란 민의 중요성을 가리키는 말이라고 이야기한다. 우리는 후자의 견해가 비교적 사실에 부합된다고 생각한다. 민이 가장 중요하다는 것은 주로 다음 두 가지 내용에서 그렇다.

첫째, 민의 향배가 국가의 흥망에 관계한다. "백성에게 포악한 정도가 심하면 제 몸은 죽임을 당하고 나라는 망한다. 심하지 않더라도 제 몸은 위태로워지고 나라는 쇠약해진다."[385] "걸, 주가 천하를 잃은 것은 그 백성을 잃었기 때문이다. 백성을 잃었다 함은 민심을 잃었다는 말이다. 천하를 얻는 데는 도가 있다. 그 백성을 얻어야 천하를 얻는다."[386] "백성을 얻으면 천자가 된다."[387] "하늘의 때는 땅의 이로움만 못하고, 땅의 이로움은 사람들의 화합만 못하다."[388]

둘째, 민은 통치자 재정운용의 원천이다. 민이 없으면 군자의 재정원이 끊어지고, 민이 없으면 군자는 일을 해나갈 수 없다.

통치자는 어떻게 해야 백성의 마음을 얻을_{得民} 수 있는가? 맹자는 공허한 도덕이 아니라 실질적 이익을 이야기한다. 그는 말한다. "백성을 얻는 데 도가 있다. 그들의 마음을 얻으면 백성을 얻는 것이다. 마음을 얻는 데 도가 있다. 바라는 바를 주면 모여들고 싫어하는 바를 베풀지 않으면 가까워진다."[389] 민심 획득의 길은 '바람_欲'이라는 한 글자를 잡는 데 비결이 있다. 백성의 바람만 꽉 잡고 있으면 모든 일이 순조롭게 풀린다. 맹자는 또 통치자의 행동거지가 인민의 즐거움과 걱정을 고려해야 한다고 강조한다. 백성과 더불어 즐기고 백성과 더불어 걱정해야만 인민의 지지와 호응을 얻어낼 수 있다. "백성의 즐거움을 즐거워하면 백성도 [통치자의] 그 즐거움을 즐거워하며, 백성의 걱정을 걱정하면 백성도 [통치자의] 그 걱정을 걱정한다."[390] 즐거움_樂과 걱정_憂은 정신도덕상의 안위를 말하는 것이 아니다. 먼저 물질적으로 즐거움과 걱정을 같이 해야 한다. 한번은 제선왕이 맹자에게 문왕은 사냥터가 사방 70리였지만 자기는 40리밖에 안되는데도 백성이 크다고 생각하는데, 왜 그러냐고 물었다. 맹자는 이렇게 대답했다. 문왕은 사냥터가 있었지만 "백성과 더불어 사용했으니" 인민이 마음대로 사냥하고 나무를 베어갔다. 그런데 당신의 사냥터는 금지 구역이고 혼자 그 즐거움을 누리니 "백성이 크다고 여기는 게 당연한 것 아닙니까?"[391] 이 예시는 즐거움과 걱정의 실제 내용이 물질적 이익임을 드러내고 있다. 이런 물질적 내용을 맹자는 '일도_{佚道}'와 '생도_{生道}'로 개괄하기도 한다. 일佚은 일逸이니 백성을 편안케 해줌이며, 생生은 곧 생존이다. 그는 말한다. "백성을 편한케 해주는 방법으로 백성을 부리면 힘들어도 원망하지 않는다. 백성을 살리는 방법으로 백성을 죽이면 죽어도 억울하게 죽었다고 하지 않는다."[392]

다음에 든 예는 맹자가 인민 쪽에 동정표를 던지고 있음을 나타낸다. 한번은 노나라와 추나라가 살육전을 벌였는데 추의 관리 33명이 노나라 사람들에게 살해되는데도 추나라 사람들은 구하지 않고 못 본 체했다. 추鄒 목공穆公이 매우 화가 나 맹자에게 말했다. "이들을 죽인다면 수도 없이 죽여야 할 것이고, 죽이지 않으면 윗사람을 질시하여 죽음을 보고도 구하지 않을 것이니 어찌해야 좋단 말이오?"[393] 맹자는 어떻게 할 것인지 직접 대답하지 않았다. 그는 추 목공에게 이런 이야기를 해주었다. 추나라의 백성이 굶주림과 추위에 시달릴 때 그 누구도 관심두지 않았고, 그들이 살려고 사방을 헤매었으나 아무도 구제해주지 않았다. 그럼에도 군주의 창고에는 재화와 식량이 넘쳐났다. 이 둘을 비교할 때 백성이 위에 반발하는 것은 오히려 정상적인 것 아닌가? 그는 증자의 이런 말을 인용했다. "네게서 나온 것이니 네게로 돌아간다."[394]

결국 맹자가 생각하는 득민의 길은 인민에게 물질적 이익을 주고 인민의 생활을 보장해주는 것이 관건이었다.

왕도,
패도와 통일

왕王과 패覇 문제는 춘추 시대에 일찍이 제기되었다. 그 후 공자, 묵자도 왕, 패 개념을 사용한 적이 있다. 그러나 맹자 이전에 왕과 패는 뚜렷이 대립하는 개념이 아니었다. 정치적으로 구분이 있었을 뿐 왕은 통일을 이룬 군주를, 패는 제후가 왕의 역할을 한 경우를 지칭했다. 왕과 패가 모두 긍정적 의미로 쓰였으므로 정치 노선에서 왕, 패가 다른 함의를 지니지는 않았다. 중국 역사상 왕과 패를 서로 다른 정치 노선 개념으로 만들어 사용한 최초의 사람은 맹자였다.

맹자는 역사적 관점에서 패를 왕에 대한 파괴요 부정이라고 주장했다. "5패五覇는 3왕三王에 대한 죄인이다."395 우리가 역사적 과정만을 고집한다면 여기서 맹자가 복고적이라는 결론을 끌어낼 수 있다. 하지만 맹자가 말하는 역사는 역사학자의 눈으로 본 역사가 아니다. 그는 역사를 이론을 위한 주석으로 삼고 있다. 따라서 왕, 패 구분의 핵심은 여전히 정치 노선에 있다.

이른바 왕도는 맹자의 인정론仁政論이자 정책이었는데, 그 요점은 '보민保民', 덕의 실행行德, 민심에의 복종服民心이다.

이른바 패도는 곧 "힘으로 사람을 복종시킴"이다. 패도 또한 인의를 이야기하지만, 그것은 인의를 간판이나 깃발로 삼아 사람을 속이기 위한 것이다. 맹자는 말한다. "힘으로 인을 가장하는 사람이 패다."[396]

맹자는 왕도를 제창하고 패도에 반대한다. 그는 왕도를 시행해야만 천하를 통일할 수 있다고 주장한다.

당시 각종 사상가나 학파 또는 현실 정치가들 모두 통일 문제를 논의했다. 맹자는 통일의 근본은 내정에 있으며 내정은 인정의 시행에 있다고 주장한다. 인정의 시행은 천하가 동경하여 마음으로 귀순토록 할 수 있다. 제 선왕은 제 환공, 진 문공을 본받아 천하의 패자로 불리고 싶어 했다. 맹자는 이를 되지 않을 일이라고 지적했다. 그는 제나라와 같은 대국이 '아홉' 개나 있는데 "하나로 여덟을 복종시킴"은 근본적으로 불가능하다고 말했다. 인정을 행해야만 국내의 인민이 편안히 생업에 종사할 수 있으며, 마침내 천하의 사람들이 마음으로 귀순하게 될 것이다. "이와 같이 되는 것을 누가 막을 수 있겠는가?"[397]

맹자는 인정을 행하면 천하에 적이 없다고 강조한다. 그는 반복해서 말한다. "어진 사람은 적이 없다."[398] "나라의 군주가 인을 좋아하면 천하에 적이 없다."[399] "어진 사람은 천하에 적이 없다."[400] "도를 얻은 사람은 많은 사람이 돕고, 도를 잃은 사람은 돕는 사람이 적다. 돕는 이가 끝없이 적어지면 친척도 배반하며, 돕는 이가 끝없이 많아지면 천하가 그를 따른다."[401] 어진 정치 아래 있는 인민은 무궁한 전투력을 갖고 있다.

맹자는 전쟁중지론자는 아니었다. 그는 인으로 불인不仁을 정벌해야 한다는 용병의 원칙을 제기했다. 이런 전쟁은 "[불인한] 군주를 죽여 그 백성을 위문하는"[402] 것이 특징이다. 전쟁의 목적은 물과 불로부터 인민을 구하는 데 있다.

맹자는 열렬히 통일을 바랐다. 통일을 해야만 안정될 수 있다고 생각했다. 그러나 그가 제기한 통일의 길은 실질보다 공상적 성분이 더 많아 당시로서는 통용될 수 없었다.

07   결어

맹자의 인정설은 실제보다 이상이 더 많다. 그의 이상은 현실과 너무 동떨어져 있었기 때문에 좀 진부하게 보인다. 그가 짜낸 이상은 실현 가능성은 없었지만 현실과 대립하는 것은 아니었다. 그의 이상은 현실 생활을 고도로 추상화한 것이었다. 그가 그린 그림은 현실의 등급 관계, 군신 관계, 착취와 피착취 관계 및 가족 관계를 긍정하고 있을 뿐만 아니라 이들 관계를 위해 물감을 발라 채색함으로써 부드러움이 넘쳐나도록 했다. 맹자의 이론은 한편으로 사람들에게 현실의 기본 관계를 인정하도록 이끌지만, 다른 한편으로는 사람들에게 이 현실의 기초 위에 아득한 이상 왕국의 깃발을 걸도록 하고 있다. 그리하여 사람들로 하여금 현실과 이상 사이를 위아래로 뛰어다니도록 한다. 당신은 현실에 만족하지 않는가? 그럴 수 있다. 당신의 머리에 하나의 이상국이 있으니까. 당신은 그 이상국을 향해 갈 것인가? 그렇다면 당신은 반드시 먼저 현실의 기본관계를 긍정해야 한다. 맹자 이론은 바로 이런 특성을 지니고 있었기 때문에 통치자들의 관심을 끌 수 있었다. 맹자의 이론은 개혁정신을 결핍하고 있음에도 불구하고 부드러운 자기 개량의 기운으로 충만해 있었던 것이다.

순자의 예치禮治 사상

순자의 이름은 황況이며 자는 경卿으로 손경孫卿이라 부르기도 한다. 전국 말기 조趙나라 사람이다. 생몰 연대는 미상인데 대략 기원전 298년에서 기원전 238년 사이[403]로 생각된다. 그는 일찍이 제나라 직하학궁稷下學宮에 유학한 직하 선생稷下先生의 하나였다. 한번은 직하학궁의 좨주祭酒[404]를 역임하기도 했다. 순자는 조나라와 위魏나라에서도 활동한 적이 있으며, 진秦나라에 가서 진의 정치에 대해 논평을 한 적도 있다. 만년에는 초楚나라에 유세했는데, 춘신군春信君의 예우를 받아 난릉령蘭陵令에 임명되었으며, 초에서 최후를 맞았다.

순자의 주요 기본 사상은 유가에 속하지만, 동시에 제자백가의 사상을 비판적으로 흡수하기도 하여 보기에 따라 좀 잡박하다. 그러나 잡하되 어지럽지 않고 오히려 웅혼하고 충실하며 용량이 커 보인다. 순자의 저작은 매우 많은데 현존하는 것으로 32편이 있으며, 그 가운데 몇 편은 순자의 학생이 편집한 순자와 관련 있는 언행록이다. 현존하는 저술로 볼 때 순자는 논하지 않는 것이 거의 없을 정도다. 천지와 고금, 정치, 경제, 철학, 군사, 교육, 도덕, 문예 등에 모두 전문 논문이 있는데 분야마다 고루 자신의 견해가 있다. 그의 저작은 백과사전적 성질을 갖추고 있다.

순자의 사상은 한漢대 유가에 커다란 영향을 미쳤다. 당唐, 송宋 이후 리학理學의 흥기로 순자는 액운을 맞았는데, 매우 많은 사람이 그를 잡박하여 순수하지 못하다고 비판했다. 어떤 사람은 그를 공자 유교의 문에서 축출하자고 주장했다. 또 어떤 사람은 그가 유가를 외치지만 사실은 법을 말한 것이므로 법가 계열에 집어넣어야 한다고 생각했다. 실제로 따지면 순자 사상 가운데 법가적 냄새가 상당히 농후하기도 하다. 중국 사상사에서 그는 유가와 법가를 결합시킨 최초의 사상가 가운데 하나라고 말할 수 있다.

정치사상에서 순자의 가장 주요한 특징은 예치禮治 주장이다. 그의 예는 유가의 예와 법가의 법을 한 화로에 녹인 것이다. 순자의 예법일체론禮法一體論은 2000년간 봉건 통치자들에게 채택되었다. 아래에서 우리는 몇 가지 방면에서 순자의 정치사상을 논할 것이다.

정치사상의 이론 기초:
성악론 및
본성에 대한 개조

순자의 정치사상은 인간 본성에 대한 인식의 기초 위에 수립되었다. 사람을 어떻게 인식할 것인가, 사람을 어떻게 대할 것인가가 순자의 정치사상의 출발점이며, 과정이고 귀결점이다.

자연 속에서 사람의 지위

사람은 어떻게 이 세상에 온 것인가? 이것은 선진 제자들이 중요하게 다룬 토론 주제다. 당시 역사적 조건하에서 이 문제는 명료하게 설명될 수 없는 것이었다. 그렇지만 이 문제에는 서로 다른 두 가지의 인식 노선이 존재한다. 한 가지는 인간의 기원을 신에게 귀속시키고, 한 가지는 그것을 자연에서 구한다. 순자는 후자의 노선에 따라 탐색을 해나갔다. 그는 "우주 속의 만물, 사람으로 태어난 족속"[405]은 천지, 음양이 상호 작용해 만들어낸 산물이다. "천지가 화합하여 만물이 생겨나고, 음양이 접촉하여 변화가 일어난다."[406] "하늘의 직무가 이미 서고, 하늘의 업적이 이미 이루어짐에 따라 형체가 갖추어지고 정신이 생겨난다."[407] 사람은 만물과 한가지로 천지자연의 산물이다. 그러나 또한 만물과는 다른 특수성을 지니고 있다. 만물 가운데 '혈기血氣'를 지닌 동물은 '혈기'가 없는 식물보다 고등하다. 혈기가 있는 것의 가장 중요한 특징은 "반드시 지知(지혜)가 있다"는 것이다. "지가 있는 족속이라면 [자신과 같은] 부류를 사랑하지 않을 수 없다."408 사람은 '혈기' 있는 부류 가운데 하나다. 사람은 다른 '혈기' 있는 것들과 비교하면 가장 지혜롭다. "혈기를 지닌 족속 가운데 사람보다 지혜로운 것은 없다."409

사람과 동물이 구별되는 것은 또 사람에게 '변辨(분별력)'이 있다는 것이다. '변'은 '별別(나눔)'과 같다. "사람이 사람다운 까닭은 [단순히] 두 다리가 있고 털이 없기 때문이 아니다. 분별력이 있기 때문이다. 금수도 부자가 있지만 부자간의 친함이 없으며, 암컷 수컷이 있지만 남녀의 구별이 없다. 따라서 사람의 길이란 오로지 분별력에 있다."410 '별'의 구체적 내용이 바로 '의義'이다. "물과 불은 기는 있으되 생명이 없고, 초목은 생명은 있으되 지가 없으며, 금수는 지는 있으되 의가 없다. 사람은 기가 있고, 생명이 있고, 지혜가 있으며, 의 또한 갖추고 있다. 따라서 천하에 가장 고귀한 존재다."411

사람과 동물의 또 하나의 구별은 사람은 '집단생활群'을 할 수 있지만 동물은 집단을 이룰 수 없다는 것이다. 사람과 소, 말을 비교하면, "힘은 소만 못하고 달리기는 말보다 못하는데도 소와 말을 이용하는 것은 어째서인가? 가로되 사람은 집단을 이룰 수 있고, 저들은 집단을 이룰 수 없기 때문이다."412 여기서 말하는 '집단'이 가리키는 것은 자연스럽게 무리를 이룬 군거가 아니라 일정한 군체群體를 결성하고, 일정한 조직을 갖춘 우리가 말하는 '사회성'과 유사한 개념이다.

순자의 사람과 동물의 구별에 관한 견해는 상당한 깊이가 있는 것으로 오늘날 보아도 여전히 과학적 가치를 지니고 있다. 순자는 사람을 만물과 병렬시켜 일종의 자연으로 보는 장자에 찬성하지 않는다. 순자가 보기에 사람은 자연 가운데 최고의 지위에 있으며 만물의 주인이다. 만물의 생장과 존재는 비록 목적은 없지만 모두 사람을 위해 소용되는 것이다. 이 것은 일종의 규율이다. "만물은 같은 우주 아래 존재하지만 형체가 다르며, [항상 일정한] 마땅한 칭호는 없지만 사람에게 유용하다. 이는 [자연스러운] 길이다."[413] 만물이 사람에게 소용이 되는 데는 조건이 있다. 그것은 바로 사람이 '군거'할 수 있고, '화합'할 수 있을 때다. "화합하면 하나가 되고, 하나가 되면 힘이 많아지고, 힘이 많아지면 강해지고, 강해지면 만물을 이긴다. 그래서 [화려한] 궁실을 지어 살 수 있다. 그리하여 4시四時를 차례 매기고 만물을 재단하며 천하를 두루 이롭게 한다."[414]

성악설

사람은 자연의 숲 가운데 가장 높은 가지에 있으나 여전히 자연의 일부분에 속한다. 이 사실에 기초하여 순자는 사람의 본성이 맨 처음에는 자연성을 갖는다고 말한다. "본성이란 맨 처음에는 생긴 그대로의 재목과 같다."[415] "무릇 성이란 하늘이 이루어놓은 것으로 배울 수도 섬길 수도 없다."[416] "성이란 내가 어떻게 할 수 없는 바다."[417] "태어난 그 까닭을 성이라 부른다."[418] 이 여러 가지 말은 모두 자연스레 나면서 이루어진 본능이 바로 본성임을 설명한다. 성의 외연이 '정情'이고 '욕欲(바람)'이다. "성은 하늘이 이루어놓은 것이다. 정은 성의 본질이다. 욕은 정이 감응한 것이다. 욕한 바를 얻고자 갈구하게 되면 정은 어쩔 수 없게 된다."[419] 정, 욕은 성 가운데서 끌어낸 외재적 표현이다. 인성이 자연에 뿌리를 두고 있기 때문에 모든 사람의 성, 정, 욕은 다 한가지다. "천 사람, 만 사람의 정은 한 사람의 정인 것이다."[420]

사람의 성, 정, 욕의 구체적 내용을 귀납시키면 다음의 네 방면으로 나타난다. 첫째, 감각 기관의 욕망이다. 「성악性惡」 편은 말한다. "나면서 귀와 눈의 욕이 있어 소리와 색깔을 좋아한다."[421] 이렇게도 말한다. "눈은 색깔을 좋아하고, 귀는 소리를 좋아하고, 입은 맛을 좋아하고, 마음은 이익을 좋아하고, 뼈와 살갗은 기쁘고 편안함을 좋아한다. 이는 모두 사람의 정, 성에서 생겨난다."[422] 이렇게도 말한다. "오늘날 사람의 본성은 굶주리면 배부름을 바라고, 추우면 따뜻함을 바라고, 힘들면 휴식을 바란다. 이것이 사람의 정, 성이다."[423] 둘째, 이익을 좋아함이다. 이익을 좋아함은 당연히 감각 기관의 욕구가 기초가 되지만 감관의 자연스러운 요구를 넘어선 일종의 주관적 욕망을 드러낸 것이기도 하다. 이익을 좋아함의 구체적 내용은 재산에 대한 추구와 점유이다. 「영욕榮辱」 편은 말한다. "사람의 정이란 먹는 데 [맛좋은] 집짐승을 바라고, 입는 데 화려한 의상을 바라고, 행차하는 데 가마와 말이 있기를 바란다. 게다가 남은 재물을 축적하여 부유해지기를 바라는데, 세세연년 족함을 모른다. 이것이 사람의 정이다."[424] 셋째, 배타성과 질투심이다. 「성악」 편은 말한다. "나면서부터 질투하고 증오함이 있다."[425] 여기서 질疾은 '질嫉(질투)'과 같고, 오惡는 증오다. 배타성과 질투심은 이익을 좋아함의 특수한 표현 형식이므로 호리好利의 외연이라고 부를 수도 있겠다. 넷째, 영예를 좋아하고 치욕을 싫어함이다. 「영욕」 편은 말한다. "고귀하여 천자가 되고 부유하여 천하를 소유하는 것은 사람의 정이 다 같이 바라는欲 바다."[426] 「왕패王覇」 편은 말한다. "고귀하여 천자가 되고, 부유하여 천하를 소유하며, 성왕으로 이름 불리고, 두루 사람들을 다스리고, 타인에게 통제되지 않는 것이야말로 사람의 정이 다 같이 바라는 바다."[427] "명성은 해, 달과 같고, 공적은 하늘, 땅과 같아 천하 사람들이 모두 영향을 받아 감응하는 것 또한 사람의 정이 다 같이 바라는 바다."[428] 순자가 말하는 영예를 좋아함은 무엇보다도 먼저 권력

욕으로 표현되며, 이는 사람들 위에 높이 앉아 모든 사람에게 지시하는 것을 뜻한다.

이상 네 방면에서 사람의 자연적 요구와 본능에 속한 첫 번째 방면을 제외하고 나머지 몇 항목은 모두 자연 본성 범위 내의 표현이 아니라 후천적으로 형성된 사람의 사회성의 표현이다. 그런데도 순자가 이것들을 모두 "기다리지 않아도 그러한" 본성으로 본 것은 분명히 부정확하다. 그러나 당시 사유제 사회에서 이것들은 인간의 상호 관계를 본질적으로 나타낸 것이기도 하여, 이것을 사람의 본성이라고 말한 것은 사람의 본질을 밝히는 데 매우 큰 의미가 있다.

위에 든 이들 본성으로 말하자면 순자는 선악을 구분하지 않고 있다. 모두 "태어나서 그러한" 본능이다. 그렇지만 순자는 여기에 그치지 않았다. 순자의 견해에 따르면 이 본성 가운데 악의 기초적 인자가 포함되어 있다. 이들 본능이 외부로 확장해갈 때 바로 악으로 치닫는다는 것이다. 「성악」편은 말한다. "오늘날 사람의 성에는 나면서부터 이익을 좋아함이 있으니, 이에 순응하면 쟁탈이 생기고 사양은 없어진다. 나면서부터 악을 미워함이 있으니, 이에 순응하면 잔적殘賊이 생기고 충신忠信은 없어진다. 나면서부터 귀와 눈의 욕망이 있어 소리와 색깔을 좋아하니, 이에 순응하면 음란이 생기고 예의문리禮義文理가 없어진다. 그러니 사람의 성에 따르고, 사람의 정에 순응하면 반드시 쟁탈이 일어나 분별을 해치고 도리를 어지럽히게 되어 난폭해진다."429 순자는 본성에 순응하면 '사양' '충신' '예의문리'와 대항하게 될 것이라고 생각했다. 이 의미에서 보면 인성은 악한 것이다.

성악은 또 사람의 욕망의 확대가 사회의 정상적 질서를 파괴하고, 재산권과 정권의 안정을 파괴하는 것으로 표현된다. 「부국富國」편은 말한다. "바라는 바는 남들도 바라고, 싫어하는 바는 남들도 싫어한다. 바람은 많은데 물질은 적다. 적으면 반드시 다툰다."[430] 다툼은 반드시 혼란을 조성하고, 혼란하면 끝장난다. 여기서도 성은 악한 것으로 생각된다.

순자가 보기에 사람의 본성이 외부 행위로 바뀌는 과정에서 사람들의 사회관계와 충돌, 저항이 발생한다. 사람의 자연성과 사회성이 서로 모순된다는 이 점으로 말하자면 순자는 노자, 장자와 비슷한 구석이 있다. 물론 양자의 입장은 확연히 다르다. 노, 장은 자연성 위에 서서 자연성을 이용해 사회성을 부정한다. 순자는 이와 반대로 사회성을 긍정하고 사회성으로 표준을 삼았으며, 사람의 자연성이 악하므로 응당 개조해야 한다고 생각했다.

본성의 개조 및 모든 사람은 요, 순이 될 수 있다는 주장

순자는 인성을 자유롭게 발전하도록 놔두면 수습할 수 없는 나쁜 결과를 가져올 것이라고 생각했다. 따라서 반드시 인성을 개조해야 한다고 주장한다. 어떻게 개조할 것인가에 대해 순자는 다음 몇 가지 길을 제시했다.

가장 근본적인 것은 성인이 '인위僞'를 일으켜 본성을 변화시키는 것이다. '위僞'란 후천적 인위 작용을 가리킨다. "배워서 할 수 있고, 전념하여 성취할 수 있는 것으로 사람이 하는 것을 인위라고 부른다."[431] 「성악」편은 또 성性과 정情이라는 이 물건은 "느껴서 스스로 그러하며 [무슨 일에] 전념한 뒤에 생겨난 것이 아니다. 느끼되 그렇게 [자연스러울] 수 없고 반드시 전념한 뒤에 그렇게 되는 것을 일컬어 인위로부터 생겼다고 한다."[432] '인위'는 단지 일반적으로 사람의 주관적 능동성만을 가리키는 것이 아니라, 성에 대한 개조 위에서 드러나기도 한다. 이러한 '인위'는 일반 사람들이 능히 할 수 있는 바가 아니며, 성인의 마음의 힘으로부터 나온다. "성인은 본성을 변화시켜化性 인위를 일으킨다起傷. 인위가 일어나서 예의를 낳고, 예의가 생겨 법도를 제정한다. 그러니 예의법도란 성인의 소생이다."433 이렇다면 성인과 일반인 사이에 경계선이 생긴다. 성인은 "무리와 다름없이 [같은] 본성"434을 지니지만, 성인은 또한 무리와 같지 않다. "다르면서 무리를 넘어서는 까닭은 인위 때문이다."435 여기서 순자는 이론적으로 해결할 수 없는 모순 속에 빠져버렸다. 성인은 불가지不可知의 괴물이 되었으며, 물론 신이라 부를 수도 있을 것이다. 괴물이라도 상관없고 신이라도 상관없는데, 성인은 인류의 성악을 개조해야 할 사명을 두 어깨에 짊어지게 되었다!

성악을 개조하는 또 하나의 방법은 스승의 교육에 의존하는 것이다. 「유효」편은 말한다. "사람이 스승의 예법을 본받지 않으면 본성에 따라 행동한다. 스승의 예법을 본받으면 쌓인 것積에 따라 행동한다. 스승의 예법이란 습속이 쌓여 얻어진 것이다. 본성이 스승의 예법을 버리고 홀로 서서 선하게 될 수는 없다."436 「성악」편도 본성을 개조하기 위해서는 "반드시 스승을 본받아 바꾸어야 한다"437고 말한다.

성악을 개조하는 또 하나의 방법은 환경과 습속의 영향에 의존하는 것이다. 「유효」편은 말한다. "습속에 따르고 섞임으로써 본성을 바꾼다."438 "습속은 뜻을 변하게 하고, 오래 좋아하면 기질도 변하게 한다."439 상이한 문화 환경은 사람들로 하여금 상이한 습속과 문화특질을 형성하게 하니, "초나라에 살면 초나라 사람처럼 되고, 월越나라에 살면 월나라 사람처럼 되며, 하나라에 살면 하나라 사람처럼 되는데 이는 천성이 그래서가 아니라 쌓인 것에 길들여져 그렇게 되는 것이다."440 「권학勸學」편은 사회환경의 영향과 작용에 대해 정밀하게 논술하고 있다. "쑥이 삼 가운데 자라면 받쳐주지 않아도 곧아지며, 흰모래가 진펄에 있으면 더불어 모두 검어진다. 난괴의 뿌리는 향료로 쓰이지만 시궁에 젖어 있으면 군자들이 가까이 않고 서인들도 지니지 않는다. 바탕이 아름답지 못해서가 아니라 젖어 있기 때문이다. 따라서 군자는 반드시 마을을 가려서 살고 꼭 선비를 좇아서 놀기 때문에 허물에 치우침을 막을 수 있고 치우치지 않은 올바름에 가까이할 수 있다."441

성악을 개조하는 방법으로 또 수신修身이 있는데, '도道' '리理'로 본성을 절제한다. 순자는 「수신修身」 편을 썼다. 그는 어떤 일을 만나든 그때마다 주의하여 예의로 자신을 극복, 절제해야 한다고 주장한다. 깊은 사고와 이지理智를 가지고 자신의 본성과 욕망을 통제해야 한다고 주장한다. 「정명正名」 편은 말한다. "본성의 좋아함好, 싫어함惡, 기뻐함喜, 분노함怒, 슬퍼함哀, 즐거워함樂을 일컬어 정이라 한다. 정이 그러한데 마음心으로 그렇게 하도록 선택함을 일컬어 생각이라 한다. 마음이 생각하여 능히 그렇게 하도록 움직임을 일컬어 인위라 한다."442 감각 기관의 욕망은 마음으로 절제시켜야 한다. 사람의 욕망은 말살하거나 무시해버릴 수 없으며, 모두를 만족시킬 수도 없다. 천자라 하더라도 마찬가지다. 바람은 없어지지 않으며, 또 반드시 절제시켜야 한다. 이것이 바로 '도'와 '리'에 의지해야 하는 까닭이다.

순자는 인성이 악하다고 선포했다. 마치 사람을 모두 나쁜 놈으로 여기는 듯하다. 그러나 사실은 그렇지 않다. 어두운 곳에서 새 희망이 일 듯, 여러 개조 기술을 가지고 사람들을 광명의 길로 이끌려는 것이다. 사람들은 모두 우임금, 순임금을 칭송하고 있지 않은가? 순자는 사람들에게 열심히 개조하면 우, 순이 바로 눈앞에 있게 된다고 알려준다. 이에 대해 「성악」 편의 주장은 또 얼마나 통쾌한가. 어떤 사람이 물었다. "길거리涂443 사람들이 [모두] 우가 될 수 있다는 말은 무슨 뜻인가?"444 순자는 대답한다. "무릇 우가 [훌륭한] 임금이 된 까닭은 그가 인의와 법도 [즉 예법을] 행했기 때문이다. 그렇다면 인의예법은 [그 자체로] 인식될 수도 행해질 수도 있는 이치를 갖추고 있다. 그런데 길거리의 사람들이 모두 인의예법을 인식할 수 있는 바탕이 있고, 모두 인의예법을 행할 수 있는 기본을 갖추고 있으면 그들이 우임금처럼 될 수 있음은 명백하다."[445] 인의를 따라 걷기만 하면 우, 순 같은 인물이 될 수 있다. 자연히 그것이 바로 성인이기도 하다. "성인이란 사람들이 [인의를] 쌓아서 [거기에] 이른 것이다."[446]

맹자는 선한 본성을 유지하고 떨치면 요, 순 같은 성인이 될 수 있다고 생각했다. 순자는 자신의 악한 성질을 애써 개조함으로써 마찬가지로 요, 순 같은 성인이 될 수 있다고 생각했다. 두 사람이 가는 길은 달랐으나 목표는 같았다. 두 사람의 다른 곳은 맹자가 사람들로 하여금 내부를 향한 공부로 마음을 닦고 본성을 기르도록 이끈 반면, 순자는 스스로의 개조와 사회적 개조를 강조했다는 점이다.

예치, 법치와 인치의 통일

예, 법의 기원과 본질

예와 법은 인성을 교정하는 공구인데 성인이 만든 것이다. 또 성인의 예, 법 제작은 사회적 모순에 기초한 것이다. 이들 모순은 사람의 본성, 욕망과 자연 및 사회 사이의 모순, 충돌을 바탕으로 전개된다.

모순은 먼저 욕망의 무한성과 물질의 유한성 위에 드러난다. 「부국」 편은 말한다. "욕망은 많은데 물질은 적다. 적으면 반드시 다투게 된다."[447] 「예론禮論」 편은 말한다. "사람은 나면서부터 욕망이 있다. 바라되 얻어지지 않으면 [애써] 추구하지 않을 수 없다. 추구하되 정도와 한계가 없으면 다투지 않을 수 없게 된다. 다투면 어지러워지고, 어지러워지면 궁해진다."[448]

모순은 또 욕망의 평등성과 사회관계의 불평등성 위에서 드러난다. 「왕제王制」 편은 말한다. "두 명의 [최고로] 고귀한 사람이 서로를 섬길 수는 없다. 두 명의 [가장] 천한 사람이 서로를 부릴 수는 없다. 이것은 하늘의 이치다. 세력과 지위가 나란하고 바라는 것과 싫어하는 것이 같은데도, 물질이 넉넉하지 못하다면 반드시 다투게 된다. 다투면 반드시 어지러워진다. 어지러워지면 궁해진다."[449] 순자의 견해에 따르면 사회는 귀천, 상하를 나누었을 때만이 비로소 서로를 제약하여 하나의 틀을 이룰 수 있게 된다. 욕망의 평등성이야말로 이 제약 관계의 대립물이며 파괴자로서 사회 혼란을 조성하는 원인이다.

악한 성질과 윤리 도덕은 물과 불처럼 서로 용납되지 않는데, 본성만을 따라 임의로 발전하면 반드시 예의에 대한 파괴가 생겨나는데, 모순은 또 여기에서 드러난다.

상술한 모순은 자신 안에서 그 출로를 찾을 수 없다. 성인이 만든 예, 법이야말로 이들 모순을 견제하고 길들이는 공구이다. 순자가 보기에 인류의 생존은 자연 조건 외에 반드시 '집단생활群'과 '[상하]구분分'에 의지해 보장을 받는다. '집단'과 '구분'은 한 사물의 두 가지 방면이다. '집단'이 없으면 개인은 존재할 수가 없고, '구분'이 없으면 '집단' 또한 유지하기 어렵다. 순자는 일상생활을 예로 들어 집단과 구분 가운데 어느 것 하나도 없어서는 안 됨을 논증한다. 「부국」편은 말한다. "한 사람의 수요를 충족시키는데 백공의 성취가 필요하다. 한 사람의 능력으로 여러 가지를 통달할 수 없다. 혼자서 여러 가지 사업을 다 할 수는 없다. 서로 떨어져 살고 기대지 않으면 곤궁해지며, 집단생활을 하되 [위아래] 구분이 없으면 다투게 된다."[450] '군거(사회생활)'는 사람의 본능이며 태어날 때부터 갖고 있는 것이다. '구분'은 일정 단계까지 발전했을 때 생기는 산물이다. 예의와 법의 기본 정신은 바로 '구분'에 있다. 「왕제」편은 말한다. "사람은 어떻게 군거할 수 있는가? 구분을 이루면 된다. 구분은 어떻게 행할 수 있는가? 의가 있으면 된다."[451] 이렇게도 말한다. "선왕이 혼란을 싫어하여 예의를 만들어 구분 지었다."[452]

예의의 구분은 여러 방면에서 드러난다. 먼저 물질을 구분하여 몸을 기르는 데서 드러난다. 사람의 욕망을 없앤다는 것은 불가능하다. 물질

조건을 떠나서는 생존할 수가 없다. 그러나 물질에도 한계가 있다. 예의 구분은 욕망과 물질 사이의 모순을 조절하고, 양자 간의 평형이 구해지도록 한다. 「예론」 편은 말한다. "[신분에 맞추어 합리적으로 분배하면] 사람들이 바라는 것을 모두 만족시킬 수 있고, 사람들이 추구하는 것을 모두 공급해줄 수 있다. [공급할 수만 있다면] 물자가 딸려 욕망이 충족되지 않는 일이 있을 수 없고, [만족시킬 수만 있다면] 욕망이 무궁하다고 하여 물질이 결핍되는 일이 있을 수 없다. 이 두 가지는 서로 보완하며 성장한다. 이것이 예가 만들어진 이유다. 그러므로 예란 양養(길러줌, 만족시킴)이며 (…) 몸을 만족시키는 것이다."[453] 이는 곧 예가 사람이 요구하는 최소한의 물질생활을 만족시켜야 한다는 말이다. 당시로 볼 때 이것은 매우 의미 있는 명제였다. 그의 생각에 모든 사람은 응당 생존의 권리와 최소한의 생활 보장이 있어야 한다는 것이다. 공, 맹의 예는 주로 사회도덕 규범을 드러낸 것이었는데, 위와 같은 내용은 순자가 새로 덧붙여 넣은 것이다. 순자가 말하는 몸의 만족養體은 물론 평균주의가 아니다. 그것은 오히려 등급 제도와 긴밀한 관계가 있으며, 등급 제도의 제약을 받고 있다. 그래서 예의 구분은 또 등급 규정에 나타난다. "군자는 만족하게養 해줄 뿐만 아니라, 구별別하는 것도 좋아한다. 무엇을 구별이라 하는가? 귀천에 등급이 있고, 어른과 아이 사이에 차등이 있다는 말이다."[454] "군주는 군주답고, 신하는 신하답고, 어버이는 어버이답고, 자식은 자식답고, 형은 형답고, 아우는 아우다운 [예가 존비와 장유로 나뉘는] 이치는 하나다."[455] "귀한 사람, 높은 사람, 어진 사람, 노련한 사람, 어른 된 사람을 존경하는 것이야말로 의義의 윤리다. 그 가운데 절도를 얻어 행동하는 것이 예의 순서다."[456] 등급귀천의 구분과 물질재부 점유량의 많고 적음은 서로 표리를 이룬다. 「부국」 편은 말한다. "옛날 선왕은 존비귀천을 나누어 등급에 따라 달리 살도록 했다. 누구는 우아하게 [옷을] 입게 하고, 누구는 추하게 입도록 했다. 누구는 [녹봉을] 두텁게 해주었고, 누구는 얇게 해주었다. 누구는 편안히 즐기게 하고, 누구는 힘써 고생하게 했다. 이는 방종하고 자만하며 화려한 위세를 다른 사람들에게 떨치라는 것이 아니라, 인륜의 문화를 밝히고 인륜의 순서를 통하게 하기 위함이었다."457 이렇게도 말한다. "빈부와 경중을 제각각 적당하도록 한다."458 더 말할 나위 없이 이는 정치 등급과 경제 관계에서의 등급 구분을 변호하는 것이다. 순자가 말하는 예의 구분은 또 직업상의 분업으로 표현되기도 한다. 예는 농, 사, 공, 상으로 하여금 각자의 직업을 지키도록 요구한다. 「왕제」 편은 말한다. "농부는 농부답게, 선비는 선비답게, 기술자는 기술자답게, 상인은 상인답게 [예에 맞추어 분업해 살도록] 하는 이치는 하나다."459 그밖에 노심勞心(정신노동)과 노력勞力(육체노동)도 예의 구분 가운데 있다. "군자는 덕으로 하고, 소인은 힘으로 한다."460 심지어 예는 "지혜와 어리석음, 능력과 무능력"461까지도 구분한다. 예의 구분은 또 사람의 행동을 규범화시켜 사람으로 하여금 마음이 바르고 뜻이 참된 경지에 이르도록 이끈다. 「예론」 편은 말한다. "예란 긴 것을 잘라 짧은 것을 잇고, 남은 곳을 줄이고 부족한 것을 보태 사랑과 공경의 표시를 충분히 하는 것이며, 사람으로서 의를 행하는 아름다움을 발휘하도록 돕는 것이다."462 옛날 어떤 사람은 '긴 것을 잘라 짧은 것을 잇고, 남은 곳을 줄이고 부족한 것을 보태는 것'을 재산과 권력의 재분배로 해석했다. 이런 해석은 원의에 거슬린다. 원래 의미는 긴 것을 잘라 짧은 것을 잇는 과정을 통해 행위가 적절하게 되고 마음이 참된 경지에 이르도록 만든다는 것이다. 이상 여러 가지 구분은 모두 악한 인성을 고치고 꾸미는 과정이다. 「성악」 편은 말한다. "예의를 일으키고 법도를 만든 것은 그렇게 함으로써 사람의 성정을 고치고 꾸며 바로잡고, 그렇게 함으로써 사람의 성정을 길들이고 변화시켜 이끌기 위함이다. 시작은 모두 다스리는 일治에서 출발했으며, 예에 합치시키려는 것이었다."[463] 이렇게도 이야기한다. "오늘날 사람들의 본성이 악함은 (…) 예의를 얻은 뒤에 다스려진다."[464]

순자의 예의 기원과 본질에 대한 논술은 선진 제자 가운데 독보적이다. 다른 사람들과 비교해볼 때 의미심장한 곳은 그가 사람과 자연, 욕망과 물질, 사람과 사람 사이의 모순 가운데서 문제를 논의했다는 점이다. 예가 비록 성인에 의해 만들어졌지만, 성인도 위에 든 객관모순을 벗어날 수 없었다. 그래서 이런 모순에 맞부딪치면서 이 모순들을 해결하고 조화시키려 한 것이다. 성인은 인류 스스로가 해결하기 어려운 모순을 해결했기 때문에 신비화를 면치 못한다. "천지가 군자를 낳음에, 군자는 천지를 다스렸다. 군자는 천지와 [더불어 만물을 기르는 데] 참여하니 만물의 총령이며, 백성의 부모다. 군자가 없으면 천지는 다스려지지 않으며, 예의는 큰 가닥이 없게 된다. 위로 임금과 스승이 없고, 아래로 부모와 자식이 없으면 이를 일컬어 지극한 혼란이라 한다."[465] 여기서의 군자는 바로 성인인데, 확실히 신비화시키고 있다.

순자는 또 「예론」 「대략大略」 편 등에서 각종 예를 구체적으로 규정하고 서술한다. 예를 들어 제례祭禮, 양생養生, 송사送死, 혼가婚嫁, 군려軍旅, 관례冠禮 및 일상 행동의 예까지 상당히 번쇄하다. 그는 『예경禮經』에 있는 것이면 무엇이든 따르고, 『예경』에 없는 것은 사람의 마음에 순응해 행해야 한다고 생각했다. 인심에 순응하는 것도 예다. 「대략」 편은 말한다. "예는 인심에 순응함을 근본으로 삼는다. 따라서 『예경』에 없는 것은 인심에 순응하는 것이 예다."[466] 순자가 말하는 인심은 아무 경위도 없이 떠도는 것이 아니라 그 자체로 규정성이 있다. 이것이 바로 「예론」 편에서 이야기하는 '3본三本'이다. 글을 보자. "예에는 세 가지 근본이 있다. 천지는 생명의 근본이며, 선조는 인류의 근본이며, 임금과 스승은 다스림의 근본이다."[467] "그러므로 예는 위로 하늘을 섬기고, 아래로 땅을 섬기며, 선조를 존중하고 임금과 스승을 드높인다. 이것이 바로 예의 3본이다."[468]

순자는 예가 치국안민의 근본이라고 생각했다. 「대략」 편은 말한다. "예가 국가를 바로잡는 것은 저울이 경중을 재는 것과 같고, 먹줄이 곡직을 가르는 것과 같다. 따라서 사람에게 예가 없으면 생활이 안 되고, 일에 예가 없으면 성공하지 못하며, 국가에 예가 없으면 안녕하지 못하다."[469] 예에 이와 같은 효력이 있는 것은 바로 '구분' 때문이다. 위에 든 여러 구분이 있을 때만이 비로소 서로 제약할 수 있으며, 일정한 질서를 이룰 수 있다. 「왕제」 편은 말한다. "빈부귀천의 등급이 있게 되고서 윗사람이 아랫사람을 통제할 수 있었으니, 이것이 바로 천하를 양육하는 근본이다. 『서경』의 '가지런함은 가지런하지 않음 속에 있다'는 말은 이를 일컫는 것이다."[470]

예의 본질을 '구분'이나 '구별'로 귀결시킨 것은 상당히 깊이 있는 분석이며 예의 특징을 잘 짚어낸 것이다. 비교적 실질적인 견해라고 말할 수 있겠다.

법에 관하여

순자는 예치를 주장하면서 동시에 법의 시행도 주장했다. 그는 자주 예와 법을 나란히 제기했다. 순자가 말하는 법은 아주 여러 함의를 지닌다. 어떤 곳에서는 '3왕의 법'(『순자』 「대략」), '천 년의 법'(『순자』 「왕패」), '백법의 법'(『순자』 「유효」) 등과 같이 정치 전통과 표준 양식화된 역사 경험을 가리킨다. 어떤 곳에서는 「왕패」 편에서 이야기하는 '왕자王者의 법' '패자霸者의 법' '망자亡者의 법' 등과 같이 정책과 수단을 가리킨다. 어떤 곳에서는 일정한 제도를 가리키는데, 예컨대 「왕제」 편에서는 이렇게 이야기한다. "왕자의 법(경제 정책)에서 부세에 차등을 두고, 민사를 바로잡으며, 만물을 재단하는 것은 만민을 양육하려는 까닭이다. 경작지의 세금은 10분의 1을 거두고, 관문과 시장에서는 [부당 행위를] 관찰할 뿐 세금을 걷지 않으며, 산림과 연못은 때에 맞추어 금지하고 개방하며 세금을 걷지 않는다."[471] 어떤 곳에서는 법령을 가리키는데, 이를테면 「의병議兵」 편에서 이야기하는 "법을 세우고 명령을 내림에 순조롭지 않음이 없다"[472]라든가 「예론」 편에서 말하는 "형벌과 법령에 차등이 있다" 등이 그렇다. 위에 언급한 이러한 법들은 나라를 다스리는 데 하나라도 없어서는 안 될 것들이다. 여기서 우리는 주로 뒤의 두 가지 함의, 즉 법률 정령을 토론하고자 하는데, 이는 법가에서 이야기하는 법과 유사하다.

순자는 법이 예에 근거해야 한다고 생각했다. 「권학」 편을 보자. "예는 법의 큰 구분이며, 판례類의 원리원칙이다."[473] '유類'는 법률 조문, 판례를 가리킨다. 「수신」 편은 말한다. "그래서 예가 잘못되었다면 법은 [있더라도] 없는 것과 같다."[474] 예의 지도하에 순자는 법 이론에 대하여 독특한 설명을 하고 있다.

순자는 먼저 '법의法義' '법수法數' '유類'라는 세 가지 개념을 제기한다. '법의'란 오늘날 이야기하는 법학 원리 혹은 법철학과 맞먹는다. '법수'는 곧 구체적 법률이다. 그는 법의가 법수를 지도한다고 생각했다. 「군도君道」 편을 보자. "법의를 모르고 법수를 바로잡으려 하면 아는 것이 아무리 많더라도 [실제] 일에 임하면 필경 어지럽게 된다."[475] 법수가 제아무리 상세하고 구체적이라 하더라도 모든 것을 포괄할 수는 없다. 그래서 '유'를 끌어다 처리할 필요가 있다. 「왕제」 편은 말한다. "법이 있는 것은 법으로 하고, 법이 없는 것은 유로 처리하면 정무 처리를 다할 수 있다."[476] '유'는 판례다. 의義(원리), 수數(법), 유類(판례) 세 가지가 두루 통해야 자유자재로 운용할 수 있다. 「수신」 편의 말이 맞다. "사람이 법이 없으면 더듬거리고, 법이 있어도 법의를 알지 못하면 지켜내지 못한다. 법에 의거하고 또 유를 통찰한 뒤라야 윤택하다."⁴⁷⁷ 「왕제」 편에서도 말한다. "유로써 잡다한 것을 처리하고, 하나로써 만 가지를 다룬다."⁴⁷⁸ 법의, 법수, 법류를 구분한 것은 법률사상사에 있어 순자의 중요한 공헌이다.

반드시 법에 의거해 처리해야지 사사로이 법을 어지럽혀서는 안 된다. 「수신」 편은 말한다. "화가 난다고 과도하게 침탈하거나, 기쁘다고 과도하게 유예해서는 안 된다. 법은 사사로움을 이겨내야 한다."⁴⁷⁹ 그렇지만 사람은 법의 도구가 아니다. 이 점에서 법가와 커다란 차이가 있다. 순자는 법法, 직職, 의議, 통通 네 방면의 관계를 잘 처리해야 한다고 주장한다. 「왕제」 편은 말한다. "그러므로 법法을 [원리원칙에 의거해] 의론議하지 않으면 법조문이 미치지 못한 곳은 아무 방법이 없게 된다. 직책職을 [서로 도와] 교통하지通 않으면 직책이 [연계되지 않아] 미치지 못한 곳은 필경 사라지게 된다. 따라서 법조문은 의론하고 직책은 교통해야 감추어진 음모가 없어지고 좋은 제안이 빠지지 않게 된다. 그리하여 온갖 일에 잘못이 없도록 하는 것은 군자가 아니고는 아무도 할 수 없다."⁴⁸⁰ 법은 법조문을 가리키고, 직은 직책을 가리킨다. 법과 직은 모두 명확한 규정성을 갖는 것이다. 그러나 하나도 빠뜨리지 않고 모든 것을 망라할 수는 없다. 그래서 '의'와 '통'으로 보충할 필요가 있는 것이다. '의'와 '통'은 모두 융통성을 말하지만, 그렇다고 융통성이 임의로 자행되어서는 안 되고 법, 직과 서로 관통해야 한다.

엄격한 법 집행은 절대적으로 필요하다. 「성상成相」 편은 말한다. "군주의 법이 분명하면, 선비[의 재덕과 잘잘못]를 논하는 데 규범을 갖게 되고, 행위의 지표를 세우게 되어 백성이 [나아갈] 정확한 방향을 알게 된다. [관리들이] 나아가고 물러남에 규율이 있게 되어, 귀한 사람이든 천한 사람이든 모두 자신의 재주에 따를 뿐 승진, 강등을 임의로 하지 못하게 되니, 누가 다시 사사로이 임금에게 아첨하겠는가?"⁴⁸¹ 「의병」 편은 말한다. "상을 주고 형벌을 가하는 데 반드시 신뢰를 세우도록 한다."[482] 그러나 정치는 법에 의지할 수만은 없다. 법은 만능이 아니다. 법을 시행하기 전에 반드시 먼저 교육을 행해야 한다. 마찬가지로 교육 또한 만능은 아니다. 역시 반드시 법으로 이를 보완해야 한다. 순자는 교敎(교육), 주誅(벌), 상賞, 유類의 관계에 대해 다음과 같이 논하고 있다. "[먼저] 교육敎하지 않고 벌誅만 가한다면 형벌이 번잡해져 사악한 사람들이 교화되지 않는다. 가르치기만 하고 벌주지 않으면 간악한 무리가 징벌이 무엇인지 모르게 된다. 죽이기만 하고 상賞주지 않으면 근면한 백성이 힘쓰지 않게 된다. 벌과 상을 주되 적합類하지 않으면 밑에서 의혹하고 풍속이 험악해져 백성이 하나가 되지 않는다."[483] 교, 주, 상, 유 네 가지는 변증법적 통일 관계에 있으며, 상호 보완, 제약의 관계에 있다. 그러나 교육이 우선이다. 교육은 또 법률에 대한 선전을 포함한다. 사람들로 하여금 모두 법을 알고, 스스로 알아서 법을 지키는 데 힘쓰라고 요구한다.

형벌에 관해서는 특히 주의할 만한 것이 하나 있다. 순자가 혈연적 주련株連(즉, 연좌제)에 반대했다는 것이다. 그는 "한 사람이 죄를 지으면 3족을 없앤다"[484]는 식의 '가족으로 논죄하는' 것은 난세의 폭정이며 황당하기 이를 데 없는 것이라고 생각했다.(『순자』「군자」) 당시 연좌제는 각 나라에 보편적으로 시행되던 형벌로서, 일부 법가들 또한 주련을 엄한 형벌로 삼기를 극력 주장하고 있었다. 이런 상황에서 가족 단위로 논죄하는 것을 폐지하자고 주장한 점은 실로 대단한 탁견이다.

순자는 예, 법의 병용을 주장했다. 그러나 그의 예는 상층부에 치중되었으며, 법은 하층 민중에 치중되었다. 「부국」 편은 말한다. "사士 이상은 반드시 예와 악樂으로 조절하고, 민중 백성은 반드시 법률 조문으로 통제한다."[485]

사람이 다스리지 법이 다스리지 않는다有治人無治法

예, 법은 나라를 다스리는 도구다. 그러나 사람이라는 요소와 비교할 때 순자는 인적 요소가 훨씬 더 중요하다고 생각했다. 그가 말하는 "사람이 다스리지 법이 다스리지 않는다有治人, 無治法"에서 '법'은 법률의 법이 아니다. 이 법의 함의는 매우 넓은데, 앞에서 이야기했듯이 법률뿐만 아니라 법술, 정책을 포함하며, 예도 그 가운데 있다. 그래서 "다스리는 사람이 있을 뿐, 다스리는 법이란 없다"고도 말할 수 있다. 「왕제」 편은 문제를 아주 분명하게 설명하고 있다. "군자가 없으면 천지가 다스려지지 않고, 예의에 가닥이 없고, 위로 임금, 스승[의 구분]이 없고, 아래로 부모, 자식이 없게 된다. 이를 가리켜 지극한 혼란이라 한다."486 매우 분명한 것은 예의가 군자에 의존하여 존재한다는 것이다. 이에 따르면 '사람이 다스리지 법이 다스리지 않는다'는 말은 사람과 법률의 관계를 논하는 데 국한되어 있는 것이 아니라 정치 전체의 여러 요소 가운데 사람의 지위에 관한 문제를 이야기하는 것이다.

예와 법의 기원으로 볼 때 예, 법은 성인, 군자가 만들어낸 것이다. 근본적으로 사람은 예, 법보다 중요하다.

역사적 경험으로 볼 때 순자는 국가의 흥망성쇠가 성왕, 폭군에 의해 조성된 것이라 생각했다. 이 점에 관해서는 다음에 다시 이야기할 것이다. 그러므로 결정적 작용을 하는 것은 사람이지 예, 법이 아니다.

나라를 다스리는 경영 방침은 앞 성인들이 이미 잘 준비해두었다. 그것은 역사의 창고 속에 저장되어 있으며, 쓰고 안 쓰고는 사람에 달려 있다. "[명사수] 예羿의 [활 쏘는] 법이 사라진 것이 아니라, 예가 세상에 [자주] 나타나지 않는 것이다. 우의 [하나라를 다스리는] 법은 여전히 존재했지만 하나라가 [영원히] 세상의 왕이 되지는 못했다."487

순자는 또 사람이 법, 예, 정책의 주체라고 생각했다. "법 홀로만 설 수 없으며, 유 자체로만 행해질 수도 없다. 사람을 얻으면 생존하고 사람을 잃으면 망한다. 법은 다스림의 실마리이며, 군자는 법의 근원이다."[488] 이 사상은 『중용』에서 말하는 "정치는 [하는] 사람에 달려 있다"[489]와 일치한다.

도의 분석과
정치에 대한
품평

순자는 최종적으로 인치를 강조한다. 그런데 사람은 한가지가 아니다. 천차만별의 사람 가운데 어떤 사람이 '다스리는 사람'이며, 어떤 기준으로 그를 측정해볼 수 있는가?

역사와 현실적 삶이 사람들에게 분명히 알려주고 있다. 통치자 지위에 있는 사람 모두가 통치계급이나 통치 집단에서 만족해하는 사람이 아니라는 것을. 통치계급이나 통치 집단이 요구하는 보편 이익과 통치자 개인 사이에는 자주 모순이 발생한다. 대변동의 시대에 이 모순은 특히 뚜렷이 드러나곤 하며, 적잖은 통치자가 자신이 의지하는 존재의 토대들과 갈라지는 현상이 나타난다. 이를테면 하의 걸왕과 은나라 주왕 및 이와 유사한 군주, 관리들은 비록 정해진 토양 위에서 성장해왔으나, 그들의 행위는 자신의 토대를 무너뜨리기도 했다. 그리하여 수많은 사람의 고민을 불러일으켰다. 이런 군주와 관리가 자신들을 대표할 수 있는가? 통치자의 개성이 충분히 드러나면 드러날수록, 괴이하면 괴이할수록, 자신이 뿌리를 두고 있는 계급이나 집단에 거스르는 행위를 하면 할수록 그들로부터 멀어지게 된다. 그럴수록 사람들로 하여금 고민하게 하며, 공통적인 요구와 행위 준칙을 제기하게 하여 집권자 개인에게 제약을 가하려 든다. 이에 대해서는 역사에서 잘 보여주었다. 그리하여 정치, 도덕의 원칙이 점차 구체적인 어떤 사람의 몸으로부터 분화되어 나와 독립성을 갖춘 물건으로 바뀐다. 이런 상황은 일찍이 서주 시대에 출현했고, 전국 시대에 이르러서 제자백가는 거의 모두 이것을 무기로 삼았다. 각 사상가 스스로 제기한 정치, 도덕 원칙을 가지고 군주의 행위와 정책 및 인품을 분석하는 표준으로 삼은 것이다. 순자는 이 방면에 탁월한 인물이었다. 그는 도의道義를 가지고 모든 것을 분석했다.

정치 준칙

책 전체를 통해 순자는 다양한 각도에서 자신의 이상국을 묘사하고 있다. 그 가운데 「왕제」 편의 묘사가 가장 집중적이다. '왕제'란 곧 '왕도王道'이다. 이 왕은 이상화된 왕이며, 왕의 최고 전형이며 이론화된 표현이다. 순자는 '왕자의 인품王者之人' '왕자의 제도王者之制' '왕자의 논리王者之論' '왕자의 법(정책)王者之法' 네 방면에서 그의 이상국을 묘사한다.

"왕자의 인품: 일거수일투족이 예의로 장식되어 있으며, 정무를 볼 때는 반드시 유類를 기준으로 결단을 내리며, 추호도 틀림없이 밝게 살피며, 거동이 [예의에 따라] 임기응변하여 막힘이 없는 것, 이를 유원有原(마르지 않는 샘의 원천)이라 부른다. 이것이 왕자의 인품이다."[490] 예의로 자신의 행동을 통제하고, 법에 따라 일을 처리하며, 추호라도 밝게 보고, 임기응변에 능한 사람을 왕자의 인품이라고 부를 수 있다는 것이다.

"왕자의 제도: [다스리는] 길은 3대의 것을 초과하지 않으며, 법은 후왕後王의 것을 어기지 않는다. (…) 의복에 일정한 제도가 있으며, 궁실에 일정한 규격이 있으며, 관리, 군졸, 사역자 등에 일정한 인원 제한을 둔다.

장례와 제사의 기물 사용에 모두 등급을 둔다. 성악에 아정한 음률이 아니면 모두 폐지하며, 채색에 [청, 황, 적, 백, 흑 등] 옛 색이 아니면 모두 그치며, [제기 등] 기물에 [3대의] 옛 기물이 아닌 것은 모두 없앤다. 이를 가리켜 복고復古라 하며, 왕자의 제도다."[491] 여기서 이야기하는 것은 등급제도와 기물제도다. 내용으로 보면 십분 진부하며 사람들을 억압하고 있다. '복고'와 '옛것의 사용'을 기치로 삼고 표준으로 내건다. 이것으로 현실을 억지 재단하고 있으니, 이는 순자의 과오가 분명하다.

"왕자의 논리: 덕이 없으면 신분을 높여주지 않고, 능력이 없으면 관직을 주지 않고, 공이 없으면 상을 주지 않고, 죄가 없으면 벌을 주지 않는다."[492] 왕의 논리는 사람을 부리는 원칙을 말하고 있는데 그 가운데는 적잖은 탁견이 포함되어 있다.

"왕자의 법: 세금에 차등을 두고 민사를 바로잡아 만물을 성취하는 것은 만백성을 오래도록 양육하려는 까닭이다. 논밭에는 10분의 1의 세금을 부과하며, 국경과 도시 내에서는 부당 거래를 규찰하되 세금은 매기지 않으며, 산림과 연못은 때에 맞추어 폐쇄하거나 개방하되 세금은 받지 않는다. 토질의 좋고 나쁨을 보아 세금에 차등을 두며, 길의 멀고 가까움에 따라 공물의 종류를 정해준다."[493] 왕자의 법이란 재정경제 제도와 정책을 말한다.

순자의 '왕제'는 이상국일 뿐만 아니라 표준이며 요구이고 원칙이다. 이원칙은 현실의 모든 통치자나 군주보다 높다. 현실의 군주는 모두 이 목표를 향해 진군해야 한다.

도의 분석

순자의 이상국은 또 '도의'라고 부를 수 있다. 보통 사람은 권력과 재부를 가장 가치 있는 것으로 여기지만 순자는 이보다 더 진귀한 것이 있다고 주장하는데, 그것이 바로 도의이다. 어떤 사람이 '국가 경영爲國'에 대해 물으면 이치에 따라 정면으로 대답해야 할 터인데, 의외로 순자는 이런 식의 문제 제기는 근본적으로 성립이 안 된다고 주장한다. "수신은 들어 봤어도 국가 경영이란 말은 들은 적이 없다. 군주는 의표이고 백성은 그림자다. 의표가 똑바르면 그림자도 똑바르다."494 순자가 '위국'을 제기하지 못하게 한 까닭은 그것이 사물의 겉만 보고 현상을 논하는 것일 뿐만 아니라 권력과 명령 발포에 중점을 둔 것이기 때문이었다. 오직 '수신'만이 문제의 근본이라는 것이다. 수신은 도의를 표준으로 삼는다. 군주와 집정자는 몸을 수양한 다음에야 권력을 알맞게 사용할 수 있다. 재부에 대해서도 마찬가지다. 「수신」 편에 매우 재미있는 두 구절이 있다. "뜻을 잘 닦으면 부귀를 대수롭지 않게 여기며, 도의를 중시하면 왕과 공 같은 귀인도 가벼이 여긴다. 안으로 성찰하면 자연 외부 물질을 중시하지 않게 된다."495 "몸이 피로해도 마음이 편안하면 그 일을 해야 한다. 이익이 적어도 의로움이 많으면 그 일을 해야 한다. 어지러운 군주를 섬겨 잘 나가는 것은 가난한 군주를 섬겨 그 도를 행함만 같지 못하다. (…) 사군자士君子는 가난 때문에 도에 소홀하지 않는다."496 도의는 부귀보다 높다. 도의를 위해 빈곤을 참을망정 권세와 부귀를 위하여 허리를 굽히지 않는다. 「권학」 편은 말한다. "따라서 권세와 이익이 그의 뜻을 기울게 하지 못하며, 아무리 많은 군중이라도 그의 뜻을 바꾸지 못한다. 천하라도 그의 뜻을 흔들지 못한다. 삶도 여기서 나오고, 죽음도 여기서 나온다. 이를 가리켜 [움직이지 않는] 덕의 절조德操라 한다."497 「유효」 편은 말한다. "대유는 뒷골목 남루한 집에 살고 송곳 꽂을 땅조차 없어도 왕이나 공은 그와 이름을 다툴 수 없다."498 도의를 구비한 군자만이 지극히 존엄하고, 지극히 부유하며, 지극히 중요하고, 지극히 엄중하다. 도의를 부귀보다 더 신성한 것으로 여긴 것은 이론적으로 매우 가치가 있으며, 이는 사람들로 하여금 더욱 풍부한 이성을 갖게 해주었다.

도의는 최고의 법관이다. 모든 사람은 도의 앞에서 심판을 받아야 한다. 군주의 권세는 모든 것보다 높아 일반인들은 감히 분석하지 못하며, 군주 또한 사람들로 하여금 자신을 분석하게 놓아두지 않는다. 그런데 순자는 오히려 도의의 기치를 높이 들고 모든 군주에게 도의 앞에 줄을 지어 엎드리라고 명령한다. 그는 도의에 의거하여 군주를 '탐주貪主' '암주暗主' '명주明主' '패주覇主' '왕주王主' 및 요순으로 대표되는 '성주聖主'로 나눈다. 순자의 눈에 명군과 성주는 역사적으로 존재한 적이 있었을 뿐, 현실의 군주는 대부분이 암주이거나 탐주의 무리이며 가장 좋다는 군주도 평범한 사람에 불과했다.

신하에 대해서도 순자는 도의를 가지고 소인, 군자, 순민順民, 간민奸民 등으로 구분한다.

같은 사 계급에 속하더라도 '공사公士' '통사通士' '직사直士' '각사愨士' '법사法士' '처사處士' '소인小人' 등 각양각색이 있다.

같은 유자라도 '속유俗儒' '소유小儒' '천유賤儒' '산유散儒' '아유雅儒' '대유大儒' 등으로 나뉜다.

순자의 견해에 따르면 사람의 사회적 지위는 도의의 높낮이에 의해 결정되어야 한다. 서인이라도 예의를 축적하면 대부나 관리가 될 수 있으며, 천자나 제후라도 덕이 없으면 서인으로 떨어져야 한다. 사람에게 도의의 높낮이는 자신의 수양과 학습에 달려 있다. 혈연이나 문벌이 사람에게 도의를 줄 수는 없다. 「영욕」편은 말한다. "요, 순이 될 수도 있으며, 걸이나 도척이 될 수도 있으며, 기술자가 될 수도 있으며, 농부나 상인이 될 수도 있다. 이 모두 행위와 습속이 쌓여 이루어진 것이다."[499]

그렇다면 덕이 없는 군주를 타도할 수 있는가? 이론적으로 순자 또한 이 길을 열어놓았다. 「신도臣道」 편은 말한다. "빼앗은 뒤 의롭게 된다면, 죽인 뒤 어질게 된다면, 위아래가 자리를 바꾼 뒤 올바르게 된다면, 그리하여 그 공이 천지에 기여하고 혜택이 온 백성에 이르는 것이라면 이를 가리켜 위태로움을 변화시킨 평화權險之平라 부른다. 탕왕과 무왕이 그런 사람이다."[500] 이런 이론은 군주의 입장에서 볼 때 위협적이라 아니할 수 없으며, 순자 개인으로 볼 때도 일정한 위험이 따르는 것이다. 그리고 이론적으로도 그가 부단히 제기했던 귀천의 등급을 구분해야 한다는 주장과도 저촉된다. 그래서 「정론正論」 편 가운데서 그는 탕과 무가 걸과 주를 죽인 것이 군주를 죽인 것이 아니라 한 사내를 죽인 것에 불과하다고 재삼 강조하고 있다. 즉 천하가 탕과 무에 자연스레 돌아온 것이지 그들이 천하를 탈취한 것이 아니라는 것이다.

또 한 가지 매우 흥미로운 점은 순자의 제자들이 도의의 표준에 근거하여 그들의 스승을 "마땅히 제왕이 되어야 할" 사람으로 여겼다는 사실이다.(『순자』 「요문」) 그런데 애정은 애정이고 이론은 이론일 뿐, 사실은 다소 웃기는 일이어서 순자는 평생에 아주 잠시 현령을 지냈을 뿐이다. 물론 그렇다고 이 때문에 이론을 경시해서는 안 된다. 순자는 끝까지 도의를 왕관보다 높은 곳에 두었다.

순자는 도의 앞에서 만인은 평등하다는 주장을 제기했다. 이런 평등은 다음과 같이 나타난다. 첫째, 사람의 본성은 서로 같으므로 도의로 통하는 길은 이론적으로 어떤 사람에게든지 모두 열려 있다. 둘째, 도의는 모든 것보다 높아 사람마다 응당 도의를 존중해야 한다. 사람이 각기 다른 까닭은 도의 수행의 높낮이가 각기 달리 이루어졌기 때문이다. 셋째, 이론적으로 말한다면 응당 도의의 표준에 따라 권력과 재산을 분배해야 한다. 그러나 이것은 실현할 수 없다. 다만 권력과 재산을 점유하고 있는 사람은 절취자이며, 도의를 갖춘 사람이야말로 정신적으로 한 수 위의 사람이라고 말할 수 있을 뿐이다.

그러나 우리는 순자가 이야기하는 도의의 평등은 그 자체가 불평등하다는 것을 알아야 한다. 그는 귀천 등급의 구분을 도의로 보고 있으며, '천수天數'로 취급하기도 한다. 이런 도의 앞의 만인평등은 불평등을 전제한 것으로, 순자의 말을 빌리면 '유제비제維齊非齊(불평등의 평등)'다. 따라서 사람마다 도의에 따른다는 것은 등급 제도의 타파가 아니라, 오히려 이 제도로 하여금 보편적인 보증을 얻게 해주는 셈이다. 여기에서 순자는 군주의 지위를 옹호해줌으로써 그가 긍정하는 제도를 옹호하는 그런 방법을 쓰지 않는다. 왜냐하면 그는 군주 개개인의 성향과 그가 옹호하는 제도 사이에 커다란 차이가 있으며, 심지어 서로 배치되기까지 한다는 것을 알고 있었기 때문이다. 순자는 방법을 바꾸었다. 제도의 일반적 규정성을 옹호함으로써 그가 필요로 하는 제도를 옹호한 것이다. 겉보기에는 군주를 돌출시키지 않았지만 사실은 등급 제도를 강화한 것이므로 오히려 군주의 지위를 더욱 공고히 해준 셈이다. 이것이 바로 순자의 탁월한 점인 동시에 계급적 통치 이론이 성숙했다는 표시다.

순자의 도의 분석은 당시로 볼 때 나름대로 의미가 있다. 한편으로 서주 이래 재산과 권력의 씨족귀족에 의한 전횡을 깨뜨리는 역사적 조류에 순응하면서, 재산과 권력은 경직되거나 고정불변해서는 안 된다는 것을 증명했다. 또 한편으로 분쟁의 시대에 천하를 쟁탈하려면 '도의'에 의존해야지 천명에 의존할 수 없다고 했다. 도의야말로 역사 속의 능동적 요소라는 것이다.

군신,
군민 관계 및
종도불종군從道不從君

중국 역사가 계급사회로 진입한 이후 국가정치 체제는 줄곧 군주 전제의 궤도를 따라서 앞을 향해 굴러왔다. 군주 전제가 강화될수록 군주의 권력은 집중되었으며, 정치 및 전체 사회에 대한 군주의 영향력은 증대되었다. 그러나 군주 하나하나의 능력이나 품질은 지극히 달라서 좋은 군주, 나쁜 군주, 수구적인 자, 혁신적인 자, 충후한 사람, 교활한 사람, 검약한 군주, 물 쓰듯 낭비가 심한 군주 등이 모두 역사 무대에서 공연을 했다. 역사의 경험은 사람들에게 군주를 맹종해서는 안 되며, 그랬다가는 전체 통치계급이나 집단에 불이익을 가져올 수도 있음을 알려준다. 그래서 군주 문제는 정치 이론 연구에서 중요한 과제의 하나가 된다. 이 연구는 일찍이 춘추 시대에 시작되어 전국 시대에는 무성한 사회 풍조가 되었다. 군주 자체가 인식의 대상이 된 것은 사상적으로 일대 해방을 의미한다. 과거에는 군주와 신은 한 몸이어서 인식의 대상이 될 수 없었고 다만 숭배의 대상일 뿐이었는데 전국 시대에 달라진 것이다. 군주에 대한 인식과 연구를 하면서 순자는 매우 의미 있는 새 견해를 제시했다.

군주의 기원과 군주의 직책

군주의 탄생에 관하여 순자는 일관된 견해가 없다. 어떤 곳에서는 하늘이 "군주를 세웠다"고 하고(『순자』 「대략」), 다른 곳에서는 인간 본성을 교정하기 위해 성인을 탄생시켰다고 말한다. 최초의 성인은 곧 최초의 군주이기도 하다. 이 관점에서 보면 군주는 사회 모순의 산물이다. 그는 또 선을 쌓으면 요, 순이 될 수 있다고도 말하는데, 그렇다면 군주는 수신에 기원할 수도 있다는 이야기다.

순자는 군주의 기원에 대해서는 의미심장한 분석을 못 했지만 군주의 직무와 책임職責에 대해서는 특별히 새로운 견해를 술회했다. 「왕제」 편은 말한다. "군주는 집단을 잘 [화합시키는] 사람이다. 집단을 잘 화합시키는 방법이 합당하면 만물이 모두 그 마땅함을 얻고, 6축六畜이 모두 잘 자라게 되며, 모든 살아 있는 것이 제 명을 누리게 된다."501 '집단群'이야말로 인류의 특징이며 존재 조건이다. 군주의 직책은 바로 이 특징과 조건을 유지시키는 데 있다. 이 견해야말로 선진의 제자백가 중 가장 의미심장한 인식 가운데 하나라 할 수 있다. '집단을 잘 화합시키는 방법群道'에는 어떤 내용들이 포괄되는가? 「군도」 편은 다음 네 가지 사항을 지적한다. "사람들을 잘 [먹고 입도록] 살리는 것, 사람들을 잘 [직무를 다하도록] 다스리는 것, 사람들을 잘 [능력을 다하도록] 쓰는 것, 사람들을 잘 [분수에 맞춰 겉치레를 하도록] 꾸며주는 것이다."502 군주의 직책은 사람을 먹여 살리는 것養人, 사람을 다스리는 것治人, 사람을 쓰는 것用人, 사람을 교육시키는 것敎人이다.

집단을 화합시키는 방법의 핵심은 '[귀천상하의] 구분分'이라고도 부를 수 있는데, 이는 구분한 뒤라야 집단을 화합시킬 수 있기 때문이다. 그래서 "인군人君이라 함은 그가 구분을 관장하는 핵심 중추인 까닭이다"503라고 말하기도 한다. 인군이 존귀한 위치에 있고 용모를 화려하게 꾸미는 것은 구분을 시행하기 위한 필요조건이다. '구분'은 예禮와도 통한다. "예로 구분을 시행하면 고루 퍼져 사사로움에 치우치지 않는다."[504] 군주의 직책은 마지막으로 역시 예로 귀결된다. "예를 드높이고 법을 중시하면 그 나라는 불변의 도가 있다."[505]

군주의 직책이 기왕에 집단을 잘 화합시키고, 신분 질서를 잘 조정하는 데 있다면, 다음 몇 가지 관계는 반드시 신중하게 다루어져야 할 일이다.

군주와 신하의 관계

군주는 반드시 신하의 보좌를 받아야 일을 성공시킬 수 있다. 어떻게 신하를 대할 것인가에 관하여 순자는 '혼자 하는 것을 좋아함好獨'과 '여럿이 화합하는 것을 좋아함好同', 현인을 미워함妒賢과 현인을 임용함用賢이라는 두 가지 문제를 제기한다. 신도, 신불해申不害 등 법가가 제창한 '독단獨斷'을 중시하는 정신과 상반되게 그는 '호독'을 반대하고 '호동'을 제창했다. 이 '동同'은 앞 몇 장에서 이야기한 '화동和同'론의 '동'과는 다르다. 순자의 '동'은 '화동'론 중의 '화和'에 해당된다. 「신도」 편은 말한다. "따라서 뜻이 바른正義 신하를 쓰면 조정이 기울지 않으며, [끝없이] 간쟁하고 잘 보필하는 사람이 신임을 받으면 군주가 잘못하더라도 멀리가지는 않는다. 어금니를 악물고 힘쓰는 자가 능력을 발휘할 수 있으면 원수들이 장난치지 못하며, 변경의 신하들이 제자리를 잘 지키면 사방 강역을 잃지 않는다. 그래서 훌륭한 군주는 여럿이 화합하는 것을 좋아하고, 어리석은 군주는 혼자 하는 것을 좋아한다. 훌륭한 군주는 현자를 숭상하고 능력을 발휘케 하여 성공의 열매를 누리며, 어리석은 군주는 현자를 미워하고 능력 발휘를 두려워하여 공로마저 없애버린다."[506] '여럿이 화합하는 것을 좋아함'과 '능력을 발휘케 한다'는 것은 한 집단이 협력하여 통치를 해야지 군주 한 사람에게만 의지해서는 안 됨을 강조한 것이다. 순자는 역사상 제왕 군주의 성패에 관한 경험적 교훈을 분석하고 종합하여 '호동'이냐 '호독'이냐, 용현이냐 투현이냐가 문제의 관건이라고 생각한 것이다.

현인을 숭상하고 현인을 임용해야 한다는 바람이 분 것은 꽤 오래되었고 모르는 사람이 없었다. 이 때문에 순자는 말이나 이론에 문제가 있는 것이 아니라 행동에 있음을 지적했다. 「치사致士」 편은 말한다. "군주의 걱정은 현인을 써야 한다는 말을 하지 않는 데 있는 것이 아니라, 현인의 임용을 성실하게 실천하지 못한 데 있다."507 순자의 견해에 따르면 인재는 어디든지 있다. 인재를 구하기 어렵다는 것은 문제가 안 된다. 시야만 열어놓으면 현인은 바로 눈앞에 있다. 현인에 대해서는 대담하게 등용해야지 단계를 밟아 올라오게 할 필요가 없다. "현명하고 유능한 사람은 순서를 기다리지 않고 등용하며, 나약하고 무능한 사람은 조금도 기다리지 말고 파면해야 한다."508 현명하고 유능한 사람을 뽑아 쓰려면 철저한 공정성公에서 출발해야 한다. 군주는 보물재화를 총애하는 인척에게 선물할 수는 있다. 그러나 절대로 그걸 가지고 관직을 맡겨서는 안 된다.

군주는 신하에 대하여 반드시 '두루 듣고 판단兼聽'(『순자』「정명」)해야 한다. "두루 듣고 판단하여 어느 한편에 기울어지지 않으면 천하가 귀순할 것"509이며, "두루 듣고 판단하여 어느 한편에 기울지 않으면 모든 일이 미끄러지지 않게 된다".510 「불구不苟」 편은 또 "공정함公은 빛을 낳지만, 기움偏은 어둠을 낳는다"511고 지적한다. 군주는 결단을 내릴 때 사물의 두 가지 가능성을 자세히 분석해야 한다. "하고 싶은 일이 나타나면 그것이 싫을 수도 있다는 것을 반드시 앞뒤로 고려하고, 이로울 듯이 보이면 그것이 해로울 수도 있다는 것을 반드시 앞뒤로 고려한다. 두루 저울질하고 잘 헤아린 뒤 좋고 싫음을 취사선택하면 언제든 함정에 빠질 위험이 없다."[512] 역사상 패망한 군주는 대부분 충고를 거부하고 잘못을 감추다 생겨난 것이다.

군주에게 겸청兼聽하고 간언을 받아들이라고 외치는 것은 선진 제자들의 공통된 목소리로 하늘 높이 메아리쳤다. 이러한 생각은 분명히 민주적 기미를 보인 것이었다. 그런데 사람들의 이와 같은 커다란 외침이 오히려 군주 권력의 집중을 가져오고 말았다. 사람들이 두루 듣고 간언을 받아들이기를 바란 것은 군주에 대한 일종의 제약이었음에도, 현실적으로 이 제약은 오히려 군주 전제를 보완하는 작용을 하게 된 것이다.

순자는 또 현명하고 유능한 사람을 임용하는 데 가장 요긴한 일은 재상을 잘 선택하는 것이라고 주장한다. 재상이야말로 백관의 머리이기 때문이다. 「왕패」 편은 말한다. "강해지느냐 약해지느냐, 영광을 얻느냐 치욕을 당하느냐는 재상을 잘 고르는 데 달려 있다! [군주] 자신이 유능하고 재상이 유능하면 [천하의] 왕이 될 수 있다."[513] 「군도」 편도 "재상을 고르는 데 신중해야 한다"고 이야기한다. 재상을 우두머리로 외조外朝의 관료 체계를 조직하지만, 군주가 자신의 위세를 보호하려면 단순히 외조만 가지고는 안 된다. 반드시 일련의 '좌우 측근'이 있어 정보 수집, 관리에 대한 암중 감시, 세상 물정에 대한 조사 등 접근 활동을 할 필요가 있다. 이 사람들은 직접 군주의 지시를 받는데 특무特務와 매우 유사하다고 하겠다. 특무라는 직분과 군주 전제는 분리될 수 없다. 법가와 묵가 모두 이에 대해 논술하고 있다.

그 외에 흥미로운 것은 순자가 간신과 같은 인물이 생겨나는 원인에 대해 논의했다는 점이다. 그는 물론 간신들 스스로에 원인이 있다고 생각했지만, 더욱 중요한 것은 역시 군주 본인에게 있다고 주장했다. "간신들이 일어나는 까닭은 위(군주)에서 의를 귀하게 여기지 않고, 의를 공경하지 않기 때문이다."[514]

군주민수君舟民水

군주와 인민의 관계는 해묵은 문제다. 이 해묵은 과제에 관해 순자는 그 나름대로의 새로운 이해를 갖고 있었다. 군주와 인민은 도대체 누가 누구를 위하는 것인가? 춘추 이래로 분명한 두 가지 견해가 형성되었다. 하나는 인민이 군주를 위한다는 것이고, 하나는 군주가 인민을 위한다는 것이다. 순자는 후자의 견해를 견지했다. 「대략」 편은 말한다. "하늘이 인민을 낳은 것은 군주를 위해서가 아니다. 하늘이 군주를 세운 것은 백성을 위해서다."[515] 군민 관계에서 순자가 제기한 새로운 사상은 군주는 배이고 백성은 물이라는 주장이다. 「왕제」 편은 말한다. "말이 수레를 보고 놀라면 마차에 탄 군자는 불안해진다. 서인이 정치를 두려워하면 군주의 지위는 불안해진다. 말이 수레를 보고 놀라면 조용히 안정시켜야 할 것이며, 서인이 정치를 두려워하면 은혜를 베풀어야 할 것이다. (…) 서인이 정치에 안심한 연후에 군주는 지위가 안정될 것이다. 전하는 말에 '군주는 배요, 서인은 물이다. 물은 배를 실을 수도 뒤집을 수도 있다'고 한 것은 이를 두고 한 말이다."[516] 순자의 주장에 따르면 군주민수君舟民水는 공자가 제기한 것이다. 그런데 순자 이전에 이런 문헌 기록은 보이지 않는다. 군주민수론은 지극히 의미심장하다. 한편으로 인민이야말로 군주가 기대어 존재하는 기초임을 지적하며, 다른 한편으로 인민에게 군주를 무너뜨릴 역량이 충분히 있음을 인정하고 있다. 순자 시기에 이르기까지 왕조의 흥망 교체가 이미 여러 차례 발생했는데, 그 원인은 어디에 있었는가? 수많은 사상가가 모두 이 문제에 관해 사색했는데, 순자의 인식이 당시로서는 최고 수준에 이른 것 같다. 『좌전』 애공哀公 11년에는 공자의 다음 한마디가 실려 있다. "새가 나무를 선택할 수 있지, 나무가 어떻게 새를 선택하겠는가!"[517] 순자는 이 말을 빌려 나무를 군주에 비유하고 인민을 새에 비유하는 것으로 발전시켰다. 군주가 잘하면 인민이 그를 선택하며, 잘하지 못하면 그를 버린다. 전체 사상 체계로 볼 때 순자는 신민의 모반과 윗사람에 대한 항의를 단연코 찬성하지 않는다. 그런데 기이하게도 「부국」 편 가운데서 다음과 같은 놀라운 필설을 제기하고 있다. "신하가 혹 제 군주를 시해하거나, 아랫사람이 혹 윗사람을 죽이며, 성을 바쳐 적에게 항복하고 충절을 위배하여 [군주의] 일을 위해 죽지 않는 것은 다른 이유가 없다. 군주 스스로 초래한 것이다."[518] 이런 말투가 선진 제자들 가운데 전혀 없지는 않지만, 이토록 분명하게 말하기는 당시로서는 매우 드문 일이다.

이상의 견해에 기초하여 순자는 애민愛民과 사민使民(인민의 사역)의 관계를 반드시 잘 처리해야 한다고 주장한다. 그는 다른 유가 사상가들과 마찬가지로 먼저 이롭게 한 뒤 사역하기를 주장한다. 「군도」 편은 말한다. "사직을 가진 자가 인민을 사랑하지 않고, 인민을 이롭게 하지도 않으면서 인민이 자신을 친애하길 바란다면 이는 이루어질 수 없다. 인민에게 가깝지도 사랑하지도 않으면서 그들이 자신을 위해 쓰이고 자기를 위해 죽어주길 바란다면 이는 이루어질 수 없다."[519] 「부국」 편에서는 사랑과 이익 및 인민사역에 관한 세 가지 상황과 그에 따른 세 가지 상이한 결과를 분석하고 있다. "인민을 이롭게 해주지 않으면서 인민에게 이익을 취하려 함은 이롭게 한 뒤 이익을 취한 것보다 이롭지 못하다. 인민을 사랑하지 않으면서 그들을 부리려 함은 사랑한 뒤 쓴 것보다 효과가 없다. 이롭게 한 뒤 이익을 취함은 이롭게 하되 이익을 취하지 않는 것보다 이롭지 못하며, 사랑한 뒤 부림은 사랑하되 부리지 않는 것보다 효과적이지 못하다. 이롭게 하되 이익을 취하지 않고, 사랑하되 부리지 않는 사람이야말로 천하를 얻는 자다. 이롭게 한 뒤 이익을 취하고, 사랑한 뒤 쓰는 사람은 사직을 보존할 수 있는 자다. 이롭게 해주지 않으면서 이익을 취하고, 사랑하지 않으면서 부리는 사람은 국가를 위태롭게 하는 자다."[520] 결국 군주가 인민을 사랑하고 이롭게 하면 할수록 자신은 더욱 강해지며, 그 반대면 망한다. 그래서 「군도」 편은 "군주는 인민을 사랑하면 평안하고, 선비土를 좋아하면 영광되며, 둘 가운데 하나라도 없으면 망한다"[521]고 말한다.

순자가 말하는 사랑과 이익愛利은 주로 물질 방면을 가리킨다. 그러나 그 도리에 관해서 백성이 너무 많이 알도록 두어서는 안 된다고 생각했다. 어떻게 하면 되는가를 알면 그뿐, 왜 그런가에 대해서는 알 필요가 없다는 것이다. 「정명」 편은 말한다. "인민은 도리로써 하나로 이끌 수 있으나, 더불어 그 이유를 같이 알 수는 없다."[522] 바른 도리를 가지고 인민의 행동을 통일시킬 수는 있으나, 그들과 함께 도리 자체를 이야기할 수는 없다는 것이다. 「법행法行」 편은 말한다. "예란, 일반 사람들은 본받고 따를 뿐 그 이치를 모른다. 성인은 그것을 실행할 뿐만 아니라 그 이치도 안다."[523] 보통 사람은 어떻게 하는가를 알면 그뿐 그 이치를 알 필요가 없으며, 성인은 어떻게 하는가를 알 뿐만 아니라 그 가운데의 도리도 안다는 것이다. 이 주장은 공자가 말한 "인민은 따르게 하여 부릴 수 있을 뿐 알게 할 수는 없다"[524]는 우민 정책과 한가지의 작태다.

군주와 공公, 사私

앞에서 이야기했듯이 일반 정치 원칙이 일단 군주 자신에게서 분화되어 나오면 독립적인 사물이 된다. 그래서 군주에게도 공과 사公私의 문제가 존재하게 된다. 순자는 국가야말로 군주 존재의 전제 조건이므로 군주는 국가를 앞세우고 자신은 뒤에 두어야 한다고 지적한다. 「왕패」 편은 말한다. "국가가 위태로우면 즐거운 군주는 없으며, 국가가 편안하면 걱정하는 인민이 없다."[525] 그는 또 군주에게 먼저 나라를 잘 다스리고 나중에 즐거움을 취하라고 권고한다. 나라가 잘 다스려져야 즐거움을 취할 기초가 마련된다는 것이다. "따라서 훌륭한 군주는 반드시 먼저 제 나라를 잘 다스리고, 나중에 그 가운데서 온갖 즐거움을 얻는다."[526] 암울한 군주는 이와 반대로 끝내 편안한 즐거움조차 뒤집어버린다.

나라를 다스리려면 반드시 공을 앞세우고, 일에 부딪히면 공을 필두로 삼아야 한다. 먼저 사람을 쓸 때 공적이어야 한다. "안으로 자식과 형제에 기울어져서는 안 되고, 밖으로 [관계가] 먼 사람이라고 감추어서는 안 된다."[527] 일을 처리할 때 '공도公道'에 따르고, "직무를 분명히 나누어야 한다." "공도가 잘 뚫리면 사사로운 길은 막히게 된다."[528] 의견을 청취할 때는 '공적으로 살펴야' 한다. 일에 결단을 내릴 때는 공명정대해야 하며 음모를 꾸며서는 안 된다. "군주가 하는 일은 명명백백해야 이로우며 감추는 것은 이롭지 않다. [공적으로] 알리는 것이 이로우며 비밀스러운 것은 이롭지 않다."[529] 군주가 공을 중시하면 신하는 충성한다. "군주가 공적이지 못하면 신하는 충성하지 않는다."[530]

군주가 공적이려면 권세와 도리에 대하여 반드시 정확한 태도를 취해야 한다. 순자는 한편으로 군주가 군주인 까닭은 먼저 권세를 장악하고 있기 때문이라고 말한다. "군주는 세상에서 가장 이로운 권세다."[531] 그리고 또 한편으로 군주는 권세를 모든 것보다 높다고 여겨서는 안 된다고 말한다. 권세는 물론 손에서 놓을 수 없지만 더욱 긴요한 일은 사람들을 잘 복종시키는 것이다. "총명한 군주는 사람들을 잘 복종시키는 사람이다. 사람들이 복종하면 권세가 그에 따르며, 사람들이 복종하지 않으면 권세는 없어진다."[532] 이렇게도 이야기한다. "훌륭한 군주는 사람을 얻는 데 다급해하지만, 암울한 군주는 권세를 얻는 데 다급해한다."[533] 권세의 이용은 반드시 도리와 결합되어야 한다. 시비곡직에 근거하여 순자는 권위를 세 가지로 나누었다. "권위에는 세 가지가 있다. 도와 덕을 갖춘 권위, 폭력과 엄밀한 첩보를 수반하는 권위, 사리분별을 못 하는 허망한 권위."[534] 세 가지 권위는 세 가지의 서로 다른 결과를 가져온다. 전자는 왕이 되고, 가운데는 위태로우며, 후자는 망한다. 정당하게 사용하지 않는 권위는 자신의 기반을 붕괴시키는 조건을 만드는 짓일 뿐이다. 「강국」편 가운데는 이런 말도 있다. "타인을 누르는 권세에 있으면서 타인을 누르는 도리를 행하면 세상 사람들이 원망하는 마음이 없이 [마음으로 복종할 것이니], 탕왕과 무왕이 그런 사람이다. 타인을 누르는 권세에 있으면서 타인을 누르는 도리에 의하지 않으면 세상을 아우르는 웅후한 권세를 지녔더라도 필부 하나 구해 얻을 수 없을 것이니, 걸왕과 주왕이 그런 사람이다. 그러니 타인을 누르는 권세를 얻음은 타인을 누르는 도리에 멀리 못 미친다."[535] 법가는 권세를 모든 것보다 높다고 여겨, 권세야말로 일체를 지휘할 수 있다고 주장한다. 그런데 순자는 이와 생각이 달랐다. 그는 권세를 중요하게 생각했으나 도의를 더욱 중시하여 도의를 권세보다 높게 여겼다. 서로 비교해보면 순자의 견해가 이론적으로 훨씬 더 투철하게 보이지만, 당시로서는 법가의 견해가 더 현실적이었다. 현실적인 것이라고 반드시 일리가 있거나 가장 이치에 맞는 것은 아니며, 일리가 있다고 반드시 현실적인 것은 아니다. 역사의 긴 물줄기로 볼 때 마땅히 도리를 중시해야 한다는 점만은 분명하다.

법후왕과 법선왕 문제

선왕론先王論은 군주 이론을 표현하는 한 형식이다. 군주 전제라는 조건 아래에서 직접 군주를 앞에 두고 평론한다는 것은 일반적으로 불가능하다. 그래서 사상가들은 만들어낸 선왕을 통하여 자신의 이상을 표현했다.

선왕 이론은 사실 모든 군주를 향해 제기한 일반적이면서도 높은 수준의 요구다. 현실 군주를 비판할 수 없으니 선왕을 빌려 오늘을 풍자한 것이다. 선왕의 기치를 내건 것은 또 하나의 의미가 있는데, 그것은 선왕을 이용하여 자신의 이론을 널리 펼쳐보고자 한 것이다. 선진 역사를 통해 우리는 군주 전제가 강화되면 될수록 각양각색의 선왕론이 더 왕성하게 일어났던 현상을 보게 된다. 법가는 옛것을 빌려 오늘날을 깨우치는 데 반대했는데, 그 목적은 군주 전제를 강화하기 위함이었다. 그럼에도 불구하고 법가 중 일부 인물은 마찬가지로 선왕을 받들어 올리려 했다. 법선왕法先王(선대의 왕을 본받음)을 외친 가장 요란한 사람은 맹자일 것이다. 맹자와 순자는 같은 유가이지만, 어쩌면 동문끼리의 시샘인지는 몰라도 매우 심각한 적대적 분위기를 드러낸다. 그래서 순자는 맹자를 끌어내 칼질을 하면서 법후왕法後王(후대의 왕을 본받음)의 기치를 높이 들었다. 그는 맹자가 "소략히 법선왕했으나 [예의의] 원리원칙統類[536]을 몰랐다".[537] 「유효」 편에서는 더욱 날카롭게 법선왕이 정치 혼란을 조성했다고 지적한다. "소략히 법선왕하면서 세상을 매우 어지럽히니 방법이 그릇되고 학문이 잡박하다. 그들은 법후왕 한 뒤 비로소 제도가 통일되었다는 것을 모른다."[538] 표면상 순자는 법선왕과 법후왕을 대비시키고 있으며, 정치적으로 두 가지 노선이 있다고 주장하여 문제를 대단히 엄중하게 보고 있다. 그러나 실상 무엇이 선왕이고 후왕이냐에 대해서는 그 자신의 견해도 상당히 혼란스럽다. 그 자신이 법선왕을 제창하기도 한다. 「비십이자」 편에 말한다. "힘써 알려고 하면서 선왕의 도리에 의하지 않는 것을 사악한 사상이라 부른다."[539] 「비상非相」 편은 "말이 선왕에 합치하지 않고 예의를 따르지 않는 것을 사악한 언론이라 하는데, 비록 말을 잘하더라도 군자는 이를 듣지 않는다"[540]고 하고, 이어서 "선왕을 본받고 예의에 따를 것"[541]을 주장한다. 「유효」 편에서도 "유자는 선왕을 높이고 예의를 높인다"[542]

고 말한다. 맹자 등이 이야기하는 선왕은 요, 순, 주문왕, 무왕 등이며, 요순 이전의 성인 군주는 언급하지 않는다. 그런데 순자가 이야기하는 선왕은 맹자 등 보다 더 옛날로 추구해 들어갔다. 「성상」 편에서는 복희伏羲, 후직后稷, 기夒, 설契, 익益, 고요皐陶 등 성군과 성신聖臣으로까지 소급했다. 순자는 다른 사람의 법선왕을 공격했지만 사실 그 자신도 법선왕론자였던 것이다.

　순자가 말하는 후왕은 누구를 가리키는가? 혹자는 당시의 왕을 가리킨다며, 이것은 순자가 현실을 대면하면서 복고에 반대한 증거라고 주장한다. 그러나 사실을 따져보면 전혀 그렇지 않다. 순자가 이야기하는 후왕은 3대三代의 왕을 가리키며, 5패五覇 이하는 입에 담을 가치도 없다고 한다. 그는 유가 문파는 5패 이야기를 부끄러워해야 하며, 당시의 군주는 더더욱 채찍질 당해야 할 대상이라고 소리 높여 외쳤다. 「유좌有坐」 편에서는 당시의 군주 모두 "[성인의] 가르침을 어지럽히고 형벌을 많게 만든"543 원흉이라고 질타한다. 「왕패」 편은 말한다. "오늘날 군주라는 사람들은 화급히 쾌락을 좇을 뿐 나라를 다스리는 데는 느슨하기 이를 데 없으니 너무 심한 것 아닌가!"544 「의병」 편에서 진秦나라에 대해 호평을 한 적도 있으나, 또한 진이 인의를 강조하지 않으니 그저 포악한 강국일 뿐이라고 여러 차례 비판하기도 한다.

　따라서 순자의 법선왕 혹은 법후왕은 모두 이론명제를 구성할 수 없다. 앞뒤가 모순이고 혼란이 극심하기 때문이다. 사실 순자의 역사관은 오히려 상당히 진부한 것이었다. 그는 역사상 숱한 왕들의 도가 일관된다고 생각했다. "[옛날의] 도로써 세상의 이치를 다 볼 수 있는데, 예나 지금이나 한가지다."545 그는 "옛날과 지금은 상황이 달라졌으니 다스리는 도 역시 달라져야 한다"546는 관점을 가진 사람을 '망령된 사람'이라고 질타한다. 선진에서 분명하게 '복고'를 제기한 사람은 다른 사람이 아니라 바로 순자였다. 물론 순자 또한 정말로 복고하려고 한 것은 아니다. 「성악」편은 말한다. "옛일을 잘 이야기하는 사람은 반드시 오늘날에 징험을 두어야 한다."[547]

순자의 법후왕과 다른 사람들이 제기한 법선왕은 이론상 원칙적으로 차이가 없다. 제기하는 방법이 달랐을 뿐이다.

신도와 종도불종군從道不從君

순자는 신하의 작용을 매우 중시했다. 각양각색의 군주가 있듯이 신하도 여러 등급으로 구분된다. 「신도臣道」편은 전문적으로 신하에 대해 정치적 분류를 시도한다. 즉 '태신態臣(아무 쓸모 없고 아첨만 잘하는 간악한 신하)' '찬신纂臣(불충하며 작당하여 사익을 도모하는 신하)' '공신功臣(군주에 충성하고 백성을 사랑하는 신하)' '성신聖臣(존군애민하는 동시에 예의에 통달하여 천변만화에 부응하는 제도를 창출하는 신하)' '순신順臣(명에 따라 군주를 이롭게 하는 신하)' '첨신諂臣(명령에 따르나 군주를 이롭게 하지 못하는 신하)' '악신惡臣' '간신諫臣(군주에 진언하여 쓰이면 되고 안 쓰이면 떠나는 신하)' '보신輔臣(백관을 거느리고 군주의 잘못을 고쳐 국가의 환난을 막아낼 수 있는 신하)' 등이 있다.

군신 관계에서 순자는 도의를 위에 두어야 한다고 제창한다. 도의와 군주 사이에 모순이 생겼을 때는 "도의에 따르지 군주에 따르지 않는다從道不從君"고 한다.(『순자』「신도」) 신하는 군주의 면전에서 절대로 윗사람이기에 윗사람 대우를 해서는 안 되며, 과감히 자신의 관점을 밝혀야 한다. "군자가 뜻을 세우면 지극히 존귀한 것이니, 비록 천자나 3공三公이 정치에 관해 묻더라도 옳고 그름으로 대답할 따름이다."[548]

이상의 정신에 근거하여 순자는 신하들로 하여금 간신諫臣, 쟁신爭臣, 보신輔臣, 불신拂臣이 되도록 애써 노력할 것을 주문한다. "군주에게 잘못이 있어 그릇된 일을 도모하여 장차 국가가 위태롭고 사직이 무너질 위기에 처할 때, 대신과 부모형제 가운데 능히 군주에게 진언하여 쓰이면 되고 안 쓰이면 떠나는 사람을 간신이라 부른다. 능히 군주에게 진언하여 쓰이면 되고 안 쓰이면 죽어버리는 사람을 쟁신이라 부른다. 능히 지혜를 모아 협력하고 만조백관을 거느려 서로 군주에게 강권하고 잘못을 고치도록 하여, 군주가 비록 불안해하나 듣지 않을 수 없게 만들어, 마침내 국가의 큰 우환을 해결하고 국가의 큰 재앙을 없애 군주는 존경받고 나라는 평안해지도록 만드는 사람을 보신이라 부른다. 능히 군주의 명령에 항거하고 군주의 무게를 절취해 군주에게 반하는 일을 해서라도, 나라의 위기를 다스리고 군주의 욕됨을 없애주어 그 공적이 족히 나라에 큰 이익이 되도록 하는 사람을 불신이라 부른다. 그러므로 간, 쟁, 보, 불하는 사람은 사직의 신하며, 나라와 군주의 보배다. 훌륭한 군주는 이들을 두터이 존중하지만 암울한 군주나 정신없는 군주는 그들을 자신의 적으로 생각한다."[549]

도리는 화살과 같다. 하지만 전제 군주 면전에서 행한 일체의 직언이나 직설적 행동은 모두 개인의 생명 위험을 무릅쓰지 않으면 안 된다. 순자는 현실 속으로 돌아오지 않을 수 없었고, 따라서 사람들에게 진퇴의 도를 가르쳤다. 「비상」 편의 다음 논의를 살펴보자. "권유하는 말을 하기란 어렵다. 지극히 높은 도리가 지극히 낮은 수준의 군주를 만나고, 지극한 다스림이 지극한 혼란을 만난 것이기 때문이다. 따라서 직접 파고 들어가서는 안 된다. 먼 곳의 경험을 들고 나오면 황당무계하다는 오해를 사고, 너무 가까운 현실을 예로 들면 너무 범용하다는 오해를 살 수 있다. 말을 잘하는 사람은 이 중간에 처하여 멀리 예를 들되 황당하게 느끼지 않도록 하고, 가까운 현실을 예로 들되 범용하게 느끼지 않도록 한다. 때에 맞추어 옮겨가고 세상의 변화에 따라 머리를 들고 낮춘다. 때로는 완만하고 때론 급하고 때로는 말을 많이 하고 때로는 적게 한다. 마치 물길을 잡는 제방처럼, 굽은 나무를 바로잡는 도지개처럼 자신을 위치시킨다. 자기 의견을 표시하되 그 변론이 상대방의 자존심을 상하지 않도록 한다."[550] 순자와 같은 군자도 사람을 가르칠 때 안색을 살펴보고 할 정도였으니 이는 진언이 얼마나 어려운지를 잘 설명해준다. 이것이 바로 나중에 한비자가 말한 「세난說難」의 근원이다. 둘 사이의 계승 관계가 매우 확연하다.

『순자』에는 이보다 더 하류인 권모술수론도 있다. 그는 신하들이 "[군주의] 총애를 유지하여 자리를 보존하고 평생 행하여 싫증내지 않을 수 있는 술수"[551]를 배워야 한다고 가르친다. 「신도」 편은 다음과 같은 상당히 교활한 논리를 제기하기도 한다. "성군을 섬기는 사람은 듣고 좇을 뿐 간쟁할 필요가 없다. 중간의 군주를 섬기는 사람은 간쟁을 하되 아첨이 있어서는 안 된다. 폭군을 섬기는 사람은 잘못을 꿰매기만 해야지 억지로 뜯어고치려 해 [죽음을 맞을] 필요는 없다. 난세에 협박을 받으며 포악한 나라에 살게 되어 피할 구석이 없다면, 그저 아름다움을 추켜주고 잘한 점을 칭찬하여 [군주로 하여금] 악행을 피하고 패덕이 감춰지도록 한다. 장점을 이야기하고 단점을 일컫지 않음을 [이 포악한 나라에서] 습관들이도록 해야 한다."[552] 이것은 정말 첩부妾婦의 방법에 가깝다.

실천상의 곤란과 이론상의 탈피는 두 가지 일이다. 군주 앞에서 진언하기란 확실히 매우 곤란하다. 그런데 이론상 이 곤란에 굴종하고 더더욱 이를 위해 원만하게 둘러맞춰준다면 그 이론은 바로 하류임에 분명하다. 우리가 순자에게 호된 요구를 하는 것이 아니라 이런 현상에 대해서는 마땅히 주의를 기울였어야 한다는 것이다.

부국부민론

순자는 군주와 신하 모두 부국과 부민을 자신의 임무로 삼아야 한다고 생각했다. 국이 부하고 민이 부한 뒤라야 국가가 강해진다는 것이다. 부국, 부민을 위하여 그는 다음 몇 방면의 관계를 잘 처리해야 한다고 주장한다.

먼저 자연과 생산의 관계를 정확하게 인식해야 한다는 것이다. 당시 일부 인사들은 인류 빈곤의 원인을 자연에 돌렸다. 자연계의 재부가 한계가 있는 데 반해 인간이 갈수록 많아지니 재원 결핍 현상이 나타났다는 것이다. 순자가 보기에 묵자야말로 이러한 견해를 가진 사람이었고(묵자는 아껴 쓰라는 절용을 이야기했을 뿐 이런 식의 주장은 없다), 그래서 그는 묵자를 "사사로운 걱정에 계산이 지나쳤다"고 비판한다. 순자는 자연계의 재부에는 물론 일정한 한계가 있으나 생산이 좋아지고 재물의 점유와 분배 문제에서 '구분을 명확히明分' 할 수만 있다면 의식주는 아무 문제 없이 풍요로울 수 있다고 생각했다.

부국, 부민의 목표를 달성하기 위해서는 또 분배, 소비 및 생산의 관계를 잘 처리해야 한다. 「부국」 편은 말한다. "부국의 길은 쓰임새를 아끼고 인민의 생활을 넉넉하게 하여 그 잉여를 잘 저장하는 것이다. 쓰임새를 아낌은 예로 하고, 백성을 넉넉하게 함은 정치로 한다. [선정으로] 인민의 생활이 넉넉해지면 [열심히 일하게 되므로] 잉여가 많아진다. 백성이 넉넉하면 민부하게 되고, 인민이 부유하면 농토가 비옥해지고 밭갈이를 잘 하게 된다. 농토가 비옥해 밭갈이가 잘되면 결실이 백배 늘 것이다. 이에 위에서 법대로 세금을 거두고, 아래서 예에 따라 쓰임새를 아끼면 잉여가 산더미처럼 쌓여 때맞추어 태워버리지 않으면 저장할 곳이 없을 정도가 될 것이다."[553] 마지막 마디는 흰소리이지만 그 외의 논거는 매우 일리 있는 이야기다. 순자는 분배, 소비, 생산이 하나의 통일된 경제 과정, 즉 생산이 기초이고 분배와 소비 또한 그 생산에 직접 영향을 미치는 요소임을 인식하고 있었다. 인민이 풍족하지 못하면 확대재생산이나 생산 효율의 제고는 불가능하며, 인민이 부유해질 수 있느냐의 여부 또한 분배와 소비에 의해 결정된다는 것이다.

순자는 또 국가 재정과 경제와의 관계를 논술했다. 「부국」 편은 말한다. "논밭과 교외 들녘의 생산은 재물의 근본이며 (…) 차등 있게 세금을 부과하여 창고에 쌓아둠은 재화의 지출이다."[554] 경제적 생산이야말로 재정의 기초이므로, 순자는 이에 근거하여 "지출을 줄이고 재원을 개발할 것"[555]을 제기한다. 그는 "아래가 가난하면 위도 가난해지고, 아래가 부유하면 위도 부유해진다"[556]고 생각했다. 만일 아랫사람들의 현실 상황을 돌보지 않고 덮어놓고 수탈만 한다면 이는 "근본을 자르고 재원을 고갈시키는"[557] 짓으로 결과는 "부를 구하려다 오히려 나라를 잃고, 이익을 구하려다 오히려 제 몸을 위태롭게 한다."[558] 이렇게 재정경제 문제는 결국 정치적 위기로 바뀐다.

경제발전 문제에 대해 순자는 농업 위주와 농, 공, 상 협조의 병행을 주장한다. 농업을 본업으로 보고 공상업을 말업으로 보는 당시의 관점에 대해 순자는 찬성했다. 그는 식량을 생산자와 소비자를 재량하는 표준으로 삼았다. 그러니 농민만이 생산을 하는 자이고, 사대부 외에 공상업까지도 먹기만 하는 부류에 편입되었다. 이런 견해는 전적으로 확실하다고 할 수 없다. 가치라는 관점에서 볼 때 공업은 가치의 창조자일 뿐만 아니라 생산자이기도 하다. 상업도 일부 가치를 만들어낸다.

어떻게 농업을 발전시킬 것인가에 대해 순자는 주목할 만한 조치를 제시했다. 첫째, "농부가 많아지도록 한다". 즉 농업 생산자의 수를 늘리고 먹기만 하는 사람들의 숫자를 줄이자는 것이다. 공상업 하는 사람을 줄이는 것 외에도 순자는 사대부와 관료 인원도 반드시 줄여야 한다고 생각했다. 「부국」 편은 말한다. "사대부가 많으면 나라가 가난해진다."559 이 견해는 확실히 『상군서商君書』의 영향을 받은 것이다. 둘째, "가능하면 노력 동원을 적게 하고 농사철을 빼앗지 말아야 한다."560 당시는 노력 동원이 매우 많았는데 순자의 이 주장은 이런 현실을 감안한 것이다. 셋째, "밭갈이를 잘하고 토지 경계를 확실히 한다掩地表畝".(『순자』 「부국」) '엄지掩地'란 파종하기 전 땅을 갈아 엎어놓는 것을 말하고, '표무表畝'는 밭이랑에 경계를 표시해 토지 분쟁을 방지하는 것을 말한다. 넷째, "토질의 높낮이를 조사해 비옥한가 척박한가를 살펴 다섯 작물(메기장, 차기장, 콩, 삼, 보리)을 적절히 파종한다."561 오곡을 심을 때는 제 땅에 맞게 파종하라는 것이다. 다섯째, "제방을 쌓고 물길을 뚫어 넘치는 물은 나가게 하고, 저장을 잘 해 필요할 때 터서 쓴다. 그리하여 홍수가뭄의 재앙을 만나도 농민들이 경작할 수 있도록 한다."562 여섯째, "퇴비를 많이 주어 전답을 비옥하게 하고" "잡초를 제거해 곡식 번식을 수월케 한다."563 경작의 정밀성을 제창한 것이다. 순자는 특히 경작이 '선善' 자 위에 공력을 쌓아야 한다고 강조한다. '잘하느냐善'와 '잘하지 못하느냐不善'에 따라 크게 달라진다는 것이다. "오늘날 토양이 오곡을 생산하는 데 있어 사람이 잘 경작하면 같은 땅에서 몇 배를 수확하고 1년에도 두 번 수확할 수 있다."[564] 일곱째, 세금을 매기는 데는 일정한 제도가 있어야 한다. 순자는 "토지에 차등을 두어 징세하고,"[565] "전답의 세금은 10분의 1로 해야 한다"[566]고 주장한다.

공상업에 대해서는 보호도 필요하고 제한도 필요하다고 말한다. 제한은 먼저 공상업 인구를 통제하는 것이다. 「군도」 편은 "공인과 상인을 줄이라"고 주장한다. 또 공상업 하는 사람들의 사기와 투기 행위를 제한해야 한다.

순자의 인식이 다른 유가들보다 깊이 있는 곳은 바로 그가 심각하게 경제 문제를 정치의 기초로 생각했고, 또 그것을 정치의 좋고 나쁨의 표식으로 삼았다는 점이다.

왕王, 패覇 및
강强, 안安, 위危, 망亡

왕王, 패覇, 강强, 안安, 위危, 망亡의 제 명제가 다루고 있는 것은 바로 국가의 기본 정책, 형세 및 앞길의 문제다.

이론적으로 맹자가 먼저 왕과 패를 대립시키면서 왕도를 주로 하고 패도를 배척했다. 순자의 왕과 패에 대한 분석은 맹자와 어떤 점에서는 같고 어떤 점에서는 다르다. 맹자는 인仁과 역力으로 왕과 패를 나누었다. 그런데 순자는 패가 단순히 힘에 의지하는 것만은 아니라며 신信을 이야기한다. 단순히 힘에 의지하는 것은 따로 '강强'이라 불렀다. 순자가 보기에 왕과 패는 원칙상 차이가 있지만 절대적으로 대립하는 것은 아니었다. 순자가 천시한 것은 강, 안, 위, 망의 도였다. 왕, 패, 강, 망의 구분은 대외적인 면과 대내적인 면 두 측면에서 고찰해볼 수 있다. "[대외적으로] 왕은 [남의] 사람을 빼앗는 것이고, 패는 [남의] 친구를 빼앗는 것이며, 강은 땅을 빼앗는 것이다. 사람을 빼앗는 자는 제후들을 신하로 거느리는 것이며, 친구를 빼앗는 자는 제후들과 벗을 하는 것이며, 땅을 빼앗는 자는 제후들과 적을 삼는 것이다. 제후들을 신하로 거느리는 것이 왕이며, 제후들을 벗으로 삼는 것이 패이고, 제후들을 적으로 삼는 것이 위다."[567]

'사람을 빼앗는다'는 것은 인심을 쟁취한다는 말이며, '친구를 빼앗는다'는 것은 다른 나라와 우호관계를 맺어 신용을 쌓는다는 말이고, '땅을 빼앗는다'는 것은 다른 나라의 땅을 점령한다는 말이다. '강도強道'를 실행하면 일심으로 다른 나라의 땅을 침범하고 싶음이니, 반드시 다른 나라의 반항을 불러올 것이다. 계산을 한번 잘못하면 오히려 화를 초래한다. 그래서 '강도'는 왕왕 쇠약과 멸망의 계기가 된다. 순자가 말한 '강도'와 맹자가 말하는 '패도'는 유사하다. 순자가 보기에 '패도'는 '왕도'의 후보자다. 왕과 패는 서로 통할 수 있다. "잘하면 왕이 될 수 있고, 그 아래면 패가될 수 있다."568 천하 통일을 하고 싶으면 반드시 왕도를 실행해 세상 사람들의 마음으로부터의 복종을 얻어내야 한다.

대내적으로 왕도, 패도, 강도, 망도는 인민을 대하는 태도에 따라 달리 나타난다. 「왕제」편은 말한다. "왕도를 행하는 나라는 인민이 부유하며, 패도를 행하는 나라는 사士가 부유하고, 겨우 보존되는 나라는 대부들이 부유하며, 망할 나라는 [세금 걷는] 광주리가 풍성하고 창고가 가득 찬다. 광주리는 풍성하고 창고는 넘치는데도 백성이 가난하다면, 이를 가리켜 위는 넘치되 아래는 샌다고 말한다. [이런 나라는] 적이 들어오면 지켜낼 수가 없고, 출전해도 싸우려 들지 않으니 뒤집혀 멸망할 날이 앉을 새도 없을 것이다. 따라서 나는 [세금을] 긁어모아 망하며 적은 [인민을] 얻어 강해진다. 세금을 긁어모은다는 것은 곧 원수를 부르고, 적을 살찌우고, 나라를 멸망시키고, 제 몸을 위태롭게 하는 길이다. 훌륭한 군주는 절대로 이에 따르지 않는다."569

대내 정책과 대외 정책은 서로 연계되어 상호 작용을 하는데 특히 대내 정책이 기초가 된다.

왕, 패, 강, 망은 모두 군주 앞에 펼쳐져 있으며 무엇을 선택하는가는 스스로에게 달려 있다. 국가마다 내부적으로 두 가지 요소와 두 가지 힘이 존재하는데, "국가라면 잘된 통치 원리治法가 없을 수 없으며, 국가라면 어지러운 법이 없을 수 없다. 국가라면 현명한 선비가 없을 수 없고, 국가라면 형편없는 사람이 없을 수 없다. 국가라면 성실한 인민이 없을 수 없고, 국가라면 사나운 인민이 없을 수 없다. 국가라면 아름다운 습속이 없을 수 없고, 국가라면 나쁜 습속이 없을 수 없다."[570] 항상 이기기만 하는 나라란 있을 수 없으며, 마찬가지로 항상 지기만 하는 나라는 있을 수 없다. 나라마다 모두 강성해지는 요소가 있고, 나라마다 모두 쇠패해지는 요소도 있다. 문제는 군주가 어떤 선택을 하느냐에 달려 있다. "양자가 병행하되 나라가 전자에 치우치면 그 나라는 평안하고, 후자에 치우치면 그 나라는 위태롭다. 전자로 하나가 되면 왕의 나라가 되고, 후자로 하나가 되면 망하게 된다."[571]

왕, 패, 강, 망 문제의 제기는 통치자들에게 중대한 의미를 지닌다. 이는 집권자들에게 자신의 보좌가 결코 부러지지 않을 견고한 반석 위에 놓여 있지 않고 시시각각 뒤집힐 위험이 있다는 것을 알려준다. 왕조의 변경, 군주의 교체는 순자의 이론에 반박할 수 없는 확실한 증거를 제공해주었다. 순자는 군주들이 형세를 분석하여 한편은 헤어나올 수 없는 구렁텅이요 한편은 저 높은 봉우리로 통하는 대도임을 알아 제발 한 번의 실족으로 천고의 한을 남기는 짓을 하지 말기를 바랐다.

역사적 사실로 볼 때 패, 강, 망은 생생한 역사 기록으로 남아 있는 데 비해 왕도는 마치 이상으로만 부를 수 있는 것 같다. 순자와 같은 사람들은 왜 이렇게 실현할 수 없는 이상국에 열렬히 매달렸는가? 이에 대해서는 두 가지 측면으로 분석해볼 수 있다. 이상국이란 실현할 수 없는 것이기는 하지만 그렇다고 허무맹랑한 것은 아니다. 그것은 통치 지위를 점한 계급들에게 가장 일반적이고 가장 본질적인 요구를 포함하고 있다. 이상국 이론은 이와 같은 일반적이고 본질적인 요구를 집권자 개인의 위에 두고 집권자들에게 행위 원칙을 제기함으로써 군주에 대해 모종의 통제 작용을 하고 있다. 어떤 제도든 그 존재를 보증하려면 반드시 부단한 자아비판과 조사단속을 시행해야 한다. 그렇지 않으면 그 제도는 필경 경직된다. 일단 경직의 길에 들어서면 끝내 변화에 대한 대응능력을 상실하고 만다. 이상국의 제기는 자아비판을 위한 이론적 근거를 제공하며, 변화에 대한 대응과 자체개혁을 위한 모델이 되어주기도 한다. 인민이라는 다른 입장에서 볼 때 이상국 이론은 일정한 기만과 안위의 작용을 할 수도 있다. 이상국은 사람들에게 고통스러운 모든 현실은 이 제도가 필연적으로 조성한 것이 아니라고 일러준다. 군주가 정책을 바꾸기만 하면, 혹은 군주 한 사람을 교체하기만 하면 왕도의 낙토는 도래할 것이니 기다려라. 모든 것이 좋아질 것이며 왕도와 낙토에 살게 될 것이다! 이와 같은 왕도낙토 이론은 확실히 농민들에게 희망과 안위와 정신적 만족을 가져다주기도 한다. 한 분의 좋은 황제를 손꼽아 기다리는 것은 바로 이와 같은 이상국 이론이 농민들에게 직접 작용한 표식이다.

결어

성악론과 인성개조론은 순자 정치사상의 이론적 기초다. 외부로부터의 개조와 스스로의 수신이 개조를 행하는 두 가지 길인데 하나라도 없어서는 안 된다. 다만 외부로부터의 개조가 더 중요한 지위를 차지하고 있을 따름이다. 외부적 개조의 무기는 예다. 예는 도덕 규범일 뿐만 아니라 정치 제도이기도 하다. 예라는 이 물건은 하늘에서 떨어진 것이 아니다. 성인, 군자에 의해 만들어진 것이며 성인, 군자의 몸에 걸머져 있다. 따라서 성인, 군자야말로 치治의 원류이며 치의 근본이 된다. 사상적 맥락에서 순자와 공, 맹이 다른 점은 공, 맹이 자신으로부터 타인에 이름을 강조한 데 비해 순자는 성인군자에 말미암은 개조의 진행을 강조한 데 있다. 성인군자란 바로 통치자이므로 이는 곧 통치와 억압적 질서가 침해받아서는 안 된다는 것을 논증한 셈이다. 순자가 비록 수없이 위민爲民, 부민富民의 좋은 말을 거듭했지만 최종 목적은 역시 모두 통치자를 위한 착상이었다.

제6절

『역전』의
응변應變 정치사상

『역전』과
그 정치사상적 특징

『역전易傳』은 『역경易經』을 해석한 책으로 전국 시대에 쓰였다. 『전傳』은 7종으로 모두 10편이 있으므로 '십익十翼'이라고도 불린다. 7종은 다음과 같다.

「단전彖傳(또는 단사彖辭)」 상하편으로 나뉘며 64괘의 괘명卦名(괘의 이름) 과 괘사卦辭(괘의 내용)를 해석한다. '단彖'이란 끊음, 즉 한 괘를 끊는다 는 뜻이다.

「상전象傳」 상하편으로 나뉘며 괘의 의의를 해석한다. 주로 괘상卦象(괘의 모양)을 해석하므로 상전이라 부른 것이다.

「문언文言」 건乾과 곤坤 두 괘에 대한 해설이다.

「계사繫辭」 상하편으로 나뉘며 『역경』의 통론으로서 주로 경전의 의의 와 기능을 논술하고 있지만 점치는筮 법과 우주 기원 등의 문제도 겸 하여 논한다.

「설괘說卦」 주로 팔경괘八經卦가 그려내는 사물에 대해 기술하고 있다.

「서괘序卦」 64괘의 순서와 배열 관계를 해설하고 있다.

「잡괘雜卦」 64괘의 의의를 잡박하게 해설하고 있어서 잡괘라 명명했다.

『역』은 점을 치는 복서卜筮 책으로 결국은 일종의 신학神學이다. 그런데 어떤 신학이든 모두 인식의 종결 상태와 경직화를 드러내기 마련이다. 『역』이 사람들에게 제공하는 마지막 교훈도 이와 마찬가지다. 그러나 신학이라고 하나의 표준 양식模式만 있는 것은 아니다. 각양각색의 신학이 있으며, 이들 신학은 인간의 인식에 각기 다른 위치로 나타난다. 원시적이고 우상숭배를 특징으로 하는 신학이 사람들에게 부여하는 것은 주로 안위이다. 그리고 또 하나의 신학, 예를 들어 '역易'과 같은 신학은 신의 계시라는 종점에 이르기 전에 기나긴 세속의 인식 과정을 거친다. 이런 세속적 과정이 길면 길수록 받아들여진 가치 있는 내용이 많아진다.

『역』의 논술은 길흉과 서로 연결되는데, 사람의 인식을 표준 양식화한 것임에 분명하다. 그러나 표준 양식화한 인식이라도 각기 다른 상황이 존재한다. 하나는 직관적인 표준 양식이며, 하나는 이성적 표준 양식이다. 직관적인 표준 양식은 사람들에게 유비類比로 주어질 수밖에 없지만, 이성적 표준 양식은 오히려 사물에 대한 추상을 함축하며 때로는 사물의 본질을 깊게 드러내주어 사람들에게 지혜를 주기도 한다. 『역경』과 『역전』은 두 가지 표준 양식을 모두 갖고 있다. 『역경』에는 직관적 표준 양식이 비교적 많다. 이를테면 "시든 버드나무에 꽃망울이 돋고, 늙은 부인이 젊은 남자를 얻다"[572] "시든 버드나무에 새 가지가 돋고, 늙은 남자가 젊은 아내를 얻다"[573] "땅 위에 용이 나타나다"[574] "용이 하늘 높이 날다"[575] 등이 그렇다. 그런데 『역전』은 대부분 이성적 표준 양식이다. 이성적 표준 양식은 구체적 사물로부터 추상해낸 것이다. 추상이 과학성을 띤 것일수록 구체적 사물과의 상관관계도 그만큼 폭넓어진다. 『역경』과 『역전』이 개괄하고 있는 표준 양식은 지극히 의미심장한 것이 많다. 긴 시간이 흐르면서 사람들은 미신 차원에서 그것을 필요로 했을 뿐만 아니라 인식의 차원에서도 그것을 필요로 하게 되었다.

『역경』과 『역전』은 주로 사람들이 길한 것을 택하고 흉한 것은 피하도록 돕는다. 계급사회에서 길흉이란 계급에 의해 규정되지 않을 수 없는 것으로 무엇보다 먼저 정치에 잘 드러나 있었다. 그러므로 '역'은 정치사 상사에서 독특한 위치를 차지한다. '역'은 현실의 정치나 정책에 관해 직접 논술하지는 않는다. '역'의 정치사상은 다음 두 가지 특징이 있다.

첫째, 역은 총체적으로 정치 관계를 논증하며, 인간사 길흉의 표준을 규정한다.

둘째, '역'의 핵심은 변화에 관한 언급이다. 역은 변화라는 각도와 사물과의 관계 위에서 정치 문제를 처리하는 방법과 원칙을 제기한다.

'역'의 최종 목적은 여전히 정치에 있었는데, 「계사상」에서는 바로 이렇게 이야기한다. "역에서 성인은 [사물의] 지극히 심오한 곳까지 궁구하여 기미를 파악한다. 심오한 곳까지 궁구했으므로 천하의 뜻을 관통할 수 있다. 기미를 파악했으므로 천하의 일을 성취시킬 수 있다. [이와 같이] 신묘하므로 질주하지 않아도 빠르며, 나아가지 않아도 다다른다."576 이렇게도 말한다. "역을 왜 만들었는가? 역이란 본래 지혜를 열어 사업을 성취하는, 천하의 모든 도리를 포함하고 있는 책이다. 그와 같은 것일 뿐이다."577 모冒는 복覆으로 포包와 같다. '모천하지도冒天下之道'란 천하 사물의 도리를 포괄한다는 의미다. '역'에 이런 작용이 있으므로 성인은 이를 이용하여 "천하의 뜻을 관통하고, 천하의 사업을 확정하며, 천하의 의문을 판단한다."578 '역'은 모든 심오한 신비의 문을 여는 열쇠다. 그것을 장악해야만 천하를 통치할 수 있다.

사회 구조의
자연본위설

대자연의 입장에서 보면 인류 사회는 자연의 일부분이며 자연이 일정 단계까지 발전한 산물임에 틀림없다. 인류 사회와 자연계는 질적으로 다른 차이가 있으나 둘 사이에는 내재적 통일성이 존재하기도 한다. 선진 제자백가의 가장 뛰어난 점 가운데 하나는 이 통일성에 대하여 탐구를 행했다는 것이다. '역'의 가장 분명한 장점은 바로 이 통일성에 대하여 더욱 광범하고 깊이 있는 묘사를 하여 수많은 탁월한 견해를 제기했다는 점이다. 이를테면 모순통일의 규율에 대하여 더욱 깊이 있게 밝혀내고 있다. 「단전」은 말한다. "하늘과 땅은 등지고睽 있으나 그 일이 같으며同, 남자와 여자는 등지고 있으나 그 뜻이 통通하며, 만물은 서로 등지고 있으나 그 일은 유사하다類."579 '규睽'는 사물의 모순을 가리킨다. '동同' '통通' '유類'는 사물의 '합合'을 가리킨다. 사물은 모순의 형식으로 한데 연결되어 있다. 철학적 추상 외에도 『역전』은 또 비교와 인위적 구조의 방법을 사용해 억지로 자연과 인간사의 통일을 만들어낸다.

저자는 자연과 인류를 부자간 생성구조로 여겨 인류 사회를 하늘과 땅의 자손이라고 말한다. 「서괘」를 보자. "하늘과 땅이 있고 난 뒤에 만물이 존재한다. 만물이 있고 난 뒤에 남녀가 존재한다. 남녀가 있고 난 뒤에 부부가 존재한다. 부부가 있고 난 뒤에 부자가 존재한다. 부자가 있고 난 뒤에 군신이 존재한다. 군신이 있고 난 뒤에 상하가 존재한다. 상하가 있고 난 뒤에 예의를 실행할 바탕이 있게 된다."[580] 이러한 자손생성 관계는 틀림없이 인식의 통일성을 포함하는 것이지만 그 관계는 확실히 인위적 구조의 산물이며 지극히 조악한 것이다. 이런 식의 부자 생성 관계는 군신 관계와 예의 제도를 자연스럽게 만들어 그것을 자연 진화 과정의 한 고리가 되도록 한다. 기왕에 자연 진화 과정의 한 고리라면 군신과 예의 제도는 필연적인 것일 뿐만 아니라 절대 합리적이며 동요될 수 없는 것이 된다.

천지자연과 인간사를 서로 대응시킨 것이 역의 또 하나의 특징이다. 「계사상」은 말한다. "하늘은 존귀하고 땅은 비천하니 건乾괘와 곤坤괘는 이렇게 결정되었다. 낮은 데서 높은 데로 펼쳐지면서 귀천의 서열이 자리매김되었다."[581] 건은 하늘이고 곤은 땅이다. 천은 높고 땅은 낮다. 이런 '높음'과 '낮음'은 지위 세력의 다름을 나타낼 뿐만 아니라 '귀'와 '천'을 대표하기도 한다. 「설괘」에서는 괘로 사물을 비교하면서 건은 '천天' '부父' '군君' '금金' '옥玉' 등을 대표하고, '곤'은 '지地' '모母' '중衆(즉, 신민臣民)' '포布' 등을 대표하고 있다. 전자가 귀한 반면 후자가 천하다는 것은 매우 분명하다. 「문언」에서는 '땅의 길地道'을 이야기하면서 '지도地道'와 '처도妻道' '신도臣道'가 모두 음陰에 속한다고 주장한다. 지도의 특징 가운데 하나는 천天에 순응하고 양陽에 귀속되는 것이다. 「단전」은 '태泰괘를 해석하면서 "안(내괘內卦의 건괘)은 양이고 바깥(외괘外卦의 곤괘)은 음이며, 안은 강건하고 바깥은 그에 순종하며, 안은 군자의 풍모를 지니고 바깥은 소인의 성향을 지닌다"고 한다.[582] 이처럼 층차를 둔 상호 대응 관계는 군신 및 부자간의 주종, 상하 의존 관계가 자연스럽다는 말이며, 그리하여 인간의 관계를 절대화, 고정화하여 항거해서는 안 된다는 초인적 성질을 부여하는 것이다.

저자는 인간사의 법령 규범典章 제도 및 권력 또한 자연으로부터 이끌려 나온 것이라고 주장한다. 「계사상」은 말한다. "성인이 천하의 움직임을 보고 그 회통을 관찰함으로써 예의규범으로 삼으셨다."[583] 성인이 천하사물의 운동 변화를 보고 그것의 회합, 관통한 곳을 관찰하여 사회의 전장제도를 추진했다는 것이다. 저자는 천지의 '움직임'과 '회통'으로써 예의 규범典禮을 추진한 근거를 삼고 있다. 전례란 인간의 행위 규범 및 상호 관계의 준칙이다. 「상전」에서 '이履'괘를 해석할 때도 "군자가 상하를 다스림으로써 인민의 뜻이 안정되었다"[584]고 말한다. 사람들의 뜻은 자유로울 수 없으니 상하의 지위를 이용해 그를 제한하고 고정시켜야 한다는 것이다. 「설괘」에서는 군주가 남면南面하는 예속에 대해서도 괘의 의의와 괘의 위치로 논증한다. "이離괘는 광명을 상징한다. [태양이 남쪽을 향해 중천에 떠] 만물이 모두 서로 잘 보이니, 남방의 괘다. 성인이 남쪽에 대면하며南面 천하의 정무를 본다는 것은 광명을 지향해 다스린다는 것으로 이 괘에서 본받았다."[585] 「단전」에서는 왕의 군비 또한 괘상에서 취한다고 주장한다. "하늘이 험한 곳은 오를 수 없으며, 땅이 험한 곳은 산천과 구릉을 말한다. 왕공은 험한 [요새를] 설치하여 제 나라를 지킨다. 험한 [요새를] 때맞추어 사용하면 그 용도가 참으로 크다."[586] 만약 '역'이 신성한 것이라면 그 제도, 예의 규범, 군비 또한 모두 신성의 근거가 있는 것이다.

저자는 또 팔괘와 도덕을 하나로 연결시킨다. 먼저 8괘에 도덕적 성질을 부여하고 다시 돌아와 인간의 도덕을 신화화시킨다. 「계사상」에서는 음양이 서로 교차하여 "겉으로는 인仁의 모습으로 드러나 [천하에 은택을 베풀지만] [그 불가사의한] 작용은 감추어져 있다"[587]고 말한다. 음양의 도가 확연히 밝아 쉽게 보이는 것은 사물을 생육시키는 인仁이며, 감추어져 알기 어려운 것은 만물을 생육시킬 수 있는 바로서의 그 작용이다.

「설괘」에서는 성인이 "인간의 도를 세우니 인과 의라고 부른다"고 말한다. 천지음양의 본성은 사람의 도와 일치하며 인도는 음양팔괘에 뿌리를 둔다는 것이다.

『역전』은 철학적 추상을 통해 자연과 인간사의 통일성을 탐구한다. 인식론적 차원에서 볼 때 이는 일정한 의의가 있으나 조악한 인위 구조 가운데 표현된 통일성의 대부분은 허튼소리다. 이런 허튼소리를 일부 인사들로 하여금 믿게 만들 수 있었던 것은 주로 문제 자체가 당시로 볼 때 비교적 심오한 것이었기 때문이다. 다른 한편으로 철학적 추상 또한 여기에 적잖은 도움을 주었다. 이런 인위 구조의 통일성은 인식론적으로는 그다지 큰 의미가 없지만 정치적으로는 오히려 대단히 중요한 작용을 했다. 왜냐하면 그것은 통치자와 피통치자, 군신 상하 간의 관계를 자연적으로 생성된 것으로 보아 이를 위반하거나 바꾸어서는 안 됨을 논증했기 때문이다.

응변 정치

『역』의 가장 현저한 사상적 특징은 변화變를 연구한다는 것이다. 「계사상」은 말한다. "문을 닫으면 [고요하고 어두우니] 곤이라 일컫고, 문을 열면 [밝고 적극적이니] 건이라 부른다. 문을 열고 닫는 행동에 따라 [음이 되었다 양이 되었다 하므로] 이를 변이라 일컫는다. [음양의 변화가] 무궁무진 내왕하니 이를 통通이라 부른다."588 곤은 지地, 음陰, 추秋, 동冬을 상징하고, 건은 천天, 양陽, 춘春, 하夏를 상징한다. 가을과 겨울에는 우주의 문이 닫혀 만물이 들어가 저장되며, 봄과 여름에는 우주의 문이 열려 만물이 밖으로 나와 풀린다. 우주의 문이 한 번 닫히고 열리며, 만물이 한 번 들어가고 나오는 것을 변이라 일컫는다. 닫히고 열리며 들고나는 왕래가 무궁무진함을 통이라 일컫는다. 천지와 자연은 변에 있으며, 인간사도 변에 달려 있다. "태양은 [하늘의] 한가운데 오면 [서쪽으로] 기울며, 달은 차면 기운다. 천지는 찼다 비워지며 때와 더불어 번성했다 휴식했다 하는데 하물며 사람에 있어서랴, 하물며 귀신에 있어서랴!"589 「계사하」에서는 또 역사의 변화를 설명하고 있는데, 포희包犧(즉 복희)로부터 신농神農이, 신농으로부터 황제黃帝, 요, 순이 나왔다는 것이다. 저자는 역사를 3단계로 나누어 인류의 경제생활이 수렵에서 농경으로, 다시 농경으로부터 상업과 문명으로 전면적으로 발전했다고 주장한다. 노끈을 묶어結繩 사건을 기록한 데서 문자로 기록하게 되었고, 예법 제도가 없는 데서 예제를 창조하게 되었다고 한다. 이러한 변화 가운데 하나의 기본적 규율이 존재하는데, 그것은 바로 "궁하면 변하고, 변하면 통하며, 통하면 영원하다"590는 것이다. 여기서 말하는 '영원하다' 함은 물론 영구적으로 다시는 변화하지 않는다는 말이 아니다. 하나의 순환 결과일 뿐으로 '영원함久'에 이어서 또 '궁함窮'이 오고 다시 순환주기에 들어선다는 의미다. "궁하면 변하고, 변하면 통하고, 통하면 영원함"은 대단히 빛나는 명제다. 이로부터 우리는 하나의 기본적 사실, 즉 '역'이 비록 총체적으로는 폐쇄적이고 귀결점 또한 경직되어 있지만 구체적인 사물의 범주 내에서는 결국 '변'의 관점에서 모든 것을 고찰하고 있음을 알 수 있다. 이런 변화의 사상을 정치에 운용한 것을 가리켜 응변 정치應變政治라 부를 수 있다.

응변은 먼저 시대에 대한 순응으로 표현된다. 앞에서 언급한 "천지가 찼다 줄어들며 때와 더불어 번성했다 휴식했다 함"과 「상전」에서 이야기하는 "군자는 역曆을 정리해 때를 밝힌다"591 함은 바로 사람들에게 자연의 변화상과 일치하기를 요구하고 있는 것이다. 역曆은 곧 역법이다. 자고 이래로 사람들은 역법을 특히 중시했으며, 역법을 정치생활의 중요한 내용 가운데 하나로 취급했다. 때에 맞춘 명령時令으로 그때의 정무時政를 규정한 것은 정치의 기본 원칙 가운데 하나였다. 『역전』에는 "때와 더불어 행동을 함께한다"592 "때맞추어 멈춘다時止" "때맞추어 행한다時行"는 말이 자주 등장한다.(「단전彖傳」) 시간 자체는 행함과 멈춤의 문제를 일컫는 것이 아니다. 여기서 이야기하는 때맞추어 멈추고, 때맞추어 행한다는 것은 시간과 상관하는 객관 조건의 상대적 안정과 변화를 가리킨다. 사람의 행동은 시간과 조건의 변화에 따라 행해져야 한다는 것이다. 「단전」은 이렇게 이야기하고 있다. "그칠 때면 그치고, 행할 때면 행한다. 움직임과 고요함이 제때를 잃지 않으니 그 도가 밝게 빛난다."593 「계사하」도 말한다. "변화 유통이란 [모든 활동의] 적당한 때에 내맡기는 것이다."594 『역전』은 시간운동을 위대한 자연의 힘으로 여긴다. 이 힘은 거대한 결과를 가져올 것이다. 「계사하」는 말한다. "[공자의 말에] 해가 지면 달이 뜨고, 달이 지면 해가 뜬다. 해와 달이 서로 밀려오니 이로써 광명이 생긴다. 추위가 가면 더위가 오고, 더위가 가면 추위가 온다. 추위와 더위가 서로 밀려오니 이로써 1년 사계절이 생긴다. 간다는 것은 잠시 물러남이며 온다는 것은 잠시 펼쳐짐이다. 물러나고 펼쳐짐이 서로 감응하면서 이로움이 생긴다."595 시간은 한 사람에게 있어 좋은 기회에 관한 문제다. 시간의 기회가 적당하지 않으면 하늘에서 재앙이 내린다. 이를테면 「상전」은 이렇게 이야기한다. "문밖 뜰에 나가지 않는다, 흉하다 함은 때를 너무 잃었다는 것이다."596 시간의 기회가 적당하면 대가는 작아도 그 수확은 매우 크다. '기제旣濟'괘는 말한다. "동쪽 지역의 소를 잡아 거행하는 풍성한 제사라도 서쪽 지역의 간단한 [여름 제사인] 약제禴祭가 실제로 받는 복만 못하다."597 소를 잡는 것은 성대한 제사이며, 여름 제사인 약禴은 가벼운 제사다. 성대한 제사가 가벼운 제사보다 복을 덜 받은 것은 후자가 시기의 도움을 얻었기 때문이다. 시간 및 그 조건은 확실히 위대한 자연의 역량이다. 단순한 시간의 전이 불가능성이 바로 사람의 일생을 행복하게 만들기도 하고 평생을 통한으로 보내게도 한다. 시간의 작용은 정말 헤아릴 수 없다.

이상의 인식에 기초하여 저자들은 시간의 기회를 잘 선택하고 시간의 변화 및 그 움직임에 대해 잘 관찰해야 한다고 특별히 강조한다. 「계사하」는 말한다. "군자는 이로운 기기를 제 몸에 담고 있으며 적절한 시기를 기다려 행동에 옮기니 어떻게 이롭지 않을 수 있겠는가?"598 「단사」에서는 이렇게 이야기한다. "크게 '형통하고 곧으며 허물없으니' 천하가 때를 맞추어 따르게 될 것이며 수隨괘의 시간적 의미가 크도다."599 때에 따른다 함은 매우 중대한 의미를 지닌다. 잘못 지나쳐도 안 되며, 때를 놓치면 다시는 만회할 수 없다. 「계사하」는 사람들에게 시기를 잘 포착한 뒤 행동할 것을 권고한다. "군자는 제 몸을 먼저 안정시킨 뒤 움직이고, 제 마음을 먼저 평화롭게 한 뒤 말하며, [감성상의] 공감대를 형성한 뒤 요구한다. 군자는 이 세 가지를 수양하므로 [언행과 일 처리가] 완벽하다. 제 몸이 위태로운 채 움직이면 백성이 그와 더불어 움직이지 않는다. 마음이 두려운 채 말하면 백성이 그에게 호응하지 않는다. 공감대가 없는 채 요구하면 백성이 그를 따르지 않는다. [백성이] 그를 따르지 않으면 해칠 사람이 금방 나타나게 된다."600 행동함에 모험으로 요행을 바라지 않고, 말함에 평정하게 마음을 가라앉히며, 타인에게 도움을 구함에 공감대가 형성된 사람이어야 한다. 이 세 조건이 갖추어져야 무사평안을 보증할 수 있다. 때에 순응하여 행동하려면 미창微彰, 안위安危, 명실名實, 영허盈虛, 진퇴進退, 동정動靜에 특별히 주의를 기울여야 한다.

미微(숨어 있음)와 창彰(드러남)은 사물 변화의 단계성을 말한다. 기幾(조짐)와 미微는 보통 감추어지고 움이 막 튼 상태를 말하며, 창彰은 확연히 드러난 상태를 가리킨다. 저자는 사람들에게 기, 미, 창을 잘 관찰해야 한다고 권고한다. "군자는 미를 알고 창을 알며, 유柔(부드러움)도 알고 강剛(굳셈)도 알기 때문에 뭇 사내가 우러러본다."601 특히 그 싹에 주의를 기울여 미를 보고도 그 드러난 상태를 알아야 한다. "기幾란 동기가 숨어 있는 상태로 [이를 보고] 길흉의 징조를 미리 예견할 수 있다. 군자는 기를 보고 [신속히 행동으로] 움직이지 온종일 기다리고 있지 않는다."602

안安(평안)과 위危(위태로움)는 사물의 두 가지 앞길을 말한다. 「계사하」에 말한다. "군자는 평안할 때 위태로움을 잊어서는 안 되며, 생존할 때 멸망을 잊어서는 안 되며, 잘 다스려질 때 변란을 망각해서는 안 된다. 그래야 제 몸이 안녕하고 국가도 보존할 수 있다."[603] 평안한 상태에 있을 때 위태로움을 생각하고 난을 방지해야 안전이 보장될 수 있다. 「상전」에 말한다. "군자는 환난을 깊이 생각하여 예방한다."[604] 만일 위험이 눈앞에 있음이 분명하면 절대로 모험해서는 안 된다. 「상전」에는 "어려운 [위험한] 행동을 범해서는 안 된다"[605]고 말하고, 「단전」에는 "위험을 보면 능히 멈출 수 있어야 제대로 아는 것이다"[606]라고 말한다.

명名(명분)과 실實(실질)은 일반적으로 주관, 객관의 관계를 가리킨다. 사실 명실 문제 또한 운동 변화에 관한 문제다. 변화하는 가운데 명실 사이의 배치 현상이 일어날 수 있다. 저자는 명과 실이 서로 부합하면 길하고, 명실이 서로 어긋나면 흉하다고 생각했다. 「계사하」는 말한다. "덕이 천박한데도 지위가 존귀하고, 지혜가 모자라는데도 큰일을 도모하고, 역량이 적은데도 임무가 막중하면 재앙이 없을 확률이 거의 없다."[607] 『역전』은 언어의 작용을 특히 강조하여 변란은 말에서 생긴다고 주장한다. 「계사상」을 보자. "변란이 생기는 까닭은 말이 최초의 단계가 된다. 군주가 말에 신중하지 않으면 신하를 잃게 되고, 신하가 말에 신중하지 않으면 제 몸을 보전하지 못하게 되며, 중요한 사건에 신중하지 않으면 재앙이 생긴다. 그래서 군주는 언어에 신중하고 엄밀하여 [아무렇게나] 내뱉지 않는다."[608] 군주는 궁궐 내실에서 이야기하지만 그 작용은 천 리 밖까지 미치므로 특히 신중을 기해야 한다. 「계사상」에 말한다. "군자가 집안에 앉아 [사사로이] 발설해도 그 말이 좋으면 천 리 밖에서도 호응하는데, 하물며 가까이 있는 사람에게 있어서랴! 집안에 앉아 발설한 말이 좋지 않으면 천 리 밖에서도 이를 공박하는데, 하물며 가까이 있는 사람에게 있어서랴! 말은 제 한 몸에서 나오지만 그 작용이 백성 전체에 가해지며, 행동은 가까운 데서 발출되나 그 작용이 먼 데까지 미친다. 언행은 군자에게 있어 핵심 중추로 영광과 오욕은 이로부터 결정된다. 군자의 언행은 천지를 동요시킬 수도 있는데 어찌 신중하지 않을 수 있겠는가!"[609] 이런 상황은 고도의 군주 전제 상황하에서만 발생할 수 있다.

영盈(가득 참)과 허虛(텅 빔)는 사물 변화의 정도를 말한다. 저자는 영과 허가 부단히 변화하고 있다고 주장한다. "강한 것을 덜어내 부드러운 것에 보태는 데는 때가 있어야 한다. 덜고 더하고, 차고 비는 것은 때에 맞추어 행해야 한다."[610] "영盈의 상태가 항상 계속되는 것은 아니다."[611] 영은 사물이 극단에 도달했다는 표식이며, 허는 아직 발전 단계에 있음이다. 저자는 사물이 극에 다다르면 반드시 변한다物極必反고 주장한다. 「서괘」에 말한다. "'태泰'는 통한다는 의미다. 그러나 만물이 시종 창통할 수만은 없다. 그래서 [태괘에 이어] '비否(막힘)'괘가 이어받는다."[612] "'박剝'은 벗겨진다는 의미다. 그런데 만물이 시종 철저히 벗겨질 수만은 없으며, 극에 달하면 위로부터 아래로 되돌아온다. 그래서 '복復(되돌아옴)'괘가 이어받는다."[613] 사물의 극한 상황을 방지하기 위한 가장 좋은 방법은 허를 지키는 것이다. 저자는 허를 목적 자체로 보지 않고 자아보존의 조건으로 삼고 있다. 「계사하」에서는 굴신屈伸 관계를 설명하면서 이렇게 이야기한다. "자벌레가 몸을 구부리는 것은 펴기 위함이고 뱀이 동면하는 것은 제 몸을 보존하기 위함이다."[614] 문제의 핵심을 아주 분명하게 짚고 있다.

『역전』은 또 진進(전진)과 퇴退(후퇴)에 대하여 반복적으로 설명한다. 진퇴는 사물의 공간적 이동을 말한다. 마치 시간이 위대한 자연의 힘인 것처럼 공간도 마찬가지로 위대한 자연의 힘이다. 「계사상」은 말한다. "[괘의] 변화는 진퇴의 상징이다."[615] 변화를 진퇴로 설명하고 있는데, 이는 물론 매우 적절한 표현으로 진퇴는 변화의 한 특징임에 분명하다. 그래서 사물에 대해 진퇴와 왕래를 특히 주의해야 한다.

동動(움직임)과 정靜(고요함)은 사물의 움직임의 두 가지 형식을 말한다.

건은 동을 대표하고, 곤은 정을 대표한다. 동 가운데 정이 있으며, 정 가운데 동이 있다. 동이 중심이 되며 동과 정은 또한 서로 뒤바뀌기도 한다. 「계사상」은 말한다. "건은 정하면 [섞임 없이] 전일專—하고 동하면 [굽힘 없이] 똑바르다. 이로써 위대한 우주가 생겨난다. 곤은 정하면 [일체를] 포용하고 동하면 [모두에게] 개방한다. 이로써 광대한 만물이 생겨난다."616 건의 동 가운데 정이 있으며, 곤의 정 가운데 동이 있다. 동과 정은 또 뒤바뀔 수도 있다. "곤은 지극히 부드러우면서도 움직이면 강하고, 지극히 고요하면서도 덕이 방정하다."617 곤은 지극히 유한 것임에도 강한 것으로 바뀔 수 있으며, 지극히 정하다가도 동으로 뒤바뀔 수 있다. 이를 가리켜 "강과 유가 서로 바뀐다"618고 일컫는다.

운동의 여러 형태 가운데 『역전』의 총원칙은 어느 한편으로 치우치지 말고 '중中'을 지킬 것을 주장한 것으로 보인다. 『역전』 가운데 '중'을 이야기한 곳은 백 곳도 넘는다. 그 가운데 가장 중요한 의미는 치우치지 않는 중정中正不偏이다. '중'은 정치적으로 '제도'의 구현으로 나타난다. 「단사」는 말한다. "천지에 절기가 있어 사시가 성립한다. 절약으로 제도화하여 [백성의] 재물을 상하지 않고 백성을 해치지 않는다."619 「상전」은 말한다. "군자는 [물의 이치로써] 도수를 만들고 [사람들의] 덕행을 논의한다."620

『역전』이 비록 때에 적응하고, 변화에 대응하며, 자연에 따를 것을 강조하고 있지만 소극적이 아니라 오히려 주관 능동성이 발휘되고 있다. 「계사상」은 말한다. "[추상적 도와 구체적 기器에] 변화를 주어 재단하는 것을 변變이라 일컫고, [진일보하여] 미루어 실행토록 하는 것을 통通이라 일컫는다."621 여기서의 '변'과 '통'은 자연 그 자체의 과정과는 다르며 인위적 요소가 개입되어 있다. "변화를 주어 재단한다"에서 그 '변화化'는 자연을 가리키고, '재단裁'은 인위를 가리킨다. 즉 자연에 따르면서도 인력의 제제를 가한다는 의미다. 『역전』에서는 자연에 변혁이 있을 때 비로소 4

시四時가 구분되고 순환이 그치지 않는다고 주장한다. 인간사도 일정한 정도에 이르면 반드시 변혁을 해야 나아갈 길이 마련된다고 한다. 「단사」에 '혁革'괘를 해석하면서 바로 그렇게 이야기하고 있다. "천지에 변혁이 있어 사시四時가 이뤄졌다. [은나라] 탕왕과 [주나라] 무왕의 혁명은 하늘의 때에 따르면서도 인간사에 순응한 것이다. '혁'괘의 시간적 의미는 이렇게 큰 것이로다!"[622] 『역전』은 사물이 변혁한다는 관점에서 사회적으로 왕조 교체의 필연성을 논술하고 있다. 저자가 말하는 '혁명'에는 물론 신비주의적 함의가 없지 않다. 그러나 인간사에 순응한다 함은 완전히 현실주의적이다. 중국 역사상 『역전』이 처음으로 '혁명'이라는 개념을 제기한 것이다. 이 점은 향후 정치사상에 심대한 영향을 미쳤다.

성인의
치도

『역전』은 현실 정치를 직접 논술하고 있지는 않다. 그러나 군주와 정치의 일반 원칙에 대해서는 일정 부분 논의하고 있다.

『역전』은 군주의 품덕과 조건에 일련의 독창적인 견해를 제시하고 있다. 저자는 군주의 기본 조건은 도덕적으로 타인의 모범이 되면서 복종을 이끌어낼 수 있는 사람됨이어야 한다고 주장한다. 「문언」은 말한다. "군자는 인을 체득하여 사람을 자라게 할 수 있다."[623] 「단사」는 말한다. "군사師는 무리를 가리키고, 곧음貞은 바름을 가리킨다. 대중을 바로잡을 수 있으면 왕이 될 수 있다."[624] 뭇사람으로 하여금 모두 바르게 살도록 할 수 있다면 왕업을 성취할 수 있다는 이야기다. 타인의 모범이 되는 것 외에 군주는 또 변화의 도를 통달해야 한다. 「문언」은 말한다. "무릇 대인大人은 천지와 그 덕을 합치시키고, 일월과 그 밝음을 합치시키고, 사시와 그 순서를 합치시키고, 귀신과 그 길흉을 합치시킨다. 하늘보다 앞서도 하늘이 그에 어긋나지 않으며, 하늘보다 뒤에 있으면서 제 때를 받는다. 하늘도 어기지 못하거늘 하물며 사람에게 있어서랴, 하물며 귀신에게 있어서랴!"[625] 천지, 일월, 사시, 귀신에 모두 정통할 수 있다면 자연히 범인보다 아주 위에 있게 된다. 이러한 사람은 당연히 군주가 되어야 한다. 「단사」에도 이와 유사한 견해를 제기한다. "강함과 부드러움이 교차되는 것이 하늘의 무늬天文다. 무늬가 밝아서 [그 상태로] 머문 것이 사람의 무늬人文다. 천문을 보아 때의 관찰하고, 인문을 보아 천하 [백성을] 기르고 교육시킨다."626 천문은 음양의 교차와 천지의 변화를 가리키며, 인문은 사회제도적 교화를 가리킨다. 위로 천문을 알고 아래로 인문을 알면서 동시에 그것을 어떻게 '변화'시킬 것인가를 아는 사람이라면 그는 틀림없이 '천하를 성취할' 인물일 것이다. 그런데 위로 하늘을 알고 싶고, 아래로 사람을 알고 싶다면 반드시 '역'에 통달해야 한다고 저자는 강조한다. '역'의 장악이야말로 군주로 가는 길에 꼭 밟아야 되는 계단이다. 우리가 앞에서 인용한 문장들은 이 문제를 아주 잘 설명해준다. "역에서 성인은 [사물의] 지극히 심오한 곳까지 궁구하여 기미를 파악한다. 심오한 곳까지 궁구했으므로 천하의 뜻을 관통할 수 있다. 기미를 파악했으므로 천하의 일을 성취시킬 수 있다."627 천문, 인문에 정통한 사람이 성인이며, 성인은 또 하늘을 본받는 것을 본업으로 삼는다. 「계사상」은 말한다. "하늘이 신비로운 [시초蓍草, 귀갑龜甲 등] 물건을 내니, 성인은 이를 이용하여 [점을 치는 방법을] 개발했다. 천지가 [여러 가지] 변화를 보이니, 성인은 이를 본받아 [『역경』의 원리를] 세웠다. 하늘에 [풍우, 일식, 혜성 등] 현상이 나타나 길흉의 징조를 보이니, 성인은 점을 쳐 길흉을 알려주었다. [그 옛날] 황하에서 등에 그림이 새겨진 [용마龍馬가] 나타났고, 낙수洛水에서 등에 글씨가 새겨진 [거북이] 나타나 [상서로운 징조를 보임에], 성인은 이를 발전시켜 [음양8괘를 통한 정치의] 기본 원칙을 만드셨다."628 성인이 범인과 다른 곳은 바로 '도'를 안다는 데 있다. 그래서 「계사상」에는 이렇게도 이야기한다. "한 번 음이었다 한 번 양이었다 [끊임없이] 교차하는 것을 가리켜 도라고 일컫는다. 이 [하늘의 법칙을] 계승하는 것이 선이며,

그것이 [사람에게] 성취되어 있는 것이 성性이다. 인자仁者는 [천도를] 보면 인이라 일컫고, 지자知者는 [천도를] 보면 지라 일컫는데, 일반 백성은 [천도를] 항상 응용하면서도 [그것이 무엇인지 조금도] 알지 못한다. 그러니 군자의 도를 아는 사람은 너무 드물다!"629 군자여야만이 '도'를 전체적으로 인식할 수 있다. '도'를 인식할 수 있는 군자라면 무한한 능력을 갖고 있음에 틀림없으며, 만인을 굴복시킬 줄도 안다. 「문언」은 말한다. "구름이 용을 쫓고, 바람이 호랑이를 따른다. 성인이 지어내니 만물物이 의지한다睹."630 '물物'은 '사람'의 의미고, '도睹'는 '저箸'와 통해 기댄다는 뜻이다. 성인이 만들어내면 만인이 가까이 의지한다는 의미다. 영웅이 모든 것을 지휘하며 만인은 모두 영웅의 발아래 엎드린다는 말이다.

『역전』은 도에 정통한 군주는 천지가 만물을 기르듯이 만민을 양육해야 한다고 주장한다. 「단전」은 말한다. "천지는 만물을 길러낸다. 성인은 현인을 길러 [그 영향이] 만민에 미치게 한다."631 「상전」은 말한다. "지세가 곤坤이다. 군자는 두터운 덕으로 만물을 [땅에] 실리도록 한다."632 땅은 하늘의 기세에 순응하며 그 모양이 두터워 만물을 실을 수 있고, 군자는 땅을 본받아 두터운 덕으로 신민을 양육한다. 이 사상에 대하여 우리는 두 방면에서 고찰해야 한다. 한편으로 이는 군주에 대해 지극히 높은 요구를 제기하고 있는데, 천지가 만물에 하듯이 군주는 만민을 양육할 책임을 져야 하며 그렇지 못할 경우 군주 될 자격이 없다는 것이다. 다른 한편으로 이와 같은 양육과 피양육 관계의 배후에 있는 만민은 모두 군주의 부속물이며 성인에 의지하며 살아간다는 것이다. 저자는 군주에게 지극히 높은 요구를 하면서 그 외침 속에서 군주를 절대적 지위에 놓고 있으며, 만민은 응당 군주의 양육을 받아야 한다면서 이 양육의 외침 속에서 만민을 노예와 같은 소유물의 위치로 떨어뜨리고 있다. 그러나 언뜻 보기에는 오히려 온정의 면사포로 둘러싸여 있다.

군주는 만민을 양육하는데, 양육하려면 천지의 도에 합치해야 한다. 「상전」은 말한다. "하늘과 땅의 교접이 태泰이다. 군주는 그것으로 천지의 도를 마름질해내며, 천지의 마땅함을 도와 백성을 좌우한다."633 군주는 '태泰'괘를 보고 천지의 규율을 마름질하며, 천지의 마땅함을 보조해 만민을 생산과 생활에 종사하도록 지배한다. 「단전」은 말한다. "천지가 순서에 맞게 움직이므로 해와 달이 잘못되지 않으며, 사시가 어긋나지 않는다. 성인이 순서에 맞게 움직이면 형벌이 맑아 백성이 복종한다."634 '순동順動'이란 자연과 사회의 규율에 순종한다는 의미다. 저자는 성인이 순동과 양육의 방법을 서로 결합했을 때 비로소 천하를 복종시킬 수 있다고 주장한다. 「단전」은 말한다. "해와 달은 하늘[의 기운]을 얻어 오래 비출 수 있으며, 사시는 변화하기에 오래 이룰 수 있다. 성인이 오랫동안 그 도를 지키고 있으면 천하의 교화가 이루어진다."635 이렇게도 이야기한다. "하늘과 땅이 감응하여 만물이 변화 생성한다. 성인이 사람들의 마음을 감응시키니 천하가 화평하다."636

성인의 정치는 또한 사물을 뚜렷이 관찰해야만 한다. 어떻게 명찰할 것인가에 대해 저자는 수많은 이야기를 하고 있는데, 그 가운데 중요한 것 두 가지만 보면 이렇다. 하나는 모순의 관점, 즉 대립 통일의 관점으로 사물을 고찰해 일의 두 측면을 모두 아는 것이다. 「단전」은 말한다. "하늘과 땅은 등지고睽 있으나 그 일이 같으며同, 남자와 여자는 등지고 있으나 그 뜻이 통通하며, 만물은 등지고 있으나 그 일이 비슷類하다."637 '규睽'는 사물의 모순성을 말하고, '동同' '통通' '유類'는 모순된 쌍방의 통일성을 이야기하는 것으로 '합合'이라 부르기도 한다. 모순된 쌍방 간에 기왕 '규'가 있다면, 또한 '합'도 있다. 하늘과 땅이 때에 따라 규하기도 합하기도 하므로 만물이 길러진다. 남자와 여자가 때에 따라 규하기도 합하기도 하므로 가정이 이뤄지고 자녀가 태어난다. 만물이 때에 따라 규하기도 합하기도 하므로 서로를 돕고 성장시킨다. 「상전」은 이 문제를 더욱 분명하게 개괄하고 있다. "군자는 [사물을] 같이 봄으로써 다름을 안다."[638] 즉 군자는 사물을 인식할 때 사물의 같은 점을 종합하면서 동시에 사물의 차이점을 분석한다. 「문언」에서도 이와 유사한 인식 방법을 이야기한다. "나아감만 알고 물러섬을 모르며, 생존만 알 뿐 망함을 모르며, 얻음만 알고 잃음을 모르면 이는 어리석은 사람이 아닌가? 진퇴존망을 알면서도 올바름을 잃지 않는다면 성인이 아닌?"[639] 어떤 사물이 대립하는 방면으로 전환되는 데는 필시 과정이 있는데, 성인은 반드시 그 싹을 명찰해야 한다. 「문언」 가운데는 이런 글이 있다. "신하가 그 임금을 시해하고, 자식이 그 아비를 죽이는 것은 일조일석의 이유에서가 아니다. 그렇게 된 이유가 점진적으로 쌓여온 것이니 아주 초기의 상황을 잘 관찰해야 한다."[640]

사물을 명찰하는 또 하나의 방법은 분류分類다. 분류는 두 측면 모두에 대한 분석과 종합을 포함한다. 「상전」은 말한다. "하늘과 불이 동인同人 괘이다. 군자는 그것으로 종족을 모으고 물건을 구분한다."[641] 「계사상」은 말한다. "[우주만물은] 같은 부류類끼리 모이며, 만물은 자연스레 집단群의 분리를 이루는데, 그에 따라 길흉이 생겨난다."[642] 만물은 '류類'와 '군群'으로 나뉜다. '류'와 '군'은 한 사물의 공통성을 포함하기도 하고, 다른 사물과 서로 구분되기도 한다. 군자가 '하늘'처럼 밝고 '불'처럼 빛나는 까닭은 그가 사물의 종류를 잘 분석하여 다른 사물과의 차이점을 분명히 판가름해주기 때문이다.

성인의 만민 양육은 구체적으로 경제와 정치 두 방면에서 나타난다. 경제면에서 저자는 인민에 대한 수취에는 정도가 있어야 한다고 주장한다. 「단전」은 말한다. "위 [사람의] 것을 덜어 아래 사람을 이롭게 하면 인민이 강파하다고 아니할 것이니 위로부터 아래에 이르기까지 그 도가 크게 빛나리."[643] 「상전」은 말한다. "땅 가운데 물이 있는 것이 사師괘다. 군자는 그것으로 백성을 받아들이고 대중을 기른다."644 이런 말도 있다. "땅 가운데 산이 있는 것이 겸謙괘다. 군자는 그것으로 많은 것을 덜어 적은 것을 보충하며, 물건을 저울에 달아 골고루 베푼다."645 군자는 "홀로 부를 쌓지 않는다"고 말하기도 한다. 「문언」은 말한다. "선을 쌓는 집안에는 반드시 경사스러운 일이 넘치고, 선하지 못한 일을 많이 한 집안은 반드시 재앙이 넘친다."646 통치자가 인민을 부리고 싶어한다면 인민을 기쁘게 만든 뒤에야 쓸 수 있다. "기쁜 마음으로 백성의 앞장을 서면 백성이 저희들의 수고로움을 잊으며, 기쁜 마음으로 어려운 일을 맞으면 백성이 제 죽음을 잊고 행한다. 기쁨의 의미가 크므로 백성은 서로 권장한다."647 『역전』의 저자는 백성에게 덕을 베풀어야 하고, 덕을 베풀어야 백성이 따른다는 것을 반복하여 강조한다.

정치 면에서 저자는 예를 밝히고 처벌에 신중할 것을 주장한다. 윗자리에 있는 사람이 아랫사람을 대하는 태도는 겸허해야 한다. "귀한 것으로 아랫사람을 대접하니 크게 민심을 얻는다."648 위아래가 순조로우면 국가의 안전이 보장된다. 「상전」에 말한다. "도둑을 막는 것이 이롭다 함은 위아래가 순조롭다는 것이다."649 「계사상」은 말한다. "두 사람의 마음이 일치하면 그 예리함이 금속을 절단할 수 있으며, 합치된 마음에서 나온 말은 그 향기가 난 꽃처럼 그윽하리라."650

사람을 쓰는 문제에 대해 『역전』의 저자는 "현인 숭상尙賢"과 "현인 양성養賢"(『역전』 「단전」)을 주장한다. 「문언」을 보자. "귀해도 지위가 없고, 높아도 백성이 없으며, 현인이 아래 있으나 보좌를 받지 못하니 이를 가리켜 움직이면 후회가 있다고 한다."651 이 상현에 대응하는 측면이 "소인을 멀리하는 것"이다.(『역전』 「상전」)

『역전』 또한 집안을 다스리는 것이 천하를 평정하는 근본이라고 주장한다. 그래서 어버이는 어버이답고父父, 자식은 자식다우며子子, 형은 형답고兄兄, 지아비는 지아비다우며夫夫, 지어미는 지어미다운婦婦 길을 특히 강조한다.(『역전』「단전」)

『역전』의 저자는 인민을 통치하기 위해 신도설교神道設教[652]하라고 분명하게 주장하고 있다. 「단전」은 말한다. "하늘의 신비로운 도를 관찰하니 사시가 어긋나지 않는다. 성인이 신비로운 도로 [백성에게] 가르침을 베푸니 천하가 복종한다."[653]

도덕 관념에 관해서 『역전』은 유가의 체계에 속한다. 다만 『역전』이 중점을 두고 있는 것은 구체적 규범이 아니라 행동하면서 어떻게 유가도덕의 핵심을 장악할 것인가를 사람들에게 가르치는 데 있다.

『역전』은 군자의 덕은 자강불식自强不息(쉼 없이 노력하여 자신을 향상시킴)하며 그 자세를 항상 견지하는 것이 핵심이라고 주장한다. 「상전」은 말한다. "하늘의 운행이 건실하니, 군자는 그것으로 쉬지 않고 스스로 힘쓴다."[654] 이렇게도 말한다. "군자의 말에는 물적 근거가 있고, 행동에는 항상성이 있다."[655] 「단전」은 말한다. "하늘은 베풀고 땅은 낳으니 그 이로움이 장소를 가리지 않는다. 익益괘의 도는 때와 더불어 행하는 데 있다."[656] 「문언」에서는 "군자가 종일 굳세게 저녁까지 근심하면 위태로우나 허물은 없다"[657]는 괘사를 해석하면서 이렇게 말한다. "군자는 덕에 나아가고 학업을 닦는다. 충신忠信은 덕에 나아가려는 까닭이며, 수사修辭로 참됨을 세우는 것은 학업에 거하려는 까닭이다. 지극한 곳을 알아 거기에 이르니 더불어 기幾(기미)를 말할 수 있으며, 끝날 데를 알아 끝내니 더불어 의를 보존할 수 있다. 그러므로 윗자리에 있어도 교만하지 않으며, 아랫자리에 있어도 걱정하지 않는다. 그래서 굳세게 그 시간 때문에 근심하는 것이 비록 위태롭지만 허물은 없다고 하는 것이다."[658] 여기에 든 여러 가지 논의는 사람들에게 근면하고 소심하여 충신으로 몸가짐하고 참됨으로 사람들을 대하라고 권고한다. 말은 이치에 들어맞고 행동은 항상성을 지녀야 한다. 일에 부딪히면 사물이 어디로 가 어떤 결과를 얻게 될 것인지 세심하게 계산하여 신중에 신중을 기해야 한다. 편안한 데 거처해도 게을러서는 안 되며, 위태로운 지경에 처해도 큰 손해를 입지 않아야 한다. 이 모두는 자강불식의 정신으로 말미암아 얻어지는 것이다.

자강불식과 짝을 이루는 것이 강건과행剛健果行(강건하고 과단성 있게 행동함)이다. 강건은 건乾괘의 본성으로 사람은 이를 본받아 행동이 굳세고 강해야 한다. 「단전」은 말한다. "그 덕이 굳세고 건실하여 무늬가 찬란하고, 하늘과 호응하면서 때맞추어 운행한다."659 강건은 속마음의 의지를 말하는 것이며, 이것이 행동으로 드러나는 것이 과단성 있는 행동이다. 「상전」은 말한다. "그로써 군자는 과단성 있게 행동하며 덕을 기른다."660 이 말은 곧 군자는 도를 지킴에 과단성 있고 뒤를 돌아보지 않음으로써 자신의 덕행을 증대시킨다는 것이다. 「문언」에도 군자는 "정고貞固하여 족히 일을 주관幹할 수 있다"661고 말한다. 정貞은 바르다는 의미이니 정고란 바르고 굳세다는 의미다. 간幹은 주관하다, 주재하다의 의미다. 군자는 확고히 정도로써 사무를 주관해야 한다는 것이다.

자신의 의지와 생명에 모순이 생겼을 때는 목숨을 버리고 뜻을 좇아야 한다. 「상전」은 말한다. "군자는 목숨을 다하여 뜻을 좇는다."662 뜻과 군주 사이에 모순이 발생하면 뜻을 따르고 군주를 따르지 않는다. 「상전」은 말한다. "군주를 섬기지 않는다는 것은 그 뜻이 본받을 만하다는 말이다."663 공명과 의지 사이에 모순이 생겨도 뜻을 따르고 공명을 포기한다. "봉록을 영광스럽게 생각해서는 안 된다."664 「문언」은 말한다. "초665에 가로되 '물에 잠긴 용이니 쓰지 말라' 함은 무엇을 이름입니까? 공자께서 말씀하셨다. '용이란 덕을 지녔으면서 감추고 있는 것이다. 세속에 따라 뜻을 바꾸지 않고 이름을 이루지 않으며, 세상에 숨어 살면서도 번민하지 않고 옳게 봐주지 않아도 고민하지 않으며, 즐거우면 그것을 행하고 근심스러우면 그것을 피하고 그 뜻이 확고하여 뺏어낼 수 없는 것이 물에 잠긴 용이다.'"[666] 덕이 있고 뜻을 굳건히 견지하는 사람은 세속 때문에 뜻을 옮기지 않으며, 공명을 도모하지 않고, 세상을 피해 있어 사람들이 알아주지 않아도 답답해하지 않는다. 자신의 뜻에 부합하면 행동으로 옮기고, 거슬리면 이를 피한다. 뜻은 절대로 빼앗겨서는 안 되는 것이다.

군자의 덕으로 또 하나 제기된 것은 겸허하게 사람을 대함이다. 「단전」은 말한다. "사람의 도는 가득함을 싫어하고 겸손함을 좋아한다."[667] 「상전」은 말한다. "겸손하고 또 겸손한 군자는 스스로를 낮추어 처신한다."[668] "노력하고 겸손한 군자는 만민이 복종한다."[669] 이렇게도 이야기한다. "군자는 겸허함으로 사람을 받아들인다."[670] 겸허는 한편으로 타인에 대한 존중으로 표현된다. 「계사상」은 말한다. "겸허하다는 것은 공경을 다하여 제자리를 지킴이다."[671] 겸허는 또 한편으로 공을 과장하지 않는 것으로 표현된다. 「계사상」은 말한다. "[군자는] 힘써 일하면서 과장하지 않으며, 공적이 있으나 자만하지 않으니 이는 덕이 지극히 두터움이다."[672] 겸손은 사람들에게 제 위치를 넘어설 생각을 하지 말라고 요구한다. "군자는 제 위치를 넘어설 생각을 않는다."[673] "군자는 그로써 분노를 징계하고 욕망을 막는다."[674]

사람과 사람의 관계를 처리할 때 군자는 선을 쌓아야 한다. 「상전」은 말한다. "군자는 이로써 악을 막고 선을 떨치며, 하늘의 아름다운 명령에 따른다."[675] 이렇게도 말한다. "군자는 선을 보면 [그에 따라 자신을] 바꾸고, 잘못이 있으면 고친다."[676] 물론 선을 행하는 것은 매우 좋은 일이다. 하지만 선을 행하는 배후에는 또 다른 계산이 깔려 있다. 「계사하」는 말한다. "선행이 쌓이지 않았다면 명예를 성취할 수 없으며, 악이 쌓이지 않았다면 제 몸이 다 없어질 수 없다."[677] 선을 쌓는 것은 명예를 성취하기 위함이다.

제7절

『주례』중의
국가 체제 사상

『주례』와
그 정치사상적 의의

『주례周禮』는 『주관周官』이라고도 불린다. 『한서』 「예문지」에서는 『주관경周官經』이라고도 불렸다. 이 책은 전한前漢 하간헌왕河間獻王 유덕劉德이 민간에서 수집해온 고서라고 전해진다. 주된 내용은 국가 체제와 관리의 직무에 관한 이야기다. 저자는 국가의 관리官吏를 6대 계통으로 나누고 이 관제를 이용하여 각종 제도와 연계하고 있다. 천天, 지地, 4시四時와 6대 관속을 상호 연계하여 다음과 같이 배합한다. 첫째, 천관天官 '총재冢宰'라 부르며, 그 아래 속하는 관직은 63종이 있다. 둘째, 지관地官 '사도司徒'라 부르며, 그 아래 속하는 관직은 78종이 있다. 셋째, 춘관春官 '종백宗伯'이라 부르며, 그 아래 속하는 관직은 70종이 있다. 넷째, 하관夏官 '사마司馬'라 부르며, 그 아래 속하는 관직은 69종이 있다. 다섯째, 추관秋官 '사구司寇'라 부르며, 그 아래 속하는 관직은 66종이 있다. 여섯째, 동관冬官으로 '사공司空'이라 부르는데, 이 편은 망실되어 그 아래 속하는 관직이 얼마나 있는지 모른다. 동관이 빠져 있었기 때문에 한나라 사람들은 그와 내용이 유사한 「고공기考工記」를 보충해 넣었다.

전하는 바에 따르면 이 책은 서주 초기 주공이 '제례작악制禮作樂(예법

제도를 만들고 음악을 지음)'하여 얻은 것 가운데 하나라고 한다. 이 주장은 이미 수많은 학자에 의하여 비판되어왔듯이 믿을 수 없다. 책 가운데의 관직 이름으로 보면 상당수의 고대 관직명이 있는 것도 사실이지만 책의 전체 체계로 볼 때 분명히 늦게 출현한 것이다. 이 책의 성립 연대에 관해서 학계에 많은 논란이 있는데, 필자가 보기에 전국 시대 후기 작품으로 보는 것이 비교적 사실에 가까운 것 같다.

이 책은 수많은 고대 언어를 사용하여 수많은 고대 제도를 기술하고 있다. 서주 역사와 서주 고고학을 연구할 때는 항상 이 책 가운데서 사료와 방증을 찾곤 한다. 그러나 이 책의 성질로 볼 때『주례』는 국가 체계에 관한 설계도이며, 그 가운데 수많은 고대 자료가 흡수되어 있는 것이라고 봄이 적절하다.

전국 시대 후기에 군주 전제 제도가 신속히 발전하고 전국은 통일로 치달아갔다. 이에 어떤 국가 기구를 수립해야 군주 전제의 수요에 더욱 적절한가 하는 것이야말로 정치가와 사상가들이 관심을 기울인 가장 큰 문제였다. 묵자와 맹자가 일찍이 이 문제에 관하여 토의했으나 아직 좀 간략했고 체계적이지 못했다. 순자는 이 문제를 비교적 많이 논의했는데 그의「왕제」편에 집중적으로 반영되어 있다.『관자』의 몇 편에 일부 이야기되고 있으나 전문적 논술은 아직 없었다. 따라서『주례』가 국가 기구 체계에 관한 첫 번째 저작인 셈이다.

이 책은 하간왕이 헌상한 뒤 일정 기간 중시되지 않았다. 그런데 전한 말 왕망王莽이 섭정하면서 자신을 주공으로 자처하고 주의 제도를 모방하기에 이르자 이 책이 특히 중요시되어 '국전國典'으로 삼았고 박사博士를 세울 정도였다. 왕망이 권좌에서 쫓겨난 뒤 이 책은 또다시 냉대를 받았다. 그러다 후한後漢 말 정현이 이 책에 주석을 달면서 다시 새롭게 중시되었고,『의례儀禮』『예기禮記』와 더불어 '3례' 가운데 하나로 열거되기에 이르렀다. 북조北朝 서위西魏의 우문태宇文泰 집정 시기에 『주례』는 정부 기구를 조직하는 청사진이 된 적이 있으며, 당唐 현종玄宗도 『주례』를 본떠 『당육전唐六典』을 지었다. 왕안석王安石은 변법을 하면서 『주례』를 지극히 숭상하여 변법과 이재理財 제도의 역사적 근거로 삼았다. 그 후 누구도 다시 『주례』를 그대로 옮겨놓는 짓을 한 사람은 없었지만, 계속 유가의 경전으로 학인들의 필독서가 되었다.

이 책의 구체적 제도가 역사에 미친 영향은 제한적이지만, 여기에 담긴 군주 전제의 정신은 중국의 고대 정치에 상당한 영향을 끼쳤다.

이 책을 어느 학파에 귀속시킬 것인가에 대하여 어떤 학자들은 법가 저작에 속한다고 주장하기도 한다. 이 주장도 참고할 만하지만 여기서는 전통에 따라 여전히 유가의 저작으로 본다.

군주 전제의
정치사상

『주례』를 관통하는 가장 기본적인 사상은 군주 전제다. 문장 가운데 이 문제를 직접 언급한 부분은 매우 적지만, 세밀히 분석해보면 이 점이 책 전체의 출발점이요 귀결점이다. 「오관五官」 서문과 「고공기」 서문은 군주 전제의 핵심 내용을 집중 반영하고 있다.

「오관」에는 이런 글귀가 있다. "오직 왕만이 나라를 세우며, 방위 배열을 바로 하며, 국내외 경계와 강역을 구분 지으며, 관직을 설치하여 직무를 규정하며, 이로써 백성을 위한 준칙을 마련한다."[678] 이 다섯 마디는 왕의 최고 절대 권력을 개괄한다. 이 몇 구절의 해석에 관하여 대대로 논란이 많은데, 이를테면 '오직 왕만이 나라를 세운다'는 구절만 해도 다음과 같은 세 가지 다른 해석이 있다. 한 가지는 이것이 봉건제후의 권력 문제를 가리킨다는 주장이고, 또 한 가지는 주공과 성왕成王이 낙읍洛邑에 왕성을 건립한 것을 가리킨다는 주장이다. 세 번째 견해는 이 두 가지를 겸한 것이라는 주장이다. 다른 몇 구절에도 논란이 많은데 여기서 일일이 소개하지는 않겠다. 요는 이 구절의 주지가 국왕만이 땅을 나누고 제후를 세워封建諸侯 국國을 수립케 할 수 있으며, 국가의 수도와 궁궐의 방위를 선택하고 확정할 수 있으며, 군신의 지위에 서열을 매길 수 있으며, 국國(성곽 안)과 야野(성곽 밖)의 강역을 구별 지을 수 있으며, 백관을 임명하여 직무를 규정할 수 있으며, 인민을 위해 준칙을 확립할 수 있다는 것이다. 「고공기」 서문은 군주, 신하, 인민의 각기 다른 직책을 나누어 규정하고 있는데, 군주의 직책은 "앉아서 도를 논하는" 것이다. 다시 말해 군주는 명령을 발하고 사상 원칙을 반포하는 일을 전담한다. 이상 몇 가지 원칙에서 볼 수 있듯이 왕은 일체의 최고 권력을 가진 유일무이한 독재자다.

『주례』의 군주 전제 주장은 또 국가 체계 가운데 행정 집행 기구만 존재하는 것으로 나타나기도 한다. 6관六官은 모두 왕의 종복으로 신하이며 왕의 일을 처리하는 사람이다. 왕에 소속된 하급 행정 기구 외에 그 어떤 것도 왕의 기구를 제약하지 못한다. 「사도하司徒下」에 '보씨保氏'라는 관직이 있는데 보씨는 "왕의 나쁜 점을 간언하는 일을 한다"고 하여 마치 감독 작용을 한 듯이 보인다. 그런데 사실 보씨의 직책은 간언에 관한 논의를 하는 데 불과했을 뿐으로 왕의 권력을 제약하는 작용을 하지는 못했다. 「사구司寇」 중의 '소사구小司寇'라는 관직은 "외조外朝의 정무를 관장하여 만백성을 모아놓고 자문을 구한다".[679] 「사도상司徒上」에 '향대부鄕大夫'라는 관직을 말하면서도 왕이 "뭇 인민을 모아 크게 자문을 구하니 각 통솔자는 제 향鄕 백성의 많고 적음을 가지고 외조에 이른다"[680]고 이야기한 곳이 있다. 이 두 곳에서 만백성에게 자문을 구한다는 것은 전국인민대회처럼 보인다. 그러나 여기서의 '민'은 '향' 내의 민에 한정된, 즉 '국'의 민이지 '야'의 민은 포함되지 않는 것이다. 이 대회는 주로 세 가지 문제를 해결한다. "하나는 위기해결에 대해 자문하며, 둘은 국을 옮기는 일을 자문하며, 셋은 군주를 세우는 문제를 자문한다."[681] 이 세 가지 문제는 전국적인 대사임에 틀림없으며, 언뜻 보면 국왕의 권력이 제약을 받는 것으로 보인다. 이 때문에 혹자는 이를 고대 민주 제도의 증거로 삼기도 한다. 손이양孫詒

讓은『주례정요周禮政要』에서 이를 현대의 '의원議院'에 비유했다. 어떤 각도에서 보면 이 주장이 전혀 일리가 없지는 않으나,『주례』의 체계로 볼 때 이는 단순한 자문 제도일 뿐 민주 제도가 아니다. 소집인이 왕과 왕의 행정 사무관이기 때문에 이 회의는 자문할 뿐 의결권이 없다. 자문이 물론 일정한 민주정신을 갖고 있다고는 하지만 그렇다고 그것을 민주 제도와 뒤섞어 이야기할 수는 없다. 그리고 대중에게 자문을 구하는 것도 위의 세 가지 특수한 상황에 한정된 것일 뿐 다른 정치 사무는 아예 자문이 없다. 따라서 '주례'의 전체 체계로 볼 때 왕권을 제약하는 제도는 존재하지 않으며, 행정 과정 밖에서 제약을 가할 수 있는 그 어떤 민주 기구도 존재하지 않는다.

『주례』의 군주 전제는 또 천하의 모든 사물이 왕의 소유라고 표현한다. 해와 달이 비치는 것, 사람의 발길이 닿는 곳 모두 왕의 소유 아닌 것이 없다고 한다.

군주 전제 제도는 초경제적인 각종 수단을 동원하여 모든 피통치자에게 통제와 속박을 가하는 것으로 표현되기도 한다. 거기에는 다음과 같은 내용이 포함되어 있다. 직업을 고정시킴, 산업 소유권은 정권의 지배와 제약을 받음, 엄격한 호적 제도, 어떠한 행동의 자유든지 제한함, 마음대로 이주하는 것을 허락하지 않음, 모든 주민을 여러 가지 등급으로 갈라 그에 상응하는 예법 제도로 규정함, 혼인을 포함하여 사람의 몸을 국가의 통제를 받도록 하는 것 등. 이런 제한 아래서 인민은 완전히 통치자의 임의적 지배 대상이자 노예로 바뀐다. 정치적 제한이 이 정도에 이르면 이 나무에 기대어 서식하든지 아니면 목매달아 죽든지 해야 한다. 그외 다른 길은 없다.

이상 여러 이유에 기초하여 우리는『주례』가 세우려 했던 바는 극단적 군주 전제 정치 제도라고 생각한다.

국가 기구에 관한
설계와 예禮, 형刑

『주례』는 중국 역사상 국가의 기구 체계와 각종 관직의 직무에 관하여 전체를 체계적으로 논술한 첫 번째 저작이다. 관직의 명칭 일부는 춘추 시대 이전의 옛 명칭에서 취했다. 이를테면 태재太宰, 사도司徒, 사구司寇 등이 그렇다. 일부는 전국 시대의 것을 취했다. 그리고 상당 부분은 문헌이나 갑골, 금문에 보이지 않는데 저자가 새로 창조했거나 아니면 문헌이 결핍된 까닭일 것이다. 『주례』에 서술된 국가 기구와 관료의 직무 가운데 일부는 역사적 사실과 맞아떨어진다. 하지만 이들을 하나의 체계로 만든 것은 분명히 저자의 설계다.

『주례』에 열거된 관직은 모두 360여 개가 있다. 이 관직은 6대 중추 관직에 나뉘어 소속된다. 비록 6관 아래에 있지만 모두 중앙 소속의 관직은 아니며 일부는 지방관과 직사관職事官(독립된 해당 사무를 맡아보는 관직)이었다. 따라서 우리는 『주례』를 중추 기구만을 서술한 것으로 볼 수 없다. 다음 몇 방면으로 나누어 『주례』 중의 관직 구성을 소개한다.

첫째, 중추 6관

총재家宰 관직을 연구하는 일부 학자들은 '총재'를 후대의 이부상서吏部尚書와 비교한다. 총재는 6관의 우두머리이고, 이부상서는 6부의 우두머리라는 점에서 둘은 서로 비슷하다. 그러나 직무로 볼 때 총재와 이부상서는 많은 차이가 있다. '총재'직은 재상과 이부상서의 겸직에 상당한 것으로 보아야 한다. 『주례』는 '태재(즉 총재)'의 직무에 관해 10여 가지 항목을 규정하고 있는데, 이 10여 항목은 모두 전국적인 성질의 것이다. 이를테면 소서小序는 이렇게 말한다. "태재의 직무는 나라를 세우는 6전六典을 관장하는 것이며, 이로써 왕의 치국을 돕는다."682 이 항목이야말로 다른 5관과 확연히 다르다. 6전의 으뜸은 '치전治典'이며, 이것이 태재의 근본 직무다. '치전'은 세 가지 내용을 포함하는데 "이로써 나라를 경영하고, 관부를 다스리며, 만백성의 기강을 잡는다."683 이 세 가지야말로 정치의 가장 중요한 내용을 담고 있다. 치전을 주관하는 것 외에 태재는 또 다른 5전五典을 두루 통괄하는데, 이 5전의 내용은 다음과 같다. "둘은 교전教典이라 하며, 이로써 나라를 안정시키고, 관부를 교화하고, 만백성을 길들인다. 셋은 예전禮典이라 하며, 이로써 나라를 화목케 하고, 백관을 통솔하고, 만백성을 잘 어울리도록 한다. 넷은 정전政典이라 하며, 이로써 나라를 평화롭게 하고, 백관을 바로잡고, 만백성을 고르게 살도록 한다. 다섯은 형전刑典이라 하며, 이로써 나라의 반역을 제지하고, 백관을 형벌로 다스리고, 만백성을 규찰한다. 여섯은 사전事典이라 하며, 이로써 나라를 부유하게 하고, 백관에 소임을 다하도록 하고, 만백성을 잘살게 한다."684 이 5전은 각기 다른 5관의 근본 직무가 되지만 총괄적으로 태재에게 귀결되기도 한다. 이로써 태재가 다른 5관보다 높다는 것을 알 수 있다. 「태재」는 또 다른 직책이 있는데, 예를 들어 '8법八法'으로 관부를 다스리며, '8칙八則'으로 영지를 다스리며, '8병八柄'으로 뭇 신하를 제어하며, '8통八統'으로 만백성을 제어하며, '9직九職'으로 만백성을 안정시키며, '9부九賦'로 재화를 관리하며, '9식九式'으로 재정을 조절하며, '9공九貢'으로 속국의 공물을 거두며, '9량九兩'으로 만백성을 화해 협력시킨다. 그래서 태재는 정무를 총괄하는 관직이다.

태재에 속하는 관직들을 분석해보면 뚜렷한 특징 하나가 발견되는데, 대부분 궁전의 관직이 모두 태재의 속관이라는 사실이다. 이러한 안배에는 일정한 역사적 근거가 깔려 있는데, 그것은 주대의 태재 및 춘추 이후에 흥기한 상相 또는 재상이 원래 군주의 집안을 관리하는 우두머리들이었기 때문이다.

대사도大司徒 후대의 대사농大司農, 호부戶部에 상당하며, 농업과 재정을 주관한다. 구체적 직무로는 토지, 산천 형세, 호적, 부세, 화폐, 재정, 황정荒政(재난 관리), 풍속 정돈 등을 이해하고 관리한다.

대종백大宗伯 후세의 태상太常, 예부禮部에 상당하며, 예의禮儀, 제사 등을 주관한다.

대사마大司馬 후세의 태위太尉, 병부兵部에 상당하며, 군대 편제, 정벌 토벌, 사냥, 교열, 진법 등을 책임진다.

대사구大司寇 후세의 정위廷尉, 형부刑部에 상당하며, 형벌, 사법, 치안 등을 주관한다.

대사공大司空 후세의 공부工部에 상당하며, 토목건축 등을 주관한다.

『주례』는 이 6관을 천, 지, 춘, 하, 추, 동과 배합시키고 있다. 천지와 4시는 시공 차원에서 자연계의 모든 것을 포괄한다. 이 6부 또한 정치의 모든 것을 포괄한다. 중추 기구를 여섯 부분으로 나눈 것은 역사 경험의 총체적 결론으로 당시의 정치적 수요에 맞는 것이었다. 따라서 봉건사회 중앙기구라는 기본 모델을 형성하게 된 것이다.

둘째, 지방 기구

『주례』의 지방 행정 조직에 관한 설계는 '향鄕' '수遂' 제도다.

「대사도」에는 나라의 영지에 다음과 같은 향제鄕制를 시행한다고 쓰여 있다. "다섯 가家를 비比로 삼고" "다섯 비를 여閭로 삼고" "네 여를 족族으로 삼고" "다섯 족을 당黨으로 삼고" "다섯 당을 주州로 삼고" "다섯 주를 향鄕으로 삼는다." 전통 주석가들은 이것은 국과 교郊의 편제로 '야'와 다르다고 해석했다.[685] 이상의 편제에 상응하는 것으로 '비장比長' '여서閭胥' '족사族師' '당정黨正' '주장州長' '향대부鄕大夫'가 있다.

'향' 밖에 있는 '수遂'는 또 다른 행정 편제를 가지고 있다. 「수인遂人」 편은 말한다. "다섯 가家를 인鄰으로 삼고, 다섯 인을 리里로 삼고, 네 리를 찬酇으로 삼고, 다섯 찬을 비鄙로 삼고, 다섯 비를 현縣으로 삼고, 다섯 현을 수遂로 삼는다."[686] 이에 상응하는 것으로 '인장鄰長' '리재里宰' '찬장酇長' '비사鄙師' '현정縣正' '수사遂師'가 있다.

「소사도小司徒」의 지방 구분은 「수인」 편과 달리 토지 분배에 의거하여 다음과 같이 구분한다. "아홉 부夫를 정井으로 삼고, 네 정을 읍邑으로 삼고, 네 읍을 구丘로 삼고, 네 구를 전甸으로 삼고, 네 전을 현縣으로 삼고, 네 현을 도都로 삼는다."[687]

이상 언급한 행정 조직 체계가 역사적 근거를 갖고 있느냐의 여부는 여기서 논의하지 않겠다. 다만 그 정신만은 일치했는데 모두 지역원칙에 따라 주민을 조직하고 매 개인, 매 가정 모두를 일정한 행정 체계 안에 편성되도록 했다. 지방관의 주요 직무는 만백성에 대해 주로 호적, 토지, 부세, 요역徭役, 금지령, 소송爭訟, 예의 풍속 등을 관리하는 것이었다.

지방 행정과 관련해서『주례』는 연보제聯保制의 시행을 주장한다.「대사도, 족사族師」에 말한다. "다섯 가家를 비比로 삼고, 열 가를 연聯으로 삼으며, 다섯 사람을 오伍로 삼고, 열 사람을 연聯으로 삼으며, 네 여閭를 족族으로 삼고, 여덟 여를 연聯으로 삼는다. 그들로 하여금 서로 돌보고 서로를 받아들이도록 하며, 형벌과 경사는 서로 나누고 서로 같이 하게 한다. 그렇게 나라의 직무를 받아들이게 하고, 나랏일을 힘써 처리하도록 하고, 서로 장례를 도와 매장하도록 한다."[688] "비장은 각기 제 비의 통치를 관장하며 다섯 가가 서로 의탁하고 서로 화친하도록 한다. 범죄가 있거나 풍설로 서로 시비가 일어나면 상호 연계하여 벌을 받도록 한다."[689] 이러한 행정 연루 제도는 사람들로 하여금 서로를 감독하고 서로를 견제토록 하므로 통치 질서를 지키는 데 매우 유용하다. 중국 전체 봉건사회 역사속에서 이 연보제는 줄곧 통치자들에게 채택, 이용되었다.

셋째, 분봉제分封制

『주례』는 또 분봉제의 시행을 주장한다.「대사도」편은 5등작五等爵의 분봉 상황을 구체적으로 논술하고 있다. "나라를 세움에 (…) 여러 공公의 땅은 강역 사방 500리를 봉하고, (…) 여러 후侯의 땅은 강역 사방 400리에 봉하고, (…) 여러 백伯의 땅은 강역 사방 300리에 봉하고, (…) 여러 자子의 땅은 강역 사방 200리에 봉하고, (…) 여러 남男의 땅은 강역 사방 100리에 봉한다."[690] 「직방씨職方氏」편도 말한다. "무릇 방국이 천 리이다. 여러 공을 봉하니 사방 500리를 받은 공이 넷이며, 사방 400리를 받은 후가 여섯이며, 사방 300리를 받은 백이 하나이며, 사방 200리를 받은 자가 스물다섯이며, 사방 100리를 받은 남이 백이다."[691] 이런 식의 분봉은 사실 너무 커서『맹자』가운데의 분봉 상황과는 비교도 할 수 없이 차이

가 난다. 『맹자』에는 공국公國이 겨우 사방 100리에 불과했으며 다른 것은
더욱 작았다.

넷째, 군대 편제에 관하여

『주례』의 군사 제도兵制에 관한 기본 원칙은 병사를 농토에 붙어살도록
하고, 군제와 행정 체제가 상호 배합되었으며, 백성 교화와 군사훈련이 하
나로 합해 있었고, 행정장관은 곧 군사장관이었다. 『주례』에 전문적인 군
사장관이 있긴 하지만 그들은 모두 행정장관의 보좌역이었다. 『주례』 가
운데의 군대는 대체로 다음 네 가지로 나뉜다.

하나는 국왕의 숙위宿衛군사로 '궁정宮正' '궁백宮伯'에 의해 관리 통솔되
었다. 숙위군사는 경, 대부의 자제로 충당했다.

둘은 '국자國子의 졸倅'이다. 「사마司馬, 제자諸子」에 경, 대부, 사의 아들로
'국자의 졸'을 편제하여 태자가 이들을 지휘한다고 한다.

셋은 민병民兵이다. 「소사도, 사구」에서 이야기하는 군졸이 모두 여기에
속한다. 「소사도」 편에서의 군사 편제는 "다섯 사람을 오伍로 삼고, 다섯
오를 양兩으로 삼고, 네 양을 졸卒로 삼고, 다섯 졸을 여旅로 삼고, 다섯
여를 사師로 삼고, 다섯 사를 군軍으로 삼는다".[692] 군사 편제에 따라 사냥,
공사, 도둑 추적, 도적 체포, 부역 동원, 세금 부과 등을 행한다.

넷은 전문 치안병이다. 예를 들어 '사포司誧' '사계司稽'는 전문적으로 시
장의 치안을 책임지며, '수여씨脩閭氏'는 국 가운데의 치안을 책임지고, '야
려씨野廬氏'는 야 가운데의 치안과 교통 치안을 책임지며, '후인候人'은 변방
의 치안을 책임진다.

예와 형

각 조직과 각종 관리는 모두 자신의 특수한 직책을 가지고 있었다. 그러나 동시에 가장 기본적이고 공통적인 직책도 가지고 있었는데, 그것은 바로 예의 수호와 형벌의 시행이었다.

직무의 분업이란 측면에서 볼 때 '대종백'은 전적으로 예를 관장했다. 하지만 사실상 예는 『주례』 전체를 꿰뚫고 있어서 각 조직과 각종 관리는 모두 예를 반드시 수호하며, 예에 입각해 일을 처리해야 했으므로 책 전체에 예를 언급하지 않는 곳이 없다.

예의 정치적 작용에 대해서는 「태재」 편에 다음과 같이 개괄하고 있다. "[예로써] 나라를 화목게 하고, 백관을 통솔하며, 만백성을 잘 어울리도록 한다."[693] "예속禮俗으로 제 백성을 제어한다."[694] 「대사도」에 말한다. "5례로 만백성의 거짓을 막고 모두 교화의 범주 가운데로 끌어들인다."[695] 예가 치국의 기본 원칙이었음을 알 수 있다.

『주례』는 예를 크게는 다섯 종류, 작게는 수십 종류로 나눈다. 큰 다섯 종류란 '길례吉禮' '흉례凶禮' '빈례賓禮' '군례軍禮' '가례嘉禮'다. 길례는 천신, 지지地祇, 조상에 대한 제사를 포함하고, 흉례는 조상弔喪, 구황救荒, 구휼救恤을 포함하며, 빈례는 조朝(조회), 영슈(명령), 근覲(배알), 영迎(영접)을 포함하는데 주로 상하의 빈객 접대를 이야기하며, 군례는 주로 군대 사열, 징집 복역, 사냥 등을 포함하고, 가례는 결혼과 성년, 접대 활쏘기, 향연, 음식, 축하의식 등을 포함한다.

모든 예는 등급 규정이 있다. 도성, 궁실, 수레 깃발, 의복, 기물 사용, 좌석 위치, 사용 음악, 만남 인사 등 방면에 각종 등급은 모두 구체적 규정을 갖고 있었다. 예는 습속일 뿐만 아니라 행정 규정이며, 양자가 하나로 합해지기도 한다. 예속의 행정화는 전제 제도가 사람들의 이상 가운데 깊이 침입했음을 나타낸다.

예와 더불어 시행되는 것으로 형이 있다. 형은 나라를 다스리는 데 예와 거의 동등하게 중요한 의미를 지닌다. 「소사도」는 말한다. "법에 의하지 않는 행위에 대해서 국가는 상설 법률로 다스린다. 각종 관리에게 금지령을 관공서에 매달아두게 하고 법제를 정비하고 직무를 규찰케 하여 국가의 필요한 관련 사무에 대응하게 한다."696 「태재」는 말한다. "형전刑典으로 나라를 깨끗하게 하고, 백관을 형벌로 다스리고, 만백성을 규찰한다."697 『주례』에는 형벌금령에 관한 종류가 매우 많다. 「대사도」는 형을 5가지로 나누는데, '야형野刑' '군형軍刑' '향형鄕刑' '관형官刑' '국형國刑'이 그것이다. 야형의 대상은 농민이고, 목적은 농업 효율을 높이기 위함이니 열심히 일하지 않는 사람을 징벌하는 것이다. 군형의 대상은 군사이며, 목적은 전쟁 수행 능력의 고취와 명령의 준수이니 직무에 소홀하고 나약한 겁쟁이를 징벌하는 것이다. 향형의 대상은 도읍 내 사람들이며, 목적은 도덕의 유지이니 불효한 사람을 징벌하는 것이다. 「대사도」에는 향형의 구체적 내용을 다음과 같이 나열하고 있다. "여덟 가지 향형으로 만백성을 규찰한다. 첫째, 부모에게 불효한 데 대한 형벌, 둘째, 가족끼리 화목하지 못한 데 대한 형벌, 셋째, 친척 간에 친목하지 않은 데 대한 형벌, 넷째, 스승과 윗사람을 공경하지 않은 데 대한 형벌, 다섯째, 친구에게 신의를 못 지킨 데 대한 형벌, 여섯째, 어려운 사람을 구휼하지 않은 데 대한 형벌, 일곱째, 유언비어를 날조한 데 대한 형벌, 여덟째, 백성을 혼란시킨 데 대한 형벌."698 향형은 도덕을 주요 내용으로 하며 도덕을 위배하는 것은 곧 법을 위반한 것임을 알 수 있다. 관형의 대상은 관리이며, 목적은 "군주가 [관리들의] 직무를 능히 규찰하기 위함"이었다. 국형은 성곽과 저자거리에서 쓰였다. 「사구, 사사士師」에는 또 5금五禁, 즉 '궁금宮禁' '관금官禁' '국금國禁' '야금野禁' '군금軍禁'이 있는데, 금禁과 형刑은 의미가 가깝다. 『주례』 가운데 형과 금에 관한 규정은 매우 번잡하다.

『주례』의 형법은 등급법이다. 「대사구」에는 경과 대부의 쟁송에는 '방법邢法'을 이용하여 단안을 내리고, 서민에 대해서는 '방성邢成'을 이용하여 단안을 내린다고 말한다. '방법'과 '방성'은 차원이 다르다. 형벌을 사용할 때도 등급의 높낮이에 따라 경중이 달랐던 것이다. 「사구, 소사구」에는 '8의八議(형벌을 감면하는 것에 관한 논의)'를 제기하는데, '친親' '고故' '현賢' '능能' '공功' '귀貴' '근勤(공무에 열성적인 사람)' '빈賓(빈객)' 등 다양한 상황에 의거하여 적당히 감형하거나 형을 면제했다. 이 부분에는 다음과 같은 규정도 보인다. "무릇 작위가 있는 남자나 봉호를 받은 부녀자는 직접 땅바닥에 앉아 재판을 받지 않는다."699

　판결에 있어 『주례』는 세밀한 조사와 탐문을 강조하고 물증을 중시했으며, 그 밖에도 광범하게 의견을 구하려 했다. 「사구, 소사구」는 이렇게 주장한다. "다섯 소리를 들어 송사를 다룸으로써 백성의 뜻을 구한다. 하나는 말로 듣고, 둘은 낯빛으로 듣고, 셋은 분위기로 듣고, 넷은 귀로 듣고, 다섯은 눈으로 듣는다는 말이다."700 쟁송자의 기색을 상세히 관찰하여 그 속에서 문제를 찾아낸다는 것이다. 「태재, 소재小宰」에는 소송 사건을 심리할 때 특히 물증을 중시해야 함을 논하고 있다. 그 가운데는 다음과 같은 주장이 있다. 백성의 부역과 세금에 관련된 다툼은 그들의 호적伍籍으로 파악하고, 호적지도戶籍地圖로 리里와 여閭 지역에서 벌어지는 다툼을 판단하고, 채무 관련 다툼은 당사자끼리의 계약으로 판단하고, 예적禮籍과 책령策令으로 작위와 봉록 관련 다툼을 판단하고, 관공서와 민간에 발생하는 임대차 관련 다툼은 서약서券書로 판단하고, 상품 매매 시 발생하는 다툼은 계약 문서券質로 판단하고, 회계 장부로 관공서 재물을 둘러싼 다툼을 판단한다. 이와 같이 구체적이고 세밀하게 물증을 열거하기는 선진 전적들 가운데 오직 『주례』뿐이다. 또한 「소사구」에는 사형을 판결할 때 각 방면의 의견을 광범하게 구해야 한다고 주장한다. 글 가운데 "뭇 신하에게 신문하고" "뭇 관리에게 신문하고" "만백성에게 신문하기를" 제안하고 있다. 이런 주장은 매우 탁월한 주장임에 틀림없지만 당시로서는 이를 실현할 조건을 갖추지 못하고 있었다.

형을 판결할 때 『주례』는 과실 여부와 범죄자의 정신 상태를 참작하고 구분 지어야 한다고 주장한다. 「사구, 사자司刺」는 사람을 잘못 알고 살인한 경우, 살인할 의사가 없었으나 죽게 된 경우, 사람이 있는 줄 모르고 잘못하여 죽이게 된 경우 등은 고의적 살인과 구분 지어 형량을 적절히 감면해야 한다는 의견을 제기한다. 그 밖에 7세 이하의 아동이나 70세 이상의 노인 및 백치 등의 범죄는 보통 사면해야 한다고 주장한다.

『주례』는 또 형사 안건이 될 수 없는 과실이나 분규에 대해서는 교육을 강화시키고 화해를 끌어내야 한다고 주장한다. 「사도」 가운데의 「사구司救」와 「조인調人」 장은 이 방면의 문제를 전문적으로 논하고 있는데 매우 재미있다.

『주례』에 규정된 형벌은 매우 가혹한 것이었다. 「사구, 사형司刑」에는 묵墨(먹으로 글자를 새겨 넣음), 의劓(코를 벰), 궁宮(거세), 월刖(발꿈치를 자름), 살殺(사형) 등 여러 형벌이 있는데 제각기 500개가 넘는 항목이 있다.

예와 형은 국가의 정치적 기능이 핵심적으로 구체화된 것으로 양자가 서로 배합하고 보완했을 때 통치자는 비로소 안전을 확보할 수 있다. 『주례』는 예와 형을 특별히 중시하여 책의 모든 부분에 이를 관통시키고 있다.

국가의 토지와
인구에 대한
통제 및 부세, 요역에 관한
논의

토지와 인민의 왕유王有

『주례』는 전국 토지의 소유권과 주권은 통일적으로 모두 왕의 소유로 돌아간다고 주장한다. 대사도가 우선 다루어야 할 직책 가운데 하나는 전국 토지와 경제지리 상황을 장악하고 이해하는 것이다. "천하 토지에 관한 지도로 9주九州 지역 동서남북의 숫자를 두루 파악한다. 산山, 숲林, 내川, 못澤, 언덕丘, 큰 언덕陵, 둑墳, 물기슭, 둔덕衍, 높고 평평한 땅, 들原, 진 펄隰, 아래 습지대의 이름 있는 물질을 모두 분별한다."701 이렇게도 말한다. "토지 관련 평균 세금 규정에 의거하여 다섯 가지 토지에서 생산되는 물산을 구별한다."702 "사람과 동식물 생육에 적절한 각종 토지 법칙에 의거하여 12가지 토지 구역 안의 각종 동식물 이름을 구별하고, 이에 따라 백성의 거처를 결정하는데, 이롭고 해로운 것을 알아 살도록 하면 사람이 늘어나고 조수가 번성하고 초목이 생장하여 토지 생산력이 발전한다."703 「사마」 편과 「직방씨」 편은 천하의 지형, 도읍, 민족분포, 9주의 경제지리, 바깥 봉국들의 경제 상황 등을 장악하는 것에 관한 직책을 전문적으로 논술하고 있다. '사회司會'의 임무는 "나라의 관부와 교郊, 야野, 현縣, 도

都의 온갖 물산 및 재정 운용을 장악하고 이를 문서에 기록하고 도판으로 정리하는 것"704이다. 「수인」 편은 말한다. "토지 지도로 논밭을 경영한다."705 「토훈土訓」 편은 말한다. "도로지도를 관장한다."706 「사험司險」 편은 말한다. "9주 지도를 관장한다."707 토지 및 경제지리 상황을 장악하는 것은 토지의 사용, 분배와 세금 징수를 위한 것이었다.

『주례』의 저자는 천하의 인민 또한 토지와 마찬가지로 최고의 소유권과 지배권은 역시 군주에게 귀속된다고 주장한다. 『주례』 가운데 호적 제도는 단순한 행정 관리를 위한 것만은 아니다. 호적은 토지 분배, 세금 징수, 요역 및 병역 징발 등과 긴밀하게 연결되어 있다. 『주례』 가운데 수많은 관리의 직무는 바로 호적을 어떻게 관리할 것인가와 관련 있다. 「대사도」 중 「소사도」 「향사鄕師」 「여사閭師」 「향대부」 「족사族師」 「여서閭胥」 「현사縣師」 「매씨媒氏」 「직방씨」 및 「사구」 중의 「사민司民」 장 등은 각기 다른 각도에서 호적 관리를 이야기하고 있다. 이를 종합하면 호적 제도에는 다음 몇 가지 내용을 포함하고 있다.

(1) 인구 상황: 성별, 연령, 사회 지위, 지능 상황, 건강 상태(장애나 질병), 생사, 종족 구별 등을 모두 하나하나 파악해야 한다.
(2) 징용 가능한 사람 수: 국도에서는 "20세에서 60세까지,"708 교야郊野에서는 "15세에서 65세까지"709 모두 징집한다.
(3) 각 집안의 재산을 파악하여 알고 있어야 하는데, 주로 가축과 각종 기물을 가리킨다. 『주례』에는 토지를 개인의 재산으로 취급한 기록이 없다.
(4) 혼인 관리: 봄에는 남녀간의 만남에 제한을 두지 않지만, 다른 시간에는 관리를 철저히 하여 사통을 엄격히 금지해야 한다. 저자는 남자는 30세 이전에, 여자는 20세 이전에 반드시 결혼해야 하며 시

기를 넘겼을 경우 중과세해야 한다고 주장한다. 이 규정은 상앙商鞅의 법과 일치한다.

호구를 매년 검사하고 3년마다 한 차례씩 전면 조사를 하여 국왕에게 묶어서 보고하도록 했다.

『주례』의 저자는 토지와 호구 상황에 근거하여 토지 분배를 행해야 한다고 주장한다. 토지를 어떻게 분배할 것인가에 대해『주례』에는 여러 가지 방안이 제기되어 있는데, 도합 다음 6종이다.

(1) 「대사도」중의 '가'를 단위로 한 분배법: "불역不易의 땅은 가마다 백무畝, 1역一易의 땅은 가마다 200무, 재역再易의 땅은 가마다 300무로 한다."710 불역의 땅이란 매년 경작이 가능한 좋은 땅, 1역의 땅이란 2년 단위로 돌아가며 경작하는 땅, 재역의 땅이란 3년 단위로 돌아가며 경작하는 땅을 말한다.

(2) 「소사도」는 '부夫'를 단위로 하여 정井자 형태로 땅을 분배하는데, 1부에게 100무를 주고, 9부를 1정井으로, 4정을 1읍邑으로, 4읍을 1구丘로, 4구를 1전甸으로, 4전을 1현縣으로, 4현을 1도都로 삼는다. 여기서의 '부' 즉 가장은 「대사도」편의 '가' 단위와 다름없다. 그러나 형식은 크게 달라 이 정전법井田法은 행정 조직과 합치한다.

(3) 「소사도」에는 또 하나의 분배법이 있는데, 그것은 노동력 상태에 따른 분배다. "상급지는 집안 식구가 일곱에 노동 가능한 사람이 한 집 당 셋일 경우이고, 중급지는 집안 식구가 여섯에 노동 가능한 사람이 두 집당 다섯인 경우이고, 하급지는 집안 식구가 다섯에 노동 가능자가 한 집당 둘인 경우다."711 일곱 식구의 집안에 3명의 건장한 노동자가 있으면 상급지를 주고, 여섯 식구의 집안에 2.5명의 노

동력이 있으면 중급지를 주며, 다섯 식구의 집안에 2명의 노동력이 있으면 하급지를 준다. 집마다 '정졸正卒'과 '선졸羨卒'을 나누는데 건장한 노동력을 '정졸'이라 하고, 나머지는 '선졸'로 삼는다.

(4) 「수인」에서의 분배 방안은 이와 또 다르다. 가정과 노동력 상태를 통일하여 종합적으로 계산한다. 상급지: '부夫(주인남자)'마다 집 터 한 곳, 전답 100무, 채전 50무를 주고 여부餘夫(나머지 남자)는 그에 준한다. 중급지: '부'마다 집터 한 곳, 전답 100무, 채전 100무를 주고 여부는 그에 준한다. 매 '부'의 '부'는 한 집안의 주인을 말하고, '여부'는 한 집안의 주인 이외의 노동력을 말한다.

(5) 「대사마」 가운데의 언급은 세 번째와 네 번째의 혼합물이다. "무릇 공식적인 부역은 토지의 질과 인원수를 표준으로 삼는다. 상급지는 매년 3분의 2를 경작(3분의 1은 휴경)해 먹도록 하고, 인원수에 따라 한 가구당 3인을 징용할 수 있다. 중급지는 2분의 1을 경작토록 하고, 인원수에 따라 두 가구당 5인을 징용할 수 있다. 하급지는 3분의 1을 경작토록 하고, 인원수에 따라 가구당 2인을 징용할 수 있다."[712] 글 속의 이야기는 어떻게 부역을 시킬 것인가에 관한 내용이지만 토지 분배 방법에 관한 언급은 독창적이다.

(6) 「대사도, 재사載師」에 기재된 토지 관장 방법은 위의 여러 방법과 또 다른데, 주로 분봉과 상전賞田에 관한 이야기다. 글 가운데서 이렇게 말한다. "국가도읍 안의 토지는 거택을 짓는 데 쓰고, 성 밖이면서 교외지역 안 부분은 채마밭으로 쓰고, 근교의 토지는 택전宅田, 사전士田, 가전賈田(상인에게 주는 토지)으로 쓰고, 교외의 먼 곳[713]은 관전官田(관가에서 빌려준 땅), 우전牛田, 상전賞田, 목전牧田으로 쓰고, 전甸[714]의 토지는 공읍公邑(공의 채읍)의 농전農田으로 쓰고, 초稍[715]의 토지는 가읍家邑(대부의 채읍)의 농전으로 쓰고, 현縣[716]의 토지는 소도小都(경의

채읍)의 농전으로 쓰고, 강畺[717]의 토지는 대도大都(공의 채읍지와 어머니의 동생 및 왕의 서자들의 식읍)의 농전으로 쓰게 한다."[718] 여기서는 '국'을 중심으로 원근을 나누어 각양각색의 인물에게 토지를 분배하고 상을 내리고 분봉한다.

이상의 토지 분배 방식에 관하여 역사가들은 수많은 사적 고증을 하고 있는데 여기서는 다루지 않겠다. 우리가 관심을 두는 것은 『주례』의 저자들이 토지를 왕의 소유로 인식하여 국가가 분배를 행해야 한다고 생각한 점이다. 2000여 년의 봉건사회, 특히 진, 한 이후 토지소유 제도는 극히 복잡했지만 관념적으로는 제왕이 최고의 지배권을 가졌는데, 『주례』는 바로 이 관념을 선전하고 있다.

세금, 부역 징수 문제

상술한 관념과 상응하여 왕에게 세금을 내고 복역하는 것은 영원불변한 일이었다. 『주례』의 내용으로 볼 때 저자들 또한 세금 징수와 부역 징발을 목적으로 하고 있다. 그래서 매번 토지 분배 방법을 서술한 뒤에는 바로 이어서 어떻게 세금을 징수하고 부역을 징발할 것인가를 다룬다. 『주례』에는 세금 징수와 부역 징발의 방법에 관해 매우 다양하게 언급하고 있다.

토지세로 말하자면 농전을 받은 자나 봉토를 받은 자는 반드시 세금을 내고 공물을 진상해야 한다. 「재사」에는 채마밭은 120을 내고, 근교는 110을 내며, 원교는 320을 내고, 전甸, 초稍, 현縣, 비鄙의 농전은 210을 초과하지 않으며, 옻나무 숲은 520을 낸다고 기록되어 있다. 「사도」의 「여사」 「위인委人」에는 실물 징수, 즉 실제 경작한 작물을 납부한다고 기록하고 있다.

부역의 징발에 관해서는 요역徭役, 사역師役, 전역田役(사냥)의 3대 항목을 포함한다. 「대사마」에는 "부역의 명령은 토지와 인민의 숫자에 따라 제어한다"[719]고 기록하고 있다. 다시 말해 토지와 노동력 상황에 따라 징발한다는 것이다. 「사도, 균인均人」에는 이렇게 쓰여 있다. "부역 징발의 원칙은 농업 수확의 좋고 나쁨에 따른다. 풍년에는 1인당 연간 3일을 공적 부역을 징발해 쓰며, 중간의 해는 1인당 연간 2일의 공적 부역을 징발하며, 좋지 않은 해는 1인당 연간 1일의 공적 부역을 징발한다. 흉년이나 역병이 돈 해는 부역 징발 및 재산 관련 세금 징수를 면제한다."[720] 「대사마」는 토지와 인민의 구체적 상황에 따라 군역을 징발한다고 말한다.

그 밖에 '구부口賦(매 사람마다 매기는 세금)'가 또 있는데, 「태재」 중의 '구부九賦'와 「향대부」 가운데 국도에는 7척 이상, 60세 이하, 야에는 6척 이상, 65세 이하의 사람이면 "모두 징수한다"[721]고 한 것은 이 모두 구부를 가리키는 것이다.

이상의 부세 외에 또 '전포廛布' 즉 가옥세가 있었다. 「재사」 「전인廛人」 「사관司關」에는 국도의 전포에 대하여 말하고 있으며, 「수인」 편은 농민에게도 전포의 세금을 받는 일이 있다고 말한다. 이로써 가옥세가 국도나 야 모두에 있었음을 알 수 있다.

부세 수입을 보장하기 위해 『주례』의 저자는 생산에 대해서도 매우 중시했다. 「대사도」에는 재화의 생산을 크게 넓히는 길을 제시하면서 20가지의 직업을 구체적으로 말한다. 거기에는 '가색稼穡(농업 관리)' '수예樹藝(임업 관리)' '작재作材(즉 우형虞衡, 산림과 못 관리)' '부번阜蕃(목축업 관리)' '식재飾材(기능공 관리)' '통재通材(상업 관리)' 등이 있다. 「대사도」 안의 「사가司稼」 「초인草人」 「도인稻人」 「토훈土訓」 및 「사구司寇」 안의 「작씨柞氏」 「치씨薙氏」 「척족씨䄏蔟氏」 등은 주로 농, 림, 목축업의 기술 지도와 보급을 책임진다. 이를테면

'사가' 직책은 농경 현장을 순시하고 때맞추어 밭갈이를 하도록 명령하며 농민에게 기술 지도 등을 행한다. '초인' 직책은 토질 상황을 관리하여 토질에 적당한 작물인가를 심리하며, 시비를 지도하여 토질이 다른 곳에는 다른 비료를 뿌리도록 유도한다. '도인'은 퇴비 압축 및 벼 재배 등 기술을 책임졌다.

토지를 분배받고도 성실하게 생산에 종사하지 않는 자에 대하여 『주례』의 저자는 징벌해야 한다고 주장한다. 그에게 '이포里布' '부포夫布' 등을 물리는 벌을 내려야 한다는 것이다.(「사도司徒, 여사閭師)

흉년이 들면 구황 정책荒政을 시행해야 한다. 「대사도」에서는 12가지의 '황정' 정책을 논술하고 있다. 주된 것으로는 '산리散利' '박정薄征' '완형緩刑' '이력弛力' '사금舍禁' '거기去幾' 등으로 인민의 힘을 보존하여 생산을 회복시킨다.

공상업 관리와 세금 징수

「사도」 중의 「사시司市」 「질인質人」 「전인廛人」 「서사胥師」 「가사賈師」 「사포司虣」 「사계司稽」 「서胥」 「사장肆長」 「천부泉府」 「사문司門」 「사관司關」 「장절掌節」은 시장 관리와 상업세 징수에 관해 분야별로 나누어 논술하고 있다. 시장의 행정 관리에 관해서는 다음 몇 가지 항목이 있다. (1)시장의 획정, (2)때맞춘 시장의 개폐, (3)상인자격증명의 발급 및 검사, (4)시장 치안의 유지, (5)시장 소송 사건의 처리, (6)통일적으로 규정된 교역 성사 어음증서(증명에 의거), (7)관문關門의 검사, (8)도량형 표준 규정 및 검사.

물가관리에 관하여 저자는 다음과 같은 직책을 이야기한다. (1)물가의 평정, 물품과 가격이 합치하는가의 여부를 검사, (2)사치품의 시장 판매 금지, (3)투기활동 금지, (4)안 팔린 물건의 구매 수거, (5)국가에서 구매한 물품의 외상 거래, (6)천부泉府(화폐 관련 부서)의 화폐를 이용한 시장 조절, (7)왕실에 쓰이는 진품의 구매.

세금 징수 항목으로는 시사세市肆稅, 화물세貨物稅, 인화세印花稅, 즉 「사시」 「질인」에서 말하는 질제質劑, 관세關稅, 문세門稅, 도재세屠宰稅(소나 양을 도살하는 사람들이 가죽과 뿔 또는 근골을 세금으로 내는 것), 창고 세금 등이 있다.

『주례』는 상업에 대한 통제가 매우 엄격하지만 억상주의抑商主義는 아니다. 저자는 상업을 없어서는 안 될 부문으로 이해하고 있다. 태재는 9직九職으로 만백성의 일에 임하도록 하고 있는데, 그 가운데 제6직이 바로 "상업을 왕성하게 하여 화貨(금석)와 회賄(포백)를 창통시키는 것"[722]이었다. '사시司市' 등 관리의 직책은 상인을 엄격히 통제하는 동시에 정당한 상업 활동을 보호하는 것이었다. 문헌 기록으로 볼 때 당시에 이미 합자 경영 현상이 나타나고 있는데, 이것은 분명히 상업이 발달했다는 징표의 하나다. 이에 대해서도 저자는 보호할 것을 주장한다. 「조사朝士」에 "백성 가운데 재화를 함께 하는 사람은 국법으로 이를 시행토록 명령한다"[723]고 말하는데, 이에 대한 정사농鄭司農의 주석을 보면 "재화를 함께 한다는 것은 돈을 합하여 함께 장사함을 일컬음"[724]이고, "국법으로 이를 시행토록 한다"[725]는 것은 "사시가 위임장을 주어 그를 파견함"[726]을 일컬으니 공상업에 대한 보호를 설명하는 것이다.

『주례』는 재정을 특히 중시했다. 관리의 직책 중 통치 질서를 유지하는 것 외에 가장 중요한 임무는 바로 세금 징수와 요역 징발이었다.

05 결어

　선진의 전적 가운데 『주례』는 국가의 정치 체제를 논술한 가장 완벽하고 가장 체계적인 저작이다. 책 가운데 비록 낡은 용어가 수없이 사용되고 있지만, 그 정신은 전국 시대 군주 전제 제도의 발전과 완전히 합치한다. 책 전체가 한 사람의 손에서 나온 것은 아니다. 그러나 책의 주지는 일관성을 띠는데, 초경제적인 강제를 전적으로 드러내어 왕권이 어떤 것보다 우월하다는 것을 선전한 점에서 바로 그렇다.

　『주례』 가운데의 모든 관리는 왕의 행정 사무원이거나 노예이지만, 각급 관리의 직책 규정을 보면 단순히 국왕에게 일률적으로 아첨하고 순종하여 받들기만을 요구하고 있지는 않다. 오히려 관리들에게 왕명의 존중, 직책의 준수, 민중에 대한 돌봄, 삼자를 결합하도록 요구하고 있다. 이 요구는 사실 왕권을 공고히 하고 통치 질서를 안정시키는 데 매우 필요한 것이었다.

1   女爲君子儒, 無爲小人儒.(『논어』「雍也」)

2   以九兩系邦國之民 (…) 三曰師, 以賢得民; 四曰儒, 以道得民.

3   師…有德行以敎民者; 儒 (…) 有六藝以敎民者.

4   以本俗六安萬民……. 四曰聯師儒.

5   師儒, 鄕里敎以道藝者.

6   保氏掌諫王惡, 而養國子以道, 乃敎之六藝: 一曰五禮, 二曰六樂, 三曰五射, 四曰五馭,
     五曰六書, 六曰九數.

7   큰일을 치를 때 주례자를 도와 의식을 진행하는 행위 또는 그 사람. —옮긴이

8   出則事公卿, 入則事父兄, 喪事不敢不勉, 不爲酒困, 何有於我哉.

9   富人有喪, 乃大說, 喜曰: '此衣食之端也.'(『묵자』「非儒」)

10   有敎無類.(『논어』「衛靈公」)

11   自行束脩以上, 吾未嘗無誨焉.(『논어』「述而」)

12   子所雅言, 詩書執禮, 皆雅言也.

13   加我數年, 五十以學易, 可以無大過矣.

14   興於詩, 立於禮, 成於樂.

15   作春秋.(『맹자』「滕文公下」)

16   丘治詩書禮樂易春秋六經, 自以爲久矣. 孰知其故矣!

17   夫六經, 先王之陳迹也, 豈其所以迹哉!

18   詩三百, 一言以蔽之, 曰: '思無邪'.(『논어』「爲政」)

19   述而不作.(『논어』「述而」)

20   其爲人也, 溫柔敦厚, 詩敎也; 疏通知遠, 書敎也; 廣博易良, 樂敎也; 絜靜精微, 易敎也;
     恭儉莊敬, 禮敎也; 屬辭比辭, 春秋敎也.

21   六藝於治一也: 禮以節人, 樂以發和, 書以道事, 詩以達意, 易以神化, 春秋以義.

22   逃儒必歸於楊, 逃楊必歸於儒.(『맹자』「盡心下」)

23   參乎! 吾道一以貫之.

24   夫子之道, 忠恕而已矣.(『논어』「里仁」)

25   衛公孫朝問於子貢曰: 仲尼焉學? 子貢曰: 文武之道, 未墮於地, 在人. 賢者識其大者, 不
     賢者識其小者. 莫不有文武之道焉. 夫子焉不學? 而亦何常師之有?(『논어』「子張」)

26   儒以詩禮發冢.

27   其在於詩書禮樂者, 鄒魯之士, 縉紳先生多能明之.

28 夫儒者以六藝爲法.(『史記』「太史公自序」)

29 中國言六藝者, 折中於夫子.

30 人主用俗人, 則萬乘之國亡; 用俗儒, 則萬乘之國存; 用雅儒, 則千乘之國安; 用大儒, 則
    百里之地, 久而後三年, 天下爲一, 諸侯爲臣; 用萬乘之國, 則擧錯而定, 一朝而伯.(『순자』
    「儒效」)

31 略法先王而不知其統, 猶然而材劇志大, 聞見雜博.(『순자』「非十二子」)

32 弟佗其冠, 神禪其辭, 禹行而舜趨.(『순자』「非十二子」)

33 正其衣冠, 齊其顔色, 嗛然而終日不言.(『순자』「非十二子」)

34 偸儒憚事, 無廉恥而耆飮食, 必曰君子固不用力.(『순자』「非十二子」)

35 自孔子之死也, 有子張之儒, 有子思之儒, 有顔氏之儒, 有孟氏之儒, 有漆雕氏之儒, 有仲
    良氏之儒, 有孫氏之儒, 有樂正氏之儒.

36 列君臣父子之禮, 序夫婦長幼之別, 雖百家不能易也.

37 儒無益於人之國.

38 儒者法先王, 隆禮義, 謹乎臣子而致貴其上者也. 人主用之, 則勢在本朝而宜; 不用, 則退
    編百姓而愨, 必爲順下矣. 雖窮困凍餧, 必不以邪道爲貪; 無置錐之地, 而明於持社稷之
    大義.(『순자』「儒效」)

39 사물의 양적 변화의 한계. ─옮긴이

40 吾少也賤.(『논어』「子罕」)

41 相待如賓.(『좌전』僖公33年)

42 常陳俎豆, 設禮容.

43 學而優則仕.(『논어』「子張」)

44 學也, 祿在其中矣.(『논어』「衛靈公」)

45 子以四教: 文行忠信.

46 務民之義, 敬鬼神而遠之.(『논어』「雍也」)

47 未能事人, 焉能事鬼?(『논어』「先進」)

48 政者, 正也. 子帥以正, 孰敢不正.(『논어』「顔淵」)

49 여기서는 다스리는 사람, 즉 치자를 말한다. ─옮긴이

50 여기서는 다스려지는 사람, 즉 피치자를 말한다. ─옮긴이

51 君子之德風, 小人之德草. 草上之風, 必偃.(『논어』「顔淵」)

52 一言可以興邦.

53 一言可以喪邦.

54 予無樂乎爲君, 惟其言而莫予違也.

55 如其善而莫之違也, 不亦善乎? 如不善而莫之違也, 不幾乎一言而喪邦乎?(『논어』「子路」)

56 人能弘道, 非道弘人.(『논어』「衛靈公」)

57 可與共學, 未可與適道; 可與適道, 未可與立; 可與立, 未可與權.(『논어』「子罕」)

58 修己以安人.

59 修己以安百姓.(『논어』「憲問」)

60 其身正, 不令而行; 其身不正, 雖令不從.

61 苟正其身矣, 於從政乎何有? 不能正其身, 如正人何?(『논어』「子路」)

62 上好禮, 則民莫敢不敬; 上好義, 則民莫敢不服; 上好信, 則民莫敢不用情. 夫如是, 則四方之民襁負其子而至矣, 焉用稼?(『논어』「子路」)

63 君子謀道不謀食. 耕也, 餒在其中矣; 學也, 祿在其中矣. 君子憂道不憂貧.(『논어』「衛靈公」)

64 先有司, 赦小過, 擧賢才.

65 焉知賢才而擧之.

66 擧爾所知; 爾所不知, 人其舍諸?(『논어』「子路」)

67 擧直錯諸枉, 能使枉者直.

68 富哉言乎! 舜有天下, 選於衆, 擧皐陶, 不仁者遠矣. 湯有天下, 選於衆, 擧伊尹, 不仁者遠矣.(『논어』「顏淵」)

69 臧文仲其竊位者歟?(『논어』「衛靈公」)

70 禮, 經國家, 定社稷, 序民人, 利後嗣者也.(『좌전』隱公11年)

71 禮, 國之紀也.(『국어』「晉語4」)

72 禮, 王之大經也.(『좌전』昭公15年)

73 爲國以禮.(『좌전』隱公11年)

74 道之以政, 齊之以刑, 民免而無恥.(『논어』「爲政」)

75 道之以德, 齊之以禮.

76 有恥且格.(『논어』「爲政」)

77 上好禮, 則民莫敢不敬.(『논어』「子路」)

78 上好禮, 則民易使也.(『논어』「憲問」)

79 여덟 사람씩 여덟 줄로 늘어서 추는 춤으로 천자天子의 제사 때만 가능했다. —옮긴이

80 是可忍也, 孰不可忍也?(『논어』「八佾」)

81 『시경』「주송周頌」편에 나오는 것으로 천자만이 즐길 수 있었다. —옮긴이

82 相維辟公, 天子穆穆, 奚取於三家之堂?(『논어』「八佾」)

83 君使臣以禮, 臣事君以忠.(『논어』「八佾」)

84 入公門, 鞠躬如也, 如不容. 立不中門, 行不履閾. 過位, 色勃如也, 足躩如也, 其言似不足者. 攝齊升堂, 鞠躬如也, 屛氣似不息者.

85 事君, 能致其身.(『논어』「學而」)

86 父爲子隱, 子爲父隱.(『논어』「子路」)

87 周監於二代, 郁郁乎文哉! 吾從周.(『논어』「八佾」)

88 三年之喪, 期已久矣. 君子三年不爲禮, 禮必壞; 三年不爲樂, 樂必崩. 舊穀旣沒, 新穀旣升, 鑽燧改火, 期可已矣.

89 三年之喪, 天下之通喪也.

90 子生三年, 然後免於父母之懷.

91 제사 및 의식주행衣食住行 등 방면에 쓰는 용기를 포함한다. —저자주

92 唯器與名, 不可以假人.(『좌전』成公)

93 禮樂征伐自天子出.(『논어』「季氏」)

94 衛君待子而爲政, 子將奚先?

95 必也正名乎!

96 名不正, 則言不順; 言不順, 則事不成; 事不成, 則禮樂不興; 禮樂不興, 則刑罰不中; 刑罰不中, 則民無所措手足.(『논어』「子路」)

97 約之以禮.(『논어』「顏淵」)

98 非禮勿視, 非禮勿聽, 非禮勿言, 非禮勿動.(『논어』「顏淵」)

99 不在其位, 不謀其政.

100 思不出其位.(『논어』「憲問」)

101 고대 천자가 행하던 매우 장중한 제사 의식. —옮긴이

102 不知也; 知其說者, 之於天下也, 其如示諸斯乎!

103 토지신을 나타내는 신목. —옮긴이

104 夏后氏以松, 殷人以栢, 周人以栗, 曰, 使民戰栗.

105 成事不說, 遂事不諫, 旣往不咎.(『논어』「八佾」)

106 十世可知也?

107 殷因於夏禮, 所損益, 可知也; 周因於殷禮, 所損益, 可知也. 其或繼周者, 雖百世, 可知也.(『논어』「爲政」)

108 麻冕, 禮也; 今也純, 儉, 吾從衆.(『논어』「子罕」)

109 知及之, 仁不能守之, 雖得之, 必失之. 知及之, 仁能守之, 不莊以涖之, 則民不敬. 知及之, 仁能守之, 莊以涖之, 動之不以禮, 未善也.(『논어』「衛靈公」)

110 克己復禮爲仁. 一日克己復禮, 天下歸仁焉.(『논어』「顏淵」)

111 恭而無禮則勞, 愼而無禮則葸, 勇而無禮則亂, 直而無禮則絞.(『논어』「泰伯」)

112 修己以敬……. 修己以安人……. 修己以安百姓.(『논어』「憲問」)

113 以約失之者鮮矣.(『논어』「里仁」)

114 博學於文, 約之以禮, 亦可以弗畔矣夫!(『논어』「顏淵」)

115 夫子循循然善誘人, 博我以文, 約我以禮.(『논어』「子罕」)

116 賢哉, 回也! 一簞食, 一瓢飮, 在陋巷, 人不堪其憂, 回也不改其樂. 賢哉, 回也!(『논어』「雍也」)

117 君子有三戒: 少之時, 血氣未定, 戒之在色; 及其壯也, 血氣方剛, 戒之在鬪; 及其老也, 血氣旣衰, 戒之在得.(『논어』「季氏」)

118 一朝之忿, 忘其身, 以及其親, 非惑歟?(『논어』「顏淵」)

119 君子食無求飽, 居無求安, 敏於事而愼於言, 就有道而正焉, 可謂好學也已.(『논어』「學而」)

120 攻乎異端, 斯害也已.(『논어』「爲政」)

121 見賢思齊焉, 見不賢而內自省也.(『논어』「里仁」)

122 躬自厚而薄責於人, 則遠怨矣.(『논어』「衛靈公」)

123 吾日三省吾身: 爲人謀而不忠乎? 與朋友交而不信乎? 傳不習乎?(『논어』「學而」)

124 已矣乎, 吾未見能見其過而內自訟者也.(『논어』「公冶長」)

125 君子無所爭.(『논어』「八佾」)

126 犯而不校.(『논어』「泰伯」)

127 君子矜而不爭.(『논어』「衛靈公」)

128 子釣而不網, 弋而不射宿.

129 孝弟者, 其爲仁之本歟?

130 己欲立而立人, 己欲達而達人.(『논어』「雍也」)

131 己所不欲, 勿施於人.(『논어』「顏淵」)

132 三軍可奪帥也, 匹夫不可奪志也.(『논어』「子罕」)

133 我不欲人之加諸我也, 吾亦欲無加諸人.(『논어』「公冶長」)

134 君子惠而不費, 勞而不怨, 欲而不貪, 泰而不驕, 威而不猛.

135 何謂惠而不費?

136 因民之所利而利之, 斯不亦惠而不費乎? 擇可勞而勞之, 又誰怨? 欲仁而得仁, 又焉貪? 君子無衆寡, 無小大, 無敢慢, 斯不亦泰而不驕乎? 君子正其衣冠, 尊其瞻視, 儼然人望而畏之, 斯不亦威而不猛乎?

137 不教而殺謂之虐; 不戒視成謂之暴; 慢令致期謂之賊; 猶之與人也, 出納之吝謂之有司.(『논어』「堯曰」)

138 旣庶矣, 又何加焉?

139 旣富矣, 又何加焉?

140 所重; 民食喪祭.(『논어』「堯曰」)

141 君子懷德, 小人懷土; 君子懷刑, 小人懷惠.(『논어』「里仁」)

142 君子喩於義, 小人喩於利.(『논어』「里仁」)

143 苟子之不欲, 雖賞之不竊.(『논어』「顔淵」)

144 出門如見大賓, 使民如承大祭.(『논어』「顔淵」)

145 斂從其薄.(『좌전』哀公11年)

146 百姓足, 君孰與不足? 百姓不足, 君孰與足?(『논어』「顔淵」)

147 필자는 '寡'를 땅이 적음, 또는 물자가 부족함 등으로 해석하는 일반론을 따르지 않고 '貧'으로 해석해야 한다고 주장한다. ―옮긴이

148 貧을 寡로 해석했다. ―옮긴이

149 丘也聞有國有家者, 不患寡而患不均, 不患均而患不安. 蓋均無貧, 和無寡, 安無傾……. (『논어』「季氏」)

150 大夫不均, 我從事獨賢.

151 布德於民而平均其政事, 君子務治而小人務力.(『국어』「魯語」)

152 陸阜陵墐井田疇均, 則民不憾.

153 鳴鼓而攻之.(『논어』「先進」)

154 爲政以德, 譬如北辰, 居其所而衆星共之.(『논어』「爲政」)

155 足食, 足兵, 民信之矣.(『논어』「顔淵」)

156 惠則足以使人.(『논어』「陽貨」)

157 先之勞之.(『논어』「子路」)

158 善人教民七年, 亦可以卽戎矣.

159 以不教民戰, 是謂棄之.

160 民三其力, 二入於公.

161 何爲則民服?

162 擧直錯諸枉, 則民服; 擧枉錯諸直, 則民不服.(『논어』「爲政」)

163 擧善而敎不能, 則勸.(『논어』「爲政」)

164 如殺無道, 以就有道, 何如?

165 子爲政, 焉用殺? 子欲善而民善矣.(『논어』「顏淵」)

166 聽訟, 吾猶人也. 必也使無訟乎! (『논어』「顏淵」)

167 苟有用我者, 期月而已可也, 三年有成.(『논어』「子路」)

168 吾聞事君者, 從其義, 不阿其惑.(『국어』「晉語1」)

169 臣事君以忠.(『논어』「八佾」)

170 君在, 踧踖如也, 與與如也.(『논어』「鄕黨」)

171 以道事君.(『논어』「先進」)

172 直哉史魚! 邦有道, 如矢; 邦無道, 如矢. 君子哉蘧伯玉! 邦有道, 則仕; 邦無道, 則可卷而懷之.(『논어』「衛靈公」)

173 道不行, 乘桴浮於海.(『논어』「公冶長」)

174 不義而富且貴, 於我如浮雲.(『논어』「述而」)

175 中庸之爲德也, 其至矣乎! 民鮮久矣.(『논어』「雍也」)

176 夫禮所以制中也.

177 富與貴, 是人之所欲也; (…) 貧與賤, 是人之所惡也.(『논어』「里仁」)

178 擇可勞而勞之.

179 好仁不好學, 其蔽也愚; 好知不好學, 其蔽也蕩; 好信不好學, 其蔽也賊; 好直不好學, 其蔽也絞; 好勇不好學, 其蔽也亂; 好剛不好學, 其蔽也狂.(『논어』「陽貨」)

180 多聞闕疑, 愼言其餘, 則寡尤; 多見闕殆, 愼行其餘, 則寡悔.(『논어』「爲政」)

181 君子周而不比.(『논어』「爲政」)

182 君子泰而不驕.(『논어』「子路」)

183 君子和而不同.(『논어』「子路」)

184 君子有九思: 視思明, 聽思聰, 色思溫, 貌思恭, 言思忠, 事思敬, 疑思問, 忿思難, 見得思義.(『논어』「季氏」)

185 師也過, 商也不及.

186 過猶不及.(『논어』「先進」)

187 求也退, 故進之; 由也兼人, 故退之.(『논어』「先進」)

188 愛之欲其生, 惡之欲其死. 旣欲其生, 又欲其死, 是惑也.(『논어』「顏淵」)

189 如有周公之才之美, 使驕且吝, 其餘不足觀也已.(『논어』「泰伯」)

190 質勝文則野, 文勝質則史. 文質彬彬, 然後君子.(『논어』「雍也」)

191 君使臣以禮, 臣事君以忠.(『논어』「八佾」)

192 以道事君.(『논어』「先進」)

193 出則事公卿.(『논어』「子罕」)

194 敬其事而後其食.(『논어』「衛靈公」)

195 所謂大臣者, 以道事君, 不可則止.(『논어』「先進」)

196 邦有道, 則仕; 邦無道, 則可卷而懷之.(『논어』「衛靈公」)

197 用之則行, 舍之則藏.(『논어』「述而」)

198 天下有道則見, 無道則隱.(『논어』「泰伯」)

199 忠告而善道之, 不可則止, 勿自辱焉.(『논어』「顏淵」)

200 不降其志, 不辱其身.

201 降志辱身矣.

202 言中倫, 行中慮.

203 隱居放言, 身中淸, 廢中權.

204 無可無不可.(『논어』「微子」)

205 祭神如神在.

206 性相近.(『논어』「陽貨」)

207 生而知之者.(『논어』「季氏」)

208 唯上智與下愚不移.(『논어』「陽貨」)

209 天生德於我.(『논어』「述而」)

210 殺身而成仁.(『논어』「衛靈公」)

211 見危授命. (『논어』「憲問」)

212 危邦不入, 亂邦不居.(『논어』「泰伯」)

213 子思作中庸.

214 孔子之孫子思伋作之.

215 今天下, 車同軌, 書同文, 行同倫.

216 知所以修身, 則知所以治人, 知所以治人, 則知所以治天下國家矣.(『中庸』20장)

217 身修而後家齊, 家齊而後國治, 國治而後天下平.

218 天命之謂性, 率性之謂道, 修道之謂教.(『中庸』1장)

219 在明明德, 在親民, 在止於至善.

220 唯天下至誠, 爲能盡其性.(『中庸』22장)

221 自誠明, 謂之性.(『中庸』21장)

222 誠者, 天下之道也.

223 誠者不勉而中, 不思而得, 從容中道, 聖人也.(『中庸』20장)

224 誠之者, 人之道也.(『中庸』20장)

225 自誠明, 謂之性. 自明誠, 謂之敎. 誠則明矣, 明則誠矣.(『中庸』21장)

226 誠者非自成己而已也, 所以成物也.

227 不誠無物.(『中庸』25장)

228 唯天下至誠, 爲能盡其性. 能盡其性, 則能盡人之性; 能盡人之性, 則能盡物之性; 能盡物之性, 則可以贊天地之化育; 可以贊天地之化育, 則可以與天地參矣.(『中庸』22장)

229 至誠之道, 可以前知.

230 善, 必先知之; 不善, 必先知之. 故至誠如神.(『中庸』24장)

231 誠者, 自成也; 而道, 自道也.(『中庸』25장)

232 喜怒哀樂之未發謂之中.(『中庸』1장)

233 發而皆中節謂之和.(『中庸』1장)

234 執其兩端, 用其中於民.(『中庸』6장)

235 南方之强歟? 北方之强歟? 抑而强歟? 寬柔以敎, 不報無道, 南方之强也, 君子居之. 衽金革, 死而不厭, 北方之强也, 而强者居之. 故君子和而不流, 强哉矯! 中立而不倚, 强哉矯! 國有道, 不變塞焉, 强哉矯! 國無道, 至死不變, 强哉矯!(『中庸』10장)

236 庸德之行, 庸言之謹, 有所不足, 不敢不勉; 有餘不敢盡. 言顧行, 行顧言.(『中庸』13장)

237 素富貴, 行乎富貴; 素貧賤, 行乎貧賤; 素夷狄, 行乎夷狄; 素患難, 行乎患難.

238 君子無入而不自得焉.(『中庸』14장)

239 遯世不見知而不悔.(『中庸』11장)

240 夫孝者, 善繼人之志, 善述人之事者也.(『中庸』19장)

241 治國其如示諸掌乎.(『中庸』19장)

242 所謂治國必先齊其家者, 其家不可敎而能敎人者, 無之. 故君子不出家, 而成敎於國. 孝者, 所以事君也; 弟者, 所以事長也; 慈者, 所以使衆也.(『大學』9장)

243 凡爲天下國家有九經, 曰修身也, 尊賢也, 親親也, 敬大臣也, 體群臣也, 子庶民也, 來百工也, 柔遠人也, 懷諸侯也.

244 修身則道立.(『中庸』20장)

245 古之欲明明德於天下者, 先治其國; 欲治其國者, 先齊其家; 欲齊其家者, 先修其身; 欲修其身者, 先正其心; 欲正其心者, 先誠其意; 欲誠其意者, 先致其知. 致知在格物.

246 自天子以至於庶人, 一是皆以修身爲本. 其本亂而末治者否矣.

247 知所以修身, 則知所以治人.

248 君子有諸己而後求諸人, 無諸己而後非諸人. 所藏乎身不恕, 而能喩諸人者, 未之有也.(『大學』9장)

249 所謂平天下在治其國者, 上老老, 而民興孝; 上長長, 而民興弟; 上恤孤, 而民不倍.(『大學』10장)

250 堯舜帥天下以仁, 而民從之. 桀紂帥天下以暴, 而民從之. 其所令反其所好, 而民不從.(『大學』9장)

251 당시 명령문서를 기록하던 나무판과 각진 대나무 패를 '방책方策'이라 한다. ―옮긴이

252 文武之政, 布在方策. 其人存, 則其政擧; 其人亡, 則其政息.

253 人道敏政.(『中庸』20장)

254 禮儀三百, 威儀三千. 待其人而後行.(『中庸』27장)

255 有德此有人, 有人此有土, 有土此有財, 有財此有用. 德者本也, 財者末也.

256 是故財聚則民散, 財散則民聚. 是故言悖而出者, 亦悖而入; 貨悖而入者, 亦悖而出.(『大學』10장)

257 生財有大道, 生之者衆, 食之者寡, 爲之者疾, 用之者舒, 則財恒足矣.(『大學』10장)

258 仁者以財發身, 不仁者以身發財.(『大學』10장)

259 國不以利爲利, 以義爲利也.(『大學』10장)

260 一家仁, 一國興仁; 一家讓, 一國興讓; 一人貪戾, 一國作亂, 其機如此. 此謂一言僨事, 一人定國.(『大學』9장)

261 孔子之道不著, 是邪說誣民, 充塞仁義也.(『맹자』「滕文公下」)

262 正人心, 息邪說, 距詖行, 放淫辭.(『맹자』「滕文公下」)

263 後車數十乘, 從者數百人.(『맹자』「滕文公下」)

264 如欲平治天下, 當今之世, 舍我其誰也?(『맹자』「公孫丑下」)

265 食色, 性也.(『맹자』「告子上」)

266 人性之善也, 猶水之就下也.(『맹자』「告子上」)

267 人皆有不忍人之心.(『맹자』「公孫丑上」)

268 非所以內交於孺子之父母也, 非所以要譽於鄕黨朋友也, 非惡其聲而然也.(『맹자』「公孫丑上」)

269 人之所以異於禽獸者幾希.(『맹자』「離婁下」)

270 口之於味也, 有同耆焉; 耳之於聲也, 有同聽焉; 目之於色也, 有同美焉.(『맹자』「告子上」)

271 凡同類者, 擧相似也, 何獨至於人而疑之?

272 至於心, 獨無所同然乎?

273 心之所同然者何也? 謂理也, 義也.(『맹자』「告子上」)

274 人之所不學而能者, 其良能也; 所不慮而知者, 其良知也. 孩提之童無不知愛其親者, 及
其長也, 無不知敬其兄也. 親親, 仁也; 敬長, 義也. 無他, 達之天下也.(『맹자』「盡心上」)

275 口之於味也, 目之於色也, 耳之於聲也, 鼻之於臭也, 四肢之於安佚也, 性也.(『맹자』「盡
心下」)

276 人少, 則慕父母; 知好色, 則慕少艾; 有妻子, 則慕妻子; 仕則慕君, 不得於君則熱中.(『맹
자』「萬章上」)

277 惻隱之心, 仁之端也; 羞惡之心, 義之端也; 辭讓之心, 禮之端也; 是非之心, 智之端也.
人之有是四端也, 猶其有四體也.(『맹자』「公孫丑上」)

278 凡有四端於我者, 知皆擴而充之矣, 若火之始然, 泉之始達.(『맹자』「公孫丑上」)

279 仁義禮智, 非由外鑠我也, 我固有之也.(『맹자』「告子上」)

280 仁義禮智根於心.(『맹자』「盡心上」)

281 夫仁, 天之尊爵也, 人之安宅也.(『맹자』「公孫丑上」)

282 仁義忠信, 樂善不倦, 此天爵也; 公卿大夫, 此人爵也.(『맹자』「告子上」)

283 仁, 人心也.(『맹자』「告子上」)

284 人能充無欲害人之心, 而能不可勝用也.(『맹자』「盡心下」)

285 人皆有所不忍, 達之於其所忍, 仁也.(『맹자』「盡心下」)

286 仁之實, 事親是也.(『맹자』「離婁上」)

287 親親, 仁也.(『맹자』「告子下」)

288 孝子之至, 莫大乎尊親.(『맹자』「萬章上」)

289 堯舜之道, 孝弟而已矣.(『맹자』「告子下」)

290 義, 人路也.(『맹자』「告子下」)

291 義之實, 從兄是也.(『맹자』「離婁上」)

292 敬長, 義也.(『맹자』「盡心上」)

293 未有義而後其君者也.(『맹자』「梁惠王上」)

294 人皆有所不爲, 達之於其所爲, 義也.(『맹자』「盡心下」)

295 禮之實, 節文斯二者是也.(『맹자』「離婁上」)

296 禮, 門也.(『맹자』「萬章下」)

297　知斯二者弗去是也.(『맹자』「離婁上」)

298　麒麟之於走獸, 鳳凰之於飛鳥, 泰山之於丘垤, 河海之於行潦, 類也. 聖人之於民, 亦類
也.(『맹자』「公孫丑上」)

299　聖人, 與我同類者.(『맹자』「告子下」)

300　堯舜與人同耳.(『맹자』「離婁下」)

301　舜, 何人也? 予, 何人也? 猶爲者亦若是.(『맹자』「滕文公上」)

302　彼, 丈夫也; 我, 丈夫也; 吾何畏彼哉?(『맹자』「滕文公上」)

303　堯舜, 性者也.(『맹자』「盡心下」)

304　若夫爲不善, 非才之罪也.(『맹자』「告子上」)

305　舜, 人也; 我, 亦人也. 舜爲法於天下, 可傳於後世, 我由未免爲鄕人也, 是則可憂也. 憂之
如何? 如舜而已矣.(『맹자』「離婁下」)

306　服堯之服, 誦堯之言, 行堯之行, 是堯而已矣.

307　人皆可以爲堯舜.(『맹자』「告子下」)

308　舜明於庶物, 察於人倫, 由仁義行, 非行仁義也.(『맹자』「離婁下」)

309　耳目之官不思, 而蔽於物. 物交物, 則引之而已矣. 心之官則思, 思則得之, 不思則不得也.
此天之所與我者.(『맹자』「告子上」)

310　學問之道無他, 求其放心而已矣.(『맹자』「告子上」)

311　牛山之木嘗美矣, 以其郊於大國也, 斧斤伐之, 可以爲美乎?(『맹자』「告子上」)

312　君子所以異於人者, 以其存心也. 君子以仁存心, 以禮存心.(『맹자』「離婁下」)

313　養其小者爲小人, 養其大者爲大人.

314　從其大體爲大人, 從其小體爲小人.(『맹자』「告子上」)

315　大人者, 不失其赤子之心者也.(『맹자』「離婁下」)

316　欲知舜與跖之分, 無他, 利與善之間也.(『맹자』「盡心上」)

317　廣土衆民, 君子欲之, 所樂不存焉; 中天下而立, 定四海之民, 君子樂之, 所性不存焉. 君
子所性, 雖大行不加焉, 雖窮居不損焉, 分定故也. 君子所性, 仁義禮智根於心, 其生色也
睟然, 見於面, 盎於背, 施於四體, 四體不言而喩.(『맹자』「盡心上」)

318　其君子實玄黃於篚以迎其君子; 其小人簞食壺漿以迎其小人.(『맹자』「滕文公下」)

319　無君子, 莫治野人; 無野人, 莫養君子.(『맹자』「滕文公上」)

320　人之所以異於禽獸者幾希, 庶民去之, 君子存之.(『맹자』「離婁下」)

321　天之生此民, 使先知覺後知, 使先覺覺後覺也.(『맹자』「萬章上」)

322　或勞心, 或勞力; 勞心者治人, 勞力者治於人; 治於人者食人, 治人者食於人.(『맹자』「滕文

公上」)

323 天子不仁, 不保四海; 諸侯不仁, 不保社稷; 卿大夫不仁, 不保宗廟; 士庶人不仁, 不保四體.(『맹자』「離婁上」)

324 有不忍人之心, 斯有不忍人之政矣. 以不忍人之心, 行不忍人之政, 治天下可運之掌上.(『맹자』「公孫丑上」)

325 仰足以事父母, 俯足以畜妻子.(『맹자』「梁惠王上」)

326 養生喪死無憾, 王道之始也.(『맹자』「梁惠王上」)

327 制民之産.(『맹자』「梁惠王上」)

328 無恒産而有恒心者, 惟士爲能. 若民, 則無恒産, 因無恒心. 苟無恒心, 放辟邪侈, 無不爲已.(『맹자』「梁惠王上」)

329 五畝之宅, 樹之以桑, 五十者可以衣帛矣. 鷄豚狗彘之畜, 無失其時, 七十者可以食肉矣. 百畝之田, 勿奪其時, 八口之家可以無飢矣.(『맹자』「梁惠王上」)

330 請野九一而助, 國中什一使自賦. 卿以下必有圭田, 圭田五十畝; 餘夫二十五畝. 死徙無出鄕, 鄕田同井, 出入相友, 守望相助, 疾病相扶持, 則百姓親睦. 方里而井, 井九百畝, 其中爲公田. 八家皆私百畝, 同養公田; 公事畢, 然後敢治私事, 所以別野人也. 此其大略也; 若夫潤澤之, 則在君與子矣.(『맹자』「滕文公上」)

331 制其田里.

332 父母凍餓, 兄弟妻子離散.(『맹자』「梁惠王上」)

333 陷溺.

334 罪人不孥.(『맹자』「梁惠王上」)

335 市, 廛而不征, 法而不廛.

336 關, 譏而不征.(『맹자』「公孫丑上」)

337 三代之得天下也以仁, 其失天下也以不仁. 國之所以廢興存亡者亦然.(『맹자』「離婁上」)

338 天下溺, 援之以道.(『맹자』「離婁上」)

339 爭地以戰, 殺人盈野; 爭城以戰, 殺人盈城, 此所謂率土地而食人肉, 罪不容於死.(『맹자』「離婁上」)

340 民之憔悴於虐政, 未有甚於此時者也. 飢者易爲食, 渴者易爲飮.

341 雖有智慧不如乘勢.

342 事半古之人, 功必倍之, 唯此時爲然.(『맹자』「公孫丑上」)

343 天降下民, 作之君, 作之師.(『맹자』「梁惠王上」)

344 天子不能以天下與人.(『맹자』「萬章上」)

345 不得與人燕.(『맹자』「公孫丑下」)

346 使之主祭, 而百神享之, 是天受之; 使之主事, 而事治, 百姓安之, 是民受之也.

347 天視自我民視, 天聽自我民聽.(『맹자』「萬章上」)

348 匹夫而有天下者, 德必若舜禹, 而又有天子薦之者, 故仲尼不有天下.(『맹자』「萬章上」)

349 苟爲善, 後世子孫必有王者矣. 君子創業垂統, 爲可繼也. 若夫成功, 則天也.(『맹자』「梁惠王上」)

350 君子之德, 風也; 小人之德, 草也. 草尙之風, 必偃.(『맹자』「滕文公上」)

351 身正而天下歸之.

352 天下之本在國, 國之本在家, 家之本在身.(『맹자』「離婁上」)

353 君子之守, 修其身而天下平.(『맹자』「盡心下」)

354 君仁, 莫不仁; 君義, 莫不義; 君正, 莫不正. 一正君而國定矣.(『맹자』「離婁上」)

355 善與人同, 舍己從人, 樂取於人以爲善. 自耕稼.陶.漁以至爲帝, 無非取於人者.(『맹자』「公孫丑上」)

356 禹聞善言, 則拜.

357 古之賢王好善而忘勢; 古之賢士何獨不然? 樂其道而忘人之勢.(『맹자』「盡心上」)

358 五百年必有王者興!

359 不用賢則亡.(『맹자』「告子下」)

360 仁者無不愛也, 急親賢之爲務.(『맹자』「盡心上」)

361 賢者在位, 能者在職.

362 尊賢使能, 俊杰在位.(『맹자』「公孫丑上」)

363 妾婦之道.(『맹자』「滕文公下」)

364 我非堯舜之道, 不敢以陳於王前, 故齊人莫如我敬王也.(『맹자』「公孫丑下」)

365 立乎人之本朝, 而道不行, 耻也.(『맹자』「萬章下」)

366 居天下之廣居, 立天下之正位, 行天下之大道; 得志, 與民由之; 不得之, 獨行其道. 富貴不能淫, 貧賤不能移, 威武不能屈, 此之謂大丈夫.(『맹자』「滕文公下」)

367 夫仁 (…) 人之安宅也.(『맹자』「公孫丑上」)

368 不學禮, 無以立.(『논어』「季氏」)

369 天下有道, 以道殉身; 天下無道, 以身殉道; 未聞以道殉乎人者也.(『맹자』「盡心上」)

370 長君之惡其罪小, 逢君之惡其罪大.(『맹자』「告子下」)

371 君之視臣如手足, 則臣視君如腹心; 君之視臣如犬馬, 則臣視君如國人; 君之視臣如土芥, 則臣視君如寇仇.(『맹자』「離婁下」)

372 將大有爲之君, 必有所不召之臣; 欲有謀焉, 則就之. 其尊德樂道, 不如是, 不足與有爲也. 故湯之於伊尹, 學焉而後臣之, 故不勞而王; 桓公之於管仲, 學焉而後臣之, 故不勞而霸.(『맹자』「公孫丑上」)

373 聖人, 百世之師也.(『맹자』「盡心下」)

374 自生民以來, 未有盛於孔子也.(『맹자』「公孫丑上」)

375 格君心之非.(『맹자』「離婁上」)

376 責難於君謂之恭, 陳善閉邪謂之敬, 吾君不能謂之賊.(『맹자』「離婁上」)

377 孟子曰:'王何卿之問也?' 王曰:'卿不同乎?' 曰:'不同. 有貴戚之卿, 有異姓之卿.' 王曰:'請問貴戚之卿.' 曰:'君有大過則諫, 反復之而不聽, 則易位.' 王勃然變乎色. 曰:'王勿異也. 王問臣, 臣不敢不以正對.' 王色定, 然後請問異姓之卿. 曰:'君有過則諫, 反復之而不聽, 則去.'(『맹자』「萬章下」)

378 無他, 利與善之間也.(『맹자』「盡心上」)

379 王! 何必曰利? 亦有仁義而已矣.(『맹자』「梁惠王上」)

380 君臣·父子·兄弟終去仁義, 懷利而相接, 然而不亡者, 未之有也.(『맹자』「告子下」)

381 今也制民之産, 仰不足以事父母, 俯不足以畜妻子; 樂歲終身苦, 凶年不免於死亡. 此惟救死而恐不瞻, 奚暇治禮義哉?(『맹자』「梁惠王上」)

382 民之爲道也, 有恒産者有恒心, 無恒産者無恒心.(『맹자』「滕文公上」)

383 聖人治天下, 使有菽粟如水火. 菽粟如水火, 而民焉有不仁者乎?(『맹자』「盡心上」)

384 民爲貴, 社稷次之, 君爲輕.(『맹자』「盡心下」)

385 暴其民甚, 則身弑國亡; 不甚, 則身危國削.(『맹자』「離婁上」)

386 桀紂之失天下也, 失其民也; 失其民者, 失其心也. 得天下有道: 得其民, 斯得天下矣.(『맹자』「離婁上」)

387 得乎丘民而爲天子也.(『맹자』「盡心下」)

388 天時不如地利, 地利不如人和.(『맹자』「公孫丑下」)

389 得其民有道: 得其心, 斯得民矣; 得其心有道: 所欲與之聚之, 所惡勿施, 爾也.(『맹자』「離婁上」)

390 樂民之樂者, 民亦樂其樂; 憂民之憂者, 民亦憂其憂.(『맹자』「梁惠王下」)

391 民以爲大, 不亦宜乎?(『맹자』「梁惠王下」)

392 以佚道使民, 雖勞不怨. 以生道殺民, 雖死不怨殺者.(『맹자』「盡心上」)

393 誅之, 則不可勝誅; 不誅, 則疾視其長上之死而不救, 如之何則可也?

394 出乎爾者, 反乎爾者也.(『맹자』「梁惠王下」)

395 五霸者, 三王之罪人也.(『맹자』「告子下」)

396 以力假仁者霸.(『맹자』「公孫丑上」)

397 其若是, 孰能御之?(『맹자』「梁惠王上」)

398 仁者無敵.(『맹자』「梁惠王上」)

399 夫國君好仁, 天下無敵.(『맹자』「離婁上」)

400 仁人無敵於天下.(『맹자』「盡心下」)

401 得道者多助, 失道者寡助. 寡助之至, 親戚畔之; 多助之至, 天下順之.(『맹자』「公孫丑下」)

402 誅其君而弔其民.(『맹자』「梁惠王下」)

403 순자의 생몰 연대에 대해서는 이설이 많다. 역자는 기원전 336년 전후에서 기원전 238
년까지 산 것으로 추정한다. —옮긴이

404 향연을 할 때 먼저 존경받는 어른을 뽑아 술잔을 들어 땅에 경배하게 한 데서 유래되
었다. 존경받는 최고의 어른을 뜻한다. 나중에 한漢 평제平帝 때 육경좨주六經祭主라
는 관직을 두었고 박사博士들의 장을 박사좨주라 부르기도 한다. —옮긴이

405 宇中萬物, 生人之屬.

406 天地合而萬物生, 陰陽接而變化起.(『순자』「禮論」)

407 天職旣立, 天功旣成, 形具而神生.(『순자』「天論」)

408 有知之屬莫不愛其類.

409 有血氣之屬莫知於人.(『순자』「禮論」)

410 人之所以爲人者, 非特以其二足而無毛也, 以其有辨也. 夫禽獸有父子而無父子之親, 有
牝牡而無男女之別. 故人道莫不有辨.(『순자』「非相」)

411 水火有氣而無生, 草木有生而無知, 禽獸有知而無義; 人有氣, 有生, 有知亦且有義, 故最
爲天下貴也.(『순자』「王制」)

412 力不若牛, 走不若馬, 而牛馬爲用, 何也? 曰: 人能群, 彼不能群也.(『순자』「王制」)

413 萬物同宇而異體, 無宜而有用爲人, 數也.(『순자』「富國」)

414 和則一, 一則多力, 多力則強, 強則勝物; 故宮室可得而居也, 故序四時, 裁萬物, 兼利天
下.(『순자』「王制」)

415 性者, 本始材樸也.(『순자』「禮論」)

416 凡性者, 天之就也, 不可學, 不可事.(『순자』「性惡」)

417 性者也, 吾所不能爲也.(『순자』「儒效」)

418 生之所以然者謂之性.(『순자』「正名」)

419 性者, 天之就也; 情者, 性之質也; 欲者, 情之應也. 以所欲爲可得而求之, 情之所必不免

也.(『순자』「正名」)

420 千人萬人之情, 一人之情是也.(『순자』「不苟」)

421 生而有耳目之欲, 有好聲色焉.

422 目好色, 耳好聲, 口好味, 心好利, 骨體膚理好愉佚, 是皆生於人之情性者也.

423 今人之性, 飢而欲飽, 寒而欲暖, 勞而欲休, 此人之情性也.

424 人之情, 食欲有芻豢, 衣欲有文綉, 行欲有輿馬, 又欲夫餘財蓄積之富也, 然而窮年累世
不知不足('不知足'이라고 해야 맞음), 是人之情也.

425 生而有疾惡焉.

426 夫貴爲天子, 富有天下, 是人情之所同欲也.

427 夫貴爲天子, 富有天下, 名爲聖王, 兼制人, 人莫得而制也, 是人情之所同欲也.

428 名聲若日月, 功績如天地, 天下之人應之如景嚮, 是又人情之所同欲也.

429 今人之性, 生而有好利焉, 順是, 故爭奪生而辭讓亡焉; 生而有疾惡焉, 順是, 故殘賊生而
忠信亡焉; 生而有耳目之欲, 有好聲色焉, 順是, 故淫亂生而禮義文理亡焉. 然則從人之
性, 順人之情, 必出於爭奪, 合於犯分亂理而歸於暴.

430 欲惡同物, 欲多而物寡, 寡則必爭矣.

431 可學而能, 可事而成之在人者, 謂之僞.(『순자』「性惡」)

432 感而自然, 不待事而後生之者也. 夫感而不能然, 必且待事而後然者, 謂之生於僞.

433 聖人化性而起僞, 僞起而生禮義, 禮義生而制法度, 然則禮義法度者, 是聖人之所生
也.(『순자』「性惡」)

434 不異於衆, 性也.

435 所以異而過衆者, 僞也.(『순자』「性惡」)

436 人無師法, 則隆性矣; 有師法, 則隆積矣; 而師法者, 所得乎情('積' 자를 잘못 쓴 것으로
의심됨), 非所受乎性, 不足以獨立而治.

437 必將有師法之化.

438 注錯習俗, 所以化性也.

439 習俗移志, 安久移質.

440 居楚而楚, 居越而越, 居夏而夏, 是非天性也, 積靡(摩)使然也.(『순자』「儒效」)

441 蓬生麻中, 不扶而直, 白沙在涅, 與之俱黑. 蘭槐之根是爲芷, 其漸之滫, 君子不近, 庶人
不服. 其質非不美也, 所漸者然也. 故君子居必擇鄕, 游必就士, 所以防邪僻而近中正也.

442 性之好, 惡, 喜, 怒, 哀, 樂謂之情. 情然而心爲之擇謂之慮. 心慮而能爲之動謂之僞.

443 '涂'는 '途'와 같다. 도로, 길의 의미. —옮긴이

444 涂之人可以爲禹, 曷謂也?

445 凡禹之所以爲禹者, 以其爲仁義法正也. 然則仁義法正有可知可能之理, 然而涂之人也,
    皆有可以知仁義法正之質, 皆有可以能仁義法正之具; 然則其可以爲禹明矣.

446 聖人者, 人之所積而致也.

447 欲多而物寡, 寡則必爭矣.

448 人生而有欲, 欲而不得, 則不能無求, 求而無度量分界, 則不能不爭. 爭則亂, 亂則窮.

449 兩貴之不能相事, 兩賤之不能相使, 是天數也. 勢位齊, 而欲惡同, 物不能澹('瞻'과 같음)
    則必爭, 爭則必亂, 亂則窮矣.

450 百技所成, 所以養一人也. 而能不能兼技, 人不能兼官; 離居不相待則窮, 群而無分則爭.

451 人何以能群? 曰: 分. 分何以能行? 曰: 義.

452 先王惡其亂也, 故制禮義以分之.

453 養人之欲, 給人之求. 使欲必不窮乎物, 使物必不屈於欲, 兩者相持而長, 是禮之所起也.
    故禮者, 養也 (…) 所以養體也.

454 君子旣得其養, 又好其別. 曷爲別? 曰: 貴賤有等, 長幼有差.(『순자』「禮論」)

455 君君, 臣臣, 父父, 子子, 兄兄, 弟弟一也.(『순자』「王制」)

456 貴貴, 尊尊, 賢賢, 老老, 長長, 義之倫也. 行之得其節, 禮之序也.

457 古者先王分割而等異之也, 故使或美, 或惡, 或厚, 或薄, 或佚樂, 或劬勞, 非特以爲淫泰
    夸麗之聲, 將以明人之文, 通人之順也.

458 貧富輕重皆有稱者也.

459 農農, 士士, 工工, 商商一也.

460 君子以德, 小人以力.(『순자』「富國」)

461 知愚, 能不能.(『순자』「榮辱」)

462 禮者, 斷長續短, 損有餘, 益不足, 達愛敬之文, 而滋成行義之美者也.

463 起禮義, 制法度, 以矯飾人之情性而正之, 以擾化人之情性而導之也. 始皆出於治, 合於
    道者也.

464 今人之性惡 (…) 得禮義然後治.

465 天地生君子, 君子理天地; 君子者, 天地之參也, 萬物之總也, 民之父母也. 無君子, 則天
    地不理, 禮義無統, 上無君師, 下無父子, 夫是之謂至亂.(『순자』「王制」)

466 禮以順人心爲本, 故亡於禮經而順人心者, 禮也.

467 禮有三本: 天地者, 生之本也; 先祖者, 類之本也; 君師者, 治之本也.

468 故禮, 上事天, 下事地, 尊先祖而隆君師, 是禮之三本也.

469 禮之於正國家也, 如權衡之於輕重也, 如繩墨之於曲直也. 故人無禮不生, 事無禮不成, 國家無禮不寧.

470 使有貧富貴賤之等, 足以相兼臨者, 是養天下之本也. 書曰: '維齊非齊', 此之謂也.

471 王者之法, 等賦, 政事, 財('裁'과 같음)萬物, 所以養萬民也. 田野什一, 關市幾而不征, 山林澤梁, 以時禁發而不稅.

472 立法施令莫不順比.

473 禮者, 法之大分, 類之綱紀也.

474 故非禮, 是無法也.

475 不知法之義而正法之數者, 雖博, 臨事必亂.

476 有法者以法行, 無法者以類舉, 聽之盡也.

477 人無法則悵悵然, 有法而無志('識'으로 풀이함)其義則渠渠然, 依乎法而又深其類然後溫溫然.

478 以類行雜, 以一行萬.

479 怒不過奪, 喜不過予, 是法勝私也.

480 故法而不議, 則法之所不及者必廢; 職而不通, 則職之所不及者必隊(墜). 故法而議, 職而通, 無隱謀, 無遺善, 而百事無過, 非君子莫能.

481 君法明, 論有常, 表儀既設民知方. 進退有律, 莫得貴賤, 孰私王?

482 慶賞刑罰欲必以信.

483 不教而誅, 則刑繁而邪不勝; 教而不誅, 則姦民不懲; 誅而不賞, 則勤勵之民不勸; 誅賞而不類, 則下疑俗儉('險'과 통함)而百姓不一.

484 一人有罪而三族皆夷.

485 由士以上則以禮樂節之, 衆庶百姓則以法數制之.

486 無君子, 則天地不理, 禮義無統, 上無君師, 下無父子, 夫是之謂至亂.

487 羿之法非亡也, 而羿不世中; 禹之法猶存, 而夏不世王.(『순자』「君道」)

488 法不能獨立, 類不能自行, 得其人則存, 失其人則亡. 法者, 治之端也; 君子者, 法之原也.

489 爲政在人.

490 王者之人: 飾動以禮義, 聽斷以類, 明振毫末, 舉措應變而不窮, 夫是之謂有原. 是王者之人也.

491 王者之制, 道不過三代, 法不貳後王. (…) 衣服有制, 宮室有度, 人徒有數, 喪祭器用, 皆有等宜. 聲, 則凡非雅聲者舉廢; 色, 則凡非舊文者舉息; 械用, 則凡非舊器者舉毀. 夫是之謂復古, 是王者之制也.

492 王者之論, 無德不貴, 無能不官, 無功不賞, 無罪不罰.

493 王者之法, 等賦, 政事, 財('裁'와 통함, 이루어진다는 의미)萬物, 所以養萬民也. 田野什一, 關市幾而不征, 山林澤梁, 以時禁發而不稅. 相地而衰政('征'과 같음), 理道之遠近而致貢.

494 聞修身, 未嘗聞爲國也. 君者儀也, 民者景也, 儀正而景正.(『순자』「君道」)

495 志意修則驕富貴, 道義重則輕王公; 內省而外物輕矣.

496 身勞而心安, 爲之; 利少而義多, 爲之; 事亂君而通, 不如事窮君而順焉.(…) 士君子不爲貧窮怠乎道.

497 是故權利不能傾也, 群衆不能移也, 天下不能蕩也. 生乎由是, 死乎由是, 夫是之謂德操.

498 彼大儒者, 雖隱於窮閻漏屋, 無置錐之地, 而王公不能與之爭名.

499 可以爲堯舜, 可以爲桀跖, 可以爲工匠, 可以爲農賈, 在勢注錯習俗之所積耳.

500 奪然後義, 殺然後仁, 上下易位然後貞, 功參天地, 澤被生民, 夫是之謂權險之平, 湯武是也.

501 君者, 善群也. 群道當, 則萬物皆得其宜, 六畜皆得其長, 群生皆得其命.

502 善生養人者也, 善班('辨'과 같음)治人者也, 善顯設(任用)人者也, 善藩飾人者也.

503 人君者, 所以管分之樞要也.(『순자』「富國」)

504 以禮分施, 均遍而不偏.(『순자』「君道」)

505 隆禮至法則國有常.(『순자』「君道」)

506 故正義之臣設, 則朝廷不頗; 諫爭輔拂之人信, 則君過不遠; 爪牙之士施, 則仇讎不作; 邊境之臣處, 則疆垂不喪. 故明主好同而暗主好獨. 明主尙賢使能而饗其盛, 暗主妒賢畏能而滅其功.

507 君主之患(이척생李滌生의 『순자집석荀子集釋』에는 害로 되어 있으나 같은 의미―옮긴이)不在乎不言用賢, 而在乎不誠必用賢.

508 賢能不待次而擧, 罷不能不待須而廢.(『순자』「君道」)

509 兼聽齊明則天下歸之.

510 兼聽齊明而百事不留.(『순자』「君道」)

511 公生明, 偏生暗.

512 見其可欲也, 則必前後慮其可惡也者; 見其可利也, 則必前後慮其可害也者; 而兼權之, 孰計之, 然後定其欲惡取舍, 如是則常不失陷矣.(『순자』「不苟」)

513 强固(强과 弱은 반의적으로 같은 의미로 쓰인 경우가 많다. 저자의 중화서국 판본에는 强으로, 역자가 주로 참고한 이척생의 『순자집석』에는 弱으로 쓰여 있다―옮긴이)榮辱

在於取相矣! 身能, 相能, 如是者王.

514 凡姦人之所以起者, 以上之不貴義, 不敬義也.(『순자』「彊國」)

515 天之生民, 非爲君也. 天之立君, 以爲民也.

516 馬駭輿, 則君子不安輿; 庶人駭政, 則君子不安位. 馬駭輿, 則莫若靜之; 庶人駭政, 則莫若惠之. (…) 庶人安政, 然後君子安位. 傳曰: '君者, 舟也; 庶人者, 水也. 水則載舟, 水則覆舟.

517 鳥則擇木, 木豈能擇鳥!.

518 臣或弑其君, 下或殺其上, 粥(鬻)其城, 倍(背)其節, 而不死其事者, 無他故焉, 人主自取之也.

519 有社稷者不能愛民, 不能利民, 而求民之親愛己, 不可得也. 民不親不愛, 而求其爲己用, 爲己死, 不可得也.

520 不利而利之(不利於民而取民之利), 不如利而後利之之利也. 不愛而用之, 不如愛而後用之之功也. 利而後利之, 不如利而不利者之利也; 愛而後用之, 不如愛而不用者之功也. 利而不利也, 愛而不用者也, 取天下者也. 利而後利之, 愛而後用之者, 保社稷者也. 不利而利之, 不愛而用之者, 危國家者也.

521 君人者, 愛民而安, 好士而榮, 兩者無一焉而亡.

522 夫民易一以道, 而不可與共故.

523 禮者, 衆人法而不知, 聖人法而知之.

524 民可使由之, 不可使知之.

525 國危則無樂君, 國安則無憂民.

526 故明君者, 必將先治其國, 然後百樂得其中.(『순자』「王霸」)

527 內不可以阿子弟, 外不可以隱遠人.(『순자』「君道」)

528 公道達而私門塞矣.(『순자』「王霸」)

529 主道利明不利幽, 利宣不利周.(『순자』「正論」)

530 人主不公, 人臣不忠也.(『순자』「王霸」)

531 人主者天下之利勢也.(『순자』「王霸」)

532 聰明君子者, 善服人者也. 人服而勢從之, 人不服而勢去之.(『순자』「王霸」)

533 明主急得其人, 而暗主急得其勢.(『순자』「君道」)

534 威有三: 有道德之威者, 有暴察之威者, 有狂妄之威者.(『순자』「彊國」)

535 處勝人之勢, 行勝人之道, 天下莫忿, 湯武是也. 處勝人之勢, 不以勝人之道, 厚於有天下之勢, 索爲匹夫不可得也, 桀紂是也. 然則得勝人之勢者, 其不如勝人之道遠矣.

536 예의의 기본 대강과 모든 일에 적용할 수 있는 유비의 원칙. ―옮긴이

537 略法先王而不知其統.(『순자』「非十二子」)

538 略法先王而足亂世, 術謬學雜, 不知法後王而一制度.

539 勞知而不律先王, 謂之姦心.

540 凡言不合先王, 不順禮義, 謂之姦言, 雖辯, 君子不聽.

541 法先王, 順禮義.

542 儒者法先王, 隆禮義.

543 亂其敎, 繁其刑.

544 今君人者, 急逐樂而緩治國, 豈不過甚矣哉!

545 以道觀盡, 古今一也.(『순자』「非相」)

546 古今異情, 其所以治者異道.

547 善言古者必有節於今.

548 君子立志如窮, 雖天子三公問正, 以是非對.(『순자』「大略」)

549 君有過謀過事, 將危國家隕社稷之懼也; 大臣父兄, 有能進言於君, 用則可, 不用則去, 謂之諫; 有能進言於君, 用則可, 不用則死, 謂之爭; 有能比知同力, 率群臣百吏而相與强君撟君, 君雖不安, 不能不聽, 遂以解國之大患, 除國之大害, 成於尊君安國, 謂之輔; 有能抗君之命, 竊君之重, 反君之事, 以安國之危, 除君之辱, 功伐足以成國之大利, 謂之拂. 故諫爭輔拂之人, 社稷之臣也, 國君之寶也, 明君之所尊厚也, 而闇主惑君以爲己賊也.(『순자』「臣道」)

550 凡說之難, 以至高遇至卑, 以至治接至亂. 未可直至也, 遠擧則病繆, 近世則病傭. 善者於是間也, 亦必遠擧而不繆, 近世而不傭, 與時遷徙, 與世偃仰, 緩急嬴絀, 府然若渠匽檃栝之於己也. 曲得所謂焉, 然而不折傷.

551 持寵處位, 終身不厭之術.(『순자』「仲尼」)

552 事聖君者, 有聽從無諫爭; 事中君者, 有諫爭無諂諛; 事暴君者, 有補削無撟拂, 迫脅於亂時, 窮居於暴國, 而無所避之, 則崇其美, 揚其善, 違其惡, 隱其敗, 言其所長, 不稱其所短, 以爲成俗.

553 富國之道: 節用裕民, 而善臧(藏)其餘. 節用以禮, 裕民以政. 彼裕民故多餘, 裕民則民富, 民富則田肥以易(治理), 田肥以易則出實百倍. 上以法取焉, 而下以禮節用之, 餘若丘山, 不時焚燒, 無所臧之.

554 田野縣鄙者, 財之本也 (…) 等賦府庫者, 貨之流也.

555 節其流, 開其源.

556 下貧則上貧, 下富則上富.

557 伐其本, 竭其源.

558 將以求富而喪其國, 將以求利而危其身.(『순자』「富國」)

559 士大夫衆則國貧.

560 罕擧力役, 無奪農時.(『순자』「王霸」)

561 相高下, 視肥境, 序五種.(『순자』「王制」)

562 修堤梁, 通溝澮, 行水潦, 安水藏, 以時決塞; 歲雖凶敗水旱, 使民有所耘艾.(『순자』「王制」)

563 刺中殖穀.(『순자』「富國」)

564 今是土之生五穀也, 人善治之, 則畝數盆, 一歲而再獲之.(『순자』「富國」)

565 相地而衰政.

566 田野什一.(『순자』「王制」)

567 王奪之人, 霸奪之與, 強奪之地. 奪之人者臣諸侯, 奪之與者友諸侯, 奪之地者敵諸侯. 臣諸侯者王, 友諸侯者霸, 敵諸侯者危.(『순자』「王制」)

568 上可以王, 下可以霸.(『순자』「王霸」)

569 王者富民, 霸者富士, 僅存之國富大夫, 亡國富筐篋, 實府庫. 筐篋已富, 府庫已實, 而百姓貧: 夫是之謂上溢而下漏. 入不可以守, 出不可以戰, 則傾覆滅亡可立而待也. 故我聚之以亡, 敵得之以強. 聚斂者, 召寇, 肥敵, 亡國, 危身之道也, 故明君不蹈也.

570 無國而不有治法, 無國而不有亂法; 無國而不有賢士, 無國而不有罷士; 無國而不有愿民, 無國而不有悍民; 無國而不有美俗, 無國而不有惡俗.

571 兩者竝行, 而國在上偏而國安, 在下偏而國危; 上一而王, 下一而亡.(『순자』「王霸」)

572 枯楊生華, 老婦得其士夫.

573 枯楊生稊, 老夫得其女妻.(『易經』「大過卦」)

574 見龍在田.

575 飛龍在天.(『易經』「乾卦」)

576 夫易, 聖人之所以極深而研幾也. 惟深也, 故能通天下之志; 惟幾也, 故能成天下之務; 惟神也, 故不疾而速, 不行而至.

577 夫易'何爲者也? 夫易'開物成務, 冒天下之道, 如斯而已者也.

578 以通天下之志, 以定天下之業, 以斷天下之疑.

579 天地睽而其事同也. 男女睽而其志通也. 萬物睽而其事類也.

580 有天地然後有萬物; 有萬物然後有男女; 有男女然後有夫婦; 有夫婦然後有父子; 有父子

然後有君臣; 有君臣然後有上下; 有上下然後禮義有所錯.

581 天尊地卑, 乾坤定矣. 卑高以('已'와 같음)陳, 貴賤位矣.

582 內陽而外陰, 內健而外順, 內君子而外小人.

583 聖人有以見天下之動, 而觀其會通, 以行其典禮.

584 君子以辯上下, 安民志.

585 離也者, 明也, 萬物皆相見, 南方之卦也. 聖人南面而聽天下, 向明而治, 蓋取諸此也.

586 天險, 不可升也. 地險, 山川丘陵也. 王公設險, 以守其國. 險之時用大矣哉.

587 顯諸仁, 藏諸用.

588 闔戶謂之坤, 闢戶謂之乾. 一闔一闢謂之變, 往來不窮謂之通.

589 日中則昃(吳), 月盈則食, 天地盈虛, 與時消息(蕃息), 而況人乎, 況於鬼神乎.(『易傳』「象傳」)

590 窮則變, 變則通, 通則久.

591 君子以治曆明時.

592 與時偕行.(『易傳』「文言」,『易傳』「象辭」)

593 時止則止, 時行則行. 動靜不失其時, 其道光明.

594 變通者, 趣時者也.

595 日往則月來, 月往則日來, 日月相推而明生焉. 寒往則暑來, 暑往則寒來, 寒暑相推而歲成焉. 往者屈也, 來者信('伸'과 같음)也, 屈信相感而利生焉.

596 不出門庭, 凶, 失時極也.

597 東鄰殺牛, 不如西鄰之禴祭, 實受其福.

598 君子藏器於身, 待時而動, 何不利之有?

599 大'亨貞无咎', 而天下隨時, 隨時之義大矣哉.

600 君子安其身而後動, 易其心而後語, 定其交而後求. 君子修此三者, 故全也. 危以動, 則民不與也; 懼以語, 則民不應也. 無交而求, 則民不與也. 莫之與, 則傷之者至矣.

601 君子知微知彰, 知柔知剛, 萬夫之望.

602 幾者, 動之微, 吉凶之先見者也. 君子見幾而作, 不俟終日.(『易傳』「繫辭下」)

603 君子安而不忘危, 存而不忘亡, 治而不忘亂; 是以, 身安而國家可保也.

604 君子以思患而預防之.

605 不犯難行也.

606 見險而能止, 知矣哉.

607 德薄而位尊, 知小而謀大, 力小而任重, 鮮不及矣.

608 亂之所生也, 則言語以爲階. 君不密則失臣, 臣不密則失身, 幾(機)事不密則害成. 是以君子愼密而不出也.

609 君子居其室, 出其言善, 則千里之外應之, 況其邇者乎; 居其室, 出其言不善, 則千里之外違之, 況其邇者乎. 言出乎身, 加乎民. 行發乎邇, 見乎遠. 言行, 君子之樞機. 樞機之發, 榮辱之主也. 言行, 君子之所以動天地也, 可不愼乎!

610 損剛益柔有時, 損益盈虛, 與時偕行.(『易傳』「象傳」)

611 盈不可久也.(『易傳』「象傳」)

612 泰者, 通也. 物不可以終通, 故受之以否.

613 剝者, 剝也. 物不可以終盡剝, 窮上反下, 故受之以復.

614 尺蠖之屈, 以求信也; 龍蛇之蟄, 以存身也.

615 變化者, 進退之象也.

616 夫乾, 其靜也專, 其動也直, 是以大生焉. 夫坤, 其靜也翕, 其動也辟, 是以廣生焉.

617 坤至柔而動也剛, 至靜而德方.(『易傳』「文言」)

618 剛柔相易.(『易傳』「繫辭下」)

619 天地節, 而四時成. 節以制度, 不傷財, 不害民.

620 君子以制數度, 議德行.

621 化而裁之謂之變, 推而行之謂之通.

622 天地革而四時成, 湯武革命, 順乎天而應乎人. 革之時大矣哉!

623 君子體仁, 足以長人.

624 師, 衆也; 貞, 正也. 能以衆正, 可以王矣.

625 夫大人者與天地合其德, 與日月合其明, 與四時合其序, 與鬼神合其吉凶, 先天而天弗違, 後天而奉其時. 天且弗違, 而況於人乎, 況於鬼神乎!

626 剛柔交錯, 天文也; 文明以止, 人文也. 觀乎天文, 以察時變, 觀乎人文, 以化成天下.

627 夫易, 聖人之所以極深而研幾也. 惟深也, 故能通天下之志; 惟幾也, 故能成天下之務.(「繫辭上」)

628 天生神物, 聖人則之; 天地變化, 聖人效之; 天垂象, 見吉凶, 聖人象之; 河出圖, 洛出書, 聖人則之.

629 一陰一陽之謂道, 繼之者善也. 成之者性也. 仁者見之謂之仁, 知者見之謂之知, 百姓日用而不知; 故君子之道鮮矣.

630 雲從龍, 風從虎. 聖人作而萬物睹.

631 天地養萬物. 聖人養賢以及萬民.

632 地勢坤. 君子以厚德載物.

633 天地交, 泰. 后(君主)以財(裁와 같음)成天地之道, 輔相天地之宜, 以左右民.

634 天地以順動, 故日月不過, 而四時不忒. 聖人以順動, 則刑罰淸而民服.

635 日月得天而能久照. 四時變化而能久成. 聖人久於其道, 而天下化成.

636 天地感, 而萬物化生. 聖人感人心, 而天下和平.

637 天地睽而其事同也, 男女睽而其志通也, 萬物睽而其事類也.

638 君子以同而異.

639 知進而不知退, 知存而不知亡, 知得而不知喪, 其唯聖(王肅의 판본에는 '愚'라 쓰여 있
는데 이것이 옳다)人乎? 知進退存亡而不失其正者, 其唯聖人乎?

640 臣弑其君, 子弑其父, 非一朝一夕之故, 其所由來者漸矣, 由辯(辨과 같음, 관찰하다)之
不早辯也.

641 天與火, 同人. 君子以類族辨物.

642 方以類聚, 物以群分, 吉凶生矣.

643 損上益下, 民說無疆, 自上下下, 其道大光.

644 地中有水, 師. 君子以容民畜衆.

645 地中有山, 謙. 君子以裒(采의 가차, 취하다)多益寡, 稱物平施.

646 積善之家必有餘慶, 積不善之家必有餘殃.

647 說以先民, 民忘其勞. 說以犯難, 民忘其死. '說'之大, 民勸矣哉.(『易傳』「彖傳」)

648 以貴下賤, 大得民也.(『易傳』「象傳」)

649 利用禦寇, 上下順也.

650 二人同心, 其利斷金. 同心之言, 其臭如蘭.

651 貴而無位, 高而無民, 賢人在下位而無輔, 是以動而有悔也.

652 귀신의 권위를 이용하여 백성을 교화하는 수단으로 삼았다. ―옮긴이

653 觀天之神道, 而四時不忒. 聖人以神道設教, 而天下服矣.

654 天行健, 君子以自强不息.

655 君子以言有物, 而行有恒.

656 天施地生, 其益無方. 凡益之道, 與時偕行.

657 君子終日乾乾, 夕惕若, 厲無咎.

658 君子進德修業. 忠信所以進德也. 修辭立其誠, 所以居業也. 知至至之, 可與言幾也. 知終
終之, 可與存義也. 是故居上位而不驕, 在下位而不憂, 故乾乾因其時而惕, 雖危無咎矣.

659 其德剛健而文明, 應乎天而時行.

660 君子以果行, 育德.

661 貞固足以幹事.

662 君子以致命遂志.

663 不事王侯, 志可則也.

664 不可榮以祿.(『易傳』「象傳」)

665 여섯 효의 배치에서 하괘下卦 맨 밑의 효가 양인 경우를 초구初九라 한다. —옮긴이

666 初九曰: '潛龍勿用.' 何謂也? 子曰: '龍, 德而隱者也. 不易(易은 移와 같으니 그 시대 사
      람들 때문에 옮기지 않는다는 의미다)乎世, 不成乎名, 遯世無悶, 不見是而無悶, 樂則行
      之, 憂則違之, 確乎其不可拔, 潛龍也.'

667 人道惡盈而好謙.

668 謙謙君子, 卑以自牧也.

669 勞謙君子, 萬民服也.

670 君子以虛受人.

671 謙也者, 致恭以存其位者也.

672 勞而不伐, 有功而不德, 厚之至也.

673 君子以思不出其位.

674 君子以懲忿窒欲.(『易傳』「象傳」)

675 君子以遏惡揚善, 順天休命.

676 君子以見善則遷, 有過則改.

677 善不積, 不足以成名. 惡不積, 不足以滅身.

678 唯王建國, 辨方正位, 體國經野, 設官分職, 以爲民極.

679 掌外朝之政, 以致萬民而詢焉.

680 大詢於衆庶, 則各帥其鄉之衆寡而於致朝.

681 一曰詢危, 二曰詢國遷, 三曰詢立君.

682 太宰之職, 掌建邦之六典, 以佐王治邦國.

683 以經邦國, 以治官府, 以紀萬民.

684 二曰教典, 以安邦國, 以教官府, 以擾(길들임)萬民; 三曰禮典, 以和邦國, 以統百官, 以諧
      萬民; 四曰政典, 以平邦國, 以正百官, 以均萬民; 五曰刑典, 以詰邦國, 以刑百官, 以糾萬
      民; 六曰事典, 以富邦國, 以任百官, 以生萬民.

685 참고로 이 견해는 성립하기 어려운데, 都鄙 또한 자주 '野'와 통하기 때문이다. 여기서는
      상세히 고증하지 않는다. —저자주

686 　五家爲鄰, 五鄰爲里, 四里爲酇, 五酇爲鄙, 五鄙爲縣, 五縣爲遂.

687 　九夫爲井, 四井爲邑, 四邑爲丘, 四丘爲甸, 四甸爲縣, 四縣爲都.

688 　五家爲比, 十家爲聯; 五人爲伍, 十人爲聯; 四閭爲族, 八閭爲聯. 使之相保相受, 刑罰慶
　　　賞相及相共, 以受邦職, 以役國事, 以相葬埋.

689 　比長各掌其比之治, 五家相受, 相和親, 有辠奇衺則相及.

690 　凡建邦國 (…) 諸公之地, 封疆方五百里; (…) 諸侯之地, 封疆方四百里; (…) 諸伯之地,
　　　封疆方三百里; (…) 諸子之地, 封疆方二百里; (…) 諸男之地, 封疆方百里.

691 　凡邦國, 千里. 封公以方五百里則四公, 方四百里則六侯, 方三百里則七('七'자는 잘못이
　　　다. '十一'로 써야 함)伯, 方二百里則二十五子, 方百里則百.

692 　五人爲伍, 五伍爲兩, 四兩爲卒, 五卒爲旅, 五旅爲師, 五師爲軍.

693 　以和邦國, 以統百官, 以諧萬民.

694 　禮俗以馭其民.

695 　以五禮防萬民之僞而教之中.

696 　不用法者, 國有常刑. 令群吏憲禁令, 修法糾職, 以待邦治.

697 　刑典以詰邦國, 以刑百官, 以糾萬民.

698 　以鄕八刑糾萬民: 一曰不孝之刑, 二曰不睦之刑, 三曰不姻之刑, 四曰不弟之刑, 五曰不任
　　　之刑, 六曰不恤之刑, 七曰造言之刑, 八曰亂民之刑.

699 　凡命夫命婦不躬坐獄訟.

700 　以五聲聽獄訟, 求民情: 一曰辭聽, 二曰色聽, 三曰氣聽, 四曰耳聽, 五曰目聽.

701 　以天下土地之圖, 周知九州之地域廣輪(동서를 廣이라 하고 남북을 運이라 하는데, 輪
　　　은 運과 통한다)之數. 辨其山, 林, 川, 澤, 丘, 陵, 墳(물 언덕), 衍(높고 평평한 지역), 原,
　　　隰(하부 습지)之名物.(괄호 안은 옮긴이)

702 　又土會(會計)之辨法五地之物生.

703 　以土宜之法辨十有二土之名物, 以相民宅而知其利害, 以阜人民, 以蕃鳥獸, 以毓草木,
　　　以任土事.(『周禮』「大司徒」)

704 　掌國之官府郊野縣都之百物財用, 凡在書契版圖者.(『周禮』「司會」)

705 　以土地之圖經田野.

706 　掌道地圖.

707 　掌九州之圖.

708 　七尺以及六十.

709 　自六尺以及六十有五.(『周禮』「鄕大夫」)

710 不易之地, 家百畝; 一易之地, 家二百畝; 再易之地, 家三百畝.

711 上地家七人, 可任也者家三人; 中地家六人, 可任也者二家五人; 下地家五人, 可任也者家二人.

712 凡令賦, 以地與民制之. 上地, 食者參之二, 其民可用者家三人; 中地, 食者半, 其民可用者二家五人; 下地, 食者參之一, 其民可用者家二人.

713 국도에서 50~100리 거리에 떨어진 곳을 말한다. —옮긴이

714 국도에서 100~200리 거리에 떨어진 곳을 말한다. —옮긴이

715 국도에서 200~300리 거리에 떨어진 곳을 말한다. —옮긴이

716 국도에서 300~400리 거리에 떨어진 곳을 말한다. —옮긴이

717 국도에서 400~500리 거리에 떨어진 곳을 말한다. —옮긴이

718 以廛里任國中之地, 以場圃任園地, 以宅田, 士田, 賈田任近郊之地, 以官田, 牛田, 賞田, 牧田任遠郊之地, 以公邑之田任甸地, 以家邑之田任稍地, 以小都之田任縣地, 以大都之田任畺地.

719 凡令賦, 以地與民制之.

720 力政, 以歲上下. 豐年, 則公旬用三日焉; 中年, 則公旬用二日焉; 無年, 則公旬用一日焉. 凶札則無力政, 無財賦.

721 皆徵之.

722 商賈阜, 通貨賄(布帛을 賄라 하고 金石을 貨라 함).

723 凡民同貨財者, 令以國法行之.

724 同貨財者謂合錢共賈者也.

725 以國法行之.

726 司市爲節以遣之.

제6장

법가의 법法, 세勢, 술術 중심의
정치사상

법 가 개 술

'법가法家'는 사마담司馬談이 「논육가요지論六家要旨」에서 제기함으로써 한 학 파로 개념화되었다. 『맹자孟子』 「고자하告子下」 편에서 말한바 "들어오면 법 도 있는 세가世家와 보필을 잘하는 선비가 없고"[1]에서의 '법가'는 법령을 지키는 세신世臣을 가리키는 것으로 법가 학파가 아니다. 선진 법가는 사 승師承관계를 그다지 강조하지 않았다. 이 때문에 학파로서의 자의식은 비 교적 엷게 드러난다. 그렇지만 자세히 살펴보면 그들 또한 사상적으로 여 전히 동지들을 끌어모으고 있다. 다른 학파의 눈으로 볼 때 그들은 독립 적이며 분명한 하나의 학파였다. 당파 관념은 유가가 가장 강했으며, 자 신들과 다른 학파에도 가장 민감하게 반응했다. 맹자가 질타한 "잘 싸우 는 사람" "풀을 쳐내 토지를 차지하는 자들"[2]은 바로 법가를 가리킨다. 법 가가 유가 등 학파에 반대할 때도 마찬가지로 선명한 당파성을 드러낸다. 선진 법가가 비록 동일한 학파라는 명확한 개념은 없었지만 당파적 개념 을 여러 곳에서 드러냈다. 그들은 자신의 일파를 '법술지사法術之士'(『관자管 子』 「명법해明法解」) '법사法士'(『한비자』 「오두五蠹」) '경전지사耕戰之士' 등으로 부 르곤 한다. 각자의 저작 가운데서도 같은 학파 인물들의 관점과 행위를 자주 인용하거나 칭찬한다. 이렇게 보면 사마담이 법가를 한 학파로 본 것은 매우 일리 있는 이야기다.

　법가의 기원 문제에 관한 학계의 견해는 매우 다양하다. 『한서漢書』「예문지藝文志」는 법가가 이관理官, 즉 사법관에서 나왔다고 최초로 주장했다. 유소劉劭는 그의 『인물지人物志』「유업流業」 편에서 이렇게 말한다. "법과 제도를 건립하고 국가와 군대를 부강하게 하는 것을 법가라 일컫는다. 관중管仲과 상앙商鞅이 그들이다."3 대다수 사람은 유소의 이 주장을 받아들인다. 또 하나의 설은 법가가 이회李悝4에서 비롯되었다고 생각한다. 장타이옌章太炎의 『검론檢論』「원법原法」 편은 "책을 써 법률을 정하여 법가가 되었다"5고 주장한다. 이회는 책을 써 법률을 정한 첫 인물이다. 이러한 주장은 모두 나름대로 일리가 있다. 이관과 법가는 관련이 있으면서도 구분된다. 이관이 곧 법가일 수는 없다. 하지만 이관은 확실히 법가 학설 탄생의 전제 조건 가운데 하나기도 하다. 법가는 형법刑法을 주장했다고 일컬어지는데, 형법은 일찍이 법가가 출현하기 전부터 존재했으며, 이 형법의 대부분은 법가에 의해 계승되었다. 다만 법가라고 해서 단순히 이관의 계승자인 것만은 아니며, 법가는 사회 변혁과 밀접한 관계를 맺고 있다. 춘추 전국은 중국 역사상 일대 변혁의 시대인데, 이 변화의 와중에 일군의 사람들은 변법이나 입법의 방법을 통해 역사 변화를 촉진하거나 그에 순응하고, 변법으로 사회 모순을 해결, 처리해야 한다고 주장했다. 일찍이 춘추 시대부터 이런 사람들이 나타났는데, 관중, 자산子産은 그 대표적 인물이다. 이 사람들의 실천이야말로 법가 학설의 창립을 위한 전제 조건과 준거를 제공했다. 후대 법가들이 이 사람들을 존중하는 것은 바로 그들 사이의 관계를 설명해준다고 할 수 있다. 그러나 엄격히 따지면 관중, 자산 등은 아직 법가라 부를 수 없다. 그들은 아직 그에 상응하는 이론을 제시하지 못했기 때문이다. 이론 형태를 만든 법가는 응당 이회에서 시작한다고 말하는 것이 옳다. 이회는 정치실천가로 입법과 변법활동을 했을 뿐만 아니라 그에 상응하는 이론을 제시하기도 했다. 따라서 특정 학파로서 법가의 개산조사는 당연히 이회여야 한다.

법가 사상의 특징

법가 사이에 사승관계를 이야기한 사람은 극히 적지만 사상적으로 그들에게는 공통된 특징이 있는데, 주로 다음 몇 가지로 요약할 수 있다.

첫째, 그들은 법의 작용을 특별히 강조한다. 법이야말로 나라를 다스리는 데 둘도 없는 방법이라고 주장한다. 간단히 말하면 법으로 나라를 다스리고, 일체를 법으로 처리한다는 것이다. 그들은 사람들의 모든 행위 규범을 입법의 형식으로 명확히 규정해야 하며, 법의 핵심 내용에 대해서 상세히 알려야 한다고 주장한다. 모든 사람이 법에 따라 일을 하도록 하려면 법은 반드시 대중에게 공개되어야 하며, 사람마다 모두 알 수 있도록 해야 한다는 것이다. 법은 한번 만들어지면 불변하는 것이 아니라 시대에 따라 변화해야 한다. 그래서 그들은 특별히 변법을 강조함으로써 법과 시대적 요구를 부합시키고자 했다. 법가는 입법의 원칙을 상세히 논의한다. 입법권이 비록 군주의 손에 조종되지만, 군주는 입법할 때 입법의 객관적 근거를 충분히 고려해야 한다. 그것은 바로 하늘의 도에 순응했는가順天道, 시대의 변화에 따랐는가隨時變, 사람의 성정에 기인했는가因人情, 사물의 이치를 좇았는가循事理, 가능성을 헤아렸는가量可能 등이다.

순천도順天道란 법을 만들 때 자연 규율을 고려해야 한다는 말이다. 자연 규율 및 자연 규율에 따르는 인간사의 행위들을 법률의 형식으로 긍정해내야 한다는 것이다. 이것이 바로 그들이 말하는 '법천法天(하늘을 본받음)' '법지法地(땅을 본받음)' '법사시法四時(사시를 본받음)'(『관자』 「판법해版法解」)

이다.

수시변隨時變은 시대의 변화와 입법의 관계를 말한다. 법가는 역사가 부단히 변화하므로 법 또한 시대에 따라 변화해야 한다고 주장한다. 여기에 상응하여 그들은 '변법' '갱법更法' 등의 주장을 제기한다.

인인정因人情이란 사람들의 요구와 바람을 고려할 것을 말한다. 신도慎到는 주장한다. "법은 하늘에서 내려온 것이 아니며, 땅에서 나온 것도 아니다. 사람 사이人間에서 출발하여 사람 마음人心에 부합하는 것일 따름이다."[6] 한비자韓非子는 말한다. "무릇 천하를 다스린다 함은 반드시 사람의 성정人情에 기인해야 한다."[7]

순사리循事理란 대저 사물의 규율 및 필요한 관례, 전통, 습속을 따른다는 말이다. 즉 『관자』 「판법해」에는 이런 말이 있다. "형벌과 포상을 신중히 처리하고, 원칙과 기율을 반드시 밝힌다. 오랜 [전통적] 의의로 법을 세우고 이치에 따라 일을 판단한다."[8]

양가능量可能이란 법률이 객관적 가능성의 기초 위에서 수립되어야 함을 가리킨다. 『관자』 「형세해形勢解」는 말한다. "현명한 군주는 사람의 힘으로 능히 할 수 있는 바를 헤아린 뒤에 시킨다. 따라서 사람이 능히 할 수 있는 바에 명령하니 명령이 행해지고, 사람이 능히 할 수 있는 바를 시키니 일이 이뤄진다."[9]

법을 집행함에 있어 법가는 상벌을 엄히 밝힐 것을 주장한다. 공이 있는 자는 상을 주고, 죄를 진 사람은 벌을 주되 절대로 사사로움을 드러내서는 안 된다. 그들은 사람들로 하여금 공과 죄의 앞에 새롭게 줄을 서도록 주장한다. 비천한 사람이라도 공을 세우면 고귀한 자의 행렬에 들어가게 될 것이며, 고귀한 사람이라도 죄가 있으면 상황의 경중에 따라 하강시켜 서인이나 노예가 되도록 한다. 법가 대다수는 상벌을 엄히 밝힐 것을 주장할 뿐만 아니라 중벌과 가혹한 형을 주장한다.

둘째, 경전耕戰(일하면서 싸우기)을 창도했다. 법가는 특히 실력을 중시한다. 실력이야말로 사회 모순을 해결하는 기본 수단이라고 생각한다. 그들은 역사의 진행 과정을 분석하여 당시를 힘의 경쟁 시대라고 주장한다. 특히 나라와 나라 사이의 교류에서는 실력이 결정적인 요인이라는 것이다. 힘이 많으면 타인을 복종하게 하지만, 힘이 약하면 타인에게 복종하게 된다. 오직 웅후한 힘만이 천하를 통일할 수 있다. 사회의 여러 요소 가운데 그들은 농사와 전쟁을 힘의 원천이라 여겼다. 이에 상응하여 그들은 모두 경전을 강화시키는 일련의 정책들을 가지고 있었다.

셋째, 군주 전제와 독재의 강화다. 법가는 군주 전제를 구가한 사람들로 일마다 어디서든 군주를 위해 계산했다. 그들은 선진 제자 가운데서 군주 전제주의 사상을 꼭대기까지 밀고 올라간 사람들이다. 철학적으로 법가는 도가의 기본 사상을 받아들였으며, 도와 군주를 일체화하고 있다. 도는 사물의 본원이며 규율이다. 만물은 도에 의해 주재된다. 군주야말로 인간 사회의 도 자체, 혹은 도를 체현한 사람이다. "도는 둘일 수 없다. 그래서 유일자라고 말한다."10 군주는 바로 인간 사회의 '유일자'다. 군주는 일체의 권세를 혼자 조종한다. 『관자』「법법法法」 편은 말한다. "무릇 인군이 군주가 되는 까닭은 권세勢 때문이다."11 군주가 권세를 잃는다면 그는 더 이상 군주가 될 수 없다. "인군이 권세를 잃으면 신하가 그를 통제하게 된다. (…) 그러니 군신 간에 자리가 바뀌는 것은 권세가 아래에 있기 때문이다."12 권세는 반드시 독단獨斷 위에서 구현된다. 이른바 독단이란 최고와 최후의 결정권을 독자적으로 장악한다는 말이다. 법가는 진정으로 군주의 절대 통치를 실현하려면 정치적으로 일체를 지배해야 할 뿐만 아니라 사람들의 생계 또한 통제해야 한다고 주장한다. 모든 사람으로 하여금 그들이 생활할 수 있는 까닭은 군주의 은전에 의존하기 때문임을 느끼도록 해야 한다는 것이다. 즉 『관자』「형세해」는 이렇게 이야기한다. "군주란 사람들이 우러러보면서 살아가는 존재다."[13] 또한 군주는 전제 정치를 실현하기 위해 반드시 사람들의 사상을 통제해야 한다. 법가가 보기에 정부 법령政令을 아는 것 외에 다른 어떤 지식도 인민에게는 쓸데없거나 해로운 것이다. 그들은 백가의 학설을 금지할 것을 재삼 강조한다. 사상 통일의 목적을 달성하기 위해 한비는 '[모든] 담론이 법의 궤도 위에서 이루어질 것言軌於法'과 '법을 아는 관리를 [모든 일의] 스승으로 삼을 것以吏爲師'이라는 두 가지 주장을 제기한다. 이로써 백가를 금지하고 문화적 전제를 실현시켜줄 절실한 행동 방안이 마련되었다. 군주 전제주의의 실현은 법가 사상 최고의 핵심이다.

넷째, 법가의 사회에 관한 기본 이론은 역사 진화설과 인성호리人性好利설이다. 법가 대다수의 인물은 사회 역사는 진화의 과정이라고 주장한다. 최초의 인류는 개화되지 못했고, 경제 또한 지극히 원시적으로 낙후되어 정장政長(정치지도자)이 없었고 사회에는 질서가 없었다. 사람들은 혼란한 가운데 생활했다. 그런데 나중에 성인이 출현하여 인류를 문명세계로 가도록 인도함으로써 차츰 고도로 발전해왔다. 법가는 시기를 나누는 방법으로 역사의 진행 과정을 묘사한다. 이를테면 역사를 '상세上世' '중세中世' '하세下世' '당금當今' 등 상이한 단계로 나누고 세마다 나름대로의 특징을 갖고 있다고 말한다. 그들이 역사 진화로부터 얻어낸 가장 기본적인 결론은 모든 일은 앞을 향해 볼 것이며, 현실과 미래를 맞대면해야 한다는 것이었다. 역사적 전통을 소홀히 해서는 안 되지만, 그것을 보배나 성스러운 물건으로 삼아서는 절대 안 된다고 한다. 모든 전통은 현실적 수요 앞에서 검증을 받아야 하며, 그로써 취사를 결정지어야 한다. 그들의 구호는 "옛것을 흠모하지 않고, 지금에 미련을 두지 않으며, 시대와 더불어 변화하고 풍속과 더불어 바뀌어야 한다"[14]는 것이다. 이 구호야말로 선진 제자 가운데 제일 박력 있으며, 최고로 생기 넘치고 혁명 정신이 풍부한 것으로 그 시대의 가장 강력한 목소리였다고 말할 수 있다.

법가는 사람의 본성이 이익을 좋아한다好利고 생각했다. 이 본성은 바뀌지 않을 뿐만 아니라 바꿀 필요도 없다. 정치가의 책임은 인간 본성의 개조에 있지 않다. 오히려 사람의 본성에 적응해 그 본성을 잘 이용하는데 있다. 뛰어난 군주의 묘책 가운데 하나는 이익의 배열 조합을 잘 엮어 사람들로 하여금 이익을 좇는 활동에 온통 힘을 합해 몰려들도록 함으로써 결국 군주에게 이롭도록 또는 군주를 위해 쓰이도록 하는 것이다. 법가는 이익이라는 관점으로 사람들의 모든 활동을 고찰했으며, 이 이익이라는 글자로 당시 전체 사회를 움직이도록 추진했다. 반대로 어떤 사람이 이익을 좋아하지 않거나, 이익으로 생활 목적을 삼지 않으면 이 사람들을 이용할 방법이 없으며, 이런 이들은 사람들이 싫어하는 존재로 다스릴 수 없는 백성이니 군더더기에 불과하다. 이런 사람들에 대해서는 세간에 좀벌레로 남아 있게 두느니, 차라리 그들로 하여금 다른 세계로 떠나도록 하는 것이 낫다고 한다.

다섯째, 법가가 정치적으로 사용한 가장 기본적인 개념과 범주는 주로 법法, 세勢, 술術, 형刑, 벌罰, 상賞, 이利, 공公, 사私, 경耕, 전戰 등이다. 이 개념과 범주는 법가 사상의 지주들로서, 법가로 하여금 독특한 특색을 지니게 해준다.

법가와 당시 사회 문제의 관계

전국 시대의 사회 변동의 와중에서 법가는 사회 변동을 가장 민감하게 반영하고, 가장 세밀하게 관찰했다. 그들은 역사 변화를 위해 분만촉진제를 투여한 셈이다. 전국 시대에 가장 뚜렷한 사회 모순은 제후국 사이의 전쟁과 투쟁이었는데, 이 투쟁은 각 나라의 생사존망과 관련이 있었다. 사람들의 전쟁과 겸병에 대한 견해는 지극히 달랐으며 이들 견해 가운데 법가가 가장 실제적이었다. 그들은 전쟁을 모순 해결의 유일한 길로 여겼다. 전쟁이란 군사적 겨룸인 동시에 경제력과 지력智力의 겨룸이기도 하다. 새로운 모순 앞에서 수많은 전통적 물건은 수요에 적응할 수 없었을 뿐만 아니라 갈수록 저해와 장애 요소가 되었다. 그들은 구귀족이 정권을 독차지하던 국면은 이미 지난 일이라고 주장한다. 구귀족의 노동하지 않고 획득하고, 무능하면서도 자리를 차지하며, 공이 없으면서도 봉록을 받아 챙기는 상황은 전쟁의 필요성과 첨예하게 충돌하기 시작했다. 구경제 체제, 즉 귀족이 토지와 노동자를 분할한 상황은 국가의 경제적 실력 증강을 저해했고, 분봉分封 제도는 정치와 군사 역량의 집중을 방해했다. 이런 시간이 지난 것들에 대하여 법가는 공로에 따라 권력, 지위, 봉록을 전혀 새롭게 분배할 것을 제안한다. 공이 없는 자는 가장자리로 밀고, 공이 있는 사람은 위로 오르게 한다. 구귀족의 토지와 인구에 대한 분할 및 점유를 타파하고, 토지를 국가의 수중에 장악케 하며, 노동자들을 국가가 직접 통제하는 편호민編戶民으로 바꾼다. 국가는 토지를 사람들로 하여금 농사와 전쟁에 임하도록 만드는 상품으로 취급한다. 법가는 전쟁을 지렛대로 삼아 당시의 정치, 경제적 개혁을 추진하고 당시의 사회 발전 수요에 적응하려 했다.

전쟁 시기의 정치, 경제, 군사 각 방면의 투쟁은 군주로 하여금 더욱더 권력을 집중시키고 전제를 하도록 촉구했으며, 법가는 이 사실을 민첩하게 포착하여 군주 전제를 극력 고취시켰다. 그리하여 법가는 군주들의 환심을 얻게 되었다. 그들의 이론은 군주 전제 제도의 발전을 촉진하는데 중대한 작용을 했다. 전국 시대 법가는 군주, 신흥 군관, 관료들의 요구를 대표하며, 바로 이 계층의 이론가들이었다.

법가의 여러 유파

법가들은 정치적 기본 경향 면에서 일치하지만 법가 인물마다 제각각 개성과 특성이 있다. 이 상황에 대해서는 선진 법가들 스스로도 파악하고 있었다. 이를테면 한비자는 상앙과 신불해申不害를 평론하면서 상앙은 법法은 알았으나 술術이 없어 법 또한 다하지 못했으며, 신불해는 술은 알았으나 법에 통달하지 못해 술 또한 다하지 못했다고 말한 적이 있다. 선진의 법가들은 모두 법, 세, 술을 말하지만 각자의 사상 속에서 이 삼자의 지위는 다 같지가 않다. 여기서는 다음의 몇몇 사상가를 소개하고자 한다.

이회 법가의 창시자로 변법과 법에 의한 치국을 주장했다. 애석하게 그의 저술은 이미 망실되었다.

신도 세勢를 주로 이야기한다. 신도는 도가 사상을 흡수하여 도의 이론과 세, 법을 결합시킴으로써 세, 법의 이론적 논거를 마련했다.

신불해 술을 주로 이야기하면서 법, 세도 아울러 논한다. 도가의 영향을 받았으며 군주 남면南面의 술을 발전시켰다.

『상군서商君書』 한 편의 논문집으로 경전耕戰과 법에 의한 치국을 제창한다. 저자는 중벌重罰을 강조한다.

한비자 선진 법가의 집대성자이며, 동시에 기타 여러 학파의 일부 사상을 흡수하기도 했다. 법가 가운데 사상성이 가장 풍부한 인물이다.

그 밖에 『관자』 가운데 20여 편은 법가 학파의 작품이다. 『관자』 속의 법가 사상에 관해서는 제11장에 따로 논술하기로 한다.

제 2절

이 회 의 변 법 과
법 치 사 상

이회李悝는 이극李克이라고도 부른다.[15] 생몰 연대는 고증할 수 없으나 위
魏 문후文侯(재위 기원전 445~기원전 397)와 동시대 인물이다. 위 문후는 전
국 초기의 대단히 걸출한 군주로, 그는 일군의 저명한 정치가, 군사가 및
사상가들을 기용했다. 이회는 바로 위 문후가 키운 그 사람들 가운데 저
명한 인물이었다. 처음 위 문후의 상지上地 수守가 되었다가 나중에 위나
라 재상으로 승진했다. 이회의 발의와 위 문후의 지원으로 위나라는 한
차례의 대규모 변법운동을 벌였는데, 이로부터 이회는 전국 시대 법가의
시조라는 지위를 얻었다. 이회는 걸출한 실천 정치가일 뿐만 아니라 출중
한 사상가이기도 했다. 『한서』「예문지」에 『이자李子』 32편이 있고 법가의
맨 앞에 열거되었으나, 애석하게 그 책은 망실되었다. 그 밖에 「예문지」 유
가 부분에 또 『이극李克』 7편을 열거하고 이극이 곧 이회라고 말하고 있
다. 언뜻 보아도 한 사람의 저작이면서 일부는 법가에 편입시키고 있고,
일부는 유가에 편입시키고 있어 통일하기가 매우 어렵다. 사실 전국 시대
초기에 여러 학파는 아직 분화되는 초입 단계였다. 이회는 유가로부터 법
가로 들어서는 인물이었으니 그의 저술 가운데 유가의 성분이 있는 것은

이해할 수 있다. 다만 애석하게 『이극』 7편 또한 전해지지 않는다.

이회는 법률 제정과 개혁에서 특별히 중요한 위치를 차지한다. 그는 춘추 이래 법치운동에 대해 이론상의 총 결론을 내렸는데, "여러 나라의 법을 편집하여 『법경法經』을 저술했다."[16] 이 법경은 위나라에서 현실로 실천되었다. 나중 상앙은 이 법경을 휴대하고 진秦나라에 가 또 한 차례의 변법운동을 일으켰다. 그러니 진율秦律(진의 법률)은 이회 『법경』의 적자라고 말해야 할 것이다. 후베이성湖北省 윈멍雲夢 수호지睡虎地에서 출토된 진율 가운데 전문全文을 위율魏律에서 베꼈다는 기록이 있다. 『진서晉書』 「형법지刑法志」는 "진과 한漢의 옛 법률은 그 전문이 위 문후의 사부인 이회로부터 시작되었다"[17]고 말한다. 이회의 『법경』은 비록 유실되었지만 그 정신은 진, 한 이래 법률 속에 포함된 것이다.

단편적인 자료들로 볼 때 이회의 정치사상은 대체로 다음 몇 가지로 요약된다.

경전耕田의
장려

    이회는 "땅의 힘을 다하도록 하라는 가르침"[18]으로 농업 생산의 발전을 주장했다. "땅의 힘을 다하도록 하라는 가르침"의 주요 내용은 수전授田제도의 실행, 파종에 대한 지도, 평적법平糴法 시행 등을 포함한다.

    수전법授田法(경작지를 나누어주는 제도)이 언제 시작되었는지에 대해서는 아직 학계의 정론이 없지만, 이회 시절 위나라는 확실히 수전제를 실행했었다. 『한서』「식화지食貨志」는 이회의 "땅의 힘을 다하도록 하라는 가르침"을 서술하면서 이렇게 쓰고 있다. "다섯 식구를 끼고 있는 1부夫당 경지 100무를 관리토록 한다."[19] 경지 100무를 관리한다는 것은 당시 한 사람의 노동력 효율과 능력을 표명하는 것일 뿐만 아니라 그것이 수전제와 내재적으로 관련이 있음을 드러내고 있다. 위나라에서 수전제를 실행했던 상황에 관해서는 『여씨춘추呂氏春秋』「악성樂成」 편에 일부 기록이 보인다. 문장 가운데 "위씨의 행전行田 또한 100무로 했다"[20]고 말한다. 서문표西門豹는 업鄴을 다스릴 때 업의 토지가 척박했으므로 호戶마다 '200무'를 행전行田했다고 한다. '행전'이란 토지를 나누어주는 것을 말한다. 『한서』「고제기하高帝紀下」의 "공로가 있는 사람에게 전택田宅을 행行하도록 규정한다"[21]에 대해 소림蘇林은 이렇게 주해를 달았다. "'行'의 음은 행주行酒(술을 권하다)라고 할 때의 '행'으로 부여한다와 같다."[22] 따라서 '행전'은 곧 '수전'이다. 이회가 말하는 "경지 100무를 관리함"과 '행전'을 통일적으로 고찰해보면, 이회가 수전제를 추진했다는 말은 믿을 만하다. 실제로 땅의 힘을 다하도록 한다면서 상이한 토지의 분배와 사용을 함께 연계시킨다면 현실화하기가 매우 어렵다.

이회는 수전을 시행하면서 파종에 대해서도 지도가 필요함을 주장하고 이를 규정했다. 그는 "반드시 5가지를 섞어 파종하여 재해에 대비할 것"[23]을 제기한다. '5가지'란 서숙稷, 조, 기장黍, 보리麥, 콩菽, 대두, 삼麻이다. 다섯 작물을 섞어 파종하면 토지의 이점을 충분히 이용하는 데 편리하며 재해를 방지할 수도 있다. 이회는 또 주택 주위에는 뽕나무를 심고, 정원에는 채소를 파종하며, 밭둑길에는 여러 오이등속과 과실나무를 심으라고 주장한다.(『통전通典』 「식화 2食貨二, 수리전水利田」 참조) 이회는 이에 덧붙여 정성스럽게 경작하고 열심히 잡초를 제거해야 하며, 수확할 때는 시간을 다투어 확실히 거두어들여야 한다고 말한다.

농업의 정상적 진행을 보증하고자 이회는 평적법平糴法을 제기하여 시장과 곡가의 안정을 꾀했다. 그는 이렇게 생각했다. "적糴(쌀을 사들임)이 너무 비싸면 인민을 상하게 하고, 너무 싸면 농민을 상하게 한다. 인민이 상하면 흩어지며, 농민이 상하면 나라가 빈곤해진다."[24] 여기서 말하는 인민이 가리키는 것은 도시에 성 안에 사는 비농업 인구다. 이 모순을 해결하기 위하여 그는 '평적법'을 제기했다. 이회는 무畝 당 평균 표준생산량을 규정, 매년 1석石(10말) 5두斗로 했다. 이 표준을 초과하면 작황이 좋다고 하고, 이 숫자보다 낮으면 작황이 나쁘다고 했다. 좋은 작황은 다시 3등급으로 나누어 '상숙上熟' '중숙中熟' '하숙下熟'이라 불렸으며, 나쁜 작황도 3등급으로 나누어 '소기小饑' '중기中饑' '대기大饑'라 불렸다. 이회는 풍년에 국가가 일정한 가격으로 여분의 식량을 사들여 저축해둠으로써 곡가를 보증하면 폭락으로 인해 농민이 상처받지 않을 것이라고 주장한다. 또 흉년에 국가가 일정한 가격에 따라 양식을 내다 팔아 성내 주민들에게 공급함으로써 곡가를 보증하면 폭등하지 않아 주민 생활을 안정시킬 수 있다고 주장한다. 이와 같은 이회의 구상은 상당히 주도면밀하다고 할 수 있겠다. 그러나 당시의 시대적 조건하에서 이러한 구상이 실행될 수 있었겠느냐는 상당히 의심스럽다. 부분적으로 실행되었을 수도 있으나 필경 각양각색의 공갈사기가 끼어들었을 것이다.

이회가 실행한 땅의 힘을 다하도록 하라는 가르침은 농업 발전에 매우 유리하여 국가에게 충분한 세원을 확보해주었으며, 당시 봉건 관계의 발전을 크게 촉진하는 작용도 했다. 이회가 경제발전과 조정에 특히 주의를 기울인 까닭은 경제가 안정되어야 정치가 평안할 수 있다는 그의 생각 때문이었다. 정치적 동란은 "배고픔과 추위로 인해 생기며", 배고픔과 추위는 부귀를 누리는 자들의 방탕에서 온다. "부귀한 자들이 방탕하면 이는 백성을 어긋나도록 내모는 것이다."[25] 이 견해는 상당히 의미심장하다.

이회는 농업 생산을 고취시키는 동시에 용전勇戰도 장려했다. 이 방면에 남아 있는 자료는 극히 적은데, 아래에 든 하나의 고사는 그가 용전을 얼마나 중시했는가를 설명해준다. 『한비자』「내저설상內儲說上」편엔 이회가 상지의 수가 되었을 때 이런 명령을 내린 적이 있음을 기록하고 있다. "매우 의심스러운 소송을 제기한 사람들이 있어, 그들에게 활을 쏘아 과녁을 맞춘 사람이 이기고 맞추지 못하면 진다는 명령을 내렸다."[26] 화살을 쏘아 과녁에 맞추느냐의 여부에 따라 소송의 승부를 결정한다는 것은 재판이란 각도에서 볼 때 상당히 황당한 짓이다. 그러나 이것이 활 잘쏘기를 장려했다면 그것은 사실이다. 그는 이런 방법을 이용하여 사람들로 하여금 "밤낮을 쉬지 않고" 활쏘기를 연습하도록 한 것인데, 나중에 진나라와 전쟁을 치를 때 군졸들이 활을 잘 쏘아 대승을 거두었다. 위 문후 시기에 군사 제도 개혁을 단행하여 용전을 장려한 적이 있는데, 그 중간에 반드시 이회의 작용이 있었을 것이다.

경전의 제창은 전국 시대 법가 사상의 주지 가운데 하나다. 이회는 이를 창도한 최초의 인물이다.

능력 있는 사람을 쓰고,
공 있는 사람에게
녹을 줌

『설원說苑』「정리政理」는 이회의 다음과 같은 논의를 싣고 있다. "나라를 다스리는 길은 힘써 일하는 사람을 먹게 하고, 공로가 있는 사람에게 녹을 주며, 능력 있는 사람을 부리고 상은 반드시 주고 벌은 반드시 마땅하게 처리한다."[27] "방탕한 백성의 녹을 빼앗아 [그것으로 나라 밖] 사방의 인사들을 끌어들인다."[28] 그는 여기서 사람을 쓰는 기본 원칙을 제기했다. 세습 귀족과 세습적 봉록, 공이 없어도 봉록을 받는 데 반대하며, 능력을 갖추고 실천을 통해 풍부한 성과를 얻은 사람을 기용하고 키울 것을 주장한다. '사방의 인사들을 끌어들인다'는 주장은 전통적인 협애한 인재 등용 범위를 타파하고 있으며, 당시의 국가적 제한도 무너뜨리고 있다. 더욱 넓은 범위에서 인재를 추려내고, 더욱 많은 지식인을 관료의 대오에 흡수하라는 것이다. 이러한 주장은 당시의 시대를 대상으로 삼는 것으로 친척이나 친지를 쓰는 전통에 커다란 충격을 주었다.

이회는 당시 각국의 법률을 연구하고 총결산하여 이를 집대성한 새로운 법전을 만들었다. 이 법전은 후세에 『법경法經』으로 불렸다. 『법경』에는 모두 6편이 있는데 도법盜法, 적법賊法, 수법囚法, 포법捕法, 잡법雜法, 구법具法이다. 이회는 생각했다. "왕자의 정치는 도적을 잡는 것보다 급한 일이 없다. 그래서 법률은 도적에서 시작한다."[29] 여기서 말하는 도盜는 주로 사유재산에 대한 침범을 가리키며, 적賊은 주로 윗사람을 범하고 난을 일으키거나 인신에 대한 침범을 가리킨다. 즉 이 법률은 주로 사유재산의 보호, 정치적 통치권 및 통치자의 신변 안전이 핵심임을 알 수 있다. 수법囚法은 소송사건의 판결을 말하고, 포법捕法은 도망자의 체포를 말한다. 잡법雜法은 "경범죄輕狡, 월담越城, 도박博戲, 차가借假, 불렴不廉, 음란사치淫侈, 유제逾制"(『진서』 「형법지」) 등 범법 행위에 대한 처벌을 담고 있다. 구법具法은 그에 맞는 "『구율具律』을 갖추어 더하고 뺀다."[30] 즉 구체적 상황에 따라 무겁게 혹은 가볍게 치죄하는 것과 관련된 규정이다.

상세하게 법률을 제정하고 이를 대중에게 공개하여 사회의 모든 사람으로 하여금 스스로 어떤 행위 준칙을 가져야 할 것인지를 알도록 해야 한다. 이회가 제정한 법률은 당시 통치계급의 의지를 대표하는 것으로 노동인민에 대한 진압은 대단히 혹독했다. 그렇지만 제멋대로 법을 행했던 것과 비교해 커다란 진보임에 틀림없다. 사회생활 일체가 법을 따르기를 강조한 것은 선진 법가의 기본 특징이다. 이회는 바로 이 방면에 문을 연 공로가 있다.

이회의 기본 사상은 나중의 법가에 의해 계승되었으며, 후대 법가들의 존중을 받았다.

제3절

신도의
세勢, 법法, 술術 사상

신도 및
법가 학파 가운데서
그의 지위

『사기』 「맹자순경열전」에 신도愼到는 조趙나라 사람이며 일찍이 제齊의 직하학궁稷下學宮에서 활동했다고 쓰여 있다. 신도의 생몰 연대는 확실한 고증이 불가능하다. 『맹자』 「고자하」에 "노魯나라에서 신자愼子를 장군으로 삼으려 했다"[31]고 쓰여 있는데, 조기趙岐의 주석에 따르면 신자의 이름은 활釐다. 초순焦循의 『맹자정의孟子正義』를 보면 '이釐'는 '내來'와 훈이 통하며, '내來'는 '도到'와 같은 의미라고 주장한다. 이에 따르면 신자는 이름이 활리이고 자가 도到인 것으로 판단된다. 『한서』 「예문지」의 신자 항목 아래에다 반고班固는 스스로 이런 주를 달아놓았다. "이름은 도이며, 신불해와 한비자보다 앞선 인물로 신과 한이 그를 칭송했다."[32] 신불해는 한韓 소후昭侯의 재상으로 기원전 337년에 죽었다. 신도가 신자申子보다 빠르다면 또한 맹자보다도 몇 살이 많아야 한다. 그런데 『염철론鹽鐵論』에는 또 신도가 제齊 선왕宣王과 제齊 민왕湣王 때 직하를 유학했던 인물이라 하니 앞 주장보다 몇십 년 늦다. 여기서는 『한서』 「예문지」의 설을 따르기로 한다.

신도는 선진 시대에 매우 깊은 영향을 미쳤다. 『순자荀子』 『장자莊子』 『한비자』『여씨춘추』 모두 그를 인용하고 있다. 그의 사상적 경향에 대해서는 대대로 여러 가지 견해가 있다. 『장자』 「천하天下」 편은 신도를 도가이면서 법가를 겸한 인물로 귀결시킨다. 한비는 신도를 상당히 존중하여 법가로 보았다. 순자의 평가는 일정하지 않다. 「비십이자非十二子」와 「해폐解蔽」 편에서는 신도의 법을 주로 비판하고 있는데, 이는 분명히 신도를 법가로 보고 있다는 뜻이다. 그러나 「천론天論」 편에서는 신도의 도가 사상을 비판하기도 한다. 『여씨춘추』 「신세愼勢」는 신도를 법가로 보며, 『사기』 「맹자순경열전」에서는 신도를 "황로黃老 도덕의 술을 배웠다"[33]고 말한다. 그리고 반고의 『한서』에서는 신도를 또다시 법가로 분류한다. 이런 차이가 오늘날까지 계속 이어지고 있는데, 법가에 속하든 도가에 속하든 모두 그만한 이유가 있다. 철학적으로 볼 때 신도는 도가에 속하지만, 정치사상으로 보면 법가의 중요한 대표 인물이 된다.

신도는 일찍이 체계적인 저작을 갖고 있었다. 『사기』 「맹자순경열전」은 "신도가 십이론을 지었다"[34]고 하고, 『한서』 「예문지」에는 "신자 42편"이라 한다. 다만 원서는 이미 망실되고 후세에 전하는 것으로는 일곱 편과 여러 책에 인용된 일문이 있을 뿐이다. 이것이 바로 오늘날 통용되는 『신자愼子』다. 그 밖에 상무인서관商務印書館에서 펴낸 『사부총간四部叢刊』은 명明나라 만력萬曆 연간의 오吳나라 사람 신모상愼懋賞의 판본을 영인했는데, 대다수 연구자는 이를 위서라 생각한다. 지금 신도를 연구하려면 주로 남아 있는 잔본 『신자』와 여러 책 가운데 남겨진 신도의 주장에 의거할 수밖에 없다.

『신자』라는 책에서는 세를 강조할 뿐만 아니라 법을 숭상하기도 한다. 책 가운데 명확하게 '술' 개념을 제기하고 있지는 않지만, 일부 내용은 '술'에 관해 논하고 있다. 이렇게 『신자』에는 세, 법, 술 사상이 모두 구비되어 있는데, 이는 후대의 법가 사상 연원에 관한 고찰에서 중요한 의미를 지닌다. 『신자愼子』『신자申子』『상군서』 및 『관자』 가운데 법가 학파의 저작, 그리고 『한비자』를 비교해볼 때, 『신자愼子』야말로 매우 분명한 특징을 가지고 있는데, 그것은 바로 세를 중시貴勢하면서도 독단에 빠지지 않았으며, 법을 숭상尙法하면서도 가혹한 데 이르지 않았고, 술에 맡기任術면서도 음모를 중시하지 않았다는 점이다. 전체 사상이 장중하고 심원함을 드러내고 있다. 신도는 또 법가 가운데 가장 먼저 도와 법을 결합한 인물이다. 그래서 법가 학파 가운데 특별히 중요한 위치를 차지한다.

귀세貴勢와
천자는 천하를 위한다는
주장

권력權, 법률法, 의례禮, 정책 등 정치의 여러 요소 가운데 신도는 권력, 즉 세를 첫 번째 위치에 놓았다. 권세의 장악이 정치 활동에 종사하는 전제 조건이라는 것이다. 신도는 역사와 현실의 경험을 통하여 다음과 같이 논술했다. 즉 정치에서 누가 누구에게 복종하느냐는 재능, 시비, 도덕을 표준으로 삼지 않으며 권세의 크고 작음을 보아야 한다. "현자이면서 불초한 사람에게 굴복하는 것은 권세가 가볍기 때문이다. 불초함에도 현자를 굴복시킬 수 있음은 지위가 높기 때문이다. 요堯임금도 필부였다면 그 이웃집마저 부릴 수 없었을 테지만, 남면하여 왕이 되니 명령이 행해지고 금하는 것이 그치게 되었다. 이렇게 볼 때 현자라고 하여 불초한 사람을 굴복시킬 수 없으며, 위세만이 현자를 굴복시킬 수 있다."35 신도의 주장은 확실히 유가와 묵가 등 성현을 숭상하라는 학파의 가르침을 반박하고 있다. 이론적으로 볼 때 신도는 권력을 모든 것보다 높게 보고 있으며, 도덕, 재능, 시비 따위는 권력의 시종 정도로 취급한다. 이는 물론 황당하기 짝이 없는 이야기다. 그러나 현실적으로 이 주장은 당시의 역사적 실제와 부합하는 것이었다. 당시 신민들 가운데는 재능, 도덕, 견식 어느 방면이든 군주를 뛰어넘는 사람이 비일비재했다. 그럼에도 그들은 여전히 군주의 명령에 복종해야만 했다. 군주가 기대고 있는 것은 바로 권세였다. 그래서 신자는 이 권세에서 잠깐도 떨어져서는 안 된다고 말한다. 그것은 마치 등사螣蛇나 비룡이 구름과 안개를 벗어나서는 안 되는 것과 같다. 일단 구름이 사라지고 안개가 걷히면 의지할 데를 잃어 즉각 떨어져 내려 지렁이로 전락해버릴 수 있기 때문이다. 군주도 마찬가지로 일단 권세를 잃으면 필부와 다를 바 없이 될 뿐이다.

권위의 위력을 확보하기 위해서는 동일한 권력이 '둘雨' 있는 것, 즉 이원화와 다원화를 가장 경계할 일이다. "둘이 있으면 다투고, 잡박하면 서로 다친다."[36] 신도는 권력의 평등과 섬김 및 사역 관계는 병존할 수 없다고 주장한다. "둘 다 귀하면 서로 섬길 수 없고, 둘 다 천하면 서로 부릴 수 없다."[37] 만일 병행하는 권력이 있다면 그것은 그 위에 더욱 높은 하나의 권력이 이를 통제하고 있어야 한다. "[높은] 지위를 가진 신하가 둘 있으면 그 나라는 반드시 어지럽다. 지위를 가진 신하가 둘 있어도 어지럽지 않은 것은 군주가 있기 때문이다. 군주를 믿기에 어지럽지 않은 것이다."[38] 한 나라 안에는 단 한 사람의 군주만 있어야 한다. "현자는 많더라도 군주가 많아서는 안 되며, 현자는 없더라도 군주가 없을 순 없다."[39] 정치 체제에서 신도는 군주로 일원화된 일인독재정치를 주장한 것이다.

군주가 일인독재정치를 실현하는 데 가장 중요한 것은 그 권세가 반드시 모든 신하 등속을 뛰어넘어야 한다는 점이다. "군주와 신하 사이는 저울과 같다. 저울추 왼편이 가벼우면 오른편이 무거우며, 오른편이 무거우면 왼편이 가볍다. 가볍고 무거움이 서로 엇갈려 나타남은 천지의 이치다."[40] 군주는 어떻게 해야 자신의 권세를 신하들보다 크게 만들 수 있는가? 신도는 그 요체가 "대중으로부터 도움(지지)을 얻어내는"[41] 데 있다고 주장한다. 그는 생활 속의 비근한 사례를 들어 도움 얻는 것의 중요성을 설명한다. "갓난애를 사랑하는 사람은 보호에 게으르지 않고, 아득한 험난을 뛰어넘는 사람은 이를 막는 데 게으르지 않는다."[42] 역사적으로 볼 때 3왕5백[43]이 큰 공을 이룰 수 있었던 까닭은 모두 천지의 도움, 귀신의 도움, 만물의 도움을 얻었기 때문이다. 한마디로 말해 "도움을 얻으면 성공하고, 도움을 놓치면 끝난다."[44] '대중의 지지를 얻는' 관건은 "아랫사람들을 두루 모으는" 데 있다. 그는 말한다. "백성은 흩어져 살지만 제각기 능한 바가 있다. 능한 바가 각기 다름이 백성의 실정이다."[45] "아래 [사람들]의 능한 바가 각기 다르지만 모두 위에 소용이 된다. 그래서 큰 임금은 백성의 능력을 밑천 삼나니 다 포용하여 그들을 거두며, [어느 한] 능력이라도 버려지지 않도록 취한다. 한 가지를 세워 [특정한] 사람이 그것을 해주기를 구하지 않으므로 구하는 바가 있으면 부족함이 없게 된다. 큰 임금은 아랫사람을 가리지 않으므로 [항상] 풍족하다. 아랫사람을 가리지 않으면 쉽게 아랫사람[의 입장]이 될 수 있다. 쉽게 아랫사람[의 입장]이 되면 [누구 하나] 포용하지 않음이 없게 된다. 포용되지 않음이 없으므로 수하를 많이 거느리게 된다. 수하가 많음을 최고라 일컫는다."[46] 이 단락에서의 주장을 통해 우리는 신도가 정치적으로 변증법에 매우 능통했음을 알 수 있다. 여기서 그는 양자의 관계 및 그 처리 방법을 제기하고 있는데, 하나는 '민능民能(백성의 능력)'과 '군용君用(군주의 사용)' 간의 관계다. 백성은 각기 제 장점이 있는가 하면 제 단점을 갖고 있다. 군주는 백성에게 잘 갖추기를 요구하지 않으며, 그 장점만 잘 이용하면 된다. 두루 거두어 잘 선택하여 그것들을 이용할 수 있다. 둘째는 '상上(위—군주)'과 '하下(아래—백성)'의 관계다. 군주는 까다롭게 가릴 필요가 없으며 어떤 '하'이든지 두루두루 모두 포용한다. 그러면 '하'는 많아질 것이다. 쥐고 있는 신민이 많을수록 '상'의 지위는 공고해지고 권세 또한 커질 것이다. 그러므로 "수하가 많음을 최고라 일컫는다."[47]

신도는 한편으로 권세의 중요성을 특히 강조하면서 권세는 군주의 손아귀에 집중되어야 한다고 말한다. 그런데 다른 한편으로 권세의 대소가 '하'의 지지 여부에 따라 결판난다고도 주장하고 있다. 그렇게 보면 신도가 주장하는 '세'는 '하'를 벗어나는 권력지상론이 아니며, 권세는 '하'를 기초로 삼아야 한다는 것이다. 신도의 이와 같은 사상의 탄생은 당시 사회 배경과 맞아떨어진다. 전국 시대 중기는 권력의 군주 집중이 형성 발전된 시기다. 그런데 당시는 국가들 간의 투쟁 및 각국 내부 권력 쟁탈 투쟁 때문에 군중의 지지를 쟁취할 수 있는 사람이야말로 승리의 가능성이 컸다. 신도의 주장은 바로 이와 같은 역사 조류를 반영하고 있다.

정치 체제와 권력 구조라는 측면에서 신도는 군주가 독자적으로 대권을 조종해야 한다고 주장한다. 그러나 그는 또 군주의 권력 장악은 천하를 위한 것이어야지 권력을 빌려 천하를 삼켜서는 안 된다고 주장한다. 그는 이 문제를 군주의 탄생으로부터 논술한다. "그 옛날 천자를 세우고 그를 고귀하게 여긴貴 것은 [그] 한 사람을 이利롭게 하려는 것이 아니었다. 가로되 천하에 하나의 고귀한 사람이 없다면 이치理가 통할 길이 없다. 이치가 통함으로써 천하를 위하게 된다."[48] 신도는 여기서 귀貴, 이利, 리理, 천자, 천하 5자의 관계를 제기하고 있다. 천자는 사회적 수요에 기초하여 천하의 이치理를 관통하기 위해 생겨난 존재다. 천자를 귀貴히 여김은 이치를 통해 천하를 다스리기 위함이지 한 사람을 이利롭게 하기 위함이 아니다. 따라서 "천하를 위해 천자를 세우지 천자를 위해 천하를 세우는 것이 아니며, 국을 위해 국군을 세우는 것이지 군주를 위해 국을 세우는 것이 아니다."[49] 신도의 이와 같은 견해는 묵은 사고방식을 열어젖힌 새로운 논의이며, 후인들의 등불을 밝혀주었다. 군주의 천하 점유설에 힘 있는 일격을 가한 것이다.

춘추 시대 이전 종법분봉제하에서는 국사와 가사가 하나의 일이었다.

국가 기구와 기능의 대부분이 혈연종족 관계 가운데 머물러 있었다. 그런데 전국 시대에 이르러 상황이 크게 바뀌었다. 국가 기구와 기능의 대부분은 군주의 종족 관계와 상호 분리되었으며, 국사와 군주의 사사로운 일은 뚜렷이 구분되었다. 춘추 시대 중, 후반기부터 일부 사상가는 군주 개인과 사직, 국가를 차츰 구분하기 시작했다. 신도는 여기서 양자를 더욱 명확히 구분했다. 이 구분은 국가 관념의 발전에 중대한 돌파구였다는 점에서 이론적으로 매우 중요한 의미를 지닌다. 국가는 군주와 둘로 나누어 분석해야 할 뿐만 아니라 국가의 이익은 군주 개인의 사적 이익보다 높다고 주장했다. 군주는 응당 국가와 천하를 위해 봉사해야 한다.

신도는 이론적으로 대단히 의미 있는 문제를 또 하나 제기했는데, 그것은 성인과 백성 관계에서 누가 누구를 먹여 살리느냐는 문제다. 수많은 사상가는 성인, 군주가 만민을 양육하며, 성군명주가 '이민利民(백성을 이롭게 하고)' '무민撫民(백성을 어루만지고)' '양민養民(백성을 기르고)' '안민安民(백성을 편안케 하고)' '혜민惠民(백성에 은혜를 베풀고)' '친민親民(백성을 가까이하고)' 함으로써 백성에게 은혜를 베푼다고 생각해왔다. 그런데 신도는 이런 견해와 상반되게 "백성은 성인과의 관계에서 그를 양육하며, 성인으로 하여금 자신을 양육토록 하는 것이 아니다"[50]라고 주장한다. 백성이 성인을 양육한다는 주장은 "천하를 위해 천자를 세운다"[51]는 그의 주장에 대해 경제 관계에서 유력한 근거를 제공하고 있다.

신도는 또 다음과 같은 논점 하나를 제기한다. "성인의 천하 소유는 [누구로부터] 받은 것이지 [스스로] 취한 것이 아니다."[52] 도대체 누가 천하를 성인에게 수여했는지에 대해서 신자는 아무 설명이 없다. 그러나 그 가운데 내포된 의미는 매우 명료하다. 즉 성인은 천하를 빼앗아 제 것으로 해서는 안 된다는 것이다.

신도의 이 주장은 이론상 군주에 대한 일종의 제약임에 틀림없다. 군주에게 개인과 천하의 관계를 바로 놓으라고 가르치고 있는데, 이치로 볼 때 이것은 아주 절묘한 가락이다. 다만 이 이론을 어떻게 실현시킬 것인가에 대해 그 시대의 신도로서는 시의적절한 실행 방법을 찾을 수가 없었다.

신도가 제창한 군주 권력의 일원화는 현실적인 것이었으되, 군주가 천하를 위해야 한다는 것은 일종의 공상에 불과했다. 군주들은 권력 일원화 이론에는 틀림없이 흥미를 느꼈을 터이지만 천하를 위한다는 기치는 대부분 발밑에 깔아버리기 일쑤였다. 그렇지만 간혹 그 깃발을 들어 한번 휘두름으로써 스스로 사욕이 없다는 것을 보여 온순한 사람들을 잘 속일 수 있었다.

상법귀공론

법치의 실행과 인치의 반대

신도는 세를 주창했지만 법 또한 매우 중시했다. 법치와 인치는 정치 사상 측면에서 유가와 법가의 중요한 갈림길이다. 유가가 인치를 주장하는 데 비해, 신도는 이와 대립하여 선명하게 법치의 실행을 제기하며 '신치身治'에 반대한다. 신치는 곧 인치人治다. 신도는 '신치'가 두 가지 큰 폐단이 있다고 지적한다. 첫째, '신치'는 일정한 표준이 없이 마음대로 정해진다. "군주된 사람이 법을 버리고 신치를 한다면 상을 주고 형벌을 가하는 것이 군주의 마음으로부터 나오게 된다."[53] 군주가 자기의 주관적인 좋고 싫음에 따라 상을 주고 벌을 내린다면 신하들도 반드시 자신의 주관적인 좋고 싫음에 따라 이와 같은 상벌을 대면하게 될 것이다. 군주의 마음과 신하의 마음은 서로 배치되니 결과적으로 "상을 받은 사람이 마땅함에도 무한히 더 많기만 바랄 것이며, 벌을 받은 사람이 마땅함에도 끝없이 더 가벼워지기만 바랄 것이다."[54] 게다가 사람의 마음이란 쉽게 변하는 것이어서 한번 생각을 바꾸기만 하면 일의 처리가 천양지차로 벌어질 수 있다. "군주가 법을 버리고 마음으로 경중을 헤아린다면 같은 공로에도 상이 다르고, 같은 죄에도 벌이 다를 것이다."[55] 상벌이 공정하지 못하면 "그로부터 원망이 생겨난다."[56] 둘째, 인치는 "국가의 정치 요체가 한 사람의 마음에 달려 있게 된다."[57] 일이 천 갈래 만 갈래인데 한 사람이 제아무리 고명하다 하더라도 그의 인식능력은 한계가 있게 마련이다. "한 사람의 인식능력으로 천하를 인식하는 것, 그 누구의 인식능력이 족히 그럴 수 있겠는가?"[58] 신도는 개인 인식능력의 유한성을 들어 국가의 정치요체가 한 사람의 마음에 매여 있는 것이 위험함을 논증했다. 정말 빼어난 탁견이다.

인치는 치국하는 데 적절하지 못하다. 치국의 길은 법치(또는 법제法制라 부름)의 실행에 있다. "오로지 법이 있는 곳에 있다."[59] "법에 의해 일을 처리하는 것이야말로 국가의 큰 도다."[60] 신도는 입법의 원칙, 법의 목적, 법의 기능, 법 집행의 원칙 및 준법, 변법 등 문제를 어떻게 처리할 것인가에 대해 간결하고도 명확한 논술을 하고 있다.

입법 원칙

신도는 두 방면에서 입법 원칙을 논술한다. 철학적으로 볼 때 법은 '도道'의 인간화, 사회화의 표현이다. 신도는 그 어느 구체적 사물이든 모두 한계가 있다고 생각했다. 보통 사람이 보기에 하늘과 땅이야말로 포용하지 못하는 게 없다고 여길 것이다. 그런데 신도는 한 차원 높여서 하늘, 땅 또한 단점이 있다고 생각했다. "하늘은 [모든 것을] 뒤덮을 수 있으되 [그 무엇도] 실을 수 없으며, 땅은 실을 수 있으되 덮을 수 없다."[61] 하늘, 땅도 이러할진대 만물은 더 말할 필요도 없다. 그래서 "모든 만물은 가능한 곳이 있고, 불가능한 곳이 있다."[62] 기왕 모든 사물이 개성과 한계를 갖고 있으므로 개별적이고 구체적인 사물에 얽매이면 필경 편파성에 빠질 것이다. "선택하면 보편적이지 못하고, 가르치면 지극하지 못하다."[63] 일단 선택이 있다는 것은 선택이 모두이지 않고 반드시 빠진 것이 있다는 것이며, 가르치는 바가 있다는 것은 두루 다 보전할 수 없고 반드시 편파성이 있다는 것이다. 이것을 고려하면 저것을 잃기 때문이다. '도와 하늘, 땅은 다르다. 도는 만물을 포용하지만 사물의 개성을 없애지 않는다. "큰 도는 능히 포용하되 [똑같이] 다스리지辯 않는다."[64] 마쉬룬馬敘倫의 『장자의 증莊子義證』에 의하면 '변辯'은 '평平(평평함, 가지런함)'으로 해석한다. 이 구절의 대의를 보면 큰 도는 비록 만물을 포용하지만 만물을 획일적으로 가지런히 만들지는 않는다는 의미다. 그렇다면 『장자』 「천하」 편에서 신도가 "만물의 가지런함齊萬物"을 주장했다 함은 또 무슨 의미인가? 허우와이루侯外廬의 해석에 따르면 '제만물'의 '제齊'는 『순자』 「영욕榮辱」 편에서 말하는 '참이제斬而齊(어긋나면서 가지런함)'의 '제'와 같다. '참斬'은 '참儳'으로 읽히는데, '참儳'은 서로 가지런하지 못함을 의미한다. 또 『순자』 「정명正名」 편에 말하는 '차차이제差差而齊(차등에 차등이 있으면서 가지런함)'의 '제', 즉 '비제지제非齊之齊(가지런하지 않은 가운데 가지런함, 불평등의 평등)'[65]다. 이와 같이 '제만물'의 '제'는 만물을 획일적으로 평등화한다는 것이 아니라 평등하지 못한 만물에 대해 일정한 거리를 유지하면서 차별하지 않는다는 말이다. 여기서 알 수 있듯이 '도와 구체적 사물과의 관계는 두 가지 특징을 갖는다. 하나는 만물을 포용함이고, 하나는 만물에 대해 차별하지 않음이다. 신도는 법과 '도가 서로 대응한다고 생각했다. 법 또한 두 가지 특징이 있는데 하나는 일체의 인간사를 포용하며, 또 하나는 평등하지 못한 인간사에 대해 차등을 두지 않는다는 것이다. 법은 마치 '권형權衡(저울)' '척촌尺寸(자)'과 같이 인간사를 헤아리는 표준이다. 법은 포함하지 않는 것이 없고 차별하지도 않으므로 법은 "인심을 하나로 만드는"[66] 작용을 일으킬 수 있다. 그래서 법을 '도술道術' '상도常道' '법도法度'라고도 부른다.

법은 '도'에 따라야 하지만 동시에 현실과도 마주해야 한다. 신도는 주장한다. "법은 하늘에서 내린 것이 아니며, 땅에서 솟은 것도 아니다. 사람들 사이에서 생겨나 사람들 마음에 합치하는 것일 따름이다."[67] 이른바 '인심에 합치한다' 함은 마치 『순자』 「비십이자」 편에서 말하는 "위로 윗사람의 [지시를] 청취하고, 아래로 풍속을 좇는다"[68]와 같다. 인심에 합치한다, 풍속을 좇는다 함은 곧 사람의 성정人情에 따른다는 것이다. 인정은 구체적으로 '자위自爲(스스로 위함)'로 표현된다. 신도는 말한다. "사람은 자위하지 않는 경우가 없다."[69] 신도의 '자위'에 관해 진전된 해석은 없다. 다만 『신자』 및 그 일문들을 볼 때 '자위'는 곧 자기를 위함이고 이익을 위함이다. "집안이 부유해지면 흩어진 가족이 모이며, 집안이 가난해지면 형제가 갈린다. 서로 사랑하지 않아서가 아니라 이利가 서로 맞아떨어지지 않기 때문이다."[70] 형제지간도 이익을 따지는데 하물며 친족 이외에는 더 말할 나위도 없다. 그래서 그는 이렇게도 이야기한다. "기술자가 관을 만드는 것은 사람의 죽음을 미워해서가 아니다. 이익이 거기에 있기 때문에 궂은 노릇을 잊는 것이다."[71] 입법은 인정에 따르고 인심에 합치해야 한다는 신도 주장의 실제 내용은 바로 이익을 좋아하는 사람의 성정에서 출발한 것이며, 이는 법적 관계를 이해관계 위에서 수립하고 있는 것이다.

법이 '도'를 좇고 인정에 기인해야 한다는 관점은 법가 입법 이론의 기초로 자리 잡았다. 선진 후기 법가들의 입법 원칙에 관한 여러 이론은 모두 이 두 관점을 기초로 삼아 전개된 것이다.

입법은 이익을 좋아하는 인간의 성정에 기인해야 하지만 법이 간단히 모든 개인의 사적 이익을 직접적으로 보장해주는 것은 아니다. 상호 이해관계 중에서 하나의 공통된 준칙을 찾아내고 그로부터 사람들의 본성적 욕구가 보편적으로 보증되게끔 한다. 이 공통하는 준칙을 '입공거

사立公去私(공적인 것을 세우고 사적인 것은 제거함)'라 부른다. 「위덕威德」 편은 말한다. "법제와 예적禮籍(예 관련 문서)을 둠은 이로써 공의公義를 세우려는 까닭이다. 공적인 것을 세움은 이로써 사적인 것을 폐기하려는 까닭이다."72 무엇이 '공'이고 '사'인가? 신도의 명확한 설명은 없다. 대체로 '공'이 가리키는 것은 관련된 사물들 간의 일반 규정이다. 그는 말한다. "시귀蓍龜(점을 칠 때 사용하는 시초와 거북 등껍데기)로 점치는 것은 이로써 공식公識(공공적 인식)을 세우려는 까닭이며, 저울로 잼은 이로써 공정公正을 세우려는 까닭이며, 문서로 남김은 이로써 공신公信을 세우려는 까닭이며, 도량형을 씀은 이로써 공심公審(공적인 심사)을 세우려는 까닭이다."73 법제는 저울, 도량형과 마찬가지로 인간사 가운데서 총괄적으로 나온 공통의 준칙이다. 이 준칙이 바로 '공'이다. 신도가 말하는 '사'는 사리사욕의 사가 아니라 법에 위배되는 것이나 법제 규정을 파괴하는 행위를 가리킨다. 따라서 신도의 '공'·'사'는 정치적 의미의 법률 개념이지 도덕이나 재산 점유 관계의 개념이 아니다. 이 점에 관해서는 군주와 공, 사 관계에 관한 신도의 논의로부터 증명할 수 있다. 신도는 군주는 '공'의 화신이 아니라고 주장한다. '공'은 이론적으로 군주보다 높다. 법이 비록 군주에 의해 제정되는 것이지만 법이 일단 제정되면 군주도 반드시 그에 따라야 한다. 이 때문에 군주도 공적 봉사와 사적 행위 간의 모순이 존재하게 된다. 군주의 지고무상한 권세는 법제의 실행을 통해서 드러나야지 개인적인 좋고 싫음이나 제멋대로의 사나운 위세로 드러날 수는 없다. 개인적 '애愛'나 '욕欲'은 모두 법이 규정하는 범위를 벗어날 수 없다. "욕망이 시세에 따라서는 안 되며, 사랑이 법을 범해서는 안 된다."74 상벌은 마음껏 하고 싶은 대로 할 수 없으며, "상을 결정하고 재물을 나누는 것은 반드시 법에 따라야 한다."75 "법을 만들고도 사사로이 행동한다면 이는 사와 법이 다투는 것으로 그 혼란은 법이 없는 것보다 심하다."76 이 이야기는 매우 의미심장하다. '사와 법이 다투면' 정치 분열을 조성할 것이니 한편으로는 법이 있음에도 사가 행해져 법이 가지고 있어야 할 권위가 상실될 것이며, 다른 한편으로는 기왕에 법이 있는데 그 법이 법률을 제정한 사람 개인의 의지가 바뀌어 하나의 표준으로 변하지 않은 채 군주를 포함한 개인들을 가늠하는 작용을 하게 될 것이다. 그래서 법이 있음에도 법을 행하지 않으니 이는 필경 법과 통치자 둘이 모두 다치는 결과를 초래할 것이다.

법과 '분分' '공公'

법의 목적이 멸사봉공奉公棄私의 요구라면 어떤 구체적인 방법을 통해 그것을 실현할 것인가? 이 방법이 바로 '분分'이다. '분'이란 한 사람 한 사람의 직무를 깨끗이 나누는 것이고, 행위 하나하나의 경계를 명확히 나누는 것이다. 신도는 다음과 같은 예를 들어 '분'의 중요한 작용에 대해 설명한다. "토끼 한 마리가 거리를 달리는데 백 사람이 쫓는다. 탐하는 사람은 모두 [이유가] 있으며 [서로가] 옳지 않은 사람이 없다. 이는 토끼가 [누구의 것인지] 나눔分이 결정되지 않았기 때문이다. 온 시내에 토끼가 넘쳐나도 [사람들이 그저] 지나칠 뿐 돌아보지 않는 것은 토끼에 대한 욕심이 없어서가 아니다. 분이 결정된 뒤면 비천한 사람이라도 다투지 않는다."[77] 『여씨춘추』 「신세」 편도 이 단락을 인용하고 있는데 자구만 약간 다를 뿐이다. 「신세」 편 가운데는 일문에 없는 중요한 결론이 하나 있는데, 즉 "그러므로 천하와 국가를 다스리는 것은 분을 결정定分하는 데 있을 따름이다."[78] 구체적으로 논하자면 군신 간에 분이 있으니 천자, 제후, 대부 제 각기 지위가 있으며 멋대로 넘나들어서는 안 된다. 직무 간에 분이 있으니, 이를테면 "사士는 관직을 겸해서는 안 되고, 공工은 일을 겸직해서는 안 된다."[79] 권한 사이에 분이 있으니, 이를테면 "직이 관을 넘어서는 안 된다."[80] 상벌에 분이 있으니 상과 벌은 공과 죄에 상당해야 한다. "상을 결정하고 재물을 나눌 때는 반드시 법에 따라야 한다."[81] 가정에는 아버지와 아들, 적자와 서자, 본부인과 첩의 구분이 있다 등등.

신도는 정치 설계사답다. 그의 설계도 가운데 모든 신민은 법적 '구분 分'에 의해 특정한 개체가 되며, 법이 유대가 되어 하나하나의 개체를 연결 시키고 있다. 그리하여 그들로 하여금 전체 국가 체계 가운데 하나의 부 속품이 되도록 한다. 군주는 법을 틀어쥐며 전체를 장악한다.

법이 있으면 바로 법에 의해 일을 처리해야 하며, 법을 집행하는 데 관 건이 되는 인물은 군주다. "군주 되는 사람은 많은 이야기를 들을 필요가 없다. 법에 따르고 술수에 의지하여 득실을 살피면 된다. 법에 없는 말은 귀에 담지 않으며, 법에 없는 노력은 공으로 치지 않는다. 노력하지 않는 친척은 관직에 임명하지 않는다. 관직 임용은 사사로운 친분에 따라서는 안 되며, 법 집행에 애정의 흔적을 남겨서는 안 된다. 상하 간에 다른 일 이 있을 수 없으며 오로지 법이 있을 따름이다."[82] 법을 말을 살피고, 행 동을 보고, 공로를 고찰하고, 일에 임하는 준칙으로 삼고 있다. 『장자』 「천 하」 편은 네 가지 원칙을 개괄했다. "공공적이면서 당파를 짓지 않고, 평 이하게 하면서 사사로움이 없으며, 결연히 처리하되 주장이 없고, 물질에 마음을 쓰되 헤아리지 않는다."[83] 신도의 견해에 의하면 진정으로 법에 의해 일을 처리한다면 초인적 재주나 지혜가 필요 없다. 중간 수준의 사 람이면 국가를 다스릴 수 있다. "삼십 근의 돌을 놓아두고 우임금에게 치 수錙銖[84]의 무게로 재게 한다면 그도 알 수 없을 것이다. [확실한] 저울과 저울추를 걸어두고 소털의 무게를 오차 없이 재는 데는 우의 지혜를 기 다릴 필요가 없다. 중간 수준 지식을 가진 사람이라도 족히 그것을 알 수 있다."[85]

신도는 또 수법守法과 변법의 관계 문제를 거론한다. "나라를 다스리는 데 법이 없으면 혼란하며, 법을 지키기守法만 하고 법을 바꾸지變法 않으면 쇠한다. 법이 있음에도 사사로운 행위를 함을 가리켜 불법이라 한다. 힘써 법을 부리는 사람은 백성이며, 죽음으로 법을 지키는 사람은 관리有司이며, 도로써 법을 바꾸는 사람은 군주다."[86] 몇 마디 안 되지만 그는 유법과 무법, 수법과 변법의 관계 및 군주, 관리, 인민이 법 가운데서 어떤 지위를 점하고 있는지를 말하고 있다. 유와 무를 비교하면서 유가 무보다 낫다고 주장한다. "법이 비록 좋지 않더라도 법이 없는 것보다 낫다."[87] 법이 있으면 반드시 법을 집행해야 한다. 법이 있음에도 법을 집행하지 않음은 법이 없음과 같다. 엄격히 법을 지키면서도 변법을 잘해야 한다. 수법만 하고 변법을 모르면 치국할 수가 없다. 군주, 신민이 법 가운데서 갖는 지위는 확연히 다르다. 군주는 법 제정과 변법의 권한을 장악하며, 관리는 법 집행의 도구로서 충당될 뿐이며, 백성은 법의 종복으로 충당될 수 있을 뿐이다.

사로 하여금 공을 침범하지 못하도록 어떻게 담보할 것인가? 신하라면 군주에 의해 제약을 받겠지만, 군주일 경우 도리나 군주의 인식 수준에 의지할 수밖에 없다. 신도는 이해관계를 들어 군주가 극기봉공克己奉公하기를 권고할 줄 알았다. 그러나 이외에 그는 군주로 하여금 멸사봉공하게 만드는 어떤 통제 방법도 제시하지 못했다. 그래서 실질적으로는 군주의 권한이 법보다 높을 수 있었으며, 군주의 사가 공을 파괴할 수 있었으며, 군주의 행위는 모든 법을 마비시킬 수 있었다. 군주 전제 제도하에서 이는 피할 수 없는 것이었다.

신도의 상법귀공尚法貴公(법을 숭상하고 공을 귀하게 여김) 사상은 국가 기능을 규범화하고, 이 규범화된 형식을 통해 통치계급의 보편적 이익이 구현되고 보증되기를 요구한다. 춘추 시대 이전의 분봉제에서 중앙의 큰 나라도 있었지만, 대개의 많은 나라는 소국과민小國寡民(나라 규모가 작고 인민이 적음)이었다. 소국과민 상태에서는 정치 규범화 문제가 절실하게 제기되지 않는다. 그러나 겸병을 통해 발전하면서 일부 국가의 영역은 배로 확대되었으며, 신민들도 배로 증가했다. 통치자를 구성하는 성분도 복잡해졌다. 그리하여 정치도 규범화를 향해 발전하기를 요구받았다. 춘추 이래의 역사를 살펴보면 분명한 하나의 사실을 간파하게 되는데, 변법과 신법의 제정은 모두 몇몇 큰 나라의 발전과 동시에 진행되었다는 것이다.

상법귀공 사상은 또 국가기능에 대한 관념을 자발自發로부터 자각화自覺化로 또 한 걸음 전진시켰다. 국가기능에 관한 관념은 일찍 생겨났지만 춘추 시대 이전에는 대부분이 전통 습속을 기초로 삼아 종법관계의 틀 안에서 구현되었을 뿐이다. 그런데 상법귀공 이론의 제기는 이런 국가기능의 관념을 이론으로 승화시켰고, 종법 관계의 국가기능에 대한 영향에 커다란 충격을 주었다.

상법귀공은 또 이론적으로 군주와 국가기능과의 관계 문제를 제기한다. 춘추 이전에 국가의 기능은 천자나 군주에게 종속된 것이었지만, 상법귀공 사상은 천자나 군주는 마땅히 국가기능의 집행자여야 한다고 주장한다.

신도에게 있어 상법귀공 사상은 상당히 엄숙한 것이었다. 후대 법가들도 그 일부분을 흡수했지만 대부분의 경우 저속한 수준으로 전락했다.

'군주는 일이 없고 신하는 일이 있다'는 신하 제어술

법을 숭상하고 현인을 숭상하지 않음

유가는 군신 관계가 예의, 충신忠信의 기초 위에 건립되어야 한다고 주창했다. 그러나 신도는 이것이 불가능하다고 생각했다. 군주와 신하 사이는 권력과 이해가 맞서 있다. 그럼에도 군주는 신하를 쓰지 않을 수 없다. 군주가 경시되고 신하가 중시되는 현상의 발생을 막기 위해 신도가 제기하는 신하 제어술은 군주를 위한 처방전인 셈이다.

이 처방전의 핵심 성분은 "법을 숭상하고 현인을 숭상하지 않음"[88]이다. 전국 시대에는 상현尙賢(현인 숭상)의 바람이 거세게 불었으며, 특히 그 가운데 유가와 묵가가 심했다. 신도는 이런 분위기를 대하면서 한 바가지 찬물을 끼얹었다. 그는 군주에게 상현이야말로 가장 위험한 것이라고 경고한다. "군주가 세워졌음에도 현인을 숭상한다는 것은 현인과 군주가 다툰다는 말이다. 그 혼란은 군주가 없는 것보다 심하다."[89] 신도가 상현에 반대하는 데는 두 가지 이유가 있었다. 하나는 상현이 정치의 일원화에 영향을 준다는 것이다. 군주로 일원화된 정치가 필요로 하는 것은 "백성이 군주 앞에서 하나가 되는 것이며",[90] "신하는 아래서 입을 다물고, 좌우 측근은 혀를 묶어두는"[91] 것이다. 그런데 상현하고 존현함은 군주의 지위를 낮추어버리거나, 혹은 군주에게 맞수를 하나 만들어놓는 꼴이어서 백성으로 하여금 현인을 숭모하고 군주를 존중하지 않게 만든다. 따라서 상현은 절대로 있어서는 안 된다는 것이다. 둘째, 상현과 상법은 서로 모순된다. 상현의 제창은 필경 법의 지위를 하강시킬 텐데, 그러면 정치의 운명은 현자의 신상에서 결정이 된다. 신도가 상현에 반대하는 첫 번째 이유는 분명히 군주를 위한 착상으로 칭송할 만한 아무런 가치도 없다. 다만 두 번째 이유는 상당한 식견이다. 법의 제도화는 정치에서 일반성을 지닌 규범으로 표현되며, 그것은 보편적인 물건을 반영한다고 할 수 있다. 그런데 제도가 아닌 사람은 제아무리 성현이라 하더라도 역사 과정의 우연한 요소일 뿐이다. 정치의 운명을 우연의 요소 위에 둠은 틀림없이 위험한 짓이다.

신도는 '상현'에 반대했지만 사람을 쓰는 문제에서는 능력 있고 어진 사람을 임용하는 데 반대하지 않았을 뿐만 아니라 오히려 극력 제창했다. 그는 "신하가 지력을 다해 맡은 일을 잘되게 해야 한다"[92]고 요구한다. 그는 또 한 나라의 치와 난에 대한 공과 죄를 군주 한 사람에게 모두 돌려서는 안 된다고 특별히 강조한다. "나라가 망한 것은 군주 한 사람의 죄 때문이 아니다. 나라가 잘 다스려지는 것은 군주 한 사람의 힘 때문이 아니다. 치와 난은 현명한 사람이 임무를 맡느냐에 달려 있다."[93] 신하의 작용에 대한 신도의 충분한 계산을 알 수 있다. 신도의 이와 같은 주장과 위 '상현'론이 다른 점은, 현능한 사람을 임용시키라는 신도의 주장은 군주가 권세와 법 집행을 독점적으로 행사함을 전제하고 있다는 것이다. 이 두 전제하에서 군주는 신하의 지능과 장기를 잘 이용해야 한다. 신도는 사람마다 "제각각 장점이 있고, 제각각 단점이 있으므로"[94] 군주는 "한편에 치우쳐 사람을 구해서는 안 된다"[95]고 주장한다. 군주가 모든 사람의 재능과 장점을 집합시킨다면 군주는 못 하는 게 없을 것이다. "고대광실의 재목은 한 그루 나뭇가지로 된 것이 아니며, 순백의 갖옷은 여우 한 마리 가죽으로 이루어진 것이 아니다."[96] 군주가 고대광실에 살며 순백의 갖옷을 입고 싶다면 나뭇가지 하나, 여우 겨드랑이 하나도 버려서는 안 된다.

군주는 일이 없고 신하는 일이 있다

신하의 지능과 작용을 충분히 발휘시키기 위해 신도는 또 "신하는 일을 하고 군주는 일하지 않는다, 군주는 편안함을 즐기고 신하는 힘써 일한다"[97]는 주장을 제기한다. 신도가 말하는 "군주는 일하지 않는다" 함은 군주가 수수방관 일을 하지 않고 장식품으로만 있는다는 말이 아니다. 군주는 신하가 재지를 잘 발휘하여 임무를 완수하고 일을 잘 하도록 해주어야 한다는 말이다. 최고로 멋진 상황은 신하가 온 힘을 다하고 그 이익은 군주가 거두는, 즉 "성과만 바라볼 뿐"인 것이다. 이렇게만 하면 꼭 남다른 재능이 있을 필요가 없다. 묘수는 바로 적절한 신하 제어술을 갖느냐에 달려 있다. 이와 같은 술이 바로 앞에서 이야기한 귀세貴勢(권세 중시), 상법尚法(법 숭상), 겸축兼畜(상호 경쟁), 용장用長(장점 이용) 등이다. 신도가 보기에 군주가 일을 스스로 처리하며, 재주만 뽐내고 군주의 총명함을 드러내지 않는 것은 오히려 기량이 없고 저능하다는 표시다. "군주가 스스로 일을 맡아 힘써 아랫사람에 앞서 잘한다면, 이는 아랫사람 대신 임무를 떠맡아 애쓰는 것으로 신하는 오히려 안일해진다."[98] 군주가 무슨 일이든 도맡아 한다면 매우 권한이 있어 보이겠지만 사실 그가 한 일은 신하가 해야 할 일이므로 실제로는 자신을 신하의 지위로 떨어뜨리는 짓이다. 군주가 스스로를 가장 능력 있고 가장 총명한 사람으로 여긴다면 신하들 중 누가 감히 "군주와 다투며 군주보다 앞서서 잘하려고"[99] 하겠는가? 신하들은 그저 지혜를 감추어둘 수밖에 없다. 그렇다고 신하들이 눈을 감고 정신수양이나 하고 있지는 않으며, 두 눈을 부릅뜨고 군주의 행동을 주시할 것이다. 그러나 과실이 하나만 있으면 "신하가 반대로 군주를 책망하여"[100] 군주로 하여금 난처한 입장에 처하게 만들 것이다. 만일 군주가 평범한 인간이면서도 뭐든지 할 수 있다는 태도를 보이며 일체를 지휘하려 들면 반드시 혼란을 초래할 것이다. 설령 "군주의 지혜가 극히 현명하다"[101] 하더라도 한 사람의 지혜는 필경 한계가 있다. "군주 한 사람이 아랫사람이 하는 일을 다 도우려 든다면 힘이 들 것이다. 힘들면 피로가 쌓이고, 피로하면 쇠약해지고, 쇠약해지면 다시 돕지 않은 지경으로 돌아갈 것이다."[102] 이 얼마나 투철한 생각인가. 신도의 견해에 따르면 군주의 직책은 신하를 부리는 데 있지 신하를 대신하여 일을 하는 데 있지 않다. 신하를 대신하여 일하는 것은 "군주와 신하의 자리가 바뀐 것이니 이를 거꾸로 거스르는 짓이라 한다. 거꾸로 거스르면 혼란스러워진다."[103] 순자가 신도를 "법에 가리워 현을 알지 못했다"[104]고 비판한 것은 정확한 말이 아닌 것 같다.

신도는 일을 매우 투철하게 관찰했다. 군주는 신하가 무조건적으로 자신에게 충성하고, 무조건적으로 자신을 위해 희생해주기를 기대해서는 안 된다. 사람은 모두 '자위自爲'한다는 본성에서 볼 때, 이는 불가능한 것이다. 신하가 그것을 표명한다 하더라도 믿을 수 없다. 신도는 "사람이 자위하는 [속성을] 이용해야지, 사람이 위아爲我하는 [속성을] 이용해서는 안 된다"[105]고 주장한다. 왜냐하면 "사람은 자위하지 않음이 없는데, 그것이 바뀌어 위아하게 된다. 그렇게 되면 이용할 수가 없기"[106] 때문이다. 여기서 신도는 '자위'와 '위아'를 군주와 신하의 기본 관계에 연결되는 두 개념으로서 제기한다. '자위'가 자기를 위하는 것이라면, '위아'는 무엇인가? 이에 대해서는 궈모뭐郭沫若의 다음 해석이 비교적 정확하다. '위아'란 군주가 자기 입장에 서서 천하 사람들 모두가 자신을 위해 복무해주길 요구하는 것이다. '위아'의 '아我'는 왕 한 사람이라는 '아'이다.(『십비판서十批判書』「직하황로학파적비판稷下黃老學派的批判」) '위아'는 바로 신하들에게 개인의 이익을 희생하여 군주에게 헌신하라는 요구다. 신도의 견해에 의하면 사람의 성정에 기인한다는 것은 바로 사람이 '자위'하는 성정에 기인한다는 것이다. 신하가 '자위'하기를 포기한다면 군주는 '기인因'할 만한 것이 없다. 자기조차 어떻게 하지 못하는 사람이 설마 군주에게 믿을 만하겠는가? 분명히 믿을 수 없는 것이다. 군주와 신하 사이는 권력의 이해관계인데, 군주를 위한다는 모든 사람이 군주와 교환할 가치를 잃어버린다면 군주는 '기인'할 만한 것이 없을 뿐만 아니라 자연히 사람을 쓸 수 있는 기반도 잃는다.

상술한 사상적 맥락에서 신도는 또한 충신을 쓰는 것에 찬성하지 않는다. 그는 말한다. "치와 난은 현명한 사람으로 하여금 직무를 맡도록 하느냐에 달려 있지, 충성에 달려 있지 않다. 따라서 지혜가 천하에 넘치면 그 은택이 군주에 미치며, 충성이 천하에 넘치면 그 폐해가 나라에 미친다."[107] 이는 선진 제자들 가운데 정말 탁월한 가락이다. 당시 사람들은 보편적으로 충신이기를 부르짖었으며, 충신이 쓰이지 않음을 망국에 이르는 중요한 원인으로 생각하고 있었다. 신도는 이와 같은 논조와 정확히 상반되어 갑자기 들여다보면 다소 괴상하게 느껴진다. 그렇지만 신도의 주장은 사실 상당한 일리가 있다. 우선 신도는 충과 법을 대립적인 것으로 본다. 법의 규정에 따르면 신하는 규정된 직무 범위 안에서만 지혜와 힘을 다할 수 있을 뿐이다. "충성으로 직무를 넘을 수 없으며, 직무가 관직을 넘어서는 안 된다."[108] 보통 이야기되는 충신이란 언제든 법의 범위를 넘어서, 제 지위에 있지도 않으면서 정치적인 것을 도모한다. 그렇다면 충신의 행위는 법을 파괴하는 것이다. 신도가 보기에 이는 절대로 용인할 수 없는 일이다. 그는 "충신은 성군 아래서는 생기지 않는다"[109]고 주장한다. 다음, 역사적으로 볼 때 충과 흥망과 치란은 필연적 인과관계가 없다는 것이다. "난세에 망국의 신하들 가운데 충신이 없는 것은 아니다. 치세에 뛰어난 군주의 신하가 모두 충성을 다하는 것만은 아니다."[110] 충신이 있음에도 나라가 망할 수 있으며, 뛰어난 군주의 신하라고 반드시 모두 충성을 다하는 것은 아니다. 그렇다면 무슨 이유로 충신을 치국의 의지처로 삼겠는가? 그다음, 충신은 항상 있으나 나라가 항상 편안한 것은 아니다. "세상에는 충성하는 사람이 있다. 신하로 충성을 다하고자 하는 사람이 끊이지 않는다."[111] 그럼에도 군주는 이로 인해 항상 안녕을 얻지는 못한다. 마지막으로 충과 지智는 다른 일이다. 어떤 충신은 일을 충분히 성공시키지 못하며, 일을 그르친 경우가 부지기수다. 왜냐하면 모든 충신이 비간比干이나 자서子胥처럼 재능이 있는 것은 아니기 때문이다. 어떤 충신은 충성이라면 충성인데 생각이 고명하지 못하여, 결과적으로 "군주를 암담한 가운데 고달프게 만들어 결국 침몰하여 명예를 잃고 죽게 만든다."[112] 이런 충신을 만난다면 난세를 구할 수 없을 뿐만 아니라 "심각하게 잘못되기에 딱 맞다."[113] 신도의 관점은 훌륭한 안목을 보여주고 있다.

신도의 상술한 이론은 당시 현실에 맞는 것이었다. 역사상 처음으로 군신 관계의 실질에 대하여 비교적 깊이 있게 드러내주었다. 군주와 신하는 서로 이용하는 관계다. 군주는 신하가 충성을 다해주기를 기대할 필요가 없다. 필요한 것은 실효성 있는 지혜와 능력이다.

05   결어

　이상의 논의를 종합하면 신도의 세, 법, 술은 상호 제약적이고 상호 보완적인 관계에 있다. 세는 법, 술의 전제이지만 법과 술을 떠나서 독자적으로 시행할 수 없다. 세는 법을 통해 실현되며, 술을 통해 신하를 제어하는 동시에 신하와의 관계를 처리한다.

　군주 전제 제도 아래서 국가와 군주의 권한을 구분 짓기는 사실 매우 어렵다. 그렇지만 통치계급 전체 이익의 요청에 기초하여 양자를 구분 지을 필요가 있다. 군주는 국가의 핵심으로 가장 기본적인 문제에서 자기가 속한 계급의 이익을 위배하지는 않는다. 그러나 그의 행위가 그 계급의 가장 보편적인 이익과 요구를 반드시 반영하고 있다고 할 수는 없다. 심지어는 이와 같은 이익과 요구에 손해를 끼칠 수도 있다. 특히 통치지역의 확대와 신민의 증가에 따라 정치 상황은 반드시 복잡해진다. 전국 시대 국가 형식과 기능은 춘추 이전과 크게 달라졌다. 춘추 이전 국가 형식은 주로 씨족봉건제를 통하여 드러났는데 국가의 기능은 대부분의 경우 종법제도의 외피 아래에서 실현되었다. 그런데 전국 시대에 이르러 이와 같은 상황은 기본적으로 바뀌었으며, 군현제와 관료제가 주된 지위를 점하고 통치 집단 내부 구조도 이에 따라 큰 변화를 겪게 되었다. 상황이 복잡해질수록 정치적 중핵 및 내재적 규정성을 찾아야 할 필요가 있었다. 그러나 군주는 이런 규정의 구속을 받지 않을 권력이 있었으며, 군주 개인의 행위와 결단이 그 계급의 일반적 요구 상황에 배치되는 일이 끊임없이 발생했다. 이 모순을 어떻게 해결할 것인가? 이것이 바로 신도가 소리 높여 외친 것, 즉 국가 관념의 제창, 국가정치를 규범화할 것, 법제의 건립, 군주는 마땅히 법을 준수할 것, 국가의 이익이 군주 개인의 사적 이익보다 높다는 것 등이다.

신도가 설계한 길을 따라 그대로 걷는다면 군주 전제 제도를 약화시킬 수 있을까? 그렇지 않다. 반대로 강화시킬 뿐이다. 그러나 강화의 방법은 단순히 군주 개인의 무한한 권력에서 튀어나온 것이 아니라 법제의 실현을 통하여 진행된다. 이 방법은 더욱 이성적이며 그로써 더욱 확고해질 수도 있다고 하겠다.

신도의 이론은 상당히 엄정한 것으로 초기 법가들은 대부분 이런 특징을 지니고 있었다. 비교해보면 후기 법가들은 훨씬 더 저속하다.

제4절

신불해의 술치術治사상

신불해申不害의 출생년은 확실히 알 수 없으며, 기원전 337년에 죽었다.『사기』「노자한비열전老子韓非列傳」에는 이렇게 기록되어 있다. "신불해란 사람은 경京 지방 출신이므로 정鄭나라의 미천한 신하인 셈이다. 술術을 배워한 소후韓昭侯를 섬겼고, 소후는 그를 재상으로 삼았다. [그로부터] 안으로 정치 교화를 잘 닦고 밖으로 제후들에 대응하기를 15년을 했다. 그리하여 신자申子가 죽을 때쯤 나라는 잘 다스려지고 군대는 강해져 감히 한韓나라를 침범하려는 세력이 없었다."[114] 한 소후의 재위 기간은 기원전 362년부터 기원전 333년까지다.『사기』「한세가韓世家」에는 한 소후 8년에 신불해를 재상으로 삼아 22년에 죽었다고 기록하고 있다. 신불해와 상앙은 동시대 정치가다.

신불해는 전문 논저를 가지고 있었다.『사기』「노자한비열전」에는 "저서 2편이 있는데『신자申子』라 부른다"[115]라고 말한다.『한서』「예문지」에는『신자』6편이 있다. 그『신자』는 이미 망실되었으며『군서치요群書治要』에「대체大體」란 이름으로 1편이 남아 있을 뿐이다. 선진 시대에 신불해의 저작은 광범하게 유행했던 듯하다.『한비자』『여씨춘추』등 책에 신불해를

인용한 논설이 일부 있다. 『옥함산방집일서玉函山房輯佚書』에 『신자』 모음집
이 전해진다.

신불해는 정치사상사에서 매우 중요한 지위를 차지한다. 후세 사람들
은 보통 신불해와 상앙을 동급으로 취급한다. 세, 법, 술은 법가 정치사상
의 세 축이다. 신도가 세에 치중했다면, 신불해는 술에 치중했으며, 상앙
은 법에 치중했다. 이들이 전국 시대 중기 법가의 3대 거두다.

신불해는 술을 중심으로 했지만 세와 법 또한 매우 중시했다. 술을 행
하려면 우선 세와 법을 장악할 필요가 있다. 신불해는 군주에게 이렇게
훈계한다. "군주가 존중받는 까닭은 법령令 때문이다. 법령이 행해지지 않
는다면 군주가 없는 것과 같다. 따라서 명군은 이를 신중히 한다."116 군
주와 신하의 지위는 절대로 뒤바뀔 수 없다. 군주는 권병을 굳건하게 장
악해야 하는데 "명군이 몸이라면 신하는 손이요, 군주가 호령號하면 신하
는 울림이요, 군주가 근본本을 세우면 신하는 끝을 잡는 것이요, 군주가
요점要을 바로잡으면 신하는 상세한 행위를 하는 것이요, 군주가 [권력의]
자루柄를 잡고 있으면 신하는 그 [불변의] 법도를 섬겨야 한다."117 또는
"명군이 신하를 부림은 수레의 바퀴살이 모이듯 군주를 중심으로 돌도록
해야 한다."118 뭇 신하는 모두 수레의 바퀴살이 바퀴에 모여드는 것처럼
군주를 둘러싸고 돌아야 한다. 신불해는 세라는 개념을 명확히 사용하지
는 않았지만 그가 말한 '호號' '영令' '본本' '요要' '병柄'과 신도가 말하는 '세'
의 내용은 기본적으로 같다. 군주는 권세를 장악하는 것 외에도 반드시
법을 받들어 다스려야 한다. "군주는 반드시 법을 밝히고 의를 바르게 하
되 마치 저울추를 매달아 경중을 재는 것처럼 함으로써 뭇 신하를 통일
시켜야 한다."119 신불해 또한 법에 맡기고 지혜에는 맡기지 않는다는 사
상을 갖고 있었다. 그는 말한다. "요임금의 통치는 법을 밝히고 명령을 살
피는 것이었다. 성군은 법에 따르지 지혜에 따르지는 않는다. 법술에 맡기

지 주장에 맡기지는 않는다. 황제黃帝가 천하를 다스릴 때는 법을 설정하고 바꾸지 않아 백성으로 하여금 그 법에 안주하고 즐기도록 했다."[120] 이와 같은 말투는 신도의 주장과도 지극히 가깝다. 신불해는 또 상벌을 마음대로 해서는 안 되며 법에 따라 행해야 한다고 주장한다. "법이란 공이 보이면 상을 주고, 능력에 따라 관직을 수여하는 것이다."[121]

신불해는 세와 법을 중시했지만 술을 더욱 강조했다. 무엇이 술인가? 현존하는 신불해의 말 속에는 상세한 논의가 보이지 않는다. 술에 대해서는 한비자가 명확히 설명하고 있다. "술이란 맡은 바에 따라 관직을 수여하고, [관직] 이름에 따라 실적을 규명하며, 생사의 칼자루를 쥐고 뭇 신하의 능력을 매기는 것으로 이는 군주가 잡아 가지고 있어야 할 바다."[122] 술은 법과 다르다. 법의 대상은 전체 인민이지만, 술의 대상은 관리와 신료이다. 법은 군주와 신하가 공히 지켜야 하지만, 술은 군주가 홀로 잡고 있다. 법은 공개해야 하지만, 술은 가슴속에 감춰두어야 한다. 법은 명확한 규정이지만, 술은 마음속의 계산으로 존재하여 뒤집으면 구름이요 엎으면 비가 된다.

신불해가 특히 술에 주의를 기울인 것은 다음과 같은 그의 인식과 중대한 관계가 있다. 그는 군주의 지위를 위협하는 주요 위험은 좌우 대신들로부터 나온다고 생각했다. 보통 사람은 민중을 가장 위험한 적으로 보아 성을 높이 쌓고 담을 넓혀 엄밀히 방비한다. 그러나 신불해는 이런 보통 사람의 견해와는 정반대로 군주에게 가장 무서운 것은 역시 좌우 대신이라고 주장한다. "오늘날 군주는 성곽을 높이고 대문이 잘 닫혔는지를 엄히 경계하여 강도나 도적의 침입에 대비하고 있다. [그런데] 오늘날 군주를 시해하고 나라를 빼앗는 사람은 험난한 성곽을 넘거나 닫힌 문을 침범할 필요가 없는 사람들이다."[123] 그는 군주에게 물론 도적을 방비하지 않을 수 없지만 나라를 빼앗는 사람은 이런 사람들이 아니며, 대부분담 안에 살며 문을 침범하여 월장할 필요가 없는 대신들임을 깨우쳐주고 있다. 그래서 그는 이런 이야기도 한다. "시샘하는 처가 집안을 망치기는 어렵지 않으며, 작란하는 신하가 나라를 망치기는 어렵지 않다."[124] 신불 해는 또 군주에게 모든 대신은 믿을 수 없기 때문에 군신 관계에 분명한 평가를 해야 한다고 경고한다. 군주가 만일 신하들이 자기에게 충정을 다 하리라는 기대를 건다면 끝내는 신하들에 의해 농락을 당할 것이다. "술 을 잃고 신(臣) 따위를 구한다면 [결과가] 의심스럽다."[125] 군주가 세와 법에 만 의지한다면 절대적으로 불충분하다. 술이 없으면 세와 법은 위엄만 있 을 뿐 쓰이지 못하며, 판에 박힌 듯 융통성이 없어진다. 일단 술에 따르기 만 하면 세와 법 또한 용맹하게 생기발랄해지며 [군주가] 움직이든 가만 히 있든 신하들로 하여금 두려워 복종케 만들 수 있다. 신불해가 말하는 술은 다음 몇 가지로 귀납된다.

정명책실正名責實의 술

군주는 모든 것에 명확한 규정을 갖고 있어야 한다. 일이란 천 갈래 만 갈래라서 하나하나 대응하기는 어렵다. 관건은 각 사물에 규정을 두는 데 달려 있다. 규정은 명확하고 구체적이어야 하며, 모든 일은 명문 규정을 두어 그에 따를 수 있어야 한다. "옛날 요임금은 명名(명칭)으로 천하를 다 스렸는데, 그 명이 바르게正 되어 천하가 다스려졌다. 걸왕도 명으로 천하 를 다스렸는데, 그 명이 치우치게 되어 천하는 어지러웠다. 그래서 성인은 명이 바르게 됨을 중시한다. 군주는 큰 것을 지키고 신하는 미세한 것을 지킨다. 그 명으로 듣고, 명으로 보고, 명으로 명한다."[126] 군주는 큰일을 잘 붙들어야 한다. 큰일을 붙잡는다면 사소한 일을 통제하고 신하를 제어 할 수 있다. 신불해는 군주가 사람들이 충성한가 간교한가를 논하는 데 정력을 쏟아서는 안 된다고 생각했다. 중요한 것은 일반적인 명문 규정을 붙잡고 그 규정에 따라 득실을 검사, 고찰, 논평해야 한다는 것이다. "군주 되는 사람은 계약을 붙들고 그 명을 따져야 한다. 명이란 천지의 강령이고 성인의 부절이다. 천지의 강령을 펼치고 성인의 부절을 사용하면 만물의 성정이 도망갈 데가 없다."[127] 관리들에게 어떻게 충성을 표시하는지를 요구하지 말고, 그들이 규정에 따라 일을 처리하도록 해야 한다. 규정에 따라 일을 처리하는 자가 바로 좋은 관리이며, 규정을 따르는 것만이 진정으로 군주를 따르는 것이다. 군주는 신하가 규정을 넘어서는 능동성을 갖추도록 허락해서는 안 된다. 비록 이런 능동성이 군주의 이익에 부합하는 것이라 할지라도 금지해야 한다. 왜냐하면 이런 능동성은 군주의 절대 권위를 파괴하며, 그것은 군주의 명령을 집행하지 않는 것과 아무 차이가 없기 때문이다. 신불해는 "통치 [행위]는 관직[의 범위]를 넘어서는 안 되며, 알더라도 말해서는 안 됨"[128]을 엄격히 실행할 것을 주장한다. 모든 관리에게 반드시 군주의 규정에 따라 일하도록 요구하므로 군주의 규정은 특별히 신성한 것이 되어 조금만 그르쳐도 천지차이가 나게 된다. 신불해가 보기에 군주의 "한마디가 바르면 천하가 안정되고, 한마디가 치우치면 천하가 쓰러진다."[129] 이 말의 주지는 군주의 시정 명령은 신중에 신중을 기하여 발해야 함을 강조한 것이다. 군주의 한마디는 전체 국면에 연루되므로 군주는 '바르게' 할 수 있을 뿐 '치우치게' 할 수는 없다는 경고이다. 그러나 이는 동시에 신자가 주장하는 군주 전제가 어느 정도에 이르렀는지를 드러내는 말이기도 하다. 절대적 군주 전제라는 조건하에서만 한마디로 천하를 다스리고 한마디로 천하를 어지럽히는 국면이 출현할 수 있다. 그는 이런 말도 한다. "명군의 치국은 세 치의 기제만을 운용함으로써 천하를 평정할 수 있고, 사방 한 치의 모의만을 바르게 해도 천하가 다스려진다."[130] 신불해의 주관적 의도가 나쁘지는 않았다고 하더라도 이 지경에 이르면 역사적 행운이라기보다 역사의 고난이라고 말해야 할 것이다. 적어도 고난이 행운보다 많았을 것이다.

정인무위靜因無爲의 술

이것은 신불해 술치의 또 하나의 기본점이다. 이 점은 노자의 영향을 받았음을 아주 분명하게 드러내준다. 신불해의 정인술靜因術은 자연과 인간사의 규율에 대한 그 나름의 인식에 바탕을 두고 있다. "겨울이기 때문에 추우며, 여름이기 때문에 더운데 군주가 무슨 일을 하겠는가!"[131] 겨울과 여름의 교체는 사람의 주관적 의지에 따라 바뀌지 않는 객관적 규율이다. 이런 규율 앞에서는 답습할 수 있을 뿐 위배해서는 안 된다. 신불해는 천지자연의 규율엔 정靜(고요)의 특징이 있다고 생각했다. "땅의 도는 [억지로] 짓지 않는다. 그래서 항상 고요하다. 항상 고요하므로 방정하며 그렇게 일을 처리하니 영원한 고요함이 거기에 있다."[132] 신불해가 동動(움직임)을 부인한 것은 아니다. 그러나 그는 동과 정 사이에서 정을 근본으로 생각했다. 「대체」 편에 말한다. "강한 것은 부러진다. 위태로운 것은 뒤집어진다. 움직이는 것은 흔들린다. 고요한 것은 편안하다. 명칭은 스스로 바르게 되며, 일은 스스로 정해진다."[133] 이상의 인식에 기초하여 모든 일을 대할 때는 원인因을 귀하게 여기며, 고요함靜을 소중하게 여긴다. 원인을 귀하게 여기면 "일[의 진행 순서]에 따라서 결정해가며"[134] 물이 흐르는 대로 배를 잘 밀고 가야 한다. 고요함을 소중하게 여기면 "천하에 [억지] 행위가 없음無爲을 보여야"[135] 한다. '무위'술에서 가장 중요한 점은 자신을 감추고 어떤 일에 대해서도 일이 아직 결정되기 전에 자신의 좋아하고 싫어함, 옳고 그름, 앎과 모름을 표시하지 말아야 한다는 것이다. 그 어떤 경향성을 표시하려고만 들면 신하 모두가 빈틈을 파고들거나 기회를 노려 장난을 칠 것이다. 그는 말한다. "위에서 분명하게 보이면 사람들은 그에 대비하며, 불분명하게 보이면 사람들은 그를 미혹시킨다. 아는 듯 보이면 사람들은 잘 치장하지만, 모르는 듯 보이면 사람들은 감추려 든다. 욕심이 없어 보이면 사람들이 [기회를] 엿보지만, 욕심이 있어 보이면 사람들은 [미끼로] 유인하려 든다."[136] 낯빛을 움직이지 않고 어떤 표시도 하지 않는다면 신하들이 노릴 기회를 잡지 못할 것이고, 군주도 신하들에게 좌우되거나 농락당하지 않을 것이다. 그러면 일체를 알 수 있으니 이를 가리켜 "무위만이 그것을 엿볼 수 있다"[137]고 한다. 무위술은 또 군주에게 완전히 개인의 지각에 의존해서 일하면 안 된다고 요구한다. 개인의 지각이란 어쨌든 지극히 제한적이고 편면성을 띠고 있기 때문이다. 스스로 청각이 매우 영민하다고 생각하겠지만 "10리를 사이에 두면 귀로는 들을 수 없다."[138] 스스로 눈이 매우 밝다고 여기겠지만 "담벼락 바깥은 눈으로 볼 수 없다."[139] 스스로 마음이 일체를 밝게 관찰할 수 있다고 생각하겠지만 "3무畝[140]의 궁실은 마음으로 알 수 없다."[141] 더욱이 저 거대한 천하, 광활한 지역을 어떻게 개인의 귀, 눈, 마음으로 인식하고 장악할 수 있겠는가? 자신의 귀, 눈, 마음에만 의거하여 그 많고 많은 천하의 일을 처리한다면 불가피하게 구멍이 생길 것이고 일방적 성향이 드러날 것이다. 이로부터 우리는 나라를 다스리려면 자신의 지각에 의존하지 말고 사물의 필연성과 전체 국면을 장악할 방법을 모색해야 한다는 결론을 얻는다. 그리고 개인 감정상의 좋고 나쁨을 포기할 때만이 사물을 명확히 관찰하고 일 처리를 공정하게 할 수 있으며, 그래야 참으로 총명하다고 할 수 있다. 그러므로 말한다. "듣는 것을 떠나 아무것도 들리지 않으면 총聰(귀 밝음)이요, 보는 것을 떠나 아무것도 보이지 않으면 명明(눈 밝음)이요, 지혜를 떠나 아무것도 알지 못하면 공公(공정)이다. 세 가지를 떠나 이용하지 않으면 다스려지고, 세 가지를 이용하면 혼란하다. 이 때문에 눈,

귀, 마음, 지혜가 믿을 수 없다고 말하는 것이다."[142] 모순된 사물에 대하여 어쩔 수 없이 선택을 해야 한다면 무위술은 발전적이거나 활동 여지가 있는 쪽을 선택하기를 요구한다. 「대체」 편은 말한다. "잘하는 군주는 어리석음에 기울고, 가득 차지 않은 데 서며, 굳세지 못한 데 자리하고, 일 없는 데 숨는다."[143] 왜냐하면 "사람들에게 여유 있음을 보이면 사람들은 그것을 빼앗으려 들고, 사람들에게 부족하다는 걸 보이면 사람들은 베풀려 하기"[144] 때문이다. 무위는 군주의 업무 과정의 하나일 뿐 사건의 종결이 아니다. 사건의 진상을 알 필요가 있을 때 군주는 모든 것을 혼자 열람하고, 일체를 결정해야 한다. 그래서 신자는 이런 이야기도 한다. "홀로 보는 사람을 눈 밝다 하고, 홀로 듣는 사람을 귀 밝다 한다. 능히 홀로 결단을 내리므로 천하의 주인이 될 수 있다."[145] 이로부터 무위는 군주의 독단을 전제하는 동시에 독단을 돕기 위해 봉사한다는 것을 알 수 있다. 군주의 권력 독단이라는 전제가 없다면 무위는 한 푼의 가치도 없다. 보통 사람의 무위가 도대체 무슨 가치가 있겠는가? 무위술은 군주 전제라는 특수한 업무 방식의 하나일 뿐이다. 군주 전제 제도를 벗어나면 무위술은 어떤 의의도 있을 수 없다.

사람 쓰는 방법을 장악하는 것도 신불해의 술치의 또 한 가지 내용이다. 「대체」 편은 말한다. "북은 5음을 낼 수 없지만 5음을 주도하고, 도가 있는 사람은 5관의 일을 다 할 수 없지만 정치를 주도한다. 군주는 그 도를 알고, 관료들은 그 일을 안다. 10마디 이야기에 10가지로 대처하고, 100가지 행위에 100가지로 대처하는 것은 신하의 일이지, 군주의 도가 아니다."[146] 이렇게도 말한다. "인因(근본)은 군주의 술이고, 위為(실제 행위)는 신하의 도다. 위하면 어지럽지만 인하면 고요하다."[147] 군주는 사람을 쓰는 데 정교해야지 신하와 일을 다투어 업적주의의 굴레에 빠져서는 안 된다. 뭇 신하로 하여금 군주를 둘러싸고 돌게 하고 군주는 중심에 편안히 있어야 한다.

신불해의 술은 또 상당 부분이 수완을 부리고, 권모술수를 희롱하며, 궤계음모를 쓰는 따위의 것들에 속한다. 한 소후의 행위들에 관한 기록은 이런 술의 구체적 운용을 생생하게 표현하고 있다. 이를테면 『한비자』 「내저설상」 편에는 이런 이야기가 실려 있다. "한 소후가 [관내의] 현에 기사를 파견했다. 사자가 돌아와 부복하자 소후가 물었다. '무엇을 보았는가?' 사자가 대답했다. '보이는 것이 없었습니다.' 소후가 말했다. '그래 아무것도 눈에 띄지 않았는가?' 대답하기를, '남문 밖에 누런 송아지가 길 옆 전답의 새싹을 뜯어먹고 있었습니다.' 소후는 사자에게 '내 너에게 물었던 바를 누구에게도 발설하지 말라'고 말했다. 그리고 명령을 하달했다. '새싹이 돋을 때는 소나 말을 전답 가운데 들어서는 안 된다는 명령을 이미 내렸음에도 관리 중에 그렇게 하지 않는 사람이 있다. 그래서 전답 가운데로 들어가는 마소가 매우 많다고 하며 그 수가 자꾸 불어난다고 한다. [이에 관해] 자세히 보고하지 않으면 중죄에 처하리라.' 그리하여 세 방향에서 조사하여 위에 보고했다. 소후는 '불충분하다'고 말했다. 다시 돌아가 조사해보니 과연 남문 밖에 누런 송아지가 있었다. 관리들은 소후의 밝은 통찰력에 송구스러워 모두 그 자리에 엎드렸고 감히 잘못을 저지르지 못하게 되었다."[148] 한 소후의 행동을 전부 신불해가 가르친 것은 아닐 것이다. 다만 신불해와 밀접한 관계가 있다는 것만은 의심의 여지가 없다.

술은 관료들 사이에서 벌어지는 각종 속임수와 이해 다툼을 이론적으로 표현한 것으로, 전국 시대 관료제의 확충에 따라 신속히 발전했다. 술은 이론상 인의도덕과는 상호 배척되며, 이해관계를 중심으로 문제를 생각하는 것이다. 이 때문에 군주가 신료들을 제어하는 술이 있는가 하면 신하가 군주를 속이고 농간을 부리는 술도 있다. 신불해의 술은 전제 군주를 위한 착상이다. 정책의 하나가 아니므로 과도한 권모술수 놀음은 때로 자신의 반대 면으로 치달을 수 있으며, 오히려 아귀다툼으로의 발전을 조장하여 통치 집단을 흐트러뜨리게도 할 수 있다. 바로 이 점 때문에 한비자는 다음과 같이 비판한다. "신불해는 법에 능숙하지 못하고, 법령을 통일시키지 못했는데, 이것은 간계가 많은 까닭이다."[149]

제5절

『상군서商君書』의 경전耕戰과 법치 사상

상앙과
『상군서』

상앙과 상앙의 변법

상앙의 생년은 알 수 없으며 기원전 338년에 죽었다. 위衛나라 사람이며 위나라 공실과 동족이었기 때문에 공손앙公孫鞅 혹은 위앙衛鞅이라고도 불린다. 위앙은 처음 위魏나라에서 벼슬했으나, 뜻을 얻지 못해 이회의 『법경』을 끼고 진나라로 가 진秦 효공孝公에게 중용되었다. 처음 좌서장左庶長에 임명되어 변법을 주도했다. 변법이 뚜렷한 성과를 얻자 나중에 대량조大良造로 승진했다. 탁월한 공적으로 상商 지방에 봉해졌고, 이로 말미암아 상군商君, 또는 상앙이라 불리게 되었다.

변법이 시작되자 격렬한 싸움이 발생했다. 두지杜摯 등은 수구파를 대표하여 변법에 극력 반대했다. 그들은 "이익이 백배가 아니면 법을 바꾸지變法 않고, 효과가 열 배가 아니면 기구를 바꾸지 않는다,"[150] "옛것을 본받으면 잘못이 없고, 예를 따르면 그릇됨이 없다"[151]고 주장했다. 상앙은 그들의 수구복고적인 황당한 논조를 진화적 역사관에 의거하여 논박하면서, "이전 세상의 가르침이 모두 같지 않았는데 옛날의 무슨 법을 본받는단 말인가? 성왕들이 [옛 예법을] 서로 회복하지 않았는데 무슨 예를 따른단 말인가?"[152]라고 주장한다. 나라를 다스리려면 반드시 현실 상황에서 출발하여 대책을 마련해야지 고루한 전통으로 역사의 수레바퀴를 밀고 갈 수는 없다는 것이다. 상앙은 "세상을 다스리는 데 한 가지 방법만 있는 것이 아니며, 나라를 편안케 하는 데 옛것을 본받을 필요가 없다"[153]고 분명하게 주장한다. 진 효공이 상앙의 주장을 지지하자 진나라는 일대 변법운동이 전개되기에 이르렀다.

상앙은 기원전 359년과 기원전 350년에 차례로 두 차례의 변법을 실행했으니 앞뒤로 21년이 걸렸다. 상앙 변법의 주요 내용은 다음 몇 항목이다.

(1) 천맥阡陌[154]을 개척하여 전답의 경계를 짓고, 토지를 농민에게 수여하는 '수전제授田制'를 실행하며, 이에 대해 국가가 직접 세금을 징수한다.

(2) '세경세록世卿世祿'[155]을 폐지하고 군공軍功을 장려한다. 20등의 군공 작급을 제정하되 출신 성분을 가리지 않고 오로지 군공에 의해 작위와 상을 준다.

(3) 권력이 군주에 집중되는 행정 제도를 건립한다. 전역에 31개의 현縣을 설치하고, 현 아래 향鄕과 읍邑을 두며, 주민들에겐 [열 집, 다섯 집씩 묶어 감독하는] 십오편호제什伍編戶制를 실행한다.

(4) 중농억상 정책을 추진하여 농업 생산을 장려하고 공상업을 억제한다.

(5) 대가족 제도를 폐지한다. 남자가 성년이 되면 반드시 따로 문호를 세우게 하여 호구세를 늘린다.

(6) 법령을 뚜렷이 밝히고 유세하러 다니는 것을 금지한다. 『시詩』 『서書』를 태워 없애 유가들에게 타격을 준다.

(7) 진나라의 도度(길이 관련), 양量(부피 관련), 형衡(무게 관련)을 통일시
킨다.

이 변법은 권세 있는 종친귀족들의 반대에 부딪혀 "종실귀척에 원망하
는 사람들이 많았을"[156] 뿐만 아니라 일반 백성조차도 불편해했다. 그러
나 실천으로 증명해 효과를 거두었고 신법이 "행해진 지 10년 만에 진나
라 인민이 크게 기뻐하고"[157] "향읍들은 매우 잘 다스려졌다."[158] 상앙의
변법은 진나라를 신속하게 강성의 길로 접어들게 만들었으며, 과거 제후
들과 교류할 때의 피동적 국면을 변화시켜 "군대가 크게 강해지고, 제후
들이 두려움에 떠는"[159] 강국이 되었다. 상앙의 변법은 실질적 효과를 거
두었다. 이 때문에 진秦 혜공惠公이 즉위 후 과거 사건을 빌미로 상앙을 거
열車裂[160]로 죽여 상앙 개인으로서는 비극적 종말을 맞고 말았지만, 변법
의 성과는 변함없이 보존되었다. 한비는 이렇게 말한다. "효공과 상군이
죽고 혜왕惠王이 즉위했어도 진의 법은 손상되지 않았다."[161]
　상앙은 전국 시대의, 그리고 중국 역사상 가장 저명한 개혁가 가운데
한 사람이다.

『상군서』

　『한서』「예문지」에는 "『상군』 29편"이라 쓰여 있으며, 반고 자신이 상앙
의 저작이라고 주를 달았다. 현존하는 『상군서』는 24편뿐이다. 상앙은 저
명한 정치가인 동시에 저명한 사상가요 저술가였다. 『한서』「예문지」 병가
兵家 중에도 "『공손앙』 27편"이라고 기재되어 있으며 「형법지」도 이렇게 이
야기하고 있다. "오吳나라에 손무孫武가 있고, 제齊에 손빈孫臏이 있으며, 위
魏에는 오기吳起가 있고, 진에는 상앙이 있다. 모두 [전쟁터에서] 적을 상

대로 승리를 이끈 사람들이며, 후세에 전하는 책을 저술했다."[162] 그 밖에 『한서』「예문지」 농가農家 가운데 "『신농神農』 20편"이 있는데, 안사고顔師古 는 이에 "유향劉向의 『별록別祿』에는 이회나 상군의 언설로 생각된다고 말 하고 있다"[163]고 주를 달았다. 상앙은 법가이지만, 그의 정치 주장 가운데 경耕(경작)과 전戰(전투)이 특히 중요한 지위를 차지하고 있기 때문에 병가 나 농가 방면의 저술이 있을 가능성도 크다. 다만 이 두 책이 모두 망실 된 것이 애석할 뿐이다.

『상군서』는 내용상 대체로 수미가 일관되며, 앞서 열거한 상앙의 변법 내용과도 기본적으로 부합한다. 그러나 상세히 분석해보면 대부분의 편 장이 상앙 자신의 손에서 나오지 않았다. 현존하는 24편을 보면 대강 세 부류로 나눌 수 있다.

첫째 부류는 상앙의 손에서 나왔을 가능성이 있는 「간령墾令」「외내外 內」「개색開塞」「경전耕戰」 편 등이다. 둘째 부류는 「경법更法」 편과 같이 상앙 의 어록을 논술한 것으로 전체 문장을 볼 때 상앙의 작품이 아니다. 셋 째 부류는 상앙의 후학들이 쓴 것이다. 저술 시기도 일치하지 않아 가장 늦은 「내민徠民」 편은 글 가운데 장평長平 전투를 기술하고 있는데, 장평 전 투는 기원전 260년에 발생한 싸움으로 상앙이 죽은 뒤 근 80년이 지난 후의 일이다. 따라서 『상군서』는 상앙과 상앙 후학들의 논문 모음집이라 해야 한다. 『상군서』는 선진 시대에 벌써 유행했으며, 『한비자』「오두五蠹」 편은 "상군, 관자의 법을 장서로 둔 집이 많았다"[164]고 말하며, 「내저설상」 편도 공손앙의 말을 인용하고 있다.

『상군서』는 기원전 360년부터 기원전 250년에 이르는 동안의 진나라 의 법가 사상을 연구하는 데 중요한 자료다.

정치사상의
이론 기초

경전耕戰[165] 정책과 이법치국以法治國은 『상군서』 정치사상의 양대 지주
다. 그들이 정치적으로 추구하는 목표는 '치治' '부富' '강強' '왕王'이다. 저자
들이 제기한 경전과 법치 양대 정책은 근거 없는 상상이 아니라 역사와
현상의 총체적 분석을 통하여 이끌어낸 결론이었다. 이는 그들 정치사상
의 이론 기초 문제와 연결되는데, 『상군서』를 통틀어 세 가지 가장 기본
적인 이론에 주의를 기울여볼 만하다.

역사 진화 사상

사람들은 현실 문제를 탐구할 때 역사를 되짚어보는 것을 좋아한다.
그리하여 고금의 관계나 고금의 대비를 통해 현실을 해부할 수술도를 찾
고자 시도한다. 그러므로 고금 문제는 제자백가 토론의 인기 있는 주제가
되었다. 공자는 역사 과정은 덜고 더하는損益 과정이지만 주대에 이르러
최고봉에 도달했다고 생각했다. 그래서 "훌륭하도다, [주나라의] 문명이
여! 나는 주를 따르리라"[166]라는 감탄을 발한다. 그는 오늘을 낮춰보는 시

각을 드러낸다. 마치 덜기만 하고 더하지는 못해 최고봉에 올랐다가 깊은 골짜기로 떨어져 내리는 것만 같다. 노자는 오늘날의 기술적 지식이 옛날과는 비교할 수 없을 만큼 진보했음을 인정한다. 그러나 그의 프리즘 아래서 이러한 진보는 인류의 변태적 타락일 뿐이었다. 묵자는 생산기술은 오늘이 옛날보다 낫지만 도덕은 오늘이 3대보다 훨씬 더 나쁘다고 생각했다. 맹자는 입만 열면 삼대를 들먹이며 모든 것을 옛 규정에 따르라고 주장한다.

우리는 삼대나 상고 시대를 칭송하는 사람들을 모두 복고적 무리라고 생각지 않는다. 그들은 각기 특정한 이론적 함의를 지니고 있는데 이에 대해서는 관련 장절을 참고하기 바란다. 그렇지만 그들에게는 하나의 공통점이 있는데, 이론 형식상 모두 오늘을 옛날만 못하다고 생각한다는 점이다. 내용을 떠나서 이런 이론 형식은 틀림없이 낙후한 것이고, 진부한 것이다. 이는 사유가 앞을 향해 발전해가는 데 큰 질곡이 된다. 『상군서』 저자들의 가장 중요한 공헌 가운데 하나는 이런 진부한 이론 형식을 철저히 포기하고 역사 진화 이론을 제기했다는 점이다. 그들은 중국 사상사에서 첫 번째로 시대 구분 방법을 이용해 역사 과정을 분석하고 오늘이 옛날보다 낫다는 결론을 얻어냈다.

인류 기원 문제에 관해 당시 각양각색의 견해가 있었는데, 『상군서』의 저자들은 이 문제를 비교적 간단하게 보았다. 「개색」 편은 "천지가 세워지고 인민이 탄생했다"[167]고 말한다. 사람과 천지가 동시에 세상에 있게 되었다는 것이다. 과학적으로 볼 때 이 말은 아무것도 설명하고 있지 못하다. 그러나 소중히 여길 만한 점이 있는데, 그것은 사람이 더 이상 신의 후예이거나 피조물이 아니라는 점이다. 저자들은 사람이 생겨난 뒤 인류는 세 단계를 거쳐 발전했으며, 당시를 계산해 넣는다면 네 단계라고 생각했다.

인민의 탄생 및 그 이후의 상당 기간을 '상세上世'라 부른다. '상세'의 특징은 "인민이 제 어미만 알고 제 아비를 모른다"는 것이다.[168] 이 말은 오늘날 이야기되는 모계사회와 유사하다. 이 시기 사람들은 "친족끼리 가깝고 사적 관계를 좋아한다".[169] '상세'에 이어 오는 시기는 '중세中世'라 부른다. '중세'는 '상세'에 대한 부정으로 "친족끼리 가까운 [풍토가] 없어지고 현인을 숭상하는 [풍토가] 수립된다".[170] '중세'의 특징은 "현인을 숭상하고 인仁이 강조된다"는 것이다.[171] '중세'에 이은 것이 '하세下世'다. '하세'에는 사유私有, 군주, 국가, 형법이 갖추어져 오늘날의 말로 하면 인류가 계급사회로 진입했다고 볼 수 있다. '하세'의 특징은 [신분 높은] 고귀한 사람을 소중히 여기고 관리를 존중한다"는 것이다.[172]

특히 주의를 끄는 것은 저자가 역사 진화의 원인을 사회 바깥에 두지 않고, 사회 내부의 모순으로 말미암아 생겨나는 것으로 인식했다는 점이다. '상세'의 "친족끼리 가깝고 사적 관계를 좋아함"은 모순을 안고 있다. '친족끼리 친함'은 '차별別'을 끌어내어 가까운 사람과 먼 사람의 구분을 만들어낸다. '사적 관계를 좋아함'은 '간사함'을 끌어내어 서로 시기 질투하는 국면을 조성한다. 여기에 인구가 증가하고 모순이 가중되며 "사람이 많아지면서 차별과 간사함에만 힘쓰니 인민은 혼란해진다".[173] 혼란의 와중에 사람들은 모두 상대방에 싸워 이길 생각만 하고, 목숨을 내걸고 사리사욕을 다툰다. 이런 상황에서 사람들이 바라는 정상적 욕구는 아무런 보장을 받을 수 없다. 이것이 바로 문장 가운데 이야기되는 "인민이 이기려 들고 힘써 취하려 한다. 이기려 드니 다툼이 생기고, 힘써 다투니 소송이 생긴다. 소송하는 데 공정함이 없으면 인민 본성[의 욕구]을 충족시킬 수 없음"[174]이다. 이 시기의 특징은 친족과 사회와의 모순이다. 그러나 인간이란 죽음의 골목으로 들어가지 않으며, 모순투쟁 가운데서 해결 방법을 만들어냈으니 이는 곧 '현자'의 출현이다. 현자는 공정한 준칙을 수립했다. 즉 "중정中正을 세우고", 그 '중정'을 가지고 사람들의 이기적 행위를 억제했다. 현자의 개조가 효과를 얻자 사람들은 "사사로움을 좋아함"을 포기하고 "인仁을 강조함"으로써 사회는 안정을 얻었다. 그런데 문제는 여기서 끝나지 않고 '현자' 또한 병폐를 드러낸다. 그들 '현자'와 '인자' 사이에 서로 높낮이를 다투어 하나하나가 교만하고 우쭐대며 "이익 챙기기에 힘쓰고,"[175] "서로를 퇴출시킴을 도로 여긴다."[176] 그 결과 도가 일 척 높아지면, 마魔는 일 장이 높아져 쉴 틈 없이 혼란이 생기게 된다. 인간은 자신을 구제하는 투쟁의 본능이 있기 때문에 또다시 분란 가운데서 실마리를 찾아냈다. 시대적 요구는 새로운 '성인'을 만들어내고, '성인'은 제도의 정립을 자신의 임무로 삼는다. 먼저 "토지, 재화, 남녀의 구분을 짓는다."[177] '구분分'을 보장하기 위해 "금하는 바를 세워立禁" 제도를 수립한다. 제도가 있으면 반드시 집행을 책임질 사람이 필요하므로 "관을 세운다立官". 관리가 있는데 통일되지 않으면 여전히 혼란에 빠지므로 "군주를 세운다立君". 군주와 관리가 지휘권을 가지므로 사회 분위기는 일변하여 "고귀한 사람을 소중히 여기고 관리를 존중한다."[178] 저자가 보기에 역사적으로 세상이 뒤바뀌는 것은 개인과 사회, 재산의 분배, 권력투쟁 등 모순으로 인해 생겨난다. 『상군서』 저자의 이와 같은 분석은 과학적 역사관과는 요원한 거리가 있다. 그렇지만 이와 같은 인식 속에 과학적 역사관의 맹아가 포함되어 있으며, 이는 인류가 과학적 역사관을 향해 가는 기나긴 도정의 기점임을 우리는 인정해야만 한다. 여기서 꼭 설명해두어야 할 것은 저자는 현자와 성인을 한 시대를 연 사람으로 생각하고 있지만, 현자나 성인 또한 사회 모순이 일정한 단계까지 발전해야 출현하는, 즉 시대에 맞추어 탄생하는 존재라는 점이다.

「화책畫策」편은 역사의 진전에 대하여 인물을 대표 삼아 역사를 3세로 구분하는 또 하나의 분석 방법을 이야기한다. 최초의 시기는 '호영昊英의 시대'라고 부른다. 이 시대 인류 생활의 특징은 "나무를 베어 쓰고 짐승을 죽여 먹었는데, 인민은 적고 나무와 짐승은 많았다."[179] 오늘날 이야기하는 수렵 시대와 유사하며 인류는 자연물 채취에 의존하여 살았다. 호영의 뒤를 이어 '신농神農의 시대'에 진입했다. 신농의 시대는 오늘날 이야기하는 농경 시대와 유사하다. "남자는 경작하여 음식을 마련하고, 여자는 직조하여 옷을 마련했다. 형벌 정치를 운용하지 않아도 다스려졌으며, 군대를 일으키지 않아도 왕자가 될 수 있었다."[180] 이 시기 인류는 단순히 자연에 의존하지 않았으며 창조적 생산의 길에 접어들었다. 신농의 뒤를 이은 것이 '황제黃帝의 시대'다. 저자는 신농이 죽은 뒤 사람들이 서로 다투기 시작하여 "강자가 약자를 누르고, 다수가 소수를 억눌렀다"[181]고 말한다. 황제는 시대적 수요에 응하여 일어났다. 난을 다스리기 위해 "군신 상하 간의 의義, 부자 형제간의 예禮, 부부 배필 간의 합合, 내치에 쓸 도거刀鋸, 외치에 사용할 군대甲兵"[182]를 제정했다. 여기서 역사는 우리가 이야기하는 계급사회로 진입했다. 「화책」 편 저자로부터 얻을 수 있는 가장 소중한 인식은 경제적 특징과 국가권력의 탄생을 이용하여 시대 구분의 지표로 삼았다는 것이다.

「경법」 편도 상앙의 역사 진화에 대한 견해를 기술하고 있다. "복희伏羲, 신농은 교화하되 [가능한] 죽이지는 않았다. 황제, 요, 순은 죽였으되 [가능한 죽이는 데] 힘을 쏟지는 않았다. 그렇게 문文, 무武왕에 이르기까지 각각 시대에 맞추어 입법하고, 사정에 따라서 예를 제정했다."[183]

『상군서』의 역사 진화관은 예리한 보검과 같다. 진부하게 옛것을 고집하며 역사의 썩은 시체를 껴안고 놓지 않는 케케묵은 모든 소리를 끊어버리고, 정치적 변법을 위해 아주 유력한 근거를 제공해주었다. 이와 같은 역사관으로부터 직접 변법의 결론을 끌어냈다. 「육법六法」 편은 말한다. "선왕들은 시대에 맞추어 입법했으며, 직무를 헤아려 일을 제정했다. 법이 때에 맞으면 잘 다스려지고, 일이 직무에 적절하므로 공이 있게 된다."[184] 「경법」 편은 말한다. "3대는 예가 같지 않았음에도 모두 왕자가 되었으며, 5패는 법이 같지 않았음에도 모두 패자가 되었다."[185] 지금 당면한 임무는 바로 '법을 바꾸고' '예를 바꾸는更禮' 일이다. "옛것에 반대한다고 꼭 잘못일 수는 없으며, [옛] 예를 따름이 꼭 긍정적인 것은 아니다."[186] 만일 이 말이 다소 완곡하게 들린다면 「개색」 편은 그 시대의 가장 강력한 소리로 "옛것을 본받지 않으며, 오늘날에만 빙빙 돌지도 않는다"[187]고 외친다. 개혁은 반드시 현실을 향해 칼자루를 들이대나니!

인성호리설人性好利說

신도는 인성호리설을 견지했다. 『상군서』의 저자는 이 사상을 계승했으나 약간 다른 점이 있다. 『상군서』는 인성을 역사의 발전 과정으로 취급한다. '상세' 사람들은 "사사로움을 좋아했으며", '중세' 사람들은 "인仁을 강조했다". 느슨한 시대를 거쳐 '하세'로부터 시작하여 저자가 살던 시대까지 사람의 본성은 이익을 좋아하는好利 방향으로 바뀌었다. 「산지算地」 편은 말한다. "인민의 본성은 배고프면 음식을 구하고, 힘들면 편안함을 구하고, 괴로우면 즐거움을 찾고, 욕을 당하면 영달을 구한다. 이것이 바로 인민의 성정이다."[188] 저자는 사람의 생리 및 생존 욕구로부터 인간 본성의 탐구를 시도하고 있다. 이와 같은 인식은 유물주의적 인식 요소를 포함하고 있다고 해야 한다. 그렇지만 이 점만 가지고 인성의 모든 내용을 설명한다면 확실히 부족하다. 『상군서』 저자의 실수는 바로 이 점을 인성을 밝히는 주된 근거로 삼았다는 것이다. 글 가운데 이런 말도 있다. "인민의 본성은 재보고 긴 것을 취하고, 헤아려보고 무거운 것을 취하고, 달아보고 이로운 것을 찾는다."[189] "인민은 살아서는 이익을 계산하고 죽어서는 이름이 남기를 생각한다."[190] 사람의 모든 사회활동은 명리를 좇기 위함이다. "명리가 모이는 곳에 백성의 길이 있다."[191] 어느 곳에 명리가 있다고 하면 사람들은 그곳을 향해 달려간다. 「상형賞刑」 편의 이야기는 더욱 시원시원하고 간명하다. "부귀를 향한 백성의 욕구는 관 뚜껑을 닫은 뒤에야 그친다."[192] 관 속에 들어가서야 명리를 향한 추구를 멈추게 된다는 말이다.

『상군서』의 저자는 또 사람들이 추구하는 명리의 내용을 구체적으로 분석했다. 넓게 이야기하면 관작과 봉록이며, 구체적으로 논하면 토지와 주택이다. 「내민」 편은 말한다. "백성의 성정을 따져보니, 그들이 바라는 바는 토지와 주택이다."[193] 이 말은 꼭 들어맞으며 시대적 맥락의 정곡을 찌르고 있다. 전국 시대는 기존의 토지'공公'유가 토지사유를 향해 매진하던 시기다. 당시 토지의 최고 소유권은 여전히 군주의 수중에 장악되어 있었다. 『상군서』의 저자들은 군주에게 토지와 주택을 민중을 얻고 민중을 이용하는 자본으로 이용하라고 충고하고 있는 것이다. 비록 모순이 있긴 했지만 이 길을 따라감으로써 쌍방은 모두 일정 정도의 만족을 얻게 되었다. 즉 백성은 일정한 양의 토지와 주택을 얻었고, 군주는 백성으로부터 부세, 요역, 병력 자원을 얻었다. 서로 반대됨에도 서로 성취하는 협력관계를 형성했다. 이 협력은 당시의 사회경제 및 정치 발전을 크게 추동시켰다.

『상군서』의 저자는 군주들이 정치 비결을 알아차리도록 가르치고 있다. 그 비결은 바로 이익으로 이끄는 것이다.

힘의 원칙

사회정치적 관계는 상당한 정도가 힘의 대비에 의해 결정된다. 공자가

'힘'이라는 말을 잘 안 한 것은 '힘'이 이미 그에게 엄습해왔음을 뜻하며, 그것은 [현실을 직시하지 않는] 타조 머리 감추기식 정책일 뿐이다. 묵자는 '힘'이라는 개념을 명확히 제기하며 그것의 정치적 작용을 논술했다. 『상군서』는 '힘'의 찬양서다. 저자들은 그들의 시대를 '힘'과 '힘'의 대결을 특징으로 하는 시대로 정의한다. 「신법愼法」 편에서는 한 나라가 수천수만의 전차를 보유하고 있다면 하나라의 걸왕 같은 [못된] 군주라 하더라도 적에게 굴복하지 않을 것이며, 한마디라도 나약한 말을 하지 않게 될 것이라고 말한다. 반대로 한 나라가 공격해 나갈 수도, 물러서 지킬 수도 없다면 요, 순 같은 성군이라도 강국에게 굴복할 수밖에 없을 것이다. "이렇게 볼 때 국가가 중시해야 하고, 군주가 존중해야 할 바는 바로 힘이다."194 저자는 한 걸음 더 나아가 힘은 국가와 군주의 지위를 높여주는 가장 근본적인 바탕이라고 주장한다. 힘은 하늘에서 떨어져 내려오지 않는다. 『상군서』의 저자는 힘이 인민에게 숨겨져 있음을 명확히 인식했다. 「근령靳令」 편은 말한다. "성군이 인민을 다스릴 때는 반드시 그 마음을 얻으므로 능히 인민의 힘을 부릴 수 있다."195 「착법錯法」 편도 군주가 상벌을 운용하는 목적이 인민의 힘을 얻는 데 있다고 말한다.

「근령」 편은 또 이러한 문제 하나를 제기한다. 즉 힘과 인 사이에는 어떤 관계가 있는가? 유가들의 주장에 따르면 힘의 근원은 도덕인의에 있다. 이에 대해서는 특히 맹자가 가장 많이 주장한다. 그런데 『상군서』 「근령」 편은 상반된 대답을 한다. "힘은 강함을 낳고, 강함은 위엄을 낳으며, 위엄은 덕을 낳는다. [따라서] 덕은 힘에서 생긴다."196 맹자의 논의에 반대하여 강함, 위엄, 덕이 모두 힘의 산물이라는 것이다. 성군은 이 점을 확실히 하고서야 "능히 천하에 인의를 말할 수 있게 된다."197 힘이 선두를 열고, 힘이 갖춰져야 인의를 이야기할 수 있다는 말이다.

진화, 이익, 힘 삼자는 『상군서』 정치 이론의 기초를 구성한다. 진화관으로부터 얻은 기본적인 결론이 개혁이다. 개혁하지 않으면 출로가 없다. 개혁은 반드시 시대적 맥박에 합치하여 인민의 염원을 붙들고 있어야 한다. 이것이 바로 이익이다. 여기서 저자는 인민을 위해 이익을 도모하는 것이 아니라 이익을 미끼로 인민에게서 거대한 힘을 낚아 올리려는 것이다. 군주는 이 힘을 장악하여 한편으로 적을 공격하고 왕자이기를 다투며 패업을 도모하는 데 쓰고, 다른 한편으로는 인민에게 사용하여 두려워 복종케 하고 통치를 받아들이도록 한다. 진화, 이익, 힘 삼자는 유기적으로 함께 연결되어 있다. 역사가 오늘날까지 진화해왔는데, 오늘날은 힘을 다투고 이익을 다투는 시대다. 정책은 이런 시대적 특징과 잘 어울려야 한다.

03 경전耕戰 사상

『상군서』의 저자들은 힘이 정치 관계를 결정짓는데, 그 힘은 경전耕戰(농전農戰, 즉 농경과 전쟁)에서 온다고 생각했다. 「농전農戰」 편은 말한다. "국가는 농전을 통하여 안정되며, 군주는 농전을 통하여 존엄해진다."¹⁹⁸ 당시 군주들은 온종일 자신의 역량을 키운다는 모호한 환상에만 젖어 있을 뿐 힘이 어디에 있는지는 찾지 못하는 너무도 어리석은 존재라고 『상군서』의 저자들은 비판한다. 그들은 군주에게 힘은 바로 농전에 있다고 깨우쳐준다. 동시에 군주에게 모든 방법을 동원하여 백성을 농전의 궤도로 끌고 가라고 권고한다. 방법의 핵심은 '이利' 한 글자일 뿐이다. 「신법」편의 이야기가 바로 그렇다. "인민이 바라는 이익은 농경이 아니면 얻을 수 없게 하고, 인민이 피하려 하는 해로움은 전쟁이 아니면 면할 수 없게 한다."¹⁹⁹

백성으로 하여금 농경에 힘쓰게 하는 방법

『상군서』의 저자들은 농경을 제창하지만 농사를 그렇게 재미있는 일이라 선동하지 않는다. 오히려 농경은 고된 일이라고 확실하게 지적하고 있다. 「신법」 편은 "백성이 힘들어하는 것이 농경"[200]이라 하고, 「외내」 편은 "인민의 집안일 가운데 농사보다 힘든 일은 없다"[201]고 말한다. 고됨과 이익을 좋아하는 사람의 본성과는 분명히 모순된다. 저자는 이 모순을 바로 보아야 하고, '고됨'에 착안하여 방법을 생각해 백성으로 하여금 어쩔 수 없이 농경에 임하도록 하고, 피동적인 태도를 주동적인 태도로 바꾸도록 해야 한다고 주장한다.

한 가지 방법이 '형벌로 겁주기'(『상군서』「신법」)다. 농경이 매우 힘들지 않은가? 만약 농경에 힘쓰지 않아서 받는 형벌이 농사보다 고되다면, 서로 비교해볼 때 농경에 힘쓰는 것이 오히려 즐거운 일이 된다. 『상군서』의 저자들은 본론을 역으로 끌어내는 데 고수들이다. 다음에 우리는 이 절묘한 수법이 다른 방면에 어떻게 운용되는지 알아볼 것이다.

또 하나의 방법은 '상으로 몰기'(『상군서』「신법」)[202]다. '상'을 인민으로 하여금 농사에 힘쓰도록 만드는 채찍으로 삼은 것은 특수한 사고방식이다. 「농전」 편은 힘써 경작하는 자에게 '관작'으로 상을 주라고 한다. 「거강去强」 편에서는 "곡식으로 관리에 임용한다", 즉 양식으로 관작을 바꾸라고 한다. 「근령」 편도 "백성에게 남은 양식이 있으면 인민으로 하여금 그 곡식으로 관작에 나아가게 한다. [그렇다면] 관작이 필경 인민의 노력에 의할 것이니 농경에 게으르지 않을 것이다"[203]라고 한다. 저자는 곡식으로 관작을 사는 것이 일석이조의 이익을 거둘 수 있다고 주장한다. 국가는 대량의 식량을 얻을 수 있을 뿐만 아니라 백성이 부로 인해 안일해지는 것을 막을 수 있다는 것이다. 관작을 파는 장사는 국가의 입장에서 볼 때 투자하지 않고 많은 이익을 내는 매매이며, 동시에 통치계급을 강화, 확대시켜주기도 한다. 그러나 저층 노동자의 입장에서 볼 때 이는 못된 승냥이만 늘어나는 꼴이다. 『관자』 및 한비자는 매관매직에 대하여 이의를 제기하며, 이를 망국의 길이라고 지적한다.

세 번째 방법은 가격과 세금 수입을 이용한 농경의 장려다. 저자는 곡식 가격이 싸면 화폐가 귀해지는데 이는 상인이나 수공업자에게 유리하다고 생각했다. 「외내」 편은 말한다. "곡식이 싸면 농민이 가난해지고, 돈 가치가 무거우면 상인이 부유해진다."[204] 사실을 따지면 이와 같은 견해는 과학적이지 못하다. 곡식이 싼 것은 화폐가 귀하기 때문에 생겨난 일이 아니다. 화폐 자체는 원래 상품들 사이의 가치 비례 관계를 결정짓지 않는다. 저자는 시장에서의 표면적인 현상만을 보고 잘못을 화폐에게 돌리고 있는데, 이는 사실 화폐에 대한 오해다. 다른 요소를 없애고 비교할 때, 곡식이 수공업 제품보다 싸다면 그것은 완전히 수공업 생산이 발달하지 못한 데 원인이 있다. 저자는 이 이치를 모르고 오히려 상공업에 칼을 들이대 억말抑末(상공업을 말종으로 여겨 억제함) 정책을 취하라고 주장한다. 억말 정책이란 한편으로 사람들이 공상업 활동에 종사하는 것을 제한하며, 다른 한편으론 공상업에 많은 세금을 매기는 것을 말한다. "농사 짓지 않는 사람들에 대한 징수는 반드시 많이 하고, 장사들의 이익에 대한 세금은 반드시 무겁게 한다."[205] 저자는 이와 같은 방법을 취함으로써 곡식 가격이 올라가고, 농민들은 안심하고 농경에 임할 수 있다고 여겼다. 하지만 이 방법은 상공업에 타격을 주는 작용을 할 뿐 곡가의 상승에는 아무런 효과가 없다. 오히려 수공업 제품의 가격이 오르고 말아 억말은 농사에 도움이 안 된다. 다만 농업에 대한 세수를 줄여야 한다는 저자들의 주장은 농경을 장려하는 데 유효한 방법임에 틀림없다.

네 번째 방법은 행정 관리의 강화다. 「간령」 편은 20여 조의 중농 조치를 제기하고 있다. 그 가운데 일부 조목은 위에 든 세 항목의 내용에 귀결시킬 수 있으며, 그 밖에 특수한 행정 수단들이 있다. 이를테면 우민 정책을 실행하여 백성이 어리석어지면 편안히 농사를 짓는다든가, 기예 인원을 없애 농민들로 하여금 기예를 관람하지 못하도록 한다든가, 여관을 없애 사회적 교류와 인원의 유동을 제한하고, 여관업을 하던 사람들을 압박하여 생산에 종사토록 한다든가, 자유롭게 이주하지 못하도록 하여 농사에 힘쓰지 않으면 살길이 없도록 한다든가 등 일일이 열거하지 못할 정도다.

이상 세 가지 방향은 서로 연관되어 중농억말 정책의 전부를 구성한다. 『상군서』가 특히 중농한 것에는 또 하나의 중요한 이론적 근거가 있다. 즉 저자들은 식량을 재부의 중요한 표식으로 보았다는 점이다. 「거강」편은 말한다. "국가가 경내에서의 곡식 생산을 중시하면 부와 곡식 둘 다 생기고, 창고와 관부 둘 다 실해져 나라가 강해진다."[206] 당시 상황으로 볼 때 농업이 경제의 주체였으므로 식량이 있으면 생존할 수 있었다. 이 때문에 식량을 주요 재부로 본 것은 합리적이다. 그러나 이와 같은 견해는 편면적으로 수공업 생산품의 가치를 완전히 말살하는 것이다. 저자들이 중농한 것은 또 정치적 고려가 작용하기도 했다. 농민은 통치하기 좋고 상공업자들은 통치하기 어렵다고 생각했기 때문에 억말이 필요했던 것이다.

백성으로 하여금 용감하게 전쟁하도록 하는 방법

농경은 고된 일인데, 농경보다 더욱 고된 것이 전쟁이다. 저자는 인민이 전쟁을 더욱 싫어한다는 것을 아주 분명하게 인식하고 있다. 「신법」편은 인민이 "두려워하는 것이 전쟁"[207]이라 하고, 「외내」편은 "백성의 바깥 일 가운데 전쟁보다 어려운 일은 없다"[208]고 말한다. 그러나 정치의 오묘한 작용은 이런 인민으로 하여금 용감하게 전쟁에 임하도록 하는 데 있다. 그 방법은 인민으로 하여금 농경에 힘쓰도록 하는 것과 같다. 한편으로 사람들을 전쟁에 나가도록 장려하고 사람들로 하여금 전쟁을 통해 이익을 얻도록 한다. 「경내境內」 편은 한 등급이 오를 때마다 그에 상응하는 권익을 얻을 수 있도록 하는 20등 군작軍爵에 대해 상세히 기술하고 있다. 다른 한편으로 피를 흘리기 무섭고 죽기 두려운가? 그럼 피를 흘리거나 죽는 것보다 더욱 견디기 힘든 환경을 만들어, 인민이 비교해보고 차라리 피 흘리고 전쟁하는 것이 낫다고 느끼도록 하는 것이다. 그 방법은 중벌과 쇠고랑이다. 「외내」 편은 말한다. "인민을 전투에 끌어들이려면 반드시 법을 무겁게 해야 한다. 상은 반드시 많아야 하고, 위엄은 반드시 혹독해야 한다."209 상을 두텁게 하고 위엄을 혹독하게 하는 것은 다음과 같은 경지에 이르려 함이다. "백성이 전쟁의 상이 많음을 보면 죽음을 잊고, 전투에 나가지 않는 치욕을 당하면 삶이 괴롭다. 상이 그들로 하여금 죽음을 잊게 하며, [전투에 나서지 않는 사람에게 가하는 혹독한] 위협은 그들로 하여금 삶을 괴롭게 한다."210 상을 두텁게 하면 반드시 용감한 사내가 있게 되며, 형벌을 엄하게 하면 겁쟁이가 용감해지니 방법은 달라도 결과는 같다.

군비를 강화하기 위하여 저자는 상벌과 선전을 통해 국민개병제와 전쟁 소식을 들으면 기뻐하게 되는 국면을 조성하라고 주장한다. 「병수兵守」 편은 국민개병제를 주장한다. 건장한 남자, 건장한 여자, 노약자를 나누어 3개 군을 편성하고 각자 직무를 완수하며 제 초소 위치를 엄격히 지키도록 한다. 「화책」 편은 전국의 모든 사람이 병역의무를 져야 한다고 주장한다. "능히 백성을 전쟁으로 일치시킬 수 있으면 백성은 용감해지며, 백성을 전쟁으로 일치시킬 수 없으면 백성은 용감하지 않게 된다. 성왕이 지극한 군사 정책으로 내세우는 것은 거국적으로 병역의무를 지우는 것이다."211 평상시의 선전은 모두 전쟁을 주제로 삼아야 한다. "기거하면서 음식을 먹으면서 노래하는 것은 모두 전쟁이다."212 「화책」 편은 이런 분위기를 조성하여 "백성이 전쟁을 보면 배고픈 승냥이가 고기를 보듯이"[213]
해야 한다고 주장한다. 전쟁에 나갈 때 아버지가 아들을 보내며, 형이 동
생을 보내며, 아내가 지아비를 보내며 모두 한결같이 "얻지 못하면 돌아
오지 말라!"[214]고 말해야 한다. 적의 목을 베지 못했으면 돌아오지 말라!
이런 전사들이 있으면 "100근의 쇠뇌를 쏘아 낙엽을 날려버리는 것"[215]과
같으니 전투에 나가 이기지 않을 수가 없다.

『상군서』는 또 전쟁으로 전쟁을 기르라는 주장을 편다. 「상형」 편은 말
한다. "천하의 재화를 잘 끌어다가 천하 사람들에게 상을 준다. 그래서 상
을 분명히만 하면 써서 없어지지는 않는다고 말한다."[216]

전국 시대는 전쟁의 시대였다. 승패고하는 오직 전쟁에 의해서만 결정
이 났다. 『상군서』의 저자들은 이 점을 뼛속 깊이 인식하고 있었다. 그들
의 주장을 읽어보면 두려움이 생기는 것을 금할 수 없지만 당시로서는
그것이 가장 현실적인 것이었으니!

『상군서』는 농경과 전쟁을 나란히 제기한다. 겉으로 볼 때 농민과 전사
는 아무 관계가 없지만, 『상군서』의 저자는 양자 사이에 내재하는 연계
의 비밀을 발견하고 있다. 농민은 전사들의 가장 훌륭한 예비군이며, 농업
은 전사를 배양하는 학교다. 『상군서』는 농민에게 세 가지 특징, 즉 '투박
함朴' '빈궁함窮' '비겁함怯'이 있다고 지적한다. 이 세 특징이야말로 전사를
배양하는 출발점이다.

당시의 농업은 일종의 자연경제로 한 가정 한 호구가 하나의 생산 단
위를 이루었다. 농민들은 수공업 도구를 사용했고, 노동력의 일부는 가
축의 힘에서 나왔지만 더욱 중요한 것은 사람 자신에게서 나왔다. 이러
한 생산 조건 아래 지식 문화 따위는 필요하지 않았으며 그저 눈으로 보
고 귀로 듣는 경험만이 유용했을 뿐이다. 이와 같은 환경은 농민들에게
'투박한' 성격과 기질을 길러주었다. 투박하다 함은 순박함을 가리키기도

하지만 더욱 중요한 것은 무지몽매함을 가리킨다. 분산되어 있고 무지몽매한 사람들은 가장 쉽게 부릴 수 있으며 타인의 지휘를 받기 수월하다. 「농전」 편은 이를 명료하게 설명한다. "농사로 마음을 귀결시키면 백성은 투박해지고 바르게 이끌 수 있게 된다. 순박하므로 쉽게 부릴 수 있으며, 믿음이 있어 전쟁을 완수할 수 있다."[217] 「산지」 편은 "인민에게 속해 있으면 투박하고, 투박하면 명령을 두려워한다"[218]고 말한다.

농민의 기질적 특징은 '투박'하며 물질생활은 '곤궁'하다. 곤궁하므로 쉽게 이익으로 유혹할 수 있다. 「산지」 편은 말한다. "인민의 성정이 투박하면 노력할 의향이 생겨 힘을 쓰게 되며, 빈궁하면 지혜가 생겨 이익을 헤아린다. 힘을 쓰게 되면 죽음이 보여도 즐겁게 사용하며, 이익을 헤아리게 되면 형벌을 두려워하며 힘든 일을 기꺼이 한다. 힘든 일을 기꺼이 하면 땅의 이로움을 다할 수 있으며, 즐겁게 사용하면 군사력을 다할 수 있다."[219]

농민은 '투박하고' 또 '빈궁'하므로 그에 상응하여 비겁하고 나약하며 담이 약해 일을 무서워한다. '비겁'하면 형벌을 두려워하니 형벌 통치刑治가 매우 쉽게 효과를 거둘 수 있다.

이치로 볼 때 '투박함' '빈궁함' '비겁함'은 전사들이 갖춰야 할 품덕과 합치하지 않는다. 『상군서』는 사물들이 서로 반대되면서도 서로 어울린다는 것을 간파하고 있다. 그래서 농민의 이 약점을 이용하여 오히려 죽음을 두려워하지 않는 전사를 만들 수 있다는 것이다. 공상업자들은 바로 이 점에서 되지 않는다. 그들은 이익을 좇아 농경을 회피한다. "농사를 회피하면 백성이 거처를 가벼이 여기게 된다. 자신의 거처를 가벼이 여기면 필경 군주를 위해 전쟁을 수행하지 않게 된다."[220]

『상군서』는 또 농경과 전쟁을 교대로 사용할 것을 주장한다. 저자의 말을 빌리면 '생력生力'과 '살력殺力'을 서로 전환하도록 해야 한다. 농경을 '생력'이라 부르며, 전쟁을 '살력'이라 부른다. 저자는 생산이 많아지면 부유해지고, 부유해지면 음란해지고, 음란해지면 거짓이 생긴다고 여겼다. 「열민說民」 편은 말한다. "힘이 많음에도 사용하지 않으면 뜻이 곤궁해지고, 뜻이 곤궁하면 사사로움이 있게 되고, 사사로움이 있게 되면 나약함에 빠진다. 그러므로 살리는 힘이어야지生力 죽이는 힘이어서는殺力 안 된다. 이를 가리켜 스스로를 공격하는 나라는 반드시 쇠약해진다고 말한다."221 「일언壹言」 편은 말한다. "힘이 넘침에도 공격하지 않으면 그 안에 간사한 좀이 숨어 있는 것이다."222 간사한 좀이란 안일, 예악 등을 가리킨다. 이것들을 또 '독毒'이라고도 부른다. 「근령」 편은 말한다. "국가가 부유함에도 전쟁을 수행하지 않으면 안에 도적이 생겨나며, 여섯 가지 좀이 있게 되어 반드시 약해진다."223 스스로 우환을 남기지 않으려면 생력한 뒤 꼭 외부로 확장해야 한다. 이것을 '수독輸毒(독을 옮김)'이라 부른다. 「거강」 편은 말한다. "적에게 독을 옮기면 나라 안에 예악과 같은 해로운 관이 없어져 반드시 강해진다."224

『상군서』의 저자들은 농경과 전쟁의 상호 전환을 주장한다. 농경은 전쟁을 위한 준비이며, 전쟁은 또한 농경을 촉진한다. 농경과 전쟁을 국가라는 마차의 두 바퀴가 되도록 한다.

전국 시대는 고하를 다투는 시대로 왕자, 패자의 쟁탈에 혈안이 되어 있었다. 전쟁을 어떻게 볼 것인가는 제자백가 쟁론의 중심 의제였다. 송견宋鈃, 윤문尹文 등은 전쟁의 종식寢兵을 주장했고, 혹자는 의로운 전쟁義兵, 즉 전쟁을 일정한 정책의 연속으로 삼기를 주장했다.(의병의 내용에 관해서는 각 학파의 의견이 일치하지 않는데, 여기서는 하나하나 열거하지 않겠다.) 맹자 같은 사람은 덕으로 사람을 복종시킬 것을 주장했으며, 장자 같은 사람은 일체의 전쟁 행위를 저주했다. 『상군서』의 저자들은 직설적으로 이렇게 선포했다. 전쟁만이 문제를 해결하는 유일한 방법이며, 왕관은 전쟁을 통해서만 얻을 수 있고, 전쟁을 하려면 반드시 농경으로 경제와 인력을 보장받아야 한다. 그들의 구체적 논술을 보면 어떤 곳은 피가 철철 넘치는 느낌을 지울 수 없고, 수단 또한 지극히 잔인하다. 그렇지만 그 시대로 볼 때 농경과 전쟁을 장악하는 것이야말로 사슬의 중심 고리를 확실히 붙들고 있는 것이라고 말할 수밖에 없다. 다른 제자백가와 비교해보면 그들의 말은 절대로 흥미진진하여 들을 만하지 않다. 그러나 역사의 진행 추이로 볼 때, 그렇게 크기만 하고 적합하지는 않은 흥미진진한 감동적 이야기들이 현실을 뚜렷이 밝혀주는 정책보다 일하는 데 더 유리하지는 않다.

법치,
이출일공利出一孔과
약민론弱民論

한비자는 상앙이 법만 이야기하고 술은 모르는 사람이었다고 비판한 다. 『상군서』를 보면 실제 사정이 그러하다. 책 가운데 '술'이라는 개념을 사용한 적이 없다. 그러나 '술'이라는 생각마저 전혀 없었다고 할 수는 없 다. 몇 편의 문장에 등장하는 '수數'는 '술'과 가깝다. 「금사禁使」 편에서 군 주가 뭇 신하를 통제하려면 반드시 '수'가 필요하며, 각종 관직으로 하여 금 서로를 제한하고 견제하도록 하여 신하들이 감히 사사로움에 빠지지 않도록 해야 한다는 주장은 '술'의 내용에 속한다고 해야 할 것이다. 『상 군서』에 '세'를 논한 곳도 매우 적다. 하지만 일단 논급한 곳에서는 문제를 매우 철저히 지적한다. 「수권修權」 편은 "권력이란 군주가 혼자 통제하는 것이다,"[225] "권력이 군주에 의해 독단적으로 통제되면 위엄이 선다"[226]고 말한다. 「금사」 편은 이렇게 이야기한다. "도를 아는 자는 세와 술을 아는 것이다. 그래서 선왕은 강함을 믿지 않고 세에 의지한다. 믿음에 의지하 지 않고 수에 의존한다. 여기 쑥대가 회오리바람을 만나 천리를 가는 것 은 바람이라는 세를 탔기 때문이다. 연못을 탐구하여 천길의 깊이를 아 는 것은 실을 늘어뜨리는 수가 있기 때문이다."[227] 그렇지만 책 전체로 볼 때 세와 술은 확실히 소략하고 법에 대한 논의는 상세하다. 그래서 『상군서』는 한편으로 신도와 『관자』의 관련 이론을 계승했으면서도 동시에 자신만의 특징을 갖고 있다고 할 수 있다. 『상군서』 법치 이론의 중점은 정분상공定分尙公(명분의 획정과 공의 숭상), 이출일공利出一孔(이익이 오직 한 구멍에서 생기도록 함)의 보장, 승민勝民과 약민弱民(법이 인민을 이기고 인민의 힘을 약화시킴), 경죄중벌輕罪重罰(가벼운 죄도 무겁게 처벌함) 등 네 항의 내용으로 되어 있다.

명분상공明分尙公

명분상공은 『상군서』 법치 이론의 주지다. 이 점은 신도 및 『관자』 속의 법가 유파와 기본적으로 같다. 「정분定分」 편은 백 사람이 야생 토끼를 쫓는다는 신도의 예증을 통해 '구분을 명확히 하는 일明分'의 중요성을 논하고 있다. 이야기는 이렇다. "명분이 획정되지 않았다면 요, 순, 우, 탕임금이 모두 하나같이 어지러이 뛰며 [그 토끼를] 쫓을 것이다. 그런데 명분이 이미 정해졌다면 가난한 자나 도둑이라도 그것을 얻으려 들지 않을 것이다."[228] 또 "명분이 정해지면 큰 사기꾼들이라도 올바르게 되고 백성이 모두 성실해진다."[229] 저자는 명분明分을 나라를 다스리는 둘도 없는 법문으로 여겼다. "명분이 획정되면 반드시 다스려지는 길을 간다. 명분이 정해지지 못하면 반드시 혼란의 길을 간다."[230]

명분이 정해진 뒤라야 표준이 갖춰진다. 표준이 있으면 공公, 사私가 분명하다. 「수권」 편은 말한다. "따라서 법이 서고 명분이 분명해져 사사로이 법을 해치지 않으면 다스려진다."[231] 『상군서』 가운데 '공'과 '사'는 여러 함의가 있다. 가장 보편적인 함의 중 하나는 법률 관념이다. 법규의 확정은 모두 '공'의 범주에 속한다. 이 경우 법에 위배되는 행위는 곧 '사'에 속한다. 사는 응당 공에 복종해야 한다. 법의 관점에서 볼 때 군주에 대해서도 공과 사의 구분이 있다. 「수권」 편은 역사상의 성군은 공사가 '분명'했고 공이 사보다 높았다고 말한다. "요, 순이 천하의 제위에 오름은 사적으로 천하의 이익을 취한다는 것이 아니라 천하를 위하여 천하의 제위에 오른 것이다."[232] 이 말은 분명히 신도의 "천자를 세움은 천하를 위해서이지 천자를 위해서 천하를 세운 것이 아니다"[233]라는 사상을 답습하고 있다. 저자는 이어서 오늘날의 군주와 옛 성군은 딱 정반대여서 대다수가 사를 도모하고 공을 위배하는 무리라고 꼬집는다. "오늘날 난세의 군주와 신하는 모두 구구하게 한 나라의 이익을 도모하거나 한 관직의 무게만장악하여 사적인 데 기울어 있다. 이것이 바로 국가가 위태로워지는 까닭이다. 따라서 공과 사의 교차야말로 존망의 뿌리가 된다."[234] 공사관계가존망과 연결되므로 저자는 군주가 법과 공을 항상 수위에 놓고 있어야한다고 주장한다. 「거강」 편은 말한다. "법으로 다스리는治法 자는 강해지고, 정치로 다스리는治政 자는 약해진다."[235] 타오훙칭陶鴻慶은 '치법' '치정'을 '법치法治' '정치政治'로 읽어야 한다고 말한다. '정치'란 당시 유가들이 이야기하던 '인치人治'이며 신도가 반대했던 '신치身治'다. '법치'와 '정치'는 서로 다른 두 가지 치국 방법이다. 법치를 실행하자면 군주 또한 법에 따라일을 처리해야 한다. '정치'는 그렇지 않다. '정치'가 강조하는 것은 개인의품격과 수양이다. 그런데 사람의 성품이란 자의성이 매우 커 일정한 규범이 없다. 따라서 '사私'에 속한다. 사로 나라를 다스리면 그 "나라는 약해진다". 당시에는 법치라고 모두 합리적인 것은 아니었고, 인치라고 모두 그릇된 것은 아니었다. 그러나 서로 비교해볼 때 인치가 조성한 나쁜 결과가 더욱 많았다. 그러므로 「신법」 편은 "훌륭한 군주와 충신이 오늘날에나서서 자기 나라를 통솔할 수 있는 자라면 잠시라도 법을 잊어서는 안 된다"[236]고 지적한다. "[진정으로] 사람을 사랑하는 자는 편애하지 않으며,

사람을 미워하는 자는 미워하는 것에 해를 입히지 못합니다. 사랑과 미움이 각기 바른 도로써 행해지도록 하는 것이 바로 통치의 최고 경지입니다. 그래서 신은 '법이 행해지면 그 나라는 잘 다스려진다'고 말하는 것입니다."237

공사 문제는 또한 국가와 개인의 관계 문제다. 『상군서』는 국가지상을 강조한다. 군주에 대해서는 '천하를 위하는가' '천하를 사적인 것으로 여기는가'의 관계 설정 문제다. 군주는 응당 천하를 위해야지 사적인 것으로 여겨서는 안 된다. 그러나 당시는 저자가 지적하고 있듯이 군신들의 권력 장악이 모두 사를 위함이었다. 이와 같은 상황을 바꾸기 위해 그들은 큰 소리로 '공을 숭상하라尙公' '공을 숭상하라'고 외쳤다. '공을 숭상함'이 제기하는 근본적인 문제는 통치계급의 전체 이익을 수위에 놓아야 한다는 요구다. 이는 마땅히 통치계급의 지위를 공고히 해주는 가장 유효한 방법이라고 하겠다. 그러나 실제로 실현하기는 매우 어렵다. 왜냐하면 군주 전제 정치 제도는 그 자체로 권력이 법보다 높음을 결정해버리기 때문이다.

상공尙公 정신에 의거하여 저자는 법과 세는 다른데, 세는 군주만이 의거하나, 법은 군신이 "같이 조종하는"(『상군서』 「수권」) 것이라고 한다. 이 때문에 법은 '투명'해야 하고, 대중에게 공적이어야 하며, "천하의 관리나 인민이 법을 모르는 사람이 없도록"238 해야 한다. 사람마다 법을 알고 있으므로 "관리들은 감히 불법적으로 인민을 대하지 못하게 되며, 인민은 감히 법을 어기면서 법관에게 대들지 못하게 된다."239 제아무리 총명하고 입심이 좋아도 누구든지 "말로 법을 왜곡해서는 안 되며, 천금이 있더라도 단 한 푼이라도 써서는 안 되며,"240 도박을 걸어 법을 망가뜨려서는 안 된다. 관리의 선행 조건은 법률을 숙지하는 것이다. 만약 법령에 정통하지 못하거나 잊어버리면 독직으로 취급한다. 「정분」 편은 관리가 어느 한 조항을 잊었으면 그 조항에 의해 치죄한다고 말한다. 백성이 법에 대해 물어오면 관리는 반드시 사실대로 알려야 한다. 만일 관리가 알려주지 않았다거나 잘못 말했으면 백성은 이로 인해 범법하게 될 것이니 그 관리도 반드시 같은 죄를 받아야 한다는 것이다.

사람마다 모두 법을 알고 있으므로 사건을 만나면 '이단里斷' '일단日斷' '가단家斷' '심단心斷'해야 한다. '이단'이란 안건이 마을里을 벗어나지 않고 분명한 결단이 맺어짐을 말한다. '일단'이란 사건 판결이 날짜日를 넘기지 않음을 말한다. '가단'이란 관에 고발할 필요 없이 집안에서 문제를 명징하게 처리하는 것을 말한다. '심단'이란 개인들이 어떻게 하면 범법하는지를 알아 스스로 자신을 통제하는 것을 가리킨다. 「거강」 편은 말한다. "10리를 가서야 단안이 이루어지는 나라는 약해진다. 5리를 못 가 단안이 이루어지는 나라는 강성해진다."[241] 「열민」 편은 "날짜를 맞춰 다스리는 사람은 왕자가 된다" 또는 "다스려지는 나라는 집안에서 단안이 이뤄지고, 혼란스러운 나라는 군주에게까지 이르러 단안이 이뤄진다. 치국하는 사람은 아래에서 단안이 이뤄지는 것을 중시한다"[242]고 말한다. 「화책」 편은 사람마다 "홀로 있으면서 잘못을 저지르지 않으면, 다른 사람과 더불어서 잘못을 저지르지 않는다"[243]고 말한다. 결론적으로 법의 보급이 있고 난 뒤 법치가 있을 수 있다.

'형벌에 계급 차별을 두지 않음'은 '공을 숭상하는' 정신이 법의 집행에 응용된 것이다. 「상형」 편은 말한다. "일형壹刑이란 형벌에 등급 차별이 없다는 말이다. 경상卿相, 장군으로부터 대부, 서인에 이르기까지 국왕의 명령을 따르지 않는 자, 국가가 금지한 바를 범한 자, 위에서 제정한 법도를 어지럽힌 자가 있으면 모두 사형을 내리고 절대로 용서하지 않는다."[244] '일형'은 또 공이 있다고 해서 죄가 감해지지 않는 것으로도 표현된다. "예전에 공이 있었으나 나중에 실패하면 그로 인해 형벌을 줄여주지 않는다. 예전에 잘했으나 나중에 잘못하면 그로 인해 법을 줄여 적용하지 않는다. 충신이나 효자라도 잘못이 있으면 반드시 그 죄목에 따라 판결한다."[245] 이 말은 매우 일리가 있다. 공과 죄는 성질이 다른 두 가지 사건이므로 맞추어 깎아주기가 어렵다. 공이 있다고 죄를 줄여주면 법은 법답지 않게 된다.

「상형」 편은 특히 법을 집행하는 사람이 범법한 경우 가중 처벌을 해야 한다고 주장한다. "법을 지키고 간수하는 직무에 있는 관리 가운데 국왕의 법을 실행하지 않는 자가 있으면 사형을 내리고 절대 용서하지 않으며, 형벌이 3족에 미치게 한다."[246]

『상군서』의 저자들은 군주의 '덕' '지' '용'이 반드시 일반인보다 강한 것은 아니지만 변함없이 나라를 다스릴 수 있으며, 신민들 가운데 일부는 '성지聖知'와 '용력勇力'이 있으나 감히 군주와 강함을 다투지 못하는데 그 원인은 바로 법이 있기 때문이라고 생각했다. 법은 치국의 근본이며 군주의 신표다.

『상군서』 가운데 '공'과 '사'는 또 하나의 함의를 갖는다. 즉 '공'은 국가와 군주를 가리키고, '사'는 귀족이나 큰 집안을 가리킨다. 이 관계에서 저자는 "공적 이익을 개척하고" "사적인 경로를 막으라"고 주장한다.(『상군서』 「일언」) "공적 이익을 개척한다" 함은 사가는 반드시 국가의 이익에 복종해야 한다는 말이다. 국가를 위해 있는 힘을 다하고서야 개인의 부귀가 있을 수 있다는 것이다. "부귀의 경로는 반드시 전쟁에서 나와야 한다."[247] "관작은 반드시 [국가를 위해 바친] 힘에 따라야 한다."[248] "사적인 경로를 막아라" 함은 주로 귀족대가의 법 밖의 권력을 금지하고 공로가 없으면 녹을 받지 못하도록 하는 것을 가리킨다. 이것이 바로 「상형」 편에서 이야기하는 "일상壹賞이라 함은 이록과 관작이 오로지 전쟁에서 나올 뿐 달리 주어짐이 없어야 한다"[249]이다. 「일언」 편도 말한다. "사적인 노력은 국가에 드러나게 해서는 안 되며, 사적인 경로로 군주에게 청원하지 못하게 한다."[250] 이는 상앙 변법이 규정한 "종실이라도 군공에 입각하지 않으면 귀족 신분에 속하지 못하도록 한다,"[251] "사적으로 싸우는 자들은 각기 경중을 따져 크고 작은 형벌을 받게 한다"[252]와 일치한다.

『상군서』의 공을 숭상하고 사를 억제하는 尚公抑私 주장은 한편으로 모든 사람을 법 가운데에 선 사람으로 바꾸어 귀족대가의 법 밖의 특권을 억제하려는 데 취지가 있었으며, 다른 한편으로는 "정치가 여러 경로로 이루어지는" 문제를 해결하여 귀족대가의 세력에 타격을 주고 약화시키기 위함이었다. 이는 역사적 변혁기인 당시로 볼 때 매우 의미심장한 일이다. 이론상 상공억사 尚公抑私는 국가지상주의를 강조하지만 실제로는 군주가 국가의 꼭대기에 있는 것이므로 최후의 결과는 군주 전제를 강화하는 것이었다.

이출일공 利出一孔

법과 경전 耕戰 정책은 상부상조 관계다. 『상군서』는 법이 경전 정책의 실현을 보장하는 수단이어야 한다고 강조한다. 경전을 보장하기 위해 저자는 '이출일공(이익이 한 구멍에서만 나와야 함)'이라는 주장을 제기한다. 이출일공이란 입법의 방법으로, 이익을 얻는 한길만을 남겨두고 다른 길은 모조리 막아버리는 것을 말한다. 그 이익의 길은 바로 경전이다. 이출일공이냐 이출다공 利出多孔이냐는 국가의 흥망성쇠와 관계있다. 「근령」 편은 말한다. "이익이 한 구멍에서 나오는 나라는 무적이다. 이익이 두 구멍에서 나오는 나라는 반만 이롭다. 이익이 열 구멍에서 나오는 나라는 지켜지지 않는다."[253] 「약민 弱民」 편은 말한다. "이익이 한 구멍에서 나오면 그 나라는 물자가 풍부하다. 이익이 열 구멍에서 나오면 그 나라는 물자가 부족하다.

하나를 지키는 나라는 다스려지고, 열을 지키는 나라는 혼란하다."[254]

경전을 담보하기 위해서는 경전에 불리한 모든 사람, 사물, 사상에 타격을 줄 필요가 있다. 저자는 '호걸豪傑' '상인商賈' '유세객遊士' '식객食客' '여자餘子'[255] '예능인技藝者' 등을 농전에 참여하지 않는 인물들로 열거하며, 정치 및 경제적 수단을 동원하여 이들을 제한하거나 제재를 가해야 한다고 주장한다. 저자가 보기에 문제는 그런 사람들이 농전에 종사하지 않는다는 데만 있는 것이 아니라 그들이 농전하는 인민에 와해 작용을 한다는 데 있다. 「농전」 편은 말한다. "농전하는 인민이 1000명이고 시, 서, 말재주꾼辯慧者이 한 명 있다면 1000명이 모두 농전에 태만해진다. 농전하는 인민이 100명이고 예능인이 한 명 있다면 100명이 농전에 태만해진다."[256] 상황이 정말 이렇다면 이는 곧 사회가 지식인과 수공업자를 얼마나 필요로 하는가를 설명해준다. 그럼에도 저자는 오히려 그들을 따로 떼어내 공격의 대상으로 취급한다. 저자는 또 경전하지 않는 사람을 공격하는 것 외에 농전에 불리한 일체의 사상을 단속해야 한다고 주장한다. 그 가운데 유가가 주요 공격 대상이 되었다. 저자들은 예, 악, 시, 서, 수修, 선善, 효孝, 제悌, 성誠, 신信, 정貞, 염廉, 인仁, 의義, 전쟁 비판非戰, 전쟁 모독羞戰, 말재주辯慧 등과 관련 있는 주장과 선전을 금지해야 한다고 지적한다. 『상군서』 각 편의 저자가 다르기 때문에 위에 든 사상과 행위들을 '6슬六蝨(여섯 가지 좀)' '8해八害(여덟 가지 해악)' '10해十害' '12해十二害' 등으로 제각각 개괄하고 있다. 저자는 이런 사상들이 금지되지 않으면 농전 사상은 사람들의 사고방식에 뿌리를 내릴 수 없으며 농전 정책도 추진되기 어렵다고 주장한다.

경전의 제창은 시대적 필요에 부합했지만 이출일공은 오히려 일을 극단으로 몰고 갔다. 수요에 부응하면서도 일을 극단으로 밀고 간 것 또한 『상군서』의 특징 가운데 하나다.

약민설과 경죄중벌

『상군서』의 저자는 백성이 경전을 싫어하니 법으로 인민을 몰아쳐 경전에 참여토록 해야 한다는 것을 알고 있었다. 여기서 법과 인민은 일종의 대립관계다. 이 모순을 어떻게 해결할 것인가? 오직 한길밖에 없다. 그것은 바로 인민을 반드시 법에 복종하도록 하는 것이다. 법이 일단 반포되면 모두 존중해야만 하며, 위반해서는 안 된다. 이것을 "법이 인민을 이긴다"고 한다. '법이 인민을 이김'은 『상군서』의 법 이론에서 중요한 내용이며 원칙이다. 「열민」 편은 말한다. "인민이 법을 이기면 그 나라는 혼란하다. 법이 인민을 이기면 그 군대는 강하다."[257] 백성은 법 앞에서 고양이 앞의 쥐처럼 전율해야만 한다. 「거강」 편과 「약민」 편은 인민의 강함을 제거하고 인민을 허약하게 만드는 일의 중요성에 관하여 집중적으로 논의하고 있다. 그것을 치국의 근본으로 생각하고 있다. 「약민」 편은 말한다. "백성이 약하면 국가가 강하고, 국가가 강하면 백성은 약하다. 따라서 방법이 있는 나라는 백성을 약화시키는 데弱民 힘쓴다."[258] 어떻게 인민을 허약하게 만들 것인가에 대해 『상군서』의 저자는 다양한 방법을 제기한다.

첫째, "백성이 싫어하는 바를 가지고 정치를 하면 인민이 약해진다."[259] 인민이 싫어하는 것을 실행하라고 정부 법령이 내려지면 인민은 곧 약해진다. 인민은 고생을 두려워하고 죽음을 두려워하지 않는가? 정부 명령으로 고생과 죽음을 이용해 시시로 그들을 위협하여 곳곳이 살얼음을 밟는 것처럼 움직이게 만든다면 인민은 자연스레 나약해지고 법에 복종할 것이다.

둘째, 간계에 대한 고발告奸을 장려하여 인민을 상호 감시하게 한다. 그리하여 사람마다 스스로 위태롭게 여기는 국면을 조성한다. 저자는 선행을 부르짖는 것을 단연 반대한다. 선을 행함은 가까이는 친지와 절친하니 인간관계에서 다른 사람을 비호하게 된다. 저자는 '합合'과 '별別'이란 두 개념을 제기한다. '합'은 타인을 두루 보살피는 것이며, '별'은 자신만을 돌보는 것이다. '합'이 바로 '선善'이며, '별'하면 '간奸'이 된다. '간'이란 "별別하여 규窺하는 것"260을 말한다. 타오훙칭은 '규窺'는 '규閫(엿봄, 훔쳐봄)'로 읽는다고 말한다. 또 '규閫'는 '규窺(엿봄)'와 같으며, 감시한다는 의미다. 그러므로 자신만을 돌보면서 타인을 감사하는 것을 가리켜 '간'이라 부른다. 저자는 말한다. "선을 이용하면 백성이 제 친지와 친하지만, 간에 맡기면 백성이 제도와 친하다."261 "간에 맡기면 죄가 토벌된다."262 사람들을 서로 싸우도록 선동해놓고 통치자는 앉아서 그 이익을 챙긴다.

셋째, 백성의 여러 상황에 근거하여 대상에 맞게 상과 형벌을 시행한다. 「열민」 편은 말한다. "백성이 용감하면 그들이 바라는 바에 따라 상을 준다. 백성이 비겁하면 그들이 싫어하는 바에 따라 죽음을 내린다. 비겁한 백성에게는 형벌을 주어 용감하게 만들고, 용감한 백성에게는 상을 주어 죽음을 불사하게 만든다. 비겁한 백성이 용감해지고, 용감한 백성이 죽음을 불사하면 그런 국가는 무적이며 반드시 왕업을 이룬다."263 용감하면 상을 주는 방법으로 더욱 용감하게 만들어 용맹을 다해 죽음에 이르도록 한다. 겁 많고 두려운 자에게는 두려워하는 그것으로 다스려 용감해지도록 압박한다.

넷째, 방법을 강구해 백성으로 하여금 부단히 빈부 사이를 전전하도록 만든다. 「열민」 편은 말한다. "치국의 핵심은 가난한 사람을 부유하게 만들고, 부유한 사람을 가난하게 만드는 것이다. 빈자가 부자 되고 부자가 빈자 되는 국가는 강하다."264 백성은 빈곤을 매우 싫어하므로 정부는 경전의 길을 통해 그들을 부유하게 만들어준다. 그러나 사람은 부유해지면 또 쉽게 음란해지는데, 그럼 곡식으로 관작을 내놓게 한다든가 형벌로 치죄하는 등 방법을 사용하여 그들을 다시 빈궁하게 만들어야 한다. 법의 묘용 가운데 하나는 백성으로 하여금 빈부 사이를 왔다 갔다 순환하게 만들고 군주는 앉아서 전환의 이익을 거둬들이는 것이다. 백성은 빈부 전환의 와중에서 더욱 약해지며 반대로 군주는 더욱 강대해진다.

다섯째, 인민을 무지몽매하게 만든다. 「약민」 편은 백성의 어리석고 투박함이 민약民弱과 군강君强의 기본 요소라고 주장한다. 「산지」 편은 지적한다. "성인의 다스림은 금지 사항을 많이 두어 재능 발휘를 그치게 하고, 힘에 맡겨둠으로써 속임수를 그치게 한다."[265]

『관자』에도 승민에 관한 주장을 제기한 적이 있지만 충분히 전개시키지는 못했다. 『상군서』는 정부 명령, 경제, 문화, 사람들의 상호 관계 등 여러 방면에서 약민의 구체적 조치들을 제기하고 있다. 약민의 길이 가장 분명하게 표명하고 있는 바는 법치가 법으로 인민의 권리를 보장하는 것이 아니라 사람들 모두를 법의 노예로 만들어야 한다는 것이다. 법은 또한 군주의 수중에 단단히 장악되어 있다.

법가 여러 유파의 형벌 원칙에 대한 견해는 그다지 일치하지 않는다. 신도는 벌이 죄에 합당한 것이어야 한다고 주장한다. 『관자』 중 법을 언급한 여러 편을 보면 어떤 곳은 엄한 형벌을 주장하고, 어떤 곳은 형벌 운용을 화평하게 해야 한다고 주장하며, 어떤 곳은 가벼운 형벌을 주장한다. 『상군서』는 경죄중벌輕罪重罰(가벼운 죄도 무겁게 처벌함)을 주장하는 가장 강력한 일파다. 책 전체를 통해 저자는 상도 이야기하고 벌도 이야기한다. 그러나 중점은 벌에 있다. 이론적으로 살펴보면 벌을 위주로 한 것은 인간 본성은 이익을 좋아한다는 호리설好利說에 기초한다. 『상군서』는 인성호리설을 가지고 사람들이 꾸준히 선을 추구할 수 없다고 결정짓는다. 그리고 또 하나의 철학적 작업에 따라서 "오늘날 인민은 교묘하게 거짓을 행한다"[266]고 한다. 교묘한 사기 및 허위에 대하여 덕과 의를 행한다면 호랑이에 날개를 달아주는 꼴이다. 사기와 허위를 다스리는 가장 효과적인 방법은 형벌이다. 그래서 법의 중점은 "잘못을 구하지 잘한 것을 구하지 않을"[267] 수밖에 없다. 상 또한 절대로 필요 없는 것은 아니지만, 벌의 보충으로 삼을 수 있을 뿐이다. 「산지」 편은 말한다. "형벌이란 그릇됨을 금지하기 위함이다. 상은 금지하는 바를 돕기 위함이다."[268] 상은 분명히 공을 세운 사람에게 베풀어야 하며, 더욱 중요한 것은 고간을 장려하는 데 사용해야 한다. 이것이 바로 「개색」 편의 "상은 고간하는 자에게 베풀어야 한다"[269]는 이야기다.

상은 벌의 보완이므로 양적으로 벌이 상보다 많아야 한다. 그 비례는 "상이 1이면 벌이 9이다." 「거강」 편은 말한다. "왕자는 형벌이 9이고 상이 1이다. 강국은 형이 7이고 상이 3이다. 약국은 형이 5이고 상이 5이다."[270] 「개색」 편은 말한다. "잘 다스려지는 나라는 형벌이 많고 상이 적다. 그래서 왕자는 형벌이 9이고 상이 1이며, 약국은 상이 9이고 형벌이 1이다."[271]

형벌 9, 상 1과 어울리는 것이 경죄중벌 이론이다. 저자의 논리는 가벼운 죄를 중벌로 다스리면 사람들이 감히 가벼운 죄마저 범하지 못하게 되므로 자연히 무거운 죄는 더더욱 짓지 않게 된다는 것이다. 「열민」 편은 말한다. "따라서 가벼운 것에 무거운 형벌을 행하면 가벼운 죄도 생기지 않으니, 그러면 무거운 죄를 진 사람은 더욱 나타날 수가 없다. 이것을 가리켜 인민을 안정시키는 방법으로 인민을 다스린다고 말한다."[272] 「화책」 편은 국가에 법이 있고 나서도 여전히 범법자가 생기는 것은 '가벼운 형' 때문에 조성된다고 생각한다. '경형'은 법이 없는 것과 같다.

경죄중형만으로도 아직 범죄를 그치게 할 수 없다. 저자는 여기에 더하여 장차 있을 과실에 대해서도 형벌을 내려야 한다고 주장한다. 범죄의 조짐이 조금이라도 있으면 바로 형벌을 가하는 것이다. 「개색」 편은 말한다. "형벌을 죄의 결과에만 가한다면 간사함이 사라지지 않는다. 상을 백성이 의롭다고 여기는 바에 베푼다면 과실이 그치지 않는다. 형벌이 간을 없애지 못하고, 상이 과실을 그치게 할 수 없으면 반드시 혼란해진다. 그러므로 왕자는 장차 있을 과실에 형벌을 운용하므로 큰 간사함이 생기지 않으며, 간계를 고발하는 사람에게 상을 주므로 작은 잘못도 놓치지 않는다."[273] 범죄를 구성하지는 않지만 범죄의 싹이 보인다고 해서 바로 형벌을 운용한다는 것은 사실 너무 가혹하다. 이 지경에 이르면 법은 형벌의 남용이 된다. '장차 있을 과실'이 무엇인가에 대해서는 규정을 내리기가 불가능하다. 따라서 완전히 권력을 장악한 사람의 마음대로 결정된다.

경죄중벌에 관한 여러 주장은 분명히 인민에게 잘못된 권위를 함부로 행사하는 것이다. 그럼에도 저자는 당당하게 그것은 '백성을 향한 사랑'이라고 말한다. '애민'이라 한 데는 나름대로의 논리가 있다. 경죄를 중벌하면 인민 모두가 감히 범죄를 저지르지 않게 될 것이며, 모두 감히 범죄를 저지르지 않으면 자연히 다시는 형벌을 사용할 필요가 없어질 것이니, 이를 가리켜 "형벌로 형벌을 없애며, 형벌이 없어지면 만사가 잘된다"[274]고 한다. 「화책」편도 말한다. "전쟁으로 전쟁을 없앨 수 있다면 전쟁이 일어나도 괜찮으며, 사형시켜 사형을 없앨 수 있다면 사형시켜도 괜찮고, 형벌로 형벌을 없앨 수 있다면 중형을 내려도 괜찮다."[275] 이렇게도 이야기한다. "형벌을 가하지 않아도 백성이 잘하는 것은 형벌이 무겁기 때문이다. 형벌이 무거우면 백성이 감히 범법하지 않는다. 따라서 형벌을 가하지 않아도 백성이 감히 잘못을 저지르지 않으니 한 나라의 모든 것이 잘된다."[276] 혹자는 『상군서』의 저자가 정치변증법에 능통하여 "형벌로 형벌을 없앤다以刑去刑"는 정반합을 이야기했다고 말한다. 이런 평가는 변증법을 짓밟는 것이라고 말할 수 있을 뿐으로 도살주의를 변호하는 것밖에 안 된다. 당시 인민이 법률에 저촉하는 원인은 각양각색이었다. 전국 시대의 새로운 법률은 확실히 역사의 진보적 요소를 갖고 있었으며, 심지어 특정 부분은 인민에게 유리한 것이기도 했다. 그러나 기본 관계로 볼 때 인민과 법은 대립관계에 있었다. 진정으로 형벌로 형벌을 없애고자 한다면 다음 두 가지 상황뿐이다. 첫째, 인민을 깨끗하게 죽여 없애는 것으로, 그렇다면 자연스레 다시는 범법하는 사람이 없을 것이다. 둘째, 인민 모두가 두려워 복종하는 것인데 이는 사실상 불가능하다. 이형거형以刑去刑식 애민은 인민을 사람 마음대로 착취하는 순한 양으로 바꾼 뒤 사랑한다는 것이다. 인민이 양 같다면 분명 충분히 '사랑할 만하다'. 털을 깎아 쓸 수도 있고, 우유를 짤 수도 있으며, 먹을 고기도 제공해준다. 이 얼마나 잔인한 '사랑'인가! 우리의 결론은 이형거형론이 야만적인 도살주의라는 것이다.

결어

진나라의 역사로 볼 때 『상군서』의 정치사상은 대부분 실천에 옮겨졌다. 그는 선진 제자백가 가운데 거의 찾아보기 힘든 행운아다. 그러나 그의 행운은 그의 사상이 때에 맞아떨어졌기 때문에 가능한 것이었다. 저자들은 현실주의적 사유 방법으로 세계를 인식했으며, 현실 속의 문제들을 맞대면하면서 그에 상응하여 세계 개조 방안을 제기했다.

변화 속에서 살길을 구하는 것이 『상군서』의 가장 값진 사상이다. 저자는 과거에 대한 미련을 버렸으며 현실에도 만족하지 않았다. 「개색」 편은 이렇게 이야기한다. "옛것을 본받으면 시대에 뒤떨어지고, 오늘날에 치중하면 세력에 막힌다."[277] 현상을 개혁해야만 미래가 있다.

주관과 객관을 유기적으로 통일시키는 것도 『상군서』 사상의 진기한 부분이다. 저자들은 객관적 형세와 발전 추세에 대하여 깊이 있는 이해가 있어야 함을 강조한다. 그것이 바로 「화책」 편의 다음 이야기다. "성인은 반드시 그러한必然 이치와 반드시 그렇게 되는必爲 시세를 잘 안다. 그래서 반드시 다스려지는必治 정치를 하며, 반드시 용감한 민중으로必勇 전쟁하며, 반드시 들어야 하는必聽 명령을 내린다. 그러므로 군대가 나가면 적이 없고, 명령이 내려지면 천하가 복종한다."[278] 저자는 객관적 '필(必)'과 주관적 '필'을 긴밀하게 결합시키고 객관적 '필'로부터 주관적 '필'을 끌어내야 한다고 주장한다. 주관적 '필'은 또 객관적 '필'을 기초로 삼아야 하고, 객관적 '필'은 주관적 '필'과 합치해야만 효력을 발휘할 수 있다고 말한다.

저자들이 사물을 고찰하는 기본적인 방법은 모순관에 입각한다. 비록 명확한 철학적 개괄은 하지 못했으나 구체적인 분석을 해가면서 곳곳에서 사물의 모순을 밝혀내는 것을 입론의 출발점으로 삼고 있다. 『상군서』의 역사관은 바로 사회에 내재하는 모순으로부터 역사의 진화를 드러내 보였으며, 이해의 충돌로부터 인간의 상호 관계를 표시했다. 그들은 모든 방면에서 대립관계를 찾아내려 했다. 이를테면 인민의 본성은 농경과 대립적이고, 전쟁과 대립적이며, 법과도 대립적이다. 또한 농업과 공상업은 대립하며, 식량과 화폐 또한 대립적이다 등이 그렇다.

그들은 사물의 대립성을 보기만 하면 항상 쌍방 간의 대항성을 주장하려 한다. '동풍이 서풍을 누르지 않으면 서풍이 동풍을 누른다'는 것이 모순에 대한 기본 태도다. 예컨대 인민과 법, 인민과 정치의 모순 속에는 두 가지 가능성만 존재한다. 혹자는 "인민이 정치보다 우월하다"고 하고 혹자는 "정치가 인민보다 우월하다"고 한다. 혹자는 "인민이 법을 이긴다"고 하고 혹자는 "법이 인민을 이긴다"고 한다.(『상군서』 「설민」) 또 공상업과 농업의 모순에 관해 이야기할 때면 그들은 "기예 부리는 사람이 한 사람이라도 있으면 백 사람이 모두 농전에 나태해진다"[279]고 말한다. 모순된 쌍방의 일방이 타방을 억누른다는 관념은 매우 의미심장한 견해임에 틀림없다. 그러나 이 점만 강조하는 것 또한 편면적임에 틀림없다. 모순된 쌍방은 평형을 찾으려 하고 서로 보완하여 이루려는 경향이 있기 때문이다. 그들은 일방이 타방을 억누름을 강조하기 위해 자주 인위적인 방식으로 이 대립을 확대하기도 한다. 공상업과 농업을 서로 수용이 불가능한 물불의 관계로 보는 것이 가장 분명한 예다.

저자들은 모순된 쌍방에 대해 절대로 중용의 태도를 취하지 않는다. 사물의 대립을 논급하려고 할 때면 조금도 지체하지 않고 모순의 한편에 서서 일방을 먹어치울 수 있으면 결연히 먹어치워 쌍방을 하나로 귀결해버린다. 이를테면 공상업을 없애고 인민을 농업으로 일원화시키고자 하며 이를 "인민이 하나에 힘쓴다"(『상군서』「일언」)고 한다. 만일 일방을 먹어치울 수 없을 때는 철저히 억눌러 예속되게 만들어버린다. 이를테면 법, 정치와 인민의 모순에 대해 법이 인민을 이기고, 정치가 인민을 이긴다고 주장하여 인민을 법과 정치의 부속물로 만들어버린다.

저자들은 또 인위적으로 모순을 만들어내기를 적극적으로 주장한다. 이를테면 구체적 내용은 내버려두고 순전히 법률적 관점에서만 고간告姦을 꼭 잘못된 것이 아니라고 한다. 그러나 저자들은 오히려 법을 관철하는 중요한 요인은 사람들의 '간사한' 마음을 이용하는 것이라고 생각하고 있다. 상賞 또한 고간에 주로 사용하는데, 사람들을 서로 감시하도록 선동하고 수시로 주변을 엿보게 함으로써 사람들에게 위기 국면을 조성하는 것이다.

저자들은 객관적 모순이든 인위적 모순이든 모두 서로를 자극하면서 힘을 생성한다는 것을 관찰해냈다. 통치자들의 신묘한 술수는 바로 이런 상호 자극을 통해 생성된 힘을 모두 그러모아 자신을 위해 쓰이도록 하는 데 있다. 앞에서 이야기한 인공적 생력生力과 살력殺力, 가난함과 부유함의 부단한 전환은 전환 속에서 생겨난 힘을 그러모으려는 가장 전형적인 일례다.

저자들은 모순투쟁에 관해 논술할 때 '이利'의 의의와 작용을 특히 강조한다. 그들은 모순의 실제 내용이 '이' 자를 둘러싸고 돌고 있다고 생각한다. 이 모순을 해결하는 기본 방식은 이익으로 유도함이며, 때로는 이익에 대한 욕구를 부추겨야 한다. 상과 형벌은 이가 있기 때문에 작용을 일으킨다. 이 두 가지에 대한 운용은 『상군서』와 다른 법가가 일치하지 않는다. 그들은 상을 통치자가 지시하는 궤도에 따라 인민을 움직이게 만드는 특수한 채찍으로, 형벌을 지금 불만족한 현실보다 더욱 잔혹한 환경을 만들어 원래 있었던 수준이 바로 행복이고 행운이었다고 느끼도록 하는 것으로 취급한다.

『상군서』의 정치사상은 역사적으로 진보적 작용을 했으며, 당시로서 혁명적 성향이 가장 풍부했다. 저자의 설계 및 실천은 경전耕戰 가운데서 사람들의 재산, 권력, 지위에 신속한 변화를 초래했으며, 이 변화가 바로 구정치 및 구경제 관계를 파괴하고 와해시켰다. 그리고 새로운 관계가 이 운동 중에 생겨났다. 이와 같은 변화의 구체적인 역사적 내용에 대해서는 역사가들이 여러 차례 논술하고 있다. 일반적으로 새로운 관계는 고통 속에서 생겨나며, 어떤 방식은 상당히 잔혹하기도 하다. 그러나 고통스럽게 탄생한 새로운 관계는 어쨌든 진부한 것보다 진보적이라 할 수 있다.

『상군서』의 내용은 당시의 역사적 조건 아래서 진보, 변혁, 사기, 음모, 잔인성 등의 요소가 한데 어울려 있음을 나타내준다. 그에 대해 이론적으로 분석할 수는 있겠으나 실질적인 역사 운동 속에서 그것들은 하나의 유기체를 이루고 있어 근본적으로 분리할 수가 없다.

제6절

한비의
군주 절대 전제주의 정치사상

01

한비와
『한비자』

한비韓非는 한韓나라 사람이다. 조상은 한나라 귀족이었으나 그 자신은 이미 영락하여 사士 신분이었다. 대략 기원전 280년에 태어나서 기원전 233년에 죽었다.

한비와 이사李斯는 같이 순경荀卿(즉 순자荀子)의 학생이었다. 사상 체계로 볼 때 한비와 순경은 서로 어울리지 않는다. 순경의 사상은 여러 사상이 농축된 특징이 있으나 학문적 도야를 통해 그것들을 유가의 체계 내로 융합시켰다. 한비는 그의 스승으로부터 일정한 지식만을 획득했을 뿐 사상적으로는 전혀 다른 길을 걸었다. 그의 스승이 아직 살아 있을 때 그는 바로 법가의 기치를 높이 들고 스승과 갈라져 제 갈 길을 갔다. 한비는 유가를 맹렬히 비판했으나 그의 스승을 언급한 곳은 한 곳도 없다. 이는 아마 그가 스승을 존경했기 때문일 것이다. 순경은 유가를 기치로 삼아 선진 제자백가의 사상을 집대성했으며, 한비는 법가를 기치로 삼아 선진 제자백가의 사상을 집대성했다. 순경은 자신의 반대파를 배양해낸 셈이니 이는 학술사상사에서 볼 때 칭찬할 만한 아름다운 이야기임에 틀림없다.

한나라는 전국 7웅雄 가운데 가장 허약한 나라였다. 한비는 고국이 멸망해가는 것을 차마 볼 수 없었으며, 취약성을 극복하고 부강한 나라를 만들 길을 절박하게 탐색했다. 한나라를 구하는 데 주안점을 두었지만, 그렇다고 한비는 결코 협애한 안목을 지닌 단견의 고립주의자는 아니었다. 그는 역사의 종적 횡적 관계로부터 흥망성쇠의 길을 사색했으며, 전국 전체를 염두에 두고 한나라가 나아갈 길을 찾으려 했다. 사마천司馬遷은 한비의 저작이 "지난날 득실의 변화상을 관찰하여"280 쓰인 것이라고 말한다. 이 평가는 아주 적절하다. 한비는 고국이 약소국에서 강국으로 변화하기를 바랐는데, 그가 보기에 강국에 이르는 수단은 드문드문한 행정조치로는 효과를 볼 수 없었다. 근본적인 방법은 한나라의 정치 노선을 변혁시키는 데 있다고 보았다. 『한비자』 「외저설좌상外儲說左上」 편의 다음 한마디는 문제를 대단히 명료하게 지적하고 있다. "인의를 사모하여 허약하고 혼란에 빠진 나라가 3진晉281이요, 그러한 것을 그리워하지 않아 질서가 잘 잡히고 강해진 나라가 진秦이다."282 한은 3진 가운데 하나다. 그는 「정법定法」 편에서 한 걸음 더 나아간다. 한나라가 고정된 법이 없어 정치적 통일을 조성하지 못하고 있으며, 따라 할 만한 곳이 없다고 비판한다. "진의 옛 법이 완전히 사라지지 않았는데 한의 새 법이 또 생겨났다. 앞 군주의 명령이 완전히 거두어지지 않았는데 뒤 군주의 명령이 또 내려졌다."283 이렇게 큰 나라에 일정한 법이 없다는 것은 쇠패의 중요한 원인임에 틀림없다. 한비는 국가 강약의 관건은 법을 받드느냐의 여부에 달려 있다고 생각했다. 「유도有度」 편은 말한다. "법을 받드는 사람이 강하면 그 나라는 강하고, 법을 받드는 사람이 약하면 그 나라는 약하다."284 이렇게도 이야기한다. "오늘날 사적 편향성을 제거하고 공적 법률公法을 취할 수 있으면, 백성은 안녕하고 국가는 다스려진다. 사사로운 행동을 제거하고 공법을 행할 수 있으면 우리 군대는 강해지고 적은 약화된다."285 한비의 목적은 조국을 구원하는 데 있었다. 그러나 그가 말한 도리는 보편성을 지니고 있었다. 진나라 왕인 정政은 그의 저작을 본 뒤 책상을 치며 절찬을 금치 못했다. 그러고는 탄식을 발했다. "오호라! 과인이 이 사람을 만나보고 더불어 놀 수 있으면 죽어도 여한이 없겠다!"[286] 진왕 정은 무력으로 한비를 진나라로 데려왔다. 그러나 한비는 서생 냄새가 너무 진했고 한시라도 고국을 잊지 못했는데, 결국 이사와 요가姚賈의 모함으로 옥중에서 억울하게 죽었다. 한비가 진나라에서 죽음으로써 그의 사상 또한 진나라에 남게 되었고, 그의 사상 가운데 상당한 정도가 실천에 옮겨졌다.

한비는 말을 더듬었고 연설을 잘하지 못했으나 글은 매우 훌륭했다. 『한서』 「예문지」는 "『한자韓子』 55편"이라고 말한다. 현존하는 『한비자』도 55편이다. 내용으로 볼 때 서로 저촉되는 몇 편 외에 책 전체 사상은 일관된다. 혹자는 「해로解老」 「유로喩老」 「충효忠孝」 편 등 몇몇은 다른 사람의 작품이라 하는데 증거가 부족하다.

한비 정치사상의 가장 중요한 특징은 군주 전제를 고취했다는 점이다.

한비 정치사상의
이론 기초

한비는 다른 법가와 마찬가지로 그의 정치사상을 현실과 역사에 대한 냉정한 분석에 의거했으며, 동시에 구체적인 정치 주장을 거시적이고 총체적인 인식 아래 연결하고 있다. 그는 선배들을 계승했을 뿐만 아니라 새로운 발전과 새로운 설명을 곁들였다. 이를 각각 나누어 소개하고 자세히 논술하고자 한다.

역사 진화설

한비의 역사 진화설은 대체로 『상군서』로부터 계승해왔다. 한비 또한 시대 구분의 관점에서 역사의 진행 과정을 분석한다. 그는 인류의 역사를 먼 옛날부터 오늘까지 네 시기, 즉 '상고上古' '중고中古' '근고近古' '당금當今'의 4세世로 나눈다. '상고'의 특징은 인류가 맨 처음 야수들 속에 뒤섞여 살며 날것을 먹었다. 유소有巢씨는 "나무를 엮어 보금자리 만드는 것"을 사람들에게 가르쳤으며, 수인燧人씨는 "나무 마찰과 부싯돌로 불을 취하여 비린내, 노린내를 바꾸는 방법"[287]을 사람들에게 가르쳤다. 이로써 인류와 동물을 분리하여 인간들의 생활 방식이 열리게 되었다. '중고'는 곤鯀(우禹의 아버지)과 우禹의 치수 사업으로 대표되며, 인류가 자연을 개조하는 시대에 진입했음을 의미한다. '근고'는 은, 주 시대를 가리킨다. '근고'의 특징은 일치일란—治—亂이다. '당금'은 통일을 다투는 시대다.

한비는 역사 진화의 원인에 대해 새롭게 탐구했다. 그는 인구 증가 속도가 생산 증가의 속도를 넘어섰기 때문에 사람들이 생활 공간을 다투어 사회 모순과 투쟁이 일어난다고 생각했다. 「오두五蠹」편은 최초에는 인구가 적고 자연의 재화가 여유로워 사람들이 평화롭게 공존할 수 있었으나, 인구 증가 속도가 너무 빨라 사태의 평형을 깨뜨렸다고 말한다. "오늘날 사람들은 자식이 다섯이라도 많다고 하지 않는다. 그 자식이 또 다섯을 낳으니 할아버지가 죽기 전에 25명의 손자가 있게 된다."[288] 그리하여 "인민은 많고 재화는 적은"[289] 상황이 조성되었고, 재물 다툼과 생활 공간 쟁탈을 위해 사람들 사이에 모순투쟁이 일어난 것이다. 오늘날의 시각에서 보면 한비의 견해는 사실에서 다소 멀리 빗나갔음에 틀림없지만, 그 시대로 돌아가면 당시의 역사 진화 원인에 관한 시각 가운데 가장 깊이 있는 것 중 하나라고 해야 할 것이다. 한비의 이와 같은 설명은 초사회적 힘을 완전히 배제한 채 인간 자체에서 애써 사태 변화의 원인을 찾으려 하는 것이지만, 적어도 다음 두 가지 점에서 중요한 가치가 있다. 하나는 인구 증가 속도가 자연 재화 및 생산 증가 속도를 초월한다는 것을 지적했다는 점이다. 이 점은 당시의 역사적 조건하에서 실제 상황에 부합하는 것이다. 자연경제이고 인력 노동이 힘의 주요 원천인 상황에서 인구 증가율은 일반적으로 생산 증가 속도보다 높다. 또 하나는 사람들이 생존 공간을 다투는 모순이 사회 모순으로 전환된다는 것이다. 인구 증가율이 노동생산 증가율보다 높은 상황에서 사람들은 불가피하게 생활 공간의 확대를 생존 유지의 조건으로 삼는다. 이는 원시사회에서 뚜렷한 사실이다. 계급사회에서는 이 모순 위에 계급 관계를 하나 더 덧붙였을 뿐이다. 일부 학자들은 한비의 인구론에 합리적 요소가 있음을 인정하지 않는다. 이는 옛사람에 대한 가혹한 요구이며, 냉정한 분석을 가하지 못한 탓으로 여겨진다.

한비의 역사관 가운데 특히 소중한 가치를 지닌 또 한 가지 특징이 있다. 한비는 생산의 발전, 인구의 증가에 따라 인류와 자연의 관계가 바뀔 뿐만 아니라 사람과 사람의 관계 및 사람들의 관념도 바뀐다고 했다. "상고에는 도덕을 겨루었으며, 중세에는 지모를 좇았고, 당금은 기력을 다툰다."[290] 한비는 인류 도덕이 퇴화한다는 이론에 단연 반대하고, 한 시대에는 그 시대에 맞는 도덕 표준이 있다고 말한다. 상고에 '도덕'을 겨룬 것은 사람마다 한결같이 좋아서 그런 것이 아니라 당시에는 물질이 많고 인구는 적었기 때문이며, 오늘날 사람들이 서로 다툼은 인간이 퇴화했기 때문이 아니라 재물은 적고 사람이 많아 조성된 것이다. 한비의 이 이론 자체는 문제의 본질을 조금도 건드리지 못했다. 그러나 그의 생각만큼은 찬탄을 금치 못하게 한다. 그는 물질생활 조건이 사람들 도덕 정신의 면모를 결정짓는다는 사고의 길을 따라 문제를 관찰했다. 유가와 묵가 두 학파는 끝내 고대인들은 인품이 고상하여 '사양'하고 자신을 위하지 않았으나, 오늘날 사람들은 곳곳에서 자신만 위하고 '사양'하지 않는다고 노래한다. 한비가 보기에 이것은 모두 시대의 산물이었다. 옛사람들의 사양은 필연에서 나왔고 오늘날의 쟁탈도 마찬가지로 필연에서 나왔다는 것이다. 고대에는 물질문명이 낙후하여 천자가 반드시 우두머리들을 데리고 일을 했음에도 벌이가 시원치 않았으므로 '사양'하는 거동을 보였다. 그러나 지금은 작은 현의 관리만 해도 자손만대로 무궁한 복을 받는다. 그러므로 "옛날에는 천자의 [자리도] 가벼이 사양했으나, 오늘날은 현령도 버리기가 어렵다."[291] 사양과 쟁탈의 원인이 하나일진대 어떻게 이것은 좋고 저것은 나쁘다고 하겠는가!

시대가 변화하면 정치도 시대의 변화에 따라야 한다. 역사상의 위대한 창조는 그 시대에만 의미를 지니는 법이다. 그것을 원형 그대로 후세까지 가져온다면 절대로 역사적 존중을 받지 못하며 어리석다는 평가를 받을 뿐이다. 역사가 '중고'에 진입했음에도 "나무를 엮어 보금자리 만들기"를 제창한다면 필경 곤과 우의 조소를 받게 될 것이다. 마찬가지로 오늘날 요, 순, 우, 탕임금을 찬양하고 불변의 수성을 고집한다면 반드시 새로운 성인의 조소를 받을 것이다. 한비의 결론은 이렇다. "그러므로 성인은 옛 것을 닦기를 기대하지 않으며 항상 있어왔던 것을 본받지 않는다. 세상일을 논의함에는 [그때그때의] 행위에 따라서 대비한다."[292] "일을 다룰 때는 [지금] 세상에서 원인을 찾아 그 일에 맞추어 적절히 준비해야 한다."[293] 이런 사상은 한비 이전 법가들의 논저 속에서 이미 논술된 바 있다. 그렇다고 한비가 쓸데없는 말을 더한 것은 아니다. 여전히 사람들을 환기시키는 작용을 하고 있다.

한비는 요, 순을 조술하고 문, 무의 말을 창도하는 모든 행위는 '수주대토守株待兔'[294]식의 어리석은 경험주의라고 주장한다. 역사상 훌륭한 업적을 남겼거나 창조적인 인물들은 물론 일정한 존중을 받아야 한다. 그러나 그는 특정 역사 인물을 현실적이라고 칭송하며 지금 세상에 과시하는 데는 단연코 반대했다. 당금의 깃발은 당금의 '새로운 성인'의 수중에 장악되어 있어야 한다는 것이다.

한비의 역사 진화 사상은 전통적 속박을 개혁, 창조, 파기하기 위한 강력한 사상적 지주를 제공한다.

인성호리설

한비가 인간 본성이라는 개념을 명시적으로 사용한 적은 없다. 그렇지만 그의 문장들 가운데는 인간의 본성과 관련 있는 논술이 도처에 깔려있으며, 이것들은 한비 정치 이론의 기초를 구성한다. 많은 연구자는 한비가 순경의 성악설을 계승했다고 생각한다. 그러나 자세히 관찰해보면 이 주장은 정확하지 않다. 순경의 성악론은 인성의 호리好利를 인정하면서도 동시에 이것이 '악'에 속하므로 응당 개조해야 한다고 선포한다. 한비도 인성은 이익을 좋아한다고 생각했으나 이 본성은 개조할 필요가 없으며 또 개조되지도 않으므로 오히려 사람의 이익을 좋아하는 본성을 존중해야 할 것이라고 말한다. 신도와 『상군서』 모두 인성호리를 주장하는데, 한비는 이 견해를 계승하면서 더욱 철저히 했다. 그는 인성호리가 우선 인간의 본능적 수요에 바탕을 둔다고 생각했다. 「해로」 편은 말한다. "위와 장을 근본으로 삼고, 먹지 않으면 살 수 없으니 이익을 탐내는 마음을 벗어나지 못한다."295 사람들은 모두 부모와 자녀 사이에는 가장 친근하고 은애로운 혈육의 정이 있어 이익으로 대화할 수 없다고 말한다. 그러나 한비는 부자지간도 이익을 계산하고 행동한다고 보았다. "부모가 자식을 대하는 것을 보면, 아들을 낳으면 서로 축하하지만 딸을 낳으면 죽이는 것"296을 보라. 똑같이 부모의 품에서 나왔는데 왜 하나는 축하하고 하나는 죽이는가? 그 원인은 바로 "후사의 편의를 생각하고 장기적 이익을 계산하기 때문이다".297 "사람이 어렸을 때 부모가 소홀히 기르면 나중에 자식이 커서 원망을 한다. 자식이 성장하여 성인이 되었으나 부모 봉양이 박하면 부모는 분노하여 책망을 한다. 자식과 부모는 최고로 가까운 사이다. 그럼에도 책망하기도 원망하기도 한다. 이 모두는 서로 주변을 배려하지 않고 자신만을 위하는 마음이 끼어들어 있기 때문이다."298 아들이 자라 성인이 되면 이해관계를 계산하는 마음이 더욱 심해져 "천금이 있는 집안이라도 그 자식이 어질게 [베풀지] 않음은 사람의 이익을 우선시하는 바가 더 심하기 때문이다".[299] 부모와 자녀들 사이에 "모두 자신만 위하는 마음이 끼어 있어,"[300] "계산하는 마음으로 서로를 대하는데 하물며 부자지간의 돈독한 은택마저 없는 경우에는 어쩌겠는가!"[301] 한비의 이 주장은 한편으로 너무 각박하여 사람들 사이의 정감을 상하게 하며, 다른 한편으로 편면성이 있기 때문에 인간의 윤리적 존엄성에 상처를 냈다는 황당한 비판을 받곤 한다. 하지만 당시로 볼 때 한비의 논술은 상당히 객관적이며, 온정으로 포장된 부자지간의 이해관계가 한비에 의해 철저히 폭로되었다고 하겠다. 극도의 용기가 없고서는 이렇게 할 수가 없다.

가장 친밀한 관계마저 모두 이익으로 연결되는 것이라면 다른 관계는 말할 필요도 없이 자명하다. 유가에서는 군신지간에 예의와 충신으로 서로를 대하는 것이라고 말하는데, 한비는 사람들에게 이것을 절대 믿지 말라고 충고한다. 그는 중국 역사상 첫 번째의 군신지간이 매매 관계임을 제기했다. 「난일難一」편을 보자. "신하는 사력을 다함으로써 군주의 시장에 참여한다. 군주는 작록을 늘어뜨림으로써 신하의 시장에 참여한다. 군주와 신하 사이는 부자지간과 같은 친함이 있지 않으며, 나오는 것이 얼마나 되는지 숫자 계산을 하는 관계다."[302] 어떤 곳에서는 더욱 절실하게 이야기하고 있는데, 그것은 호랑이와 승냥이 관계의 비유다.

이익은 사람을 나약한 겁쟁이로 만들 수 있으며, 더더욱 사람을 용맹한 전사로 만들 수도 있다. "장어는 뱀을 닮았고, 누에는 나비 애벌레를 닮았다. 사람들은 뱀을 보면 놀라 겁을 내고, 나비 애벌레를 보면 터럭이 솟는다. 그렇지만 부인들은 누에를 주워들며, 어부는 장어를 손으로 잡는다. 이익이 거기 있으므로 싫어하는 바를 잊고서 모두 열심히 분투노력하는 것이다."[303]

한비는 또 모종의 도덕 관념으로 사람을 가늠해서는 안 되며 이익을 가지고 사람들의 행위를 해석해야 한다고 주장한다. "의사가 사람들의 상처를 잘 빨아주고 사람들의 피를 입에 머금는 것"[304]은 결코 의사들의 마음이 선량해서가 아니라 이익을 얻기 위해서다. 수레를 만드는 사람은 사람들이 부귀해지기를 바라고 관을 만드는 사람은 사람들이 죽기를 희망하는데, 결코 전자의 마음이 선량하고 후자의 마음이 악독해서가 아니다. 이익이 그렇게 하도록 결정한 것이다. 사람들이 부유하지 않으면 수레를 살 사람이 없을 것이며, 사람이 죽지 않으면 관은 팔 곳이 없다.(『한비자』「비내備內」) 마찬가지로 이익을 초탈했다는 군자 따위를 믿을 필요도 없다. "조그만 물건이 어두운 구석에 놓여 있으면 증자曾子나 사어史魚 같은 [청렴한 사람이라도] 욕심을 낼 것이며, 백만금이 대낮의 시장터에 걸려 있으면 큰 도둑도 탈취하지 못한다."[305] 결론적으로 도덕으로 사람을 논하지 말고 이해관계로 사람을 관찰해야 한다는 것이다.

사람의 본성은 '자위自爲' '호리好利'하다. 정치는 이와 같은 실제에서 출발하여 모든 정책을 '이익'이라는 기초 위에서 자각적으로 수립해야 한다. 사람 사이의 이익은 서로 배치되지만 하나로 결합될 수도 있다. '이익'을 위하여 사람들은 서로를 이용할 수도 있으며, 서로 다툴 수도 있다. 정치의 비결은 바로 호리의 배열 조합을 잘하여 군주에게 잘 쓰이도록 하는 데 있다.

'군君' '도道' 동체설

사마천은 한비가 "형명刑名, 법술의 학을 좋아했으며, 그 뿌리는 황로에 귀결한다"[306]고 말했다. 한비가 법술과 노자 사상을 결합한 가장 뚜렷한 특징 가운데 하나는 바로 그가 '도道'와 '군君'이 한 몸同體임을 고취시켰다는 점이다. 한비가 말하는 '도'는 주로 다음 네 가지 함의를 포함한다. 첫째, '도'는 만물의 본원이다. "도라는 것은 만물의 시작이다."[307] "도란 만물의 소이연所以然(그렇게 되는 까닭)이다."[308] 둘째, '도'는 자연계 만물의 본성이며 특징이다. "하늘은 그것('도')을 얻음으로써 높아지며, 땅은 그것을 얻음으로써 [만물을] 담으며, 북두칠성은 그것을 얻음으로써 위엄을 이루며, 해와 달은 그것을 얻음으로써 영원히 빛을 발하며, 5상五常은 그것을 얻음으로써 항상 제 위치를 지키며, 뭇 별은 그것을 얻음으로써 단정하게 운행하며, 사시는 그것을 얻음으로써 기후변화를 제어한다."[309] 셋째, 도는 만물의 근본 규율이다. "도란 (…) 옳고 그름의 법칙이다."[310] "도란 (…) 모든 리理가 [거기에] 따르는 바다."[311] "만물은 각자 리가 다르지만 도는 그 만물의 리를 다 고찰한 것이다."[312] '리'는 만물의 구체적 규율이고, '도'는 구체 규율을 통괄하는 총 규율이다. 넷째, '도'는 "군주와 신하는 도가 다르다"고 할 때의 '도'처럼 때로 구체적 규율이나 규정성을 가리키기도 한다. 도는 일체를 좌우하고 지배하는 작용을 하므로 독일무이獨一無二(둘도 없는 오직 하나)한 것이다. 그래서 「양권揚權」 편은 말한다. "도는 만물과 다르다. (…) 도는 쌍이 아니므로 일一이라 일컫는다."[313] 군주와 도의 관계를 보면 이론적으로는 군주 또한 '도'에 복종해야 한다. "술이 있는 군주는 우연의 선을 따르지 않고, 필연의 도를 실천한다."[314] 그러나 인간 세상에서 군주의 지위와 '도'는 서로 대응하며, 신민과 만물은 서로 대응한다. "도는 만물과 다르다"는 원리에 입각하면 "군주는 뭇 신하와 다르며,"[315] "명군은 혼자만의 도의 모습을 소중히 여긴다."[316] 그렇게 되면 군주와 도는 상응하면서 동체인 관계로 바뀐다. 군주는 물론 도의 제약을 받으나, 인간 세상에서 군주는 도를 체현하는 사람이기도 하다. 군주가 홀로 규율을 장악하며, 뭇 신하는 군주의 제약을 받는다. 여기에서 우리는 대단히 주의를 기울여야 할 하나의 현상을 발견하게 되는데, 자연유물주의 사상도 마찬가지로 군주의 성인화와 군주 전제의 강화를 위한 변론으로 바뀔 수 있다는 것이다.

모순 관계의 일방이 다른 일방을 먹어치운다는 사상의 강조

한비는 노자의 대립 통일 이론을 받아들였는데, 노자보다 훨씬 깊이 있게 사물의 대립 통일을 들춰냈다. 동시에 대립하는 부분이 전환되는 조건을 구체적으로 논술하기도 했다. 『노자』는 "화란 복이 의탁하는 바요, 복이란 화가 숨어 있는 바다"[317]라는 빛나는 사상을 제기했으나 화와 복이 어떻게 전환되는지를 구체적으로 언급하지는 않았다. 그러나 한비는 「해로」 편에서 화와 복이 상호 전환되는 조건과 과정을 상세하게 논의하고 있다. "사람에게 재앙이 닥치면 마음이 두려움에 떤다. 마음이 두려움에 떨면 행동이 바르고 곧아지며, 행동이 바르고 곧으면 생각이 깊어진다. 생각이 깊어지면 일 처리가 조리 있어지고, 행동이 바르고 곧으면 재앙으로 인한 손해가 없어진다. 재앙으로 인한 손해가 없으면 천수를 다하게 되며, 일 처리에 조리가 있으면 반드시 성공한다. 천수를 다하면 온전하게 장수하며, 반드시 성공하면 부해지고 귀해진다. 온전하게 장수하고 부귀해짐을 가리켜 복이라 한다. 복의 근본이 재앙에 있으므로 화란 복이 의탁하는 바라고 말한 것이다."[318] 한비의 모순 전환 조건의 강조는 노자 변증법 사상에 대한 발전임에 틀림없다. 그러나 이것이 한비 모순관의 특징은 아니다. 한비 모순관의 특징은 모순된 쌍방의 대립과 배척에 대한 강조다. 「현학顯學」 편의 다음 한 구절은 이에 대한 전형적인 예다. "얼음과 목탄은 같은 그릇에 오래 있을 수 없으며, 추위와 더위는 때를 같이하여 올 수 없으며, 잡박하여 반대되는 학설은 양립시켜놓고 다룰 수 없다."[319] 한비가 보기에 모순된 쌍방은 모두 "절대로 양립할 수 없는"[320] 것이다. "손해는 이익의 반대다."[321] "난은 치의 반대다."[322] "사를 등지고 있는 것을 공이라 일컬으니 공과 사는 서로 배치된다."[323] 이와 같은 인식에 기초하여 모순된 쌍방을 상대로 양자 간의 '차이異'를 강조해야지, '같음同'에 착안해서는 안 된다는 것이다. 군주와 신하 사이는 대립으로 가득하며, 군신 상하는 "하루에도 100번 싸우는—日百戰"(『한비자』「양권」) 관계다. 신하들은 모두 양호陽虎처럼 시시각각 군주의 권위를 염탐하는 자들이다.(『한비자』「난사難四」편 참조) 「비내」편에서는 이렇게 이야기한다. "마누라처럼 가깝고 자식처럼 친한 사이도 믿지 못하는데, 나머지 믿을 만한 사람은 없을 것이다."[324] 「팔경八經」편은 말한다. "신하와 군주의 이익이 다름을 아는 자는 왕이 되고, 같다고 여기는 자는 빼앗기며, 같이 도모하는 자는 죽임을 당한다."[325] 기왕 모순된 쌍방이 "양립할 수 없다면" "양립할 수 없는" 가운데서 화해를 구해야 하는데, 반드시 일방이 다른 일방을 타도하거나 억눌러, 모순된 쌍방의 상하가 나뉘고 하가 상에 복종해야만 "상하가 조화로울"(『한비자』「양권」) 수 있다. 모순된 쌍방의 상하를 구분하지 않는 것은 재앙과 혼란을 불러오는 원인이 되니 "만물이 모두 왕성해도 그와 더불어 같이 편안할 수는 없다."[326] "한 둥지에 수컷이 두 마리 있고" "한 집에 소중한 사람이 둘 있고" "부부가 다 정치를 함"[327]과 같으니 영원히 편안함을 얻지 못한다. 한비는 모순에 부딪히게 되면 조금도 머뭇거리지 말고 한쪽에 서서 상대방을 먹어치울 수 있으면 모든 대가를 치러서라도 먹어치우고, 먹어치울 수 없으면 상대방을 절대적으로 압도해버려야지 절대 절충이나 평형의 입장을 취해서는 안 된다고 주장한다. 한비는 법술의 학설과 유가, 묵가의 학설 사이의 모순을 헤아린 뒤 더욱 철저히 유가, 묵가의 학설을 '먹어치울 것'을 주장했다. 행정적 방법을 동원해 제거하고, 관련 서적을 불태우며 끝내 육체까지 소멸시킨다는 것이다. 군주와 신하 사이의 모순에 '먹어치우는' 방법은 취할 수 없으나, 반드시 방법을 동원해 일체의 신하를 절대적으로 압도할 필요가 있다. 「외저설우상

外儒説右上」의 한 구절은 이와 같은 사상을 구체적이고 생동감 있으며 아주 철저하게 밝히고 있다. 그 내용은 이렇다. "현명한 군주가 신하를 기르는 것은 새 길들이기로 이야기할 수 있다."[328] "새를 길들이는 사람은 새의 아래 깃을 잘라버린다. 아래 깃이 잘리면 반드시 사람에게 의지하여 먹어야 하니 어떻게 길들여지지 않을 수 있겠는가? 현명한 군주의 신하 길들이기 또한 이와 같다. 신하로 하여금 군주를 이롭게 하지 못하면 녹을 받지 못하게 하며, 위에 복종함이 없으면 명예를 얻지 못하게 한다. 군주를 이롭게 하면 녹을 받고, 군주에게 복종하면 명예를 얻는데 어떻게 복종하지 않을 수 있겠는가?"[329] 상대방을 먹어치우거나 절대적으로 상대방을 압도하는 것이야말로 한비가 모순을 대하는 기본 사상이다. 이 사상은 그의 전 정치 이론 가운데를 관통하며 그의 정치사상을 독특하게 특징 짓는다.

실력 원칙

사회의 모순관계에서 한쪽을 먹어치우고 싶거나 한쪽을 절대적으로 압도해버리고 싶을 때 가장 유효하고 믿을 만한 수단은 바로 '힘'이다. '힘'이야말로 건곤을 결정짓는 둘도 없는 법문이다. 「외저설좌상」 편은 말한다. "선왕이 기대한 바는 이익이었으며, 사용한 것은 힘이었다."[330] 「현학」 편은 말한다. "힘이 많으면 사람들이 조회를 오고, 힘이 적으면 다른 사람에게 입조하므로 명군은 힘에 노력한다."[331] 오늘날의 시대적 특징은 힘의 각축이다. 「팔설八說」 편에서 말하는 "고대인은 덕에 힘썼고, 중세인은 지혜를 좇았고, 오늘날은 힘을 다툰다"[332]는 바로 그런 의미다. '힘'은 도대체 어디에 있는가? 한비의 두뇌는 매우 선명했다. 그는 군주에게 역발산 기개세의 힘이 있다고 생각하지 않았으며, 진정한 힘은 신민 가운데 있음을 알고 있었다. 「제분制分」 편은 "죽일 수 있는 힘은 백성이 갖고 있다"[333] 고 말한다. 한비가 말하는 '힘'은 노동력 및 지력을 포함할 뿐만 아니라 경제, 군사 등 방면에서의 역량이나 주관적 능동성 등도 포함한다. 정치예술은 신민의 힘을 모두 동원하여 집중시키고 군주를 위해 쓰이도록 하는 데 있다.

이상의 것은 고립적이거나 대립적인 것이 아니다. 한비에게 있어 이것들은 하나의 유기적 정체整體를 이루며 혼연일체로 응결된 이론 체계다.

군리중심론君利中心論

사회 각 계급, 계층, 집단 간의 이익을 어떻게 처리할 것인가는 제자백가 토론의 중심 주제였으며, 정치사상상의 근본성을 대동하는 문제이기도 했다. 한비는 사람과 사람 사이의 모든 관계를 '이利' 한 글자로 귀납했다. 사람마다 모두가 자신을 위한다면 논리적으로 미루어 '나我'야말로 사회의 핵심이어야 한다. 그러나 한비는 그렇게 단순하지 않았다. 그는 사람마다 자기를 위한다고 생각하면서도 동시에 군주의 이익이 모든 것보다 높다고 주장했다. 정책 수립에는 신민의 사적 이익을 주의 깊게 관찰해야 하지만 또한 신민들이 이익을 좇느라 생긴 힘을 군주를 이롭게 하는 방향으로 전환하는 방법을 세워야 한다고 주장한다.

선진 제자백가가 군주의 이익에 대해 논의할 때면 보통 군주와 국가, 사직의 관계에 관한 문제를 제기했다. 수많은 사상가가 여러 관점에서 국가의 이익이 군주의 이익보다 높아야 한다고 주장했다. 신도, 상앙 등 법가들도 이 점을 강조했다. 그러나 한비는 다른 사상가들과 달랐다. 그는 단도직입적으로 군주의 이익이 국가의 이익보다 높다고 주장한다. 한비는 수많은 곳에서 『상군서』의 사상을 답습하고 있으며, 상앙을 상당히 찬양한다. 그러나 상앙을 매섭게 비판하기도 했다. 그는 상앙의 법이 부국강병을 이룰 수는 있었으나 군주의 이익을 경시했다고 주장한다. 「정법」 편은 말한다. 상앙이 진나라를 다스리니 "국가는 부유해지고 군대는 강해졌다. 그러나 술이 없어 간사함을 알지 못한다면 부강은 결국 신하를 살찌울 뿐이다."[334] 한비는 아주 명쾌한 용어로 군주의 이익이 국가보다 높다고 표명한다. 「외저설우하」 편은 말한다. "국가란 군주의 수레다."[335] 국가는 군주가 운용하는 도구다. 군주는 천하를 위해야지 사천하私天下 사상이 있어서는 안 된다는 신도의 주장과는 확연히 구별된다. 한비는 천하를 완전히 군주 주머니 속의 물건으로 여겼다.

국가를 군주의 사유물로 말하기는 이론적으로나 실질적으로나 그다지 큰 어려움이 없다. 그렇지만 신민들의 '자신을 위하는自爲' 마음을 그에 상응하는 행위로 전환시켜 군주를 위해 봉사하게 하려면 이론적으로든 실질적으로든 따로 많은 신경을 써야 한다. 한비는 간단하게 신민들에게 사적 이익을 취소하거나 극복하고 군주의 이익에 복종하라고 요구하지 않는다. 그것은 불가능한 일이다. 그는 신민의 '자신을 위하는' 마음을 변화시킬 필요가 없으며, 사적 이익을 추구하는 행위를 부정지도 말고, 이익으로 유도하는 방법을 써서 신민들의 '자신을 위하는' 행위로부터 생겨난 결과가 끝내는 군주를 위해 봉사하는 것이 되도록 만들어 군주에게 이익이 있도록 해야 한다고 주장한다. 이 문제에서 한비는 현실주의자일 뿐만 아니라 정치변증법에 상당히 정통한 사람이다. "천하를 다스리려면 반드시 사람의 성정人情에 기인因해야 한다." '인因'은 '따른다'는 의미다. 그래서 이런 이야기도 있다. "사람을 잘 쓰는 사람은 반드시 하늘을 좇고 사람을 따름으로써 상벌을 분명히 한다."[336] 정치의 묘술은 바로 자연의 법을 잘 따르는 데 있다. 「안위安危」 편은 말한다. "선왕은 대나무패나 비단에 기록된 법리에 의거하여 그 도가 순조로웠으므로 후세 사람들이 그에 복종한다. 그런데 오늘날은 사람들로 하여금 배고픔과 추위에 떨게 하니 맹분孟賁과 하육夏育같이 [용감한 사람이라도] 법을 실천할 수가 없다. 스스로 그러한 [자연의] 이치를 폐기한다면 도에 따르더라도 [법을] 세울 수가 없다."337 「대체」 편은 말한다. "옛날 대체를 온전히 하던 사람은 (…) 천리를 거역하지 않았고 [사람의] 성정을 상하게 하지 않았다."338 「외저설좌상」 편은 말한다. "이롭게 해주는 데 마음을 쓰면" 만인이 화목하고, "해롭게 해주는 데 마음을 쓰면" 부자간이라도 갈린다. 이에 따르면 정치의 중추는 "[이익의] 많고 적음을 의론하고, [이익의] 박하고 두터움을 따지는"339 데 있다. 신하든 일반 백성이든 모두 이익을 이용하여 동원해야 한다.

한비는 신료들의 보좌가 없이 군주 홀로만 있어서는 아무 일도 이루어지지 않는다는 것을 확실히 깨닫고 있었다. 「관행觀行」 편은 말한다. "요 임금과 같은 지혜가 있어도 민중의 도움이 없이는 큰 공을 이룰 수 없다."340 「난이難二」 편은 말한다. "[춘추 시대] 5패가 천하에 공명을 이룰 수 있었던 까닭은 군주와 신하가 모두 힘을 쏟았기 때문이다."341 군주와 신하의 관계는 일종의 매매 교환 관계다. 관건은 군주가 얼마나 매매를 잘하느냐에 달려 있다. 군주가 신하에게 파는 작록이 실질적 혜택을 주면, 신하가 군주에게 파는 지력智力은 반드시 유용한 것이 된다. 이것이 바로 '법술'이고 '지술智術'이다. 한비는 '법술의 선비'를 패왕의 도구로 보았다. 법술도 없고 지술도 없으면서 '중요한 위치에 있는 중신貴重之臣' 및 그럴싸하게 도에 대해서 말할 줄 알 뿐 아무런 실용성도 없는 '문학의 선비'는 군주에게 무용하고 쓸모없으며 해로운 사람들이다. 군주는 철의 주먹으로 이들을 파면하거나 제거해야 한다.

신하만 있어서도 안 된다. 반드시 백성을 동원해야 하는데, 그 동원 방법이 또한 '이익' 한 글자다. 「외저설좌상」 편은 말한다. "이익이 있는 곳에 백성이 돌아오며, 명예를 드러내려 선비들은 죽음도 불사한다."342 「현학」 편은 말한다. "위에서 [군주가] 좋은 전답과 저택을 펼쳐놓고 작록(제도)을 설치해두었기 때문에 백성이 쉽게 목숨을 바치는 것이다."343 한비는 백성의 존재 가치는 군주에게 쓰이는 것이라고 생각했다. 「육반六反」 편은 말한다. "군주의 백성에 대한 관계는 어려움이 있으면 그들을 죽도록 부리고, 평안하면 힘을 다하도록 하는 것이다."344 다음 여섯 종류는 쓸모 있는 백성이다. "위험을 피하지 않고 참됨을 다하여 죽음으로 신하의 절개를 지키는 백성,"345 "듣는 것이 적어도 법령을 좇는 법을 지키는 백성,"346 "힘써 일하여 먹고사는 이익을 창출하는 백성,"347 "행실이 도탑고 순수하여 바르고 성실한 백성,"348 "명령을 중시하고 일 처리에 조심스러우며 윗사람을 존경하는 백성,"349 "적을 꺾고 간계를 저지하여 윗사람을 총명하게 해주는 백성."350 이 여섯 종류의 백성을 개괄하면 두 가지 특징이 있다. 하나는 오로지 명령에 복종하는 것이며, 둘은 힘을 파는 데 죽을힘을 다하는 것이다. 이 여섯 종류의 인민을 제외하고는 모두 징벌해야 한다. 군주의 명령을 초개처럼 여기고 성실하게 군주를 위해 직무를 다하지 않는 자들은 죽여도 상관없다.(『한비자』 「설의」 「경설」 「난일」 편 참조) 어쨌든 신민들은 군주에게 쓸모가 있고 이익이 있어야 존재 가치가 있으며, 그렇지 않으면 모두 소제해야 한다. 한비의 주장 가운데 어쩌다가 인민을 위하는 몇 마디가 있기는 하다. 이를테면 입법할 때 "민중을 이롭게 하고 뭇 서인을 편하게 해야 한다"351는 것이다. 그러나 한비가 말하는 백성을 이롭게 함利民은 목적이 아니라 군주를 이롭게 하는利君 수단일 뿐이다. 따라서 인민을 이롭게 함은 불쌍해서도 아니고 속이는 것도 아니다. 백성을 이롭게 한다는 방법을 이용하여 사람들에게 생명을 내놓으라는 요구다.

당시 실제 상황으로 볼 때 한비가 실효성의 추구와 경전의 제창 등 사람들을 군주에게 이로운 길로 끌어들이기 위해 취한 조치들은 나름대로 의미가 있었다. 그러나 그는 사실 너무 멀리 갔다. "백성이 귀하다" "천하라는 것은 한 사람의 천하가 아니다" 등의 사상과 비교할 때 일종의 반동임에 틀림없다. 이와 같이 군주의 이익이 모든 것에 우선한다는 주장은 봉건 전제주의의 핵심이다. 정치적으로 법, 세, 술 등 각종 극단적 전제에 관한 주장은 모두 군주의 이익이 침범당하지 않도록 보장하는 것들이다.

세, 법, 술과
군주 절대 전제주의

선진 법가들은 모두 법, 세, 술을 이야기한다. 다만 어떤 하나를 많이 이야기하고 적게 이야기하는 차이가 있을 뿐이다. 신도는 세와 법을 주로 논했다. 술의 내용을 논급한 부분이 있긴 하지만 '술'이라는 개념은 제기하지 않았다. 신불해의 중점은 술에 관한 논의이지만 그는 법과 세도 겸하여 언급했다. 『상군서』 및 『관자』 중의 법가 학파의 저작은 법을 논의하는 데 중점을 둔다. 한비는 상앙이 법을 알았을 뿐 "술이 없었다"고 비판하며, 신불해는 술을 알았을 뿐 "법에 능숙하지 못했다"고 비판한다. 그런 주장이 있었느냐 없었느냐만 본다면 그의 비판은 정확하지 못하다. 그러나 그런 말이 많았느냐 적었느냐를 본다면 그의 비판은 어느 정도 일리가 있다. 한비는 또 상앙이 변법을 했으나 법에 미진했고, 신불해가 술을 주장했으나 술에 미진했으며, 한비의 세와 신도의 세를 비교하자면 신도의 세에 관한 주장도 마찬가지로 미진했다고 비판한다.

세, 법, 술의 방면에서 한비는 집대성자임이 틀림없다. 그는 세, 법, 술 삼자가 모두 제왕 수중에 있는 도구라고 분명히 선포한다. "군주의 큰 신물은 법 아니면 술이다."[352] "세는 대중을 이기는 자원이다."[353] "세가 중요한 것은 군주의 발톱과 이빨이기 때문이다."[354] 셋 가운데 하나라도 없어서는 안 된다. 한비는 이 삼자를 한데 집중시켰을 뿐만 아니라 내용적으로도 많은 발전을 이루어 법가의 선배들과 비교할 때 세, 법, 술 모두 새로운 특징을 가지게 되었다. 다음은 이것들을 나누어 서술한 것이다.

세치勢治 및 자연의 세, 인위의 세

세, 법, 술 삼자 가운데 한비는 세를 더욱 중시했다. 제왕이 제왕일 수 있는 까닭은 먼저 세가 있기 때문이다. "현명한 군주의 치국은 세로 임한다."[355] "백성은 확실히 세에 복종한다."[356] "자질은 있으나 세가 없으면 현명하더라도 불초한 자들을 다스릴 수 없다."[357] 세는 또한 법과 술을 실행하는 전제 조건이다. 군주가 권세를 잃으면 더 이상 군주일 수 없다. "군주가 세를 잃으면 신하가 나라를 얻는다."[358] 세를 잃으면 법, 술 또한 이야기할 이유가 없다. 한비의 세론이 과거의 것과 다른 점은 세를 '자연의 세自然之勢'와 '취득하여 설립한 세所得而設之勢, 즉 인위의 세人爲之勢'로 나눈 점이다. 자연의 세란 기존의 객관적 조건에서의 권력 장악과 그 권력에 대한 운용을 가리킨다. 인위의 세란 가능한 조건에서 능동적으로 권력을 운용하는 것을 가리킨다. 군주에게 있어 자연의 세는 중요한 것이 아니다. 그것은 기정사실이기 때문이다. 진정한 세는 인위의 세다. 「난세難勢」 편은 말한다. "세가 자연에 기인한다면 세에 관해 주장할 필요도 없다. (…) 지금 요, 순은 세를 얻었기에 잘 다스렸고, 걸, 주는 세를 얻었기에 어지럽혔다고 말하는데, 나는 요와 걸이 그렇지 않았다고 생각하지 않는다. 그렇다고 하면 사람이 얻어서 설립한 것이 아니다. 요, 순이 나면서부터 윗자리에 있으면서 비록 열 명의 걸, 주라도 어지럽힐 수 없었던 것은 세로 다스렸기 때문이다. 걸, 주 또한 나면서부터 윗자리에 있게 되었는데 비록 열 명의 요, 순이라도 다스리게 만들 수 없었던 것은 세가 어지럽혀졌기 때문이다. 그래서 '세로 다스리면 어지러워지지 않고, 세가 어지러워지면 다스려지지 않는다'고 말한다. 이것은 자연의 세로서, 사람이 취득하여 설립한 것이 아니다. 내가 말하고자 하는 바는 사람이 취득하여 설립한 세일 따름이다."[359] 한비가 인위의 세를 특별히 중시한 까닭은 군주의 능동적 작용을 강조하려는 의도였다. 그가 보기에 요, 순과 같은 좋은 시대와 초인적 지혜, 걸, 주와 같은 나쁜 시대와 잔혹성은 1000년에 한 번 만나기도 어렵기 때문이다. 대부분의 경우 상황은 두 가지 가능성이 있다. 좋은 쪽으로 돌아설 가능성이 있거나 나쁘게 바뀔 가능성이 있거나. 군주 대다수는 또한 그저 중간 정도의 자질을 갖추었을 뿐이다. 이와 같은 상황 아래서 사람의 주관적 능동성을 충분히 발휘할 필요가 있으며, 인위의 세를 충분히 운용할 필요가 있다는 것이다. 한비가 말하는 인위의 세는 또한 두 가지의 함의를 포괄한다.

하나는 '총명의 세聰明之勢'다. 「간겁시신奸劫弑臣」 편은 말한다. "현명한 군주는 천하로 하여금 자기를 위해 보지 않을 수 없게 만들고, 천하로 하여금 자기를 위해 듣지 않을 수 없도록 만든다. 그러므로 몸은 깊은 궁궐 속에 있지만 사해의 내부를 밝게 비춘다."[360] 군주는 초인적 지혜가 필요 없다. 천하의 총명聰明(귀 밝음과 눈 밝음)을 자신의 총명으로 잘 변화시키고, 천하의 이목을 자신의 이목이 되도록 하기만 하면 된다. 이 점만 해내면 궁궐을 나오지 않아도 천하의 일을 다 알게 된다.

다른 하나는 '위엄의 세威嚴之勢'다. 「현학」 편은 말한다. "엄한 가정에는 무뢰배가 없으나 자애로운 어머니 밑에는 방탕아가 있다. 나는 이로써 위세가 포악을 그치도록 할 수 있으며, 후덕함이 난을 막을 수 없다는 것을 알게 되었다."[361] 「인주人主」 편은 말한다. "위세는 군주의 힘줄이다."[362] 「궤사詭使」 편은 말한다. "위엄이 있는 까닭에 명령이 행해진다."[363]

한비의 견해에 따르면 '총명의 세'와 '위엄의 세'만 장악하면 군주는 성현일 필요가 없으며, 그저 중인의 자질만 있어도 천하를 다스릴 수 있다.

'세'라는 물건은 군주의 수중에 굳건히 장악되어 있어야 하며, 잠깐이라도 떠나서는 안 된다. 「비내」편은 말한다. "신하의 군주는 뼈와 살을 나눈 친척이 아니다. 세에 속박당하여 섬길 수밖에 없는 것이다."[364] 군주는 신하들이 시시로 군주의 권력을 은근히 쳐다보고 있다는 것을 알아야 하며, 특히 아첨 떠는 사람을 주의해야 한다. 사람이 아첨하는 목적은 바로 「간겁시신」편의 다음 말처럼 권세를 취하고 싶어서다. "무릇 간신이란 모두 군주의 마음에 순응하여 측근의 위세를 취하려는 사람들이다."[365] 말 궁둥이를 두드리는 것은 그 말을 타기 위함임을 한비는 일찍부터 간파하고 있었다. 그러나 군주 전제에서 측근의 위세는 거의 모두 아첨하는 신하들에 의해 절취당한다. 군주 전제하에서 이는 피할 수 없는 것이다.

한비는 특별히 인위의 세를 강조했다. 그 의도는 모든 권력을 군주의 수중에 장악하여 진정한 최고의 절대 권위를 달성하도록 고취시키는 데 있었다.

법치와 이법치간以法治奸

한비는 '법치'를 주장한 사람으로 알려져 있다. 법이란 무엇인가? "법이란 일 처리에 가장 적합한 것이다."[366] 소위 "일 처리에 가장 적합한 것"이란 시대에 적합하고, 사리에 맞으며, 군주가 사용하는 데 이롭다는 말이다. 한비는 법가들의 법으로 나라를 다스린다는 사상을 계승했지만 전기 법가들과 비교할 때 적어도 다음 두 가지는 그들과 확실히 다르다.

첫째, 전기 법가들이 '변법'을 강조한 데 비해, 한비는 변법을 이야기하기는 하지만 정법定法, 즉 법률로 현존하는 봉건 질서를 고정시키는 데더 치중한다. 그는 한편으로 "옛것의 수양을 바라지 않고, 항상 적용 가능한 것은 본받지 않는다. 세상사를 논할 때는 그 상황에 맞춰 준비해야 한다"367고 말하면서, 다른 한편으로는 "도가 있는 군주는 고요함을 소중히 하지 변법을 중시하지 않는다"368고 말한다. 전기 법가들과 비교할 때 한비는 확실히 사회 변혁 문제에 대한 새로운 건의나 주장을 제기한적이 없다.

둘째, 전기 법가들의 변법의 중점은 부국강병에 있었다. 그러나 한비의 법치는 군주 권력을 강화하여 법으로 '악당奸'369을 방지하는 데 중점을 두었다. 한비는 어떤 사람도 의지할 수 없으며, 신하들은 모두 승냥이와 같아 시시각각 권위의 찬탈을 노리고 있다고 생각했다. 모두 한결같이요, 순, 탕, 무가 성인이라고 말하지만 한비는 오히려 그들이 군주를 살해한 반역의 신하라고 말한다. 그러므로 군주는 절대로 현인을 임용해서는안 된다. "현인을 임용하면 신하가 장차 현명함을 무기로 군주를 위협한다."370 군주가 유일하게 믿을 수 있는 것은 법이다.

법은 "일을 다스리기治事" 위함이다.(『한비자』「팔설」) '일을 다스리는' 핵심은 공公을 존중하고 사私를 폐하는 것이다. 「궤사」 편은 말한다. "법령을 수립하는 것은 그것으로 사사로움을 폐하려는 까닭이다. 법령이 행해지면 사적인 도는 폐기된다. 사사로움이란 법을 어지럽히기 때문이다."371 "사사로움으로 길을 삼으면 어지러워지고, 법으로 길을 삼으면 다스려진다."372 「오두」 편은 글자 형태를 가지고 공과 사에 대해 재미있는 해석을하고 있다. "옛날에 창힐蒼頡이 글자를 만들 때 스스로 둘러싸는 것을 사라고 일컬었으며, 그에 반대되는 것을 공이라 일컬었다. 공과 사는 서로배치되는 것이다."373 한비가 말하려는 '공'은 군주를 가리키며, 군주와 서로 대치하는 것이 사다. 「팔설」 편은 말한다. "필부들은 사적 편리를 도모하고, 군주는 공적 이익을 도모한다. 일하지 않고 편안히 먹고살고자 하며, 벼슬길에 나아가 [열심히 공무에 종사하지] 않고도 이름을 떨치려 함은 사적 편리다. 문예나 학문을 금지하고 법도를 분명히 밝히며, 사적 편리를 방지하여 공로를 하나로 만듦이 공적 이익이다."374 한비는 입법의 최종 목적이 사문私門의 편의를 막고 공문公門의 이익을 확장하는 것이라고 생각했다.

모든 사람으로 하여금 법에 복종하고, 법을 지키고, 법으로 길을 삼도록 하기 위해서는 법이 상세하고 구체적이어야 한다. 「팔설」 편은 말한다. "글이 소략하면 제자들 사이에 변론이 일고, 법이 성기면 백성의 소송이 간소화된다. 그래서 성인의 글은 반드시 뚜렷한 논지를 담고 있으며, 현명한 군주의 법은 반드시 상세한 사건을 다루고 있다."375 법은 또 대중에게 공명하게 공개되어야 한다. 「난삼難三」 편은 말한다. "법은 도표와 문서로 분명히 편찬하여 관부에 설치해두고 백성에게 공포해야 한다."376 그리하여 거국적으로 위아래 모두가 사건의 크고 작음에 관계없이 일체를 법에 의해 처결하도록 한다. 법령은 군주가 제정하는 것이지만 군주도 법령에 의거하여 행동해야 한다. 「문변問辯」 편은 말한다. "현명한 군주의 나라에서 명령은 말 중 가장 귀중한 것이며, 법은 일 중 가장 적합한 것이다. 귀중한 말이 둘일 수 없고, 적합한 일이 둘일 수 없다. 따라서 언행 중 법령에 맞지 않는 것은 반드시 금지한다."377 한비는 또 군주가 법령에 의거하지 않고 행동하는 폐정을 망국의 정치라고 지적하며 거듭 비판한다. 혹자는 이 점에 근거하여 한비의 사상이 법률 앞에 만인평등의 관념을 내포하고 있다고 주장한다. 언뜻 보면 그런 맛이 있는 것도 같다. 그러나 그 '만인' 가운데 '군주'는 포함되지 않는다. 이는 「양권」 편에서 매우 분명하게 밝히고 있다. "도는 만물과 같지 않으며 (…) 군주는 뭇 신하와 같지 않다."378 "도는 둘일 수 없으므로 하나라 일컫는다. 그러므로 현명한 군주는 단독적인 도의 내용을 귀중히 여긴다. 군주와 신하는 도가 다르다. 아래에서 [신하가] 명분名을 가지고 [정책 실행을] 청구하면 군주는 그 명분을 조종한다. 그리고 신하가 그 실제 [성과가 있는] 형태形를 바치면 실질 형태와 정책 명분이 서로 일치할 것이니 위아래가 조화를 이룰 것이다."[379] 사정은 매우 분명해졌다. 한비에게서는 법률 앞에 만인평등이 존재하지 않는다. 만인이 절대적으로 군주에게 복종해야 할 뿐이다. 한비는 법을 절대화한 동시에 군주를 절대화하여 군주의 절대적 권위를 수립한 것이다.

군주는 법령을 반포하고 만인은 그에 따라야 한다. 그렇다면 신하들은 무슨 작용을 하는가? 신하의 직책은 법령의 관철이다. 한비는 공자의 입을 빌려 이렇게 이야기한다. "관리란 법을 바로잡는 자들이다."[380] 「설의說疑」 편도 말한다. "법이란 관리들이 스승으로 삼는 바다."[381] 관리들의 임무는 법을 고수하여 한 발자국도 넘지 못하도록 하는 것이다. 법을 위반하면 확실히 중벌을 내리며, 법의 범위 밖에서 공을 세워도 벌해야 한다. 좋은 일이나 공을 세운 그 자체에 벌을 내리는 것이 아니라 군주와 명분을 다퉜기 때문에 벌하는 것이다. 「팔경」 편은 말한다. "현명한 군주의 도는 신하로 하여금 의를 행하여 영광을 이루지 못하도록 하며, 집안의 이익으로 공을 삼지 못하게 한다. 공명의 달성은 반드시 관의 법에서만 나와야 하며, 법의 범주 밖에서는 아무리 어려운 일을 했다고 해도 드러나게 해서는 안 된다. 그렇게 하면 백성이 사적인 명분으로 하는 일이 없어진다."[382] 한마디로 모든 공덕, 명예, 월계관은 모두 군주의 머리 위에만 씌워질 수 있다.

한비는 법으로 나라를 다스릴 것을 주장하며 현인 정치에 반대한다. 그는 "법을 최고로 여겨야지 현인을 최고로 여겨서는 안 된다"[383]고 주장한다. 군주에 대해서도 현명한 군주를 기다린 뒤 법이 있어야 할 필요가 없다고 말한다. 「수도守道」 편은 말한다. "법을 세움은 증자나 사어 같은 현인에 대비하려는 것이 아니라, 범용한 군주로 하여금 도척盜跖 같은 사람을 금지하도록 하기 위해서다."[384] 역사상의 성군과 폭군은 1000년에 한 번 나올까 말까 하며, 군주 절대다수는 '중간 사람中人'이다. 중간 사람도 "법을 안고 세로 대처하면" 천하를 다스릴 수 있다. 심지어 걸과 주도 '법을 안고 세로 대처하기'만 하면 역시 천하를 다스릴 수 있다. 이것은 진정 극도로 황당한 이론이 아닐 수 없다. 한비가 현인을 숭상하지 않은 것은 주로 경계하고픈 심정에서 나온 것이다. 현인을 숭상하면 그 현자들에 의해 권력을 찬탈당해 "사람을 믿으면 그 사람에게 제압당한다"[385]고 여겼기 때문이다. 만일 믿을 만한 한 사람의 측근도 없다면 일 처리는 매우 어려워질 것이다. 그렇지만 적으면 적을수록 안전하다. 「오두」 편은 말한다. "믿을 만한 사람이라도 열 명을 넘어서는 안 된다."[386] 한비는 예를 숭상하고 신뢰에 의지하는 것을 반대했다. 그러나 능력 있는 사람을 쓰라고 주장한다. 「고분孤憤」 편은 말한다. "군주의 이익은 능력 있는 사람을 골라 관리로 임용하는 데 있다."[387] 표면적으로 현인의 숭상尙賢과 능력 있는 인사의 임용任能 사이에는 분명한 차이가 없어 보인다. 그러나 한비에게 있어 이 둘은 확연히 다르다. 상현은 인치주의의 체현이며, 사능은 법의 범위 내에서 사람을 임용하는 데만 한정한다.

한비는 법에 어느 정도 적극적인 요소가 있다고 강조한다. 귀족들의 법 밖의 특권을 억제하는 작용을 포함하고 있기 때문이다. 그러나 법치를 가지고 인치를 부정함으로써 사정은 또 하나의 극단으로 빠지고 말았다. 맹자와 같이 단순하게 인치를 강조하고 법치에 반대하는 것은 확실히 잘못되었다. 마찬가지로 법치여야만 하고 인치여서는 안 된다는 한비의 주장 또한 잘못된 것이다. 법이 고정되고 제도화된 물건인 데 반해 사람은 살아 있는 능동적인 요소다. 제도는 인재를 통해 비로소 작용을 일으킬 수 있으니 '현명한 군주' 또한 나라를 다스리는 데 없어서는 안 될 조건 중 하나다. 법만 숭상하고 현인을 숭상하지 않으며, 심지어 범용한 사람이나 폭군이라도 법에 의해 국가를 다스리기만 하면 된다는 한비의 관념은 매우 황당한 것이다.

술치術治와 음모궤계陰謨詭計

'술'은 군신 관계를 전문적으로 연구하는 이론이다. 전국 시기에는 술에 관해 이야기하는 분위기가 매우 왕성했다. 도가야말로 말할 필요도 없이 술을 발명한 근원이다. 유가들은 충성과 신의를 지켜야 한다고 부르짖지만 순자는 아주 여러 곳에서 술수에 관해 말하고 있다. 종횡가縱橫家는 술수의 학파라고 말할 수 있다. 술의 실천 방식에 대한 연구는 법가가 가장 투철하다. 술에 관한 이론의 제기와 발전은 관료 제도의 추진과 밀접한 관계가 있다. 술에는 군주가 신하를 제어하는 술도 있고, 신하가 군주를 농락하는 술도 있다. 한비는 군주의 찬양자다. 그가 말하는 술은 모두 군주 전제를 옹호하는 신하 제어의 술이다. 한비는 군신 관계를 호랑이와 승냥이 또는 매매 관계로 보았으므로 고과考課와 감찰의 방법 외에 음모와 궤계를 말하는 곳이 더 많다. 「난삼」편은 말한다. "술이란 군주가 가슴속에 간직해두고, 이로써 수많은 단서를 헤아려 뭇 신하를 암암리에 제어하는 것이다."[388] 술과 법은 다르다. 법은 신하들이 스승으로 삼는 바이며, 술은 군주가 붙잡고 있는 바다. 법은 공개해야 하며, 술은 감추어야 한다. 그래서 이렇게도 이야기한다. "법은 드러남이 좋으나 술은 보이고 싶어하지 않는다."[389] "술을 사용하면 근친이나 측근들이 [중요한 사항들을] 얻어들을 수 없게 된다."[390] 한비는 술을 논하면서 근친과 측근 신하들을 가장 위험한 인물로 지적하고 이를 방비하는 데 특히 중점을 두고 있다. 「팔경」편에서는 군주의 모친主母, 왕후와 비첩后姬, 자식과 고모子姑, 형제兄弟, 대신大臣, 행세하는 귀족顯貴 등 여섯 종류의 사람을 가장 위협적인 인물로 보아 특별히 방비해야 한다고 주장한다. 그는 또 「비내」 편을 써서 이러한 사람들이 정치에 간여하고 권력을 찬탈하는 것을 어떻게 막을지에 관해 전문적으로 논술했다. 「설의」 편은 지적한다. "어려움이란 안에서 생기는 것이 바깥에서 생기는 것과 서로 반반이다."391

한비가 신하들의 제어를 강조한 까닭은 신하들이 정치권력 가운데서 특히 중요하게 작용함을 보았기 때문이다. 군주의 최종 통치 대상은 인민이다. 그렇지만 군주는 직접 인민을 대면할 수 없고, 반드시 관리라는 중간 고리를 통해서만 통치를 실현할 수 있다. 「외저설우하」 편은 말한다. "비록 관리가 어지럽더라도 유독 선량한 백성이 있다는 말은 들어보았지만, 어지러운 백성이 있는데 유독 잘 다스리는 관리가 있다는 말은 들어보지 못했다."392 글 속에서는 이어서 "현명한 군주는 관리들을 다스리지 백성을 다스리지 않는다"393고 말한다. 전체 통치 구조 가운데 관리가 '본本'이고 인민은 '말末'이다. 관리는 그물의 씨줄과 같고 백성은 그물의 날줄과 같다. 군주가 관리를 다스리는 것은 백성을 다스리는 것보다 중요하다. 술의 작용은 바로 관리를 다스리는 데 있다.

한비의 술 가운데 적극적인 고과감찰考課監察 방법에 속한 것으로는 주로 다음 네 가지를 들 수 있다.

첫째, 능력에 따라 임용하고 관직을 수여한다.

둘째, 상과 벌을 분명히 한다.

셋째, 이름에 걸맞은 정책 건의와 겉으로 나타난 실적의 일치도를 검증한다形名參驗. 한비가 말하는 형명참험은 주로 관리가 제 직무를 맡으면 그 직무에 맞추어 공을 평가하며, 신하들에게 관직을 겸하지 못하게 하고, 업무는 제 지위를 넘지 못하도록 하며, 언행이 일치하도록 하는 것을 가리킨다. "[건의하는] 말을 들으면서 반드시 그것의 소용을 따질 것이며,

행동을 보면서 반드시 그것의 성공을 요구해야 한다."³⁹⁴

넷째, 많은 사람의 주장을 뒤섞어 관찰하며 특정한 주장만을 가려듣지 않는다. 「내저설상」 편은 말한다. "보고 듣는데 뒤섞어 하지 않으면 참된 것을 듣지 못한다. 특정한 주장만을 가려들으면 신하들의 은폐에 막히게 된다."³⁹⁵ 간언을 들을 때는 사적인 연고에 따라서는 안 되며 일에 유리한가의 여부를 보아야 한다. 「외저설좌상」 편은 말한다. "현명한 군주가 충언에 귀를 기울이며 경청하는 것은 그것이 큰 공을 이룰 것임을 알기 때문이다."³⁹⁶ 특정한 주장만을 가려듣지 않는 것은 매우 중요하지만 거기에 더하여 선택 결정도 잘해야 한다. 「팔경」 편은 말한다. "수준 낮은 군주는 자신의 능력을 다하며, 중간 군주는 타인의 힘을 다하게 하며, 높은 군주는 타인의 지혜를 다하게 한다. 그러므로 일이 생기면 지혜가 모아져 하나하나 들으면서 변론들을 모아公會 [결단을 내리게] 된다. 동일한 입장에서 듣지 않으면 앞뒤가 어그러지며, 앞뒤가 어긋나면 어리석음과 지혜의 구분이 안 되고, 변론들을 모으지 못하면 주저하며 결단을 내릴 수 없다. 결단을 못 내리면 일을 놓치게 된다."³⁹⁷ 「유로喩老」 편도 각종 의견을 늘어놓아 "많은 대중 앞에서 말하도록" 해야 한다고 주장한다.

그러나 한비의 술의 더욱 많은 부분은 음모와 궤계다. 그 가운데 중요한 것만 뽑아보면 다음의 열 가지다.

첫째, 깊이 감추고 드러내지 않는다. 군주는 결단을 내리기 전에 절대적인 '무위無爲'의 상태를 지켜야 한다. 좋아함이나 싫어함을 감추어 신하들이 절대로 자신의 의향을 알아채지 못하도록 해야 한다. 기밀 누설을 막기 위해 그는 특히 내부, 즉 부인, 후비后妃, 태자, 좌우 측근 등을 잘 방비하라고 주장한다. 그는 또 꿈꾸면서 기밀이 새어나가는 것을 걱정하여 군주에게 '혼자 잘 것獨寢'을 권유한다. 정말 고립무원이란 의미로 왕이 자신을 칭하는 고가孤家, 과인寡人에 딱 맞지 않는가!

둘째, 국가에 이로운 기물은 타인에게 보여주어서는 안 된다.

셋째, "사람을 쓰는 것을 귀신처럼 한다."398

넷째, 뭔가 한 가지를 깊이 감추어深— 대중의 마음에 경각심을 준다. 깊이 감추어 대중의 마음에 경각심을 준다는 것은 무엇인가? 예를 하나 들어 설명해보자. "주나라 왕이 명령을 내려 굽은 지팡이를 찾으라고 했다. 관리들은 며칠이 지났음에도 찾을 수 없었다. 이에 주왕이 사사로이 사람을 시켜 [숨겨둔] 그것을 찾게 하니 하루도 안 돼 찾아냈다. 왕이 관리들에게 말했다. '관리들이 일을 제대로 하지 못함을 내 알겠다. 굽은 지팡이처럼 찾기 쉬운 물건을 관리들은 찾지 못하는데, 내 따로 사람을 시켜 찾게 하니 하루도 안 돼 그것을 찾아냈다. 너희가 충성한다고 말할 수 있는가?' 이에 관리들이 모두 그 자리에서 두려움에 떨며 군주가 신명하다고 생각했다."399 이것은 순전히 작은 권모술수이며 작은 궤계다.

다섯째, 귀머거리나 벙어리를 가장하여 암암리에 흠을 발견한다. 「주도 主道」 편은 말한다. "도는 보지 못하는 데 있고, 쓸모는 알지 못하는 데 있다. 텅 비고 고요하게虛靜 일없이 있으면서 암암리에 흠을 발견한다. 보여도 안 보이는 것처럼, 듣고도 안 들리는 것처럼, 알고도 모르는 것처럼 해야 한다."400 「양권」 편은 말한다. "[신하의] 말을 듣는 방법은 [군주가] 심하게 술에 취한 얼굴을 해야 한다. 입술로든 이로든 군주는 먼저 말을 시작하지 않으며, 이로든 입술로든 더욱 명한 모습으로 있어야 한다. 저들 (신하들)이 스스로 [의견을 다 펼쳐놓고] 나가면 군주는 따져서 모든 것을 알게 된다."401 고의로 귀머거리나 벙어리를 가장함은 사실 좀 천박하다.

여섯째, 말을 거꾸로 하고 일을 반대로 한다. 즉 고의로 잘못된 말을 하고 잘못된 일을 하여 그 잘못으로 신하가 충성하는지의 여부를 검사한다. "자지子之가 연燕나라의 재상을 할 때, 앉아서 거짓말을 했다. '문밖으로 달아난 백마는 무슨 일인가?' 좌우 측근이 모두 보지 못했다고 말했다. 그런데 어떤 한 사람이 쫓아갔다가 돌아와 [거짓으로] 보고했다. '있었습니다.' 자지는 이로써 좌우 측근이 참으로 믿을 만한가의 여부를 알았다."[402] 다시 하나의 예를 들어보자. "위衛 사공嗣公이 한 사람을 나그네로 가장해 관문을 통과하도록 지시했다. 관문에서 그를 가혹하게 문초하자 뇌물로 관문 일을 해결하려 했다. 이에 관문의 관리는 [쉽사리] 그를 풀어주었다. [나중에] 사공이 관문의 관리에게 말했다. '언제 나그네 하나가 네가 지키는 곳을 지나가려다 너에게 뇌물을 주니 네가 그냥 통과시켜 주었다더라.' 관문의 관리는 크게 놀라 사공이 매우 현명한 통찰력을 지녔다고 생각했다."[403] 이 방법은 탐관오리에 대처하는 방법으로 예전부터 써오던 것인데, 어쨌든 일종의 음모다.

일곱째, 사후에 약점을 잡는다. 어떤 일이 생기면 군주는 반드시 방법을 생각해 신하들로 하여금 의견을 발표하도록 해야 한다. 「남면南面」 편은 말한다. "군주의 도는 신하로 하여금 반드시 말을 하도록 책임을 지우며, 또 말하지 않는 데 대해서도 책임을 지운다."[404] "신하 중 말을 한 사람에게는 반드시 그 말을 단서 삼아 결실을 따지며, 말하지 않는 신하에게는 반드시 어느 쪽을 취사선택하는지 물어 책임을 묻도록 한다."[405] 이 한 방은 실로 엄청난 것인데, 이보다 더 엄청난 것은 그 말을 반드시 기록으로 남기라는 이야기다. 「팔경」 편은 "말을 늘어놓은 날 바로 꼭 문서 기록으로 남기라"[406]고 말한다. 단순히 기록으로만 남긴다면 그다지 큰 사건이 아니다. 문제는 한비가 일의 결과와 늘어놓은 말이 반드시 합치하기를 요구했다는 점에 있다. 즉 부합하면 상을 받고, 합치하지 않으면 벌을 받도록 한 것이다. 사람은 신이 아니다. 어떻게 하는 말마다 일에 적중할 수 있겠는가! 한비가 주관적으로 이런 구상을 한 것은 신하들의 위태롭고 교묘한 언행을 막아보기 위함이었다. 그러나 사실상 이는 사람들로 하여금 근본적으로 말을 하지 못하도록 하는 것인데도, 한비는 말을 하지 않을 수도 없게 만들어놓고 있으며, 말을 하면 또 약점을 잡는다. 참으로 모골이 송연할 따름이다!

여덟째, 신하에 대한 방비를 호랑이에 대한 방비처럼 한다. "보통 먹지 않던 음식은 먹지 않는 것"[407]처럼 수시로 경계심을 지녀야 한다.

아홉째, 밀정을 둔다. 「팔경」 편은 말한다. "간첩을 세워 독단적 행위를 바로잡고"[408] "암암리에 수시로 돌게 하여 속마음을 살피도록 한다."[409]

열째, 암살한다. 의심스러운 자나 중임을 맡고 세력이 큰 사람은 방법을 동원해 통제해야 하며, 통제하기가 어려우면 이유를 달아 죽여야 한다. 만약 분명한 벌을 내리기가 곤란한데 "살아서 일을 그르치겠고, 죽어서 명예를 훼손할 것 같으면 [독이 든] 음식으로 처리하라"고 한다.[410] 한마디로 방법을 동원해 암살하라는 것이다.

술에 의지하여 뭇 신하를 제어함은 일시적인 효과를 볼 수는 있지만 국가를 잘 다스리기에는 어렵다. 하지만 군주 전제의 상황 아래에서 음모나 권모술수를 부리는 것은 피할 수 없는 일이기도 하다.

한비의 세, 법, 술은 모두 군주를 위한 절대적 개인 전제의 실현을 뒷받침하는 것들이다. 세, 법, 술은 상호 보완하면서 군주 수중의 세 가지 채찍이 된다. 군주 개인 독재의 실현을 목적으로 하므로 개혁의 분위기는 확실히 희석되어버린다. 개혁 성향을 지니고 있거나 적극적인 의의를 지니는 내용들마저 군주 전제의 실현을 위해 봉사하고 있다. 세, 법, 술은 여기서 이미 막다른 골목으로 접어들었다.

중신重臣의 억제

군주와 인민, 군주와 신하의 관계 문제는 정치사상에서 매우 중요한 명제다. 한비 앞의 여러 사상가는 토론의 중점을 군주, 인민 관계 위에 두었다. 그들은 여러 관점에서 출발하여 인민이 군주의 근본임을 강조했다. 군주의 정책은 인민의 지지를 쟁취하는 데 중점을 두어야 한다는 것이다. 한비는 다른 사상가들과 달랐다. 그는 토론의 중점을 군신 관계로 옮겼다. 춘추 후기에서 전국 중기에 이르기까지 정치의 중심 문제는 정치권력의 쟁취와 개혁의 진행에 있었다. 이와 같은 상황에서 토론의 중심은 군민 관계일 수밖에 없다. 그런데 전국 중기 이후 각국 군주의 지위는 이미 안정되었고, 개혁의 고조기는 이미 지나쳤다. 그리고 통치계급의 상층부에서 권력투쟁이 벌어지기 시작했다. 「화씨和氏」 편은 "오늘날에 이르러 대신들은 [권력의] 무거움을 탐한다"[411]고 말한다. 신하의 권력이 군주의 지위에 더욱 직접적인 영향력을 행사하게 되었으므로, 군주 전제를 주장하던 한비는 무엇보다도 군신 관계 문제를 가장 중요한 위치에 놓은 것이다. 『한비자』에서 상당히 많은 편이 이 문제를 다루고 있다. 이것은 『한비자』라는 책의 특이한 점이다.

한비는 한 사람에게 권력을 집중시키기 위해 군주가 첫 번째로 해야 할 임무는 좌우대신을 억제하는 것이라고 주장한다. 군신 사이는 절대로 충의 관계가 아니며 호랑이와 승냥이 관계이거나 이해타산의 관계다. 군주는 일체의 신료들, 심지어는 자신의 처자나 자녀 모두에 대하여 시시각각 경계를 게을리하지 말 것이며, 절대로 '친근함' '사랑' '믿음'으로 대해서는 안 된다. 「애신愛臣」 편은 말한다. "신하에 대한 사랑이 너무 친밀하면 필경 제 몸을 위협받게 되며, 신하의 권한이 너무 무거우면 필경 군주의 지위가 바뀐다."412 「고분」 편은 말한다. "만승 나라의 최대 걱정거리는 대신의 권한이 너무 무거움이요, 천승 나라의 걱정거리는 좌우 신하를 너무 믿는 데 있다. 이것이 군주들의 공적인 걱정거리다."413 「비내」 편은 말한다. "군주의 걱정은 사람을 믿는 데 있다. 사람을 [너무] 믿으면 그 사람에게 제압당한다."414 친족도 예외가 아니다. "후궁, 부인, 적자로 태자가 된 사람이라도 때로 제 군주가 일찍 죽기를 바라기도 한다."415 인정상 이 사람들은 군주를 미워할 이유가 없지만 이해 다툼이 정감을 넘어서 "군주가 죽지 않으면 세력이 무거워지지 않는다."416 자신의 권익에 영향을 미칠 때 이욕은 인정을 억눌러버리고 군주가 일찍 죽기를 바랄 뿐만 아니라 심지어 독수를 쓰기도 한다. 대신과 좌우 측근들의 위세가 군주를 침해하는 것을 막고자 한비는 다음과 같은 일련의 조치를 주장한다.

첫째, 분봉 지역을 엄격히 통제한다. 전국 시기에도 여전히 봉군封君이 존재했는데, 적잖은 봉군이 자신들의 봉지에 할거하며 독립 왕국의 형세를 보이고 봉지에 의지하여 군주와 대항했다. 「망징亡徵」 편은 말한다. "군주의 국國은 적은데 [사적인] 가家가 크거나, [군주의] 권력은 가벼운데 신하의 권력이 무거우면 망한다."417 당시의 상황은 "국의 땅은 깎이고 사가私家는 부유했다."418 이런 상황에 대하여 한비는 봉군 제도의 철폐를 명확히 제기하지는 않았지만, 봉군의 세력을 제한하거나 가능하면 분봉하지 말아야 한다고 주장했다. 「애신」 편은 말한다. "대신의 봉록이 아무리 크더라도 [주군의] 성에서 위세를 부리게 해서는 안 된다."⁴¹⁹ 「양권」 편은 말한다. "국을 보유한 군주는 [봉군의] 도성이 너무 커지게 해서는 안 된다."⁴²⁰ 부득이 분봉을 해야 하거나 토지를 상으로 내리는 경우라도 반드시 절제해야 한다. "토지로 해결하고 싶어도 하사할 땐 반드시 절제適해야 한다."⁴²¹ '적適'은 절제한다는 의미다.

둘째, 신하가 병권을 마음대로 주무르게 해서는 안 된다. 「애신」 편은 신하가 "[자신의] 추종자가 아무리 많다고 해도 군주의 사졸을 자신의 것으로 생각하게 해서는 안 된다"⁴²²고 말한다. 특히 변경의 대신과 병사를 거느린 장군에 대해서는 더욱 경계해야 한다. 「망징」 편은 말한다. "출병에 군령을 발하는 장수의 권한을 지나치게 무겁게 하거나, 변방을 지키는 태수의 지위를 지나치게 존중하여 제멋대로 명령을 발하게 두고 일을 처리할 때 군주에게 청하지 않는 것을 그냥 두면 망하게 된다."⁴²³ 전국시대는 대신과 봉군들이 사졸을 기르는 풍토가 매우 성했다. 그 가운데 검객들이나 죽음을 두려워 않는 사士들은 사실 모두 사적인 무장 역량으로 군주의 명령에 저항하는 근거였다. 「팔간八姦」 편에서는 이 상황을 신하의 8간八姦의 하나로 열거하면서 군주에게 제거하라고 건의한다.

셋째, 신하에게 재정권을 전횡하게 해서는 안 된다. 「주도」 편은 말한다. "신하가 재정적 이익을 통제하게 되면 군주는 [백성에게] 덕을 잃은 군주가 된다."⁴²⁴ 또한 대신들이 사사로이 구제 활동을 하여 인심을 사는 것은 엄금해야 한다. 이것이 바로 「애신」 편에서 이야기하는 "[국가의] 세금 창고가 사사로이 가에 대여되게 해서는 안 된다"⁴²⁵는 것이다. 제나라의 전田씨가 큰 말로 내어주고 작은 말로 거둬들여 크게 인심을 삼으로써 군주와 인민을 다투었던 현상이 생길 수 있으니 철저히 근절해야 한다는 것이다. 「팔설」 편은 말한다. "은혜를 베풀어 대중[의 마음]을 취함을 득민得

民이라 일컫는다."[426] "득민하는 자가 있으면 군주는 고달프다."[427]

넷째, 신하가 인사권을 전횡하게 두어서는 안 된다. 「주도」 편은 신료들의 임면권은 군주만이 독단 처리하게 해야 한다고 주장한다. 신하에게 "[자기] 사람을 심게" 두어서는 안 된다. "신하가 [자기] 사람을 심게 되면 군주는 추종자를 잃는다."[428]

다섯째, 신하에게 상벌권을 갖게 해서는 안 된다. 「이병二柄」 편은 말한다. "현명한 군주가 신하들을 이끌고 통제하는 수단은 두 개의 칼자루二柄가 있을 뿐이다. 이병이란 형벌과 덕이다."[429] 형과 덕의 이병이 신하의 손에 떨어지면 "한 나라 사람들이 모두 그 신하를 두려워하고 군주를 쉽게 여기며, 그 신하에게 돌아가 군주를 버린다. 이것은 군주가 형과 덕을 잃어 생긴 우환이다."[430] 한비는 아주 생동감 있는 비유를 하나 들어 이 문제를 설명한다. "호랑이가 개를 굴복시킬 수 있는 것은 발톱과 이빨 때문이다. 만약 호랑이의 발톱과 이빨을 뽑아버리고 개에게 덤비게 하면 호랑이가 오히려 개에게 굴복하게 된다."[431] 형과 덕이야말로 다른 사람들을 굴복시키는 발톱이요 이빨이다.

여섯째, 신하들의 사적 당파 결성을 금지한다. 「양권」 편은 말한다. "대신의 집안에 사람이 많을까 두렵다."[432] "나라를 다스리고 싶으면 반드시 [대중이 한곳으로] 몰리는 것을 깨뜨려야 한다."[433] 군주는 수시로 "장딴지가 정강이보다 커지는" 현상을 막아야 한다. 신하가 당파를 맺은 것이 발견되면 즉각 결심을 내려 "그 당을 해산시키고 잔당을 수습하며, 가문을 봉쇄하고 보조 세력을 빼앗아버린다."[434]

일곱째, 사적 조회 풍토를 없앤다. 춘추 시대에는 대부 가의 세력이 팽창했다. 대부들은 국의 군주들을 모방하여 가조家朝(가 안에서 조회함)를 설립했는데, 가조는 사조私朝라고도 불렸다. 가조 내에서 대부들의 형상은 국의 군주와 같았으며, 가의 신하들은 그들을 군주로 받들었다. 가조의 제도는 전국 시대까지 이어져 존속하고 있었다. 이러한 소조정이 군주 대 조정의 대립물이 되었음에 틀림없다. 한비는 「애신」편에서 사조는 간사한 무리이므로 없애야 한다고 지적하며, "신하로 나라 안에 거처하면 사조가 없어야 한다"[435]고 주장한다.

이상의 각종 조치는 모두 강간약지强幹弱枝(근본을 강하게 하고 지엽적인 것은 약화시킴)를 위해서였다. 「양권」편은 이 이치를 상징적으로 잘 설명하고 있다. "군주 되는 사람은 자주 나뭇가지를 쳐주어 나뭇가지가 무성하지 못하게 해야 한다. 나뭇가지가 너무 무성하면 많은 사람이 다니는 공려公閭가 막히고 사문私門이 충실해지며, 공공의 정원이 텅 비어 군주는 [백성으로부터] 막히게 된다. 수시로 나뭇가지를 쳐서 나뭇가지가 밖을 막게 해서는 안 된다. 나뭇가지가 밖을 막게 되면 장차 군주가 있는 곳을 핍박하게 된다. 수시로 가지를 치되 가지는 큰데 줄기가 작게 해서는 안 된다. 가지가 크고 줄기가 작으면 봄바람도 이길 수 없을 것이니, [부드러운] 봄바람도 이기지 못하면 가지는 마침내 [군주의] 심장을 겨누게 될 것이다."[436] 이 문장에서의 줄기는 군주를 말하며, 가지는 신하를 이른다. 군주는 자주 가지를 잘라주어 절대로 가지가 지나치게 무성하게 자라지 못하도록 해야 한다. 한비는 대신을 군주의 권력 집중의 주된 장애물로 보았다. 이는 당시 현실 상황에 부합하는 사실이다. 실제로 신하의 권세를 약화시켜야만 군주는 전제권력을 실현할 수 있었다.

한비가 추구한 것은 다음과 같은 국면이다. "일은 사방에 있으나 핵심은 중앙에만 있다. 성인이 핵심을 잡으면 사방에서 모여들어 본받는다."[437] 군주는 "사해의 내부를 홀로 제어하며 총명하고 지혜로운 자들이 사기 치지 못하게 한다."[438] "멀게는 천리 밖에서도 [군주의] 말을 감히 바꾸지 못하도록 한다."[439] "신하들에게 아무 위엄도 짓지 못하게 하고, 아무 이익도 만들지 못하게 하며 [오로지] 왕의 지시에 따르도록 한다. 아무 잘못도 하지 못하게 하고 왕의 노선에 따르도록 한다."[440]

한비는 군신 간의 대결을 군주가 권력 집중을 실현할 수 있느냐의 관건으로 보았다. 대단히 정확하게 급소를 찔렀다고 말해야 할 것이다. 중국 역사의 실제 과정을 보면 군주의 고도의 전제권력은 군신 간의 대결을 통해 형성되었다. 민주 제도가 없었던 상황에서 군주와 신하가 대결할 때마다 어느 쪽이 승리하든 그 결과는 필연적으로 군주의 권력 집중의 발전을 추진하는 방향으로 모아졌다. 따라서 통치계급 내부의 권력 쟁탈 투쟁은 군주 전제를 이끈 주요 동력이었다고 말할 수 있겠다.

중본억말重本抑末 사상

한비의 중점은 정치에 관한 논의에 있었으므로 경제에 관해 언급한 곳은 적다. 특히 경제와 정치의 관계에 관한 논술은 더욱 적다. 그러나 일단 논급한 것은 상당히 특색이 있다.

농업과 공상업과의 관계 문제에 법가들은 두 가지 상이한 주장을 펼친다. 혹자는 공상을 보호하자고 주장하는데 『관자』 중 법가 학파 가운데 이런 견해를 가진 자가 있다. 『상군서』는 공상업의 억제를 주장한다. 한비는 『상군서』의 사상을 계승하여 농업을 본本으로 공상업을 말末로 취급했다. 「궤사」 편은 말한다. "[국가의] 창고가 튼실해지는 까닭은 농경이라는 본에 힘써야 가능하다. 그런데 [요즘은] 실을 잣는다든가 조각을 새긴다든가 하는 말업末業을 하는 사람들이 부유하다."[441] 본과 말을 밝히면서 한비는 근본의 중시와 말절의 억제重本抑末를 주장한다. 「간겁시신」편에서는 상앙의 "말의 작업은 본의 일을 이롭게 해야 한다"[442]는 정책에 찬성을 표한다. 「오두」 편에서도 이야기한다. "현명한 왕이 다스리는 나라의 정치는 상공업자나 떠돌이 백성의 숫자를 적게 하고 그런 업종의 명칭을 천시한다. 그럼으로써 본에 힘쓰지 않고 말에 종사하는 사람을 줄인다."443 원문 '과취寡趣'의 취趣를 천치유陳奇猷는 '사捨(버림)'로 써야 한다고 주석했다. 과寡는 적게 한다는 의미다. 즉 공상업하는 사람이나 유리걸식하는 사람들을 줄이고 낮추어본다는 말이다.

한비의 중농 사상은 다음과 같은 인식, 즉 농업이야말로 재화 생산의 원천이요 식량은 재부의 중요한 지표라는 데 기초한다. 「오두」편은 "국부는 농사에 달려 있다"고 말한다. 「현학」편은 말한다. "반석이 천리라도 부유하다고 말할 수 없다. (⋯) 부강하다고 말할 수 없음은 반석이 곡식을 생산하지 못하기 때문이다."444 「육반」편은 말한다. "열심히 경작하여 먹고살아야 이익을 창출하는 백성이다."445 「외저설좌상」에는 "농부들이 밭갈이에 게으르면 그 나라는 가난해진다"446고 말한다. 농업 생산의 발전을 촉진하기 위해 「난이」편은 '천공天功' '인사人事' 및 그 상호 관계로부터 생산력을 높이는 길을 논술하고 있다.

첫째, 농업 생산에 종사하려면 반드시 자연의 규율을 따르는 것이 선행 조건이다. "일을 할 때 신중하게 음양을 조화하고, 나무를 심을 때 사시에 적합하게 조절하여 이르고 빠른 시기를 잃지 않고 차고 더운 재앙을 피하면 수확이 많게 된다."447

둘째, 요역이나 흙일을 시킬 때 농사철을 위배해서는 안 된다. "작은 일로 큰 업무를 방해해서는 안 되며, 사욕으로 인사를 해쳐서는 안 된다. 장부들이 농경에 온 힘을 다하고 부인들이 베 짜기에 힘쓴다면 수입이 많아진다."448

셋째, 제 땅을 적절하게 다루도록 농사 지식을 익히게 한다. "키워가는 이치를 알도록 힘쓰고, 토지를 마땅하게 살핀다면 6축이 늘어나고 오곡이 번식하여 수확이 많아진다."449

넷째, 땅에 이로운 조건을 살펴 생산도구를 개량한다. "회계 출납을 분명히 하며, 지형을 잘 살피고 배나 수레 등 기계의 이점을 충분히 사용하

면 힘은 적게 쓰고 성취는 클 것이니 수확이 많게 된다."⁴⁵⁰

다섯째, 상인을 통하여 상품 교류를 촉진하며, 쓰임새를 아껴 낭비를 최소화한다. "시장에서 이윤이 생기게 하고 관문의 통행을 쉽게 해주며, [한쪽에] 있는 것을 없는 곳으로 운반해 [장사할 수 있도록] 해주면 객상들이 몰려들 것이며 외화가 남게 된다. 재물의 씀씀이를 아끼고, 옷, 음식, 건축 자재 등을 절약하면 소용되는 물자가 두루 갖추어지고 놀고 즐기기만을 좋아하지 않게 된다. 그러면 수입이 많아진다."⁴⁵¹

한비는 비교적 많은 곳에서 상업의 억제를 주장한다. 「오두」 편에서는 심지어 공상업에 종사하는 인민을 다섯 좀五蠹 가운데 하나인 해충으로 취급하여 소제해야 한다고 주장한다. 그런데 여기서는 공상업의 작용을 상당히 중시하여 생산력을 발전시키는 데 없어서는 안 될 조건 중 하나로 보고 있다. 한비의 공상업에 대한 견해가 한 가지가 아닐 수도 있으며, 나중에 생각이 변한 것일 수도 있다.

'천공天功'과 '인사人事' 양자 가운데 한비는 '인사'를 더 중시했다. 그래서 "수확이 많은 것은 모두 인위의 결과다"⁴⁵²라고 말한다. '인사' 가운데서도 한비는 정책의 작용을 더 강조했다. 자연경제의 조건하에서 정부 정책은 확실히 농업 생산에 결정적인 작용을 한다.

한비는 농업 생산을 중시했으며, 생산력을 발전시키는 데 필요한 매우 탁월한 주장을 개진하기도 했다. 그러나 한비가 생산을 발전시키려는 목적은 만부를 위해서가 아니라 국가의 재정수입 증가를 위해서였다. 물론 『한비자』라는 책에 부민에 관한 논의가 전혀 없다고는 할 수 없다. 이를테면 「팔설」 편은 부민 문제를 완곡하게 이야기하고 있다. 학자들의 허언을 비판하는 논의를 하면서 그는 이렇게 이야기한다. "좋은 음식을 갖춰놓지도 못하면서 배고픈 사람에게 밥을 권하는 것은 배고픈 사람을 살릴 수 없다. 풀을 베고 곡식을 생산하지도 못하면서 금품을 상으로 베풀라고 권하는 것은 백성을 부하게富民 만들 수 없다."453

책 전체를 통해 보면 여기서의 '부민' 두 글자는 한비의 말 틈새에서 간신히 새어나온 것임을 발견할 수 있다. 민에 대한 한비의 태도는 주지로 볼 때 애민에 반대했을 뿐만 아니라 부민에도 반대한다. 「오두」 편은 말한다. "지금 선왕이 백성을 사랑함愛民은 부모가 자식을 사랑하는 데 못 미친다. [부모가 자식을 그렇게 사랑함에도] 자식이 분란을 일으키지 않는다는 보장이 없는데, 하물며 백성이 어떻게 [군주의] 통치를 그리 절박해하겠는가!"454 부모 자식 간의 사랑도 부자간 다툼을 피할 수 없는데 정치가 어떻게 사랑을 출발점으로 삼을 수 있겠는가? 「육반」 편은 애민 주장이 "부모가 자식에게 하는 것보다 더 친애하기를 군주에게 요구하는 것"455이라고 지적한다. 근본적으로 이렇게 될 수가 없다. 마찬가지로 '부민' 주장도 실제적이지 못할뿐더러 해롭다. 사람의 본성으로 볼 때 사람들은 모두 자신만을 위하며 이익을 좋아하고, 욕망은 끝이 없다. 노자와 같은 극소수의 특수한 인물만이 능히 '지족知足'을 자각한다. 그 외 절대다수 사람의 욕망은 영원히 만족되지 않는다. 이런 상황인데 어떻게 부민 정책을 실행할 수 있단 말인가? 그래서 한비는 '족민足民' '부민' 따위의 주장은 "당시의 실상을 헤아리지 못한"456 크되 쓸모가 없는 빈말이라고 비판한다. 다른 한편으로 백성은 부유해서는 안 된다. 부유하면 음란해지고, 부유하면 게을러진다. 「육반」 편은 말한다. "재화가 풍족하면 가벼이 쓰게 되고, 가벼이 쓰면 분수를 넘어 사치하게 된다."457 이렇게도 이야기한다. "재물이 풍족하면 힘쓰는 일을 안 하게 된다."458

한비는 '애민' '부민'을 정책의 출발점으로 삼는 데 반대한다. 그렇다고 그가 실제로 인민을 모두 생사의 전선에서 발악하게 두라고 주장한 것은 아니다. 그는 이러한 말을 한 적이 있다. "요역徭役이 많으면 백성이 고통스럽다."459 인민은 생계가 막막하면 도망가고 그 결과는 권세 있는 가문에 의탁하게 될 것이니 마침내 국가가 그 해를 입을 것이다. 그래서 그는 "요역을 줄이면 백성이 편안하다"[460]고 주장했다.

빈부에 대한 한비의 견해는 상당히 모순된다. 한편으로는 부자들을 변호하고 다른 한편으로는 빈부의 균등을 주장하기도 한다. 한비는 빈부 차이가 사치와 나태, 그리고 노력과 검약으로 인해 생겨난다고 주장한다. 「현학」편은 말한다. "사치하고 나태한 자는 가난하고, 노력하고 검약한 자는 부유하다."[461] 이와 같은 인식에 기초하여 그는 "빈궁한 자들에게 땅을 나눠주어 바탕 없는 사람들을 튼실하게 만들어야 한다"[462]는 주장에 반대했다. 당시에 아마 부자들에게 세금을 거둬 빈민들을 구제한 사실이 있었던 듯하다. 이에 대해 한비는 극력 반대했다. 그는 오늘날 "부자들에게서 거둬들여 가난한 집안에 보시하는 것은 노력과 검약을 빼앗아 사치와 나태에 주는 것"[463]이라고 생각했다. 이것은 매우 분명하게 부자들을 위한 변호다. 그러나 한편 「육반」편에서는 "세금을 잘 따져 빈부를 균등히 한다"[464]는 주장을 하기도 한다. 위의 논점과 확실히 대조를 이룬다. 양자를 어떻게 통일할 것인지는 처리하기 어려우므로 잠시 보류하기로 한다.

백가학설의 금지:
말은 법의 궤도 아래, 관리를 모든 일의 스승으로

표면적으로 보면 전국 시대의 사상 영역은 제자가 병존하고 백가가 쟁명하는 상황이었다. 그러나 각 학파의 정치사상 맥락을 조금만 자세히 살펴보면 사상가 모두가 상대방의 존재를 자기존재의 조건으로 삼아 응당해야 할 존중은 하지 않고 있음을 발견할 수 있다. 사상가마다 거의 모두 자기 견해의 독존과 타 학설의 금절을 요구한다. 쟁명과 쟁패는 동전의 양면과 같다. 그래서 쟁명이 만들어낸 통합은 문화전제주의의 방향으로 빠져드는데, 법가는 이 방면으로 가장 빨리 달려간 학파다. 『상군서』는 제자백가의 사상, 특히 유가를 이와 같이 냄새나는 더러운 물건으로 취급하여 엄격한 금지를 요구한다. 한비는 이 주장을 계승 발전하여 "모든 말은 법의 궤도 아래言軌於法" "관리들을 모든 일의 스승으로以吏爲師"라는 구호를 처음으로 제기했다. 이리하여 이론과 실천이 결합한 문화전제주의는 현실이 되었다.

한비는 전 국민의 사상 통일을 반드시 법령으로 정해야 한다고 주장했다. 그는 법령을 반포해야 할 뿐만 아니라 법령을 선전하여 부녀자와 아이들도 모두 알도록 해야 한다고 생각했다. 「난삼」 편은 말한다. "현명한 군주가 법을 언급하면 경내의 비천한 사람들 모두 그것을 들어 모르는 사람이 없다."[465] 모든 사람의 사고방식과 생활 전체의 출발점은 반드시 "법을 근본으로 삼아야 한다".(『한비자』 「식사飾邪」) 법은 사람들이 문제를 생각하는 규범인 동시에 지켜야 할 원칙이 되어야 한다는 것이다. 「유도」편은 말한다. "인민을 하나로 만드는 궤도로 법만 한 것이 없다."[466] 「오두」편은 말한다. "경내 백성으로 담론하는 사람이면 반드시 법의 궤도 내에서 해야 한다."[467]

한비가 말하는 법령은 당시 통치자, 특히 군주의 의지를 구현하고 있음에 틀림없다. 사람마다 법에 복종하는 것은 자연히 당시 통치 질서를 수호하는 가장 효과적인 방법이다. 법을 인간의 행위 규범으로 삼음은 법률적 관점으로 볼 때 틀림없이 논리에 맞는 것으로 선진 법가들의 공통된 주장이다. 그러나 법을 인간의 사상 규범으로 삼음은 한비가 제기한 새로운 주장이다. 이 주장의 의의는 사람들에게 반드시 법을 준수할 것을 요구하는 데 있지 않고, 사람들이 가진 사고할 권리를 없애 명확히 사상 범죄를 규정한다는 데 있다. 「문변」에서는 "말을 하되 법령에 맞지 않는 것이면 반드시 금지시켜야 한다"[468]고 말한다. 사람들은 행동에서 법을 지켜야 할 뿐만 아니라 사상에서도 반드시 법의 시녀가 되어야 한다. 「설의」편은 말한다. "간姦을 금지하는 법으로 최상은 그 마음을 금지하는 것이요, 그다음이 말을 금지하는 것이요, 그다음이 일을 금지하는 것이다."[469] 법으로 마음을 금하고 말을 금한다 함은 근본적으로 사람들의 정신적 생산 활동을 말살한다는 말이다. 인간이 동물과 다른 중요한 표징 가운데 하나는 능동적으로 의식 활동을 하고 풍부하게 정신적 생산을 한다는 것이다. 사람들의 정신생활을 법령의 범위 내로 제한하고, 법령에 위배되는 정신생활과 법령 규정을 넘어서는 새로운 사상적 생산을 못하게 하는 것은 인간 본성의 박탈이다. 이런 식의 전제주의는 아주

가혹한 전제주의임에 틀림없다.

법은 군주가 제정한 것이다. 관리들은 군주의 발톱이고 이빨이면서 법령의 집행자들이다. 사람들의 법령 준수와 학습을 하나로 결합하기 위해 한비는 '이리위사以吏爲師'(『한비자』「오두」)를 제기한다. 유가와 묵가 등 유파는 여러 관점에서 출발하지만 기본적으로 모두 성인을 삶의 스승으로 삼거나, 현인을 모든 일의 스승으로 삼을 것을 제창한다. 여기서 성인을 스승으로 삼는 내용과 실질에 관해서는 논하지 않겠다. 다만 형식상 성현과 권력 장악자가 완전히 일치하는 것은 아니며, 교육과 정치 또한 완전히 같은 일은 아니다. 교육은 그만의 상대적 독립성이 있는 것이다. 그런데 이리위사를 제기함으로써 교육의 상대적 독립성을 일거에 없애버리고, 교육을 완전한 정치의 부속품으로 변질시킨다. 동시에 교육이 지닌 인식론적 가치를 없애버렸다. 여기서 교육의 기능은 오직 하나뿐이다. 바로 정치적 순화 작용이다. 선진 교육의 발전사에서 볼 때 이리위사의 제기는 교육의 발전을 말살했고, 사람들이 지식을 추구하고 토론하는 것을 틀어막아버렸다.

한비는 일체의 중대한 문제에 대하여 옛것의 철저한 파괴를 통해 새것을 세운다는 원칙을 견지했다. 정치적 지도 사상에 있어서 이 원칙은 더욱 탁월하게 관철되었다. 그는 법술의 학과 제자백가의 학, 특히 유가와 묵가의 학문을 양립할 수도 병존할 수도 없는 두 가지 사상 체계로 간주했다. 그는 유가와 묵가에 맹렬한 비판을 가했다. 그는 일부 국가가 쇠패한 원인을 유가 학문의 영향으로 돌렸다. 「오두」 편에서는 유학을 '나라의 좀'으로 질타하면서 유학이 존재한다면 "해내海內에 패망한 나라, 소멸한 왕조가 있다 한들 이상할 것이 없다"[470]고 한다. 그는 산동山東[471] 6국이 쇠패하고 서쪽 진나라가 강성한 원인을 하나로 귀결시킨다. 즉 산동의 여러 나라는 유가의 영향을 너무 깊이 받았고, 진은 계속 법술을 받들었기 때문이라는 것이다. 「외저설좌상」은 말한다. "인의를 사모하여 약해지고 어지러워진 곳이 3진晉이요, [인의를] 사모하지 않고 부강으로 다스린 곳이 진秦이다."[472] 「설의」 편은 말한다. "군주가 낮춰지고 나라가 위태로운 곳은 반드시 인의와 지능에 의거하고 있다."[473] 그는 국가의 흥망성쇠와 변화를 논의할 때마다 언제나 법을 받드느냐의 여부로 설명한다. 한비의 공식은 법을 받드는 곳은 강하고 법을 버리는 곳은 쇠패한다는 것이다. 한비의 이와 같은 견해는 사실을 너무 단순화했다는 평가를 면하기 어렵지만 대체만 본다면 그의 분석은 현실에 잘 맞는다. 변법하느냐 변법하지 않느냐, 법을 받드느냐 법을 받들지 않느냐는 흥망성쇠에 지극히 중요한 원인이다.

한비의 유가, 묵가 및 기타 제자에 대한 비판은 그냥 단순하게 죄를 전가하는 것이 아니라 그 나름대로의 이치를 이야기하고 있다. 가장 근본적인 점은 그가 인의의 도와 사람의 호리好利 본성이 서로 배치된다고 생각한 것이다. 「육반」 편은 말한다. "오늘날 학자들은 한결같이 이익을 원하는 마음을 없애고 서로 사랑하는 도를 내세워 군주에게 부모보다 더 가까운 [사랑을 하도록] 요구한다."[474] 이 요구는 근본적으로 불가능할뿐더러 행해질 수도 없다. 이렇게도 이야기한다. "위아래의 접촉에서 부모 자식만큼의 은혜는 없는 법인데, [부모가] 의를 행하고자 아래의 자식을 금지하면 부자의 교류일지언정 필경 간극이 있게 될 것이다."[475]

그다음이 인의와 자혜는 법과 서로 대립한다는 점이다. 법술은 규범화된 규정에 의거하여 문제를 처리하기를 요구한다. 인의나 자혜는 동정심을 기초로 하기에 인치와 심치心治로 표현된다. 동정심 즉 개인의 감정에 기초하여 사물을 처리하면 필경 마음대로 결정하게 되므로 객관적인 표준이 없다. 「팔설」 편은 말한다. "어진 사람은 자혜로우며 재물을 가벼이 여기는 사람이다. (⋯) 은혜로우면 차마 참지 못하며, 재물을 가벼이 여기면 주는 것을 좋아한다. (…) 차마 참지 못하면 벌을 가함에 용서와 사면이 많을 것이며, 주는 것을 좋아하면 상을 주어도 공로가 없게 된다.[476] 「간겁시신」 편은 말한다. "[지금] 세상의 군주들은 인의의 이름을 아름다이 여길 뿐 그 실질을 살피지 못한다. 그리하여 군주의 [그 오판이] 크면 나라가 망하고 자신은 죽게 되며, 작은 자는 땅이 깎이고 군주는 비하된다. 왜 그렇게 천명하는가? 빈곤한 사람들에게 시혜를 베풂을 세상에서는 인의라 일컬으며, 백성을 가련히 여겨 차마 사형을 내리지 못함을 세상에서는 자혜라고 말한다. 빈곤한 자들에게 시혜를 베풀면 공로가 없는 사람이 상을 받게 되고, 차마 사형을 내리지 못하면 포악한 난리를 일으키는 자들이 그치지 않는다. (…) 나는 그래서 인의와 자혜를 써서는 안 된다고 천명하는 것이다."[477] 「난삼」 편에서도 말한다. "은혜로 정치를 하면 공로가 없는 사람이 상을 받고, 죄 있는 사람이 사면되니 이는 법이 무너지는 이유가 된다."[478] 사람들은 모두 인의를 치켜세우기 좋아하고 난폭함을 싫어한다. 그런데 한비가 보기에 인의든 난폭함이든 모두 망국의 도다. 인仁과 폭暴은 심치心治의 두 극단으로 인자와 난폭한 자는 본질적으로 차이가 없다. "인과 폭은 모두 나라를 망치는 것이다."[479] 현실적인 면에서 한비의 이 견해는 상당히 일리가 있다. 법을 버리고 심에 따름은 정치의 표준을 잃은 것인데, 표준이 없는 상황에서 인의와 난폭함을 대립된 것으로 보기보다는 한 문제의 두 측면으로 보는 것이 오히려 낫다.

한비가 유가, 묵가와 기타 제자들을 비판하는 또 하나의 이유는 유가, 묵가 등이 언변을 일삼을 뿐 검증이 없으며, 진부하여 현실적이지 못하다는 것이다. 유가와 묵가는 입만 열면 요, 순을 이야기하는데 「현학」 편에서는 이를 얼토당토않는 거짓말이라고 비판한다. "공자와 묵자는 모두 요, 순을 이야기한다. (…) 요, 순이 다시 살아나지 않는데 유가, 묵가의 말이 참되다고 누가 인정하겠는가? 은나라, 주나라가 700여 년 전이고, 우虞(순임금 시대), 하나라가 2000여 년 전이니 유가, 묵가 [주장의] 진실성을 인정할 수 없다. 지금 3000여 년 전에서 요, 순의 도를 찾으려 한다면 [아무리 이야기해도] 그 의미가 꼭 그럴 수는 없지 않은가! 비교 검증이 없이 꼭 그렇다고 우기는 것은 어리석고, [증명]할 수 없는 것을 증거로 삼는 것은 거짓이다. 따라서 분명히 선왕을 증거로 삼는다면서 꼭 요, 순으로 정하려는 사람들은 어리석지 않으면 거짓이다. 현명한 군주는 어리석고 거짓된 학문이나 뒤섞여 반대로 가는 행위는 받아들이지 않는다."[480] 공자, 묵자의 학을 모두 어리석고 거짓된 것이라고 한 점은 틀림없이 선입견에서 나왔다. 그러나 유가, 묵가의 학이 "비교 검증이 없고" "증명할 수 없다"고 지적한 점은 핵심을 찌른 것이다.

유가, 묵가 외에 한비는 다른 학파에도 많은 비판을 가한다. 비판의 요점은 마찬가지로 실질적이지 못하다는 것이다. 예컨대 공손룡公孫龍의 백마비마白馬非馬설[481]은 논변이라면 논변이지만 백마라고 관문을 지날 때 그것(백마는 말이 아니라는 주장)에 근거하여 세금을 면제받을 수는 없다. 그는 또 말 그림과 귀신 그림을 들어 비유하면서 사상가들의 광활한 변설이 마치 귀신 그림처럼 실제와 가깝지 않은 도깨비 논의에 불과하다고 질타한다.

한비는 제자백가에 타격을 주기 위해 모함하는 수법을 쓰기도 했다. 그는 옛 성현을 칭송하는 무리는 모두 옛것을 빌려 오늘날을 풍자하고 선현을 빌려 지금의 군주를 헐뜯는다고 주장한다. 「충효」 편은 말한다. "신하된 사람이 자주 선왕의 후덕함을 칭송하고 그렇게 되기를 바라는 것은 지금의 군주를 비방하는 짓이다."[482] 그런 사람들에게 해를 가하기 위해 심지어는 제자백가가 요, 순을 칭송하는 것은 곧 신하들에게 왕위 찬탈의 모반을 부추기는 것이라고까지 주장한다. 한비가 보기에 요, 순, 탕, 무왕은 모두 신하로 왕위를 찬탈한 무리였기 때문이다. "요는 군주이면서 제 신하를 군주로 삼았고, 순은 신하이면서 제 군주를 신하로 삼았으며, 탕, 무는 신하이면서 제 군주를 죽이고 그 시체에 형벌을 가했다."[483] 이런 사람들이 어떻게 성인일 수 있는가. 그들은 군주를 죽이고 왕위를 빼앗은 간악한 무리에 불과하다. 유가, 묵가 등이 이들을 배가하여 칭송하는 것은 분명히 신하에게 왕위 찬탈을 부추기는 짓이다. "이것이 천하가 오늘날에 이르러 다스려지지 않는 까닭이다."[484] 앞부분의 비판이 그런대로 일리가 있다고 하면 여기서의 주장은 확실히 모함이다.

"법으로 마음을 가르친다."[485] "관리를 모든 일의 스승으로 삼는다以吏爲師"와 백가의 금절은 한비 문화전제주의의 주된 내용이다. 이것과 정치에 있어서의 군주 전제주의는 잘 맞아떨어진다.

결어

한비의 모든 정치사상은 군주독재의 강화와 군주 이익의 수호를 위해 전개되었다. 이는 한비가 문제를 관찰하고 문제를 처리하는 출발점이자 귀결점이다.

군주 권력 집중의 강화와 군주 이익의 수호는 사회생활의 각 방면에 영향을 미칠 수 있다. 이익으로 이끌고, 이익으로 유혹하고, 이익으로 부리고, 이익으로 금지하는 방식에 의거하여 신민을 조종함으로써 군주를 위해 봉사하도록 할 때, 이는 불가피하게 사회경제나 정치 관계의 변동을 가져온다. 이 변동 가운데 일부 내용은 공로 없이 녹을 받는 특권을 없애는 등 구질서에 대한 파괴로 나타난다. 이러한 변동은 사회의 진보에 유익하다. 그러나 한비는 엄한 형벌과 고도의 억압 또한 이익으로 이끌고, 이익으로 부리고, 이익으로 금지하는 특수한 방식으로 보았으며, 이 방식을 더욱 간편하고 더욱 효과적인 것으로 생각했다. 그래서 이익으로 이끌고, 이익으로 부림이 한번 뒤집어지면 고도의 억압 정책으로 치닫게 되었던 것이다.

한비의 주장이 군주의 입맛에 들어맞았으리란 것은 의심의 여지가 없다. 그러나 군주를 공개적으로 모든 사람에 대립하는 존재로 둠으로써 군주로 하여금 고립에 빠지게도 했다. 한비는 군주와 신하, 군주와 인민 관계의 장막을 가장 진솔하게 벗겨버렸다. 이 장막이 벗겨지지 않았을 때 쌍방 모두는 자각이 없어 재앙을 맞아도 그 원인이 어디 있는지 알지 못했다. 그런데 일단 장막이 벗겨지자 쌍방은 또 한편으로 공포 속에 살게 되었다. 이것은 군주가 통치 질서를 유지하는 데 부작용을 가져오기도 했다.

한비의 저작이 명확하지 않고, 지혜롭지 않고, 성스럽지 못하다고 말할 수는 없다. 그럼에도 그가 성인의 팻말을 건지지 못한 주요 원인은 아마도 그가 너무 사실에 충실했기 때문일 것이다. 봉건 시대에는 허위가 성실보다 더욱 유용하며 더욱더 군주를 기쁘게 했다.

1　入則無法家拂士.

2　辟草萊任土地者.(『맹자』「離婁上」)

3　建法立制, 强國富人(兵), 是謂法家, 管仲, 商鞅是也.

4　이회李悝에 대해서는『사기』에 "토지생산을 최고로 높이기 위해 노력한 사람盡地力之
　敎"이라 기록되어 있는데, 같은 시기의 다른 문헌에는 이 사람을 이극李克이라고 기록
　한 곳도 있다. 두 사람이 같은가 다른가의 논쟁이 끊이지 않는다. 여기서는 첸무錢穆의
　『선진제자계년先秦諸子繫年』 등을 참고하여 둘을 같은 사람으로 보고, 그 경우 '悝'를
　중국어의 '리li'가 아닌 '쿠이kui'로 읽어 우리 발음 '회'로 정했다. ―옮긴이

5　著書定律爲法家.

6　法非從天下, 非從地出, 發於人間, 合乎人心而已.(『愼子』佚文)

7　凡治天下, 必因人情.(『한비자』「八經」)

8　審治刑賞, 必明經紀; 陳義設法, 斷事以理.

9　明主度量人力之所能爲, 而後使焉. 故令於人之所能爲則令行, 使於人之所能爲則事成.

10　道無雙, 故曰一.(『한비자』「揚權」)

11　凡人君之所以爲君者, 勢也.

12　人君失勢則臣制之矣 (…) 故君臣之易位, 勢在下也.

13　主者, 人之所仰而生也.

14　不慕古, 不留今, 與時變, 與俗化.(『관자』「正世」)

15　이회李悝와 이극李克이 한 사람인지 두 사람인지에 대해서는 여러 가지 견해가 있다.
　추이스崔適의『사기탐원史記探源』은 이극을 이회의 다른 이름이라고 주장한다. 장타
　이옌의『검론』「원법原法」편 또한 이 논거를 지지한다. 양콴楊寬의『전국사戰國史』는
　『사기』중「화식열전貨殖列傳」「평준서平准書」에 기재된 이극은 이회의 잘못이 맞지만,
　다른 고적에 기재된 이극은 다른 사람이라고 주장한다. ―저자주

16　撰次諸國法, 著法經.

17　秦漢舊律, 其文起自魏文侯師李悝.

18　盡地力之敎.

19　一夫挾五口, 治田百畝.

20　魏氏之行田也以治百畝.

21　法以有功勞行田宅.

22　行, 音行酒之行, 猶付與也.

23　必雜五種, 以備災害.(『太平御覽』卷821의『史記』『通典』「食貨二, 水利田」)

24　糴甚貴傷民, 甚賤傷農; 民傷則離散, 農傷則國貧.(『漢書』「食貨志」)

25　富足者爲淫佚, 則驅民而爲邪也.(『說苑』「反質」)

26　人之有狐疑之訟者, 令之射的, 中之者勝, 不中者負.

27　爲國之道, 食有勞而祿有功, 使有能而賞必行, 罰必當.

28　奪淫民之祿, 以來四方之士.

29　王者之政, 莫急於盜賊, 故其律始於盜賊.(『晉書』「刑法志」)

30　具律具其加減.(『晉書』「刑法志」)

31　魯欲使慎子爲將軍.

32　名到, 先申韓, 申韓稱之.

33　學黃老道德之術.

34　慎到著十二論.

35　賢而屈於不肖者, 權輕也; 不肖而服於賢者, 位尊也. 堯爲匹夫, 不能使其鄰家; 至南面而
　　王, 則令行禁止. 由此觀之, 賢不足以服不肖, 而勢位足以屈賢矣.(『慎子』「威德」)

36　兩則爭, 雜則相傷.(『慎子』「德立」)

37　兩貴不相事, 兩賤不相使.(『慎子』佚文)

38　臣有兩位者國必亂. 臣兩位而國不亂者, 君在也. 恃君而不亂矣.(『慎子』「德立」)

39　多賢不可以多君, 無賢不可以無君.(『慎子』佚文)

40　君臣之間, 猶權衡也. 權左輕則右重, 右重則左輕. 輕重迭相橛, 天地之理也.(『慎子』佚
　　文)

41　得助於衆.(『慎子』「威德」)

42　愛赤子者, 不慢於保. 絕險歷遠者, 不慢於御.

43　하, 은, 주 3대의 문을 연 왕들과 제齊 환공桓公부터 시작된 춘추 시대의 5패. —옮긴이

44　得助則成, 釋助則廢.(『慎子』「威德」)

45　民雜處而各有所能. 所能者不同, 此民之情也.

46　下之所能不同, 而皆上之用也. 是以大君因民之能爲資, 盡包而畜之, 無能去取焉. 是故
　　不設一方以求於人, 故所求者無不足也. 大君不擇其下故足. 不擇其下則易爲下矣. 易爲
　　下, 則莫不容. 莫不容, 故多下. 多下之謂太上.(『慎子』「民雜」)

47　多下之謂太上.

48　古者立天子而貴之者, 非以利一人也. 曰: 天下無一貴, 則理無由通. 通理以爲天下也.(『慎
　　子』「威德」)

49 立天子以爲天下, 非立天下以爲天子也. 立國君以爲國, 非立國以爲君也.(『愼子』「威德」)

50 百姓之於聖人也, 養之也; 非使聖人養己也.(『愼子』「威德」)

51 立天子以爲天下.

52 聖人之有天下也, 受之也, 非取之也.(『愼子』「威德」)

53 君人者, 舍法而以身治, 則誅賞予奪, 從君心出矣.

54 受賞者雖當, 望多無窮; 受罰者雖當, 望輕無已.

55 君舍法而以心裁輕重, 則同功殊賞, 同罪殊罰矣.

56 怨之所由生也.(『愼子』「君人」)

57 國家之政要在一人之心矣.(『愼子』「威德」)

58 一人之識識天下, 誰子之識能足焉?(『愼子』佚文)

59 唯法所在.(『愼子』「君臣」)

60 事斷於法, 是國之大道也.(『愼子』佚文)

61 天能覆之而不能載之, 地能載之而不能覆之.(『장자』「天下」)

62 萬物皆有所可, 有所不可.

63 選則不遍, 教則不至.

64 大道能包之而不能辯之.(『장자』「天下」)

65 허우와이루侯外廬 편, 『中國思想通史』 제1권 602쪽에 보인다. ―저자주

66 一人心.(『愼子』「威德」)

67 法非從天下, 非從地出, 發乎人間, 合乎人心而已.(『愼子』佚文)

68 上則取聽於上, 下則取從於俗.

69 人莫不自爲也.(『愼子』「因循」)

70 家富則疏族聚, 家貧則兄弟離, 非不相愛, 利不足相容也.(『愼子』佚文)

71 匠人成棺, 不憎人死; 利之所在, 忘其丑也.(『愼子』佚文)

72 法制禮籍, 所以立公義也. 凡立公所以棄私也.

73 蓍龜所以立公識也, 權衡所以立公正也, 書契所以立公信也, 度量所以立公審也.

74 欲不得干時, 愛不得犯法.

75 定賞分財必由法.(『愼子』「威德」)

76 立法而行私, 是私與法爭, 其亂甚於無法.(『愼子』佚文)

77 一免走街, 百人追之, 貪人具存, 人莫之非者, 以免爲未定分也. 積免滿市, 過而不顧, 非不欲免也, 分定之後, 雖鄙不爭.(『愼子』佚文)

78 故治天下及國, 在乎定分而已矣.

79 士不得兼官, 工不得兼事.(『愼子』「威德」)

80 職不得過官.(『愼子』「知忠」)

81 定賞分財必由法.(『愼子』「威德」)

82 爲人君者, 不多聽, 據法倚數以觀得失. 無法之言, 不聽于耳; 無法之勞, 不圖于功; 無勞
    之親, 不任于官; 官不私親, 法不遺愛. 上下無事, 唯法所在.(『愼子』「君臣」)

83 公而無當('黨' 자의 가차), 易(平易)而無私, 決然無主, 趣物而不兩.

84 6수銖가 1치錙이며, 4치가 한 냥兩이다. 매우 작은 것의 무게를 재는 단위. —옮긴이

85 厝鈞石, 使禹察錙銖之重則不識也. 懸于權衡, 則牦髮之不可差, 則不待禹之智, 中人之
    知莫不足以識之矣.(『愼子』佚文)

86 治國無其法則亂, 守法而不變法則衰. 有法而行私謂之不法. 以力役法者, 百姓也; 以死
    守法者, 有司也; 以道變法者, 君長也.(『愼子』佚文)

87 法雖不善猶愈于無法.(『愼子』「威德」)

88 尙法而不尙賢.

89 立君而尊賢, 是賢與君爭, 其亂甚于無君.(『愼子』佚文)

90 民一於君.(『愼子』佚文)

91 臣下閉口, 左右結舌.(『愼子』佚文)

92 臣盡智力以善其事.(『愼子』「民雜」)

93 亡國之君, 非一人之罪也; 治國之君, 非一人之力也. 將治亂, 在乎賢使任職.(『愼子』「知
    忠」)

94 各有所長, 各有所短.

95 不設一方以求于人.(『愼子』「民雜」)

96 廊廟之材, 蓋非一木之枝也; 粹白之裘, 非一狐之皮也.(『愼子』「知忠」)

97 臣事事而君無事, 君逸樂而臣任勞.

98 人君自任, 而務爲善以先下, 則是代下負任蒙勞也, 臣反逸矣.(『愼子』「民雜」)

99 與君爭爲善以先君.

100 臣反責君.

101 君主智最賢.

102 一以君而盡瞻下則勞, 勞則有倦, 倦則衰, 衰則復反于不瞻之道也.

103 是君臣易位也, 謂之倒逆, 倒逆則亂矣.(『愼子』「民雜」) (저자가 『순자』라 쓴 것은 『신자』
     의 잘못이다. —옮긴이)

104 蔽于法而不知賢.

105　用人之自爲, 不用人之爲我.

106　人莫不自爲也, 化而使之爲我, 則莫可得而用矣.(『愼子』「因循」)

107　將治亂, 在乎賢使任職, 而不在于忠也. 故智盈天下, 澤及其君; 忠盈天下, 害及其國.(『愼子』「知忠」)

108　忠不得過職, 而職不得過官.

109　忠臣不生聖君之下.

110　亂世之中, 亡國之臣, 非獨無忠臣也. 治國之中, 顯君之臣, 非獨能盡忠也.

111　世有忠道之人. 臣之欲忠者不絕世.

112　毁瘁主君於暗墨之中, 遂染溺滅名而死.

113　適足以重非.

114　申不害者, 京人也, 故鄭之賤臣. 學術以干韓昭侯, 昭侯用爲相. 內修政教, 外應諸侯, 十五年. 終申子之身, 國治兵強, 無侵韓者.

115　著書二篇, 號曰申子.

116　君主所以尊者, 令. 令之不行是無君也, 故明君愼之.(『北堂書鈔』권45 인용)

117　明君如身, 臣如手; 君如號, 臣若響; 君設其本, 臣操其末; 君治其要, 臣行其詳; 君操其柄, 臣事其常.

118　明君使其臣, 并進輻湊, 莫得專君.(『申子』「大體」)

119　君必有明法正義, 若懸權衡以稱輕重, 所以一群臣也.(『藝文類聚』권54 인용)

120　堯之治也, 蓋明法察令而已. 聖君任法而不任智. 任數(法術)不任說. 黃帝之治天下, 置法而不變, 使民安樂其法也.(『太平御覽』권638 인용)

121　法者見功而與賞, 因能而授官.(『한비자』「外儲說左上」)

122　術者, 因任而授官, 循名而責實, 操殺生之柄, 課群臣之能者也, 此人主之所執也.(『한비자』「定法」)

123　今人君之所以高爲城郭而謹門閭之閉者, 爲寇戎盜賊之至也. 今夫弑君而取國者, 非必逾城郭之險而犯門閭之閉.

124　妒妻不難破家也, 亂臣不難破國也.(『申子』「大體」)

125　失之數而求之信則疑矣.(『한비자』「難三」)

126　昔者堯之治天下也以名, 其名正則天下治; 桀之治天下也亦以名, 其名倚而天下亂. 是以聖人貴名之正也. 主處其大, 臣處其細, 以其名聽之, 以其名視之, 以其名命之.(『申子』「大體」)

127　爲人君者, 操契以責其名. 名者, 天地之綱, 聖人之符. 張天地之綱, 用聖人之符, 則萬物之情無所逃之矣.(『申子』「大體」)

128 治不逾官, 雖知不言.(『한비자』「難三」)

129 一言正而天下定, 一言倚而天下靡.(『太平御覽』 권624 인용)

130 明君治國, 三寸之機運而天下定, 方寸之謀正而天下治.(『太平御覽』 권390 인용)

131 因冬爲寒, 因夏爲暑, 君奚事哉!(『呂氏春秋』「任數」)

132 地道不作. 是以常靜. 常靜是以正方擧事爲之, 乃有恒常之靜者.(『北堂書鈔』 권157 인용)

133 剛者折, 危者覆, 動者搖, 靜者安, 名自正也, 事自定也.

134 隨事而定之.

135 示天下無爲.(『申子』「大體」)

136 上明見, 人備之; 其不明見, 人惑之. 其知見, 人飾之; 不知見, 人匿之. 其無欲見, 人司(伺)
之; 其有欲見, 人餌之.

137 唯無爲可以窺之.(『한비자』「外儲說右上」)

138 十里之間, 而耳不能聞.

139 帷墻之外, 而目不能見.

140 전답의 면적 단위, 보통 100보를 1무畝라 한다. —옮긴이

141 三畝之宮, 而心不能知.

142 去聽無以聞則聰, 去視無以見則明, 去智無以知則公. 去三者不任(用)則治, 三者任則亂.
以此言耳目心智之不足恃也.(『呂氏春秋』「任數」)

143 善爲主者, 倚于愚, 立于不盈, 設于不敢, 藏于無事.

144 示人有餘者, 人奪之; 示人不足者, 人與之.

145 獨視者謂明, 獨聽者謂聰. 能獨斷者故可以爲天下主.(『한비자』「外儲說右上」)

146 鼓不與于五音, 而爲五音主. 有道者不爲五官之事, 而爲治主. 君知其道也, 官人知其事也.
十言十當, 百爲百當者, 人臣之事, 非君人之道也.

147 因者, 君術也; 爲者, 臣道也. 爲則擾矣, 因則靜矣.(『呂氏春秋』「任數」)

148 韓昭侯使騎于縣, 使者報, 昭侯問曰: 何見也? 對曰: 無所見也. 昭侯曰: 雖然何見? 曰: 南
門之外, 有黃犢食苗道左者. 昭侯謂使者, 毋敢泄吾所問于女. 乃下令曰: 當苗時禁牛馬入
人田中, 固有令, 而吏不以爲事, 牛馬甚多入人田中, 亟擧其數上之, 不(之)得, 將重其罪.
于是三鄕擧而上之. 昭侯曰: 未盡也. 復往審之, 乃得南門之外黃犢. 吏以昭侯爲明察, 皆
悚懼其所而不敢爲非.

149 申不害不擅其法, 不一其憲令則奸多故.(『한비자』「定法」)

150 利不百, 不變法; 功不十, 不易器.(『商君書』「更法」)

151 法古無過, 循禮無邪.(『商君書』「更法」)

152 前世不同教, 何古之法? 帝王不相複, 何禮之循?(『商君書』「更法」)

153 治世不一道, 便國不必法古.(『商君書』「更法」)

154 고대 가로세로의 밭두둑 단위. —옮긴이

155 관작의 세습과 녹봉의 세습. —옮긴이

156 宗室貴戚多怨望者.

157 行之十年, 秦民大悅.

158 鄕邑大治.(『史記』「商君列傳」)

159 兵革大强, 諸侯畏懼.

160 수레에 사람의 사지를 묶어 각기 다른 방향으로 말을 달리게 하여 찢어 죽이는 능지처
참의 형벌. —옮긴이

161 及孝公, 商君死, 惠王卽位, 秦法未敗也.(『한비자』「定法」)

162 吳有孫武, 齊有孫臏, 魏有吳起, 秦有商鞅, 皆禽敵立勝, 垂著篇籍.

163 劉向別祿云, 疑李悝及商君所說.

164 藏商管之法者家有之.

165 경작과 전투를 병용하자는 상앙의 주장. —옮긴이

166 郁郁乎文哉! 吾從周.

167 天地設而民生之.

168 民知其母, 而不知其父.(『商君書』「開塞」)

169 親親而愛私.(『商君書』「開塞」)

170 親親廢, 上賢立矣.

171 上賢而說仁.

172 貴貴而尊官.(『商君書』「開塞」)

173 民衆, 而以別險爲務, 則民亂.

174 民務勝而力征. 務勝則爭, 力爭則訟. 訟而無正, 則莫得其性也.

175 愛利爲務.(『商君書』「開塞」)

176 相出爲道.(『商君書』「開塞」)

177 作爲(劃定)土地, 貨財, 男女之分.(『商君書』「開塞」)

178 貴貴而尊官.(『商君書』「開塞」)

179 伐木殺獸, 人民少而木獸多.

180 男耕而食, 婦織而衣, 刑政不用而治, 甲兵不起而王.

181　以強勝弱, 以衆勝寡.

182　君臣上下之義, 父子兄弟之禮, 夫婦妃匹之合; 內行刀鋸, 外用甲兵.

183　伏羲神農教而不誅, 黃帝堯舜誅而不怒. 及至文武, 各當時而立法, 因事而制禮.

184　先王當時而立法, 度務而制事, 法宜其時則治, 事適其務故有功.

185　三代不同禮而王, 五霸不同法而霸.

186　反古者未必可非, 循禮者未足多(肯定)也.

187　不法古, 不循今.

188　民之性, 飢而求食, 勞而求佚, 苦則索樂, 辱則求榮. 此民之情也.

189　民之生(性), 度而取長, 稱而取重, 權而索利.

190　民生則計利, 死則慮名.

191　名利之所湊, 則民道之.

192　民之欲富貴也, 共闔(蓋의 가치)棺而後止.

193　意民之情, 其所欲者田宅也.

194　自此觀之, 國之所以重, 主之所以尊者, 力也.

195　聖君之治人也, 必得其心, 故能用力.

196　力生強, 強生威, 威生德, 德生于力.

197　能述仁義于天下.

198　國待農戰而安, 主待農戰而尊.

199　民之欲利者, 非耕不得; 避害者, 非戰不免.

200　民之所苦者無('유唯'로 읽음)耕.

201　民之內事, 莫苦于農.

202　驅以賞.

203　民有餘糧, 使民以粟出('진進'으로 읽음)官爵. 官爵必以其力, 則農不怠.

204　食賤則農貧, 錢重則商富.

205　不農之徵必多, 市利之租必重.(『商君書』「外內」)

206　國好生粟于境內, 則金粟兩生, 倉府兩實, 國強.

207　危者無('유唯'로 읽음)戰.

208　民之外事, 莫難于戰.

209　欲戰其民者, 必以重法. 賞則必多, 威則必嚴.

210　民見戰賞之多則忘死, 見不戰之辱則苦生.

211　能壹民于戰者, 民勇; 不能壹民于戰者, 民不勇. 聖王之見王之致于兵也, 故舉國而責之于兵.

212 起居飮食所歌謠者, 戰也.(『商君書』「賞刑」)

213 民之見戰也, 如餓狼之見肉也.

214 不得, 無返!

215 百石之弩射飄葉.

216 善因天下之貨, 以賞天下之人. 故曰: 明賞不費.

217 歸心于農, 則民朴而可正也, 紛紛('純純'의 잘못임)則易使, 信可以守戰也.

218 屬于民則朴, 朴則畏令.

219 夫民之情, 朴則生勞而易力; 窮則生知而權利. 易力則視死而樂用, 權利則畏罰而易苦; 易苦則地利盡. 樂用則兵力盡.

220 避農則民輕其居. 輕其居則必不爲上守戰也.(『商君書』「農戰」)

221 力多而不用則志窮, 志窮則有私, 有私則有弱. 故能生力不能殺力, 曰自攻之國, 必削.

222 力多而不攻則有奸虱.

223 國富而不戰, 偸生于內, 有六虱, 必弱.

224 毒輸于敵, 國無禮樂虱官, 必强.

225 權者, 君之所獨制也.

226 權制斷于君則威.

227 凡知道者, 勢數也. 故先王不恃其强而恃其勢; 不恃其信而恃其數. 今夫飛蓬遇飄風而行千里, 乘風之勢也. 探淵者知千仞之深, 懸繩之數也.

228 名分未定, 堯舜禹湯且皆如鶩(亂跑)焉而逐之; 名分已定, 貧盜不取.

229 名分定, 則大詐貞信, 民皆愿愨(誠實).

230 名分定, 勢(必然)治之道也; 名分不定, 勢亂之道也.

231 故立法明分, 而不以私害法, 則治.

232 堯舜之位天下也, 非私天下之利也, 爲天下位天下也.

233 立天子以爲天下, 非立天下以爲天子.

234 今亂世之君臣, 區區然皆擅一國之利, 而管(掌握)一官之重, 以便其私, 此國之所以危也. 故公私之交, 存亡之本也.

235 以治法者强, 以治政者削.

236 有明主忠臣産于今世, 而能領其國者, 不可以須臾忘于法.

237 愛人者不阿, 憎人者不害, 愛惡各以其正, 治之至也. 臣故曰: 法任而國治矣.

238 天下之吏民無不知法者.(『商君書』「定分」)

239 吏不敢以非法遇民, 民不敢犯法以干法官也.

240 不能開一言以枉法; 雖有千金, 不能以用一銖.(『商君書』「定分」)

241 十里斷者國弱, 五里斷者國強.

242 治則家斷, 亂則君斷, 治國者貴下斷.

243 不能獨爲非, 而莫與人爲非.

244 壹刑者, 刑無等級. 自卿相將軍以至大夫庶人, 有不從王令, 犯國禁, 亂上制者, 罪死不赦.

245 有功于前, 有敗于後, 不爲損刑. 有善于前, 有過于後, 不爲虧法. 忠臣孝子有過, 必以其數斷.

246 守法守職之吏有不行王法者, 罪死不赦, 刑及三族.

247 富貴之門必出于兵.(『商君書』「賞刑」)

248 官爵必以其力.(『商君書』「靳令」)

249 所謂壹賞者, 利祿官爵搏(專)出于兵, 無有異施也.

250 私勞不顯于國, 私門不請于君.

251 宗室非有軍功論, 不得爲屬籍.

252 爲私鬪者各以輕重被刑大小.

253 利出一空(孔)者, 其國無敵. 利出二空者, 其國半利. 利出十空者, 其國不守.

254 利出一孔, 則國多物. 利出十孔, 則國少物. 守一者治, 守十者亂.

255 주나라 때 병역제도에서 한 집마다 한 사람씩 정해지는 정졸正卒 이외, 아직 장년이 되지 않는 사람이나 신체에 문제가 있는 여분의 남자들을 가리킨다. —옮긴이

256 農戰之民千人, 而有詩書辯慧者一人焉, 千人者皆怠于農戰矣. 農戰之萬百人, 而有技藝者一人焉, 百人者皆怠于農戰矣.

257 民勝法, 國亂. 法勝民, 兵強.

258 民弱國強; 國強民弱(이 구절은 '民强國弱'이어야 함). 故有道之國, 務在弱民.

259 政作民之所惡, 民弱.(『商君書』「弱民」)

260 別而規者.

261 用善則民親其親, 任奸則民親其制.

262 任奸則罪誅.(『商君書』「說民」)

263 民勇, 則賞之以其所欲. 民怯, 則殺之以其所惡. 故怯民使之以刑則勇, 勇民使之以賞則死. 怯民勇, 勇民死, 國無敵者必王.

264 治國之擧, 貴令貧者富, 富者貧. 貧者富, 富者貧, 國強.

265 聖人之治也, 多禁以止能, 任力以窮詐.

266 今之民巧以僞.(『商君書』「開塞」)

267 求過不求善.(『商君書』「靳令」 또는 「開塞」)

268 夫刑者所以禁邪也, 而賞者所以助禁也.

269 賞施于告奸.

270 王者刑九賞一, 強國刑七賞三, 削國刑五賞五.

271 治國刑多而賞少, 故王者刑九而賞一, 削國賞九而刑一.

272 故行刑重其輕者, 輕者不生, 則重者無從至矣, 此謂治之于其治也.

273 刑加于罪所終, 則奸不去. 施賞于民所義, 則過不止. 刑不能去奸, 而賞不能止過者, 必亂. 故王者刑用于將過, 則大邪不生; 賞施于告奸, 則細過不失.

274 以刑去刑, 刑去事成.(『商君書』「靳令」)

275 以戰去戰, 雖戰可也; 以殺去殺, 雖殺可也; 以刑去刑, 雖重刑可也.

276 不刑而民善, 刑重也. 刑重者, 民不敢犯, 故無刑也, 而民莫敢爲非, 是一國皆善也.

277 法古則後于時, 修今則塞于勢.

278 聖人知必然之理, 必爲之時勢, 故爲必治之政, 戰必勇之民, 行必聽之令. 是以兵出而無敵, 令行而天下服從.

279 有技藝者一人, 百人者皆怠于農戰矣.

280 觀往者得失之變.(『史記』「韓非列傳」)

281 춘추 시대 진晉나라가 한韓, 위魏, 조趙 세 나라로 나뉘어졌으므로 3진三晉이라 한다. ―옮긴이

282 夫慕仁義而弱亂者, 三晉也; 不慕而治強者, 秦也.

283 晉之故法未息, 而韓之新法又生; 先君之令未收, 而後君之令又下.

284 奉法者強則國強, 奉法者弱則國弱.

285 當今之世, 能去私曲而就公法者, 民安而國治. 能去私行行公法者, 則兵強而敵弱.

286 嗟乎, 寡人得見此人與之游, 死不恨矣!(『史記』「韓非列傳」)

287 鑽燧取火, 以化腥臊.

288 今人有五子不爲多, 子又有五子, 大父未死而有二十五孫.

289 人民衆而貨財寡.

290 上古競于道德, 中世逐于智謀, 當今爭于氣力.(『한비자』「五蠹」)

291 輕辭古之天子, 難去今之縣令.(『한비자』「五蠹」)

292 是以聖人不期修古, 不法常可, 論世之事, 因爲之備.

293 事因于世, 而備適于事.(『한비자』「五蠹」)

294 『한비자』에 나오는 고사로 나무 그루터기를 지키고 토끼가 와 부딪혀 죽어주기를 기다
리는 송宋나라 한 농부의 어리석음을 지적한 것이다. ─옮긴이

295 以腸胃爲根本, 不食則不能活, 是以不免于欲利之心.

296 父母之于子也, 産男則相賀, 産女則殺之.

297 慮其後便, 計之長利也.(『한비자』「六反」)

298 人爲嬰兒也, 父母養之簡, 子長而怨. 子盛壯成人, 其供養薄, 父母怒而誚之. 子父, 至親
也, 而或誚或怨者, 皆挾相爲而不周于爲己也.(『한비자』「外儲說上」)

299 千金之家, 其子不仁, 人之急利甚也.(『한비자』「難四」)

300 皆挾自爲之心.(『한비자』「外儲說左上」)

301 猶用計算之心以相待也, 而況無父子之澤乎!(『한비자』「六反」)

302 臣盡死力以與君市, 君垂爵祿以與臣市. 君臣之際, 非父子之親也, 計數之所出也.

303 鱣(원래 철갑상어를 뜻하는 말이나 여기서는 장어, 뱀장어로 해석한다─옮긴이)似蛇,
蠶似蠋, 人見蛇則驚駭, 見蠋則毛起. 然而婦人拾蠶, 漁者握鱣, 利之所在, 則忘其所惡,
皆爲孟賁.(『한비자』「內儲說上」)

304 醫善吮人之傷, 含人之血.

305 夫陳輕貨于幽隱, 雖曾史可疑也; 懸百金于市, 雖大盜不取也.(『한비자』「六反」)

306 喜刑名法術之學, 而其歸本于黃老.(『史記』「韓非列傳」)

307 道者, 萬物之始.(『한비자』「主道」)

308 道者, 萬物之所以然也.(『한비자』「解老」)

309 天得之以高, 地得之以藏, 維斗得之以成其威, 日月得之以恒其光, 五常得之以常其位,
列星得之以端其行, 四時得之以御其變氣.(『한비자』「解老」)

310 道者, (…) 是非之紀也.(『한비자』「主道」)

311 道者, (…) 萬理之所稽也.(『한비자』「解老」)

312 萬物各異理, 而道盡稽萬物之理.(『한비자』「解老」)

313 道不同于萬物, (…) 道無雙, 故曰一.

314 有術之君, 不隨適然之善, 而行必然之道.(『한비자』「顯學」)

315 君不同于群臣.

316 明君貴獨道之容.

317 禍兮福之所倚, 福兮禍之所伏.

318 人有禍則心畏恐. 心畏恐則行端直, 行端直則思慮熟. 思慮熟則得事理, 行端直則無禍害.

無禍害則盡天年; 得事理則必成功. 盡天年則全而壽; 必成功則富與貴, 全壽富貴之謂福. 而福本於有禍, 故曰禍兮福之所倚.

319 夫冰炭不同器而久, 寒暑不兼時而至, 雜反之學不兩立而治.

320 勢不兩立.(『한비자』「人主」)

321 害者, 利之反也.

322 亂者, 治之反也.(『한비자』「六反」)

323 背私之謂公, 公私之相背也.(『한비자』「五蠹」)

324 夫以妻之近與子之親而猶不可信, 則其餘無可信者矣.

325 知臣主之異利者王, 以爲同者劫, 與共事者殺.

326 萬物皆盛, 而不與其寧.(『한비자』「揚權」)

327 夫婦持政.(『한비자』「揚權」)

328 明主之牧臣也, 說在馴鳥.

329 馴鳥者斷其下翎焉, 斷其下翎則必恃人而食, 焉得不馴乎? 夫明主畜臣亦然. 令臣不得不利君之祿, 不得無服上之名, 夫利君之祿, 服上之名, 焉得不服?

330 先王所期者利也, 所用者力也.

331 力多則人朝, 力寡則朝于人, 故明君務力.

332 古人亟於德, 中世逐于智, 當今爭于力.

333 死力者, 民之所有者也.

334 國富而兵强. 然而無術以知奸, 則以其富强資人臣而已矣.

335 國者君之車也.

336 善用人者, 必循天順人而明刑罰.(『한비자』「用人」)

337 先王寄理于竹帛, 其道順, 故後世服. 今使人去飢寒, 雖賁, 育不能行; 廢自然, 雖順道而不立.

338 古之全大體者: (…) 不逆天理, 不傷情性.

339 議多少, 論薄厚.(『한비자』「五蠹」)

340 雖有堯之智, 而無衆人之助, 大功不立.

341 凡五霸所以能成功名于天下者, 必君臣俱有力焉.

342 利之所在民歸之, 名之所彰士死之.

343 夫上所以陳良田大宅, 設爵祿, 所以易民死命也.

344 君上之于民也, 有難則用其死, 安平則盡其力.

345 赴險殉誠, 死節之民.

346 寡聞從令, 全法之民.

347 力作而食, 生利之民.

348 嘉厚純粹, 整穀之民.

349 重命畏事, 尊上之民.

350 挫敵遏奸, 明上之民.

351 利民萌便衆庶.(『한비자』「問田」)

352 人主之大物, 非法則術也.(『한비자』「難三」)

353 勢者, 勝衆之資也.(『한비자』「八經」)

354 勢重者, 人主之爪牙也.(『한비자』「人主」)

355 凡明主之治國也, 任其勢.(『한비자』「難三」)

356 民者固服于勢.(『한비자』「五蠹」)

357 有材而無勢, 雖賢不能治不肖.(『한비자』「功名」)

358 主失勢而臣得國.(『한비자』「孤憤」)

359 歲必于自然, 則無爲言于勢矣. (…) 今日堯舜得勢而治, 桀紂得勢而亂, 吾非以堯桀爲不然也. 雖然, 非一人之所得設也. 夫堯舜生而上位, 雖有十桀紂不能亂者, 則勢治也; 桀紂亦生而在上位, 雖有十堯舜而亦不能治者, 則勢亂也. 故曰: '勢治者則不可亂, 而勢亂者則不可治也'. 此自然之勢也, 非一人之所得設也. 若吾所言, 謂人之所得勢(陶鴻慶은 '勢'가 '設'이어야 한다고 말한다)也而已矣.

360 明主者, 使天下不得不爲己視, 使天下不得不爲己聽. 故身在深宮之中而明照四海之內.

361 嚴家無悍虜, 而慈母有敗子, 吾以此知威勢之可以禁暴, 而德厚之不足以止亂也.

362 威勢者, 人主之筋力也.

363 威者, 所以行令也.

364 人臣之于其君, 非有骨肉之親也, 縛于勢而不得不事也.

365 凡奸臣皆欲順人主之心以取親幸之勢者也.

366 法者, 事最適者也.(『한비자』「問辯」)

367 不期修古, 不法常可, 論世之事, 因爲之備.(『한비자』「五蠹」)

368 有道之君貴靜, 不重變法.(『한비자』「解老」)

369 내부적으로 사회 질서를 어지럽히는 악당 또는 나쁜 짓을 하는 사람을 간사라 부른다. 이에 비해 외부의 적은 귀구라 부른다. —옮긴이

370 任賢, 則臣將乘于賢以劫其君.(『한비자』「二柄」)

371 夫立法令者以廢私也, 法令行而私道廢矣. 私者所以亂法也.

372 道私者亂, 道法者治.

373 古者蒼頡之作書也, 自環者謂之私, 背私者謂之公, 公私之相背也.

374 匹夫有私便, 人主有公利. 不作而養足, 不仕而名顯, 此私便也; 息文學而明法度, 塞私便
而一功勞, 此公利也.

375 書約而弟子辯, 法省而民訟簡. 是以聖人之書必著論, 明主之法必詳事.

376 法者, 編著之圖籍, 設之于官府, 而布之于百姓者也.

377 明主之國, 令者, 言最貴者也; 法者, 事最適者也. 言無二貴, 法不兩適, 故言行而不軌于
法令者必禁.

378 道不同于萬物, (…) 君不同于群臣.

379 道無雙, 故曰一. 是故明君貴獨道之容. 君臣不同道, 下以名禱, 君操其名, 臣效其形, 形名
參同, 上下和調也.

380 吏者, 平法者也.(『한비자』「外儲說左下」)

381 法也者, 官之所以師也.

382 明主之道, 臣不得以行義成榮, 不得以家利爲功. 功名所生, 必出于官法, 法之所外, 雖有
難行, 不以顯焉; 故民無以私名.

383 上法而不上賢.(『한비자』「忠孝」)

384 立法非所以備曾史也, 所以使庸主能止盜跖也.

385 信人則制于人.(『한비자』「備內」)

386 貞信之士不盈于十.

387 主利在有能而任官.

388 術者, 藏之于胸中, 以偶衆端而潛御群臣者也.

389 法莫如顯, 而術不欲見.

390 用術, 則親愛近習莫之得聞也.

391 難之從內起, 與從外作者相半也.

392 聞有吏雖亂而有獨善之民, 不聞有亂民而獨治之吏.

393 明主治吏不治民.

394 聽其言必責其用, 觀其行必求其功.(『한비자』「六反」)

395 觀聽不參則誠不聞, 聽有門戶則臣壅塞.

396 忠言拂于耳, 而明主聽之, 知其可以致功也.

397 下君盡己之能, 中君盡人之力, 上君盡人之智. 是以事至而結智, 一聽而公會. 聽不一則
後悖于前, 後悖于前則愚智不分; 不公會則猶像而不斷, 不斷則事留.

398 其用人也鬼.(『한비자』「八經」)

399 周主下令索曲杖, 吏求之數日不能得. 周主私使人求之, 不移日而得之, 乃謂吏曰: '吾知
吏不事事也. 曲杖甚易也, 而吏不能得, 我令人求之, 不移日而得之, 豈可謂忠哉?' 吏乃皆
悚懼其所, 以君爲神明.(『한비자』「內儲說上」)

400 道在不可見, 用在不可知. 虛靜無事, 以暗見疵. 見而不見, 聞而不聞, 知而不知.

401 聽言之道, 溶(容)若甚醉. 脣乎齒乎, 吾不爲始乎; 齒乎脣乎, 愈惛惛乎. 彼自離之, 吾因以
知之.

402 子之相燕, 坐而佯言曰: '走出門者何白馬?' 左右皆言不見. 有一人走追之, 報曰: '有.' 子之
以此知左右之誠信不.(『한비자』「內儲說上」)

403 衛嗣公使人爲客過關市, 關市苛難之, 因事關市以金, 關吏乃舍之. 嗣公爲關吏曰: '某時
有客過而所, 與汝金, 而汝因遣之.' 關市乃大恐, 而以嗣公爲明察.(『한비자』「內儲說上」)

404 主道者, 使人臣必有言之責, 又有不言之責.

405 人臣言者必知其端以責其實, 不言者必問其取舍以爲之責.

406 言陳之日, 必有英籍.

407 不食非常之食.(『한비자』「備內」)

408 設諫('間' 즉 間諜과 같음)以綱(糾正)獨爲.

409 陰使時循以省衰(衷이어야 함).

410 生害事, 死傷名, 則行飮食.(『한비자』「八經」)

411 當今之世, 大臣貪重.

412 愛臣太親, 必危其身; 人臣太重, 必易主位.

413 萬乘之患, 大臣太重; 千乘之患, 左右太信. 此人主之所公患也.

414 人主之患在于信人, 信人則制于人.

415 后妃夫人嫡子爲太子者, 或有欲其君之蚤死者.

416 君不死則勢不重.

417 凡人主之國小而家大, 權輕而臣重者, 可亡也.

418 國地削而私家富.(『한비자』「孤憤」)

419 大臣之祿雖大, 不得藉威城市.

420 有國之君, 不大其都.

421 欲爲其地, 必適其賜.

422 黨與雖衆, 不得臣士卒.

423 出軍命將太重, 邊地任守太尊. 專制擅命, 徑爲而無所請者, 可亡也.

424 臣制財利則主失德.

425 府庫不得私貸于家.

426 行惠取衆謂之得民.

427 得民者君上之孤也.

428 臣得樹人則主失黨.

429 明主之所導制其臣者, 二柄而已矣. 二柄者, 刑德也.

430 則一國之人皆畏其臣而易其君, 歸其臣而去其君矣, 此人主失刑德之患也.

431 夫虎之所以能服狗者, 爪牙也. 使虎釋其爪牙而使狗用之, 則虎反服于狗矣.

432 大臣之門, 唯恐多人.

433 欲爲其國, 必伐其聚.

434 散其黨, 收其餘, 閉其門, 奪其輔.(『한비자』「主道」)

435 人臣處國無私朝.

436 爲人君者, 數披其木, 毋使木枝扶疏, 木枝扶疏, 將塞公閭, 私門將安, 公庭將虛, 主將壅
圍. 數披其木, 毋使木枝外拒, 木枝外拒, 將逼主處. 數披其木, 毋使枝大本小, 枝大本
小, 將不勝春風, 不勝春風, 枝將害心.

437 事在四方, 要在中央. 聖人執要, 四方來效.(『한비자』「揚權」)

438 獨制四海之內, 聰智不得其詐.

439 遠在千里外, 不敢易其辭.

440 臣毋或作威, 毋或作利, 從王之指; 無或作惡, 從王之路.(『한비자』「有度」)

441 倉廩之所以實者, 耕農之本務也, 而綦組錦繡刻畫爲末作者富.

442 因末作而利本事.

443 夫明王治國之政, 使其商工游食之民少而名卑, 以寡趣本務而趨末作.

444 盤石千里, 不可謂富. (…) 而不可謂富強者, 盤石不生粟.

445 力作而食, 生利之民也.

446 農夫惰于田者則國貧也.

447 擧事愼陰陽之和, 種樹節四時之適, 無早晚之失, 寒溫之災, 則入多.

448 不以小功妨大務, 不以私欲害人事, 丈夫盡于耕農, 婦人力于織紝, 則入多.

449 務于蓄養之理, 察于土地之宜, 六畜遂, 五穀殖, 則入多.

450 明于權計, 審于地形舟車機械之利, 用力少, 致功大, 則入多.

451 利商市關梁之行, 能以所有致所無, 客商歸之, 外貨留之. 儉于財用, 節于衣食, 宮室器械,
周于資用, 不事玩好, 則入多.

452 入多, 皆人爲也.

453 不能具有美食而勸餓人飯, 不爲能活餓者也; 不能鬪草生粟而勸貸施賞賜, 不能爲富民者也.

454 今先王之愛民, 不過父母之愛子, 子未必不亂也, 則民奚遽治哉!

455 是求人主之過父母之親也.

456 不察當時之實事.(『한비자』「六反」)

457 財貨足用則輕用, 輕用則侈泰.

458 凡人之生也, 財用足則隳于用力.

459 徭役多則民苦.

460 徭役少則民安.(『한비자』「備內」)

461 侈而惰者貧, 而力而儉者富.

462 與貧窮地, 以實無資.

463 斂于富人, 以布施于貧家, 是奪力儉而與侈惰也.

464 論其稅賦以均貧富.

465 明主言法, 則境內卑賤莫不聞知也.

466 一民之軌, 莫如法.

467 境內之民, 其言談者必軌于法.

468 言行而不軌于法令者必禁.

469 禁姦之法, 太上禁其心, 其次禁其言, 其次禁其事.

470 海內雖有破亡之國, 削滅之朝, 亦勿怪矣.

471 여기에서 산산山山은 진秦나라와 중원 각국의 경계선인 효산殽山을 말한다. 따라서 산동山東은 효산의 동쪽을 말한다.

472 夫慕仁義而弱亂者, 三晉也; 不慕而治強者, 秦也.

473 卑主危國者之必以仁義智能也.

474 今學者之說人主也, 皆去求利之心, 出相愛之道, 是求人主之過父母之親也.

475 今上下之接, 無子父之澤, 而欲以行義禁下, 則交必有郤矣.(『한비자』「六反」)

476 仁者, 慈惠而輕財者也. (…) 慈惠則不忍, 輕財則好與. (…) 不忍則罰多宥赦, 好與則賞多無功.

477 世主美仁義之名而不察其實, 是以大者國亡身死, 小者地削主卑. 何以明之? 夫施與貧困者, 此世之所謂仁義; 哀憐百姓不忍誅罰者, 此世之所謂惠愛也. 夫有施與貧困, 則無功者得賞; 不忍誅罰, 則暴亂者不止. (…) 吾以是明仁義愛惠之不足用.

478 惠之爲政, 無功者受賞, 而有罪者免, 此法之所以敗也.

479 仁暴者, 皆亡國者也.(『한비자』 「六說」)

480 孔子墨子俱道堯舜, (…) 堯舜不復生, 將誰使定儒墨之誠乎? 殷周七百餘歲, 虞夏二千餘
歲, 而不能定儒墨之眞. 今乃欲審堯舜之道于三千歲之前, 意者其不可必乎! 無參驗而必
之者, 愚也; 弗能而據之者, 誣也. 故明據先王, 必定堯舜者, 非愚則誣也. 愚誣之學, 雜反
之行, 明主弗受也.

481 하얗다는 속성을 포함하여 이야기하는 '흰 말'이란 개념사는 타 동물과 구분된 대표
명칭으로서 말과 같은 개념사가 아니라는 명가 학파 공손룡의 대표적 주장이다. —옮
긴이

482 爲人臣常譽先王之德厚而愿之, 是誹謗其君者也.

483 堯爲人君而君其臣, 舜爲人臣而臣其君, 湯武爲人臣而弑其主刑其尸.

484 此天下所以至今不治者也.

485 以法敎心.(『한비자』 「用人」)

제7장

도가의 자연 본위 정치사상

제 1 절

도 가 개 술

도가의 유파

선진 시대에는 '도가道家'라는 명칭이 없었다. '도가'라는 명칭은 사마담 司馬談의 「논육가요지論六家要旨」에서 시작하여 '도덕가'와 '도가'로 불리게 되었다. 사마천은 자기 부친의 스승 계보를 기술하면서 그의 아버지가 "황자黃子에게 도론道論을 익혔다"[1]고 말한다. 그래서 도가는 '도론'으로 불리기도 한다. 그 후 '도가'가 차츰 전통적 칭호로 자리 잡게 되었다.

선진에 비록 '도가'라는 명칭은 없었으나 하나의 학파가 만들어진 것은 분명한 사실이며 그들 스스로도 그렇게 인식하고 있었다. 다른 유파들의 눈에 도가는 특수한 색깔을 지니고 있었다.

도가의 자아의식은 유가, 묵가와는 분명한 차이가 있다. 유가, 묵가는 종사宗師가 있고 깃발이 있으며 스승 계보가 있다. 심지어 묵가처럼 일정한 조직이 있는 경우도 있다. 이 방면에 도가는 결함이 있다. 도가의 자아의식은 주로 다음 세 방면에서 나타난다.

첫째, 그들도 깃발과 종사를 세우려는 경향이 있었다. 그들의 깃발과 종사는 바로 황제黃帝와 노자老子였다. 황제는 "백가 모두 황제를 이야기했다"[2]는 사마천의 이야기처럼 선진 시대에 광범하게 유포되었다. 그러나 황제를 언급하는 상황들은 매우 달랐다. 어떤 이는 역사로 보았으며, 어떤 이는 신으로 보았고, 어떤 이는 일정한 사상과 정신을 부여하여 사상의 화신으로 삼았다. 황제는 사상가들에게 조사祖師로서의 성질을 지니게 되었다. 이 방면에 도가의 행보가 비교적 빨랐다. 『노자』라는 책에는 황제를 언급한 곳이 없고, 현존하는 사료로 볼 때 『장자莊子』라는 책의 저자가 황제의 지위를 폭넓게 토론하고 있으며 일정한 정신적 풍모까지 부여하고 있다. 그런데 『장자』라는 책은 여러 사람의 손에서 나왔기 때문에 황제에 대한 견해 차이가 매우 크다. 『장자』 전체를 놓고 보면 대체로 두 파로 나뉜다. 한 파는 황제를 폄하의 대상으로 여긴다. 황제 이전 인류의 생활은 자연 가운데 처하여 유유자적하고 하늘 아래 걸림이 없었는데, 이런 자연생활은 황제에 의해 뒤흔들리게 되었다. 그가 인의仁義를 발명하여 인심을 휘저어 불안하게 만든 뒤로부터 세월이 갈수록 사람은 도에서 멀어져 갔다. 「지락至樂」 「선성繕性」 「천운天運」 「추수秋水」 「재유在宥」 「천지天地」 「도척盜跖」 편 등은 기본적으로 이와 같은 생각을 견지하고 있다. 또 한 파는 위의 견해와 완전히 반대다. 이를테면 「대종사大宗師」 「제물론齊物論」 「천도天道」 「지북유知北遊」 「산목山木」 「서무귀徐無鬼」 편 등은 여러 각도에서 다양한 수준으로 황제를 긍정한다. 혹자는 황제를 마음을 비우고 도를 배운 사람으로 경지에 오르지는 않았지만 적어도 도의 전당에 오른 제자 그룹으로 볼 수 있다고 주장한다. 혹자는 황제가 도를 구현한 사람이라 주장하는데, 이를테면 「지북유」 편의 황제는 도술道術을 깊이 얻었다고 한다. "황제가 말했다. 생각함도 염려함도 없이 처음 도를 알았으며, 마음 씀도 탄복함도 없이 처음 도를 즐겼으며, 따르지도 길 삼음도 없이 처음 도를 얻었다."[3] 황제는 크게 각성한 위대한 스승이라는 주장이다. 혹자는 황제를 '성인'으로 존중한다. 「산목」 편은 장자莊子의 입을 빌려 자신의 언행과 사유 방식이 모두 "신농神農과 황제의 법칙"⁴을 따르는 것이라고 말한다. 『장자』의 몇몇 편 외에 제齊나라 직하학궁稷下學宮 가운데 전병田駢, 접자接子 등 도가 학파들도 황제를 존숭했다. 『여씨춘추呂氏春秋』「집일執一」편은 전병의 말을 기술하고 있는데, 그 가운데 "3대三代 시대에는 크게 번창했고, 5제五帝 시대에는 밝게 빛났다"⁵는 말이 있다. 고유高誘는 5제가 황제 헌원軒轅 등을 가리킨다고 주석했다. 애석한 것은 그들의 저작이 모두 망실되어 상세한 상황은 알 수가 없다는 것이다. 마왕퇴馬王堆에서 출토된 『노자 을본권 전고일서老子乙本卷前古佚書』는 사라진 도가 학파의 저작인데, 그 가운데 『십육경十六經』은 완전히 황제의 입으로 도리를 서술하는 것으로 황제가 진정한 조사가 되고 있다. 황제를 존중하는 것 외에 도가 가운데 일부는 노자를 본종으로 삼기도 한다. 이 기치가 가장 선명한 사람은 장자와 『장자』의 저자들이다. 그들은 노자를 자신들의 종사이자 성인으로 여기는데, 이를 사마천은 이렇게 이야기한다. 장주莊周 "주장의 핵심은 노자의 말로 귀결한다."⁶ 황제와 노자에 대한 선진 도가들의 태도는 유가들이 공자를 대함이나 묵가들이 묵자를 대함과 같이 일치된 존중은 없었으나, 그러한 추세가 있었던 것은 분명하다. 그래서 사마천이 도가 학파의 인물들을 논할 때면 항시 황로黃老에 귀결시키고 있다. 이를테면 신도愼到, 전병, 접자, 환연環淵 등이 "모두 황로의 도와 덕에 관한 학술을 배워 그 취지를 풀어 밝혔다"⁷고 한다. 황로를 존중했으므로 전한前漢 초에 도가 자체를 황로의 말씀이라 부르기도 했다.

둘째, 사유 방식이나 사용 범주 및 개념이 기본적으로 일치했다. 이 점에 대해서는 뒤에서 다시 논하겠다.

셋째, 일정한 스승 계보師承 관계가 있다. 도가의 사승 문제는 지금도 확실하게 해결되지 않은 문제다. 그러나 일부 기록으로 볼 때 많은 사람이 제자나 문생들을 갖고 있었다. 노자의 제자로는 『장자』의 기록에 의하면 백거柏矩, 경상초庚桑楚, 양자거陽子居가 있다.(『장자』 중의 「즉양則陽」 「경상초」 「우언寓言」 등 편에 보임) 양주楊朱, 장자 및 전병과 같은 제나라 직하학궁의 도가들도 모두 제자가 있었다. 전병의 제자는 100명에 이르렀다고 한다. 사마천은 황로 학설의 전수 상황에 대하여 다음과 같이 기재하고 있다. "낙신공樂臣公은 황제와 노자를 배웠는데, 그의 본래 스승의 호는 하상장 인河上丈人이라 부르며 어디서 나왔는지는 모른다. 하상장인은 안기생安期生을 가르쳤고, 안기생은 모흡공毛翕公을 가르쳤으며, 모흡공은 낙하공樂瑕公을 가르쳤고, 낙하공은 낙신공을 가르쳤으며, 낙신공은 개공蓋公을 가르쳤다. 개공은 제나라 고밀高密과 교서膠西에서 가르치며 조曹나라 상국相國의 스승이 되었다."[8] 이것은 단지 도가 학파 가운데 한 지류의 사승 관계일 뿐 전부와는 거리가 멀다. 도가의 사승 관계에 대한 학계의 인식 차이는 매우 큰데, 여기서는 상세히 논하지 않겠다. 다만 꼭 한 가지 짚고 넘어가야 하는 것이 있는데, 당시 사승이 있음으로써 학파의 자아의식을 강화할 수 있었다는 사실이다.

도가 스스로의 자아의식 외에 외부 세계에서도 그들을 하나의 무리로 보았는가? 현존 자료로 볼 때 확실히 그런 인식이 있었던 것 같다. 도가 가운데 일부 인사들은 정치세력에 협력하지 않고 벼슬을 거절했으며, 산림에 은거했기 때문에 사람들에게 '은자'로 불렸다. 사상과 이론의 측면에서 도가 중 일부 인사들은 제 몸을 소중히 여기고 생명을 중시하라貴己重生고 주장했다. 그래서 그들의 학설은 '생명을 온전히 보존시키는全生 학설' (『관자』 「입정」)이라 불렸고, 그 사람들은 '물질을 경시하고 생명을 중시하는輕物重生 선비'(『한비자』 「현학」) 또는 '귀생貴生의 선비'(『한비자』 「육반」)라 불렸다. 일부 평론 가운데서 이 사람들은 대체로 한 집단으로 취급되고 있다. 순자荀子는 「비십이자非十二子」 편에서 타효它囂, 위모魏牟를 병렬하고, 진중陳仲, 사추史鰌를 병기하고 있다. 이 네 사람은 모두 도가에 속하는데, 전자는 귀생하여 쾌락주의로 치달았고, 후자는 귀기하여 금욕주의로 치달았다고 한다. 『장자』「천하」 편은 팽몽彭蒙, 전병, 신도, 관윤關尹, 노담老聃, 장주를 하나의 집단으로 취급하여 대동소이하다고 말한다. 『여씨춘추』「불이不二」 편은 각 학파 학설의 요지를 개괄하고 있는데, 그 가운데 노담, 관윤, 열자列子, 전병(또는 진병陳騈), 양생陽生에 대한 개괄 내용이 서로 유사하여 가까운 집단이었음에 의심의 여지가 없다. 「중언重言」 편은 이렇게 이야기한다. "성인은 소리 없는 데서 듣고, 형체 없는 데서 보는데 담허詹何, 전자방田子方, 노담이 그들이다."[9] 이 몇 사람은 모두 도가에 속하므로 저자가 이들을 한 무리로 취급한 것은 사실에 합치한다고 하겠다.

이상의 논의를 종합하면 선진 시대 도가는 학파 명칭이나 상호 간의 격렬한 쟁론 등은 없었지만 그렇다고 하여 그들을 하나의 독특한 색채를 지닌 학파로 취급하는 것을 막지는 못할 것이다.

도가의 이론적 특징

도가의 이론적 특징에 대해서는 보다 깊이 있는 연구가 필요하다. 필자의 일천한 고찰에 의하면 도가의 이론적 특징은 주로 다음 두 가지인 것 같다. 하나는 도에 대한 이야기며, 다른 하나는 도에 따름因道 혹은 자연을 본받음法自然에 대한 이야기다.

도가가 도가로 불리는 까닭 가운데 가장 중요한 근거는 바로 그들이 모두 '도'를 이야기한다는 것이다. '도'는 그들 전체 이론의 핵심 범주이며, 전체 이론 체계가 의지하는 존재의 기초이기도 하다. '도'를 빼버리면 도가는 척추를 잃은 셈이다. '도'는 두 방면에서 분석할 수 있는데, 하나는 그 내용 문제이며 다른 하나는 그것이 갖고 있는 방법론적 의의다.

'도'의 내용에 관한 문제는 철학자들이 이미 상세하게 분석하고 토론한

바 있다. '도'의 내용이 지극히 넓고 복잡하기 때문에 분석 과정에서 수많은 이견이 있어 하나로 절충할 수 없다. 도가의 저작들을 보면 '도'란 다양한 층차의 개념으로 각기 다른 곳에서 각기 다른 함의를 지니고 있는 것으로 이야기된다. 연계된 위아래 문장을 구체적으로 분석해 확정할 필요가 있는데, 요약하면 다음 몇 가지 층차로 나눌 수 있다. 첫째, 우주와 사물의 근원을 대표한다. 많고 많은 사물의 본원은 대체 무엇이란 말인가? 도가는 일체가 '도'에 근원을 둔다고 주장한다. 『노자』는 이렇게 이야기한다. "혼연히 이루어진 무엇이 있어 천지보다 먼저 생겨났다. 고요하고도 적막한 데서 그것은 홀로 서 있을 뿐 그 무엇으로도 바뀌지 않으며, 그 어느 것에도 두루 돌아다니되 지치는 법이 없으니 가히 천하의 어머니라 할 만하다. 내 그 이름을 알지 못하나 자를 붙이면 도라 하겠고, 굳이 이름을 붙이라면 대大라 하겠다."[10] 『관자管子』「내업內業」편은 말한다. "도는 뿌리도 없고 줄기도 없으며, 잎도 없고 꽃도 없으나 만물이 그로써 생겨나고, 만물이 그로써 성장하니 이름하여 도라 한다."[11] 『장자』「대종사」편은 말한다. "도는 [실재하는 필연적인] 정황도 있고 [작용한다는] 믿음도 있으나, [구체적인] 행위는 없고 [드러난] 형체도 없다. [도의 깨달음을] 전해줄 수는 있으나 전해 받을 수는 없으며, 체득을 할 수는 있으나 [현상으로] 보여줄 수는 없다. 도는 그 자체가 근본이고 그 자체가 뿌리로서 천지가 있기 전인 태곳적부터 분명히 존재해왔다. 도는 신령스러운 땅의 귀신과 신령스러운 하늘의 상제가 되어 하늘을 낳고 땅을 낳는다. [저 높이] 태극보다 앞에 존재하면서도 높게 여겨지지 않고, [저 깊이 천지와 동서남북] 6극의 아래에 있으면서도 깊게 여겨지지 않으며, 천지보다 앞에 생겨났으면서도 오래되었다고 여겨지지 않고, 상고 시대보다 오래되었으면서도 늙었다고 여겨지지 않는다."[12] 둘째, 도는 때로 사물(천, 지, 인을 포괄)의 총규율을 가리킨다. 이 총규율은 『노자』에 "두루 돌아다니되 지치는 법이 없음"[13] "되돌아가는 것이 도의 움직임"[14] "약한 것이 도의 쓰임새"[15] 등으로 묘사되고 있다. 셋째, 구체적인 규율을 가리킨다. 즉 자연을 나타내기도 하며 인간사를 가리킬 수도 있다. 『노자』에서는 이를 '하늘의 도' '사람의 도' 등으로 나누어 부른다.(『노자』 77장) 넷째, 사물의 도리를 가리킨다. 즉 "여유가 있어 천하를 받드는 [사람은 도가 있는 자뿐]"[16]에서처럼 객관적 사물의 주관적 반영이나 설명을 가리킨다.

도가의 '도'는 일정한 내용을 나타내는 것 외에 방법론상의 의미가 더욱 중요해 보인다. '도'는 사람들에게 사물의 본질이나 상호 관계, 규율 및 사람들이 이러한 관계 및 규율에 어떻게 대처할 것인지를 분석하고 연구하도록 유도한다. 도의 관점에 따르면 어떠한 구체적 사물도 영구불변하지 않으며, 모든 것은 변화한다. 어떤 사물도 고립된 존재가 아니며, 복잡한 관계망 속에 놓여 있다. 이와 같은 방법론이 사람들에게 주는 깨우침은 확실히 구체적인 논술보다 더 의미가 있다.

자연을 본받음 혹은 도에 따름은 도가 사상의 또 하나의 특징이다. 사마담은 「논육가요지」에서 이 점에 대해 매우 타당성 있는 분석을 내놓고 있다. "도가는 사람들로 하여금 정신을 하나로 모으게 하고, 움직여 합해짐에 형태가 없는데도 만물을 넉넉하게 만든다. 그들의 방법은 음양가의 [자연에 대한] 큰 순응에 따르고, 유가와 묵가의 좋은 점을 채택하며, 명가와 법가의 핵심을 붙잡고 있다. 때에 맞추어 옮기고, 물질에 응하여 변화하며, 속세에 서서 일을 처리하는 데 적절하지 않은 데가 없다. 가리키는 것은 작아도 쉽게 붙잡으며, 일은 적게 해도 공은 많다."[17] 사마담의 평론이 도가의 모든 것을 포용할 수는 없다. 이를테면 장자의 학문과는 저촉되는 곳이 상당히 많아 합치하기가 어렵다. 그러나 그의 말 가운데 "도가는 사람으로 하여금 정신을 하나로 모으게 한다" "음양가의 [자연에 대한] 큰 순응에 따른다" "때에 맞추어 옮기고 만물의 변화에 응한다" 등은 확실히 도가의 공통된 특징이다. 도가가 사물의 규율과 운동을 연구하는 뜻은 사람들의 행동을 도에 부합하게, 자연에 부합하게 이끄는 데 있다. 『노자』는 "자연을 본받자"고 주장한다. 『장자』는 "하늘과 합일한다" "천지와 하나가 된다"[18]고 주장한다. 『관자』 중의 도가는 "하늘에 따를 것"을 주장한다. 마왕퇴의 『노자 을본권 전고일서』는 "하늘에 순응할 것順天" "이치에 순응할 것順理" "마땅하게 쓸 것用當"을 주장한다. 이 모두는 사람의 행위가 자연에 합치해야 함을 강조하고 있다. 도가는 사람은 전체 자연계를 구성하는 일부이므로 대자연의 구속을 받는데, 사람은 그 속에서 자연의 규율과 제약에 순종해야 한다고 생각했다. 자연에 따라야 한다는 점에서 도가들은 공통점이 있다. 다만 자연 과정과 규율의 구체적 내용에 대한 인식 및 자연을 본받는 방식에 대해 제각기 다른 인식과 주장을 하고 있다. 따라서 법자연이라는 큰 원칙이 같음에도 수많은 차이를 보이는 것이다.

이상 이야기한 두 가지가 도가의 모든 면모를 다 개괄한다고 할 수는 없다. 다만 이 두 가지는 골격이며, 이 두 가지가 없으면 도가가 될 수 없다.

도가의 여러 정치 분파

도가 정치사상의 공통점은 '무위이치無爲而治'다. 그러나 어떻게 '무위이치'할 것인지에 대해서는 여러 해석이 있으며, 중점을 두는 곳도 다양해 정치적으로 다른 유파로 표현되기도 한다. 분파 내에 분파가 존재한다고 부를 수 있다.

『노자』는 도가 최초의 경전 저작으로 후대 여러 유파의 인소를 포함하고 있는 본원적 성격을 지닌다. 『노자』는 최초로 '무위 정치'의 격식과 골격을 제기했다. 특히 주의할 점은 『노자』라는 책이 음陰, 유柔, 약弱의 정치적 작용에 대해 전면적으로 논의를 전개했다는 것이다. 정치라는 물건은 태어날 때부터 강제를 특징으로 하고 있어서, 사람들은 정치생활을 하면서 양陽, 강剛, 강強 등의 작용에만 비교적 주의를 기울여왔다. 그런데 『노자』는 사람들이 경시한 음, 유, 약의 의미를 깊이 있고 체계적으로 논술하고 있다. 저자는 이것이 소극적이거나 피동적인 것이 아니며, 유와 약을 잘 사용하기만 하면 보통 사람이 생각지도 못하는 효과를 얻을 수 있다고 주장한다. 『노자』 약용弱用의 술은 약의 입장에서 약을 사용하라고 이야기하지만, 사실 강의 입장에서 약을 사용할 것을 대단히 중요시한다. 그래서 강자인 군주가 남면南面하는 술이 된다.

양주는 도가 중에서도 독특한 특징이 있다. 그는 개인을 자연의 주체로 삼아 모든 개인 혹은 자기 자신이 모두 자신을 목적으로 삼아야 한다고 주장한다. 그러나 개인의 목적이 타인에게 손해를 끼치면서 자신을 이롭게 하는 방식으로 이루어지는 것이 아니라, 서로 손해를 끼치지 않는 바탕 위에서 이룩되어야 한다. 불평등에 속하는 '거두어들임取'이나 '부여함與'은 모두 포기해야 한다. 양주는 개인의 독립과 자주를 강조하므로 정치적 간섭이 적을수록 좋다고 주장한다. 목동이 양을 놓아 치듯이 하는 정치가 그의 이상이다. 통치자는 목동처럼 양들이 제 마음대로 물과 풀을 찾도록 놓아두어야 한다.

『장자』라는 책으로 대표되는 장자와 그 후학들은 자연주의적 정치 주장을 극단으로 발전시켰다. 그들은 사람을 대자연의 일부로 생각했을 뿐만 아니라 사람에게 다른 자연물보다 높은 어떤 염두나 생각도 있어선 안 된다고 주장한다. 사람은 자신을 자연계의 소나 말처럼 취급해야 하며, 자신을 자연 속에 융화시켜야 한다. 이렇게 해야만 인성이 회복된다고 그들은 생각했다. 장자와 그의 후학들은 사람의 본성은 순전히 자연적인 것이며, 이러한 자연성과 인간의 사회성은 근본적으로 대립한다고 생각했다. 그들이 보기에 일체의 사회성, 특히 당시 사람들이 즐거이 이야기하는 인仁, 의義, 법法, 치治 등은 사람의 자연성에 대한 파괴였다. 보통 사람이 이야기하는 요, 순의 무리 같은 성현은 바로 인성을 파괴하는 죄악의 원흉들로 취급한다. 그들은 전체 사회가 하나의 큰 감옥이며 거대한 똥구덩이이므로 그것이 개조되지 않을 바에는 차라리 포기해야만 족쇄를 풀수 있다고 주장한다. 대자연으로 돌아가는 것이 그들의 기본 주장이며 사상이다.

『관자』 가운데 도가 학파(「내업」 「백심白心」 「심술心術」 편으로 대표됨)는 하늘과 사람 모두 자연의 과정이므로 하늘에 순응해야 하고 또 사람에 따라야 한다고 주장한다. 이 책의 저자도 '무위' 정치를 주장한다. 그러나 그들이 주장하는 무위와 『노자』 『장자』에는 또 다른 점이 있다. 이들이 말하는 '무위'는 주로 통치자의 주관적 행위가 하늘과 사람의 자연 과정에 서로 부합해야 함을 가리킨다. 이것이 바로 문장 가운데 이야기된 '정인靜因'의 술이다. 저자는 사회적으로 통용되는 의, 예, 법 같은 물건이 『노자』 『장자』가 말하는 것처럼 '도'와 대립하는 것이 아니라고 생각한다. 저자가 보기에 이러한 물건은 도와 통일된 것으로 의, 예, 법은 바로 인간 세상의 도다. 여기에 도가, 유가, 법가 세 학파가 합류하는 경향이 보인다. 이들이 도가 가운데 주장이 적극적인 유파다.

마왕퇴의 『노자 을본권 전고일서』는 도가 가운데 정치에 가장 열성적인 유파다. 고일서는 뿌리를 도에 귀결시키지만, 정치적으로는 오히려 적극적인 다스림을 주장한다. 저자는 법가, 유가, 음양가, 명가, 묵가 제 학파의 사상을 광범하게 흡수하고 있다. "유가와 묵가의 좋은 점을 채택하고, 명가와 법가의 핵심을 붙잡았다"[19]는 사마담의 말은 사실 도가 가운데서 고일서와 『관자』의 도가 유파의 저작만이 그럴 뿐이다. 고일서의 저자는 도와 법, 예를 한 계통으로 보아 예와 법이 도의 체현이며 구체화라고 생각했다.

도가의 정치적 경향

도가는 누구를 대표하는가? 지금까지 총체적으로 이 문제를 다룬 사람은 매우 드물었다. 『노자』『장자』와 같은 인물 한 사람, 책 한 권만 가지고도 사람들은 각양각색의 견해를 제기한다. 혹자는 그들이 당시 가장 반동적인 노예주들을 대표했다고 주장하고, 혹자는 노동 대중을 대표하고 있다고 주장한다. 너무 달라 절충의 여지가 없다. 도가는 규모가 큰 학파였으며 상황도 매우 복잡했다. 우리는 그들의 경향이 어떠했는지에 대한 몇 가지 분석만을 할 수 있을 뿐이다. 경향으로 볼 때도 도가는 두 가지 상이한 상황으로 나뉜다.

『노자』와 『관자』 중의 도가 및 마왕퇴의 『노자 을본권 전고일서』는 한 부류로 볼 수 있다. 저자들은 적극적으로 정치에 참여하며 통치자를 위해 계책을 도모한다. 그렇지만 그들은 유가, 법가, 묵가 등의 학파와는 또 다르다. 만약 정치사상을 정치철학, 정치전략학, 정책 원리, 구체 정책 등 여러 측면 혹은 상이한 구성 분야로 나눈다면, 우리는 『노자』와 『관자』 중의 도가 및 고일서가 정치철학 문제를 비교적 많이 논술하고 있음을 어렵지 않게 발견할 수 있다. 정치철학은 고도의 추상성을 갖고 있으며, 바로 이 때문에 광범한 적응성을 갖고 있기도 하다. 당시 통치자들이 어떤 성격을 지녔든지 그들 모두는 이런 정치철학으로부터 많든 적든 일정한 깨달음을 얻었을 것이다. 사람들이 『노자』라는 책을 군주의 남면하는 술이라 말하는 원인은 바로 여기에 있다. 도가 가운데 이 유파는 통치자에게 격렬한 비판을 가하기도 하지만 뿌리를 캐보면 역시 뜻이 기울어 있고 마음을 다하고 있다. 이와 같은 내재적 통일성이 아니라면 한나라 초엽 통치자들이 왜 그토록 황로 사상을 통치 사상으로 받들었는지, 왜 『노자』를 황실의 교과서로 삼았는지 이해할 방법이 없다.

　양주와 『장자』는 위의 상황과 다르다. 특히 『장자』는 일절 정치에 반대했을 뿐만 아니라 비협력주의를 선전했다. 그리고 당시의 모든 통치자에게 맹렬한 비판을 가했으며, 군주나 제후 왕은 모두 승냥이 무리라고 질타했다. 저자는 통치자를 폄하하는 동시에 노동 인민에게는 동정을 던지는데, 적잖은 곳에서 노동자들의 외침을 반영하고 있다. 그러나 총체적으로 볼 때 그들은 사람들로 하여금 항쟁하여 생존의 권리를 쟁취하라고 하지 않고 정신적 만족과 초탈을 추구하도록 이끈다. 『장자』에는 분개가 있으나 소침함이 더 많다. 통치자들은 적극적인 보조자와 앞잡이도 필요하지만, 동시에 자신의 통치를 유지하기 위한 일종의 특별한 보충으로의 군중의 소침함도 필요로 한다. 소극적인 이탈과 불협조는 물론 통치자에게 불리하지만 위협이 되지는 않는다. 통치자가 두려워하는 것은 강성 인물인데, 『장자』는 바로 이 강성 인물들을 소침한 정신 무기로 전환하려 한 것이다. 이 의미에서 보면 『장자』는 통치자에게 손해보다 이익이 더 많다.

　이상의 인식을 기초로 우리는 다음과 같이 이야기할 수 있다. 도가는 한편으로 통치자를 위해 풍부한 정치철학 사상을 제공했으며, 동시에 통치자를 위해 정신적인 마취제를 제공하기도 했다. 도가의 풍부한 정치철학은 통치자에게 반드시 필요한 것이었지만, 통치자에 대한 그들의 날카로운 비판은 통치자들이 좋아하지 않는 바였다. 이와 같은 상황은 수많은 통치자로 하여금 도가에 대하여 가까이하지도 멀리하지도 않는 태도를 취하게 만들었다. 필요로는 했지만 그들을 존귀한 지위에 둘 수도 없었던 것이다.

제2절

『노자老子』의
무위 정치사상

노자와
『노자』

　노자와 『노자』라는 책은 학계에 논란이 끊이지 않는 난해한 문제로 일찍이 전국 시대부터 명료하지가 못했다. 사마천의 『사기史記』에는 노자에 대한 전傳이 있으나, 내용으로 볼 때 역시 모호하기 그지없다.

　근대 이래 어떤 사람은 역사상 노자라는 사람은 근본적으로 없었다고 주장했다. 그리고 더 많은 사람이 역사상 이 사람이 분명히 있었다고 주장하지만 구체적인 견해는 크게 다르다. 어떤 이는 노자가 동주東周 후기의 노담으로 이이李耳라 불리기도 하며 동주의 수장사守藏史(왕실의 도서관리자)였다고 주장한다. 혹자는 전국 시대 동주의 태사太史인 담儋이라고 주장한다. 또 어떤 이는 초楚나라의 이이라고 주장한다. 그 밖에 위에 든 세 사람은 본래 한 사람인데 전해지는 과정에서 셋으로 나뉘었다고 주장하는 사람도 있다.

　『노자』라는 책에 관한 논란은 노자 본인보다 훨씬 더 다양하다. 혹자는 위에 든 사람의 작품이라 하고, 혹자는 책 속의 사상은 춘추 말기 노담의 것이지만 책은 후대에 이루어졌다고 말한다. 혹자는 책과 사람은 아무 관계가 없다고 말한다. 책이 이루어진 시기는 춘추말기설, 전국초기설,

전국말기설 등이 있다.

필자는 다음 견해에 동의한다. 즉 책 속의 사상은 대개 노담이 제기한 것이며, 책의 성립은 전국 시대 전기이고, 『노자』라는 책은 노자 일파의 공동 창작이다.

공자의 『논어論語』가 인간사에 대한 논의로 알려졌다면, 『노자』는 철학 이치에 대한 논의로 유명하다. 수많은 사람은 『노자』가 철리哲理를 담은 한 권의 시로서 말은 간결하나 의미가 심원하다고 생각해왔다. 『노자』라 는 책은 철리에 밝으나 마찬가지로 정치에도 강하다. 철학과 정치를 하나 로 융합시켜 군주가 남면하는 술을 다룬 경전이 되었다.

『노자』의 정치적 경향에 관하여 혹자는 노동 대중이나 공공사업장의 구성원을 대표한다고 말하고, 혹자는 노예주와 소 노예주를 대표한다고 말하며, 혹자는 귀족에서 내려앉은 사士를 대표한다고 말한다. 정치 경향 에 대한 견해가 크게 다르기 때문에 같은 말이라도 여러 해석이 나오곤 한다.

여기서는 『노자』에 대한 사람들의 여러 정치적 평가를 잠시 미루고 먼 저 선진 제자백가의 『노자』 중심 사상에 대한 개괄과 평론을 살펴보고자 한다.

『순자』 「천론天論」 편은 『노자』를 이렇게 이야기한다. "굽힘만 보이고 [뜻 을] 펼침이 보이지 않는다. (…) 굽힘만 있고 펼침이 없으면 귀천이 구분되 지 않는다."[20]

『장자』 「천하」 편은 말한다. "[도의] 근본이야말로 정밀한 것이며 [보통 세상의] 사물들은 조잡하니, [세상에서의] 공적을 쌓는 따위를 만족해하 지 않고 조용히 홀로 신명과 더불어 살아간다."[21]

『여씨춘추』 「불이」 편은 말한다. "노담은 부드러움을 소중히 여겼다."[22] 이 개괄은 대체로 틀리지 않다. 『노자』에서 얻은 느낌은 대강 이런 것들이다. 그러나 여기에서 그친다면 겉만 말하는 것일 뿐 안은 들여다보지 못한 것이라고 할 수 있다. 『노자』가 굽힘만 보이고 펼침은 보이지 않았다는 것은 사실이 아니다. 오히려 굽힘으로써 뜻을 펴고 있다. 귀천을 구분하지 않음이 아니라 굽힘으로써 귀천을 감추고 있다. 단순히 축적이 있음을 부족함으로 여기는 것이 아니라 족함을 알아 쌓음이 있음을 보존하고, 검약하여 축적을 넓히라고 말하기도 한다. 『노자』라는 책은 도처에서 부드러움柔을 이야기한다. 그러나 부드러움을 위하여 부드러움을 주장하는 것이 아니라 부드러움으로 도구用를 삼으라는 것이다. 책 속에서 이야기하는 "약함은 도의 쓰임이다"[23]가 바로 이 말이다. 『노자』는 유柔, 약弱, 허虛 및 그와 유사한 것들의 사물 변화 작용을 아주 철저히 밝히고 있다. 필자가 보기에 『노자』가 이바지한 핵심은 그가 사물의 모순과 대립 면의 전환을 설파했다는 데 있지 않다. 그것은 이미 그 이전의 사람들에 의해 벌써 이야기가 되었다. 『노자』의 주된 공헌은 모순 속에서 유약柔弱의 지위와 작용을 전면적으로 밝혀주었다는 데 있다. 그래야 '위무위爲無爲' '지무지知無知' '사무사事無事' '무위무불위無爲無不爲' 및 '유약이 강강剛强을 이김'의 참뜻을 파악할 수 있다. 『노자』의 저자는 본 명제를 반대로 이야기하는 전문가다. 사람들은 본 문제를 반대로 이야기하는 습관이 있기 때문에 본 문제를 반대로 이야기하는 『노자』에 의해 가려지기 일쑤다. 저자들은 대단히 총명하고 교활하여 통치자를 위해 계책을 모의하면서도 정면으로 진언하지 않고 아부는 더더욱 하지 않는다. 항상 시시덕거림이나 욕지거리의 와중에 권모술수를 받들어 올린다.

도와 정치

『노자』의 도

『노자』의 사상은 넓고 심원하다. 철학적으로 귀머거리를 깨치게 하는 정신을 불러일으키는 작용을 했을 뿐만 아니라 통치자를 위하여 대단히 풍부한 남면의 술수를 제공하기도 했다. 『노자』는 이렇게 풍부한 철학적 내용과 정치적 내용을 담은 사상을 모두 그의 최고 범주 아래 귀결시키고 있는데, 이 최고 범주가 바로 '도'다. 여기서 '도'는 노자 본인의 우주 자연관을 반영하고 있을 뿐만 아니라 그의 사회 인생관도 반영하고 있다. '도'가 우주 자연관으로 드러날 때 이는 노자의 우주 본체에 대한 인식을 표현한 것이며, '도'가 사회 인생관으로 드러날 때 이는 노자의 사회 규율에 대한 총체적 견해를 우리에게 펼쳐놓은 것이다. 따라서 우리는 우주 자연관을 구성하는 '도'의 사상적 내용을 분명히 알아야 사회 인생관을 구성하는 '도'의 기본 정신을 인식할 수 있다. 그리고 이로부터 '도'와 정치의 내재적 관계를 이해하게 된다.

노자 우주 자연의 '도'는 매우 모호한 개념이다. "도라는 물건은 미묘하여 알 수 없고恍, 형체 없는 모양惚을 하고 있다."[24] 그래서 저자는 도를 혼돈스러워 인식하기 어려운 것으로 정의한다. "도를 도라고 말할 수 있는 것은 [내가 말하려는] 항상 불변하는 도가 아니다. [실체에 대한] 명名을 명이라고 말할 수 있는 것은 [진리를 담은] 항상 불변의 명이 아니다."[25] 다만 "억지로 명을 붙이고" "자를 써서 도라고 말할"[26] 수 있을 뿐이다. 우리 눈앞에 펼쳐진 '도'는 자유자재한 혼돈의 물질과 황홀이란 글귀로 표현되는 눈에 보이지 않는 무엇으로 구성된 우주 본체론이다. 이에 대해서 책은 이렇게 쓰고 있다. "혼연히 이루어진 무엇이 있어 천지보다 먼저 생겨났다. 고요하고도 적막한 데서 [그것은] 홀로 서 있을 뿐 그 무엇으로도 바뀌지 않으며, [그 어느 것에도] 두루 돌아다니되 지치는 법이 없으니 가히 천하의 어머니라 할 만하다."[27] 이로부터 우리는 '도'가 자연적이고, 독립적이며, 명사로 표현할 수 없는 존재로 '천하의 어머니'요 만물의 근원임을 알 수 있다. 도의 거시적 상태는 하늘과 땅이 아직 갈리지 않고, 혼돈이 아직 구분되지 않고, 어떤 형상을 가진 물질도 없으며, 광활한 우주 공간에 자욱해 있는, 살아 있는 존재가 없음을 특징으로 하는 우주의 본질을 말한다. 그리고 미시적 상태는 물질 인자를 포함하고 있어 "그 가운데 물질이 있고" "그 가운데 정기가 있고" "그 가운데 신념이 있으며"[28] "[통나무의] 질박한 것이 [사방으로] 깎여 [각종] 기물이 됨"[29]을 말한다. 그러나 노자는 '도'의 원칙이나 운동 형식, 또는 그것을 어떻게 운용할 것인지는 중시하지 않는다. 노자는 '도'의 법칙과 운동 형식으로 우주 간에 가장 이상적이고 완벽한 존재 양식이 있는데, 그 법칙은 바로 '자연'이라고 생각했다. 이 운동 형식은 폐쇄적인 왕복 순환을 하는데, "물질은 무성하다가 제각기 근원으로 돌아간다. 근원으로 돌아감을 고요한 정적의 상태靜라 한다. 정적의 상태를 [자연이 준] 제 운명으로 돌아갔다復命고 한다. 복명함을 항상 불변함常이라고 말한다."[30] 도는 또 "[그 어느 것에도] 두루 돌아다니되 지치는 법이 없다"[31]고도 말하며, "굳이 이름을 붙이자면 크다大고 하고, 크면 [움직여] 간다고 하고, 가면 멀어진다고 하고, 멀어지면 [근원으로] 돌아온다고 한다"[32]고도 말한다.

그런데 도의 순환은 그것의 본래 형태만 있는 것이 아니라 변형 형태도 있다. 한 차례 또 한 차례 곁길로 가게 되는데, 노자가 보기에 이것은 '도가 아님不道' 또는 '도에 어긋남違道'이다. "물질이 강성하면 곧 노쇠해지는데 이를 부도不道라 한다. 자연의 도가 아닌 것은 일찍 끝장난다."[33] "사람이 날 때는 부드럽고 약하나 죽으면 딱딱하고 굳어 있다. 만물이나 초목이 생장할 때는 부드럽고 무르지만 죽으면 야위고 마른다. 그러니 딱딱하고 굳어 있는 자들은 죽은 무리이고, 부드럽고 약한 자들은 살아 있는 무리다."[34] 그래서 노자는 일체의 "생명이 있다"고 불리는 물질은 모두 자연의 도를 위배하고 있다고 생각했다. 생명의 '유약柔弱'은 죽음의 '견강堅强'으로 치닫기 때문이다. 이 때문에 그는 '정靜'으로 복귀할 것, '무無'에 복귀할 것을 주장한다. 사실 우리는 노자에게 다음과 같은 힐문을 어렵지 않게 할 수 있다. 기왕 자연의 도에 유와 무가 상생하고, 생사가 자연이며, 강약이 교체되는 것이라면, 왜 사람들에게 한쪽에 복종하고 다른 한쪽에서 멀어지라고 하는가? 자연의 도를 위배한 것은 삶과 죽음이 있는 우주 만물이 아니라 오히려 노자 투의 불로장생 추구나 자연계의 생명 규율에 어긋나는 형이상학적 이론임이 분명하다. 노자는 무위無爲, 무사無私, 무욕無欲을 주장하지만 안으로는 오히려 사사로움과 욕망으로 가득 차 있다. 이것이 바로 그가 추구하는 불로장생이고, 만물을 주재한다는 소위 '무위'의 위다. 이와 같이 '무위'를 도를 지키는 술수로 삼고, 육체에서 정신까지의 만족을 얻으려 기도하는 공리 사상은 바로 그가 창도하는 '도'의 대립물이다. 바로 이것이 노자의 우주 자연관이 스스로 모순을 일으키는 폐단의 소재다. 노자는 '유' '무' '생' '사'와 같이 대립하는 모순 가운데서 스스로 통제하기 편리한 힘을 분리해낸다. 거기에 따라 모순된 다른 한쪽에 대해 인위적인 압제를 가하고, 모순된 쌍방 모두 존재와 발전의 합리성이 있다는 것을 인정하지 않는다. 그리고 한쪽을 틀어쥐고 다른 한쪽을 억제하려 든다. 진리에서 한 걸음 넘어서면 왕왕 오류에 빠지게 된다. 노자의 우주 자연관이 자생자멸하는 우주의 '도'를 왜곡시켜 불로장생의 수단으로 삼고, '무'와 '정'을 극치의 세계로 삼는 것은 분명한 오류다.

노자의 사회 인생관을 다시 들여다보자. 77장은 말한다. "하늘의 도는 남는 것을 덜어 부족한 데를 돕는다. 사람의 도는 그렇지 않다. 부족한 자들의 것을 덜어 남는 자를 받든다. 누가 능히 남는 자들의 것을 덜어 천하를 받들 것인가? 오직 도가 있는 성인이다."[35] 이렇게도 이야기한다. "큰 도는 아주 평탄한데 백성이 자꾸 샛길을 좋아한다."[36] 이어서 말한다. "조정은 더럽혀지고 들판은 거칠어지고 창고는 비었는데도 [귀족들의] 복식 문양이 화려하고 좋은 칼을 차고 음식이 넘치고 재화가 남아도니 이를 도적과 사치盜夸라 일컫는다. 그것은 도가 아니다."[37] 결국 인류의 수많은 작위와 자연의 '큰 도'는 서로 배치한다는 것이다. 큰 도는 애매함과 청정무위를 주된 취지로 삼는다. 즉 이른바 "밝은 길은 어두컴컴함과 같고, 나아갈 길은 물러섬과 같고, 평탄한 길은 엉킨 실타래와 같다."[38] 사람이란 어쨌든 욕구를 가지고 있으며 그것을 이루어야 만족하며, '유위有爲'를 능사로 여긴다. 사람은 '족함을 모르고' '욕구에 차 있으며' '얻고자 한다'. 좋은 소리와 미색 그리고 소인들의 온갖 쾌락을 좋아한다. 그 결과 큰 도를 파괴하고 마침내 재앙이 제 몸에 미치거나, "많이 간직했으되" "[너무] 두터워서 망하는" 비극을 초래한다.

노자는 확실히 자신에 의해 왜곡된 우주 자연관으로 일체의 사회 현상을 가늠한다. 사람들의 물질생활과 정신생활에 대한 추구를 모두 '상'에 반대되고, '도에 반대되는 행위로 간주한다. 그러니 사실 다른 사람이 아니라 바로 노자 자신이 '사람의 도'를 위배하고 있는 셈이다.

노자는 또 사회 역사가 한 번 진보할 때마다 '도'는 쇠미해지고 '덕'은 퇴행한다고 주장한다. 38장은 말한다. "도를 잃은 뒤 덕이 있고, 덕을 잃은 뒤 인仁이 있고, 인을 잃은 뒤 의義가 있고, 의를 잃은 뒤 예禮가 있다. 예란 충忠과 신信이 땅에 떨어져 생긴 것으로 난의 출발점이 된다."[39] 역사에 대한 전반적 부정은 확실히 조금 황당하다. 하지만 노자는 여기서 우리에게 한 가지 사실을 알려주고 있다. 즉 당시의 역사적 조건하에서 인류 사회의 진보는 결과적으로 사람과 외재의 자연 또는 자신의 자연적 본성 사이에 일정 정도의 대립을 형성하도록 만들었으며, 당시의 사회생활은 사람의 자연적 본성을 기형적으로 달라지게 하는 것이었다. 어떤 사람은 입을 옷도 먹을 음식도 없게 만들어버렸고, 어떤 사람은 주색으로 방탕한 생활을 해도 되었다. 노자가 보기에 이 달라지는 과정이 사람의 순박한 본성을 부단히 파괴하며 진행되었다. 사람이 무지무욕의 천성 원칙을 위배한 결과 '유위'하면 할수록, '쟁탈'하면 할수록 더 탐욕스러워지고 '도'에서 멀어졌다. 그래서 노자는 '유위' 정치에 도전을 제기했으며, '도'의 원칙을 사람의 사회적·정치적 생활에까지 확대하여 '도'의 원칙에 입각한 정치 개조를 단행하고자 했다. 우주 자연의 '도' 및 우주 자연의 '도'에 위배되는 사회, 인생에 대한 노자의 서술은 대부분 자신의 "도로써 천하에 임한다"[40]는 최종 목적을 위해 준비된 것이다.

'도'의 정치적 특징

노자의 우주 자연관은 노자 정치사상의 기초이고 출발점이며, 노자 정치사상의 최후 귀결점이기도 하다. 따라서 '도'는 철학, 윤리, 정치가 하나로 융합된 개념이기도 한데, 이것이 도의 첫 번째 정치적 특징이다. 우리는 『노자』의 저자들이 탈세속적 사상가들이 아님을 살펴보았다. 반대로 그들은 여러 관점에서 국가 정치에 적극적으로 간여하고 있으며, 우주 자연과 사회 현실이라는 큰 범위에 대한 유비적 관찰을 통해 본 명제를 반대로 처리하는 방식을 써서 시시덕거림과 욕지거리로 권모술수와 통치술을 떠받들고 있다. 보통 사람처럼 정면에서 케케묵은 말로 충고하는 것과는 다르다. 이처럼 소극적인 듯하지만 실제로는 적극적으로 간여하는 우회의 술수는 이론적으로 도가 일파의 철학 사상을 풍부하게 했을 뿐만 아니라 통치 사상도 풍부하게 했다.

　도의 두 번째 정치적 특징은 바로 혼돈이다. 이 혼돈과 '충' '효' '인' '의' '법령' 및 각종 규범은 선명하게 대립한다. 『노자』의 저자는 유가를 풍자하면서 이렇게 이야기한다. "큰 도가 피폐하니 인의가 있는 것이다. 지혜가 출현하니 큰 거짓이 있는 것이다. 6친이 불화하니 효성과 자애가 있는 것이다. 국가가 혼란하니 충신이 있는 것이다."[41] 『노자』는 유가들이 제창하는 사상은 이미 세상의 말류에 속한 것으로 근원을 막지도, 틈새를 가리는 작용도 할 수 없다고 주장한다. 이런 방법으로 세상을 다스리면 다스릴수록 혼란해질 뿐이다. "천하에 금기가 많으면 백성은 더 가난해진다. 백성에게 이로운 기물이 많으면 국가는 더 어두워진다. 사람들에게 기교가 많으면 이상한 물건은 더 생겨난다. 법령이 더 갖추어지면 도적이 많이 있다는 것이다."[42] 이는 한 폭의 복잡다단한 당시 사회의 변환도다. 그런데 역사의 발전으로 볼 때 '변화'는 어쨌든 좋은 것이며, 긍정해야만 하는 것이다. 왜냐하면 변화야말로 인류 진보의 필연이기 때문이다. 이 변화가 일정한 범주 내에서 지극히 잔혹하고 무정한 것으로 드러난다 하더라도 우리는 그 속에서 그에 상응하는 역사의 진보를 보아야 한다. 그럼에도 노자는 오히려 일체의 변화 요소를 없애려 힘쓰고 있다. 그리고 아무 역사 내용도 없는 정태적 사회를 제창한다. 사람들을 태초의 우주와 같은 허무의 세계로 들어가게 하는 것이 그의 이상이다. 사회에 간여하는 인류의 지혜를 없애 영원히 혼돈 상태를 유지하도록 함으로써 "아직 생기기 전에 하고, 혼란하기 전에 다스릴"⁴³ 수 있다는 것이다. 이 지경에 이르면 사회는 필경 변하지 않고 고착되어 영원히 진보가 없는 대가를 받게 될 것이다. "사람들은 흐리멍덩하고" "정치는 답답하여" 어리석음이 어리석음을 다스리는 이와 같은 상황은 낙후하고 무지몽매함이 족쇄와 수갑의 역할을 할 것이다.

세 번째 특징은 정치와 자연의 일체화다. 이것은 『노자』 정치사상의 중심 의제다. 『노자』는 나라를 다스리는 성인은 '도'의 화신이어야 한다고 주장한다. 이 성인에게 드러난 특징은 자연에 따르고因自然, 도에 따르는 것因道이다. 그 원인은 이렇다. "하늘의 도는 다투지 않고도 잘 이기며, 말하지 않고도 잘 대응하며, 부르지 않아도 저절로 오며, 느릿느릿 천연덕스럽되 잘 도모한다."⁴⁴ "천도는 친소가 없으며, 항상 [절대적] 선인과 함께한다."⁴⁵ "낳았으되 소유하지 않으며, 행했으되 의지하지 않으며, 길렀으되 주관하지 않는다."⁴⁶ "천지가 [영원히] 길고 오래일 수 있는 까닭은 스스로 낳았다는 [의식을 갖고 있지] 않기 때문이다. 그러므로 길게 갈 수 있는 것이다"⁴⁷ 등 이러한 원칙에 따르면, 성인은 "행하되 다투지 않고"⁴⁸ "행하되 의지하지 않으며,"⁴⁹ "그럼으로써 만물의 자연스러움을 돕되 감히 [억지로] 행하지 않고"⁵⁰ "[채권자용] 왼쪽 계약을 붙들고 있으나 사람들에게 [채무를] 독촉하지 않는다."⁵¹

이로부터 우리는 노자가 "왕⁵²은 땅을 본받고, 땅은 하늘을 본받고, 하늘은 도를 본받고, 도는 자연을 본받는다"⁵³는 원칙을 굳게 지키고 있음을 알게 된다. 여기서 순서대로 내려가는 관계 공식을 생략하면 "왕은 자연을 본받는다"가 된다. 사람이 최종적으로 자연의 표준 양식을 근거로 삼아 자신을 키워갈 때 모든 것을 묵묵히 있는 자연 법전에 따라야 할 것이다. 이 법전의 주체적 정신이 바로 무위 정치다.

무위 정치,
백성을 덜 어지럽힐 것과
우민

『노자』 정치사상의 주지는 '무위 정치'라 부를 수 있다. 이에 대한 책 속의 언급은 매우 많다. "백성을 사랑하고 나라를 다스림에 무위일 수 있겠는가!"[54] "성인은 무위의 일을 처리하며, 말없는 가르침을 행한다."[55] 그리고 재삼 "함이 없어도 안 되는 일이 없다"[56]고 이야기한다.

무위 정치의 내용과 무위를 실현하는 수단

『노자』의 무위는 결코 순수하게 자연에 따른다든가 소극적으로 관망하는 것이 아니다. 무위는 일종의 정책이다. 실제에 사용되는 것을 가리켜 "무위를 행한다爲無爲"고 한다.

『노자』가 보기에 당시 사람들은 모두 '유위'의 길에 따라 일을 하므로 "다툼이 있고" "욕심이 있고" "지모가 있고", 제 '육신'이 있고, "흥청거리고" "밝히려 들고" "꼬치꼬치 캐묻고" 등을 한다. 이것들이 바로 재앙과 혼란의 근원이다. "무위를 행한다" 함은 먼저 이 모든 재앙의 원천을 제거하는 것이다. 사람들을 유위의 길에서 무위의 길로 끌어오기 위하여 『노자』는 수많은 주의를 생각해냈는데, 핵심은 두 가지다. 하나는 통치자에게 활동을 감소시키라고 권고하는 것이며, 하나는 백성에게 유위의 조건을 잃도록 만드는 것이다.

『노자』는 통치자에게 정치 활동을 줄이라고 요구한다. 전체 원칙은 "세 가지의 제거"다. 즉 "지나침을 버리고, 사치함을 버리고, 교만함을 버린다."57 구체적으로 말하면 주로 세금을 줄이고, 형벌을 가볍게 하고, 용병에 신중하고, 절약을 숭상함을 가리킨다.

『노자』가 가벼운 형벌을 정면으로 주장한 적은 없다. 그러나 통치자의 살육을 날카롭게 성토하고 있다. "법령이 더 갖춰지면 도적이 많게 된다."58 인과관계로 따지면 정확하지 않은 말이지만, 여기에는 통치자의 가혹한 형벌에 대한 비판이 포함되어 있다. "백성이 죽음을 두려워하지 않으니 어찌 죽음[의 형벌]로 그들을 두렵게 하리."59 이 이유로 우리는 『노자』가 가벼운 형벌을 주장했다고 생각할 수도 있다.

『노자』는 전쟁 종식주의자가 아니다. 그러나 전쟁이 가져오는 재난을 가슴 아파하면서 "대군이 동원된 후에는 반드시 흉년이 있다"60고 지적한다. 그러므로 최고의 이상은 창칼을 동원하지 않는 것이다. "도로써 군주를 보좌하는 사람은 군대로 천하에 강해지려 하지 않는다."61 반대로 "천하에 도가 없으면 교외[의 전장]에서 군마가 [새끼를] 낳는다."62

『노자』는 통치자들이 "삶의 풍요를 구함"63을 맹렬히 규탄하면서 검소해질 것을 간절히 바랐다.

『노자』는 "큰 나라를 다스림은 작은 생선을 지지는 것과 같다"64고 말한다. 이 말은 무위 정치의 형상을 가장 잘 드러내는 설명이며 개괄이다. 이 구절은 이중의 의미를 포함하고 있다. 하나는 생선을 먹으려는 것이지 안 먹으려는 것이 아니듯, 정치적으로 다스리려는 것이지 안 다스리려는 것이 아니다. 또 하나는 삼가고 조심하여 어지럽게 휘저어서는 안 되는데,

그렇지 않으면 생선이 문드러지기 때문이다.

과거 여러 글이 『노자』의 무위 정치를 평가할 때는 통치자의 청정무위清靜無爲라는 측면을 비교적 많이 강조했다. 그런데 사실 더욱 중요한 측면은 백성을 무위의 땅에 빠지도록 하고, 백성이 무엇인가를 할 수 없도록 하며, 유위하고 싶어도 감히 하지 못하도록 하는 것이었다. 즉 유위를 일으키는 사회적 조건을 행정이나 정치 등의 방법으로 제거해버리는 것이다. 『노자』에 보면 '유욕有欲' '유지有智'야말로 유위를 만들어내는 가장 근본적인 원인이다. 따라서 무위를 실현하려면 지혜와 욕망을 제거하는 것, 즉 물질생활과 정신생활에 대한 추구를 제거하는 것이 관건이다.

경제적으로 사람들은 이재의 쟁탈을 좋아한다. 사람들이 다시는 재화를 쟁탈하지 못하도록 하려면 이익을 헤아리는 일체의 정교한 도구들을 모두 없애고, 얻기 어려운 재화를 귀하게 여기지 않으며, 황금을 똥으로 보도록 해야 한다.

정치적으로 사람들은 관작을 획득하고 싶어한다. 특히 통치자가 '상현尙賢'하면 사람들은 더욱 지혜를 다투게 된다. 『노자』는 통치자들에게 '상현하지 말 것'을 권고한다. 그러면 "백성으로 하여금 다투지 않게"[65] 할 수 있다는 것이다.

정신적으로는 일체의 지식을 제거해야 한다. "성스러움을 끊고 지혜를 버리면 백성의 이익은 백배 는다."[66]

욕망과 지혜를 철저히 제거하기 위해 위정자는 금지 구역을 만들어 사람들로 하여금 감히 욕망을 위해 이익을 구하지 못하도록 해야 한다. 『노자』는 이렇게 선포한다. "욕망이 많은 것보다 큰 죄는 없다."[67] 누구에게 욕망과 지혜가 있으면 바로 그를 징벌한다. "이상한 짓을 하는 사람은 내 그를 붙잡아 죽일 것이다."[68] '이상한 짓'이란 바로 범죄로, 죽여야 한다는 것이다. 이것이 무슨 '무위'인가, 정말 잔인하다!

다음 몇 구절은 『노자』의 무위 정치의 내용과 요구를 가장 잘 설명해 주고 있다.

"성인의 정치는 그 마음을 비우고, 그 배를 채우며, 그 뜻을 약하게 하고, 그 뼈를 강하게 하여 항상 백성으로 하여금 무지무욕하게 하고, 지혜로운 자로 하여금 감히 행동하지 못하게 한다. 무위 [정치]를 하면 다스려지지 않음이 없게 된다."[69]
"소박[한 바탕]을 드러내고 나뭇둥걸[의 자연스러움]을 품으며, 사사로움을 적게 하고 욕망을 줄이며, 배움을 끊으면 근심이 없어진다."[70]
"백성은 모두 그 이목을 집중하고, 성인은 그들을 어린아이[와 같은 자연상태]로 만든다."[71]
"[욕망의] 구멍을 막고, [정욕의] 문을 닫는다."[72]

이상에서 보듯이 『노자』의 무위 정치는 사람들의 사회성을 최저한도까지 감소시키고 사람의 생물성을 특히 드러낸다. 사람들 가운데 일부는 마소보다 더 제 주인의 마음을 흡족하게 만들기도 하지만, 모든 사람이 기꺼이 마소가 되도록 만들 수는 없다. 『노자』를 보면 마소보다 더 말을 잘 듣는 소수의 노예를 배양하려는 것이 아니라 모든 인류를 마소에 가깝게 만들려고 한다. 정말 이 경지에 이르게 되면 자연히 무위해도 안 되는 일이 없을 것이다.

변증법 사상은 일반적으로 인류의 인식 발전과 궤를 같이하여 항상 인간 지혜 발전의 징표가 되는 것이 보통이다. 그러나 『노자』의 변증법적 사유는 대부분이 사람들을 총명으로 끌고 가는 것이 아니라 변증법적 사유를 이용하여 사람들을 우매한 곳으로 이끌려 한다. "지혜가 돌출하면 큰 거짓이 있게 된다"[73]는데, 『노자』야말로 대부분이 '큰 거짓'의 반열에 속한다고 하겠다. 통치자가 총명함과 지혜를 이용하여 피통치자들을 어리석게 만든 일은 대단히 주의해볼 만한 역사 현상이다.

무위와 성인

어떤 학자는 『노자』에서의 '성인'과 군주는 서로 대립하는 존재라고 주장한다. '성인'의 기본 특징은 인민을 위한 봉사라는 것이다. 확실히 『노자』에서의 성인은 군주와 완전히 같지는 않다. 그렇다고 성인과 군주가 완전히 대립하는 존재도 아니다. 『노자』에 말하는 성인은 세 가지 기본 특징이 있는데, 즉 '도'의 화신, 인간의 모범, 통치자의 표본이 그것이다. 성인은 철학, 윤리, 정치를 하나로 융합시킨다.

성인의 가장 큰 특징은 자연에 따르고, 도에 따르는 것이다. 그렇지만 성인은 소극적으로 '따르지' 않고, 따름으로써 그것을 이용하려 한다. 이를 정치에 응용하면 '백관의 우두머리'가 될 수 있다. "나뭇등걸[의 본성]이 흩어져 기물이 된다. 성인은 이를 잘 이용하여 백관의 장이 된다."[74] 이렇게도 이야기한다. "항상 불변함을 알면 포용하게 되고, 포용하면 공평무사하게 되고, 공평무사하면 왕이 되고, 왕이면 하늘과 같이 되고, 하늘이 되면 도를 이루게 되며, 도를 이루면 영원하게 된다."[75]

『노자』에서는 '무위'를 말하면서 동시에 '무불위'를 이야기한다.(『노자』 3장, 63장) '무위'만을 강조하면 "무위이무불위無爲而無不爲"를 해석하기가 어렵다. '무불위'와 '무위'를 연계하여 고찰해보면 '무위'는 결코 아무 짓도 하지 않거나 소극적이고 피동적인 것이 아님을 알 수 있다. 무위의 본의는 도, 자연에 따름을 가리킨다. '무위를 함爲無爲'이란 곧 주동적이고 적극적으로 도, 자연에 따라 일을 처리함을 가리킨다. 이렇게 해석하면 『노자』에서 말하는 '치治'와 딱 맞아떨어진다. 『노자』 전체를 통해 저자는 '치'를 매우 강조하고 있다. 『노자』의 치는 언교言敎와 인도引導뿐만 아니라 형살刑殺도 포함한다. 『노자』에서 성인은 "사람을 상하게 하지 않는다"[76]는 말은 무조건적이 아니다. 그 전제는 도에 따름이며, 도에 따르지 않은 사람에겐 반드시 형살을 시행한다. 그러므로 무위란 성인 수중에 있는 일종의 정책 형식일 뿐이라고 할 수 있다.

『노자』에서 말하는 "낳았으되 소유하지 않으며, 했으되 의지하지 않으며, 공을 이루어도 그에 안주하지 않는다"[77] 함은 확실히 계급사회에서 통치자의 모습이 아니다. 그런데 이것이 문제의 귀결점이 아니다. 귀결점은 "안주하지 않기에 [도를] 떠남이 없다"[78]이다. 무엇을 "떠남이 없는"가? 위아래 문장을 볼 때 가리키는 것은 공로다. 표면적으로는 "소유하지 않고" "의지하지 않고" "안주하지 않으나" 결과적으로는 오히려 그 반대인 소유하고 의지하고 안주하는 길로 간 것이다. 이 점은 또 다음 구절의 이야기로도 증명할 수 있다. "성인은 제 몸을 뒤에 두지만 몸이 [항상] 앞에 있게 되며, 제 몸을 밖에 두어도 몸이 [항상 제자리에] 있게 된다. 사적인 개인을 [항상] 없이 함으로써 사적인 개인을 성취할 수 있다."[79] 얼마나 오묘한가. '몸을 뒤에 두고' '몸을 밖에 두고' '사적 개인을 없이 함'은 그저 수단에 불과하다. 목적은 바로 '몸이 앞에 있고' '몸이 제자리에 있고' '사적 개인을 성취하는' 것이다.

『노자』는 성인이 "항상 불변의 마음이 없고, 백성의 마음을 제 마음으로 삼는다"[80]고 말한 적이 있다. 이보다 더 고상한 말도 있을까? 서둘지 말라, 이 말에 이어 뒤에서는 더욱 "성인이 천하에 임할 때는 넉넉한 모양으로 천하를 위해 제 마음을 혼돈 상태로 둔다"[81]고 말한다. 『노자』의 전체 내용을 볼 때 백성과 마음을 같이한다는 것은 공허한 말이며, 천하 사람들의 마음을 혼돈 상태에 두는 것은 강령이며, 요구이고, 수단이라고 말할 수 있다. 천하 사람들의 마음을 모두 혼돈 상태로 만들면 사실 아무 말도 할 생각이 없게 된다.

『노자』에서의 성인은 왕과 다르다. 그러나 왕은 성인이어야 한다. 왕이 만일 도에 따라서 일을 할 수 있다면 오랜 안정과 질서를 얻을 수 있다. "제후 왕이 하나(즉, 도)를 얻으면 천하를 바르게 하는 사람이 된다."[82] "제후 왕이 그것(즉, 도)을 지킬 수 있다면 만물이 장차 복종해오리라."[83] "제후 왕이 그것을 지킬 수 있다면 만물이 장차 동화하리라."[84]

결과적으로 『노자』에서의 성인은 왕에 대한 부정이 아니라 다른 관점에서 왕에 대한 긍정이다. 왕의 직무는 소극적인 '무위'가 아니라 '무위[정책]을 [시행]함'이다.

무위와 병기

'무위'의 관점에서 출발하면 병기는 그 대립물임에 틀림없다. 그러나 『노자』는 비무장주의 문헌이 아니다. 병기에 대한 『노자』의 견해는 상당히 독특하다. 비판도 있고 긍정도 있다. 일부 논의는 병기를 다루는 지극한 이치를 담고 있는 명언이기도 하다.

『노자』는 병기를 "상서롭지 못한 기물"(『노자』 31장)이라고 비판한다. 그리고 전쟁의 파괴성을 심각하게 폭로한다. "군대가 머문 곳에는 형극이 생기고, 대군이 지난 뒤에는 흉년이 든다."[85] 이치로 볼 때 여기에서 전쟁에 대한 부정을 끌어와야 할 것이다. 그런데 의외로 저자는 이를 뒤집어 전쟁의 길을 이야기하며, 어떻게 병사를 운용할 것인지에 대해 출중하게 분석한다. 『노자』를 병서라고 이야기하는 사람도 있는데, 다소 편파적이긴 하지만 전혀 근거 없는 이야기는 아니다. 다음은 병사에 관한 논의들을 살펴보고자 한다.

『노자』는 일의 전체 국면과 전략에서 통수되는 사람은 절대로 온종일 싸움만 생각해서는 안 된다고 지적한다. "훌륭한 장수는 용맹을 다투지 않는다."[86] 이 생각은 매우 의미가 있다. 보통 상식으로 통수의 직무는 싸움이다. 그런데 『노자』는 오히려 사람들에게 최고의 통수는 전쟁의 발생을 그치게 한다고 깨우친다.

싸움은 피를 흘리는 일이다. 네가 죽어야 내가 산다. 분노를 이기지 못한다. 사람들이 왕왕 저지르는 병은 분노로 인해 냉정을 잃고 스스로의 통제 능력을 상실하는 것이다. 여기에 착안하여 『노자』는 "전쟁을 잘하는 사람은 분노하지 않는다"[87]고 말하면서 사람들이 망각하기 쉬운 일면을 가르치고 있다.

일반적으로는 한판 겨룸을 통한 뒤에야 승리할 수 있다고 말한다. 그런데 『노자』는 "훌륭하게 적에게 승리하는 사람은 직접 대적하지 않는다"[88]고 말한다. 의심할 바 없이 전쟁하지 않고 승리하는 자야말로 가장 고명한 지휘자임이 확실하다.

실제로 언제든 전쟁을 하지 않고 승리한다는 것은 불가능하다. 그래서 『노자』는 또 하나의 원칙을 제기한다. 그것은 "[임기응변의] 기묘한 방법으로 군대를 부림"[89]이다. '기묘함'이라는 한 글자로 전쟁상의 모든 교조주의를 깨버리고 전략 전술을 참신한 영역으로 이끌고 있다.

"적을 가벼이 여기는 것보다 큰 재앙은 없다. 적을 가벼이 여기면 나의 보배를 거의 잃게 된다."[90] 해석할 필요도 없이 이것은 군사상의 지극한 이치를 담은 명언이다.

"병기를 들고 서로 대적하면서 [그 전쟁을] 애통해하는 자가 승리한다."[91] 자세히 분석하면 이 말은 확실히 문제를 간단하게 만들고 있다. 양측 병사들이 서로 대결하기 때문에 애통해하는 쪽이 반드시 이긴다고 할 수는 없다. 그러나 일반적으로 굴욕을 받아 애통해하는 사람들의 전투 역량이 비교적 높다고 여겨진다.

『노자』는 전쟁에 승리한 사람들에게 제발 오만하지 말라고 깨우친다. "잘된 것은 그 결과※일 따름이다. 감히 그것으로 강해지려 들지 않아야 한다. 결과로 뽐내지 말라. 결과로 자랑하지 말라. 결과로 오만하지 말라. 결과로 어쩔 수 없었던 듯하라. 결과로 강해지려 말라."92 과※란 승리의 의미다. 이 말은 승자들의 좌우명으로 칭송받을 만하다.

노자는 또 패자들을 우대하고 돌보라는 주장을 제기한다. "전쟁에 이겨도 상례를 갖춰 대처해야 한다."93 당시 이 원칙을 실행하기는 어려웠다. 그렇기 때문에 이 생각은 더욱 고귀하게 여겨진다.

『노자』의 군사론의 특징은 사람들이 소홀히 하기 쉬운 부분을 드러냈다는 데 있다. 논의는 많지 않지만 군사론을 다룬 좋은 작품임에 분명하다.

종합하면, 무위 정치를 먼저 정치를 없애고, 통치자로 하여금 권력을 포기하게 하여 사람들에 대한 일체의 속박을 벗겨주기 위한 노자 일파의 주장으로 이해해서는 안 된다는 것이다. 반대로 노자는 오히려 '무위'라는 더욱 우회적인 수단을 이용하여 '치세'의 목적을 실현시키려 하고, 더욱 교묘하게 자기의 권력을 운용하려 한다. 사람들을 "늙어 죽도록 서로 왕래하지 않는다"94는 자연경제의 토양 위에 더욱 효과적으로 속박하여 통치의 안정과 공리를 실현하려 한다. 『노자』가 도모한 것은 통치자의 적나라한 가혹한 형법이나 온정주의적인 인의의 설교로 통치를 유지하는 것이 아니다. 그것은 인민 스스로 발전하지 못하는 환경을 조성하여 지혜로 어리석음을 통치하는 방법을 써서 마침내 '성인'이 광범한 뭇 백성에 대해 안정된 통치를 하도록 이끄는 것이다. 이것이 바로 노자 무위 정치의 기본 정신이다.

약용弱用의 술

"[근원으로] 되돌아감이 도의 활동이요, [부드럽고] 약함이 도의 작용이다."[95] 이 말은 『노자』의 기본 사상이다. '되돌아감反'에 관해 학자들 간의 해석이 다양한데, 혹자는 대립하는 측면끼리의 전환이라고 주장하고 혹자는 되돌아감, 순환함의 의미라고 주장한다. 또 어떤 사람은 대립하는 것끼리의 투쟁을 가리킨다고 말한다.

'반反'의 함의를 확실하게 파악하는 것은 '약弱'을 이해하는 데 중요하다. 만약 반을 대립하는 측면끼리의 전환이라고 생각하면 대립하는 쌍방 모두 상대방을 향해 전환될 가능성을 갖고 있다는 말이다. 『노자』에는 확실히 화와 복의 상대적 전환 등을 다루는 사상이 있다. 그러나 책 전체의 기본적인 사상 경향으로 볼 때 입각점은 상호 전환에 있지 않다. 오히려 한 방향으로의 전환, 즉 '무'로의 전환, 소극적 방면으로의 전환, 약한 방향으로의 전환을 강조한다. '반'은 또 대립하는 측면끼리의 투쟁이라는 함의가 있다. 그러나 이도 마찬가지로 주류는 아니다. 대립하는 측면끼리의 투쟁이란 관점은 일반적으로 발전 사관을 끌어내는 것인데, 이는 『노자』와 정확히 상반된다. 따라서 필자는 '반'의 주요 함의를 되돌아감, 순환함으로 보는 것이 비교적 『노자』의 사상에 합치한다고 생각한다. 책 속에서도 이렇게 이야기하고 있다. 도는 "홀로 서 있을 뿐 그 무엇으로도 바뀌지 않으며, [그 어느 것에도] 두루 돌아다니되 지치는 법이 없다."[96] '두루 돌아다니되' "크면 [움직여] 간다고 하고, 가면 멀어진다고 하고, 멀어지면 [근원으로] 돌아간다고 한다."[97] 두루 돌아다니는 출발점은 도이며 무이고, 귀결점 또한 여전히 도이고 무다. 그러면 '약용弱用'의 도와 일치한다.

『서경書經』 「홍범洪範」 편은 '강함으로의 극복剛克'과 '부드러움으로의 극복柔克'을 제기하며 부드러움의 작용을 소홀히 해서는 안 된다고 주장한다. 그러나 거기에 관한 충분한 논의는 없었다. 모순 속에서 '약'의 지위와 작용을 충분히 논술하고 있는 책은 『노자』다. 저자는 '약'이 '도'의 가장 근본적인 속성이며 강강剛強과 진취는 '도'와 대립하는 측면이라고 주장한다. 강함強, 굳셈剛, 장함壯 등은 발전하면서 도의 규정성規定性을 파괴할 수 있으나, 부드러움柔과 약함弱은 사물을 도에 부합하도록 유지하는 가장 오묘한 수단이라는 것이다. "[부드럽고] 약함이 도의 작용이다"라는 말은 약함의 중요성을 아주 충분히 설명하고 있다. 사람들은 자주 『노자』에 체계적인 군주 남면의 술이 있다고 말하는데, 이 남면의 술은 주로 약용의 술에 드러나 있다. 『노자』 중의 약용의 술은 다음과 같다.

(1) 고요히 지켜봄靜觀

『노자』는 활동, 변화 및 전환을 매우 중시하지만 이 모두는 파생적이고 일시적인 것일 뿐 끝내는 모두 '무'로 되돌아간다. 『노자』는 활동과 변화를 흠모해서는 안 되며, 활동과 변화 때문에 미혹되어서도 안 된다고 사람들을 가르친다. 활동과 변화를 맞아서는 고요한 관조靜觀의 태도를 가질 것이며, 활동이 다시 근본으로 돌아가기를 기다려야 한다. 책에서는 이렇게 이야기한다. "지극히 텅 빈 데 이르고, 돈독한 고요함을 지킨다. 만물이 두루 움직이나 나는 그것이 [근본으로] 돌아감을 관조한다. 물질들이 무성하지만 각기 제 뿌리로 다시 돌아간다. 뿌리로 돌아감을 고요함이라 한다. 고요함을 제명으로 돌아간다고 말한다. 제 운명으로 돌아감을 항상불변한다고 말한다. 항상불변함을 아는 것을 밝다고 말한다. 항상불변을 모르고 망령되이 움직이면 재앙이 온다. 항상불변을 알면 포용하게 되고, 포용하면 공평무사하게 되고, 공평무사하면 왕이 되고, 왕이면 하늘과 같이 되고, 하늘이 되면 도를 이루게 되며, 도를 이루면 영원하게 되어 몸이 다할 때까지 위태롭지 않다."98 이렇게도 말한다. "[천하의 어머니인] 빈牝은 항상 고요함으로 [수컷의] 강함을 이기고, 고요함을 [자신이 처할] 아래 위치로 삼는다."99 『노자』의 관찰은 지극히 세밀하여 참으로 사람을 놀라게 한다. 그러나 여성이 고요함으로 남성을 이길 수 있는지는 심히 의심스럽다. 다만 그 시대로 볼 때 이와 같은 주장이 창조적인 견해임에는 틀림없다.

『노자』는 정관靜觀을 사물의 본래 양태로 여기고, 움직이며 쳐다봄動視을 변화 양태로 여긴다. 이를 인간사에 적용해 "고요함은 수선스러움의 군주다"100라고 주장한다. 안정됨이 조급한 행동을 주재함은 실제 정치생활과 사람들의 교류에서 발견할 수 있다. 확실히 일에 임하여 두려워 않고, 진정되어 태연자약하면 항상 다른 사람보다 한 수 위일 수 있다. 그러나 고요함만 지켜서는 결코 모든 것을 얻을 수 없다는 것도 지적해둘 필요가 있다.

정관하며 변화를 기다린다는 것은 『노자』의 중요한 공헌이지만, 정관의 절대화는 『노자』의 치명적 약점이기도 하다. 동관動觀이 정관보다 더욱 중요하며, 사물의 운동 중에 자신을 두고 있어야 더욱 깊이 있게 사물을 파악할 수 있기 때문이다.

(2) 약함을 지키고 부드러움을 이용함守弱用柔

사람들은 언제나 강함이 약함을 이기고 굳셈이 부드러움을 이긴다고 생각한다. 그래서 강하고 싶어하고 굳세고자 한다. 『노자』는 바로 이 보통 사람의 견해를 뒤집는다. 저자는 굳셈과 강함이 신속히 죽음의 길로 치닫게 한다고 지적한다. "사람이 날 때는 부드럽고 약하나 죽으면 딱딱하고 굳어 있다. 만물이나 초목이 생장할 때는 부드럽고 무르지만 죽으면 야위고 마른다. 그러니 딱딱하고 굳어 있는 자들은 죽은 무리이고, 부드럽고 약한 자들은 살아 있는 무리다. 그러므로 병기가 강하면 줄어들고, 나무가 강하면 끊긴다. 강하고 큰 것은 [결국 져서] 아래에 처하고, 부드럽고 약한 것은 [결국 이겨서] 위에 처한다."[101] 이렇게도 이야기한다. "물질이 강성하면 노쇠해진다. 이를 도가 아니라고 말한다. 도가 아님은 일찍 끝장난다."[102] 또 말한다. "강한 힘으로 받치며 사는 사람은 [좋은] 죽음을 얻지 못한다."[103] 굳셈, 강함과 상대적인 부드러움, 약함이야말로 가장 생명력이 있는 것으로 그 무엇도 그에 이길 수 없다. "천하에 가장 부드러운 것 [즉, 물]은 천하의 가장 굳센 것 [즉, 금석]도 마음대로 주무른다."[104] "천하에 물보다 부드럽고 약한 것은 없으나 굳세고 강한 것을 공격하여 이길 수 있는 것으로 물보다 나은 것은 없다."[105] 『노자』의 이 논술은 일리가 없지 않다. 심지어 탁견이라고 말할 수 있다. 그러나 거기서 얻은 결론, 예컨대 부드럽고 약한 것은 반드시 살고 굳세고 강한 것은 반드시 죽는다든가, 부드럽고 약함이 굳세고 강함을 반드시 이긴다든가 등은 분명히 조금 단편적이다. 그 가운데의 오류가 결코 내포된 진리보다 적지 않다. 사물의 삶과 죽음은 부드러움, 약함과 굳셈, 강함이 원인이 아니다. 『노자』는 특정 현상에서의 연계를 본질적 연계로 여기는데, 결론은 그럴듯하나 사실은 아니다. 그리고 굳셈과 강함이 자신의 반면으로 전환하는 데는 조건이 있으며, 반대로 강한 것이라고 반드시 모두 망하는 것은 아니다. 마찬가지로 부드러움과 약함이 때로 생명의 상징이지만 모두가 그런 것은 아니다. 어린아이를 찬미하는 것은 생명의 찬가임에 틀림없다. 그러나 만약 영원히 유아기에 머물고 싶다면 이는 우둔함보다 더한 무지다. "부드럽고 약함이 굳세고 강함을 이김"[106]은 그럴 수 있다. 그러나 결코 그것이 모든 것의 규율은 아니다. 『노자』는 약함을 지킬 것, 부드러움을 이용할 것을 선전한다. 그러나 이것이 완전히 약함으로 약함을 이용하고, 부드러움으로 부드러움을 이용하라는 말은 아니다. 때로는 무거움 즉 중요한 지위를 장악하여 부드러움과 약함을 이용하라고도 주장한다. 책에서는 말한다. "무거움은 가벼움의 뿌리다. (…) 그러므로 성인은 온종일 가더라도 짐수레를 떠나지 않는다. (…) 만승의 군주가 어떻게 천하에 제 몸을 가벼이 할 수 있겠는가. 가볍게 굴면 근본을 잃는다."[107] "나라의 예리한 기물은 다른 사람에게 보여주어서는 안 된다"[108]고도 말한다. 무거움 즉 중요 직위를 장악하여 부드러움을 이용하는 것은 절묘한 수법으로 자주 생각지도 못하는 효과를 거둘 것임에 틀림없다.

(3) 가득함을 알고 텅 빈 데 처함 知盈處虛

『노자』는 차서 넘치는 것을 치밀하게 관찰했다. "[너무] 단련하여 그것을 예리하게 만들면 오래 보존할 수 없다. 금과 옥이 집안에 가득하면 지켜낼 수가 없다. 부귀하면서 교만하면 스스로 재앙을 부른다."[109] "[너무] 많이 쌓으면 반드시 두텁게 잃는다."[110] 크나큰 세상에 이런 현상은 자주 있다. 『노자』의 개괄은 매우 세련되었다고 할 수 있다. 이런 현상에 처하면 어떻게 해야 하는가? 저자는 많은 처방을 내리고 있다.

『노자』가 좋아하는 방법 가운데 하나는 "지속적으로 가득 찬 상태로 있는 것은 그만두느니만 못하다"는 것이다.[111] 보다 많이 점유하려 드는 것보다 깨끗이 손을 떼는 것이 낫다. 두 손을 비우면 마치 아무런 부담이 없어질 것처럼 이야기하는데, 노자는 기본적인 사실 하나를 잊고 있다. 그렇게 하면 배를 곯게 된다는 것을!

일체에서 손을 떼는 것이 『노자』가 사람들을 가르치는 유일한 방법은 아니다. 저자는 동시에 사람들에게 어떻게 가득 찬 상태를 유지할 것인가를 가르치기도 한다. "도를 보존하는 사람은 가득 차기를 바라지 않는다. 가득 차지 않으므로 해져서蔽 새로 지을 일이 없는不新成 것이다."[112] 고형高亨의 『노자정고老子正詁』는 이 구절이 틀렸으며, '폐불신성蔽不新成'은 '폐이신성蔽而新成' 즉 '옷이 자주 해져서 새로 만들어진다'라고 해석해야 한다고 말한다. '폐蔽'는 '폐敝'와 통한다고 보고, '불不'은 '이而'의 잘못이라는 것이다. 의미는 도를 지키는 사람은 가득 참을 바라지 않는데, 과분하게 가득 차지 않기 때문에 오히려 옛것으로 하여금 항상 새로운 상태를 유지하게 만든다는 것이다. 『노자』는 또 성인은 "끝까지 자신을 크다고 여기지 않기 때문에 그 큼을 이룰 수 있다"[113]고도 말한다. 성인은 얼마나 총명한가. 스스로 크다고 하지 않으면서 큼을 유지한다. 사람들에게 좋게 보이면서 크나큰 지위에 편안히 거처한다.

사물이 양을 초과하여 뒤집어질 위험에 직면하면 또 어떻게 처리해야 하는가? 『노자』의 대답은 남는 것을 덜어 부족한 것에 더하라는 것이다. "하늘의 도는 남는 것을 덜어 부족한 것을 보완한다. 사람의 도는 그렇지 않다. [오히려] 부족한 것을 덜어 남는 자들을 받든다. [그렇다면] 누가 남는 것으로 천하를 받들 수 있겠는가? 오직 도 있는 자뿐이다."[114] 이렇게도 이야기한다. "성인은 항상 사람을 잘 구한다. 그래서 버리는 사람이 없다. 항상 물질을 잘 구원한다. 그래서 버리는 물건이 없다. 이를 가리켜 밝은 [지혜가] 겹쳤다고 한다."[115]

사물의 양적 관계를 처리하면서 『노자』는 두 가지 원칙을 지킨다. 첫째는 가득 차지 않음不盈이라 부르고, 둘째는 남는 것을 제거함去餘이라 부른다. 그럼으로써 사물의 안정과 안전을 유지할 수 있다는 것이다. 『노자』는 변화 속의 양적 위치를 상당히 중시했다. 그러나 연구의 핵심은 변화가 아니라 어떻게 양적으로 제한을 가하여 양의 변화로 인한 질의 변화를 방지할 것인가에 있었다. 이것은 보수적인 술수로 진취적인 도라고 할 수 없다.

(4) 윗자리에 있으면서 아랫사람에게 겸손함居上謙下

『노자』는 상하, 귀천, 승패 사이의 관계를 매우 생동감 있게 분석하고 고찰했다. 저자는 위에 거하면 존엄을 보이고 윗사람으로서의 신성성을 유지해야 한다는 유가와 같은 주장을 하지 않는다. 그들은 비교적 우회적 방식을 채택하여 위에 거하면 아랫사람에게 겸손할 것이며, 아래로 낮춤으로써 위에서 편안하다고 주장한다. "강과 바다가 무수한 골짜기[에서 흐르는 물들]의 왕이 되는 까닭은 아래로 내려감을 잘하기 때문으로, 그래서 뭇 골짜기의 왕이 될 수 있다. 마찬가지로 백성의 위에 서려고 하면 반드시 말을 [겸손히] 백성보다 아래로 내려야 하고, 백성의 앞에 서고자 하면 반드시 몸을 [겸손히] 백성의 뒤에 두어야 한다. 그래야 성인이 위에 거처해도 백성은 무겁게 느끼지 않으며, 앞에 나아가도 백성이 해롭게 여기지 않는다."116 "사람을 잘 부리는 사람은 [낮은 자세로] 아래가 된다."117 "귀함은 천함을 근본으로 삼고, 높음은 낮음을 기초로 삼는다. 그래서 제후 왕은 스스로를 '고孤' '과寡' '불곡不穀'118이라 부른다. 이는 천함을 근본으로 삼는 것 아니겠는가? 그렇지 않은가?"119 "어려운 일은 쉬운 데서 도모하고, 큰일은 작은 데서 시작한다. 천하에 어려운 일은 반드시 쉬운 데서 일어나며, 천하의 큰일은 반드시 작은 데서 일어난다. 그래서 성인은 끝까지 크다고 하지 않는데, 그러므로 큰 것을 이룰 수 있다."[120] 이렇게도 이야기한다. "대국이 [낮추어] 소국의 입장으로 내려가면 소국을 취하게 된다. 소국이 [낮추어] 대국의 입장으로 내려가면 대국을 취하게 된다. 그래서 혹자는 낮춤으로써 취하고, 혹자는 내려가서 취한다. (…) 양자가 각기 바라는 바를 얻으려면 큰 쪽이 마땅히 아래로 낮추어야 한다."[121] 이상의 이야기들은 본래 주제를 반대로 풀어내는 『노자』의 절묘한 필법이다. 필자가 보기에 이런 일이 필연적인 규율은 아니지만 비교적 자주 보이는 현상임은 분명하다. 상하 관계에서 볼 때 윗자리에 있으면서 아래를 돌보지 않는다는 것은 자신을 적나라하게 아랫사람들의 반대쪽에 둔다는 것으로, 이는 자신에겐 지극히 불리한 일이다. 위에 거처하면서도 아래로 겸손할 수 있으면 위아래 양쪽을 다 장악할 수 있어 아랫사람들로 하여금 위에 거하는 자신을 보충해주도록 할 수 있다. 그러므로 아래로 낮춤으로써 위에서는 편안하다.

(5) 다투지 않음不爭

『노자』는 모순을 강조한다. 그렇게 하려면 논리적으로 논쟁을 해야 한다. 그런데 정반대로 저자는 오히려 부쟁不爭을 제창한다. 이는 저자의 사유 방식이 보통 사람과 다름을 나타낸다. 사실 『노자』의 부쟁은 절대적 부쟁이 아니라 부쟁으로 쟁하라는 것이다. 따라서 부쟁 또한 약용弱用의 한 방식이며 수단이다. 『노자』가 말하는 부쟁에도 여러 형식이 있다.

"다투려 하지 않으니 천하의 누구도 그와 다툴 자가 없다."[122] 이는 최고의 경지이며 가장 절묘한 수단이다. 하지만 이론상 그럴 수 있을 뿐, 실제로는 하기 어려운 일이다. 모순된 세계에서 절대적으로 다투지 않는다는 것은 가만히 앉아서 죽기를 기다리는 정신이 있어야만 근접할 수 있는 일이다.

뭇사람이 다투지 않는 것을 다투는 것도 부쟁의 또 다른 방식이다. "뭇사람이 싫어하는 곳에 거처하므로 도에 가깝다. [물의] 거처는 땅을 좋아한다. 마음은 깊은 못을 좋아한다. 사람과 사귐에는 인仁을 좋아한다. 말은 믿음을 좋아한다. 정치는 다스려짐을 좋아한다. 일 처리는 유능함을 좋아한다. 움직임은 제때를 좋아한다. 다투지 않으므로 허물이 없다."123 『노자』는 여러 차례 물을 찬양한다. 물이 부쟁의 성격을 가장 잘 갖추고 있다는 것이다. 사실 물이 결코 부쟁하는 것은 아니다. 물은 아래로 흘러가려 다툰다. 뭇사람이 부쟁하는 것을 쟁함으로써 자신을 모순의 소용돌이에서 벗어나게 한다. 이것이 비교적 안전하다고들 말한다. 초나라의 손숙오叔孫敖는 기름진 땅을 받지 않고 오히려 척박한 땅을 선택했는데, 그의 의도는 곧 뭇사람이 부쟁하는 것을 쟁하는 것이었다. 그리하여 그는 오래도록 이를 보존할 수 있었다. "뭇사람은 희희낙락 태뢰太牢 음식을 누리는 듯, 봄날의 높은 누각에 오르는 듯하다. 나만 홀로 담담히 아무 조짐이 없으니 젖먹이 어린아이 같기만 하고, 혼곤히 피로에 젖어 돌아갈 곳 없는 듯하다. 뭇사람 모두 여유가 있으나 나만 홀로 뭔가 빠뜨린 듯하다. 나는 참으로 어리석은 사람의 마음이로다! 어둡구나. 뭇사람은 밝고 활달한데 나만 홀로 어둡고 칙칙하다. 뭇사람은 명랑한데 나만 홀로 답답하다. 바닷물처럼 흔들거리는구나. 그치지 않는 바람 같구나. 뭇사람은 유능한데 나만 홀로 촌놈처럼 완고하다. 나만 홀로 다른 사람과 다르게 [모든 것을] 먹이는 어머니食母[의 도]를 소중히 여긴다."124 이 문장의 중심 또한 뭇사람이 다투지 않는 것을 다투는 것인데, 여기서 저자는 기본적인 사실 하나를 소홀히 하고 있다. 그것은 바로 단순히 밥 먹는 일을 위해서도 반드시 다퉈야만 한다는 것이다.

부쟁의 쟁에는 또 한 가지 방식이 있는데, 곡선曲線의 쟁이라고 부를
수 있다. "스스로 드러내지 않으므로 [드러난 것이] 밝으며, 스스로 옳
다고 하지 않으므로 [옳은 것이] 또렷해지며, 스스로 자랑하지 않으므
로 [더욱] 공이 있게 되고, 스스로 뽐내지 않으므로 [명예가] 오래간
다."125 이 방법은 목표를 향해 직접 나아가는 것이 아니라 우회적 수법
을 통하여 목적지에 도달한다.

부쟁의 쟁에 대한 더욱 특수한 방식은 상대방으로 하여금 부쟁하도
록 만드는 방법이다. "나는 선한 사람을 선하다고 하고, 선하지 못한 사
람도 선하다고 한다. [성인의] 덕이 선하기 때문이다. 믿음 있는 사람을
믿으며, 믿지 않는 사람도 믿는다. [성인의] 덕이 믿음이기 때문이다."126
"원한을 덕으로 갚는다."127 "성인은 [채무 권리를 명시한] 좌계左契를 잡
고 있으나 사람들을 재촉하지 않는다."128 쟁과 부쟁은 한 방면만의 일
이 아니다. 내가 부쟁하더라도 상대방은 여전히 쟁할 수 있다. 따라서
부쟁을 위해서는 상대방을 부쟁하게 만드는 방법을 생각해야 한다.
『노자』에서 가장 근본적이라 생각한 방법은 상대방의 요구를 만족시
켜주는 것이다. 불합리한 것이라도 양보하고 관용하라는 말이다.

(6) 약함을 다스림治弱

『노자』는 정면으로 약함을 이용하라用弱고 주장하는데, 그 반대가
약함을 다스리라治弱는 주장이다. 용약과 치약은 형식적으로는 상대적
이지만 바탕은 상통하는 점이 있다. 이것이 바로 『노자』의 약弱을 확실
히 이해하고 파악하는 길이다. 『노자』는 후환을 일으킬 가능성이 있는
사물은 요람에 있을 때 없애버려야 한다고 주장한다. "안정되어 있으면
유지하기 쉽고, 아직 징조가 나타나기 전에는 처리하기 쉽고, 가볍고

무른 것은 풀어내기 쉽고, 미세한 것은 흐트러뜨리기 쉽다. 일이 생기기 전에 처리하고, 혼란이 발생하기 전에 다스린다."129 "백성이 죽음을 두려워하지 않는데 어떻게 죽음으로 떨게 할 것인가. 백성으로 하여금 항상 죽음을 두려워하도록 만들려면 이상한 짓을 하는 사람을 붙잡아 죽여야 할 텐데, 누가 감히 그렇게 하겠는가?"130 여기서 약함을 이용함이 약함을 다스림, 미세함을 다스림治微으로 바뀌고 있다.

(7) 조건을 만들어 상대방을 실패하도록 함

　『노자』는 어떤 사물이든 극단에 이르면 반드시 되돌아간다는 입장으로 사물을 관찰하면서 잘 기다려야 한다고 주장한다. 동시에 조건을 만들어 특정한 사물로 하여금 자기의 반대편으로 치닫도록 하라고 주문한다. "장차 오그리려면 반드시 그것을 잠시 펼친다. 장차 약화시키려면 반드시 그것을 잠시 강화시킨다. 장차 폐지하려면 반드시 그것을 잠시 일으킨다. 장차 빼앗으려면 반드시 그것을 잠시 준다. 이를 가리켜 미묘한 예지微明라 한다."131 『노자』의 이 말은 사람들에게 변증법의 극치로 여겨진다. 확실히 이렇게 깊은 생각은 보통 사람이 미치지 못하는 바이며, 보통 사람이 하지 않는 바이기도 하다. 그러나 사물은 결코 『노자』가 논하는 그런 모양이 아니다. 오그림, 펼침, 약화, 강화, 폐지, 일으킴, 빼앗음, 줌 따위는 자기 수중에서 마음대로 가지고 놀 수 있는 물건이 아니기 때문이다. 움직일 수 있는 주도권을 가지고 있다면 가능할지도 모른다. 그런데 만약 그에 상응하는 조건을 갖추지 못했다면 사정이 꼭 그렇지만은 않을 것이다. 『노자』의 견해는 하나의 계책일 뿐 계책의 전부는 아니다. 가능성은 있으나 필연성은 없다. 그럼에도 '반드시'라고 말하는 것은 사실상 오류다. 하지만 약용의 입장에서 보면 높은 수완의 하나임에 틀림없다.

(8) 굽힘으로써 온전함을 구함以曲求全

"굽히면 [전체가] 온전하고, 굽었으면 곧아지고, 웅덩이라면 가득 차고, [옷이] 해지면 새로워지고, 적으면 얻게 되고, 많으면 미혹된다."[132] 굽힘으로써 온전함을 구한다는 말은 유행하는 구두선이 되었다. 심지어는 미덕으로까지 생각되었다. 굽힘으로써 온전함을 구한다는 말은 일정한 도리를 포함하고 있는데, 개인이 전체에 복종하고, 눈앞의 것이 먼 곳의 것에 복종하고, 국부적인 것이 전국적인 것에 복종하는 등의 도리를 말한다. 많은 경우에 굽히지 않으면 전체에 해를 끼칠 수 있다. 그렇지만 굽힘으로써 온전함을 구함이 전적으로 정확한 것은 아니다. 이론으로든 실제로든 '온전함全'이 반드시 정확성과 진보를 대표하지는 않기 때문이다. 인식이란 부단히 발전하는 것인데, 특정한 인식을 온전하게 [또는 전체로] 보고 최종적 진리로 여기는 것이 경직화가 아니면 무엇이란 말인가? 실제로 '온전함'이라 불리는 어떤 것이든 일정한 발전 단계의 산물일 뿐이며, '온전함'이 역사 발전의 종점은 아니다. 다시 앞을 향해 발전하려면 반드시 지금의 '온전함'을 타파해야 한다. 따라서 '온전함'을 전제로 삼거나 종점으로 삼는 것은 이론으로든 실제로든 보수적인 명제다.

다른 한편으로 굽힌다고 하여 꼭 전체를 구할 수 있는 것은 아니다. 개체는 전체를 구성하는 부분인데, 불완전한 개체가 건강한 '전'체를 구성할 수 없기 때문이다.

(9) 깊이 감추고 드러내지 않음深藏不露

"나라의 예리한 기물은 다른 사람에게 보여주어서는 안 된다"[133]는 말은 『노자』의 명언이다. "[성인은 비단옷이 아닌] 갈옷을 입고 구슬을 품는다"[134]는 구절도 있다. 『노자』는 사람들에게 칼날을 감추어 타인이 자기의 실력과 속내를 알지 못하도록 해야 한다고 가르친다. 허로 실을 은폐하는 것은 매우 쓸모 있는 계략으로 약용의 또 하나의 묘수다.

(10) 정신적 만족

"어째서 큰 우환을 몸처럼 귀하게 여긴다고 말하는가? 내게 큰 우환이 있는 까닭은 내게 몸이 있기 때문이다. 내 몸이 없는 데 이르면 내게 무슨 우환이 있으리!"[135] "생을 위해 작위하지 않는 사람이 생을 소중히 여기는 것보다 현명하다."[136] 일체를 꿰뚫어보고 모든 모순을 '몸이 없다고 여김無身'으로써 해결한다. 자신마저 쓸데없는 것으로 간주하여 저 구름 밖으로나 던져버릴 수 있으면, 자연스레 모순이나 환난을 두려워하지 않아도 될 것이다. 그러나 정신적으로 일체를 초탈한다는 것은 이론상으로나 가능한 말이지 실제로는 매우 하기 어렵다. 사람은 살아 있는 한 물질생활에 의지할 수밖에 없으며, 또 물질적 제약하에 있는 한 진정한 정신적 초탈은 있을 수 없다. 따라서 저자는 또 하나의 탈출구를 만들어놓고 있다. 바로 정신적 만족이다. "족함을 아는 사람이 부유하다."[137] "족함을 알면 항상 풍족하다."[138] "족함을 알면 욕되지 않는다."[139] 정신으로 물질을 충당하고, 정신을 풍요로 삼고, 정신을 만족으로 여긴다. 보기에 매우 그럴듯하다. 정신으로 배고픔을 충당하고 또 무슨 문제를 해결할 수 있는가? 약용의 술은 여기서 현학과 공상으로 흐르고 만다.

이상 열 개 방면에서 『노자』의 약용의 술을 분석했다. 저자는 모순 속에서의 '약'의 지위와 작용에 대해 충분한 설명을 했으며, 이는 인식론적으로 지극히 큰 공헌을 한 셈이다. 반면 저자의 치명적 약점은 문제를 너무 지나치게 말하고 있다는 데 있다. 모순투쟁으로 충만한 사회생활의 와중에 '약'에 의지해 발을 딛기란 매우 어렵다. 약으로써만이 강이 될 수 있다는 보충이 있을 때 약의 진정한 힘이 드러날 수 있으며, 보수성은 진취성으로 바뀔 수 있다. 용약을 모순 해결과 대처의 주된 방법으로 삼는 것은 사회생활에서 대부분 권모술수로 흐를 뿐 진취적 정신은 매우 적다.

소국과민설小國寡民說

소국小國, 과민寡民은 『노자』의 이상국이다. 사람들은 이렇게 생활해야만 한다. "백성으로 하여금 수많은 기물이 있으나 쓰지 않도록 하고, 백성으로 하여금 죽음을 무겁게 여겨 멀리 이사하지 않도록 한다. 배와 수레가 있으나 그것을 타는 사람이 없다. 갑옷과 병기가 있으나 이를 벌려놓은 사람이 없다. 백성으로 하여금 [옛날처럼] 다시 노끈을 맺어 그것을 부호로 사용하도록 한다. 음식을 달게 먹고, 의복을 잘 입고, 거처를 편안히 하고, 풍속을 즐기고, 이웃 나라와 서로 바라보며 닭, 개가 짖는 소리를 서로 듣고 살되 백성이 늙어 죽도록 서로 왕래하지 않는다."140 다시 말해 일체의 기술을 없애고, 일체의 문화를 없애며, 사람들의 사회관계와 교류를 최저한도까지 감소시켜 사람을 더욱 많은 부분에서 식물인간으로 변화시킨다는 것이다.

많은 사람이 『노자』의 소국과민설을 원시사회 또는 농촌 공동체 시대로 회귀하려는 환상이라고 생각한다. 필자가 보기에 이와 같은 주장은 별 근거가 없는 것 같다. 복고적인 역사관이라고 말하기보다 차라리 현실에 대한 반동이라고 말함이 더 낫겠다. 소국과민은 역사를 회고하며 얻어낸 결론이 아니라 논리적으로 연역해서 나온 것이다. 앞에서 언급했듯이 『노자』는 기기묘묘한 이기를 환난의 근원으로 여기고, 문화를 명리를 쟁탈하기 위한 도구라고 생각한다. 환난과 명리 쟁탈을 피하기 위해서는 반드시 이기와 문화를 없애야 하는데, 소국과민의 그림 속에 들어 있는 생활은 바로 이것이다. 『노자』는 인, 의, 예, 충, 신信 등에 맹렬한 비판을 가한다. 이 물건들은 '도'의 파괴자이고, 혼란의 근본이기 때문이다. "예란 충신이 엷어져 생겼는데, 혼란의 원흉이다."[141] 그래서 인의예신 모두의 포기를 주장한다. 『노자』의 뛰어난 점은 바로 신성한 예의 위에서 벌어지는 비열한 행위들을 저자 모두가 속속들이 폭로하여 예의에 채찍을 가했다는 데 있다. 그러나 『노자』의 저자는 이 한 가지 기본 사실을 완전히 소홀히 하고 있다. 즉 예의가 인류 문명의 진화의 중요한 징표 가운데 하나이기도 하다는 점이다. 예의의 더러운 면을 비판한 것은 맞지만, 예의 자체마저 포기한 것은 또 하나의 극단으로 치달은 것이다.

소국과민설은 주로 압박과 착취에 대한 반대가 아니라 문명과 기술의 진보에 대한 반대다.

06 결어

『노자』는 기이한 책이다. 진, 선, 미, 위偽, 악惡, 추醜를 하나로 융화하고, 격언 형식의 수많은 논단 속에는 심오한 사상도 있으며 천박한 공론도 있다. 언뜻 보면 변증법적 사유로 충만해 다른 한쪽을 드러내기도 하고 형이상학을 노출시키기도 한다. 보기에는 황당하지만 그 속을 자세히 더듬어보면 진리 성분을 포함하고 있기도 하다. 또한 수많은 추악한 현상에 예리한 비판을 가하고 있어 통쾌하게 느껴지기도 한다. 그러나 비판을 빌려 사람들을 이상한 길로 이끌기도 한다. 이 책은 사람들에게 지혜를 주는 동시에 권모술수를 더 많이 가르친다. 이것을 믿으면 반드시 걸려들게 되어 있다. 그렇다고 한편에 버려두면 그것은 지혜의 꽃을 포기하는 일이기도 하다. 이 모든 것은 전부 정치사상과 한데 연결되어 있다. 마지막으로 한마디 더하자면 『노자』는 사람들로 하여금 앞을 보도록 인도하지 않는다.

양주楊朱의 귀기貴己 및
목동의 양치기식 정치 주장

양주의 생몰 연대는 확인할 수 없다. 『장자』 「응제왕應帝王」 편에는 "양자거陽子居가 노담을 보았다"[142]고 쓰여 있다. 「우언」 편에는 "양자거가 남쪽의 패沛지방에서 (…) 노자를 만났다"[143]고 쓰여 있다. 책의 주석문에는 "양자거의 성은 양, 명은 주, 자는 자거이다"[144]라고 한다. 「산목」 편에는 "양자陽子가 송宋나라에 갔다"고 쓰여 있다. 그 주석문은 "사마司馬씨는 그가 양주라고 말한다"[145]고 한다. 양陽과 양楊은 통하는 글자이니 양자는 곧 양주이다. 『장자』 몇 편의 언급에 따르면 양주는 노자의 제자이거나 노자를 만난 적이 있는 인물이다. 맹자는 일찍이 양주를 이야기하면서 이렇게 말했다. "양주와 묵적墨翟의 말이 천하에 가득하다. 천하의 말이 양에 귀결하지 않으면 묵에 귀결한다."[146] 양주는 맹자보다 앞서며 대략 전국 시대 초기에 활동한 것으로 보인다.

양주 사상은 선진 시대에 광범한 영향을 미쳤다. 맹자가 보기에 양과 묵은 유가의 주요 적들이었다. "양주와 묵적의 도가 그치지 않는 한 공자의 도는 드러나지 않을 것이다."[147] 맹자는 양과 묵의 비판을 자신의 임무로 삼아, "양, 묵에서 떨어질 것을 말할 수 있는 사람은 성인의 제자다"[148]

라고 외치고 다녔다. 『장자』「병무騈拇」편도 양과 묵을 나란히 부른다. 「거협胠篋」편의 "증삼曾參, 사어史魚의 행동을 평정하고, 양, 묵의 입을 틀어막는다"[149]는 이야기도 양주가 당시 대단히 유명했음을 증명한다. 「서무귀」편에서 장자는 유, 묵, 양, 공손룡公孫龍[150]과 혜시惠施를 5가家로 병렬하여 기록하고 있다. 순자도 「왕패王覇」편에서 양주를 언급한 적이 있고, 한비韓非는 「설림상하說林上下」「팔설八說」「현학顯學」편 등에서 양주에 관해 고루 논의한 바 있다. 『여씨춘추』「불이」편은 양주와 선진의 저명한 사상가들을 나란히 열거한다. 『회남자』「숙진훈俶眞訓」에서도 양주와 묵자, 신불해申不害, 상앙商鞅을 동렬에 안배한다. 이와 같은 사실은 양주라는 사람이 확실히 존재했으며, 그의 이론이 당시 사상계에 상당히 큰 영향을 미쳤음을 증명해준다. 그런데 무슨 이유에서인지 모르지만 『사기』에 그의 열전이 없고, 『한서漢書』「예문지藝文志」에 그의 책에 대한 설명이 없으며, 「고금인표古今人表」에도 그의 이름이 없다. 이 역사의 수수께끼가 풀리기를 기대한다. 자료가 없기 때문에 양주에 대한 논의는 전해지는 단편적 이야기에 의존하여 그 윤곽만 서술할 수밖에 없다.

양주 사상의 핵심은 '귀기貴己'와 '위아爲我'다. 양주 귀기의 뿌리는 자연에 기인한다. 『회남자』「범론훈氾論訓」은 말한다. "본성을 온전하게 하고 참됨을 지키며, [외부] 물질 때문에 형체가 연루되지 않도록 하는 것이 양자의 이론 바탕이다."[151] "본성을 온전하게 하고 참됨을 지킴"은 도가의 기본 사상 가운데 하나다. 도가에서 말하는 본성性과 참됨眞은 모두 자연으로 귀결한다. 그러나 양주가 사람을 자연 가운데 융화시켜야 한다고 주장한 것은 아니다. 그는 사람은 독립된 실체이며 사람과 다른 사물을 비교할 때 사람 스스로가 첫 번째 위치를 차지한다고 생각했다. 바로 이와 같은 기초 위에서 그는 '위아'와 '귀기'라는 결론을 이끌어냈다. 맹자가 지적한 "양씨는 자신만을 위한다"[152]가 바로 그것이다. 『여씨춘추』「불이」편은

"양주는 제 몸을 소중히 여긴다"[153]고 개괄한다.

어떻게 귀기하고 위아하는가? 양주는 두 방면에서 논의한다. 하나는 자신에게 손해를 입히지 말라는 것이다. 이것이 바로 "털 한 올을 뽑으면 천하의 이익이 있어도 하지 않는다"[154]이다. 이 말은 두 가지로 달리 이해된다. 한 가지는 털 한 올을 뽑으면 천하가 이롭게 되는데도 하지 않는다이며, 또 한 가지는 털 한 올을 뽑음으로써 천하의 이익이 있다, 즉 천하를 그에게 준다고 해도 하지 않는다이다. 후자의 해석은 한비자가 기술한 것이다. "여기 한 사람이 있는데, 그 뜻이 위태로운 곳에 들지 않고 전쟁터에 살지 않으며 천하의 큰 이익을 주어도 그의 정강이뼈 털 한 올과도 바꾸지 않는다."[155] 언뜻 보면 이 두 가지 이해는 서로 대립되는 듯하다. 전자는 극단적 이기주의를 드러냄이요, 후자는 명리를 똥으로 여긴다는 뜻이다. 그런데 이 둘은 서로 통할 수 있다. 문제의 실질은 털 한 올을 뽑아 천하에 이롭다거나 천하의 이익을 얻는다거나 하는 데에 있지 않다. 관건은 털 한 올을 뽑는 것이 본성을 온전히 하고 참됨을 지키는 데 손상을 가져온다는 점에 있다. 천하에 이롭든 천하의 이익을 얻든 이는 핵심을 돋보이려는 일종의 과장성 말투일 따름이다. 그 핵심은 귀기이며, 절대로 제 몸을 교환의 대상물로 삼아서는 안 됨을 드러내는 데 의미가 있다. 털 한 올로 천하를 바꾸는 일을 무엇이 두려워서 하지 않겠는가. 양주는 털 한 올 때문에 계교를 부린 것이 아니다. 또한 현실 생활에서 근본적으로 털 한 올을 뽑아 "천하에 이롭다"거나 "천하의 이익을 얻는다"는 식의 문제는 존재하지 않는다. 이는 이론상의 명제로 그 취지는 "본성을 온전케 하고 참됨을 지킴"과 '제 몸己'의 신성성을 설명하는 데 있다.

또 한편으로는 귀기를 위해서는 기己와 만물과의 관계에 대해서도 다루어야 한다. 이에 대한 양주의 기본 원칙은 "[외부] 물질에 형체를 연루

시켜서는 안 된다."[156] 즉 외부 물질로 인하여 형체를 손상시키지 말라는 것이다. 양주가 말하는 '물物'은 자연의 물질뿐만 아니라 사회적 물질도 포함한다. 이 문제에 관한 구체적 논술은 아무것도 없지만 맹자나 한비 등의 양주 비판을 통해 약간은 알아볼 수 있다. 양주는 군주, 이익 관록, 명예 지위 따위를 모두 몸 밖의 물질로 보며, 이 외물에 자기를 연루해서는 안 된다고 한다.

이상으로 볼 때 양주의 '귀기'와 '위아'는 보통 사람이 이야기하는 그런 저급한 개인 이기주의가 아니다. 그의 의도는 제 몸이 자연의 독립적 존재이며, 몸의 가치가 무엇보다도 높다는 것을 설명하는 데 있었다. 그가 말하는 '몸'은 일종의 추상으로 모든 사람을 포괄한다.

양주의 위아와 귀기는 필경 타인의 손해를 통해 제 몸을 이롭게 하는 것 아닌가? 지금까지 자료로 보건대 이를 증명할 수는 없다. 하지만 일부 간접 자료를 보면 양주는 오히려 타인의 손해를 통해 제 몸을 이롭게 하는 데 반대한다. 그는 사람마다 자립해야 하며, 사람과 사람 사이는 평등해야 한다고 주장한다. 『열자列子』는 위서이지만, 그 가운데 「양주」 편은 양주의 사상과 잘 들어맞는다. 1차 자료로 간주할 수는 없더라도 간접 자료로는 쓸모가 있다. 「양주」 편은 사람마다 타인과 교류할 때는 모두 타인의 손해로 자신의 이익을 삼아서는 안 되며, 서로 간에 공짜를 탐해서도 안 된다고 주장한다. "옛사람은 솜털 한 올을 덜어 천하를 이롭게 한다 해도 주지 않았다. 천하가 남김없이 제 일신을 받든다 해도 그것을 받지 않는다. 사람마다 솜털 한 올을 덜지 않고, 사람마다 천하를 이롭게 하지 않으면 천하가 다스려진다."[157] 아주 확실하게 여기서 털 한 올을 뽑아 천하를 이롭게 한다거나 천하의 이익을 얻는다거나 모두를 부정하고 있다. 불평등한 교환은 받지도 않고 주지도 않는다. 따라서 양주의 '위아'와 '귀기'는 모든 사람을 포함하며, 사람마다의 평등성과 독립성이 강조된다.

양주가 갈림길에서 울었다는 고사는 그가 행동에서도 귀기했다는 표시다. 『순자』 「왕패」 편에 이렇게 실려 있다. "양주가 갈림길에서 울며 말했다. '여기서 반걸음만 발을 [잘못] 들어 지나치면 1000리를 비틀거리게 될 텐데!'"[158] 반걸음만 잘못 가면 1000리 차이가 날 터인데! 『회남자』 「설림훈說林訓」에도 이 고사가 기재되어 있다. "양자는 갈림길을 보고 남쪽으로 가게 될 수도 있고, 북쪽으로 가게 될 수도 있다고 울었다."[159] 양주가 갈림길에서 운 까닭은 한 번의 실족으로 천고의 한을 초래하는 것을 방지하는 데 목적이 있었다. 당시 인생의 길은 도처가 갈림길이었다. 한 걸음 실수하면 평생 죽을 때까지 한을 품을 수 있었다. 온통 가시밭인 세상에서 갈림길을 만나 우는 것은 자중하고 귀기하기 위해서 어쩔 수 없이 취해야 할 예방 조치였다. 양주의 취지는 바로 사람들을 가르쳐 모든 일을 잘 헤아리고 위험한 곳과 이상한 곳을 피하여 제 몸에 손상이 오는 것을 막으라는 것이었다.

양주의 개인 독립 자주 사상은 남에게 무얼 강요하는 사상과는 상반된다. 그는 개인의 독립 자주가 타인에게 억압이 되어서는 안 된다고 생각한다. 『장자』 「산목」 편은 다음과 같은 고사를 기재하고 있다. "양자가 송나라에 가다가 한 여관에 묵었다. 그 여관 주인에게 첩이 둘 있었는데, 하나는 아름답고 하나는 못생겼다. 그런데 못생긴 여자는 고귀하고 아름다운 여자는 천했다. 양자가 그 연유를 묻자 여관 사환이 대답했다. '아름다운 여자는 스스로 아름답다고 하는데 난 어디가 아름다운지를 모르겠어요. 못생긴 여자는 스스로 못생겼다고 하는데 난 어디가 못생겼는지를 모르겠어요.' 양자가 말했다. '제자들은 잘 기억하거라! 현명하게 행동하면서 스스로 현명한 행동을 [했다는 생각을] 버리면 어찌 사랑스럽지 않으리!'"[160] 『한비자』 「설림상」 편의 기록은 약간 차이가 있는데, "양자가 말했다. '현명하게 행동하면서 스스로 현명하다는 마음을 버리면 어찌 아름답지 않으리!'"161 여기서 우리는 양주가 현명함이나 아름다움을 반대하지 않는다는 것을 알 수 있다. 문제는 그가 보기에 세속적인 현명함과 세속적인 아름다움이 어쨌든 다른 사람들에 대한 일종의 억압으로 나타난다는 것이다. 양주는 자신의 본성을 상하게 하는 현명함과 아름다움은 긍정할 만한 가치가 없다고 생각했다. 진정한 현명함과 아름다움은 평등을 기초로 해야 하며, 스스로 현명하다고 하지 않고 스스로 아름답다고 하지 않아 일체가 자연스러운 것이 비로소 진정한 현명함과 아름다움이라는 것이다.

양주의 정치사상은 뚜렷한 자연주의 경향을 드러낸다. 『설원說苑』「정리政理」편의 일부 기록은 이 문제를 잘 설명하고 있다. "양주가 양梁나라 왕을 배알하면서 말했다. '천하를 다스림은 손바닥을 뒤집는 것과 같지요.' 양 왕이 말했다. '선생은 아내 한 명, 첩 한 명도 다스릴 수 없고, 3무의 밭에 채소를 무성히 키울 수도 없으면서 천하를 다스림이 손바닥 뒤집는 것과 같다고 하니 어찌된 일이오?' 양주가 말했다. '그럴 수 있지요. 군주께서는 양치기를 본 적이 없으십니까? 수많은 양이 무리를 짓고 있는데 5척 동자가 지팡이 하나로 그것들을 따르게 하며 동쪽으로 가게 하려면 동쪽으로, 서쪽으로 가게 하려면 서쪽으로 갑니다. 군주께서 요임금으로 하여금 양 한 마리만 거느리게 하고 순임금이 지팡이를 들고 그를 따르게 하니, 이것이 혼란의 시작입니다. 신이 듣기에 배를 삼킬 정도의 큰 물고기는 작은 연못에서 놀지 않으며, 높이 나는 흰 고니는 더러운 도랑에 깃들지 않는다고 합니다. 왜 그렇겠습니까? 그 뜻이 지극히 원대하기 때문입니다. 황종黃鍾과 대려大呂의 음률로는 복잡한 연주의 춤에 적용할 수 없습니다. 왜 그렇겠습니까? 그 음이 성글기 때문입니다. 큰 것을 다스리려는 사람은 작은 것을 다스리지 않으며, 큰 공을 이룬 사람은 조금도 각박하지 않습니다. 그런 말입니다."[162] 『설원』은 대부분이 옛날이야기로 다믿을 수는 없지만 이 기록의 중심 사상은 양주의 사상과 일치한다. 여기서 이야기하는 불간섭 혹은 적게 간섭하라는 사상은 앞서 말한 사람과 사람 사이에 공짜가 있어서는 안 된다는 주장과 일치하며, 개인의 독립자존을 존중하는 것과도 일치한다. 양주가 바라는 바는 목동이 양을 치는 것과 같은 정치로, 무위이치의 상징적 표현이라 할 수 있겠다. 여기서 통치자의 움직임은 있는 듯 없는 듯 줄어들고, 인민은 양치기 목동과 마찬가지로 자유롭게 자연 가운데 살면서 유유자적한다. 여기서 출발하여 양주는 요, 순에 비판적 입장을 견지한다. 그가 보기에 통치 행위를 많이 할수록 백성은 손발을 둘 곳이 없어진다. 사람들은 모두 요, 순을 성인이라 하나 양주는 이와 반대로 요, 순의 정치가 바로 '혼란의 시작'이라고 주장한다.

양주 사상은 개인 본위론이라 말할 수 있다. 개인은 자연의 독립된 존재이며, 다른 사람과는 평등한 동시에 서로를 침범해서는 안 되는 성질을 갖고 있다. 이 사상은 당시로선 대단히 급진적인 사상 가운데 하나로 등급제와 신체의 예속관계에 항거한 강력한 사상적 무기라 할 수 있다. 은, 주 이래 사회는 삼엄한 등급제 사회였다. 주나라 천자와 소수 제후, 귀족 외 모든 사람은 여러 종속물이 되어 사회에 드러났으며, 자신은 근본적으로 독자적 의미를 갖지 못했으며, 스스로가 스스로의 존재 목적이 되지 못했다. 이런 상황은 춘추 시대에 이르러 비로소 변화하기 시작한다. 그러나 당시의 변화는 지극히 제한적이어서 등급 예속 관계를 무너뜨리지는 못했다. 다만 새로운 등급 예속 관계가 낡은 등급 예속 관계를 대신했을 뿐이다. 신구 교체 과정에서 틈새기와 간극이 생겨났고, 이는 개인의 자유가 활동할 수 있는 공간을 조금 열어주었다. 양주의 사상은 바로 이와 같은 환경 아래서 생겨난 것이다. 스스로가 스스로의 주인이어야 한다는 그의 주장은 그 시대의 가장 강렬한 목소리라 할 수 있으며, 대단히 풍부한 해방의 의미를 지닌 것이었다. 하지만 이런 주장은 실천 측면에서 근본적으로 실현될 수 없는, 사회 현실을 초월한 일종의 공상이다. 이 사상은 당시 일부 은자들의 사상적 성향을 더 잘 반영하고 있으며, 그들의 행위가 이론적으로 승화된 것이라고 말해야 할 것이다.

스스로가 스스로의 주인이 되라는 양주의 요구는 유가와 법가의 반대를 피할 수 없었다. 맹자와 한비자 등은 여러 관점에서 양주의 주장에 맹렬한 반격을 가하고 있다.

맹자는 아주 정확하게 파악했다. 그는 양주의 '위아' 주장이 "하늘 아래 왕의 신하가 아닌 것이 없다"는 군주지상주의와 근본적으로 대립한다고 생각했다. 그래서 "양씨의 위아는 군주를 부정하는 것"¹⁶³이라고 놀라 부르짖었던 것이다. 정말 맹자의 말대로 양주의 주장은 논리적으로 반드시 군주적 사유와 충돌하게 되어 있다. 군주 전제 사상의 가장 기본적인 특징 하나가 모든 사람은 군주의 종속물이거나 신민이며, 군주를 제외하고는 그 누구도 독자적인 가치가 없다는 것이기 때문이다. 확실히 이 방어선만 뚫리면 군주 전제주의는 존재하기 어렵다. 양주의 '위아'는 분명이에 강력한 충격을 가한 것이다. 군주 권력을 옹호하던 맹자는 이에 대해 매우 민감했고, 바로 양주의 급소를 눌러버렸다. 맹자가 양주를 홍수나 맹수로 본 것은 그의 사상 체계로 볼 때 필연적인 것이다. "양주와 묵적의 도가 그치지 않는 한 공자의 도는 드러나지 않을 것이다." 확실히 그렇다. 양주의 사상과 유가 사상은 양립이 불가능했다.

법가는 가장 노골적으로 군주 전제주의를 고취했다. 그들은 당연히 양주의 주장을 용인할 수 없었다. 『관자』의 법가 작품 가운데 「입정立政」과 「입정구패해立政九敗解」 편은 '생명을 온전히 한다는 학설'을 망국적 논의로 취급하여 엄격히 금지할 것을 주장한다. 전생全生의 학설이 양주에 국한되는 것은 아니지만, 양주가 대표 인물임은 틀림없다. 한비는 양주와 귀생貴生설을 견지하는 사람들을 더욱 격렬하게 질타하면서 절대로 놔두지 말고 죽여야 한다고 주장한다. 한비가 보기에 양주나 귀생을 주장하는 사람은 길들일 수 없는 백성으로 군주에게 쓰일 수 없는 존재다. 한비의 이론으로는 모든 사람이 군주의 도구이거나 노복이어야 하는데, 양주처럼 개인 독립성을 강조하면 필경 군주와 모순이 생기게 된다. 이론적으로도 양자는 물불의 관계이지만, 실천적으로도 충돌이 생기기 십상이다. 군주가 "좋은 전답, 큰 저택을 베풀고 관작과 녹봉 제도를 둠"[164]은 신민을 장려하여 군주를 위해 목숨을 바치도록 하기 위함이다. 그런데 양주의 무리는 이런 물건을 근본적으로 안중에 두지 않는다. 따라서 상을 주는 것은 이들에게 아무런 흡인력이 없다. 이들은 정면으로 충돌을 일으킬 세력은 아니지만 한 무리의 소극적 인물들이다. 그들은 군주의 명령에 충돌이 생길 때 도피하지 않으면 적국에 투항한다. 그래서 한비는 귀생하는 선비들을 "죽음이 두려워 어려움을 멀리하거나 투항 배반하는 백성"[165]이라 부른다. 이런 사람들은 군주에게 해롭기만 하고 이득이 없는 군더더기일 뿐이다. 기왕에 군더더기라면 계속 세상을 살아가도록 살려둘 필요가 없다.

양주 사상이 현실에 맞지 않는 공상이라고는 하지만 상당히 엄숙한 것이었음에 틀림없다. 그러나 그의 전수자들에 이르러 큰 변화가 생겨 각양각색의 극단적 형태가 출현했다. 혹자는 욕망을 절제하여 귀생할 것을 주장하고, 혹자는 하고 싶은 대로 하여 귀생할 것을 주장하고, 혹자는 세상과 뒤섞여 귀생할 것을 주장하고, 혹자는 타인의 손해를 자기 이익으로 삼아 귀생할 것을 주장하기도 했다. 이 사람들은 때로 무책임한 미치광이로 전락하거나 극단적 개인주의자가 되어 적극적인 의미라곤 아예 없거나 있어도 아주 적었다.

제4절

『장자莊子』의
자연주의 정치사상

장자와
『장자』

장자는 이름이 주周이며 송나라 사람이다. 대략 기원전 369년에서 기원전 286년 사이에 살았다. 장자는 전국 시대의 유명한 은둔 선비다. 칠원리漆園吏라는 작은 벼슬을 한 적이 있으며, 어느 때는 풀신을 엮어 살아가기도 했다.(『장자』「열어구列御寇」 참조) 장자는 문장에 능하고 언변도 좋아 지식 계층에 상당히 명망이 있었던 듯하다. 위魏나라 재상을 지냈던 혜시惠施는 그의 친구였다. 장자가 명망이 있었기 때문에 초나라에서 그를 5000금으로 초빙해 재상으로 삼으려 한 적이 있다. 장자는 관작과 봉록을 더러운 것으로 여겼다. 초청을 받아들이지 않았을 뿐만 아니라 오히려 초나라 사자를 한바탕 조롱하기까지 했다. "천금이라면 굉장한 이득이고 경상卿相이라면 높은 지위이지요. 당신은 교郊 제사에 올리는 희생인 소를 본 적이 없소? 수년을 잘 먹여서 기르고 수놓인 비단을 입히는 것은 태묘太廟에 들여보내려는 것 아니오. 그 지경이 되었을 때 외로운 돼지 새끼가 되려 한들 가당하겠소? 당신은 빨리 사라지시오. 날 욕보이지 마시오. 난 차라리 더러운 도랑에서 유희하며 스스로 즐길지언정 제후들의 재갈 물린 말고삐가 되지 않겠소. 평생 벼슬하지 않음으로써 내 뜻을 즐기겠소."[166] 장자는 변덕스러운 세태를 바라보는 독특한 안목을 지니고 있었으며, 이에 상응하는 일련의 이론을 제시함으로써 선진 사상계에 새로운 영역을 열었다.

현존하는『장자』라는 책은 모두 33편인데, 다시 내편內篇, 외편外篇, 잡편雜篇으로 구분한다. 오늘날『장자』의 저자에 관한 견해는 이설이 분분하며 시각차도 너무 크다. 혹자는 내편은 장자 본인의 작품이고, 외편과 잡편은 장자 후학의 작품이라고 말한다. 혹자는 외편과 잡편의 대다수가 장자 본인의 작품에 속하고, 내편이 후학의 작품이라고 주장한다. 또 어떤 사람은 장자 본인의 작품이 내편과 외편 속에 분산되어 있어 구체적으로 분석해봐야 한다고 이야기한다.

저작 시기에 대해서도 마찬가지로 형형색색이다. 대다수는 장자 본인과 전국 시대의 장자 후학들이 지은 것으로 생각하는데, 혹자는 몇 편이 한漢대 초엽의 작품이라고 주장한다. 우리는『장자』라는 책이 장자와 전국 시대의 장자 후학들의 논문 모음집이라고 생각한다. 여러 사람의 손에서 나왔기 때문에 여러 편 간에 구체적인 견해가 모순, 저촉된 곳이 있다. 그러나 주체가 되는 사상이 서로 근접하므로 여기서는 함께 논술하고자 한다.『장자』에서 정치적으로 주체가 되는 사상은 한마디로 인성자연설人性自然說과 자연주의적 정치사상이다.

최근 30년 이래『장자』연구는 주로 철학에 집중되었으며, 정치사상에 대한 논술은 비교적 적었다. 게다가 대부분이 비판적이거나 부정적인 태도를 지니고 있었다. 확실히『장자』에서 적극적인 치세 방안을 찾아보기는 매우 어렵다. 반대로 보이는 것은 대부분이 냉소와 비꼼으로 가득하다. 그러나 비웃음 속에는 오히려 출중한 탁견이 포함되어 있으며, 이는 다른 각도에서 사회를 인식하는 길을 열어주었다. 많은 문제에 대한『장자』의 결론은 황당하지만 인식 과정에서만큼은 눈부신 빛깔을 지닌 사상의 꽃이 피어 있다. 황당한 결론에 대해서는 이미 수많은 사람이 편달한 바 있으나, 사상의 꽃에 대해서는 좀더 명확한 해명이 필요하다.

02

인성자연설 人性自然說과 자연으로 돌아가자는 주장

사람은 어디에서 왔는가? 이는 인성을 탐구할 때 피치 못하게 만나는 문제다. 인류의 기원에 관해서는 일찍부터 사람들의 관심이 있어왔다. 원시사회 사람들의 견해는 논의하지 않겠다. 은, 주 시대의 통치 계층의 견해는 "하늘이 뭇 백성을 낳으셨다"는 것이다. 춘추, 전국 시대에 이르기까지 이와 같은 견해는 상당히 유행했다. 묵자, 맹자 등이 가진 생각이 바로 이런 관점이다. 그런데 춘추 시대부터 시작하여 일부 인사들은 천天 개조를 단행했다. 천을 자연의 원상태라고 말하면서부터 하늘이 사람을 낳았다는 명제 또한 자연주의적 색채를 띠게 되었다. 중국 사상사에서 사람이 자연의 일부분에 속하고 자연계의 한 가지 존재 형식이라고 전면적으로 논술한 최초의 저술은 『장자』로 추정된다. 『관자』 가운데 몇 편에도 이런 논술이 있지만 『장자』에는 미치지 못한다. 『장자』에는 이 방면에 관한 논의가 매우 많은데, 여기서는 몇 단락만 베껴본다.

"무릇 커다란 덩어리 [즉 대지가] 나를 실어 사람의 형체를 갖게 했으며, 나를 수고롭게 하여 살아가도록 하고, 나를 편안케 하여 늙어가도록 하고, 나를 쉬게 하여 죽음에 이르도록 한다."[167]

"순임금이 승丞에게 묻기를 '도는 체득하여 소유할 수 있는 것입니까?' 라고 했다. 승은 '당신의 육신 또한 당신의 소유가 아니거늘, 당신이 어떻게 도를 소유할 수 있단 말입니까?'라고 대답했다. 순이 다시 '내 몸이 나의 소유가 아니라면 누가 그것을 소유한단 말입니까?'라고 물었다. 승이 대답했다. '이것은 천지로부터 위탁받은 형체인 것입니다. 삶도 당신의 소유가 아니라 천지가 화합하도록 잠시 위탁한 것입니다. 성명性命도 당신의 소유가 아니라 천지가 그에 좇으라고 잠시 위탁한 것입니다. 자손들도 당신의 소유가 아니라 천지로부터 위탁받은 허물일 뿐입니다.'"[168]

"사람의 생명은 기의 취합이다. [기가] 모이면 생명이 있고, 흩어지면 죽게 된다."[169]

여기에는 신비주의적 요소가 전혀 없다. 사람의 형체, 생사, 번식 등은 모두 자연이 부여한 것이며 자연의 과정이다. 오늘날의 관점에서 이런 논술은 공허함을 면할 수 없다. 그러나 사람을 자연으로 되돌렸다는 점에서 인류의 자아 인식 과정상의 이정표라고 말하지 않을 수 없다.

『장자』의 저자가 보기에 사람이 기왕 자연적 존재 형식의 하나라면 사람의 본성 또한 자연계의 다른 사물과 마찬가지로 자연 속에서 찾아야 한다. 인성은 오리 다리가 짧고 학의 다리가 긴 것처럼 모두 자연에서 타고난 것이다. 따라서 자연 속에서 원초적으로 생성된 본성原生性이야말로 『장자』 인성론의 가장 중요한 논점이다.

본성에 관한 자연의 분석

원초적으로 생성된 본성原生性은 『장자』 인성론의 총칙이다. 하지만 원생성의 구체적 내용에 대하여 각 편의 논술이 모두 일치하지는 않으며, 강조하는 측면도 조금씩 다르다. 각 편의 관점을 종합 관찰하면 대체로 다음 몇 가지로 귀납된다.

(1) 사람의 육체와 정신에 고유한 '규율 규칙'

「천지」 편은 말한다. "태초에는 [오직] 무無만 있어 존재도 없고 이름도 없었다. 거기서 [최초의] 하나─가 일어났는데, 하나가 있을 뿐 아직 형체를 갖추지는 못했다. 만물은 [그 하나가] 있음으로써 생겨나므로 그것을 가리켜 덕德이라 부른다. 구체적 형체가 아직 없는 상태로 구분이 지어지나 보편적이어서 아무 간극이 없으니, 이를 가리켜 명命이라 한다. 그것들이 흘러내려 움직임으로써 만물이 생겨나고, 물질이 이루어지면 이치가 생겨나니 이것을 가리켜 형形이라 부른다. 물질의 형, 체는 모두 신묘함을 보유하고 있으며, 각기 기준 법칙을 갖고 있으니 이를 가리켜 성性이라 한다."[170] 이 글은 사람의 육체와 정신形神이 우주 발전의 일정한 단계에 이르러 비로소 존재하게 되었으며, 사람의 형신은 그만의 고유한 '규율 규칙儀則'을 갖는다고 분명히 이야기하고 있다. 이와 같은 '의칙'이 바로 '성性'이다. '의칙' 혹은 '성'의 기본 특징은 '자위自爲'다. 「천지」 편에서 이야기하는 '자위'는 사람의 자각적 능동성을 가리키는 것이 아니라 자발적 자연 과정을 가리킨다. 「천지」 편은 사람에게 '형形' '신神' 두 측면이 존재함을 인정한다. 그러나 '신'의 작용은 밖으로 발전해서는 안 되며, 성의 '자위'에 순종하고 '덕으로 되돌아가는反德' 데 쓰여야 한다. 무엇이 덕인가? "만물이 그것을 얻어 생겨나는 것을 덕이라 부른다."[171] 그러므로 '반덕'이란 사람의 주관적 의식이나 행위를 자연의 생장 과정에 따르도록 만드는 것이다.

(2) 천생天生의 본질과 본능

「경상초庚桑楚」 편은 말한다. "본성이란 생명의 바탕이다. 본성이 움직임을 가리켜 행위한다고 하는데, 인위적인 작위를 하는 것을 가리켜 실패했다고 말한다."[172] 얼마 되지 않는 몇 마디에 '성性' '질質' '위爲' '위僞'의 네 개념을 제기하고 있다. 성현영成玄英의 소疏(이하 소라 칭함)에서는 "질은 본本이다. 자연의 성이란 생을 부여해준 근본이다"[173]라고 한다. 「재유」 편에서 말하는 '물지질物之質' 또한 물질의 근본을 가리킨다. '위爲'에 대해 곽상郭象의 주注(이하 주라 칭함)는 "성으로써 스스로 움직이므로 위라 부른다. 이것이 바로 진위眞爲이며 유위有爲는 아니다"[174]라고 한다. '위'는 본능적 행위를 가리키지 의식의 지배를 받는 행위를 가리키는 것이 아니다. '위僞'에 관해서 소는 이렇게 이야기한다. "물질에 감응하여 움직이는 것은 본성의 욕구 때문이다. 본성을 바로잡고 뜻에 인위적 작위僞를 가함은 [덕에 의한] 구분 밖의 행위를 하는 것이니 이를 가리켜 도를 잃었다고 말한다."[175] 따라서 '위僞'의 개념과 순자가 말하는 "본성을 변화시켜 위僞를 일으킨다"[176]에서의 '위'는 똑같이 사람의 주관적 능동성을 가리킨다. 그러나 「경상초」 편에서의 '위'는 '성'에 대한 파괴이므로 '실失'이라 칭하고 있다. 따라서 사람의 능동성과 성은 대립적인 것이다. 장자의 성이 가리키는 것은 타고난 본질과 본능이다.

이와 같은 본질과 본능은 사람의 주관적 의식이 지배하거나 변화시킬 수 없다. 「산목」 편은 말한다. "사람의 형체로 존재하는 것은 하늘 때문이다. 그 하늘이 존재하는 것 또한 하늘 때문이다. 사람이 그 하늘을 존재하도록 어떻게 할 수 없는 것이 [사람의] 본성이다."[177] 주에는 다음과 같이 해석했다. "무릇 하늘이라 하는 것은 모두 밝아 [무엇을] 하지 않고 자연스러운 것이다."[178] "자연이라고 함은 눈에 그렇게 보인다는 말이다. 사람이 어떻게 이와 같은 자연이 존재하도록 할 수 있겠는가? 스스로 그러할 따름이므로 낳았다고 말한다."[179] 원문 앞뒤 두 개의 '인人' 자는 함의가 다르다. '사람의 형체로 존재하는 것'에서의 '인'은 자연 형태의 사람을 가리키고, '사람이 하늘을 존재하도록 어떻게 할 수 없다'에서의 '인'은 사람의 주관적 능동성을 가리킨다. 저자가 보기에 사람의 주관적 능동성이 지배할 수도 변화시킬 수도 없는 자연의 본질과 본능이 바로 '성'이다.

(3) 심계心計 없는 순 자연 상태

『장자』의 아주 여러 편이 사람의 의식을 본성의 대립물로 여긴다. 이 대립은 '심心'과 '성性'의 대립으로 집중 표현되고 있다. 「선성」 편은 당唐 (요임금 시대), 우虞(순임금 시대) 이래 일어난 통치교화의 흐름이 순박함을 엷게 하고 질박함을 흩뜨려 인심이 동요되기 시작했다고 말한다. 그 결과 도를 벗어나 험한 짓을 하게 되고 "성을 버리고 심에 따르게 되었다"[180]는 것이다. 심이 성을 파괴하는 근원이므로 심계心計로 인해 생긴 기교 또한 성을 파괴하는 도구다. 「병무駢拇」 편은 먹줄, 묵, 그림쇠, 곱자 등의 기교는 사람의 본성을 해치고, 그 덕을 침해하며, 항상 그러한 상태를 무너뜨리는 작용을 한다고 말한다.

심과 정욕情欲은 서로 통한다. 그러니 정욕 또한 인성의 대립물이다. 「천지」 편은 말한다. "보편적으로 본성을 잃게 하는 경우가 다섯 가지 있다. 하나는 다섯 색깔이 눈을 어지럽혀 눈이 밝지 못하도록 하고, 둘은 다섯 소리가 귀를 어지럽혀 귀가 잘 듣지 못하도록 하고, 셋은 다섯 냄새가 코에 연기를 씌워 이마까지 찌르게 만들고, 넷은 다섯 맛이 입을 탁하게 하여 입이 상쾌하지 못하게 하고, 다섯은 취사선택하려는 생각이 마음을 미끄러지게 하여 본성을 들뜨게 하는 것이다. 이 다섯 가지 모두 사람의 생명에 해로운 것이다."[181]

『장자』의 여러 편은 사회의 경제, 정치, 인륜 도덕 등의 관계가 인성의 족쇄라고 반복하여 논하고 있다. 모든 인륜 도덕은 미美와 악惡 두 부류로 귀결되는데, 「천지」 편은 미와 악이 구별은 되지만 "인성을 잃게 하는 것은 한가지"[182]라고 말한다. 「응제왕」 편에서는 인의仁義와 애인愛人의 마음이 한 가닥이라도 있으면 "처음부터 다른 사람을 배척하려는 마음을 내지 않는다"[183]고 한다. 성인 태泰씨처럼 되었을 때만이 "누우면 편안히 잠들고, 깨면 멍하니 있어 자신을 말이라고 하면 말이 되고, 소라고 하면 소가 된다. 본뜻을 이해하는 데 참으로 믿음직스럽고 발휘하는 덕이 아주 천진하다. 그래서 다른 사람을 배척하려는 마음을 애초에 들이지 않는다."[184]

마음속 계산을 없애고, 일체의 욕망을 끊으며, 모든 사회관계에서 벗어나야만 사람은 순수한 자연 상태를 유지할 수 있다는 것이 『장자』의 생각이다. 해와 달, 별, 동물, 나무처럼 그런 자연에 맡기는 생활을 함으로써 사람이 자연 속에 완전히 융화되었을 때 가장 완전하게 인성을 보존하게 된다는 것이다.

(4) 입고 먹는 것으로 족한 천방天放 생활

「마제馬蹄」 편은 말한다. "이 백성은 항상 그러한 본성이 있다. 옷을 짜서 입고, 밭을 갈아서 먹으니 이를 [누구에게나] 공통된 덕同德이라 부른다. 모두 한패가 되어 그렇게 하는 것이 아니다. 이를 명명하여 자연 그대로의 생활天放이라 한다."[185] 여기서 입는 것과 먹는 것을 인성으로 삼는다는 말은 사람의 생리적 수요에만 국한된다. 사람이 세상에 살면서 모든 사람과 가깝지도 멀지도 않으며 일체를 자연에 맡긴다는 말이다.

이상 몇 가지는 대동소이하다. 같은 점은 모두 사회성을 배제하고 자연의 길로 돌아가라는 입장에서 인성을 이야기한다는 점이다. 다른 점은 강조하는 중점의 차이 때문에 나타난다. 『장자』한 권 가운데 오직 한 군데에서만 예외가 있다. 「도척」편의 일단에 인성에 대한 논의가 있는데 위의 사상과 비교적 큰 차이를 보인다. 인용하면 다음과 같다.

"사람의 정감은 눈으로 좋은 색을 보고자 하고, 귀로 좋은 소리를 듣고자 하고, 입으로 좋은 단맛을 살피며, 의기가 몸에 충만하길 바란다. (…) 하늘과 땅은 무한하지만 사람의 죽음은 [제한된] 시간이 있다. 제한된 시간밖에 갖지 못하면서도 무한한 시간의 사이에 [정감을] 기탁하려 하니, 이는 마치 준마 기기驥驥가 달리는 것을 문틈으로 보는 것과 다를 바 없이 홀연히 사라지는 것이다. 의지를 기쁘게 해주고 수명을 늘려줄 수 없는 것이라면 모두 도와 통하지 않는 것이다."[186]

인식론상에서 볼 때 이 문단의 내용도 도가의 논조에 속한다. 똑같이 자연성을 가지고 인성을 논하고 있기 때문이다. 그러나 이 문장과 앞에 언급한 글들과는 분명히 다르다. 앞에 언급한 글들은 조금도 늘이거나 줄이지 않고 인성의 자연스러움에 순응하기를 강조했다. 그런데 이 문장에서는 자연성을 개방하여 제 마음대로 욕망에 따를 것을 주장하고 있다. 이런 견해는 『장자』전체를 통틀어 유일무이한데, 『장자』의 다른 편과 한 계열에서 나온 것이 아니라고 생각된다.

본성으로 되돌아가는反性 방식

『장자』에서 이야기하는 인성의 참뜻은 자연성이다. 인류는 일체의 사회관계를 벗어나 마소가 평원에서 유연히 풀을 뜯듯이 자연과 하나로 융화되었을 때 비로소 진정한 인성을 말할 수 있다. 그러나『장자』가 선양하려는 자연성과 현실 사회는 곳곳에서 모순에 부딪는다. 사람들은 사회를 떠날 수 없으며 세속적 관계가 층층이 자연성을 포위하고 있다. 어떻게 이와 같은 상황을 변화시켜 사람들을 자연으로 돌아가게 할 것인가?『장자』의 저자들은 '본성으로 돌아감反性' '본성을 닦음修性' '덕에 따름循德' '성정을 돌이킴反情性' 등 일련의 명제를 제기한다. 각 편의 저자들의 인식 차이 때문에 '반성' '수성'의 방식과 도달하려는 경지에 대해 여러 주장이 공존한다. 이는 다음 몇 가지로 개괄할 수 있다.

(1) 무목적의 자연생활

『장자』는 지식을 버리고 욕망을 끊으며, 밭 갈아서 먹고 옷 짜서 입는 무목적의 순수한 자연생활만이 '본성'으로 하여금 만족을 얻게 할 수 있다고 생각한다. 「마제」 편은 말한다. "백성이 평소 자신이 무엇을 하는지를 모르고, 가되 어디를 가는지 모르며, 입안에 무언가를 물고서 희희낙락 배 두드리며 노니 백성이 할 수 있는 것은 이것뿐이었다."[187] 「양왕讓王」 편은 이와 같은 생활을 더욱 구체적으로 묘사하고 있다. 이런 자연생활의 구체적 형태란 바로 "금수와 더불어 살고 만물을 같은 족속으로 삼아 함께 살았으니, 군자, 소인의 구별 따위를 어찌 알았겠는가!"[188] 다시 말해 자연화의 정도가 금수와 섞여 모든 사회관계를 배제하며, 일체를 자연에 맡길 때 비로소 인성이 회복된다는 것이다.

(2) 형체와 생명의 보전全形生

『장자』에는 '활신活身' '형체의 온전함全形' '참 생명을 지킴衛生' '참 생명을 존중함尊生' '양생養生' '참 생명에 통달함達生' 등의 명제가 있다. 이런 문제들에 대한 논술은 각 편마다 일치하지 않는다. 그러나 한 가지만은 공통적인데, 즉 생명과 형체를 중시함이 그렇다. '형체를 온전히 하고 양생함全形養生'을 위하여 생명, 형체와 다음 몇 가지 일과의 관계를 정리할 필요가 있다.

첫째, 사회와의 관계다. 「경상초」 편은 말한다. "형체와 생명을 온전히 하려는 사람은 [세상으로부터] 그 몸을 감추되 아무도 알 수 없게 깊고 은밀하게 할 따름이다."[189] 이 말을 소에서는 다음과 같이 해석한다. "형체를 온전히 하고 양생을 하는 자는 마땅히 멀리 풍진 세속을 떠나 깊은 산천으로 숨어들어야 한다. 이록에 감싸여 산다면 거칠고 천박해진다."[190] 세상을 멀리하고 몸을 감춤은 소극적인 방식이다. 더욱 적극적인 방법은 요리사가 소를 해체하면서 뼈와 살 사이에 칼날을 놀리듯 사회의 빈틈에서 잘 유영하는 것이다.

둘째, 사려와의 관계다. 『장자』는 마음속으로의 계산과 사려는 생명과 형체에 손상을 준다고 생각한다. 따라서 사려를 함으로써 형체와 생명에 상해를 입히지 말라고 한다. 「경상초」 편은 말한다. "당신의 형체를 온전하게 하고, 당신의 참 생명을 지키며, 당신의 사려를 이 일 저 일에 쓰지 마시오."[191] 「덕충부德充符」 편은 말한다. "도가 그에게 용모를 주었고, 하늘이 그에게 형체를 주었으니 좋아함과 싫어함 따위로 그 몸에 내상을 입히지 말라."[192]

셋째, 영양 공급과의 관계다. 사람의 형체와 생명은 물질적 영양분에 의지해야 한다. 그러나 영양 공급이 부당하면 형체, 생명에 손실이 있을 수 있다. 영양 공급과 형체, 생명과의 관계를 처리하면서 「양왕」 편은 "영양 공급을 하면서 그 길러야 할 바(즉, 몸)를 해쳐서는 안 된다"[193]고 말한다. 이렇게도 이야기한다. "[생명을 존중하는 자는] 부귀하더라도 그것으로 몸을 상하게 하지 않으며, 빈천하더라도 이익 때문에 형체에 누를 끼치지 않는다. 그런데 오늘날 사람들로 높은 관직과 존경받는 작위에 있는 자는 모두 그것을 잃을까만을 중시하여 이익을 보면 제 몸을 경망스럽게 군다. 이 어찌 정신이 헷갈리는 것이 아니겠는가!"[194] 양생을 잘하는 사람은 자기의 생명을 그 어떤 것보다 중요시한다. 세속의 사람들이 보기에 가장 귀중한 것은 천하를 소유함보다 큰 것이 없겠지만, 『장자』가 보기에 일은 오히려 그 반대여야 한다. "천하는 지극히 소중하지만 그것으로 생명을 해쳐서는 안 된다."[195] "천하는 큰 기물이지만 그것으로 생명을 바꿀 수는 없다."[196]

넷째, 무위, 유위와의 관계다. 『장자』는 일체의 유위적 거동은 모두 형체, 생명을 상하게 하며, 무위야말로 형체, 생명을 보전하는 요체요 비결이라고 생각한다. 「응제왕」 편은 말한다. "명성을 구하려 애쓰지 말고, 권모술수를 일삼아 애쓰지 말라. 세속의 일을 맡으려 애쓰지 말고, 지식의 주인이 되려 애쓰지 말라."[197] 혼돈술은 생명을 보장하는 둘도 없는 법문이며, 물정에 밝은 것이나 유위는 사망으로 통하는 길이다.

다섯째, 유용有用, 무용無用과의 관계다. 「인간세人間世」 편은 말한다. "대저 풀명자나무, 배나무, 귤나무, 유자나무 및 과실 참외 등속은 열매가 익으면 [따먹으려는 사람들에 의해] 잡아당겨 벗겨지고 벗겨져 부러진다. 큰 가지는 꺾이고 작은 가지는 굽어진다. 이는 그 [실과의] 능력 때문에 자신의 생명에 고통을 당하는 것이다. 그래서 끝까지 천수를 누리지 못하고 중도에 요절하게 되며, 세속으로부터 두들겨 맞는 것이다."[198] 사람도 이와 마찬가지다. 다른 사람이나 사회에 유용하게 쓰이기만 하면 모두 형체가 상하고 생명을 해치는 재앙을 초래한다. 반대로 무용한 물건이면 생명을 지키고 형체를 온전히 할 수 있으니 이를 가리켜 무용의 용이라 일컫는다.

이상에서 우리는 『장자』가 형체와 생명을 중시하고 있음을 알 수 있는데, 이에 덧붙여 한 가지 설명해두어야 할 것이 있다. 즉 『장자』에서 이야기하는 양생, 형체 보전은 수명을 연장하려는 술수와는 다르다는 것이다. 오히려 이에 대해 『장자』는 누누이 비판을 가한다. 『장자』가 보기에 그따위 '도인導引'[199]이나 '토고납신吐故納新'[200]으로 수명의 연장을 노리는 사람의 치명적인 약점은 죽음을 두려워한다는 데 있다. 『장자』의 생명 보전, 형체 양육의 주지는 자연의 도에 따르며, 생각과 사회관계로 하여금 형체, 생명의 자연스러운 과정을 교란시키도록 하지 말라는 것이다.

(3) 정신 양성

앞에서 이야기한 형체, 생명의 보전과 달리 일부 편에서는 본성으로 되돌아가는 핵심은 '정신 양성養神'에 있다고 주장한다. 「각의刻意」 편은 말한다. "순수하여 잡념이 없고, 고요함으로 하나 되어 변하지 않으며, 마음을 편안히 가져 무위하고 움직이되 하늘의 운행[의 그 자연스러움]에 따른다. 이것이 정신을 양성하는 도다."[201]

"순수하여 잡념이 없음"은 곧 "아무 욕심이 없이"[202] 일체의 잡념을 배제하고 깨어 있을 때 생각함이 없고 잠잘 때 꿈꾸지 않음을 말한다.

"고요함으로 하나 되어 변하지 않음"은 풍진세상에 뒤섞여 희로애락, 선악미추를 도외시하고 그것들에 방해받지 않음을 말한다.

"마음을 편안히 가져 무위함"의 요점은 "[외부] 물질과 교류하지 않음"[203]이다. 정신과 물질의 교류를 단절해야만 정신을 절대적 허무 상태에 둘 수 있는데, 이것이 정신을 양성하는 가장 좋은 방법이다.

"움직이되 하늘의 운행에 따름"은 사람의 행동이 천체의 운행처럼 무심하게 움직임을 말한다. '천체의 운행天行'은 '사람의 행동人行'에 맞추어 한 말이다.「추수」편은 말한다. "소와 말이 네 발을 가짐을 하늘이라 부른다. 말 머리에 굴레를 씌우고 소에 코뚜레를 뚫는 것을 사람이라 부른다."[204] 이렇게 볼 때 사람의 행동은 타산의 지배를 받는 능동적 행위를 가리키고, 하늘의 운행이란 자연스러운 본능적 행위를 가리킨다. 저자는 모든 것이 자연적 본능에 순응하도록 하라고 주장한다.

「선성」편에서 이야기하는 고요함과 지혜의 교차 양성과 「각의」편에서 이야기하는 '정신 양성'의 술은 매우 가까운 개념이다. "옛날에 도를 닦는 자는 고요함으로 지혜를 길렀다. 생명을 알지만 그 지혜로 [억지] 행위를 하지 않음을 가리켜 지혜로 고요함을 기른다고 한다. 지혜와 고요함이 교차하여 서로를 양성하니 화합과 이치가 [인간의] 그 본성으로부터 나온다."[205] 여기서 "지혜와 고요함이 교차하여 서로를 양성한다" 함은 주注에 말하는 "고요한 뒤에 흔들리지 않음을 알고, 흔들리지 않음을 아니 본성을 잃지 않는다"[206]와 같다.

결국 양신養神의 술은 자연에 순응하는 데 있다. 일체를 자연에 따르고 달리 구하지 않음을 가리켜 지혜라고 한다.『장자』몇 편은 본성과 심지心智를 간단히 대립시키고 있는데, 심지를 본성에 대한 파괴라고 생각하여 심지를 없앨 것을 주장한다. 그런데 여기서는 심지를 간단하게 부정하지 않으며, 오히려 심지를 이용하여 자각적으로 자연에 순종할 것을 요구하고 있다.

(4) 자기망각, 자신을 없앰, 하늘과 하나가 됨

「달생達生」편은 "형체가 온전해지고 정기가 회복되면 천지와 하나가 된다"[207]고 말한다. "천지와 하나가 된다" 함은 자신을 자연 속에 완전히 융화시켜 자신이 '사람'이기 때문에 기뻐하거나 즐거워하지 않으며, 다른 어떤 물질보다 높다는 감정을 갖지 않음을 말한다. 이를 「대종사」 편은 이렇게 이야기한다. "지금 대장장이가 금속을 주무르는데, 돌연 금속이 뛰어올라와 '나는 반드시 막야莫邪[208]가 되겠다'고 말하면 대장장이는 필경 상서롭지 못한 금속이라고 여길 것이다. 여기 하나가 사람의 형체를 범하고서는 '사람이다, 사람이다'라고 외치면 조물주는 필경 상서롭지 못한 사람이라고 여길 것이다. 지금 한번 천지를 큰 화로라 생각하고 조화가 이루어짐을 대장장이쯤으로 여긴다면 어디를 가든 [죽든 말든] 가하지 않겠는가!"[209] 저자가 보기에 사람은 '사람'이기 때문에 우쭐거리며 뽐내지 말아야 하며, 사람도 만물과 마찬가지로 모두 천지조화의 산물이니 똑같이 취급되어야 한다는 것이다.

어떻게 하면 천과 하나가 될 수 있는가? 『장자』의 저자가 내린 묘방 가운데 하나는 '자기망각忘己'이다. 「천지」 편은 말한다. "다스림은 사람에게나 있는 것이다. 만물을 망각하고, 하늘도 망각하고, [모든 것을 잊는] 그것을 이름하여 자기망각이라고 한다. 자기망각을 할 수 있는 사람을 가리켜 천[의 자연스러움]에 합일되었다고 한다."[210] 저자는 세상에서 가장 망각하기 어려운 존재는 자기라고 생각한다. 만일 자기마저 잊어버린다면 자연스레 천과 하나되는 경지에 들어설 수 있다는 것이다.

'자기망각'보다 심오한 것은 '자신을 없애는 것無己'이다. '무기'란 단순히 자신을 없애는 것이 아니라 자신을 자연과 합일되게 만드는 것으로 「즉양」 편에서는 이렇게 이야기하고 있다. "무릇 성인은 처음에 하늘이 있었다고, 처음에 사람이 있었다고, 처음에 시작이 있었다고, 처음에 물질이 있었다고 생각하지 않는다. 세상[의 흐름]과 더불어 행하되 바뀜이 없으며, 그 행함이 잘 준비되어 있어 넘침이 없다."[211] 『장자』의 많은 편에서는 '무기'를 이야기한다. 그래서 선영宣穎은 '무기' 두 글자만 잡으면 『장자』 한 권은 다 된다고까지 말한다. 『장자』의 여러 곳에서 유기有己를 강조하고 있는 것으로 보아 선영의 주장은 분명히 잘못되었지만, '무기'가 『장자』의 본성 회복에 관한 중요한 이론 가운데 하나임은 확실하다.

(5) 외물 때문에 자신을 그르치지 않으며, 외물은 맡겨두고 마음은 유
    유자적함

이것과 앞의 '무기' 및 이해타산의 배척은 언뜻 보면 다른 것처럼 보인다. 그러나 사실 양자는 절대적 배척 관계가 아니다. 외물 때문에 자신을 그르치지 않음不以物害己이란 다른 각도에서 사람과 자연 및 사회와의 관계를 설명하고 있는 것일 뿐, 최종 결론은 역시 자연으로 돌아가는 것이다. 그 방식이 다를 뿐이다. 「추수」 편의 논술은 다음과 같다. "도를 아는 자는 반드시 [추상적] 이치에 통달한다. 이치에 통달한 자는 반드시 [구체적인] 경중權에 밝다. 경중에 밝은 자는 외물 때문에 자신을 그르치지 않는다. 지극한 덕이 있는 자는 불이 태울 수 없으며, 물이 익사시킬 수 없으며, 추위와 더위가 해칠 수 없으며, 사나운 금수가 상처 입힐 수 없다. 그가 그것들을 가볍게 여긴다는 말이 아니라 안위를 잘 살피고, 화복에 [마음이] 편안하고, 거취에 신중하기 때문에 [외물이 자신을] 그르칠 수 없도록 한다는 말이다. 그래서 천은 내면에 있고, 사람은 외면에 있으며, 덕은 천에 존재한다고 말한다. [지덕자는] 천의 운행과 인간의 행동을 잘 알아서 천에 근거하고 덕에 자리하며, 머뭇거리면서 굴신하고 요체로 되돌아가면서 지극함을 이야기한다."212 이 일단의 기술은 다음 몇 가지 문제를 제기한다.

첫째, 도, 외물物, 자신己의 삼자 관계에서 이치의 통달, 경중을 밝힘으로써 외물이 자신을 그르치지 않도록 한다. 여기서 '자신'을 돌출시켰다.

둘째, '자신'은 불, 물, 추위, 더위, 금수 등 외물 앞에서 그것들을 대수롭게 여기지 않는 것이 아니라 이런 외물들의 규율을 장악하여 "[자신을] 그르칠 수 없도록 한다". 여기에서 '자신'은 주도하는 작용을 한다.

셋째, '자신'이 주동적 권한을 얻을 수 있게 된 까닭은 "천의 운행과 인간 행동을 잘 알아서 천에 근거하고 덕에 자리하는" 데 있다.

표면적으로 보면 여기서 '자신'이 십분 강조되고 있으며, '자신'의 작용을 드러낸다. 그러나 '자신'의 작용은 자연을 개조하는 데 있지 않고 다만 순종하는 데 있다.

외물 때문에 자신을 그르치지 않음보다 자신의 요구에 더 초탈하고, 더 만족시킬 수 있는 또 하나의 방식이 외물은 그냥 오랫동안 맡겨두고 마음은 유유자적하는 것이다. 「인간세」 편은 "외물은 [오랫동안] 맡겨두고 마음은 유유자적한다. 부득이한듯 그냥 둠으로써 [자신의 내적 본성인] 중中을 기른다. 이것이 최상의 도다"[213]라고 말한다. 소疏는 이렇게 해석한다. "홀로 조화를 이룬 선비는 사람들 사이에 뒤섞여 살며, 외물의 존재를 그대로 둔 채 즐겁게 노닐고 허심으로 움직여 세상에 순응한다. 여기에 무슨 위태로움이 있겠는가?"[214] "부득이하다는 것은 [사물의] 이치가 반드시 그렇기 때문이다. 반드시 그러한 일에 맡기고 중화中和의 마음을 기른다. 이것이야말로 참된 이치가 이룬 조화의 궁극이며, 외물에 응하는 최고의 묘방일 것이다!"[215] 이것이 바로 사람들이 이야기하는 현실에 안주하고, 바람 부는 대로 흐르고, 옳음도 그름도 없는 술이다.

(6) 도와 덕에 맡겨두고 떠돎

앞에서 소개한 '본성으로 되돌아가는反性' 여러 방식은 모두 인간을 자연계의 한 존재 형식으로 삼음으로써 인간을 자연으로 되돌아가도록 만드는 입각점으로 삼는다. 따라서 어떻게 '반성'하든지 사람을 반대로 다른 세계로 가게 하지는 못한다. 사람은 여전히 사람일 뿐이다. "도와 덕에 내맡기고 [자유스럽게] 떠돌 수 있다면 그렇지 않다. 영예도 없고 비방도 없으며, 용 같기도 하고 뱀 같기도 하면서, 시절에 따라 두루 변화하며 제멋대로 행동하는 일이 없다. 오르기도 하고 내려가기도 하며, [세상과의] 융화를 헤아리면서 만물의 조상에게로 떠돌아 자적한다. [다른] 물物을 물답게 만들되 [자신은] 외물에 대해 [하나의] 물로 취급당하지 않으니 어찌 세상에 쓰여 힘들어질 수 있겠는가!"[216] "도와 덕에 내맡기고 떠도는" 것도 '반성'의 한 방식이지만 그 도달의 경지는 더 이상 자연인이 아니라 이미 자연인에서 일탈해 나간 신선의 맛이 있다. 『장자』 가운데 아주 여러 편에서 언급하는 '진인眞人' '지인至人' '성인聖人' '신인神人' '체도자體道者' 등은 모두 신선화된 형상을 띠고 있다. 따라서 그들의 '본성'은 보통 사람과 달라 "그 본성이 [보통] 사람들을 초월한다".[217]

『장자』에서의 이와 같은 신선화된 '진인' '지인' 등은 은, 주 이래 전통적인 천제天帝 관념의 단순한 이식이나 개조가 아니며, 어색한 자기 신성화도 아니다. 그것은 논리적 방식으로 이끌어낸 것이다. 이 논리의 특징은 사람을 자연 과정 속으로 되돌려놓고 자연적인 인간 개체로 하여금 자연의 총체 및 본원과 하나로 합치시킨다는 점이다.

『장자』는 우주 만물의 본원과 생성 변화 과정에 대하여 광범한 토론을 행한다. 그 주요 논점은 도는 우주의 본원, 천지는 만물의 어머니, 음양은 변화의 요인 등이라는 것이다. 『장자』 일부 편의 저자는 진정으로 사물의 이치에 밝은 사람은 자신을 승화시켜 정신적으로 도, 천지, 음양과 일체화하여 "천지와 하나가 되고"[218] "천지의 올바름에 [그냥] 맡겨두고 육기六氣(자연)[219]를 [애써] 조종하며"[220] "도덕에 맡겨두고 떠돌며" "만물의 조상에게로 떠돌아 간다"고 생각했다. 이렇게 되면 구체적인 자연적 인간은 일탈하여 초자연적 인간, 즉 이른바 '진인' 등이 된다. 이런 '진인' '지인'은 이론적 논리를 통해 이루어지는 것이므로 우리는 '진인' '지인' 등을 이성적 신이라고 말할 수 있다.

이상의 논의를 종합하면 인성자연과 자연으로의 회귀는 인간에 대한 『장자』의 가장 기본적 인식이었다. 이와 같은 인식의 치명적 약점은 인간의 사회성을 배척했다는 데 있다. 하지만 사람의 자연성을 강조했다는 점에서 보면 이는 인류의 자아 인식 역사에서 획기적인 의의를 지닌다. 『장자』의 저자가 살았던 그 시대의 사회는 수많은 사람의 자연적 요구와 생명의 권리를 말살했다. 『장자』는 말살된 자연성을 드러내주었으며, 인류의 자아 인식에 새 길을 개척했다. 『장자』는 사람의 자연적 본질을 강조함으로써 당시 사람들에게 신성불가침한 것으로 여겨지던 사회 준칙과 전통들을 폭로하고 비판하는 데 이론적 근거를 제공해주었다.

03

사람의 자연성을 속박하는
사회관계와
사회 관념에 대한 비판

장자와 그 후학은 당시의 각종 사회관계가 사람의 본성을 속박하며, 전체 사회는 곧 큰 감옥이자 도살장이라고 생각했다. '선'한 것이든 '악'한 것이든 모두가 본성을 파괴하는 것이다. 사람들에게 아름답다고 칭송받는 물건일수록 『장자』가 보기에 나쁜 것이었다. 『장자』의 이 견해는 이론적으로 어떤 오류가 있는지와 무관하게 당시에는 절창이었다. 결론이 얼마나 황당한지에 상관없이 그가 제기한 명제는 실제로 사람들을 깊이 생각하게 만든다. 논술이 얼마나 괴이한지와 무관하게 그 칼끝 하나하나는 모두 당시 현실을 뼛속 깊이 통타하는 채찍이었다. 만일 저자가 사회를 보는 심리가 어둡다면 그가 피력하는 가려진 부분들은 확실히 더러운 곳들이 있다. 이는 착취계급이 통치 지위를 독점하던 역사에서 자주 보이는 현상이다. 정식의 단정한 교훈은 왕왕 신랄한 풍자만큼 사람들이 사물을 심각하게 인식하도록 더 잘 깨우쳐주지는 못한다. 『장자』는 바로 후자에 속한다.

치세, 치인 및 권력에 대한 비판

사람들은 습관적으로 치세, 치인治人을 칭송하고 난세, 난인亂人을 질책한다. 그런데『장자』는 보통 사람의 견해와 반대로 모든 재난의 근원은 바로 이 '치治' 자에 있다고 생각한다. 인간의 자연성과 통치자와의 관계는 진흙과 도공, 나무와 목수, 말과 백락伯樂221의 관계처럼 후자는 전자를 파괴한다. 이 파괴는 두 방면에서 나타난다. 하나는 "사람의 본성을 혼란시키고"222 성정을 "흐트러뜨려" 인간 스스로를 갈수록 악화시켜 수습할 수 없게 된다. 또 하나 '사람을 다스림'은 "천도를 어지럽히고 만물의 성정을 거스르기에 하늘의 현묘한 덕을 이루지 못하게 된다. 그래서 금수의 무리가 흩어지고 새들이 밤에 울게 되었다. 그 재난이 초목에 이르고 재앙이 곤충에게까지 미치게 된다"223

사람들은 모두 황제, 요, 순을 '천하를 다스린' 성인'이라고 칭찬한다. 그러나『장자』일부 편의 저자가 보기에 역사상 모든 혼란은 바로 이들의 '다스림'으로부터 시작되었다. 따라서 "다스림은 혼란을 이끈다. [신하로] 북면함은 재앙이며, [군주로] 남면함은 도적이다"224라고 말한다.『장자』의 많은 편은 또 일세를 구제하면 그에 따르는 재앙이 만세에 이른다고도 이야기한다.

「재유」 편은 이 사상을 지침으로 삼은 적이 있는데, 황제가 의를 제창하며 세상을 어지럽힌 역사를 구체적으로 서술하고 있다. "옛날 황제가 처음 인의로 사람의 마음을 묶어버렸다. 이어 요, 순은 넓적다리에 솜털이 없어지고 정강이에 털이 없어질 정도로 [사람들을 애쓰게 해서] 천하[를 위한 정치]라는 형체를 길렀으며, 오장에 근심을 가득 실은 채 인의를 행하도록 했으며, 혈과 기를 약화시키면서 법도를 규정했다. 그럼에도 천하의 문제를 다 이겨낼 수 없었다. 요는 환두讙兜를 숭산崇山으로 추방했고, 삼묘三苗를 삼위三峗산으로 몰았으며, 공공共工을 유도幽都로 유배시켰으니 이는 천하가 잘 다스려지지 않았다는 것이다. 3왕(하의 우, 은의 탕, 주의 문왕)의 시대에 이르자 천하는 더욱 혼란스러워졌다. 아래로 폭군 걸桀, 도적 척跖 같은 사람이 있는가 하면, 위로 증삼曾參, 사추史鰌 같은 인간이 나타나고 유가와 묵가가 다투어 일어났다. 그리하여 기뻐하고 화내면서 서로를 의심하고, 어리석음과 지식이 서로를 속이고, 선함과 그렇지 못함이 서로를 비난하고, 허위와 믿음이 서로를 나무라게 되어 천하는 쇠약해져 버렸다."[225] 그래서 『장자』는 초나라 사람 노래자老萊子의 입을 빌려 "일세의 상처를 참지 못하고 만세의 걱정거리까지 힘쓴다"[226]고 말한 바 있다. 사람들은 모두 '치인', 즉 현능한 사람이 나와 세상을 다스려주기를 바란다. 그런데 『장자』는 오히려 반대로 생각했다. "그럴 경우 사람들을 보존하는 나라는 만 분의 일도 안 된다. 사람들을 망치는 나라가 하나가 아니라 만 개도 넘게 될 것이다. 슬프다! 땅을 가진 자들이 이것을 모르니."[227] 이것이 바로 '치자'가 나타나 인류를 구제하기를 바라는 사람들에 대한 『장자』의 대답이다. 『장자』의 대답은 너무 가혹하고 사리에 전혀 맞지 않으나 당시의 입장에서는 가장 의미심장하고 가치 있는 견해였음에 분명하다. 이 견해들은 황당함에 가까운 외피로 둘러싸여 있다.

전국 시대에는 영명한 군주가 출현하여 세상을 구제해줄 것이라는 희망이 사방에서 일어나 전체 사상계를 뒤덮고 있었다. 유가, 묵가, 명가, 법가 모두가 그러했다. 그런데 『장자』는 오히려 이와 반대로 갔으며, 그따위 생각으로 머리가 어떻게 된 사람들에게 찬물을 뒤집어씌웠다. 이 찬물에 얼마나 많은 악의나 비관적 정서가 포함되었는지에 상관없이 이 견해는 그 시대의 청량제가 되었음에 틀림없다.

그 시대에 치와 난은 모두 권력과 연결되었다. 권력이 있으면 모든 것이 있던 시대였으므로 보통 사람들은 권력을 보물로 여겼다. 사람들은 권력을 추구하는 데 혈안이 되어 있었다. 그런데 『장자』는 오히려 일반적 태도와는 반대로 권력에 대해 멸시하는 눈빛을 던졌으며 권력을 더러운 물건으로 취급했다. 『장자』가 보기에 권력은 인간 본성을 구속하는 족쇄였다. 『장자』「추수」 편은 두 가지 우화를 통해 이 도리를 설명한다.

장자가 복수濮水에서 낚시를 하는데 초나라 왕이 대부 두 사람을 먼저 사자로 보내 의중을 떠보면서 "국내[의 정치]를 위해 힘써주시길 바랍니다"[228]라고 말했다. 장자는 낚싯대를 잡은 채 돌아보지도 않으면서 이렇게 물었다. "나는 초나라에 신비한 귀갑이 있는데 죽은 지 이미 3000년이 지난 것으로 왕은 그것을 보자기에 싸서 묘당 위에다 깊이 감춰두고 있다고 들었습니다. 이 거북은 죽어서 귀갑을 남겨 고귀하게 되고 싶었겠습니까? 아니면 살아서 진흙 속에 꼬리를 끌며 있고 싶었겠습니까?"[229] 두 대부가 "살아서 진흙 속에 꼬리를 끌며 있고 싶었겠지요"[230]라고 대답했다. 이에 장자가 말했다. "가시오. 나는 진흙 속에 꼬리를 끌며 살고 싶소."[231]

혜시가 양梁나라 재상을 하고 있는데 장자가 와서 보고자 했다. 어떤 사람이 혜자에게 "장자가 온 것은 당신 대신에 재상을 하고 싶어서일 것이오"[232]라고 말했다. 혜자는 두려워져서 3일 낮 3일 밤 나라 안을 수색했다. 장자가 홀연히 그에게 와서 이렇게 말했다. "남쪽에 이름이 원추鵷鶵라는 새가 있는데, 자네 알고 있겠지? 원추는 남해에서 출발해 북해로 날아가는데 오동이 아니면 깃들지 않고, 연練[233]의 열매가 아니면 먹지 않고, 달콤하고 시원한 물이 아니면 마시지 않는다. 그런데 올빼미가 썩은 쥐를 물고 날다가 원추가 지나가자 올려다보며 '궉!' 하고 을렀다는군. 지금 자네는 자네의 그 양나라 따위를 가지고 나를 으를 생각인가?"[234] 역사적으로 이런 일이 있었는지 없었는지는 중요하지 않다. 고사의 의도는 권력에 대한 장자 일파의 견해를 의미심장하게 드러내며 문학적 형식을 통해 표현해낸 것이다.

위의 논의에서 출발하여 『장자』는 군주가 권력을 장악하고 일체를 지휘한다고는 하는데, 이것이 바로 자유의 걸림돌이며 재앙의 근원이라고 주장한다. 저자는 위魏 문후文侯의 입을 빌려 말한다. "위나라는 정말 나를 피곤하게 만드는군!"235 한번은 노후魯侯가 근심스러운 기색을 띠더니 시 남쪽에 사는 도가 의료宜僚에게 방법을 물었다. 시 남쪽에 사는 선생은 그에게 이런 이야기를 해주었다. 털이 풍성한 여우와 무늬가 고운 표범은 그토록 조심해서 행동하는데도 그물에 걸리는 환난을 면하기 어려운데 "그건 털가죽 때문에 생기는 재앙입니다"236라고 했다. 노나라야말로 노후에게 재앙을 가져오는 털가죽이다. 그 나라를 잊어버리고 자신의 조화에 임할 수만 있다면 이런 근심걱정은 없어진다는 것이다.(『장자』「산목」)

이상은 고상하게 이치를 이야기한 것들이다. 『장자』에 가장 많은 부분은 분노와 욕설이다. 불초한 군주야말로 사람들에게 욕을 먹는 대상으로 말할 가치도 없는 존재다. 『장자』의 많은 편은 사람들에게 신성한 제왕 군주라고 칭송받는 오직 그 사람들만을 욕하고 있다. 황제, 요, 순, 우, 탕, 왕계王季, 문왕, 무왕, 주공周公이야말로 천리를 해친 진정한 괴수이며, 군주들이야말로 참으로 큰 도적이라고 주장한다. "크게 도둑질하는 사람이 제후다."237 "나라를 절취한 자가 제후다."238 군주의 일거수일투족은 모두 이기적인 것이며, 자연의 규율을 위반하는 것이다. "천지의 양육은 [공평하게] 한가지입니다. 높은 데 올랐다고 길다고 할 수 없으며, 낮은 데 산다고 짧다고 할 수 없습니다. 군주께서는 홀로 만승의 주군이 되시고 그 때문에 한 나라의 백성을 괴롭히며 자신의 귀, 눈, 코, 입[의 욕망만을] 양육하고 계십니다."239 이는 위魏 무후武侯를 질타한 내용이지만 저자의 진정한 의도는 위 무후라는 전형적 예를 통해 모든 군주를 규탄하려는 것이다.

천박한 무리는 언제나 사민士民들이 거짓, 사기, 기만, 도적질을 한다고 질책한다. 하지만 『장자』는 오히려 사민들의 거짓, 사기, 기만, 도적질을 유도하는 원흉을 붙잡는 데 힘을 기울인다. 그 괴수는 바로 군주다. 군주들이 인민을 곤란하도록 강압한다. "[감당키 어려운] 무거운 임무를 맡겨놓고 이겨내지 못하면 벌을 주고, [도저히 안 되는] 먼 길을 설정해놓고 이르지 못하면 죽인다. 백성은 앎도 힘도 모두 다했으므로 [할 수 없이] 거짓으로 이어간다. 날만 새면 거짓이 많아지니 사민들이 어찌 거짓 없이 살겠는가! 힘이 부치니 거짓이 생기고, 앎이 부족하니 기만하며, 재물이 부족하니 도적질을 한다. 이러한 절도 행위의 책임을 누구에게 지워야 옳겠는가?"[240] 이에 대해 곽상은 "응당 군주에게 책임을 지운다"[241]는 네 글자의 주석을 달고 있다. 사실 주석을 달지 않아도 그것은 매우 자명하다.

역사의 진행 과정을 볼 때 착취계급이 통치 지위를 차지한 사회에서 그 사회를 능가하는 권력은 사라질 수 없다. 어떤 사람이든 이 권력을 사회에서 일거에 없앨 생각이라면 그것은 환상에 불과하다. 그런데 이와 같은 권력의 존재는 동시에 그에 대해 비판하고 폭로할 수 있는 근거를 제공해주기도 한다. 당시 권력에 대한 『장자』의 비판과 폭로가 모두 과학적이라고 할 수는 없다. 적극적이지도 못했다. 그러나 매우 의미심장한 것은 분명하다. 가장 빛나는 부분은 착취자가 장악한 권력은 인간 본성에 대한 파괴이며, 사람의 이색적 힘이야말로 사회적 죄악의 제조자라고 그가 최초로 지적했다는 점이다.

심계와 지식에 대한 비판

인류가 동물과 다른 가장 중요한 표징은 사람에겐 능동적 사상 의식 활동이 있다는 점이다. 선진의 제자들은 이를 '심心' '지知' '사思' 등으로 불렀다. 『장자』 여러 편에 등장하는 '심' '지' '사' 등에 대한 견해는 완전히 일치하지는 않는다. 어떤 편은 '심' '지'의 작용을 제한적으로 인정한다.

'심'은 '본성'의 순응 위에 쓰여야 하고, '지'는 '도'의 지각 위에 쓰여야 한다고 주장한다. 그리하여 성, 심, 지를 통일하고 있으며 '양심養心'과 '지도知道'의 논의를 이룬다. 또 다른 몇 편에서는 '심' '지'와 인성을 서로 배치되는 것으로 생각한다. 심계心計, 지식, 지혜의 활약과 발전은 인간 본성에 파괴를 가져올 수 있고 사회적 환난의 근원이 된다는 것이다. 그리하여 '심' '지'를 피고석에 놓아두었다. 우리는 『장자』에서 후자의 이론을 집중적으로 분석한다.

『장자』는 원시 상태에는 심계도 없고 지식도 없어 인류가 걱정, 근심없는 평화로운 생활을 누렸다고 생각한다. 그런데 황제, 요, 순 등이 인간세계에 오면서부터 이런 생활환경은 파괴되었다. 그들은 인심을 휘저어놓고, 정욕을 일으켰으며, '심계'라는 악마를 세상에 풀어놓아 역사적 대재앙을 빚어냈다. '심' '지'는 사람들로 하여금 명리를 쟁탈하게 만들어 자연계의 질서를 파괴했으며, 사상적 혼란을 조성했으며, 일월, 천지, 사시, 만물 모두가 그 본성을 잃도록 만들었다. 심과 지가 일단 출현하니 사람들은 경쟁적으로 서로 총명을 추구하고, 계산된 기교를 부리게 되었다. 그결과 개인의 본성이 훼손되었을 뿐만 아니라 "끝없이 국가를 망치고 백성을 살육하는"[242] 재앙을 만들었다. 사람들은 모두 도적이 가증스럽다고 말한다. 그런데 도적은 또 어디서 오는 것인가? 만일 도적의 심지가 없었다면 어디서 도적이 오겠는가! 그래서 『장자』가 보기에는 지혜, 지식이야말로 도적 행위의 발동기일 뿐만 아니라 도적 행위의 도구다. "현인을 뽑으면 백성 간에 서로 알력이 생기고, 지자를 임용하면 백성 간에 서로 도적질한다."[243] 『장자』의 이 견해는 분명 황당한 논조이기는 하지만 한 가지 사실을 잘 반영하고 있다. 즉 그 시대 정치상의 간사함, 음모, 시기 및 인민에 대한 교묘한 착취는 언제나 총명함, 지모 등과 어울려 이루어졌다는 것이다. 온갖 수단을 동원한 속임수, 세상을 속이고 이름을 훔치는 행위야말로 심지가 가장 사람들의 주목을 끄는 사악한 방면으로 표현된 것이다. 명리의 쟁탈이나 도적질이 심계를 쓰지 않고는 안 된다는 것은 의심할 바 없다. 그러나 이런 현상을 발생시킨 본질적 원인은 절대로 총명이나 지모 때문이 아니다. 여기에서『장자』는 분명 잘못되었다. 그렇지만 사회정치학적 관점에서 볼 때『장자』의 이 사상은 독특한 의미를 지닌다. 그것은 우리로 하여금 다음과 같은 사실 하나를 알려준다. 즉 그 시대의 큰 지모나 용맹은 확실히 권리의 쟁탈에 쓰였다는 것이다. 이런 현실을 바탕으로『장자』의 설교를 보면 그의 지모를 향한 공격에 이유가 있다는 것을 이해할 수 있다.

『장자』는 지식에 부정적 태도를 취했다. 지식이 인간 본성을 파괴시키고 죄악을 탄생시킨다고 생각했을 뿐만 아니라 더욱 심각하게 이론적 검증을 했다. 이는 철학사 연구자들이 상세하게 분석했으므로 여기에서 다시 중복하지는 않겠다.

명리에 대한 비판

명리는 당시 사회 또는 전체 사유제 사회에서 사람과 사람의 상호 관계 가운데 가장 보편적인 관계다. 실제로 어떤 사람이든 이 관계를 벗어날 수는 없다. 그런데도『장자』는 명리에서 벗어나야만 자연으로 돌아갈 수 있다고 주장한다. 따라서『장자』는 명리 욕망을 대대적으로 질타한다.

『장자』는 명리 욕망과 사람의 본성이 대립한다고 생각한다. 「경상초」편에서는 명리 욕망을 4가지 측면, 24가지 표현으로 개괄한다. 즉 "[신분의] 귀貴, 부富, [관직에서] 현顯, [권력의] 엄嚴, 명名, 이利를 얻으려는 여섯 가지는 뜻을 어그러뜨리는 것들이다. 용容, 동動, 색色, [말씨의] 리理, 기氣, 의意를 좋게 보이려는 여섯 가지는 마음을 졸라매게 하는 것들이다. [싫어하는] 오惡, 욕欲, 희喜, 노怒, 애哀, 낙樂에 휘둘리는 여섯 가지는 덕을 힘들게 하는 것들이다. [떠나는] 거去, [쫓는] 취就, [빼앗는] 취取, [주는] 여與, 지知, 능能을 얻고자 하는 여섯 가지는 도를 막아버리는 것들이다.[244] 이상 4가지 측면, 24가지 표현을 간단히 '사육四六'이라 부른다. '사육'을 제거하지 않으면 인간 본성은 회복되기 힘들다. '사육'을 없애면 심으로 하여금 올바름正으로 돌아가게 할 수 있다. '바르게 됨'은 곧 인간 본성의 회복이다. 그래서 또 이렇게 이야기한다. "이 사육이 가슴속을 분탕질하지 않으면 바르게 된다. 바르게 되면 고요하고, 고요해지면 분명하며, 분명해지면 텅 비어 있게 된다. 텅 비면 [일부러] 하지 않아도 안 되는 일이 없다."[245] 이와 같은 연쇄 반응의 최종 결과가 바로『장자』가 이상으로 여기는 "사람으로서 형체는 있으나 사람의 [욕망을 일으키는] 정情이 없는"[246] 경지다.

『장자』는 명리 부류가 본성 밖의 물질에 속한다고 생각했는데, "이 외물이 반드시 그렇게 되는 것은 아니다."[247] 명리를 추구하려고 하면 필경 재앙을 초래할 것이다. 관룡방關龍逄, 비간比干, 기자箕子, 악래惡來, 걸桀, 주紂, 오원伍員, 장홍萇弘, 효기孝己, 증삼曾參 같은 사람은 모두 외물, 즉 '명 또는 리'를 추구했기에 본성을 해치고 자신을 망치는 결과를 초래했다. 이렇게 외물을 보고 근본을 잃는 거동은 장자 학파에서 가장 금기시하는 바다. 부모와 자녀의 관계는 '천속天屬'이라 부른다. 천금과 자녀를 다 같이 얻을 수 없을 때 아들을 팔고 딸을 버리며 '천속' 관계를 파괴하는 짓을 하는 자는 분명 이익을 탐하는 무리다. 그래서 이익은 '천속'의 파괴자다.

또『장자』는 명리를 취하면 안 되는 까닭은 명리가 반드시 재앙으로 바뀌기 때문이라고 주장한다. 명리를 차지한 사람은 왕왕 다른 사람들의 추앙을 받지만 마지막 결과는 명리를 차지한 사람이 재앙을 당하게 되는 것이다. "영광과 오욕[의 구분]이 세워졌기에 사람들은 근심하게 되었으며, 재화가 모여들[어 부자가 생기]기에 사람들이 다투게 되었다. 지금 사람들이 근심할 바가 서게 되고, 사람들이 다투는 바가 모여지니 사람들은 쉴 틈도 없이 제 몸을 혹사하게 되었다. 이 지경에 이르지 않고자 해도 어디 되겠는가!"[248] 『장자』는 또 명리에 의지하는 자는 그 본인은 요행히 화를 면했다 하더라도 그 후대가 반드시 재앙을 입는다고 지적한다. "요, 순은 천하를 가졌지만 그 자손은 송곳 꽂을 땅도 없었다. 탕, 무는 일어서 천자가 되었지만 그 후대는 절멸했다. 그 이익이 [너무] 컸던 연유가 아니겠는가?"[249] 명리가 재앙을 초래한다는 『장자』의 관점을 개별 인물에 국한하지 않고 총체적 추세로 보면 일리가 없지 않다. '있는 자'만이 잃을 수 있기 때문이다. 아무것도 없는 사람은 잃을 것이 아무것도 없다. 그러나 『장자』는 간단한 한 가지 사실을 완전히 망각하고 있었다. 즉 한 사람이 가장 기본적인 '유有'마저 얻을 수 없다면 생명조차 유지할 수 없다는 사실이다. 『장자』가 명리를 이토록 소극적으로 취급한 것은 그 시대정신과 맞아떨어지지 않는다. 다만 명리가 화를 초래하고 또한 그것이 영원히 독점될 수는 없다는 그의 주장은 확실히 일가견이 있다.

『장자』의 명리 비판에는 또 하나의 이유가 있다. 즉 얻은 명리가 많으면 많을수록 존엄은 더 많이 잃게 된다는 것이다. 「열어구」 편에는 이런 고사를 싣고 있다. 조상曹商이 송宋 언왕偃王의 사자로 진秦나라에 가 응대를 잘했으므로 진왕이 수레 100대를 하사했다. 조상은 송나라로 돌아와 장자에게 자랑을 한바탕 늘어놓았다. 장자는 이렇게 대꾸했다. "진왕이 병이 생기자 의사를 소환했다네. 등창을 터뜨려 고름을 짠 사람은 수레 한 대를, 치질을 핥은 사람은 수레 다섯 대를 얻었다네. 치료 부위가 아래로 내려갈수록 수레를 더 많이 얻게 된다네. 자네가 어찌 치질을 치료했겠나? 수레를 어떻게 그리도 많이 얻었나? 자네 가보게!"[250] 저자는 명리 획득의 정도와 인격하강 정도가 정비례하는 것으로 본다. 이 말은 좀 가혹하고 편파적인 점을 인정하나 당시 관방의 유행병을 확실하게 꼬집어주고 있다. 저자는 자신의 인격적 가치와 존엄을 지키기 위해서는 명리에 자신을 오염시키지 않는 것이 최선이라고 강조한 것이다.

『장자』가 이와 같이 맹렬하게 명리를 비판하고 질시한 사상은 당시로서는 소극적이었고 그 시대 역사에도 도움이 안 되었다. 그러나 그가 논술한 명리와 인간 본성의 모순을 바라보는 관점은 사람들이 사회를 인식하는 데 새로운 문을 열었다.

충효와 인의에 대한 비판

인륜 관계는 사회적 관계의 중요한 측면 가운데 하나다. 선진 제자 가운데 유가가 가장 열성적으로 이를 창도했는데, 충효, 인의, 예악을 주요 내용으로 하는 일련의 이론 체계와 실천 준칙들을 갖고 있다. 법가 가운데 『상군서商君書』파와 한비자는 법과 이익이라는 관점에서 인의를 비판한 적이 있으나 인의를 전반적으로 부정하지는 않았다. 『장자』 가운데 일부 편도 인의예악을 전반적으로 부정하는 태도는 취하지 않고 도가 사상에 입각하여 개조하고 있다. 그러나 대다수 편은 인의를 맹렬하게 규탄하면서 인의와 인륜 등의 관계를 근본적으로 없애야 한다고 주장한다.

『장자』가 보기에 인의와 도덕(도가의 '道德')은 근본적으로 대립한다. 큰 도가 무너진 뒤 인의가 생겼다는 말은 『노자』에서 먼저 제기했지만 이를 설명하거나 논증하지는 않았다. 『장자』는 이 관점을 계승하고 발전시켰다. 『장자』는 '도' '덕'은 자연적 본성이며 인의는 사람의 유의지적 행위라고 생각했다. "도는 [인간의 지혜로] 이를 수 없으며, 덕은 [의식으로] 도달할 수 없다. 인仁은 [일부러] 하는 것이며, 의義는 [눈에 띄게] 판가름하는 것이며, 예禮는 서로 거짓을 꾸미는 것이다."[251] 효제孝悌와 인의, 충신과 정렴貞廉, "이 모두는 거기에 힘쓰기 시작함으로써 덕을 혹사시킨다"[252]고 도 말한다. 그러니 도덕과 인의의 대립은 자연과 인위의 대립이다. 도, 덕은 자연의 '온전함全'인 데 반해 인의는 언제나 한쪽으로 기울어 있다. 한쪽으로 기울면 반드시 다른 한쪽으로 치닫게 된다. 『장자』에서 이야기하는 "합하면 떨어지고, 이루면 무너지며, 청렴하면 창피당하고, 존중받으면 의론이 분분하게 되며, 하는 바가 있으면 이지러지고, 현명하면 모략에 빠지며, 어리석으면 기만당한다"[253]는 바로 이 도리를 설파한 것이다. 『장자』가 보기에 한쪽으로 기욺은 도와 덕의 파괴이며 악순환을 거듭하게 한다.

『장자』는 인의 같은 물건은 자연의 본성에 속하지 않으며 일을 좋아하는 '성인'(도가에서 이야기하는 성인이 아님)이 만들어낸 것이라고 생각했다. "도, 덕을 훼손하여 인의로 삼음은 성인의 잘못이다."[254] 인의의 흥기는 일련의 나쁜 결과들을 불러일으켰다.

첫째, 예악은 '구분'을 불렀다. 백성은 원래 구분이 없었는데 예악이 있고서부터 백성 사이에 귀천의 구분이 생겼다. 그러므로 예악 제도는 자유에 대한 속박이며 족쇄다. 번잡한 예악 제도는 "천하의 형체를 삐뚤어 놓는"[255] 작용을 했다.

둘째, 인의의 창달은 '천하의 마음'을 동요시켰고 이로부터 '의혹'을 불러일으켰다. 사람들이 서로 의심하고 아귀다툼을 함에 따라 만사가 혼란에 빠지게 되었다.(『장자』「마제馬蹄」)

셋째, 지식을 좋아하고 이익을 다투는 것이야말로 만악의 근원이다.

『장자』는 사람들이 인의, 예악, 지식, 이익을 염두에 걸어두기만 해도 필경 세 번이고 네 번이고 넘어질 것이며, 앉든 서든 불안할 것이라고 주장한다. "아무 지식도 없으면 사람들은 나를 어리석다고 말할 것입니다. 지식을 가지면 반대로 내 몸뚱이에 근심이 쌓입니다. 인하지 않으면 다른 사람에게 해를 끼치고, 인하면 반대로 제 신체에 근심이 쌓입니다. 불의하면 남에게 상처를 주고, 의로우면 반대로 내 몸이 근심스러워집니다."256 어쨌든 인의와 가까이하기만 하면 쌀겨가 눈에 들어간 듯 사방을 분별할 수 없고, 모기에 여기저기 물린 듯 밤새 잠을 이룰 수 없으며, 인경 소리 가까운데 잃어버린 자식 찾듯 한시도 편안할 수가 없다.

수많은 사상가가 인의와 사랑愛人을 함께 연결 짓곤 했다. 이 방면에는 유가와 묵가 두 학파가 가장 뛰어났다. 많은 사람이 두 눈을 크게 뜨고 사람을 사랑하는 사람이 출세하여 그 은혜를 입게 되기를 바랐다. 그러나 『장자』의 저자는 오히려 차가운 눈으로 대했다. 자세히 보면 그들이 얻은 결론은 "인의로 [자기 것을] 버리는 사람은 적고 인의로 이익을 본 사람은 많다"257는 것이다. 따라서 인의를 제창하면 할수록 인의를 가장하여 자기의 이익을 챙기는 사람이 많아진다. 심지어 인의는 밖에 있고 금수 같은 마음은 안에 있어 인의는 금수들의 행위 도구로 바뀐다. 우리는 일부 사상가가 인의와 인간 사랑을 선전하는 참된 마음을 가졌고 몸으로 실천하려 노력했던 품격이 있었음을 부인할 수 없다. 다만 역사의 발전 과정을 볼 때 『장자』의 견해가 착취계급이 통치 지위를 차지한 사회의 실제에 훨씬 더 부합하거나 가깝다고 할 수 있다.

위와 같은 논의가 대부분 인의의 실천에 대한 양적 분석에 치중한 것이라고 한다면 『장자』에는 인의와 인간 사랑에 대한 질적인 부정도 적지 않다. 예컨대 "호랑이와 승냥이 같은 것이 인이다,"258 "겸애라 함은 [사욕을] 돌려서 이야기하는 것 아닌가? 사사로움이 없다고 하는 것이 바로 사사로움이다"259라는 말은 인애仁愛를 철저히 부정하는 경구다. 『상군서』와 『한비자』에도 인의를 이와 좀에 비유한 내용이 있는데 그 의도는 인의가 사회에 기생하는 물건임을 설명하는 데 있었을 뿐이다. 『장자』의 인의 비판은 그보다 훨씬 더 의미심장하다. 그는 인의를 사회의 백정이라고 질타한다. 『장자』의 이런 말투는 사실 좀 각박하고 독단적이긴 하지만 그 가운데는 단도직입적 폭로가 함유되어 있다. 그 시대에 인의의 외침과 그를 굳게 믿는 사람들이 있을 수는 있었지만 실현시킬 만한 사회적 조건은 아직 형성되지 않았다. 인애의 논의는 사회를 개조시킨다는 아름다운 소망일 수는 있다. 그러나 이런 아름다운 그림이 인민의 피땀을 빨아먹는 백정에게는 오히려 회칼을 포장하는 용도로 여겨진다. 인애라는 온정은 겉으로 은근하게 이런 허위성과 잔인성을 뒤덮고 있는데 장자가 먼저 이를 폭로하고 나선 것이다. 이 점만 가지고 보면 『장자』의 견해는 획기적인 의미를 지닌다.

삶을 좋아하고 죽음을 싫어하는 관념에 대한 비판

생과 사는 생리 과정일 뿐만 아니라 보편적 심리이며 사회 문제다. 후생厚生의 사회적 영향은 접어두고 후장厚葬이 사회에 가져오는 재난만 보더라도 이 문제의 엄중성이 명백해진다. 그래서 생사 문제는 각 파 사상가들의 중요한 연구 대상이 되었다. 어떤 사상가는 생사를 인간대사로 보아 여기에 근거하여 일련의 정치 원칙을 끌어내기도 했다. 하지만 『장자』는 생사 문제에 얽히는 것은 사실 스스로 번뇌를 찾는 꼴이라고 생각했다. 그는 생사를 도외시하라는 주장을 제기하여 생사의 속박에서 철저히 벗어날 것을 요구한다. 어떻게 하면 생사를 도외시할 수 있는가? 『장자』는 이를 여러 방면에서 설명한다. 그 가운데 가장 가치 있는 주장은 생사가 자연의 과정임을 반복적으로 설명한 것이다. 저자는 생사의 자연적 과정은 인간의 주관적 의지로 바꿀 수 없는 것이라고 재삼 강조한다. "죽음과 삶은 운명이다. 밤과 아침이 항상 바뀌듯 하늘(자연)이다. 사람이 억지로 주거나 할 수 없는 것이며 그냥 [자연 속] 만물의 상정이다."[260] "성인의 생은 [그저] 하늘의 운행이며, 죽음은 [그저] 만물의 변화다"[261]라고도 말한다. 이런 이야기들은 오늘날의 관점에서 보면 완전히 과학적이지도 못하며, 그 태도 또한 모두 취할 만한 것이 못 된다. 그러나 『장자』가 자연의 과정으로 생사를 인식했다는 것은 인식론적으로 정확하다. 『장자』는 "형체(몸)가 힘든데도 쉬지 않으면 폐단이 생기고, 정력을 사용하고 그치지 않으면 피로하다. 피로하면 고갈되는"[262] 그러한 생에 고통을 주는 행위를 비판한다. 그리고 '도인導引' '양형養形' 따위를 사용하여 장수를 추구하는 술수에도 반대한다.(『장자』「각의」) 이 두 가지 모두 자연의 도에 부합하지 않는다는 것이다. 이와 같은 인식에 기초하여 『장자』는 후장 사상과 그러한 분위기를 극도로 멸시한다. "장자가 임종에 가까워지자 제자들이 성대한 장례를 치르고자 했다. 장자가 말했다. '나는 하늘과 땅을 관과 널로 삼으며, 해와 달을 만장의 구슬로 삼으며, 별들을 [입에 무는] 진주로 삼으며, 만물을 부장품으로 할 것이니 내 장례가 어찌 준비되지 않았다고 하겠느냐? 여기에 무엇을 더하리!' 제자가 말했다. '저희는 새나 솔개가 선생님의 시신을 먹을까 걱정이옵니다.' 장자가 말했다. '위로 새와 솔개에게 먹히고, 아래로 땅강아지와 개미에게 먹히면 이것에서 저것을 뺏어주는 것이니 어찌 치우쳤다 하겠는가!'"[263] 정말 대오 각성한 논조이며, 어리석음을 깨쳐주는 말이다. 후장이 성행하던 시대에 장자는 가슴에 거리낌 없이 이와 같이 높은 인식을 가졌으니 실로 고귀한 일이다. 비교해보면 부지런히 후장을 추구하는 그런 무리가 얼마나 보잘것없어 보이는가!

『장자』는 생사를 자연의 과정으로 여겼으므로 사람들에게 삶을 좋아하고 죽음을 싫어할 필요가 없다고 충고한다. 사람들로 하여금 생에 품은 미련을 극복하게 하기 위해 『장자』는 만물의 생성 과정으로부터 생이란 순차적 삶이라고 논술한다. 원래는 "본래 생명生이 없었고" "본래 형체形가 없었고" "본래 기운氣이 없었는데", 나중에 "변하여 기운이 있게 되고, 기운이 변하여 형체가 있게 되고, 형체가 변하여 생명이 있게 되었다."[264]

생에서 사까지는 춘하추동 사시처럼 자연의 운행에 불과하다. 삶은 결국 죽음으로 귀결된다. 생이란 백마가 구멍을 통과하듯 한 번 내달음으로 지나가버린다. 이 견해는 기본적으로 정확하다. 『장자』는 생사의 순 자연성을 강조했기 때문에 근본적으로 사회적 의의를 배제했고, 그리하여 생사가 하나라는 결론을 얻어냈다. "제 생명을 잘 지킨 사람은 그 때문에 제 죽음도 잘 처리한다."265 "얻은 것이라곤 한때이며, 잃은 것이라곤 그 [시간의 흐름에] 순응함이다. 편안히 시간에 맡기고 그에 순응해 처리하면 슬픔도 즐거움도 들어올 수가 없다. 이것이 예부터 일컫는 현해懸解, 즉 해탈이다."266 "죽음과 삶을 같은 무리로 삼는다면 내 무엇을 걱정하리!"267 "죽음과 삶도 제 몸에 아무 변화를 주지 못하는데 하물며 이익 손해 따위가 무슨 실마리가 되겠는가!"268

『장자』의 생사관은 근본적으로 인생관에 관한 문제다. 『장자』의 인생관은 인생 가치를 철저히 부정하며, 생의 의의를 인간 역사에서 가볍게 지워 없애버렸다. 일반적으로 인생의 가치를 부정하는 어떤 관념이든 소극적이라고 말한다. 그러나 『장자』를 탄생시킨 그 시대에 하층 인민의 가치는 비록 일부 인사들에 의해 오랫동안 외침이 있었지만 여전히 유세객들의 입이나 붓 위에서만 머물고 있었으며, 귀족들은 여전히 화려한 생활을 누리고 있었다. 고귀한 사람은 계속 고귀하고, 비천한 사람은 다름없이 비천했다. 이런 현실에 직면하여 『장자』는 또 하나의 극단으로 치달아 무얼 긍정하기보다는 거꾸로 모든 것을 부정함으로써 더 통쾌하고자 했다. 『장자』는 여기서 정신적 초월이라는 자아 안위를 하고 있으며, 일체의 고상함을 더욱 멸시했다. 여기에는 모래도 있고 황금도 있다.

이상의 논술에서 우리는 『장자』가 인류의 사회관계와 일체 문명적 성과를 전면적으로 비판하고 있음을 알 수 있다. 『장자』가 인간의 자연성과 사회성을 완전히 대립시킨 것은 틀림없이 오류다. 대항적인 계급사회라 하더라도 인간의 자연성과 사회성은 동시에 통일성과 상호 보완적 측면이 있기 때문이다. 물론 또 다른 대립적 일면이 있음을 부인할 수는 없다. 사회관계는 불평등하고 그 사이에 착취와 피착취, 압박과 피압박의 관계가 있어 다수의 사람은 노예의 지위로 떨어지고, 문명의 과실은 소수가 독점하고 삼켜버려 다수의 사람은 오히려 손해를 입는다. 『장자』의 저자들의 걸출한 공헌은 바로 이와 같은 대립을 가장 먼저 겉으로 드러내 사람들로 하여금 안목을 크게 넓히고 세상을 새롭게 보도록 했다는 데 있다.

자연 정치와
이상 사회

『장자』는 인간이 사회관계의 속박으로부터 벗어나야 한다고 주장한다. 그러나 사람이 자신의 머리카락을 끌고 지구를 떠날 수 없듯이 어떤 사람도 사회를 벗어날 수 없다. 그래서 『장자』의 저자들은 부득불 사회로 되돌아왔으며 그들의 인성학설을 근거로 그에 상응하는 사회 개조 방안을 제기하고 상응하는 이상 사회를 만들어냈다.

자연에 순종함

자연에 순종함은 『장자』의 사회정치사상의 주요 특징이다. 자연에 순종하기 위해 『장자』는 천인관계를 집중적으로 분석한다.

사람이란 무엇인가? 『장자』는 두 방면에서 설명한다. 하나는 사람이 기타 자연물과 다른 특정한 형태를 지니고 있다는 것이다. 「덕충부」 편은 말한다. "도가 [인간으로서] 용모를 정해주고 하늘이 형체를 주었는데 어찌 사람이 안 되었다고 말하는가!"[269] 둘은 사람이 주관적 능동성을 지니고 있다는 것이다. "무위하면서 존엄한 것이 하늘의 도이고, 유위하면서 피로한 것이 사람의 도다."[270] 인간에게 주관적 능동성이 있음을 인정한다. 그러나 사람의 주관적 능동성은 전체 자연계와 모순 대립할 뿐만 아니라 인간의 자연성 자체와도 서로 용납을 않는다. 일의 성취를 예로 들면, "일을 이루지 못하면 반드시 사람의 규칙으로 인한 환난이 생기고, 일이 이루어지면 필경 [신체의] 음양[이 조화하지 못하는] 환난이 생긴다."[271]

천인관계를 처리하면서 『장자』는 다음과 같은 주장을 제기한다.

"자연 그대로이지 [속된] 사람이어선 안 된다."[272] 하늘에 어떠한 거역도 해서는 안 된다. "[인간의] 일이 이미 하늘을 이길 수 없은 지 오래인데"[273] 무엇 때문에 정신을 괴롭히고 형체를 상하게 할 필요가 있는가! 이는 '인간의 자연 극복人定勝天' 사상과 선명하게 대립한다.

"하늘은 안에 있고, 사람은 밖에 있다."[274] "하늘과 사람의 행위는 하늘에 뿌리를 둔다."[275] 소疏는 이렇게 말한다. "하늘이 부여해준 자연스러운 본성은 속마음에 감싸여 있고, 그에 따르는 인간사는 바깥 행적에 연결되어 있다. 모두 [억지로] 하는 것이 아니다. 자연에 맡길 따름이다."[276] "언제나 자연을 근본으로 삼는다"[277]는 말은 곧 사람의 행위는 천연의 본성을 근본으로 삼아야 한다는 뜻이다. 여기서는 "하늘 그대로이지 사람이어서는 안 된다天而不人"처럼 절대화하지는 않았으나 여전히 자연에 순종함을 중심으로 인간의 주관적 능동성을 이야기하고 있다.

'지知'로 하늘을 양육한다. 「대종사」 편은 말한다. "하늘이 하는 바를 알고, 인간이 하는 바를 알면 최고의 경지다."[278] 하늘과 사람이 하는 행위를 명확히 구분한 것은 사물을 인식하는 최고의 경지에 도달했다는 의미다. 이는 원래 대단히 가치 있는 명제인데 애석하게 저자는 '지'를 순 자연주의적 방향으로만 이끌어갔다. 하늘과 사람의 행위를 구분 지음은 하늘을 양육하기 위한 것이었다. 그래서 저자는 이렇게 이야기한다. "하늘이

하는 바를 안다는 것은 자연스럽게 산다는 말이다. 사람이 할 바를 안다는 것은 자신이 아는 바를 할 줄 알고, 자신이 모르는 바를 기를 줄 안다는 말이다. 하늘이 준 수명을 마치고 중도에 요절하지 않는 것이야말로 최고의 앎이다."[279] 여기서 이야기하는 "최고의 앎"이란 하늘과 사람의 '소위所爲' 관계를 깊이 연구하여 사람의 '할 바'를 발전시키고, 하늘의 '하는 바'를 이용, 개조하고 따름을 가리키지 않는다. 유한한 '앎'을 봉쇄하고, 하늘의 '하는 바'를 깊이 탐구하는 것을 막아버리며, 이 유한한 '앎'을 가지고 '모르는 바'의 하늘을 기른다는 것이다.

"하늘에는 뛰어나지만 인위에는 서투르다."[280] 이것은 『장자』가 사람들에게 제기한 천인관계 처리의 또 하나의 준칙이다. 자연에 잘 맞추어 살고 인위적인 데는 서툴러야 한다는 말이다. 여기서 강조하는 바는 여전히 하늘에 대한 순종이다.

이상보다 더 나아간 관점이 '하늘과 사람은 하나'라는 것인데 이에 대해서는 앞에서 이미 언급했다.

이상의 천인관계 이론에 근거하면 '치治'는 '인人'의 범주에 속한다. 『장자』는 이치로 볼 때 '치'의 문제를 제기하지 않는 것이 가장 좋다고 한다. 최고는 "천하를 다스리지 않는 것"[281]이란 말이다. 그리고 만약 "군자가 부득이하게 천하를 돌보는 자리에 있게 되면 무위만 한 것이 없다."[282] "하늘에는 육극六極과 오상五常이 있는데, 제왕이 이를 따르면 다스려지고 이에 거스르면 흉하게 된다."[283] '육극' '오상'이 가리키는 바가 무엇인지는 주석가마다 해석이 다르다. 대체로 '육극'은 '육합六合'[284]이고 '오상'은 '오행五行'[285]이라는 설이 비교적 『장자』의 사상과 맞아떨어진다.

민정民情에 순응함

백성의 성정民情에 순응함은 『장자』의 정치사상의 또 하나의 기본 내용이다. 「산목」 편의 저자는 요, 순, 우에 가탁하여 백성을 다스리는 요체가 형체에 순응하고 성정에 따르는 데 있다고 말한다. "형체는 [자연에] 따르는緣 것이 최고이고, 성정도 자연에 따르는率 것이 최고다. 따르면 [주변 것들이] 떠나지 않으며, 따르면 [매사에] 수고롭지 않다. 떠나지 않고 수고롭지 않으면 애써 [인의예지의] 꾸밈을 통한 형체의 보전을 구하지 않아도 되며, 꾸밈을 통해 형체의 보전을 구하지 않으므로 외물에 의존하지 않는다."286 연緣, 솔率은 모두 순종, 따름의 의미로, 형체와 성정에 따른다함은 곧 자연에 순응한다는 말이다. 「즉양」 편의 저자는 장오長梧의 봉인封人287이 자뢰子牢에게 했던 한바탕 훈계를 예로 들어 백성을 다스리려면 자연의 형체와 성정에 따라야 한다는 방법을 구체적 형상으로 설명한다. "군주는 정치를 난잡하게 해서는 안 되며, 백성을 다스림에 지리멸렬해서는 안 됩니다. 내가 옛날에 벼를 심었는데 밭갈이를 난잡하게 했더니 결실 또한 내게 난잡하게 보답하더군요. 김매기를 지리멸렬하게 했더니 결실 또한 내게 지리멸렬하게 보답하더군요. 그래서 다음 해는 방법을 바꿨습니다. 밭갈이를 깊이 하고 땅고르기에 공을 들였더니 그에 벼가 아주 번성했습니다. 내 그해 말까지 물리도록 먹었습니다."288 백성을 다스림은 농사를 짓는 것과 같다. 본성에 순응해 밭갈이를 깊이 하고 세심하게 김을 매야 한다. 그렇지 않으면 보복이 따를 뿐이다. 「즉양」 편의 저자는 당시 백성을 다스리는 사람들이 성정을 벗어나고 본성을 죽이는 행동을 한다고 비판한다. "오늘날 사람들이 제 몸을 다스리고 마음을 닦는 것은 대부분 봉인의 말과 유사하다. 하늘을 벗어났고, 본성에서 떠났으며, 제 성정을 죽이고, 제 정신을 망치는데 [그 모두가] 뭇 억지 행위 때문이다."289

「서무귀」 편에서는 치민을 이야기하며 백성을 다스리는 것은 말을 기르는 것과 같다고 말한다. 가장 중요한 것은 "말에게 해를 끼치는 것을 제거하는 것뿐"[290]이라고 한다. 그 의미는 「즉양」 편과 일치한다고 하겠다.

『장자』는 백성이 "성명의 정情을 편안히 하도록"[291] 하기 위해 최고로 중요한 일은 "총명한 사람을 발탁함이 없어야 한다"[292]는 것이라고 주장한다. 총명함을 발탁해 쓰면 민심이 흔들리는데, 민심의 동요야말로 모든 변란의 원인이다. 민심을 놀라게 하지 않기 위해서는 '정靜' 한 글자를 파악하는 것이 관건이다.

『장자』의 저자들은 자신이 처한 시대를 민심 동요의 시대로 생각했다. 그리고 이런 상황은 황제 이래 천하를 다스린다는 사람들이 만들어낸 것이라고 여겼다. 그래서 그들은 성스러움을 끊고 지식을 버리라고 주장한다. "성인을 배격하고 도적을 풀어놓으면 천하가 다스려지기 시작하리라."[293] "성인이 죽어 없어지면 큰 도둑이 일어나지 못할 것이니 천하는 태평해지고 사건 사고가 없을 것이다."[294] 더 심한 것은 저자들이 인류가 이미 도달한 과학기술과 문화적 성취까지 공격하면서 이런 성취들을 멸해 버려야만 천하 사람들이 본성을 회복할 수 있다고 생각했다는 점이다.

군주무위

제왕 문제는 당시 정치사상계에서 광범하게 논의된 중요한 문제다. 이 문제는 『장자』에서도 일정한 위치를 점하고 있다.

『장자』의 여러 편은 인성자연의 입장에서 출발하여 황제 이하, 심지어는 위로 복희伏羲, 신농神農에 이르기까지의 모든 군주에 대해 코웃음을 친다. 그들을 모두 도가의 원칙에 위배된 세속적 군주이며, 인성을 파괴한 원흉으로 생각한 것이다. 극소수만이 양보를 통했을 뿐 대부분이 '쟁탈' '도적질'로 군주가 되었다. 따라서 군주야말로 최대의 사기꾼이며 도적이다. 『장자』의 저자가 보기에 황제 이래 모든 역사는 인간 본성을 위반했는데, 그런 군주들이 바로 인성을 파괴한 주모자들이다. 군주들은 누구나 인의를 뇌까리는데, 인의야말로 간악의 집결지다. 『장자』의 저자는 모든 군주를 가장 교활한 사람大猾, 도적의 우두머리盜魁라고 배척한다. 이는 역사에 반하는 것이 틀림없으나, 또한 어찌 당시 현실에 대한 가장 의미심장한 폭로가 아니라고 하겠는가! 『장자』 이전 수많은 사상가, 정치가가 이미 어리석은 군주와 폭군에 대해 엄한 비판과 채찍을 가한 적이 있다. 그렇지만 그 비판은 일반적으로 영명한 군주를 받쳐주는 찬양 방식으로 이루어진 것이었다. 『장자』만이 역사상 모든 군주에 대해 전체적으로 비판을 가했다. 이 때문에 이 비판은 크나큰 이론적 가치를 지닌다. 『장자』에서 이 비판들은 특정한 함의를 지니는 것들이지만 명제 자체는 사람들의 닫힌 머리를 열어젖혔으며 군주에 대한 새로운 인식의 첫 번째 페이지를 열어주었다. 중국 정치사상사에서 그것이 갖는 획기적인 영향력은 절대로 낮게 평가되어서는 안 된다.

우리는 또 『장자』가 비록 정면으로 군주를 배격하나 그렇다고 장자가 철저한 무군론자無君論者는 아님을 알 수 있다. 그가 묘사하는 이상 사회의 조감도에는 군주가 있는 곳도 있고 없는 곳도 있다. 또 어떤 편에서는 역사상 모든 군주를 새까맣게 칠해버린다. 그러나 어떤 이론에서든 명확하게 군주가 절대로 불필요하다는 주장을 제기한 곳은 없다. 즉 군주가 필요하냐 아니냐는 문제에 『장자』는 해답을 명확히 제기하지도 않고 대답하지도 않는다. 군주에 관해 이야기하는 곳을 보면 몇 편은 황제를 긍정하고, 부분적으로 요, 순을 긍정하지만 그 외 모두는 이론상 군주로, 혹은 '군' '천자' '제왕' 혹은 '성인'이라 부른다. 『장자』는 군주 지위를 취득하는 방식이 쟁탈이나 도적질이어서는 안 되고 반드시 도덕 수양을 통해 이루어져야 한다고 생각했다. "군주는 덕에 근원하고 [그 덕은] 하늘

(자연)에서 이루어진다. 그래서 '태고에 천하의 군주가 된 사람은 무위로 다스렸다'고 말하는데, 하늘의 덕이 그러했다는 것이다."[295] 「천도」 편에서는 도를 닦아 "하늘의 원망이 없고, 사람의 비난이 없으며, 외물의 재난이 없고, 귀신의 책망이 없는"[296] 경지에 도달하면 "마음이 일정하여 천하의 왕이 되며"[297] "만물이 복종하도록" 할 수 있다고 말한다. 「양왕」 편에서는 "천하를 다스리는 데 [욕심이] 없는 사람에게야말로 천하를 맡길 수 있다"[298]고 한다. 권력 욕망이 없는 사람만이 천하를 위탁 맡을 수 있으며, 권리를 다투고 천하를 쟁탈하는 그런 사람들은 제왕 군주가 되기에 어울리지 않는다는 것이다. 『장자』는 권력을 잡고 싶어하는 자는 반드시 사리사욕이 있는 사람이므로 천하를 이런 사람에게 준다면 천하는 그의 주머니 속 물건이 되고 말 것임을 사람들에게 알려주려는 것이다. 천하를 "천하를 다스리는 데 욕심이 없는 사람"에게 위탁해야만 천하가 사유물로 바뀌지 않으리라는 것이다. 그렇다면 도대체 누가 천하를 이런 사람에게 위탁하는가? 『장자』라는 책에는 더 이상의 이야기가 없다. 다만 「경상초」 편에 약간 언급되고 있을 뿐이다. "사람들 가운데 [도를] 닦는 자만이 [불변의] 항상성이 있다. 사람들은 항상성이 있는 이에게 의지하고 하늘이 그를 돕는다. 사람들이 의지하는 바이므로 그를 천민天民이라 부르고, 하늘이 돕는 자이므로 그를 천자라 부른다."[299]

『장자』의 군주 이론 가운데 가장 새겨볼 만한 대목은 군주에게 사회를 초월하는 특권이 있어서는 안 된다는 점이다. 이 주장의 이론적 근거는 모든 사람은 자연 앞에 평등하다는 것이다. "천지의 양육은 [공평하게] 한가지다. 높은 데 올랐다고 길다고 할 수 없으며, 낮은 데 산다고 짧다고 할 수 없다."[300] 이 원칙에 근거하여 저자는 군주가 "한 나라의 백성을 괴롭힘"[301]으로써 자신의 즐거움을 구하는 행위를 비판한다. 이는 백성을 다치게 할 뿐만 아니라 자기의 정신도 손상시킨다. 성인의 정치는 천지가 만물을 화육시키고도 그것을 점유하지 않듯이 행하되 거기서 무엇을 기대하지 말아야 한다. 「응제왕」 편은 말한다. "밝은 왕의 정치는 그 공이 천하를 덮어도 [천하가] 자기의 [소유가] 아닌 듯하고, 만물을 화육시키면서도 백성이 그것에 기대게 만들지 않는다. [공이] 있어도 [사람들이] 거명하지 않게 하고 외물로 하여금 스스로 기뻐하도록 만들며, 예측하기 어려운 데 [자신을] 위치시키고 무無에 자유자재로 노니는 것을 말한다."302

물론 세세하게 분석하면 『장자』의 이 명제에는 문제가 있다. 언뜻 보아 공이 천하를 덮어도 자기 소유가 아닌 듯하다는 것과 공이 천하를 덮어 천하를 소유한다는 것은 확연히 상반된다. 그러나 실질적으로 양자의 전제는 일치하는데 모두 "공이 천하를 덮는다"는 데 입론하고 있다. 역사는 우리에게 어떤 사람이든 공이 천하를 덮을 수 없으며 더욱이 만물을 화육시키기는 불가능하다는 것을 알려준다. 인류 역사의 비극 가운데 하나는 바로 자기가 자신을 위해 이와 같이 황당한 명제를 수립했다는 데 있다. 마르크스주의가 출현하기 전까지 흐리멍덩하게 아무도 이것을 자각하지 못했다.

행하되 소유하지 않음에 이어지는 주장은 무욕하면 천하가 풍족해진다는 것이다. 「천지」 편은 말한다. "옛날 천하를 양육했던 군주는 무욕했으므로 천하가 풍족했으며, 무위했으므로 만물이 화육되었으며, 깊이 고요했으므로 백성이 안정되었다."303 이 말은 분명 당시 통치자들의 과도한 탐욕이 천하를 빈곤하게 만들던 현실에 대응해 나온 것이다. 이 '무욕'론은 경제 관계에서 가벼운 세금론으로 표현되었다. 「열어구」 편은 간장 파는 사람이 박리다매하여 장사가 잘되었다는 예를 들며 '만승의 군주' 역시 세금을 가볍게 하라고 권고한다. 세금을 적게 거두는 통치라야 장구할 수 있다는 것이다.

자연 앞에 평등하다는 원칙에 근거하여 『장자』는 제왕이 위세를 갖추되 교만하지 않는 품성을 지녀야 한다고 강조한다. "위세로는 천자가 되었으되 그 귀한 신분으로 사람들에게 교만을 부리지 않으며, 부유함이 천하를 소유했으되 그 재물로 사람들을 희롱하지 않는다. [앞으로 생길] 우환을 헤아리고 그 반대 결과를 생각하여 본성에 해로울 것으로 여겨지기에 사양하고 받지 않는다."[304] 이 사상은 틀림없이 당시 세력에 의지해 타인에게 교만한 사람들을 두고 말한 것이다.

제왕의 도 가운데 가장 근본적인 조항은 운행하되 구애받지 않는 것이다. "제왕의 도는 운행하되 [어느 한 지역에] 구애받음이 없으므로 천하가 귀순한다. 성인의 도는 운행하되 [어느 한 사람에게] 구애받음이 없으므로 땅끝 안 모든 사람이 복종한다."[305] '운運'이란 자연의 이치에 순응하고 자연에 따라 움직인다는 말이다. '적積'이란 '운행'에 대립하는 행위로 사물의 자연적 운동 과정에 간여하거나 그것을 저지함을 가리킨다. 제왕의 도가 가장 금기시하는 것은 바로 이 '적' 자다. 어떻게 '운행하되 구애받음이 없게' 할 것인가? 요체는 '정靜' 자 하나에 있다. 『장자』의 여러 편은 '정'의 이치를 반복하여 이야기한다. '정'의 정책상의 표현이 바로 '무위'다. '무위'의 정치적 내용에 대해서는 앞에서 이미 논했다. 다만 여기서 말해둘 것은 『장자』의 몇 편이 군도君道의 무위를 신도臣道의 유위와 한 문제의 두 가지 측면으로 논술하고 있다는 점이다. '무위'는 군주가 남면하는 방법이다. 제왕은 "스스로 사려하지 않고" "스스로 말하지 않으며" "스스로 행동하지 않는다". 그러나 신하는 그럴 수 없다. 신하된 사람은 반드시 '유위'해야 한다. "위[의 군주]는 반드시 무위하여 천하를 부리고, 아래[의 신하]는 반드시 유위하여 천하를 위해 쓰인다. 이는 바뀌지 않는 도다."[306] "무위하면서 존엄한 것이 하늘의 도이고, 유위하면서 피로한 것이 사람의 도다."[307] "군주가 하늘의 도이고, 신하는 사람의 도다."[308] 이와 같은 '무위'

이론 또한 『장자』의 자연 순응 인성론에서 변화되어 나온 것이며, 그 변환은 일부 제왕의 입맛에 상당히 잘 맞는 것이었다.

『장자』는 또 군주는 사회를 초월하는 권리가 있어서는 안 되지만 책임을 지는 의무는 가져야 한다고 주장한다. "옛날의 군주는 성공하면 백성에게 공을 돌리고, 실패하면 자기에게 책임을 돌렸다. 바름은 백성에게 돌리고, 그름은 자기에게 돌렸다. 단 한 가지라도 실패가 있으면 물러나 자책했다."[309] 여기서 『장자』는 군주에게 지극히 높은 요구를 하고 있다. 군주는 반드시 사회적 손실을 책임져야 하며, 공로는 인민에게 돌려야 한다고 강조한다. 대단히 가치 있는 사상이다. 물론 『장자』가 사회의 모든 과실을 전부 군주에게 책임 지운 것은 좀 심했다. "한 가지라도 실패가 있으면" 물러나 반성해야 한다는 것은 사실 너무 가혹하다. 그러나 그의 의도는 논쟁거리일 수 없다. 이 단락은 명분상으론 고대 군주에 대한 찬양이지만 실제로는 옛 군주의 표준을 빌려 당시의 군주를 비판한 것이다.

평균 사상

『장자』의 정치사상 가운데 '평균' 사상은 특수한 위치를 차지한다. 사회의 귀천과 빈부 차이가 현저해지는 현상을 두고 『장자』 이전에도 '평平'과 '균均'의 주장을 제기한 사람은 있었다. 그러나 '평균'을 한데 연결 지어 제기한 주장은 『장자』가 처음일 것이다. 중국 정치사상사에서 『장자』는 처음으로 자연 앞에 만인평등의 사상을 제기했다. 「인간세」 편은 말한다. "하늘과 동료가 된 사람은 [존귀한] 천자나 [비천한] 나나 모두 하늘의 자식임을 안다."[310] 이 사상은 실질적으로는 자아 안위에 불과하지만 이론적으로는 획기적인 의미를 지닌다. 과거에는 최고의 군주만이 '천자'라는 칭호에 어울린다고 말해왔으며, 혹 모두가 하늘의 소생이라고 하지만 하늘의 소생에 차등이 있다고 말해왔다. 『장자』는 '천자'와 '나군' 모두 "하늘의 자식"이라고 주장했다. 이 '하늘'은 신이 아니라 자연이다. 기왕 '천자'와 '나'가 같은 자연에서 나왔다면 귀천의 구분 따위는 무시되어야 마땅하다. 『장자』의 이와 같은 천부적 평등 사상은 당시 등급 제도에 대한 아주 강력한 비판이었다.

『장자』는 '평균'이 자연 속에서 이끌려나온 의미라고 생각했다. 「달생」편은 말한다. "복수하려는 사람이라도 [무심한] 막야莫邪, 간장干將[311] 같은 검을 부러뜨리지는 않으며, 아무리 거친 마음을 가진 자라도 [무심히] 날아오는 기왓장을 원망하지는 않는다. 그래서 천하는 평균하다."[312] 명검 막야, 간장이 사용되어 원한이 맺어졌지만 복수하려는 사람이 그것을 절단함으로써 보복하지 못하는 것은 그것이 감정 없는 물건이기 때문이다. 바람에 날려온 기와 파편이 가장 싸우기 좋아하는 사람을 맞추었더라도 그에게 원통한 마음이 생길 수 없는 것은 떨어진 기와가 무심한 물건일 뿐 고의로 사람을 상하게 한 것이 아니기 때문이다. 인간 세상의 모든 불공평한 일은 감정과 욕망 때문에 생겨난다. 불공평을 없애려면 먼저 사람들의 감정과 욕망을 뿌리 뽑아버려야 한다.

「도척」편은 또 복과 해로움이 뒤바뀌는 관계로부터 '평범함'과 '여유餘有'의 각기 다른 결과를 설명한다. "평범함이 복이며, 여유 있음이 해롭다. 그렇지 않은 사물이 없다. 특히 재산이야말로 가장 심한 경우다."[313] 이어서 '부유한 사람'이 재물의 여유 때문에 갖게 되는 여섯 가지 재해를 열거한다. "이 여섯 가지(즉 어지러움, 고통, 병, 치욕, 근심, 두려움)는 천하에서 가장 해로운 것이다. 그런데 모두 이것을 잊어버리고 살피려 하지 않는다. 환난이 이르렀을 때에서야 본성을 다하고 재산을 버리며, 단 하루만이라도 문제없이 살려 하나 되지 않는다."[314] 저자가 보기에 여유 있는 위치에 있는 사람은 일단 큰 재앙이 닥치면 제 몸과 집안의 성명性命을 지킬 수 없으며 '평범'하려 해도 안 된다. 반대로 타인과 고루 '평범함'을 지킬 수 있으면 타인의 질투를 부를 일이 없으니 '복'을 지켜 패가망신하지 않을 수 있다.

『장자』는 또 '유제비제維齊非齊'의 관점을 반박하며 이렇게 이야기한다. "불공평함으로 공평하게 함은 그 공평함이 [진정한] 공평이 아니다."315 불공평으로 공평을 구하는데 공평할 리가 있겠는가!

『장자』의 평균 사상은 불공평한 현실에 대한 비판이며 견책이다. 불공평이야말로 당시 역사에서 뒤바뀔 수 없는 현실이었는데, 바로 이와 같은 현실이 인간 사회의 각종 재난을 만들어냈다. 이 재난을 없애기 위해 이런 선량한 평균 사상이 생겨난 것이다. 이 환상곡은 고난에 찬 사람들의 마음의 소리를 반영하고 있다. 마음의 소리는 역사를 평가하는 척도 가운데 하나다. 우리는 그것이 갖는 역사적 가치를 부인할 수 없다. 평균 사상은 당시 그리고 전체 고대 중국을 통해 특권 사상에 반대한 가장 강력한 무기 가운데 하나였다.

이상 사회

이상은『장자』에서 현실 정치에 대해 제기한 정치사상의 요체다. 그 밖에도『장자』의 저자들은 그들 나름의 이상세계를 묘사하고 있는데, 소위 '지덕至德의 세상' '건덕建德의 나라' '지치至治의 세상' '그 어떤 것도 없는 고을無何有之鄉' 등이 바로 그것이다. 이들 이상국의 가장 중요한 특징은 사람이 완전히 자연으로 되돌아가 사람과 "만물이 무리를 지어 살아가고, 고을들이 이어지며 [구별 없이] 살며,"316 "백성이 [들판에 뛰노는] 사슴과 같다"는 것이다.317 『장자』가 보기에 일체의 사회관계는 인간 본성이 달라진 것이므로 모두 포기되어야 한다. 이런 사회적 족쇄를 어떻게 벗어던질 것인가에 대하여 역사는『장자』의 저자들에게 이용 가능한 조건이나 추리할 만한 근거를 제공해주지 않았다. 그들이 보기에 유일한 길은 사회라는 이 큰 '똥구덩이'를 없애버리고 사람을 자연으로 돌아가게 하는 것이었다.

인류가 자연으로 돌아간 뒤의 생활 상태는 어떤 모습인가?『장자』는 이렇게 서술한다. 사람들의 지식, 심계가 최저한도까지 줄어들고 "백성은 어리석어 소박하고, 사사로움은 줄어들고 욕망은 적어진다."[318] 인류가 완전히 자연에 의존하면 모든 기교가 소용없어지니 "산에는 [산림을 훼손하고 만든] 길이나 굴이 없고, 물에는 배나 다리가 없다."[319] 사람들은 힘껏 노동하여 다만 배부름을 구할 뿐이다. "경작할 줄 알 뿐 저장할 줄 모르며, 줄 뿐 보답을 바라지 않는다."[320] 사람들이 인의예악을 모르지만 생활은 오히려 잘 조화한다. "무슨 행동이 의인지 모르며, 무슨 처신이 예인지 모른다."[321] "곧고 바르되 그것이 의義인지를 모르며, 서로 사랑하되 그것이 인仁인지를 모르며, 성실하되 그것이 충忠인지를 모르며, 마땅히 하되 그것이 신信인지를 모르며, 뜻 없이 행동하여 서로를 부리게 되더라도 그것으로 업신여기지 않는다."[322] 사람들의 행위에 일정한 목적이 없을뿐더러 특정한 방향도 없다. "편안히顚顚 행동하고, 전념하여順順 본다."[323] 전전顚顚은 편안하고 만족스러운 모양을, 전전順順은 겉으로 구함이 없이 하나에 전념하는 모양을 말한다. "살아서 즐겁고, 죽으면 묻힌다."[324] 자연스레 세상에 나와 자연스럽게 살아가다가 자연스레 사라진다. 자연스러운 과정 외에 스스로는 아무 필요도 없으며 후세에 음미할 만한 그 무슨 물건도 남기지 않아야 한다. 그저 모든 것을 자연에 맡기고 사라지니 이것을 가리켜 "걸어왔으되 자취가 없고, 일을 했으되 전해지는 것이 없다"[325]고 한다. 이런 사회에는 군자, 소인의 구분이 없으며 '현인을 숭상하고' '유능한 사람을 쓰는' 발탁은 더더욱 있을 수 없다. 계급과 국가 모두 존재하지 않는다.

이상의 언급 외에 『노자』가 가려는 소국과민小國寡民과 늙어 죽도록 서로 왕래가 없는 사회 또한 『장자』의 이상 속에 있다.

『장자』의 위와 같은 논술에 혹자는 저자가 원시사회를 지향하는 것이라고 말한다. 확실히 『장자』 서술의 대부분은 지나간 역사에 대한 서술 형식으로 이루어져 있다. 그러나 여기서 한 가지 문제를 분명히 짚고 넘어가야 하는데, 『장자』의 이런 관점의 핵심이 역사에 대한 추억으로 이루어졌느냐 아니면 현실에서 출발하여 이론적 논리를 통해 추리로 얻어낸 것이냐 하는 점이다. 우리는 후자라고 생각한다. 왜냐하면 『장자』의 이상 사회는 인성자연人性自然의 이론 위에 수립한 것이지 역사적 논증을 통해 얻어낸 것이 아니기 때문이다. 『장자』의 어떤 부분이 원시사회와 유사한 까닭은 문명 시대와 비교했을 때 원시사회의 자연성이 더 특출하기 때문이다. 『장자』가 사람을 자연으로 환원시키는 이론이 이러한 역사 발전 과정과 일부 딱 맞아떨어진 것이다.

『장자』의 이상 사회는 이론적 논리로 추리해낸 산물이다. 그래서 특출한 이론적 성향과 현실 비판주의 성향을 동시에 지닌다. 『장자』에 언급된 역사는 믿을 만한 사료로 삼을 수 없으며 이론의 한 측면으로 보아야 한다. 복고적이며 거꾸로 후퇴한 사상이라는 『장자』에 대한 비판은 핵심을 찔렀다고 할 수 없다.

05   결어

『장자』는 누구를 대표하는가? 혹자는 몰락한 노예주나 귀족을 대표한다고 말하고, 혹자는 농민이나 농촌 공동체 사회의 구성원을 대표한다고 말한다. 양극단을 치달아 절충하기가 어렵다. 우리가 보기에『장자』의 계급성에 관해 구체적으로 말하면 할수록 사정은 분명해지기 어렵다. 『장자』의 사상은 당시 여러 계급의식의 지류들이 혼합된 것으로 여겨진다. 계급의식의 지류라고 말한 것은 계급의식의 주류와 구분 짓기 위함이다. 계급사회에는 계급마다 자신의 주류 의식이 있으며 동시에 지류 의식도 있다. 주류 의식들 사이에는 분명한 구별이 있지만 지류 의식은 반대로 서로 교차 침투되어 섞일 수 있다. 한 사상가는 한 계급의 주류 의식을 대표할 수도, 지류 의식을 대표할 수도, 여러 계급의 지류 의식의 혼합물을 대표할 수도 있다.『장자』의 사상은 바로 후자에 속한다.『장자』라는 책을 통해 우리는 퇴폐 몰락한 사람들의 기괴한 담론도 볼 수 있지만, 그 속에는 사람을 잡아먹는 제도를 향한 가장 무정한 비판을 담고 있기도 하다. 저자들은 권력자에 협력하지 않는 일련의 이론을 말하기도 하지만, 때로는 권력자에게 백성을 다스리는 묘방과 술수를 내놓기도 한다. 저자는 피착취자의 고난을 통치자를 공격하는 근거로 삼아 피착취자의 마음의 소리를 외치기도 하지만, 동시에 피착취자가 아주 어렵게 쟁취한 조그만 물질과 정신문명까지도 없애려 한다. 『장자』의 사상에는 약자의 정신을 위안하는 성분이 적지 않다. 그러나 이런 위안제는 강자가 물질적 우세를 점하는 데 특수한 방어막 구실을 하기도 했다.

『장자』는 누구를 대표하는가? 약자들의 울분과 그에 대한 스스로의 변명을 대표한다.

마왕퇴 『노자 을본권 전고일서』[326]의
황로黃老 정치사상

전한 시대 사람들은 '도가'를 '황로黃老'라고도 불렀다. 그래서 '도가'와 '황로'는 동의어가 되었다. 그런데 이 말은 정확하지 못하다. '황로'는 도가에 속하지만 도가라고 모두 황로는 아니며 황로는 그저 도가 가운데 한 분파일 뿐이다.

사마천은 신불해가 "황로에 뿌리를 두고 형명刑名을 주로 했다"[327]고 말한다. 또 신도, 전병이 "모두 황로 도덕의 술을 배웠다"[328]고도 말한다. 사마천이 여기서 말하는 '황로'는 '도가'의 동의어이지 협의의 '황로'가 아니다. 『노자』에는 황제에 대한 언급이 없으니 그를 '황로'의 학이라고 부를 수 없다. 전해져오는 『신자申子』『신자愼子』 일문을 보면 분명히 『노자』의 영향을 받았다. 『신자申子』 일문에서 한 번 황제를 언급하고는 있지만 이론적 의미는 보이지 않는다. 엄격히 따지면 그 뿌리가 노자로 귀결될 수는 있으나 '황로'에 귀결된다고 말할 수는 없다. '황로'라 함은 다음 두 가지 특징을 갖추고 있어야 한다. 첫째, 황제를 칭송한다. 둘째, 사상적으로 노자를 계승한다. 다시 말해 황제와 노자의 사상이 한데 결합했을 때 비로소 '황로'라 부를 수 있다. 현존하는 자료로 볼 때 『장자』 중 몇 편이 이 방향으로 첫걸음을 내디뎠다. 마왕퇴의 『노자 을본권 전고일서老子乙本卷前古佚書』는 이 둘의 결합을 실현해낸 대표작이다.

우리는 『노자』에서 저자가 '성인'을 거듭 칭찬하는 것을 보았다. 그렇지만 『노자』의 '성인'은 모두 이성적 성인이며, 도로 변한 성인이다. 이러한 성인과, 역사와 현실 속에서 속화된 성인은 조금도 어울리지 않는다. 그런데 황제는 속화된 성인이다. 이치에 따르면 노자학에서 배척되어야 할 부류다. 그런데 고일서에는 양자가 완벽한 결합을 실현하고 있다. 따라서 고일서 정치사상을 평가하기 전에 황제와 제자 학설 사이의 관계에 관해 간단히 설명해둘 필요가 있다.

01

황제와 제자백가 및
고일서古佚書의 황로 사상

『사기』「오제본기五帝本紀」에서 태사공太史公은 "백가가 (모두) 황제를 언급했다"[329]고 말한다. 사마천의 이 말은 제자백가와 황제와의 관계를 개괄한다. 왜 백가들이 황제를 이야기했는가? 먼저 황제에 대해 설명해야겠다.

전국 시대 황제에 대한 전설

우리는 중화 민족이 염황炎黃의 자손이라고 말하곤 한다. 사적으로 살펴보면 황제는 춘추에 이르러서야 역사 기록에 보이기 시작한다. 역사서 가운데 제일 먼저 황제를 언급한 것은 『좌전』과 『국어』다. 『좌전』 희공 25년의 기록을 보면 진晉과 진秦이 교전함에 진晉의 제후가 복언卜偃을 시켜 점을 쳤는데, 복언은 점을 친 뒤 "길합니다. 황제를 만나 판천阪泉에서 싸울 조짐입니다"[330]라고 말했다. 『좌전』을 믿는다면 춘추 시대에 이미 황제의 전설이 있었다. 점복에 쓰인 일련의 용어로 볼 때 황제에 관한 전설은 이보다 더 이르다. 『국어』「진어晉語 4」에는 진나라의 사공司空인 계자季子의 이런 말을 싣고 있다. "옛날 소전少典이 유교有蟜씨를 아내로 얻어 황제, 염제炎帝를 낳았다. 황제는 희수姬水로 성장했고, 염제는 강수姜水로 성장했다. 성장하며 갖춘 덕이 달라져 황제는 희姬씨가, 염제는 강姜씨가 되었다. 두 제가 군대를 일으켜 서로를 구제했다."[331] 사공 계자의 말에 따르면 황제는 희씨 성의 시조가 된다. 청淸대의 최적崔適은 황제가 바로 『서경』「여형呂刑」 중의 '황제皇帝'라고 주장한다. 「여형」 편이 언제 만들어졌는지 학계의 견해는 엇갈린다. 만약 춘추 이전의 작품이라면, 황제의 전설은 더 앞당겨질 수도 있다. 오늘날 황제의 기원에 관해 크게 두 가지 견해가 있다. 한 가지 견해는 '황黃'과 '황皇'이 통하고, '황皇'은 '상上'과 통하니 황제는 '상제上帝'에서 변화되어 나왔다, 즉 신으로부터 인간이 되었다는 것이다. 또 한 가지 견해는 황제는 아주 오래된 역사상 전설 속의 인물이라는 것이다. 어느 것이 맞고 그른지 판명하기는 어려워 두 설을 다 상존시키기로 한다.

전국 시대에 이르러 황제의 지위는 십분 혁혁하게 바뀐다. 수많은 사람의 눈에 황제는 인류 제왕들의 시조였다. 『사기』「위세가魏世家」 집해集解에는 "화교和嶠가 이르기를 '연대 기록은 황제로부터 시작하여 위의 지금 왕에서 끝난다'고 했다"[332]는 순욱荀勖의 말을 인용하고 있다. 『죽서기년竹書紀年』은 위魏나라의 편년사인데 황제를 연대 기록의 시작으로 삼고 있다. 『세본世本』은 조趙나라 사람이 쓴 역사서인데, 그중 「제계편帝系篇」도 황제를 시작으로 삼고 소호少皞, 전욱顓頊, 제곡帝嚳, 제요帝堯, 제순帝舜 등은 모두 황제의 후예라고 했다. 『여씨춘추』「신대愼大」 편은 말한다. "무왕이 은나라에 승리를 거두고 은의 땅에 들어선 뒤 아직 수레에서 내리기도 전에 황제의 후예를 주鑄에 봉하라 명했다."[333] 주는 축祝이다. 축나라는 춘추 시대까지 계속 상존했다. 『대대예기大戴禮記』「제계성편帝系姓篇」에는 "황제가 창의昌意를 낳고, 창의가 고양高陽을 낳았는데 그가 제帝 전욱이며,"[334] 그로부터 8대를 지난 뒤가 '제순'이라고 한다. 사마천이 『사기』를 지을 때 황제를 제왕의 시작으로 삼은 것은 전국 이래의 전통적 견해와 부합한다.

황제는 제왕의 시작이었을 뿐만 아니라 전국 시대 사람들의 눈에는 위대한 개척자요 창조자로 비쳤다. 인류의 정신문명과 물질문명 대부분은 황제가 창조했거나, 황제의 명령을 받은 신하들이 창조했다고 여겼다. 후인들은 모두 황제가 개척한 땅 위에서 살아가고 번식했다는 것이다. 치쓰허齊思和 선생이 쓴 「황제의 제기고사黃帝之制器故事」(『고사변古史辨』 제7책에 실림)라는 논문에 이와 관련된 자료가 한데 모여 있어 전국 시대 사람들의 황제를 향한 존경과 미신을 잘 설명해주고 있다.

황제가 혁혁한 지위를 차지했기 때문에 혈연과 문벌이 강조되던 시대에 황제의 적손이라고 하면 틀림없이 최고로 영광스러운 자리였을 것이다. 희씨가 황제를 조상으로 삼았으니 이치로 볼 때 다른 성씨들은 황제를 조상의 신위로 모시지 않아야 한다. 그런데 황제의 영광 때문에 수많은 사람이 황제와 친척을 맺고 싶어했다. 전국의 제齊나라는 본래 자子 성으로 은나라 후예다. 그럼에도 제齊 위왕威王은 자신의 조종을 황제에까지 끌어올렸다. 「제후인자호齊侯因齊鎛」라는 명문銘文에 '소훈 고조 황제紹纆高祖黃帝'라 쓰여 있다. 굴원屈原의 글인 『이소離騷』의 첫 구절이 바로 "제帝 고양의 후예로다"로 출발하는데, 고양 또한 황제로부터 나왔으니 그렇다면 초楚나라도 황제의 후손이 되는 셈이다.

황제는 왕이거나 사람의 조상이었을 뿐만 아니라 신선으로 승화되기도 했다. 『산해경山海經』 중의 황제는 모두 신선이다. 『여씨춘추』 「십이기十二紀」는 황제를 중앙의 신으로 삼는다. 『사기』 「봉선서封禪書」에는 진秦 영공靈公 때 황제를 신으로 삼았다고 기록되어 있다. 『장자』의 여러 편에 묘사된 황제도 신선 색채가 매우 농후하다. 바로 『장자』 「도척」 편은 "세상이 높이는 존재로 황제만 한 것이 없다"[335]고 하는데, 이 말은 전국 시대 상황

832

과 잘 맞아떨어진다고 하겠다.

제자백가와 황제

전국 시대 제자백가는 자신의 사상을 기술하면서 어쨌든 선현이나 성왕의 입을 빌려 신성한 기색을 늘리고 싶어했다. 이는 『회남자』「수무훈修務訓」에 잘 드러나 있다. "세속 사람 대부분이 옛것을 존중하고 지금의 것을 천시한다. 그래서 도를 하는 사람이면 반드시 신농, 황제에 의탁한 뒤에 주장에 들어갈 수 있다. 난세의 어리석은 군주들이 자신이 하는 바를 높게 멀리 가져가고자 했으므로 더 귀중하게 되었다."[336] 황제는 옛 성현 가운데서도 특별한 위치를 차지하고 있었으므로 제자백가는 모두 황제와 관계를 맺고 그 깃발을 휘날리려고 혈안이 되었다. 『한서』「예문지」를 보면 저술의 제명에 황제의 이름을 들먹인 학파로는 도가, 음양가, 소설가, 천문, 역보曆譜, 오행, 잡점雜占, 의醫, 경방經方, 방중房中 등이 있다. 일부 학파는 저작의 제명에 황제라는 두 글자는 없지만 내용 가운데 황제 형상을 띤 곳이 적지 않다. 일반적으로 유가는 요, 순, 주 문왕, 주 무왕만을 이야기하지만 『역경』에서는 황제의 기치를 높이 세우기도 한다. 법가의 『상군서』『관자』『한비자』에도 여러 각도에서 황제를 칭송하고 있다. 잡가의 『여씨춘추』도 황제를 찬양한 곳이 여러 군데다.

선진 시대에 하나의 학파로서 황제의 학이 존재했는가? 황학黃學이 존재했으리라는 일부 주장은 참고할 만하다. 그러나 현존하는 자료로 볼 때 증거가 부족하여 황학의 사상적 윤곽을 그려내기는 어렵다. 백가가 언급한 황제는 대리석 덩어리와 같아 조각가가 어떤 형상으로 조각하느냐에 따라 형상이 달라졌으니, 황제가 백가 속으로 들어갔다고 말하는 편이 낫겠다.

도가와 황제

앞에서 이야기했듯이 전한 사람들은 도가와 황제를 동의어로 사용했는데, 이는 사실 정확하지 못하다. 도가 가운데는 황제를 칭송하는 사람도 있고 반대하는 사람도 있다. 또 황제와 관계를 맺지 않은 경우도 있다.

도가에서 황제를 가장 먼저 언급한 책은 『장자』다. 『장자』는 많은 사람의 손에서 나왔기 때문에 황제에 대한 태도 역시 큰 차이가 있는데, 확연히 상반되는 두 가지 견해가 있다.

「지락」 「선성」 「천운」 「추수」 「재유」 「천지」 「도척」 편 등은 황제를 규탄의 대상으로 삼으며, 황제가 인성의 자연성을 파괴한 죄악의 원흉이라고 주장한다. 황제 이전에 사람들은 자연 속에서 한가로이 넉넉하고 즐겁게 유유자적했다. 그런데 황제가 인간 세상에 오면서부터 맑은 물이 혼탁해지고 말았다. 황제는 인의로 "사람의 마음을 움켜쥐어" 인심을 "산만하게 헝클어놓는" 길로 치달았다. 그리고 세월이 갈수록 "천하가 크게 소란스러워"[337]지게 되었으며, 유가와 묵가가 일어나더니 금수들마저 "제 성명의 본성을 편안히 할 수 없게 되었다."[338] 그리하여 인류는 영원히 회복할 수 없는 심연에 빠지게 되었으니 "제 성정을 돌이켜 처음으로 돌아가지 못하게 되었다."[339]

이상 몇 편과는 반대로 「천도」 「대종사」 「지북유」 「산목」 「제물론」 「서무귀」 편 등은 정도의 차이는 있으나 각기 다른 입장에서 황제를 긍정한다. 어떤 편은 황제를 도가에게 다가온 문하생으로 여기고 정식으로 입실은 못 했으나, 태도는 좋아 부지런히 공부한 사람으로 본다. 어떤 편은 황제의 정치가 천성에 순종하여 인간 본성의 자연성에 합치했다고 생각한다. 또 어떤 편은 황제를 신과 도의 경지에 들어선 인물로 묘사한다.

『장자』 몇 편에서의 황제에 대한 긍정은 노자학과 황제를 결합시키는 길을 열어주었다. 도가 가운데 진정으로 황제를 기치로 내세운 책이 『노자 을본권 전고일서』다. 이것이야말로 진정한 황로의 말일 것이다.

1973년에 창사 마왕퇴 제3호 한 고분에서 한 무더기 백서帛書가 출토되었다. 백서 가운데 『노자』는 두 가지 사본이 있는데 나누어 갑본甲本과 을본乙本이라 부른다. 을본의 앞부분에는 『경법經法』 『십육경十六經』340 『도원道原』 『칭稱』 등 네 편의 옛날부터 잃어버렸던 서적古佚書이 있다. 이 네 편의 고일서의 체제가 전부 같지는 않다. 『경법』은 논술이 위주이고 운문을 겸하고 있고, 『십육경』은 서사문이면서 논의하는 색채를 띠고 있으며, 『칭』은 대부분이 압운의 격언이고, 『도원』은 운문체 문장이다. 네 편의 일서는 문제를 논술하는 방식이나 섭렵하고 있는 측면에서도 상당히 차이가 있다. 하지만 기본적으로 사상은 일치하므로 함께 놓고 평론할 수 있다.

이 네 편 가운데 『십육경』만이 황제를 언급하는데, 대부분 황제와 군신이 문답하는 형식으로 문제를 논술한다. 『십육경』은 황제를 존중할 뿐만 아니라 도에 대해서도 상세히 논하고 있어 틀림없는 황로 학파의 저작이라 부를 수 있다. 다른 세 편도 황제를 내세우지는 않지만 내용이 유사하므로 같은 부류로 볼 수 있다. 최근의 학계에는 네 편의 연원과 성립 연대에 대하여 여러 견해가 상존한다. 혹자는 이 네 편의 고일서가 바로 『한서』 「예문지」의 도가 부류에 속하는 『황제사경黃帝四經』이라고 하고, 혹자는 네 편이 한 계통이 아니며 『십육경』은 「예문지」의 도가 부류 중 『황제군신黃帝君臣』이라고 말한다. 또 어떤 사람은 이것이 한지에 열거된 황제와 반드시 무슨 관계가 있는 것은 아니지만 황로일파의 작품인 것은 긍정할 수 있다고 주장한다. 네 편의 성립 연대에 대해서도 혹자는 전국 중 초기에 이루어졌으며 아무리 늦어도 신불해보다 늦을 수 없다고 주장한다. 혹자는 전국 중, 후반에 성립되었다고 생각하며, 또 어떤 이는 그보다 더 늦다고 말한다. 네 편의 일서 가운데 적잖은 어구가 『국어』 「제어齊語」,

『관자』『신자愼子』『할관자鶡冠子』『장자』『문자文子』와 같거나 유사하다. 누가 누구의 것을 베꼈는지는 정설이 없다. 하지만 문의로 볼 때 전자가 후자를 베꼈을 터이니 네 편의 일서는 전국 후기의 작품이라고 생각된다.

네 편의 고일서의 기본적 사유는 도가에 속한다. 그러나 『노자』『장자』 등과는 또 큰 차이가 있다. 『장자』는 『노자』의 자연주의를 발전시켜 또 하나의 길을 걸었다. 네 편의 고일서의 뿌리는 도에 귀결하지만 적극적인 정치를 주장한다. 네 편의 정치적 경향은 『관자』 가운데 도가의 저작들과 가깝다. 이 네 편의 고일서에는 또 하나의 뚜렷한 특징이 있는데, 그것은 바로 법, 유, 음양, 묵, 명가 등의 일부 사상을 흡수하고 있다는 점이다. 네 편의 일서는 도를 위주로 하면서 제자백가의 성질을 종합하고 있다. 그래서 이를 도가와 법가가 결합한 것으로 '도법가道法家'라 부른 사람도 있는데, 참고해볼 만하다.

02

하늘에 순종하여
인간사를 정리하고
이치에 따라
합당하게 이용함

하늘에 순종하여 인간사를 정리함順天治人

고일서의 정치사상의 가장 중요한 특징 가운데 하나는 천, 지, 인을 통일하여 정치의 입각점으로 삼는다는 주장이다. 이 삼자를 두루 살펴야만 치국할 수 있다는 것이다.『십육경』「전도前道」편은 말한다. "따라서 왕은 요행으로 치국하지 않는다. 치국에는 당연히 선행하는 도가 있으니 위로 천시天時를 알고, 아래로 지리地利를 알며, 중간의 인사人事를 알아야 한다."[341]『경법』「육분六分」은 말한다. "천하 왕의 도는 하늘이 있고, 사람이 있고, 땅이 있다. 이 삼자를 두루 운용하기에 왕은 천하를 갖는다."[342]

네 편의 고일서에서 말하는 '천' '천도' '천극天極' '도' '허무형虛無形' '일一' '허' 등은 세분하면 약간의 차이가 있으나, 기본적으로는 하나의 물건을 가리킨다. 도의 본질이 유물적이냐 유심적이냐는 여기서 논하지 않는다. 핵심은 가장 자주 보이는 자연 현상과 운동 규율이 모두 도의 범주 속에 포함되어 있다는 것이다.『경법』「논論」에서 말하는 "하늘은 하나를 잡고執一, 셋을 밝게 하며明三, 둘을 결정하고定二, 8정八正을 세우며, 7법七法을 행한다"[343]가 천도의 내용을 기본적으로 개괄한다. '하나를 잡음'이 무엇을 가리키는 것인지는 문장이 빠져 있어 확실히 알 수 없다. 다만 남아 있는 문장에 "항상 하는 것을 잃지 않음이 하늘의 하나다"[344]라고 하는 걸 보아 『경법』「도법道法」에서 이야기하는 천지의 항상성과 가까운 듯한데, 대체로 천지운동의 기본 규율을 가리키는 것일 수 있다. '셋을 밝게 함'은 해, 달, 별 및 그 운동 규율을 가리킨다. '둘을 결정함'은 어둠과 밝음을 가리킨다. '8정'은 "사시 [즉 춘하추동에] 법도가 있고, 동정動靜에 위치가 있고, 내외內外에 처소가 있음"[345]을 가리킨다. '7법'은 '명료함으로 바르게 규율함' '적절함' '믿음' '극단에 이르면 되돌아감' '필연성'과 그 밖에 백서의 결손으로 알 수 없는 두 항목[346]을 말한다. "명료하게 바르게 규율함은 천(자연)의 도 때문이다. [만사가] 적절한 것은 천 [자체에] 법도가 있기 때문이다. [만물이] 믿을 수 있는 것은 천의 주기성 때문이다. [사물이] 극단에 이르러 거꾸로 돌아가는 것은 천 [자체]의 성질 때문이다. 모두 필연성을 지니는 것은 천(자연)의 운명이 그렇기 때문이다."[347] 그 외 『경법』「망론亡論」은 천도의 특징이 "가득 차 극에 이르면 반드시 고요해지는"[348] 것이라고 주장한다. 『경법』「사도四度」는 "극에 이르면 되돌아가고, 극성하면 쇠퇴한다,"[349] "천도는 멀지 않다. 들어가면 더불어 살고, 나오면 더불어 되돌아간다"[350]고 한다. 또 음양의 변화도 천도라는 등의 말이 있다. 「논」에서 제기한 '7법'은 자연 규율의 여러 형식의 구체적인 분석을 행하고 있는데 이는 저자의 큰 공헌이다.

사람의 도에 관한 최고 핵심은 사회의 기본 질서, 즉 군주와 상하귀천의 구분이다. 『경법』「도법」은 말한다. "만백성에게 항상하는 일은 남자는 농사, 여자는 물건 만드는 일이다. 귀한 사람과 천한 사람에게 항상하는 위치는 현명한 자와 불초한 자가 서로 제 위치를 놓지 않는 것이다. 뭇 신하의 항상하는 도는 능력 있는 자를 임용하되 그 장점을 지나치지 않는 것이다. 백성을 부리는 데 항상하는 법도는 사사로움을 버리고 공정함을 세우는 것이다."351 사회에서 군주, 보좌, 신하, 인민은 제각기 처소가 있는데『경법』「사도」는 이렇게 말한다. "군주와 신하는 제 위치를 잃지 않고, 사士가 제 처소를 잃지 않으며, 능력 있는 사람을 임용하되 그 장점을 지나치지 않고, 사사로움을 버리고 공정함을 세워 사람들의 모범이 되어야 한다."352 『경법』「육분」은 "군주는 군주답고 신하는 신하다워야 한다"353고 말한다. 「군정君正」은 "귀천에 구별이 있다"고 한다. 상술한 것들은 인도의 근본이다. 그 밖에 도度, 양量, 형衡과 같이 사람들이 공동으로 사용하는 기물의 표준도 사람의 도에 속한다. 또 동정動靜의 천지에의 참여, 생살生殺의 합당 여부 등도 인도에 속한다.

천도와 인도는 구분이 되기도 하고 일체가 되기도 한다.『경법』「사도」는 말한다. "극에 이르면 되돌아가고, 극성하면 쇠퇴하는 것이 천지의 도다. 사람의 이치이기도 하다."354 천과 인의 이치가 같으므로 사람들의 행위는 양자 간의 통일과 화해 관계를 유지해야 한다. 그래야 천과 인 사이의 양성良性 순환이 이루어질 수 있다.『십육경』「전도」는 말한다. "성인이 일을 거행할 때는 천지에 합치하고 백성에 순응하며, 귀신에게 본보기가 되고, 인민이 같이 이익을 누리게 하니 만백성이 그에 의지한다. 이를 의義라 한다."355 『경법』「군정」은 말한다. "사람의 근본은 땅에 있고, 땅의 근본은 [작물 재배의] 마땅함에 있으며, 마땅함의 생성은 때에 달렸고, 때의 운용은 백성에 달렸으며, 백성의 쓰임새는 힘에 있고, 힘의 운용은 절도에 달렸다. 땅의 마땅함을 알아 필요한 때에 심으며, 백성의 힘을 절도있게 부리면 재물이 생긴다. 부세에 절도가 있으면 백성이 부유해지고, 백성이 부유해지면 염치가 있다. 염치가 있으면 명령이 풍속이 되어도 형벌에 저촉하지 않는다. 명령의 풍속에도 형벌에 저촉하지 않는 것이야말로 전승戰勝의 도를 굳건히 지키는 것이다."356 이 두 문단은 천인관계와 양성 순환의 조건을 매우 분명하게 논술하고 있다. 그 관건은 바로 '하늘

[즉 자연에] 따르고'(『경법』「군정」), '하늘에 순응하는'(『십육경』「성쟁姓爭」) 것이다.

천과 인의 기본 관계를 보면 천지가 사람을 제약하며, 천은 인의 주인이다. 만약 사람이 하늘에 순응하여 행동하면 사람은 주동적 권한을 장악하며, 객에서 돌아와 주인이 된다. 『십육경』「성쟁」은 말한다. "하늘의 도는 사람에게 되돌아온다. 돌아와 객이 된다."³⁵⁷ 사람이 천도의 시기時機를 장악할 수 있어서 천도에 순종하면 천도는 곧 사람의 손님이 된다.

천과 인 사이가 모두 양성 순환은 아니다. 사람에게는 "고요해야 할 때 고요하지 않거나"³⁵⁸ "할 수 있음에도 하지 않는"³⁵⁹ 등 천도에 위배하는 상황이 자주 있다. 이때 천도는 주인으로서 자신의 성격을 드러내, 사람으로 하여금 손님 같은 피동적 지위에 처하도록 한다. 『경법』「도법」은 말한다. "[도체는] 공허하여 형태가 없다. 고요하고 요원하다. 만물은 이에 의지하여 생겨난다. [사람이] 태어나면 그에 따라 해로움이 따라오는데 이는 욕망이 있고 만족을 모르기 때문이다. [사람의] 삶은 반드시 움직이며 움직이면 해로움이 따라오는데 이는 때에 맞추어 움직이지 않고, 심지어는 때에 거슬러 움직이기 때문이다. 움직이면 일이 생기고 그 일에 해로움이 따라오는데 사리에 거스르고, 헤아리지 못하며, 그 일이 무슨 소용이 있는지도 모르고 하기 때문이다. [사람이] 일을 하면 반드시 말을 하게 되며 거기에 해로움이 따라오는데 이는 믿음이 없거나, 타인을 두려워하지 않거나, 입으로만 큰소리를 치거나, 허장성세하거나, 힘이 부치는 데도 여유를 외치기 때문이다. 그러므로 [천하 만물이] 다 같이 고요하고 요원한 도에서 나온 것이니 죽음도, 삶도, 실패도, 성공도 모두 [도에 의해] 결정된다."³⁶⁰ 저자는 인간의 삶, 움직임, 일, 말은 두 가지 앞길을 만나게 되는데 하나는 삶과 성공이요 하나는 죽음과 실패이며, 그 성패의 관건은 사람의 행위가 도에 어긋나느냐의 여부에 달려 있다고 주장한다.

저자는 군주에게 정치의 총방침은 천, 지, 인을 결합해 하늘에 순종하여 인간사를 정리順天合人하는 것임을 재삼 권고한다. 『십육경』 「성쟁」은 말한다. "하늘에 순종하는 자는 번창하고 하늘에 거역하는 자는 망한다. 천도를 거역하여 지켜야 할 바를 잃지 말라."361 『칭』은 말한다. "하늘에 앞서서 무얼 이루려 하지 말라. 때가 아님에도 영광을 구하려 하지 말라. 하늘에 앞서 이루면 무너지고, 때가 아님에도 영광을 구하면 결과가 없다."362 『십육경』 「관觀」은 말한다. "성인은 기교를 부리지 않고 고요히 천도를 기다려 그것을 지키며,"363 하늘에 순종하면 "오곡이 방울져 익어가고, 백성이 더욱 번성한다. 군신 상하가 서로 뜻을 얻게 된다."364 『경법』 「논약論約」은 더 구체적으로 논술한다. "공이 하늘에 미치지 못하면 물러나 이름 없이 될 것이다. 공이 하늘에 합치하면 명성을 크게 이루는 것이 인간사의 이치다. 순종하면 살고, 이치에 맞으면 성공한다. 거역하면 죽고, 실패하면 이름을 □□하게 된다. 하늘의 도를 배반하면 나라에 군주가 없어질 것이다. 군주가 없는 나라는 거역과 순종이 서로를 공격하여 (…) 하늘의 항상성天常에 따르지 않고, 백성의 힘을 조절하지 못하니 두루 움직여도 아무 공이 없다. 죽음을 기르고 삶을 내치니 이를 명하여 역성逆成 (거역의 성공)이라 한다. [이 경우] 사람끼리의 살육이 아니더라도 반드시 하늘의 형벌이 있을 것이다. (…) 천지에 항상하는 도에 동참하여 화복, 생사, 존망, 성쇠가 있을 곳을 정한다."365 저자는 천도를 한 나라의 명맥으로 취급하고 있다. 천도에 순응하면 흥하고, 천도에 위배하면 반드시 실패한다는 것이다. 『경법』 「논」은 더욱 명확하게 일체의 인간사가 "천도와 하나로 묶여야,"366 즉 한데 종합되어야 평안하고 흥성할 수 있다고 말한다.

고일서가 천, 지, 인을 통일체로 삼아 고찰하고 삼자의 화해 일치를 강조한 것은 탁견이다. 사람의 주관적 능동성이 제아무리 크더라도 어쨌든 사람은 자연의 일부분이라는 사실은 인정하지 않을 수 없다. 이 전제가 변하지 않는 한 하늘(자연)에 순종하는 것이야말로 우선적으로 중요한 문제다. 인류는 왕왕 자신이 자연의 일부분임을 잊어버리고 자연을 위반하는 수많은 거동을 하며, 결과적으로 매번 징벌을 받는다. 그리고 곡절을 겪은 뒤 꼭 자연 규율에 부합하는 길을 걷는다. 오늘날의 관점으로 보면 고일서의 천도, 인도에 대한 인식은 수준이 낮고 심지어는 신비적 색채까지 띠고 있다. 그러나 문제를 사유하는 저자의 방법만큼은 우리를 탄복하게 만든다. 저자는 자연에 순종할 것을 강조하지만 그렇다고 사람의 능동적 작용까지 질식시켜버리지는 않았다. 사람의 능동적 작용을 네 글자로 개괄하면 바로 순리용당循理用當이다.

이치에 따라 합당하게 이용함循理用當

이치理란 무엇인가? 『경법』 「논」은 말한다. "7법(앞에서 언급한 '七法')이 각기 제 이름에 합당하게 됨을 일컬어 물物이라 한다. 물이 각기 도에 합치한 것을 일컬어 리理라 한다. 리가 있는 곳을 일컬어 순順이라 한다. 물이 도에 합치하지 않는 것을 일컬어 실리失理라 한다. 실리가 있는 곳을 일컬어 역逆이라 한다. 역과 순이 각자 명명되면 존망성쇠를 알 수 있다."[367] 여기서 문제를 매우 분명하게 이야기하고 있다. 물이 도에 합치하는 것을 리라 부른다. 이것이 리에 대한 기본 규정이다. 상세히 분석하면 리에도 여러 함의가 있다. 어떤 곳에서는 리를 자연의 객관적 규율성과 일체로 보는데 『경법』 「논약」의 "사시에 법도가 있음이 천지의 리다"[368]라는 말이 그렇다. 또 어떤 곳에서는 인간 세상의 상호 관계와 규범을 가리켜 '인리人理'라 부른다. 『경법』 「사도」는 말한다. "군주의 도를 잃고 사람의 이치를 떠나 미치고 헷갈리는 지경에 처하고도 깨닫지 못하면 필경 죽임을 당한다."369 그 어느 리든지 밖에서 한 번 보아 알 수 있도록 드러나지는 않으며 인간의 고찰과 사색을 통해서만 파악할 수 있다. 『경법』 「명리名理」는 말한다. "명과 리의 끝과 처음을 자세히 살피는 것을 가리켜 리를 강구한다고 일컫는다."370 사물의 리를 고찰할 때 선입견이 있어서는 안 되며 반드시 "허정虛靜하고 공정해야" "명과 리의 참됨을 얻을"371 수 있다. 고일서에서의 리는 객관적이기도 하지만, 반드시 사람의 주관적 의식에 비쳐야 하며, 이치에 따라 객관적 규율에의 복종과 사람의 주관적 능동성이 결합해야 한다.

마땅하게 이용하고 이치에 따름은 둘 다 비슷하게 사람의 행위와 객관적 규율 사이의 협조와 평형을 중시한다. 평형으로 변화에 응한다는 『경법』 「도법」의 이야기야말로 '마땅함'의 핵심이다. 거기서는 이렇게 이야기한다. "변화에 응하는 도는 평형平衡한 데서 그침이다. 경중을 헤아리지 않음을 도를 잃었다고 한다."372 사물의 평형점을 움켜쥐면 바로 '마땅함'을 움켜쥔 것이다. 저자는 또 '마땅함'을 '하늘의 마땅함'과 '사람의 마땅함'으로 나눈다. 하늘의 마땅함은 사람이 자연의 규율에 따름을 가리키고, 사람의 마땅함은 사회적 규정과 평상의 습속에 순종함을 가리킨다. 저자는 사람이 "극을 넘어서 마땅함을 잃음"373을 크게 금기시해야 한다고 주장한다. '하늘의 마땅함'을 위반하면 반드시 징벌을 받아야 할 것이며, 사람의 마땅함을 위반해도 반드시 재앙이 있을 것이다. "처벌과 금기가 마땅하지 않으면 거꾸로 재앙을 받는다."374 '마땅함'은 또 사정 변화의 핵심 요점을 잘 움켜잡는 것을 나타낸다. "고요히 행하여 때를 얻으니 천지가 그것을 줌"375이야말로 '마땅함'의 최적 상태다. 사물이 아직 성숙하지 않았는데 너무 일찍 행동하면 일이 뜻대로 될 수 없다. 『십육경』 「성쟁」은 "고요해야 할 때 고요하지 않으면 국과 가가 안정되지 못한다"376고 말한다. 『칭』에서는 "하늘보다 [너무] 앞서 이루면 무너진다"377고 한다. 『경법』「국차國次」는 "하늘의 극까지 다하지 않았다면 쇠했다가도 다시 번창한다"[378]고 말한다. 반대로 사정이 이미 성숙했으면 과감한 조치를 취해야 한다. 그렇지 않으면 재앙을 초래할 것이다. "마땅히 결단을 내려야 하는데 결단하지 않으면 거꾸로 환난을 얻는다."[379] 예를 들어 "마땅히 죄를 물어야 하고 마땅히 망해야 할 곳을 벌하려면, 반드시 그 나라를 폐허로 만들어버려야 한다."[380] 즉 철저히 섬멸해버려야 한다. 만일 마땅히 죄를 물어야 하고 마땅히 망해야 하는 나라임에도 공격할 뿐 섬멸하지 않는 정책을 취한다면 필경 후환을 기르는 꼴이다. 저자의 주장에 따르면 '당'에 부합하면 그뿐 덕이나 원망 따위는 말할 필요가 없다. 『경법』「군정」은 말한다. "상을 받았다고 덕을 이야기할 일이 아니다. 벌을 받았다고 원망할 일이 아니다. 마땅히 그러할 따름이다."[381] 마땅히 상을 받을 일이면 덕에 감사를 느낄 필요가 없다. 마땅히 벌을 받을 일을 했으면 원한이 생길 수 없다. 결국 이치에 따르고 마땅하게 이용하면 안 되는 일이 없다. 반대로 "극을 지나쳐 마땅함을 잃으면 하늘이 장차 재앙을 내릴 것이다."[382]

주관적 능동성은 또 '육병六柄'을 선용하라는 논의 가운데에서도 드러난다. 『경법』「논」에서 이야기하는 육병은 관조觀, 종합 분석論, 때맞춘 행동動, 법으로 결단함轉, 응변變, 교체 변화化를 가리킨다. "고요히 관조하면, 한 나라의 생사의 징조를 알게 된다. 종합 분석해보면, 흥망성쇠의 소재를 알게 된다. 때에 맞추어 움직이면, 강대한 것을 격퇴하고 약소한 것을 진흥시킬 수 있다. 법으로 결단하면, 시시비비의 경계가 뒤섞이지 않는다. 때에 순응하여 응변하면, 썩은 것을 없애고 새 삶을 기르게 된다. 교체 변화를 잘하면, 덕을 밝게 하고 해를 제거할 수 있다. 육병이 갖추어지면 왕이 될 수 있다."[383]

하늘에 순종하여 인간사를 정리하고, 이치에 따르고 마땅하게 이용하여 비교적 합리적으로 천인 관계 문제를 해결하고 있다. 이는 『노자』의 인

자연[因自然] 사상을 계승한 것일 뿐 아니라 노, 장, 특히 장자의 자연주의적 소극적 경향을 바로잡아주었다.

법단法斷과
형명形名 심의

하늘에 순종하고, 이치에 따르고, 마땅하게 이용함은 법치, 법단法斷, 명실에 대해 심의를 행하는 형태로 집중 표현되면서 현실 정치에 뿌리를 내렸다.

법리와 법단

고일서의 저자는 법이 도에 근원을 둔다고 생각했다. 『경법』「도법」은 "도가 법을 낳는다"[384]고 말한다. 이어서 법의 본질과 작용을 논술한다. "법이란 득실을 끌어다 먹줄로 삼아 왜곡됨을 밝혀주는 것이다."[385] 법은 먹줄이 곡직을 구분하는 것처럼 일의 성패득실을 결정짓는다. 『경법』「군정」은 말한다. "법도는 올바름의 극치다."[386]

저자는 법의 기본 정신은 민심에 합치하고 공정하며 사사로움이 없는 것이라고 주장한다. 『경법』「군정」은 말한다. "[법의] 호령이 민심에 합치하면 백성은 그 영을 따른다."[387] 민심이란 의식주와 보통 남녀의 생활에 먼저 드러난다. 『십육경』「관」은 말한다. "백성의 삶이란 그저 사소하게 먹고 살아가는 것이다."388 고담준론의 도덕관념에서 볼 때 이와 같은 말은 상당히 비루하지만, 현실을 고려하면 매우 적절한 표현이다. 먹는 것과 남녀 문제야말로 인간생활에서 가장 중요한 문제다.『경법』「군정」은 또 말한다. "나라에 도적이 없으니 사기와 거짓이 생기지 않는다. 백성은 삿된 마음을 품지 않으며 의식이 족하면서 형벌이 분명하다."389 고일서의 저자는 재삼 애민愛民을 제창한다. 백성을 사랑하는 것이야말로 천지의 본성 속에서 끌어낸 결론이라고 주장한다.『십육경』「입명立命」은 황제의 말을 빌려 "나는 하늘을 두려워하고 땅을 사랑하며 백성에게 친근하다"390고 한다.『경법』「군정」에는 "두루 사랑하고 사사로움이 없으면 백성이 군주와 친근해진다"391고 말한다. 그리고 또 글 속에서 민부民富가 법을 실행하는 전제 조건이라는 논점을 제기한다. "백성이 부유하면 부끄러움을 알게 된다."392 부끄러움이 있으면 백성이 법령을 따른다. 어떻게 하면 애민하고 부민할 수 있는가? 기본 방법은 "번거로운 일은 [통일하고], 세금을 줄이며, 백성의 [농사]철을 빼앗지 않는 것이다."393 그 밖에 또 부모와 같은 마음을 지녀야 한다. 저자가 민심과의 합치를 법의 출발점으로 삼은 것은 문제의 핵심을 파악한 것으로 보아야 한다.

법의 수립은 민심에 합치해야 하고, 법의 집행은 공정하고 사사로움이 없어야 한다.『경법』「도법」에는 "백성으로 하여금 항상 법도를 지키게 하려면 사사로움을 버리고 공정해야 한다"394고 말하고,『경법』「군정」에는 "면밀히 공정하고 사사로움이 없으면서 상벌에 믿음이 있으므로 질서가 잡힌다"395고 한다. 공정무사는 도의 본성이며 성인은 그에 따른다.『경법』「국차」는 말한다. "하늘과 땅에 사사로움이 없으니 사시가 쉬지 않는다. 천지가 [공정함을] 세우니 성인이 그에 따른다."396 「육분」은 말한다. 성인은 "천지에 참여하면서 두루 그에 따르되 사사로움이 없다. 그래서 천하의 왕이 된다."397 공정무사는 또 총명함으로 통하는 길이기도 하다. 『경법』 「명리」는 말한다. "공정무사하고 알려진 데 현혹되지 않으니 분연히 일어날 줄 안다."[398] 「도법」에 말한다. "공정함은 [일의 내막에] 명확하다. 지극히 명확한 사람은 [일을] 성공시킨다. 지극한 올바름은 고요하다. 지극히 고요한 사람은 성스럽다. 사사로움이 없음은 지혜롭다. 지극히 지혜로운 사람은 천하를 위해 머리 숙인다."[399] 그리하여 집법執法, 무사無私와 총명聰明 삼자는 양성 순환의 고리를 이룬다.

저자는 입법과 집법을 정치의 근본이라고 생각한다. 법은 반드시 통일되어야 하는데, 『십육경』 「성법成法」의 기록에는 황제가 신하 역흑力黑에게 이렇게 질문하고 있다. "묻사온데 천하에 기성 법률이 존재하면 백성을 바르게 할 수 있습니까?"[400] 역흑이 대답했다. "저는 천하의 기성 법률이 많지 않다고 말하는 까닭은 한마디로 끝나기 때문이라고 들었습니다. 바로 이름이 [실질을] 따르도록 하고 하나로 귀결시키면 백성이 기강을 어지럽히는 일은 없습니다."[401] 이어 말했다. "무릇 백 가지 말에 근본이 있고, 천 가지 말에 요체가 있으며, 만 가지 말에 총체가 있다. 만물이 많다고 하지만 결국 한 구멍으로 읽힌다."[402] 만물 만사는 모두 한 구멍에서 나온다. 이 구멍이 바로 법이다. 『경법』 「명리」는 말한다. "옳고 그름에 분별이 있으니 법으로 재단한다. 허정하여 삼가 귀 기울임에 법을 부절로 삼는다."[403] 『칭』은 말한다. "예의를 갖추어 격식을 차리면 잘못하지 않는다. [분명히] 밝혀지기를 기다려 바라보면 현혹되지 않는다. 법에 따라 다스리면 혼란하지 않다."[404]

효과적으로 법을 추진하기 위해서는 법을 제정한 사람이 반드시 자신부터 행해야 한다. 『경법』 「도법」은 말한다. "따라서 도를 지닌 사람이 법을 만들어서 그것을 범하지 말 것이며, 법이 서면 폐하지 말아야 한다. 스스로 그것을 끌어다 규칙으로 삼을 수 있어야 하며, 그런 후라야 천하를 보고 알되 현혹되지 않는다."[405] 그 시대에는 법을 만든 사람이 반드시 법을 지키도록 제약하는 어떤 사회적 힘도 없었다. 그리고 법을 만든 사람이 법을 행하지 않는 것은 또 법이 마비되거나 혼란스러워지는 상황을 초래하기도 했다. 그래서 사상가들이 법을 만든 사람들부터 우선적으로 행하라고 호소한 것이다. 그렇지만 그에 상응하는 법률적 보장이나 제약이 없는 호소는 그저 설교에 그칠 따름이었다.

형명形名에 대한 심의 분석

법제와 가까운 것으로 형명形名에 대한 심의 분석이 있다. 고일서는 '형명'학을 매우 중시한다. 선진 시대에 전문적으로 형명 이론을 연구한 학파가 있었는데 명가라 부른다. 명가 외에 유가, 묵가, 법가도 형명학을 매우 중시한다. 고일서의 저자는 도가의 입장에서 출발하여 형명과 관련된 이론을 받아들이고 축적시켰다. 저자가 보기에 형명도 법과 마찬가지로 인간사에 있어서 도의 체현이다. 『경법』「명리」는 말한다. "그러므로 도를 장악한 성인이 천하를 관조할 때는 바른 도로 이치에 따르니 [시비선악의] 곡직을 정할 수 있고, 사물의 시말을 파악할 수 있는 것이다. 그리하여 명칭에 따라 [사물의] 이치를 다하게 된다."[406] 형명 관계에 대한 견해에서 고일서의 기본 사유는 먼저 행한 뒤 나중에 이름을 따지는, 즉 명칭에 따라서 이미 행한 실천을 규명하는 것循名以責實이다. 군주는 형명을 심의함으로써 신하를 통제한다.

고일서의 저자는 형形(형상, 실질)이 명名(명칭, 명성)보다 앞서고 명은 실제와 서로 부합해야 한다고 주장한다. 『칭』은 "어떤 사물 [또는 개념]이 장차 생길 때 형상이 먼저 드러난다. 그 형상이 이루어지고 그에 따라 이름을 붙인다"[407]고 말한다. 하나의 사물은 먼저 형이 있게 되고서 비로소 적당한 명을 부여할 수 있다. 『경법』「사도」는 말한다. "명성과 공적이 서로 부합해야 오래간다. 명성과 공적이 서로 부합하지 않아 명성이 실제를 초과함을 도를 잃었다고 하는데, 그러면 끝내 제 몸에 재앙을 입는다."[408] 저자는 명실이 부합하지 않음에 반대한다. 명이 실제를 초과하는 것은 더욱 반대한다. 명이 실제를 초과함을 '도를 잃었다'고 표현하며, 반드시 재앙을 부른다고 한다. 명이 실제를 초과하면 그 명도 영구 보존하기 어려우니 "명성이 실제보다 넘침을 명의 멸망이라고 말한다."[409] 이 말의 주장은 매우 의미심장하다. 실질이 없는 허명은 끝내 밝혀진다는 것이다.

형이 명을 결정하지만 형은 또 반드시 명을 통해서만 자신의 규율성과 사물 상호 간의 차별 및 그 관계를 반영할 수 있다. 『경법』「도법」에는 "형과 명이 바로 서야 흑백의 구분이 지어진다"[410]고 하고, 『도원』에는 "명분에 따라 직분을 나누면 만민이 다투지 않게 된다. 사물의 명칭에 따라 정확히 경계 지으면 만물이 스스로 안정된다"[411]고 말한다. 저자는 형명의 확정이야말로 정치에 종사하는 근본 수단의 하나일 수 있다고 생각했다. 형명의 확정은 모든 사람이 자신의 직분과 행위 준칙을 알 수 있도록 해주기 때문이다. 그에 대해 『경법』「논약」에서는 "형과 명이 정해지면 거스를 것과 따를 것이 구분 지어지고, 죽을 것과 살 것이 나뉘며, 흥망성쇠가 위치 지어진다"[412]고 말하고, 『십육경』 말미에는 "득실을 알고 싶으면 사물의 명칭과 실질 사이의 관계를 살펴야 한다"[413]고 말하며, 「도법」 편은 이렇게도 이야기한다. "천하[를 다스리는] 일에 있어 형명의 확립 및 명실 상부한 상황이 없을 수 없다. 형과 명이 서고 명분과 실제[를 갖춘 제도]가 수립되면 올바르지 않은 길로 피해 갈 방법이 없게 된다."[414] 군주가 형과 명을 장악함은 곧 사물의 준거를 장악한 셈이니 총명하게 바뀔 것이고 신하의 좋고 나쁨을 일목요연하게 알 수 있다. 『경법』「명리」는 말한다. "[모든 사물은] 형명으로 이루어져 있으며, 명칭과 실제가 조화 합치함을 보고 화복이 생기고 없어짐을 파악할 수 있다. 마치 형상이 이동하면 그림자가 따르고, 소리가 움직이면 반향이 있고, 저울이 확정되면 무겁고 가벼움을 감출 수 없는 이치와 같다."415 저자는 통치자에게 명칭이 발라야 실질을 규명할 수 있으니 '정명'하고 '명칭에 치우치는' 데 반대하라고 경고한다. '명칭에 치우침'은 "제도가 있되 어지러워질" 수 있다는 것이다. 명실상부해야만 다스려질 수 있으며, "명실이 상응하면 안정되고 명실이 상응하지 않으면 다투게 된다."416

군주 집권

고일서는 군주의 권력 집중을 주장한다. 집권의 근거는 주로 법과 형명에 대한 심의다. 군주는 한 사람만 있을 수 있다. 둘일 수 없고, 복잡할 수는 더욱 없다. 이 점은 분명히 신도의 영향을 받았다. 군주는 유일하게 명령을 내리는 자다. 『경법』「논」은 "군주는 천지의 □417이며, 명령이 나오는 곳이며, □□418의 운명이다"라고 말한다. 군주와 신하의 관계는 군주가 중요하고 신하는 가벼울 수밖에 없으며 뒤바뀌어서는 안 된다고 한다. 『경법』「육분」은 말한다. "한 나라를 보면 여섯 가지 순조로운 과정六順이 있다. 군주가 지위를 잃지 않고 있으면 나라의 근본은 갖춘 셈이다. 신하가 제 할 바를 잃으면 아래에 뿌리가 없는 셈이니 나라는 우환이 있는 채 존속된다. 군주가 은혜롭고 신하가 충성하면 그 나라는 안녕하다. 군주는 군주답고 신하는 신하다워 위아래가 넘보지 않으면 그 나라는 강하다. 군주가 법도를 장악하고 신하가 이치에 따르면 그 나라는 패자로 이름을 떨친다. 군주가 제 지위를 차지하고 신하들을 그 주위에 집결시킬 수 있으면 천하의 왕자가 된다."419 이와 반대되는 상황을 가리켜 '여섯 가지 거스르는 과정六逆'이라고 한다. 이 '육순'과 '육역'을 분명히 구분하는 것을 가리켜 '육분六分'이라 한다. "군주는 육분으로 생살[의 권한]을 장악하고 신상필벌해야 한다."420 『경법』「망론」에서는 또 '육위六危'를 이야기하는데 그 내용은 '육역'과 대체로 같다. 군주를 위협하는 여러 상황을 설명하고 군주에게 대비할 것을 권고한다.

고일서는 한편으로 군주의 권력 집중을 주장하지만 다른 한편으로 무위 정치를 주장한다. 고일서의 무위는 하늘에 순응하여 법을 행할 것과 형명에 대한 심의 분석이라는 기초 위에 세워지고 있다. 『경법』「도법」은 말한다. "허무虛無에 의지하면 추호의 [미세한] 사물이라도 반드시 그 형과 명을 파악할 수 있다. 형명이 서면 흑백의 구분이 확정된다. 따라서 도를 지닌 사람의 천하에 대한 관찰은 집착이 없으며, 머무름이 없으며, [억지로] 함이 없으며, 사사로움이 없다."421 『십육경』의 결론에서는 이렇게 이야기한다. "[모든] 형상은 항상 스스로 안정되니 나는 더욱 허정하며, [모든] 일은 항상 스스로 전개되니 나는 더욱 무위한다."422 『경법』「도법」은 말한다. "[법률이라는] 기준으로 [시비를] 저울질하되 자연天의 이치에 합당하면 천하의 모든 일이 반드시 증거를 얻게 된다. 일이 곧은 나무 같고, 많기가 창고의 곡식 같아도 말, 되, 자 등이 갖춰지면 도망갈 어떠한 신묘한 방법도 없어진다. 그래서 도량형(법률)이 갖춰지면 다스려지고 통제가 잘된다고 말한다."423 "명과 형이 정해지면 만물은 스스로 바르게 된다."424 『도원』은 "명분에 따라 직분을 나누면 만민이 다투지 않는다. 사물의 명칭에 따라 정확히 경계 지으면 만물이 스스로 안정된다"425고 말한다. 저자는 자연에의 순응, 법제도의 실천, 형명에 대한 심의를 하나의 과정으로 취급하여 삼자가 상호 제약·통제한다고 보았다. 이 기초 위에 비로소 무위 정치가 있다는 것이다. 따라서 무위는 결코 아무 일도 안 하는 것이 아니라, 자연에의 순응, 법제도의 실천과 형명에 대한 심의 결과로서 일종의 정책 형식이다. 무위 정치란 규정에 따른 일 처리의 강조이며, 규정 밖의 다른 활동은 일절 하지 않는 것이다.

문무, 덕형,
강유 병용의 술

    고일서의 저자는 자연에 순응, 법제도의 실천, 형명에 대한 심의를 주장하지만, 그렇다고 이것들을 절대화하거나 경화시키지 않는다. 오히려 문과 무, 덕과 형, 강과 유의 병용을 제기한다. 문무, 덕형, 강유는 서로 유사하면서도 차이가 있다. 다음은 여러 각도에서 정치상의 이 두 가지 정책을 논술하고자 한다.

    고일서의 저자는 자연 규율의 여러 운동 형식 및 사람과 사람 사이에 상응하는 관계 위에서 문과 무에 대해 새로운 해석을 제기했다. 각 편을 자세히 비교해보면 그 논조가 다 같지는 않다. 『경법』「논약」은 자연 규율이 문과 무를 가르는데 "문에서 시작하여 무로 끝나는 것이 천지의 도"426라고 주장한다. 여기서 문은 탄생과 성장을, 무는 소슬한 죽음을 가리킨다. 『경법』「군정」은 천인관계로부터 문무에 대해 한 단계 발전된 설명을 한다. "천(자연)을 살림으로써 [하늘의 뜻을 지켜] 삶을 보호하는 것을 가리켜 문이라 하고, 천을 죽임으로써 [하늘의 뜻에 순응하여] 죽음을 벌하는 것을 가리켜 무라 한다."427 저자는 길러주는 것養을 문으로 보고, 치는 것伐을 무로 보았다. 그러나 길러주는 것과 치는 것 모두 제멋대로 하는 것이 아니라 반드시 객관적 규율을 적용해야 한다. 『경법』「사도」에서 말하는 "움직임과 고요함이 천시와 지리에 합치함을 가리켜 문이라 하고, [난폭함에 대한] 주살과 [금지가] 때에 맞는 것을 가리켜 무라 한다"[428]는 위의 두 견해와 약간 다르다. 저자는 천지자연의 규율에 부합하는 행동을 가리켜 문이라 부르고, 시기가 성숙하여 때맞추어 토벌하는 것을 무라고 부른다. 어떤 의미에서 보든지 고일서의 저자는 객관적 규율과 사람의 주관적 능동성을 통일시킴으로써 문과 무의 내적 함의를 확정짓고 있다. 그래야 문과 무는 사람의 주관적 행위뿐만 아니라 객관적 표준도 갖게 된다. 이 주장은 상당히 일리가 있다. 저자는 통치자가 문무를 겸비해야 한다고 재삼 강조한다. "문과 무를 병행하면 천하가 따른다."[429] 문무의 병용 외에 저자는 또 '2문1무二文一武'를 제기한다. 2문1무란 문으로 시작하여 중간에 무로 결단하고, 무 이후에 다시 문을 베푸는 것이다. 그 공식은 문-무-문이다. 2문1무 사상은 문무 병용보다 더 의미심장하다. 이는 말 위에서는 천하를 얻을 수는 있어도 천하를 다스릴 수는 없다, "무로 베어낸 다음 문이 그에 따랐을"[430] 때만이 천하를 다스릴 수 있다는 주장이다.

문무와 유사한 또 한 가지 형식이 덕, 형이다. 고일서의 저자는 덕과 형도 자연에 뿌리를 둔다고 생각했다. 『십육경』「관」에는 "봄과 여름은 덕에 해당되고, 가을과 겨울은 형에 해당된다"[431]고 말한다. 이에 근거하면 덕과 형 모두 폐기되어서는 안 된다. 그리고 실제 운용에 있어서 저자는 먼저 덕을 베풀고 나중에 형벌을 가할 것, 덕을 주로 하고 형을 보조로 삼을 것, 덕을 드러내고 형을 감출 것을 주장한다. 일의 진행 과정을 보면 덕으로 앞에서 이끌어야 한다. "먼저 덕을 베풀고 나중에 형벌을 가함으로써 삶을 보호한다."[432] "먼저 덕을 베풀고 나중에 형벌을 가함은 천(자연)에 순응하는 것이다."[433] 주체와 보조 관계에서 보면 덕을 주체로 삼아야 한다. 『십육경』「자웅절雌雄節」은 말한다. "덕을 쌓은 사람은 번창하고 재앙을 누적한 자는 망한다. 무엇을 쌓았는지 관찰해보면 화와 복의 방향을 알 수 있다."[434] 기타 몇몇 편에서 제기하는 '친민親民' '겸애兼愛' "자혜로써 사람을 사랑함"[435] 등은 모두 덕을 주체로 삼아야 함을 설명한 것이다. 저자들은 또 덕은 밝은 곳에서 베풀어야 하고 형벌은 암암리에 진행해야 한다고 통치자들에게 건의한다. 『십육경』「성쟁」은 말한다. "하늘의 덕은 바르고 아름다우나 형벌이 배합되지 않으면 실행되지 않는다. 하늘의 형벌은 위엄 있으나 덕에 의탁하지 않으면 반드시 무너진다. 형벌과 덕이 서로 상부상조할 때 이로써 거역과 순종이 이루어진다. 형벌은 어둡고 덕은 밝으며, 형은 음의 범주이고 덕은 양의 범주이며, 형은 감춰짐이고 덕은 드러냄을 그 특질로 한다."[436] 하늘의 덕은 빛나는 것이지만 형벌이 배합되지 않으면 필경 그 영험을 잃게 된다. 따라서 덕과 형이 상부상조할 때 비로소 백성은 순종할 것인지 거역할 것인지를 결정할 근거를 가질 수 있다. 형벌은 어두운 곳에 쓰여야 하며, 덕은 밝은 곳에 쓰여야 한다. 형은 음에 속하고 덕은 양에 속한다. 형은 어둡게 숨겨져야 하고 덕은 밝게 드러나야 한다. 이렇게 볼 때 덕의 사용과 사기성 권모술수가 한데 결합해 있음이 분명하다.

　강, 유는 덕형보다 더 추상화된 것이다. 고일서는 『노자』의 유柔를 중시하는 사상과는 분명히 다르다. 『노자』는 강剛을 배척한다. 그런데 고일서는 유를 위주로 하긴 하지만 강과 유의 병용을 주장한다. 『십육경』「삼금三禁」에는 "사람의 도는 강과 유다. 강만 사용해서는 부족하며, 유에만 의지해도 부족하다"[437]고 말한다. 이 뜻은 사람의 도는 강과 유를 겸비한 것으로 강에만 의지해서는 쓰기에 부족하고, 유만 사용해서는 믿고 기댈 수 없다는 것이다. 저자는 강과 유의 병용을 주장한다. 그러나 물극필반物極必反의 원칙에 근거하여 강과 유 양자 사이에서 저자는 유를 더욱 중시한다. 『십육경』 「자웅절」에서는 자는 유에 상당하고, 웅은 강에 상당한다. 글 속에서 이렇게 이야기한다. "스스로 뽐내고, 잘난 체하고, 자만하고, 오만불손한 것을 웅절雄節이라 부른다. 순하고, 부드럽고, 공손하고, 낮추는 것을 자절雌節이라 부른다."[438] 오만불손하여 안중에 사람이 없는 것을 웅절이라 부르고, 공손하여 낮추는 것을 자절이라고 부른다. "웅절이란 가득 차 [자만함의] 범주에 속하며, 자절이란 겸손의 범주에 속한다."[439] 가득 차면 줄어드는 법이니 범사에 가득함과 가까이해서는 안 된다. 『칭』은 말한다. "왕성하여 가득 찬 나라에서 벼슬하지 않으며, 왕성하여 가득 찬 집단에서 자식을 결혼시키지 않는다."[440] 웅절을 지키면 흉하고, 자절을 받들면 길하다. 유자柔雌의 기본 요령은 다투지 않는 것이다. 『칭』은 "부드러움으로 [천하를] 먼저 평정하니 나에게 좋은 것이라도 다투지 않는다"[441]고 말한다. 『십육경』 「순도順道」는 "유를 위주로 하라"고 주장한다. 고일서에서 이야기하는 유는 절대적 유가 아니다. "강을 유로 삼음"[442]이다. 절대적으로 다투지 않는 것도 아니다. "항상 뒤에 있되 앞을 잃지 않음"[443]이다. 먼저 다투는 것은 분명 흉하다. 그러나 "다투지 않으면 또한 성공하지 못한다."[444] 따라서 유 또한 일종의 모략이다. "몸을 유하게 하여 시기를 기다리고"[445] 시기가 성숙하기만 하면 반드시 다툰다. 『십육경』 「관」은 말한다. "천시에 순응하여 [때가 오면] 그에 따라 결단을 내린다. 결단을 내려야 할 때 우유부단하면 오히려 재앙을 받는다."[446]

고일서의 문무, 덕형, 강유에 대한 논술은 천과 인을 한데 결합시키고 있으며, 사물의 두 가지 측면에서 문제를 관찰하고 다룬다. 저자는 비교적 깊이 있게 통치 경험을 총괄하여 설명한다. 이 논의는 또한 통치자들이 자각적으로 양면 정치를 운용하는 데 이론적 근거를 제공해주고 있다.

05 전쟁으로
천하를 취함

고일서는 전국 시대 후기에 나왔다. 이때는 바로 7웅의 다툼이 아직 끝나지 않았던 시기다. 저자는 전쟁에 대해 신중하면서도 적극적인 태도를 취한다. 군주들에게 전쟁을 통해 왕관을 따내 천하를 통치하라고 고무시킨다.

저자는 자연계와 인간 사회가 모순으로 충만해 있다고 생각했다. 『십육경』「과동果童」편은 이렇게 말한다. "무릇 하늘과 땅 사이에는 영구불변의 법칙이 존재한다. 이 항상하는 법칙이 있으므로 [하늘에는] 어둠과 밝음, 음과 양이 있으며, 땅에는 산과 못, 흑과 백, [인간 사회의] 아름다움과 추함 [등의 모순 대립]이 있다. 땅은 고요히 덕을 기르고, 하늘은 움직임으로 명분을 바로잡는다. 고요함과 움직임은 서로를 길러주며, 덕과 잔혹함은 서로를 일궈준다. 이 [모순된] 양자는 각기 명분이 있으며 상부상조한다. 모든 만물에 음양이 갖추어지고 [양자가] 서로 변화 작용을 하여 끝없이 생성한다."[447] 글 가운데 제기한 어둠과 밝음, 음과 양, 흑과 백, 아름다움과 추함, 고요함과 움직임, 덕과 잔혹함은 모두 서로 반대되면서도 상대를 이루어주는 모순체다. 음양 모순의 투쟁으로 인해 만물의 천변만화가 생겨난다는 것이다. 『십육경』 「성쟁」에는 또 확실하게 대립 면들은 서로 배척한다고 지적한다. "하늘과 땅의 도(자연 규율)는 추위와 더위, 건조함과 습함이 동시에 있을 수 없다. 강과 유, 음과 양을 동시에 행할 수 없다."[448] 자연계는 대립 투쟁으로 충만해 있다. 인류 사회도 모순 투쟁으로 시작한 것이다. 「성쟁」 편은 또 말한다. "하늘과 땅이 이미 생겨나니 검은 머리[의 인민]들도 탄생했다. 성姓씨 집단이 이미 정해지니 적대 집단들이 다투게 되었다."[449] 천지가 있게 되므로 인류가 있게 되었고, 성씨가 정해지니 상호 모순된 현상이 발생하여 투쟁이 일게 되었다는 것이다. 『십육경』 「관」에 묘사된 바는 혼란투성이이던 초민 사회에 모순이 첩첩이었는데 황제의 천하 겸병으로 제도가 정해지자 사회가 안정의 길에 접어들었다는 것이다. 그런데 지금 또 난세 즉 "오늘 천하의 큰 다툼"을 만나게 되었다. 이 큰 다툼의 국면을 당해서는 반드시 다툼으로 대응해야 한다. 그렇지 않으면 흉악한 지경에 처할 것이다. 다툼이란 바로 전쟁이다.

저자는 무력으로 천하를 다툴 것을 주장한다. 그러나 전쟁이란 물건은 필경 재미있는 장난이 아니므로 엄숙한 눈빛으로 바라봐야 한다. 저자는 전쟁을 서로 다른 세 가지 유형으로 구분한다. 『십육경』 「본벌本伐」은 말한다. "세상에 전쟁의 길은 세 가지가 있다. 이익을 위한 것, 의를 위한 것, 분노로 행한 것이다."[450] 저자는 분노로 행한 전쟁은 패하며, 이익을 위한 전쟁은 상처를 입으며, 의를 위해서 하는 전쟁 즉 "난폭함을 벌하며, 현자를 일으켜 세우고 불초한 자를 폐하는"[451] 것이면 성공할 수 있다고 주장한다. 의를 위한 전쟁에선 먼저 국내와 적국의 상황을 분석한다. 『경법』 「사도」는 말한다. "내치에 순조롭고 외치를 거스르면 [내치에] 성공한다 해도 상처를 입는다. 내치를 거스르고 외치에 순조로우면 [외치에] 성공한다 해도 망한다. 내외 모두 거스름을 중첩한 재앙이라 일컫는데, [군주는] 제 몸이 위태로워져 죽임을 당하고 국가도 깨져 망하게 된다. 내외가 모두 순조로움을 일컬어 하늘의 마땅함이라 하는데 성공하고도 없어지지 않으며 나중에도 재앙을 만나지 않는다."[452] 저자는 용병하려면 내외가 모두 순조로운 뒤라야 성공할 수 있다고 강조한다. 이론적으로 이것은 틀림없는 상책이다. 그러나 실제로 당시에 내외가 모두 순조로운 상황은 매우 드물었다. 저자가 이야기하는 의로운 전쟁은 또 천, 지, 인이 서로 순응하는 용병이어야 한다고 표현된다. 『십육경』「병용兵容」은 말한다. "용병에 하늘을 본받지 못한다면 병사를 움직여서는 안 된다. 땅을 본받지 못한다면 병사를 지휘해서는 안 된다. 인사를 이해하지 못한다면 작전을 성공시킬 수 없다."[453]

고일서의 저자는 강함을 감추고 약하게 보일 것, 아래로 겸양하여 적을 교만하게 만들 것, 공수의 형세 및 시기를 상세히 관찰할 것, 포로를 죽이지 말 것 등 전쟁의 책략과 전술 사상도 구체적으로 논술하고 있다. 이는 저자가 전쟁 변증법에 통달했음을 드러내준다.

저자는 특히 일단 적국을 소멸할 조건이 성숙하면 깨끗하고 철저하게 소멸해버리고 절대로 연민의 부드러움을 보여서는 안 된다고 강조한다. 한번 약해지면 반드시 후환을 남긴다는 것이다.

　　　　　결어

　이상의 서술에서 우리는 고일서가 도가를 위주로 하며 법가, 유가, 음양가, 묵가, 명가, 병가 등의 사상을 흡수하여 사상의 용광로에 녹이고 있음을 알 수 있다. 사마담의 「논육가요지」는 이렇게 이야기한다. "도가는 사람의 정신을 하나에 전념하게 만든다. 움직임과 합침에 형태가 없어도 만물을 넉넉히 만족시킨다. 그들의 술수는 음양에 크게 순응하면서 유가와 묵가의 장점을 취하고 명가와 법가의 핵심을 붙들며, 때에 맞추어 바꾸고 만물에 응하여 변화하며, 풍속을 세우고 일을 처리하는 데 적절하지 않은 것이 없다. 간략하게 하면서도 쉽게 조종하며, 일은 적게 해도 공이 많다."[454] 사마담이 이야기하는 도가는 분명히 선진에 있었던 도가를 가리키는 것이 아니라 고일서 사상에 해당한다고 말할 수 있다.

　전국 시대의 제자백가는 절대다수가 통치자를 위해 계책을 바쳤다. 한 부분씩만 보면 모두가 일정한 한계와 편견을 면하기 어렵겠지만, 여러 천을 조합해 만든 백납의百納衣처럼 어느 한 조각도 없어서는 안 될 것들이다. 통치자들은 실제 정치를 하면서 한 부분만을 고수할 상황도 있겠으나, 대개는 백납의를 더욱 좋아한다. 실제 정치에 유리하기만 하면 무엇이든 가져다 사용한다. 사상가들은 실제에 힘쓰지 않고 흔히 문파의 견해에 치중해 있다. 그러나 실질적 정치 운동이 그들로 하여금 이론을 직접 사용할 수 있는 물건으로 만들도록 밀었고, 그들은 공공연히 드러내놓고 실제 정치의 수요에 적응하려 했다. 고일서의 저자는 비교적 빨리 이 방면의 길을 걸었다. 고일서와 『노자』를 비교해보면 도가의 사상이 얼마나 많이 변화했는지 금방 알 수 있을 것이다. 한 사상이나 학파가 발전 과정상에서 다른 사상을 많이 흡수하면 할수록 그 생명력은 더욱 강해진다.

1   習道論于黃子.(『史記』「太史公自序」)

2   百家言黃帝.(『史記』「五帝本紀」)

3   黃帝曰: 無思無慮始知道, 無處無服始安道, 無從無道始得道.

4   神農黃帝之法則也.

5   三代以昌, 五帝以昭.

6   其要本歸於老子之言.(『史記』「老子韓非列傳」)

7   皆學黃老道德之術, 因發明序其指意.(『史記』「孟子荀卿列傳」)

8   樂臣公學黃帝老子, 其本師號曰河上丈人, 不知其所出. 河上丈人教安期生, 安期生教毛
     翁公, 毛翁公教安瑕公, 安瑕公教樂臣公, 樂臣公教蓋公. 蓋公教于齊高密膠西, 爲曹相
     國師.(『史記』「樂毅列傳」)

9   聖人聽于無聲, 視于無形, 詹何田子方老聃是也.

10   有物混成, 先天地生. 寂兮寥兮, 獨立而不改, 周行而不殆, 可以爲天下母. 吾不知其名,
     字之曰道, 強爲之名曰大.(『노자』 25장)

11   凡道無根無莖, 無葉無榮, 萬物以生, 萬物以成, 命之曰道.

12   夫道, 有情有信, 無爲無形; 可傳而不可受, 可得而不可見; 自本自根, 未有天地, 自古以
     固存; 神鬼神帝, 生天生地; 在太極之先而不爲高, 在六極之下而不爲深, 先天地生而不
     爲久, 長于上古而不爲老.

13   周行而不殆.

14   反者, 道之動.

15   弱者, 道之用.

16   有餘以奉天下.

17   道家使人精神專一, 動合無形, 瞻足萬物. 其爲術也, 因陰陽之大順, 采儒墨之善, 撮名法
     之要, 與時遷移, 應物變化, 立俗施事, 無所不宜, 指約而易操, 事少而功多.(『史記』「太史
     公自序」)

18   與天地爲一.

19   采儒墨之善, 撮名法之要.

20   有見于詘, 無見于信(伸) (…) 有詘無信, 則貴賤不分.

21   以本爲精, 以物爲粗, 以有積爲不足, 澹然獨與神明居.

22   老聃貴柔.

23   弱者道之用.

24 道之爲物, 惟恍惟惚.(『노자』 21장)

25 道可道, 非常道; 名可名, 非常名.(『노자』 1장)

26 字之曰道.(『노자』 25장)

27 有物混成, 先天地生. 寂兮寥兮, 獨立而不改, 周行而不殆, 可以爲天下母.(『노자』 25장)

28 其中有信.(『노자』 21장)

29 樸散則爲器.(『노자』 28장)

30 夫物芸芸, 各復歸其根. 歸根曰靜. 靜曰復命. 復命曰常.(『노자』 16장)

31 周行而不殆.

32 強爲之名曰大, 大曰逝, 逝曰遠, 遠曰反.(『노자』 25장)

33 物壯則老, 謂之不道, 不道早已.(『노자』 55장)

34 人之生也柔弱, 其死也堅強. 萬物草木之生也柔脆, 其死也枯槁. 故堅強者死之徒, 柔弱
    者生之徒.(『노자』 76장)

35 天之道損有餘而補不足, 人之道則不然, 損不足而奉有餘. 孰能有餘以奉天下? 唯有道
    者.

36 大道甚夷, 而民好徑.(『노자』 53장)

37 朝甚除, 田甚蕪, 倉甚虛, 服文采, 帶利劍, 厭飮食, 財貨有餘, 是謂盜夸. 非道也哉.(『노자』
    53장)

38 明道若昧, 進道若退, 夷道若纇.(『노자』 41장)

39 故失道而後德. 失德而後仁. 失仁而後義. 失義而後禮. 夫禮者, 忠信之薄, 而亂之首.

40 以道莅天下.(『노자』 60장)

41 大道廢, 有仁義. 智慧出, 有大僞. 六親不和, 有孝慈. 國家昏亂, 有忠臣.

42 天下多忌諱而民彌貧. 民多利器, 國家滋昏. 人多伎巧, 奇物滋起. 法令滋章, 盜賊多
    有.(『노자』 57장)

43 爲之於未有, 治之於未亂.(『노자』 64장)

44 天之道不爭而善勝, 不言而善應, 不召而自來, 繟然而善謀.(『노자』 73장)

45 天道無親, 常與善人.(『노자』 79장)

46 生而不有, 爲而不恃, 長而不宰.(『노자』 51장)

47 天地所以能長且久者, 以其不自生, 故能長生.(『노자』 7장)

48 爲而不爭.

49 爲而不恃.

50 以輔萬物之自然而不敢爲.(『노자』 64장)

51 執左契而不責於人.(『노자』 79장)

52 판본 대부분은 인人으로 되어 있으나 25장의 문맥으로 보면 왕王이 맞으므로 이 책의
    저자는 왕으로 통일한 듯하다. ―옮긴이

53 王法地, 地法天, 天法道, 道法自然.(『노자』 25장)

54 愛民治國, 能無爲乎!(『노자』 10장)

55 聖人處無爲之事, 行不言之敎.(『노자』 2장)

56 無爲無不爲.(『노자』 37장, 38장, 48장)

57 去甚, 去奢, 去泰.(『노자』 29장)

58 法令滋章, 盜賊多有.

59 民不畏死, 奈何以死懼之.(『노자』 74장)

60 大軍之後, 必有凶年.(『노자』 30장)

61 以道佐人主者, 不以兵强天下.(『노자』 30장)

62 天下無道, 戎馬生於郊.(『노자』 46장)

63 求生之厚.(『노자』 75장)

64 治大國若烹小鮮.(『노자』 60장)

65 使民不爭.(『노자』 3장)

66 絶聖棄智, 民利百倍.(『노자』 19장) 최근 발견된 궈뎬郭店의 초楚나라 죽간簡을 보면 성
    聖과 지智에 대한 거부는 없다. ―옮긴이

67 罪莫大於可('多'의 잘못)欲.(『노자』 46장)

68 爲奇者吾得執而殺之.(『노자』 74장) 74장의 주지는 함부로 사람을 죽여서는 안 됨을 강
    조하는 것인데, 여기서 필자의 인용은 단장취의斷章取義의 혐의가 짙다. 그러나 내용
    이 모순된 것은 아니다. ―옮긴이

69 聖人之治, 虛其心, 實其腹, 弱其志, 强其骨, 常使民無知無欲, 使夫智者不敢爲也, 爲無
    爲, 則無不治.(『노자』 3장)

70 見素抱樸, 少私寡欲, 絶學無憂.(『노자』 19장) 판본에 따라 절학무우絶學無憂를 20장
    에 포함시키는 곳도 많다. ―옮긴이

71 百姓皆注其耳目, 聖人皆孩之.(『노자』 49장)

72 塞其兌, 閉其門.(『노자』 52장)

73 智慧出, 有大僞.

74 樸散則爲器. 聖人用之則爲官長.(『노자』 28장)

75 知常容, 容乃公, 公乃王, 王乃天, 天乃道, 道乃久.(『노자』 16장)

76 不傷人.(『노자』60장)

77 生而不有, 爲而不恃, 功成而弗居.(『노자』2장)

78 夫唯弗居, 是以不去.(『노자』2장)

79 聖人後其身而身先, 外其身而身存, 以其無私, 故能成其私.(『노자』7장)

80 無常心, 以百姓心爲心.(『노자』49장)

81 聖人在天下, 歙歙爲天下渾其心.

82 侯王得一以爲天下正.(『노자』39장)

83 侯王若能守之, 萬物將自賓.(『노자』32장)

84 侯王若能守之, 萬物將自化.(『노자』37장)

85 師之所處, 荊棘生焉. 大軍之後, 必有凶年.(『노자』30장)

86 善爲士(帥)者不武.(『노자』68장)

87 善戰者不怒.(『노자』68장)

88 善勝敵者不與.(『노자』68장)

89 以奇用兵.(『노자』57장)

90 禍莫大於輕敵, 輕敵幾喪吾寶.(『노자』69장)

91 抗兵相加, 哀者勝矣.(『노자』69장)

92 善者果而已. 不敢以取强. 果而勿矜. 果而勿伐. 果而勿驕. 果而不得已. 果而勿强.(『노자』
    30장)

93 戰勝以喪禮處之.(『노자』31장)

94 老死不相往來.

95 反者道之動, 弱者道之用.(『노자』40장)

96 獨立而不改, 周行而不殆.(『노자』25장)

97 大曰逝, 逝曰遠, 遠曰反.(『노자』25장)

98 致虛極, 守靜篤. 萬物並作, 吾以觀復. 夫物芸芸, 各復歸其根. 歸根曰靜, 靜曰復命. 復命
    曰常. 知常曰明. 不知常, 妄作, 凶. 知常容, 容乃公, 公乃王, 王乃天, 天乃道, 道乃久.(『노
    자』16장)

99 牝常以靜勝牡, 以靜爲下.(『노자』61장)

100 靜爲躁君.(『노자』26장)

101 人之生也柔弱, 其死也堅强. 萬物草木之生也柔脆, 其死也枯槁. 故堅强者死之徒('途'의
    가차. 그냥 '무리'로 해석하는 것이 좋을 듯해 거기에 따른다―옮긴이), 柔弱者生之徒.
    是以兵强則滅(이기지 못한다는 불승不勝으로 된 판본도 있다. 그러나 『회남자淮南子』

「도응훈道應訓」에 감減으로 인용되어 있어 그에 따른다―옮긴이), 木强則折(共으로 된 판본도 있다. 그러나 역시 『회남자』「도응훈」의 인용에 의거하여 折折로 쓴다―옮긴이). 强大處下, 柔弱處上.(『노자』 76장)

102 物壯則老, 是謂不道, 不道早已.(『노자』 30장)

103 强梁者不得其死.(『노자』 42장)

104 天下之至柔, 馳騁天下之至堅.(『노자』 43장)

105 天下莫柔弱於水, 而攻堅强者莫之能勝.(『노자』 78장)

106 柔弱勝剛强.(『노자』 36장)

107 重爲輕根. (…) 是以聖人終日行不離輜重. (…) 奈何萬乘之主而以身輕天下. 輕則失本.(『노자』 26장)

108 國之利器, 不可以示人.(『노자』 36장)

109 揣而銳之, 不可長保. 金玉滿堂, 莫之能守. 富貴而驕, 自遺其咎.(『노자』 9장)

110 多藏必厚亡.(『노자』 44장)

111 持而盈之, 不如其已.(『노자』 9장)

112 保此道者不欲盈. 夫唯不盈, 故能蔽不新成.(『노자』 15장)

113 以其終不自爲大, 故能成其大.(『노자』 34장)

114 天之道損有餘而補不足, 人之道則不然, 損不足以奉有餘. 孰能有餘以奉天下? 唯有道者.(『노자』 77장)

115 聖人常善救人, 故無棄人; 常善救物, 故無棄物. 是謂襲明.(『노자』 27장)

116 江海所以能爲百谷王者, 以其善下之, 故能爲百谷王. 是以聖人處上而民不重, 處前而民不害.(『노자』 66장)

117 善用人者爲下.(『노자』 68장)

118 고孤는 처량한 사람, 과寡는 부족한 사람, 불곡不穀은 잘하지 못하는 사람이라는 의미. ―옮긴이

119 貴以賤爲本, 高以下爲基, 是以侯王自謂孤寡不穀. 此非以賤爲本邪? 非乎?(『노자』 39장)

120 圖難於其易, 爲大於其細. 天下難事必作於易, 天下大事必作於細. 是以聖人不爲大, 故能成其大.(『노자』 63장)

121 大國以下小國則取小國. 小國以下大國則取大國. 故或下以取, 或下而取. (…) 夫兩者各得其所欲, 大者宜爲下.(『노자』 61장)

122 以其不爭, 故天下莫能與之爭.(『노자』 66장)

123 處衆人之所惡, 故幾於道. 居善地. 心善淵. 與善仁. 言善信. 正善治. 事善能. 動善時. 夫
   唯不爭, 故無尤.(『노자』 8장)

124 衆人熙熙, 如享太牢, 如登春臺. 我獨泊兮其未兆, 如嬰兒之未孩. 儽儽兮若無所歸. 衆人
   皆有餘, 而我獨若遺. 我愚人之心也哉! 沌沌兮. 衆人昭昭, 我獨昏昏. 衆人察察, 我獨悶
   悶. 澹兮其若海, 飂兮若無止. 衆人皆有以, 而我獨頑似鄙. 我獨異於人而貴食母.(『노자』
   20장)

125 不自見, 故明; 不自是, 故彰; 不自伐, 故有功; 不自矜, 故長.(『노자』 22장)

126 善者吾善之, 不善者吾亦善之, 德善. 信者吾信之, 不信者吾亦信之, 德信.(『노자』 49장)

127 報怨以德.(『노자』 63장)

128 聖人執左契而不責於人.(『노자』 79장)

129 其安易持; 其未兆易謀; 其脆易泮('判'의 가차, 나누다, 풀다); 其微易散. 爲之於未有, 治
   之於未亂.(『노자』 64장)

130 民不畏死, 奈何以死懼之. 若使民常畏死, 而爲奇者, 吾得執而殺之, 孰敢?(『노자』 74장)

131 將欲之, 必固張之. 將欲弱之, 必固強之. 將欲廢之, 必固興之. 將欲奪之, 必固與之. 是
   謂微明.(『노자』 36장)

132 曲則全, 枉則直, 窪則盈, 敝則新, 少則得, 多則惑.(『노자』 22장)

133 國之利器, 不可以示人.

134 被褐懷玉.(『노자』 70장)

135 何謂貴大患若身? 吾所以有大患者, 爲吾有身; 及吾無身, 吾有何患!(『노자』 13장)

136 夫唯無以生爲者, 是賢於貴生.(『노자』 75장)

137 知足者富.(『노자』 33장)

138 知足常足矣.(『노자』 46장)

139 知足不辱.(『노자』 44장)

140 使民有什伯之器而不用, 使民重死而不遠徙. 雖有舟輿, 無所乘之. 雖有甲兵, 無所陳之.
   使民復結繩而用之. 甘其食, 美其服, 安其居, 樂其俗, 鄰國相望, 鷄見之聲相聞, 民至老
   死不相往來.(『노자』 80장)

141 夫禮者, 忠信之薄而亂之首.

142 陽子居見老聃.

143 陽子居南之沛 (…) 而遇老子.

144 陽子居, 姓楊名朱, 字子居.

145 司馬云, 陽朱也.

146 楊朱墨翟之言盈天下. 天下之言不歸楊, 則歸墨.(『맹자』「滕文公下」)

147 楊墨之道不息, 孔子之道不著.(『맹자』「滕文公下」)

148 能言距楊墨者, 聖人之徒也.(『맹자』「滕文公下」)

149 削曾史之行, 鉗楊墨之口.

150 『장자』원문의 '病秉'은 곧 명가의 공손룡을 말한다. 성현영成玄英의 『장자소莊子疏』에
는 "병은 공손룡의 자다"라고 한다. 이에 대해서는 곽경번郭慶藩의 『장자집해莊子集解』
(중화서국, 1961) 839쪽을 참조. 이상은 역자의 질의에 대한 저자의 설명이다. —옮긴이

151 全性葆眞, 不以物累形, 楊子之所立也.

152 楊氏爲我.(『맹자』「滕文公下」)

153 陽生(『困學紀聞』에는 '楊朱'라 인용됨)貴己.

154 拔一毛而利天下, 不爲也.(『맹자』「盡心上」)

155 今有人於此, 義不入危城, 不處軍旅, 不以天下大利易其脛一毛.(『한비자』「顯學」)

156 不以物累形.

157 古之人損一毫利天下不與也; 悉天下奉一身不取也. 人人不損一毫, 人人不利天下, 天下
治矣.

158 楊朱哭衢途曰: '此夫過擧蹞步而覺跌千里者夫!'

159 楊子見逵路而哭之, 爲其可以南, 可以北.

160 陽子之宋, 宿於逆旅. 逆旅人有妾二人, 其一人美, 其一人惡. 惡者貴而美者賤. 陽子問其
故, 逆旅小子對曰: '其美者自美, 吾不知其美也; 其惡者自惡, 吾不知其惡也.' 陽子曰: '弟
子記之! 行賢而去自賢之行, 安往而不愛哉!'

161 楊子曰: '行賢而去自賢之心, 焉往而不美!'

162 楊朱見梁王言: '治天下如運諸掌然'. 梁王曰: '先生有一妻一妾不能治, 三畝之園不能芸,
言治天下如運諸掌, 何以?' 楊朱曰: '誠有之. 君不見夫牧羊乎? 百羊而群, 使五尺之童子
荷杖而隨之, 欲東而東, 欲西而西. 君且使堯率一羊, 舜荷杖而隨之, 則亂之始也. 臣聞
之, 夫呑舟之魚不游淵, 鴻鵠高飛不就汚池, 何則? 其志極遠也. 黃鍾大呂不可從繁奏之
舞, 何則? 其音疏也. 將治大者不治小, 成大功者不小苟. 此之謂也'.

163 楊氏爲我, 是無君也.(『맹자』「滕文公上」)

164 陳良田大宅, 設爵祿.

165 畏死遠難, 降北之民也.(『한비자』「六反」)

166 千金, 重利; 卿相, 尊位也. 子獨不見郊祭之犧牛乎? 養食之數歲, 衣以文繡, 以入太廟.
當是之時, 雖欲爲孤豚, 其可得乎? 子亟去, 無汚我. 我寧遊戲汚瀆之中自快, 無爲有國者

所羈, 終身不仕, 以快吾志焉.(『사기』「老子韓非列傳」, 『장자』「秋水」)

167　夫大塊載我以形, 勞我以生, 佚我以老, 息我以死.(『장자』「大宗師」)

168　舜問乎丞曰: '道可得而有乎?' 曰: '汝身非汝有也, 汝何得有夫道?' 舜曰: '吾身非吾有也,
　　孰有之哉?' 曰: '是天地之委形也; 生非汝有, 是天地之委和也; 性命非汝有, 是天地之委
　　順也; 孫子非汝有, 是天地之委蛻也.'(『장자』「知北遊」)

169　人之生, 氣之聚也. 聚則爲生, 散則爲死.(『장자』「知北遊」)

170　太初有無, 無有無名; 一之所起, 有一而未形. 物得以生, 謂之德; 未形者有分, 且然無間,
　　謂之命; 留(『經典釋文』에 따라 '流'로 해석)動而生物, 物成生理, 謂之形; 形體保神, 各
　　有儀則, 謂之性.

171　物得以生, 謂之德.

172　性者, 生之質也. 性之動, 謂之爲; 爲之僞, 謂之失.

173　質, 本也. 自然之性者, 是稟生之本也.

174　以性自動, 故稱爲耳; 此乃眞爲, 非有爲也.

175　感物而動, 性之欲也. 矯性僞情, 分外有爲, 謂之喪道也.

176　化性而起僞.(『순자』「性惡」)

177　有人, 天也; 有天, 亦天也. 人之不能有天, 性也.

178　凡所謂天, 皆明不爲而自然.

179　言自然則自然矣, 人安能故有此自然哉? 自然耳, 故曰生.

180　去性而從於心.

181　且夫失性有五. 一曰五色亂目, 使目不明; 二曰五聲亂耳, 使耳不聰; 三曰五臭熏鼻, 困惾
　　中顙; 四曰五味濁口, 使口厲爽; 五曰趣捨滑心, 使性飛揚. 此五者, 皆生之害也.

182　其於失性一也.

183　未始出於非人.

184　其臥徐徐, 其覺于于; 一以己爲馬, 一以己爲牛; 其知情信, 其德甚眞, 而未始入於非人.

185　彼民有常性, 織而衣, 耕而食, 是謂同德; 一而不黨, 命曰天放.

186　人之情, 目欲視色, 耳欲聽聲, 口欲察味, 志氣欲盈. (…) 天與地無窮, 人死者有時, 操有
　　時之具而托於無窮之間, 忽然無異騏驥之馳過隙也. 不能說其志意, 養其壽命者, 皆非通
　　道者也.

187　民居不知所爲, 行不知所之, 含哺而熙, 鼓腹而游, 民能以此('以此'라면 의미가 통하지
　　않는다. 류원롄劉文典의 수정 보완에 따라 '이以'는 '지止'로 써야 한다)矣.

188　同與禽獸居, 族與萬物并, 惡乎知君子小人哉!(『장자』「馬蹄」)

189 夫全其形生之人, 藏其身也, 不厭深眇而已矣.

190 全形養生者, 故當遠迹塵俗, 深就山泉, 若嬰於利祿, 則粗而淺也.

191 全汝形, 抱汝生, 無使汝思慮營營.

192 道與之貌, 天與之形, 無以好惡內傷其身.

193 不以所用養害所養.

194 雖富貴, 不以養傷身; 雖貧賤, 不以利累形. 今世之人, 居高官尊爵者, 皆重失之, 見利輕
     亡其身, 豈不惑哉!

195 夫天下至重也, 而不以害其生.

196 天下大器也, 而不以易生.(『장자』「양왕」)

197 無爲名尸, 無爲謀府; 無爲事任, 無爲知主.

198 夫柤梨橘柚果6之屬, 實熟則剝, 剝則辱; 大枝折, 小枝泄. 此以其能苦其生者也. 故不終
     其天年而中道夭, 自掊擊於世俗者也.

199 고대에 특히 도가의 양생술로 호흡과 굴신운동을 통해 관절을 움직이고 신체의 건강
     을 꾀하여 불로장생을 도모하는 수법. ―옮긴이

200 낡은 기를 토해내고 새 기운을 받아들인다는 도가 장생술의 호흡법. ―옮긴이

201 純粹而不雜, 静一而不變, 惔而無爲, 動而以天行, 此養神道也.

202 一無所欲.

203 不與物交.

204 牛馬四足, 是謂天; 落馬首, 穿牛鼻, 是謂人.

205 古之治道者, 以恬養知(『釋文』에는 '智'로 읽힌다고 함); 知生而無以知爲也, 謂之以知養
     恬. 知與恬交相養, 而和理出其性.

206 恬静而後知不蕩, 知不蕩而性不失也.

207 形全精復, 與天爲一.

208 춘추 시대 오吳왕 합려闔閭가 만들었다고 전하는 전설 속의 명검. ―옮긴이

209 今之大冶鑄金, 金踊躍曰: '我且必爲莫邪', 大冶必以爲不祥之金. 今一犯人之形, 而曰: '人
     耳人耳', 夫造化者必以爲不祥之人. 今一以天地爲大鑪, 以造化爲大冶, 惡乎往而不可哉!

210 有治在人. 忘乎物, 忘乎天, 其名爲忘己. 忘己之人, 是之謂入於天.

211 夫聖人未始有天, 未始有人, 未始有始, 未始有物. 與世偕行而不替, 所行之備而不洫.

212 知道者必達於理, 達於理者必明於權, 明於權者不以物害己. 至德者, 火弗能熱, 水弗能
     溺, 寒暑弗能害, 禽獸弗能賊. 非謂其薄之也, 言察於安危, 寧於禍福, 謹於去就, 莫之能
     害也. 故曰, 天在內, 人在外, 德在乎天. 知天人之行, 本乎天, 位乎得. 蹢躅而屈伸, 反要

而語極.

213 乘物以遊心, 託不得已以養中, 至矣.

214 夫獨化之士, 混迹人間, 乘有物以遨遊, 運虛心以順世, 則何殆之有哉?

215 不得已者, 理之必然也. 寄必然之事, 養中和之心, 斯眞理之造極, 應物之至妙者乎!

216 若夫乘道德而浮遊則不然. 無譽無訾, 一龍一蛇, 與時俱化, 而無肯專爲; 一上一下, 以和爲量, 浮遊乎萬物之祖, 物物而不物於物, 則胡可得而累邪!

217 其性過人.(『장자』「天地」)

218 與天地爲一.(『장자』「齊物論」)

219 『장자』에서 6기六氣는 음陰, 양陽, 풍風, 우雨, 회晦, 명冥을 가리킨다. ―옮긴이

220 乘天地之正, 而御六氣之辯(『장자』「逍遙遊」)

221 전설적 말의 명 조련사. ―옮긴이

222 亂人之性.(『장자』「天道」)

223 亂天之經, 逆物之情, 玄天弗成; 解獸之群, 而鳥皆夜鳴; 災及草木, 禍及昆(원본의 止는 昆의 오기인 듯)蟲.(『장자』「在宥」)

224 治, 亂之率也, 北面之禍也, 南面之賊也.(『장자』「天地」)

225 昔者黃帝始以仁義攖人之心, 堯舜於是乎股無胈, 脛無毛, 以養天下之形, 愁其五藏以爲仁義, 矜其血氣以規法度. 然猶有不勝也, 堯於是放讙兜於崇山, 投三苗於三峗, 流共工於幽都, 此不勝天下也. 夫施及三王而天下大駭矣. 下有桀跖, 上有曾史, 而儒墨畢起. 於是乎喜怒相疑, 愚知相欺, 善否相非, 誕信相譏, 而天下衰矣.

226 夫不忍一世之傷而驁(鶩)萬世之患.(『장자』「外物」)

227 其存人之國也, 無萬分之一; 而喪人之國也, 一不成而萬有餘喪矣. 悲夫! 有土者之不知也.(『장자』「在宥」)

228 願以境內累矣.

229 吾聞楚有神龜, 死已三千歲矣, 王巾笥而藏之廟堂之上. 此龜者, 寧其死留骨而貴乎? 寧其生而曳尾於塗中乎?

230 寧生而曳尾塗中.

231 往矣, 吾將曳尾於塗中.

232 莊子來, 欲代子相.

233 봉황은 대나무 열매를 먹는다는 전설에서 유추하여 대나무 열매로 해석하기도 하며, 연련鍊을 멀구슬나무 연련棟의 가차자로 해석하는 견해도 있다. ―옮긴이

234 南方有鳥, 其名爲鵷鶵, 子知之乎? 夫鵷鶵發於南海而飛於北海, 非梧桐不止, 非練實不食, 非醴泉不飮. 於是鴟得腐鼠, 鵷鶵過之, 仰而視之曰, '嚇!' 今子欲以子之梁國而嚇我邪?

235 夫魏眞爲我累耳!(『장자』「田子方」)

236 其皮之爲災也.

237 大盜者爲諸侯.

238 竊國者爲諸侯.

239 天下之養也一, 登高不可以爲長, 居下不可以爲短. 君獨爲萬乘之主, 以苦一國之民, 以養耳目鼻口.(『장자』「徐無鬼」)

240 重爲任而罰不勝, 遠其途而誅不至. 民知力竭, 則以僞繼之. 日出多僞, 士民安取不僞! 夫力不足則僞, 知不足則欺, 財不足則盜. 盜竊之行, 於誰責而可乎?(『장자』「則陽」)

241 當責上也.

242 亡國戮民無已.(『장자』「徐無鬼」)

243 擧賢則民相亂, 任知則民相盜.(『장자』「庚桑楚」)

244 貴富顯嚴名利, 六者勃志也; 容動色理氣意, 六者繆心也; 惡欲喜怒哀樂, 六者累德也; 去就取與知能, 六者塞道也.

245 此四六者不蕩胸中則正. 正則靜, 靜則明, 明則虛, 虛則無爲而無不爲也.

246 有人之形, 無人之情.(『장자』「德充符」)

247 外物不可必.(『장자』「外物」)

248 榮辱立, 然後睹所病; 財貨聚, 然後睹所爭. 今立人之所病, 聚人之所爭, 窮困人之身使無休時, 欲無至此, 得乎!(『장자』「則陽」)

249 堯舜有天下, 子孫無置錐之地; 湯武立爲天子, 而後世絶滅; 非以其利大故邪?(『장자』「盜跖」)

250 秦王有病召醫, 破癰潰痤者得車一乘, 舐痔者得車五乘, 所治愈下, 得車愈多, 子豈治其痔邪? 何得車之多也? 子行矣!

251 道不可致, 德不可至. 仁可爲也, 義可虧也, 禮相僞也.(『장자』「知北遊」)

252 此皆自勉以役其德者也.(『장자』「天運」)

253 合則離, 成則毁, 廉則挫, 尊則議, 有爲則虧, 賢則謀, 不肖則欺.(『장자』「山木」)

254 毁道德以爲仁義, 聖人之過也.

255 匡天下之形(『장자』「馬蹄」)

256 不知乎, 人謂我朱愚. 知乎, 反愁我軀. 不仁則害人, 仁則反愁我身; 不義則傷彼, 義則反愁我己.(『장자』「庚桑楚」)

257 捐仁義者寡, 利仁義者衆.(『장자』「徐無鬼」)

258 虎狼, 仁也.(『장자』「天運」)

259 夫兼愛, 不亦迂乎! 無私焉, 乃私也.

260 死生, 命也, 其有夜旦之常, 天也. 人之有所不得與, 皆物之情也.(『장자』「大宗師」)

261 聖人之生也天行, 其死也物化.(『장자』「刻意」)

262 形勞而不休則弊, 精用而不已則勞, 勞則竭.

263 莊子將死, 弟子欲厚葬之. 莊子曰. '吾以天地爲棺槨, 以日月爲連璧, 星辰爲珠璣, 萬物爲
     齎送. 吾葬具豈不備邪? 何以加此!' 弟子曰. '吾恐烏鳶之食夫子也.' 莊子曰. '在上爲烏鳶
     食, 在下爲螻蟻食, 奪彼於此, 何其偏也!'

264 變而有氣, 氣變而有形, 形變而有生.(『장자』「至樂」)

265 善吾生者, 乃所以善吾死也.

266 得者, 時也; 失者, 順也. 安時而處順, 哀樂不能入也. 此古之所謂懸解也.(『장자』「大宗
     師」)

267 若死生爲徒, 吾又何患!(『장자』「知北遊」)

268 死生無變於己, 而況利害之端乎!(『장자』「齊物論」)

269 道與之貌, 天與之形, 惡得不謂之人!

270 無爲而尊者, 天道也; 有爲而累者, 人道也.(『장자』「在宥」)

271 事若不成, 則必有人道之患; 事若成, 則必有陰陽之患.(『장자』「人間世」)

272 天而不人.(『장자』「列御寇」)

273 物不勝天久矣.(『장자』「大宗師」)

274 天在內, 人在外.

275 天人之行本乎天.(『장자』「秋水」)

276 天然之性, 輻之內心; 人事所順, 涉乎外迹; 皆非爲也, 任之自然.

277 恒以自然爲本.

278 知天之所爲, 知人之所爲, 至矣.

279 知天之所爲者, 天而生也; 知人之所爲者, 以其知之所知, 以養其知之所不知. 終其天年
     而不中道夭者, 是知之盛也.

280 工乎天而拙乎人.(『장자』「庚桑楚」)

281 不治天下.

282 君子不得已而莅臨天下, 莫若無爲.(『장자』「在宥」)

283 天有六極五常, 帝王順之則治, 逆之則凶.(『장자』「天運」)

284 위아래 및 동서남북 사방을 합한 개념. —옮긴이

285 전국 시대 말기부터 유행하던 木, 火, 土, 金, 水의 오행. —옮긴이

286 形莫若緣, 情莫若率. 緣則不離, 率則不勞. 不離不勞, 則不求文以待形, 固不待物.

287 국경수비대원. —옮긴이

288 君爲政焉勿鹵莽, 治民焉勿滅裂. 昔予爲禾, 耕而鹵莽之, 則其實亦鹵莽而報我; 芸而滅裂
之, 其實亦滅裂而報我. 予來年變齊, 深其耕而熟耰之, 其禾蘩以滋, 予終年厭飱.

289 今人之治其形, 理其心, 多有似封人之所謂, 遁其天, 離其性, 滅其情, 亡其神, 以衆爲.

290 去其害馬者而已矣.

291 安性命之情.

292 無擢其聰明.(『장자』「在宥」)

293 掊擊聖人, 縱舍盜賊, 天下始治矣.

294 聖人已死, 則大盜不起, 天下平而無故矣.(『장자』「胠篋」)

295 君原於德而成於天. 故曰. 玄古之君天下, 無爲也. 天德而已矣.(『장자』「天地」)

296 無天怨, 無人非, 無物累, 無鬼責.

297 一心定而王天下.

298 唯無以天下爲者, 可以託天下也.

299 人有脩者, 乃今有恒; 有恒者, 人舍之, 天助之. 人之所舍, 謂之天民; 天之所助, 謂之天子.

300 天下之養也一, 登高不可以爲長, 居下不可以爲短.(『장자』「徐無鬼」)

301 苦一國之民.

302 明王之治. 功蓋天下而似不自己, 化貸萬物而民不恃; 有莫擧名, 使物自喜; 立乎不測, 而
遊於無有者也.

303 古之畜天下者, 無欲而天下足, 無爲而天下化, 淵靜而百姓定.

304 勢爲天子而不以貴驕人, 富有天下而不以財戲人. 計其患, 慮其反, 以爲害於性, 故辭而
不受也.(『장자』「盜跖」)

305 帝道運而無所積, 故天下歸; 聖道運而無所積, 故海內服.

306 上必無爲而用天下, 下必有爲爲天下用, 此不易之道也.(『장자』「天道」)

307 無爲而尊者, 天道也; 有爲而累者, 人道也.

308 主者, 天道也; 臣者, 人道也.(『장자』「在宥」)

309 古之君人者, 以得爲在民, 以失爲在己; 以正爲在民, 以枉爲在己; 故一形有失其形者, 退
而自責.(『장자』「則陽」)

310 與天爲徒者, 知天子之與己皆天之所子.

311 막야莫邪와 마찬가지로 춘추 시대 오吳나라 왕 합려가 만들었다는 명검. ―옮긴이

312 復雠者不折莫干, 雖有忮心者不怨飄瓦, 是以天下平均.

313 平爲福, 有餘爲害者, 物莫不然, 而財其甚者也.

314 此六者, 天下之至害也, 皆遺忘而不知察, 及其患至, 求盡性竭財, 單以反一日之無故而不
可得也.

315 以不平平, 其平也不平.(『장자』「列御寇」)

316 萬物群生, 連屬其鄕.(『장자』「馬蹄」)

317 民如野鹿.(『장자』「天地」)

318 民愚而朴, 少私而寡欲.(『장자』「山木」)

319 山無蹊隧, 澤無舟梁.(『장자』「馬蹄」)

320 知作而不知藏, 與而不求其報.(『장자』「山木」)

321 不知義之所適, 不知禮之所將.(『장자』「山木」)

322 端正而不知以爲義, 相愛而不知以爲仁, 實而不知以爲忠, 當而不知以爲信, 蠢動而相使,
不以爲賜.(『장자』「天地」)

323 其行塡塡, 其視顚顚.(『장자』「馬蹄」)

324 其生可樂, 其死可葬.(『장자』「山木」)

325 行而無迹, 事而無傳.(『장자』「天地」)

326 1973년 말 중국 후난성 창사長沙의 한漢왕 고분인 마왕퇴에서 발견된 백서帛書에는
덕경德經과 도경道經의 순서가 기존의 『도덕경』과는 다른 『노자 갑, 을본』이 출토되었
다. 그 외에 도가 관련 저작으로 『관윤關尹』 『구주九主』 및 백서 『계사전繫辭傳』 등 갑
본 뒤의 고일서와 『경법經法』 등 『노자』 을본 앞의 고일서(옛날에 잊힌 책들) 4편이 있
는데, 대부분 학자는 후자를 『황제사경黃帝四經』으로 이해했다. 1974년 중국 문물출
판사에서 『노자 을본권 전고일서』라는 이름으로 출판하여 세상에 알렸다. ―옮긴이

327 本於黃老而主刑名.(『사기』「老子韓非列傳」)

328 皆學黃老道德之術.(『사기』「孟子荀卿列傳」)

329 百家言黃帝.

330 吉, 遇黃帝戰於阪泉之兆.

331 昔少典娶於有蟜氏, 生黃帝炎帝. 黃帝以姬水成, 炎帝以姜水成. 成而異德, 故黃帝爲姬,
炎帝爲姜, 二帝用師以相濟也.

332 和嶠云, '紀年起自黃帝, 終於魏之今王.'

333 武王勝殷, 入殷, 未下轝, 命封黃帝之後於鑄.

334 黃帝産昌意, 昌意産高陽, 是爲帝顓頊.

335 世之所高, 莫若黃帝.

336 世俗之人, 多尊古而賤今, 故爲道者必託於神農黃帝而後能入說. 亂世暗主高遠其所以
來, 因而貴之.

337 天下大駭.

338 莫得安其性命之情.(『장자』「天運」)

339 無以反其性情而復其初.(『장자』「繕性」)

340 백서에 육六 자와 대大 자가 구분이 잘 안 되어 혹자는 『십육경』, 혹자는 『십대경』이라
고 쓴다. —옮긴이

341 故王者不以幸(요행)治國, 治國固有前道(前은 先, 前道는 우선하는 도), 上知天時, 下知
地利, 中知人事.

342 王天下者之道, 有天焉, 有人焉, 又(有)地焉. 參(三)者參用之, 故王而有天下矣.

343 天執一, 明三, 定二, 建八正, 行七法.

344 不失其常者, 天之一也.

345 四時有度, 動靜有立(位), 而外內有處.

346 천구잉陳鼓應은 의미로 보아 이 두 항목을 '사물이 모두 순정한 특성이 있는 것은 천
자체의 규율 준수 때문이다順正者, 天之稽也'와 '각자 통상적 규칙을 지키는 것은 천이
만물로 하여금 각자의 성질을 지키도록 했기 때문이다天之所以爲物命也(有常者부터
는 원문에 있음)'로 해석했다.(陳鼓應, 『黃帝四經今注今譯』, 商務印書館, 1995, 186쪽)
—옮긴이

347 明以正者, 天之道也. 適者, 天度也. 信者, 天之期也. 極而反者, 天之生(性)也. 必者, 天
之命也.

348 贏(盈)極必靜.

349 極而反, 盛而衰.

350 天道不遠, 入與處, 出與反.

351 萬民之恒事. 男農女工. 貴賤之恒位. 賢不肖不相放. 畜臣之恒道. 任能毋過其所長. 使民
之恒道. 去私而立公.

352 君臣不失其立(位), 士不失其處, 任能毋過其所長, 去私而立公, 人之稽也.

353 主主臣臣.

354 極而反, 盛而衰, 天地之道也. 人之李(理)也.

355 聖人擧事也, 闔(合)於天地, 順於民, 羊(樣)於鬼神, 使民同利, 萬夫賴之, 小胃(謂)義也.

356 人之本在地, 地之本在宜(마땅히 심어야 할 작물을 가리킴), 宜之生在時, 時之用在民, 民之用在力, 力之用在節. 知地宜, 須時而樹, 節民力以使, 則財生. 賦斂有度則民富, 民富 則有佴(恥), 有佴則號令成俗而刑伐(罰)不犯., 號令成俗而刑伐(罰)不犯則守固單(戰)朕 (勝)之道也.

357 天道環(還)於人, 反(返)爲之客.

358 時靜不靜.

359 可作不作.(『십육경』「姓爭」)

360 虛無刑(形), 其裻('篤'으로 읽음, 옷 뒤 가운데 박음질로 중추라는 의미)冥冥, 萬物之所 從生. 生有害, 曰欲, 曰不知足. 生必動, 動有害, 曰不時, 曰時而□. 動有事, 事有害, 曰逆, 曰不稱, 不知所爲用. 事必有言, 言有害, 曰不信, 曰不知畏人, 曰自誣(행동할 수 없으면 서 말하는 것을 '誣'라 함), 曰虛夸, 以不足爲有餘. 故同出冥冥, 或以死, 或以生; 或以敗, 或以成.

361 順天者昌, 逆天者亡. 毋逆天道, 則不失所守.

362 毋先天成, 毋非時而榮. 先天成則毁, 非時而榮則不果.

363 聖人不巧, 時反是守.

364 五穀溜孰(熟), 民乃蕃玆(滋). 君臣上下, 交得其志.

365 功不及天, 退而無名. 功合於天, 名乃大成, 人事之理也. 順則生, 理則成, 逆則死, 失□□ 名. 伓(倍)天之道, 國乃無主. 無主之國, 逆順相功(攻) (…) 不循天常, 不節民力, 周遷而 無功. 養死伐生, 命曰逆成. 不有人僇(戮), 必有天刑. …參之於天地之恒道, 乃定禍福死 生存亡興壞之所在.

366 與天道總.

367 七法各當其名, 胃(謂)之物. 物各合於道者, 胃(謂)之理. 理之所在, 胃(謂)之順. 物有不合 於道者, 胃(謂)之失理. 失理之所在, 胃(謂)之逆. 逆順各自命也, 則存亡興壞可知也.

368 四時有度, 天地之李(理)也.

369 其('失'의 오기임)主道, 離人理, 處狂惑之立(位)處不吾(悟), 身必有瘳(戮).

370 審察名理名(이 '名'은 쓸데없는 부연으로 의심됨)冬(終)始, 是胃(謂)厎(究)理.

371 得名理之誠.

372 應化之道, 平衡而止. 輕重不稱, 是胃(謂)失道.

373 過極失當.

374 誅禁不當, 反受其央(殃).(『경법』「國次」)

375 靜作得時, 天地與之.(『십육경』「姓爭」)

376 時靜不靜, 國家不定.

377 先天成則毁.

378 不盡天極, 衰而復昌.

379 當斷不斷, 反受其亂.

380 禁伐當罪當亡, 必虛(墟)其國.

381 受賞無德, 受罪無怨, 當也.

382 過極失當, 天將降央(殃).(『경법』「國次」)

383 觀則知死生之國; 論則知存亡興壞之所在; 動則能破强興弱; 轉則不失諱(韙)非之國; 變則伐死養生; 化則能明德徐(除)害. 六枋(柄)備則王矣.

384 道生法.

385 法者, 引得失以繩, 而明曲者殳(也).

386 法度者, 正之至也.

387 號令闔(合)於民心, 則民聽令.

388 夫民之生也, 規規(가늘고 작은 모양)生食與繼(生育).

389 國無盜賊, 詐僞不生, 民無邪心, 衣食足而刑伐(罰)必也.

390 吾畏天愛地親民.

391 兼愛無私, 則民親上.

392 民部則有佴(恥).

393 苟事(苟의 앞에 一 자가 빠진 듯, 다음 문장의 '節' 자와 대구를 이뤄야 함), 節賦斂, 毋奪民時.

394 使民之恒度, 去私而立公.

395 精公無私而賞罰信, 所以治也.

396 天地無私, 四時不息. 天地立, 聖人故載.

397 參之於天地, 而兼復(覆)載而無私也, 故王天下.

398 唯公無私, 見知不惑, 乃知奮起.

399 公者明, 至明者有功. 至正者靜, 至靜者聖. 無私者知(智), 至知(智)者爲天下稽.

400 請問天下有成法可以正民者?

401 吾聞天下成法, 故曰不多, 一言而止. 循名復一, 民無亂紀.

402 夫百言有本, 千言有要, 萬(言)有悤(總). 萬物之多, 皆閱一空(孔).

403 是非有分, 以法斷之. 虛靜謹聽, 以法爲符.

404 有義(儀)而義(儀)則不過, 侍(待)表而望則不惑, 案法而治則不亂.

405　故執道者生法而弗敢犯(也), 法立而弗敢廢(也). □能自引以繩, 然後見知天下而不惑矣.

406　故執道者之觀於天下□見正道循理, 能與(擧)曲直, 能與(擧)冬(終)始. 故能循名廄(究)理.

407　有物將來, 其刑(形)先之. 建以其刑(形), 名以其名.

408　名功相抱(孚), 是故長久. 名功不相抱(孚), 名進實退, 是胃(謂)失道, 其卒必□身咎.

409　聲泹(溢)於實, 是胃(謂)(滅)名.

410　刑(形)名立, 則黑白之分已.

411　分之以其分, 而萬民不爭. 授之以其名, 而萬物自定.

412　刑(形)名已定, 逆順有立(位), 死生有分, 存亡興壞有處.

413　欲知得失, 請(情)必審名察刑(形).

414　天下有事, 無不自爲刑(形)名聲號矣. 形名已立, 聲號已建, 則無所逃迹匿正矣.

415　刑(形)名出聲, 聲實調合, 禍材(災)廢立, 如景(影)之隋(隨)刑(形), 如向(響)之隋(隨)聲, 如衡之不臧(藏)重與輕.

416　名實不('不'자는 잘못 첨가된 글자로 의심됨)相應則定, 名實不相應則靜('爭'의 오기로 의심됨).(『경법』 「論」)

417　원문에 결여된 이 글자를 천구잉은 계稽 자로 보아 모범, 준칙 등으로 해석했다.(陳鼓應 1995, 178) —옮긴이

418　천구잉은 이 두 글자를 위민爲民으로 보완하여 위민지명爲民之命, 즉 백성이 편안히 발붙이고 살도록 해주는 것이라고 설명한다.(陳鼓應 1995, 178) —옮긴이

419　凡觀國, 有大(六)順. 主不失其位則國有本; 臣失其處則下無根, 國憂而存; 主惠臣忠者, 其國安; 主主臣臣, 上下不赿者, 其國强; 主執度, 臣循理者, 其國朝(霸)昌; 主得□臣楅(輻)屬者, 王.

420　主上者執六分以生殺, 以賞信, 以必伐(罰).

421　虛無有, 秋稿(毫)成之, 必有刑(形)名. 刑(形)名立, 則黑白之分已. 故執道者之觀於天下殹, 無執殹, 無處殹, 無爲殹, 無私殹.

422　刑(形)恒自定, 是我愈(愈)靜. 事恒自包(施), 是我無爲.

423　稱以權衡, 參以天當, 天下有事, 必有巧(考)驗. 事如直木, 多如倉粟. 斗石已具, 尺寸已陳, 則無所逃其神. 故曰. 度量已具, 則治而制之矣.

424　名刑(形)已定, 物自爲正.

425　分之以其分, 而萬民不爭. 授之以其名, 而萬物自定.

426　始於文而卒於武, 天地之道也.

427 因天之生也以養生, 胃(謂)之文; 因天之殺也以伐死, 胃(謂)之武.

428 動靜參於天地胃(謂)之文, 誅□(천구잉은 '禁' 자의 탈루로 봄, 陳鼓應 1995, 156—옮긴
      이)時當胃(謂)之武.

429 文武並行, 則天下從矣.(『경법』「君正」)

430 武刃而以文隨其後.

431 春夏爲德, 秋冬爲刑.

432 先德 後刑以養生.

433 先德後刑, 順於天.(『십육경』「觀」)

434 德積者昌, 殃積者亡. 觀其所積, 乃知禍福之鄕(向).

435 慈惠以愛人.

436 天德皇皇, 非刑不行. 繆繆(穆穆)天刑, 非德必頃(傾). 刑德相養, 逆順若成. 刑晦而德明,
      刑陰而德陽, 刑微而德章(彰).

437 人道剛柔, 剛不足以用也, 柔不足寺(恃).

438 憲敖(傲)驕居(倨), 是胃(謂)雄節; □□(천구잉은 '宛濕'의 탈루로 봄, 陳鼓應 1995, 332-
      334—옮긴이)共(恭)驗(儉), 是胃(謂)雌節.

439 夫雄節者, 涅(逞이나 盈으로 읽어야 할 듯)之徒也. 雌節者, 兼(謙으로 읽음)之徒也.

440 不士(仕)於盛盈之國, 不嫁子於盛盈之家.

441 柔節先定, 善予不爭.

442 以剛爲柔.(『경법』「名理」)

443 常後而不失先.(『십육경』「順道」)

444 不爭亦無成功.(『십육경』「五政」)

445 柔身以寺(待)之時.

446 當天時, 與之皆斷. 當斷不斷, 反受其亂.

447 夫天有干(干 자의 앞에 '恒' 자 하나가 빠진 듯), 地有恒常. 合□□(천구잉은 此幹으로
      봄, 陳鼓應 1995, 300)常, 是以有晦有明, 有陰有陽. 夫地有山有澤, 有黑有白, 有美有亞
      (惡). 地俗(育으로 읽어야 할 듯)德以靜, 而天正名以作. 靜作相養, 德瘧(虐)相成. 兩若
      有名, 相與成成. 陰陽備物, 化變乃生.

448 夫天地之道, 寒湟(熱)燥濕, 不能幷立; 剛柔陰陽, 固不兩行.

449 天地已成, 黔首乃生. 勝(姓)生已定, 敵者生爭.

450 世兵道三. 有爲利者, 有爲義者, 有行忿者.

451 伐亂禁暴, 起賢廢不宵(肖).

452 順治其內, 逆用於外, 功成而傷. 逆治其內, 順用其外, 功成而亡. 內外皆逆, 是胃(謂)重央 (殃), 身危爲僇(戮), 國危破亡. 外內皆順, 命曰天當, 功成而不廢, 後不奉(逢)央(殃).

453 兵不刑(본받음)天, 兵不可動. 不法地, 兵不可昔(措). 刑法不人(이 구절은 오기임, '不法 人'이어야 함), 兵不可成.·

454 道家, 使人精神專一, 動合無形, 贍足萬物. 其爲術也, 因陰陽之大順, 采儒墨之善, 撮名 法之要, 與時遷移, 應物變化, 立俗施事, 無所不宜. 指約而易操, 事少而功多.

제8장

묵자의 겸애론과
상동의 이원정치론

묵자,
묵가 학파와 『묵자』

묵자墨子는 이름이 적翟이며, 노魯나라 사람이다. 일설에는 송宋나라 사람이라고도 한다. 생몰 연대는 정확하지 않으나 대략 기원전 468년에서 기원전 376년 사이에 생존했다.[1] 묵자는 하층계급 출신으로 목기를 만들 줄 알았는데, 그 기술이 대단했다. 그의 공예 수준은 재주꾼 공수반公輸般과 이름을 나란히 했다. 목수 같은 일은 당시 하층민이 했으므로 묵자는 때로 '천인'(『묵자墨子』「귀의貴義」)으로 불렸다. 하지만 사실 그 자신이 천인은 아니었다. 일찍이 송나라 대부를 지낸 적이 있고, 자주 각국에 유학하여 대단한 명성을 지니고 있었다. 초楚나라에서는 그를 서사오백書社五百[2]이라는 관직에 봉하려 한 적이 있고, 월越왕은 그를 초청해 500리의 봉지를 주고 월나라에 벼슬을 시키려 했다. 다만 정견이 맞지 않아 묵자가 모두 거절했다.

묵자는 처음 유가에게서 배웠다. "유자들의 업을 배웠고, 공자의 술을 받아들였다."[3] 그러나 나중에 유가의 반대편으로 치달아 유학에 맹렬한 비판을 가했다. 그는 스스로 체계를 갖춘 학파를 창립했다. 묵자와 그의 제자들은 기율이 엄밀한 하나의 단체를 조직하여 이를 '묵자墨者'라 불렀다. 묵자가 살아 있을 때 그는 이 조직의 우두머리였다. 묵자의 사후 현인 선발 과정을 통해 새로운 수령을 받들었는데, 그를 '거자鉅子'라 불렀다. 묵자들에게는 엄격한 일련의 규율이 있었으며 이를 묵자의 법이라 불렀다. 그 가운데 "사람을 죽인 자는 죽이고, 사람을 다치게 한 자는 형벌을 가한다"[4]는 규정이 있다. 묵자들의 벼슬길은 거자에 의해 파견되었다. 묵자는 일찍이 "경주자耕柱子를 초나라에 보내고"[5] "공상과公尙過를 월나라에 보내고"[6] "조공자曹公子를 송나라에 보내 벼슬시켰다".[7] 묵자들은 문文을 배웠을 뿐만 아니라 무武도 익혔다. 묵자는 그의 제자 금활리禽滑釐를 파견해 묵자의 무리를 이끌고 송나라를 위해 성을 지키게 한 적이 있다. 묵자의 집단은 문무를 결합하고 있다. 묵자들이 벼슬하여 얻은 봉록은 반드시 그 일부를 제출하여 묵자 집단이 사용하도록 했다. 묵자 집단은 합작 경제의 성질을 지니고 있었다.

묵자가 죽은 뒤 묵가는 세 파로 나뉘었다. 현존하는 『묵자』 가운데 일부 편은 같은 편이라 하더라도 대동소이한 세 가지 판본이 있다. 이는 세 파의 전수가 각기 다른 채 형성되었기 때문일 것이다. 『묵자』는 묵자와 후학들의 저술을 모은 것이다. 책 전체는 다섯 부분으로 나누어진다. 첫째 부분은 제1편에서 제7편까지로 묵자 사상을 개괄하고 있다. 둘째 부분은 「상현尙賢」에서 「비유非儒」까지 모두 24편으로 묵자의 강의록이다. 세 번째 부분은 「경經 상, 하」 「경설經說 상, 하」 「대취大取」 「소취小取」 6편으로 인식론과 논리 문제를 주로 다루고 있다. 네 번째 부분은 「경주耕柱」 「귀의貴義」 「공맹公孟」 「노문魯問」 「공수公輸」 5편으로 묵자의 언행을 기록했다. 다섯 번째 부분은 「비성문備城門」에서 「잡수雜守」까지 모두 11편으로 성벽 방어 문제를 논한 군사 저술이다. 첫째, 둘째, 넷째 부분은 묵자 본인의 사상을 연구하는 데 중요한 자료이며, 셋째, 다섯째 부분은 묵자 후학들의 저술에 속한다.

형정刑政, 정장政長의 기원 및 사회정치의 기본 모순

1인1의一人一義의 혼란 시대

묵자는 형정刑政과 정장政長, 즉 국가 기구와 관리가 인민의 탄생과 함께 생긴 것이 아니라고 주장한다. 인류 역사상 '아직 형정이 없고' '아직 정장이 없던' 시절이 있었다. 그때에는 모든 사람이 평등했고, 사람마다 자신이 '마땅히 여기는 바義'가 있었다. 1인1의, 10인10의, 100인100의였다. 처음에는 사람이 비교적 적었으므로 그에 상응하는 '의'도 적었다. 그런데 나중에 "사람의 무리가 셀 수 없는 지경에 이르렀고, 따라서 이른바 의라는 것도 셀 수 없게 되었다."[8]

사람마다 하나의 의가 있다는 그 의는 도대체 무엇을 가리키는가? 먼저 묵자가 말하는 '의'를 분석해볼 필요가 있다. 묵자가 말하는 '의'에는 확연히 다른 두 종류가 있는데 하나는 그가 비판하고 부정하는 것이며, 하나는 그가 긍정하고 제창하는 바다. '자신만을 사랑自愛'하고 타인을 사랑하지 않으며, 타인에게 손해를 입히는 '의'는 묵자가 비판하고 부정하는 바다. 다른 종류의 '의'는 개인에게 유리할 뿐만 아니라 타인과 사회에도 이로움이 있으며, 묵자의 학설에도 부합하는 것이다. 묵자는 이와 같은 '의'를 거듭 칭찬했으며, 이론적 무기로 삼기도 했다. 『묵자』에서 '1인1의'라고 할 때 '의'는 모두 부정적인 것에 속하고, '의' 앞에 형용사나 특수한 설명을 더하지 않은 것이 대체로 묵자가 주장하는 의다. 따라서 묵자가 말하는 '의'를 구체적으로 분석해볼 필요가 있다.

묵자의 견해에 따르면 원래 형태의 1인1의에서 의는 '자애'만을 알 뿐 아니라 강렬한 배타성을 지녀 다른 사람과는 조금도 어울리지 못한다. 사람마다 "모두 제 의만을 옳다고 하고 다른 사람의 의를 잘못이라고 한다".[9] 자기만 옳고 타인은 그르다고 하므로 사람과 사람 사이에 근본적으로 화목하게 지낼 수 없다. 부딪치기만 하면 갈등이 생기며 "제 의가 옳기 때문에 다른 사람의 의가 잘못이라고 하므로 서로가 서로를 비난하게 된다".[10] 1인1의의 다툼은 사상적 다툼일 뿐만 아니라 물질적 내용도 들어 있다. "엄중하면 주먹다짐이 생기고, 가벼우면 말다툼이 생겨,"[11] 투쟁의 결과 천하는 온통 혼란해진다. 「상동상尙同上」편은 말한다. "그리하여 안으로 부자 형제가 원한을 짓고, 이산가족이 되어 서로 화합하지 못한다. 천하의 백성이 모두 물불처럼 독약으로 서로에게 손해를 입힌다. 여력이 있어도 서로를 위해 힘쓰지 않고, 썩어가는 재화가 있어도 서로 나눠 갖지 않는다. 좋은 길을 은닉하여 서로에게 가르쳐주지 않는다. 천하 대란이 일어나 마치 금수와 같아진다."[12] 인류는 혼란과 상호 쟁탈로 첫 문을 열었다. 1인1의야말로 환난의 시초다.

형정, 정장의 탄생

묵자는 1인1의가 환난의 원천이라고 생각했다. 그렇다면 이와 반대로 만약 동일한 의가 있다면 환난은 소멸하게 될 것이다. 왜 동일한 의가 있을 수 없는가? 그는 "정장이 없고" "형정이 없어서" 그렇게 되었다고 주장한다. 오늘날의 용어로 하자면 국가, 정부가 없었기 때문이라는 것이다. 혼란한 국면을 변화시키고 1인1의를 하나로 통일시키기 위해서는 먼저 '형정'을 수립하고 '정장'을 세울 필요가 있다. 정장의 우두머리가 바로 천자다.

천자는 어떻게 탄생하는가? 「상동상」 편은 "천하 현자로 인정받는 자를 천자로 삼는다"[13]고 말한다. 「상동중」 편은 이렇게 말한다. "천하의 현량이며 성스러운 지식인이며 지혜로운 변론인을 선택하여 천자로 삼아 천하의 의를 하나로 만드는 데 종사하도록 한다."[14] 이 두 곳 모두에서 묵자는 누가 선택할 것인지는 밝히지 않고 있다. 혹자는 인민에 의한 선거라고 생각해 묵자가 중국 역사상 최초의 민주주의자라고 주장하기도 한다. 하지만 따져보면 이 주장은 묵자 본의에 부합하지 않는다. 「상동하」 편은 이 문제를 상당히 명료하게 처리한다. "그래서 하늘이 천하의 의를 동일하게 하고자 현자를 선택해 천자로 삼았다."[15] 묵자는 귀신을 숭상했으며, 천신이 일체를 주재한다고 생각했다. 그리고 천자는 천의 지휘를 받아야 한다고 거듭 외치기도 했다. 그러므로 묵자 사상 체계로 볼 때 천자는 인민에 의한 선거가 아니라 천, 즉 하늘에 의해 선택된 존재다. 천자의 기본 직무는 천하의 의를 하나로 통일시키는 것이다. 하지만 천자 한 사람만으로는 이 임무를 완성할 수가 없다. 그래서 천자는 3공三公을 두고 땅을 나누어 제후諸侯를 세우며, 제후 아래에 또 대부大夫를 두고 다시 그 아래에 향장鄕長, 이장里長을 설치한다. 이것이 바로 '정장'의 체계다. '정장' 체계와 상호 배합하는 것으로 '형정', 즉 마치 오늘날의 국가 기구와 같은 제도가 있다. '정장'과 '형정'의 지도 및 강제하에서 천하는 크게 다스려지고 태평 시대에 들게 된다. 묵자가 보기에 '형정' '정장'은 사람과 사람 사이의 모순투쟁을 조화시키고 통제하기 위해 탄생한 것이다. 그리고 이는 또 사회가 그런 말 없는 투쟁으로 자신을 멸망시켜감을 방지하기 위한 것이다. 묵자의 이 견해는 과학적 역사관과는 대단히 거리가 먼 것이지만, 그 속에는 과학의 맹아가 포함되어 있다. 인류 사회 스스로의 모순운동에 입각하여 국가의 탄생을 탐색해 들어갔다는 데 묵자의 공헌이 있다.

중국 역사는 언제 형정, 정장을 상징으로 하는 새로운 시대에 진입했는가? 이에 대한 묵자의 말이 다 일치하지는 않는다. 어떤 곳에서는 요, 순堯舜으로부터 시작하고, 어떤 곳에서는 요, 순보다 더 이르게 위로 '유묘有苗'까지 소급하는가 하면 더 앞으로 가기도 한다. 선진의 역사 전설에는 '유묘'와 황제黃帝가 동시대다. 한번은 묵자와 유자인 공맹公孟이 변론을 하는데 유가들이 "주周나라를 본받으려 하면서 하夏나라를 본받으려 하지 않는다"[16]고 말한다. 『회남자淮南子』「요략要略」에는 이에 근거하여 묵자가 "주의 도를 등지고 하의 정치를 사용했다"[17]고 이야기한다. 그런데 사실 『회남자』의 말은 정확하지 않다. 청淸나라 사람 왕중汪中은 『술학述學』「묵자후서墨子後序」에서 이렇게 지적한다. "묵자는 실질적이다. 타인[의 권위]를 끌어다 자신[의 이론]에 무게를 싣지 않았다. 그가 옛사람을 말하고 선왕을 칭송함에 요, 순, 우禹, 탕湯, 문文, 무武를 함께 언급한 곳이 넷이고 문, 무를 말한 곳이 셋이다. 오로지 우만을 이야기한 곳은 없다. 묵자가 유가를 비난한 것은 사실이지만 주를 비난하지는 않았다. 그리고 자신의 학문이 우에서 나왔다고 말하지도 않았다."[18] 한비자韓非子는 일찍이 「현학顯學」 편에서 이렇게 말한 바 있다. "공자와 묵자 모두 요, 순의 도에 따랐지만 취사선택한 바가 달랐다."[19] 한비의 말이 비교적 적절하다고 하겠다. 묵자가 보기에 아무리 늦어도 요, 순으로부터 시작해 '정장'과 '형정'이 있는 시대에 들어선 것이다.

정장과 형정을 갖춤이 역사가 탄탄대로에 들어섰음을 의미하지는 않는다. '정장'은 현인과 불초자의 구분이 있으므로 역사는 여전히 두 가지

가능성, 두 가지 앞길에 직면하게 된다. 묵자는 말한다. "옛날 성왕은 5형 五刑을 제정하여 천하를 잘 다스렸다. [그런데] 유묘씨 대에 이르러 5형을 제정함으로써 천하가 혼란스럽게 되었다."[20] 이로부터 다음과 같은 결론을 얻어냈다. "형이란 것을 잘 사용함으로써 백성을 다스릴 수도 있고, 형을 잘 사용하지 못함으로써 5살五殺이 될 수도 있다."[21] 그는 입으로도 비유한다. 입은 좋은 말을 할 수도 있고 나쁜 말을 할 수도 있다. 그렇다고 "입이 선하지 못하다"[22]고 말할 수는 없다. 형정도 이와 마찬가지다. 치治가 될 수도 있고, 난亂이 될 수도 있다. 그렇다고 형 자체가 나쁘다고 말할 수는 없다.(『묵자』 「상동중」 참조) 묵자의 이 비유는 분명히 정확하지 못하다. 즉 형정을 일종의 절대체로 본 것은 형이상학임에 틀림없다.

3대(하, 은, 주)는 묵자 안중의 태평성대였다. 우, 탕, 문, 무, 주공周公은 태양처럼 빛나는 성왕이었다. 그러나 그 광명 속에서도 걸桀, 주紂의 통치와 같은 암흑 시대가 나타난다. 걸, 주가 일어나니 대란이 일고, 탕, 무가 흥하니 대치가 된 것이다. 그래서 묵자는 치와 난의 원인이 "위에서 [어떻게] 위정을 하느냐에 달려 있다"[23]고 말한다. 위정의 '정政'은 정책을 가리킨다. '정' 문제에서 가장 중요한 것은 지도 사상과 태도에 관한 문제다. 묵자는 이 일에 두 길이 있다고 생각했다. 하나는 운명을 믿는 길持命論이고, 다른 하나는 힘을 믿는 길持力論이다.

'명命'은 바로 일체가 운명으로 결정되어 있다는 것이다. 운명 앞에 인간의 주관적 능동성이란 아무 작용도 하지 못한다는 것이다. "운명론에 집착하는 사람은 이렇게 말한다. 부유할 운명이면 부유하고, 가난할 운명이면 가난하며, 다수[를 거느릴] 운명이면 다수[를 거느리고], 소수[를 거느릴] 운명이면 소수[를 거느리며], 다스려질 운명이면 다스려지고, 혼란할 운명이면 혼란하며, 장수할 운명이면 장수하고, 요절할 운명이면 요절한다."[24] "옛날 상고 시절 가난한 백성은 음식만 탐할 뿐 일하기를 게을리했다. 그리하여 입고 먹을 재화가 부족해 추위와 기아라는 우환을 맞았다. 그들은 [이유를] 알지도 못하고 '내가 박약하고 무능해 일을 제대로 못한다'고 말하는가 하면, 꼭 '내 운명은 가난한가 보다'라고 말한다. 옛날 상고 시절 포악한 왕은 제 눈과 귀의 음란한 쾌락을 참지 못하고, 편벽한 마음을 없애지 못하며, 친척의 충고에 따르지 않아 국가를 잃고 사직이 뒤집어졌다. 그럼에도 모르면서 '내가 박약하고 무능해 정치가 잘되지 않는다'고 말하는가 하면, 꼭 '내 운명은 나라를 잃는 것인가 보다'라고 말한다."[25] 묵자는 이와 같은 운명결정론에 반대한다. 그가 뛰어난 점은 운명결정론이 인간의 주관적 능동성을 배제했다고 폭로하고 비판했다는 점 외에도, 운명결정론이 일종의 '포악한 사람의 도'로 나쁜 사람과 나쁜 일을 위한 변명이라고 지적한 점이다. 군주의 몸으로 운명을 믿는 그런 군주는 분명히 '포악한 왕'이다. 묵자는 걸왕과 주왕이 온갖 나쁜 짓을 하면서 의지한 이론이 바로 운명결정론이었다고 지적한다. 묵자는 운명결정론과 악행을 함께 연결 짓고 전자는 후자의 이론적 지침이 된다고 주장한다. 이는 매우 의미심장한 견해로 선진의 제자백가 중 독특한 혜안을 지녔다고 할 수 있다. 운명결정론은 필연성(혹자는 '명'을 필연성이라 말함)을 절대화하든 신비화하든 결국은 사람의 눈을 멀게 하여 이성을 잃게 만든다. 물론 운명결정론이 때로 사람을 경건하게 만들기도 한다. 그러나 운명결정론의 범위 내에서 경건함이란 바로 악행에 없어서는 안 되는 필요충분조건이 된다. 또한 이런 경건함은 우매함의 표현이기도 하다.

운명결정론과 상대적인 것이 '힘力'과 '강경함強勁'의 신봉이다. 공자는 '힘'을 거의 이야기하지 않았는데, 묵자는 오히려 '힘'을 대단히 중요한 역사적·정치적 범주로 간주했다. 묵자에게 '힘'은 먼저 노동을 가리킨다. 묵자의 가장 가치 있는 공헌 가운데 하나는 '힘'을 사람과 동물을 구분하는 징표로 삼은 점이다. 「비악상非樂上」편은 말한다. "오늘날 금수, 사슴, 날

짐승이나 허리 가는 곤충은 제 깃털을 옷 삼고, 제 손발톱을 신발로 삼으며, 수초를 음식으로 먹는다. 그래서 수컷은 밭 갈고 농사짓지 않고, 암컷은 베 짜고 모시 삼지 않아도 입고 먹을 재화를 벌써 갖추고 있는 셈이다. 그런데 사람은 이와 다르다. 힘에 의지해야 살고 힘에 의지하지 않으면 살지 못한다."[26] 금수는 자연에 의지하여 생활하지만 사람은 노동에 의지하여 살아간다. 이 얼마나 멋진 논술인가!

'힘'을 정치에 이입한 것을 '강' '강경' '분투 노력疾'이라 부른다. 묵자는 "강하게 정치에 힘쓰면" 다스려지고, "강하게 정치에 힘쓰지 않으면" 형정이 혼란해진다고 주장한다.(『묵자』 「비악상」) 3대의 열사, 준걸, 대부들은 "말을 삼가고 행할 바를 알았으니 위로 규칙에 입각해 군주에게 간했으며, 아래로 [훌륭한] 가르침으로 백성을 따르게 했다. 그리하여 위로 군주의 은상을 얻고 아래로 백성의 칭찬을 받았다. 그 열사, 준걸, 대부들의 명성이 사라지지 않고 오늘날까지 전해지는데 천하가 모두 '힘 [즉 근면함] 때문'이라고 말한다."[27] 「비명非命下」 편도 천하의 백성은 하나같은데, "걸, 주에게 있으면 천하가 혼란하고, 탕, 무에게 있으면 천하가 다스려진다"[28]고 말한다. 천하가 다스려지는 까닭은 "탕, 무의 힘씀 때문이다."[29] 성왕이 창조한 태평성대는 결코 때마침 찾아온 우연이나 하늘의 혜택 때문이 아니다. 성왕도 때로는 하늘의 재앙을 만나지만 "그 힘을 다하여 시급한 [생산에 진력하고], 스스로 쓰임새를 절약하기"[30] 때문에 곤란이 하나하나 극복되어 마침내 위험에서 벗어난다.

사회정치의 기본 모순

위에서 살펴보았듯이 묵자는 두 개의 모순이 사회정치 생활에서 거대한 작용을 일으킨다고 생각했다. 그 하나는 1인1의의 '자애' 본성과 사회 질서의 모순이다. 묵자는 비록 명확하게 인성 문제를 다루지는 않았지만 그의 논술 가운데서 사람의 본성을 악하게 보고 있음을 알 수 있다. '1인 1의' 및 '자애'는 사회적으로 건설적인 요소가 아니며 적극적인 역량도 아니다. 그것은 사회 혼란을 조성하는 원천이다. 이 본성을 개조해야만 사회는 안정의 길에 들어설 수 있다. 사회의 안정을 위해서는 반드시 '1인 1의'와 자애 같은 본성의 개조를 위해 투쟁할 필요가 있다. 또 하나의 모순은 군주의 좋고 나쁨이 정치 상황의 좋고 나쁨을 결정짓는다는 것이다. '형정'과 '정장' 양자 사이에서 '정장'은 주동적 위치를 차지하며, 그 관건은 집정자의 품격에 달려 있다.

이 두 모순은 구별이 되기도 하고 서로를 연계하거나 제약하기도 한다. '1인1의'가 조성한 혼란은 성인이 나와 구제하고 다스려줄 필요가 있다. 일단 성인이 출현하면 모든 혼란은 잠재워진다. 그렇지만 정장이 모두 성인은 아니다. 포악한 군주나 어지러운 임금이 권력을 잡게 되면 사람의 자애 또는 자신의 의만을 고집하는 본성이 새장을 벗어난 새처럼 온 하늘을 어지럽게 날아 천하의 대란이 조성될 것이다.

역사는 바로 이 두 모순의 교차, 윤회 속에서 운동하고 발전한다. 묵자가 열거한 치세의 방략 또한 이 두 모순을 출발점으로 삼는다.

겸상애兼相愛,
교상리交相利와 평등관

요, 순과 3대 성왕의 시대야말로 묵자의 이상국이다. 이 시대는 비록 걸, 주의 폭정이 있었지만 총체적 형세로 볼 때 크게 다스려지고 조금 혼란한 정도였다. 그런데 묵자가 살던 시대에 이르러서는 완전히 달라졌다. 천하는 물불의 형세였다. 「겸애중兼愛中」 편은 말한다. "오늘날은 나라國와 나라가 서로를 공격하고, 집안家과 집안이 서로를 찬탈하며, 사람과 사람이 서로를 해친다. 군주는 은혜롭지 못하고 신하는 충성하지 않는다. 부모는 자애롭지 못하고 자식은 효도하지 않는다. 형제간에 조화롭지 못하다. 이것이 천하의 해로움이다."[31] 이런 상황이 조성된 원인은 사람과 사람 사이가 "서로를 사랑하지 않기" 때문이다. 그 뿌리는 '자애'에 있다. "지금 집안의 주인은 오직 제 집안만 사랑할 줄 알지 다른 사람의 집안을 사랑하지 않는다. 그래서 제 집안을 동원해 다른 사람의 집안을 찬탈하는 것을 꺼리지 않는다. 지금 사람들은 오직 제 몸만 아낄 줄 알지 다른 사람의 몸을 아끼지 않는다. 그래서 제 몸을 들어 다른 사람의 몸을 해치는 것을 꺼리지 않는다."[32] 모든 사회적 환난의 원흉은 바로 '자애'에 뿌리가 있다. '자애'의 실제 내용은 '자리自利'다.(『묵자』「겸애상」)

'자애' '자리'를 만악의 뿌리로 보는 견해는 틀림없이 다소 피상적이다. 사람은 하나하나 모두 사회의 분자들이다. 인간의 욕망은 역사의 진행 과정에서 틀림없이 나름대로의 작용이 있다. 그러나 개인의 욕망이 결코 역사운동의 최종 결정 역량이거나 동란의 근원일 수는 없다. 묵자의 피상성은 바로 개인으로 하여금 사회 동란을 책임지도록 했다는 데 있다. 그래서 '자애' '자리'를 공격의 목표로 삼은 것이다. 그는 정곡을 제대로 찾지 못했다.

역사 과정이라는 각도에서 고찰하면 그 시대의 '자애' '자리'는 특수한 역사적 가치를 지닌다. '자애' '자리'는 사유제의 탄생과 더불어 생겨난 것이다. 그러나 춘추 이전만 하더라도 분봉제와 씨족 조직이 존재했기 때문에 개인 사유는 극도로 속박을 받았다. 당시 사상을 이끈 것은 '공公을 이롭게 함'이었다. '공'이란 씨족 귀족과 상층의 통치자들을 말한다. 그런데 묵자의 시대에 이르러 이 분봉제와 씨족 제도는 와해되었고, 사람들이 그 질곡으로부터 탈출해 나왔다. 이에 개인 사유제가 맹렬한 기세로 발전해 나갔으며 상업적 활약이 더해져 '자리' 추구가 역사의 조류가 되었다. 묵자가 말하는 '자애' '자리'는 당시에 있어 역사 발전의 지렛대였다. 묵자는 그것의 소극적 작용만을 보았을 뿐 이 현상의 역사적 의의를 이해하지 못했던 것이다.

묵자는 무엇을 비판하고 부정하려면 반드시 그에 대체할 다른 무엇이 있어야 한다고 주장한다. 비판만 하고 새로운 방법을 생각해내지 못하면 그저 허울 좋은 비평가로 아무짝에도 쓸모가 없다. 「겸애하」 편은 말한다. "다른 사람을 비판하는 사람은 반드시 그것에 대체할 무엇이 있어야 한다. 다른 사람을 비판하고도 그에 대체할 무엇이 없다면 이는 불로 불을 구하려는 것과 같이 말도 안 되는 것이다."[33] 그렇다면 무엇으로 '자애' '자리'를 대체할 것인가? 묵자는 "겸상애, 교상리의 법으로 그것에 대체할 것"34을 제기한다. '겸상애, 교상리'란 "다른 사람의 나라 보기를 제 나라 보듯이 하고, 다른 사람의 집안 보기를 제 집안 보듯이 하고, 다른 사람 몸 보기를 제 몸 보듯이 하는"35 것이다. 천하 사람들이 모두 이런 정신으로 일을 한다면 온갖 재앙이 없어질 것이다. "다른 사람을 제 몸 아끼듯 하면 어디 불효자가 있겠는가? 부형과 군주를 제 몸처럼 여기면 어떻게 불효할 수 있겠으며 어디 자애롭지 않은 사람이 있겠는가? 제자와 신하를 제 몸처럼 여기면 어떻게 자애롭지 않을 수 있겠는가. 불효하거나 자애롭지 않은 사람이 없는데 어디 도적이 있겠는가? 다른 사람의 집을 제집처럼 여기면 누가 절도를 하겠는가? 다른 사람의 몸을 제 몸처럼 여기면 누가 해치겠는가? (…) 다른 나라를 제 나라처럼 여기면 누가 공격하겠는가?"36

논리적으로 추리하면 묵자의 설법은 성립할 수 있다. 사람마다 타인을 모두 자기처럼 사랑한다면 서로 안전하고 무사할 것임에 틀림없다. 그러나 당시의 역사 현실은 사람들에게 서로를 사랑할 만한 객관적 조건을 제공해주지 못했다. 묵자의 겸상애, 교상리는 결국 공리공담으로 빠질 수밖에 없다.

물론 묵자의 겸상애, 교상리가 아무 의미도 없다는 말은 결코 아니다. 실천에서는 통할 수 없는 것이었지만 이론상으로는 거대한 공헌을 했다. 가장 가치 있는 것은 인간의 평등성, 즉 사람과 사람 사이는 평등하게 대해야 한다는 것을 강조한 점이다. 그가 제창하는 '겸兼'은 '별別'을 대신하기 위함이었다. '별'은 차별과 등급을 가리키고, '겸'은 평등을 가리킨다. 묵자는 '별'과 '자애' '자리'가 서로 통한다고 생각했다. '자애' '자리'는 사람을 대하는 데, 처세하는 데, 일을 하는 데 있어 반드시 '교별交別' 즉 서로 차별하게 만든다. '교별'은 너와 나 피차를 나눌 뿐만 아니라, 위아래도 나누어 다른 사람의 손해로 자기 이익을 보려고 한다. '겸'은 이와 다르다.

'겸'은 평등한 대우를 중시한다. 다만 묵자의 전체 논의에서 보면 그가 정치상 또는 재산상의 평등을 주장한 적은 한 번도 없다. '겸'의 평등성은 사상과 태도에 한정될 뿐이다. 맹자는 묵자가 군신을 구분하지 않는다고 비판하고, 순자荀子는 묵자가 차등을 두려 하지 않는다고 비판하는데, 모두 종파적 편견으로 단편적인 지적이다. 사실상 묵자는 여전히 등급의 수호를 주장하고 있다. 이 점에 대해서는 다음에 다시 논하겠다. 묵자의 '겸'은 사상과 태도에 한정될 뿐만 아니라 당시로서는 또 다른 의의가 있었다. 즉 춘추 이전 등급 제도를 무너뜨리는 촉진 작용을 했다. 겸상애라는 정신이 현실에 반영된 것이 교상리다. 교상리는 어떤 내용을 포괄하는가? 개괄하면 다음 몇 가지로 요약된다.

교상리의 출발점은 사람마다 '이익이 생기도록' 보장해야 한다는 것이다. 「절장하節葬下」 편은 말한다. "입고 먹는 것이 사람에게 생기는 이익이다."[37] 중국 사상사에서 의복과 음식을 사람에게 생기는 이익으로 본 최초의 창도자 중 하나는 묵자다. 사람은 나면서부터 살아갈 권리를 가져야 한다. 그러나 그 당시는 수많은 사람이 가장 기초적인 입고 먹을 권리조차 잃고 있었다. 묵자는 "배고픈 사람이 먹지 못하고, 추운 사람이 입지 못하고, 힘든 사람이 쉬지 못하는"[38] 것을 인민의 3대 환난이라고 지적한다. 그는 인민에게 먹고, 입고, 쉴 조건을 마련해주어야 한다고 큰 소리로 질타한다. "인민이 가장 바라는 바는 삶이고 가장 미워하는 바는 죽음인데, 바라는 바를 얻을 수 없고 미워하는 바만 거듭되는"[39] 상황에 대하여 통치자에게 인민의 생명을 보장하라고 강렬히 요구한다. 사상가의 역사적 임무는 바로 인민의 요구를 이론의 형식을 빌려 집중시키는 것이다. 입고 먹고 살고 쉬는 문제에서 묵자는 하나의 사상가로서 책임을 다했다.

재물을 아끼는 것이 교상리의 바탕이다. 묵자는 모든 재물이 제 기능을 다하도록 할 것이며 못 쓰게 만들거나 낭비해선 안 된다고 주장한다. 그는 사람마다 재물을 아끼고 쓸모를 구하는 마음이 있다고 생각했다. 예컨대 "여기 왕공대인이 소나 양 한 마리가 생겼다면 죽여 없애지 않고, 반드시 [그것을 맡을] 좋은 재목을 찾을 것이다. 좋은 옷감을 얻었다면 잘라 없애지 않고 반드시 좋은 장인을 찾을 것이다."[40] 왜 좋은 재목과 좋은 장인을 필요로 하는가? "재물이 손상됨을 두려워하기 때문이다."[41] 마찬가지로 좋은 말이 병이 나고, 좋은 활이 부서지면 반드시 좋은 의사와 좋은 장인을 찾게 된다. 이렇게 재물을 아끼고 쓸모를 구하는 마음이 보편적 원칙이 되고, 사람마다 공동으로 그것을 준수한 뒤라야 교상리가 가능하다.

교상리는 또 실제 효용에서 출발한다. 재물의 사용에는 반드시 실제 이익이 있어야 하며 거둬들인 효과가 지출을 초과해야 한다. 「비악상」 편은 말한다. "옛 성왕 또한 만백성에게 많이 거둬들여 배와 수레를 만든 적이 있다. 그것이 다 만들어진 다음 '내 장차 이것을 어디에 사용할까?'를 물으니 백성이 '배는 물에서 사용하고, 수레는 뭍에서 사용합니다. 군자는 두 다리를 쉬게 될 것이며, 소인은 두 어깨를 쉬게 될 것입니다'라고 대답했다. 이와 같이 만백성이 재물을 내어 성왕에게 주고도 감히 원한걱정을 하지 않는 것은 무엇 때문인가? 그것이 오히려 백성의 이익에 맞게 되돌아가기 때문이다."[42] 묵자가 제기한 "백성의 이익에 맞게 되돌아감"은 정말 가치 있는 사상이다. 백성에게 취하여 백성에게 쓴다. 일체의 지출 효과와 백성에 유리한가의 여부를 반드시 고려해야 한다. 그렇지 않으면 유해한 것이니 제지해야 마땅하다. 『한비자』 「외저설좌상外儲說左上」 편에 한 고사가 실려 있는데 대단히 흥미롭다. 묵자가 3년에 걸쳐 나무새 하나를 만들었는데 창공을 드높이 날았다. 이에 제자들이 이구동성으로 칭송했다. 묵자는 깊이 생각한 뒤 이것이 쓸모없는 기교라고 느끼고 제자들에게 다음과 같이 이야기했다. "나는 수레 끌채의 쐐기를 만드는 사람만 못하다. 한 자도 안 되는 나무를 이용해 하루아침도 사용하지 않으나 30석石[43]의 무게를 끌고 멀리 가게 한다. 힘도 많고 오랜 세월을 사용할 수 있다. 오늘 내 연을 만들었으나 3년이 걸렸음에도 하루도 못 가 부서졌다."[44] 혜시惠施는 이 이야기를 듣고 "묵자는 기교가 대단한 사람이다. 수레 끌채 쐐기를 정교하다 하고 연은 졸작이라 했으니"[45]라고 논평했다. 이 고사는 묵자가 쓸모를 기교로 여기고, 쓸모를 이익으로 생각했음을 설명해준다. 묵자는 기물의 제조가 질박하고 오래 쓸 수 있으며 생산비가 적게 들어야 한다고 주장한다. 실효성을 구할 뿐 겉모양의 화려함은 신경 쓰지 말아야 한다고 주장한다. 생산비를 많이 들이고도 효용성을 높이지 못하면 금지해야 마땅하다. 「절용중節用中」편은 말한다. "충분히 백성의 쓰임새대로 공급했으면 되는 것이다. 비용이 더 들고도 백성의 이익에 보탬이 안 되는 일을 성왕은 하지 않는다."[46] 확실히 무수한 사례가 증명하듯이 실용 가치와 인민의 이익에서 벗어나 기교를 논하면 그 기교는 잘못된 길을 걷게 된다. 고대의 통치자들이 추구하는 기교는 대부분 사치스럽고 안일한 생활에 쓰였다. 생산에 보탬이 안 되고 인민에게 크게 해로웠다. 이와 같은 상황에 직면하여 묵자가 이로움과 쓸모의 기교를 강조한 점은 매우 식견 있는 것이었다. 물론 실용성으로 예술성을 배척한 것은 단견임에 틀림없지만 말이다.

교상리는 또 상하의 조화로 표현된다. 묵자는 상하, 귀천, 군신, 국가와 국가, 부자, 형제 간이 모두 '조화調和'해야 한다고 주장한다. '조화'해야 사람들이 평안하고 무사하며 각기 제 위치를 찾는다는 것이다. 조화는 이익을 낳으니 교상리 또한 조화에 이로워야 한다.

교상리는 또 귀신을 섬기는 것과 같은 모종의 정신활동을 포함한다. 묵자는 귀신도 장인들이 쓰는 컴퍼스나 곡자와 마찬가지로 전체 사회생활을 유지하는 데 없어서는 안 되는 도구라고 생각했다. 하늘은 최고의 주재자일 뿐만 아니라 그의 이상 정치론 주모자다. 귀신을 섬김으로써 친화하고, 친화하면 이익이 생긴다. 묵자의 말은 만약 귀신이 있다면 제사를 지냄이 낭비일 수 없고 공물은 신과 조상을 받들어 모시는 것으로 당연히 그렇게 해야 한다. 만약 귀신이 없다면 제사 공물을 버릴 필요 없이 모두 함께 한 끼를 잘 먹고 마시며 한바탕 열광함으로써 "모두가 기쁘고 즐거운"[47] 작용을 할 수 있으니 대단히 재미있는 일이다.

겸상애, 교상리가 실행될 수 있을까? 묵자는 완전히 가능하다고 주장한다. 그 근거는 세 가지다. 첫째, 고대에 실행한 적이 있다. "선대 성인 6왕" 때 천하는 겸상애하고 교상리하여 모두가 평안하고 시기 질투가 없었다. 고대에 할 수 있었으니 오늘날도 할 수 있다. 둘째, "군주가 그것을 기뻐하므로 백성이 그렇게 할 것이다."[48] 초나라 영왕靈王이 가는 허리를 좋아하니 수많은 사람이 하루에 한 끼만 먹었다. 구천勾踐이 용감한 병사를 좋아하니 병사들이 죽음을 두려워하지 않았다. 신하는 군주가 좋아하는 대로 실행하니 군주가 겸상애, 교상리를 제창하기만 하면 천하 사람들이 반드시 바람에 구름 가듯 따를 것이다. 셋째, "'말을 하고도 선악의 가치가 정해지지 않는 경우는 없다. 덕을 베풀고도 보답을 받지 않는 경우는 없다. 내게 복숭아를 던져주면 [더 좋은] 오얏으로 보답한다.' 이렇게 사람을 사랑하는 자는 반드시 사랑을 받을 것이며, 사람을 미워하는 자는 반드시 미움을 받게 될 것이다."[49] 이에 따르면 겸상애, 교상리하는 사람은 반드시 응보를 받는다. 모두들 실행에 옮기니 천하가 화기애애할 것이다. 그런데 사실을 따져보면 이 3항의 논의는 주장에 대한 근거라기보다 차라리 가설에 가깝다. 가설을 가지고 사실의 근거를 삼는 것은 일에 아무 도움이 되지 않는다.

겸상애, 교상리는 아름다운 바람이다. 역사의 눈으로 헤아리면 아름다운 바람은 현실이 될 수 없으며, 합리적이지도 못하다. 다만 사람들에게 왕왕 정신적 안위를 제공하거나 때로 계발을 시켜주곤 한다.

04 상동설尚同說과 군주 전제주의

묵자는 천하의 혼란이 '의가 다름'에서 생긴다고 주장했다. '의가 다름'은 '서로를 비난하고' '서로에게 해를 끼치는' 것으로 '겸애'의 큰 적이다. 상동설尚同說은 바로 이러한 '의가 다름'을 해결하기 위해 제기한 방법이며 조치다.

통일된 의의 수립

묵자가 살던 시대는 천하 대란의 시대였다. 묵자는 대란의 원인이 성스러운 군주가 없고 통일된 의가 없기 때문이라고 생각했다. 사람마다 '의'가 같으면 천하는 통일되어 태평할 것이고, 사람마다 '의'가 다르면 천하에는 대란이 일게 된다. 이는 「상동」세 편 속에 자세히 논의되어 있다. 『묵자』 「상동」의 주요 내용 가운데 하나는 '다른 의'를 없애고 '의'를 통일해야 한다는 것이다.

'의'의 내용은 무엇인가? 묵자는 그의 여러 편 가운데 대부분에서 이 문제를 다루고 있는데, 다음 몇 가지 항목으로 귀납할 수 있다.

첫째, 경제적으로 사유제를 옹호하고 사유재산권의 침해에 반대한다. 부자의 '민'에 대한 착취가 합리적이라고 인정하면서도 '부민富民'을 주장하기도 한다.

둘째, 정치적으로 구시대의 '친척' 등급제와 귀족의 전제를 타파하고 새로운 상하존비의 등급을 수립해야 한다고 주장한다. 현자의 숭상尚賢을 주장하고 국가 간 공격 등은 반대한다.

셋째, 인륜 도덕은 바로 겸애다. 사람의 윤리적 관계 준칙은 바로 "군신 상하의 은혜와 충성, 부모 형제의 자애와 효도"[50]다.

넷째, 귀신을 받듦이다.

묵자의 '의'의 본질은 바로 통치 질서 확립임을 알 수 있다. '의'는 도덕적 범주일 뿐만 아니라 우선 정치적 주장이다. 혹자는 '의'를 두루뭉술하게 의견이라고 설명하고, '동同'은 모두 '동의'함이라고 말한다. 하지만 이는 묵자 동의同義의 본질을 조금도 붙들지 못한 것이다.

'의'의 내용이 기왕 그런 것이므로 온 나라 위아래 사람이 모두 동의할 수 없다. 그래서 묵자는 위에서 '의'를 세워줄 것을 제의한다. 그리고 위로부터 아래로의 강제 수단을 통하여 실현하라고 한다. "의는 어리석고 천한 사람에게서 나오지 않는다. 반드시 귀하고 지혜로운 사람에게서 나와야 한다."[51] '귀하고 지혜로운 사람'은 천자, 제후, 대인이고, '어리석고 천한 사람'은 '인민'이다. 인민은 고개 숙여 명령에 따를 수 있을 뿐이다.

통일된 의는 구체적으로 형법, 법령으로 표현된다. 그렇다면 형법, 법령은 누구에 의해 제정되는가? 묵자는 가군家君과 천자 등에 의해 제정된다고 한다. 가군이 제 가문에 법령을 발포하여 각 가문의 의가 달라지면 가문들의 의를 통괄하여 국군國君에게 상동하도록 한다. 국군은 '천자'에게 상동하고, 천자는 '하늘'에 상동한다. 천자는 하늘의 뜻에 따라 천하에 법령을 발포한다. 묵자가 이와 같이 층층이 '그 의를 선택'하고 '그 의를 총괄'하도록 한 것이 마치 아래로부터 위로 집중하여 민주적인 듯이 보인다. 실제로 적잖은 사람이 이런 주장을 견지한다. 그러나 사실은 그렇지 않다. 묵자의 말 중 인민에게서 '의를 선택한다'는 말은 근본적으로 존재하지 않는다. 반대로 그는 한결같이 '아랫사람'은 '윗사람'에게 절대적으로 복종해야 하며, 천자의 뜻에 따라 의를 세워야 한다고 말한다. "이장은 천자의 정령에 순응하여 그 고을里의 의를 동일하게 한다."[52] 천자야말로 법령, 형법을 제정하는 사람이다. 아래 계급은 위 계급에 절대적으로 따라야 한다.

혹자는 의가 천자에게서 나오고 천자에 상동해야 하지만 천자는 모두가 선출한 사람으로 대중을 위해 복무하므로 백성은 정장과 천자의 영도에 복종해야 한다고 말한다. 이는 너무 과장된 이야기다. 천자와 정장은 인민을 위한 공무원이 아니며 '인민'에 의해 선출되지도 않았다. 묵자의 이론에 따르면 '천자'는 '하늘'에 의해 선택된 존재이고, 천자 이하 정장은 천자에 의해 선택되었다. 또 어떤 사람은 '하늘'을 떼버리면 바로 '인민'에 의한 선거라고 말한다. 하지만 애석하게도 이는 묵자의 말이 아니다. 인민을 '하늘'로 삼는 것과 묵자가 인민을 어리석고 천한 사람으로 여긴 점은 도무지 맞지가 않는다.

'의'의 보급 수단

'윗사람'이 '의'를 세우면 어떻게 실현되는가? 묵자는 다음 두 가지의 기본 방법을 제시한다. "부귀로 앞에서 인도하고, 분명한 형벌로 뒤를 이끈다."[53] 어떻게 하면 인민을 부유하게 할 수 있는가? 먼저 백성으로 하여금 안심하고 생산에 종사하도록 해야 한다. 그래서 그는 힘들여 정벌 전쟁을 벌이는 것, 끊임없이 요역에 동원하는 것, 백성으로 하여금 생산할 수 없도록 하는 여러 행위에 대하여 신랄한 비판을 가한다.(『묵자』 「비공非攻」 편 등 참조) 그는 "재물을 쓰고 노력하고도 이익을 배가시키지 못하는 짓은 하지 말아야 한다"[54]고 주장한다. 다음으로 그는 통치하는 착취계급이 재부를 낭비하는 부끄러움을 모르는 갖가지 행위를 질타하며 절용과 검약을 제창한다. 이는 「절용」 「비명」 「절장」 「비악」 편 등에 상세히 논술하고 있다. 묵자는 낭비를 반대했을 뿐만 아니라 여기서 한 걸음 더 나아가 재화 사용의 원칙에 대해서도 언급했다. 즉 "[재물을] 사용함에 있어 백성의 이익을 배가시킬 수 없으면 성왕은 하지 않았다."[55]

묵자는 이민利民, 부민에 관해 많은 말을 했지만 인민 착취와 사역 또한 반대하지 않았다. 그는 "너무 심하게 하는" 데 반대했을 뿐이다. 이 점은 그 자신이 명확히 논의한 바 있다. "천한 사람들에게 강제로 일을 시키지 않으면 이용할 재화가 부족해진다."[56] 여기서 이야기하는 '이용할 재화'는 왕공대인이 이용할 재화를 가리킨다. 그는 또 "백성은 이롭지 못하면 반드시 떠나버리므로 부릴 수 없게 된다"[57]고 말한다. 혹자는 묵자가 인간이 인간을 착취하는 제도 등에 반대한 사람이라고 단정하지만, 이는 묵자의 실제 사상에 부합하지 않는다고 생각된다.

인민의 반항은 어떻게 하는가? 묵자는 형벌을 가하라고 주장한다. 이것이 바로 "분명한 형벌로 뒤를 이끄는"[58] 것이다.

그는 말한다. "옛날 성왕은 5형을 지어 그로써 백성을 다스렸으니, 이는 마치 비단실에 실마리紀가 있고 그물에 벼리綱가 있는 것과 같다. 그리하여 천하의 백성으로 윗사람에게 상동하지 않는 자들을 수습했다."[59] 묵자는 형법이 소극적 대비책이 아니라 두 방면의 작용이 있다고 생각했다. 이른바 '선에 대한 상'과 '악에 대한 벌'이 그것이다. '의'에 합치하면 선이 되고, 위반하면 '악'이 된다. '선에 대한 상'은 선을 행한 사람에게 상을 주는 것일 뿐만 아니라 선을 찬양하는 자도 상을 준다. "집안을 이롭게 하는 방법을 알려온 사람이 보이면, 나라를 이롭게 하는 것과 똑같이 해준다."[60] '악에 대한 벌'은 '악'을 저지른 자에만 한정하지 않는다. 같이 모사하고, 비호해주거나 악을 보고 알리지 않는 사람도 같이 벌한다. "나라를 해치는 도적을 보고도 알리지 않는 사람은 나라를 해치는 도적과 똑같이 처리한다."[61] 이것이야말로 밀고 연좌제의 선구자가 아닌가?

묵자는 한편으로 상호 밀고를 제창하고, 다른 한편으로 최고 통치자가 한 무리의 '현명하고 어진' '날개羽翼'들을 전국 각지에 포진시켜 암암리에 정탐하고 감시해야 한다고 주장한다. "옛날 성왕이 천하를 다스림에, 자기 좌우의 날개로 선발해 쓴 사람들은 모두 현량이었다. 그들은 밖에서 일을 하는 사람으로서 그들을 보좌하면서 눈과 귀가 되어주는 사람도 매우 많았다. 그래서 다른 사람과 일을 의논하면 그 사람들보다 앞서 얻었고, 다른 사람과 일을 하면 그 사람들보다 앞서 성공시켰으며, 명예를 널리 떨치고 좋은 소문이 나는 것도 다른 사람보다 항상 앞섰다. 스스로 믿음과 진실로 일을 했기 때문에 이와 같이 이로웠다."[62] 이렇게도 이야기한다. "한 눈으로 보는 것은 두 눈으로 보는 것만 못하다. 한 귀로 듣는 것은 두 귀로 듣는 것만 못하다. 한 손으로 잡는 것은 두 손만큼 강하지 못하다."[63] '가까이 믿는 날개' 집단을 만들어 한편으로 백성의 상황을 이해하고, 다른 한편으로 이를 빌려 권모술수 정치를 행할 수 있다. "위에서 정치를 하면서 아래 상황을 잘 얻어 [알면] 다스려지고, 아래 상황을 못 얻어 [모르면] 혼란해진다."[64] '귀'와 '눈'이 전국으로 펼쳐져 미세한 것까지 탐문하여 위에 보고한다. "수천만 리 밖에 선하지 못한 짓을 하는 사람이 있을 때 집안사람도 두루 알지 못하고, 향리 사람들도 두루 들어보지 못했으나 천자는 그것을 얻어 알고 그에게 벌을 내린다."[65] "그리하여 온 천하 사람들이 모두 두려움에 벌벌 떨며 감히 음란하고 포악한 짓을 하지 못하고 '천자는 귀신처럼 보고 듣는다'고 말하게 된다."[66] 여기서 묵자는 감찰, 특무, 권모술수를 한데 결합시키고 있다.

전제주의 정치 체계

상동의 실현은 반드시 일정한 '정장' 체계를 통해 보장되어야 한다. 묵자가 구상한 정치 체계는 대체로 다음과 같다. 최고의 정장은 천자다. 그런데 천자의 능력에는 한계가 있으므로 "홀로 천하의 의를 하나로 통일시킬 수 없다."[67] 그래서 현인을 선발해 "3공으로 삼고" 천자를 보좌하여 "천하의 의를 하나로 통일시키도록 한다."[68] 또 광대한 영토를 맞대하고 천자와 3공에만 의존해서는 다스릴 수 없으므로 반드시 땅을 나눠 제후를 세워야封建 한다. 제후는 "그 국國의 의를 하나로 통일시킨다."[69] 제후를 보좌하는 사람으로는 "좌우 장군과 대부"를 둔다. 제후국의 아래 향鄉을 설치하고 향에는 향장鄉長을 둔다. 향 아래에는 이里를 설치하고 이에는 이장里長을 둔다. 이론적으로 보면 매 단계의 정장은 모두 현자여야 한다. 그러나 아랫사람은 반드시 윗사람에게 절대 복종해야 한다. "위에서 옳다고 하면 반드시 옳은 것이고, 위에서 그르다고 하면 반드시 그른 것이다."[70] 단계마다 상급의 우두머리와 통일을 유지해야 한다. 층층이 그렇게 하면 마지막으로 천자에서 하나로 통일된다. "이장은 천자의 정책에 순응함으로써 그 고을의 의를 하나로 통일시킨다."[71] 이장은 향장을 직접 책임지는데, "그 고을의 만백성을 통솔하여 향장에게 상동한다".[72] "향장이 옳다고 하면 반드시 옳은 것이고, 향장이 그르다고 하면 반드시 그른 것이다."[73] 향장은 국군에게 상동해야 하는데, "국군이 옳다고 하면 반드시 옳은 것이고, 국군이 그르다고 하면 반드시 그른 것이다."[74] 국군은 위로 천자에 상동한다. "천자가 옳다고 하면 반드시 옳은 것이고, 천자가 그르다고 하면 반드시 그른 것이다."[75] 천자는 다시 위로 하늘에 상동한다.(『묵자』「상동중」) 이와 같이 점차적으로 위에 종속되는 체계는 전제주의 체계라고 말할 수밖에 없다.

전제주의라고 해서 윗사람을 향한 아랫사람의 권고를 절대적으로 배척하지는 않는다. 반대로 묵자는 "위에 잘못이 있으면 바르게 권고해야 한다"[76]고 제창한다. 그러나 절대로 "아래에서 결탁하는 마음"이 있어서는 안 된다. 아래에서 결탁하여 작당하는 행위를 그대로 두어서는 더더욱 안 된다. 따라서 이러한 권고는 전제주의에 결코 어떠한 위협도 되지 않는다.

묵자는 상동을 이야기하면서 또 수많은 '애민' '이민利民' 등의 말을 한다. 묵자의 상동은 혹자가 이야기하는 것처럼 '애민' '이민'을 위함이 아니다. 묵자는 이를 매우 분명하게 밝히고 있다. "백성으로 하여금 상동하게 함에 백성을 사랑하여 힘쓰지 않게 하면 아무 곳에도 부릴 수 없다. 그래서 '반드시 적극적으로 사랑하면서 그들을 부리고, 지극히 믿게 하면서 [제자리를] 지키도록 한다'고 말한다."[77] 상동의 목적이 '백성을 부리고' '백성을 지키기' 위함임을 알 수 있다. '부린다'는 그들을 착취한다는 것이며, '지킨다'는 그들을 점유한다는 것이다. '지키고' '부리는' 전제를 깔고 있으니 어디에 진정한 애민이 있겠는가?

겸애는 평등을 지향하고, 상동은 전제를 지향한다. 보기에는 양자가 완전히 상반된다. 그러나 사실상 묵자는 이 둘을 기묘하게 통일하여 나타낸다. 그는 상동의 방법으로 겸애를 끌어내는데, 이때 겸애는 행정 권력의 종속물로 바뀐다. 겸애는 상동에 의지해 실현되는데, 이때 상동은 사회 조작의 주체가 되므로 전제주의로 귀결될 수밖에 없다.

상현설尙賢說

　전국 초기 하층 봉건주, 특히 사士들은 정무에 참여하고자 했다. 그러나 정권은 대귀족들이 장악하고 있었으며 사람을 쓰는 것도 서주西周 이래의 전통을 그대로 계승하고 있었다. 이것이 바로 묵자가 이야기하는 능력이 있든 없든 "친척이면 시키고"[78] "별다른 이유 없이 부귀하고, 얼굴이 곱상하면 시키는"[79] 것이다. 이렇게 친분에 따라 마음대로 사람을 임용함은 당시 사회경제적 발전과 어울리지 않는 것이었다. 그래서 정치의 문을 개방하고 현명함의 여부에 따라 임용하라는 요구가 사회적 외침이 되었다. 이런 상황에서 묵자는 "능력 있는 사람을 씀으로써 다스려진다"[80]는 용인用人의 원칙을 제기하고 '부귀' '친척'을 용인의 범주로 삼는 구시대의 문짝을 부수어버렸다. 사람을 씀에 응당 "부모 형제라고 동아리 짓지 않고, 부귀에 치우치지 않으며, 얼굴색만 보고 총애하지 않아야 한다"[81] "비록 농사짓거나 수공업 하는 사람이라 하더라도 능력이 있으면 발탁한다."[82] 더 나아가 "관료라고 항상 존귀하지는 않으며 백성이라고 끝내 천하지는 않다"[83]는 구호를 내걸고 '불초자不肖者'들에 대해 "억눌러 그만두게 하고 가난하고 천하게 만들어 사역시켜야"[84] 한다고 주장한다. 이 주장은 확실히 대단한 위력을 지닌 것이었다. 묵자의 '상현(尙賢)'론은 유가의 현인발탁 주장에 비해 더욱 급진적인 것으로 실로 고귀한 일이 아닐 수 없다. 다만 묵자의 상현론이 무엇을 가리키며, 어떤 사람의 이익을 대표하는지, 그리고 이 이론의 정신적 실질을 어떻게 평가해야 하는지에 대해서 지금 학계의 견해가 일치하지 않고 있다. 앞으로 더 탐구해야 할 과제다.

묵자는 "친척이면 시키고" "이유 없이 시키는" 것을 비판하지만 혹자가 이야기하듯이 '친척' '부귀'한 사람이라고 하여 능력에서 동떨어진 사람으로 배척하지는 않았다. 그는 3대의 성왕이 바로 "부귀한 사람으로 현명한"(『묵자』「상현중」) 경우라고 열거한 적이 있다. 그는 "부귀한 사람에게 치우치지 않았을" 뿐이다. 그가 말한 "농사짓거나 수공업 하는 사람" 중에 현자도 있지만 백성은 '미련하고'도 '천'한 "하급의 어리석은 사람"(『묵자』「비공하」)이라고도 생각했다. "백성은 어리석고 불초하다."[85] 또한 이렇게도 이야기했다. "존귀하고 지혜로운 사람이 어리석고 천한 사람들에 대해 정책을 편다."[86] 따라서 묵자 상현의 대상은 일반 백성이 아니라 당시 지식계층인 사다. "나라에 현량한 사들이 많으면 그 국가의 정치는 돈후하다. 현량한 사가 적으면 국가의 정치가 부박하다. 그러므로 대인의 임무는 현자들을 많게 만드는 데 있을 따름이다."[87] 묵자는 현량한 사들의 재능과 중요성을 극력 고취시킨다. "현량한 사는 덕행이 두텁고, 담론을 잘하며, 도술에 박식하다. 이들이야말로 국가의 보배이며 사직의 보좌다."[88] "사란 재상의 업무를 보좌하고 계승하는 사람이다."[89]

묵자에 있어 현능의 표준은 열 가지 주장으로 나타난다. 간단히 말하면 "위아래의 조화"를 실현할 수 있는 사람이다. 이 사람들은 위의 왕공대인에 대하여 이렇게 이야기한다. "현인만이 명군을 만나 그를 섬기는데 사지의 힘을 다하여 임금을 섬기는 일에 임하되 종신토록 피곤해하지 않는다. 아름답고 좋은 결과가 있으면 윗사람에게 공을 돌린다. 그래서 아름답고 좋은 결과는 항상 위에 있고, 원한과 비방은 항상 아래에 있다. 안녕과 환락은 군주에게 있고, 걱정과 근심은 신하에게 있다."[90] '아랫사람'에 대하여 "현자가 되는 길은 어떤 것인가? 가로되 힘이 있는 자는 적극적으로 다른 사람을 돕고, 재물이 있는 자는 힘써 다른 사람에게 나눠주고, 도가 있는 사람은 즐겨 다른 사람을 가르친다. 이렇게 되면 굶은 사람이 음식을 얻을 것이고, 추운 사람이 옷을 얻을 것이며, 혼란한 나라가 다스려질 것이다. 굶은 자가 밥을 얻고, 추운 자가 옷을 얻고, 어지러운 곳이 다스려지면 이것이야말로 편안히 사는 것이다."[91] 묵자가 칭찬하는 현인은 바로 "멸사봉공으로 법을 지키고" "청렴하게 직무를 다하는" 청백리다.

현량한 사의 임무에 대해 묵자는 「상현」 세 편에서 상세하게 설명한다. 그 핵심을 모으면 다음 세 가지다. 첫째, 옥사를 잘 다스려 형법을 바로 세우며, '상동'의 질서를 수립하고 공고히 한다. 둘째, 경제와 재정 방면에서 "국고를 실하게" 할 뿐만 아니라 "만민을 부유하게" 해야 한다. 이를 위해 반드시 생산의 관리에 주의를 기울여야 한다. 셋째, 앞의 두 가지의 기초 위에서 천하의 왕, 제후의 정비, 천하의 통일이라는 목적을 달성한다. 현명한 선비가 이토록 중요한 작용을 하므로 묵자는 상현이야말로 통치자의 가장 중요한 책무라고 주장한다. "상현은 (…) 정무의 근본이다."[92]

상현에는 반드시 술이 있어야 한다. 묵자의 술은 "세 가지 근본三本을 설치하는 것"이다. 무엇이 '삼본'인가? 묵자는 말한다. "작위가 높지 않으면 백성이 존경하지 않는다. 작록이 두텁지 않으면 백성이 믿지 않는다. 정치 명령이 단호하지 않으면 백성이 두려워하지 않는다."[93] 그러므로 반드시 "부유하게 해주고, 존귀하게 해주고, 존경해주고, 명예롭게 해준 뒤라야 나라의 어진 선비들을 동료로 얻을 수 있다."[94] '삼본'을 설치하지 않으면 "현자들이 왕공대인의 곁에 오지 않을 것"[95]이니 필경 "불초한 사람이 좌우에 들끓게 된다."[96] 불초자가 나라를 다스리면 "국가를 잃게 되고" "사직이 뒤집힌다."(『묵자』「상현중」) 이것을 가리켜 "작은 물건에 밝고 큰 물건에 밝지 못하다"[97]고 한다. 묵자 '삼본'의 실질은 다음 세 가지로 귀납할 수 있다 첫째, 사들이 정계에 진입하도록 길을 트고, 사의 경제적·사회적 지위를 높인다. 둘째, 새로운 관료 집단을 만들어내 관료 정치를 실행한다. 셋째, 이는 또한 일종의 고급 문화 정책이다.

묵자의 상현 주장은 진보적 의의가 있으며 어느 정도 인민의 요구에 부합하기도 한다. 묵자의 상현은 '윗사람'으로부터의 상현이지 인민이 현인을 선발하는 것이 아니다. 상현설을 민주제로 말하는 것은 묵자의 실제 주장과 맞지 않는다.

절용설節用說

묵자의 절용 이론은 단순한 소비 문제가 아니다. 전체 경제생활 및 정치생활과 밀접한 관련이 있다. 춘추 시대 적잖은 정치가가 검약의 정치로 경제, 정치적 위기를 해결하라고 주장한 적이 있다. 공자는 '아껴 쓸 것節用'을 명확히 제기했다. 묵자는 이를 계승하여 '검약의 정치'와 '절용' 사상을 발전시켰다. 그는 '절용'을 그의 전체 사상 체계의 기본 명제 중 하나로 삼았다.

묵자의 절용설은 단순하게 소비 방면에서 경제 재정 문제를 해결하려는 것이 아니다. 그는 생산을 매우 중시했다. 생산이야말로 재화 생성의 근본이며 용用의 전제 조건이라고 생각했다. 묵자의 탁월한 점은 물질 생산과 사람의 생산을 한데 결합하여 문제를 고찰했다는 점이다.

물질 생산이야말로 씀의 기초다. 「칠환七患」 편은 지적한다. "5곡은 백성이 믿고 따르는 바다. 군주는 그것으로 식량을 공급받는다. 따라서 백성이 따를 바를 잃으면 군주도 공급을 받을 수 없다. 백성에게 먹을 것이 없으면 일을 시킬 수도 없다. 그러니 [노력하여] 양식을 생산하지 않을 수 없으며, 땅을 경작하지 않을 수 없으며, 쓰임새를 아끼지 않을 수 없다."[98]

"힘써 생산하고 농사철을 지켜 스스로 공급받고 검약한다."99 "재화의 생산은 풍성하게, 사용은 절약하라"100고도 말한다. 많이 생산하고 절약해 쓰면 국가는 풍족하고 백성은 부유해진다.

물질 생산을 늘리려면 인구 증가를 장려해야 한다. 당시 힘의 원천은 주로 인력 그 자체에서 왔다. 사람이 많기만 하면 생산력을 늘릴 수 있었다. 춘추 전국의 통치자들은 인구 쟁탈을 특별한 문제로 삼았다. 묵자는 무력을 사용해 타국 인구를 약탈하는 데 반대한다. 각 나라가 인구 생산을 장려하여 번식을 통한 인구수의 증가를 주장한다. 사람이 많고 그들이 생산에 종사하도록 보장할 수 있으면 재부는 늘어날 것이다.

생산이 증가하더라도 소비는 아껴 써야 한다. 묵자가 주장하는 절용은 욕구를 적게 하라는 말이 아니다. 그가 말하는 '절'은 두 측면의 함의가 있다. 첫째, 일정한 수준의 소비가 있어서 생활의 기본 수요를 만족시켜야 한다는 것이다. 「절용중」 편은 이를 구체적으로 설명하고 있다. 음식을 예로 들면, "충분히 허기를 채우고 기력을 유지하며, 팔다리를 튼튼하게 하고 이목이 밝고 뚜렷하게 되면 그만이다."101 의복의 경우 "겨울에 검붉은 옷을 걸쳐 가볍고 따뜻하며, 여름에 가는 칡 베옷을 입어 가볍고 서늘하면 그만이다."102 기물 사용의 경우, "천하의 뭇 장인들로 바퀴, 수레, 가죽, 도기, 금속, 나무를 만들고 다루는 사람들이 각기 제 잘하는 일에 종사하여 능력을 발휘토록 하여"103 "충분히 백성이 쓸 수 있도록 공급하면 그만이다."104 이외에 묵자는 또 궁실 주택, 교통 공구, 군대 기물 등도 구체적으로 규정하고 설명한다. 둘째, 소비는 재생산에 유리해야 한다. 「절용상」 편은 말한다. "성왕이 정치를 하면서 명령을 발포하고 사업을 일으키고 백성을 부리고 재물을 쓰는데, 실용 가치를 더하지 않는 경우가 없다."105 「절용중」 편은 말한다. "비용을 들이고도 백성의 이익에 보탬이 안되는 일을 성왕은 하지 않는다."106

더욱 의미 있는 것은 묵자가 절용을 재화 축적의 길이라 주장한 점이다. 「절용상」 편은 말한다. "성인이 한 나라의 정치를 하면 한 나라에서 얻는 재화가 두 배 된다. 이를 확대하여 천하의 정치를 하면 천하에서 얻는 재화가 두 배 된다. 두 배가 되는 것은 밖에서 땅을 탈취했기 때문이 아니다. 그 국가에서 쓸데없는 낭비를 없앰으로써 충분히 두 배로 만들 수 있다."[107]

묵자는 낭비를 맹렬하게 비판한다. 가무와 놀이 및 후한 장례가 가져오는 큰 폐해를 폭로하기 위해 그는 전문적으로 「비악」 편과 「절장」 편을 썼다. 묵자의 비악은 정상적인 문화 오락을 반대한 것이 아니라 가무 토색을 특징으로 하는 통치자들의 사치스러운 생활을 질타한 것이다. 당시 통치자들에겐 후한 장례 풍토가 성행했는데, 그들은 죽은 영혼을 위해 수천 수만 명의 생활 조건을 박탈하고 있었다. 묵자는 통치자들의 사치와 낭비가 물질적 재생산과 인적 재생산을 극도로 파괴하는가 하면 정치적 부패를 조성하기도 한다고 심각하게 지적한다. 한도 없는 사치로 "국가는 반드시 가난해지고, 인민은 반드시 줄어들며, 형정은 반드시 혼란해질 것"[108]이라는 것이다.

당시 역사적 조건하에서 통치자가 생산을 파괴하는 것은 주로 생산에 대한 직접적 간여나 허튼 지휘로 인해 조성된 것이 아니라 무도한 사치와 무거운 염출로 인해 생겨난 것이었다. 따라서 절용설은 대단히 분명한 적실성과 현실성을 갖는다. 묵자가 제기한 이 문제는 어떻게 실현될 수 있는가? 그는 모든 희망을 성인의 몸에 걸었다. 성인이 없다면 사정은 빈털터리일 수밖에 없다.

비공설非攻說

'비공非攻'은 묵자 학설의 주요 내용 가운데 하나다. 먼저 제기해야 할 문제는 '공攻'이라는 개념에 관해서다. 수많은 사람이 단순히 전쟁을 가리키는 말로 이해하지만 이것이 전부는 아니다. '공'이 포함하는 내용은 극히 넓다. 묵자가 이야기하는 의나 이利에 합치하지 않으면 어떤 행동이든 그는 모두 '공'이라 부른다. 그러므로 '공'은 경제, 정치, 도덕, 윤리 등 여러 방면의 일을 포괄한다. 그렇다면 '공'의 개념 안에 전쟁이라는 내용이 있는가? 있다. 다만 공이 모든 전쟁을 가리키는 것은 아니다. 그가 이야기하는 의, 이에 합치하지 않는 그런 전쟁만을 가리킨다. 그래서 '비공'은 모든 전쟁에 대한 반대가 아니다.

그는 전쟁을 두 가지로 나눈다. 하나는 '공'이라 부르고, 하나는 '주誅'라 부른다. 묵자는 '주'이지 '공'이 아니다. 무엇으로 '공'과 '주'를 나누는가? 묵자가 서술한 여러 이유를 총괄해보면 이의利義라는 두 글자로 귀결시킬 수 있다. 이롭지 않고 의에 반한 것은 '공'이 되고, 이익이 있고 의에 합치한 것이 '주'이다.

묵자는 당시의 겸병 전쟁이 해로울 뿐 이롭지 못하다고 생각했다. 그래서 이를 '공'이라 부르고 비난했다. 그 이유는 첫째, 공격 전쟁은 타인의 사유재산권을 침해한다. 이는 마치 다른 사람의 과수원에 들어가 복숭아나 오얏을 도둑질하는 것과 같다. 작으면 "벼이삭을 베어 가고,"[109] 크면 다른 사람의 성곽이나 토지, 인민을 점령한다. 그래서 공격 전쟁은 의롭지 못한 행위이며 자신에게 이익이지만 다른 사람에겐 이롭지 못하다. "노동에 의하지 않고 열매를 얻는 것은 그 취한 이유가 잘못된 것이다."[110] 둘째, 공격 전쟁은 장거리로 군대를 내보내는 것으로 병장기와 무거운 짐수레의 소모가 헤아릴 수 없다. 약간의 재물을 약탈할 수 있다 하더라도 쌍방이 서로 겨루면서 "얻은 바를 계산하면 오히려 잃은 것만큼 많지 못하다."[111] 하물며 불장난하여 자신이 타 죽을 가능성도 있으니 손해가 막대하다. 셋째, 백성에게는 손해만 있고 이롭지 못하다. 싸우게 되면 "서인이 반드시 수천에 이르니 그에 따르는 무리는 수십만일 것이다."[112] "봄이면 백성의 농사와 원예를 망칠 것이며, 가을이면 백성의 수확을 망칠 것이다."[113] "백성으로 하여금 힘쓸 곳을 바꿔버린"[114] 결과 "백성 중 추위와 기아로 죽은 사람이 셀 수 없게 될 것이다."[115] 어쨌든 백성은 살고 싶은데 공격 전쟁으로 그들을 사지로 몰아넣으니 이는 잘못된 것이다.

묵자는 공격 전쟁이 사유권을 침범한다고 하여 그것에 반대한다. 사유제에는 이런 한 가지 법칙이 있다. 등가교환이라는 상황 아래서만 소유권을 양도할 수 있다는 것이다. 그러나 전쟁의 약탈은 이 법칙을 근본적으로 파괴한다. 강제력으로 소유권을 바꿔버린다. 이 방법은 큰 재산 독점자들이 습관적으로 쓰던 것으로 당시 대귀족들이 추구하던 바였다. '큰 집안大家'은 강렬한 겸병 성향을 갖고 있었다. 특권이 없던 '작은 집안小家'이라고 자기 재산을 늘리고 싶지 않은 것은 아니었지만, 세력이 작으니 어쩔 수 없이 '큰 집안'과 다툴 수 없었다. 묵자의 비공은 사유제를 옹호하려는 것일 뿐만 아니라 그 핵심은 특권이 없던 '작은 집안'을 보호하려는 것이었다. 그는 여러 차례 '큰 집안'이 '작은 집안'을 찬탈해서는 안 된다고 강조한다.

묵자는 '공'의 방식으로 토지와 부속민과 천하의 왕위를 쟁탈할 것을 주장하지 않는다. 그러나 '의'를 사용하고 의에 근거한 '주'의 수단을 채택해 위의 목적을 달성하는 것은 필요하다고 주장한다. "지금 능력이 있어 의라는 이름으로 천하에 우뚝 서고 덕으로 제후들을 구하려는 사람이 있다면, 천하의 복종을 서서 기다려도 될 것이다."[116] 이 방법의 특징은 한 걸음 물러서 두 걸음 나아가는 것이다. 노자의 말에 따르면 바로 "빼앗으려면 반드시 먼저 그것을 주어라"[117]다. 이를 위해 타국과 교류할 때는 반드시 "먼저 천하 제후를 이롭게 하는 데 힘쓰고"[118] "대국이 의롭지 않으면 다 같이 걱정해주고, 대국이 소국을 공격하면 다 같이 구원해준다. 소국의 성곽이 온전치 못하면 반드시 그것을 수리토록 하고, 의복과 식량이 끊기면 보내주고, 화폐가 부족하면 공급해준다. 이로써 대국과 교류하면 소국의 군주는 기쁠 것이다."[119] 이와 같은 정책은 일거양득이다. 대국과 평형 국면을 유지할 수 있는 동시에 소국은 거꾸로 자기 쪽으로 향하게 하여 자신을 키워 적수를 고립시킬 수 있다. 군대를 움직일 때도, 자신 없는 전쟁은 하지 말고 자신의 실제 힘을 보존하고 역량을 축적하며, 사병을 잘 훈련시켜야 한다. "우리 군대를 믿게" 된 뒤 적수의 약점을 조준하여 한 번 공격으로 끝내야 한다. 그는 이렇게 이야기한다. "타인은 힘들고 나는 편안하면 우리 군대가 강하니"[120] "우리 군대를 일으킬 군비를 잘 헤아려 제후의 피폐함을 다스리면 반드시 두터운 이익을 얻을 것이다."[121] 이상의 술을 실행하면 안으로 인민의 지지를 얻어 강한 군대를 만들 수 있고, 밖으로 동맹국이 있어 군대를 일으켜도 의로운 이름義名을 얻게 된다. "이로써 제후들의 군대를 이끌게 되면 천하무적이다."[122] 묵자가 비록 '공'은 의롭지 못하고 '주誅'는 의롭다고 했으나 이는 그 개인 표준일 뿐이다. 우리가 이야기하는 정의와 부정의는 이와 같은 선상에서 이야기할 수 있는 것이 아니다. '공'은 비의非義와 같지 않으며, '주'는 의와 같지 않다. 혹자는 '비공'이 정의롭지 못한 전쟁에 대한 반대 또는 침략 전쟁에 대한 반대라고 주장하는데 이는 토론해봐야 할 문제다. 예컨대 큰 것이 작은 것을 공격함이 바로 불의라고 하는 것은 분명히 잘못이다. 의와 불의는 근본적으로 교전하는 쌍방의 크고 작음을 기준 삼아 큰 것이 그르고 작은 것이 옳다고 할 수는 없다. 의와 불의는 전쟁의 원인과 성질을 분석해봐야 할 일이다.

08 결어

묵자 정치사상의 사회적 경향성은 무엇인가? 학계의 견해는 다양하다. 혹자는 노예주 계급의 입장에 섰다고 말하고, 혹자는 노동 농민, 수공업자의 대표라고 말하며, 혹자는 민주주의자 또는 공상적 사회주의자라고 말한다. 시대와의 관계를 논할 때도 어떤 사람은 급진적이라 주장하고, 어떤 사람은 타협적이라 주장하며, 어떤 사람은 보수 심지어는 반동이라고 주장한다. 묵자의 정치적 경향성을 확정하고 파악하기 위해서는 먼저 당시 사회계층에 대한 묵자의 태도를 살펴볼 필요가 있다.

그는 농민에 대한 왕공대인, 사군자의 통치와 착취는 필요한 것일 뿐아니라 합리적이라고 말했다. 이는 그의 '분업종사分事'론에 집중적으로 나타난다. 묵자는 왕공대인, 사군자는 전문적으로 통치와 착취에 종사하는 사람들이고, 농민은 생산 노동에 종사하며 전자를 공양할 수 있을 뿐이라고 주장한다. 그는 전자가 후자보다 훨씬 더 중요하다고 생각했다. 따라서 전자는 노동생산에 참가하지 않아야 한다. 묵자는 말한다. "의가 정치다. 아랫사람이 윗사람에게 정치하는 일은 있을 수 없다. 반드시 윗사람이 아랫사람에게 정치한다."[123] 이어서 사는 서인들을 관할하고, 장군, 대부는 사들을 관장하며, 3공, 제후는 장군, 대부들을 관할하고, 천자는 최고의 통치자다. 맹자와 순자가 묵자를 "차등이 없다"거나 "등급을 어지럽혔다"고 비판함을 보고 어떤 학자는 묵자가 불평등에 반대한 사람이라고 주장하는데, 필자가 보기에 이 또한 전부는 아니다. 사람들이 보통 '다스리는 사람治人'과 '다스림을 받는 사람治於人', '정신노동 하는 사람勞心'과 '육체노동 하는 사람勞力'의 분업에 관해 이야기할 때면 언제나 맹자의 일부 주장을 끌어다 붙인다. 그런데 사실 맹자보다 앞서 묵자가 이미 '분업종사'론을 제창했다. 맹자의 이론은 묵자의 '분업종사'론을 한 단계 더 발전시키고 이론화한 것에 불과하다.

묵자는 왕공대인 등이 농민들을 통치하고 착취한다고 주장했지만 농부와 서인 등을 노예로 바꾸는 데에는 반대했다. 특히 사람을 써서 순장하는 데 대하여 인도에 어긋나는 참혹한 행위라고 더욱 반대했다.

묵자의 기본 주장은 "위아래의 조화"(『묵자』「절장하」)다. 농부에 대한 왕공대인 등의 압제가 너무 심해서는 안 된다. 그것은 '포악한 왕'이다. '아랫사람'들이 '윗사람'에게 반항해서는 안 되는데, 일단 일어나 반항했다면 통치자는 "음란 포학하고 혼란을 조장하는 도적"[124]이 되니 죽여도 무방하다. 그래서 후기 묵가들은 "도적을 죽일 뿐 사람을 죽이지 않는다"[125]는 황당한 논의를 전개했다. 묵자의 '조화'론은 통치자에게 적당히 양보하라는 내용을 담고 있으나 중요한 것은 역시 '윗사람'에 대한 '아랫사람'의 조화다. '위'가 주이고, '아래'는 종이다. "위에서는 정치를 하고, 아래에서는 [그것으로] 풍속을 삼는다."[126] "위에서 정치를 바꾸면 백성은 교화 내용을 바꾼다."[127] 그는 사회 개혁의 희망을 완전히 '위에서 정치를 바꾸는' 데 기탁하고 있다.

묵자의 정치적 경향성은 주로 특권이 없던 '작은 집안', 특히 사 부류의 요구를 반영했다고 말할 수 있다.

1 일설에는 기원전 490년에서 기원전 403년 사이에 생존했다고 하며, 또 다른 주장은 기원전 475년에서 기원전 390년 사이에 살았다고 한다. ―옮긴이

2 고대에 25가家를 1사社라 했고, 사 내의 구성원을 명부에 기재한 것을 서사라 불렀다. 서사오백이란 500개의 사에 대한 인구와 토지 관할권이라는 의미로 대부의 지위에 상당한 것으로 생각된다. ―옮긴이

3 學儒者之業, 受孔子之術.(『회남자』「要略」)

4 殺人者死, 傷人者刑.

5 遊耕柱子於楚.(『묵자』「耕柱」)

6 遊公尙過於越.

7 出仕曹公子於宋.(『묵자』「魯問」)

8 逮至人之衆, 不可勝計也. 則其所謂義者, 亦不可勝計.(『묵자』「尙同下」)

9 皆是其義, 而非人之義.(『묵자』「尙同下」)

10 是以人是其義, 以非人之義, 故交相非也.(『묵자』「尙同上」)

11 厚者有鬪, 而薄者有爭.(『묵자』「尙同下」)

12 是以內者父子兄弟作怨惡, 離散不能相和合; 天下之百姓, 皆水火毒藥相虧害, 至有餘力不能以相勞; 腐朽餘財不以相分; 隱匿良道不以相教. 天下大亂, 若禽獸然.

13 選天下之賢可者, 立以爲天子.

14 選擇天下賢良聖知辯慧之人, 立以爲天子, 使從事乎一同天下之義.

15 是故天下(손이양孫詒讓은 '下' 자를 군더더기 즉 연문衍文으로 여김)之欲同一天下之義也. 是故選擇賢者, 立以爲天子.

16 法周, 而未法夏也.(『묵자』「公孟」)

17 背周道而用夏政.

18 墨子質實, 未嘗援人以自重. 其則古者, 稱先王, 言堯舜禹湯文武者四, 言門門者三, 而未嘗專及禹. 墨子固非儒而不非周也, 又不言其學之出於禹也.

19 孔子墨子俱道堯舜, 而取舍不同.

20 昔者聖王制爲五刑, 以治天下. 逮至有苗之制五刑以亂天下.(『묵자』「尙同中」)

21 善用刑者以治民, 不善用刑者以爲五殺.(『묵자』「尙同中」)

22 口不善.

23 存乎上之爲政也.

24 執有命者之言曰: 命富則富, 命貧則貧, 命衆則衆, 命寡則寡, 命治則治, 命亂則亂, 命壽

則壽, 命夭則夭.(『묵자』「非命上」)

25 昔上世之窮民, 貪於飮食, 惰於從事, 是以衣食之財不足, 而飢寒凍餒之憂至. 不知曰 我罷不肖, 從事不疾; 必曰 我命固且貧. 昔上世暴王, 不忍其耳目之淫, 心涂之辟, 不順其親戚, 遂以亡失國家, 傾覆社稷, 不知曰 我罷不肖, 爲政不善; 必曰 吾命固失之.(『묵자』「非命上」)

26 今之禽獸麋鹿蜚鳥貞蟲, 因其羽毛以爲衣裘, 因其蹄蚤(爪의 가차)以爲絝屨, 因其水草以爲飮食, 故唯使雄不耕稼樹藝, 雌亦不紡績織紝, 衣食之財固已具矣. 今人與此異者也, 賴其力者生, 不賴其力者不生.

27 愼言知行, 此上有以規諫其君長, 下有以敎順其百姓. 故上得其君長之賞, 下得其百姓之譽, 列士桀大夫聲聞不廢, 流傳至今而天下皆曰 其力也.(『묵자』「非命中」)

28 存乎桀紂而天下亂, 存乎湯武而天下治.

29 湯武之力也.

30 其力時急, 而自養儉.(『묵자』「七患」)

31 今若國之與國之相攻, 家之與家之相簒, 人之與人之相賊, 君臣不惠忠, 父子不慈孝, 兄弟不和調, 此則天下之害也.

32 今家主獨知愛其家, 而不愛人之家, 是以不憚擧其家以簒人之家. 今人獨知愛其身, 不愛人之身, 是以不憚擧其身以賊人之身.

33 非人者必有以易之. 若非人而無以易之, 譬之猶以水(兪樾은 '水'가 '火'여야 한다고 말한다)救火也, 其說將必無可焉.

34 以兼相愛, 交相利之法易之.(『묵자』「兼愛中」)

35 視人之國, 若視其國; 視人之家, 若視其家; 視人之身, 若視其身.(『묵자』「兼愛中」)

36 愛人若愛其身, 猶有不孝者乎? 視父兄與君若其身, 惡施不孝, 猶有不慈者乎? 視弟子與臣若其身, 惡施不慈. 故不孝不慈亡有, 猶有盜賊乎? 故視人之室若其室, 誰竊? 視人身若其身, 誰賊? (…) 視人之國若其國, 誰攻?(『묵자』「兼愛上」)

37 衣食者, 人之生利也.

38 飢者不得食, 寒者不得衣, 勞者不得息.(『묵자』「非樂上」)

39 民生爲甚欲, 死爲甚憎; 所欲不得, 而所憎屢至.

40 今王公大人有一牛羊之財, 不能殺, 必索良宰; 有一衣裳之財, 不能制, 必索良工.

41 恐其敗財也.(『묵자』「尙賢下」)

42 古者聖王, 亦嘗厚措斂乎萬民, 以爲舟車. 旣已成矣, 曰 '吾將惡許用之?' 曰 舟用之水, 車用之陸. 君子息其足焉, 小人休其肩背焉. 故萬民出財賚而予之, 不敢以爲戚恨者, 何也? 以其反中民之利也.

43 중량의 단위로 10말 또는 120근을 이른다. ─옮긴이

44 吾不如爲車輗者也巧也, 用咫尺之木, 不費一朝之事, 而引三十石之任致遠, 力多, 久於歲數. 今我爲鳶, 三年成, 蜚一日而敗.

45 墨子大巧, 巧爲輗, 拙爲鳶.

46 凡足以奉給民用則止, 諸加費, 不加於民利者, 聖王弗爲.

47 合歡群衆.

48 君說之, 故民爲之.

49 無言而不讎, 無德而不報. 投我以桃, 報之以李, 卽此言愛人者必見愛也, 而惡人者必見愛也.(『묵자』「兼愛下」)

50 君臣上下惠忠, 父子兄弟慈孝.(『묵자』「天志中」)

51 義不從愚且賤者出, 必自貴且知(智)者出.(『묵자』「天志中」)

52 里長順天子之政而一同其里之義(『묵자』「尙同中」)

53 富貴以道其前, 明罰以率其後.(『묵자』「尙同下」)

54 凡費財勞力不加利者不爲也.(『묵자』「辭過」)

55 諸加費, 不加於民利者, 聖王弗爲.(『묵자』「節用中」)

56 賤人不强從事, 卽財用不足.(『묵자』「非樂上」)

57 百姓不利必離散, 不可得用也.

58 明罰以率其後.

59 古者聖王爲五刑, 請以治其民, 譬若絲縷之有紀, 罔罟之有綱, 所(以)連收天下之百姓不尙同其上者也.(『묵자』「尙同上」)

60 若見愛利家以告者, 亦猶愛利國者也.(『묵자』「尙同下」)

61 若見惡賊國不以告者, 亦猶惡賊國者也.(『묵자』「尙同下」)

62 古之聖王治天下也, 其所差論, 以自左右羽翼者皆良. 外爲之人, 助之視聽者衆. 故與人謀事, 先人得之; 與人擧事, 先人成之; 光譽令聞(兪樾은 '光'을 '廣'이라고 말함), 先人發之. 唯信身而從事, 故利若此.(『묵자』「尙同下」)

63 一目之視也, 不若二目之視也. 一耳之聽也, 不若二耳之聽也. 一手之操也, 不若二手之强也.(『묵자』「尙同下」)

64 上之爲政, 得下之情則治, 不得下之情則亂.(『묵자』「尙同下」)

65 數千萬里之外有爲不善者, 其室人未遍知, 鄕里未遍聞, 天子得而罰之.

66 是以擧天下之人皆恐懼振動惕栗, 不敢爲淫暴, 曰 天子之視聽也神.(『묵자』「尙同中」)

67   不能獨一同天下之義.

68   一同天下之義.

69   一同其國之義.

70   上之所是, 必亦是之. 上之所非, 必亦非之.

71   里長順天子之政, 而一同其里之義.

72   率其里之萬民, 以尚同乎鄉長.

73   鄉長之所是, 必亦是之. 鄉長之所非, 必亦非之.

74   國君之所是, 必亦是之. 國君之所非, 必亦非之.

75   天子之所是, 必亦是之. 天子之所非, 必亦非之.

76   上有過, 規諫之.

77   凡使民尚同者, 愛民不疾, 民無可使. 曰 '必疾愛而使之, 致信而持之.'(『묵자』「尚同下」)

78   親戚則使之.

79   無故富貴, 面目佼好則使之.

80   使能以治之.

81   不黨父兄, 不偏富貴, 不嬖顏色.(『묵자』「尚同中」)

82   雖在農與工肆之人, 有能則擧之.(『묵자』「尚賢上」)

83   官無常貴而民無終賤.

84   抑而廢之, 貧而賤之, 以爲徒役.(『묵자』「尚賢中」)

85   百姓爲愚不肖.(『묵자』「非命中」)

86   自貴且智者, 爲政乎愚且賤者.(『묵자』「尚賢中」)

87   國有賢良之士衆, 則國家之治厚. 賢良之士寡, 則國家之治薄. 故代人之務將在於衆賢而已.(『묵자』「尚賢上」)

88   賢良之士厚乎德行, 辯乎言談, 博乎道術者乎. 此固國家之珍, 而社稷之佐也.(『묵자』「尚賢上」)

89   士者, 所以爲輔相承嗣也.(『묵자』「尚賢上」)

90   賢人唯毋得明君而事之, 竭四肢之力以任君之事, 終身不倦. 若有美善則歸之上. 是以美善在上, 而所怨謗在下; 寧樂在君, 憂戚在臣.(『묵자』「尚賢中」)

91   爲賢之道將奈何? 曰 有力者疾以助人, 有財者勉以分人, 有道者勸以敎人. 若此則飢者得食, 寒者得衣, 亂者得治. 若飢則得食, 寒則得衣, 亂則得治, 此安生生.(『묵자』「尚賢下」)

92   尚賢者 (…) 政事之本也.(『묵자』「尚賢下」)

93 爵位不高則民不敬也, 蓄祿不厚則民不信也, 政令不斷則民不畏也.(『묵자』「尙賢中」)

94 富之, 貴之, 敬之, 譽之, 然後國之良士亦將可得而衆也.(『묵자』「尙賢上」)

95 賢者不至王公大人之側.

96 不肖者在左右也.(『묵자』「尙賢中」)

97 明小物而不明大物也.(『묵자』「尙賢中」)

98 凡五穀者, 民之所仰也, 君之所以爲養也. 故民無仰則君無養, 民無食則不可事. 故食不
   可不務也, 地不可不力也, 用不可不節也.

99 其力時急而自養儉也.

100 其生財密, 其用之節也.

101 足以充虛繼氣, 强股肱, 耳目聰明則止.

102 冬服紺緅之衣, 輕且暖; 夏服絺綌之衣, 輕且清, 則止.

103 凡天下群百工, 輪車鞼匏, 陶冶梓匠, 使各從事其所能.

104 凡足以奉給民用, 則止.

105 聖王爲政, 其發令興事使民用財也, 無不加用而爲者.

106 諸加費, 不加於民利者, 聖王弗爲.

107 聖人爲政一國, 一國可倍也. 大之爲政天下, 天下可倍也. 其倍之, 非外取地也, 因其國家,
    去其無用之費, 足以倍之.

108 國家必貧, 人民必寡, 刑政必亂.(『묵자』「節葬下」)

109 芟刈其禾稼.

110 不與其勞獲其實, 已非其有所('所有'여야 함)取之之故.(『묵자』「天志下」)

111 計其所得, 反不如所喪者之多.(『묵자』「非攻中」)

112 庶人也, 必且數千; 徒倍十萬.

113 春則廢民耕稼樹藝, 秋則廢民獲斂.

114 百姓易務.

115 百姓飢寒凍餒而死者不可勝數.

116 今若有能以義名立於天下, 以德求諸侯者, 天下之服可立而待也.(『묵자』「非攻下」)

117 將欲奪之, 必固與之.

118 先利天下諸侯.

119 大國之不義也則同憂之, 大國之攻小國也則同救之. 小國城郭之不全也必使修之, 布粟
    之絕則委之, 幣帛不足則共之, 以此效(交)大國則小國之君說.(『묵자』「非攻下」)

120 人勞我逸則我兵甲强.

121 量我師舉之費以爭(征)諸侯之斃, 則必可得而序利焉(兪樾은 '序'가 '亨' 자의 오기일 것
이라고 말함).

122 以此授(孫詒讓은 '授'가 '援'의 오기로 의심된다고 말함. '援'은 '이끌다' '취하다'라는
말)諸侯之師則天下無敵矣.(『묵자』「非攻下」)

123 夫義者, 政也. 無從下之政上, 必從上之政下.(『묵자』「天志上」)

124 淫暴寇亂盜賊.

125 殺盜非殺人.

126 上以爲政, 下以爲俗.(『묵자』「節葬下」)

127 上變政而民易敎.(『묵자』「非命中」)

제9장

명가 정명실正名實의 정치사상

명가 개술

명학名學과 명가

전국 시대에는 변론의 풍토가 생겨났다. 제자백가는 학설을 세워 논박하고, 술사術士들은 종횡으로 갈리고 합하고 하면서 모두 도도한 웅변을 보여주었다. 그래서 순자荀子는 이렇게 말했다. "군자면 반드시 변론한다. 사람은 [누구나] 자기가 잘하는 것을 말하기 좋아하는데, 군자가 특히 심하다."1 명가는 바로 그때 전문적으로 변론을 일삼음으로써 이름을 떨쳤다. 순자는 변론하는 사람들을 성인 변론가, 군자 변론가, 소인 변론가로 나누었다. 그는 명가를 소인 변론가에 편입시켰다. 명가는 늦게 일어나 대체로 전국 중기 이후에 형성되었다. 그러나 명학의 발흥은 아주 오랜 연원이 있다. 위로 등석자鄧析子의 '형명刑名'론, 노자의 '무명無名'론, 공자의 '정명正名'론 그리고 묵자墨子의 '여명予名'론까지 소급할 수 있다. 바로 그들이 명칭변론名辯 사조의 선구를 이루었다.

명가의 변천

명가의 변천은 '형명刑名' '형명形名' '명名' 등 호칭의 변화를 통해 그 궤적을 고찰할 수 있다. 형명刑名→형명形名→명名이 바로 명가 변화의 궤적이다. '형명刑名'에서 '형명形名'이 된 것은 명名과 실實의 관계가 정치에서 일반 사물로 보편화되었음을 나타낸다. 즉 '치인治人'으로부터 '만물歷物'로 진화했다. '형刑'의 의미는 비교적 좁아 정치 한 면에 치우치지만, '형形'은 삼라만상을 포괄하며 널리 천지 만물을 포섭하니 '형刑'도 그 안에 포함된다. '형명形名'의 연구는 자연과 사회의 일반 원리까지 언급한다. '형명形名'에서 '명名'으로 바뀐 것은 형形을 떠나서 명名을 주로 이야기하면서부터다. 즉 사마담司馬談이 말하는 "전적으로 명名에 의해 결정되는 것"[2]으로 순수한 논리 개념 범주에서 분석한다. 오늘날 우리가 이야기하는 인식론과 논리학에 상당한다. 반고班固가 말하는 '교자警者'[3]는 바로 이 사람들을 가리킨다. 실천이성이 순수이성을 향해 발전하는 것이 인류의 지혜 발전 추세다. 그러나 전통사회에서는 정치가 모든 것을 압도해야 했으므로 정치적 공리주의는 왕왕 순수이성과 반대되는 길로 치달았다. 이 때문에 순수이성의 발전은 정치의 제한을 받을 수밖에 없었다. 이 점은 사마담, 반고 및 후대인들이 명가에 대해 재잘대는 비판 속에서 명명백백히 드러난다. 순수이성의 발전은 명가의 쇠락에 따라 앞으로 더 나아가지 못했다.

명가의 정치적 경향

등석鄧析은 형명刑名을 중시하고 소송 변론에 정통했다. 혜시惠施, 공손룡公孫龍은 괴기 담론을 좋아하고 정치에 힘을 쏟았다. 명가가 보기에 물리物理와 인정人情은 서로 통하므로 '물질 분석'은 결국 역시 치인으로 귀결한다. 『한서』 「예문지」는 명가가 예관禮官에서 나왔다고 말한다. 「논육가요지

論六家要旨」는 명가가 도가, 유가, 법가, 묵가, 음양가와 한가지로 방법은 달라도 목적은 모두 왕권주의라고 주장한다. 사마담과 반고는 명가 정치의 기본 경향에 대해서는 긍정적이었다. 다만 명가의 사유 방법에 비판을 제기했을 뿐이다. 명가의 일부 사상 명제에는 모종의 부정적 정신이 함유되어 있다. 이를테면 혜시가 제기한 "하늘은 땅보다 낮으며, 산과 연못보다 평평하다"[4]는 명제는 유가에서 규정하는 '하늘은 높고 땅은 낮다天尊地卑'와 첨예하게 대립한다. 이는 혜시의 '일체의 존엄을 없앤다去尊'는 사상을 반영하는 사유로 명가 내에서 대표성이 있다. 명가의 정치 경향은 비교적 복잡하다. 한편으로 그들은 "정치에 힘쓰는" 사람들로 기본 정치 경향은 사마담, 반고가 말한 것처럼 왕권주의였으며, 다른 한편으로 그들의 이성은 왕왕 왕권주의의 울타리를 넘어 시대를 초월하는 사상의 불꽃으로 번쩍이기도 했는데 그 과학 정신은 왕권주의가 용납할 수 없는 것이었다. 이것이 명가가 빨리 망한 근본적인 원인 가운데 하나다.

명가 인물 및 저작

명가 저작은 심하게 유실되었다. 남아 있는 것도 뒤섞이거나 빠진 곳이 많다. 『한서』 「예문지」에는 명가 및 그들의 저작으로 모두 7가家 36편篇의 목록이 쓰여 있다. 세어보면 『등석』 2편, 『윤문자尹文子』 1편, 『공손룡자』 14편, 『성공생成公生』 5편, 『혜자惠子』 1편, 『황공黃公』 4편, 『모공毛公』 9편이다. 『수서隋書』 「경적지經籍志」에는 완효서阮孝緖의 『칠록七錄』에 근거하여 명가의 서적으로 3권, 즉 『등석자』 1권, 『윤문자』 2권의 목록만을 기록하고 있다. 『공손룡자』 3권은 도가에 열거되어 이름이 『수백론守白論』으로 바뀌어 있다. 『한서』 「예문지」에 보존된 명가도 벌써 넷이 없어진 상태이고 책의 권 역시 혼란하다. 거기에 새로 더해진 것들은 이도저도 아니며 이미 명가의 주된 취지를 상실하고 있다. 명가 또한 이로 인해 뒤섞여 잡박해졌다. 청淸대 『사고전서四庫全書』에 이르면 '명가'라는 이름마저 취소하여 등석, 윤문, 공손룡을 잡가에 집어넣고 있다. 위진魏晉 시대 한때 명학이 부흥하기도 했으나 전국 시대의 명변名辯 사조와 비교하면, 서산낙일의 운명으로 같은 시절이라 이야기할 수가 없다. 진晉나라 노승魯勝의 『묵변주서墨辯注叙』는 말한다. "등석으로부터 진秦나라에 이를 때까지 명가는 세상에 그 책들이 많이 있었는데, 따라 알기가 자못 어려웠고 후학들이 이를 다시 이어 학습하지 않게 되었다. [그래서] 최근 500여 년에 이르러서 망실되어 끊겼다."[5] 명가 사상을 연구하는 데는 위의 재료들을 쓸 수 있고, 그 외 제자백가의 학설 가운데서 편린을 찾아낼 수도 있다. 명가의 대표 인물은 등석, 윤문, 혜시, 공손룡이다.

유향劉向은 말한다. "등석은 형명을 좋아해 [둘 다 가능하다는] 양가설兩可說을 견지했고, 무궁무진한 수사를 풀어냈다."[6] '형명'론과 '양가'설은 등석이 정치가이면서 동시에 변론가로서 양면을 지녔음을 반영한다. 이 양면은 후기 명가들에 의해 극단적인 형식으로 발전했다. 『등석자』『윤문자』의 저자는 '형명'의 측면을 발전시켰는데, 이 파는 후기 명가의 주류가 되지는 못했다. 혜시, 공손룡은 '양가'설을 발전시켰는데, '치인'의 의미를 '역물歷物'과 '석명析名(개념 분석, 즉 "전적으로 명에 의해 결정되는" 가운데 마치 유향이 『별록別祿』에서 말한바, "견백堅白과 동이同異를 논함으로써 천하를 다스릴 수 있다고 생각했다"는 말과 같다)'에 두었다. 이 파는 이미 당시에 일대 현학顯學이 되었으며, 후기 명가 발전의 주류를 이루었다. 순자가 명가를 논하면서 자주 혜시와 등석을 나란히 놓고 논의한 것이 바로 이 점을 설명한다. 따라서 명가는 두 부류로 나눌 수 있다. 한 부류는 명법가名法家요, 또 하나는 명변가名辯家다.

제2절

『등석자』의
형명무위 사상

등석과
『등석자』

    등석은 정鄭나라 사람이다. 자산子産과 동시대 인물로 자산이 형정刑鼎을 주조하자 등석은 『죽형竹刑』을 만들어 "수차례 자산의 법 집행을 곤란하게 했다".[7] 『열자列子』 「역명力命」 편은 등석이 "양가兩可설을 견지하며 무궁무진한 수사를 풀어냈는데,"[8] 자산과 논쟁해 자산이 그의 변론을 이길 수 없었고, 그래서 그를 "붙잡아 죽였다"고 말한다. 그런데 『좌전左傳』의 기록을 보면 사전駟顓이 등석을 죽이면서 그의 『죽형』을 사용했다고 하니 등석의 죽음이 자산과 무관함을 알 수 있다. 등석의 행동은 고대 희랍의 소피스트와 매우 비슷하다. '둘 다 그렇다兩然'와 '둘 다 가능하다兩可'의 방법으로 백성에게 쟁송하도록 가르쳤다. 그 말에 따라 "쟁송을 배우려는 사람이 셀 수 없을 정도였다".[9] 그는 또 소송 사건의 크고 작음에 따라 비용을 받았는데 "큰 옥사는 옷 일습을, 작은 옥사는 저고리와 바지를 받았다".[10] 그는 '양연' '양가'법을 운용하여 형서의 법률 조문 내에서 힘들이지 않고 일을 처리했다. 『여씨춘추呂氏春秋』 「이위離謂」는 그가 "옳고 그름에 원칙이 없어 가능한 것과 불가한 것이 날로 변했다. [소송에] 승리하고자 하면 승리하게 만들었고 유죄를 내리고자 하면 유죄를 내리게 했으니"[11]

"정나라는 크게 혼란스러워졌고 백성은 이구동성으로 떠들어대게"[12] 되었다. 아마도 형서가 소략하여 형서에 따라 옥사를 다루면 분명히 '양연' '양가' 현상이 발생했으므로, 그가 '양연' '양가'법으로 형서의 폐단을 들춰냄으로써『죽형』으로 형서를 대신하고자 했던 것일 수 있다. 사전이 등석을 죽이면서 그의『죽형』을 이용하니 "민심이 이에 복종하고, 옳고 그름이 이에 정해지고, 법률이 이에 행해졌다"[13]. 이를 보면『죽형』이 확실히 형서보다 훨씬 더 엄밀했으며 편리하고 실용성이 풍부했던 듯하다.『죽형』으로 나라를 다스린 뒤 '양연' '양가' 현상은 없어졌으며 등석 또한 자기 덫에 자기가 걸리는 끝장을 보게 되었다. 완고하기 이를 데 없는 도덕의 힘은 위인을 광대로 만들어버리거나, 선지자를 죄인이 되게 할 수 있다. 등석은 그를 죽여야 한다는 모두의 함성 속에서 그렇게 칼날 아래 귀신이 되고 말았다. 이 사건에 대한 후인들의 평가도 유향이 "그의 방법을 이용해 그 사람을 버리지 않을"[14] 수도 있었다고 말한 것을 제외하면, 대부분이 등석은 군중에게 해로운 존재이니 죽여야 한다는 것이었다. 왕세정王世貞은「등자서鄧子序」에서 등석은 "시정 무뢰배의 우두머리이니 누가 사전의 형벌이 실수라고 말하겠는가!"[15]라고 한다. 송렴宋濂의「제자변諸子辨」에도 "그가 주륙을 당한 것은 당연하다. 불행한 일이 아니다"[16]라고 말한다. 전제주의자들이 보기에 길들여지지 않은 혹독한 이성은 반드시 권력으로 거세해야 할 대상이다. 마치 거세된 육체가 군왕의 신임을 얻는 것과 마찬가지로 거세된 이성 또한 군왕의 사랑을 받는 것이다. 이성의 존엄을 지키고 싶어하는 사람이 있으면 그는 곧 단두대 위에 올라갈 준비를 해야 한다. 그러고 난 뒤 기회를 노려 나쁜 짓을 하는 본보기로 그려질 것이다. 등석의 말로가 바로 이와 같았다.

등석의 저작에 관하여 공인된 믿을 만한 것은『죽형』뿐이다. 그런데『죽형』또한 일찍 실전되었다. 오늘날 전해지는『등석자鄧析子』에 대해서는 의견이 분분하다. 대체로 옛날 사람들은 주로 믿는 편이었으나 오늘날 사람들은 의심한다. 유향의 서敍는 말한다. "신이 교정한 『등석서』는 4편이며 신의 서敍가 그중 1편입니다. 중외中外의 책 5편을 서로 교감하여 중복된 것을 빼면 2편이 됩니다."17 『사고전서총목四庫全書總目』은 『등석자』 1권의 목록을 기재하고 법가류에 배치하면서 이렇게 말한다. "이 책은 『한서』 「예문지」에 2편이라 했는데, 현존본도 역시 「무후無厚」 「전사轉辭」 2편으로 나뉜다. 이를 합하여 한 권으로 만들었다. 그러나 문장의 절차가 서로 이어지지 않은 것을 보면 마치 여기저기서 주워 모은 글 같다."18 『등석자』 는 전국 시대 후기 혜시나 등석의 추종자 무리의 손에서 나왔으나 등석 사상을 계승한 작품으로 생각된다. 조공무晁公武의 『군재독서지群齋讀書志』 는 말한다. "반고가 명가 앞머리에 등석의 책을 열거한 것은 등석의 학문 이 아마도 명가와 법가를 겸했기 때문일 것이다. 지금 이 책의 요지를 보 니 [남의 잘못을] 들춰내 벗기는 것으로 정말 그런 말이 있었는지 의심할 바가 없다. 시간이 지나면서 다른 책들을 표절하여 취한 것이 많아 대단 히 잡박하며 계통이 없다. 후인들이 덧붙인 것 아니겠는가?"19 옛날 사람 은 후인들이 덧붙였다고 의심했을 뿐, 후인들이 거짓으로 가탁함은 의심 하지 않았다. 유향의 서로부터 청나라 『사고전서총목』까지 모두 『등석자』 한 권을 선진 시대의 작품으로 열거했다. 『등석자』가 진한秦漢 이후 사람 의 가탁으로 출현했다는 주장은 오늘날까지 그저 추측으로 여겨질 뿐 증 명되지는 못하고 있다. 여기서는 여전히 『등석자』를 등석과 그의 제자들 의 정치사상으로 간주하며, 시기는 전국 중기 이후로 단정한다.

　『등석자』의 정치사상은 지극히 잡박하다. 책 전체를 꿰뚫어보면 그의 사상은 명가와 법가를 겸하고 황로黃老에 통하며, 군주에의 권력 집중을 주장한다. 그런데 사이사이에 병가의 권모술수, 종횡가의 마음대로 갈랐 다 붙였다 하는 말, 노장老莊의 세속에 대한 분노와 질시, 유가의 선왕 및 예악론이 뒤섞여 있다. 그 의도야 제자백가를 포용하고 온갖 사리에 정통하여 일가의 주장을 이루는 데 있었겠지만 사람들에게 여전히 혼란스럽고 틀이 없는 느낌을 준다. 우리는 『등석자』가 형명법치刑名法治와 무위이치無爲而治 두 가지 사상을 핵심 노선으로 책 전체를 관통하고 있다고 생각한다.

형명법치刑名法治 사상

『등석자』의 형명법치 사상은 "그 주지가 세력은 존엄함으로 통합되어야 하고, 일은 실제와 엄격히 맞아떨어져야 한다"[20]며 군주 전제를 주장한다.

군주는 필연성을 인식하여 명을 확정함審—定名

'일—'은 선진의 제자백가에게 필연성을 의미하는 부호다. 한비자는 "도는 쌍雙이 없으므로 일이라 부른다"[21]고 말한다. '일'을 이용하여 도를 호칭한 것은 도의 기본 속성을 반영한 것이다. 먼저 도는 쉬지 않고 생명을 낳는 본체로 오직 일일 뿐 이일 수 없다獨—無二. 다음으로 최고의 필연성으로 천지 만물을 지배하며 그것을 "다시 통하게 하여 일이 되"[22]도록 한다. 군주와 도는 서로 대응하여 한편으로는 둘도 없는 지존을 표명하며, 다른 한편으로는 최고의 필연성을 체현하고 있다. 원칙과 만물은 서로 대응한다. 그래서 군주와 신하의 관계는 도와 만물의 관계와 같다. 도는 만물을 파생하고 주재하며, 군주는 뭇 신하를 거두고 제어한다. 마치 만물이 필연성의 지배에 복종하듯이 뭇 신하는 군주 통치에 복종한다. 『등석자』 「무후」 편은 "명군이 일을 살피면 만물은 스스로 [구분을] 정한다"[23]고 말한다. 군주의 지혜는 충분히 체인하고 필연성을 파악하여 사물 각각에 제 분수에 딱 맞는 규정을 부여해주는 데 있다. "명이 마땅하면 성인이라 일컫는다."[24] '명이 마땅함'이란 바로 사물의 본질을 붙들어 정확한 규정을 부여한다는 말이다. 군주는 군신 관계를 다룸에 있어 필연성에 대한 인식, 즉 '심일審一'을 전제로 삼아야 한다. '일'이라는 이 근본만 굳세게 붙잡고 있으면 만물(뭇 신하)은 자연히 안정된다. '심일'과 '명의 확정定名'은 군주의 특권이다. 군주가 '일'을 잃으면 신하들의 권력 전횡을 부를 것이고, 정치권력이 여러 경로에서 나오면 심지어 신하가 군주를 시해하는 지경에 이를 것이다. 마찬가지로 군주가 '명名'을 잃으면 법 질서는 어지러워지고 정치 부패를 초래해 군주는 약해지고 신하가 강해질 것이다. 군주의 권력이 약화되는 길은 먼저 그 '명'이 어지러워지고 이어서 그 '일'을 탈취당하는 것이다. 그래서 『등석자』의 저자는 반드시 군주는 '명'을 자신에게서 나오도록 해야 한다고 반복해서 강조한다. "명이 밖에서 이뤄지도록 해서는 안 된다. 지혜가 다른 사람을 따르도록 해서는 안 된다. 자신의 말에서 구해지도록 해야 한다."[25] 군주는 응당 심일하고 정명해야 한다. 정치를 필연성의 궤도에 들게 하여 군신 관계 위의 현실로 드러나도록 해야 한다. 즉 군주는 전제하고 백관은 직무를 나눈다. 군주와 신하는 각기 제 위치에 서서 제 임무를 맡고 각각의 정치를 도모한다. 직무에 소홀해서는 안 되며 월권 행위를 해서도 안 된다. 솔직하게 필연성에 복종한다. 지고무상의 군주가 바로 현실에서의 필연성이다.

군주는 명에 따라 실제 내용을 따짐循名責實

'명을 확정'한 후 군주는 명에 따라 실제 내용을 따져야循名責實 한다. "명에 따라 실제 내용을 따짐은 군주의 일이다. 법을 받들고 명령을 펴는 일은 신하의 직무다."[26] "[군주는] 위에서 명에 따라 실제 내용을 감독하고, [신하는] 아래에서 가르침을 받들어 어긋나지 않도록 한다."[27] '군주의 일'과 '신하의 직무'는 경계가 분명하다. 군주는 그 명을 붙들며, 신하는 그것의 실제 내용을 효과적으로 처리한다. 양자는 각기 제 일을 한다. "신하로 하여금 멋대로 처리하지 못하게 하면서 군주가 [권세의] 칼자루柄를 장악하고 있는데 다스려지지 않는 경우는 아직 없다."[28] '칼자루'는 권權이다. 권은 명名을 정하는 기구다. 명은 예법, 정부 법령, 작위 호칭, 의식 등을 말한다. 일체의 사회적 규정성을 총괄적으로 '명'이라 부른다. 군주가 명을 잃고 신하가 실實을 숨기면 "군주에게 세 가지 폐해三累가 생기고, 신하에게는 네 가지 책임四責이 생긴다."[29] 무엇을 '3누'라 일컫는가? 가까운 친척만을 믿음이 군주의 1누다. 명성으로만 선비를 취함이 군주의 2누다. 개인적 친소 관계에 따라 가까이하고 멀리함이 군주의 3누다. 오직 친척만을 임용하면 천하 인심을 잃게 된다. 명성으로만 선비를 취하면 사람들은 앞다투어 말재주로 환심을 사거나 명예를 탐내는 일을 하게 된다. 근친들의 일이나 돕고 부인들처럼 인을 행하기 좋아하면 멀고 소원한 사람들이 모두 원망한다. 이는 군주가 '명'을 잃고 일을 하는 경우이므로 누가 몸에 미치고 재앙이 국가에 미친다. '신하는 4책이 있다'는 무슨 말인가? 두터운 상을 받고도 공이 없음이 신하의 1책이다. 큰 지위에 있으면서도 다스리지 못함이 신하의 2책이다. 다스림에 있어 공평하지 못함이 신하의 3책이다. 군대를 거느리고 나가 패주함이 신하의 4책이다. 이 4책이 있으면 국가는 제멋대로 흩어질 것이며 집마다 편할 날이 없을 것이다. 그런데 그 원인을 따져보면 역시 군주가 명을 잃었기 때문이다. 신하가 명의 새끼줄 밖에서 놂으로써 실의 효과를 볼 수 없다. 그래서 군주는 '3누'를 없애고 '4책'을 제거하여 "명에 따름으로써 실제 내용을 감독"[30]해야 한다. 명실상부할 경우만 3누4책 현상이 자연스레 없어질 것이다. "군주에게 3누가 없고, 신하에게 4책이 없으면 그 나라는 안녕할 수 있다."[31]

군주는 법을 살펴 권위를 세움察法立威

일체의 사회 규정 가운데 법은 최고 권위를 갖는다. 법은 인간의 생사 여탈을 결정지을 수 있는 치국의 이로운 기물이고 명 가운데 가장 우월한 존재다. 그러나 법과 권위의 확립은 반드시 필연성을 기초로 '심일'한 뒤 법을 세워야 한다. 그래서 『등석자』의 저자들은 군주의 상벌은 필연성을 체현하는 것이어야지 제 마음대로 해서는 안 된다고 강조한다. "기쁘다고 상을 주지 않고, 화난다고 벌을 주지 않으면 치세라 할 만하다."[32] 명가에게서 이른바 순명책실循名責實의 '명'은 주로 법을 가리킨다. 그래서 명가는 사람들에게 명법가名法家로 불리기도 한다. 순명책실의 정치 원칙이 구체적 정치 행위로 확정된 것이 바로 법으로 나라를 다스리는 것이다. 법을 살펴 권위를 세움察法立威은 순명책실이라는 정치 원칙이 실제 정치 과정에 관철되고 실시되는 것으로 간주할 수 있다. "명에 따라 실제 내용을 따지고, 법을 살펴 권위를 세우면 훌륭한 왕이다."[33] 법과 권위는 왕권의 근본이다. 시종 풀어놓지 않고 이 근본을 잡고 있으면 당연히 성왕이고 명군이다. 「전사」 편은 군주가 '스스로 오로지' 해야 한다. 즉 홀로 판단하고 혼자 결행하여 절대 전제를 해야 한다고 주장한다. "군주가 스스로 오로지하지 못하고 아랫사람에게 맡기길 좋아하면 지혜는 날로 부족해지고 술수는 날로 궁해진다."[34] 군주는 특히 상벌 권한을 '오로지 스스로' 해야 한다. "기쁘면 그냥 상을 주되 반드시 공을 따질 필요는 없다. 화나면 그냥 벌을 주되 반드시 죗값을 물을 필요는 없다."[35] 상벌이 기쁨이나 분노에서 나오는 것을 법가는 크게 금기한다. 이 점에서 명가 종지와 합치하지 않는다. 그럼에도 여기서 이렇게 당당하게 제기하고 있으며 앞의 주장과도 분명히 모순되고 있다. 사실 이렇게 스스로 모순된 주장을 하는 것은 사상의 복잡성을 더욱 솔직하게 반영하는 셈이다. 그들은 한편으로 전제 정치가 반드시 필연성의 기초 위에 수립되어야 한다고 강조하면서 다른 한편으로는 군주의 개성이 모든 것을 결정한다고 주장하기도 한다. 이는 그 시대의 이율배반이다. 유가는 표면 의식의 차원에서 필연성으로 왕권을 제약해야 한다고 주장하지만, 내면 의식에서는 오히려 왕권이 필연에서 나왔다고 주장한다. 법가는 공개적으로 왕권이 필연이라고 주장한다. 동시에 군주의 개성은 필연성으로 전환될 가능성이 있다고 암시한다. 그런데『등석자』의 저자들은 여기서 군왕의 개성이 바로 필연성이라고 강조한다. 이론상 군주는 완전히 방종해도 된다는 이야기다. 유가와 법가는 이론상 많든 적든 권력에 대한 비판을 남기고 있는 데 비해『등석자』의 저자들은 오히려 일체의 비판과 제약을 모두 없애버리고 있다.

군주가 세워지면 현인을 존중하지 않음

춘추 전국 시대에는 현인을 숭상하는尚賢 분위기가 고조되었다. 하지만『등석자』의 저자들은 오히려 이에 코웃음을 쳤다. 그들은 '현인존중尊賢'을 군신 관계라는 저울 위에 두면서 현인을 존중하면 신하가 중시되고 군주는 경시된다는 결론을 얻어냈다. "군주를 세우고도 존현하면 현인과 군주가 다투게 된다. 그 혼란은 군주가 없는 것보다 심하다."[36] 군주와 현인의 대립은 권력과 품덕, 지식의 모순을 반영한다. 존현은 품덕과 지식을 드러넘이니 무형 중에 오히려 권력의 가치를 떨어뜨린다. 이는 전제주의에서 용인될 수 없다. 동시에 존현은 군신 관계의 경계선을 훌쩍 넘어버린다. 군신 관계는 본질적으로 여전히 주종 관계다. 주인이 종을 존중함은 명분이 뒤바뀐 것으로 "군주가 명을 잃는" 사태를 초래한다. 다시 말해 군주에게 필요한 것은 노비이지 현인이 아니다. 현인이 조정에 있으면 군주 권한을 나누게 되고, 현인이 재야에 있으면 사회 여론에 영향을 미친다. 이 두 측면 모두 전제주의의 큰 금기를 범하는 일이다. 그리고 존현은 전제주의에 불리한 사회 분위기 형성에 영향을 줄 수 있다. 사람들이 원만한 지식을 추구하고, 고상한 품덕을 추구하면 군주의 노복이 되려 하지 않는다. 오직 권력을 추구하는 사람들만이 달갑게 군주의 노복이 되려 할 것이다. 그러므로 존현은 어떤 의미에서 전제주의 가치 관념에 대한 부정이라고 말할 수 있다. 당시 존현, 상현을 제창한 사람들은 대부분 먼 안목이 없이 현인들의 지혜가 부국강병, 전쟁 승리의 보배인 줄만 알 뿐 존현이 전제주의에 함유하고 있는 위험을 보지 못했다. 『등석자』의 저자들은 단도직입적으로 이 위험성을 지적했다. 이와 같이 날카로운 문제 제기는 신도慎到나 한비도 그에 못 미침을 자탄할 정도다. 그들은 "신하는 군주의 말馬이다"[37]라고 생각했다. 군주가 채찍으로 신하를 다스리는 것이야말로 전제주의가 범인을 기르는 비결이다.

위에 서술한 사상들, 예컨대 필연성을 인식하여 명을 확정함, 명에 따라 실제 내용을 따짐, 법을 살펴 권위를 세움, 군주를 세우고 현인을 제거함이 기본적으로 지향한 바는 절대적 군주 전제였다.

무위이치無爲而治 사상

선진 제자들은 거의 모두 '하는 일이 없어도 안 되는 일이 없는 것無爲而 無不爲'을 정치의 최고 경지로 받들었다. 도가는 말할 필요도 없고, 유가와 같이 쉼 없이 노력하는 자들까지도 대부분이 '무위無爲'를 논한다. 이를테 면『논어論語』「위영공衛靈公」편은 "무위하면서도 [성공적으로] 다스린 사 람은 순舜임금 아니겠는가?"[38]라 하고,『중용中庸』에는 "[일부러] 보지 않 아도 조리 있고, [일부러] 움직이지 않아도 변화하며, [일부러] 함이 없어 도 이루어진다"[39]고 하고,『주역周易』「계사繫辭전」에는 "역易은 [일부러] 사 고함이 없으며, [일부러] 행함이 없다"[40]고 하고,『예기禮記』「예운禮運」에는 "마음이 무위함으로써 지극한 정正을 지킨다"[41]고 한다. 다른 학파들은 더 욱 부채질하여 이 사상을 발전시켰다. 신도, 신불해, 한비 등 법가는 법, 술, 세 삼위일체를 근본으로 삼아 무위이치 사상을 발전시켰고, 고일서古 佚書의 저자 및『관자管子』가운데 도가 학파 등 황로 학파는 무위를 근본 으로 삼으면서 법치 사상을 결합시켰다.『등석자』의 저자들은 형명을 근 본으로 삼으면서 무위이치 사상을 결합시켰다. 그 추세는 법가와 서로 가 깝다. 청나라『사고전서총목』은 그들의 주지가 "법가에 가깝다"고 말한다.

등석의 무위 사상은 군신君臣 관계 및 군민君民 관계 두 측면에 관련한다.

'민의를 보고 정책을 내는視民出政' 치민 사상

군민 관계는 치자와 피치자의 관계다. 『등석자』는 치자를 위해 힘쓴다. 다른 제자백가와 마찬가지로 고심하여 치민술治民術을 다루었다. 『등석자』의 치민술은 노자의 어리석게 한 뒤 다스림愚而後治과는 다르다. 그는 가르친 뒤 다스릴 것敎而後治을 주장한다. 법으로 백성을 다스리는 것만을 강조하는 법가와 달리 백성을 가르치는 데 법을 사용하라고 주장한다. 그래서 그의 치술은 도가와 같은 음유陰柔가 없을 뿐만 아니라 법가처럼 모짊도 없이 대단히 풀어져 있다. 그의 주장을 보자.

군주는 백성을 후하게 대해야 한다. "군주 되는 사람은 마땅히 겨울날의 햇볕처럼, 여름의 그늘처럼 해야 한다. 만물이 스스로 [갈 곳으로] 돌아가도록 해야지 부려서는 안 된다."[42] 군주는 응당 겨울 하늘의 태양처럼 사람들에게 따뜻함을 주어야 하며, 여름 하늘 아래 그늘처럼 사람들을 감싸줘야 한다. 근본적으로 흉악한 마귀처럼 채찍을 들어 백성을 다스릴 필요가 없다. "어떻게 눈을 부릅뜨고 팔뚝을 걷으며 손에 채찍을 쥐고 휘두른 뒤 다스릴 수 있단 말인가?"[43]

백성을 근본으로 삼아야 한다. 높은 곳은 낮은 곳이 바탕이 되며, 군주는 백성을 근본으로 삼는다. 군주는 인민과 밀접한 관계를 유지하여 정치를 민의의 기초 위에 수립해야 한다. "훌륭한 군주는 민의를 보고 정책을 낸다視民出政."[44] 따라서 "고귀한 [신분에] 의지해 사는 사람은 [항상] 민심의 이반을 걱정한다."[45]

백성이 다투지 않도록 한다. "백성으로 하여금 다투지 않도록 하는 것보다 더 큰 군주의 공은 없다."[46] '백성으로 하여금 다투지 않도록 하는'

길은 정명定名, 입법立法 외에 위정爲政 문제가 있다. "물이 흐리면 꼬리를 흔들어대는 물고기가 없고, 정치가 가혹하면 편하고 즐거운 선비가 없다. 법령이 번거로우면 백성은 속이게 되고, 정치가 요란하면 백성이 안정되지 못한다."[47] 가혹하고, 번거롭고, 요란한 정치는 백성을 괴롭게 하고, 속이게 하며, 안정되지 못하게 한다. 백성은 이로 인해 다투려는 마음이 일고, 다툴 마음이 한번 일면 걷잡을 수 없이 욕망이 넘쳐 천하 대란에 빠지게 된다. 그러니 정치를 잘하는 방법은 가혹함, 번거로움, 어지러움을 없애 백성으로 하여금 근심 걱정이 없게 하여 다툴 마음이 저절로 사라지게 하는 데 있다.

군주와 백성이 같이 편안해야 한다. "훌륭한 군주가 백성을 부림은 말을 치닫게 하되 재갈은 물리지 않는 것처럼 한다."[48] 명군은 백성을 다스림에 마치 말에 타고 앉아 질주하게 하면서도 말에 굴레를 씌우지는 않은 것처럼 한다. '재갈을 물리지 않은 말'처럼 갖가지 속박과 제한을 없애고 백성을 자유롭고 관대하게 해주어야 한다. 훌륭한 군주는 재갈을 물리지 않은 말을 몰되 본성에 순응하며 아주 자연스럽게 하니 무위해도 안 되는 일이 없다. 그렇게 되면 군주와 백성이 같이 편안하여 높은 베개에 누워 유유자적해도 천하가 다스려진다. "성인이 한세상에 걸쳐 소요자재하고 만물의 온갖 형태를 맡아 다스린다. 평온하여 채찍을 휘두르는 벌이 없으며, 조용하여 질타하는 소리가 없다. 그런데도 집마다 풍족하고 천하는 태평하다."[49] 성인이 소요자재하니 천하가 태평하고, 채찍이 있어도 사용하지 않으며, 말이 없어도 백성이 잘 다스려진다.

백성은 군주에게 통일되어야 한다. 군주와 인민의 관계에서 군주는 목적이고 인민은 도구다. "백성은 군주의 수레바퀴다."[50] 권세는 군주를 태우고 있는 근본이며 백성은 수레를 움직이는 바퀴다. "백성이 화목하면 바퀴가 잘 구른다."[51] 인민에게 관대한 정치를 행하면 "바퀴를 부러뜨리고 태운 [사람을] 해칠 걱정"52은 없을 것이다. 그렇지만 무위이치라도 마부(군주)와 채찍(법률)이 없어서는 안 된다. "백성은 군주에게 통일되어야 하며 [모든] 일은 법 앞에서 결정되어야 한다. 이것이 나라의 도다."53 백성은 흩어진 모래알과 같으니 군주가 없으면 통일될 수 없다. 인간사는 분규가 끝없으니 법이 없으면 재단할 수 없다. 저자는 군주에게 한 손으로 백성을 잡고 한 손으로 법을 치켜들어 치국평천하 하기를 요구하고 있다.

'허를 지켜 실제 내용을 따지는守虛責實' 신하 제어술

백성에의 관대한 정치와 반대로 『등석자』는 신하에 대한 엄격한 제어를 주장한다. '형명'으로 외재하는 '유有'를 제어하는 동시에 '텅 빈 듯한 허의 자세를 지켜守虛' 내재하는 '무無'를 제어하라고 한다. '형명'은 그 몸을 다스리고, '수허'는 그 마음을 다스린다. 여기에서 군주 전제가 입신의 경지에 이르렀다고 하겠다.

신하가 행하는 일은 형명으로 옭아맬 수 있다. 그런데 신하의 심기는 변화막측하고 비밀스러워 타인에게 보이지 않으니 형명으로 통제할 수 없으며, 한 사람의 귀, 눈, 마음, 지각 기능에 의지하여 파악할 수 있는 것도 아니다. 마땅히 '수허'의 술로 다스려야 한다. 무엇을 '수허'라 하는가? 무위無爲다. 무위란 아무 일도 하지 않는 것이 아니다. '무'라는 곳으로부터 노력을 기울여 '무' 속에서 '유'를 생산한다. 따라서 군주는 응당 "유가 없음에서 보아야 하고"54 "소리 없음에서 들어야 한다."55 '유'는 '무'를 근본으로 삼는다. "무형은 유형의 근본이다. 무성은 유성의 어머니다."56 그래서 '유'를 알고 '무'를 모르면 근본을 모른다고 말한다. 군주는 신하의 말을 듣고, 행동을 보고, 유를 알고, 명에 따라 실제 내용을 따지는 동시에 무성無聲, 무명無名, 무유無有한 곳에서 '허를 지켜 실제 내용을 따져야' 한다.

'수허'에는 두 가지 뜻이 있다. 하나는 인간의 본질을 붙잡아 근본으로 말절을 다스리는 것이다. 「전사」 편은 말한다. "신하를 다루는 방법은 (…) [보통] 사람에게 [하는 방법으로] 사람을 쓰지 않으므로 귀신같다고 말한다. 화내지 않음에서 화가 나오고, 하지 않음에서 함이 나온다. 유가 없는 [상태에서] 보면 소견을 간파할 수 있다. 소리가 없는 [상태에서] 들으면 소문을 알 수 있다."[57] 「무후」 편은 말한다. "귀로 듣지 않으면 소리 없는 것도 꿰뚫는다. 눈으로 보지 않으면 형태 없는 것도 비친다. 마음으로 헤아리지 않으면 조짐이 없는 것도 통달한다. 지각으로 생각하지 않으면 미연에 합치할 수 있다."[58] 귀, 눈, 마음, 지각은 '유'에 쓰일 뿐이다. 생동감 있고 구체적으로 사물의 특수성과 개성을 파악하는 것은 풍부한 감성 활동이다. 이 감성 활동이 사물의 표상有 위에 머물러 있으면 사물의 본질無에 깊이 들어갈 수 없다. 본질은 무형無形, 무상無象, 무명無名이다. 그것은 필연성으로 통치하는 세상이며, 이성이 활동하는 세계다. 군주의 지혜는 감관의 한계와 형명의 제약을 초월해 참되고 질박한 상태로 되돌아가 본질을 움켜잡아야 한다. 정치란 결국 사람을 다스리는 일이다. 치인하려면 반드시 인간의 본질을 붙들어야 한다. 여기에서 『등석자』가 반복하여 '무성, 무유, 무형' 등으로 인간의 본질을 비유한 것은 인성의 '무' 측면을 파악해야만 형형색색, 천변만화의 인간사를 한 고리에 꿸 수 있다는 생각 때문이었다. 이른바 "허를 지켜 실제 내용을 따지면 만사가 끝난다"는 것이다.[59]

'수허'의 또 다른 의미는 인심을 다스리는 것이다. 인간으로 말하자면 '무형' '무성' '무유'한 곳은 바로 '심' 영역이다. 심의 움직임은 텅 비고 아득하여 찾을 만한 아무 흔적도 없다. 보이지도, 들리지도 않으며 만져지지도 않는다. 이 영혼의 깊은 오묘함이야말로 전제주의 군주들이 가장 흥미를 느낀 곳이다. 신하들이 남이 알까봐 깊이깊이 숨기고 있는 생각과 심리 활동을 알고 싶은 군주는 두 가지 술을 사용해야 한다. 하나는 독행獨行의 술이고, 하나는 천하의 술이다. 무엇을 '독행의 술'이라 하는가? 「전사」 편은 말한다. "짚섶더미에 불을 들이대면 반드시 바짝 마른 놈부터 먼저 탄다. 고른 땅에 물을 대면 반드시 습한 곳부터 먼저 젖는다. 그래서 말하기를 [모든 것을] 견주어 그것을 움직이면 어찌 응하지 않는 자가 있겠는가? 이것이 독행의 술이다."[60] 군주가 필연성을 장악하여 '그것을 움직이면' 신하는 반드시 '그것에 응할' 것이다. 군주가 인성의 약점을 통찰하여 세력으로 이끌면 신하들을 군주가 하고자 하는 바에 따르도록 할 수 있다. 그리하여 신하들에게 생각과 심리 활동의 숨겨진 면을 드러내도록 하는 것이 바로 군주 '독행의 술'이다. 무엇을 '천하의 술'이라 하는가? 「전사」 편은 말한다. "천하의 눈으로 보면 안 보이는 것이 없다. 천하의 귀로 들으면 안 들리는 것이 없다. 천하의 지혜로 생각하면 모르는 것이 없다. 이 세 가지 술을 얻으면 일하지 않는 [상태에] 있을 수 있다."[61] 천하 사람들의 이목이 모두 군주의 이목이 되므로 "군주가 [보이는] 형태를 감추고 그림자를 숨겨도 뭇 신하는 사사로움이 없다."[62] 신하의 생각과 심리 활동이 제아무리 은밀하다 하더라도 복잡하게 얽힌 인간관계에서 결국 한 가닥의 흔적마저 노출되지 않을 수는 없는데, 천하의 이목으로 이를 감시해 사람마다 밀고하게 하면 "뭇 신하는 사사로움이 없게 된다". 이것이 바로 '천하의 술'이다.

이상을 종합해보면 『등석자』의 무위이치 사상은 군신 관계와 군민 관계라는 두 방면을 언급하고 있다. 명明나라 양신楊愼은 「등자서鄧子序」에서 "편 가운데 대부분이 신하에게 재갈을 물리고 통제하는 말로 가득한 것을 보면, 등석은 아마도 치국에 장기가 있던 인물 아니겠는가?"[63]라고 말한다. 양신이야말로 『등석자』 저자의 천년지기라 부를 만하다.

『윤문자』의 형명법술 사상

윤문(기원전 360?~기원전 280)은 전국 시대 제齊나라 사람이다. 송견宋銒, 팽몽彭蒙, 전병田駢 등과 함께 직하稷下에 유학했다. 『한서』 「예문지」에는 『윤문자尹文子』 1편의 목록을 수록하고 명가에 편입시키면서 "제 선왕宣王에게 유세했는데 공손룡보다 앞선다"[64]고 말한다. 그의 활동이나 행적에 대한 기록이 많지 않으며, 사상에 대해서도 의견이 분분하다. 혹자는 『윤문자』에 의거해 그의 사상이 황로, 신불해와 한비의 사이에 있다고 단정한다. 또 어떤 사람은 그를 도가로 귀납시키며 송견과 한 파를 이룬다고 한다. 필자는 『윤문자』라는 책이 대체로 믿을 만하고, 후인들이 약간 바꾼 부분이 있기는 하지만 기본 구조는 바뀌지 않았으니 『윤문자』 한 권에 의지해 대략적 사상 경향을 판단할 수 있다고 생각한다.

도-형명-명분

『윤문자』는 상하 양편으로 나뉘어 있는데, 상편은 대부분 형명의 이야기이고 하편은 대부분 법술法術에 관한 말이다. 윤문 사상의 특징은 형명으로부터 법술로 진입하는 것이다. 그의 사상 체계 속에서 도가 본체가되어 첫 번째 위치에 놓이지만, 사상의 핵심은 주로 형명 관계 방면에 투영되어 있다. 윤문이 그의 형명관 속에 도를 끌어들이려 한 까닭은 그의사상이 궁극적으로 추구하는 바에 대한 필요를 만족시키고, 사상을 필연성의 기초 위에 두기 위함이었다. 언어의 논리적 기능은 인간의 사고가자신이라는 협애한 경험에서 벗어나 궁극적인 것을 추구하도록 만든다.그리고 그 초경험 속에서 실재를 파악하고 구조화하도록 한다. 본체가 되는 도는 사실 이러한 기능의 산물이지 진정한 실재성을 지닌 것이 아니다. 윤문의 형명관 속에 인입된 도는 초경험적이다. 그래서 편을 시작하자마자 "큰 도는 무형이다" "큰 도는 설명할 수 없다"고 말한다. 하지만 그는노자처럼 "억지로 명칭을 붙여" 명료하게 말할 수 없음을 확실히 알면서도 설명하려 들지는 않았다. 서로 비교해보면 윤문의 태도가 훨씬 더 초탈해 도를 명료하게 말할 수 없으면 설명하지 않았다. 그는 비록 "큰 도로써 다스리는 자라면 명가, 법가, 유가, 묵가[의 주장]을 스스로 폐기한다. 명, 법, 유, 묵으로써 다스리는 자라면 부득이 도에서 떨어져 있다"[65]고 말하지만 동시에 "도로써 충분히 다스릴 수 없으면 법을 사용한다"[66]고도 말한다. 윤문이 덮어놓고 도를 추종한 것이 아님을 알 수 있다. 그는 도에도 불충한 점이 있다고 생각했다. 사람이 도를 넓힐 수는 있지만 명과 법이 도의 부족함을 메울 수도 있다고 보았다. 이것이 바로 명가와 도가의 다른 점이다. 도와 기器의 관계에서도 윤문은 기를 더욱 중시한다. 기야말로 형태形가 있고, 이름名 지을 수 있기 때문이다. 명가가 명가인 까닭은 이렇듯 형명을 이야기하는 데 있다. 윤문은 도를 떠나서 형명을 이야기한 적이 없다. 오히려 도에 대해서는 공경하되 멀리하는 입장이었다. 공손룡은 윤문의 '분별分別'론으로부터 '이離'의 관점을 끌어냈던 것처럼 윤문 사상의 기초 위에서 도를 포기해버렸다.

윤문은 도, 형, 명 삼자 관계를 다루면서 도를 첫 번째 위치에 두었다. 도는 형이 없으며 명을 지을 수도 없다. 내려와 기器가 되면 형을 갖게 되는데 유형의 물질은 이로써 하나하나 구별하여 명을 지을 수 있다. 도에서 기까지, 무형에서 유형까지의 이 전환이 어떻게 이루어지는지 윤문은 말이 없다. 노자는 이 점을 논술한 적이 있다.(이를테면 "질박함이 흩어지면 기가 된다"[67] 등이다.) 그러나 명가는 이와 같은 형이상학적 직관에 흥미가 없는 것 같다. 도란 그저 도가로부터 빌려온 하나의 논리적 전제에 불과하다. 진정으로 명가 사상을 구성하는 핵심은 형과 명이다.

윤문은 본체인 도와 사물 명칭 사이에 어떠한 논리적 관계도 수립하지 않았다. 다시 말해 윤문의 명은 형이상학적 근거를 결하고 있다. 명이 의지하는 바는 형이상의 도에서 말미암지 않는다. 형이하의 형으로부터 보장되는 것이다. 『윤문자』「대도상大道上」편은 말한다. "명이 무어라 부를 수 없었던 것으로부터 생기면서 모든 형상은 스스로 모나든지 둥글든지 하게 된다. 명이 모나거나 둥근 형태로부터 생기면서 모든 명은 어떻게 불려야 할 것인지 정해진다."[68] 명이 형에서 생기면 "형으로 명을 정하고" "형은 명에 응하는 것이다."[69] 명이 믿을 만한가는 완전히 그에 상응하는 형이 있는가 없는가에 달려 있다. 윤문은 모든 형이 다 믿을 수 있는 것은 아니라고 주장한다. "형상形이 있는 것은 반드시 명칭名이 있지만 명칭이 있다고 반드시 형상이 있는 것은 아니다. 형상은 있는데 명칭이 없다고 하여 반드시 방원方圓과 흑백의 실제 내용實을 잃는 것은 아니다. 명칭은 있는데 형상이 없다고 하여 명칭을 찾아 검증하지 않음과는 차이가 있다."[70] 현실 생활에서 '명칭은 있는데 형상이 없음'은 항상 나타나는 현상이다. 그 원인을 따져보면 명은 그 자체로 '관념이 관념을 구성하고, 명사가 명사를 해석하는' 자생적 기제를 갖고 있다. 그리하여 명의 세계를 형의 세계에서 멀어지게 만든다. 명 또한 이로 인해 이질화가 생겨난다. 명의 작용은 본래 '형을 바로잡는 것'이다. 윤문은 말한다. "명이란 형을 바로잡는 것이다. 형의 올바름이 명에서 나오면 명은 어긋날 수 없다."[71] 그런데 명은 그 자생적 기제의 재촉하에 자신의 공중누각, 즉 '명칭은 있는데 형상이 없는 것'을 수립할 수도 있다. 그 결과 부작용이 생긴다. 사람들은 왕왕 명의 세계를 실제로 간주하며 명에 기인해서 형을 구한다. "그림을 보고 그림 속과 같은 준마를 찾는다"는 속담처럼, 명은 때로 사람들이 실제에 접근하는 데 장애가 되기도 한다. "세상은 명으로 인하여 실을 얻기도 하고, 명으로 인하여 실을 잃기도 한다."[72] 이 때문에 명가가 되면 먼저 반드시 '정명正名'한다. 윤문도 책을 열자마자 바로 이야기한다. "그래서 중니仲尼는 '반드시 명을 바로잡아야 한다! 명이 바르지 못하면 말이 순조롭지 못하다'고 말한 것이다."[73] 이른바 '정명'에는 주로 세 가지 상황이 존재한다. 하나는 '형상을 보고 명을 확정함形以定名'이고, 둘은 '사건을 가지고 명칭을 검증함事以檢名'이며, 셋은 '명을 찾아서 검증함尋名以檢'이다.

형명 관계로부터 명의 신뢰성을 확증해야 하며, 사건 속에서 실천을 통해 명의 정확성을 검증해야 한다. 또 명칭 자체에 필요한 제한을 가함으로써 확실한 정의를 내려야 한다. 그럼으로써 명칭은 실재와 서로 합치하여 "사물의 실제 내용을 다하게 할 수는 없더라도 차이가 생기는 걱정은 안 해도 된다".[74] 그렇게 "형과 명이 사물에 부여되어 그 이치理를 감출 수 없게"[75] 함으로써 명칭의 '형상을 바로잡는正形' 기능을 효과적으로 발휘토록 한다.

　　명으로 '정형'한다 함은 간단히 말해 "명칭으로 형상을 검증함"이고, "명칭으로 사물을 확정함"에 다름 아니다. 그 관건은 "피차를 구별해 허실을 검증하는"[76] 데 있다. '정명'이 주로 어떻게 명실상부하도록 할 것인가의 문제를 해결하는 것이라면, '정형'은 사물에 대한 명칭의 규범 및 명칭이 부여한 사물의 의의와 질서에 무게를 둔다. 윤문은 명을 세 부류로 나누며 "명칭에는 세 조목이 있다"고 말한다. "하나는 사물의 이름을 정하는命物 명으로 둥금, 모남, 흼, 검음 등이 그렇다. 둘은 비방이나 찬양毁譽의 명으로 선함, 악함, 귀함, 천함 등이 그렇다. 셋은 비유나 설명況謂의 명으로 어짊, 어리석음, 사랑, 미움 등이 그렇다."[77] 사실상 이 '세 조목'은 명의 세 가지 기능, 즉 사물의 명명, 비방이나 찬양, 비유나 설명을 구현한다. 동시에 인간세계의 세 가지 경향을 반영한다. 즉 '사물의 명명'은 사물에 대한 인간의 실증적 경향을 표현하며, '비방이나 찬양'은 인간에 대한 인간의 가치적 경향을 표현하며, '비유나 설명'은 인간의 감정적 경향을 표현한다. 여기서 사물과 인간의 객관적 형질을 일컬어 '명'이라 하고, 인간의 주관적 경향을 일컬어 '분分'(이것은 '분' 가운데 한 가지 함의임)이라 한다. 윤문은 말한다. "명은 마땅히 저쪽에 있어야 하고, 분은 마땅히 내 쪽에 있어야 한다."[78] 명의 신뢰성은 형에 의해 보장되므로 객관성을 지닌다. 그런데 '분'은 완전히 개인의 좋고 싫음에 달려 있다. "나는 흰 것을 사

랑하고 검은 것을 미워하며, [음률상의] 상商조를 운으로 취하고 치徵조는
버리며, 노린내 나는 음식을 좋아하고 그을린 음식은 싫어하며, 단것이 입
에 맞고 쓴 것은 거슬린다고 하자. 여기서 희고 검음, 상조와 치조, 노린내
와 그을림, 달고 씀은 저쪽彼 명이다. 사랑하고 미워함, 운으로 취하고 버
림, 좋아하고 싫어함, 입에 맞고 거슬림은 내 쪽我 분이다. 이처럼 명과 분
이 정해지면 만사가 어지러워지지 않는다.'[79] '분'이 순전히 개인적 의지에
의해 결정된다고 하자. 많고 많은 생물체의 좋고 싫음이 다 다른데 각기
제 길을 가면 혼란스럽지 않을 수 없다. 많고 많은 사람의 의지가 모두 제
로이거나 위에서 하나의 절대의지가 세계를 주재하는 경우라면 아닐 수
도 있지만, 그렇지 않고 '만사가 어지러워지지 않는다'는 것은 빈말에 불
과하다. '나'는 여기서 수많은 개체를 지칭하는 것이 아니라 성인을 가리
킨다. 윤문은 사실 성인을 대신해 말하고 있다. 성인이 그의 자유의지로
세계를 '분'했으며 중생들은 그저 성인이 조종하는 대상이거나 재료일 뿐
이다. 윤문은 경멸하면서 그들을 '사私'라고 부른다. 성인이 명을 바로잡
고 분을 정한正名定分 것은 사를 없애는 데 그 까닭이 있다. 윤문은 말한다.
"'명'이 정해지면 사물끼리 경쟁하지 않는다. '분'이 밝혀지면 사가 행해지
지 않는다. 사물끼리 경쟁하지 않음은 [그럴] 마음이 없어서가 아니라 명
이 정해졌기 때문에 그 [다투려는] 마음을 둘 데가 없는 것이다. 사가 행
해지지 않음은 [그럴] 욕망이 없어서가 아니라 분이 명확하기 때문에 그
욕망을 둘 데가 없는 것이다. 즉 마음과 욕망은 사람마다 있는 것이나 한
결같이 무심하고 무욕할 수 있는 것은 그것을 잘 통제하는 도가 있기 때
문이다.'[80] 사람들이 '무심무욕'할 수 있음은 명분이 이미 정해졌기 때문
이다. 성인이 명분을 정하고, 법제를 세울 수 있는 것은 그에게 권세가 있
기 때문이다. 성인은 불어오는 바람이며 중생들은 그 바람에 쓰러지는 풀
잎에 불과하다. 그의 좋아하고 싫어함이 일체를 결정지을 수 있으며, 민

중의 의지는 미미하여 말을 꺼낼 수조차 없다. 윤문은 제齊 환공桓公과 초
楚 장왕莊王의 사례를 들어 이 점을 설명한다. "제 환공이 자주색 옷을 좋
아하니 경내에 다른 색깔 옷은 값을 받지 못했다. 초 장왕이 가는 허리를
사랑하자 한 나라가 모두 굶주린 기색으로 가득했다. 윗사람이 아랫사람
을 어떻게 통솔하느냐에 따라 치와 난이 비롯된다."[81] 권세 있는 자의 선
택은 민중의 수요를 결정하기에, 대수롭지 않은 그의 개성을 필연적인 것
으로 승화시킬 수 있다. 성인의 개성은 명분名分을 통해 드러나며 우리로
하여금 이를 배후에서 신성하게 승낙하도록 하는데, 왕왕 비열한 욕망이
준동하고 있음을 볼 수 있다.

명분-법술-무위

"도로 충분히 다스릴 수 없으면 법을 쓰고, 법으로 충분히 다스릴 수 없으면 술術을 사용하고, 술로 충분히 다스릴 수 없으면 권權을 쓰고, 권으로 충분히 다스릴 수 없으면 세勢를 사용한다. 세가 사용되면 권으로 되돌아가고, 권이 쓰이면 술로 되돌아가고, 술이 사용되면 법으로 되돌아가고, 법이 쓰이면 도로 되돌아가며, 도가 쓰이면 무위해도 저절로 다스려진다."[82]

이 말은 윤문의 정치사상을 압축적으로 개괄한다. 정치는 도에서 출발하여 법, 술, 권, 세 등 고리의 전달, 조정, 전환 과정을 거쳐 다시 도로 되돌아간다. 여기에서 도는 전제인 동시에 결과다. 마치 상산常山의 뱀[83]처럼 머리와 꼬리가 서로 물려 있어 폐쇄적 고리를 형성한다. 윤문 사상의 내재 논리에서 볼 때 이 고리는 대단히 뒤틀려 있다. 인과의 쇠사슬로는 그것들을 거의 연결시킬 수가 없다. 도치道治와 법치 사이에 필요한 논리적 맥락이 결핍되어 도에서 어떻게 법으로 건너가는지 윤문은 어떤 설명도 해주지 않는다. 그럼에도 그는 오히려 도치와 법치의 우열을 비교하고 있다. "도가 세상에 행해지면 빈천한 자들은 원망하지 않고, 부귀한 자들은 교만하지 않으며, 어리석고 약한 자들은 두려워하지 않고, 지혜롭고 용감한 자들은 [그렇지 못한 자들을] 능멸하지 않아 분分이 확정된다. 세상에 법이 행해지면 빈천한 자들이 감히 부귀한 자들을 원망하지 못하며, 부귀한 자들이 감히 빈약한 자들을 능멸하지 못하며, 어리석고 약한 자들이 감히 지혜롭고 용감한 자들을 희망하지 못하며, 지혜롭고 용감한 자들이 감히 어리석고 약한 자들을 천시하지 못한다. 이것이 법이 도에 미치지 못한 까닭이다."[84] 본문에서 이야기하는 도는 바로 정명正名, 정분定分을 가리킨다. 여기서 명분이 되면서 '세상에 행해지는' 도는 분명히 "명가, 법가, 유가, 묵가들이 스스로 폐기"하게끔 만든 그 도일 수 없다. 왜냐하면 명과 법에 의지해서 자신을 드러내야 하기 때문이다. 위 두 인용문에 두 개의 '도' 자가 출현했는데, 하나는 "도로 충분히 다스릴 수 없으면 법을 사용한다"는 도이고, 또 하나는 "법이 쓰이면 도에 되돌아간다"는 도다. 그런데 뒤의 '법이 쓰여' 되돌아간다'는 도가 바로 앞의 그 '충분히 다스릴 수 없다'의 도라고 하는 것은 대단히 믿기 어렵다. 물론 본체론적으로는 그것들이 하나로 합쳐질 수 있다. 그러나 한 바퀴 순환을 거친 뒤 그것들은 형태상 이미 변화가 발생했다. '충분히 다스릴 수 없다'는 도는 명분이 아직 확정되기 전의 혼돈 속 질박함, 즉 순수한 자연 형태다. 그런데 법, 술, 권, 세 등의 변화를 겪은 뒤 '되돌아간다'는 도는 이미 사회적 형태가 되어버렸다. 윤문은 명분세계를 없애고 자연으로 돌아가자는 주장을 제기한 것이 아니다. 오히려 그와 반대로 "핵심은 무엇보다도 먼저 명분을 바로 하여"[85] 세상을 질서정연하게 바꾸고, 그러고 나서 술이 숨겨질 수 있고, 형形이 없어질 수 있고, 법이 쓰일 수 있다고 주장한다. 여기에 근거하여 우리는 윤문이 '되돌아가고자' 한 도가 '세상에 행해지는' 명분의 도일 것으로 추측할 수 있다. 명분의 도는 정치의 형이상학적 기초는 아니지만 오히려 정치의 실재적 기초가 된다. 위 글 '도-형명-명분'

에서 도는 형이상학 영역에서 실재의 영역으로 진입한 것을, 그리고 형명은 "만물 내부"의 도가 명분의 도로 전환되는 핵심 고리임을 가리킨다. 여기서 명분은 대단히 중요하다. 그것은 도의 종점인 동시에 법의 전제가 된다. 이른바 "법이 쓰이면 도로 되돌아간다"는 바로 이 전제로 되돌아간다는 말이다. 이 전제가 충분히 전개되었을 때 정치는 비로소 무위의 경지에 도달할 수 있다. 윤문은 말한다. "도가 쓰이면 무위해도 스스로 다스려진다." 그런데 '도의 쓰임'은 반드시 '법의 쓰임' 위에 뿌리내리고 있어야 한다. 법치를 통해 무위를 실현하므로 '명분-법술-무위'의 사상 사슬에서 법술은 위를 받들고 아랫사람을 계발시키는 중심 고리에 놓인다. 앞에서 말했듯이 윤문 사상의 특징은 형명으로부터 법술로 들어왔기 때문에 대략 그 모습을 알아볼 수 있다. 윤문은 법을 네 부류로 나눈다. 그는 말한다. "법에는 네 가지 기능四呈이 있는데 (…) 하나는 불변不變의 법으로 군주, 신하, 위, 아래가 그렇다. 둘은 풍속을 가지런히 하는齊俗 법으로 유능함, 어리석음, 같음, 다름이 그것이다. 셋은 대중을 다스리는治衆 법으로 상을 주고 형벌을 가하는 것이다. 넷은 평준平準의 법으로 율律, 도度, 권權, 양量이 그것이다."[86] 이른바 '4정'은 법의 네 가지 기능, 즉 불변, 제속, 치중, 평준을 가리킨다. 법은 공개성과 보편성을 갖추고 있다. 윤문은 법치가 인치보다 낫다고 생각했다. 그는 성인聖人에 의한 다스림과 성법聖法에 의한 다스림의 우열을 비교하면서 이렇게 말한다. "성인[의 다스림]은 '사적 개인己'으로부터 나온다. 성법[의 다스림]은 '공적 이치理'로부터 나온다. 리는 기에서 나오지만 기가 [곧] 리는 아니다. 기는 리를 낼 수 있지만 리가 [곧] 기는 아니다. 그러므로 성인의 다스림은 홀로 [단독 사건을] 다스리는 것이지만, 성법으로 다스리면 다스려지지 않음이 없다."[87] 인치는 정치 운명을 군주 한 사람의 품성에 연결시키기 때문에, 현인을 만나면 다스려지고 어리석은 사람을 만나면 어지러워지는, 마치 온 밑천을 다 동원해 모험을 하는 정치다. 반면 법치는 정치 운명을 보편적 법리法理에 연결시키기 때문에 "미련한 소경봉사라도 지혜롭고 총명한 사람과 똑같이 다스릴 수 있으니"[88] "현인을 만나든 어리석은 사람을 만나든 일정하다."[89] 인치와 법치의 근본적 차이는 바로 인치는 우연성의 정치이고 법치는 필연성의 정치이며, 인치는 개성의 정치이고 법치는 보편성의 정치라는 데 있다. 윤문은 정치에서 개성의 작용을 반대하지 않았다. 군주의 개성이 풍속을 바꿀 수 있었던 경우에는 윤문도 항상 찬탄을 가득 머금은 채 그들에 대해 이야기했다. "옛날 진晉나라에서는 사치가 심해 문공文公이 검약함으로 그것을 바로잡으려 했다. 그리하여 겹비단의 옷을 입지 않았고, 두 가지 이상의 고기를 겸하여 먹지 않았다. 이에 얼마 지나지 않아 사람들 모두가 거친 베옷을 입고, [껍질을 덜 벗긴] 현미밥을 먹게 되었다. 월越나라 왕 구천勾踐이 오吳나라에 보복을 도모하면서 사람들이 용감해지기를 바라 길거리에서 약이 바짝 오른 두꺼비를 보면 차축을 붙잡고 일어서서 공경하니, 몇 년 못 가 백성은 어른이든 아이든 적을 만나면 물불을 가리지 않게 되었다."[90] 그러나 군주 개성의 전개는 반드시 법을 전제로 해야 한다. 인치의 근본 작용은 법치의 부족함을 메우는 데 있기 때문이다. "법이 충분하지 않으면 술을 쓴다."

『윤문자』 전체를 통틀어 윤문이 말하는 술은 크게 입법立法의 술과 행법行法의 술, 두 가지로 나눌 수 있다. 입법의 술은 정분定分과 전제專制 두 측면을 포함한다. '정분'은 먼저 군신의 명분을 정하여 정치의 근본을 확립하는 것이며, 다음으로 사상과 여론을 통일하여 군신 상하의 등급 관계를 유지하는 것이다. '정분'의 술은 '먼저 죽이는 것先誅'이 중요하다. "먼저 죽일 대상은 도둑도 간인도 아니고"[91] "정치를 어지럽힌 근원"인 권신權臣과 변자辯者다. 권신은 "아랫사람으로 위의 권한을 침탈하고, 신하임에도 군주의 술을 사용하며, 제때에 금지하는 바를 마음으로 두려워하지 않고, 제때의 법을 행동으로 따르지 않는"92 자다. 이들은 군주의 권력에 엄중한 위협이 된다. 변자는 소정묘少正卯 부류의 사람을 가리킨다. "그래서 탕湯왕은 윤해尹諧를 죽였고, 문왕文王은 반정潘正을 죽였고, 태공太公은 화사華士를 죽였고, 관중管仲은 부리을付里乙을 죽였고, 자산은 등석과 사부史付를 죽였다. 이 여섯 사람은 세상과 따로 노는 데 마음이 일치한 사람들로 죽이지 않을 수 없었다."93 '전제專制'에 대해 윤문은 말한다. "빈부가 모두 군주에게서 비롯되면 군주는 통제할制 바를 오로지한專 것이니 백성이 [어디에] 귀속될 것인지를 알게 된다."94 전제의 비밀은 바로 '빈부가 모두 군주에게서 비롯되도록' 하는 데 있다. 민심의 향배란 이익의 있고 없음을 보는 데 불과하다. 이익이 있으면 천하의 마음이 돌아오고 이익이 없으면 무리로 배반하고 친지가 떠나간다. 윤문은 말한다. "명리가 소인을 다스리는 것이니 소인에게 명리가 없어서는 안 된다."95 그러므로 군주 전제는 반드시 먼저 천하 이익을 독점하여 "백성 스스로 빈궁하거나 부유해질 수 없도록"96 해야 한다. 만약 빈부가 모두 백성의 자주에서 비롯된다면 군주는 "껍데기로 나라에 임하는 것이며, 백성을 뒤따르는 무리에 불과하니 금방 위태로운 혼란이 닥칠 것이다."97 그러니 전제의 술은 백성으로 하여금 "작록을 받은 뒤 부유해지고"98 "형벌을 받은 뒤 빈한해"99지도록 하는 것이 핵심이다. 군주가 상과 벌이라는 두 칼자루를 쥐고 다스리면 "사람들은 반드시 군주에게 온 힘을 다투어 바칠 것이고,"100 "사람들 모두 죄가 두려워 선을 좇을 것이다."101 여기서 윤문은 한 가지 기본 사실, 즉 전제는 권력이 경제를 지배하는, 경제를 초월한 강제라고 말하고 있다.

"정치란 명을 바르게 하여 법을 행하는名法 일이다."102 명은 정명과 정분을 가리키며 입법의 일이다. 법은 상과 형벌을 가리키며 행법行法의 일이다. 윤문은 정치 동란을 이끌어내는 원인이 세 가지 있는데, 그 가운데 둘이 법과 관련 있다고 주장한다. "나라를 다스리는 데 법이 없으면 혼란하다. 법이 있음에도 쓸 수 없으면 혼란하다."[103] 전자는 입법을 가리키며 후자는 행법 문제와 연관된다. 윤문 행법술은 다음 몇 가지로 귀결된다.

군신 상호 구분君臣相分 "상과 형벌은 군주의 일이다. 직무를 지켜 [최대의] 효과를 내는 것은 신하의 업무다."[104] '군주의 일'은 행법하는 일이며, '신하의 업무'는 법을 지키는 업무다. 군신의 상호 구분은 권력을 나누는 것이 아니라 권력과 직능의 관계(군주는 권력 장악, 신하는 업무 진력), 권력 주체와 권력 부속의 관계를 명확히 하는 것이다. 윤문은 군주와 신하가 각기 제 도를 행하고, 각기 제 일에 임해야 한다고 생각했다. "군주가 신하의 업무를 더불어 해서는 안 되고, 신하가 군주의 일을 침해해서는 안 된다. 상하가 서로 침해하거나 더불어 하지 않음을 명이 바로 섰다名正고 말한다. 명정하니 법이 순조롭다."[105] 군신 관계는 명분에 적절히 합치해야 한다. 너무 소원해도 물론 안 좋으며, '분分'을 지나쳐 친밀해도 동란을 초래할 수 있다. "군주가 신하를 [너무] 총애하고 신하가 군주를 [과하게] 사랑하면 공공의 법이 폐해지고 사적인 욕구가 행해지니 어지러운 나라다."[106] '분'을 넘은 친밀함은 필경 '익숙해서 가벼워질狎' 것이니 '익숙해 가벼우면' "신하가 군주의 일을 침해하는 것"을 면할 수 없다. 따라서 행법술의 첫째는 바로 군신의 상호 구분이다.

대중과 공동 통치與衆共治 윤문은 이렇게 생각했다. "천하의 모든 일에 능력을 갖출 수는 없다. 한 사람에게 그런 능력을 갖출 것을 요구한다면 성현이라도 골치 아플 것이다."[107] 그러므로 행법술의 요체는 대중과 공동으로 다스리는 데 있다. "성인의 통치는 홀로 다스리는 것을 숭상하지 않으며, 능히 대중과의 공동 통치를 소중히 여긴다."[108] 어떻게 해야 대중과 공동 통치를 실현할 수 있는가? 윤문은 말한다. "온전하게 통치하여 잘못이 없는 사람은 크든 작든 많든 적든 각기 제 분수에 마땅하게 한다. 농부, 상인, 기술자, 벼슬아치가 제 업무를 바꾸지 않도록 한다."[109] 치국의 도는 군신으로 하여금 '각기 제 분수에 마땅하도록' 할 뿐만 아니라 사농공상으로 하여금 '각기 제 분수에 마땅하도록' 해야 한다. 군주는 신하와 공동으로 다스려야 할 뿐만 아니라 사농공상과 공동으로 다스려야 한다. "늙은 농부, 오랜 장사꾼, 숙련된 기술자, 옛 벼슬아치가 여전히 모두 [제자리를] 지키고 있다. 그러니 위에 있는 사람에게 무슨 일이 있겠는가?"[110] 사농공상 모두가 스스로 다스리니 군주는 당연히 높은 데 누워 유유자적할 수 있다.

하나로 귀결시켜 법으로 표준화함歸一準法 대중과의 공동 통치에는 응당 표준이 있어야 한다. 따라서 행법술은 "만사가 모두 하나로 귀결되고, 온갖 제도가 모두 법으로 표준화되도록"[111] 하는 것이 중요하다. 예를 들어 "사람은 '도度'로 길고 짧음을 재고, '양量'으로 많고 적음을 받아들이고, '형衡'으로 가볍고 무거움을 바로잡으며, '율律'로 맑고 탁함을 고른다."[112] "'도'로 길고 짧음을 잰다"는 것은 하나로 많은 것을 통제하고, 법으로 대중을 다스린다는 말이다. 윤문은 이 하나를 잡고 있으면 "능력 있는 자든 어리석은 자든 나란히 공을 세우고"[113] "현인이든 바보든 다 같이 고민하며"[114] "둔하고 멍청한 귀머거리든 장님이든 [더불어] 똑같이 지혜롭고 총명하게 다스려갈 수 있다"[115]고 생각했다. 이것은 "최고의 통치술"로서 사람의 능력 여부, 현명함 여부와는 아무 상관이 없다.

윤문의 행법술을 통틀어보면 그의 의도는 모두 군주무위를 향해 있다. 군신의 상호 구분에서 신하는 유위하고 군주는 무위하며, 대중과의 공동 통치에서 백성은 유위하고 군주는 무위하며, 하나로 귀결하고 법으로 표준화함에서는 법은 유위하고 군주는 무위하다. 군주는 상대적으로 고요한 무위 상태에 머물면서 정치의 첫 번째 추동자가 된다. 그의 사명은 '입법' 즉 체제 수립, '행법' 즉 체제 운행의 추동이다. 일단 체제가 돌아가면 그는 곧 무위 상태에 머문다. 이것이 바로 윤문의 "법이 쓰이면 도로 되돌아가고, 도가 쓰이면 무위해도 저절로 다스려진다"는 이상이다. 이리하여 인치는 법치로 대체되며, 개성은 보편성의 배척 대상이 된다. 그러나 윤문에는 지고무상한 하나의 개성이 있고 이 개성은 허구의 성인이 아니라 현실적 군주이며, 동시에 그것이 곧 보편성의 출처라고 인정하기만 한다면 보편성의 배후에 있는 그 거대한 개성의 어두운 그림자를 벗어날 수 있다. 이 그림자는 필경 나무 인형을 조종하는 것처럼 보편성을 조종할 것이다. 윤문의 보편성에 관한 생각이 진실일는지도 모른다. 그러나 실제 효과로 볼 때 그것은 오히려 군주가 하고 싶은 대로 하는 개성을 위해 설계된 올가미가 된다. 보편성에 대한 숭상 때문에 사람들은 자기도 모르게 이 올가미에 떨어진다.

제4절

혜시惠施의 거존去尊 사상

혜시(기원전 370?~기원전 318)는 송나라 사람이다. 장자莊子와 친구였으나 장자보다 먼저 죽었다. 그의 생전과 사후 처지는 천양지차다. 생전에는 재주가 넘쳐 "두루 만물에 대해 이야기했으며,"[116] 저술이 대단히 풍부해 "책이 다섯 수레에 이르렀으며", 권세가 혁혁해 "위魏나라 재상을 매우 오래했으며", 이름을 천하에 떨쳐 "유가, 묵가, 양주楊朱, 공손룡"과 어깨를 나란히 했고, 나아가 그의 사상이 당시 5대 현학顯學의 하나일 정도였다. 그런데 사후에는 저작이 유실되고 역사에 따로 열전도 없다. 명예는 땅바닥에 떨어지고 사상의 편린들만이 장자의 책을 빌려 전해지고 있다. 『한서』 「예문지」에 『혜자』 1편이라는 목록이 기록되어 있지만 책은 일찍이 유실되고 없다. 현존하는 것이라곤 『장자』 「천하天下」 편 속의 "사물을 뛰어넘는 열 가지 일歷物十事"뿐이다. 그의 '만물설萬物說'에 대한 『장자』 「천하」 편의 이야기도 상세하지 못하다. 혜시가 기이한 주장을 세우기 좋아하여 장자는 그를 "괴이한 행동을 한다"고 말하면서도 '질박'하게 여겨 많이 고쳐주려 했다. 혜시가 죽은 뒤 장자는 크게 탄식하며 "선생이 죽으니 나는 질박하게 여길 사람이 없어졌고, 더불어 이야기할 사람이 없어졌다"[117]고 말했다. 장자만 혜시를 '질박'하게 여긴 것이 아니라 전국 시대 후기 제자들 대부분도 그를 '질박'하게 여겼다. 오직 『순자』 한 권에만 혜시란 이름을 들먹이며 비판한 곳이 여섯 군데 있다. 그리고 또 여섯 곳에서 총론으로 '견백동이堅白同異, 유후무후有厚無厚'를 다루면서 혜시로 대표되는 '합동이合同異'파를 비판하고 있다. 혜시는 당시 명성이 자자하고, 지위가 너무 높은 데다가 '괴이함怪'을 좋아했으므로 뭇사람의 화살을 받았다. 장자가 말한 "날마다 기지를 동원해 사람들과 논쟁했다"[118]는 이야기는 어쩌면 부득이 한 일이었을 것이다.

혜시는 빈말로 세상에 회자되는 사상가들과 다르다. 그는 제 주장을 능히 행할 줄 아는 정치가였다. 그가 발기한 "서주徐州에 재상과 왕들을 회합시킨 일"[119]과 합종合縱 운동은 당시로서는 획기적인 의의를 지닌 것이었다.

기원전 334년 혜시는 위나라 재상에 임용되면서 제, 위에서 왕을 보좌하고자 했는데, 그 목적은 제나라와 연합하여 진秦나라에 대항하고, 초楚의 힘을 빌려 제나라를 제어하고자 함이었다. 결과적으로 혜시의 정책은 성공한 것으로 판명되었다. 『여씨춘추』「음사淫辭」는 위 혜왕惠王이 혜시에게 나라를 양보하고 싶었으나 혜시가 사양하고 받지 않았다고 말한다. 이 전설은 다소 황당한 듯 보이지만 당시에는 그렇게 절대적으로 불가능한 일도 아니었다. 연燕나라에서 연왕 쾌噲가 자지子之에게 나라를 물려준 일이 발생했기 때문이다. 전설의 사실 여부는 여기서 이야기하지 않겠다. 다만 중요한 것은 이 전설 자체가 혜시의 위나라 재상으로서의 중요성과 그에 대한 위 혜왕의 신임을 나타내고 있다는 사실이다. "한번 화를 내면 제후들이 떨었고, 편안히 거처하면 천하가 쉬었다"[120]는 공손연公孫衍조차 혜시를 '국공國公'으로 존칭한 것을 보면 혜시가 얼마나 존중받았는지를 알 수 있다.(『전국책戰國策』「위책魏策」)

학술적으로 능히 장자와 맞설 수 있으며, 정치 활동의 측면에서 공손연의 존중을 받을 수 있는 사람은 제아무리 반짝이는 별로 가득한 전국시대라 하더라도 희귀한 자가 아니겠는가!

『혜자』라는 책이 일찍 유실되었기에 혜시의 정치사상 전모를 파악할 수는 없다. 그렇지만 지금 파악할 수 있는 일부 조각 자료들을 꿰고 받쳐 이으면 그의 사상이 갖는 진면목의 골자만큼은 파악할 수가 있다. 혜시의 정치 활동과 철학 사상 사이에는 깊은 내재적 관계가 있는데, 일단 이 관계를 밝히면 혜시 정치사상의 상세한 내막이 뚜렷이 드러날 것이다.

거존 사상

혜시 정치사상의 핵심은 '일체의 존엄을 제거함去尊'이다. 제자백가, 특히 유가와 법가가 존비尊卑라는 정치의 중심축에 둘러싸여 사상을 설계하고 현실 질서를 구축해갔을 때, '거존'을 제기했다는 것은 일정한 도전 성향을 지닌 것임에 틀림없다. 그래서 그 시대 사람들이 그를 "선왕을 본받지 않고 예의를 옳게 여기지 않는다"[121]고 말한 것이다. 당시 유행하던 '천존지비天尊地卑'설에 대하여 혜시는 '하늘도 땅과 마찬가지로 낮다天與地卑'는 관점을 제기했다. '천존지비'와 '천여지비'는 완전히 다른 자연관이다. 이두 가지 자연관에 기초하여 전혀 상반된 사회정치관을 끌어낼 수 있다. '천여지비'의 실질이 바로 '거존'이다.

혜시의 '거존' 사상은 아마도 양주 '위아爲我'론의 영향을 받았을 수 있다. 개인 본위의 입장에서 출발해도 필경 '거존'을 향해 나아가게 된다. 사회관계에서 개인은 '지극히 작은 존재에는 내부가 없다至小無內'고 하는, '아주 작은 하나小一'다. 혜시 '소일'관과 양주 '위아'론은 대체로 특정한 내재적 연결 관계가 있다. 어쩌면 이 '소일'관이 바로 '거존' 사상의 철학적 기초일 것이다. 혜시의 '거존' 사상을 개인주의로 부를 수 있는지 여부는 자료 부족 때문에 지금 단언하기가 매우 어렵다. 그러나 우리가 반드시 주의해야 할 한 가지는 개인주의와 상대주의는 왕왕 일란성 쌍둥이라는 점이다. 혜시가 에누리 없는 상대주의자라는 것은 모두 알고 있는 바다. 그리고 귀모뤄郭沫若 선생의 고증에 의하면 혜시는 양주의 무리인데, 양주는 진짜배기 개인주의자다. 따라서 혜시의 '거존' 사상과 양주의 '위아' '무군無君'설 사이에는 모종의 내재적 일치성이 있다. 그러나 양자 사이에는 근본적인 차이점이 하나 있다. 즉 혜시는 세상에 들어와 응용하여 "힘써 다스리려는" 사람임에 반해 양주는 세상을 미워하고 질시하는 무정부주의자라는 점이다. 이 점에서 혜시의 '거존'과 양주의 '무군'은 확연히 다르다. 혜시의 '거존' 사상은 물론 양주의 영향을 받았으나 문제를 제기하는 사유와 방식은 오히려 독특하고 더욱 깊이가 있었다. '위아'론이 양주의 개인 이익에 대한 추구를 표현한 것이라면 '거존'론은 자연의 본질에 대한 사고에서 출발하여 사회 비판으로 나아간 것이다.

혜시가 보기에 만물은 모두 변화하는데, 이 변화의 근거는 바로 일체의 사물이 상대적 위치에 놓여 있다는 데 있다. "해는 금방 가운데 있다 금방 기운다. 만물은 금방 생겨났다 금방 죽는다."[122] "하늘은 땅과 마찬가지로 낮다. 산은 연못과 마찬가지로 평평하다."[123] 자연계에는 절대 불변의 사물도 없고 지고무상한 사물도 없다. 자연계는 '거존'하고 있다. 그리하여 그는 "널리 만물을 사랑하고 하늘과 땅은 한 몸이라"[124]는 결론을 얻었다. 선진 제자들 대부분은 자연과 사회에 모종의 깊은 동일성이 존재한다고 생각했다. 그리고 이 동일성을 그들 사상의 기초로 삼았다. 그들은 사회 현상의 배후에서 모종의 자연성의 근원을 찾아냈는데, 유가의 천天과 도가의 도道 모두 그렇게 찾아낸 절대적인 형이상학적 본체다. 이는 모든 사물이 발전 변화하는 가운데 변하지 않는 총체적 요인으로서 암암리에 일체의 필연성을 지배한다. 그것은 모두 현실의 군주와 상호 대응하면서 현실의 군주에게 필연적 역량을 부여한다. 그런데 혜시 자연관은 오히려 사물의 절대성과 지존성至尊性을 부정한다. 따라서 그에게는 왕권의 지존을 부정할 가능성이 감춰져 있다.

거존과 왕권

'거존'이 품은 뜻은 도대체 무엇인가? 혹자는 '거존'을 무정부주의로 해석한다. 또 어떤 사람은 특권을 없애고 평등을 요구하는 의미라고 주장한다. 이 두 가지 관점 모두 혜시의 정치가로서의 본색과 "농부를 다스리는" 입장을 경시했다. 스스로를 '농부를 다스리는' 사람이라고 정의한 사람이 '무군'과 '특권을 없앨 것'을 주장한다는 것이 어째 좀 괴이한 일 아닌가? 또 어떤 사람은 '거존'이 통일의 반대라고 주장한다. 즉 각 제후국이 통일되어 하나의 지존으로 정해짐에 반대한다는 것이다. '거존'은 확실히 각국이 "하나의 지존으로 정해짐"[125]에 반대하는 의미를 갖고 있다. 그러나 이에 근거하여 혜시가 통일에 반대했다고 주장할 수 있겠는가? "하나의 지존으로 정해짐"은 통일의 한 가지 형식일 뿐이지 결코 유일한 형식은 아니다. '거존'과 통일의 반대 사이에 필연적 관계는 없다. 이상 세 가지 관점은 제각기 편향적이긴 하지만 대단히 중요한 하나의 문제를 제기하고 있기도 하다. 즉 '거존'과 왕권의 관계로 이 문제를 해결한다면 '거존' 사상의 실질을 파악하는 것이 된다.

'거존'은 정말로 '왕을 필요로 하지 않는 것'인가? 문제는 그렇게 간단하지 않다.

　제자백가의 학설에는 뚜렷한 특징이 하나 있는데 그것은 바로 정치와 잘 어울리며 대단히 현실적인 권력 주체, 즉 군주를 둘러싸고 전개된다는 점이다. 혜시는 왕권주의를 초월하기가 불가능했고 이것은 그의 '법을 만든다爲法'는 입장 위에 충분히 드러나 있다.

위법爲法

　『여씨춘추』「음사」 편에는 이런 이야기가 실려 있다. 혜자가 위 혜왕을 위해 법을 만들었다. 법이 만들어져 백성에게 보여주니 백성이 모두 훌륭하다고 했다. 이에 혜왕에게 바쳤고 혜왕도 훌륭하다고 했다. 혜왕이 다시 적전翟翦에게 보이니 적전이 "훌륭합니다"라고 대답했다. 혜왕이 "실행해도 좋겠습니까?" 하고 묻자 적전은 "안 됩니다"라고 대답했다. 혜왕이 말했다. "훌륭하고도 실행할 수 없다니 무슨 연고이오?"[126] 적전이 대답했다. "지금 큰 나무를 들어 옮긴다고 합시다. 앞에서 수레가 이영차 하고 우렁찬 소리를 내면 뒤에서도 그에 따라서 합니다. 이는 큰 나무를 들어 옮기는 데 있어서 훌륭한 것입니다. 정鄭나라, 위衛나라의 [슬프고 구성진] 음악일 수는 없겠지요? 그렇게 해서는 안 되는 일이지요. 나라 또한 나무로 말하면 큰 것입니다."[127]

　이렇게 '백성'과 왕이 '모두 훌륭하다'고 하는 법은 분명히 '왕을 필요로 하지 않는' 법이어서는 안 된다. '백성'과 왕 쌍방의 이익을 두루 헤아린 법이어야 한다. 위나라는 원래 법치의 전통이 있었다. 위魏 문후文侯 때 이회李悝는 법을 바꾸고 『법경法經』을 제정했다. 혜시는 이회를 뒤이은 또한 사람의 위나라 변법가였다. 그는 백성이 왕을 두려워하도록 만드는 이회의 법을 "백성이 모두 훌륭하다고 여기는"[128] 법으로 바꾸었다. 형법 가운데 일부 민법적 요소를 주입했을 가능성이 매우 크다.

이 점에 관하여 직접적인 자료를 동원하여 증명하기는 매우 어렵다. 혜시가 지었다는 법이 연기 속으로 사라져버린 지 오래이기 때문이다. 어쩌면 혜시의 법이 한 번도 실제 실행된 적이 없었는지도 모른다. 그러나 『여씨춘추』의 이 자료는 비교적 믿을 만하다고 생각된다. 명가 전통으로 볼 때 등석이 『죽형』을 지어 백성에게 쟁송을 가르침으로써 자산의 법을 바꾸려 한 적이 있었다. 따라서 명가에게 변법 전통이 있었다고 말할 수 있다. 그리고 등석의 변법은 백성의 편의를 근본으로 삼았다. 자산이 형정 刑鼎을 주조하여 형법을 세상에 공포함으로써 일정 정도의 공개성을 드러내기도 했으나 이 공개성은 여전히 귀족 입장에 바탕을 둔 공개성이었다. 정鼎과 죽竹 두 가지 각기 다른 물질에 실린 것은 사실상 두 가지 완전히 다른 입장, 즉 귀족의 입장과 평민의 입장을 반영하고 있다. 청동 주물인 정은 춘추 시대에 여전히 귀족 신분의 표식이었는데, 『죽형』으로 정을 대신했다 함은 법률 평민화의 추세를 반영한 것이다. 『죽형』은 사람마다 한 권씩 들고 집집마다 알고 있는 것이어서 법률을 널리 보급시키는 역할을 했다. 혜시는 등석의 평민 입장을 계승했다. 그의 '거존' 사상은 '왕을 필요로 하지 않는 것'도 아니며 백성을 근본으로 삼는 것도 아니다. 그것은 '같은 것과 다른 것을 하나로 합치는 것合同異'이었다.

상술한 자료에서 우리는 혜시의 법이 사실상 팔방미인임을 알 수 있다. 각종 입장을 두루 헤아려 "백성이 모두 훌륭하다고 했을" 뿐만 아니라 왕도 칭찬했고, 심지어 혜시에 반대한 귀족인 적전조차도 칭찬하지 않을 수 없었다. 이렇게 사람들이 모두 칭찬하는 법이야말로 '합동이'의 정신을 구현하고 있다. '합동이'란 통속적으로 말하면 동질성을 구하되 이질적인 것을 남겨두어 각종 대립적 입장을 조화시키는 것이다. 각종 대립적 입장 가운데서 공통성을 찾고, 그의 "만물은 반드시 같은 점이 있고 반드시 다른 점이 있다"[129]는 관점에 입각하여 만물에 동일성이 있으면 조금도 의심하지 않고 그 동일성을 입법의 기초로 삼는다. 그러나 만물이 동일성을 갖고 있다고 하여 대립적인 면을 잃는 것은 결코 아니다. 따라서 입법은 또 반드시 대립성을 전제로 삼아야 한다. '거존' 사상의 실질은 바로 '합동이'다. '합동이'의 왕권은 상대적 왕권으로 여러 입장의 왕권을 포용한다. 만약 '동同'이 '대일大一'이라면 '이異'는 바로 '소일小一'이다. 이렇게 '소일'을 포괄하는 왕권은 개인의 이익을 다분히 돌아보고 있다.

그런데 현실적인 왕권 운동이 절대성과 필연성을 좇는 데 비해 혜시의 '거존' 사상은 왕권으로 하여금 상대성과 개연성을 좇도록 하고 있다. 이와 같은 이론과 현실의 편차가 혜시의 사상을 시대에 뒤떨어진 마땅치 못한 것으로 여기게 만든다. 그의 법은 "사람마다 훌륭하다고 했음"에도 "훌륭하되 실행할 수는 없는" 것이었다. 적전이 말했던 것처럼 큰 나무를 옮기려면 반드시 우렁찬 목소리로 외쳐야지 슬픔에 젖은 구성지고 애달픈 정나라, 위나라의 음악을 부를 수 없다. 국가를 다스리는 것도 큰 나무를 드는 것과 마찬가지로 "사람들이 모두 훌륭하다고 하는" 법을 사용할 수는 없다. 혜시의 법이 당시에 소용될 수 없었던 까닭은 그것이 왕권주의 법권 원칙을 위배했다는 데 그 뿌리가 있다.

혜시 '거존' 사상에는 한 가지 심각한 모순이 감춰져 있다. 그는 한편으로 왕권의 현실성을 긍정하면서 다른 한편으로 왕권을 부정하는 경향이 있다. 그래서 왕권이 현실에서 본질을 드러낼 때 혜시의 사상은 둘러맞출 수 없게 되어 더 이상 제 주장을 꾸미기 어려워진다. 그는 일신에 정치가와 사상가를 겸했으니, 정치가와 사상가 사이의 모순 또한 결국은 그 몸에서 드러나게 되어 있었다. 사상가는 이론화된 논리적 입장에서 출발하여 사유의 일관성과 철저성을 추구하지만, 반대로 정치가는 현실에서 출발하여 행동의 기준과 사유의 규범을 확립해야 한다. 전자는 현실 사물에 대하여 왕왕 비판적 태도를 취하지만 후자는 오히려 이와 반대다. 이 이중성은 혜시의 '위법'에서도 드러났으며 그의 '전쟁 중단偃兵' 입장에도 반영되고 있다.

언병偃兵

『한비자』「내저설상內儲說上」편은 말한다. "장의張儀가 진秦, 한韓 동맹으로 위魏나라 세력을 등에 업고 제齊나라와 형荊나라를 치려 했다. 그런데 혜시는 오히려 제와 형의 전쟁을 중단偃兵시키려 했다."[130]『한비자』구주석의 설명처럼 이는 "제, 형을 원조하면 진, 한이 감히 군사 행동을 계속할 수 없으니 전쟁을 중지시킬 수 있다"[131]는 것이다. 여기서 알 수 있듯이 혜시 합종合縱의 본뜻은 '언병'이지 "약한 여러 나라가 힘을 합해 강한 한 나라를 공격하는 것"[132]이 아니다. '언병'이라는 정치 주장은 분명히 혜시가 진나라의 살기등등한 겸병 추세에 맞서 내세웠다는 것을 쉽게 알 수 있다. 선진 제자 가운데 법가와 병가兵家가 '전쟁으로 전쟁을 없애고' '살육으로 살육을 없앤다'고 주장하는 것 외에 당시의 현학이었던 유가, 도가, 명가, 묵가 등은 전쟁으로 천하를 겸병하는 데 모두 반대했다. 이런 사상들은 확실히 당시 전쟁을 싫어하던 인심의 요구를 반영하고 있다. 그런데 사람은 복잡한 존재다. 물론 인간 본성은 '생명을 소중히 여기는' 일면도 있지만, 동시에 '이익을 좋아하는' 일면도 있다. '생명을 소중히 여기는' 입장에서 출발하면 사람들은 '언병'을 요구하겠지만, '이익을 좋아하는' 입장에서 출발하면 사람들은 또한 전쟁하지 않을 수 없다. 마치 헤겔의 말처럼 욕망의 만족은 대상의 존재성 소멸을 통하여 실현되는 것이다. 그래서 사람을 정복욕을 만족시키는 대상으로 삼았을 때는 '전쟁으로 전쟁을 없애는 것'이 절체절명의 과제가 된다. 일반적으로 상대방을 먹어치우는 것이야말로 욕망을 만족시키는 가장 철저한 방식이다. 대중을 먹어 치움으로써 양생하는 습관이 있고, '백성을 추구芻狗[133]로 여기는' 전제 군주에게 있어 "군대를 운용하며 쉬지 않고, 사람들을 공격하며 그치지 않는 것"[134]은 당연한 이치다.

혜시는 이렇게 사람을 추구로 여겨 '전쟁으로 전쟁을 없애는 것'에 반대했다. 그리고 각국이 전쟁의 깃발을 내리고 북을 그쳐 평화롭게 공존할 것을 주장했다. 혜시는 전략적 세력 균형이야말로 평화 공존의 현실적 기초라고 생각했다. 그래서 그는 현실적 가능성에서 출발하여 "제나라와 형나라가 전쟁을 멈추고" 합종하여 진나라에 항거할 것을 주장했다. 합종을 통하여 진나라의 겸병을 저지하고, 그렇게 전략적 세력 균형을 실현하여 일종의 상대적 평화를 유지한다는 것이다.

그렇다면 '언병'은 통일의 반대인가 아닌가? 만약 '전쟁으로 전쟁을 없앰'을 바른길로 삼는다면 '언병'은 당연히 시대 흐름에 역행하는 일이다. 그러나 이 가설은 양자의 대립성만을 설명할 뿐 그것들의 실질을 설명해 주지는 않는다. '언병'이 곧 통일의 반대라는 생각은 통일의 다양성과 전국 시대 통일의 여러 가능성을 경시했기 때문이다. '전쟁으로 전쟁을 없앰'이 통일을 실현하는 한 가지 방식이 된 것은 복잡한 역사의 진행 과정에서 충분히 전개되어왔으나, 그렇다고 하여 그에 상대되는 '언병'이 통일의 반대라고 생각할 수는 없다. '전쟁으로 전쟁을 없앰'은 현실적 통일 방식일 뿐 유일한 이론적 방식은 아니다.

'언병'의 목적은 전략적 세력 균형을 기초로 한 각국의 평화 공존 실현에 있다. 여기서 반드시 한 걸음 더 나아가 고찰해야 할 것은 '언병'의 사상적 기초다. 이는 '언병'과 통일의 관계를 설명하는 관건이다. '언병'의 사상적 기초는 '합동'이다. 필자는 '언병'도 통일을 실현하는 한 가지 방식이라고 생각한다.

필자의 견해로는, 혜시가 '대일大一'을 주장했다면 그가 통일에 반대했다고 말할 수 없다. 합종으로 진나라에 대항했다는 이유를 들어 혜시가 통일에 반대했음을 논증하는 것은 논리적으로도 사실적으로도 맞지 않는 이야기다. 그러나 '대일'이 결코 대일통大一統과 같지는 않다. '대일'에는 독립적이고 자주적인 '소일小一'이 포함되어 있다. 이 '소일'이 '합동이'의 방식으로 '대일'을 만들어낸다. 따라서 '대일'은 상대적이며, 거존적이다. 여기에서 출발하면 '하나의 지존으로 정해지는' 대일통의 국면을 이끌어낼 수 없다. 이렇게 자유롭게 조합된 '소일'은 평화 공존을 기초로 하는 모종의 정치 공동체를 형성할 가능성이 크다. 그래서 '언병'이 평화 통일을 실현하는 한 가지 방식이라고 말할 수 있는 것이다. 물론 이것은 이론상의 가능성일 뿐 현실 역량과 결합되었을 때만이 비로소 현실적 가능성으로 바뀔 수 있다. 혜시의 '제, 형으로 전쟁을 중지시킨' 합종 정책에는 현실적 가능성으로 전환하는 계기가 함유되어 있다. 그런데 이론과 현실은 분명 상당한 거리가 있다. 이론은 현실을 앞으로 나아가도록 이끄는 이상화된 표준 양식이다. 이론과 현실이 결합했을 때 한편으로 이론은 현실을 제고시킬 수 있으며, 다른 한편으로 이론에 어느 정도의 변형이 생길 수 있다. 이론의 간명성과 직접성은 적절한 수정을 거쳐야만 비로소 현실의 복잡성과 곡절에 적응할 수 있다. 혜시의 '거존' 사상은 이러한 현실적 난제에 부닥쳤다. 혜시는 정치가였으므로 당연히 억지로 발을 신발에 맞추듯 현실을 이론 양식 속에 쑤셔넣어 현실로 하여금 이론적 수요를 만족시키도록 할 수 없었다. 오히려 이와 반대로 사상을 현실로 옮겨 현실의 그림자 속에서 애매모호한 것으로 바뀌게 했다. 이 때문에 그는 정적들의 비웃음을 사기도 했다. 『여씨춘추』「애류愛類」 편은 말한다. 광장匡章이 혜자에게 "공은 거존의 학문을 하면서도 지금 제나라 왕을 왕[도를 행하는]자로 섬기니 거꾸로 된 일 아니오?"[135]라고 물었다. 혜자가 대답했다. "여기 어떤 사람이 있어 사랑하는 아들의 머리를 반드시 쳐야 하는데, 돌로 머리를 대신할 수도 있습니다."[136] 광장이 말했다. "공께서는 돌로 대신하겠습니까? 아니면 그러지 않겠습니까?"[137] [혜자가 말했다.] "베풀어 돌로 대신하겠습니다. 자식의 머리는 매우 소중하지만 돌은 가벼운 존재요. 가벼운 것을 쳐서 소중한 것을 면할 수 있는데 어찌 하지 않겠소?"[138] 광장이 말했다. "제왕이 군대를 운용하며 쉬지 않고, 사람들을 공격하며 멈추지 않는 까닭이 어디에 있다고 생각하십니까?"[139] 혜자가 말했다. "가장 위대한 사람이 왕이 될 수 있습니다. 그다음이 패자가 될 수 있습니다. 지금 제왕을 왕으로 섬겨 민중이 목숨을 오래 누릴 수 있고 백성의 죽음을 면할 수 있으므로 돌로 사랑하는 아들의 머리를 대신하는 것입니다. 어찌하여 안 될 일입니까?"[140]

'언병'은 '거존' 사상의 논리적 전개라고 말해야 한다. '언병'은 '거존'을 전제로 하여 만든 한 가지 결론이라고 할 수도 있다. 이 결론은 '거존'의 사상적 전제 속에 포함되어 있다. 그런데 '언병'의 실현은 또한 왕권주의를 필요조건으로 한다. 제나라에 대한 전쟁 중단은 "제왕을 왕으로 섬김"을 조건으로 한다. 그래서 '제왕을 왕으로 섬김'과 '거존'은 서로 모순되기도 한다. 이렇게 '언병'은 그것의 사상적 전제와 현실적 조건의 틈새에 존재한다. 대체로 선진 제자들은 이성적 사유가 매우 취약했고, 용감히 앞서가는 논리적 역량이 결핍되었으며, 자연을 위해 법을 세우는 물질 창조 정신이 부족했고, 현실을 주재하는 권력 의지가 결핍되어 있었다. 현실 앞에서 언제나 회피하여 논리를 현실의 주변에서 맴돌게 하여 이것도 저것도 아닌 괴이한 권역을 만들어냈다. 혜시 사상이 바로 이와 같았다. 합종은 본래 '언병'을 실현하려는 한 가지 방식이었는데 나중에 왕권주의와 뒤섞여 더러워져 가로세로 붙었다 떨어졌다 하는 권모술수로 바뀌고 말았다. 물론 혜시 본인이 "제왕을 왕으로 섬김"은 "민중이 목숨을 오래 누리고 백성의 죽음을 면하게 하고자" 하는 배려와 "돌로 사랑하는 아들의 머리를 대신하려는" 편의적 계산에서 나왔다. 그러나 바로 이렇게 편의적 계산 속에 있었기 때문에 이론의 생명이 끝났다.

이상에서 이야기한 바와 같이 '거존'은 '왕을 필요로 하지 않음'이 아니라 왕권의 절대성과 지존성에 대한 부정이다. '거존'은 또한 통일의 반대가 아니라 '전쟁으로 전쟁을 없앰'에 대한 반대, 대일통에 대한 반대다. '거존'은 일종의 상대적 요구를 표현한다. 상대적 왕권, 상대적 통일을 요구한다. 일체의 사물을 상대성의 입장에 놓고 고려하고 있다. 또한 상대성의 요구는 반드시 '합동이'의 방식으로 실현되어야 한다.

'합동이'의 뿌리는 사랑이다. 사랑만이 '합슴'할 수 있다. 사랑은 천지 만물로 하여금 하나로 융합하여 '대일'을 형성할 수 있도록 한다. "널리 만물을 사랑하고, 하늘과 땅이 한 몸"인 정신은 인간을 향한 묵자의 보편적 사랑─겸애兼愛를 전체 우주로 확장하여 전체 우주를 향하는 사랑으로 전환시킨 것이다. 우주를 '대일', 즉 만물의 총화라고 말한다면 만물은 바로 '소일'이 된다. 사랑은 일체의 '소일'을 '합'하여 '대일'이 되도록 할 수 있다. 혜시의 "만물을 좇되 반대로 돌리지 않는다"[141]는 말은 우주에 대한 깊은 사랑에서 나왔다. 우주를 맞대면하는 사랑으로 만물은 통일되고, 모순은 융합되며, 투쟁은 해소되니 우주는 일대 화해의 장이 된다. 그의 우주관에서 출발하여 혜시는 '언병'을 주장했고, "하늘은 땅과 마찬가지로 낮고, 산은 연못과 마찬가지로 평평하다"고 주장했다. 그런데 "기력을 다투는"[142] 현실에서 출발하면 사랑은 또한 왕권주의라는 껍질에 꼭 붙어야만 한다. 바로 이 왕권주의가 혜시의 사랑의 꿈을 물거품으로 만들고 말았다.

공손룡公孫龍의 '이離' 본위 명실관

선진 시대에 두 명의 공손룡이 있었다. 하나는 공자의 제자 공손룡이고, 다른 하나는 명가의 공손룡 즉 견백동이堅白同異의 변론가다. 이 공손룡은 혜시보다 50세 정도 나이가 적은데, 명名 분석에 정통했을 뿐만 아니라 정치술을 깊이 알고 있었다. 그는 일찍이 '둘 다 그렇고 둘 다 가능하다兩然兩可'는 방법으로 진秦나라 왕의 약속 위반을 책망했으며, 연燕 소왕昭王과 조趙 혜왕惠王의 '전쟁 중단'의 겉과 속이 다르다고 질타했고, 평원군平原君에게 봉지를 받지 말라고 권유했다. 정치사상 방면에서도 그는 독자적인 깃발을 올렸다. 혜시의 정치사상이 '결합合'을 중심으로 삼았다면, 공손룡의 정치사상은 '분리離'를 근본으로 삼았다. 『한서』「예문지」에 그의 저작 14편의 목록이 실려 있다. 양웅揚雄이 『법언法言』에 "공손룡은 수만 마디 궤변을 법으로 삼았다"[143]고 기록한 것으로 보아 그가 본 것은 아마도 14편 전체 문장인 듯하다. 현존하는 『공손룡자』는 전해오는 과정에서 남은 것은 남고 없어진 것은 없어졌다. 이는 "수만 마디 궤변"의 『공손룡자』와 비교할 때, 공손룡 사상의 개성을 뚜렷이 드러내고 있기는 하지만 동시에 공손룡과 기타 학파와의 사상적 연계 흔적을 지워버리는 일이기도 하다.

따라서 현존본 『공손룡자』로 그의 사상 전모를 엿보기는 어렵다. 예컨대 현존본 『공손룡자』에서 우리는 공손룡의 '언병' '겸애' '혜민惠民' 사상을 찾아볼 수가 없다. 현존본 『공손룡자』는 3000여 자만이 남아 있는데 공손룡의 기기묘묘한 사상 명제들만 집중되어 있다. 우리는 바로 이 황당한 듯 보이는 명제 속에서 그것의 사회정치적 의의를 발굴할 수밖에 없다.

공손룡은 지식을 목적으로 지나친 사유 위주의 생활을 하는 철인이 아니라 정치와 관계가 매우 밀접하고 경세에 뜻을 둔 사인士人이었다. 그의 황당한 듯 보이는 논리 유희 속에는 엄숙한 정치적 목적이 감춰져 있다. 극단적인 황당함과 극단적인 단정함은 때로 동전의 양면처럼 함께 통일될 수 있다. 『공손룡자』「적부迹府」편은 말한다. "공손룡은 (…) 물건을 빌려 비유함으로써 백白을 지키고자 변론했다. 그는 백마는 말이 아니라고白馬非馬 말했다. (…) 이와 같은 변설을 밀고 나감으로써 명실名實을 바로 하여 천하를 변화시키고자 했다."144 '백마비마' 같은 기묘한 담론마저 '천하를 변화시킴'과 밀접히 상관이 있다는 것이다. 평범한 사상은 대부분 겉모양만 그럴듯하고, 질박한 진리가 오히려 황당한 형식으로 표현되곤 한다는 것을 우리는 경험으로 알고 있다. 장자의 '우언寓言', 공손룡의 논리 모두 황당하다. 그러나 황당한 가운데 대단히 깊은 경세의 의미를 함유하고 있다. 이 차원을 명료히 하기 위해서는 선진 시대 명변名辯 사상을 대체적으로 고찰해야 한다.

선진의 명변 사조를 전체적으로 살펴보면 대체로 세 가지 경향이 있다. 첫째는 노, 장의 '무명無名' 경향이다. 노장은 일체의 명에는 한계가 있어 모두 도를 말할 수 없다고 한다. 도가 한번 떨어져 개념으로 말해지면 바로 똥무더기가 되어버린다. 사람의 감각은 도의 하찮은 겉모습만을 얻을 수 있을 뿐이며, 사람의 이성은 또한 도를 지리멸렬하게 만든다. 인위적 사회 규정성과 감성 및 이성이 종합한 결과로서 명名은 당연히 도에 대한 질곡이며 해체다. 그래서 명이 있고 난 뒤부터 천하에 분규가 끊임 없어 안정되지 못한다는 것이다. 둘째는 유가와 법가 두 학파의 '정명' 경향이다. 유가는 예로 정명하고, 법가는 법으로 정명한다. 특히 법가는 도를 법 속에 끌어와 도는 무명이나 기器는 유명이라고 생각한다. 도와 명은 통일성을 갖고 있는데 말할 수 있는 도와 이름할 수 있는 명이 바로 항상하는 도이고 항상하는 명이라고 한다. 그리하여 '정명'을 위한 형이상학적 기초가 제공되었다. 물론 이 기초는 여전히 아직 분석되지 않는 혼돈 속 '무명'의 '질박함朴'이다. 만약 저 뿌리까지 추론해 들어가면 그 바탕은 사실 믿을 수가 없다. 그래서 세 번째 경향 즉 명가, 묵가 두 학파의 '명변名辯' 경향을 야기했다. '찰변'이란 주로 '정명'을 고찰하는 기초다. 즉 명실상부한 근거가 도대체 무엇인지를 분명히 밝혀 '정명'으로 하여금 분석과 비판을 거친 이성 위에 수립되도록 하는 것이다. 묵가는 경험을 기초로 삼기를 기도하여 '정명'을 위해 결정론적 해석을 제공했다. 묵가의 '삼표법三表法'은 묵가가 "명실을 바로잡는" '법적 준거法儀'라고 말할 수 있다. 명가는 상대성의 입장에서 출발하여 '정명'의 기초를 분석했다. 등석의 '양연양가'법은 바로 명실 관계의 상대성을 충분히 이용하고 있는 것이다. 명가는 복잡하게 얽힌 명실 관계에 결정론적 해석을 내리는 것은 살아 움직이는 현실을 죽여버리는 것과 다름없다고 생각했다. "해가 방금 중천에 떴다가 방금 지고, 물질이 금방 생겨났다 금방 죽는"[145] 현실에 직면하여 묵자의 결정론적 해석은 분명히 일에 아무 도움이 안 된다. 마치 무언가를 굳게 잡고 있는 것 같으나 실제로 빈손으로 넘어지는 것과 같다. 예컨대 묵가의 '삼표법' 가운데 하나인 "위로 옛 성왕의 일에 뿌리本를 둔다"[146]는 말도 실질적으로는 빈말에 불과하다. 유가에게는 유가의 성왕이 있고, 도가에게는 도가의 성왕이 있으며, 묵가에게는 묵가의 성왕이 있으니 각양각색으로 제각기 '본本'이 있다. 각 학파가 모두 '옛 성왕의 일'을 '정명'의 표준으로 삼는다 하더라도 비교적 객관적으로 일치된 해석을 만들 방법이 없다. 사상적 전제의 자명성이 의미 선택의 다양성 속에서 길을 잃어버리게 된다. 그 결과 묵자는 부득불 '상동尙同'을 구해야 했으며, '정명'을 '상동'의 기초 위에 안치하지 않을 수 없었고, 마지막으로 "위에서 옳다고 하면 반드시 옳은 것이고, 위에서 그르다고 하면 반드시 그른 것이다"[147]라는 결론을 얻었다. 이로써 생기발랄한 사상은 등급이 삼엄한 '상동'의 멍에를 둘러쓰게 되었다. 명가는 이와 달랐다. 그들은 상대성 속에서 명실 관계의 본질을 파악하려 노력했다. 혜시는 '합동이'를 주장하고, 공손룡은 '별동이別同異, 이견백離堅白'을 주장했다. 그들은 유, 법 양가의 크고 변화된 도를 던져버렸을 뿐만 아니라 묵가의 결정론도 버렸다. 그래서 명가와 묵가가 다 같이 '겸애' '비공非攻' 등을 주장했듯이 정치사상의 방면에서 두 학파 간 일치성이 아주 많다고 하지만, 그들의 사상적 기초는 확연히 달랐다. 묵가는 '겸애' '비공'을 결정론적 기초 위에서 수립했지만, 명가는 그것들을 상대성의 입장에 두었다. 전자는 '상동'하지만 후자는 '합'과 '이'를 주장한다.

표면적으로 볼 때 공손룡과 혜시는 첨예하게 맞선다. 하나는 '합'을 말하고 하나는 '이'를 이야기한다. 하지만 조금만 세세히 분석해보면 공손룡의 사상이 사실 혜시의 사상을 논리에 맞게 발전시킨 것임을 알 수 있다. 혜시의 '합동이' 사상은 아직 다른 것 가운데서 같은 것을 구하는 측면이 있는데, 공손룡은 '이異'를 절대화시키면서 혜시의 다른 것 가운데서 같은 것을 구하는 일면을 지양하고 전적으로 '이異'만 구한다. 이 점은 그의 '백마비마' 논변 속에서 특히 잘 드러나고 있다. 그는 「백마론白馬論」에서 이렇게 이야기한다. "말馬이란 형태를 명명한 바다. '희다白'란 색깔을 명명한 바다. 색깔을 명명한 것은 형태를 명명함이 아니다. 그래서 '흰 말은 말이 아니다'라고 말한다."[148] 사람들은 보통 각양각색의 말을 다 같이 말이라는 개념 속에서 통일시킬 수 있다. 흑마든지 백마든지 상관없이 결국은 모두 말로 부를 수 있다. 말이란 같은 것이고, 백마, 흑마는 다른 것이다. 다른 것 가운데서 같은 것을 구하는 관점에서 보면 백마는 말이고, 흑마 또한 말이다. 그런데 감각은 우리에게 이 세상에는 백마, 흑마가 있을 뿐 이른바 말이란 존재하지 않음을 알려주고 있다. 말은 감지할 수 없는 것이다. 백마가 말이란 이야기는 사실 존재를 비존재라고 이야기함, 즉 '유'를 '무'라고 이야기함과 다름없는데 그 뼈대 속에는 여전히 "무를 근본으로 삼는" 경향이 감춰져 있다. 그래서 공손룡은 "백마는 말이 아니"라고 단언한다. 그리고 라이프니츠의 말처럼 계산을 통해 생각이 정확한지 여부를 판단한다. 그는 간단한 논리를 통해 "백마는 말이 아니다"라는 명제의 정확성을 산술적으로 증명했다. 말은 형태를 이름한 것이고, 희다는 색깔을 이름한 것이다. 따라서 말(형태) + 희다(색깔) ≠ 말(형태)이다. 물론 사물의 고정 성향을 계산으로 해결할 수는 없지만 공손룡의 사상에서 적어도 이 점은 받아들일 수 있는데, 즉 그가 '말'이라는 공통 성향의 비실재성을 인식했다는 점이다. 세상에 말은 없다. 있다면 백마, 흑마일 뿐이다. 말은 사람이 생각의 편의를 위해 만든 가설이지 실재하는 것이 아니다. 그런데도 사람들은 실제 생활에서 왕왕 백마와 말을 동등하게 취급하여 양자 간의 차별을 헷갈리게 한다. 사실 백마와 말은 동일한 성향을 지니지도 않았다. 백마는 실재지만 말은 실재하지 않는 것이다. 백마와 흑마야말로 동일한 성향을 지닌 것이다. 그 동일한 성향이 바로 말이다. 공손룡의 탁월한 점은 그의 사상이 명(개념)의 장애를 뛰어넘어 진지하게 실재를 파악할 수 있었다는 데 있다. 일반인들은 기껏해야 명(개념)의 장애 밖에서 실재에 대해 수박 겉핥기만 하고 있을 뿐이다. 대체로 일반인들은 '상동'에 치우치기 쉽다는 말이다. 즉 '일―'과 '다多'의 관계에서 "하나의 입장을 지키는 것執一"을 비교적 좋아한다. 도가와 법가야말로 '집일'로 "만물을 가지런히 하기"를 매우 좋아했다. 이른바 '집일'이란 사물의 동일성을 틀어쥐는 것이다. 예컨대 백마, 흑마와 말의 관계에서 말을 틀어쥐는 것이 바로 '집일'이다. 논리적으로 말하면 백마는 당연히 말의 일종이다. 그러나 이런 주어·술어 구절은 단지 논리상의 외연 관계만을 드러낼 수 있다. 존재에 대해 판단을 내릴 수 없으며, 그것으로 명실을 바로잡아서는 분명히 명실의 상호 분란 현상이 극복되지 않는다. 공손룡의 '백마비마'는 사실 논리와 실재의 괴리를 반영한 것이다. 논리상 합리적이라고 하여 반드시 실재성을 갖추지는 않는다. 이른바 명에 따라 실제 내용을 따짐은 왕왕 미덥지 못하다. 개념을 반영하는 대공명大共名으로 실재를 파악하는 것은 마치 커다란 그물로 작은 새우를 잡는 것과 같다. 그래서 공손룡은 실재를 진지하게 파악하려면 반드시 대상 '물질과 지칭物指' 관계 속으로 깊이 들어가야 한다고 주장한다. '물질과 지칭'이란 무엇인가? 백마를 예로 들어보자. 흰 색깔과 말 형태는 각기 독립된 의미를 간직하고 있으며 각기 분리되어 있는데, 백마라 함은 흰 색깔과 말 형태의 결합이다. 공손룡이 보기에 흰 색깔과 말 형태는 백마 고유의 속성이 아니라 사람의 시각으로 말미암아 부여된 특성이다. 이렇게 그는 '정명'을 '물질과 지칭'의 기초 위에서 수립했으며, 그 신뢰성을 감각을 통해 보장한다. 공손룡은 "하나를 지켜 [아무것도] 잃지 않으니 능히 만물에 군림한다"[149]는 대일통의 사유 방식에 반대한다. 그러나 개념을 뛰어넘어 실재를 파악하기 좋아하는 이 사람은 오히려 사람들로 하여금 이러지도 못하고 저러지도 못하게 하는 한 가지 잘못을 범하게 했다. 뜻밖에 그는 이 대일통의 사유 방식이 전제 군주의 존재와 밀접하게 관련이 있다는 것을 잊어버린 것이다. "하늘에는 두 태양이 없고, 백성에겐 두 군주가 없다"[150]는 식의 '정명'이 맹목적임을 금방 알 수 있지만, 그래도 당시 사람들은 이것을 금과옥조로 받들고 있었다. 오직 공손룡같이 진부하고 총명한 사람만이 정색을 하며 "둘이 하나일 수 없다二無一"는 관점을 제기할 수 있었다. '하나일 수 없음無一'이 '둘일 수 없음無二'과 상대적이라는 의미로 '하나일 수 없음'을 제기한 것은 당시로서 경탄해 마지않을 일이다. 그는 「통변론通變論」의 첫머리에 이렇게 말한다. "둘이 하나일 수 있는가? 대답하길, 둘은 하나일 수 없다!"[151] 공손룡이 보기에 '둘'은 둘이고, '하나'는 하나다. 양자에는 완전히 다른 내적 함의가 존재한다. '백마비마'를 예로 들면 흰 색깔과 말 형태는 둘인데, 둘이 서로 더불어 백마가 되었다. 예를 들어 '좌' '우'로 흰 색깔과 말 형태를 대체하면, "둘은 우일 수 없다"는 곧 '흰말은 말이 아니다'와 같고, "둘은 좌일 수 없다"는 곧 '흰말은 흼 [그 자체가] 아니다'와 같다. 공손룡이 하나로 둘을 겸함과 둘이 합하여 하나가 됨에 반대한 까닭은 '물질과 [그에 따른] 지칭'으로 삼은 흰 색깔과 말 형태의 실재성이 애초에 감각으로 긍정된 것이고, 이는 부인할 수 없는 것이기 때문이다. 그가 말하고 싶은 것은 단지 '백마비마' 즉 말로 흼을 겸하여 흼으로 하여금 아무것도 아니게 만들 수 없다는 것이다. 흰 색깔과 말 형태라는 두 가지 감각적 원소는 서로 다툴 수 없는 것이다. 서로 다투면 반드시 겸병을 일으키게 되고, 겸병의 결과 흼이 이기든지 말이 이기든지 결국 일방이 다른 일방을 먹어치우게 될 것이다. 공손룡은 「통변론」에서 청과 백 두 색깔이 서로 다투면 아무도 이길 수 없다는 예를 들어 그의 '둘은 하나일 수 없다'는 사상을 발전시켜 설명하고 있다. "청색과 백색은 서로 친하지 않음에도 서로 더불어 있을 때 상대를 이기지 못하면 둘 다 [자기 특성이] 드러난다. 다투어 드러나는 그 색깔이 벽碧옥색이다."[152] 청과 백 두 색깔이 서로 섞이면 청이 백을 이길 수 없고 백도 청을 이길 수 없다. 그래서 청, 백 두 색깔은 각기 자신을 드러내는데 그 결과 벽색이 출현했다. 공손룡은 벽색은 잡색으로 정색正色이 아니라고 생각했다. 그래서 "벽색보다는 차라리 황색이 [낫다]"[153]고 말한다. 황색은 정색으로 청,

백 두 색깔과 서로 비교할 수 있는데, 벽색은 "둘이 합하여 하나가 된" 산물로 당연히 청, 백 두 색깔과 서로 비교할 수가 없다. "둘에는 하나가 없다" 함은 여기에서 바로 이 벽색을 없애려는 것이다. 이 원리를 군신 관계에 운용하면서 공손룡은 이렇게 말한다. "포악하면 군주와 신하가 다투고 [그러면] 둘 다 드러난다. 둘 다 드러나면 어두워 분명치 못하므로 올바른 거동이 안 된다."[154] 군신이 서로 다투면 두 가지 결과뿐이다. 일방이 일방을 먹어치우든지 서로 다투어 벽색처럼 "둘 다 드러나는" 경우다. 사실 이 두 가지 결과는 모두 "둘이 합하여 하나가 된다"는 사유 방식 때문에 일어났다. 공손룡은 "둘이 하나일 수 있으면" 잡박해지고 잡박하면 다투게 되며 다투면 "둘 다 드러나고" "둘 다 드러나면 도를 해쳐 그것으로 바르게 할 수가 없게 된다".[155] 그럼 어떻게 해야 '바르게' 할 수 있는가? "둘은 하나일 수 없어야" '바르게' 할 수 있다. 어떻게 해야 '하나일 수 없는'가? '분리雕'해야 '하나일 수 없다'. "분리하는 것이야말로 천하가 홀로 하여 바르게 된다."[156]

「견백론堅白論」에서도 공손룡은 '딱딱함과 힘의 분리雕堅白' 문제를 제기한다. 돌을 예로 들면서 그는 이렇게 말한다. "봐서는 딱딱함을 알 수 없다. 희다는 것을 알 수 있는데 딱딱함은 [관계가] 없다. 만져봐서는 힘을 알 수 없다. 딱딱함을 알 수 있는데 힘은 [관계가] 없다."[157] 시각과 촉각은 각기 다른 기능이다. 사람의 감각은 분리되어 통일시킬 수 없다. 시각 속의 돌과 촉각 속의 돌은 한가지가 아니다. 그래서 그는 "딱딱하고 흰 돌은 둘"이지 셋이 아니라고 말한다. 시각 속에는 흰 돌이 있을 뿐 딱딱한 돌은 없다. 촉각 중에는 딱딱한 돌이 있을 뿐 흰 돌은 없다. 이것이 바로 '이견백'이다. '딱딱하고 흰 돌이 셋'이라고 주장한다면 이는 '딱딱함'과 '힘'이 서로 뒤섞임을 면치 못할 것이다. 공손룡이 보기에 "딱딱하고 힘으로 가득하다盈堅白"는 말은 사실 혼돈된 사유로 아직 분석을 거치지 않은 감각이다. 이것으로 명실을 바로잡으려 하면 반드시 위에 언급한 두 가지 결과를 부르게 된다. 군신 관계를 예로 들면 군주와 신하를 가득 채울 수 있는 것은 무엇인가? 유가는 도가 군주보다 높다고 생각하여 군신 관계에 천도天道를 가설했다. 천도는 당연히 군주와 신하를 '가득 채울' 수 있다. 그런데 천도는 또한 믿을 만한 것인가? 그 실재성은 또 어떻게 확정할 것인가? 천도로 군신을 '가득 채우는' 데도 여전히 도는 상실된다. '도의 상실'이란 군주도 도가 없고 신하도 도가 없다는 말이다. 공동으로 의거하는 천도가 실질적으로 믿을 수 없다면 그 결과 당연히 군신은 서로 다투어 "둘 다 드러나게" 된다. 도가 군주보다 높다는 말은 군도君道를 이용해 군주를 제약함에 다름 아니다. 그것으로 군신 관계를 '정명'하면 당연히 "바르게 할 수가 없을" 것이다. 공손룡은 군주에게 군도가 있고, 신하에겐 신도臣道가 있어 군신이 각기 제 도리를 하면 그뿐, 다시 군신의 위에 천도를 걸어둘 필요가 없다고 주장한다. 군도로 군주의 정명을 삼고, 신도로 신하의 정명을 삼으면 "바르지 않음이 없는 데" 이른다. 이렇게 군신을 '분리'하는 사상은 사실 '이견백'의 관점을 정치 영역으로 끌어온 것이다. 공손룡은 '이견백' '이군신離君臣'을 주장할 뿐만 아니라 '이천하離天下'를 주장한다. 「견백론」 편의 말미에 그는 한마디로 종합하여 "분리하는 것이야말로 천하가 홀로 하여서 바르게 되는 [길이다]"라고 말한다. 이와 같은 '이천하' 사상은 그의 '언병偃兵' 주장에 구체적으로 반영되어 있다. 『여씨춘추』 「심응람審應覽」은 말한다. "조 혜왕이 공손룡에게 물었다. '과인이 언병 작업을 한 지 10여 년이오. 그럼에도 이룰 수 없으니 전쟁은 중지될 수 없는 것이오?' 공손룡이 대답했다. '언병의 의미는 천하를 두루 사랑하는 마음입니다. 천하를 두루 사랑하는 데 공허한 이름名으로만 해서는 안 되며 반드시 실질實이 있어야 합니다. 그런데 지금 인藺과 이석離石 지역이 진나라 수중에 들어가니 왕께서는 흰 베옷으로 단속하시고, 동쪽으로 제나라를 공략하여 성을 얻으니 왕께서는 안주를 더해 술자리를 벌였습니다. 진이 땅을 얻으니 왕께서 베옷으로 단속하시고, 제가 땅을 잃으니 왕께서 안주를 더했다는 것은 두루 사랑하는 마음이 아닙니다. 이것이 언병을 성공시키지 못한 까닭입니다.'"[158] '언병'에 관한 자료는 『여씨춘추』 「응언應言」 편에도 한 단락이 더 있다. 공손룡은 '하나일 수 없음'을 주장하고 통일에 반대했다. '두루 사랑할 것兼愛'을 주장하고 겸병에 반대했다. 그는 '겸애'하려면 반드시 '이離'를 기초로 삼아야지 '동同'을 기초로 삼을 수는 없다고 주장한다. 열국이 분쟁하는 형세하에서 '상동尚同'이 겸병을 부를 뿐임은 일목요연한 사실이다. 묵가는 '상동'을 요구하는 동시에 '비공非攻'을 주장하여 극복할 수 없는 오류에 빠지고 말았다. '겸애'를 '상동'의 기초 위에 둔다는 것은 아무리 해도 틀렸다. 공손룡은 당시 열국 분쟁의 [예측할 수 없는] '벽색碧色' 국면에 불만이 있었을 뿐만 아니라 무력으로 겸병하는 약육강식에도 반대한다. 그는 '백성에게 은혜로우라惠民'는 주장에서 출발하여 '분리'를 근본으로 각국이 스스로 다스려야 통일할 필요가 없다고 주장한다. '이'가 있을 때만이 각국은 비로소 '언병'할 수 있고, 인민은 비로소 칼과 전쟁의 고통에서 벗어날 수 있다. 이것이 바로 그 당시의 '겸애'였다. 그러나 당시 각국의 군주는 모두 왕자의 마음 또는 패자의 마음을 가지고 "천하를 통일"하고 싶어했다. 그들에게 있어 '언병'이란 구차히 목숨을 부지하고자 전쟁을 잠시 멈추게 하려는 계책에 불과했다. 물론 "천하를 두루 사랑하는 마음"이 있을 수 없었다. 전국 시대의 제자백가 중 법가와 병가가 극력 "전쟁으로 전쟁을 없앰" "살육으로 살육을 없앰"을 주장한 것 이외에 각 학파는 전쟁을 조심하는 태도를 지키거나 전쟁에 반대하는 태도를 가졌다. 그렇지만 "천하를 통일"한다는 점에서는 모두 완전히 일치했다. 이를테면 맹자는 한편으로 "싸움을 잘하는 사람은 최고의 형을 받아야 한다"[159]고 외치면서도 한편으로는 "사람을 죽이지 않는 사람이 천하를 통일할 수 있다"[160]고 주장한다. 이는 당시 둘 다 선택하기 어려운 일이었고 심지어는 이율배반적이기도 했다. "천하의 통일"을 요구하면서도 사람을 죽이지 말아야 한다는 것은 황당한 잠꼬대에 다름 아니다. 혜시는 대일통에 반대했지만 '합동이'의 방식으로 천하를 통일할 것을 주장했다. 그러나 공손룡은 '합'은 반드시 다툼이 있고 다툼은 사람을 죽이지 않을 수 없다고 생각했다. 그래서 '합동이'로는 겸애의 취지를 실현하여 '언병'의 목적에 다다를 수 없으며, '이천하'하면서 '천하를 통일'하지 않았을 때만이 '언병'의 목적에 도달할 수 있다고 말한다. 공손룡의 '이천하' 사상은 사실 혜시의 '합동이' 사상을 극단으로 밀고 간 것이다. 혜시가 통일의 다양성 문제를 제기했다면 공손룡은 통일 자체에 대한 질의와 비판을 제기한 것이다. 혹자는 진리와 오류가 간발의 차라고 말할지도 모른다. 공손룡은 앞을 향해 이 한 발을 내디딤으로써 오류로 치닫고 말았다. 공손룡의 통일 반대는 수많은 비난 여론을 불렀다. 당시든 지금이든 사람들은 모두 그가 시무를 몰랐다고 생각한다.

이상의 논의를 종합하면 공손룡의 사상은 '이'를 핵심으로 하며, '이'의 신뢰성은 분석을 통한 감각의 실재성에 의해 보장되었다. 그는 '명실을 바로 하는 것正名實'을 '이'의 기초 위에 두고 '이견백' '이군신' '이천하'라는 결론을 얻었다. 이것과 '동'을 기초로 하여 '정명'을 통해 얻은 결론은 완전히 다르다. 공손룡 사상의 목적성과 방향성은 매우 명확하다. '이'는 분명히 '겸애'와 '언병'을 지향한 것이다. 이 두 방면에서 착수했을 때만이 '이'의 진면목을 파악할 수 있으며, '백마비마'에서 출발하여 "명실을 바로 하여 천하를 변화시킨다"[161]는 공손룡 전체의 의의를 명료하게 알 수 있다.

1　君子必辯, 凡人莫不好言其所善, 而君子爲甚矣.(『순자』「非相」)

2　專決於名.

3　반고班固의 『한서漢書』 「예문지藝文志」 "及警者爲之則苟鉤鈲析亂而已"에서 나온 말로 큰소리로 남의 것을 들추어내는 사람을 말한다. ―옮긴이

4　天與地卑, 山與澤平.

5　自鄧析至秦時, 名家者世有篇籍, 率頗難知, 後學莫復傳習, 至於今五百餘歲, 遂亡絕.

6　鄧析好刑名, 操兩可之說, 設無窮之辭.

7　數難子産之法.

8　操兩可之說, 設無窮之辭.

9　學訟者不可勝數.

10　大獄一衣, 小獄襦袴.

11　是非無度, 而可與不可日變, 所欲勝因勝, 所欲罪因罪.

12　鄭國大亂, 民口喧嘩.

13　民心乃服, 是非乃定, 法律乃行.(『여씨춘추』「離謂」)

14　用其道不棄其人.

15　固市井舞之魁也, 孰謂駟顓失刑哉!

16　其被誅戮宜也, 非不幸也.

17　臣所校鄧析書四篇, 臣敍書一篇, 凡中外書五篇, 以相校除重複, 爲二篇.

18　其書漢志作兩篇, 今本仍分無厚, 轉辭二篇, 而并爲一卷. 然其文節次不相屬, 似亦掇拾之本也.

19　班固錄析書於名家之首, 則析之學蓋兼名法家也. 今其書大旨訐而刻, 眞其言, 無可疑者. 而其間時剿取他書, 頗駁雜不倫, 豈後人之附益也歟?

20　大旨主於勢統於尊, 事覈於實.(『四庫全書總目』)

21　道無雙, 故曰一.

22　復通爲一.

23　明君審一, 萬物自定.

24　名當, 謂之聖人.

25　名不可以外務, 智不可以從他, 求諸己之謂也.(『등석자』「無厚」)

26　循名責實, 君之事也. 奉法宣令, 臣之職也.

27　上循名以督實, 下奉教而不違.(『등석자』「無厚」)

28 下不得自擅, 上操其柄, 而不理者, 未之有也.(『등석자』「無厚」)

29 君有三累, 臣有四責.(『등석자』「無厚」)

30 循名以督實.

31 君無三累, 臣無四責, 可以安國.(『등석자』「無厚」)

32 喜不以賞, 怒不以罰, 可謂治世.(『등석자』「無厚」)

33 循名責實, 察法立威, 明王也.(『등석자』「無厚」)

34 君人者, 不能自專而好任下, 則智日困而數日窮.

35 喜而便賞, 不必當功. 怒而便誅, 不必值罪.

36 立君而尊賢, 是賢與君爭. 其亂也, 甚於無君.(『등석자』「轉辭」)

37 臣者君之馬.

38 無爲而治者, 其舜也歟?

39 不見而章, 不動而變, 無爲而成.

40 易, 無思也, 無爲也.

41 心無爲也, 以守至正.

42 爲君者, 當若冬日之陽, 夏日之陰, 萬物自歸, 莫之使也.(『등석자』「無厚」)

43 豈在振目撈腕, 手操鞭撲而後爲治歟?(『등석자』「無厚」)

44 明君視民而出政.

45 據貴者, 憂民離.(『등석자』「無厚」)

46 君之功, 莫大於使民不爭.(『등석자』「轉辭」)

47 夫水濁則無掉尾之魚, 政苛則無逸樂之士. 故令煩則民詐, 政擾則民不定.(『등석자』「無厚」)

48 明君之御民, 若御奔而無轡.(『등석자』「轉辭」)

49 聖人逍遙一世之間, 宰匠萬物之形. 寂然無鞭撲之罰, 漠然無叱吒之聲, 而家給人足, 天下太平.(『등석자』「轉辭」)

50 民者君之輪.(『등석자』「無厚」)

51 民和則輪利.(『등석자』「無厚」)

52 折輪敗載之患.(『등석자』「無厚」)

53 民一於君, 事斷於法, 此國之道也.(『등석자』「轉辭」)

54 視於無有.

55 聽於無聲.

56 無形者, 有形之本; 無聲者, 有聲之母.(『등석자』「轉辭」)

57　夫任臣之法 (…) 不以人用人, 故謂之神. 怒出於不怒, 爲出於不爲. 視於無有, 則得其所見. 聽於無聲, 則得其所聞.

58　不以耳聽, 則通於無聲矣. 不以目視, 則照於無形矣. 不以心計, 則達於無兆矣. 不以知慮, 則合於未然矣.

59　守虛責實, 萬事畢.(『등석자』「無厚」)

60　抱薪加火, 燥者必先燃. 平地注水, 濕者必先濡. 故曰, 動之以其類, 安有不應者? 獨行之術也.

61　以天下之目視, 則無不見; 以天下之耳聽, 則無不聞; 以天下之智慮, 則無不知. 得此三術, 則存於不爲也.

62　君者, 藏形匿影, 群下無私.(『등석자』「無厚」)

63　篇中多御響勵臣之語, 鄧析殆長於治國者歟?

64　說齊宣王, 先公孫龍.

65　以大道治者, 則名法儒墨自廢. 以名法儒墨治者, 則不得離道.

66　道不足以治則用法.

67　朴散則爲器.

68　名生於不稱, 則群形自得其方圓. 名生於方圓, 則衆名得其所稱也.

69　形者, 應名者也.(『윤문자』「大道上」)

70　有形者必有名, 有名者未必有形. 形而不名, 未必失其方圓白黑之實. 名而不形, 不尋名以檢, 其差.(『윤문자』「大道上」)

71　名也者, 正形者也. 形正由名, 則名不可差.(『윤문자』「大道上」)

72　世有因名以得實, 也有因名以失實.

73　故仲尼曰, '必也正名乎! 名不正, 則言不順'也.

74　雖未能盡物之實, 猶不患其差也.

75　形名之與事物, 無所隱其理.

76　別彼此而檢虛實.(『윤문자』「大道上」)

77　一曰命物之名, 方圓白黑是也. 二曰毀譽之名, 善惡貴賤是也. 三曰況謂之名, 賢愚愛憎是也.(『윤문자』「大道上」)

78　名宜在彼, 分宜在我.

79　我愛白而憎黑, 韻商而舍徵, 好膻而惡焦, 嗜甘而逆苦. 白黑商徵膻焦甘苦, 彼之名也. 愛憎韻舍好惡嗜逆, 我之分也.(『윤문자』「大道上」)

80　'名'定則物不競, '分'明則私不行. 物不競, 非無心, 由名定, 故無所措其心. 私不行, 非無

欲, 由分明, 故無所措其欲. 然則心欲人人有之, 而得同於無心無欲者, 制之有道也.(『윤문자』「大道上」)

81　昔齊桓好衣紫, 闔境不鬻異彩. 楚莊愛細腰, 一國皆有飢色. 上之所以率下, 乃治亂之所由也.(『윤문자』「大道上」)

82　道不足以治則用法, 法不足以治則用術, 術不足以治則用權, 權不足以治則用勢. 勢用則反權, 權用則反術, 術用則反法, 法用則反道, 道用則無爲而自治.(『윤문자』「大道上」)

83　뱀의 머리가 꼬리를 물고 돌아가는 형세를 일컫는 것으로 주로 군사작전에서 선두와 후미가 서로 호응하여 공격과 방어를 함으로써 적에게 틈을 주지 않는 전술을 말한다.
　　─옮긴이

84　道行於世, 則貧賤者不怨, 富貴者不驕, 愚弱者不懾, 智勇者不陵, 定於分也. 法行於世, 則貧賤者不敢怨富貴, 富貴者不敢陵貧弱, 愚弱者不敢冀智勇, 智勇者不敢鄙愚弱. 此法之不及道也.(『윤문자』「大道上」)

85　大要在乎先正名分.

86　法有四呈, (…) 一曰不變之法, 君臣上下是也. 二曰齊俗之法, 能鄙同異是也. 三曰治衆之法, 慶賞刑罰是也. 四曰平準之法, 律度權量是也.

87　聖人者, 自己出也. 聖法者, 自理出也. 理出於己, 己非理也. 己能出理, 理非己也. 故聖人之治, 獨 治者也, 聖法之治, 無不治矣.(『윤문자』「大道下」)

88　則頑嚚聾瞽, 可以察慧聰明同其治也.

89　遭賢之與遭愚, 均矣.(『윤문자』「大道上」)

90　昔晉國苦奢, 文公以儉矯之. 乃衣不重帛, 食不兼肉. 無幾時, 人皆大包之衣, 脫粟之飯. 越王勾踐謀報吳, 欲人之勇, 路逢怒蛙而軾之. 比及數年, 民無長幼, 臨敵雖湯火不避.(『윤문자』「大道上」)

91　先誅者, 非謂盜, 非謂奸.

92　下侵上之權, 臣用君之術, 心不畏時之禁, 行不軌時之法.

93　是以湯誅尹諧, 文王誅潘正, 太公誅華士, 管仲誅付里乙, 子産誅鄧析史付. 此六子者, 異世而同心, 不可不誅也.(『윤문자』「大道下」)

94　貧富皆由於君, 則君專所制, 民知所歸矣.(『윤문자』「大道下」)

95　名利治小人, 小人不可無名利.(『윤문자』「大道下」)

96　無使民自貧富.

97　虛臨其國, 徒君其民, 危亂可立而待矣.(『윤문자』「大道下」)

98　由爵祿而後富.

99 由刑罰而後貧.

100 則人必爭盡力於其君矣.

101 人咸畏罪而從善矣.(『윤문자』「大道下」)

102 政者, 名法是也.(『윤문자』「大道下」)

103 治國無法, 則亂. 有法而不能用, 則亂.(『윤문자』「大道上」)

104 慶賞刑罰, 君事也. 守職效能, 臣業也.

105 君不可與臣業, 臣不可侵君事. 上下不相侵與, 謂之名正. 名正而法順也.(『윤문자』「大道上」)

106 君寵臣, 臣愛君, 公法廢, 私欲行, 亂國也.(『윤문자』「大道下」)

107 天下萬事, 不可備能, 責其備能於一人, 則聖賢其猶病諸.(『윤문자』「大道上」)

108 聖人之治, 不貴其獨治, 貴其能與衆共治也.(『윤문자』「大道上」)

109 故全治而無闕者, 大小多少, 各當其分. 農商工仕, 不易其業.(『윤문자』「大道上」)

110 老農, 長商, 習工, 舊仕, 莫不存焉. 則處上者何事哉?(『윤문자』「大道上」)

111 萬事皆歸於一, 百度皆準於法.(『윤문자』「大道上」)

112 人以度審長短, 以量受多少, 以衡平輕重, 以律均淸濁.

113 能鄙齊功.

114 賢愚等慮.

115 頑囂聾瞽, 可以(同與)察慧聰明同其治也.

116 遍爲萬物說.

117 自夫子之死也, 吾無以爲質矣, 吾無與言之矣.(『장자』「徐無鬼」)

118 日以其智與人之辯.

119 會徐州相王.

120 一怒而諸侯懼, 安居而天下息.

121 不法先王, 不是禮義.

122 日方中方睨, 物方生方死.

123 天與地卑, 山與澤平.

124 泛愛萬物, 天地一體.

125 定於一尊.

126 善而不可行, 何故?

127 今擧大木, 前乎輿謣, 後亦應之, 此其於擧大木者, 善矣. 豈無鄭衛之音哉? 然不若此其
     宜也. 夫國亦木之大者也.

128 民人皆善之.

129 萬物畢同畢異.

130 張儀欲以秦韓與魏之勢伐齊荊, 而惠施欲以齊荊偃兵.

131 以齊荊爲援, 則秦韓不敢加兵, 故兵可偃也.

132 合衆弱以攻一强.

133 짚으로 만든 제사용 개를 뜻하는 말로 필요할 때 쓰고, 다 쓴 뒤에는 미련 없이 버리는
     것을 뜻한다. ─옮긴이

134 用兵而不休, 攻擊人而不止.

135 公之學去尊, 今又王齊王, 何其到(倒)也?

136 今有人於此, 欲必擊其愛子之頭, 石可以代之.

137 公取之代乎? 其不與?

138 施取代之. 子頭所重也, 石所輕也, 擊其所輕以免所重, 豈不可哉?

139 齊王之所以用兵而不休, 攻擊人而不止者, 其故何也?

140 大者可以王, 其次可以霸也. 今可以王齊王而壽黔首之命, 免民之死, 是以石代愛子頭也,
     何爲不爲?

141 逐萬物而不反.

142 爭於氣力.

143 公孫龍詭辭數萬以爲法.

144 公孫龍 (…) 假物取譬, 以守白辯, 謂白馬爲非馬也. (…) 欲推是辯, 以正名實而化天下.

145 日方中方睨, 物方生方死.

146 上本之於古者聖王之事.

147 上之所是必亦是之, 上之所非必亦非之.

148 馬者所以命形也, 白者所以命色也, 命色者非命形者也. 故曰. '白馬非馬'.

149 執一不失, 能君萬物.

150 天無二日, 民無二主.

151 二有一乎? 曰. 二無一.

152 靑白不相與而相與, 不相勝則兩明也, 爭而明, 其色碧也.

153 與其碧寧黃.

154 暴則君臣爭而兩明也. 兩明者昏不明, 非正擧也.

155 兩明則道喪, 其無有以正焉.

156 離也者天下故獨而正.

157 視不得其所堅, 而得其所白者, 無堅也. 拊不得其所白, 而得其所堅, 無白也.

158 趙惠王謂公孫龍曰. '寡人事偃兵十餘年矣, 而不成, 兵不可偃乎?' 公孫龍對曰. '偃兵之意, 兼愛天下之心也; 兼愛天下, 不可以虛名爲也, 必有其實. 今藺離石入秦, 而王縞素布總, 東攻齊得城, 而王加膳置酒. 秦得地而王布總, 齊亡地而王加膳, 斯非兼愛之心也, 此偃兵之所以不成也.'

159 善戰者服上刑.

160 不殺人者能一天下.

161 正名實而化天下.

제10장

음양가의 천인배합을 특징으로 한 도식화된 정치사상

음양, 오행설 개술

음양陰陽, 오행五行이 두 개의 철학 개념으로 자리 잡은 것은 늦게 잡아도 춘추 시대의 일이다. 발생 시기에 대해서는 학자 간 의견이 다양하다. 일찍 잡는 사람은 시기가 상商대에 이르고, 늦게 잡은 사람은 춘추를 말하니 상하 편차가 1000년에 가깝다. 춘추 시대의 관련 기록을 보면 당시 음양과 오행은 아직 일체가 아니었다. 양자가 결합하여 하나의 체계를 구성한 것은 춘추 이후의 일일 것이다. 음양오행가가 한 학파가 된 것은 학계 주류 의견에 따르면 전국 시대에 일어난 일이다.

맨 처음 음양은 햇볕의 향배를 가리켰다. 해를 향하면 양이고, 해를 등지면 음이다. 이것을 나중에 사상가들이 빌려 쓰면서 두 가지의 대립하고 상호 성쇠하는 물질 역량과 그에 상응하는 현상을 표시하는 것이 되었다. 그리고 거기서 더 나아가 일체 사물이 모두 음과 양 두 측면으로 구성되었으며, 음양의 대립 투쟁으로 말미암아 사물의 운동 변화가 이루어진다고 생각하기에 이르렀다. 오행이 가리키는 것은 물水, 불火, 나무木, 쇠金, 흙土이다. 고대 사상가들은 이 다섯 가지 요소를 만물을 구성하는 원소로 여겼다. 사백史伯은 이렇게 말한 적이 있다. "선왕께서는 토와 금, 목,

수, 화가 서로 섞여 온갖 물질이 이루어진다고 했다."[1] 그래서 '오행'을 '5 재材'라고도 부른다. 초기 사람들은 오직 이 다섯 가지를 생활에서 잠깐도 떨어져서는 안 되는 필수품으로 보았다. 자한子罕이 말한 "하늘이 5재를 낳으니 백성이 그것을 두루 사용한다"[2]는 말이 그렇다. 이것이 한 걸음 더 발전하여 사람들은 오행을 단순한 원소설로 두는 데 만족하지 못하고, 갈수록 관심을 오행과 만물의 관계 및 오행 간의 관계 쪽으로 전향해갔다. 그리하여 오행은 그 개체 대상으로부터 떨어져 갈수록 멀어지고 갈수록 추상화되었고 사물 간의 관계를 연구하는 것이 점차 오행설의 주요특징이 되기에 이르렀다.

오행과 만물의 관계는 주로 종류의 구분에서 드러난다. 오행 가운데 어느 한 가지 원소는 바로 어느 한 가지 종류의 사물을 대표한다. 사묵史墨이 꿈을 점치면서 오吳나라가 6년 뒤 초楚나라를 침범할 것이라고 예언한적이 있다. 이에 그는 이렇게 말했다. "아마 [6년 뒤] 초나라 수도 영郢에들어갈 날은 분명 경진庚辰일일 것이다. 이날은 해와 달이 모두 [28숙 가운데 하나인] 용미龍尾(즉 기숙箕宿)에 있으며, 경오庚午일로부터 태양이 변화하기 시작한다. 화가 금을 이길 수 없으므로 [이 전쟁은] 성공할 수 없다."[3] 여기에는 관련된 문제가 너무 많아 명료하게 설명하기 어려운 부분이 있다. 그러나 한 가지만은 매우 명백하다. 즉 화, 금 모두 일부 사물을 대표하고 있다는 점이다. 당시에는 간지로 오행을 배치했다. 두예杜預의 주석에 따르면 오午는 화이고, 경庚은 금이다. 오는 또 남방을 대표하며, 남방은 또 초나라 위치다. 그래서 위와 같은 논의가 있는 것이다. 『좌전』애공哀公 9년에도 사묵 점괘의 일단을 기록하고 있다. 진晉나라의 조앙趙鞅이정鄭나라를 구원할 것인가를 점쳤다. 점 결과는 "물을 만나 불로 간다"였다. 이를 사묵은 다음과 같이 해설한다. "영盈은 물의 이름이다. 자子는 물의 자리다. 이름과 자리가 적대하니 해서는 안 된다. 염제炎帝는 원래 화사

火師이고 강姜씨는 그의 후예다. 물이 불을 이기는 것이니 강씨를 정벌하면 가능하겠다."[4] 이 가운데에도 분명히 설명하기 어려운 문제가 있다. 그러나 오행의 매개 원소가 일부 사물을 대표한다는 것은 매우 분명한 일이다. 조앙은 영嬴씨 성에서 나왔다. 영과 영盈은 옛 음이 서로 같다. 그래서 조앙은 물의 자리가 된 것이다. 염제는 원래 화사이므로 불에 속한다. 강씨 성은 그의 후예이니 역시 불에 속한다. 물은 불을 이긴다. 따라서 얻어낸 결론이 "강씨를 정벌하면 가능하다"이다.

오행 사이에는 일정한 제약 관계가 있다. 한 가지는 상생설相生說로, 목이 화를 낳고, 화는 토를 낳고, 토는 금을 낳고, 금은 수를 낳고, 수는 목을 낳는다는 것이다. 다른 한 가지는 상승설相勝說(혹은 상극설相克說)로 목은 토를 이기고, 금은 목을 이기고, 화는 금을 이기고, 수는 화를 이기고, 토는 수를 이긴다는 것이다. 일부 학자들의 연구에 따르면 상승 혹은 상극설은 춘추 시대에 벌써 초보적으로 이루어졌다고 한다.

오행이 대표하는 사물의 종류와 오행 사이의 상호 제약 관계 이론은 두 가지 측면으로 평가해야 할 것이다. 하나는 그것이 사물 관계에 대한 연구를 촉진시켰다는 것이고, 다른 하나는 복잡한 사물을 오행의 구조 안에 모두 구겨 넣음으로써 수많은 견강부회, 억지 짝 맞추기 등의 현상을 나타나게 했을 뿐만 아니라 황당무계한 신비주의에 편리한 핑계의 문을 열어주었다는 것이다.

음양오행 이론이 사물의 연계를 연구하는 데 중점을 두고 있고, 사물의 연계에 관한 사상은 또 사람들이 가장 관심을 갖고 있으며 필요로 하는 사항이어서 당시 각양각색의 사상 유파들에 다각적으로 영향을 미쳤다. 각 학파 모두가 많든 적든 음양오행 관념을 빌려 사물의 관계를 설명했다. 음양오행 담론은 당시 사상과 학술계의 보편적인 분위기가 되었는데, 음양오행파는 바로 이와 같은 환경에서 형성되고 발전했다.

전국 시대 음양오행파 저작은 『한서』「예문지」 기록에 의하면 10여 종이 있는데 애석하게도 모두 망실되었다. 다행인 것은 『관자管子』 『여씨춘추』 『예기』 등에 몇 편의 음양가 저작이 아직 보존되어 있다는 점이다. 그밖에 음양가의 대표 주자인 추연鄒衍의 말 가운데서도 단편적인 기록들이 일부 남아 있어 그 일단을 엿볼 수 있다.

사마담은 「논육가요지」에서 음양가에 대해 다음과 같이 요약하고 평가했다. "음양의 술을 가만히 들여다보면 [길흉의 상서로움을] 매우 자세하게 말하면서도 사람들이 그것을 꺼리게 하여 사람들로 하여금 거기에 구속되어 두려움을 느끼게 하는 요소가 많다. 그러나 사시의 차례를 매기는 것은 크게 따를 만하여 놓칠 수 없다."5 『한서』「예문지」에도 이와 유사한 논평이 있다. "음양가의 부류는 (…) 높은 하늘을 공경하고 따르며, 해, 달, 별의 천문 기상을 헤아려 삼가 백성에게 때를 [알려]주니 이것이 그들의 장점이다. 그리고 한계가 있다면 금기 [사항들]에 견제당하고 작은 숫자들에 흙탕이 되어 인간사를 도외시하고 귀신으로 임한다는 것이다."6 이상의 평론은 상당히 일리가 있다. 음양가의 천인관계를 중심으로 각종 사물의 관계를 연구하는 논설 가운데는 확실히 일부 과학성을 갖춘 논의가 있다. 그러나 동시에 상당히 많은 신비주의적 요소가 섞여 있기도 하다. 그 시대에는 과학과 미신을 분별하기가 어려웠다. 과학적 사유에 입각하여 사물의 원리를 탐색하는 이론들 모두가 엉뚱한 말이나 신비주의적 내용으로 포장되는 것을 면하기 어려웠다. 반대로 미신과 같은 물건이 자주 과학을 빌려 자신을 엄호하거나 길 안내로 삼기도 했다. 음양가는 대자연계의 여러 가지 문제를 끝없이 논의했는데, 그 입각점은 언제나 인간사와 정치였다. 음양오행파 정치사상의 특징은 천인배합, 천인감응을 기초로 그 속에서 정치 방정식을 찾고자 했다는 것이다.

추연鄒衍 오덕종시五德終始 하의 정치순환 이론

추연은 제齊나라 사람으로 음양가의 가장 저명한 인물이다. 전국 시대 후기에 살았는데 생몰 연대는 정확히 고증할 수 없다. 『사기』는 "추연은 맹자孟子보다 뒷사람이다"[7]라고 기록하고 있다. 추연의 행적에 관한 역사 기록 간에 모순된 곳이 대단히 많은데, 요약하면 제, 연燕, 조趙나라에 고루 그의 족적이 있고, "제나라에 중용되어" 한때 명성을 떨친 적이 있다. 『한서』「예문지」의 음양가류 저서 목록에 "『추자鄒子』 49편, 『추자종시鄒子終始』 56편"이 있다. 『사기』「맹자순경열전」에도 추연이 "주운主運"을 지었다고 기록했는데, 그 색은索隱에 "참고로 유향劉向의 『별록別祿』에 추자의 책에 「주운」 편이 있다고 말한다"[8]고 한다. 이에 의하면 「주운」은 『추자』 가운데 한 편이다. 애석하게도 이 책들은 모두 망실되었다. 현재는 잔존하는 단편적 자료와 관련 논평들에 근거하여 그 대강의 윤곽을 알 수 있을 뿐이다.

『사기』「맹자순경열전」에는 추연의 사상과 이론을 평론한 다음과 같은 일단의 문장이 있다. "추연은 당시 나라를 가진 사람들이 음란과 사치를 더해 『시경』「대아大雅」에 보이듯 제 몸을 가지런히 하고 서민들에게 베푸는 그러한 덕을 숭상하지 않음을 목도했다. 그래서 음양의 소식消息을 깊이 관찰하여 괴이한 변화들에 관한 [학설을] 만들어 「종시終始」 「대성大聖」 편 등 10여 만 자를 지었다."[9] 여기서 알 수 있듯이 추연 논의의 출발점은 당시 통치자들이 음란과 사치만 돌아볼 뿐 사회와 서민의 고통을 돌아보지 않으며 눈앞의 누리는 것만 생각할 뿐 나중의 결과를 헤아리지 않고 있는 데서 나온 것이다. 이러한 문제를 해결하기 위하여 추연은 구구절절이 구체적인 문제에 대한 지적에 매이지 않고 우주 자연 변화의 필연적 과정으로부터 구체적 사물의 운명을 지적했다. 천지에 대한 광활한 논의, 한계가 없는 끝없는 광대함 때문에 그는 당시 사람들로부터 "하늘의 순행天衍을 이야기하는" 사람으로 불렸다. 현존 자료들은 주로 그의 역사와 지리에 대한 견해를 반영하고 있다.

추연은 역사를 서술하면서 묘사하고 탐구하는 내재적 필연성을 한데 결합시켜 가까운 데서 먼 곳에 이르고, 위로는 태고 시대까지 끌어올린다. 이것이 바로 『사기』에서 이야기하는 "먼저 오늘날을 순서 짓고 위로 황제黃帝에까지 이르며, 배운 것을 공통적으로 서술하는데 크게 시대에 따른大並 흥망성쇠를 이야기하며, 제도[가 갖는] 조짐이나 재앙 등을 기재하여 먼 데까지 추측하는데 천지가 아직 생겨나지 않는 아득히 알 수 없은 근원에 이른다"[10]이다. 대병大並의 '병'에 대해 색은은 "대체로 시대에 따른 흥망성쇠, 시대를 보고 세상을 이야기하는 것을 말한다"[11]고 한다. 추연은 역사의 묘사에만 국한하지 않고 애써 성쇠의 원인을 탐구하고 평가를 내리기도 했다. 그는 사람들이 이미 논술한 가장 오래된 역사를 한계로 삼지 않고 역사를 더욱 먼 시대로 끌어갔으며, 인류의 역사를 자연의 역사와 연결하려 했다. 추연은 역사를 변화 발전의 과정으로 인식했다. 이렇게 변화하고 발전하는 가운데 하나의 이른바 필연 규율이 지배 작용을 하는데 이 규율이 바로 "오덕은 바뀐다. 다스림에는 각자 마땅한 바대로 하겠으나 결국 이 [오덕]에 부응하게 된다"이다.[12] 오덕의 변화 상황에 관하여 다른 책들에 다음과 같은 단편적 기록이 있다. "추자에게 는 종시오덕終始五德이 있는데 불승不勝하는바, 즉 상극에 따르면 목덕이 그 것을 계승하고, 금덕이 그다음에 오며, 화덕이 그다음에 오고, 수덕이 그 다음에 온다."[13] 좌사左思의 『위도부魏都賦』에서 『칠략七略』을 인용한 이선李 善의 주석에도 "오덕이 이기지 못하는 바에 따르면 우虞(즉 순舜임금)는 토 덕이고, 하夏는 목덕이며, 은殷은 금덕이고, 주周나라는 화덕이다"[14]라고 한 다. 앞 인용문 시작은 토여야 하며, 뒤 인용문 화에 이어지는 것은 수여야 한다. 추연은 하나의 덕이 한 왕조를 지배한다고 생각했다. 왕조마다 특정 한 제도와 정치 즉 "다스림은 각자 마땅한 바대로 한다". 애석하게도 기록 이 없어져 추연이 각 왕조 정치를 어떻게 논술했는지 알 방법이 없다. 그 는 말한다. "정치 교화의 꾸밈과 질박함은 [그 시대의] 폐단을 구하려는 까닭이다. 시대에 합당하면 쓰이고, 지나치면 버리며, 바꿀 것이 있으면 바꾼다. 따라서 하나만 지키고 변화하지 않는 것은 다스림의 극치를 보지 못했기 때문이다."[15] 전승한 사람의 작품이니 참고할 만하다.

추연의 이와 같은 역사관은 여러 가지 요소를 지니고 있다. 천지가 아 직 열리기 전부터 인간 세상의 번영까지를 묘사한 것을 보면 확실히 진 화론적 요소가 있다. 오덕이 돌아서 다시 시작하니 일종의 순환론이기도 하다. 이른바 '부합符合된다' 함은 틀림없이 신비주의다. 이렇게 추연은 선 진 시대의 중요한 몇 가지 역사관을 모두 흡수해 들어왔다. 과학이 아직 번창한 시대가 아니라서 잡탕 이론이 왕왕 각 방면의 요구를 충족시키곤 했다. 여기서 꼭 설명해야 할 한 가지 사항이 있는데, 당시 오덕종시 순환 론이 왕조의 교체를 비교적 합리적으로 설명했다는 점이다. 특히 그 가운 데 주周나라의 화덕火德이 이미 쇠해 반드시 수덕水德을 드러내는 자가 주 를 계승할 것이라는 주장은 전국 시대 제후들의 입맛에 너무 잘 부합했다. 그것은 이론적으로 주나라가 반드시 망한다는 것을 논증했고, 반드시 새로운 성왕이 일어난다고 했으니 왕관을 절취하고 싶어했던 제후들에게는 크나큰 고무가 되었다. 다른 한편으로 오덕은 순서 교체 외에 정치 분류라는 함의도 지니고 있었다. 즉 정치를 다섯 가지 유형으로 분류했다. 오늘날 보면 이 분류는 형식주의적이고 기계적이지만, 당시에는 과거의 정치 활동을 모두 받아들인 고도의 개괄이었다. 한 왕조가 멸망으로 치닫는 이유에는 반드시 그것의 정치적 결함이 있게 마련이며, 그것을 계승하는 자는 치우침의 폐단을 보완하고 바꾸어야만 새로운 발 디딤이 가능하다. 오덕의 정치 분류가 이러한 정치적 차별을 정확하게 반영하고 있지는 않으나 부분적 사실은 설명하거나 반영하고 있다.

오덕종시에는 수많은 허튼소리가 있지만 어떤 왕조든 영원불변할 수는 없고 반드시 그 종국이 있다고 밝힌 것은 역시 당시 사람들에게 새로이 눈과 귀를 열어주는 일이었다.

지리에 관하여 추연은 중국 밖에 다른 세계가 있다고 생각했다. 그는 중국을 '적현신주赤縣神州'라고 불렀다. 적현신주와 서로 연결된 것으로 유사한 8개 주가 더 있으며, 이 9주가 1대구大區를 이룬다. 전 세계에는 모두 합해 9대구가 있다. 다시 말해 중국은 전 세계의 81분의 1에 불과하다는 것이다. 추연의 견해는 분명 미루어 생각한 것이지 무슨 근거가 있는 것은 아니었다. 그럼에도 당시 사람들의 안목을 크게 열어주었고 중국 외에 다른 천하가 없다는 협애한 관념을 깨뜨렸다.

추연이 문제를 논술하는 방법은 "먼저 작은 물질로 증험하고 그것을 미루어 확대해나가 끝이 없는 데 이른다"는 것이었다.[16] 즉 경험, 추측, 환상을 한데 결합시키는데 경험을 추측과 환상의 근거로 삼는다. 이와 같은 방법은 매우 독창적이라 할 수 있다. 사람들로 하여금 의심하되 그 근거를 부인할 수는 없도록 하고, 믿되 그것을 증명할 수는 없도록 했다. 그래서 "왕공대인이 처음 그의 방법을 보고는 두려워서 마음에 새기게 되나 결국 그것을 실천하지는 못했다."[17]

추연은 정치철학에 관하여 많이 밝히고 있는데 구체적인 정치 주장은 주로 유가의 영향을 받았다. 사마천司馬遷은 이렇게 논평한다. "그가 귀결하는 주장은 반드시 인의와 절검에 그쳤고, 군신 상하 육친 간의 베풂 등으로 넘쳐났다."[18] 또 그가 '덕을 숭상했다尚德'고 말하는데 이 또한 분명 유가 사상에 속한다. 그 밖에 그가 말한 "제 몸을 잘 정돈하여 뭇 백성에게 베푼다"[19] 함은 유가의 수신제가치국평천하와 유사하다.

『월령月令』천인상응의 정치 도식화 이론

『월령』은 전국 시대 음양가의 중요한 저작 가운데 하나다. 여불위呂不韋가 『여씨춘추』를 편찬하면서 전문을 수록해 넣으며 책 전체의 강령으로 삼았다. 한漢 초의 유가들이 다시 그것을 『예기』에 집어넣으면서 나중에 유가의 경전이 되었다.

『월령』은 과학, 신학, 오행, 정부 법령과 사회생활을 한데 뒤섞고 있다. 글 속에 묘사된 사물 간의 관계에는 다음 두 가지 상황이 존재한다. 한 가지 상황은 확실히 특정 사물 간의 내재적 연계를 보여주는데, 이 연계가 바꿀 수 없는 성질을 갖고 있다는 것이다. 또 한 가지 상황은 저자가 수많은 허구를 만들어내어 아무 상관이 없는 일들을 한데 연결 짓고 있는데, 그 가운데는 신과 같은 근본적으로 존재하지 않는 대상을 억지로 만든 부분도 있다는 것이다. 이 두 가지 상황이 함께 뒤섞여 과학으로 하여금 신학의 반려가 되게 만들고 있으며, 신학은 또 과학으로 하여금 비세속적인 외피를 덮어쓰도록 했다.

『월령』에는 세계가 다양한 층차의 구조라고 묘사되어 있다. 이 다층차의 구조 가운데 태양은 가장 높은 것으로 결정의 의미를 지니고 있다. 저자는 태양이 돌아가면서 매월 한곳에서 산다고 생각했다. 이를테면 정월에 "태양은 영실_{營室} 별자리에 있으며, 저녁에는 삼_參 별자리 가운데, 아침에는 미_尾 별자리 가운데 있다".²⁰ 2월에 "태양은 규_奎 별자리에 있으며, 저녁에는 호_弧 별자리 가운데, 아침에는 건성_{建星} 별자리의 가운데 있다".²¹ 태양의 회전은 사시를 형성하는데, 각 시는 또 3개월로 나뉜다. 사시는 각각 기후 특징이 있으며 월마다 각자 징후를 갖추고 있다. 사시와 서로 대응하며 시마다 그에 어울리는 제_帝와 신_神이 있다. 이를테면 봄은 "태호_{太皞}를 제로 하고, 구망_{句芒}을 신으로 한다".²² 여름은 "염제를 제로 하고, 축융_{祝融}을 신으로 한다".²³ 해당되는 달과 신의 변화에 대응하여 매월 그에 상응하는 제사 규정과 예제_{禮制}가 있다. 오행은 사시의 회전과 서로 배합된다. 춘은 목, 하는 화, 추는 금, 동은 수, 토는 여름과 가을의 교차 지점에 놓여 중앙을 차지한다. 사시 변화는 태양의 제약을 받을 뿐만 아니라 오행의 제약도 받는다. 그 아래 층차는 바로 생산, 정부 명령 등 각종 인사 활동이다. 이상의 구조는 기본적으로 같은 방향으로 제약한다. 따라서 저자가 보기에 사람은 제왕을 포함하여 절대적으로 자유로울 수 없다. 사람의 자유는 자연을 이용하는 데서 드러날 뿐만 아니라 자연을 따르는 데서 드러난다. 물론 자연을 따르는 데는 수많은 신비주의적 규정이 복잡하게 끼어 있다.

인사 활동 가운데 『월령』의 저자는 생산과 정치 관계도 분석하고 있다. 저자는 정부 명령은 응당 생산 규율을 근거로 삼아 생산 발전과 정상적 진행에 도움이 되어야지 그에 대립되는 곳에 서서 생산을 파괴해서는 안 된다고 주장한다.

『월령』은 당시 농업 생산 규율을 비교적 체계적으로 종합한다. 개괄하면 봄에 심고, 여름에 키우며, 가을에 거두고, 겨울에 저장한다는 것이다. 사시 운행, 오덕의 성질, 생산 규율에 근거하여 『월령』은 하나의 정치 월정표를 열거하고 있다. 정치 활동의 총 지도 원칙은 "무릇 큰일을 거행함에 천수天數를 어겨서는 안 된다. 반드시 그 때에 따를 것이며, 신중히 그 유類에 기인해야 한다".[24] 소위 천수란 오늘날 용어로 하자면 기본 규율이다. 여기서는 음양의 교차, 해와 달의 변화, 오행의 덕 등을 가리킨다. "반드시 그 때에 따른다"는 말은 사계절의 변화에 순종함을 가리킨다. "신중히 그 유에 기인한다" 함은 저자가 보기에 만물이 종류에 따라 구분되며 자연 현상과 사회 현상에도 종류가 같은 곳이 있는데, 예컨대 포상과 양기陽氣는 동류이고 형벌과 음기陰氣는 동류라는 것이다. 봄과 여름은 양에 속하고, 가을과 겨울은 음에 속한다. 그래서 봄과 여름에 상을 주어야 하고, 가을과 겨울에 형벌을 사용한다. 이와 같은 부류로 억지로 갖다 붙인 곳이 굉장히 많다. 저자는 달에 맞는 정부 법령을 나열하고 있는데, 같은 계절의 정부 법령이라도 중복된 곳이 있으므로 여기서는 사시에 입각하여 간단히 소개하고자 한다.

춘계 춘계는 목덕木德으로 만물이 생장하기 시작한다. 봄철 정부 법령의 기본 정신은 "덕을 펴고 법령을 온화하게 하며, 상으로 시혜를 베풀어 아래로 만민에 미치도록 한다. 상을 베풂에 부당함이 있어서는 안 된다"[25]이다. 이 원칙에 근거하여 생산에서 봉강封疆[26]을 수정하고, 토지를 분배하고, 수로를 건설하고, 생산량을 정하고, 도로를 뚫고, 벌목과 살생을 금지하여 산림과 연못을 보호한다. 인민에 대해서는 고아나 가난한 사람을 구제하고, 범죄자를 사면하고, 요역과 군사 동원을 금지한다. 상을 많이 주고 형벌을 적게 한다. 현명한 선비를 초빙한다. 이 모두가 생을 도와주는 것이 특징이다.

하계 하계는 화덕火德으로 만물이 번성하는 계절이다. 통치자의 정치 원칙은 만물의 생장을 돕는 것이다. 이를 위해 예와 악을 강조하고 인재를 선발하여 "작록을 내리되 반드시 제 위치에 합당하도록 해야"[27]
한다. 여름철에는 토목 공사와 수목 벌채를 엄금한다. 생산을 독려하기
위해 신하들로 하여금 "백성에게 농사에 힘쓰고 때를 잃지 말도록 권
면하고"[28], "농부들에게 경작에 힘쓰라고 명령토록"[29] 한다.

추계 추계는 금덕金德으로 소슬하고 만물이 영락하기 시작한다. 여기에
적응하려면 정치적으로 무武와 형벌을 중시해야 한다. 무사를 뽑아 훈
련시키고 불의를 토벌해야 한다. 형벌을 바로잡아 옥사를 단행하고 죄
있는 자들에게 벌을 주어야 한다. 다만 "바르고 공평하게" 하려면 "베
어 죽임이 합당해야지 [부당하게] 왜곡시키지 말아야 한다".[30] 가을철
에는 토목 공사를 하고 성곽을 건설해도 된다. 세금 수수 또한 이때 행
한다. 그 밖에 상품 교류를 강화하여 시장을 활성화해야 한다.

동계 동계는 수덕水德으로 만물이 닫아 감춘다. 여기에 적응하려면 치
안과 관리를 강화하고 죄수들을 징계해야 한다. "궁 안에 일 없는 사람
을 파면하고, 쓸모없는 기물들을 제거한다".[31] 산림의 금기를 풀지만 분
수를 지켜 멋대로 베고 자르지 못하도록 해야 한다. 여러 가지 사업에
대해 연말 심사와 통계를 낸다. 이를테면 공업 생산품을 검사하고, 인
민과 전답의 수에 관한 통계를 낸다. 다가올 해의 농사를 위하여 각종
준비를 마친다.

토덕土德은 사시와 짝짓지 않으며 여름과 가을의 교차점에 자리한다.
토덕과 상응하는 것으로는 일부 예의 규정이 있을 뿐 구체적 정부 법령
은 없다. 토는 비록 '중앙'으로 말해지나 사실은 허위虛位로 자리한다.

『월령』의 저자는 위의 양식화된 정부 법령이 바뀌어서는 안 되며 반드
시 때에 맞춰 집행되어 돌아서 다시 시작하고 1년이 다시 1년이 되어야
한다고 주장한다. 저자는 특히 위의 양식을 위배하면 반드시 징벌을 받

게 되는데 하늘의 재앙이 아니면 필경 사람의 재앙이 있게 될 것이라고 위정자들에게 경고한다. "초봄에 여름의 법령을 행하면 바람 때가 때에 맞지 않아 초목은 일찍 떨어지고 국가 [전체에] 비가 내려 두려움에 떨게 된다. 가을의 법령을 행하면 백성 사이에 큰 역병이 돌고 광풍 폭우가 대거 몰려오며 능쟁이 강아지풀과 쑥대가 어우러지게 될 것이다. 겨울의 법령을 행하면 장마에 길이 패이고, 큰 눈과 서리가 내려 머리가 사람 같지 않게 될 것이다."[32] 저자의 견해는 견강부회한 곳이 없지 않으며, 사람을 좀 놀래는 점도 있다. 그러나 글의 주지는 일리가 있다. 농업 위주의 경제 조건하에서 생산 조건과 과정은 해마다 기본적으로 비슷할 수밖에 없는데, 이로부터 정치 양식화를 위한 객관적 근거가 제공되었다. 저자는 정부 법령이 반드시 농업 생산 과정과 통일되어 있어야 하며, 농업 생산을 위해 복무하고 적어도 간여하거나 그것을 파괴해서는 안 된다고 강조한다. 그렇지 않으면 반드시 징벌을 받게 될 것이라고 한다. 당시의 역사적 조건하에서 군주는 지고무상의 권위를 갖고 있었다. 그는 어떤 객관적 규율이나 조건에 상관없이 제멋대로 나쁜 짓을 일삼을 수 있었다. 『월령』의 저자는 과학, 신학, 권고, 경고, 공갈 등을 모두 다 동원하여 제왕의 면전에 늘어놓고 제약하려고 했으니 그 마음 씀이 참으로 괴로웠으리라!

결어

　음양오행학파는 천인화해가 인류 생존의 기본적 보증이며 선결 조건이라고 생각했다. 일체의 정치 활동은 천인화해의 실현을 보장할 수 있을 뿐 그것을 파괴할 수는 없다. 이것은 농업 경제의 요구를 반영한 것이다. 그들은 애써 사물 간의 관계를 탐구했으며, 종류 구분 방식을 통해 사물을 꿰어 이으려 했으며, 이를 빌려 사물 간의 연계 사슬을 파악했다. 이와 같은 탐구 중에는 탁월한 견해도 있고 헛소리도 있다. 그 시대에는 이를 피하기 어려웠을 것이다. 그들의 정치 양식화에 관한 견해가 비록 기계적인 점을 면하지는 못했지만 기본 정신만은 높이 살 만하다. 군주를 위해 법을 세우는 것은 그것으로 군주를 제약함은 물론 군주를 신격화시키는 일이다.

1　先王以土與金木水火相雜, 以成百物.(『국어』「鄭語」)

2　天生五材, 民竝用之.(『좌전』襄公27年)

3　入郢, 必以庚辰. 日月在辰尾. 庚午之日, 日始有謫. 火勝金, 故弗克.(『좌전』昭公31年)

4　盈, 水名也; 子, 水位也. 名位敵, 不可干也. 炎帝爲火師, 姜姓其后也. 水勝火, 伐姜則可.

5　嘗竊觀陰陽之術, 大祥而衆忌諱, 使人拘而多所畏, 然其序四時之大順, 不可失也.(『史記』
　　「太史公自序」)

6　陰陽家者流, (…) 敬順昊天, 歷象日月星辰, 敬授民時, 此其所長也. 及拘者爲之, 則牽於
　　禁忌, 泥於小數, 舍人事而任鬼神.

7　鄒衍, 後孟子.(『사기』「孟子荀卿列傳」)

8　按: 劉向劉錄云: 鄒子書有主運篇.

9　鄒衍睹有國者益淫侈, 不能尙德, 若大雅整之於身, 施及黎庶矣. 乃深觀陰陽消息而作怪
　　迂之變, 終始大聖之篇, 十餘萬言.

10　先序今以上至黃帝, 學者所共術(述), 大竝世盛衰, 因載其機祥度制, 推而遠之, 至天地
　　未生, 窈冥不可考而原也.

11　言其大體隨代盛衰, 觀時而說世.

12　五德轉移, 治各有宜, 而符應若玆.(『사기』「孟子荀卿列傳」)

13　鄒子有終始五德, 從所不勝, 木德繼之, 金德次之, 火德次之, 水德次之.(『文選』)

14　五德從所不勝, 虞土夏木殷金周火.(『文選』, 沈休文『齊故安陸昭王碑』에서 李善의『鄒
　　子』를 引用한 주석)

15　政敎文質者, 所以云救也, 當時則用, 過則舍之, 有易則易之, 故守一而不變者, 未睹治之
　　至也.(『漢書』「嚴安傳」의『鄒子』인용)

16　先驗小物, 推而大之, 至於無垠.(『사기』「孟子荀卿列傳」)

17　王公大人初見其術, 懼然顧化, 其後不能行之.(『사기』「孟子荀卿列傳」)

18　然要其歸, 必止乎仁義節儉, 君臣上下六親之施始也濫耳.

19　整之於身, 施及黎庶.

20　日在營室, 昏參中, 旦尾中. 하늘의 별자리인 28수宿를 뜻하는 말들. ―옮긴이

21　日在奎, 昏弧中, 旦建星中. 하늘의 별자리인 28수宿를 뜻하는 말들. 특히 규는 서방 백
　　호자리 7수 가운데 하나로 16개의 별로 구성된 모양이 글자 같아서 문운文運을 상징.
　　―옮긴이

22　其帝太皡, 其神苟芒.

23　其帝炎帝, 其神祝融.

24　凡舉大事, 毋逆天數, 必順其時, 愼因其類.

25　布德和令, 行慶施惠, 下及兆民. 慶賜遂行, 毋有不當.

26　분배받은 토지의 경계. ―옮긴이

27　行爵出祿, 必當其位.

28　勞農勸民, 毋或失時.

29　命農勉作.

30　斬殺必當, 勿或枉撓.

31　罷宮之無事者, 去器之無用者.

32　孟春行夏令, 則風時不時, 草木早落, 國雨有恐. 行秋令, 則其民大疫, 飄風暴雨總至, 藜
　　莠蓬蒿並興. 行冬令, 則水潦爲敗, 霜雪大摰, 首種不人.

제11장

『관자管子』의 각 학파 정치사상의 융합

『관자』의
각 학파와의 융합성

『관자管子』는 일찍이 선진 시대에 쓰인 책으로 당시 상당히 광범하게 유포되어 있었다. 『한비자韓非子』「오두五蠹」 편은 "집마다 『상군서商君書』『관자』 등 법에 관한 책을 갖고 있었다"[1]고 말한다. 현존하는 『관자』에는 유향劉向의 「서록敍錄」이 붙어 있는데, 유향의 말에 의하면 『관자』는 원래 564편이 있었는데 잡박하고 중복된 부분이 많았다고 한다. 유향이 새로 편집하면서 중복된 484편을 빼고 86편이 남았다. 『한서漢書』「예문지藝文志」에 수록된 『관자』는 바로 유향이 편집한 판본이다. 현존하는 책 또한 목록으로만 보면 86편인데, 그 가운데 10편은 목록만 있고 본문이 없으니 사실 76편만 남아 있는 셈이다.

『관자』가 한 권의 논문 모음집이라는 것은 누구나 인정하는 바다. 다만 매 편의 저술 시기가 언제냐에 대한 학자 간의 견해차가 매우 크다. 가장 이른 일부 편은 춘추 시대 관중管仲의 저작이거나 관중의 어록이라고 주장하는 사람이 있다. 가장 늦은 일부 편은 왕망王莽 시대 작품이라고 주장하는 사람도 있다. 각 편 저술 시기에 관해서는 아직도 더 깊이 연구해보아야 할 문제이므로 여기서는 구체적으로 논의하지 않겠다. 필자는

『관자』를 전국 시대 후기의 작품으로 본다. 제齊나라 직하학궁稷下學宮 학자의 저작이라고 주장하는 사람도 있는데 참고할 만하다.

직하학궁은 전田씨 제나라 환공桓公 때 처음 세워져 제 위왕威王, 선왕宣王 때 창성했으며 제나라가 망하면서 끝났다. 제나라는 직하학사들에게 후한 대우를 해주었다. 그 가운데 저명한 선생先生들에 대해서는 "모두 차례가 매겨져 상대부上大夫를 하사받았으며"[2], "[사통오달의] 강장康莊 큰 길가에 높은 대문과 커다란 집을 짓도록 하여 [존중받도록 했다]".[3] 직하학사가 가장 많았을 때는 "십만 명을 헤아릴" 정도였다. 추연鄒衍, 순우곤淳于髡, 전병田駢, 접자接子, 신도愼到, 환연環淵, 맹가孟軻, 순경荀卿 등 수많은 당시의 저명한 학자가 모두 직하학궁에서 교육과 연구를 행한 적이 있다. 직하학사는 전문적으로 정신적 생산에 종사했을 뿐 실제 정무는 책임지지 않았다. 사마천司馬遷은 이를 "[직접] 다스리지는 않고 의론을 일삼았다"[4]고 개괄한다. 통치와 의론을 나누고 자유롭게 의론을 전개하도록 한 것은 중국 역사상 빛나는 한 페이지로 사상 문화의 발전을 극대로 밀어올린 일이었다. 직하학궁의 성과가 『관자』에만 국한되는 것은 아니지만 『관자』가 직하학궁의 중요한 수확 가운데 하나임은 분명하다.

『관자』는 당시 각종 사상 및 사조 작품의 총 모음이다. 법가의 작품이 가장 많으며, 그 밖에 도가, 음양가, 유가, 명가, 병가의 것 그리고 잡가의 것도 있다. 극소수 몇 편의 저자가 규명된 것을(이것도 학계 견해가 다름) 제외하고 절대다수의 편이 오늘날까지 구체적인 저자를 찾아내지 못하고 있다.

『관자』는 대단히 높은 가치를 지니고 있다. 사상이 지극히 풍부할 뿐만 아니라 사회적 풍모를 광범하게 기록하고 있다.

『관자』가 한 학파의 저작은 아니지만(어떤 학자는 이를 '관자학파'라 부를 수 있다고 주장함) 『관자』에 들어 있는 각 사상 학파의 저자들에게는 하나의 공통된 경향이 있는데, 그것은 바로 융합성이다. 각 학파가 다른 학파들의 관념을 흡수할 때는 보통 소화 과정을 거쳐 자양분으로 만들어 자신의 몸속으로 흡수했다. 융합성이 명확히 드러날수록 자기 학파의 극단성은 줄어들었고, 파벌 간의 배척성, 대립성 또한 크게 약화되었다. 어떤 편은 융합성이 특출하여 어떤 학파에 속하는지 판단하기가 매우 어렵다.

법가 학파의 저작은 『관자』의 가장 많은 부분을 차지하고 있으나 각편의 풍격, 기질이 모두 일치한 것은 아니다. 다수의 편이 비교적 평화롭게 문제를 논술하고 있으며, 이론적으로 도가, 유가와 정도만 다르게 서로 융합하고 있다. 일부 편은 법과 도를 일체로 취급한다. 「법법法法」 편은 말한다. "훌륭한 왕이 위에 있으면 도법道法이 나라에 행해진다."5 「임법任法」 편은 말한다. "백성이 모두 화목하여 명령을 듣고 법을 지키면서 [각기] 제 할 일에 종사한다."6 「군신상君臣上」 편은 말한다. "훌륭한 군주는 도법을 중시한다."7 어떤 편은 유가에서 가장 중시하는 물건을 가져와 법의 일부분으로 삼고 있는가 하면 병행해도 어긋나지 않는다고 한다. 「임법」 편은 말한다. "인의예악仁義禮樂은 모두 법에서 나왔다. 이는 선대의 성인이 백성을 하나로 만들려는 까닭이다."8 이렇게도 이야기한다. "뭇 신하가 예의의 교훈을 사용하지 않으면 상서롭지 못하다."9 「군신하君臣下」 편은 말한다. "효제孝悌의 예가 행해지면 간사한 속임수가 그친다."10 「판법해版法解」 편은 유가를 흡수했을 뿐만 아니라 묵가도 흡수하고 있다. 저자는 '겸애兼愛'에서 출발하여 이렇게 말한다. "용서恕를 고려하여 일을 행해야 한다. 서를 고려한다고 하는 것은 자신을 비추어 보아 자신이 받아들이지 못한 바는 다른 사람에게도 베풀지 않음이다."11 분명히 묵자와 공자의 사상을 한데 혼합시키고 있다.

도가의 저작은 『관자』 내에서 독특한 위치를 차지한다. 이 저작들은 도가의 극단적 자연주의 경향을 버리고 적극적으로 통치를 주장하며 도와 법, 예, 의를 유기적으로 하나로 결합시킨다. 도가의 저작에 속하는 「심술상心術上」 편은 말한다. "일은 법에 의해 감독을 받으며, 법은 권權에서 나왔고, 권은 도道에서 나왔다."12 이렇게도 이야기한다. "군신, 부자 사람들 사이의 일을 의義라 일컫는다. 올라가고 내려옴, 읍하는 태도와 사양하는 태도, 귀천에 차등이 있는 것, 친함과 소원함에 격식이 있는 것 등을 예禮라고 일컫는다."13 예, 의 또한 '도'에 부합하는 것이다. 「내업內業」 편은 말한다. "화를 그치는 데 시만 한 것이 없으며, 걱정을 없애는 데 음악만 한 것이 없으며, 쾌락을 절제하는 데 예만 한 것이 없으며, 예를 지키는 데 공경敬만 한 것이 없으며, 경을 지키는 데 고요함靜만 한 것이 없다. 안으로 고요하고 밖으로 공경하면 제 본성性으로 되돌아갈 수 있으니 본성이 장차 크게 안정될 것이다."14 도가의 성性과 정靜에 대한 주장을 유가의 시, 예, 악, 경과 하나로 융합시키고 있다.

『관자』 안에 유입된 유가 저작의 수는 비교적 적다. 그러나 그 몇 편으로 볼 때 역시 뚜렷한 법가, 도가적 성향이 있다.

『관자』 중의 음양가 저작은 유가, 법가, 도가를 두루 받아들이고 있다.

「경중輕重」 몇 편은 한 무더기 특별한 문장으로 되어 있는데, 학자들 대부분은 이 편들을 법가에 귀속시키고 있다. 어떤 사람은 이를 독립된 한 파로 보아야 한다면서 '경중'파로 부르자고 주장하는데 필자는 이 견해에 동의한다. 이 학파의 중심 내용은 국가가 상업을 독점하여 상업으로 나라를 다스리라는 것이다. 그 가운데 비교적 많은 부분이 법가적인 것들을 흡수하고 있으나 유가의 영향도 존재한다.

병가의 저작은 『관자』 가운데 「칠법七法」 「지도地圖」 「소문小問」 「병법兵法」 「참환參患」 「제분制分」 「세勢」 「구변九變」 편 등이다. 이 책에서는 병가를 논의하지 않는데 다만 『관자』 가운데 병가파 저작도 마찬가지로 분명한 융합성을 지니고 있음을 설명하려는 것이다.

또 『관자』 중 몇 편은 도대체 어느 파에 속하는지 분명히 설명하기가 매우 어렵다. 내용으로 볼 때 전편을 관통하는 이론적 근원이 없고 매우 잡박하기도 하며 여러 학파 주장을 두루 수용하고 있어 정말 '잡가雜家'라 부를 수 있다. 예컨대 제1편 「목민牧民」은 그것이 어느 파에 속하는 것인지 매우 단정하기 어렵다. 혹자는 문장 가운데 예禮, 의義, 염廉, 치恥를 나라의 네 가지 핵심四維으로 보아 "4유가 펼쳐지지 않으면 그 나라는 멸망한다"[15]고 했기 때문에 유가에 속한다고 주장한다. 그러나 문장 가운데 "형벌을 엄하게 한다" "꾸밈과 기교를 금한다" 등 법가적인 것도 매우 두드러져 어떤 사람은 이 편을 법가의 작품으로 열거하기도 한다. 문장 가운데 또 "귀신을 밝힌다"는 말은 틀림없이 묵가의 영향이다. 또 "사사로움이 없는 사람을 정치하는 사람[16]으로 둘 수 있다"[17]는 말은 분명히 도가적인 것으로 새겨볼 수 있다. 「정正」 편은 치국의 핵심을 다음 다섯 글자 즉 형刑, 정政, 법, 덕, 도로 개괄한다. 「오보五輔」 편에는 유가와 법가가 섞여 있는데 저자는 치국의 다섯 글자 잠언으로 덕, 의, 예, 법, 권權을 말한다. 「팔관八觀」 편도 법가와 유가가 섞여 있다. 이런 편들은 명확한 이론적 근원이 없기 때문에 이론상의 논리를 그다지 말하지 않으며 정치적 실용성을 목적으로 삼고 있다. 실용에 이로운 것이면 바로 채취하여 글 속에 편입시킨다. 이 문장들은 훌륭하고 고명한 논점을 아주 많이 담고 있어 천고에 드리워지기에 충분하다. 「목민」 편은 대단히 멋들어진 두 마디로 시작한다. "무릇 땅을 갖고 백성을 다스리는 사람은 사시[의 농사 때]에 힘쓰고 [곡식] 창고를 지켜주어야 한다. 나라에 재화가 많으면 먼 곳 사람들이 몰려올 것이고, 황무지를 개간하면 [본국] 백성이 머물러 있을 것이다. 창고가 튼실하면 예절을 알게 되고, 의식이 풍족하면 영욕을 알게 된다."[18] 간단한 몇십 글자가 경제, 정치, 도덕의 관계를 하나하나 밝혀주어 사람들로 하여금 확 트이게 해준다. 또 이 편의 "정치가 잘 행해짐은 민심의 순응에 있으며, 정부 법령이 무너짐은 민심의 거역에 있다"[19]는 말은 단 열여섯 글자로 흥망성쇠의 오묘한 비밀을 설파하고 있다. 「오보」 편은 성왕이 되려면 "사람을 얻는 데" 요체가 있다고 말한다. 「팔관」 편은 말한다. "곡식은 땅이 아니면 생기지 않는다. 땅은 백성이 아니면 움직이지 않는다. 백성이 힘써 일하지 않으면 재물이 쌓이지 않는다. 세상의 재물 생성은 노동력 이용에서 생긴다. 넘치는 노동력의 생성은 몸을 힘씀에서 생긴다."[20] 노동이 물질과 재부를 창조한다는 저자의 논술은 당시로서는 가장 깊이 있는 인식이다. 이상 몇 편은 제자백가의 학설을 잡박하고 주체가 없는 경지까지 융합했다. 제자의 융합 과정에서 필연적으로 출현한 현상 가운데 하나라고 말하는 것이 옳겠다. 학술 종파적 관념으로 본다면 절충주의인데, 실제 정치에서 본다면 절충주의적인 것이 왕왕 더욱더 실용적인 가치를 지니곤 한다. 훌륭한 절충이야말로 정치적 지혜의 발전 징표 가운데 하나다.

『관자』와 『여씨춘추呂氏春秋』는 제자백가가 종합하는 추세를 대표하는 두 가지 상이한 작동 방식이다. 『관자』는 저자들이 자유롭게 쟁명하면서 자주적으로 내용과 논리에서 종합을 진행한 작품이고, 『여씨춘추』는 정치가가 행정의 방식을 이용하여 외재적인 종합을 진행한 작품이다. 두 가지 방식 모두 대단한 의의가 있으므로 이 책에서는 각기 따로 한 장을 만들어 전문적으로 논의한다.

『관자』에는 여러 학파의 언설이 있으나 그 가운데 몇 파는 편 수가 비교적 적고 또 전형적인 주장도 아니다. 예컨대 유가, 명가, 농가는 따로 장을 열어 논술하기가 어렵다. 따라서 아래에서는 법가, 도가, 음양가와 경중가輕重家만을 따로 절을 나누어 논의하고자 한다.

법가파로 도가, 유가를 수용한
정치사상

『관자』 중
법가파의 저작

　『관자』에는 법가파의 저작이 가장 많다. 여기서 각 편의 주지를 간단히 소개하면 이렇다. 「법금法禁」 편은 주로 군주권의 강화와 신하의 군주침탈 방지를 이야기하고, 18항의 신하 금지 사항을 열거하고 있다. 「군신상, 하」 편은 주로 군신 관계와 군신의 도를 말하는데 도가와 유가의 색채가 뒤섞여 있다. 「칠신칠주七臣七主」 편은 법치를 주장하나 번잡한 형벌에는 찬성하지 않으며, 군도君道의 유위有爲를 주장하고 절용節用을 제창한다. 「법법」 편은 주로 상법尚法, 귀세貴勢, 존군尊君, 신병愼兵을 말한다. 「권수權修」 편은 경제의 정치에 대한 결정적 작용을 강조하고, 중본억말重本抑末을 주장하며 법을 중시하면서도 예의를 아울러 언급한다. 「중령重令」 편은 주로 권세와 명령의 중요성을 이야기하며, 중농억말重農抑末을 제창하고 농민이 "생산을 경영해야" 한다고 주장한다. 「치국治國」 편은 중농억말을 중점적으로 이야기하며 오곡이야말로 치국강병의 기초라고 강조한다. 「정세正世」 편은 변법變法을 주장하며 정치의 관건은 '제齊', 즉 편파적이지 않고 아주 적절한 곳을 파악해내는 것이라고 한다. 「금장禁藏」 편은 법은 적절해야지 번잡하고 가혹해서는 안 된다고 주장하는데, 음양가의 영향을 받은 것이 분명하다. 「임법」 편은 법의 수호를 주장하며 변법에 반대하고, 황제黃帝를 찬양하면서 문文, 무武, 위威, 덕德을 두루 중시할 것을 제창한다. 「승마乘馬」 편은 주로 공리功利를 이야기하면서도 도가의 무위 사상을 흡수하고 있다. 「판법版法」 「판법해」 편은 법을 위주로 각 학파를 종합하고 겸애를 제창하는데 묵가, 유가의 영향을 받았다. 「입정立政」 「입정구패해立政九敗解」 편은 기본적으로 법가이면서 동시에 유가를 겸하여 수용한다. 「입정구패해」 편은 9가家를 비판하는데 거기에 유가는 없다. 상공업의 제한을 주장하면서도 과분한 억말抑末에는 또 찬성하지 않는데 이는 「권수」 편과 다르다. 「형세해形勢解」 편은 법을 위주로 하나 도가, 유가를 겸하여 수용하며, 각종 사물 사이의 관계를 분석하는 데 치중하고 있다. 「명법明法」 「명법해明法解」 편은 법을 숭상하고 세를 주로 할 것尙法主勢, 공을 소중히 하고 사를 제거할 것貴公去私, 법으로 사람들에게 임할 것以法任人을 주장한다. 「구수九守」 편은 술術파의 작품으로 '구수'란 군주의 아홉 가지 술이다. 「패언霸言」 「패형霸形」 「문問」 세 편은 주로 어떻게 쟁패할 것인가 및 외교, 용병의 술에 대해 말한다.

위에 열거한 문장들을 상세히 분석해 들어가면 내용적으로 모순 저촉된 곳이 매우 많다. 그렇지만 이런 모순들은 작은 부분으로 법가의 큰 틀을 어그러뜨리진 않는다. 그래서 여기서는 그것들을 입장으로 상정하고 간단히 '관법管法'이라 부르며 종합 논술하고자 한다.

입법의
이론 기초

'관법'의 정치 이론은 천, 지, 인의 총체적 관계를 출발점으로 삼는다. 이 삼자의 규율과 상호 관계를 파악해야만 국가를 잘 다스릴 수 있다. 「금장」 편에 말한다. "나라를 다스리는 근본은 하늘의 때를 얻어 경經으로 삼고 사람의 마음을 얻어 기紀로 삼는다. 법령은 그물 밧줄이 되고, 관리들은 그물코가 된다. 십오什伍의 편제[21]는 군대의 행렬이 되고, 상과 벌은 북과 징[22]이 된다."[23] "하늘의 때에 순응하고, 땅의 마땅함을 얻으며, 사람의 화합에 합치하도록 한다"[24]고도 말한다. 「판법해」 편은 성인의 정치 요체는 "하늘을 본받고" "땅을 본받고" "사시를 본받는" 데 있다고 주장한다. 「군신상」 편은 말한다. "하늘에는 항상 그러한 상象이 있고, 땅에는 항상 그러한 형形이 있고, 사람에게는 항상 그러한 예禮가 있다. 이것들은 한번 설치되면 바뀌지 않는다. 이를 3상三常이라 부른다. [그것들을] 아울러 한결같이 만드는 것이 군주의 도다."[25] "군주가 그 도를 잃으면 그 나라가 있을 수 없다."[26] 「패언」 편은 정치의 핵심이 사람을 얻는 데 있음을 특히 강조한다. "큰 수를 밝히는 자는 사람을 얻고, 작은 계산을 따지는 자는 사람을 잃는다. 천하의 대중을 얻는 자가 왕자가 되며, 그 반을 얻는 자는 패자가 되고"[27] 사람을 잃는 자는 망한다.

'관법'은 법이 하늘 밖에서 온 손님이 아니라 인위의 산물이라고 주장한다. 「임법」 편에서는 바로 "유有가 법을 생성한다"고 말한다. 관법에서 보기에 법을 생성한 자는 단 한 사람, 즉 군주다. "무릇 법을 생성하는 자는 군주다."[28] 그러나 군주가 법을 제정한다고 하여 마음대로 해서는 안 된다. 자연과 사회 관계의 필연성에 따르고 그것을 반영해야 한다. 사물의 객관적 필연성을 이해하고 파악하기 위해서는 무엇보다 먼저 조사부터 착수해 실제 상황을 장악해야 한다. 「정세」 편은 말한다. "세상을 바로잡고 천하를 조화시키려는 자는 반드시 먼저 나라 정세를 자세히 보고, [백성이] 힘쓰는 일을 헤아리고, 백성 풍속을 살피고, 치와 난이 생기는 바에 뿌리를 두고, 득실의 소재를 분별한 뒤 일을 시작한다. 그러니 법이 [일단] 수립되면 다스림이 잘 행해진다."[29] 여기서 이야기하는 '자세히 보고' '헤아리고' '살피고' '뿌리를 두고' '분별함'은 모두 조사 연구를 가리킨다. 정확하게 상황을 장악해야만 입법하고 치국할 수 있다. 여기서 '관법' 입법의 유물주의적 인식론이 드러나고 있다. 구체적으로 말해 입법할 때 어떤 객관적 필연에 따르는가? '관법'학파는 다음 몇 가지 사항을 제기한다. 천도天道에 순종할 것, 시대 변화時變에 따를 것, 사람의 성정人情에 기인할 것, 사리事理를 좇을 것, 가능성을 헤아릴 것 등이 그것이다.

천도에 순응할 것順天道

천지, 음양, 사시 등의 자연 현상을 개괄하여 '천도'라 부른다. '관법管法'은 천, 지, 음양, 사시 등 자연계를 하나의 전일체로 생각한다. 이 상호 제약적인 통일의 전일체에는 제각각의 작용이 있다. "하늘은 만물을 덮어 기르며, 추위와 더위를 통제하며, 해와 달을 운행시키며, 별들을 순서 매기는데 이것이 하늘의 상규다."[30] "땅은 만물을 낳아 기르니, 이것이 땅의 규칙이다."[31] 사시는 음양 기운의 변화에 의해 만들어진 것이다. "봄은 양기가 처음 올라가므로 만물이 탄생한다. 여름은 양기가 완전히 올라가므로 만물이 성장한다. 가을은 양기가 처음 내려오므로 만물이 거둬들인다. 겨울은 양기가 완전히 내려오므로 만물이 감춰진다."[32]

자연계는 그 자신이 운동하는 가운데 일정한 규율이 있다. '관법'은 이를 '도道' '상常' '칙則' '절節' '도度' '수數' '시時' '서序' 등으로 부른다. 세세히 분석하면 '도'의 함의에는 여러 가지 충차의 내용이 있다. 어느 때는 자연 운동의 궤도와 특징을 가리키는데, 「칠법」 편은 이렇게 말한다. "천지의 기운, 추위와 더위의 조화, 물과 흙의 성질, 인민, 조수, 초목 등이 물질을 생육하는 근본을 탐색하면, 매우 많지만 한결같은 공통성이 있고 또 변하지 않는 것이 있는데 이를 '규칙'이라 부른다."[33] 「중령」 편은 말한다. "천도의 셈은 [끝에] 이르면 되돌아가고, [극히] 성하면 쇠퇴한다."[34] 「형세해」 편은 "하늘의 도는 가득 차도 넘치지 않는다"[35]고 한다. 어느 때는 도가 사물의 요강을 가리키는데, 「군신상」 편은 "도라는 것은 만물의 요체다"[36]라고 말한다. 어느 때는 사회관계나 사람의 행위 표준을 가리키기도 한다. 도의 구체적 함의는 상하 문장의 내용과 관련지어 구체적으로 분석해야 한다.

'관법'은 자연의 규율이 인간의 의식으로 바뀌는 것이 아니라고 생각한다. 「승마」 편은 말한다. "춘하추동은 음양의 [변화] 추이다. 시절의 짧고 깊은 음양의 작용이다. 낮과 밤이 바뀜은 음양의 변화다. 그런데 음양은 바른 [상도가] 있다. [상도를 잃는] 바르지 못한 경우가 있어 남더라도 덜어서는 안 되며, 부족해도 더해서는 안 된다. 하늘은 [사람이] 덜고 더해서는 안 되는 것이다."[37] 「군신상」 편은 말한다. "도란 사람의 생명을 이루어낸 바로 사람에게 있는 것이 아니다."[38]

'관법'은 위정자가 반드시 천도에 순종해야 성취를 얻을 수 있으며, 천도를 위반하면 반드시 실패할 것이라고 주장한다. 천도에 순응하는 것은 우선 정신에서 나타난다. '관법'은 '천도'의 본성이 만물을 차별하지 않고 사사로움이 없으니 이에 근거한 입법은 공에 따르고 사사로움이 없어야 한다고 주장한다. 이것을 가리켜 하늘을 본받아 합덕合德하고, 땅의 모양을 따라 무친無親하며 일월의 광명에 사사로움이 없다고 말한다.(『관자』「판법해」) 입법은 공을 숭상해야 한다는 원칙이 천도로부터 전의되어 나온 것이다.

　다음으로 입법은 자연의 규율에 따라야 하며, 동시에 자연 규율을 입법 내용에 집어넣어 사람들로 하여금 반드시 그에 따르게 해야 한다. 봄은 만물이 다시 태어나니 성질이 '인仁'에 속하므로 살생하거나 알을 훼손하지 않도록 하고, 가난하고 힘든 자들을 구휼 및 구제하기 위해 종자를 빌려주고, 외로운 백성을 도와주며, 범죄자들을 사면해주는 등 그에 상응하는 인정을 행해야 한다고 주장한다. 여름은 만물이 무성히 자라 성질이 '충忠'에 속하므로 이때는 장려 정책을 실행하여 천공天功을 권면해야 한다. 가을은 만물이 소슬하여 성질이 '급急'에 속하니 그에 상응하여 5형五刑을 행하고 대역 죄인을 주살하는 등 정치를 엄하게 해야 한다. 겨울은 만물이 휴식하여 성질이 '폐閉'이니 그에 상응하여 재화를 모아들이고 적절히 저장하며 백성 교육 등을 행해야 한다.(『관자』「금장」편 참조) 「칠신칠주」편도 사시의 정책을 이야기하고 있다. "봄에는 죽임과 벌채를 하지 말도록 한다."[39] "여름에는 대천에 닿도록 물길을 막지 말도록 한다."[40] "가을에는 잘못을 사면하고, 죄인을 풀어주고, 형벌을 완화시킴이 없도록 한다."[41] "겨울에는 작위와 상을 주는 일이 없도록 한다."[42] 「판법해」편도 사시의 정책을 상세하게 논의하고 있다.

　서로 다른 때의 상황에 따라 다른 정부 법령을 행하도록 한 것은 매우 일리가 있다. 사람은 자연의 일부분이니 인간의 행동은 반드시 자연 규율에 따라야 한다. 그러나 실천 중에는 사정이 모두 이렇지 않다. 자연 규율에 어긋나 움직이는 현상들이 누누이 발생한다. 통치자들이 요역徭役, 병역兵役을 넘치게 징발해 사시의 규율을 위반하니 이는 생산을 극도로 파괴하는 것이며, 인류가 의지해 살아가야 할 자연 조건을 파괴하는 것이다. '관법' 이전 수많은 사상가, 정치가가 정부 법령이 시절을 위배해서는 안 된다고 거듭 호소한 적은 있었다. 그러나 사시에의 순종을 법령으로 규정한 것은 '관법'이 최초 주창자 가운데 하나다. 이는 대단히 가치 있는 인식이다. 물론 그들의 논의 가운데는 황당한 구석이 없지 않다. 예컨대 사시와 형상刑賞을 대등하게 대응시킨 점, 사시에 인간사의 도덕적 성질을 부여한 점, 또 돌이켜 법률과 정부 명령에 자연적 성질을 주입시킨 점, 그리고 자연화를 통하여 법률을 신성화시킨 점, 그리하여 상벌이 필연적인 것이라고 긍정한 점 등이 그렇다. '관법'은 '법'을 '도'와 접합시키고 '인'과 '충'을 용납하기도 한다. 또 그것을 사시와 짝지은 것은 분명 도가, 유가와 음양가의 내용을 융합시킨 것이다.

시대 변화에 따를 것隨時變

입법의 또 하나의 근거는 '시대에 따르고' '변화에 따르는' 것이다. 사물은 부단히 변화하는 것이니 법령도 "시대에 따라 변화하고 풍속에 따라 움직여야"[43] 한다. '관법'은 성군이라면 역사 전통을 보자기에 싸서 지고 있어서는 안 되며, 통치에 장애가 되는 역사 전통은 모두 개혁 대상에 속한다고 주장한다. 성군의 통치는 "옛것을 흠모하지 않고, 현재에 매여 있지도 않으며, 시대와 더불어 바꾸고, 풍속과 더불어 변화한다."[44] 법은 "변화에 따르면서" 피동적이지 않다. 풍속에 따라 변화하는가 하면 또 풍속을 변화시키는 작용도 일으켜야 한다. 이것이 바로 「칠법」에 이야기하는 "풍속을 변화하고 가르침을 바꾼다"[45]이다.

변법을 할 때는 형세를 파악해야 한다. 문제의 증상을 깊이 있게 분석하고 증상에 따라 처방을 내려야 한다. 「정세」 편은 말한다. "국가가 안정되지 못함은 위에서 실책한 것이 아니면 아래에서 잘못한 것이다."[46] "위에서 실책했는데도 위에서 바꿔주지 않으면 만백성이 제 목숨 둘 곳이 없게 된다."[47] "아래에서 잘못하는데 군주가 잘 살펴 바꿔주지 않으면 포악한 사람이 그치지 않고 사악함과 혼란이 멈추지 않게 된다."[48] 「소문小問」 편은 백성을 다스리는 도를 제시하는데 형세에 맞추어 변화하라고 한다. "때로는 정치를 앞세우고, 때로는 덕을 앞세운다."[49] 시절이 좋으면 백성이 교만하고 안일해지니 "수확이 많고 저장이 잘되어 있으면 그것으로 창고를 충실히 해야"[50] 한다. 그와 반대라면 구제를 행할 일이다. 「형세해」 편은 "세상에서 이야기하는 성왕이란 [때맞추어] 해야 할 술이 [무엇인지] 아는 사람이다"[51]라고 지적한다. 이것은 바로 정부 법령은 기회를 장악해야 하고 그에 상응하는 대책을 취해야 한다는 말이다.

'관법'의 역사에 대한 견해는 법의 기원 문제까지 언급한다. 이에 대해 '관법'이 전문적으로 논술을 행하지는 않았지만 일부 편에서 간혹 이 문제를 제기하고 있다. 법이 애초부터 있었던 것이 아니라 성인이 난을 다스리기 위하여 제정한 것이라는 주장이다. 그들은 인류 최초에는 군주도 없었고 법도 없었으며 어지러이 다투는 상태에 처해 있었는데 나중에 유능한 사람이 출현하여 혼란을 평정하고 법을 창립했다고 주장한다. 마치 시대가 변화하는 것과 마찬가지로 성인은 때에 맞추어 입법하므로 법 또한 시대에 따라 변화해야 한다는 것이다.

사람의 성정에 기인할 것因人情

'관법'에는 인성에 관한 논의가 그다지 많지 않으나 아주 분명한 것은 그 요체가 두 글자, 즉 '이익을 좋아함好利'으로 귀결한다는 것이다. '이利'는 생사, 의식, 영욕 등의 측면으로 표현하고 있다. 「형세해」 편은 말한다. "백성의 성정은 삶을 바라고 죽음을 싫어하지 않음이 없으며, 이익을 바라고 손해를 싫어하지 않음이 없다."[52] "부귀와 존경, 현달하여 백성의 즐거운 떠받듦을 받는 것은 군주라면 원하지 않는 사람이 없다."[53] "백성은 이로우면 모여들고 해로우면 떠난다. 백성이 이익을 좇는 것은 물이 아래로 흐르는 것과 같다."[54] 「금장」 편은 말한다. "사람의 성정은 이익이 보이면 좇지 않을 수 없고, 손해가 보이면 피하지 않을 수 없다."[55] 「칠신칠주」 편은 말한다. "죽음과 먹지 못함이야말로 천하가 공통적으로 싫어하는 바다."[56] 이익을 좋아하는 성향은 사람이면 모두 갖고 있다. 귀천, 빈부를 불문하고 모두 같다. 「금장」 편은 말한다. "사람의 성정은 좋아하는 바를 얻으면 즐거워하고, 싫어하는 바를 만나면 걱정한다. 이는 귀천을 불문하고 공통적으로 갖는 바다."[57] '관법'이 말하는 사람의 성정은 이익을 좋아한다는 것으로 한편으로 의, 식과 같은 사람의 생리적 필요를 가리키며, 다른 한편으로는 존귀, 영욕과 같은 사람의 사회성을 포함하기도 한다. 사람의 본성을 '호리'로 귀결시킨 점은 당시로서는 인간 본질에 대한 가장 의미심장한 인식 가운데 하나이며, 실제에 가장 근접한 것이기도 했다. 이는 인성을 인의도덕에 귀결시킨 것과 비교할 때 훨씬 더 깊이가 있다. 왜냐하면 그것은 인간과 사회의 물질적 관계에 맞닿아 있기 때문이다.

사람의 본성이 이익을 좋아한다는 명제로부터 얻어낸 정치 원칙은 바로 일체의 정령 정책이 물질적 이익의 기초 위에 수립되어야 한다는 것이다. 물질적 이익이 있어야만 신민을 움직여 군주를 위해 쓸 수 있다. 「형세해」는 말한다. "군주가 명령하면 행해지고 금지하면 그치는 것은 백성이 좋아하는 바대로 명령하고 백성이 싫어하는 바를 금지하기 때문이다." [58] "법이 세워지면 백성이 그것을 즐거워하고, 명령이 내려지면 백성이 그것을 받든다. 부절(즉 신표)을 서로 얻은 듯이 법령이 민심에 합치하면 군주는 존경받는다. 그래서 영을 받드는 것은 군주가 존엄하다는 것을 뜻한다. 군주의 말이 합리적이고 백성의 성정에 합치하는 것이면 백성은 그 말을 받아들인다." [59] 「명법해」편은 말한다. "현명한 군주의 도는 백성이 원하는 바를 세워주면서 그가 이바지하기를 바란다. (…) 백성이 싫어하는 바를 세워서 사악한 것을 금지시키고자 한다." [60] 「군신상」편은 말한다. "명군은 인심에 순종하고 [그] 성정을 편안케 하며, 뭇사람의 마음이 모아지는 곳으로부터 [명령을] 발한다." [61] 「금장」편은 말한다. "백성을 그들이 즐거워하는 곳에서 살도록 하고, 그들이 이익이 되는 일을 하도록 하고, 그들이 좋게 여기는 것에 상을 주고, 그들이 싫어하는 것에 벌을 주고, 남은 재화가 있는 것을 [빼앗지 않음을] 믿게 하고, 벌 받지 않는 데 온 힘을 쏟게 한다." [62]

'관법'은 민정民情을 똑똑히 알 수 있느냐의 여부가 백성의 향배를 파악하는 핵심이며 정치 승패의 관건이라고 주장한다. 「권수」편은 말한다. "사람의 성정은 둘이 아니다. 민정을 잘 알아 제어하고, 좋아함과 싫어함을 잘 따지면 그 장점과 단점을 알 수 있다. [친구와] 교유하는 것을 관찰하면 그가 현명한지 불초한지 헤아릴 수 있다. 두 가지에 실수하지 않으면 유능한 백성을 얻어 관료로 삼을 수 있다." [63] 백성의 좋아하고 싫어함을 파악하지 못하는 것이야말로 가장 중요한 정책 실패다. 이에 대해 「형세해」편은 이렇게 이야기한다. "백성을 몰려들게 하고 싶은 사람은 먼저 이익을 일으켜야 한다. 그러면 부르지 않아도 백성이 저절로 온다. 싫어하는 바를 세우면 불러도 백성이 오지 않는다." [64]

이러한 논의들은 하나의 기본 사상을 드러내고 있다. 즉 입법은 인성호리라는 이 중추를 파악해야지, 입법에 군주의 호오를 표준으로 삼아서는 안 된다는 것이다. 군주의 묘술은 백성의 호오를 이용하여 그들을 군주 자신에게 유용하고 유리하게 부리는 데 있다. 이렇게 되면 법 또한 하나의 벨트컨베이어가 되어 사람들이 이익을 추구하여 생기는 과실을 군주의 수중으로 전송하는 셈이다. 따라서 이 '법'은 백성을 다스리는 폭력을 드러내는 것일 뿐 아니라 통치자와 피통치자를 교통시키는 수단을 표현한 것이다.

사리를 좇을 것遵事理

'관법'은 법을 세울 땐 반드시 사리를 좇아야 한다고 주장한다. 「판법해」 편은 말한다. "형과 상을 심리할 땐 반드시 대원칙經紀을 분명히 하고, 준칙과 법규를 펼칠 땐 이치에 맞게 일을 처리해야 한다. 기운을 비우고 마음을 평평히 하여 [개인적] 노여움이나 기쁨을 없애야 한다."[65] 「칠법」은 말한다. "군주 자신이 이치에 맞게 일을 하면 뭇 신하가 그 가르침에 복종하며 모든 관료가 엄격하게 일을 처리한다."[66] 「형세해」 편은 말한다. "법도와 정책으로 백성을 다스리면 안정될 것이다. 그래서 일이 사리理에 어긋나지 않으면 효과는 신묘하다."[67] '리理'란 무엇인가? 각 편을 종합하면 대체로 다음 세 가지 측면의 내용이 있다. 1)사물의 규율성 2)관례, 전통과 습관 3)사물의 경중輕重 관계.

「승마」 편에 나오는 시장의 리에 대한 논의야말로 사물의 객관 규율을 말하는 것이다. 여기서는 이렇게 이야기한다. "시장은 재화의 준거다. 그래서 각종 재화의 값을 싸게 하면 각종 [상업이 높은] 이자를 얻지 못하게 된다. 높은 이자를 얻지 못하면 각종 사업이 잘된다. 각종 사업이 잘되면 온갖 수요가 잘 조절된다. (…) 시장이란 [그것을 통해 사회의] 치와 난을 알 수 있으며 [재화의] 많고 적음을 알 수 있되 [시장이] 물자를 많고 적 게 만들 수는 없다."[68] 시장이 물자 공급 상황을 반영할 수 있다는 이야 기다. 만약 '백화'의 값이 싸면 각종 장사는 과다한 이윤을 얻을 수 없고, 각종 장사가 과다한 이윤을 얻지 못하면 각종 생산百事이 발전할 것이다. 생산이 발전하면 수요 공급 관계가 비로소 균형을 이룰 수 있다. 시장을 통해 국가의 치와 난을 관찰할 수 있고 물품의 다소를 알 수는 있으나 물품의 다소를 결정지을 수는 없다. 저자는 생산이 시장의 기초임을 지 적하고 있다. 시장을 관리하는 기본적인 방법은 생산력 발전으로부터 착 수한다. 생산력 발전의 기초 위에서 시장 또한 비교적 쉽게 관리가 되며, 그래야 국가를 잘 다스릴 수 있다. 이와 같은 저자의 견해는 탁견이라 아 니할 수 없다.

「승마」 편 등에서 이야기하는 '조정에서의 리' '부자간의 리' 등은 주로 관례, 전통 및 습속을 가리킨다. 조정의 예禮나 등급의 구분은 틀림없이 그것들이 존재하는 객관적 기초가 있겠지만 그 표현 형식은 대부분의 경 우 전통과 습속에 의해 결정된다. 저자는 귀천의 등급 구분도 그런 이치 로 본다.

사물 사이의 경중 관계 또한 일종의 리다. 「칠법」 편은 "보물을 중시하 여 명령을 어그러뜨리지 않으며"[69] "친척을 위하여 사직을 위태롭게 만 들지 않으며"[70] [부속하는] 사람을 사랑하여 법을 왜곡시키지 않으며"[71] "작록을 중시하여 위신을 손상시키지 않는다"[72]고 지적한다. 사물의 경중 관계를 분명히 하여 양자 간에 모순이 발생했을 때 단연코 가벼운 것을 버리고 중요한 것에 따라야 한다는 주장이다.

'관법'은 군주를 포함한 통치자가 응당 '리'에 제약받고 절제되어야 한 다고 주장한다. 사리를 좇는다 함은 입법 전에 사물의 내재적 연계를 깊 이 연구하여 법이 '리'에 의해 세워지도록 해야 한다는 말이다.

가능성을 헤아릴 것量可能

'관법'은 입법할 때 객관적 가능성을 살펴야 한다고 주장한다. 법은 현실적 가능성의 기초 위에 수립되어야 하며, 이렇게 했을 때만이 법이 실행될 수 있다. 「형세해」는 말한다. "현명한 군주는 인력으로 할 수 있는 바를 헤아린 뒤 부린다. 사람이 능히 할 수 있는 바에 따라 명령하니 영이 행해지고, 사람이 할 수 있는 바에 따라 부리니 일에 성공한다. 어지러운 군주는 인력을 헤아리지 않고 사람이 할 수 없는 바로 명령하므로 영이 무너지고, 사람이 할 수 없는 바로 부리니 일에 실패한다."[73] 백성의 "할 수 있는 바"와 "할 수 없는 바" 사이의 "도량度量" 선은 생산 수준과 인간의 체력에 의해 결정된다. "땅이 재화를 생산하는 정도는 때가 있고, 백성이 힘을 쓰는 정도는 피로도가 있다."[74] 군주가 법을 수립하고 법령을 집행하는 데 일정한 도량을 넘어설 수는 없다. 넘어섰다가는 필경 법령의 반대쪽으로 치닫게 된다. 마치 「법법」 편의 다음과 같은 말처럼. "[너무] 많이 구할 수 있다고 [실제로] 많이 얻어지는 것은 아니다. 많이 금지할 수 있다고 많이 그쳐지는 것은 아니다. 많이 명령할 수 있다고 많이 행해지는 것은 아니다."[75]

'관법'은 가능성 한도 내에서 인민이 받아들이거나 참아낼 수 있으면 통치자에게도 유리하고 안전하다고 생각한다. 이 도량의 한계선을 넘어서면 인민이 도저히 참아낼 수 없어 모반을 일으키며 통치자도 필경 위험한 지경에 떨어진다. 「권수」 편은 말한다. 땅의 힘과 백성의 힘에는 일정한 한도가 있으나 군주의 욕망은 끝이 없다. "때가 있고 피로도가 있는 법인데 [욕망이] 끝이 없는 군주를 봉양하면서 그 사이에 한도를 설정해두지 않으면 위아래가 서로를 질시한다. 그래서 신하가 임금을 죽이고 자식이 애비를 죽이는 일이 벌어지는 것이다. 따라서 백성에게 [무엇을] 취하되 한도를 두고 쓰되 [적절한] 그침이 있으면 나라가 작더라도 반드시 안정되며, 백성에게 취하되 한도가 없고 쓰되 그침이 없으면 나라가 크더라도 반드시 위태로워진다."[76] 「정세」 편은 이 '도량'의 한계선을 '제濟'라고 부른다. "다스림에 제를 얻음보다 소중한 것은 없다. 백성을 [너무] 급하게 몰아치면 백성이 궁지에 몰리게 되고, 백성이 궁지에 몰리면 갈 곳이 없어지고, 갈 곳이 없어지면 백성은 [생명을] 보장받을 곳을 잃게 된다. [너무] 풀어놓으면 방종하고, 방종하면 음란하고, 음란하면 사사로움을 행하고, 사사로움을 행하면 공적인 것을 벗어나고, 공을 벗어나면 부리기 어려워진다. 그래서 통치가 바로 서지 않는 것은 제를 얻지 못하기 때문이다. 제가 얻어지지 않으면 통치를 행하기 어렵다. 따라서 백성을 다스리는 제는 살피지 않을 수 없는 것이다."[77] 이른바 '제'란 바로 백성으로 하여금 부유하게도 만들지 않고 죽을 정도로 곤궁하게도 만들지 않는 것이다. 백성이 간단한 생산 조건을 유지할 수 있도록 딱 알맞은 곳에 머물게 하는 것이다. '관법'은 도량의 한계선을 간신히 간단한 생산 조건과 생명을 지속할 수 있는 그 경계에 놓고 있다. 이러한 '가능성'이 일단 현실로 바뀌면 확대 재생산은 가능성을 잃어버리게 된다.

'관법' 각 편이 여러 사람의 손에서 나왔기 때문에 여러 문제에 대해서 많은 견해의 차이가 있다. 예컨대 입법의 원칙으로 어떤 곳은 애민愛民을 제시하고, 어떤 곳은 애민에 반대한다. 어떤 곳은 변법을 주장하고, 어떤 곳은 법의 고정화를 주장한다. 「임법」 편은 말한다. "황제의 통치는 법을 바꾸지 않고 백성으로 하여금 그 법에 의해 안정되도록 했다."[78] "나라가 법을 다시 세워 백성을 규정하려 들면 상서롭지 못하다."[79] 이 때문에 "옛 법을 본받자"고 주장한다.

'관법'은 법을 수립함에 하늘의 도에 순종할 것, 시대 변화에 따를 것, 인간 성정에 기인할 것, 사물의 이치를 좇을 것, 가능성을 헤아릴 것 등의 원칙을 주장하여 법을 뚜렷이 인식하고 있음을 보여주었다. 그들은 법으로 나라를 다스릴 것을 주장했으나 이 법은 하늘에서 떨어져 내린 것이 아니며, 일체를 초월한 위력을 지닌 것도 아니며, 법 자체는 우선 제약받아야 하는 것이라고 했다. 군주가 법을 제정하지만 군주는 우선 깨달아야 할 것이 있는데 법이 개인의 자의적 표현이어서는 안 되고 일정한 관계의 반영이어야 한다는 사실이다. 특히 의의가 있는 것은 '관법'에서 볼 때 법은 단순히 인간의 사회적 행동 규범을 제정하는 것일 뿐만 아니라 동시에 인간의 자연에 대한 행동 규범까지를 규정했다는 사실이다. '관법'은 입법 원칙에 대한 논술에서 법학 이론을 개진했다. 즉 입법에 있어 경험주의를 벗어나도록 하여 이성을 향해 큰 걸음을 내디뎠다는 것이다.

'관법'의 입법 원칙에 대한 논술은 당시 각국이 변법과 법 집행 과정에서 만난 각종 문제와 밀접한 관계가 있었다. 주요 경향만 두고 본다면 '관법'은 군주 입법의 자의성에 반대하는 데 중점을 두었다. 당시는 대체로 전 군주가 옳다고 한 것을 나중 군주가 아니라고 했으며, 구법이 제거되기 전에 새 법이 또 생겨났으며, 아침에 수립했다 저녁에 폐하고, 경중에 한도가 없는 그런 상황이었다. 이 상황은 법의 엄숙성을 파괴했으며 법으로 하여금 응당 해야 할 작용을 발휘할 수 없도록 했다. 이와 같은 상황에 직면하여 '관법'은 입법 원칙을 깊게 탐구했던 것이다. 이 원칙이 실천에서 도대체 얼마나 작용을 했는지는 명확히 말할 수 없다. 다만 인식론적으로 입법의 자각성을 분명히 했으며, 이것이 지극히 가치 있는 인식이었다는 사실은 인정할 수 있다.

03 법의 보편성과 법치

'관법'은 법으로 나라를 다스릴 것以法治國을 주장한다. 「칠법」편은 말한다. "법에 명료하지 않은 채 백성을 다스리고 민중을 통일하고자 한다면 왼손으로 글씨를 쓰고 오른손은 놀고 있는 것과 같다."[80] 「임법」편은 말한다. "법이란 군주가 백성을 통일시켜 그 아래에 부리기 위함이다."[81] 법을 실행하려면 법이 반드시 통일되어 있고 명확해야 한다. 이것이 바로 '관법'에서 항상 이야기하는 법은 '통일되고─' '항구적恒'이며 '항상성을 지녀야有常' 한다는 것이다. 「명법해」편은 "현명한 군주는 도량度量을 하나로 한다"[82]고 말한다. 「임법」편은 "법이란 항구적이지 않을 수 없다"[83]고 말한다. 「군신상」편은 "법규 제도에 항상성이 있으면 백성이 흩어지지 않고 위로 모인다"[84]고 말한다. 법은 '상경常經'이라고 불린다. 「법법」편은 "나라에 상경이 없으면 백성의 힘은 반드시 고갈될 것이다"[85]라고 말한다.

'관법'은 법의 보편성과 법으로 나라를 다스려야 한다는 것을 논증하기 위해 법의 정의, 본질, 기능 등을 깊이 있게 논술한다.

법의 정의

　법의 정의 문제는 법의 기본 속성을 탐구하는 데 매우 중요하다. '관법' 이전에 벌써 이 문제를 향해 매진한 사람이 있었으나 명확한 개괄을 해내지는 못했다. '관법'이 가장 일찍 법에 대한 정의를 내린 저자 가운데 하나다. 법의 정의에 관한 논의는 법의 규정성을 명확히 하는 데 중요한 의의를 지닌다.

　춘추 시대에 이르기까지 법法과 형刑은 기본적으로 같은 의미였다. 그런데 춘추 시대 성문법의 제정과 전국 시대 초기 변법운동의 전개에 따라 법과 형은 점차 구분되었다. 형은 단지 법 가운데 일부분으로 법의 강제성 측면을 나타내며 징벌 규정과 징벌 수단을 구체적으로 표현한 것이었다. 법은 형 이외에 상賞도 포함하고 있다. 넓은 각도에서 보면 군주와 정부가 반포하는 각종 행위 규범을 모두 법이라고 부를 수 있다. 실천 과정 중 인식의 심화에 따라 법의 정의 문제가 제기되었다.

　'관법' 이전에 신도는 법을 자尺寸, 저울權衡에 비유했다. 이와 같은 형상으로 비유하는 것은 법의 정의를 탐색하는 맹아라 할 수 있다. 『관자』 가운데 「심술상」 편은 도가의 저작에 속하는데 이 「심술상」 편은 법을 정의한 적이 있다. "법이란 동출同出하여 부득불 그렇게 하는 것이다."[86] '출出'을 궈모뤄郭沫若는 '들쭉날쭉하다'로 해석했다. '동출'은 들쭉날쭉한 일을 하나로 가지런히 하는 것이다. "부득불 그렇게 하는 것"이란 반드시 하나로 가지런히 하는 그 표준에 입각하여 일을 하는 것을 가리키며 법의 강제성을 강조한 말이다. 「심술상」 편이 법에 내린 정의는 법 인식을 심화시켜주었다. '관법'이 법을 정의한 것과 「심술상」 편의 정의는 기본적으로 동일하다. 여기에 몇 가지 전형적인 말들을 뽑아보면 다음과 같다.

　"법法이란 그것으로 공을 세우도록 장려하고 포악한 자들을 위협하는 것이다. 율律이란 그것으로 명분을 정하여 다툼을 멈추게 하는 것이다. 영令이란 그것으로 사람들에게 맡은 일에 대해 알도록 명령하는 것이다. 법률 정령이란 관리와 백성의 컴퍼스이며 먹줄이다."[87]

"법이란 천하의 규정 양식이며, 만사의 표준이다."[88]

"법이란 천하의 표준이다. 그것으로 의혹을 해결하고 시비를 밝히니 백성이 목숨을 걸고 있는 바다."[89]

"법이란 천하의 지극한 도다."[90]

이상의 정의는 여러 측면에서 법이 고정된 양식, 의표이며, 개별 사물들 가운데서 추상해낸 관련 사물 간의 일반적이고 보편적인 규정이라고 설명하고 있다. 사물의 일반성을 강조하는 것은 무엇보다도 사물의 개성이 복잡하고 다양함으로 인해 유발된 것이다. 복잡하고 다양화된 개성을 마주하며 그 속에서 일반성을 뽑아내지 못하면 개성 사이의 연계를 찾아낼 수 없다. 일반성을 붙잡는다면 하나하나 구체적 사물을 끌려들게 할 수 있다. 사물의 개성과 일반성 모두 객관적 존재이기는 하지만, 인간의 인식에 대해 말하자면 개성은 사람의 감각을 통하여 체험, 관찰할 수 있으나 일반성은 추상적 사유를 통해서만 발견될 수 있다. '관법'은 법을 사물의 일반성으로 여기는데, 이는 사회 현상에 대한 이성적 인식이 새로운 단계로 발전했음을 반영한 것이다.

'관법'은 법을 의혹을 해결하고 시비를 명확히 하는 표준으로 간주한다. 그렇다면 법은 인간 하나하나의 대립물일 뿐만 아니라 동시에 그 한 사람 한 사람보다 높으며, 이론적으로는 군주보다도 높다. 그리하여 법 앞의 사람은 모두 법을 표준 삼아 자신을 구속하고, 사람마다 반드시 규정의 궤적에 따라 행동해야 하며, 법을 위반하면 바로 제재를 받아야 한다. '관법'이 법을 정의한 바는 이론상으로 법의 권위를 최고의 위치에 놓아

두었는데, 군권君權도 법권法權에 복종해야 한다.

법의 등급성과 준법의 평등성

'관법'은 법을 사회의 공동 규범으로 삼는다. 그러나 '관법'의 법은 외관상 평등법이 아니라 등급법이다. '관법'은 등급 문제를 여러 가지 측면에서 논의한다.

첫째, 직업화된 등급이다. 「승마」 편에서 이야기하는 상공농사의 직업화된 등급 규정이 바로 그것이다. 이렇게 이야기한다. "참된 상인이 아니면 장사로 먹고살지 못하게 하고, 참된 기술자가 아니면 기술로 먹고살지 못하게 하고, 참된 농민이 아니면 농사로 먹고살지 못하게 하고, 믿음 있는 선비가 아니면 조정에 서지 못하게 한다."[91]

둘째, 노심勞心과 노력勞力에 따라 가른 등급이다. 예컨대 「법법」 편은 이렇게 이야기한다. "군자가 [나라를 다스리는] 도로 살아가면 군주는 존엄하고 백성은 순종한다. 소인이 노동력으로 살아가면 재물이 풍족하고 생활이 부유하다."[92] 도로 살아가는 사람은 총명해야 하고, 노동력으로 살아가는 사람은 우매할 것이다.(『관자』 「군신상」 참조)

셋째, 직분상의 등급이다. 「군신상」 편은 말한다. "군주가 계획하면 재상이 그것을 수호하고, 재상이 기획하면 관료들이 그것을 수호하고, 관료들이 기획하면 백성이 그것에 부림을 받는다."[93] "윗사람은 그 도를 밝히고 아랫사람은 그 직분을 지킨다. 위아래가 나뉘어 각기 다른 일을 맡되다시 합쳐 하나가 된다."[94] "1년에 한 차례 [정무를] 이야기하는 자가 군주고, 사시사철 직무를 살피는 자가 재상이며, 매달 직무 고찰을 행하는 자가 관료이고, 사지를 노동에 힘쓰고 농업 경작에 종사하며 위의 명령을 받드는 자가 서인庶人이다."[95]

위에서 보듯 등급을 수호하고 있을 뿐만 아니라 법 집행을 통하여 등급 내 구성원들을 조정해가야 한다. 상을 받은 사람은 올리고, 벌을 받은 사람은 내린다. 조정하면서 등급이 다시 만들어진다.

'관법'이 주장하는 법이 등급법이기는 하지만 법이 일단 제정되어 나왔으면 모든 사람이 반드시 법을 준수해야 한다. 「칠신칠주」 편은 말한다. "군주 또한 법을 지키고, 신하 또한 법을 지킨다. 법에 따라 판단하고 형명에 따라 결정하며 비방과 과장이 없게 한다. 그러므로 군주가 법을 지키면 군주의 지위가 안정되며, 신하가 법을 지키면 신하의 뇌물이 그치게 되고 백성 사이에는 간교함이 없어진다."[96] 이렇게도 이야기한다. "법과 영은 군주와 신하가 공통으로 세운 바다."[97] 「임법」 편에 말한다. "군신 상하와 귀천 모두 법에 복종하는 것을 대치大治라 일컫는다."[98] '관법'은 법을 규범화된 규정, 군주의 명령을 권력 행사의 표시라고 주장한다. 명령과 법의 관계를 보면 법이 명령보다 높아야 한다. 「군신상」 편은 말한다. "군주는 법에 의거하여 명령을 내리며, 해당 관리는 그 명을 받들어 일하고, 백성은 위에 순종하여 [그에 따른] 풍속을 이룬다."[99] 수많은 사상가가 관리를 백성의 부모로 보았는데, 「법법」 편은 오히려 "법이 백성의 부모다"[100]라고 말해 법이 관리보다 높음을 강조한다.

'관법'은 법이 실행되도록 하기 위해 특히 군주가 자신으로부터 시작하여 법을 준거로 삼고 자신의 호오를 억제해야 한다고 주장한다. 「법법」 편은 말한다. "금지하는 바가 [군주 자신의] 몸을 눌러 이기면 명령이 백성에게 행해진다."[101] "명군은 백성이 꼭 윗사람을 마음에 두고 있음을 안다. 그래서 법을 두어 그것으로 자신을 다스리고, 표준을 세워 그것으로 스스로를 바로잡는다. 따라서 위에서 행하지 않으면 백성도 그것을 좇지 않는다. 백성이 법에 복종하지 않고 제도를 사장시키면 그 국가는 반드시 혼란해진다. 그러므로 도가 있는 군주는 법을 행하고 제도를 수습하여 먼저 백성을 복종시킨다."102 「임법」 편은 말한다. "군신 상하와 귀천이 모두 법에 복종한다."103

군주는 어떻게 하여 금지하는 바가 자신을 눌러 이기게끔 할 수 있는가? '관법'의 저자는 국가의 흥망성쇠로써 큰 이익을 깨우치는 것 외에 또 하나의 약방문을 냈다. 그것은 바로 개인적 희로喜怒를 절제하는 것이다. 군주에게 희로와 호오에 따라 법령을 집행하지 말라고 권고한다. 이른바 "기쁘다고 상을 주지 말고, 화난다고 죽이지 말라"104가 그것이다. '관법'은 수많은 방법을 생각해내 신민으로 하여금 법을 준수하도록 몰아붙인다. 이것으로만 말하면 그들이야말로 일군의 발명가라 부를 수 있다. 그렇지만 어떻게 군주로 하여금 반드시 법을 받들도록 할 것인가에 대해서는 그다지 유효한 방법을 생각해내지 못했다. 이 점에서 그들은 일군의 명청이다. 물론 역사적 시대 상황을 감안하면 그들을 책망할 수는 없다. 그 시대는 군주가 지고무상이던 시절이었고, 군주는 절대적인 지상의 권위를 갖고 있었기 때문이다. 하지만 이론적 분석에 따르면 '관법'의 결함이 아니라고 말할 수는 없다.

'관법'은 군주에게 법을 받들기를 권유하고, 제도적으로 신하들이 반드시 법에 복종하도록 규정했다. 신민으로 하여금 법에 복종하도록 하기 위하여 훌륭한 군주는 "필연의 정치를 보이고, 필승의 벌을 세운다."105 신민들에게 군령의 위엄을 느끼도록 하고 명령을 들으면 전율케 한다. "명령의 실행 [여부는] 엄벌에 달려 있다. 벌이 엄하고 명령이 행해지면 모든 관리가 두려워한다."106 "명령을 일그러뜨리는 자" "명령에 [무엇을] 보태는 자" "명령을 실행하지 않는 자" "명령을 [실천하지 않고] 머뭇거리는 자" "명령에 복종하지 않는 자"는 모두 벌을 내리고 용서치 않는다.(『관자』 「중령」)

법의 추진 과정에서는 '필必'의 원칙을 지켜야 한다. 「금장」 편은 말한다. "앞에서 쉽게 하면 나중에 어렵다. 앞에서 어렵게 하면 나중에 쉽다. 만물이 모두 그러하다. 훌륭한 왕은 그러함을 알기 때문에 단호히必 벌을 주고 용서하지 않으며, 단호히必 상을 주고 미루지 않는다. 이는 상을 주는 것을 기뻐하거나 죽이는 것을 즐겨 해서가 아니다. 사람들의 이익을 극대화하기 위해 해를 없애려는 까닭이다."107 '필'은 '어려움難'에서 출발한다. 이는 경험담일 뿐만 아니라 사리에도 합치한다. 「금장」 편의 저자는 또 이렇게 생각했다. "아래에 벌을 받는 사람이 없는 것은 [죄가 있는 사람에게] 단호히 벌을 주기 때문이다. 벌을 받는 사람이 있다는 것은 단호히 벌을 주지 않기 때문이다."108 여기서는 '벌을 주는 것'을 절대화시키고 있다. 논리적으로 '단호히 벌을 주는 것必誅'으로부터 '벌을 받는 사람이 없다無誅'는 결론을 끌어낼 수는 있지만, 실제로는 '단호히 벌을 주는 것'과 '벌을 받는 사람이 없음' 사이에 모종의 연계가 있다 해도 이는 결코 인과 관계는 아니다. '필주'는 주관적 법 집행의 단호성을 가리키며, '무주'는 모든 사람이 다시 범법하지 않게 되어 주살의 형이 소멸되는 것을 가리킨다. 후자가 전자의 필연적 결과는 아니다. 범법과 불범법에는 여러 측면의 복잡한 사회적 원인이 있다. 특히 계급사회에서 착취와 피착취, 압박과 피압박 사이에는 근본적인 대립이 존재한다. 이와 같은 상황에서 필주를 통해 범법 현상을 없애는 것은 근본적으로 불가능하다. '필주'로부터 '무주'를 추론해낸 것은 그 속에서 더 고압적인 혹형만을 끌어낼 수 있을 뿐이다. '관법'에서 이 점은 아직 뚜렷하지 않으나 『상군서』에서는 하나의 전문 이론이 되었다.

법 집행은 '어려움'에서 시작하는데 '어려움'은 어디에 있는가? '관법'은 '어려움'이 근친, 즉 '친귀親貴'와 '편폐便嬖'에 있다고 주장한다. 「중령」 편은 말한다. "법령의 관철은 반드시 군주의 근친으로부터 준수하도록 한 뒤에야 영이 아래에서 행해진다."109 이 주장은 틀림없이 일리가 있으나 실행되느냐 여부는 또 다른 일이다.

법이 보편적으로 실행되도록 하기 위해서는 '공公'으로 법을 집행하고, '리理'로 일을 판단하는 것이 필요하다. 「판법해」 편은 말한다. "법의 일을 하는 사람이 옳지 않게 파악하고 있어서는 안 된다. 옳지 않게 파악하면 판단이 공공적이지 못하다. 판단이 공공적이지 못하면 [크고 중대한 범죄를] 다스리는 일의 이치를 다하지 못한 것이다."[110] "형과 상을 심리함에 반드시 대원칙을 분명히 하고, 준칙과 법규를 펼침에 이치에 맞게 일을 처리해야 한다. 기운을 비우고 마음을 평평히 하여 [개인적인] 노여움이나 기쁨을 없애야 한다."[111] 「금장」 편은 말한다. "공적으로公 가해지면 죄가 무겁더라도 아래에서 원성이 없다. 사사로움이 가해지면 상이 많더라도 선비들이 기뻐하지 않는다. 법 집행이 도에 따르지 않으니 뭇 백성이 순종할 수 없으며, 거동이 당당하지 못하니 뭇 백성이 성공할 수 없다."[112] '공'과 '리'가 제기되기는 했으나 무엇으로 '공' '리'의 실현을 보장할 것인가? '관법'은 감정의 절제를 강조하는 것 외에 다른 어떤 유효한 조치도 제기하지 못했다. 따라서 '공'과 '리'는 법 집행자의 양심 문제에 불과하게 되었다. 그리하여 '공' '리' 또한 허공에 걸리고 말았다.

등급법과 준법의 평등성 둘은 이론상 하나로 통일시킬 수 있지만 실제로는 모순된 것이다. 등급법이라면 실제로 법률 앞에 만인 평등의 실현은 불가능하다. 「명법해」 가운데 한 단락은 이 문제를 전반적으로 지적한다. "뭇 신하를 통제하고 생과 살을 독단하는 것은 군주의 본분이다. 군주의 법령을 기억하고 절제를 받아들이는 것은 신하의 본분이다. 위세 있고 드러내 존중받음은 군주의 본분이고, 비천하고 두려워 공경함은 신하의 본분이다. 명령을 행해 금지시키는 것은 군주의 본분이고, 법을 받들고 명령에 따르는 것은 신하의 본분이다."[113]

법의 기능은 '구분'의 명시明分와 공의 숭상尙公에 있음

'관법'은 법의 기본 기능이 '분分'에 있다고 주장하는데, 이 점은 신도의 주장과 기본적으로 같다. 「군신상」 편은 말한다. "위에서 법을 제정하면 아래서는 [그 법에 따라] 직무를 구분한다."[114] 「소문」 편은 말한다. "구분을 명확히 하여 직무를 맡기면 다스려지고 혼란스럽지 않다. 명확하니 가려진 곳이 없다."[115] 「권수」 편은 법의 직무 구분 작용을 중점적으로 논술하고 있다. 법은 "조정의 [기강을] 세우는 것"으로 귀천을 구분하고, "인민의 노동력을 동원하는 것"으로 후한 상과 녹을 주고 더하여 공훈을 주며, "인민의 재능을 사용하는 것"으로 능력에 따라 관리를 파견하며, "백성의 생사를 결정하는 것"으로 신중하게 형벌을 다룬다.

법은 귀천을 구분할 수 있을 뿐만 아니라 법을 통하여 "인민의 노동력을 동원하고" "인민의 능력을 사용하며" "백성의 생사를 결정할" 수도 있으니 사실상 군주의 둘도 없는 보배라 하겠다.

작위의 등급 제도 또한 법의 '분'에 속한다. 「입정」 편은 '제복' '봉록 계산' '음식' '의복' '궁실' '수레와 면류관' '관곽' 등 모든 방면을 작위 등급에 따라 구분을 지어야 한다고 주장한다.

'관법'에 보면 법의 '분'은 도덕에도 나타나고 있다. 법은 동시에 도덕의 강령이기도 하다. 법이 있음으로써 상하가 분명하고 귀천이 구별 지어진다. 그래서 "예의가 명확해진다."[116] '관법'은 예의와 효제를 상당히 중시하여 법에서 없어서는 안 될 필수적 보완이라고 한다. 「임법」 편은 말한다. "뭇 신하가 예의를 교훈으로 삼지 않으면 상서롭지 못하다."[117] '관법'은 예를 법과 마찬가지로 성인이 난을 다스리기 위해 만든 것으로 생각한다. 맨 처음 군신 상하의 구별이 없으니 혼란스럽고 바르지 못했다. 그래서 지혜로운 자가 출현하여 법을 설립함과 동시에 예를 제정했다. 「군신하」 편은 말한다. "상하 관계가 만들어지니 백성 사이에 예의가 생기고 도성도 건립되었다."[118] 「형세해」편은 법도와 예의를 병렬하며 백성을 다스리는 표준으로 여긴다. "법도는 만민의 의표儀表이며, 예의는 존비의 의표다."[119] 「임법」편은 법과 예의의 관계에 대해 예의가 법에서 나왔다고 주장한다. "인의예악은 모두 법에서 나왔다. 이는 옛날 성왕이 백성을 통일시키려는 까닭에서였다."[120] 유가와 법가가 융합하고 있음이 여기서 또 한 차례 드러난다.

법의 '분' 작용에 또 한 가지 중요한 것은 바로 사사로움을 혁파하고 공적인 것을 세움破私立公이다. 앞에서 이야기한 '공公'이 법 집행을 가리키는 것이라면, 여기서는 법의 내용을 가리킨다. 사私는 일반적으로 신민을 가리키고, 공은 일반적으로 국가를 가리킨다. 법은 공의 숭상을 종지로 삼아야 한다. '관법'은 사의 발전이 공에 대한 침식이며 파괴라고 주장한다. "나라에 사적으로 용맹한 사람이 많으면 그 군대는 약해진다. 관리들 가운데 사적으로 지혜로운 자가 많으면 그 법이 혼란스러워진다. 백성이 사적인 이익을 많이 추구하면 그 나라는 가난해진다."[121] 어떤 논의에서는 군주도 공과 대립하는 존재로 보아 군주도 사로 부를 수 있다고 한다. 「군신하」편은 말한다. "군주된 사람이 도를 거스르고 법을 포기하여 사사로움을 행하기 좋아하면 그것을 혼란이라 부른다."[122] '관법'의 '공'과 '사' 개념은 대체로 신도의 이론을 계승하고 있다. '공'과 '법'은 통일된 것이며, '법'이 제도라면 '공'은 '법'의 관념적 표현으로 통치자의 가장 보편적이고 가장 일반적인 요구와 이익을 반영한다.

'관법'에서 보면 법의 사물에 대한 규정은 '분'에 의해 확정되는데 이 이치는 법학에서 보편사적 의미를 지닌다.

법과 민의 관계 문제

법과 민의 관계 문제는 법의 규정성에 관한 근본 문제의 하나다. '관법'의 백성에 대한 태도는 아주 비일관적인데 실질적으로 다음 세 가지 문제 위에 드러나 있다.

첫 번째는 법 집행과 애민愛民에 관한 문제다. 이 문제에는 완전히 대립하는 두 가지 견해가 있다.

한 가지 견해는 법 집행과 애민은 일치하며 백성 사랑이야말로 법의 출발점이어야 한다는 주장이다. 「권수」 편은 민에 대해 "사랑과 이익을 두터이 하라"고 제시한다. 「형세해」 편은 말한다. "훌륭한 군주들의 행동 양식은 각기 다르지만 그들의 백성을 향한 사랑은 같다."[123] 「판법해」 편은 '겸애'에서 출발하여 백성에 대해 "그들의 역량을 편들어주고, 그들의 부를 촉진시켜주고, 그들의 노동력을 아껴주고, 그들의 농사철을 빼앗지 않음으로써 그들을 이롭게 해주어야"[124] 한다고 주장한다. 이렇게도 이야기한다. "서恕의 도를 헤아려 실행해야 한다. 서를 헤아린다는 것은 자기 안에서 그것을 헤아린다는 것이다. 자기가 편안해지지 못하는 바는 다른 사람에게도 시키지 않는다."[125] "[자신이] 이롭지 않음으로써 남(백성)을 이롭게 할 수 있다."[126] 「소문」 편도 이와 유사한 견해를 제기한다. 이 말들을 살펴보면 분명히 유가와 묵가의 영향을 받았으며, 법가, 유가, 묵가가 합류하는 추세임을 알 수 있다.

또 한 가지 견해는 이와 상반되게 애민은 법 집행의 출발점이 될 수 없다고 주장한다. 「법법」 편은 말한다. "군주가 애민하는 까닭을 살펴보면 그들을 이용하기 위하여 아끼는 것이다."[127] 애민은 수단일 뿐이고 목적은 백성을 이용用民하는 데 있다는 말이다. 저자는 백성 이용과 백성 사랑은 모순된 일이라고 생각한다. 만약 애민을 주장하면 그 결과는 반드시 다른 방향으로 치닫게 될 것인데, 사랑하기 때문에 은혜롭고 관대할 터이고 백성은 거꾸로 이용되어서는 안 되는 것이다. 따라서 법으로 백성을 이용해야지 사랑으로 백성을 이용해서는 안 된다고 주장한다. 「입정구패해」편은 '겸애'를 9패九敗의 하나라고 맹렬히 비판한다.

두 번째 문제는 법이 민을 능가勝하느냐 아니냐의 문제다. 이 문제에도 두 가지 다른 견해가 있다.

한 가지 의견은 법 집행이 반드시 백성을 압도해야 한다는 것이다. 「정세」편은 말한다. "군주 되는 사람은 [백성을] 압도하는 것보다 소중한 일이 없다. 압도한다 함은 법이 서고 영이 행해지는 것을 압도한다고 말한다."[128] 승민勝民설은 '관법'에서 주류다. 그리고 『상군서』는 이를 더욱 상세하게 논술한다.

다른 한 가지 관점은 승민 주장에 반대한다. 「소문」편은 말한다. "민을 압도하는 길은 천하의 대도가 아니다."[129] 저자는 민을 압도하는 것이 어렵지 않다고 말한다. 엄한 형벌을 시행하고 고간告姦을 장려하면 승민할 수 있다고 한다. 그러나 이렇게 했다가는 결과가 좋지 않다. "백성으로 하여금 공적인 것을 두려워하도록 만들어 가까워지지 않는다."[130] 민과 군주가 대립을 형성하면 다스리려 해도 불가능하며 오히려 "그 군주의 나라는 위태로운 상황"[131]을 조성케 될 것이다.

세 번째 문제는 양형量刑의 경중에 관해서다. 이 문제는 앞선 두 문제의 연속이다. '관법'은 양형 문제에 대하여 비교적 적게 논의하고 있는데, 대체로 다음 세 가지 주장이 있다.

하나는 '가벼운 형벌輕刑'을 주장하고 형벌이 너무 엄한 데 반대한다. 「패형」편은 경형, 경세輕稅를 주장한다. 「칠신칠주」편은 말한다. "형벌이 번잡하면 불법 행위가 금해지지 않으며, 엄한 형벌을 주로 하면 민심을 잃는다."[132]

둘은 형벌 운용이 엄해야 한다는 주장이다. 「중령」편은 말한다. "법령의 집행은 엄벌에 있다. 벌이 엄하고 법령이 잘 집행되면 모든 관리가 두려워하게 된다."[133] 이 파는 작은 잘못도 용서해서는 안 된다고 주장한다. "위에서 작은 잘못을 용서하면 백성 다수의 죄가 누적되어 결국 무거운 죄가 많아질 것이다."[134] 「법법」 편은 말한다. "사면이 [자꾸] 나오면 백성이 공경하지 않게 되고, 혜택이 [자주] 행해지면 잘못이 날로 늘어난다. 은혜와 사면을 백성에게 늘려주면 감옥이 제아무리 튼실하고 살육을 아무리 자주 해도 불법 행위가 그치지 않는다. 그래서 사악함은 애초에 금지해버리는 것이 최고라고 말하는 것이다."[135] 이렇게도 말한다. "사면이라는 것은 작은 이익 때문에 큰 손해를 부르는 짓이다. 오래되어도 재앙이 그치지 않는다."[136]

셋은 형벌 운용이 '공평조화平和'해야 한다는 주장이다. 「형세해」 편은 말한다. "훌륭한 군주는 예羿(전설의 명사수)와 같다. 법도를 공평하게 조화시키고, 폐지할 것인가 설치할 것인가를 잘 헤아린 뒤 그것을 굳건히 지키니 반드시 다스려지는 도를 갖추고 있다. 그래서 많은 일을 해도 대부분이 합당할 수 있는 것이다."[137]

전통적인 견해 대부분은 엄형준법, 경죄중벌을 법가의 특징으로 본다. 그런데 이상의 정황으로 보건대 이와 같은 견해가 확실히 옳다고 단정 짓지 못하겠다. 법가 각 파에 대한 구체적인 분석이 요망된다.

법률의 준수와 이설의 금지

'관법'은 법령이 인간의 행동 준칙일 뿐만 아니라 동시에 사유 준칙이기도 하다고 주장한다. '관법'은 일체가 법령을 준수해야 한다고 주장한다. 법령에 위배되거나 배치되는 어떠한 사상이나 학설의 존재도 인정하지 않는다. 「법금」 편은 말한다. "그 사람이 박학한지는 중요하지 않다. 그 사람이 화동和同하여 법령에 따르기를 바랄 따름이다."[138] 명령을 준수하는 사람만을 표창할 수 있으며 박학의 선비는 절대로 표창해서는 안 된다. 거기에는 또 "한 나라의 위엄은 선비들의 의義를 일치시키는 데 있다"[139]고도 말한다. 당시의 여러 가지 의견이나 학설은 거의 모두 사士 계급에서 나왔다. 지식인들의 사상을 통일시키는 것은 곧 전국의 사상을 통일시키는 것이기도 했다.

「법법」편은 법령과 서로 배치되는 일체의 사적 논의를 엄한 수단을 동원해 금절시켜야 한다고 주장한다. 이 수단이 바로 '주誅(형벌, 죽임)'다. "오만하고 법령을 [마음대로] 바꾸거나 멋대로 법을 제정하거나 이설을 만들어내는 자는 모두 주살한다."[140] "강경한 자는 부러뜨리고, 날카로운 자는 꺾어버리며, 고집 센 자는 무너뜨린다. 먹줄 [같은 원칙]으로 이끌고 그 법도로 주살한다."[141] 다른 주장을 가진 사람은 모두 "다스려지지 않고 법도의 밖에 있는 사람이니 주살한다."[142] 한길로 죽여가면 "백성이 감히 사적 논의로 스스로를 주장하지 못할 것이며,"[143] "만민이 모두 마음으로 윗사람에게 복종할 것이다."[144] '관법'에 보면 사상 통일은 죽임에서 나온 것이다. 당시 상황으로 볼 때 살육을 통한 사상 통일은 효과가 있었을까? 틀림없이 살육은 수많은 사람을 두렵게 만들어 어쩔 수 없이 공포의 복종을 하게 할 것이다. 그러나 그렇게 하여 민심을 모두 복종시킨다는 것은 근본적으로 불가능한 일이다. 「입정」편과 「입정구패해」편은 금절시켜야 할 각 학파의 주장을 구체적으로 나열하고 있는데 모두 아홉 가지다. '전쟁 종식설寢兵說' '겸애설兼愛說' '생명을 보전하자全生는 주장' '자신의 사적 논의를 강조하는 주장' '무리 지어 사리사욕을 꾀하는 주장' '청탁, 알선에 의한 임용설' '금옥金玉을 재화로 삼자는 주장' '즐기고 놀자는 주장' '아첨으로 잘못을 덮자는 주장'. 이 아홉 가지 주장 가운데 일부는 구체적인 어떤 대표자나 유파를 가리키지만 일부는 누구를 가리키는지 분명하지 않다. '전쟁 종식설'은 분명히 송견宋鈃 학파를 가리킨다. '겸애설'은 틀림없이 묵자墨子 학파를 가리킨다. '생명 보전 주장'은 양주楊朱 학파를 가리킨다. '청탁, 알선 임용설'은 현인 숭상을 고취하는 자들을 가리키는데, 종횡가가 포함되었을 가능성도 있다. '금옥을 재화로 삼자는 주장'은 범여范蠡, 계연計然, 백규白圭의 상업 중시 주장을 가리킨다. '즐기고 놀자는 주장'은 위모魏牟 등의 종욕론縱欲論을 가리킨다. '자신의 사적 논의를 강조하는 주장'은 통치자와 합작하기를 거부하는 은거 선비 무리를 가리킬 가능성이 크다. '아첨으로 잘못을 덮자는 주장'은 누구를 가리키는지 모르겠는데, 선진 시대 어느 학파도 이 학설을 주장한 자가 없다. 아마도 일부 유세객을 가리켰을 것이다. '무리 지어 사리사욕을 꾀하는 주장'도 누구를 가리키는지 알 수 없다. 선진 시대에 이러한 학파는 없었는데, 아마 무리를 지어 사리사욕을 꾀하는 현상을 가리켰을 것이다.

상술한 금지해야 할 아홉 가지 학설 가운데 유가는 없다. 저자가 우연히 빠뜨렸던 것일까? 아니다. '관법'은 『상군서』파 또는 한비자와 명확히 다른 점이 하나 있다. 그것은 '관법'이 주된 공격 화살을 유가를 향해 겨냥하지 않았다는 점이다. 유가를 비판하는 논조를 보인 곳도 있지만 동시에 많은 곳에서 충, 효, 예, 의 및 덕정德政 등을 대단히 중시하고 있다. 「군신하」 편에서는 예와 법이 마찬가지로 나라를 세우는 데 없어서는 안 될 것이라고 주장한다. "상하 관계가 만들어지니 백성 사이에는 예의가 생기고 나라에 도성도 건립되었다." 「형세해」 편은 말한다. "예의는 존비의 의표다." 「임법」 편은 말한다. "뭇 신하가 예의를 교훈으로 삼지 않으면 상서롭지 못하다." 「군신하」 편은 말한다. "예, 효, 제가 행해지면 불법 행위와 거짓이 그친다."[145] 「군신상」 편은 '항상 하는 예법常禮'은 고쳐서는 안 된다고 주장한다. '관법'은 인의예악을 법에 없어서는 안 될 보완 수단으로 여긴다. 그래서 「임법」 편에 "인의예악은 모두 법에서 나왔다. 이는 옛날 성왕이 백성을 통일시키려는 까닭에서였다"[146]고 말한다. 물론 인의예악은 반드시 법 집행을 전제로 삼아야 한다. 그렇지 않을 경우 마치 「법법」편의 이야기처럼 준거가 없어지고 만다. "인仁만 찾고 법에 [의하지] 않으면 올바름을 상실한다."[147] 기본적인 사상 체계상 '관법'과 유가는 완연히 다른 것이다. 그러나 유가의 일부 구체적 도덕규범에 대하여 '관법'은 반대하지 않았을 뿐만 아니라 오히려 절대로 없어서는 안 될 것으로 생각한다. 그래서 유가에 반대하는 깃발을 들지 않은 것이다. 이 점이 『상군서』의 저자 및 한비자와 다른 바다.

비록 '관법'이 유가에게 자리를 남겨두긴 했지만 전체 정신으로 볼 때 '관법'은 사상 영역에서 반드시 전제를 실행해야 한다고 주장한다.

군주와
법, 술, 세와의
관계론

'관법'은 법으로 치국할 것을 주장한다. 그렇다면 군주는 어떻게 생겨나는가? 법과 군주의 지위는 어떻게 자리매김하는가? 군주의 권세와 법과의 관계는 어떻게 처리해야 하는가? 군신 관계는 어떤 원칙을 준수해야 하는가? '관법'은 이러한 모든 문제를 상세하게 논의한다.

군주의 탄생

'관법'은 군주의 자질을 설명하기 위해 먼저 군주의 탄생을 논의한다. '관법'은 군주가 세상과 더불어 생겨난 것이 아니라고 생각했다. 인류 최초에는 "군신 상하의 구별"이 없었다. 군주는 역사 발전이 일정한 시기에 도달한 뒤의 산물이다. 최초에는 구별이 없었으므로 질서도 없었다. 사람들은 "[오직] 힘으로 서로 다투었고"148 천하는 매우 혼란스러웠다. 서로 투쟁하는 과정 중에 "지혜로운 자가 많은 사람의 힘을 빌려 사나운 힘쓰기를 금하니 포악한 사람이 그쳤고, 백성을 위해 해를 제거하고 이익을 도모하며 인민의 덕을 바로잡으니 사람들이 그를 스승으로 받들었다."149

지혜로운 사람이 다툼과 혼란을 평정하고 상하 '이름과 물질名物' 등급의 예와 '옳고 그름의 구분是非之分'을 제정해냈다. 그리고 상벌 제도를 세우니 이로써 군주가 만들어졌다. "군주는 상벌을 장악함으로써 군주가 되었다."[150] 군주 기원에 관한 '관법'의 논의는 신비주의의 영향을 털어버렸다. 군주는 사람이지 천사가 아니다. 군주의 바탕이 일반인들과 다른 점은 단지 그가 재지를 갖추었기 때문이다. "신성神聖한 사람은 왕王이 되고, 어질고 지혜로운 사람은 군君이 되고, 굳세고 용감한 사람은 장長이 되는 것, 이것이 하늘의 도이고 인지상정이다."[151] '관법'은 인류 사회의 모순과 인간의 각기 다른 소질로부터 군주 탄생의 원인과 근거를 찾았다. 당시에 이것은 대단한 공헌이라 아니할 수 없다. 여기서 또 특별히 지적해야 할 것은 지자智者가 군주로 상승하는 과정은 수양에 의존하지 않고, 그렇다고 혈혈단신 개인의 투쟁도 아니고, 많은 사람衆人의 힘을 빌리고 이용하여 실현된다는 점이다. 동시대의 제왕 기원설과 비교할 때 '관법'의 이러한 견해는 확실히 남보다 월등하다. 어떻게 해야 군주나 천하의 왕자가 될 수 있는지에 대해서도 '관법'은 아주 여러 번 언급하고 있다.

「군신하」 편은 군주와 인민이 서로 협력해야만 천하를 맡을 수 있다고 주장한다. 군민 상호 협력의 실현 조건은 예법 제정, 국고의 풍부함, 상벌 시행이다. 「군신하」 편은 이렇게 이야기한다. "백성이 쓰이면 천하의 마음이 돌아올 것이다."[152] "덕으로 어루만지고, 위엄으로 두렵게 만들면 천하가 돌아올 것이다."[153] 「군신상」 편은 군민이 일체가 되어야 장구할 수 있다고 말한다. "백성과 한 몸이 되면 나라로 나라를 지키고, 백성으로 백성을 지킨다."[154] 「판법해」 편은 말한다. "천하와 이익을 같이하는 자가 천하를 오래 지속할 수 있다."[155]

「중령」 편은 위威, 병兵, 덕德, 영令 네 가지를 갖추어야 천하의 왕이 될 수 있다고 말한다. 반대로 "위엄이 더불어 양립하고, 군대가 더불어 나뉘어 다투고, 덕이 먼 나라를 어루만지지 못하고, 법령이 제후를 통일시킬 수 없으면서 천하의 왕이 되기를 구해봐야 이룰 수 없다."156 이렇게도 이야기한다. "땅이 크지만 겸병하거나 약탈하지 않고, 인구가 많으나 업신여기거나 아랫사람에게 오만하지 않고, 나라가 부유하지만 사치하거나 쾌락을 좇지 않고, 군대가 강하나 제후들을 무시하지 않으면 군중 동원과 용병으로 반드시 천하의 정치가 정리된다. 이것이 천하를 바로잡는 근본이며 패자나 왕자들이 주로 하는 바다."157

「패언」편은 천하의 왕이 되려면 다음 몇 가지 측면의 조건을 구비할 필요가 있다고 주장한다. 먼저 '독명獨明' 즉 남보다 월등하게 총명한 독자적 견해가 있어야 한다. '독명'한 사람은 다른 사람과 지위를 공유하지 않으며, 다른 사람과 도를 같이하지 않는다. 그리고 위엄으로 폭력을 대신한다. 둘째, 시기時機를 잘 장악해야 한다. "패자나 왕자는 시기가 중요하다. 국내 정치가 잘되고 이웃 나라에 도가 없다면 패자나 왕자가 되는 조건이 갖추어진 셈이다."158 셋째, 먼저 덕을 베풀고 나중에 권력을 사용한다. "천하의 권력을 사용하고 싶으면 반드시 먼저 제후들에게 덕을 베풀어야 한다."159 넷째, 반드시 지리地利의 도움을 받아야 한다. "제후 가운데 땅의 이점을 얻은 사람은 권력이 그에 따라오며, 지리를 잃은 사람은 권력이 그를 떠난다."160 다섯째, 천하를 다루려면 먼저 사람을 다루어라. "천하의 대중을 얻는 자가 왕자가 되며, 그 반을 얻는 자는 패자가 된다."161 사람을 얻는 길은 '대수大數'를 밝히는 데 있다. 대수는 여러 내용이 있는데, '물리物利' 두 글자로 요약할 수 있다. 즉 사람으로 하여금 각기 이익을 얻도록 하고 그것이 군주를 위해 쓰이도록 한다는 것이다.

「형세해」편은 군주가 신민의 생활을 보장해주어야 한다고 주장한다. "군주란 사람들이 그를 우러르며 살아가는 존재다."162 따라서 반대로 누가 사람들에게 생활 보장을 해주느냐가 바로 천하의 주인이 되는 관건이라는 말이다. "옛날 3왕과 5패는 모두 군주로서 천하를 이롭게 한 사람들이다. 그래서 그 자신은 고귀하게 빛났으며 자손은 그 혜택을 입었다. 걸桀, 주紂, 유幽, 여厲왕은 모두 군주로서 천하를 해롭게 한 사람들이다. 그래서 그 자신은 갇히고 상처 입었으며 자손도 그 재앙을 입었다."[163]

「칠법」편은 전쟁에서 승리해야 왕자가 될 수 있다고 중점적으로 논의한다. "전쟁에서 적국에게 승리를 거두지 않고 천하를 바로잡을 수 있는 사람은 아직 없었다."[164]

이상의 논의를 종합하면, '관법'은 천하의 왕이 되려면 계승에 의하지 않고 법 숭상에 의지하고, 능력에 의지하고, 신민의 지지에 의지하고, 권력에 의지하고, 군대에 의지해야 한다는 주장을 하고 있다. 전국 시대에 천하의 왕이 되는 것은 모든 제후가 힘써 다투는 목표였으며, 사상적으로 각 학파의 중대한 토론 주제였다. '관법'의 논의는 다른 각 학파의 주장보다 훨씬 더 실제에 가까웠다. 위에 든 여러 논술에서 군권신수의 그림자를 찾을 수 없다. 누가 천하의 왕이 되고 싶으면 반드시 실제 문제의 해결로부터 시작해야 한다. 이러한 기본적 인식은 '관법'이 군주에게 법치의 실행과 변법 이론을 요구하는 근거 가운데 하나다.

군주와 법의 이중적 관계 및 군주에 대한 품격 구분

'관법'은 법으로 치국할 것을 주장한다. 그렇다면 군주와 법은 어떤 관계인가? '관법'은 이중적 관계라고 주장한다. 한편으로 군주는 「임법」편의 이야기처럼 법을 제정하는 사람이다. "법을 창제하는 자가 있고, 법을 지키는 자가 있으며, 법에 따라 살아가는 사람이 있다. 법을 창제하는 자는 군주이고, 법을 지키는 자는 신하이며, 법에 따라 살아가는 사람은 백성이다."[165] 다른 한편으로 법이 일단 제정되었으면 군주도 반드시 "그것을 확실히 지켜야 한다". 「법법」 편은 이와 같은 이중 관계를 구체적으로 설명한다. "재주꾼은 컴퍼스와 자를 [직접] 만들 수 있으나 그런 컴퍼스와 자를 없애고는 둥근 원을 그릴 수 없다. 성인은 법을 창제할 수 있지만 그런 법을 폐지하고는 나라를 다스릴 수 없다. 제아무리 명석한 지혜와 높은 덕행을 갖추었더라도 법을 등지고 다스린다는 것은 컴퍼스와 자가 없이 둥근 원을 그리는 것과 같다".[166] 이 말은 상당히 의미심장하다. '관법'은 다음과 같은 도리를 천명하고 있는 것이다. 성인 군주가 치국의 일반적 규율과 보편적 도리를 발견할 수 있지만 그 자신은 사물의 일반성이나 사물의 규율과 같지는 않다. 도구는 사람이 만드는 것이지만, 도구가 일단 만들어지면 그 작용은 사람의 능력을 초월한다. 바로 위에 언급한 도리에 근거하여 치국은 개인에 의존할 수 없으며 반드시 법에 의존하고 도구에 의존해야지 개인의 호오에 따라 일을 행해선 안 된다. 「명법」 편에선 이렇게 이야기한다. "선왕이 치국할 때는 법 밖에서 도리에 어긋난 [사적인] 뜻을 개입시키지 않았고, 법 안에서 [개인적으로] 은혜를 베풀지 않았다. 움직임에 법에 맞지 않는 바가 없었으므로 잘못이 금해졌고 사적인 것은 제외했다".[167]

'관법'은 군주의 가장 기본적 책무가 법 집행에 있다고 주장한다. 그러나 실제에 있어 군주마다 정치 스타일이 너무도 달랐으므로 군주에 대해서도 구분을 했다. '관법'이 군주의 품격을 구분하는 기본 준거는 법이었다. 「칠신칠주」 편은 법에 대한 군주의 태도, 입장, 실행 상황에 따라 군주를 일곱 가지로 나눈다.

믿음 있는 군주信主 "대세에 순응하고 사리를 좇아 항상성 있는 법을 수립하고, 원근 상황을 두루 들어 국사를 밝게 헤아린다".[168] 법령을 살피고 상벌을 반드시 실천한다.

은혜 베풀기를 좋아하는 군주惠主 은혜를 베풀기 좋아하여 "법을 어그러뜨리고" 실패한다.

법을 침해하는 군주侵主 "법에 반함으로써 스스로 상처를 입어"[169] "세력을 잃는다."

황당하고 어지러운 군주芒主 "눈은 오색에 미혹되고 귀는 오성에 젖어 있어"[170] 향락을 누리기만 탐하여 "나라의 권력이 크게 기운다".

피곤한 군주勞主 "직무 분업이 명확하지 않고 위아래가 서로 간섭하니 신하와 군주의 권한이 같다."[171]

포악한 군주振主 "희로喜怒가 무상하여" "법도가 날로 쇠미해진다."

나라를 망치는 군주亡主 "인정에서 멀어짐으로써 의심이 많아"[172] 신하를 믿지 않으니 "스스로 있는 힘을 다해 일을 하고"[173] 일을 도맡으나 어둡고 어리석다.

「임법」 편도 법을 준거로 삼아 군주의 품격을 구분한다. 법의 중심은 '공'과 '사'의 관계다. 현명한 군주는 "공으로 임하지 사로 임하지 않으며,"[174] "하늘과 땅에 사사로움이 없듯이 법률과 제도로서만 실천하며,"[175] "군주는 [오직] 공으로써 [수많은] 논란을 바로잡는다".[176] 반면 어지러운 군주는 "사사로이 친하고" "사사로이 생각하며" "사사로이 듣는다". "사라는 것은 틀어 막혀 가려져 자리를 잃게 만드는 길이다."[177] 「임법」 편은 또 군주를 상, 중, 하 3품으로 구분한다. '상주上主'는 사적 행위를 하지 않으며 일체 법에 따른다. '중주中主'는 "오로지 자신의 마음으로 결단을 내린다".[178] '하주下主'는 "오로지 대신의 말을 듣는다".[179]

「형세해」 편은 위에 언급한 군주 품격 구분의 표준과 약간 다른 점이 있는데, '리의理義'와 민심에 순응하느냐의 여부로 명주明主와 난주亂主를 구분한다. "현명한 군주의 동정動靜은 리의에 합당하고, 호령號令은 민심에 순응한다."[180] 어지러운 군주는 이와 반대다. "백성이 전투를 하며 죽음에 이르러도 약해지지 않는 것은 군주가 백성에게 후하게 베풀기 때문이다."[181] 반대로 "위에서 야박하게 나오면 백성도 군주에게 야박하게 보답한다."[182] 「군신상」 편도 백성에게 귀를 기울이는 것이 특히 중요하다고 강조한다. "백성을 갈라서 [편협하게] 들으면 어리석고, [모두의 말을] 합하여 들으면 성스럽다. 비록 탕왕, 무왕의 덕이 있더라도 다시 시중 사람들의 말에 합치해야 한다."[183]

'관법'은 군주를 위해 표준을 세우며, 그 표준을 이용해 군주에 대한 품격 구분을 행한다. 이것은 이론적으로 매우 중요한 의미를 지닌다. 여기서 군주는 현실적 인식 대상이 되고 있다. 군주는 법을 제정하는 사람이지만 군주 또한 법을 준수해야 하며, 군주 또한 법의 제약을 받아야 하고, 법에 의한 가늠을 받아야 한다. 군주의 품격을 구분하는 이론에 따르면 군주는 분석 대상이 될 뿐만 아니라 동시에 어떤 군주는 군주의 자리에 있긴 하지만 실제로 군주의 자격을 잃고 있다고 선포하기도 한다. 그래서 이 논의가 대단히 의미 있는 인식을 하고 있다는 것이다.

군주의 위세 견지持勢, 권력 조종操權, 독단 중시貴獨

'관법'은 군주가 앞장서서 법을 지켜야 한다고 강조한다. 그러나 군주는 준법 때문에 군주가 되는 것이 아니다. 군주가 군주인 까닭은 권權이 있고, 세勢가 있기 때문이다. 권과 세는 함께 쓰면 하나가 되고, 나누어 말하면 세는 세위勢位를 가리키고, 권은 권력을 가리킨다. 「법법」 편은 말한다. "군주가 군주인 까닭은 세 때문이다."[184] 만약 권세를 잃으면 더 이상 군주가 될 수 없다. "그래서 군주가 세를 잃으면 신하가 그를 통제하게 된다. (…) 군주와 신하의 자리가 바뀜은 세가 아래에 있게 됨이다."[185] 「명법」 편은 말한다. "[군주는 높고 신하는 낮은 것은 신하의 군주를 향한] 친애 때문이 아니라 권세로 억누르기 때문이다. 모든 관료가 직무를 다하는 것은 [군주의] 은혜 때문이 아니라 반드시 형벌이 따르기 때문이다."[186] '관법'은 군신 간은 근본적으로 충효 관계나 신의 관계가 아니라 권세로 인해 바뀌는 것이라고 말한다. 「명법해」 편은 이를 명확히 지적하고 있다. 신하는 "군주를 사랑하는 것이 아니라 군주의 위세를 두려워하는 것이다."[187] "백성이 서로 쓰이려 다툼은 군주를 사랑해서가 아니라 군주의 법령이 두려워서다."[188] 따라서 권세 같은 물건은 타인에게 빌려주어서는 안 된다. 「법법」 편은 이렇게 말한다. 권력이 "1년간 신하에게 있으면 신하가 충성하지 않아도 군주가 그것을 빼앗을 수 없다. 1년간 자식에게 있으면 자식이 아무리 불효하더라도 아버지가 그를 복종시킬 수 없다."[189] '관법'은 다른 것은 타인과 공유할 수 있으나 권력만은 반드시 혼자 조종해야 한다고 지적한다. 「칠신칠주」 편은 말한다. "법령이란 군주와 신하가 같이 세운 것이다. [하지만] 권세는 군주가 홀로 지키는 것이다. (…) 죄는 관리에 의해 처결되었을 때 다스려지며, 권력은 군주에 의해 단행되었을 때 위엄을 갖춘다."[190] 「명법」 편은 말한다. "위엄에는 둘이 놓일 수 없으며, 정치에는 두 가지 문이 있을 수 없다. [오직] 법으로 치국할 따름이다."[191] "군주와 신하가 도를 같이 누리면 어지러워진다."[192] 권력이란 물건은 잠시도 군주를 떠나선 안 된다. 「법법」 편은 말한다. "당상堂上에 일이 있는데 군주가 열흘이 가고도 듣지 못했다면 이는 100리도 더 멀어진 것이다."[193]

권세의 최고 핵심 부분은 정부 법령과 군권軍權이다. 「패언」 편은 말한다. "훌륭한 왕은 말과 옥 따위를 경시하고, 정치와 군사를 중시한다."[194] 「중령」 편은 말한다. "군주의 나라에 법령보다 중요한 기물은 없다. 영이 중시되면 군주가 존경받으며, 군주가 존경받으면 나라가 안정된다."[195] "백성을 다스리는 근본으로 영보다 중요한 근본은 없다."[196] 「판법해」 편은 군주가 장악해야 할 세 가지 기물을 제기하는데, 그것은 바로 "호령이요, 도끼요, 상장이다."[197] 「법법」 편은 더욱 구체적으로 군주가 생, 사, 귀, 천, 부, 빈의 권력을 장악해야 한다고 말한다. "군주가 이 여섯 가지를 조장하여 신하를 기르면, 신하 또한 이 여섯 가지를 바라 군주를 섬긴다."[198] 「임법」 편은 세를 '문' '무' '위威' '덕' 4항의 내용으로 귀납시키고 있다. "이 네 가지 품위는 군주가 머무를 곳이다. 타인에게 빌려주어 그것을 조종하게 하는 것을 권력의 자루를 빼앗겼다고 말한다. 타인에게 빌려주어 그것에 머물도록 하는 것을 지위를 잃었다고 말한다. 권력을 잃고 지위를 상실해놓고 법령이 행해지기를 구해봐야 이룰 수 없다. 법이 공평하지 못하고 명령이 온전하지 못한 것 또한 권력을 잃고 지위를 상실하는 길이다."[199]

'관법'은 또 군주는 깊은 곳에 거처하며 세를 높여야 한다고 주장한다. 「형세해」 편은 말한다. "군주는 천하의 세를 갖고 있는 사람으로 깊은 곳에 살면 사람들이 그 세를 두려워한다."[200] 군주가 백성과 가까이 있으면 백성이 그를 가볍게 볼 것이다. 이런 주장은 등급이 삼엄했던 시대와 잘 어울린다. 깊은 곳에 살아야 은밀하며, 은밀함은 군주 개인이 권력을 전유하는 데 필요한 보완 작용을 해준다. 그러나 깊은 곳에 사는 것은 불가피하게 신하의 권력 분할을 조성하기도 한다. 저자는 하나만 알고 둘은 몰랐다.

군주는 한편으로 권세가 있어야 하며, 다른 한편으로는 "필치必治의 세"를 갖춰야 한다. 이른바 '필치의 세'란 자신의 권세를 진정 유효하게 만들며 명령을 내리면 반드시 행해지도록 하는 것을 말한다. 「명법해」 편은 말한다. "훌륭한 군주는 필승必勝의 수數를 조종함으로써 필용必用의 인민을 다스리고, 필존必尊의 세에 머묾으로써 필복必服의 신하를 제어한다."[201] '필必'의 관건은 상벌에 있다.

군주는 홀로 권력을 장악해야 하며, 세는 또한 독단獨斷해야 한다. '관법'은 독단과 두루 의견을 듣는 것兼聽은 모순이 아니라고 주장한다. 많은 분야로부터 많이 들어야 한다. 많은 편에서 '간언하는 신하諫臣'가 있어야 한다고 주장하며, 간언하는 신하가 없으면 그 "나라는 반드시 망한다"(『관자』, 「팔관」)고도 이야기한다. 「패언」 편은 심지어 "나라를 보전할 수 있는 한마디가 있는데, 곧 '듣지 않으면 나라가 망한다'이다. 이 같은 말은 [참으로] 대성인의 말이다"202라고까지 한다. 그러나 결단권을 나누어서는 안 된다. 이것을 "두루 듣되 독단한다"(『관자』, 「명법해」)고 말한다. 「패언」 편은 말한다. "권력이란 신성한 군주가 의지하는 것이고, 독자적인 총명은 천하의 이로운 기물이며, 독자적 결단은 정밀한 보루다. 이 둘은 성인이 본받고자 하는 바다."203

'관법'은 군주가 홀로 최고의 권력을 조종해야 하고, 관련 있는 일을 홀로 판단해야 한다고 거듭 주장한다. 그렇다면 법과 권세와의 관계는 어떤가? 이론적으로 '관법'은 이 문제를 직접 논술하지는 않았다. 그러나 실제로 볼 때 권세가 법보다 높다. 첫째, 군주는 법을 만드는 자다. 둘째, 법은 다 같이 지켜야 하되 권세는 오직 홀로 조종할 수밖에 없다. 이론상으로 군주는 법을 어기며 권세를 사용해서는 안 된다고 강조하지만, 그러나 군주는 법의 주인이며 지고무상의 권위가 있다. 따라서 세가 법에 따라야 한다지만 이는 그저 권고일 뿐이다.

신하 제어술

'관법'에서는 대체로 권모, 수완, 계략, 음모 등을 모두 술術로 부른다. 군주와 신하의 타산에는 군주가 신하를 제어하는 술도 있고, 신하가 군주를 농락하는 술도 있다. 예컨대 「명법」 편은 "혼란하다고 하는 나라는 신하의 술이 이기고 있는 경우다"204라고 말한다. '관법'은 군주를 위해 생각하고 있으며 중점적으로 다루고 있는 바는 군주의 신하 제어술이다. 「명법해」편은 말한다. "훌륭한 군주는 술을 조종해 신하를 임용하는데, 뭇 신하가 제 지능을 효과적으로 발휘토록 하고 제 장기를 드러내도록 만든다."[205]

군주가 신하를 제어하는 술의 표준은 법이며, 의존하는 바는 권력이다. 「명법해」편은 말한다. "뭇 신하를 통제하고, 죽이고 살리는 일을 마음대로 하는 것은 군주의 직분이다."[206] 군주는 사람이 삶을 바라고 죽음을 싫어한다는 이 중심축을 틀어쥐고 뭇 신하를 제어해야 한다. "사람들이 삶을 원하지 않고 죽음을 싫어하지 않게 된다면 이는 더 이상 통제할 수가 없다."[207]

군주의 신하 제어술은 우선 신하를 뽑는 데 있다. 신하 선택에는 표준이 있어야 하는데, 개괄하면 법에 의거하고, 충성하는 자를 선택하고, 능력자를 임용하며, 공로를 견주어본다.

군주가 부속 신하를 선임할 때는 법을 준거로 삼아야지 절대로 자신의 호오에 따라서는 안 된다. 「명법」편은 말한다. "선왕이 나라를 다스릴 때는 법으로 사람을 선택했지 스스로 뽑지는 않았다. 법으로 공로를 헤아렸지 스스로 짐작하지는 않았다. 그래서 능력자가 숨어 가려지지 않도록 했으며, 못된 사람들이 분장하지 못하도록 했다. 자랑하는 자들이 임용될 수 없었으며, 헐뜯는 자들이 사람을 물러서게 할 수 없었다."[208]

군신 관계에서 신도, 『상군서』의 저자 및 한비와 같은 다른 법가 대부분의 저작은 모두 충신忠信을 이야기하는 데 반대했다.

'관법'은 분명한 유가의 영향을 받았다. 일부 편에서는 충을 상당히 강조하고, 충신을 쓸 것을 제창한다. 「군신상」편을 보자. "능력이 있어 위로 군주에게 할 말을 다 하고 아래로 백성에게 있는 힘을 다하면서 의義를 닦고 법령에 따르는 자가 충신이다."[209] 군주를 향한 충성은 맹목적 복종이 아니라 법과 결합하는 것이어야 한다. 「군신하」 편도 말한다. "능력이 있어 법에 근거하고 아첨하지 않으며, 위로 군주의 잘못을 바로잡고 아래로 백성의 병을 떨어내는 것이 충신의 행위다."[210] 저자는 법을 어기고 아첨을 일삼는 무리를 질타한다. "군주의 기색을 기뻐해 따르고, 하고 싶은 대로 하며, 아첨하여 이기는 자들이야말로 신하 가운데 큰 죄인이다."[211] '관법'은 군주 전제를 주장하면서 동시에 신하가 나아가 간언할 것을 주장한다. 그러나 분명히 짚고 넘어가야 할 점이 하나 있는데 그것은 신하가 진간進諫할 수 있느냐의 여부는 신하 본인에게 달려 있는 것이 아니라 군주에게 달려 있다는 사실이다. 「법법」 편은 말한다. "세상에 공공으로 나라를 다스리는 군주가 없으면 나아가 직간하는 선비도 없으며, 능력자를 알아보는 군주가 없으면 위대한 공로를 성취하는 신하도 없다."[212] 「칠신칠주」 편은 말한다. "사사로움이 일어나는 것은 반드시 군주 때문에 생긴다. 위에서 근본(도덕)을 좋아하면 단정한 선비가 앞에 있게 되고, 위에서 이익을 좋아하면 비방을 일삼는 선비가 옆에 있게 된다."[213]

덕 이외에 능能과 공功이 있다. 능은 능력을 가리키고, 공은 실제 효과를 가리킨다. 이 둘 또한 법, 충과 반드시 연계되어야 한다. 「중령」 편은 신하에게 "삼가 법령에 따라 다스리고" "당파를 짓지 않으며" "힘껏 능력을 다하되 [무얼] 얻고자 하지 말 것이며"[214] "어려움을 당해 우환을 벗어나려 죽음을 회피하지 말며"[215] "봉록을 받되 자신의 공로를 넘지 않고, 지위를 받아들이되 제 능력 이상 분수를 어겨 실질이 없음에도 헛되이 받아들이지 않는 사람"[216]이기를 요구한다. 이상의 항목들을 해내는 사람을 "조정의 중추 신하經臣"라 부른다.

신하에 대한 표준이 있으면 자연히 품격 구분을 하게 된다. 품격 구분의 표준은 주로 군주와 법에 대한 태도를 살핀다. 「칠신칠주」 편은 신하를 일곱 범주로 나눈다.

법을 지키는 신하法臣 일체를 법에 따르고 위아래가 어긋남이 없다.

허위를 좋아하는 신하飾臣 겉과 속이 하나가 아니며, 헛된 명예를 구하고 실질에 힘쓰지 않는다. 면전에서는 예예 하지만 뒤에서 다른 수를 도모한다.

법을 침해하는 신하侵臣 법을 어겨 일을 행하고 간교하게 사적인 행동을 한다.

아첨하는 신하諂臣 "[좋은 음악을 위해] 종과 북을 많이 만들고, 미녀를 무리로 치장해 군주를 미혹한다."[217]

어리석은 신하愚臣 죄가 깊고 벌이 무거우며, 세금 등을 많이 거두어 민원을 초래한다.

나라를 어지럽히는 신하亂臣 "헐뜯는 말로 이름을 사고, 잘못을 옳다고 하여 군주에게 상처를 입히며, 대중이 이를 모르게 한다."[218]

불법 행위를 하는 신하奸臣 유언비어를 조작하여 일을 만들고, 이간질하며, 사적인 당파를 짓고, 부정하게 타인에게 해를 입힌다.

저자는 법신만이 치국의 신하이며 다른 대신은 모두 나라에 해가 되는 신하라고 주장한다. 「명법해」 편은 또 "간신이 군주를 패망시키는" 술을 분석했다. 이 술의 특징은 "차츰차츰 미세하게 쌓여" 자기도 모르게 물들어 군주로 하여금 한 방울 한 방울 부패의 길을 걷게 한다. 저자는 군주에게 이를 특별히 조심하라고 일깨운다.

군주가 전국의 신하를 제어하고 싶으면 먼저 "[뭇 신하와 군주 사이의] 중간자 [즉 좌우대신]"을 통제해야 한다. 중간자는 중추가 될 수도 있고 방해가 될 수도 있다. "법령을 만들어 백성에게 펼치는 일은 반드시 중간자로부터 나온다. 중간자가 느슨한 일을 급한 일로 만들어 급하게 함으로써 [백성에 대해] 위엄을 취할 수 있고, 급한 일을 느슨한 일로 만들어

느슨하게 함으로써 백성에게 은혜로울 수 있다. 위엄과 은혜 베풂이 아래 (중간자인 좌우대신)로 옮겨가면 윗사람(군주)은 위태로워진다. [관료들이] 현명한지 불초한지 군주에게 알게 하는 것도 반드시 중간자를 통해서다. [각 지방의] 재화와 노동력이 군주에게 바쳐지는 것도 반드시 중간자를 통해서다. 현자와 불초자를 능히 바꾸어 위엄을 차리며 [좌우대신이] 아래에서 사적인 당파를 만들 수도 있다. 백성의 재물과 노동력을 이용하여 군주를 유혹하면서 [좌우대신이] 아래에서 그 공로를 차지할 수 있다. 동시에 위아래 사이에서 사리의 고리를 만들어 관작과 법제도 그에게 작용할 수 없게 된다면 군주된 사람은 위험해진다."[219] 중간자인 좌우대신을 통제하기 위해 「법금」 편은 18가지 금지할 바를 제시한다. 그 핵심은 법규 위반과 권력 전횡의 금지다.

　'관법'은 또 '비교 검증參驗'의 술을 제기한다. 참험(즉 참고하여 조사함)의 요점은 명실상부다. 「명법해」 편은 말한다. "말은 그 실질로써 [옳고 그름을] 따져야 한다. 사람에 대한 칭송은 그 관직을 가지고 따져본다. 말만 번지르르하고 실이 없으면 벌주고, 관리이면서 관직을 어지럽히면 벌준다. 그러면 빈말이 감히 나올 수 없고, 불초한 자가 감히 관직을 받지 못하게 된다."[220] "법으로 그 말을 판단하고 그로써 실질을 구한다."[221] "공로가 그 말에 충당하면 상을 주고, 그 말에 충당하지 못하면 벌준다."[222] 참험을 위하여 군주는 상황을 '주도면밀周密'하게 장악해야 한다. 「법법」 편은 말한다. "군주가 주밀하지 못하면 바른말, 곧은 행동을 하는 선비가 위태로워진다."[223] 바른말, 곧은 행동을 하는 선비가 위태로워지면 "군주는 외롭고 내조자가 없으며"[224], "신하들은 파당을 지어 무리를 이룬다."[225] 참험의 술을 행하려면 분업이 명확하고 조사가 엄격해야 한다. 「명법해」 편은 말한다. "직무 분업을 명확히 하여 일의 성사를 감독해야 한다. 임무를 이겨내는 자를 관직에 두고, 임무를 이기지 못하는 자를 파면한다."[226]

군주는 또 두루 듣되兼聽 독단해야 한다. 경청하되 권력을 나누지 않아야 하고, 독단하되 맹목적이지 않도록 해야 한다.

신하 제어술의 일부는 공개할 수 있지만 일부는 가슴속에 감추어두고 비밀스럽게 알리지 않아야 한다. 「금장」 편은 말한다. "가슴속에 깊이 감추어둠으로써 만 리 밖에서 오는 재앙을 피할 수 있다. 이것(감춤)으로써 그것(재앙)을 제어할 수 있는 자만이 자신에 비추어 남을 알 수 있는 자다."[227] 이것이 바로 「칠법」 편에서 이야기하는 '심술心術'이다. 「구수」 편은 전문적으로 술을 이야기한 작품으로 술가術家의 저작으로 볼 수 있다. 구수九守는 곧 구술九術이다.

'관법'의 일부 편은 도가의 영향을 깊이 받았다. 그래서 무위無爲의 술이 있다. 「승마」 편은 말한다. "무위하여 다스려지게 하는 자는 제업帝業을 이룬다. 정치를 하되 억지로 무엇을 함이 없는 자는 왕업王業을 이룬다. 정치를 하되 겸허하여 자신만을 소중히 여기지 않는 자는 패업霸業을 이룬다."[228] '관법'에서 이야기하는 '무위의 술'은 주로 다음 두 가지를 가리킨다.

하나는 신하로 하여금 지혜와 힘을 충분히 발휘토록 하여 군주는 그를 대신해 무엇을 하지 않아도 되는 것이다. 「형세해」 편은 말한다. "훌륭한 군주는 제 지혜를 쓰지 않고 성인의 지혜로 임한다. 제힘을 쓰지 않고 대중의 힘으로 임한다."[229] "훌륭한 군주는 천하를 다스림에 반드시 성인을 쓴다."[230] '성聖'은 총명과 재지가 가장 높은 사람이다. 군주가 최고의 재지를 갖춘 사람을 임용하는 것이야말로 틀림없는 최고의 예술적 영도다. 또 하나는 법과 수數로 임하고 마음을 애쓰지 않는 것이다. 「임법」 편은 말한다. 성왕은 '법法' '수數' '공公' '대도大道'로 나라를 다스린다. 그래야 "마음을 번거롭게 하지 않고, 힘들여 의욕을 부리지 않고, 부지런히 힘을 쓰지 않아도 땅은 저절로 개척되고, 곳집 창고는 저절로 가득해지고, 축적이 저절로 많아지고, 병사들이 저절로 강해지고, 뭇 신하의 거짓이 없어진다."231 군주는 편안히 "쉬고 즐기며 살고, 말 달려 사냥할"232 수 있다. 마음 가는 대로 북을 두드리며 "건강히 오래 살며" "팔을 늘어뜨리고 있어도 천하가 다스려진다."233 이렇게 볼 때 '관법'이 이야기하는 무위의 술은 군주가 아무 일도 하지 않는 것이 아니라 인재 임용과 법의 사용을 통해 꼭 직접 나설 필요가 없다는 말이다.

이상 몇 가지 방면에서 '관법' 이론을 분석했다. 군주는 정치의 핵심이다. 군주의 행위는 정치에 중대한 영향을 미치며, 수많은 정치적 투쟁 또한 모두 군주를 둘러싸고 전개된다. 예컨대 「군신하」 편은 나라의 혼란을 다섯 가지로 나눈다. '궁중의 난' '형제의 난' '대신의 난' '중민中民의 난' '소인의 난'이 그것이다. 이 5난 가운데 앞의 3난은 군주와 직접 상관이 있다. '관법'에서 보기에 어떤 형태의 혼란이든 가장 근본적인 원인은 군주가 좋냐 나쁘냐에 달려 있다. 군주가 밝으면 다스려지고 어두우면 혼란스럽다. 「명법」 편은 말한다. "나라가 잘 다스려진다 함은 군주의 도가 밝다는 말이다. 어지러운 나라라는 말은 신하의 술이 압도하고 있다는 말이다."234 신하의 술이 압도하는 원인 또한 군주의 무능과 무법에 있다. 「중령」 편은 정치에 여섯 가지 나쁜 요인이 있다고 지적한다. "근친, 귀족, 재화, 미색, 아첨꾼, 노리개"가 그것이다.235 나쁜 요인에 대비하지 못하면 이는 여섯 가지 패인이 된다. 군주가 나쁜 요인을 막아내고 여섯 가지 패인을 방지할 수 있느냐의 여부는 군주의 인식과 행위에 달려 있다. '관법'의 전체 사상으로 볼 때 저자들은 이법치국을 강조한다. 그러나 따져보면 법 또한 군주에 매달려 있다. 법이란 일인지하 만인지상에 존재하는 정치적 도구다. 이론으로 따지면 한 사람이라도 법보다 높은 데 있으면 이는 민주적 요소를 갖추었다고 말할 수 없다. 한 사람이 만인을 노예로 부리는 구도이기 때문이다. 혹자는 선진의 법치와 인치 문제를 논의하면서 법가

의 법치가 민주 정신을 갖고 있다고 하는데, 이는 법가가 군주 전제를 주
장했다는 점과 분명히 모순된다.

국가 체제에 관한 구상

'관법'의 저작 가운데 국가 체제 문제에 관한 논술은 비교적 적다. 하지만 그에 관한 윤곽을 알 수 있는 논술은 여전히 존재한다. 관련 논술 가운데 「군신상」 편의 이야기는 분봉제分封制와 유사하다. "천자가 천하에 명령을 내리고, 제후는 천자에게서 명령을 받으며, 대부는 [제후국의] 군주에게서 명령을 받고, 아들은 부모에게서 명령을 받으며……."[236] 다른 편에서는 분봉제뿐만 아니라 단 한 곳에서도 군현제郡縣制에 대해서 이야기하지 않는다. 그런데 묘사하고 있는 국가행정 체제의 그림을 보면 군현제와 유사하게 지역을 단위로 한 지방 행정 기구를 설정하고 있다.

천하로 볼 때 최고의 집정자는 천자다. 천자만이 유일무이할 수 있다. 「패언」 편은 말한다. "천하에 천자가 둘이라면 천하는 다스려질 수가 없다."[237] '천자'라는 명호 외에 '황皇' '제帝' 등의 명칭도 제기한다. 「병법」 편은 "하나에 밝은 자가 황이며, 도를 살피는 자가 제이며, 덕에 통달한 자가 왕이며, 군사적 승리를 도모하는 자가 패다"[238]라고 말한다. 진시황秦始皇이 나중에 '황제'를 칭한 것은 '관법'에 이미 그 까닭이 내재되어 있었던 것이다. 천자, 군주는 수뇌이고 그들의 주위는 백관이 보좌한다. 「입정」 편은 말한다. "백리百吏가 조정에 있으니 군주가 명령을 내리고 나라에 기존 법憲을 반포한다."[239] 「군신하」 편은 백관, 백리를 중간자, 즉 '중앙의 사람中央之人'이라 부른다. 백관과 중앙지인이 모든 것을 관장한다. '관법'에는 이에 관한 전문 논술은 없고 단편적인 논술만 있다. 이 단편적 논술들로 볼 때 백관은 모두 군주의 사무 처리 인원이다.

중앙 이하 지방 행정 체계에 관해서는 각 편의 주장이 대부분 일치하지 않는다. 다음은 몇 가지 중요한 주장들을 열거한 것이다.

「승마」 편은 이 문제에 관해 가장 많이 논의하고 있다. 저자는 네 가지 체계를 가지고 국가 체제를 논술한다. 첫째, 행정 체계. "사방 6리里를 명명하여 포暴라 하고, 5포를 명명하여 부部라 하고, 5부를 명명하여 취聚라 한다."[240] 이 체계를 가리켜 '관제官制'라 부른다. 둘째, 주민 조직이다. "5가家로 오伍, 10가로 연連, 5연으로 포暴, 5포로 장長을 삼아 명명하여 무슨 향鄕이라 한다. 4향을 명명하여 도都라 한다"[241]고 쓰여 있다. 이 체계를 가리켜 '읍제邑制'라 부른다. 그런데 문장 내용으로 보면 읍제만을 이야기하지 않으며 읍 위에 또 다른 행정 단위가 있다. 셋째, 생산 편제다. "읍이 이루어져 생산 편제가 된다. 4취聚를 1리离로 삼고, 5리를 1제制로 삼고, 5제를 1전田으로 삼고, 2전을 1부夫로 삼고, 3부를 1가家로 삼는다."[242] 이 체계를 가리켜 '사제事制'라 부른다. 넷째, 군사 편제 체계다. "사방 6리里가 1승乘을 내는 땅이 된다. 1승이란 네 필의 말이다. 말 한 필에는 [무장한] 갑사甲士가 7명, [방패 든] 순수盾手가 5명 따른다. 네 필의 말에는 갑사가 28명, 순수가 20명이며, 차량을 받들어 따르는 후생 민간 노역자白徒가 30명이다."[243] 이 체계를 가리켜 '기제器制'라 부른다. 이상 이야기한 '관제' '읍제' '사제' '기제'의 내재적 조화 및 배합 관계에 대해서는 정확히 알 수 없다. 다만 아주 분명한 한 가지는 이 완벽한 체계 속에 혈연 관계는 철저히 파괴되고 완전히 지역을 단위로 행정 체계를 수립하고 있다는 사실이다. 이 네 가지 '제' 외에 「승마」 편에서는 또 국國, 도都의 설치를 말하고 있다. "상급지는 사방 80리에 만 실室의 국 하나, 천 실의 도 넷을 둘 수 있다. 중급지는 사방 100리에 만 실의 국 하나, 천 실의 도 넷을 둘 수 있다. 하급지는 사방 120리에 만 실의 국 하나, 천 실의 도 넷을 둘 수 있다."[244] 이와 같이 네모반듯한 구획은 일종의 구상임에 틀림없는데, 국, 도 중심 지역의 크고 작음을 토지의 좋고 나쁨을 보아 다르게 정했다는 점이 상당히 재미있다.

「입정」 편의 행정 체계에 대한 설계를 보면 정신은 「승마」 편과 비슷하지만 구체적인 형식은 약간 다르다. "국을 나누어 5향鄕으로 삼고, 향에는 사師를 둔다. 향을 나누어 5주州로 삼고, 주에는 장長을 둔다. 주를 나누어 10리里로 삼고, 리에는 위尉를 둔다. 리를 나누어 10유游로 삼고, 유에는 종宗을 둔다. 10가家를 십什으로 삼고, 5가를 오伍로 삼으며 십과 오에는 모두 장長이 있게 된다."[245]

「구변」 편이 이야기하는 행정 체계는 주州, 현縣, 향鄕, 당黨 4급 조직이다. 「문」 편은 국國, 주州, 향鄕, 읍邑 4급을 이야기한다.

「소광」 편이 이야기하는 행정 체계는 위와 또 다르다. 저자는 환공桓公 때 관중의 작품이라고 하면서 '국國' '비鄙' 두 체계로 나눈다. 역사가들은 대부분 이를 관중 제도 개혁의 일부분으로 여긴다.

이상 몇 가지 주장은 전국 시대의 역사적 상황과 잘 들어맞지 않는다. 몇 가지 개별적 행정 제도상의 명칭만이 제나라와 같은 곳이 있을 뿐이다. 따라서 이것들을 단순히 학설로 보는 것이 더 타당하다 하겠다.

이상의 행정 체제와 맞물려 관료제를 실행했다. 관리의 임면권은 군주의 손에 장악되어 있었다. 관리는 오래도록 특정 권력을 점유할 수 없었다. 군주는 그들을 수시로 이동시키고 바꿀 수 있었다. 관리의 임무는 군주가 반포하는 법률과 명령을 집행하는 것이었다. 이렇게 지방에서 중앙까지의 권력은 완전히 군주에게 귀속되었다. 군주는 수중의 법망과 관료 기구에 의지하여 "1000리 내부를 모두 벌로 꽁꽁 묶고, 1무畝 땅의 부세도 모두 알 수 있는"[246] 경지에 도달할 수 있었다.

'관법'의 국가 체제에 관한 구상은 완전히 군주제와 권력의 집중을 위해 봉사하도록 되어 있다.

06
경제 정책은
정치적 치, 난의
기초다

'관법'은 법, 술, 세의 정치적 작용을 논술하는 동시에 경제 문제 또한 대단히 중시했다. 그는 경제 문제가 정치적 안위와 관계가 있다고 생각했다. '관법'은 생산, 유통, 분배 등 여러 방면에서 경제와 정치의 관계를 분석한다. 저자가 다르기 때문에 이런 문제들에 대한 인식 또한 모두 일치하지는 않는다. 예컨대 농사와 말업末業, 즉 공상업과의 관계에 대한 견해에 확연히 다른 두 가지 관점이 존재한다. 한 파는 중농억말을 주장하는데, 「중령」「치국」「권수」 편 등이 가장 확실하게 이 입장을 드러낸다. 다른 한 파는 중농의 기초 위에 말업을 보호해야 한다고 주장한다. 「승마」「군신상」 편 등이 여기에 속한다.

중농억말의 주장

중농억말의 출발점은 양식과 생계, 전쟁, 농민의 관계로부터 문제를 고려하고 있다. 「치국」 편은 말한다. "곡식이란 재화의 귀결점이다. 곡식이란 땅[에서 나는 생산물]의 귀결점이다. 곡식이 많으면 천하의 물질에 모두 다다른다."²⁴⁷ 자연경제와 농업 위주의 사회에서 양식은 사람들의 중요한 식품인 동시에 사회적 재부의 주요한 존재 형식이다. 저자는 양식을 군주가 통치를 행할 수 있느냐 없느냐의 선결 조건으로 여기고 있다. 양식이 있음으로써 백성이 있고, 재물이 있으며, 토지가 있고, 천하의 물질이 있을 수 있다.

양식은 또 전쟁의 물질적 기초다. 「권수」 편은 말한다. "땅을 지킴은 성城에 달려 있고, 성을 지킴은 병兵에 달려 있고, 병을 지킴은 사람에 달려 있고, 사람을 지킴은 곡식에 달려 있다."²⁴⁸ 바로 이 관점에서 저자는 곡식이 흥망의 근본이라고 주장한다. 「치국」 편은 말한다. "백성이 많아지고 군대가 강해지며, 땅이 넓어지고 나라가 부유해지는 것은 반드시 곡식에서 생겨난다."²⁴⁹ "곡식을 생산하지 못하는 나라는 망하며, 곡식을 생산하고도 없애는 자는 패覇이고, 곡식을 생산하되 없애지 않는 자가 왕이다."²⁵⁰

식량은 또한 안민安民의 근본이다. 식량이 많고 나라가 부유하면 백성은 편안히 고을을 지키고 집안을 중시하게 된다. 그러면 사회는 안정된다. 「치국」 편의 저자는 백성이 "편안히 고을에 살며 집안일을 중시하면, 습속이 바뀌고 이민을 가도록 내몰려 죽음에 이르게 되더라도 백성이 그것을 싫어하지 않는데, 이는 곡식 생산에 힘쓴 공로다"²⁵¹라고 주장한다. 이렇게도 이야기한다. "식량(증식)은 왕업을 달성할 근본 대사이고 군주의 큰 임무다. 사람을 끌어모으는 길이며 치국의 도다."²⁵²

이 파가 보기에 식량은 민생, 용병, 안민, 치국의 기초인데, 식량은 농업 생산을 통해서만 나오는 것이므로 정책상 얻은 결론은 당연히 중농重農이었다. 「치국」 편은 말한다. "나라가 부유하고 식량이 많아지는 것은 농업에서 생겨난다."²⁵³ "선왕이 백성을 위해 해를 제거하고 이로움을 잘 일으키셨으므로 천하의 백성이 그에게 귀순했다. 이로움을 일으키셨다 함은 농사를 이롭게 했다는 말이고, 해로움을 제거하셨다 함은 농사에 방해되는 것을 금했다는 말이다."[254] 농업 생산을 확보하기 위해서는 농업에 방해되는 일에 반드시 타격을 주어야 한다. 무엇이 농업에 방해되는 일인가? 저자는 주로 말업末業이라고 주장한다.

확실히 양식이라는 한 가지 점에서만 문제를 본다면 말업은 식량을 생산하지 않을 뿐만 아니라 양식을 소비만 한다. 「중령」 편은 이렇게 말한다. "말업이 생겨 금지하지 않으면" "콩, 조 등 곡식이 부족하게 된다."[255] 특히 "문양이나 새기고 쇠붙이나 깎는" 공인들의 해가 심각하다. 「권수」 편도 말한다. "말업이 금지되지 않으면 들판이 개간되지 않는다."[256]

이런 저자들의 견해에 따르면 말업이 가진 또 하나의 해로움은 사람들의 재부 관념을 바꾸어버리는 것이다. 공상업이 발전하면 필경 시장경제의 활성화와 발전을 촉진할 것이고, 화폐의 기능도 따라서 증가할 것이다. 화폐는 상업자본과 재부를 늘리는 징표가 될 것이다. 화폐의 가치는 일체의 상품을 능가할 것이며, 자연스레 식량보다 높은 위치를 차지할 것이다. 사람들은 다시는 곡식을 재부의 근본으로 생각하지 않을 것이며, 필경 화폐만을 좇게 될 것이다. 그 결과 "백성은 철 따른 생산에 느슨해지고 땅의 이익을 경시하게 될 것이다."[257]

이상의 이유에 기초하여 저자는 중농억말해야 한다고 주장한다. 어떤 수단을 사용하여 중농억말할 것인가? 저자는 권력을 이용하여 간여해야 한다고 주장한다.

저자는 가장 중요한 수공업을 국가의 전문 관료 기술자로 하여금 장악하게 하고 일반 사인의 개입을 허용해서는 안 된다고 주장한다. 「입정」 편은 말한다. "각종 장인들을 심사하고, 각 시절의 작업 항목을 따지며, 생산품의 우열을 가리고, 완성도와 정밀성을 제창하며, 5향鄕을 통일적으로 관리하여 때맞추어 전면 안배하되 목각, 철 장식, 치장, 채색 그림 등 아름다운 사치 공예품은 각 향에서 작업하지 못하도록 한다."[258] 「치국」 편은 국가가 "말업으로 교묘한 장식을 일삼는 것을 금지해야 하고,"[259] "백성이 놀면서 먹는 일이 없어지면 반드시 농사를 지을 것이다"[260]라고 말한다.

그 밖에 국가는 또 방법을 생각하여 농, 사, 상, 공으로 하여금 제각기 이익을 얻을 수 있도록 해주어야 한다. "농, 사, 상, 공 4민으로 하여금 각자의 능력을 교환하여 일하게 하면 연말의 수입이 서로 차이가 나지 않게 될 것이니, 백성은 한 가지 일에 종사하면서도 균형적인 수입을 얻을 것이다."[261] 오늘날의 관점으로 해석하면 모두가 가치의 법칙에 따라 교류한다는 말이다. 이를 위해 국가는 다음과 같은 일련의 조치를 채택해야 할 것이다. 우선 농민에게 가혹한 세금을 거두지 말아야 한다. 가혹한 세금 징수는 가격의 폭등이나 폭락을 불러 상인들만 이익을 얻게 될 것이다. 둘째, 관문 시장의 세금을 정액으로 해야 한다. 셋째, 전체 국가의 경제생활을 안정시키도록 구상해야 한다. 저자는 이 방법을 '균술均術'이라 부른다.

'관법' 가운데 중농억말파는 식량을 문제 고찰의 지지점으로 삼는데, 이 견해는 현실적 근거가 있는가? 있다. 사람은 우선 밥을 먹은 뒤에야 다른 활동을 할 수 있다. 이 이치는 매우 간단하지만 그것을 설파했다는 것은 대단한 발견이다. 밥 문제를 용병, 안민, 안국安國의 기초로 삼은 것은 신의를 치국의 기초로 삼은 것보다 분명히 더 실제에 부합한다. 당시 역사적 조건으로 볼 때 양곡이야말로 사람들의 주식으로, 곡식이 없으면 살아갈 수가 없었다. 이 관점은 후대에 '백성은 식량을 하늘로 삼는다民以食爲天'의 선구가 되었다.

그러나 이 이론 또한 대단히 편면적이다. 수공업의 생산성을 말살하고 있으며, 상업의 경제 발전의 거대한 촉진 작용을 경시, 말살하고 있다.

중농의 기초 위에서 공상업을 함께 돌아봄

이 파는 「승마」 편을 대표로 한다. 저자는 중농은 반드시 토지로부터 시작해야 한다고 주장한다. 「승마」 편은 "땅이란 정치의 근본이다. 따라서 땅이야말로 정치를 바로잡을 수 있다"[262]고 말한다. 「문」 편은 "나라를 다스리는 길은 지덕이 머리다"[263]라고 말한다.

이른바 땅을 정치의 근본으로 삼는 데 가장 중요한 것은 토지 분배다. 토지 분배는 '균평, 조화'해야 한다. "땅이 균평하고 조화롭지 못하면 정치가 바르게 될 수 없다. 정치가 바르지 않으면 생산이 잘될 리 없다."[264] '땅을 바르게 나누려면正地' 토지의 '장' '단' '대' '소'에 근거하여 "모두 바르게" 해야 한다. '정지'는 '균지均地'라고도 부른다. 저자는 토지 분배를 중농의 근본으로 삼는다. 곡식을 중농의 근거로 삼는 것과 비교하면 인식론적으로 훨씬 깊이가 있다. 곡식을 중시함은 중농을 끌어낼 수 있으나 토지 문제를 해결하고서야 비로소 중농을 현실적 기초 위에 놓을 수 있다. '균지'의 실제 내용이 무엇인지 정확히 알 수는 없다. 대체로 수전제授田制와 유사하게 국가가 토지를 분배하여 농민에게 경작토록 하는 것이리라.

저자는 '균지'만 가지고는 충분하지 않으며 거기에 '노동력의 분배分力'와 '재화의 분배分貨'를 더하여 실행해야만 노동자의 적극성을 동원할 수 있다고 주장한다. 「승마」 편은 말한다. "토지를 고르게 나누고 노동력에 따라 분배하여 백성이 농사철을 알도록 하면 백성이 계절의 이르고 늦음, 세월의 부족함, 추위와 배고픔의 도래를 알게 될 것이다. 그래서 늦게 자고 일찍 일어나 부자 형제 모두가 노동에 관심을 두고 피로를 잊은 채 힘든 경영을 마다하지 않을 것이다. 땅을 고르게 분배하지 못했을 때의 나쁜 점은, 땅의 이익을 충분히 이용할 수 없고, 인력을 충분히 발휘토록 할 수 없으며, 농사철을 알리지 않아 백성이 제대로 알지 못하고, 농사일을 가르치지 않아 백성이 일을 하지 않게 된다는 것이다. 백성과 더불어 재화를 분배하면 그들이 바르게 되었음을 알게 될 것이고, 분배를 명확히 하면 백성이 온 힘을 다 기울일 것이다. 그러므로 시키지 않아도 부자 형제 모두가 생산에 열중하게 된다."[265] '균지'는 앞에서 이야기한 바와 같고, '분력'은 대체로 『여씨춘추』에서 말하는 '사작私作' '공작公作' 가운데 '사작'과 유사하다. '공작'은 집단이 함께 노동하여 경작하는 것으로 어쩌면 노동지대勞動地貸 형태와 같다. '사작' '분력'은 가구 단위의 호별 생산이다. 글 속의 이야기처럼 토지를 고르게 나누고 노동에 따라 분배하여 '공작'을 실행하지 않으면 노동자는 피동적이 된다. "농사철을 알리지 않아 백성이 제대로 알지 못하고, 농사일을 가르치지 않아 백성이 일을 하지 않게 되면" 노동을 하더라도 힘을 발휘하지 않는다. '균지·분력'을 실행한 뒤에야 부자 형제 등 한집안 사람들이 이른 아침부터 밤을 탐하여 쉼 없이 노력한다. 균지·분력과 병행한 것으로 '분화'가 있다. '분화'는 토지상의 수확을 나누어 갖는 것으로 해석할 수 있다. 그렇다면 '분화'는 세금 징수를 가리키는 것인가, 아니면 실물의 지세地稅인가? 여기서는 정확히 알 수가 없어 역사가들의 고증을 기다릴 수밖에 없겠다.

저자는 중농과 '균지' '분력' '분화'를 함께 연결하고 있는데, 토지의 사용 방식, 경영 방식, 분배 방식을 총체적으로 연계하여 문제를 관찰하고 해결하고 있음이 분명하다. 이는 선진 제자들의 중농학설 가운데 가장 의미심장한 견해라 할 수 있다.

이 학파는 농업 생산을 중시하는 동시에 상업 교류에도 깊이 주의를 기울인다. 그들은 국민 경제에서 상업, 화폐가 차지한 지위에 탁월한 견해가 있었다. 「승마」편은 "시장은 상품 교환의 징표가 되는 곳이다"[266]라고 말한다. 이 정의는 대단히 의미심장하다. 시장이 상품의 가치를 검증하는 장소라는 지적이다. 「문」편은 "시장이란 천지의 재화가 갖추어진 곳이어서 만인이 화합하여 이익을 얻는다"[267]고 말한다. 저자는 교환 방면에서 시장경제를 분석, 긍정하고 있다. 「승마」 편은 또 "시장은 치와 난을 알 수 있고, 많고 적음을 알 수 있지만 많고 적게 만들 수는 없다"[268]고 말한다. 이는 시장이 사회적 생산과 정치의 거울임을 의미심장하게 지적하고 있다. 이 학파는 상품 경제의 적극적 작용을 간파했으므로 그들은 상품 경제에 보호 정책을 취해야 한다고 주장한다.

부세의 '도량度量'과 정치와의 관계

부세의 경중을 정치 문제로 본 것은 제자백가가 일찍부터 논의해온 문제다. 하지만 '도량度量'의 개념을 십분 명확히 제기하고 '도량' 관계를 이용하여 정치적 치란을 분석하고 설명한 학파로는 중국 정치사상사에서 '관법'파를 머리로 삼아야 한다.

'관법'은 '이利'를 사람과 사람 사이의 가장 본질적 관계로 본다. 그들은 통치자가 정책을 제정함에 반드시 '이'로부터 출발해야 한다고 주장한다. '이'만 붙잡으면 전반적으로 모두 살아난다고 한다. 「금장」 편은 말한다. "그래서 [정치를] 잘하는 사람은 이익의 소재를 장악하니 백성이 스스로 흠모하여 달게 받아들인다. 밀지 않아도 앞으로 나아가며, 끌지 않아도 따라온다. 번뇌할 필요도 걱정할 필요도 없이 백성 스스로가 부유해진다."[269] "법제를 통해 인민을 관리함에 (…) 이해利害의 소재만 정확히 판명하면 백성의 거취를 알 수 있다"[270]고도 말한다. 반대로 백성의 이익을 고려하지 않고 덮어놓고 각박하게만 하면 명령을 내려도 백성이 따르지 않을 것이다. 「권수」 편은 말한다. "부세를 무겁게 하면 아랫사람이 윗사람을 원망할 것이다. 백성의 힘이 다하면 명령이 행해지지 않는다."[271] 「판법」 편은 "백성이 풍족하지 않으면 명령이 욕되고, 백성이 힘들고 재앙을 당하면 명령이 행해지지 않는다"[272]고 말한다. 이 말은 대단히 의미심장하다. 저자는 명령 실행 여부의 기초가 공자의 이야기처럼 통치자의 '신정身正'으로 결정되는 것이 아니며, 묵자의 이야기처럼 모든 것이 성왕, 명군에 종속되는 것도 아님을 정확히 알고 있다. 저자는 경제 관계야말로 행정 명령 실행 여부의 기초가 된다고 주장하고 있다.

어떻게 '이'의 문제를 처리할 것인가에 대하여 저자는 도량선度量線을 찾아내는 데 그 관건이 있다고 생각한다. 이 도량은 두 가지 요소에 의해 결정되는데 하나는 통치자의 욕망이고, 하나는 백성의 힘民力의 실재다. '관법'은 백성에게 부세와 요역을 요구하는 수량 대부분이 윗사람의 욕망에 의해 결정된다고 지적한다. 「법법」 편은 말한다. "군주는 백성에게 세 가지 바람이 있다. (…) 세 가지 바람이란 무엇인가? 하나는 요구, 둘은 금지, 셋은 명령이다. 요구하면 반드시 얻기를 바라고, 금지하면 반드시 그치기를 바라고, 명령하면 반드시 행해지길 바란다."[273] 군주의 욕망은 본질적으로 밑구멍이 없으니, "군주의 욕망은 무궁하다."[274] 따라서 군주의 무한한 욕망과 인민의 유한한 힘 사이에 모순이 발생한다. 현실 경험에 비추어볼 때 다수의 욕망이 반드시 다 충족되는 것은 아니며, 다 얻어지는 것도 아니다. 마치 마른 연못에서 낚시를 하면 고기가 없는 것과 마찬가지다. '관법'은 군주의 욕망은 응당 민력의 현실적 가능성의 기초 위에 세워져야 한다고 주장한다. 「형세해」 편에서 매우 투철하게 이를 설명하고 있다. "조보造父는 말을 잘 다루는 사람이다. 자신의 말을 잘 돌보아 음식을 조절하고, 말의 힘馬力을 계산하고度量, 달릴 수 있는 능력을 헤아리므로 먼 길을 가고도 말이 지치지 않는다. 현명한 군주도 조보와 마찬가지다. 자신의 백성을 잘 다스리고, 백성의 힘을 계산하고, 그들의 기능을 헤아리므로 일을 성취하고도 백성이 힘들어하지 않는다."[275] "현명한 군주는 인력이 할 수 있는 바를 도량한 뒤 부린다. 사람이 할 수 있는 바에

따라 명령하므로 명령이 잘 행해진다"[276]고도 말한다. 「정세」 편은 '도량'
을 제彝라고 부른다. 원문은 앞에서 이미 인용했으므로 여기서 다시 중복
하지는 않겠다.

'관법'에는 '제'와는 다른 말이 또 있는데, 그들은 부민富民을 주장한다.
이를테면 「치국」 편은 "치국의 길은 반드시 먼저 부민하는 것이다. 백성이
부유하면 다스리기 쉽고, 백성이 가난하면 다스리기 어렵다"[277]고 말한다.

도량선을 어디로 가를 것이냐에 대하여 '관법'에는 다양한 견해가 있
다. 하지만 다 같이 일정한 도량선이야말로 안전한 통치의 경계선이라고
생각하고 있다. 이 선 안에 있으면 정치가 안정되고, 선을 넘어서면 혼란
이 인다.

'관법'은 군주로 하여금 대세를 명확히 이해하기 위해서는 자신의 욕망
을 억제해야 하며, 한편으로 정반 양면에서의 절용節用 여부가 통치의 안
위에 영향을 준다고 강조한다. 「칠신칠주」 편은 말한다. "누대와 정자를 지
어 서로 마주 보는 것은 망국의 회랑이다. 길을 달리는 말에 관람 수레
가 가득한 것은 적을 끌어들이는 수레다. 구슬로 장식한 화살과 검은 자
신을 살해할 병기다. 화려한 복식과 채색의 띠는 성과를 불사르는 아궁
이다. 현명한 왕은 그러함을 알기에 멀리하고 가까이하지 않는다. 이것
을 버리고 저것(법률 명령)을 취하면 군주의 도가 갖추어진 것이다."[278] 이
를 위해 '검약儉'으로부터 출발하여 귀천을 구별할 수 있는 제도를 제기한
다.(「법법」 편 참조) 다른 한편 개인의 생리상으로도 너무 사치하면 안 된다
고 선전한다. 사치하면 몸이 상한다는 것이다. 「금장」 편은 말한다. "물질
에는 많고 적음이 있으나 사람의 성정은 그렇게 등급을 지을 수 없다. 일
에는 성공과 실패가 있으나 사람의 뜻은 그렇게 한가지일 수 없다. 행동
에는 나아감과 물러남이 있으나 힘은 그렇게 둘로 갈라질 수 없다. 따라
서 제 몸을 가운데에 두고 절제를 길러야 한다. 궁실은 건조함과 습함을

피할 수 있으면 되고, 음식은 혈기를 조화시킬 수 있으면 되고, 의복은 추위와 더위에 적응할 수 있으면 되고, 예절 의식은 귀천을 구별할 수 있으면 되고 (…) 그래서 몸을 적절한 데 두어 의를 행하고 검약, 공경하면 설사 복이 없더라도 화는 초래하지 않는다. 교만, 사치하여 절도를 벗어나고 이치에 어긋나면 설사 화가 없더라도 복을 부르지는 못한다. 그러므로 군자는 위로 이치에 어긋남을 보면 스스로를 두려워하고, 아래로 미치지 못함을 보면 스스로를 반성한다.″[279] 위와 같은 도리를 이야기한 것은 상당히 의미심장하다고 하겠는데, 여기에는 분명한 도가적 흔적이 드러나 있다. 하지만 최종적으로 한 가지 문제는 해결을 보지 못하고 있는데, 그것은 군주의 욕망이 최고의 그리고 최후의 동인動因이라는 것이다. 군주가 이와 같은 이치에 통달하지 못하면 더 이상 아무 방법이 없게 된다. 이를 사상가들만의 탓으로 돌릴 수는 없는데, 당시에는 군주들이 최후의 결정권을 갖고 있었기 때문이다.

군대, 인민을
왕패의
근본으로 삼음

선진 제자들은 대부분 전쟁 및 그것의 정치적 작용을 매우 중시했다. 제자백가 가운데 법가가 특히 전쟁을 중시했다. '관법'의 수많은 편에서도 전쟁에 대하여 전문적인 논의를 하고 있다. 그중에는 전술 방면의 문제를 이야기한 곳도 적지 않다. 여기서는 전쟁과 정치의 관계만을 간략히 논술하고자 한다.

전국 시대에는 적잖은 사람이 여러 관점에서 전쟁에 반대했다. 묵자의 '비공非攻', 송견宋銒의 '전쟁 종식寢兵' 등이 그렇다. '관법'은 침병론에 결연히 반대한다. 「입정구패해」 편에서는 침병설을 정치의 9패九敗 중 하나라고 주장하고, 「법법」 편에서도 지금 난세를 맞아 군대의 폐기를 추구함은 "너무 어려운 일 아닌가?"라고 지적한다. 「참환」 편은 말한다. "군주의 존비, 국가의 안위를 결정하는 데 군대보다 더 중요한 것은 없다. (…) 군대는 대외적으로 포악한 나라를 정벌하는 데 쓰이고, 대내적으로 간악한 사람을 진압하는 데 쓰인다. 따라서 군대란 군주의 존엄과 국가의 안정을 위한 벼리이므로 폐지될 수 없다."[280] 전국 시대에 침병을 주장한 사람들은 주관적 선의에서 비롯된 것이지만 현실에 직면했을 때 이는 실현할 수 없는 환상이었다. '관법'은 침병론이 이론적으로도 현실적으로도 성립할 수 없는 것이라고 말한다.

군대는 폐지될 수 없다. 그러나 군대라는 이 물건은 갖고 놀기 좋은 것은 아니다. 「법법」 편은 "백성을 가난하게 만들고 재물을 없애는 것으로 군대만큼 큰 것이 없다. 나라를 위태롭게 만들고 군주를 걱정시키는 것으로 군대만큼 빠른 것이 없다"[281]고 말한다. 이 말은 대단히 일리가 있다. 저자는 용병의 관건이 '마땅함'에 있다고 주장하는데, 「법법」 편은 말한다. "군대를 마땅히 폐지해야 함에도 폐지하지 않음은 잘못이고, 마땅히 폐지하지 말아야 함에도 폐지하려는 것 또한 잘못이다."[282]

'관법'은 나라와 나라의 관계는 무슨 인의도덕이 아니라 실력에 의해 결판나는 것이라고 주장한다. 「중령」 편은 말한다. "나라의 비중은 반드시 군사적 승리에 기댄다. 그렇게 되어야 그 나라는 중시된다."[283] 「병법」 편은 "군대는 비록 지극한 도와 덕을 갖춘 것은 아니지만 군주를 도와 패업을 이루게 한다"[284]고 말한다. 제왕을 향해 가는 길은 전쟁 이외에 별다른 길이 없다. 「금장」 편의 "천하를 가진 사람으로 인정으로 천하를 얻으면 제帝업을 이루고, 사업으로 천하를 얻으면 왕王업을 이루고, 정치(정벌 전쟁)로 천하를 얻으면 패覇업을 이룬다"[285]는 말이 바로 그렇다. 제, 왕, 패에 다다르기 위해서는 모두 전쟁을 떠날 수 없다. '관법'의 위와 같은 견해는 당시 현실과 잘 맞아떨어진다. 이 견해는 확실히 인의로 천하를 얻는다는 유가의 주장에 대한 회답이다.

'관법'은 전쟁의 승패 요인을 다방면으로 분석하고 있는데, 여러 요인 가운데 결정적 의의를 지니는 것은 민民의 작용이다. 인민은 군대의 근본이고, 법은 인민의 근본이다. 「중령」 편은 말한다. "군대의 승리는 반드시 인민의 작용에 달려 있다. 그렇게 함으로써 군대는 승리한다. 인민의 작용은 반드시 법령의 실행에 달려 있다. 그렇게 함으로써 인민은 작용한다."[286] 「참환」편은 용병은 인민대중을 부리는 데 있고, 인민대중의 사용은 그 마음을 얻는 데 있다고 술회한다. "인민대중을 얻고도 그 마음을 얻지 못하면 혼자 하는 것과 같은 결과를 낳는다."[287] 인민이 군대의 근본이라 함은 본국 인민의 지지를 얻어야 한다는 것뿐만 아니라 동시에 적국 인민의 지지도 얻어야 한다는 의미다. 「병법」편은 "땅을 얻어 그 나라 경영에 실패하지 않는 것은 백성 때문"[288]이라고 말한다. 민의 지지를 얻고 싶으면 우선 반드시 좋은 정치를 해야 한다. 「제분」편은 주周 무왕武王과 은殷 주왕紂王의 일을 논술하면서 무왕의 승리는 하루아침의 승리로 얻어진 것이 아니라 근본 원인은 "그의 이전 정치가 대부분 훌륭했던 데"[289] 있다고 말한다. 「패언」편도 "패도, 왕도의 시작은 사람을 근본으로 한다"[290]고 지적한다. 사람을 얻는 길은 가벼운 형벌, 가벼운 세금, 때맞춘 백성 동원에 있다. '관법'은 정치의 좋고 나쁨이야말로 용병의 기초라고 주장한다. 이 견해는 매우 의미심장하다. 이와 같은 인식에 바탕을 두고 전쟁을 치르려면 먼저 적의 정치 상황을 이해해야 한다. 「칠법」편의 "적의 정치를 분명히 모르면 진행해서는 안 된다"[291]는 말이 바로 그렇다.

전쟁은 또 정의로우냐 아니냐의 문제가 있다. 「칠법」편은 용병하면서 "이치에 따르지 않으면 천하에 승리를 거둘 수 없고, 의롭지 않으면 다른 사람에게 승리할 수 없다"[292]고 말한다. 그러나 '이치理' '의로움義'이 있다고 하여 반드시 꼭 승리한다고 할 수는 없다. 「칠법」편은 군사적으로 승리할 여덟 가지 조건을 구체적으로 논술하고 있는데, 재부 축적聚財, 무기 연구論工, 병기 제조制器, 전사 선택選士, 정치 교화政教, 군사 훈련服習, 각국 상황 조사遍知天下, 전략 전술 규명明於機數이 그것이다. 그리고 조목마다 풍부한 내용을 덧붙이고 있다. 8개 조목을 배합해낸다면 그것은 위대한 무대가 될 것이다. 「패언」편은 실력 대비와 용병 책략과의 관계에 대해 논술한 바 있는데, "강한 나라가 많으면 강한 나라끼리 합쳐 약한 나라를 공략함으로써 패도를 도모한다. 강한 나라가 적으면 작은 나라를 합쳐 큰 나라를 공략함으로써 왕도를 도모한다"²⁹³고 한다. 반대로 "강국이 많은데 왕도의 위세를 말하는 것은 어리석은 자의 지혜이며, 강국이 적은데 패도를 베푸는 것은 일을 그르칠 모의다."²⁹⁴ 용병하려면 반드시 형세를 분명하게 보아 기회를 붙잡아야 한다. 「패언」 편은 이렇게 이야기하고 있다. "나라를 잘 운용하는 자는 큰 나라의 역량을 이용하여 그 위세로 다른 나라를 위축시키고, 강국의 권위를 이용하여 그 위세로 다른 나라를 약화시키며, 중요한 나라의 형세를 이용하여 그 위세로 다른 나라를 압제한다."²⁹⁵

'관법'이 전쟁을 정치적 존망의 계기로 보고, 군대, 인민을 왕도와 패도의 근본으로 본 것은 매우 탁월한 견해다.

결어

『관자』 가운데 법가파의 저작은 동쪽 법가들의 저작의 총모음집이다. 『상군서』는 서쪽 진나라 법가 저작의 모음집이다. 법가라는 큰 학파로 보면 그들의 사유는 기본적으로 동일하지만 풍격과 기질 면에서는 분명한 차이가 존재한다. 『상군서』의 주장은 이성적 측면이 비교적 부족하고 정책 규정이나 설명이 주로 표현되어 있다. '관법'은 그렇지 않다. 글 가운데 구체적인 정책 논의가 없는 것은 아니지만 정치 원리와 법치 이론에 대한 탐구에 더 치중하고 있다. 『상군서』는 극단적 방식으로 문제를 처리하는 데 열중하지만, '관법'은 사물의 분수에 비교적 주의를 기울인다. 『상군서』는 기타 제자들을 절대적으로 배척하는 입장이지만, '관법'은 매우 많은 곳에서 다른 여러 학설의 흡수에 주의하고 있다. 『상군서』와 '관법'이 깔고 있는 문화 환경에도 적잖은 차이가 있는데, 효산崤山 동쪽 여러 나라의 문화는 진나라에 비해 훨씬 더 많이 발달해 있었다. 이러한 환경이 '관법' 이론을 『상군서』보다 훨씬 더 풍성하게 만들었다. 다만 애석한 것은 '관법'이 정치적 지주를 찾지 못하여 사상적 위력을 드러내 보일 수 없었다는 사실이다.

도가파로 법가, 유가를 수용한
정치사상

『관자』 중
도가의 저작

『관자』에는 일부 도가파의 작품이 수록되어 있다. 많은 사람이 「백심白心」「심술心術 상, 하」「내업內業」 네 편을 도가의 저작으로 생각한다. 이 네 편의 관계에 대하여 하여장何如璋은 「심술하」 편은 「내업」 편의 해설인데 「심술」 편에 잘못 붙었다고 주장한다. 오여륜吳如綸은 「심술하」 편과 「내업」 편은 서로 출입이 있어 한 사람의 작품이 아니라고 주장한다. 궈모뤄는 「심술하」 편은 「내업」 편의 별개 판본이 흩어져 간략히 된 것으로 생각한다.

이 네 편의 저자에 관해서는 다음과 같은 두 가지 의견이 있다. 한 가지 의견은 이 네 편이 송견, 윤문尹文학파의 작품에 속한다는 주장이다. 많은 사람이 이 주장을 받아들이고 있다. 또 한 가지 의견은 이 네 편은 송견, 윤문과 무관하다는 주장이다. 이 네 편은 송견, 윤문의 사상과 서로 맞지 않으므로 당연히 다른 사람 저작이라는 것이다. 우리는 후자의 주장에 동의한다.

위에 든 네 편 외에도 「형세形勢」「추언樞言」「계戒」「환공문桓公問」 편 등이 도가의 논의에 속하거나 그 주요 경향이 도가에 속한다. 『관자』 가운데는 또 「형세」 편을 해석한 「형세해」 한 편이 있다. 이 「형세해」 편은 법가의 저작이므로 혹자는 「형세」 편을 법가의 작품으로 보기도 한다. 하지만 두 편의 경향은 일치하지 않는다. 「형세」 편의 주요 경향은 도가에 속한다. 글 속에서 '도'를 이야기하고 '기氣'를 이야기하며 정치적으로는 '무위'를 제창한다. 그 가운데 일부 주장은 『노자』에서 형식을 바꾸어 나온 것이다. 이를테면 다음과 같다. "[얻지 말아야 할 일을] 반드시 얻는 일은 의지할 수 없고, [승낙하지 말아야 할 말을] 완전히 승낙하는 말은 믿을 수 없다."296 "능히 주기만 하고 [대가를] 취하지 않음은 천지와 짝할 만큼 위대하다."297 「형세해」는 「형세」 편 중의 명제를 이용하여 법가적 해석을 가한 것으로 법가의 저작에 속한다. 한비의 「해로解老」 「유로喩老」 편과 유사하다.

「추언」 편의 주요 경향은 도가에 속하지만 동시에 법가의 맛을 겸비하고 있다. 논지는 도를 체體로 하고 법을 용用으로 한다. 몇 군데는 유가적 의미를 두루 수용한 곳도 있다. 내용 가운데 일부는 「백심」 편과 매우 유사한데, 이를테면 "명분이 바르면 다스려지고, 명분이 치우쳐 있으면 어지럽다."298 "낮음을 낮게 여기면 더 낮아질 수 없고, 존중을 존중으로 여기면 더 존중받을 수 없다."299 "덕은 앞서 하느니만 못하고, 적에 대응함은 뒤에 하느니만 못하다."300 이 말들은 적어도 「백심」 편의 영향을 받고 있다. 「계」 편은 도가 위주지만 유가의 취지를 두루 수용하고 있어 도가, 유가가 한 몸으로 융합되어 있다. 「환공문」 편의 내용은 간소한데 '무위'를 주장한 점에서 볼 때 도가의 언어에 속한다고 하겠다. 내용 가운에 특히 황제를 칭송하고 있어 황로黃老의 저작으로 볼 수도 있다.

이상 몇 편의 기본 경향은 도가에 속하지만 각 편의 논지에는 상당한 차이가 있기도 하다. 그럼에도 주요 논점과 내막이 서로 가까우므로 한데 두고 논술하고자 한다. 이 편들의 정치사상은 주지가 노자와 다를 뿐만 아니라 장자莊子와도 다르고, 송견, 윤문 및 양주楊朱 등 다른 도가와도 다르다. 이 학파는 정치적으로 적극적인 다스림을 주장하면서 동시에 부분적으로 법가, 유가의 사상을 흡수하고 있다.

02

하늘에 순응하고
사람을 따르는順天從人
정치 원칙

도가에서 가장 중시하는 최대 범주는 '도'다. 위에 든 몇 편은 사물의
본원과 규율을 표시하는데 '도'를 사용하는 것 외에도 '허虛' '기氣'('기'는
'정기精氣' '영기靈氣' '형기形氣' 등으로 나뉘기도 함) '정精' '일—' '천지天地' '심心'
'음양陰陽' '신神' 등의 개념을 사용하여 사물의 본원과 규율을 드러내기도
한다. 이 개념들을 세분하면 차이가 있으며 강조하는 중점과 방향이 다
같지는 않다. 그러나 전체적으로 대동소이하다. 이 개념들 가운데 특히 중
요한 의미를 지닌 것이 '기'다. '기'는 만물의 근본이며 만물 가운데 깃들
어 있다. 기를 얻을 수 있으면 곧 만물을 얻을 수 있다. 「내업」 편은 말한
다. "만물의 정기가 결합하면 생기가 된다. 아래에 있으면 오곡을 낳고, 위
에 있으면 뭇 별이 된다. 하늘과 땅 사이에서 움직이면 귀신이라 부르고,
사람의 마음속에 감추어져 있으면 성인이라 부른다. 따라서 이 기는 때
로 하늘에 오른 것처럼 빛이 나며, 때로 심연에 빠진 것처럼 컴컴하며, 때
로 바다에 적신 것처럼 윤기가 돌며, 때로 산에 서 있는 것처럼 준엄하다.
이 기는 강제로 저지해서는 안 되며 오히려 덕성으로 안정시켜야 한다.
소리 질러 불러서는 안 되며 오히려 뜻으로 맞이해야 한다. 경건히 지켜

잃지 않는 것을 성덕成德이라 부른다. 덕을 성취하면 곧 지혜가 생겨나니 온갖 만물을 모두 이해하게 된다."301

저자는 '도' '기' '천' 등은 만물의 본원이며 각기 자신의 운동 규율을 갖고 있다고 주장한다. "하늘은 그 항상성이 변하지 않으며, 땅은 그 법칙을 바꾸지 않으며, 춘하추동이 그 절기를 변경하지 않음은 예나 오늘이나 한가지다."302

'도'는 자연 방면에만 드러나는 것이 아니라 인사 방면에서도 드러난다. 사람은 본래가 기와 도의 산물이다. "하늘이 정신을 내고 땅이 형상을 내어, 합해져 인간이 탄생한다."303 여기서 한 걸음 더 나아가 "도가 하늘에 있는 것이 해이며, 사람에게 있는 것은 마음이다"304라고 말한다. 여기서 분명히 해둘 것은 저자가 말하는 '심心'은 인간의 보편적 요구, 추세 및 경향을 가리키는 것으로 오늘날 이야기하는 사회 사조와 유사하다는 사실이다.

이상의 관점에 기초하면서 저자는 정치의 근본 원칙이 하늘을 좇고遵天 사람을 따름從人에 있다고 주장한다. 「백심」 편은 "맨 위는 하늘을 따르는 것이고, 그다음이 사람을 따르는 것이다"305라고 말한다. 또 「형세」 편은 "일을 하늘에 순종하여 하면 하늘이 도와주고, 일을 하늘에 거역하여 하면 하늘이 떠난다. 하늘이 도우면 작아도 반드시 커지며, 하늘이 떠나면 성공해도 반드시 실패한다"306고 말한다. 저자들은 천도 속에서 두 가지 가장 중요한 정치 원칙을 끌어내고 있다. 첫째, "하늘은 한 가지 사물 때문에 때를 그르치지 않는다"307는 규율에 근거하여 명군, 성인 또한 "한 사람 때문에 법을 그르치지 않아야"308 한다. 하늘이 만물에 평등하듯이 성인도 만민을 똑같이 취급하여 원근을 가리지 않는다. 둘째, "하늘은 그 행할 바를 행하고 만물은 그로부터 이로움을 얻는다."309 이 규율에 따르면 "성인 또한 그 행할 바를 행하고 백성은 그 이로움을 얻는다."310

이와 같이 성인의 행위는 자연 규율을 근거로 삼을 뿐만 아니라 동시에 '성인'의 행위는 천도天道와 마찬가지로 바뀌어서는 안 되는 규율이 된다. 백성과 '성인'의 관계는 만물의 천도에 대한 것과 한가지다. 이 이론은 한편으로 성인을 천도에 대응시켜 신성화시킴으로써 백성의 위에 높이 앉아 있게 만들며, 다른 한편으로 '성인'에게 행위 원칙을 규정지어주고 있다. 만약 백성에게 공정하거나 이롭지 못하다면 성인의 자격을 잃게 된다는 것이다.

「추언」편 또한 백성을 이롭게 하는 것이야말로 '도'에서 이끌어낸 원칙이며 '도'를 인간 사회 방면으로 표현한 것이라고 특별히 강조하고 있다. 이를 위해 제왕은 반드시 백성을 이롭게 하는 정책을 봉행해야 한다. "그들을 사랑하고, 이롭게 하고, 더해주고, 편안히 해주는 네 가지가 도에서 나온다. 제왕이 이를 운용하니 천하가 다스려진다. 제왕은 먼저 할 바와 나중에 할 바를 살펴서 백성과 토지 [생산]을 우선하면 얻게 되고, 귀함과 교만함을 앞세운다면 잃을 것이다."311 제왕은 반드시 백성과 생산(토지 부여)을 가장 중요한 위치에 둔다. 마치 '도'를 대하는 것과 마찬가지로 위배해서는 안 된다. 이것이 바로 제왕의 천직이며 제왕이 천하를 다스리는 둘도 없는 법문이다. 「계」편도 이렇게 이야기한다. "사라짐과 쉼, 가득함과 빔을 백성과 더불어 굽히고 편 연후에 나라가 편안할 수 있다."312

하늘의 이치에 따르고 인정을 좇는遵天從人 사상은 정치사상사에서 지극히 중요한 가치를 지닌다. 이러한 사상은 자연과 인간사의 규율을 군주의 의지보다 더 높은 곳에 두며, 군주는 반드시 객관 규율의 전범을 따라야 한다고 강조한다. 반면 규율 준수는 제왕의 사업을 성취시키는 근본적인 보증이면서 조건이 되기도 한다. 이 의미에서 볼 때 저자는 제왕을 신비로운 천당으로부터 자연과 인간 세상 앞으로 되돌려 세우고 있으며, 제왕으로 하여금 신비성을 잃게 만들어 군주가 더 이상 절대적 권위일 수 없게 만들었다. 그러나 일이 여기서 끝난 것은 아니다. 준천종인의 성인은 천지와 마찬가지로 백성 위에 높이 앉아 초인적 지위를 얻기도 했다.

기氣와 심心이
천하를 다스림

앞에서 '기'와 '도'가 만물의 근본이며 규율이라고 이야기했다. 이에 근거하면 치국의 근본은 형상刑賞에 있지 않고 '기'를 장악하느냐의 여부에 달려 있다. 「내업」 편은 말한다. "상으로는 선을 충분히 권장하지 못하며, 형벌로는 잘못을 충분히 징벌하지 못한다. 기의 의미를 얻으면 천하가 복종하고, 마음이 하나로 정해지면 천하가 듣는다."313 「심술하」 편은 말한다. "마음이 안정되면 나라가 안정된다. 마음이 다스려지면 나라가 다스려진다. 다스려짐은 마음 때문이다. 안정됨은 마음 때문이다."314 이는 곧 성인의 기와 심이야말로 치국의 비결이라는 말이다.

천하를 다스리는 사람은 반드시 성인이어야 한다. 그러면 성인은 또 어디로부터 오는 것인가? 저자는 성인이 정기의 산물이라고 여긴다. 성인은 일반인과 다르다. 그 구분은 그의 심신 가운데 더욱 많은 정기가 응집되었다는 데 있다. 저자는 정기가 있어야 사람이 총명하게 변할 수 있다고 주장한다. "기가 통하면 [생명이] 태어나고, 태어나니 생각하며, 생각하니 알며, 지혜로워져 거기에 머문다."315 정기가 있기에 비로소 생명이 있고, 생명이 있기에 비로소 사유가 생겨난다. 인류는 사유를 하고 나서야 비로소 총명한 재지가 있게 되었다. 저자는 총명과 재지의 기원이 정기에 있다고 생각한다. 만약 이 총명, 재지를 한 걸음 더 나아가도록 발전시키려면 부단히 심신 가운데 정기를 보충해가야 한다. 정기가 충족해야 "사람이 단정하고 고요하면 피부가 탱탱해지고 이목이 총명해지며 근육이 팽창하고 뼈가 튼튼해진다. 이에 나아가 하늘을 이고 [씩씩하게] 땅을 밟고 서서 눈으로 맑은 물을 보듯 일월을 관찰하니"[316] 일체를 통찰할 수 있다. 그러나 모든 사람이 다 이 경지를 이룰 수는 없다. 이 경지를 이룰 수 있는 사람이 바로 성인이다. 이른바 "흉중에 쌓아둔 이를 가리켜 성인이라 한다."[317]

'기'가 있어야 '사사로움이 없을' 수 있으며, 명리에 유혹당하지 않는다. 「심술하」 편은 말한다. "기는 신체에 충만한 내용이다. 행위는 올바르게 몸을 세우는 표준이다. 내용이 아름답지 못하면 마음이 불안하고, 행위가 올바르지 못하면 백성이 복종하지 않는다. 그래서 성인은 항상 하늘과 같이하며, 사사로이 만물을 뒤집지 않는다. 땅처럼 하며 사사로이 만물을 실어가지 않는다. 사사로움이야말로 천하를 혼란시키는 근원이다."[318] 공을 따르는 것이야말로 천하를 다스리는 근본이며, 사사로움을 가지는 것이야말로 천하를 혼란시키는 근본이다. 공을 지킬 수 있느냐의 여부는 기를 유지하느냐가 관건이다. 기를 유지하면 마음이 바르게 되고, 마음을 바로 하면 공을 지킨다.

「내업」 편에선 기의 보존은 사람을 "관대하여 어질게仁" 만든다고 주장한다. 어짊은 성인에게 없어서는 안 되는 품격인 동시에 천하를 다스리는 데 반드시 갖추어야 할 방술이다.

저자는 또 기의 충만이 있을 때에만 마음을 '정正' '평平' '중中' '화和' 상태로 유지할 수 있다고 주장한다. '정' '평' '중' '화'의 함의는 서로 비슷한데 모두 편파적인 것에 맞서는 이야기다. 이는 천도, 자연의 속성이며 치국, 치민에 응당 갖추어야 할 품격이다. "하늘은 정正을 주로 하며, 땅은 평平을 주로 하며, 사람은 안정安靜을 주로 한다."[319] 성인은 "공정하고 안정한 연후에 확정지어진다. 확정짓는 마음은 중中에 있다."[320] "하나의 이치를 얻으면 정리된 마음이 중에 있다."[321] '중'한 뒤에 '공公'할 수 있다.(『관자』「내업」) "의기意氣가 확정된 연후에 몸이 정正해진다."[322] "왼쪽 같기도 오른쪽 같기도 하나 정중正中일 따름이다."[323] "화和로써 정중으로 되돌아가니 형체와 본성이 서로 보완된다."[324] "화하면 오래갈 수 있다."[325]

결국 기를 유지하면 사람들을 총명, 무사無私, 관인寬仁, 화평케 할 수 있고 그렇게 성인이 될 수 있다. 이 품덕에 의지했을 때 비로소 천하를 다스릴 수 있다. 저자들은 군주 개인의 품격이 치국의 근본임을 강조하고 있는 것이다. 그들은 한편으로 군주들에게 대단히 높은 요구를 하고 있으며, 다른 한편으로 그렇게 요구하는 가운데 군주의 지위와 작용이 두드러지게 하고 있다.

도, 의, 예, 법의
통일

『노자』는 도와 예, 법을 대립하는 것으로 본다. 법가는 법을 돌출시키며, 유가는 예를 강조한다. 『관자』 가운데 도가파는 모조리 받아들여 도, 의, 예, 덕을 통일시킴으로써 정치에 없어서는 안 될 구성 부분으로 간주한다. 「심술상」 편은 말한다. "텅 비어 형체가 없는 것을 도라 한다. 만물을 변화, 육성하는 것을 덕이라 한다. 군신, 부자, 사람 사이의 일을 의라 한다. 오르내림, 읍양揖讓, 귀천 차등, 친소 구분을 예라 한다. 물질의 작고 큰 것을 하나의 도로 간결히 하여 죽이고 금지하는 것을 법이라 한다."³²⁶ 문장에서 분명히 볼 수 있듯이 도, 덕, 의, 예, 법이 한줄기를 구성하고 있는데 '도'가 우두머리다. '도'는 또한 '기'로 "텅 비어 형체가 없는 것"인데 만물이 기를 얻음으로써 비로소 개체를 형성하게 된다. '도'와 '덕'은 전체와 부분의 관계이며, 일반과 개별자의 관계다. 전체는 부분으로 조성되며, 일반적인 것은 개별자에 붙어 산다. 그래서 "덕은 도의 집이다"³²⁷라고도 말한다. 그런데 그 본성은 한가지이기 때문에 "도와 덕은 간극이 없으며 따라서 이를 이야기할 땐 구별되지 않는다."³²⁸ 돌이켜 말하면 '도'와 '덕'이 틈이 없다 함은 '덕'이 '도'의 집이기 때문이다. 인간의 사회관계 또한 도의 원칙을 따라야 할 필요가 있는데, 그것은 '의' '예' '법' 위에 구체적으로 체현된다.

군신, 부자, 사람 사이의 관계 준칙을 '의'라 일컫는다. "의란 제각기 마땅한 곳에 처함을 말한다."[329] 마땅함이란 사물들 간의 관계가 딱 맞아떨어짐을 가리킨다. '의'와 '정正'은 통한다. "정이란 실천된 의다."[330] '의'의 원칙을 군신 관계 위에 표현하면 각기 제자리를 지키는 것이 된다. "아들이면서 제 아버지를 대신함을 의라 하고, 신하면서 제 임금을 대신함을 찬簒이라 한다."[331] 저자는 가천하家天下를 의로 간주한다. 그러나 저자는 이 문제를 절대화시키지 않고, 무왕武王이 주紂왕을 친 것이 칭송을 받는 예처럼 일정한 조건하에서는 '찬탈'도 칭송받을 수 있다고 한다.

오르고 내림, 읍함과 사양함, 귀함과 천함은 예의 표현 형식으로 이른바 절의節義다. 예의 본원은 "사람의 성정에 따르고 의의 리理에 맺어져"[332] 있다. [사람의] '뜻'은 주로 '공경' 위에 드러난다. 「심술하」 편은 "예를 지킴은 공경함을 갖춤만 못하다"[333]고 한다. '리'는 "분별을 명확히 함으로써 의의 뜻을 깨우치는"[334] 데 있다. 또 "예는 리를 갖춤을 일컫는다"[335]고도 말한다. 이것은 분명히 순환논증이다. 문장 속에서 이렇게 이야기한 적도 있다. "예는 의에서 나오고, 의는 리에서 나오고, 리는 도에 기인한다."[336] 몇 가지 순환 고리를 거치면서 예 또한 도에서 그 근거를 찾아내고 있다.

법의 본질은 인사를 고르게 정돈하는 데 있다. 즉 "간단하든 번잡하든 크든 작든 하나의 도다"[337] 이 뜻은 간단하고, 번잡하고, 크고, 작은 여러 가지 일에는 하나의 통일된 표준이 있다는 것이다. 그래서 "법이란 들쭉날쭉한 것을 같게 하여 그렇게 하지 않을 수 없도록 하는 것이다"[338]라고도 말한다. "들쭉날쭉한 것을 같게 함"은 곧 가지런하지 않은 물건을 획일적으로 정돈시키는 것이다. 사물은 아주 복잡하여 법이 없으면 일하는 데 가닥이 없다. 그래서 "일하려면 법으로 감독해야 한다"[339]고 말한다.

일을 처리하는 데 있어 법에 의거해야 하지만 일이란 변화하는 것이므로 법 또한 일에 따라서 바뀌어야 한다. 이를 가리켜 "법은 권權에서 나온다"[340]고 한다. 권의 의미는 권변權變이다. 저자는 법을 절대화시키거나 경직화시키지 않는다. 저자가 보기에 사물의 변화 역시 도에 근원을 둔다. "권변은 도에서 나온다. 도는 움직이되 그 형체를 보이지 않는다."[341]

이상의 논의에서 우리는 『관자』 가운데 도가는 종합적 성향을 보유하고 있으며, 도를 중심으로 유가의 예의와 법가의 법을 유기적으로 한데 융합시키고 있음을 알 수 있다.

군주 무위無爲,
정인靜因의 술

　군주는 당시 전제주의 정치 제도의 핵심 인물이었다. 군주는 광활한 토지와 민중, 방대한 관료기구와 수많은 관료를 마주하면서 어떻게 해야 이 기제들을 제어하고 굳건히 전 국가의 꼭대기에서 살아갈 수 있을까? 사상가들은 군주를 위하여 여러 가지 계책을 분분히 내놓았다. 『관자』 가운데 도가는 일련의 무위술無爲術을 제기했다. '무위'는 아무 일도 하지 않음이 아니다. 일을 깊이 이해하고, 사물의 이치에 따르며, 물리에 맞추어 일한 뒤 사람들을 제어함을 가리킨다.

　'정인靜因의 길'은 군주 통치술의 근본이다. 정인술의 주지는 사물에 객관적 태도를 취하는 것이다. 정인술의 구체적 내용은 첫째, 사물을 대하면서 먼저 주관적 선입견이 있어서는 안 된다. 「심술상」 편은 말한다. "인因이란 자기 자신을 버리고 객관적 사물을 근거로 삼는 것이다. 사물을 감지한 뒤에 적응해감은 스스로 설정한 바가 아니다. [사물의] 이치에 따라 행동함은 스스로 취한 바가 아니다."342 주관은 응당 객관의 반영이어야 한다. 주관적 견해는 객관적인 뒤에 생겨야 한다. 둘째, 사물의 발전과정에 간여해서는 안 된다. 「심술상」 편은 말한다. "인이란 보탬도 뺌도 없는 것이다. [있는 그대로의] 형태대로 이름을 정하니 이것이 인因의 방법이다."[343] 저자는 "잘못은 스스로 [알아서] 쓰는 데 있고, 죄는 변화시키는 데 있다"[344]고 지적한다. 스스로 쓴다는 것은 스스로 옳게 여긴다는 말이고, 변화란 임의로 사물의 과정에 간여한다는 말이다. 셋째, 사물의 능력을 잘 이용해야 한다. 「심술상」 편은 "인이란 [사물 자신의] 능력에 따라 제 작용을 하도록 함이다"[345]라고 말한다.

정인술의 원칙에 근거하여 저자는 명으로 형체를 제어함以名制形, 정적인 것으로 동적인 것을 제어함以靜制動, 음으로 양을 제어함以陰制陽, 허로 실을 제어함以虛制實, 심장으로 [몸의] 구멍들을 제어함以心制竅 등 방법을 집중 논의하고 있다.

저자는 사물의 이름은 응당 사물의 형태에 근거하여 지어져야 한다고 주장한다. 「심술상」 편은 "있는 그대로의 형태대로 이름을 지으며"[346] "형체의 실제에서 출발하여 형체를 설명하고, 실제 형태에서 출발하여 이름을 확정한다"[347]고 말한다. 이름과 형태는 반드시 서로 합당해야 한다. 「심술상」 편은 말한다. "만물은 고유한 형태가 있고, 형태는 고유한 이름이 있다. 명칭은 실제를 초월할 수 없고, 실제는 이름을 넘어설 수 없다."[348] 통치자의 책임은 명실 관계를 장악하느냐에 달려 있다. 명칭은 실제에 따라 얻어지며, 실제는 반드시 명칭으로 말미암아 조리 있게 된다. 사물에 이름을 잘 붙이는 자라야 성인이 될 수 있다. "명칭을 합당하게 하는 자를 성인이라 부른다."[349] 사물을 깊이 있고 정확하게 인식하는 자라야 성인이라 부를 수 있다는 말이다. 저자는 사물에 대한 정확한 인식 여부를 사람을 가늠하는 징표로 삼고 있는데, 매우 일리가 있어 보인다. 저자는 사물을 인식할 수 있느냐의 여부가 통치를 행하는 중요한 조건 가운데 하나라고 지적한다. 「백심」 편은 말한다. "바른 이름이 저절로 기준이 되고, 그릇된 명칭은 저절로 폐지되도록 한다. 명칭이 바르게 되고 법도가 갖추어지면 성인은 일이 없다."350 「추언」 편도 이런 뜻을 이야기한 적이 있다. "이름이 바르면 다스려지고, 이름이 치우치면 혼란하다. 명칭이 없으면 죽는다."351 "명칭이 갖추어지면 다스려지고, 명칭이 갖추어져 있지 않으면 혼란하다. 다스려진다는 것은 명칭[여부]에 따른다."352 명칭이 반드시 실제에 의거해야 한다는 것은 인식론적으로 정확한 것이다. 이러한 정확한 전제 때문에 저자가 제기한 이명제실以名制實은 공자의 '정명正名'론과 원칙적으로 구분이 된다. 이명제실은 대단히 일리가 있다. '명'은 바로 이론이며 규정이며 장정章程이다. 이론, 규정, 장정이 있을 때 비로소 사물의 일반성과 규율성을 파악할 수 있다. 최고 통치자는 물론 구체적 사물을 처리해야 하지만 더욱 중요한 점은 보편성을 갖춘 물건을 붙잡고 있어야만 한다는 것이다. 그러지 않을 경우 요점을 알 수가 없다. 성인의 '강함'과 '지혜로움'은 일반인을 넘어서지만, 그렇다 하더라도 성인의 '강함'과 '지혜'에는 한계가 있을 수밖에 없다. "강하다고 처음부터 끝까지 혼자 설 수는 없으며, 지혜롭다고 모든 지모를 다 갖출 수는 없다."353 일반성을 붙들었을 때만 전체 국면을 지휘할 수 있다.

사물은 음과 양, 정靜과 동動으로 나뉜다. 음은 정을 주로 하고, 양은 동을 주로 한다. 도가는 음과 정을 중시한다. 『관자』 가운데 도가는 이음제양以陰制陽, 이정제동以靜制動을 주장한다. 「심술상」 편은 말한다. "물질의 움직임動을 앞세우지 않음으로써 그 법칙을 보아야 한다. 움직이면 제자리를 잃고 고요하니靜 스스로 얻어진다."354 문장 속에서 이에 대한 해석도 하고 있다. "물질의 움직임을 앞세우지 말라 함은 흔들려 진정할 수 없고 조급하여 고요할 수 없으니 움직임이 사물을 잘 관찰할 수 없게 하기 때문이다. 제자리란 처해 있는 지위를 가리킨다. 군주는 음의 지위에 거처하는데 음에는 고요한 성질이 있다. 그래서 움직이면 제자리를 잃는다고 말한 것이다. 음의 지위에 처함으로써 양을 통제할 수 있고 고요함으로써 움직임을 제압할 수 있다. 그래서 고요하니 스스로 얻어진다고 말한 것이다."[355] "어지러이 섞여 혼란스러운데 그것이 고요해지면 저절로 다스려진다"[356]고도 말한다. 위와 같은 주장은 확실히 노자의 정관靜觀술을 계승하고 있다. 정관술은 매우 유용하지만 이정제동은 반드시 두 가지 조건이 갖추어져야 한다. 첫째, 반드시 군주의 지위에 있어야 하며, 둘째, 반드시 실권을 장악하고 있어야 한다. 이 두 가지 조건이 없으면 이정제동을 실행하기는 대단히 어렵다. 이정제동에는 "물질의 움직임을 앞세우지 않음으로써 그 법칙을 관찰함"과 같이 일정한 도리가 있다. 이정제동은 신하를 제어할 수는 있지만 일을 성취하기에는 부족하다.

　이허제실以虛制實은 주로 텅 비우고 감추지 말며 먼저 선입견을 품지 말라는 이야기다. 「심술상」 편은 말한다. "사람은 모두 지혜롭고자 하나 그 인식 주체所以知를 찾을 줄 모른다. 사람들의 인식 대상所知은 외계 사물(그것)이며 사람들의 인식 주체는 마음(이것)이다. 이것을 잘 수양하지 않고 어떻게 저것을 인식할 수 있는가? 마음을 수양하는 가장 좋은 방법은 그것을 텅 빈虛 상태에 두도록 함만 못하다. 허란 감춤이 없음이다. 그래서 지혜마저 버릴 수 있다면 더 무엇을 추구할 것이 있겠는가? 감출 것이 없다면 더 무엇을 계획할 것이 있겠는가? 추구할 것도 계획할 것도 없으면 생각이 없을 수 있다. 생각이 없으면 텅 빈 상태로 되돌아간다."[357] 군신 관계 위에 적용하면 '저것'은 신하를 가리키고, '이것'은 군주를 가리킨다. 텅 비어 감춤이 없음은 우선 군주가 욕망이 없음을 가리킨다. 욕망이 있으면 "위에선 도를 벗어나고 아래에선 일을 그르치게 된다."[358] 만약 "사는 집(마음)을 깨끗이 하고 문(감각 기관)을 열어놓으며, 사욕을 배제하고 주관적 선입견을 두지 않으면 신명이 살아 있게 된다."[359] 군주가 선입견을 두지 않아야 신하의 행위를 객관적으로 고찰할 수 있으며, 그래야만 신하들에게 에워싸이지 않을 수 있다.

'허'에는 또 다른 함의가 있다. 즉 깊이 감추어 드러내지 않아 신하들로 하여금 짐작하지 못하도록 하는 것이다. "입으로 내뱉지 않고 낯빛으로 보여주지 않음이란 [구체적] 형체가 없다는 말이다. 세상 사람들 누가 그 법칙을 알겠느냐는 말은 깊이 감춘다는 말이다."[360] 군주가 신비를 가장 하면 할수록 온 세상 사람들은 더 두려워할 것이며 적어도 감히 쉽사리 법을 저촉하진 못할 것이다.

『관자』 중의 도가는 또 전성기를 유지하는持滿 술, 스스로 경계하는自戒 술, 약함을 이용하는用弱 술 등을 광범위하게 논의한다. 「추언」 편은 특히 신중함을 주문한다. 즉 '귀족들에게 신중할 것愼貴' '백성에게 신중할 것愼民' '부자들에게 신중할 것愼富' '들고남에 신중할 것' 등을 주장하기도 한다.

이상 이야기한 것은 모두 군주 무위의 술이다. 이러한 술은 군주의 수중에 장악되어 있으며 신하는 반드시 힘써 따라야 한다. 그래서 군주는 무위하고 신하는 유위한다고 말하며, 마음이 감각 기관을 제어하는 술이라고 말하기도 한다. 「심술상」 편에서는 이렇게 이야기한다. "마음은 몸에 있어서 군주의 위치다. 아홉 구멍이 하는 일이 있음은 관직으로 구분된다. 귀와 눈은 보고 듣는 감관이요, 마음이 보고 듣는 직무에 간여하지 않음으로써 감관들은 자신들의 본분을 지키게 된다."[361] 전체 국가 구성체 가운데 군주는 마음이요, 신하는 감각 기관이다. "마음은 도에 거처하며 아홉 구멍은 이치에 따른다."[362] 군주가 신하의 직무를 대체해서는 안 된다. "말 대신에 달리지 말고 그로 하여금 온 힘을 다하게 하라. 새 대신에 날지 말고 그 날개깃을 충분히 사용토록 하라."[363] "마음의 술은 무위하면서 감각 기관을 제어하므로 군주라고 말한다."[364]

『관자』 가운데 도가파는 군주가 하늘에 순응하여 인간사를 처리해야 한다고 강조하며, 그것으로 자신들의 정치적 출발점과 동시에 행동의 근거를 삼고 있다. 이 관점은 대단히 소중한 것이다. 다만 저자는 군주에게 거듭 규율 혹은 필연성을 운용하여 신민을 통제하는 수단으로 삼아야 한다고 가르치고 있어 권모술수에 빠지고 있다. 또 저자가 군주를 '도' '기' '천' 등과 동체로 보기 때문에 군주는 이성을 빌려 만민의 위에 군림하는 사회적 주재자로 변하게 되는데, 이로써 저자는 군주의 절대성을 논증하고 있는 셈이다.

제 4 절

음양가의 시무 정치와
이수치국론以水治國論

『관자』책에 음양가는 광범한 영향을 끼쳤다. 다만 어느 편을 음양가 작품으로 부를 수 있는지에 대하여 학자들 견해는 썩 일치하지 않는다. 비교적 전형적인 음양가의 작품으로는 「사시四時」「오행五行」「유관幼官」「경중기輕重己」편이 있다. 그 밖에 「수지水地」「도지度地」편의 사유 방식도 응당 음양가에 속한다. 한 사람의 저작이 아니므로 각 편의 구성과 문체는 상당히 차이가 난다. 여기서는 두 부분으로 나누어 그들의 정치사상을 소개하기로 한다.

「사시」「경중기」 「오행」편의 시무 정치 이론

　「사시四時」「경중기輕重己」「오행五行」세 편이 묘사하고 있는 세계 도식이 오행의 해석과 완전히 일치하지는 않는다. 「사시」편이 이야기하는 오행이나 오덕五德은 널리 알려진 이야기와는 분명한 차이가 있다. 거기서 이야기하는 오덕은 성星, 일日, 토土, 신辰, 월月이다. 시간 배치로 보면 성은 봄, 일은 여름, 신은 가을, 월은 겨울을 대표하며 토는 고정적으로 대표하는 바가 없으나 사시를 보좌한다. 공간방위상의 배치로 보면 성은 동쪽, 일은 남쪽, 신은 서쪽, 월은 북쪽, 토는 중앙이 된다. 사시는 각기 상응하는 기氣가 있으며, 기는 다시 대표적인 물질을 생성한다. 봄의 기는 풍風이라 부르며, 바람은 나무木와 뼈를 생성한다. 여름의 기는 양陽이라 부르며, 양은 불火과 기운氣을 생성한다. 가을의 기는 음陰이라 부르며, 음은 쇠金와 껍질甲을 생성한다. 겨울의 기는 한寒이라 부르며, 한은 물水과 피를 생성한다. 토는 전문적인 기는 없으나 사시를 보좌하는 작용을 일으킨다. 성, 일, 토, 신, 월은 각기 상응하는 덕을 가지고 있다. 위에 든 구조 가운데 토는 성, 일, 지, 월과 순환 고리를 구성하여 중앙 위치에 거처하며 그 지위는 특출하다. 목, 화, 금, 수는 종속적 지위에 처한다.

「경중기」 편은 사시의 변화와 그에 맞는 정치를 상세히 논의하고 있다. 다만 명확한 문장으로 오행과 서로 배합하는 곳은 없다. 그러나 저자의 사상은 분명히 음양가적이다.

「오행」 편의 구조적 특징은 시간적으로 1년을 다섯 단계로 나누고 단계마다 72일을 둔다는 점이다. 배열 순서에 따르면 목, 화, 토, 금, 수다. 이에 상응하여 '목정木政' '화정' '토정' '금정' '수정'을 실행한다. 「오행」 편의 또 한 가지 특수한 점은 음악의 '육율六律'을 천도, 지도와 인도가 일치하는 중간 고리로 삼고 있다는 것이다.

위에 든 각 편에서의 오행 구조는 비록 각각 확실한 차이가 있으나 천인합일이나 사람이 하늘의 수에 따른다는 데서 얻어낸 정치사상은 대단히 가깝다.

「사시」 「오행」 편은 모두 우주를 하나의 복잡한 다층차 구조로 보는데 위가 아래를 제약하고, 큰 것이 작은 것을 제약한다. 「사시」 편은 자연과 인사를 다섯 개의 층차, 즉 도, 천지天地, 덕德, 정政, 사事로 나눈다. 덕은 오행의 덕, 즉 1년 사계절의 다른 성질과 특징을 가리킨다. 정은 오행으로부터 끌어낸 필연적 정치 규정을 가리킨다. 사는 인간사를 가리킨다. 저자는 이 다섯 가지가 순방향으로의 제약 관계라고 주장한다. 즉 "도는 천지를 낳고" "도는 덕을 낳으며, 덕은 정을 낳고, 정은 사를 낳는다."365 이는 분명히 도가의 주장을 흡수한 것이다. 「오행」 편은 자연과 인사를 세 가지 층차, 즉 천도, 지도, 인도로 나눈다. 천도는 음양, 일월성신의 운행 및 사시의 변화를 가리킨다. 지도는 만물의 영고생사를 가리킨다. 인도는 천도와 지도에 근본을 두며 천도와 지도에 복종한다. 「경중기」 편이 묘사하고 있는 구조는 독특하다. 이렇게 이야기한다. "맑은 신성이 마음을 낳고, 마음이 그림쇠를 낳고, 그림쇠가 곱자를 낳고, 곱자가 방위를 낳고, 방위가 올바름을 낳고, 올바름이 세월을 낳고, 세월이 사시를 낳고, 사시가 만물을 낳는다."[366] 맑은 신성은 정신을 말한다. 이 구조에서 정신과 인심은 원초적으로 생긴 것이고, 역수, 사시, 만물은 정신을 근원으로 삼는다.

인간세에서 중심인물은 군주다. 군주 된 몸은 먼저 천도와 인도를 깨치고 난 뒤에야 인도를 파악할 수 있다. 「오행」 편은 "하늘을 아비로 삼고 땅을 어미로 삼아서 만물을 향해 열어 결국 하나로 통일시킨다"[367]고 말한다. 이렇게도 이야기한다. "양기로 통하니 그로써 하늘을 섬긴다. 일월을 날줄과 씨줄로 삼아 백성에게 적용하니 음기로 통하여 그로써 땅을 섬긴다. 별과 세월을 날줄과 씨줄로 삼아 그 배열을 본다. 이 도를 통찰한 뒤 실천할 수 있다."[368] 군주의 작용은 바로 천도, 지도, 인도 삼자를 통일시켜 결국 일체를 만드는 일이다. 여기에 다다를 수 있으면 신명의 보우를 갈구할 필요 없이 "다스림의 지극한" 경지에 이를 수 있다. 「사시」 편도 "하늘은 신명을 믿음을 말하고, 땅은 성인을 믿음을 말하며, 사시는 올바름을 말한다"[369]고 한다. 군주가 하늘을 본받고, 땅을 본받고, 사시를 본받으면 바로 신명의 성인이 되어 천하를 잘 다스릴 수도 있다. 「경중기」 편에서는 비록 세계의 본원을 정신으로 보고 있으나 저자는 정신을 개인적 의지로 보지는 않는다. 군주에 대해서 말하자면 그것은 여전히 주체밖의 물건이며, 군주는 반드시 그 사이의 제약적 관계를 따라야 한다. 그래서 "성인은 그에 따라서 다스리며, 그래야 [군주의] 도가 완비된다"[370]고 말한다.

천, 지, 인의 통일은 음양가 정치사상의 총체다. 이 사상이 구체적으로 표현된 것이 '시정時政', 즉 천지의 운행, 사시의 변화, 오행의 덕에 근거하여 끌어낸 사시四時의 정치 원칙이다. 이 원칙에 관해서는 앞 장 「월령」 편에서 이미 소개했다. 여기서는 「경중기」 편의 관련 논술만을 소개하고자 한다. 저자는 봄의 특징에 근거하여 봄의 정치 원칙은 응당 "살리되 죽이지 말고, 상을 주되 벌하지 말라. 옥사를 결단 내리지 말고 다음 해를 기다리는"371 것이어야 한다고 주장한다. 봄의 모든 정부 명령은 1년 생산이 순조롭게 시작하도록 보장해야 하고, 만물의 생장을 보호해야 한다. "[여름에는] 대중을 동원하지 말고, 큰불을 일으키지 말며, 큰 나무를 자르지 말고, [대신을 죽이며,] 큰 산을 끊지 말며, 크게 자라는 것을 죽이지 말아야 한다. 세 가지 큰 것을 없애는 것은 나라에 해가 되는 일이다."372 '세 가지 큰 것'이란 큰 산, 크게 자라는 것, 큰 숲나무를 가리킨다. 여름은 만물이 생장하는 좋은 시기이니 만물을 요절하는 일체의 행위를 금지해야 한다. 가을은 한편으로 거둬들임에 주의해야 하고, 한편으로 형벌을 실행해야 한다. 가을철에는 "형벌을 내리되 은상을 베풀지 말고, 빼앗되 베풀어주지 말며, 옥사를 다룸에 죽이되 살려두지 않는다. 해를 끝마칠 때의 죄는 절대로 용서하여서는 안 된다"는 것을 법령으로 둔다.373 겨울은 농한기에 접어드니 요역을 징발할 수 있으며, 산에 들어가 나무를 하고 물에 들어가 고기를 잡을 수 있도록 허락한다. 다만 이런 활동에는 일정한 제한을 두어야 한다. "큰불은 내지 말도록, 큰 나무를 베지 못하도록, 큰 물줄기를 막지 말도록 해야 한다."374 「사시」 편은 1년의 활동을 세 마디로 개괄하고 있다. "성왕은 시절에 힘쓰고 정치를 덧붙이며, 교육을 하고서 무예를 덧붙이고, 제사를 지내고서 덕을 덧붙인다. 이 세 가지는 성왕이 천지의 운행에 합치하는 바다."375 정부 명령은 때에 순응해야 하고, 교화를 베푼 뒤 무예를 익히게 하며, 제사를 지냄으로써 덕을 보이도록 한다. 무예 연습과 제사 지냄 또한 사시와 서로 배합해야 한다는 것이다. 저자는 이와 같은 시정時政의 원칙이 바뀌어서는 안 되며 군주가 이 원칙을 위반하면 반드시 실패한다고 한다. "성인만이 사시를 안다. 사시를 모르는 것은 나라를 잃을 바탕이 된다. 오곡의 이유를 알지 못하면 그 국가는 실패한다."376 「오행」 편은 "사람과 하늘이 조화한 뒤에야 천지의 아름다움이 생겨난다"377고 말한다.

사시 정치의 핵심은 농사다. 일체의 정치 활동은 모두 농업 생산을 둘러싸고 제기된 것이다. 당시 경제 생활은 농업 위주였다. 농업의 가장 분명한 특징 가운데 하나는 하늘의 제약을 받는다는 점이다. 농업은 수공업과 다르다. 반드시 자연 과정을 기초 삼아야 하며, 특히 당시의 조건하에서 농업은 대부분의 경우 여전히 자연의 은택에 의지하고 있었다. 따라서 인간의 활동은 당연히 사시를 따라야 하며, 농업 생산의 수요에 부합하는 것이어야 했다.

사시의 운동 법칙은 객관적이다. 음양가는 이를 기초로 정치를 공식화했다. 이 공식은 견실하고도 충분한 객관적 근거가 있었고 이것이 그들의 내핵內核이었다. 물론 이 내핵 외에도 한층 또 한층의 괴상하고 황당한 기생물들을 포함하고 있었으나, 이성에 합치한 내핵을 갖고 있었기 때문에 여전히 광범하게 전파될 수 있었다.

사물에 분류를 행하는 것은 음양오행가의 특출난 점이다. 그들은 정치 활동을 크게 두 부류로 나누는데 바로 형刑과 덕德이다. 형과 덕은 또한 음양, 사시와 서로 맞아떨어진다. 「사시」 편은 말한다. "음양이란 천지간의 큰 이치다. 사시란 음양의 큰 법칙이다. 형, 덕이란 사시가 합치한 것이다. 형, 덕이 때에 합치하면 복이 생기고 어긋나면 화가 생긴다."[378] 사시 가운데 봄과 여름은 덕을 주로 하고, 가을과 겨울은 형을 주로 한다. 이렇게 하면 형, 덕이 자연에 의해 논증을 받을 뿐만 아니라 형, 덕으로 하여금 자연법칙에 부합하도록 하는 것이다. 저자는 형, 덕의 두 수단이 사계절의 순환처럼 교대로 사용되어야 한다고 말한다. "성왕이 천하를 다스림에 궁하면 되돌아가고, 끝나면 [다시] 시작한다. 덕은 봄에 시작하고 여름에 자라며, 형은 가을에 시작하여 겨울에 유행한다. 형, 덕이 실패하지 않으려면 사시가 하나같아야 한다."[379]

음양가는 천인합일, 천인계합天人契合을 강조한다. 그러나 일이 그렇게 순풍에 돛 단 듯하지는 않다. 하늘은 기이한 현상을 드러내곤 하며 사람은 공식에 어긋나는 거동을 하기 일쑤다. 그래서 하늘과 사람이 서로 배치되는 상황이 발생한다. 저자는 사람이 하늘의 수를 따라야 한다고 주장하므로 하늘에 이상 현상이 나타나면 사람은 응당 반성하여 자문해야 한다. 자신의 행위가 궤도를 이탈했는지 검사해야 한다. 그들은 하늘의 변화를 사람에 대한 견책으로 설명한다. 「사시」편은 하늘의 견책天譴을 이렇게 규범화시킨다. "해는 양을 담당하고, 달은 음을 담당하며, 세월은 화합을 담당한다. 양은 덕이 되고, 음은 형이 되며, 화합은 일이 된다. 그래서 일식이 일어나면 덕을 잃은 나라가 싫어하고, 월식이 일어나면 형(벌의 규율)을 잃은 나라가 싫어하며, 혜성이 나타나면 화합을 잃은 나라가 싫어하고, 바람과 해가 빛을 다투면 올바름을 잃은 나라가 싫어한다. 그러므로 성왕은 일식이 일어나면 덕을 닦고, 월식이 일어나면 형[벌 제도]를 고치며, 혜성이 나타나면 화합을 도모하고, 바람과 해가 빛을 다투면 생명을 수습한다. 이 네 가지로 성왕은 천지의 주벌誅罰을 면하는 바다."[380] 천견론天譴論은 분명히 신비주의로 엉터리다. 그러나 엉터리 가운데서도 다음 두 방면의 의의는 주의해서 보아야 한다. 첫째, 군주와 하늘이 완전한 동일체는 아니다. 군주의 행위 또한 하늘의 의지와 요구를 완전히 체현한 것이 아니어서 그 사이에 모순과 괴리 현상이 나타날 수도 있다. 이때 군주는 응당 하늘의 권위에 복종해야 한다는 것이다. 이로써 군주의 머리 위에 초월적이고 미묘한 상상적 견제의 힘을 덮어씌우게 되었다. 둘째, 천시에 상응하는 정치 원칙은 변경이 불가능한 법칙으로, 군주는 반드시 이를 집행해야지 절대로 그것을 바꿀 수는 없다. 당시 역사 조건하에서 이 두 가지 점은 무상의 권력을 가진 군주에게 일정한 제한 작용을 했다. 물론 이 제약은 이론상 표현에 불과한 것으로 그것이 현실로 바뀔 수 있으려면 아직 더 많은 다른 조건이 필요했다.

「수지」「탁지」편의
물 중심 정치 이론

「수지水地」편과 「탁지度地」편은 『관자』 책 가운데 특이한 두 편의 저작이다. 이 두 편이 음양오행가의 작품인지 아닌지는 학계의 견해가 일치하지 않고 있다. 「수지」와 「탁지」편 모두 물을 인류생활에서 결정적 의미를 지닌 물질로 보고 있다. 문장 속에서 명확하게 오행을 논급하고 있지는 않으나 분명히 오행이론의 영향을 받고 있다. 그래서 여기서는 이 두 편을 오행가의 저작으로 보고자 한다.

「수지」편과 「탁지」편 모두 물을 숭상하지만 사유 방식이 완전히 일치하는 것은 아니다. 「수지」편은 수리水利와 수성水性으로 자연과 사회 현상을 해석하고, 「탁지」편은 수해와 물에 대한 다스림에 중점을 두어 인간의 정치 활동을 설명한다.

「수지」편은 물의 작용을 논의하기에 앞서 '땅'의 작용을 이렇게 논술하고 있다. "땅은 만물의 본원이며 뭇 생명의 근원이다. 미와 악, 현명함과 불초함, 어리석음과 영준함은 거기에서 생겨난다."381 이어서 말한다. "물은 땅의 혈기로 근맥이 관통하여 흐르는 것과 같다. 그래서 물은 자질을 갖추었다고 말한다."382 물은 땅을 몸체로 삼고, 땅은 물을 기혈로 삼는다.

땅에 물이 지나지 않으면 시체다. 물이 있어야 생기가 있게 된다. 저자의 '물 숭상尙水' 이론은 바로 이렇게 시작한다. 저자는 천지 만물이 물에 의지하여 살아가므로 물을 만물의 본원으로 보아야 한다고 주장한다. "물이 무엇인가? 만물의 본원이며, 뭇 생명의 종실이다."[383] 사람 또한 물을 출발점으로 삼는다. "사람은 물이다. 남녀의 정기가 합하여 물의 흐름을 형성한다."[384] 저자는 또한 각지 백성의 정서는 그 지역 물의 성질에 따라 결정된다고 주장한다. "초楚나라의 물은 부드럽고 맑으므로 백성의 움직임이 가볍고 과감하다. 월越나라의 물은 탁하고 무거우며 토양 침식이 많으므로 그 백성이 어리석고 질투가 많아 더럽다."[385] 이러한 방식으로 저자는 각지 물의 성질과 인민의 정서를 논술한다. 저자는 또 도덕을 물의 파생물로 설명한다. "물이 진흙처럼 부드러워 맑으면 (…) 어질다."[386] "무게를 다는 저울로는 그것을 잴 수 없으나 가득하면 [저절로] 멈추니 올바름이다."[387] "흐르지 않는 곳이 없으나 수평이 되면 멈추니 의로움이다."[388] 물은 자연과 사회를 주재하고 인민정서의 본원이자 도덕의 화신이므로, 저자는 정치의 근본이 물의 성질을 따르고 물을 학습하고 물로 모범을 삼아야 한다고 더욱더 주장한다. "성인이 세상을 교화하는 데 해답은 물에 있다. 물이 하나면 인심이 바르게 되고, 물이 맑으면 민심이 간결하다. 물이 하나면 더럽히지 않고자 하며, 민심이 간결하면 행동에 사악함이 없다. 그래서 성인이 세상을 다스림에 사람으로 알리지 않았고 출입구 따위로 말하지 않았다. 그 중추는 물에 있었다."[389] 이와 같은 주장은 선진 시대 기타 학파와 비교할 때 너무 투박한 것이 사실이다. 복잡한 정치를 더 이상 간단히 할 수 없는 정도까지 간단하게 만들어버렸다. 이 견해는 오행설 가운데 극단으로 치달아 황당함에 빠진 것 중 하나의 예다. 그러나 우리는 동시에 다른 한 면을 보아야 한다. 즉 물이 농업에서 생명이라는 주장은 물에 대한 중시와 숭배를 반영한다.

「탁지」편은 국가에서 가장 중요한 임무가 치수라고 주장한다. 저자는 "나라를 잘 다스리는 사람은 반드시 먼저 그 다섯 가지 해로움을 제거하라"[390]고 강조한다. 이른바 다섯 가지 해로움이란 물, 가뭄, 안개 서리, 질병屬, 벌레다. 다섯 가지 해로움 가운데 "물이 가장 크다". "물이 제멋대로 가면 사람을 다치게 하고, 사람이 다치면 괴로워지고, 괴로우면 법을 가벼이 여기며, 법을 가벼이 여기면 다스리기 어렵다. 다스리기 어려우면 불효하고, 불효하면 신하가 될 수 없다."[391] 사회적 재앙과 혼란의 근원은 물에 있다. 따라서 수해를 근본적으로 다스리는 것이야말로 정치의 가장 중요한 임무다. 치수를 위해 저자는 중앙에서 지방까지 체계적인 치수 기구를 만들고 그에 상응하는 관리를 두어야 한다고 건의한다. 그리고 인민을 치수의 대군으로 조직하여 각종 치수 기구에 배치해야 한다. 저자는 또 사시의 수정水政을 논하고 있는데, 봄은 치수공정을 건설할 가장 좋은 계절이라고 주장한다. 수정은 또 다른 정치 활동을 제약하기도 한다.

물은 이로울 수도 해로울 수도 있다. 「탁지」편이 수해 방지의 중요성에 무게를 둔 것은 선진 제자백가 가운데 독특한 특색을 지닌 것이다.

제5절

'경중輕重편'의
국가 상업독점 치국 이론

경중편에
관하여

『관자』가운데 일부분은 전문적으로 '경중輕重' 문제를 다루었는데 속칭하여 경중편이라 한다. 경중을 언급한 것은 모두 19편인데 3편이 망실되고 16편이 현존한다. 그 가운데 「경중기」 편은 음양가의 작품이니 이를 제외하고도 15편이 있다. 이 15편은 「신승마臣乘馬」 「승마수乘馬數」 「사어事語」 「해왕海王」 「국축國蓄」 「산국궤山國軌」 「산권수山權數」 「산지수山至數」 「지수至數」 「규도揆度」 「국준國准」 「경중갑輕重甲」 「경중을輕重乙」 「경중정輕重丁」 「경중무輕重戊」이다. 어떤 사람은 이상 저작들을 법가로 열거하기도 한다. 확실히 어떤 관점에서 보면 법가와 가까우며 분명히 영향을 받기도 했다. 그러나 전체적으로 보면 법가와 같은 열에 놓기에 마땅하지 않다. 그것들은 독립된 사상 체계로 각 파와 다르며 법가와도 다르다고 주장하는 의견이 하나 있는데 우리는 이 견해에 찬동한다. 이 파를 '경중파'라고 부를 수 있겠다. 정치사상 영역에서 경중파의 주된 특징은 상업치국이다. 이론적으로는 법가와 유가, 도가의 것들을 받아들이고 있으며 선진 제자백가 가운데 독특한 한 학파다.

경중에 관한 여러 편의 출간 연대에 관해서는 학계의 논쟁이 치열하다. 어떤 사람은 전국 시대의 작품이라 생각하며, 어떤 사람은 두 한漢나라 중기에 출간되었다고 말하고, 어떤 사람은 왕망王莽 시대 이재에 밝았던 일부 인사들이 탁고托古한 것이라고 주장한다. 책 속에 일부 의심스러운 점이 있긴 하지만 우리가 보기에 전국 시대의 작품으로 보는 것이 비교적 타당할 듯싶다. 전국 시대 백가쟁명의 분위기라든가 당시 상업발달의 상황이 이와 같은 의식과 이론을 완전히 배양해낼 수 있었을 것이다. 이런 이론과 주장이 단독적으로 갑자기 돌출했다고 생각하기는 어렵다. 유사한 사상이나 주장이 전국 시대에도 출현한 적이 있었을 것이다. 계연計然과 백규白圭의 상업 이론이 바로 그렇게 공생했던 산물이다. 실질적으로 전국 초기 위魏나라 이회李悝가 실행했던 평적법平糴法은 경중편 이론의 실천적 전제라 말할 수 있다. 그 밖에도 전국 시대 각 제후국은 모두 관영 수공업이 있어서 채광, 화폐 주조, 철 주조는 주로 국가에서 장악했는데, 이는 국가가 대량으로 공상업을 경영하는 경중편 이론에 객관적인 근거를 제공해준다. 몇몇 어구에서 일부 늦게 출현한 의혹이 있는 점도 사실이지만 이 겉가지 의혹을 가지고 전체 저작 연대를 모두 후기로 잡는 데는 좀 동의하기 어렵다. 책의 모양으로 보면 전국 시대라는 환경만이 경중편과 같은 이론을 만들어낼 수 있을 것처럼 보인다. 태사공太史公이 이 책을 읽었다는 점도 책이 늦게 출현했을 리 없다는 사실을 뒷받침해준다.

경중편의 저자가 누구인지는 알 수 없다. 아마도 제나라 직하학궁稷下學宮 중의 학자와 관련이 있었기 때문에 『관자』 책 가운데에 수록되었을 가능성이 있다.

다음에서는 경중편의 정치사상을 몇 가지 문제로 나누어 그를 소개, 검토하고자 한다.

경중치국설

'경중'이라는 말의 함의

경중이란 말은 『국어國語』「주어周語」에서 가장 먼저 보인다. 「주어하周語下」 편에 이렇게 기재되어 있다. 주周 경왕景王은 돈이 가벼운 것을 걱정하여 "장차 큰돈을 주조하려 하자 단목공單穆公이 말했다. '안 됩니다. 옛날에는 하늘의 재앙이 내릴 경우를 당하여서야 화폐를 재고 경중을 달아서 백성을 떨쳐 구제했습니다. 백성이 가벼움을 근심하면 무거운 화폐를 만들어 통용시켰으니, 그리하여 어머니가 아들에게 경중을 달아 가지고 다니게 했으니 모두가 얻을 수 있었던 것입니다. 만약 무거움을 견디지 못하면 가벼운 화폐를 많이 만들어 통용시켰으니, 그리하여 아들이 어머니에게 경중을 달아 가지고 다니게 했으니 크고 작은 것이 모두 이로웠습니다. 지금 왕께서 가벼운 화폐를 폐지하고 무거운 것을 만드시려 하니 백성이 바탕을 잃게 되어 모자람이 없을 수 있겠습니까?'"392 단목공이 말하는 경중은 주로 화폐 본래의 무게를 가리킨다. 그러나 그는 화폐 자체의 경중과 상품 교환 사이에 밀접한 관계가 있으며, 이는 인민이 관심을 쏟는 큰일임을 벌써 분명하게 관찰하고 있었다. 따라서 단목공이 말하는

'경중'은 단순한 중량 개념이 아니라 어느 정도 화폐학과 상품학 개념이 깃들어 있는 것이라 말할 수 있다.

『관자』 경중편은 '경중'이라는 개념을 광범하게 사용하고 있다. 이 개념은 각기 다른 편의 여러 곳에서 각기 다른 함의를 지닌다. 그것들을 귀납해보면 주로 다음 세 방면의 의의를 지닌다.

첫째, 경중은 사물을 관찰하는 일종의 방법을 가리킨다. 이 방법의 특징은 어떤 일이든 선입견을 품지 않아야 하며, 일체의 사물이 모두 시장의 상품처럼 기복이 일정하지 않은 변동 중에 있다는 것이다. 모든 것이 변동하는 세계에서 사물의 경중과 완급을 잘 구분하려면 중심 고리와 결정적 요인을 찾아내야 한다. 이 방법에 근거하여 모든 일에 임기응변하고 영활하게 기동해야 한다. 「규도」 편에서 이야기하는 다음 예는 이 방법을 충분히 설명하고 있다. "이 경중이라는 술은 제후들이 불복하면 전쟁으로 응수하고, 제후들이 잘 복종하면 인의로 행한다."[393] 일반인이 보면 출전과 인의의 실행은 두 가지 대립적 정책이겠으나, 저자가 보기에는 모두 경중의 술로 귀납시킬 수 있으며 저자는 경중술의 주지가 기회에 따른 응변에 있다고 설명한다.

이 방법은 역사를 고찰할 때 일종의 진화적 역사관으로 표현된다. 역사 조건은 부단히 변화하므로 이에 상응하여 취할 조치 및 정책 또한 다른 점이 있어야 한다. 「경중무」 편의 기록에는 "환공桓公이 관자에게 '경중은 어떻게 시행하지요?'라고 묻자, 관자는 '나라를 다스리는 데 복희伏羲 이래로 지금까지 경중으로 하지 않고 왕업을 이룰 수 있는 자는 없었습니다'라고 대답했다"[394]고 한다. 저자는 관자의 입을 빌려 복희, 신농神農, 황제, 유우有虞, 하, 상, 주 각 대에 부닥친 주요 문제와 그에 상응해 취한 정책을 낱낱이 세고 있다. 이를테면 신농은 백성에게 오곡을 심도록 가르쳐 곡식을 알도록 했으며, 황제는 부시로 불을 일으켜 백성에게 음식을 익혀 먹도록 가르쳤다. 유우씨는 백성이 예를 알도록 가르쳤으며, 하나라 왕은 치수하여 백성에게 성곽과 가옥을 짓도록 가르쳤다. 은 왕은 백성에게 소와 말을 복종시켜 이용할 것을 가르쳤다. 이어서 관자는 제 환공에게 건의하여 "강한 것을 약화시키고 끊긴 것을 이으며, 제후들을 거느리고 주 왕실의 제사를 일으킬 것"[395]을 실행하도록 했다. 「규도」편과 「경중무」편의 사유는 같은데, 다른 역사 시기에 다른 조처를 하여 나라를 다스린 경력이 있음을 들어 경중술을 논의하고 있다. 이 두 편으로부터 '경중'의 관점이 역사에 운용되고 있으며, 그 취지는 역사의 발전과 변화를 설명하는 데 있음을 알 수 있다. 시대가 다르면 다른 정책이 있어야지 하나의 정책에 구속되거나 낡은 것에 얽매여 새것을 무시해서는 안 된다는 것이다.

경중은 하나의 방법이므로 여러 가지 영역에 이용할 수 있다. 저자들은 경제, 정치, 군사, 문화, 도덕, 역사 등 각 방면의 문제를 광범하게 토론한다.

둘째, 경중은 또 제도나 법령 규정으로 표현되기도 한다. 「규도」편은 말한다. "경중의 법에 이르길 스스로 사마司馬 일을 할 수 있다고 말해놓고도 사마 일을 해내지 못한 자는 죽여서 그 피를 북에 칠한다. 스스로 전담 관리의 일을 할 수 있다고 말해놓고도 전담 관리직을 수행해내지 못하는 자는 죽여서 그 피를 토지신에게 제사 지낸다. 스스로 관직을 맡을 수 있다고 말해놓고도 관직을 맡아내지 못한 자는 발뒤꿈치를 잘라 문지기를 삼는다. 그리하면 감히 간악한 재주로 무고하게 봉록을 받고 군주에게 가까이 가는 자가 없을 것이다."[396] 여기서 말하는 경중의 법은 상벌 규정과 실제 내용으로 명을 따짐以實責名을 가리킨다. 「경중갑」편은 "선비가 전쟁을 좋아하지 않으면서 죽음을 가벼이 여긴다면 경중의 구분 또한 그렇게 해야 한다"[397]고 말한다. 여기서 말하는 경중은 상벌을 가리킨다.

셋째, '경중'이란 말은 위 두 가지 함의를 갖는 것 외에 주로 시장, 상품 유통, 화폐, 재정, 물가 방면의 이론 및 관련된 정책과 조치를 가리킨다. 경중 여러 편의 특징은 바로 여기에 있다. 다음은 주로 이 방면의 문제를 토론한 것이다.

'경중'치국

경중의 여러 편이 선진 제자백가 가운데 학파로서 독자성을 갖도록 하는 점은 바로 저자들이 치국 방법의 관건을 경중술의 장악으로 이해하고 있다는 부분이다. 방법론적으로 치국기술은 기존 성취의 고수나 규범의 준수여서는 안 된다. 기존 경험의 노예가 되어서도 안 된다. 「국준」 편은 이렇게 말한다. "때가 되면 하고, 지나면 포기한다. 왕자의 구체적 정책을 예비해서는 안 된다."³⁹⁸ 시대에 적합한 것이면 실행하고, 시대가 지난 것이면 내버려두며, 제왕의 정책을 사전에 규정해놓고 불변해서는 안 된다. 그래서 "국가의 평준조치는 시대에 따라 그에 맞는 정책을 세워야 한다"³⁹⁹고도 말한다. 구체적 측면에서 살펴보면 경중술은 정치의 중점을 시장, 재정과 경제 방면으로 옮기고 있다. 「국축」 편은 말한다. "나라를 다스리는 데 경중술을 이해하지 못하면 경제적으로 새장籠⁴⁰⁰을 조직하여 인민을 통제할 수 없다. 백성의 이익을 조절하지 못하면 경제적 관리를 통한 큰 정치를 실현할 수 없다."⁴⁰¹ 「산지수」 편은 말한다. "재화는 [소비가] 끝나면 다시 [생산을] 시작하며, 사계절과 더불어 발전하고 소멸한다. 성인은 완급으로 그것을 다스리고, [정책의] 개폐로 그것을 지키며, 경중 [즉 이재술로] 그것을 탈취하며, 인의의 도로 그것을 지배한다. 그래서 하늘과 땅이 더불어 운명을 같이하니 이것이 왕 된 자의 큰 권능이다."⁴⁰² "경중에 통하지 않는 것은 망언이라 일컫는다"⁴⁰³고도 말한다. 「산권수」 편은

"지금 대국을 다스리고자 하거나, 대국이 천하를 다스리고자 하면서 권책權策을 통하지 않음은 무능한 것이다"[404]라고 말한다. 여기서 말하는 권책은 경중술의 또 다른 표현이다. 경중치국의 핵심은 바로 국가가 시장과 물가의 장악을 통해 사회적 재부를 국가와 군주의 수중에 집중시키는 것이다. 군주는 풍부한 재부를 장악할 수만 있으면 천하를 잘 다스릴 수 있다.

저자는 사람과 사람의 관계 및 군신, 군민 간의 관계가 모두 '이利'라는 한 글자로 연결되어 있다고 주장한다. 「국축」 편은 "백성이 부모를 믿고 이익을 위해 죽는 것은 세상이 다 그렇다"[405]고 말한다. 「경중을」 편은 "백성은 [이익을] 빼앗으면 분노하고 주면 기뻐하는데, 백성의 감정이 당연히 그렇다"[406]고 말한다. 기왕 '이'가 중추라면 군주는 이익이라는 칼자루를 수중에 굳건히 장악하고 있어야 한다. 군주는 인민의 생애를 좌우할 수 있을 때만 인민을 다스릴 수 있다. 여기에서 정치의 중점은 재정과 경제로 옮겨가고 있다.

유가는 인의와 충효 등 도덕적 매개를 통해서 지사智士, 모사謀士, 용사勇士로 하여금 군주에게 온 힘을 바치도록 해야 한다고 선전한다. 경중 여러 편의 저자는 군주가 지사에게 "지모를 다하도록" 하고, 모사에게 "지혜를 다하도록" 하고, 용사에게 "죽음을 가벼이 여기도록" 하고 싶으면 이익이라는 칼자루를 수중에 장악하여 그들로 하여금 군주를 떠나면 살아갈 수가 없도록 해야 한다고 주장한다. 그렇게 함으로써 그들이 군주에게 온 힘을 다하지 않을 수 없다는 것이다. 이에 관해서는 「사어」 편의 설명이 가장 명료하다. "축적이 없으면 사람을 쓸 수 없고, 재화가 쌓여 있지 않으면 아랫사람에게 권장할 수 없다."[407]

법가 대다수와 유가는 각기 다른 입장에서 출발하지만 모두 강본억말強本抑末, 강본절용強本節用, 농업발전을 치국의 기본 국책 가운데 하나로 삼는다. 경중편의 저자들도 농업 생산의 발전에 찬성은 하지만, 이 단계에만 머물러 있으면 치국할 수 없을 뿐만 아니라 심지어 거꾸로 해가 될 수 있다고 주장한다. 「경중을」편의 기록을 보자. "환공이 '근본(농업)을 강하게 하고 소비를 절약하면 [국가가] 생존할 수 있습니까?'라고 묻자, 관자가 이렇게 대답했다. '[경제 상황을] 더 좋게益愈 할 수 있으나 충분히 생존할 수 있다고는 할 수 없습니다. 옛날 기씨紀氏의 나라가 강본절용하여 오곡이 풍만했으나 경영관리를 할 수 없어 결국 사방으로 흘러 천하[의 다른 나라]로 돌아갔습니다. 그런즉슨 기씨는 강본절용하여 백성에게 오곡이 풍성하게 하는 데는 성공했으나 그것을 관리하지 못해 백성은 천하의 다른 나라의 포로가 되었고, 제 몸은 갈 곳이 없게 되었습니다. 그래서 경제 상황을 더 좋게 할 수는 있으나 충분히 생존할 수는 없다고 말한 것입니다. 그러므로 나라를 잘 다스리는 자는 세상의 물가가 낮을 때 우리 나라 물가를 높이고, 세상이 가벼이 여기는 상품을 우리 나라는 중하게 여기고, 세상에 넘쳐나는 물건을 우리 나라는 모자라게 해야 합니다. 그런 뒤라야 천하제후들의 조회를 받을 수 있습니다.'"408 문장 속의 '익유'는 풀이하기가 매우 어렵다. 마페이바이馬非百의 『관자경중편신전管子輕重篇新詮』은 익益은 많음이고, 유愈를 '투偸'로 읽어 구차히 편안함을 훔친다는 의미라고 한다. 대체적인 의미는 강본절용만 추구하고 재물의 경영관리를 잘하지 못하면 풍부한 수확을 거두더라도 결과적으로 거꾸로 자신의 반대쪽으로 치달아 한편으로 인민의 구차한 안녕 정도를 조성할 뿐이고, 다른 한편으로는 곡물이 외부로 유출되어 다른 사람을 위해 쓰인다는 것이다. 저자는 치국의 길이 경중술의 장악에 있다고 생각한다. 즉 "세상의 가격이 낮으면 우리 가격을 높이고, 세상이 가벼이 여기는 물건을 우리는 중시하고, 세상에 넘쳐나는 물건을 우리는 모자라게 한다"는 것이다. 「경중갑」편은 말한다. "군주가 축적한 양식을 분산시키고, 물가의 높낮이를 조절하고, 겸병한 재부를 나누도록 하지 못하면 제아무리 농업을 강화시켜 생산을 독려하고, 부단히 황무지를 개발하고 화폐를 주조하더라도 백성은 여전히 빈궁할 것입니다."[409] 「지수」편도 생산만 고려하고 이재를 잘하지 못하면 재물이 오히려 다른 사람에게 쓰여 백해무익하다고 말한다.

경중 여러 편에서도 법에 입각한 정치를 주장하지만 경제 역량이 법의 위력보다 훨씬 더 크다고 생각한다. 법이 효력을 발생하느냐의 여부는 법 자체에 있는 것이 아니라 경제 조건에 따라 결정되는 것이다. 「국축」편은 말한다. "백성이 부유하면 녹으로 그들을 부릴 수 없다. 가난하면 권위로 그들을 벌할 수 없다. 법령이 행해지지 않고 만민이 다스려지지 않음은 빈부가 일정하지 않기 때문이다."[410] 이로부터 얻어낸 결론은 법에만 의존하는 치국은 통하지 않는다는 것이다. 치국의 도는 반드시 경중술에 의지해야 한다고 저자는 주장한다. 경제적 맥락을 장악하고 인민의 생계를 조종할 때 비로소 치국치민할 수 있다는 것이다. 경중파와 법가가 분명히 다름을 여기서 알 수 있다. 경중편을 법가의 반열에 편입시키는 것은 적절하지 않다.

유가는 인의를 모든 것보다 높게 취급하며 의를 이보다 더 높게 본다. 경중 여러 편은 이와 상반된다. 그들은 경제적 이익이 인의의 기초이며 인의는 경제 이익의 파생물이라고 주장한다. 「경중갑」편은 말한다. "나라에 재화가 많으면 먼 곳 사람들이 이민을 오고, 땅이 잘 개간되어 있으면 백성이 머물러 산다. 창고가 실해야 예절을 알며, 의식이 족해야 영욕을 안다."[411] 「규도」편은 인민의 경제생활이 안정되어야 "백성이 사양의 미덕을 드높이고 기괴한 짓을 하지 않는다"[412]고 말한다. 저자는 또 인의라는 물건이 도덕적 원칙 규정을 내용으로 하는 것이 아니라 모종의 물질적 이익의 실현이라고 분명하게 주장한다. 「산지수」편은 "자본 없는 사람을 구휼하는 것이 인의다"[413]라고 말한다.

나라와 나라의 관계 문제에서 경중 여러 편은 군사전쟁에 대해서는 매우 적게 언급한다. 그들의 입각점은 상업전쟁이었다. 경제적 실력을 갖추어야만 상대방을 복종시킬 수 있는데 경제 실력의 출처는 경중술에 있다. 「사어」 편은 "내부를 안정시키지 못하면 천하를 가질 수 없다"고 말하는데, '내부 안정'의 관건은 양식의 저장에 있다. "나라에 10년의 축적이 있으면"[414] "열 번 승리"를 가져올 수 있으니 결론적으로 "부는 가난을 이기기" 때문이다. 상업전쟁과 국부의 길은 바로 경중술에 달려 있다.

경중 여러 편은 유가, 법가, 병가 등의 영향을 받고는 있으나 기본 사유가 원칙적으로 그들과 다르다. 이 다른 점이 바로 그들이 독립된 하나의 학파라는 중요한 근거다.

03

시장 규율에 관한
인식과 이론

시장과 물가 조종을 통해 재화를 획득하는 것이 경중술의 핵심이다. 저자들은 상품의 교환과정과 시장 상황을 자세히 고찰하여 상품 가격의 기복을 일으키는 여러 가지 요소와 조건에 대해 상당히 깊이 있는 분석을 했는데, 규칙으로서 의미를 지니는 다음 몇 가지 인식을 제기했다.

곡물, 화폐, 만물의 비교 가격 문제

여기서 우선 화폐와 만물에 대한 저자의 인식에 관해 간단히 설명해보자. 화폐는 '통화通貨' '통시通施'라고도 불린다. 저자의 화폐의 유통 기능 인식은 상당히 깊이 있고 정확하다. 「국축」 편은 "황금과 도폐刀幣가 백성의 교역 수단通施이다"[415]라고 말하고, 「경중을」 편은 "황금과 도포刀布가 백성의 통화다"[416]라고 말하며, 「규도」 편은 "도폐란 [흐르는] 물도랑이다"[417]라고 말한다. 저자들은 화폐가 상품의 일반적 등가물임을 천재적으로 인식했다. 이와 같은 인식에 기초하여 화폐를 상품 유통의 물길로 본 것은 이치에 따른 잘된 일이었다. 저자들은 화폐의 저장 기능 또한 명확하게 인식하고 있었다. 「산권수」 편은 말한다. "만승의 나라에는 만금의 저장이 없어서는 안 되고, 천승의 나라에는 천금의 저장이 없어서는 안 되고, 백승의 나라에는 백금의 저장이 없어서는 안 된다."[418] 「국축」 편은 말한다. "만 호의 도읍에는 반드시 만 종鍾의 곡식과 천만 강緡의 화폐가 저장되어 있도록 해야 한다. 천 호의 도읍에는 반드시 천 종의 곡식과 백만 강의 화폐가 저장되어 있어야 한다."[419] 강緡은 돈 꾸러미로, 여기서는 일종의 단위다. 그 밖에 또 화폐의 지불 기능 등도 적시했다. 저자는 일반적으로 '만물'을 모든 상품을 가리키는 말로 썼다. 이 가운데는 곡물과의 관계 문제도 있다. 화폐 앞에서 곡물은 만물의 하나다. 그런데 만물 가운데 곡물은 특수한 위치와 의의를 지니기도 한다. 저자는 줄곧 곡물을 만물 가운데서 끌어내면서도 그것을 특수한 물건으로 삼아 일종의 등가물로 만들고 있다. 따라서 곡물은 두 가지 성질을 갖는데, 하나는 상품 가운데 하나의 상품이 되며 둘은 상품의 등가물, 즉 화폐의 성질을 갖는다. 곡물이 두 가지 성질을 갖고 있으므로 상품, 화폐, 만물 삼자의 비교 가격 문제가 생겨난다.

화폐와 만물의 비교 가격에 대해 저자는 "화폐가 중시되면 만물이 경시되고, 화폐가 경시되면 만물이 중시된다"[420]고 개괄한다. 여기서 말하는 '화폐의 중시'는 화폐의 구매력이 높음을 가리키며, 이에 대비해 만물은 값이 저렴해지므로 '경시된다'고 말한다. 일이 거꾸로 되어 "화폐가 경시되면 만물이 중시된다"고 말한다. 화폐 구매력의 높낮이와 만물(일체의 상품) 가격의 높낮이는 반비례를 이룬다. 여기서 짚고 넘어가야 할 점은 저자가 말하는 화폐와 만물의 비교 가격 관계가 양자 간 가격의 양적 비례 관계를 가리키는 것이 아니라 다만 시장에서의 가격 현상을 가리킬 뿐이라는 것이다. 양자 간 비교 가격의 상하기복이 조성되는 원인으로는 내재가치의 양적 작용 외에도 많은 인위적 요소가 작용한다. 저자들이 중시한 것은 후자다. 경중술이 바로 그 가운데 있는데, 이 점에 대해서는 아래에서 다시 이야기하겠다.

곡물과 만물 사이에도 일정한 비교 가격 관계가 형성되는데, 이는 화폐와 만물 간의 관계와 마찬가지다. 「경중을」 편은 "곡식이 중시되니 만물이 경시되며, 곡식이 경시되니 만물이 중시된다. 양자는 균형을 이루지 않는다"[421] 고 말한다. 「산지수」 편은 "곡물이 중시되니 만물은 경시된다"[422] 고 말한다. 여기서 말하는 경중 또한 가격 현상을 가리킨다. 저자가 곡물을 만물 속에서 끄집어내고 양자 간 비교 가격 관계를 전문적으로 연구한 까닭은 그것이 당시의 경제 조건과 곡물의 특수한 성질 및 작용과 긴밀한 관계가 있었기 때문이다. 저자는 「국축」 편에서 곡물이 기타 상품과 다른 까닭은 "오곡이 만물의 주인이기"[423] 때문이라고 지적한다. 「경중을」 편에서도 "오곡, 조, 쌀은 백성이 목숨으로 관리한다"[424] 고 말한다. 농업 위주의 경제 조건하에서 양식은 인민이 의지하여 생존하는 가장 중요한 조건이다. 당시 사회에서 유행하던 "백성은 먹는 것을 하늘로 여긴다"[425] 는 말은 오곡이 갖는 중요한 의의를 깊이 있게 설명해준다. 양식은 만물의 주체이고 백성의 목숨이기 때문에 시장에서 특수한 위치를 차지한다. 이에 대해 「승마수」 편은 "곡식은 홀로 귀하고 홀로 천하다"[426] 라고 말한다. 곡물은 홀로 귀하고 홀로 천하다는 저자의 말은 곡가는 곡물의 생산량과 시장에의 투입량에 따라 결정되는데, 곡물 자체의 수량에 따라 곡물의 귀천을 고찰해야 된다는 것이다. 다른 한편으로 곡물은 당시 시장을 주도하던 상품으로 다른 상품과의 비교 가격 관계에서 주도적 위치에 있으므로 곡물의 귀천은 다른 상품 가격의 기복에 영향을 주고 결정짓는다. 이것이 바로 이어서 말하는 "곡물이 중시되면 만물이 경시되고, 곡물이 경시되면 만물이 중시된다"는 말이다. 곡물의 경중과 만물의 경중은 반비례를 이룬다.

화폐와 곡물의 비교 가격 관계에 관하여 저자는 양자가 서로 영향을 미치고 서로에게 작용한다고 주장한다. 「경중갑」 편은 말한다. "곡식이 중시되니 황금이 경시되고, 황금이 중시되니 곡물이 경시된다. 양자는 균형을 이루지 않는다."[427] 화폐와 곡물 사이에서 저자는 때론 이것을 강조하고 때로는 저것을 강조하여 긍정적인 높낮이 구분이 없다. 어떤 상황에서는 마치 곡물에 더욱 중점을 두는 듯하다. 화폐는 '통화'가 되어 일체의 상품을 바꿀 수는 있으나 그것은 곡물처럼 직접적 실용 가치가 없다. "그것을 갖고 있어도 따뜻하게 하는 데 도움이 되지 않고, 먹어도 배를 불리는 데 도움이 되지 않는다."[428] 그러므로 화폐와 곡물 관계에서는 곡물을 더욱 중시하는 것이다. "그래서 잘하는 사람은 곡식 가격을 중시한다."[429]

저자의 곡물, 화폐, 만물 삼자 간 비교 가격 관계에 대한 인식은 기본적으로 시장 상황에 부합한다고 하겠다.

수요 공급과 물가

경중편의 저자들은 시장 물가가 수요 공급의 영향을 받는 것을 정확하게 관찰했다. 「국축」 편은 "물건이 많으면 값이 싸지고, 적으면 비싸진다"[430]고 말한다. 「승마수」 편은 "물건이 경시되면 투매 현상泄을 보이고, 중시되면 구매 경쟁射을 보인다"[431]고 말한다. 「산권수」 편도 "중시되면 구매 경쟁을 보이고, 경시되면 투매 현상을 보인다"[432]고 말한다. 「규도」 편은 "물건이 중시되면 모이고, 경시되면 버려진다"[433]고 말한다. 여기서 말하는 물건의 경시 또는 중시는 가격의 하락 또는 상장을 가리킨다. 설泄은 유산, 방매, 판매를 가리키고, 사射는 앞다투어 사는 것, 구매 경쟁을 가리킨다. 이상의 이야기는 한가지 일의 두 측면으로 관찰 각도가 다른 데 불과하다. 상품 수량으로 볼 때 공급의 다소와 가격은 반비례하며, 가격으로 볼 때 가격의 고하는 구매 추이와 정비례한다.

상품의 사회적 총량은 일정한데 시장을 향해 얼마를 방출할 것이냐는 인위적 방식을 통해 조절할 수 있다. 그 기본 수단은 축적과 방출이다. 축적과 방출은 가격의 고하에 직접적으로 영향을 미친다. 「규도」편은 "물건을 축적해두면藏 중시되고, 방출하면 경시되며, [민간에] 살포하면 다양하게 충족된다"[434]고 말한다. 「국축」편은 "살포하면 경시되고, 모아들이면聚 중시된다"[435]고 말한다. 장藏, 취聚는 모두 축적을 가리킨다. 축적은 물가를 오르게 할 수 있다. 반대로 방매(즉 이른 '산散')는 물가를 떨어뜨릴 수 있다. 축적과 투매는 시장의 수요 공급 관계에 영향을 미칠 수 있으며 물가의 등락에도 영향을 미칠 수 있다.

물가의 등락을 논의하면서 저자는 또 물가와 원가의 관계를 심도 있게 고찰했다. 그들은 원가와 물가가 정상적 상황에서는 정비례한다고 이해했다. 원가가 높으면 물가도 높고, 원가가 낮으면 물가도 상응하여 내려간다는 것이다. 그러나 일이 모두 이와 같은 것만은 아니다. 그들은 물가의 등락이 왕왕 원가의 형성에 배치되는 관계를 보인다고 분명히 지적하기도 했다. 「국축」편은 말한다. "상품이 가격 하락을 만나면 반값에도 팔리지 않아 인민의 생산은 원가를 보상받지 못한다. 상품이 가격 상승을 만나면 열 배의 고가로도 살 수가 없으니 백성은 만족하게 소비할 수 없다."[436] 물가 하락은 때로 원가의 절반도 회수하지 못하게 한다. 그러면 생산자는 자본 잠식 현상을 드러낼 것이고 소비자는 그 피해를 입을 것이다.

이상의 인식에 기초하여 저자는 물가를 조종해야 한다고 주장한다. 먼저 방법을 동원해 수요 공급을 통제해야 하며, 특히 공급이 더 중요한 의의를 지닌다.

자연 조건과 물가

당시의 농업 생산은 대부분이 아직 자연 조건에 의존하고 있었다. 자연환경, 기후, 절기 등은 농업 생산에 직접적인 영향을 주었을 뿐만 아니라 물가에도 직접 영향을 미쳤다. 예컨대 그들은 노동력이 같더라도 토지 비옥도의 상황이 다름에 따라 생산량의 차이가 생겨날 수 있고, 나아가 물가에도 영향을 미친다는 사실을 인식하고 있었다. 기름진 지역의 곡가는 낮고 척박한 지역의 곡가는 높다는 것이다. 「산권수」 편은 전답을 '고전高田' '간전間田' '용전庸田' '황전荒田' 4등급으로 나누고, 생산량을 무畝당 10석石, 5석, 3석, 3석 이하로 구분한다. 곡식의 가격은 '1' '10' '30' '100'으로 구별한다. 여기서의 숫자를 실제로 존재했던 비율로 볼 수는 없고 추상적인 가정 수치로 볼 수밖에 없으나, 기름진 땅의 곡가가 황무지 지역보다 훨씬 더 낮다는 것을 알 수 있다. 저자는 이 문제를 분석하면서 지역을 가지고 고찰했다. 「경중을」 편의 이야기도 마찬가지다. "적狄 제후국은 무당 1종鍾의 곡식을 생산하는 나라이므로 곡식 10종의 가격이 1치鎰의 금에 해당되었다. 정程 제후국은 산악 지역의 제후국으로 곡식 5부釜(즉 반 종鍾의) 판매가가 1치의 금에 해당되었다."[437] 적 제후국은 땅이 기름져 생산이 풍부하므로 곡식이 싸고, 정 제후국은 산이 많은 나라이므로 곡식이 비싸다는 것이다. 「경중정」 편은 말한다. "제나라 서부의 곡식은 부釜당 100전이므로 우鍮(5우가 1부)당 20전이다. 제나라 동쪽의 곡식은 부당 10전이므로 우당 2전이다."[438] 같은 지역이라도 여기저기 끼어 있는 토지 비옥도는 곡가에 직접적으로 영향을 미치지 않는다.

1년 수확의 좋고 나쁨도 물가에 직접 영향을 끼친다. 「국축」 편은 "해마다 흉년과 풍년이 있으므로 곡가가 비쌀 때가 있고 쌀 때가 있다"고 말한다.[439] 곡물의 귀천은 만물의 귀천에 영향을 주기도 한다. 그래서 이렇게 이야기하기도 한다. "세월이 풍년을 만나면 양식이 팔리지 않으며 개, 돼지가 사람의 음식을 먹는다. 세월이 흉년을 만나면 곡식 1부釜를 사는 데 10관의 돈이 필요하며 길거리에는 굶는 백성이 있게 된다."440 「규도」 편은 말한다. "한 가지 곡식을 거두지 못하면 곡식 한 가지가 부족하게 되므로 곡가가 10배로 치솟는다. 두 가지 곡식을 거두지 못하면 곡식 두 가지가 부족하게 되므로 곡가가 20배로 치솟는다."441 풍년과 흉년의 해를 비교하면 곡가 차이가 10배에 그치지 않는다.

계절 또한 물가에 뚜렷한 영향을 미친다. 가을 후 곡가는 내려가나, 봄 날 보릿고개青黃不接 때 곡가는 오른다. 이 현상에 관한 논술은 너무 많아 일일이 인용해 증명할 필요는 없겠다.

정부 법령과 물가

정부의 법령, 명령은 물가의 기복에 직접적으로 작용한다. 정부 법령이 물가에 끼치는 영향은 부세와 요역의 징수 등으로 인해 생겨난다. 「지수」 편은 "법령이 느슨하냐 급박하냐에 따라 물가가 싸거나 비싸진다輕重"442 고 말한다. 「규도」 편은 말한다. "군주가 아침에 [징수하라는] 영을 내려 저녁에 갖추어내도록 하면, 백성은 재물을 포기하고 오곡을 [헐값에] 팔아버릴 수밖에 없다."443

이상의 여러 가지 요인으로 시장 물가는 어쨌든 파동 가운데 존재해 고정불변할 수가 없다. 「경중을」 편은 말한다. "균형에 고정된 수치는 없다. 균형을 위해 물가가 높아졌다 낮아졌다 하는 것이므로 항상 고정된 수치가 있을 수 없다."444 '균형'은 물가를 가리킨다. 시장 물가는 변화무상한 것이지만 그래도 따를 만한 규율이 있어서 이를 잘 파악할 수가 있다. 저자는 국가가 시장 물가의 기복 규율을 장악하고 이용하여 큰 이익을 도모해야 한다고 건의한다. 「경중정」 편은 "이용할 만하면 이용하고 장악할 수 있으면 장악한다. 이것이 천하로 천하를 제압하는 방법으로 국가평준國准이라 일컫는다"[445]고 지적한다. 「경중갑」 편은 말한다. "경중을 장악하는 방법에 고정된 수치란 없다. 물자가 움직이면 조치도 그에 따라야 하며, 소식을 들으면 제때 이용해야 한다."[446] 시장에서의 활동은 예민하고 민첩하고 과단성이 있어야 한다. 맺고 끊지를 못하면 수익을 낼 수가 없다. 게다가 저자는 시장의 활동을 하나의 전투로 보아야 한다고 주장하기도 한다. 그래서 어떤 곳에선 상업활동을 '용병用兵'이라 부르기도 한다.

이상의 인식은 시장에서 투기를 행하는 데 이론적 지침이 되었다.

국가의 화폐독점과
주요 상품

시장은 상품들의 무대이며 이곳에서는 평등, 자유의 원칙이 성행한다. 경중 여러 편의 저자들은 봉건국가와 군주의 입장에 서서 이와 같은 상황에 만족해하지 않았다. 그들은 시장마저 군주가 사나운 위세를 펼치는 장소로 변질시켜 군주가 이재를 획득하는 장소로 만들고 있다. 이 목적에 도달하기 위해 그들은 봉건국가가 화폐 및 주요 상품을 독점하고 통제해 그로써 시장을 조종하기 위한 경제적 준비를 해야 한다고 건의한다.

화폐 주조와 발행의 독점

화폐는 '통화通貨'로서 일체의 상품을 바꿀 수 있다. 그런데 화폐의 사용은 경제에만 국한되는 일이 아니라 직접적인 정치적 효과도 있다. 「국축」 편은 화폐의 작용을 다음 세 항목으로 개괄한다. "그것으로 재물을 지키고, 백성의 일을 제어하여, 천하를 다스리는 것이다."[447] 화폐가 바로 초특급 무기이기 때문에 국가의 수중에서만 장악되어야 한다고 저자는 주장한다. 이를 위해 우선 화폐 주조권을 독점해야 한다. 「국축」 편은 "군주가 돈을 주조하여 화폐를 만들며"[448], 군주 "자신이 화폐를 주조한다"
고 말한다. 「산권수」 편은 역사를 빌려 화폐 주조의 권한이 군주에 의해
장악되어야 함을 설명한다. "탕湯왕은 장산莊山의 쇠로 화폐를 주조했으
며, (…) 우禹왕은 역산歷山의 쇠로 화폐를 주조했다."[449] 「산지수」 편은 "군주
가 산을 보유하며 산에는 쇠가 있는데 그것으로 화폐를 만든다"[450]고 말
한다. 화폐 주조권을 장악함은 곧 발행권을 장악하는 것이다. 이른바 "화
폐 발행은 [제후의] 국國에서 한다"[451]는 것이다. 화폐를 장악하면 이익 창
출의 길을 통제할 수 있게 된다. 이에 대해 「국축」 편은 이렇게 이야기한
다. "화폐는 백성의 교역 수단이다. 그러므로 나라를 잘 다스리는 군주는
그 유통 수단을 잘 장악하여 그들의 생명인 곡식을 제어함으로써 백성의
힘을 최대한 발휘하도록 만든다."[452] 「경중을」 편은 말한다. "오곡은 백성
생명의 주재다. 화폐는 백성의 재화 교역 수단이다. 선왕은 그 통화를 잘
장악하여 그들의 생명인 곡식을 제어함으로써 백성의 힘을 다하도록 한
다."[453] 저자는 또 국가가 화폐를 독점하는 과정에서 화폐가치를 장악하
는 것이 핵심 관건이라고 주장하기도 한다. 「규도」 편은 말한다. "화폐가치
가 중시되면 백성은 이익에 목숨을 바치고, 화폐가 경시되면 터놓고 사용
하지 않는다. 그러므로 경중을 [적절한] 수치에서 조절하여 그치도록 해
야 한다."[454] 화폐가 중시된다는 것은 화폐의 구매력이 높음을 가리키고,
화폐가 경시된다 함은 구매력이 낮음을 가리킨다. 과도히 높거나 과도히
낮은 것 모두 병폐가 있으므로 화폐의 경중을 잘 파악하고 조절해야 한
다는 말이다.

충분한 곡물의 장악

곡물은 백성의 '목숨의 주재자'이고 '만물의 주인'이므로 국가는 대부

분 곡물을 자기 수중에 장악하고 통제해야 한다. 「산지수」 편은 곡물 장악의 중요성을 "나라를 지킨다는 것은 곡물을 지키는 것일 따름이다"[455]라는 정도까지 끌어올리고 있다. 백성에게는 먹는 것이 하늘이다. 군주가 오곡을 장악하면 군주는 자연히 하늘의 지위에 놓이게 된다. 「국축」 편은 이렇게 이야기한다. "군주가 곡식을 끼고 화폐 사용을 장악하여 국가의 여유분으로 민간의 부족한 부분을 통제하면 백성은 군주에게 기대지 않는 바가 없게 된다."[456] 국가는 도대체 얼마 정도의 곡식을 장악해야 하는가? 저자들은 두 개의 기본 숫자를 제기한다. 첫째, 국가가 근거할 곡물의 국가 총생산량에서 차지하는 비율 문제다. 「산지수」 편은 "보통 국가 전체 곡물의 3분의 1을 조종해야 한다"[457] 또는 "보통 국가 곡물의 10분의 3을 조종한다"[458]고 말한다. 둘째, 총저장량 문제다. 저자는 저장량이 많으면 많을수록 좋다고 이야기한다. 「국축」 편은 "만 호의 도읍은 반드시 만 종鍾의 저장이 있어야 하고 (…) 천 호의 도읍은 반드시 천 종의 저축이 있어야 한다"[459]고 말한다. 전체 국가는 "10년분의 저축"을 가져야 한다. 곡식의 비축은 내정의 기본 조건일 뿐만 아니라 전쟁 준비에 기본적인 보장이 되기도 한다. 「경중을」 편은 말한다. "천하에 전쟁이 있게 되면 축적된 곡식으로 충분한 군량 비축이 된다."[460] 화폐와 곡식을 장악하면 곧 정치의 주동적 권한을 장악하는 것이다. 「산지수」 편은 말한다. "군주는 곡물, 화폐를 균형 있게 조종하면서 천하를 다스릴 수 있다."[461] 곡식 축적의 주된 방법은 조세다. 기회를 틈타 강제로 징수하거나, 화폐로 임대한 것을 곡식으로 거둬들이거나 돈을 주고 사는 등의 방법이 있다.

소금과 철鹽鐵의 통제

소금은 백성에게 없어서는 안 되는 음식물이며, 철은 백성에게 없어서는 안 되는 활용 기물이다. 염철을 국가가 전부 독점해야 하느냐에 대한 경중 여러 편의 견해는 일관되지 않는다. 어떤 편에서는 염철 전부를 국가가 독점할 필요는 없으며 주요 부분은 국가가 장악해야 하지만 민영 부분은 국가가 통제할 수만 있으면 된다고 주장한다. 예컨대「지수」편과「경중갑」편은 민간의 염전 경영에 대한 제한 조치를 논의하고 있으며「경중을」편은 민간의 제철업 경영에 대한 제한 조치를 논술하고 있다. 다른 여러 편에서는 비록 일체를 국가가 독점해야 한다고 명확히 밝히고 있지는 않으나 논지로 볼 때 이런 경향을 십분 드러내고 있다.「해왕」편은 "산과 바다를 관리하는 관직을 두라"고 주장하며,「지수」편은 국가가 광산을 독점하라고 주장한다. "산 위에 붉은 흙이 있으면 그 아래 철이 있다. 위에 백납이 있으면 그 아래 은광석이 있다. (…) 위에 붉은 모래가 있으면 그 아래 쇳돌 금광석이 있다. 위에 자석이 있으면 그 아래 금동이 있다. 이것이 산이 빛나 보이는 까닭이다. 산이 빛나 보이면 조심스레 봉쇄하고 입산을 금지시켜야 한다."[462] 또 이러한 것들은 "하늘의 재화, 땅의 이로움의 소재"[463]이므로 국가가 통제해야 한다고 말한다.

산림과 특산물 독점

「지수」「경중갑」「산권수」「산국궤」여러 편은 다양한 각도에서 산림, 연못 및 산림특산물 등을 국가가 독점하거나 통제해야 한다고 쓰고 있다.「경중갑」편은 말한다. "군주된 사람이 그 산림, 못, 풀밭 따위를 엄격히 지켜내지 못하면 천하의 왕자가 될 수 없다."[464]「지수」편은 주 문왕, 무왕 등 역사적으로 유명한 성왕을 이야기하면서 모두 "하늘의 재화, 땅의 이익으로써 공훈을 세우고 천하에 이름을 이룩한 자들"[465]이라고 한다. 어쨌든 일체의 자연재부는 모두 국가에 귀속된다고 한다.

이상 몇 항목을 독점하고 통제하는 방법은 주로 경제 방식을 통해 획득하는 것이 아니라 국가의 정치적 폭력에 의지하여 획득한다. 당시의 역사적 조건하에서 이 몇 항목을 통제하고 독점한다는 것은 곧 시장을 독점하고 통제하여 물질적 조건을 구비하는 일이었다.

시장 조종과
중간이득

    국가 재정의 충족 여부는 국가가 강성한지 여부와 군주의 실력이 크냐 작으냐의 여부를 결정짓는 중요한 근거 가운데 하나다. 국가가 재정을 확보하는 전통적인 방식은 그악스러운 세금 갈취와 직접적인 재산 박탈이었다. 세금의 징수와 요역은 보통 사람이 볼 때 하늘 같은 일이었다. 그러나 이는 내놓고 하는 약탈明奪이 분명하기 때문에 왕왕 빼앗긴 자들의 불만이나 반항을 초래하기도 한다. 경중 여러 편의 저자는 세금 징수의 약탈적 성격을 공개적으로 폭로했다. 그들은 전조田租, 조적租籍, 호구세, 인두세, 부동산세, 생축세牲畜稅 등 각종 명목의 부세가 모두 명탈의 예에 속한다고 지적한다. 명탈은 사람들의 원망을 부르므로 그들은 이 방식을 바꾸어야 했으며 이로써 내놓고 하는 약탈은 '몰래 하는 갈취暗取'로 바뀌었다. 암취란 시장을 통하는 방법으로 재화를 갈취하는 것을 말한다. 시장에서 통용되는 원칙은 평등과 자유이므로 외관상 억지로 강요하는 성질을 띠지 않는다. 그런데 경중가들은 교역에서 평등, 자유의 원칙을 찬양하거나 창도한 자들이 아니다. 오히려 반대로 그들은 정치적 간섭의 강화를 극력으로 주장하며, 정치권력이 경제 과정을 관통해 시장의 교역 과정에 관철되어야 한다고 주장한다. 그들이 적나라한 폭력으로 재부를 약탈하는 자들과 다른 점은 정치 폭력을 시장의 평등, 자유교역이라는 가리개 아래 덮어두었다는 점이다. 그리하여 명탈을 암탈暗奪로 바꾸게 했다는 점이다. 「국축」 편은 이렇게 이야기한다. "백성은 주면 기뻐하고 뺏으면 분노한다. 백성의 성정은 모두 그렇다. 선왕은 그렇다는 것을 알았으므로 주는 모양을 보였지 뺏는 형태를 보이지 않았다. 그래서 백성이 사랑으로 위와 합치할 수 있었던 것이다."[466] 이를 위해 그들은 가벼운 세금을 요구했으며, 심지어 세금의 면제를 부단히 제기하기도 했다. 「신승마」 편은 "백성에게 [거둘 세금] 장부를 없게 하라"고 말하고, 「지수」 편은 "세상에서 세금을 걷지 말라"[467]고 주장한다. 「경중갑」 편은 백성에게 [호구의] 장부를 없애고, 집에 관한 장부를 없애고, 여섯 가축에 대한 장부를 없애라고 주장한다. 세금 경감이나 무징세는 외관상 인덕의 정치에 다름 아니다. 그러나 그들의 주장에 따르면 시장을 통한 방법으로 획득한 이익이 직접 징수를 통한 부세보다 적지 않을 뿐만 아니라 오히려 부세보다 훨씬 더 많다. 어떤 편은 심지어 인민 수확의 10분의 9를 시장 방법을 통해 석권해가야 한다고 주장한다. 표면적으로 볼 때 경중파는 법가처럼 강권정치를 창도한 것 같지는 않다. 하지만 실제로 그들은 군주 전제의 강권을 경제 과정에까지 관철시키고 있다. 아마도 경중가는 자신들의 특수한 방식으로 군주 전제주의를 대대적으로 발전시켰다고 말해야 할 것이다.

시장을 통한 재화 획득을 위하여 경중가는 각양각색의 방법과 조치를 제안했다. 그 가운데 가장 기본적인 방법은 정치권력, 화폐, 곡물 등을 독점하여 시장과 결합시킴으로써 가격 기복을 만들어내고 그것을 통해 이익을 취하는 것이다.

가격 독점을 통한 이득

경중가는 소금, 철 및 일부 토산품의 국가 독점, 그리고 가격 독점을 통한 대량 횡재를 주장한다. 「해왕」 편은 철기의 독점을 가지고 한바탕 계산을 하고 있는데, 이렇게 이야기하고 있다. 부녀자마다 "반드시 바늘 한 개, 칼 한 자루를 갖고 있고,"[468] 농부마다 "반드시 쟁기 하나, 보습 하나, 가래 한 자루를 갖고 있으며,"[469] 수공업자마다 "반드시 도끼 한 자루, 톱 한 자루, 송곳 한 개, 끌 하나를 갖고 있다."[470] 따라서 물품마다 적당히 가격을 가감하면 그 수량이 어마어마할 것이다. 이를테면 바늘 한 개에다 1전을 더하여 서른 개면 30전이 더해지는데, 30전이면 한 사람의 인두세에 상당한다. 칼 한 자루 값에 6전을 더하여 다섯 자루면 30전, 즉 한 사람의 인두세가 늘어난다. 다른 철기도 모두 적당히 값을 올리면 그 수익은 헤아릴 수 없을 것이다. 그래서 자자는 "[인민이] 팔을 들어 일하기만 하면 바로 세금을 부담하지 않을 수 없다"[471]고 말한다. 소금은 모든 사람에게 없어서는 안 되는 물건인데, 되당 값을 적당히 조금만 올려도 누적하면 어마어마한 수치가 된다. 저자는 득의만면하여 강제로 세금을 거두려면 "반드시 왁자지껄한 반대들이 있을 것이나", 소금 가격을 올리는 방법을 쓰면 사람도 모르고 귀신도 모르게 돈이 국가의 호주머니로 들어가게 되리라고 말한다. 사람마다 소금을 먹으므로 사람마다 세금을 내는 것과 같아 "사람으로서 이것을 피해갈 자는 없다."[472] 일부 토산품의 독점도 마찬가지로 크게 횡재할 수 있다. 「산권수」 편은 양산梁山 남쪽에는 두 가지 특산품이 있는데, 하나는 '천선繪線(또는 천천繪茜)'이라 불리며 아마 물들이는 안료인 듯하다. 다른 한 가지는 '야석지폐夜石之幣'[473]라 부른다. 이 두 가지 물건은 세상에서 널리 필요로 하나 다른 곳에서는 찾을 수 없다. 이것도 독점가격을 통하면 대량의 돈을 벌어들일 수 있다. 물품 가격의 독점은 시장에 기대어 이루어져야겠지만 경쟁 상대가 없기 때문에 가격 독점은 분명히 자의성을 띠고 있다. 당시 이와 같은 가격 독점은 또한 권력을 배경으로 했다.

행정수단으로 물가의 기복을 만들어 그로부터 이익을 취함

「국축」편은 명령과 물가와의 관계를 한마디로 개괄하고 있다. "명령에 완급이 있으므로 물가에 경중이 있다."[474] 명령이 물가에 영향을 미치는 정도에 대해서는 다음과 같이 기술한다. "지금 군주가 백성에게 [화폐로] 세금을 거두려 하는데 10일 만에 갖추어낼 것을 명령하면 재화의 가격은 10분의 1이 내려갈 것이다. 8일 만에 갖추어내라고 명령하면 재화의 가격은 10분의 2가 내려갈 것이다. 5일 만에 갖추어내라고 명령하면 재화의 가격이 절반으로 내려갈 것이다. 아침에 명령하여 저녁에 갖추도록하면 재물의 가격은 10분의 9가 내려갈 것이다. 선왕은 그러함을 알았기 때문에 백성에게 직접 재물을 구하지 않고 호령에 의지했다."[475] 「지수」편도 말한다. "명령이 화급하면 황금黃金 [즉 중등화폐] 가격이 올라가고, 명령이 느슨하면 황금 가격이 내려간다. 선왕은 그 호령의 완급을 조절하여 중간화폐의 높낮이를 맞춤으로써 상등화폐(즉 주옥珠玉)와 하등화폐(즉 도포刀布)를 통제하는데, 주나라 문왕과 무왕이 그러했다."[476] 글 속에서 이야기하는 방법은 대체로 이렇다. 국가가 세금을 징수할 때는 화폐로 거둬야하는데 인민의 수중에 화폐가 부족하기 때문에 곡식 등 농산품을 내다팔 수밖에 없다. 모두 함께 곡물 등을 시장에 내놓으면 공급이 수요를 넘어 물가는 반드시 큰 폭으로 내려가게 된다. 이때 국가가 기회를 타 사들인다. 물가가 다시 올라갈 때를 기다려 국가는 다시 화물을 시장에 풀어놓는다. 이 방식은 대단히 혹독한 지경에 이를 수 있기 때문에 저자는 일정한 한도 내에서만 사용되어야 한다고 주장한다. 너무 혹독하면 인민이 생활할 수가 없어 도망할 것이기 때문이다. 「승마수」편은 이 방식을 통해 얻은 이익의 양에 대해 하나의 가정을 하면서 매년 10분의 3 정도를 취하라고 말한다. "군주는 물가의 높낮이를 잘 고수하여 1년에 3할을 저장하면 10년에 3년분의 여유를 갖게 될 것이다."[477]

강제로 화폐와 곡물을 상호 환산케 하여 이익을 취함

「신승마」편은 말한다. "나라를 잘 다스리는 사람은 농부들을 여름 겨울 가리지 않고 열심히 일하게 만들며 그 성과는 군주에게 돌아오도록 한다. 부녀자들을 열심히 방직에 종사토록 하며 그 성과는 관부로 돌아오도록 한다. 이는 민심이나 민의에 상처를 주려는 것이 아니라 [물가의] 높낮이高下 정책을 실행한 것으로 그러지 않을 수 없는 이치 때문이다."[478] '고하 정책'은 곧 '경중 정책'이다. 구체적인 방법은 봄에 빌려줄 때는 화폐로 주었다가 가을 수확기에는 양곡 가격이 하락하니 빌린 사람들에게 양곡으로 채무를 상환토록 하는 것이다. 그러면 대량의 곡식이 국가의 수중에 집중될 것이다. 국가는 대량의 양곡을 장악한 뒤 곡가가 오를 때를 기다려 다시 가수공업제품 등과 같은 기타 실물을 구매한다. 물론 이때 국가는 화폐로 지급하지 않고 양곡으로 화폐를 대신한다. 언뜻 보면 일체가 시장의 원칙에 따라 진행되는 것 같지만, 사실은 교대로 화폐와 곡식을 환산하는 것일 뿐 농민들의 피땀은 부지불식간에 국고로 흘러 들어가게 된다. 「산지수」편은 또 하나의 각도에서 곡물과 화폐라는 두 가지 무기를 사용하는 방법을 제기한다. 저자는 추수기 양곡이 쌀 때 정부가 화폐를 이용해 대량의 곡물을 수매하라고 건의한다. 그 밖에 가을에 세금을 거둘 때도 곡식으로 걷지 말고 화폐로 거두면, 인민 수중에는 화폐가 없기 때문에 곡물로 화폐를 대신할 터인데 그러면 곡식을 더 많이 거두어도 된다고 한다. 이 방법을 채용하면 "나라의 곡물이 3할이라면 2할이 군주에게 있게 된다".[479] 그리고 봄여름 사이 곡물 값이 오를 때를 기다려 국가가 다시 곡물을 팔면 대량의 화폐를 되돌려 벌어올 수 있다. 이처럼 반복하면 국가는 앉아서 큰 이득을 거두게 된다. 상술한 과정은 사재기한 곡식으로부터 출발한 것이므로 수곡守穀의 술이라고 부르기도 한다. 저자는 심지어 "저 나라를 지키는 자는 곡식을 지킬守穀 따름이다"[480]라고도 한다. 「산국궤」 편은 또 한 가지 방법을 제기한다. "나라 화폐의 9할은 군주에게 있고, 1할은 민간에 있다. 화폐가 중시되고 여러 만물이 경시되면 화폐로 만물을 사들여야 한다. [그리하여] 화폐가 민간에 있다면 만물은 군주에게 있게 되니 만물의 값이 10배 오르면 관부는 시장 가격으로 만물을 내다 팔아 물가가 다시 내려간 뒤에야 그친다."[481] 화폐의 10분의 9는 국가의 수중에 장악되어 있고, 10분의 1만이 민간 수중에 있으면 화폐의 구매력은 상승할 것이고 만물의 가격은 그에 상응하여 하강할 것이다. 이때 국가는 높은 가치를 지닌 화폐로 각종 실물을 사들인다. 만물이 국가의 수중에 집중된 뒤 시장에서 만물의 값이 상승하게 되었을 때 국가는 높은 값으로 각종 물품을 방출하고, 물가가 내려가게 되었을 때 다시 멈춘다. 여기서는 화폐의 역량을 어떻게 운용할 것인가에 치중하고 있다. 우리는 그것을 수폐守幣의 술이라고 부를 수 있다. 상술한 여러 편의 구체적인 방법이 다 일치하지는 않는다. 그러나 기본 정신은 한가지인데, 그것은 바로 강제징수와 구매, 시장 가격의 기복, 화폐와 곡물의 상호 환산 등 삼자를 결합시켜 그 가운데서 이익을 취한다는 것이다. 삼자 가운데 강권이 주도적 지위를 차지한다. 이것의 주된 역할은 또한 상품 교환이라는 외피를 둘러쓰고 있으니 얼마나 교활하기 이를 데 없는가!

시장 규율을 이용한 이득

시장 규율에 관한 문제는 제2절에서 이미 논의했다. 여기서는 이 규율을 어떻게 운용하고 장악하여 그 가운데서 이익을 얻을 것인가의 문제에 대해서만 다시 이야기하기로 한다. 이 중 가장 기본적인 항목은 "물자가 많으면 싸고 적으면 비싸며, 흩어져 있으면 경시되고 모여 있으면 중시된다"[482]는 이치에 근거해 상업적 투기를 행한다는 것이다. 이를 위해 국가는 사재기를 잘하고 때맞추어 투입산출을 잘해야 한다. 「국축」 편은 말한다. "군주는 그러함을 알아 나라의 잉여와 부족을 살펴 재물을 통제한다. 곡물이 싸면 화폐로 곡식을 사들이고, 베가 싸면 화폐로 옷감을 사들이니, 물자의 경중을 살펴 그것으로 통제의 표준을 삼는다. 그리하여 물가의 귀천이 조절되고 군주는 이익을 얻게 된다."[483] 이 활동을 진행할 때 가장 중요한 점은 수중에 충분한 사재기가 되어 있어야 한다는 것이다. 물가가 쌀 때 대량으로 구매했다가 물가가 오를 때 다시 방출한다. 이것이 바로 「국축」 편에서 이야기하는 "백성은 여유가 있으면 그것을 경시하므로 군주는 그것을 값싸게 거둬들일 수 있다. 백성은 부족하면 그것을 중시하므로 군주는 그것을 비싸게 풀어놓는다. 값싸게 거둬들여 모아두었다가 비싸게 그것을 풀어놓는 것이므로 군주는 반드시 열 배의 이익을 취할 수 있으며 재화의 가격은 평형을 유지할 수 있게 된다"[484]는 것이다. 「산지수」 편도 "쌀 때 저장했다가 비싸게 내놓는 것이 방법이다"[485]라고 말한다. 「경중갑」 편에서는 심지어 "물자를 생산하는 것보다 그것을 사재기하는 것이 더 낫다"[486]고까지 말한다. 생산에 종사하여 이익을 구하는 것보다 차라리 사재기를 통해 이익을 얻는 것이 더 낫다는 이야기다. 저자는 또 위와 같은 활동을 진행할 때 사계절과 일 년 수확 물가에 대한 영향을 주의 깊게 관찰하여 기회를 틈타야 한다고 주장하기도 한다.

대출을 통한 이득

저자는 국가의 대출 작용을 가장 중시했다. 대출은 생산을 도울 뿐만 아니라 앉아서 큰 이익을 취할 수 있다. 「산국궤」 편은 봄에 곡물 가격이 오를 때 화폐로 대출하라고 이야기한다. 가을걷이 뒤 본전과 이자의 회수를 보장받을 수 있으려면 대출할 때 토지의 좋고 나쁨에 근거하여 내주어야 하고, 추수로 곡물이 싸졌을 때 본전과 이자를 받는다. 본전과 이자를 받을 때는 화폐로 받지 않고 곡물로 받아 곡식으로 화폐를 대신한다. 그리고 곡물 가격이 상승할 때를 기다렸다가 다시 곡물을 내다 판다. 대출은 화폐에 한정하지 않고 기물, 공구, 의류 등도 있는데 모두 추수 후 곡물로 환산하여 상환토록 한다. 여기서 주의를 기울여 살펴볼 것은 저자가 부유한 집안에 대해서도 다를 것 없이 강제로 대출을 행해야 한다고 주장한 점이다.

상술한 여러 가지 이익 획득 방법은 다양한 각도에서 정치권력과 경제 수단을 한데 결합시키고 있다. 실천 과정에서 정치는 경제를 지배하며, 경제원칙은 정치의 시녀 또는 정치적 약탈의 도구로 바뀌고 있다. 여기에서 우리는 통치자가 절정의 총명함과 음험하고 악랄한 꾀를 교묘히 결합시키고 있음을 볼 수 있다. 참으로 사람을 경외하게 하며 모골을 송연하게 만든다!

경제적 실력을 기초로 사회의 각종 모순을 해결

경중가는 재정이 국가 실력의 기초라고 생각했다. 국가가 장악한 경제 실력이 클수록 각종 사회 문제와 모순을 처리하는 능력도 커진다는 것이다.

군주가 모든 신민을 통제할 수 있느냐의 여부는 정치적 통치가 군건한지를 가늠하는 근본 문제다. 이 문제를 해결하기 위하여 법가, 유가, 묵가 등 학파는 각양각색의 처방을 제기했다. 경중가가 다른 학파와 다른 점은 그들이 중점을 경제로 옮겨왔다는 데 있다. 경중가는 군주의 인민에 대한 통치와 지배 능력은 경제적 지배 능력에 의해 결정된다고 생각했다. 이를 위해 그들은 다음과 같은 일련의 주장을 제기했다. 첫째, 군주는 인민의 생산 활동을 조종하고 지배해야 한다. 「국축」 편에서 말한 것처럼 "봄에는 밭을 갈도록 도와주고, 여름에는 김을 매도록 돌봐준다. 쟁기와 각종 농기구, 종자와 곡식이 모두 군주에게서 얻어지도록"[487] 해야 한다는 것이다. 이 단계에 이르도록 하는 것을 가리켜 "군주가 [농업이라는] 근본을 신중하게 발전시킨다"[488]고 말한다. 인민이 생산에 종사하는 기본 조건을 모두 군주가 제공해주는 것이라면 군주는 자연히 인민의 삶의 과정을 통제할 수 있을 것이다. 둘째, 곡물을 통제해야 한다. "곡식이란 백성이 목숨으로 여기는 바다."[489] 국가가 곡물을 자기 수중에서 통제할 수 있다면 이는 인민의 생명줄을 장악하고 있음과 같다. 셋째, 인민 빈부의 계기를 군주 수중에 장악하고 있어야 한다. "주는 것도 군주에게 달려 있고, 빼앗는 것도 군주에게 달려 있고, 가난하게 됨도 군주에게 달려 있고, 부유하게 됨도 군주에게 달려 있도록"[490] 해야 한다. 여기에 도달할 수 있으면 "백성은 군주를 일월처럼 받들 것이며, 부모처럼 친하게 여길 것이다."[491] 경중가는 또 "모든 이익은 한 구멍에서 나와야 한다"[492]고 강조한다. 그러나 그들이 이야기하는 이익이 한 구멍에서 나와야 한다는 말은 법가와는 조금 다르다. 법가에서 말하는 일공—孔이란 경전耕戰을 가리키고, 경중가가 말하는 일공은 군주를 가리킨다. 「규도」 편의 말은 더욱 철저하다. "부자가 빼앗을 수 있고, 가난한 자가 줄 수 있으면 천하를 다스릴 수 있게 된다."[493] 넷째, 인민의 빈부 정도를 적당히 조종해야 한다. 도대체 백성이 부유해야 다스리기 좋은가? 아니면 가난해야 다스리기 좋은가? 경중가들은 백성이 부유해야 다스리기 좋다고 생각했다. 「신승마」 편은 말한다. "오곡이 풍성한 수확을 하면 사士들은 녹을 가벼이 여기고, 백성은 국가의 상금을 간단하게 생각한다."[494] 「산권수」 편은 "백성이 부유하면 [다스리기가] 가난함만 못하다"[495]고 말한다. 「규도」 편은 "천하를 잘 다스리는 사람은 백성을 부린다고 말하지 않고, 부려지지 않을 수 없도록 만든다. 백성을 쓴다고 말하지 않고 쓰이지 않을 수 없도록 한다"[496]고 말한다. 이 의미는 주동적으로 인민을 사용해서는 안 되고, 조건을 만들어 인민이 자동으로 찾아와 군주가 시켜주고 써주기를 원하도록 만들 필요가 있다는 것이다. 이 조건은 바로 민빈民貧과 국가의 재화 독점이다. 그래서 「경중을」 편은 "나라에 10년의 축적이 있더라도 백성은 먹을 것이 부족하여 모두 제 사업을 열심히 하여 군주의 녹을 기다린다"[497]고도 말한다. 경중가는 민빈을 주장하지만 그러면서도 백성이 지나치게 빈한해서는 안 된다고 생각했다. 지나치게 빈곤하면 될 대로 되라고 위험한 짓을 한다. 만약 정부가 군대를 파견하여 진압하려 하면 결국에는 '내전'을 일으켜 오히려 반대쪽으로 치달아가버릴 것이다. 백성을 가난하게 만들면서도 난폭한 데 이르지 못하도록 하는 것, 정말로 탁월한 통치 예술 아닌가!

경중가는 경제적 통제를 주장하는 것 외에 경제적 장려 정책도 주장한다. 상이 있어야만 신민들이 온 힘을 다하도록 만들 수 있다고 한다. 「경중갑」 편은 "작록이 따르지 않으면 신하는 충성하지 않는다"[498]고 말한다. 상을 후하게 주어야 날랜 전사가 있게 된다. 「산권수」 편은 장려 대상을 상세하게 나열하고 있다. 농업, 목축, 기예, 오이 재배, 과실수 재배, 양잠, 의료 방면의 뛰어난 자 및 시詩, 역법時, 춘추, 역, 복卜하는 직업에 종사하는 자들에게는 모두 물질을 주어 장려해야 한다.

농민의 피땀을 나누는 데 있어 국가와 대부 집안, 대상인으로 돈을 빌린 집안 사이에는 모순이 존재한다. 시장에서 능히 국가와 경쟁할 수 있는 자들은 이들뿐이다. 경중가는 이들 경제 세력의 증대는 곧 정치적 대항 역량으로 바뀔 것이라고 지적한다. 경중가는 또한 이 사람들의 세력을 억제하기 위해서는 우선 경제적으로 이들에게 제한, 통제 및 박탈을 가해야 한다고 주장한다. 그 방법으로는 강제 징수, 강제 구매, 차압 몰수, 각종 구실을 이용한 분담 강요, 채무 관계의 단속 등이 있다. 저자는 경제적으로 이들을 통제할 수만 있으면 그들의 정치적 대항 역량은 없어질 것이라고 생각했다.

나라와 나라의 관계를 처리하면서도 경중가는 경제에 착안했다. 그들은 두터운 하사품이나 상업 전쟁 또는 가난 구제 등 방식에 의존하면 제후들을 복종시키거나 상대를 사지로 몰아넣을 수 있다고 주장한다. 「경중갑」 편은 변방의 사이四夷 나라들에게 두터운 하사품을 내릴 것을 주장한다. 두터이 하사하면 반드시 내조한다는 것이다. 이웃 사방의 나라와는 상업 전쟁을 치르라고 한다. 이에 대해 저자는 수많은 가설을 들어 논의하고 있다. 「경중무」 편은 노魯나라와 양梁나라의 백성은 "풍속이 깁 비단綈을 쓴다"고 말한다. 노, 양의 백성에게 깁 비단 짜기를 장려하기 위해 제나라 공실은 모든 신민에게 깁 비단을 원료로 옷을 만들도록 해야 한다. 노나라, 양나라 백성이 제나라에서 대량으로 깁 비단을 사들이는 것을 보고는 반드시 농사를 포기하고 전적으로 깁 비단 생산에 종사할 것이다. 노, 양이 전문적으로 깁 비단 생산으로 전향함과 동시에 제나라는 크게 농업을 발전시켜 한편으로 노, 양의 수요에 공급해주며, 다른 한편으로 대량으로 곡물을 저장해둔다. 노, 양의 백성 모두가 깁 비단 전업 생산으로 전향할 때를 기다려 제나라가 기회를 보아 끊고 딱 멈춰버려 노, 양의 깁 비단을 사들이지 않을 뿐만 아니라 노, 양에게 곡식도 팔지 않아야 한다. 이때 제나라 안에서 곡식 가격을 크게 내리는 정책을 실행한다. 노, 양의 백성은 곡식이 없어 먹지를 못하는데, 제나라의 곡식이 매우 싸다면 노, 양의 백성은 필경 대량으로 제나라로 도망쳐 올 것이다. 이와 같이 하면 전쟁을 치르지 않아도 노, 양이 반드시 복종하게 된다. 「경중갑」 편의 저자도 이웃 나라와의 교류에서 경제적인 싸움에서 이기기만 하면 전쟁을 하지 않아도 승리한다고 말한다. "[수급의] 균형을 위해 작전하고, [물가의] 조절을 위해 작전하고, [물자의] 유통을 위해 작전하고, 권모술수를 [운용하는] 작전을 하고, 지세를 [이용하는] 작전을 하십시오. 여기서 말하는 [경제상의] 다섯 가지 전투는 [그 작용이] 군사상에 이를 수 있을 것입니다."[499] 여기서 말하는 '다섯 가지 전투'는 모두 경중을 나열한 것으로 상업 전략이다.

경중 여러 편은 중상重商을 특징으로 한다. 여러 곳에서 농업 생산은 그다음 위치에 둔다. 이 점은 앞에서 이미 언급했다. 그렇지만 각 편을 종합 관찰해보면 역시 적잖은 곳에서 농업 생산 또한 대단히 중시한다. 농업 생산의 정상 진행을 보장하기 위해 저자들은 농사철을 침해하지 말고, "토지 기반과 안정된 정착지를 제공하는"[500] 정책을 실행하며, 화폐 임대, 종자 임대, 공구 임대, 채마밭 임대 등 각종 농업 임대를 실행하라고 주장한다. 가장 주의해볼 만한 것은 이 저자들이 농민의 노동생산성, 재생산 유지의 조건 및 적절한 착취의 양을 어떻게 장악하느냐에 대하여 탁월한 논술과 계산을 하고 있다는 점이다. 「규도」 편은 말한다. "상급 노동력의 농민은 다섯 식구의 양식을 공급하고, 중급 농민은 네 식구에 공급하고, 하급 농민은 세 식구에 공급한다. 상급 노동력의 여자는 다섯 식구의 의복을 짓고, 중급 여자는 네 식구의 의복을, 하급 여자는 세 식구의 의복을 짓는다. 농부들은 항상 경작에 종사하고, 부녀자들은 항상 직조에 종사한다. 한 농부가 경작하지 않으면 백성 가운데 굶는 자가 생기고, 한 여자가 옷을 짓지 않으면 백성 가운데 추위에 떠는 자가 생긴다. 굶주림과 추위에 떪은 항상 토지 경영의 게으름粪土에 기인한다. 그래서 선왕은 이 시초를 신중히 다루었다. 농사일을 하여 수확이 밑천의 두 배면 백성 가운데 된죽 한 그릇 때문에 자식을 파는 일이 없을 것이다. 밑천의 세 배면 양식으로 충분하고, 밑천의 네 배면 향리가 부유하며, 밑천의 다섯 배면 원근에 유통을 시킬 수 있어 장례도 잘 치르게 될 것이다. 농사지어 밑천의 두 배에 이르지 못했는데 군주의 세금 징수는 그침이 없으면 폭도들이 길거리에 널려 혼자 걸어 다닐 수도 없고 손아귀에 재화가 있어도 안심하지 못하게 될 것이다. 이를 법으로 진압하면 내부적으로 백성을 죽이는 꼴이다. 물가의 경중이 조절되지 못해 된죽 한 그릇에 백성을 파는 백성이 이치대로 바라지도 못하게 되어 그 죽마저 쓸 수 없게 된다면, 이는 군주가 백성을 잃음이요 부모가 자식을 잃음이니 나라를 잃게 되는 길이다."[501] 이 탁월한 논술에서는 다음 몇 가지 문제를 이야기하고 있다. 첫째, 농부의 경작과 부녀자의 직조가 갖는 노동생산성 및 그들이 제공할 수 있는 잉여노동량을 계산했다. 둘째, 노동은 재화의 근원으로 노동하지 않으면 재화가 없다. "굶주림과 추위에 떪은 항상 토지 경영의 게으름冀土에 기인한다." 우창于鬯은 분토冀土가 고대어로 게으르다는 뜻이라고 한다. 확실히 같은 조건에서 근면하냐 게으르냐에 따라 결과는 달라질 수 있다. 그러나 저자가 빈궁함을 순전히 게으름 때문에 조성된 것이라고 생각한 것은 다소 편파적인 판단이다. 셋째, 농민들이 재생산을 유지하는 최저한도의 조건은 "3기본三其本" 즉 밑천의 세 배를 수확하는 것이다. 넷째, 만약 농민이 "2기본二其本" 즉 밑천의 두 배를 수확하지 못하는데, 이 상황에서 통치자가 또다시 세금을 부과한다면 반드시 인민의 반란과 의거가 일어날 것이다. 인민의 반란에 대해 또 형벌로써 다스린다면 이는 인민을 도살하는 이른바 '참민斬民'이 된다. 다섯째, 세금 징수가 적정량이 아니며, 특히 백성이 먹을 게 없어 자식을 파는 상황에서는 먹을 것이 없는 백성을 어떤 이유로도 책망할 수 없다. 그리고 자식을 파는 백성은 부름에 응하지도 않을 것이다. 이 지경에 이르면 군주는 백성을 잃고 필경 망국의 재앙을 맞게 될 것이다. 상술한 노동생산성, 재생산 유지의 조건 및 착취량 분석이 당시의 실제 상황에 들어맞는 것이었느냐 여부는 여기서 고찰하지 않겠다. 다만 이와 같은 분석 방법이 선진의 제자백가 가운데 유일무이하다는 것은 말할 수 있다. 이 사람들은 당시 통치계급의 대변인들 가운데 가장 명석한 일부 인사들이었다. 그들의 명석한 점은 바로 경제 과정 중의 수량 관계를 분석했다는 데 있다. 바로 이 수량이 정치적 통치의 안정성 여부를 결정짓는다.

경제를 정확히 파악하여 승산 있게 일을 하기 위해 경중가들은 경제와 관련된 기본 숫자에 대한 통계와 계산을 특히 중시했다. 「산국궤」 편은 토지, 인구, 화폐, 물산, 행정구획 등의 상황과 숫자를 정확히 이해, 파악하여 이로써 정책 수립의 근거로 삼는 일을 전문적으로 기술하고 있다. 통계를 정치의 기본 바탕으로 삼는 것은 선진 제자들 가운데 드문 일로 당시로선 얻기 힘든 탁견이다.

결어

전국 시대에는 상업이 급속히 발전하여 상업적 이윤이 다른 업종의 이윤보다 월등히 높았다. 경중가들은 봉건국가의 입장에서 당시의 주요 상업 활동을 독점하라고 주장한다. 이들은 독점과 정부 정책을 결합시켜 축적된 재화의 교환 범위를 인위적으로 확대하고 가격의 급등 급락 상황을 조성하여 고액의 이윤을 취하라고 주장한다. 이 이윤은 당시 상업의 평균 이윤을 월등히 초과하는 것으로 상업이란 말로 덧씌워진 일종의 강도 같은 약탈이었다. 여기서 상업은 정치적 폭력 도구가 되고 있다. 자유롭고 평등한 상업적 교역은 시장에서 무력에 의해 쫓겨나 칼날의 핍박하에 존재하는 강압 교역으로 바뀌어 있다. 상품 교환은 여기서 이미 왜곡되어 기형의 괴물이 되었다.

경중가들이 추진한 상업 교역은 생산의 발전과 상품 교환의 번영을 촉진하지 못한다. 그들은 권력을 이용해 가치 규율을 훼손함으로써 가치 규율을 무용지물로 만들고 있기 때문이다. 당시로 볼 때 가치 규율을 따르지 않은 상품 교역은 약탈성과 생산에 대한 파괴 작용을 하는 것 외에 진보적 작용이라고 말할 만한 것은 거의 없다.

언뜻 보면 경중가들은 경제 관계를 특별히 중시한 듯하다. 그러나 사실을 따져보면 그들은 정치 폭력의 작용을 더욱 중시했다. 그들의 이 이론은 봉건전제주의를 경제생활 과정에 관철시킨 것으로 봉건전제주의 발전을 대대적으로 촉진했다.

인식론적으로 볼 때 경중가들은 일군의 천재적 인물들이다. 그들의 경제생활에 대한 고찰과 인식은 당시로서는 가장 의미심장한 것이었다. 하지만 그들의 입각점과 역사 발전은 서로 배치되는 것이었다. 그들은 상품 생산과 교환의 자연스러운 과정을 파괴했으며, 그것을 전제 군주 수중의 장난감으로 바꾸고 말았다. 이들의 주장은 중국 역사에 대단히 나쁜 영향을 미쳤다.

1   藏商管之法者家有之.

2   皆賜列第, 爲上大夫.(『史記』「田敬仲完世家」)

3   爲開第康莊之衢, 高門大屋.(『사기』「孟子荀卿列傳」)

4   不治而議論.(『사기』「田敬仲完世家」)

5   明王在上, 道法行於國.

6   百姓輯睦, 聽令道法, 以從其事.

7   明君之重道法.

8   仁義禮樂者, 皆出於法, 此先聖之所以一民者也.

9   群臣不用禮義教訓, 則不祥.

10   禮孝弟, 則奸僞止.

11   度恕而行也. 度恕者, 度之於己也. 己之所不安, 勿施於人.

12   事督乎法, 法出乎權, 權出乎道.

13   君臣父子人間之事謂之義. 登降揖讓, 貴賤有等, 親疏有體謂之禮.

14   止怒莫若詩, 去憂莫若樂, 節樂莫若禮, 守禮莫若敬, 守敬莫若靜, 內靜外敬, 能反其性, 性將大定.

15   四維不張, 國乃滅亡.

16   궈모뤄郭沫若, 원이뒤聞一多 등의 『관자집교管子集校』와 자오서우정趙守正의 『관자주역管子注譯 상』(廣西人民出版社, 1982) 4쪽 등에서는 政政을 政正으로 보아 관장官長 즉 관료의 수장이 될 수 있다고 해석한다. 그러나 전통 시대의 관료는 단순한 행정업무가 아닌 정치하는 관료이므로 여기서는 그냥 정치하는 사람으로 해석한다. —옮긴이

17   無私者可置以爲政.

18   凡有地牧民者, 務在四時, 守在倉廩. 國多財則遠者來, 地辟擧則民留處. 倉廩實則知禮節, 衣食足則知榮辱.

19   政之所行, 在順民心; 政之所廢, 在逆民心.

20   穀非地不生, 地非民不動, 民非作力毋以致財. 天下(劉績의 말에 따르면 '天下'를 '天財'로 써야 함)之所生, 生於用力; 用(戴望의 말에 따르면 '用' 자는 '衍'이어야 함)力之所生, 生於勞身.

21   관중이 제나라에서 실시했다는 병농일치의 사회 조직. 다섯 집 단위인 오伍와 열 집 단위인 십什은 군사 편제와 똑같아 언제든 전투편제로 개편이 가능한 형태. —옮긴이

22   원문 문무文武에서 문은 북鼓을, 무는 징金을 나타낸다. 전쟁 시 북은 전진을, 징은 퇴

각을 의미한다. —옮긴이

23 夫爲國之本, 得天之時而爲經, 得人之心而爲紀, 法令爲維網, 吏爲罔罟, 什伍以爲行列, 賞誅爲文武.

24 順天之時, 得地之宜, 忠人之和.

25 天有常象, 地有常形, 人有常禮, 一設而不更, 此爲三常. 兼而一之, 人君之道也.

26 君失其道, 無以有其國.

27 明大數者得人, 審小計者失人. 得天下之衆者王, 得其半者霸.

28 夫生法者, 君也.

29 欲正世調天下者, 必先觀國政, 料事務, 察民俗, 本治亂之所生, 知得失之所在, 然後從事. 故法可立而治可行.

30 天覆萬物, 制寒暑, 行日月, 次星辰, 天之常也.

31 地生養萬物, 地之則也.

32 春者, 陽氣始上, 故萬物生. 夏者, 陽氣畢上, 故萬物長; 秋者, 陽氣始下, 故萬物收; 冬者, 陽氣畢下, 故萬物藏.(『관자』 「形勢解」)

33 根天地之氣, 寒暑之和, 水土之性, 人民鳥獸草木之生物, 雖不甚多(궈모뤄 등의 『관자집교』에 의거하면 '不' 자가 없어야 뜻이 통한다—옮긴이), 皆有均(원본에는 '均有'라 되어 있으나 궈모뤄 등의 『관자집교』에 의거하여 고침)焉, 而未嘗變也, 謂之則.

34 天道之數, 至則反, 盛則衰.

35 天之道, 滿而不溢.

36 道也者, 萬物之要也.

37 春夏秋冬, 陰陽之推移也; 時之短長, 陰陽之利用也; 日夜之易, 陰陽之化也. 然則陰陽正矣, 雖不正, 有餘不可損, 不足不可益也. 天也(원문은 天地이나 『관자집교』에 의거하여 고침), 莫之能損益也.

38 道者, 誠('成'의 의미—옮긴이)人之生也, 非在人者也(『관자집교』에 의거하여 고침).

39 春無殺伐.

40 夏無遏水達名川.

41 秋無赦過釋罪緩刑.

42 冬無賦爵賞祿.

43 隨時而變, 因俗而動.(『관자』 「正世」)

44 不慕古, 不留今, 與時變, 與俗化.(『관자』 「正世」)

45 變俗易敎.

46 國家不安, 失非在上, 則過在下.

47 失在上, 而上不變, 則萬民無所托其命.

48 過在下, 人君不廉而變, 則暴人不勝, 邪亂不止.

49 有時先政, 有時先德(원문에는 앞에 '有時先事'가 있고 '德' 자 뒤에 '有時先恕'가 있어
    네 구절인데 그에 따라오는 설명은 '有時先政'과 '有時先德'뿐이다—옮긴이. 『관자집
    교』에 의거하여 고침).

50 厚收善藏, 以充倉廩.

51 世謂之聖王者, 知爲之之術也.

52 民之情莫不欲生而惡死, 莫不欲利而惡害.

53 貴富尊顯, 民歸樂之, 人主莫不欲也.

54 民利之則來, 害之則去. 民之從利也, 如水之走下.

55 凡人之情, 見利莫能勿就, 見害莫能勿避.

56 死與不食者, 天下之所共惡也.

57 凡人之情, 得所欲則樂, 逢所惡則憂. 此貴賤之所同有也.

58 人主之所以令則行, 禁則止者, 必令於民之所好, 而禁於民之所惡也.

59 法立而民樂之, 令出而民衝之. 法令之合於民心, 如符節之相得也, 則主尊顯. 故曰. 衝令
    者, 君之尊也. 人主出言, 順於理, 合於民情, 則民受其辭.

60 明主之道, 立民所欲, 而求其功 (…) 立民所惡, 以禁其邪.

61 明君順人心, 安情性, 而發於衆心之所聚.

62 居民於其所樂, 事之於其所利, 賞之於其所善, 罰之於其所惡, 信之於其所餘財, 功之於
    其所無誅.

63 人情不二, 故民情可得而御也, 審其所好惡, 則其長短可知也. 觀其交遊, 則其賢不肖可
    察也. 二者不失, 則民能可得而官也.

64 故欲來民者, 先起其利, 雖不召而民自至; 設其所惡, 雖召之而民不來也.

65 審治刑賞, 必明經紀; 陳義設法, 斷事以理. 虛氣平心, 乃去怒喜.

66 君身論道行理, 則群臣服教, 百吏嚴斷.

67 以法數治民則安, 故事不廣於理者, 其成若神.

68 市者, 貨之准也. 是故百貨賤, 則百利不得. 百利不得, 則百事治. 百事治則百用節矣. (…)
    市者可以知治亂, 可以知多寡, 而不能爲多寡.

69 不爲重寶虧其命.

70 不爲親戚(원문은 '愛親'이나 『관자집교』에 의거하여 고침)危其社稷.

71 不爲愛人枉其法.

72 不爲重祿爵分其威.

73 明主度量人力之所能爲而後使焉. 故令於人之所能爲則令行, 使於人之所能爲則事成. 亂主不量人力, 令於人之所不能爲, 故其令廢; 使於人之所不能爲, 故其事敗.

74 地之生財有時, 民之用力有倦.(『관자』「權修」)

75 未有能多求而多得者也, 未有能多禁而多止者也, 未有能多令而多行者也.

76 以有時與有倦養無窮之君, 而度量不生於其間, 則上下相疾也. 是以臣有殺其君, 子有殺其父者矣. 故取於民有度, 用之有止, 國雖小必安; 取於民無度, 用之無止, 國雖大必危.

77 治莫貴於得齊. 制民急則民迫, 民迫則竆, 竆則民失其所葆; 緩則縱, 縱則淫, 淫則行私, 行私則離公, 離公則難用. 故治之所以不立者, 齊不得也. 齊不得則治難行. 故治民之齊, 不可不察也.

78 黃帝之治也, 置法而不變, 使民安其法者也.

79 國更立法以典民則不祥.

80 不明於法, 而欲治民一衆, 猶左書而右息之.

81 夫法者, 上之所以一民使下也.

82 明主一度量.

83 法者不可不恒也(원문에는 두 번째 '不' 자가 없으나 『관자집교』에 의거하여 보완함).

84 法制有常, 則民不散而上合.

85 國無常經, 民力必竭.

86 法者, 所以同出不得不然者也.

87 夫法者, 所以興功懼暴也; 律者, 所以定分止爭也; 令者, 所以令人知事也. 法律政令者, 吏民規矩繩墨也.(『관자』「七臣七主」)

88 法者, 天下之程式也, 萬事之儀表也.(『관자』「明法解」)

89 法者, 天下之儀也, 所以決疑而明是非也, 百姓所懸命也.(『관자』「禁藏」)

90 法者, 天下之至道也.(『관자』「任法」)

91 非誠賈不得食於賈, 非誠工不得食於工, 非誠農不得食於農, 非信士不得立於朝.

92 君子食於道, 則上尊而民順; 小人食於力, 則財厚而養足.

93 主畫之, 相守之; 相畫之, 官守之; 官畫之, 民役之.

94 上之人明其道, 下之人守其職, 上下之分不同任而復合爲一體.

95 歲一言者, 君也; 時省者, 相也; 月稽者, 官也; 務四支之力修耕農之業以待令者, 庶人也.

96 上亦法, 臣亦法(윗 구 '上亦'은 바로 위 문장의 끝에 붙는 말로 '亦'을 '矣'로 바꿔 문장

을 끝내야 한다.『관자집교管子集校』도 그렇다. 그리고 뒤 '亦法'은 원문이나『관자集校』본에 보이지 않고 그냥 '法臣'이라고 연결되어 있다. —옮긴이), 法斷名決, 無誹譽. 故君法則主安位, 臣法則貨賂止, 而民無奸.

97 法令者, 君臣之所共立也.

98 君臣上下, 貴賤皆從法, 此胃(謂)大治.

99 君據法而出令, 有司奉命而行事, 百姓順上而成俗.

100 法者, 民之父母也.

101 禁勝於身則令行於民矣.

102 明君知民之必以上爲心也. 故置法以自治, 立儀以自正也. 故上不行, 則民不從彼. 民不服法死制, 則國必亂矣. 是以有道之君, 行法修制先民服也.

103 君臣上下, 貴賤皆從法.

104 喜無以賞, 怒無以殺.(『관자』「版法解」)

105 見必然之政, 立必勝之罰.(『관자』「七臣七主」)

106 行令在乎嚴罰, 罰嚴令行, 則百吏皆恐.

107 先易者後難, 先難而後易, 萬物盡然. 明王知其然, 故必誅而不赦, 必賞而不遷者, 非喜子而樂其殺也, 所以爲人致利除害也.

108 於下無誅者, 必誅者也. 有誅者, 不必誅者也.

109 凡令之行也, 必待近者之勝也, 而令乃行.

110 凡法事者, 操持不可以不正. 操持不正, 則聽治不公, 聽治不公, 則治不盡理.

111 審治刑賞, 必明經紀; 陳義設法, 斷事以理. 虛氣平心, 乃去怒喜.

112 夫公之所加, 罪雖重, 下無怨氣; 私之所加, 賞雖多, 士不爲歡. 行法不道, 衆民不能順; 擧措不當, 衆民不能成.

113 制群臣, 擅生殺, 主之分也; 懸令仰制, 臣之分也. 威勢尊顯, 主之分也; 卑賤畏敬, 臣之分也. 令行禁止, 主之分也; 奉法聽從, 臣之分也.

114 上有法制, 下有分職.

115 明分任職則治而不亂, 明而不蔽矣.

116 義禮明也.(『관자』「君臣下」)

117 群臣不用禮義敎訓則不祥.

118 上下設, 民生體(禮, 趙守正의『관자注譯』에는 다음 구 '民體以爲國'과 연결하여 體가 '주체' 또는 근본을 가리켜 백성을 근본으로 여기는 의미라고 해석한다. 역자의 생각에 趙씨의 주장이 합리적이다. 여기서 지은이가 禮라고 해석한 점은 견강부회로 여겨짐,

저자의 이런 해석은 뒷 절에 다시 보인다. ―옮긴이)而國都立矣.

119 法度者, 萬民之儀表也; 禮義者, 尊卑之儀表也.

120 仁義禮樂皆出於法, 此先聖之所以一民者也.

121 國多私勇者, 其兵弱; 吏多私智者, 其法亂; 民多私利者, 其國貧.(『관자』「禁藏」)

122 爲人君者, 倍(背)道棄法而好行私, 謂之亂.

123 明主之動作雖異, 其利民同也.

124 便其勢, 利其備, 愛其力, 而勿奪其時以利之.

125 度恕而行也. 度恕者, 度之於己也. 己之所不安, 勿施於人.

126 能以所不利利人.

127 計上之所以愛民者, 爲用之愛之也.

128 爲人君者莫貴於勝. 所謂勝者, 法立令行之謂勝.

129 勝民之爲道, 非天下之大道也.

130 使民畏公而不見親.

131 君之國岌乎!

132 刑法繁則姦不禁, 主嚴誅則失民心.

133 行令在乎嚴罰. 罰嚴令行, 則百吏皆恐.

134 上赦小過, 則民多重罪, 積之所生也.

135 赦出則民不敬, 惠行則過日益, 惠赦加於民, 而囹圄雖實, 殺戮雖繁, 姦不勝矣, 故曰. 邪莫如早禁之.

136 凡赦者, 小利而大害者也, 故久而不勝其禍.

137 明主猶羿也, 平和其法, 審其廢置而堅守之, 有必治之道, 故能多擧而多當.

138 不貴其人博學也, 欲其人之和同以聽令也.

139 一國威, 齊士義.

140 倨傲易令, 錯儀畫制作議者(궈모뤄는 '作議'를 '詐僞'로 읽어야 한다고 말한다), 盡誅.

141 强者折, 銳者挫, 堅者破. 引之以繩墨, 繩之以誅戮.

142 不牧之民, 繩之外也, 誅.

143 民毋敢立私議自貴者.

144 萬民之心皆服而從上.

145 禮孝弟則奸僞止.

146 이상 인용 원문 출처는 위 각주 118 이하 본문 내용을 참조. ―옮긴이

147 仁而不法傷正.

148 以力相征.

149 智者假衆力以禁強虐而暴人止, 爲民興利除害, 正民之德而民師之.

150 君之所以爲君者, 賞罰以爲君.

151 神聖者王, 仁智者君, 武勇者長, 此天之道, 人之情也.(『관자』「君臣下」)

152 民用, 則天下可致也.

153 德之以懷也, 威之以畏也, 則天下歸之矣.

154 與民爲一體則是以國守國, 以民守民也.

155 與天下同利者, 天下持久.

156 威有與兩立, 兵有與分爭, 德不能懷遠國, 令不能一諸侯, 而求王天下, 不可得也.

157 若夫地雖大, 而不幷兼, 不攘奪; 人雖衆, 不緩怠, 不傲下; 國雖富, 不侈泰, 不縱欲; 兵雖
     強, 不輕侮諸侯; 動衆用兵, 必爲天下政理. 此正天下之本, 而霸王之主也.

158 霸王者有時, 國修而鄰國無道, 霸王之資也.

159 欲用天下之權者, 必先布德諸侯.

160 諸侯之得地利者, 權從之; 失地利者, 權去之.

161 得天下之衆者王, 得其半者霸.

162 主者, 人之所仰而生也.

163 古者三王五伯, 皆人主之利天下者也, 故身貴顯, 而子孫被其澤; 桀紂幽厲皆人主之害天
     下者也, 故身困傷, 而子孫蒙其禍.

164 兵不必勝敵國, 而能正天下者, 未之有也.

165 有生法, 有守法, 有法於法. 夫生法者, 君也; 守法者, 臣也; 法於法者, 民也.

166 巧者能生規矩, 不能廢規矩而正方圜. 雖聖人能生法, 不能廢法而治國. 故雖有明智高
     行, 倍法而治, 是廢規矩而正方圜也.

167 先王之治國也, 不淫意於法之外, 不爲惠於法之內也. 動無非法者, 所以禁過而外私也.

168 申(信이어야 함)主. 任勢守數以爲常, 周聽近遠以續明.

169 反法以自傷.

170 目伸五色, 耳常五聲.

171 不明分職, 上下相干, 臣主同則.

172 不通人情以質疑.

173 盡自治其事.

174 任公不任私.

175 以法制行之, 如天地之無私也.

176 上以公正論.

177 夫私者, 壅蔽失位之道也.

178 專以其心斷者.

179 專聽其大臣者.

180 明主之動靜得理義, 號令順民心.

181 民之所以守戰至死而不衰者, 上之所以加施於民者厚也.

182 上施薄, 則民之報上亦薄.

183 夫民, 別而聽之則愚, 合而聽之則聖. 雖有湯武之德, 復合於市人之言.

184 凡人君之所以爲君者, 勢也.

185 故人君之失勢則臣制之矣, (…) 故君臣之易位, 勢在下也.

186 非計(戴望의 교정에 의거해 보완했다)(그러나 역자가 보기에 '計' 자가 없어도 앞의 '尊君卑臣'과 맞추어 해석이 가능하다. 원문에 있었던 '計' 자는 『관자집교』에서는 불필요한 글자로 오히려 없앴다―옮긴이)親也, 以勢勝也. 百官論識(職 자가 마땅)非惠也, 刑罰必也.

187 非愛主也, 以畏主之威勢也.

188 百姓之爭用, 非以愛主也, 以畏主之法令也.

189 在臣期年, 臣雖不忠, 君不能奪也; 在子期年, 子雖不孝, 父不能服也.

190 法令者, 君臣之所共立也; 權勢者, 人主之所獨守也. (…) 罪決於吏則治, 權斷於主則威.

191 威不兩錯, 政不二門, 以法治國.

192 君臣共道則亂.

193 堂上有事, 十日而君不聞, 此所謂遠於百里也.

194 夫明王之所輕者馬與玉, 其所重者政與軍.

195 君國之重器莫重於令. 令重則君尊, 君尊則國安.

196 治民之本, 本莫要於令.

197 號令也, 斧鉞也, 祿賞也.

198 人主操此六者以畜其臣, 人臣亦望此六者以事其君.

199 此四位者, 主之所處也. 藉人以其所操, 命曰奪柄; 藉人以其所處, 命曰失位. 奪柄失位而求令之行, 不可得也. 法不平, 令不全, 是亦奪柄失位之道也.

200 人主, 天下之有勢者也, 深居則人畏其勢.

201 明主操必勝之數, 以治必用之民; 處必尊之勢, 以制必服之臣.

202 夫一言而壽國, 不聽而國亡, 若此者, 大聖之言也.

203 夫權者, 神聖之所資也; 獨明者, 天下之利器也; 獨斷者, 微密之營壘也. 此三者, 聖人之 所則也.

204 所謂亂國者, 臣術勝也.

205 明主操術任臣下, 使群臣效其智能, 進其長技.

206 制群臣, 擅生殺, 主之分也.

207 使人不欲生, 不惡死, 則不可得而制也.

208 先王之治國也, 使法擇人, 不自擧也; 使法量功, 不自度也. 故能匿而不可蔽, 敗而不可飾; 譽者不能進, 而誹者不能退也.

209 能上盡言於主, 下致力於民, 而足以修義從令者, 忠臣也.

210 能據法而不阿, 上以匡主之過, 下以振民之病者, 忠臣之所行也.

211 穆(悅)君之色, 從其欲, 阿而勝之, 此臣人之大罪也.(『관자』 「君臣下」)

212 世無公國之君, 則無直進之士; 無論能之主, 則無成功之臣.

213 凡私之所起, 必生於主. 夫上好本, 則端正之士在前; 上好利, 則毀譽之士在側.

214 竭能盡力而不尙得.

215 犯難離患而不辭死.

216 受祿不過其功, 服位不侈其能, 不以毋實虛受者.

217 多造鍾鼓, 衆飾婦女, 以惛上.

218 以非買名, 以是傷上, 而衆不知.

219 制令之布於民也, 必由中央之人. 中央之人以緩爲急, 急可以取威; 以急爲緩, 緩可以惠民. 威惠遷於下, 則爲人上者危矣. 賢不肖之知於上, 必由中央之人; 財力之貢於上, 必由中央之人. 能易賢不肖而可以威, 黨於下(『관자집교』에 의거하여 고침), 有能以民之財力上啖其主, 而可以爲勞於下. 兼上下以環其私, 爵制而不可加, 則爲人上者危矣.(『관자』 「君臣下」)

220 言者, 責之以其實. 譽人者, 試之以其官. 言而無實者誅, 吏而亂官者誅. 是故虛言不敢進, 不肖者不敢受官.

221 以法案7其言, 以求其實.

222 功充其言則賞, 不充其言則誅.

223 人主不周密, 則正言直行之士危.

224 則人主孤而毋內.

225 人臣黨而成群.

226 明於分職, 而督其成事. 勝其任者處官, 不勝其任者廢免.

227 禁藏於胸脅之內, 而避禍於萬里之外, 能以此制彼者, 唯能以己知人者也.

228 無爲者帝, 爲而無以爲者王, 爲而不貴者霸.

229 明主不用其智, 而任聖人之智; 不用其力, 而任衆人之力.

230 明主之治天下也, 必用聖人.

231 不事心, 不勞意, 不動(勤)力, 而土地自辟, 囷倉自實, 蓄積自多, 甲兵自強, 群臣無詐僞.

232 處佚樂, 馳騁弋獵.

233 垂拱而天下治.

234 所謂治國者, 主道明也; 所謂亂國者, 臣術勝也.

235 親也, 貴也, 貨也, 色也, 巧佞也, 玩好也.

236 天子出令於天下, 諸侯受令於天子, 大夫受令於君, 子受令於父母….

237 使天下兩天子, 天下不可理也.

238 明一者皇, 察道者帝, 通德者王, 謀得兵勝者霸.

239 百吏在朝, 君乃出令, 布憲於國.

240 方六里命之曰暴, 五暴命之曰部, 五部命之曰聚.

241 五家而伍, 十家而連, 五連而暴, 五暴而長, 命之曰某鄉, 四鄉命之曰都.

242 邑成而制事, 四聚爲一离, 五离爲一制, 五制爲一田, 二田爲一夫, 三夫爲一家.

243 方六里爲一乘之地也, 一乘者四馬也, 一馬, 其甲七, 其蔽五. 四馬, 其甲二十有八, 其蔽二十, 白徒三十人奉車兩.

244 上地方八十里, 萬室之國一, 千室之都四; 中地方百里, 萬室之國一, 千室之都四; 下地方百二十里, 萬室之國一, 千室之都四.

245 分國以爲五鄉, 鄉爲之師; 分鄉以爲五州, 州爲之長; 分州以爲十里, 里爲之尉; 分里以爲十游, 游爲之宗. 十家爲什, 五家爲伍, 什伍皆有長焉.

246 千里之內, 束布之罰, 一畝之賦, 盡可知也.

247 粟也者, 財之所歸也; 粟也者, 地之所歸也. 粟多則天下之物盡至矣.

248 地之守在城, 城之守在兵, 兵之守在人, 人之守在粟.

249 衆民強兵, 廣地富國之必生於粟也.

250 不生粟之國亡, 粟生而死者霸, 粟生而不死者王.

251 安鄉重家, 則雖變俗易習, 驅衆移民, 至於殺之, 而民不惡也, 此務粟之功也.

252 粟者, 王之本事也, 人主之大務, 有人之涂, 治國之道也.

253 富國多粟生於農.

254 先王者善爲民除害興利, 故天下之民歸之. 所謂興利者, 利農事也. 所謂除害者, 禁害農事也.

255 菽粟不足.

256 末産不禁, 則野不辟.

257 民緩於時事而輕地利.

258 論百工, 審時事, 辨功苦, 上完利, 監壹五鄉, 以時均修焉, 使刻鏤文采, 毋敢造於鄉.

259 禁末作文巧.

260 民無所遊食, 則必農.

261 使農士商工四民交能易作, 終歲之利, 無道相過也, 是以民作一而得均.(『관자』「治國」)

262 地者, 政之本也, 是故地可以正政也.

263 理國之道, 地德爲首.

264 地不均平和調, 則政不可正也. 政不正, 則事(生産)不可理也.(『관자』「乘馬」)

265 均地分力, 使民知時也, 民乃知時日之蚤晏, 日月之不足, 飢寒之至於身也. 是故夜寢早起, 父子兄弟不忘其功, 爲而不倦, 民不憚勞苦. 故不均之爲惡也; 地利不可竭, 民力不可殫, 不告之以時而民不知, 不道之以事而民不爲. 與之分貨, 則民知得正矣. 審其分, 則民盡力矣. 是故不使而父子兄弟不忘其功.

266 市者, 貨之準也.

267 市者, 天地之財具也, 而萬人之所和而利也.

268 市者, 可以知治亂, 可以知多寡, 而不能爲多寡.

269 故善者執(원래는 '勢'임)利之在, 而民自美安. 不推而往, 不引而來, 不煩不擾, 而民自富.

270 夫法之制民也 (…) 審利害之所在, 民之去就.

271 賦斂厚, 則下怨上矣. 民力竭, 則令不行矣.

272 民不足, 令乃辱; 民苦殃, 令不行.

273 君有三欲於民. (…) 三欲者何也? 一曰求, 二曰禁, 三曰令. 求必欲得, 禁必欲止, 令必欲行.

274 人君之欲無窮.(『관자』「權修」)

275 造父, 善馭馬者也. 善視其馬, 節其飮食, 度量馬力, 審其足走, 故能取遠道而馬不罷. 明主猶造父也, 善治其民, 度量其力, 審其技能, 故立功而民不困傷.

276 明主度量人力之所能爲而後使焉. 故令於人之所能爲, 則令行.

277 凡治國之道, 必先富民. 民富則易治也, 民貧則難治也.

278 臺榭相望者,7 亡國之廡也; 馳車充國者, 追寇之馬也; 習劍珠飾者, 斬生之斧也; 文采纂組者, 燔功之窯也. 明王知其然, 故遠而不近也. 能去此取彼, 則人主之道備矣.

279 物有多寡, 而情不能等; 事有成敗, 而意不能同; 行有進退, 而力不能兩也. 故立身於中, 養有節. 宮室足以避燥濕, 飲食足以和血氣, 衣服足以適寒溫, 禮儀足以別貴賤; (…) 故 適身行義, 儉約恭敬, 其唯無福, 禍亦不來矣. 驕傲侈泰, 離度絕理, 其唯無禍, 福亦不至 矣. 是故君子上觀絕理者, 以自恐也; 下觀不及者, 以自隱也.

280 君主所以卑尊, 國之所以安危者, 莫要於兵. (…) 兵者, 外以誅暴, 內以禁邪. 故兵者, 尊 主安國之經也, 不可廢也.

281 貧民傷財, 莫大於兵; 危國憂主, 莫速於兵.

282 兵當廢而不廢則惑也, 不當廢而欲廢之, 則亦惑也(王念孫의 교정에 의거해 고침).

283 凡國之重也, 必待兵之勝也, 而國乃重.

284 兵雖非備道至德也, 然而所以輔王成霸.

285 凡有天下者, 以情伐者帝, 以事伐者王, 以政伐者霸.

286 凡兵之勝也, 必待民之用也, 而兵乃勝; 凡民之用也, 必待令之行也, 而民乃用.

287 得衆而不得其心, 則與獨行者同實.

288 得地而國不敗者, 因其民也.

289 其前政多善矣.

290 霸王之所始也, 以人爲本.

291 不明於敵人之政, 不能加也.

292 不理不勝天下, 不義不勝人.

293 強國衆, 合強以攻弱, 以圖霸. 強國少, 合小以攻大, 以圖王.

294 強國衆而言王勢者, 愚人之智也. 強國少而施霸道者, 敗事之謀也.

295 善用國者, 因其大國之重以其勢小之, 因強國之權以其勢弱之, 因重國之形以其勢輕之.

296 必得之事, 不足賴也; 必諾之言, 不足信也.

297 能予而無取者, 天地之配也.

298 名正則治, 名倚則亂.

299 以卑爲卑, 卑不可得; 以尊爲尊, 尊不可得.

300 故德莫如先, 應適(敵)莫如後.

301 凡物之精, 比則爲生, 下生五穀, 上爲列星. 流於天地之間, 謂之鬼神; 藏於胸中, 謂之聖 人. 是故此氣, 杲乎如登於天, 杳乎如入於淵, 淖乎如在於海, 卒乎如在於己('山'이 마땅). 是故此氣也, 不可止以力, 而可安以德; 不可呼以聲, 而可迎以音(意). 敬守勿失, 是謂成 德. 德成而智出, 萬物畢得.

302 天不變其常, 地不易其則, 春秋冬夏不更其節, 古今一也.(『관자』「形勢」)

303 凡人之生也, 天出其精, 地出其形, 合此以爲人.

304 道之在天者, 日也; 其在人者, 心也.(『관자』「樞言」)

305 上之隨天, 其次隨人.

306 其功順天者, 天助之; 其功逆天者, 天違之. 天之所助, 雖小必大; 天之所違, 雖成必敗.

307 天不爲一物枉其時.

308 不爲一人枉其法.

309 天行其所行, 而萬物被其利.

310 聖人亦行其所行, 而百姓被其利.(『관자』「白心」)

311 愛之利之益之安之, 四者道之出. 帝王者用之, 而天下治矣. 帝王者, 審所先所後, 先民與地, 則得矣. 先貴與驕, 則失矣.

312 消息盈虛, 與百姓誠信(伸), 然後能以國寧.

313 賞不足以勸善, 刑不足以懲過. 氣意得而天下服, 心意(張佩綸은 '意'는 '壹'이 마땅하다고 주장)定而天下聽.

314 心安是國安也, 心治是國治也. 治也者, 心也. 安也者, 心也.

315 氣道(戴望에 의하면 道는 通이다)乃生, 生乃思, 思乃知, 知乃止矣.(『관자』「內業」)

316 人能正靜, 皮膚裕寬, 耳目聰明, 筋信(伸)而骨強; 乃能戴大圜而履大方, 鑑於大淸, 視於大明.

317 藏於胸中, 謂之聖人.(『관자』「內業」)

318 氣者, 身之充也; 正者, 行之義也(원작에는 '正之義也'이나 귀모뤄의 교정에 의거해 고침). 充不美則心不得, 行不正則民不服. 是故, 聖人若天然, 無私覆也; 若地然, 無私載也. 私者, 亂天下者也.

319 天主正, 地主平, 人主安靜.

320 能正能靜, 然後能定. 定心在中.

321 得一之理, 治心在於中.

322 意氣定然後身正(원래는 '反'으로 되어 있으나 郭沫若의 교정에 의거해 고침).(『관자』「心術下」)

323 若左若右, 正中而已矣.

324 和以反中, 形性相葆.

325 和則能久.(『관자』「白心」)

326 虛而無形謂之道(원래는 '虛無無形'이라 쓰여 있으나 귀모뤄의 교정에 의거해 고침); 化育萬物謂之德; 君臣父子人間之事謂之義; 登降, 揖讓, 貴賤有等, 親疏有體(원래는 '之

'體'라 되어 있으나 丁士涵의 교정에 의거해 고침, 體는 '分'의 뜻)謂之禮; 簡物小大('大' 는 원래 '末'로 되어 있으나 丁士涵의 교정에 의거해 고침)一道, 殺僇禁誅謂之法.

327 德者, 道之舍.

328 道之與7德無間, 故言之者不別也.(『관자』 「心術上」)

329 義者, 謂各處其宜也.(『관자』 「心術上」)

330 正者, 行之義也(원래 '行者, 正之義也'로 되어 있으나 궈모뤄의 주장에 따라 교정함).(『관자』 「心術下」)

331 子而代其父曰義也, 臣而代其君曰簒也.(『관자』 「白心」)

332 因人之情, 緣義之理.

333 守禮莫如敬.

334 明分以喩義之意也.(『관자』 「心術上」)

335 禮者, 謂之有理.

336 禮出乎義, 義出乎理, 理因乎道(원문은 "故禮出乎義, 義出乎理, 理因出乎宜者也"로 되어 있는데 궈모뤄의 교정에 따라 고침).(『관자』 「心術上」)

337 簡物(物은 궈모뤄의 해석에 따르면 '繁雜'의 의미다)大小一道.

338 法者, 所以同出, 不得不然者也(出을 궈모뤄는 들쭉날쭉으로 해석함).

339 事督乎法.

340 法出乎權.

341 權出乎道. 道也者, 動不見其形.(『관자』 「心術上」)

342 因也者, 舍己而以物爲法者也. 感而後應, 非所設也; 緣理而動, 非所取也.

343 因也者, 無益無損也. 以其形因爲之名, 此因之術也.

344 過在自用, 罪在變化.

345 因者, 因其能者(李明哲은 '者' 자는 부연된 것으로 빼야 한다고 주장함)言所用也.

346 以其形因之名.

347 姑(궈모뤄는 '詁'처럼 읽는데 고는 사물의 형태에 따라 그것을 본뜬 것이라고 말함)形以形, 以形務(궈모뤄는 '務'를 '侔' 즉 취하다라는 의미라고 말함)名.

348 物固有形, 形固有名. 此言名(王念孫에 의거해 '名' 자를 덧붙임)不得過實, 實不得延名.

349 名當, 謂之聖人.

350 正名自法, 奇名自廢. 名正法備, 則聖人無事(원래는 '法'이 '治'로 되어 있으나 궈모뤄의 교정에 의거해 고침).

351 名正則治, 名倚則亂, 無名則死.

352 有名則治, 無名則亂., 治者以其名.

353 強不能遍立, 智不能盡謀.(『관자』「心術上」)

354 毋先物動, 以觀其則; 動則失位, 靜乃自得.

355 毋先物動者, 搖者不定, 躁者不靜, 言動之不可以觀也. 位者, 謂其所立也. 人主者, 立於
陰, 陰乃靜. 故曰動則失位. 陰則能制陽矣, 靜則能制動矣. 故曰靜乃自得.

356 紛乎其若亂, 靜之而自治.

357 人皆欲知, 而莫索其所以知(知의 대상), 彼也(본래는 '人皆欲知而莫索之, 其所
以知彼也'인데 王念孫의 교정에 의거해 고침); 其所以知(知의 주체), 此也. 不修之此,
焉能知彼. 修之此, 莫能('如'로 해석됨)虛矣, 虛者無藏也. 故曰. 去知則奚求(본래는 '奚
率求'로 되어 있으나 王念孫이 교정에 의거해 고침)矣, 無藏則奚設矣. 無求無設則無慮,
無慮則反復虛矣.

358 上離其道, 下失其事.(『관자』「心術上」)

359 潔其宮, 開其門, 去私毋言, 神明若存.

360 不出於口, 不見於色, 言無形也. 四海之人, 孰知其則, 言深囿也.(『관자』「心術上」)

361 心之在體, 君之位也; 九竅之有職, 官之分也. 耳目者, 視聽之官也, 心而無與于視聽之事,
則官得守其分矣.

362 心處其道, 九竅循理.

363 毋代馬走, 使盡其力; 毋代鳥飛, 使弊其羽翼.

364 心術者, 無爲而制竅者也, 故曰君.(『관자』「心術上」)

365 道生德, 德生正(政), 正生事.

366 淸神生心, 心生規, 規生矩, 矩生方, 方生正, 正生歷, 歷生四時, 四時生萬物.

367 以天爲父, 以地爲母, 以開乎萬物, 以總一統.

368 通乎陽氣, 所以事天也. 經緯日月, 用之於民, 通乎陰氣, 所以事之也. 經緯星歷, 以視其
離('列'처럼 읽음). 通若(此也)道, 然後有行.

369 天曰信明, 至曰信聖, 四時曰正.

370 聖人因而理之, 道遍矣.

371 生而勿殺, 賞而勿罰. 罪獄勿斷, 以待期年.

372 毋聚大衆, 毋行大火, 毋斷大木, 誅大臣(이 세 글자는 불필요한 부연문), 毋斬大山, 毋
戮大衍(생장의 의미). 滅三大而國有害也.

373 罰而勿賞, 奪而勿予; 罪獄誅而勿生. 終歲之罪, 毋有所赦.

374 毋行大火, 毋斬大山, 毋塞大水.

375 聖王務時而寄政焉, 作教而寄武, 作祀而寄德焉. 此三者聖王所以合於天地之行也.

376 唯聖人知四時. 不知四時乃失國之基. 不知五穀之故, 國家乃路(敗).

377 人與天調, 然後天地之美生.

378 陰陽者天地之大理也. 四時者陰陽之大經也. 刑德者四時之合也. 刑德合於時則生福, 詭(違)則生禍.

379 是以聖王治天下, 窮則反, 終則始. 德始於春, 長於夏; 刑始於秋, 流於冬. 刑德不失, 四時如一.

380 日掌陽, 月掌陰, 歲掌和. 陽爲德, 陰爲刑, 和爲事. 是故日食則失德之國惡之; 月食則失刑之國惡之; 彗星見則失和之國惡之, 風與日爭明則失正之國惡之. 是故, 聖王日食則修德, 月食則修刑, 彗星見則修和, 風與日爭明則修生. 此四者聖王所以免於天地之誅也.

381 地者, 萬物之本原, 諸生之根苑也, 美惡賢不肖愚俊之所生也.

382 水者, 地之血氣, 如筋脈之通流者也. 故曰, 水, 具材也.

383 水何也? 萬物之本原也, 諸生之宗室也.

384 人, 水也, 男女精氣合而水流形.

385 楚之水淖弱而清, 故其民輕果而賊('敢'자의 잘못인 듯); 越之水濁重而洎, 故其民愚疾而垢.

386 水淖弱以清, (…) 仁也.

387 量之不可使概, 至滿而止, 正也.

388 唯無不流, 至平而止, 義也.

389 聖人之化世也, 其解在水. 故水一則人心正, 水清則民心易. 一則欲不汚, 民心易則行無邪. 是以聖人之治於世也, 不人告也, 不戶說也, 其樞在水.

390 善爲國者, 必先除其五害.

391 水妄行則傷人, 傷人則困, 困則輕法, 輕法則難治, 難治則不孝, 不孝則不臣矣.

392 將鑄大錢. 單穆公曰: '不可. 古者, 天災降戾, 於是乎量資幣, 權輕重, 以振救民. 民患輕, 則爲作重幣以行之, 於是乎有母權子而行, 民皆得焉. 若不堪重, 則多作輕而行之, 亦不廢重, 於是乎有子權母而行, 大小利之. 今王廢輕而作重, 民失其資, 能無匱乎?'

393 彼輕重者, 諸侯不服以出戰, 諸侯賓服以行仁義.

394 桓公問於管子曰: '輕重安施?' 管子對曰: '自理國慮戲(今 伏羲)以來, 未有不以輕重而能成其王者也.'

395 弱强繼絶, 率諸侯以起周室之祀.

396 輕重之法曰. 自言能爲司馬不能爲司馬者, 殺其身以釁(釁)其鼓. 自言能治田土不能治田土者,殺其身以釁(釁)其鼓. 自言能為官不能為官者, 剷以為門父. 故無敢奸能誣祿至於君矣.

397 士非好戰而輕死, 輕重之分使然也.

398 時至則為, 過則去, 王數不可預致.

399 國准者視時而立儀.

400 새장 안에 가두는 것으로 시장에 대한 국가의 독점을 뜻하는 듯하다. ―옮긴이

401 凡將治國, 不通於輕重, 不可爲籠以守民. 不能調通民利, 不可以語制爲大治.

402 財終則有始, 與四時廢起. 聖人理之以除疾, 守之以決塞, 奪之以輕重, 行之以仁義, 故與天壤同數, 此王者之大轡也.

403 不通於輕重, 謂之妄言.

404 今欲爲大國, 大國欲爲天下, 不通權策, 其無能者矣.

405 夫民者信親而死利, 海內皆然.

406 民, 奪之則怒, 予之則喜, 民情固然.

407 非有蓄積, 不可以用人; 非有積財, 無以勸下.

408 桓公曰. '強本節用, 可以爲存乎?' 管子對曰. '可以爲益愈, 而未足以爲存也. 昔者紀氏之國強本節用者, 其五穀豐滿而不能理也, 四流而歸於天下. 若是, 則紀氏其強本節用, 適足以使其民穀盡而不能理, 爲天下虜, 是以其國亡而身無處所. 故可以爲益愈而不足以爲存. 故善爲治國者, 天下下我高, 天下輕我重, 天下多我寡, 然後可以朝天下.'

409 人君不能散積聚, 調高下, 分併財, 君雖強本趨耕, 發草立幣而無止, 民猶若不足也.

410 民富則不可以祿使也, 貧則不可以威罰也. 法令之不行, 萬民之不治, 貧富之不齊也.

411 國多財則遠者來, 地辟舉則民留處, 倉廩實則知禮節, 衣食足則知榮辱.

412 故民高辭讓, 無爲奇怪者.

413 散振不資者, 仁義也.

414 國有十年之蓄.

415 黃金刀幣, 民之通施也.

416 黃金刀布者, 民之通貨也.

417 刀幣者, 溝瀆也.

418 萬乘之國, 不可以無萬金之蓄飾. 千乘之國, 不可以無千金之蓄飾. 百乘之國, 不可以無百金之蓄飾.

419 使萬室之都必有萬鍾之藏, 藏繦千萬; 使千室之都必有千鍾之藏, 藏繦百萬.

420 幣重而萬物輕, 幣輕而萬物重.(『관자』「山至數」)

421 粟重而萬物輕, 粟輕而萬物重, 兩者不衡立.

422 穀重而物輕.

423 凡五穀者, 萬物之主也.

424 五穀粟米者, 民之司命也.

425 民以食爲天.

426 穀獨貴獨賤.

427 粟重黃金輕, 黃金重而粟輕, 兩者不衡立.

428 握之則非有補於暖也, 食之則非有補於飽也.

429 故善者重粟之賈(價).

430 物多則賤, 寡則貴.

431 物輕則見泄, 重則見射.

432 重則見射, 輕則見泄.

433 物重則至, 輕則去.

434 物藏則重, 發則輕, 散則多.

435 散則輕, 聚則重.

436 物適賤, 則牛力而無予, 民事不償其本. 物適貴, 則什倍而不可得, 民失其用.

437 狄諸侯, 畝鍾之國也, 故粟十鍾而鎦金. 程諸侯, 山諸侯之國也, 故粟五釜而鎦金.

438 齊西之粟釜百泉(즉 '錢'), 則鎦二十也. 齊東之粟釜十泉, 則鎦二錢也.

439 歲有凶穰, 故穀有貴賤.

440 歲適美, 則市糶無予而狗彘食人食. 歲適凶, 則市糴釜十繦而道有餓民.

441 一穀不登, 減一穀, 穀之法(원문에는 '法'으로 되어 있으나, 팔 '沽' 자의 형태가 같아 잘
    못된 듯하다—옮긴이)十倍; 二穀不登, 減二穀, 穀之法再十倍.

442 令有徐疾, 物有輕重.

443 君朝令而夕求具, 民肆其財物與其五穀爲讐(팔다는 의미의 '售' 자인데 발음과 모양 때
    문에 생긴 오기인 듯하다—옮긴이).

444 衡無數也. 衡者使物壹高壹下, 不得常固.

445 可因者因之, 乘者乘之, 此因天下以制天下.

446 輕重無數. 物發以應之, 聞聲而乘之.

447 以守財物, 以御民事, 而平天下也.

448 人君鑄錢立幣.

449 湯以莊山之金鑄幣, (…) 禹以歷山之金鑄幣.

450 君有山, 山有金, 以立幣.

451 發幣於國.

452 黃金刀幣, 民之通施也, 故善者執其通施以御其司命, 故民力可得而盡也.

453 五穀粟米者, 民之司命也. 黃金刀布者, 民之通貨也. 先王善制其通貨而御其司命, 故民力可盡也.

454 幣重則民死利, 幣輕則決而不用. 故輕重調於數而止.

455 彼守國者, 守穀而已矣.

456 人君挾其食, 守其用, 據有餘而制不足, 故民無不累(系와 같음)於上也.

457 常操國穀三分之一.

458 常操國穀十分之三.

459 7萬室之都必有萬鍾之藏 (…) 千室之都必有千鍾之藏.

460 天下有兵, 則積藏之粟足以備其糧.

461 人君操穀幣金衡而天下可定也.

462 山上有赭者其下有鐵, 上有鉛者其下有鉒銀, (…) 上有丹砂者其下有鉒金, 上有慈石者其下有銅金, 此山之見榮者也. 苟山之見榮者, 謹封而爲禁.

463 天財地利之所在.

464 爲人君不能謹守其山林菹澤草萊, 不可以立爲天下王.

465 以天財地利立功成名於天下者.

466 民予則喜, 奪則怒, 民情皆然. 先王知知然, 故見予之形, 不見奪之理. 故民愛可洽於上也.

467 毋稅於天下.

468 必有一針一刀.

469 必有一耒一耜一銚.

470 必有一斤一鋸一錐一鑿.

471 舉臂勝事, 無不服籍者.

472 人無避此者.

473 무슨 물건인지 모름. 자오서우정趙守正의 『관자주역管子註譯』 하(1987), 289쪽에는 산둥성 예현掖縣(지금은 라이저우來州)에서 나는 석벽石璧이라 해설한다. ─옮긴이

474 令有緩急, 故物有輕重.

475 今人君藉求於民, 令曰十日而具, 則財物之賈什去一. 令曰八日而具, 則財物之賈什去二. 令曰五日而具, 則財物之賈什去半. 朝令而夕具, 則財物之賈什去九. 先王知其然, 故不求於萬民而藉於號令也.

476 令疾則黃金重, 令徐則黃金輕. 先王權度其號令知徐疾, 高下其中幣而制下上之用, 則文武是也.

477 人君之守高下, 歲藏三分, 十年則有五('三'이어야 마땅)年之餘.

478 彼善爲國者, 使農夫寒耕暑耘, 力歸於上, 女勤於纖微而織歸於府者, 非怨民心傷民意, 高下之策, 不得不然之理也.

479 國穀三分, 則二分在上矣.

480 彼守國者, 守穀而已矣.

481 國幣之九在上, 一在下. 幣重而萬物輕. 斂萬物, 應之以幣. 幣在下, 萬物皆在上, 萬物重十倍, 府官以市梴(市價를 말함)出萬物, 隆(降의 뜻)而止.

482 物多則賤, 寡則貴. 散則輕, 聚則重.

483 人君知其然, 故視國之羡不足而御其財物. 穀賤則以幣予食, 布帛賤則以幣予衣, 視物之輕重而御之以準. 故貴賤可調而君得其利.

484 夫民有餘則輕之, 故人君斂之以輕. 民不足則重之, 故人君散之以重. 斂積之以輕, 散行之以重. 故君必有十倍之利, 而財之梴可得而平也.

485 藏輕, 出輕以重, 數也.

486 物之所生, 不若其所聚.

487 春以奉耕, 夏以奉芸. 耒耜械器種鑲糧食畢取瞻於君.

488 君養其本謹也.

489 穀者, 民之司命也.

490 予之在君, 奪之在君, 貧之在君, 富之在君.

491 民之戴上如日月, 親君若父母.(『관자』 「國蓄」)

492 利出於一孔.

493 夫富能奪, 貧能予, 乃可以爲天下.

494 五穀興豐, 則士輕祿, 民簡賞.

495 民富則不如貧.

496 善爲天下者, 毋曰使之, 使不得不使. 毋曰用之, 用不得不用也.

497 國有十歲之蓄, 而民食不足者皆以其事業望君之祿也.

498 爵祿不隨, 臣不爲忠.

499 請戰衡, 戰准, 戰流, 戰權, 戰勢. 此所謂五戰而至於兵者也.

500 相壤定籍.

501 上農挾五, 中農挾四, 下農挾三. 上女衣五, 中女衣四, 下女衣三. 農有常業, 女有常事. 一農不耕, 民有爲之飢者. 一女不織, 民有爲之寒者. 飢寒凍餓, 必起於糞土. 故先王謹於起始. 事再其本, 民無饘者賣其子. 三其本, 若爲食. 四其本, 則鄕里給. 五其本, 則遠近通, 然後死得葬矣. 事不能再其本, 而上之求焉無止. 然則奸涂不可獨遵, 貨財不安於拘. 隨之以法, 則中內撕民也. 輕重不調, 無饘之民不可責理, 鬻子不可得使, 君失其民, 父失其子, 亡國之數也.

제12장

『여씨춘추呂氏春秋』의 모든 것을
수용한 정치사상

01

여불위와
『여씨춘추』

여불위呂不韋는 중국 역사상 아주 전기적인 인물이다. 여불위의 원적은
위衛나라 복양濮陽인데, 나중에 한韓나라에서 장사를 하여 한나라 수도 양
적陽翟의 저명한 대상으로 성장했고 "집안에 천금을 쌓아두게" 되었다. 상
업적 이익은 풍성했으나 이것으로 그의 입맛을 만족시키지는 못했다. 여
불위와 그 아버지 사이의 다음 대화는 매우 생동감 넘친다. 여불위가 그
의 부친에게 "농사를 지어 남는 이익은 몇 배나 됩니까?"[1] 하고 묻자, 그
의 아버지가 "열 배다"라고 대답했다. 또 "주옥의 [매매를 통해] 남는 이익
은 몇 배입니까?"[2]라고 묻자 "백 배다"라고 대답했다. 다시 "국가의 주인을
세워서 남는 이익은 몇 배나 됩니까?"[3]라고 묻자 "헤아릴 수 없다"고 대답
했다는 것이다. 여불위는 그의 부친에게 질문을 던질 때 바로 한 가지 정
치적 기획을 마련하고 있었다. 그는 한단邯鄲으로 가서 장사를 하며 조趙
나라에 인질로 잡혀와 있는 진秦나라의 공자 이인異人을 사귀었다. 이인은
진의 태자 안국군安國君[4]의 서자로, 인질로 잡혀 있던 이때는 앞길이 요원
하고 초라하기 이를 데 없이 쇠락했었다. 그런데 여불위는 오히려 이인이
야말로 '뛰어난 재화奇貨'로서, 이 기막힌 재화를 장악했다가 일단 시기만

도래하면 천만 배의 이익을 볼 수 있으리라 생각했다. 여불위는 한편으로 두루 이인을 보살펴 그로 하여금 사회 유명 인사들을 널리 사귀어 명성을 드높이도록 했고, 다른 한편으로 진나라로 들어가 여러 가지 활동을 전개했다. 당시 안국군에게는 화양華陽부인이라 불리는 총희가 있었는데 아들이 없었다. 이에 여불위는 화양부인의 언니(일설에는 남동생이라고도 함)를 매수하여 화양부인에게 이인을 아들로 거두라고 진언토록 했다. 화양부인은 언니의 말에 따랐다. 화양부인은 또 안국군을 설득하여 이인을 적자로 세우게 만들었다. 안국군이 왕위를 계승한 뒤 이인은 일약 태자가 되었다. 이 효문왕孝文王은 즉위 1년 만에 죽고, 이인이 곧 왕위를 계승했다. 이가 장양왕莊襄王이다. 장양왕은 사례로 여불위를 승상으로 임명하고 문신후文信侯에 봉했다. 장양왕이 재위 3년 만에 죽고 그를 계승한 사람이 바로 진시황秦始皇이다. 이때 진시황의 나이 불과 13세였는데, 여불위는 또 진시황의 모친과 사통하고 있었으니 조정 대권은 바로 여불위와 진시황 모친의 수중에 떨어지게 되었다. 진시황은 그를 '중부仲父'라 불렀으며, 하남河南 낙양洛陽 일대 10만 호를 식읍으로 주었다. 여불위의 지위가 이토록 빛나게 되었으니 일개 상인과 비교할 때 몇 배나 트이게 되었는지 알 수 없다!

사람들은 왕왕 여불위를 투기꾼이라고 비웃는다. 하지만 당시에 정치 투기를 한 사람이 어찌 여불위뿐이겠는가. 다만 그의 방식이 비교적 특수하여 사람의 주목을 끌었을 뿐, 일 자체를 그리 괴상하게 볼 필요는 없다. 여불위의 정치 활동이 다소 분홍빛을 띠고 있기는 하지만, 사실을 따져보면 진나라에 대한 그의 공적은 걸출한 것이었다고 말해야 할 것이다. 그가 집정하는 동안 진나라의 6국 통일 과정이 앞을 향해 큰 걸음을 내디뎠고, 진시황의 통일을 위한 기초가 다져졌다. 여불위는 무력을 중시했을 뿐만 아니라 문치에도 상당한 주의를 기울였다. 진나라는 대대로 무도武道

를 추구하여 제자백가에 흥미를 보이지 않았다. 전국 시대 제자백가의 쟁론이 그토록 뜨거웠는데도 비교적 저명한 인물 가운데 단 한 사람도 진나라의 토양에서 배양되어 나온 자는 없었다. 유가가 그토록 활약했음에도, 순자荀子는 진나라를 유람한 뒤 진나라에는 유儒가 없다고 안타깝다고 말했다. 그런데 여불위가 정치를 하는 동안 과거의 문화 봉쇄적 국면을 완전히 바꾸어 대량의 문화가 들어오도록 했다. 그가 기른 3000여 명의 식객 가운데는 각양각색의 문화인이 다수 포함되어 있었다. 여불위는 각 학파를 두루 수용하는兼蓄並收 정책을 취했다. 이 점은 그가 편집을 주관한 『여씨춘추』에 충분히 반영되기에 이르렀다. 『여씨춘추』의 편찬은 단순한 책 한 권의 문제가 아니라 문화 정책의 산물인 것이다. 이 의의만은 더욱 주의를 기울일 만한 가치가 있다고 하겠다.

여불위는 제자백가 각 학파 인물을 모두 흡수했다. 『여씨춘추』로부터 우리는 그의 문하에 모인 유가, 도가, 묵가, 음양가, 법가, 종횡가, 병가, 농가, 명가 등 각 학파의 문도를 볼 수 있으며 다른 한편으로는 어느 학파에 속하는 인물인지 구별하기 어려운 사람도 있다. 이는 참으로 위대한 쾌거이며 공전절후의 성대한 일이다. 그 의의는 여불위의 군사적 승리에 필적한다고 하겠다.

여불위의 뛰어난 점은 단순히 널리 인재를 거두었다는 데 있는 것이 아니라 절충을 매우 잘하여 각 학파의 장점을 흡수했으며, 보잘것없는 것은 버리고 정수만을 취했다는 데 있다. 반고班固는 『한서漢書』「예문지藝文志」에서 각 학파에 모두 양분법을 행했다. 학파마다 실제에 접근하는 현실 추구 학파가 있는가 하면, 극단으로 치달아 현학적이고 번쇄하고 각박한 학파로 흐른 반고의 이른바 '벽자僻者' '방자放者' '구자拘者' '각자刻者' '교자矯者' '폐자蔽者' '사인邪人' '탕자蕩者' '비자鄙者' '광부狂夫' 등도 있다. 『여씨춘추』 각 학파의 저술로 볼 때 기본적으로 후자와 같은 현상은 없다. 이렇게 된 까닭은 아마도 여불위의 총괄적 단속과 지도력이 결정적인 작용을 했을 것이다.

또 한 가지 칭찬할 점이 있는데, 여불위는 각 학파를 강제로 개조하려 들지 않고 각 학파로 하여금 자신의 모습과 특색을 간직하도록 해서 학술상의 차이를 존속시켰다는 점이다. 이 점은 학문 발전에 없어서는 안 되는 조건 가운데 하나다.

여불위가 이 책을 편집할 때는 명확하고 직접적인 목적을 가지고 있었다. 즉 실제 정치를 위해 이론적 근거를 제공하고, 치란과 존망의 원인을 찾아내 교훈으로 받아들이고 거울로 삼는 것이다. 그러나 여기에 한정된 것만은 아니었다. 여불위에게는 또 하나의 더욱 광활한 시야가 있었는데, 그건 바로 "그것으로 천지 만물, 고금의 일을 마련하는"5 것이었다. 다시 말해 이 책을 문화적 축적으로 보았다. 이 점은 진나라에 더 특별한 의미가 있다. 진나라는 역대로 싸움만을 중시하여 문화에는 매우 소홀했다. 그런데 폭넓은 문화적 기초가 없으면 통치자가 그 통치를 오래 유지하기는 어렵다. 여불위는 이 문제를 보완하고 싶었던 것이다. 진시황은 나름대로 장점이 있었으나 이 점에 관해서는 근시안이었다. 후대의 역사 발전이 이를 증명해주고 있다.

반고는 『한서』 「예문지」에서 『여씨춘추』를 잡가雜家에 배열했다. 이 점은 학계에서 공통적으로 받아들이고 있는 사항이다. 그런데 '잡가'에 대한 이해와 인식에는 아주 큰 차이가 있다. 혹자는 잡가를 찬밥 취급하며 십이기十二紀와 같은 몇 편 외 다른 각 편 사이에는 사상이나 논리적 연계가 전혀 없는, 여러 학파와 여러 사람의 작품 모음집에 불과하다고 주장한다. 또 다른 견해는 잡다한 가운데서도 일정한 주지와 기본 줄기가 있다고 한다. 주지와 기본 줄기에 대한 인식에도 견해의 차이를 드러낸다. 어떤 사람은 도가 위주라고 하고, 어떤 사람은 유가 위주라고 하며, 어떤 사람은 묵가 위주라고 하고, 어떤 사람은 유가와 도가를 두루 취하고 있다고 주장한다. 필자가 보기에는 그 속에서 일관된 주장을 찾기보다는 차라리 잡다하게 뒤섞였다고 이르는 것이 낫겠다. 개괄하면 다음 세 가지 특징, 즉 잡다한 존재雜存를 잡다하게 선택雜選하여 잡다하게 관통雜通하고 있다.

잡존이란 말은 여불위가 어떤 학파의 의도도 없애지 않았으며, 일가 일파를 이용해 다른 학파들을 먹어치우거나 융합시킬 생각도 없었다는 이야기다. 그는 여러 학파의 학설을 모두 수용하는 방침을 채택했다. 여불위의 도량은 실로 위대한 것이었다.

잡선이란 말은 여불위가 각 학파 중 일정한 선택을 했다는 것이다. 여불위는 극단을 지향하는 유파는 선택하지 않았다. 예컨대 유가의 군신부자君臣父子 윤리 도덕에 관한 논의는 택했으나, 유가의 수많은 진부한 논의와 번문욕례는 버리고 취하지 않았다. 법가의 변통變通, 분명한 상벌, 법에 따른 일 처리 등에 관한 사상은 적잖이 선택했으나 도가 중 자연으로 사회를 배척하는 사상는 오히려 버리고 취하지 않았다. 묵가의 절장節葬, 검소함을 숭상하는 사상은 취했으나 명귀明鬼, 비악非樂에 대한 사상은 오히려 돌아보지 않았다. 어쨌든 대단한 안목을 가지고 있었다.

잡통의 통通이란 한 학파로 백가를 관통한다는 말이 아니다. 잡존, 잡선의 내용이 모두 왕자王者의 정치에 통용된다는 말이다. 또는 왕자의 수요에 따라 백가에 통했다는 말이다. 반고는 잡가에 대해 "유가, 묵가를 겸하고 명가, 법가를 합하여 국체國體에 이것을 갖추어야 함을 알아 왕자의 정치에 관통하지 않는 것이 없음을 보여주었다. 이것이 그들의 장점이다"[6]라고 말했다. 이에 대해 안사고顔師古는 "왕자의 정치는 백가의 도가 종합, 관통되지 않음이 없다"[7]고 주석했다. 반고와 안사고의 평론은 대단히 정확하고 적절하다고 하겠다. 선진 제자백가의 주류는 기본적으로 모두 군주를 위해 바친 계책들이다. 여불위는 일가 일파의 선입견에 갇히지 않았다. 그는 높은 곳에 앉아 내려다보면서 각 학파 모두에게 군주 통치에 유리한 내용들이 있음을 간파했다. 그는 꽃밭 가운데의 벌처럼 어느 꽃 하나의 꿀도 취하지 않음이 없었다. 그는 백가의 위에 서서 통치에 유익한가라는 표준을 이용하여 백가를 관통했다.

여불위의 잡에는 독자적인 견해가 있었고 선택적인 것이었으므로 충분히 한 학파로 부를 수 있다. 여불위의 『여씨춘추』 편집은 상앙商鞅 이래 진나라의 지도 사상을 조정하기 위함이었다. 그는 완성된 원고를 함양咸陽의 저자 대문에 붙여놓고 "이 위에 천금을 걸겠으니 제후, 유사遊士, 빈객 가운데 여기에 한 글자라도 더하고 뺄 수 있는 자가 있으면 천금을 주겠노라"[8]고 공언했다. 이 거동은 뽐내는 것으로 볼 수 없으며, 자구 하나하나도 흠잡을 데가 없어 고치지 않아도 된다는 그런 표시도 아니다. 필자가 보기에 이 또한 하나의 정책을 나타낸 것이다. 한편으로 연燕나라 왕이 황금 누대를 지어놓고 현인들을 불러 모은 것과 마찬가지로 동방 6국의 지식인들이 진나라로 오도록 흡인하려는 것이었다. 진나라에는 무사는 넘쳐나나 문사는 상당히 부족하다. 여불위는 두뇌들을 사들여 진나라 문화의 부족한 점을 보완함으로써 통일을 위한 문화적 준비를 하고자 했던 것이다. 다른 한편으로 그는 이 같은 방식을 통하여 그의 권위성을 드러내고자 했다. 여불위는 이렇게 득의만면해 있으면서 그때 궁중이 성숙한 그 어린 군주를 향해 방향을 틀고 있는 것을 대수롭지 않게 여겼다. 그는 끝내 무너졌다. 그가 편집한 『여씨춘추』 또한 함께 찬밥 신세가 되었다. 그런데 사상이나 이론의 생명력은 왕왕 그 주인의 생명력보다 긴 경우가 많다. 여불위의 육체는 진시황에 의해 소멸되었으나 『여씨춘추』는 오히려 계속 유전되었다. 후대의 봉건 통치자 가운데 누구도 『여씨춘추』를 사상의 정종으로 취급해 숭배하지는 않았으나 이 책은 시종 책상머리에 두는 책이 되어 사람들을 깨우쳐왔다. 다음에선 이 책 속의 정치사상을 종합 서술하는 방식으로 설명하고자 한다.

02

정치는
자연을 본받고
시대 변화에
따라야 한다는 사상

정치 활동과 자연, 시대 변화 사이에 어떤 관계가 있는지에 대한 선진 제자백가의 견해는 큰 차이가 있다. 여불위는 정치가 자연을 본받고法自然, 시대 변화에 따라야 한다隨時變는 것과 관련된 이론 및 주장을 선택했다.

자연을 본받자法自然는 사상

천인관계를 어떻게 처리할 것인가는 제자백가 토론의 중대한 사안이었으며 정치사상의 근본 문제 가운데 하나기도 했다. 이 문제에 여불위는 음양가 중 『월령月令』의 사상을 취했다. 편자는 『월령』을 약간 조정하여 여름과 가을이 교차할 때 토덕土德을 논하는 절만 빼고, 전체를 『여씨춘추』 안에 베껴 넣어 십이기十二紀로 병렬함으로써 책 전체의 법칙으로 삼았다. 여기에 배합하는 것으로써 도가 가운데 적극적으로 자연을 본받자法自然는 학파의 사상을 흡수하기도 했다. 『여씨춘추』 속의 천인관계 사상은 몇 가지 특징을 갖고 있다.

첫째, 최초의 '태일太一'로부터 천, 지, 인까지는 순서대로 생겨난 과정이다. 천지 이전에는 아직 열리지 않은 혼돈의 세계인데 이 혼돈 상태를 '태일'이라고도 부르며 '도'라고도 부른다. 태일이 천지를 낳고 천지는 만물을 낳는다. 「대악大樂」 편은 말한다. "태일에서 양의兩儀(즉 하늘과 땅)가 나오고, 양의에서 음양이 나온다. 음양이 변화하여 하나는 위로 올라가고 하나는 아래로 내려갔는데 이들이 합해져 형체를 이룬다. 혼돈을 거듭하여 아래로 떨어졌다가 다시 합하고, 합해졌다가 다시 떨어지는데, 이것을 천(자연)의 항상하는 [규율이라] 일컫는다. 하늘과 땅은 수레바퀴와 같아 끝나면 다시 시작하고 극에 이르면 다시 돌아가는데 적절하지 않음이 없다. 일월성신은 빠르거나 혹은 느리며, 해와 달은 궤도가 달라 각자 [궤도에 따라] 제 길을 간다. 사시가 잇따라 나타나 덥거나 혹은 추우며, 짧거나 혹은 길며, 유하거나 혹은 강하다. 만물의 탄생은 태일에서 시작하여 음양으로 이루어진다."⁹ 이와 같은 생성 과정은 또 순서에 따른 제약 관계를 형성한다. '태일' 혹은 '도'는 세계의 본원이며 일체를 지배하는 총규율이기도 한데, 「맹춘기孟春紀」 편에서 말하는 '천의 도道' '지의 리理' '인의 기紀'가 바로 그것이다. 상술한 이론에 의거하면 인류는 자연을 초월한 존재가 아니라 자연 발전의 산물이며 자연의 일부분이다. 이 관점은 『여씨춘추』가 인간사 문제를 처리하는 기본 근거가 되었다.

둘째, 사람의 기강과 천지자연의 규율은 내재적 통일성과 대응 관계를 갖는다. 이 또한 두 방면에서 분석할 수 있다. 한편으로 인류 사회의 활동 규율과 자연이 서로 적절히 대응하는 것임을 가리킨다. 이것은 십이기 가운데 매우 구체적으로 이야기하고 있다. 달을 옮겨가며 사람의 활동을 규정하고 있는데, 이 규정은 모두 바꿀 수 없는 것으로 마땅히 준수해야 할 규율이다. 다른 한편으로 인간의 생리 작용으로부터 마찬가지로 자연과의 내재적 통일성과 대응성을 갖는다고 논하고 있다. 「지분知分」 편에서 이렇게 말한다. "사람과 물질은 모두 음양의 변화에 따라 생겨났다. 음양은 하늘이 창조하여 형성된 것이다. 하늘은 본래 쇠약함, 모자람, 폐기, 숨김이 있고, 흥성함, 넘침, 저축, 생식이 있다. 사람 또한 곤고함, 궁함, 가난함, 모자람이 있고, 충족, 풍부함, 현달, 성공이 있다. 이 모두 하늘이 만물을 포용하는 만물의 원칙으로 이와 같이 규율하지 않을 수 없는 운명이다. 옛날의 성인은 자신의 사사로운 생각으로 신성을 해치지 않고 그저 편안히 [운명을] 기다렸을 따름이다."10 「귀기貴己」「본생本生」편 등에도 모두 이와 유사한 논술이 있다.

셋째, 개인의 주관적 행위는 반드시 천의 도, 지의 리, 인의 기를 따라야 한다. 「서의序意」편에 말한다. "하늘은 순행함을 말하며, 순행하니 [만물이] 생겨난다. 땅은 단단함을 말하며, 단단하니 [만물이] 편안해한다. 사람은 믿음을 말하니, 믿음직스러워야 쓰이게 된다. 이 삼자가 모두 타당하면 무위해도 행해질 것이다. 행해진다 함은 그 다스림을 행한다는 것이다."11 「환도圜道」편은 말한다. "하늘의 도는 둥글고, 땅의 도는 네모나다. 성왕은 이를 본받아 군신 상하를 세웠다."12 이와 유사한 논의는 매우 많은데, 모두 사람마다 천지의 원리에 따라야 함을 반복하여 설명하고 있다.

넷째, 천인관계에 대해 일부 편에서는 신비로운 색채를 띤 천인감응 사상을 선양하고 있다. 십이기 가운데 「응동應同」「소류召類」편이 이에 관해 전문적으로 논의를 진행한다. 감응설이 모두 헛소리는 아니다. 이 넓은 세계에는 확실히 "유사하면 서로를 부르게 되고, 기운이 같으면 합해지며, 소리가 비슷하면 감응하는"13 현상이 있다. 그런데 저자는 이와 같은 과학적 사상과 인식을 빌려 당시 과학적 인식 수준을 넘는 무한한 추측과 유비類比를 함으로써 신비주의에 빠져버렸다. 이를테면 다음 구절의 이야기는 과학적 관찰과 터무니없는 이야기가 한데 어울려 있다. "궁宮음을 두드리면 궁음이 울리고, 각角음을 두드리면 각음이 울린다. 고른 땅에 물을 부으면 물은 습한 곳으로 흐르고, 짚더미를 고르게 쌓아두고 불을 붙이면 불은 마른 곳부터 타들어간다."[14] 이 말은 매우 일리가 있다. 그 세밀한 관찰은 참으로 사람을 탄복시킨다. 그런데 이어서 이런 이야기도 나온다. "새 둥지를 뒤집어 알을 깨버리면 봉황이 오지 않는다. 짐승의 배를 갈라 태를 먹어버리면 기린이 오지 않는다. 연못의 물을 다 빼어 물고기를 다 잡아버리면 거북이나 용이 가지 않는다."[15] 이 가운데는 진짜도 있고 가짜도 있는데, 진짜로 가짜를 가려 사람들을 미혹한다. 다시 이어가며 말한다. "황제黃帝가 말하길, 망망하니 그 광대하고 순후함은 하늘의 위엄에 기인하여 으뜸의 기운이 같아졌기 때문이다. 기운이 같음은 정의를 동등하게 함보다 나으며, 정의가 동등한 [사회는] 힘이 동등한 사회보다 나으며, 힘이 동등한 [사회는] 같이 생존하는 차원보다 나으며, 동등하게 생존[이나 하는 사회는 단순히] 같은 이름을 갖는 것보다 낫다. 황제된 자는 기운이 같아진 [사회를] 말하여, 왕 된 자는 정의가 동등한 [사회를], 패자는 힘의 동등함을, 근면한 군주는 생존 차원의 동등함을 말하나 [덕행은] 엷다. 망국의 군주는 [단순히 군주라는] 같은 이름을 가질 뿐 [덕행은] 저열하기 그지없다."[16] 이는 분명 허튼소리다. 이 허튼소리가 앞의 과학적 관찰로 이끌어졌기 때문에 당시로서는 아주 쉽게 사람들을 속여 믿어 의심치 않도록 만들 수 있었다.

『여씨춘추』 가운데 천인관계에 대한 논의는 과학적인 묘사와 대담한 추측, 그리고 허튼소리를 모두 갖추고 있다. 그러나 어떤 상황에서든 하늘과 사람의 통일성을 추구하고 있으며, 천지에 따를 것을 노래한다. 인간의 정치 행위는 천도에 배치되지 말아야 하며, 자연에 대항하는 길로 치닫는 것을 피해야 한다고 요구한다. 사실 당시의 정치 행위는 자연과 대항하는 현상이 너무 심각했다. 국가 권력의 부단한 확대는 강력한 힘을 이용해 사람들로 하여금 자연 규율을 준수하도록 보장할 수도 있었으며,

동시에 대규모로 자연을 파괴하고 자연 규율을 위배할 가능성을 제공할 수도 있었다. 당시 조건에선 후자가 전자보다 훨씬 더 많았다. 이런 상황에 직면하여 『여씨춘추』의 위와 같은 주장과 사상은 대단히 적극적인 의의를 갖는 것이었다.

시대 변화에 따르자隨時變는 사상

『여씨춘추』의 역사에 대한 견해에서 주도적 위치를 차지하는 것은 역사 진화 사상이다. 이에 상응하여 시대에 적절한 변법變法을 주장한다. "시대에 따라 법을 바꾸는因時變法 자"만이 '현명한 군주'가 될 수 있다고 한다. 「찰금察今」 편은 역대 왕조에 일관된 불변의 법이란 없었다고 분명히 지적하면서 이렇게 이야기한다. "선왕의 법도를 어떻게 얻어 본받을 수 있는가? 얻을 수는 있으나 본받을 수는 없다. 선왕의 법이란 모두 당시의 시세에 부합하여 이루어졌는데, 그 시세가 모두 법도와 더불어 오늘에 이르지 않았다. 법도는 오늘날까지 이를 수 있으나 본받을 수는 없다. 그래서 선왕의 기존 법도는 방기하며 그 법도를 제정한 까닭만을 본받는 것이다."17 저자는 선왕의 법을 형식주의로 모방하는 데 반대하고, 선왕 법도의 정신과 실질을 배우라며 "당시의 시세에 부합해야 한다"고 외친다. 저자는 또 수법守法과 변법을 통일시켰을 때 비로소 나라를 다스릴 수 있다고 분명히 주장하고 있다. "따라서 나라를 다스리는 데 법이 없으면 혼란해지고, 법을 지키기만 하고 바꾸지 않으면 어그러지며, 어그러지고 혼란스러워지면 나라를 유지할 수가 없다. 세상은 바뀌고 시대는 달라졌으니 법을 바꾸는 것이 당연하다."18 저자는 '각주구검刻舟求劍' 등 우화적 고사를 이용하여 정치에서의 경험주의를 풍자하고 비판한다. 「이용異用」 편은 똑같은 하나의 사건이 역사적 조건의 변화에 따라 성질과 의의가 완전히 달라질 수 있음을 지적한다. 예컨대 똑같이 활을 쏘는데 "옛날 사람들이 활을 잘 쏘는 것을 중시한 이유는 그것으로 어린이를 기르고 노인의 체력을 기르고자 함이었다. 그런데 오늘날 사람들은 그것으로 공격 전쟁을 하고 침탈을 한다."[19] 모든 것이 변화하는데 전통을 포기하는 것을 두려워할 필요가 없다.

역사관 가운데 한 가지는 특별히 주의를 기울여볼 만하다. 일부 편의 저자는 역사적 조건, 형세와 개인의 역할과의 관계를 의미심장하게 논의하고 있다. 저자는 영웅이 역사를 창조한다는 낡은 틀에서 벗어나 형세가 개인보다 우월하다고 주장한다. 「구비具備」 편은 말한다. "공명을 세우는 데도 조건이 있다. 조건을 갖추지 못하면 현명함이 탕왕, 무왕을 초월하더라도 힘만 들고 공명을 이루지 못할 것이다. 탕왕은 일찍이 위郵와 박薄(즉 亳)에서 가난을 당했고, 무왕은 일찍이 필畢과 정程(즉 畢豐)에서 곤궁함에 처했다. 이윤伊尹은 일찍이 주방에서 심부름했으며, 태공太公은 일찍이 낚시질하며 숨어 살았다. 그들의 현명함은 쇠락한 것이 아니고 재지가 사라진 것도 아니었으나 모두 조건을 갖추지 못했기 때문에 그러했다. 따라서 공명을 세운다 함은 현명하더라도 반드시 조건을 구비한 연후에야 성공할 수 있다."[20]

「관세觀世」 편은 또 다음과 같은 의미심장한 문제를 제기하고 있다. 왜 옛날부터 난세는 많고 길며, 치세는 적고 짧은가? 저자는 현인을 중용하지 않기 때문에 조성된 것이라고 주장한다. 이 대답이 일리는 있지만 분명 다소 표피적인 것으로 근본 원인과는 거리가 멀다. 그러나 이 문제 자체는 의미가 있으며 보편적으로 존재하는 사실을 가리킨 것이다. 전제 정치 시대에는 이 문제가 영원히 해결되지 않았고 이 때문에 이론적으로도 원만한 설명을 해줄 수가 없었다.

「귀인貴因」 편은 역사상 성공했던 사람들의 성공 원인을 분석하는 데에 독특한 견해를 보인다. 저자는 가장 기본적인 원인은 바로 '귀인貴因(인因을 소중히 함)'이라고 주장한다. "[하, 은, 주] 3대의 보배는 인因에 다름 아니다. 인하면 적이 없다."[21] 인이란 객관 규율에 대한 준수다. 예컨대 "우禹임금이 3강江과 5호湖를 소통시키고, 이궐伊闕산을 뚫어 물길을 돌림으로써 물을 동해로 흘러들게 만들었는데, 이는 물의 힘에 인한 것이다."[22] 사회생활에 서 '인'의 중심은 바로 민심에 순응하고 백성의 바람에 따르는 것이다. "탕 왕, 무왕이 천승으로 하나라, 상나라를 제압한 것은 백성의 바람에 인했 기 때문이다."[23]

「신인愼人」 편은 역사 진행 과정에서의 여러 원인 요소를 '천'과 '인'으로 나눈다. '천'은 필연적인 역량과 형세를 가리키는데, 그 가운데는 신비적인 것도 들어 있다. '인'은 사람의 주관적 능동성을 가리킨다. 저자는 "공명을 크게 세울 수 있는 것은 천 때문이다"[24]라고 말한다. 그렇지만 이 때문에 사람의 작용을 무시해서는 안 된다. "우임금이 순임금을 만난 것은 하늘 때문이다. [그런데] 우임금이 천하를 두루 돌며 현자를 구하고 백성에게 이로운 일을 하여 물, 내, 연못의 침체된 곳과 막힌 곳을 소통시킨 것은 우임금이 온 힘을 다해 그렇게 한 것으로 사람 때문이다."[25] 저자는 맹 목적으로 천에 순종하는 사상과 숙명론을 비판하면서, 인위적 일 처리와 분투 정신이야말로 역사 발전을 가능케 하는 살아 있는 능동적 원인 요 소라고 강조한다. 이는 분명히 탁견이다.

물론 『여씨춘추』 각 편의 역사관은 일관된 것이 아니다. 상술한 이론 과 서로 배치되는 옛날 찬양과 신비주의적 사상도 존재한다. 전체적으로 는 역사 진화 사상이 주도적 지위를 차지하고 있다. 이에 상응하여 정치 적으로도 앞을 보자는 주장이 다수를 차지하며, 앞날에도 충분한 믿음 을 품고 있다.

자연을 본받자는 주장과 시대 변화에 따르자는 주장은 천인관계를 어떻게 처리할 것인가를 명료히 해주었으며, 사회 역사를 어떻게 대할 것이냐의 문제를 명료하게 해주었다. 이렇게 자연과 사회 앞에 주도권을 얻고 있다.

군신에 관한
논의

군신 문제는 정치적 통일을 진행하는 데 근본이 되며 당시 국가 문제의 핵심이기도 했다. 군君, 신臣은 어떤 품격과 조건을 갖추어야 하는가? 양자의 관계는 어떻게 처리해야 하는가? 이 문제들은 정권이 안정될 수 있느냐의 여부 및 국가의 흥망에도 영향을 줄 수 있다. 『여씨춘추』의 수많은 편은 여러 각도에서 이 문제를 토론한다. 논의에는 역사적 회고와 현실적 희망 및 요구가 한데 얽혀 있다.

군주 문제에 관하여

현실의 군주를 설명하기 위하여 『여씨춘추』는 군주의 탄생 문제를 광범하게 토론한다. 군주의 탄생 역사에 대한 인식은 현실 군주에 대한 인식과 긴밀하게 연결되어 있다. 심지어 저자들이 역사적 방식을 취하여 현실 군주에 대한 인식을 나타내고 있다고 말할 수도 있겠다. 군주 전제 시대에는 이와 같은 방식이 비교적 간편하고 안전하다. 군주의 탄생 문제에 관하여 『여씨춘추』는 두 가지 방식을 취하며 논하고 있다. 하나는 역사 과정의 묘사이고, 하나는 이론적 추상과 개괄이다. 여기서는 후자의 상황만을 소개, 토론하려고 한다.

한 가지 견해는 쟁란을 가라앉히기 위해 군주가 탄생했다는 것이다. 「시군恃君」편의 설명을 보면, 인류 최초에는 천자가 없었으며 이 때문에 사회에 제약을 가하는 중추가 없었고, 그래서 당시 천하가 크게 혼란스러워 "밤낮으로 서로를 해쳐 한시도 쉬지 않았다"[26]고 한다. "성인이 이 우환을 깊이 살펴 천하를 위해 길게 고민한 결과 천자를 두는 것이 낫다고 여겼으며, 한 국國을 위해 길게 고민한 결과 군君을 두는 것이 낫다고 생각했다."[27] 천자, 군주는 어려움을 구하고 혼란을 평정하기 위해 탄생한 것이다.

또 하나의 견해는 백성에게 은혜로운 자가 군주가 된다는 생각이다. 「애류愛類」편은 "군주가 능히 백성을 위해 힘쓸 수 있는 자라면 천하가 그에게 귀순할 것이다"[28]라고 말한다. 「신세愼勢」편은 말한다. "무릇 왕이란 궁핍, 고난에서 [백성을] 구하는 자다."[29] "천하의 백성은 가난하고 힘들다. 백성의 궁핍, 고난이 깊으면 깊을수록 왕업을 달성하기도 쉬워진다."[30] 「회총懷寵」편은 다른 각도에서 이 사상을 설명하는데, 이렇게 이야기한다. "위로 하늘에 순종하지 않고 아래로 백성에게 은혜롭지 않은"[31] 자가 "군주여선 안 된다". 이런 사람은 인민의 원수일 따름이다.

「본생」편은 진정으로 자연을 본받는 자만이 군주가 될 수 있다고 주장한다. "처음으로 낳은 자는 하늘이고, 그것을 길러 완성하는 자는 사람이다. 하늘이 낳은 바를 능히 길러 그것을 훼손하지 않는 사람을 천자라 일컫는다. 천자의 일거일동은 모두 생명의 보존을 위함이다."[32]

또 한 가지 견해가 있는데, 역사상의 좋은 기회와 개인적 조건이 결합해야 비로소 천자로 상승할 수 있다는 주장이다. 역사상 좋은 기회가 없으면 도가 있는 선비라도 푸대접을 받을 수밖에 없다. 「수시首時」편은 말한다. "성인과 시기의 관계는 걸을 때 그림자와 떨어질 수 없음과 같다. 시기가 도래하면 포의의 평민에서 천자에 오르는 자도 있고, 천승의 제후에서 천자에 오르는 자도 있으며, 비천한 신분에서 3왕을 보좌하게 되기도 하고, 필부에서 출발하여 만승의 군주에게 보복할 수도 있다. 그래서 성인이 중시하는 것은 오직 시기다."[33] 「장공長攻」 편도 말한다. "걸桀, 주紂가 탕湯, 무武를 만나지 않았다면 반드시 망하지 않았을 것이다. 탕왕, 무왕이 걸왕, 주왕을 만나지 않았다면 반드시 왕자가 될 수 없었을 것이다."[34]

또 하나의 관점은 천자와 군주가 투쟁 속에서 탄생했다는 주장이다. 「탕병蕩兵」 편은 말한다. "천자를 세움은 군주[라는 바탕]에서 나온 것이다. 군주를 세움은 수령에서 나왔다. 수령을 세움은 투쟁에서 나왔다. 투쟁의 유래는 상당히 오래되어 금지할 수도 그치게 할 수도 없다."[35] 「신세」 편도 투쟁이 있을 뿐인데 투쟁에서 승리를 얻어야 왕관을 거둘 수 있다고 말한다.

이상 여러 가지 견해는 유가, 법가, 도가, 음양가 여러 학파의 여러 관점을 반영한 것이다. 여러 논의 가운데 두 가지는 주의를 기울여볼 만하다. 첫째, 각 주장 모두 사회 내부의 모순으로부터 군주 탄생을 분석하여 신神을 한쪽에 던져버리고 있다. 이 저자들의 붓 아래 군주에게 신비한 성질이라곤 없으며, 군주는 인식할 수 있는 하나의 대상이 되고 있다. 둘째, 군주는 사회의 질서, 통일, 안전을 유지하는 중심이며 징표다.

역사를 연구하는 것은 현실을 설명하기 위함이다. 군주의 탄생과 본질을 토론하는 것은 현실의 군주를 이론적으로 규정하기 위함이다. 『여씨춘추』의 저자들은 주나라 천자가 이미 역사적으로 도태되었다고 생각했다. 목전의 상황은 우두머리 없이 뭇 용이 끝없이 다투는 상황이므로 역사는 새로운 천자가 천하에 군림하기를 요구하고 있다고 보았다. 「근청謹聽」 편은 "지금 주 왕실은 이미 사라져 천자의 [계승이] 끊겼다. 천자가 없

는 것보다 더 큰 혼란은 없다"[36]고 말한다. 「관세」 편도 말한다. "지금 주
왕실은 이미 사라져 천자가 없어졌다. 천자가 없는 것보다 더 큰 혼란은
없다. 천자가 없으면 [힘이] 강한 자가 약자를 누르고, 다수가 소수를 폭
압하니 군대로 서로를 살상하여 쉴 새가 없다. 오늘날 세상이 바로 그렇
다."[37] 역사는 새로운 천자가 필요하다고 압박한다. 그렇다면 새로운 시대
의 천자는 어떤 품격을 갖춰야 하는가? 그들은 역사적 경험과 당시의 상
황에 근거하여 다음과 같은 이론 규정을 제기한다.

우선 천자는 반드시 자연을 본받고法自然 자연과 더불어 화해의 모범을
얻어야 한다. 그리고 천하를 통솔하여 그 모범적인 길로 가야 한다. 이런
사람만이 천자라 불릴 수 있다. "천자의 움직임은 그렇게 함으로써 자연
을 온전히 하는 것이다."[38] 12기紀 가운데 천자의 정책, 법령에 관한 여러
가지 논의는 모두 법자연을 기초로 삼고 있다.

둘째, 백성과의 관계에서 천자는 반드시 민의에 순종해야 한다. 「순민
順民」 편은 "무릇 일을 거행할 땐 반드시 민심을 먼저 살핀 연후에 행해야
한다"[39] 또는 "선왕은 먼저 민심에 순응했다"[40]고 말한다. 「애류愛類」 편은
"어진 사람은 백성을 대할 때 그들을 편하게 해줄 수 있으면 행하지 않음
이 없다"[41]고 말한다. 만약 민의와 군주의 사욕 사이에 모순이 발생할 때
는 반드시 사욕을 버리고 민의에 따라야 한다. 「행론行論」 편은 "백성의 운
명을 장악하는 것은 중요한 임무다. [사사로이] 즐거움으로 일을 삼아서
는 안 된다"[42]고 말한다.

셋째, 공사公私 관계에서 천자는 반드시 공을 중시하고 사를 억제해야
한다. 「귀공貴公」 편은 말한다. "옛날 앞선 성왕들이 천하를 다스릴 때 반
드시 공을 우선시했다. 공정하면 천하가 평정되었다. 평정은 공에서 얻어
진다."[43] '공公'은 역사적 범주이며 각 학파 사상가의 이해 또한 다 일치하
지는 않는다. 요약하면, 당시에는 주로 다음 몇 가지를 가리켰다. 명문 규

정이 있는 것이면 일률적으로 규정에 따라 처리하는 것이 공이다. 예제禮制 등과 같이 당시 사람들의 보편적 의식이 형성한 습관과 전통을 준수하는 것이 공이다. 국가와 개인의 관계를 잘 처리해야 한다. 춘추 시대 이래 국가 관념에 비약적인 발전이 있었다. 군주와 국가가 완전히 하나인 것은 아니었다. 국가의 일이 공이다. 이를 제외한 모든 것은 사다. 군주 개인의 일도 그 안에 포함된다. 여기서 군주에게 공을 숭상하고 사를 억제하라고 요구한다.

넷째, 이상의 규정에 따르면 필연적으로 다음과 같은 결론이 나온다. "천하는 한 사람의 천하가 아니다. 천하의 천하다."44 "군주를 두는 것은 군주더러 사사로움을 도모하라는 것이 아니다. 천자를 두는 것은 천자에게 사사로움을 도모하라는 것이 아니다."45 이와 유사한 문제는 신도慎到가 일찍이 말한 적이 있고, 도가에서도 논의한 적이 있다. 그러나 문제를 이렇게 명쾌하게 설명하는 것은 역시 선진에서 극히 드물게 보이는 현상으로 사람들의 이목을 새롭게 해주는 작용을 하고 있다. 천하를 천자의 사적 물건으로 보는 것이 당시 유행하던 관념인데, 여불위가 지지했던 저자는 이런 관념에 도전장을 제출함으로써 특별히 중요한 함의를 갖고 있다고 하겠다. 그는 분명 진시황을 타이르고 있지 않은가!

『여씨춘추』의 천자의 품격 및 직책과 관련된 이론 규정은 대단한 의의를 지니고 있다. 하지만 반드시 그렇게 시행할 것을 보증해줄 방법을 찾지 못했으며, 이 때문에 그들의 이론은 희망과 환상으로 국한될 수밖에 없었다. 이 희망과 환상이 당시에도 아무 의의를 지니지 못한 것은 아니다. 그것은 비판의 무기로 전환될 수 있다. 「진란振亂」 편은 당시 군주를 맹렬하게 비판하고 있다. "오늘날 세상은 너무도 혼탁해져 백성의 고난이 더 이상 깊어져서는 안 된다. [주나라] 천자는 이미 없어졌고 현자들은 버려져 숨어버렸다. 군주들은 그 방자한 행동 때문에 백성과 더욱 멀어지고 있어 백성이 고난을 호소할 곳마저 없다."[46] 그 외에도 이 이론은 사람들의 보편적 인식으로 전환되어 일종의 정신적이고 문화적인 요소로 바뀔 수 있다. 정신과 문화가 군주의 결단에 직접적으로 제약하는 작용을 할수는 없지만 여론을 형성한 뒤 일정한 영향을 미칠 수도 있다.

『여씨춘추』는 군주의 국가 흥망 중의 작용에 대해서도 상세히 논술하고 있다. 많은 편에서 국가 흥성의 관건은 군주의 수신에 있다고 주장한다. 「집일執一」 편은 말한다. "나라를 다스리는 근본은 몸을 다스리는 데있다. 몸을 다스리면 집이 다스려지고, 집이 다스려지면 나라가 다스려지고, 나라가 다스려지면 천하가 다스려진다. 그래서 몸으로 집을 다스리고, 집안으로 나라를 다스리고, 나라로 천하를 다스린다고 말한다."[47] 「선기先己」 편은 "성왕에 앞서 제 몸을 성취하면 천하가 성취하고, 제 몸을 다스리면 천하가 다스려진다"[48]고 말한다. 반대로 자기 몸을 닦지 못하면 국가는 반드시 패망한다. 수많은 편에서 어리석고 범용한 군주, 포학한 군주, 교만 방자한 군주, 현인을 시기하는 군주, 의심이 많은 군주, 사치스러운 군주 등에게 맹렬한 비판을 가하고 있다.

『여씨춘추』의 군주에 대한 논술은 제자백가로부터 폭넓게 흡수한 것이다. 저자는 군주의 지위와 작용을 긍정하는 동시에 군주가 기대어 존재하는 조건도 깊이 분석했다. 그러면서 군주는 욕심대로 해서는 안 된다고 주장한다. 그렇지 않으면 반드시 멸망의 길로 치닫는다는 것이다. 이 주장이 모두 그들에 의해 창조된 것은 아니지만 인식을 한 단계 심화시킨 것은 사실이다.

신하와 군신 관계에 관한 문제

군주가 국가의 흥망성쇠를 결정하지만, 군주의 성패는 또한 사람을 신하로 부릴 줄 아느냐의 여부에 달려 있다. 군주가 단기필마로 천하를 다스릴 수는 없다. 반드시 신하의 보좌를 통해서 천하를 다스린다. 「무본務本」 편은 말한다. "안위와 영욕의 근본은 군주에게 달려 있다. 군주의 근본은 종묘에 달려 있다. 종묘의 근본은 백성에 달려 있다. 백성의 치와 난은 유사有司에 달려 있다."49 여기서 말하는 유사는 일체의 신하를 폭넓게 가리킨다. 『여씨춘추』의 여러 편에서는 역사를 고찰한 뒤 대체로 일치하는 견해를 얻어내고 있다. 즉 뭔가 한 일이 있고 맑게 깨인 군주는 모두 사람을 알아보고 잘 임용했다는 것이다. 「근청」 편은 말한다. "명예는 홀로 세워지지 않는다. 공로는 스스로 이루어지지 않는다. 나라가 그냥 살아남는 것이 아니다. [거기에는] 반드시 현자가 있다."50 「사절士節」 편은 "현명한 군주는 사람을 구하는 데 힘쓰므로 일을 처리하는 데 편안하다"51고 말한다. 「불침不侵」 편은 군주가 토지를 탐내 술사術士를 못 알아보는 것은 어리석음을 드러낸 것이라고 비판한다. "세상의 군주는 100리 땅을 얻으면 기뻐하고 네 경내가 모두 축하하지만, 선비를 얻으면 기뻐하지 않고 서로 축하할 줄을 모르니 이는 경중에 통달하지 못한 소치다."52 저자는 정치적 재능이 있는 현인이야말로 정치에서 적극적이고 능동적인 요소라고 주장한다. 현명한 선비가 있으면 땅이 없음을 근심하지 않으며, 현명한 신하가 없으면 땅이 있어도 지킬 수 없다. 신하의 작용을 언급하면서 『여씨춘추』는 매우 의미심장한 이치를 말하고 있는데, 그 가운데 가장 중요한 점은 저자들이 군주의 지능은 유한하지만 많은 사람의 지능은 무궁하다는 것을 반복하여 증명하고 있다는 것이다. 「용중用衆」 편은 무리를 사용해야 하는 도리를 매우 생동감 넘치게 형용하고 있다. "천하에 순백의 여우는 없다. 그런데 순백의 여우 털옷은 있다. 많은 여우의 흰털을 취했기 때문이다. 많은 사람에게서 취함이야말로 삼황오제가 크게 공명을 세운 이유다. 군주가 세워진 까닭은 많은 사람에게서 나왔다. 세워져

[왕위가] 확정되었다고 그 많은 사람을 버린다면 이는 말절을 얻고 그 근본을 잃는 것이다. 말절을 얻고 근본을 잃고 편안히 살았다는 말은 듣지 못했다. 따라서 많은 사람의 용맹으로써 하면 맹분孟賁[53]을 두려워할 필요가 없으며, 많은 사람의 힘으로써 하면 오획烏獲[54]을 두려워할 필요가 없으며, 많은 사람의 시력으로써 하면 이루離婁[55]를 두려워할 필요가 없으며, 많은 사람의 지혜로써 하면 요, 순을 두려워할 필요가 없다. 많은 사람으로서 함이야말로 군주의 큰 보배다."[56] 이 부분의 기술은 대단히 호방하다. 일반 사람 모두가 요, 순의 총명한 재지는 더 보탤 것이 없다는 미신을 갖고 있었는데, 저자는 여기서 그걸 깔보는 눈빛을 던지고 있다. '중지衆知'만 있으면 요순을 두려워할 필요가 없다니! 많은 사람을 사용하는用衆 데 핵심이 되는 사항은 사람을 씀에 완전무결하기를 바라지 말고 사람들의 한 가지 장점을 잘 이용하라는 말이다. 사람은 완전할 수 없으니 "[모든 면에서] 완전한 사람을 천거하기는 참으로 어렵다."[57] 「근청」 편은 성군이라도 반드시 단점이 있으며 지혜로워도 다른 사람에게 미치지 못한 곳이 있다고 더욱 명쾌하게 지적하고 있다. 이렇게 이야기한다. "옛날에 우禹 임금은 한 번 머리를 감으면서 세 번 두발을 감싸고 멈추었으며, 한 끼 밥을 먹으면서 세 번 일어섰다. 이는 예의로써 도를 갖춘 선비를 맞아 자기가 부족한 점을 이해하기 위함이었다."[58] 이상의 이유에 기초하여 저자들은 특히 신하들은 나아가 간언하고 군주는 간언을 받아들여야 한다고 강조한다. 현명한 군주의 현명함은 바로 직언과 쟁론을 꺼리지 않는 데 있다. 「불침」 편은 말한다. "현명한 군주는 반드시 스스로 선비를 이해하므로 선비들이 있는 힘과 지혜를 다해 직언하고 상호 쟁론하되 재앙 때문에 사양하지 않는다."[59] 「귀직론貴直論」 편은 말한다. "현명한 군주라면 선비보다 더 소중히 여기는 것이 없다. 선비를 소중히 여기는 까닭은 그가 직언을 하기 때문이다. 곧음을 말하게 되면 굽은 것이 드러나 보인다.

군주의 재앙은 굽음을 듣고 직언을 미워하는 데 있다. 이는 수원지를 망가뜨려놓고 물을 구하는 짓이다."60 「사용론士用論」 편에서는 또 다음과 같은 도리를 천명하고 있다. 즉 군주가 어리석은 이유는 반드시 그 자신의 재지가 낮아서가 아니다. '자기 멋대로 사람을 쓰기自用' 때문이라는 것이다. 이렇게 이야기한다. "실패에는 어리석음보다 더 큰 이유가 없다. 어리석음의 재앙은 반드시 [군주가] 자용하는 데 있다."61 일반 군주들의 통상적인 병은 "스스로 지혜롭다 하고 다른 사람을 어리석게 보며, 스스로 교묘하다고 여겨 다른 사람을 쓸모없이 여기는 것이다."62 저자가 보기에 이것이야말로 군주가 제 어리석음을 드러내는 것이다. 군주가 자용, 자현自賢하면 그 결과는 혹은 뭇 신하가 지혜를 감추어 "[군주의] 낯빛만 좇게 될"63 것이며, 혹은 현명하고 지혜로운 자들은 멀리 떠나고 어리석은 자만 운집하게 되어 「지도知度」 편에서 이야기하듯 "어리석고 쓸모없는 사람들만 불러대는"64 꼴이 될 것이다. 고증을 해보더라도 군주가 자신의 견해를 견지함이 반드시 모두 어리석음을 드러내는 것은 아닐 것이다. 그러나 사사건건 자용한다면 이는 확실히 어리석은 짓이며 멍청이 집단을 이루게 될 것이다.

저자는 또 다음과 같은 도리를 말한다. 즉 자신의 부족한 점을 보충하기 위해 군주는 응당 용기 있게 현자들을 배워야 한다는 것이다. 학생이 되겠다는 정신이 필요하다는 이야기다. 「권학勸學」 편과 「존사尊師」 편은 스승을 높이는 도리를 전문적으로 논의하고 있다. 「권학」 편은 말한다. "옛날의 성왕 중 스승을 높이지 않는 사람이 없었다. 스승을 높임에 있어 귀천과 빈부를 따지지 않았다."65

군주와 신하 사이에 『여씨춘추』의 많은 편이 신信과 충忠을 주장하고 제창한다. 「귀신貴信」 편은 "군주와 신하가 믿음이 없으면 백성이 비방하고 사직은 편안치 못하다"66라고 말한다. 신하는 군주에 충성해야 하나, 충성은 맹목적인 복종이 아니라 도의道義를 최상으로 한다. 맹종은 작은 충성이며, 도의를 논하는 것이야말로 큰 충성이다. 작은 충성은 취할 것이 못 된다. "작은 충성은 큰 충성을 해치는 도적이다."[67]

선진 제자는 모두 하나의 예외도 없이 간신을 말과 글로 무자비하게 단죄한다. 『여씨춘추』도 마찬가지다. 『여씨춘추』에서 의미심장한 것은 혼용昏庸한 군주야말로 간신을 길러내는 자라고 생각한 점이다. 「군수君守」 편은 말한다. "간사하고 험악한 자들에겐 반드시 그 이유가 있다. 어떤 이유인가? 바로 군주가 [직접] 한다는 이유다. 군주가 스스로 하기를 좋아하면 직무를 수행하는 자들은 직무를 버리고 군주가 하는 대로 아첨하게 된다."[68] 이 견해에 완전히 동의할 수는 없으나 대체로 정확한 지적이다. 군주 전제의 시대에 군주의 어리석음과 신하들의 간사함은 보편적 현상이었다. 『여씨춘추』는 이 사실을 최초로 갈파한 작품 가운데 하나다.

백성에 대한 태도와 이론에 관하여

백성에 관해 어떤 견해와 태도를 가졌는가, 통치자와 피통치자와의 관계 문제를 어떻게 처리했는가에 대한 언급은 정치사상에서 매우 중요한 문제다. 『여씨춘추』는 당시 유행하던 중민重民 사상을 받아들였으며, 그 밖에도 백성의 성품民性에 대한 견해는 법가의 인성호리설人性好利說을 받아들였다. 이 두 가지는 『여씨춘추』가 창도한 백성을 다스리는 정책의 기초가 되었다.

민심을 얻으면 천하를 얻고, 민심을 잃으면 천하를 잃는다는 것이 여러 편에서 논급하고 있는 기본 사상이다. 「순민」 편에 말한다. "선왕들은 먼저 민심에 순응했으므로 공명을 이룰 수 있었다. 덕으로 민심을 얻어 큰 공명을 세운 자가 고대에는 아주 많았다. 민심을 잃고 공명을 세운 적은 일찍이 없었다."[69] 인민은 힘의 원천이다. 인심을 얻으면 힘이 무궁해지고, 민심을 거스르면 세력이 고단해진다. 탕, 무 등 성왕이 성공한 까닭은 주로 인민의 지지를 얻었기 때문이다. 「용민用民」 편은 말한다. "탕, 무는 능히 자기 백성을 잘 썼을 뿐만 아니라 자기 것이 아닌 백성도 잘 이용했다. 자기 것이 아닌 백성을 잘 이용할 수 있으면 나라가 작고 군졸이 적더라도 공명을 세울 수 있다. 옛날에는 포의로 세상을 평정한 사람이 많았는데 모두 자기 것이 아닌 것을 능히 이용할 수 있었기 때문이다."[70] 역사적으로 군주들의 패망을 보면 백성을 잃었다는 데 그 근본 원인이 있다. 민심을 잃으면 물질적 역량을 갖추고 있더라도 그 물질은 죽은 물건이 되고 말아서 해야 할 작용을 발휘할 수 없게 된다. 「사순似順」 편은 진陳나라가 패망한 예시를 들어 설명한다. "진은 작은 나라로 축적이 많았음에도 세금을 많이 거둬들여 백성이 군주를 원망했다. 성곽은 높고 해자는 깊은데 백성은 힘쓰기를 포기하고 있다. 군대를 일으켜 친다면 진나라를 취할 수 있으리라."[71] 물질적인 역량이 있어도 주도적이고 적극적인 주체가 없으면 무용지물로 바뀌고 말아 오히려 자신을 멸망시키는 조건을 마련하는 꼴이 되어버린다.

어떻게 해야 민심에 순응하며 또한 얻을 수 있는가? 이는 백성의 성정 民情과 백성의 욕구民欲 문제를 어떻게 보는가와 관련이 있다. 『여씨춘추』는 많은 편에서 사람의 생리적 수요와 물질적 이익을 좇는 것은 사람들의 공통 욕구라고 주장한다. 「정욕情欲」 편은 말한다. "귀는 다섯 [아름다운] 소리를 바라고, 눈은 다섯 색깔을 바라고, 입은 다섯 맛을 바라는 것이 [백성의] 성정이다. 이 세 가지는 귀하든 천하든, 어리석든 지혜롭든, 현명하든 못났든 한결같이 바란다. 신농神農, 황제 같은 성인이라도 그 점은 폭군 걸, 주와 같다."[72] 「정유精諭」 편은 말한다. "같이 싫어하고 같이 좋아하여 그 뜻에 모두 바라는 바가 있는 것은 천자라 하더라도 떠날 수 없는 것이다."[73] 「심위審爲」 편에선 사람들이 "위험이 생명을 위협하고 목에 칼이 들어오는"[74] 따위의 행위도 용감히 저지르는 까닭은 모두 "이익을 찾는 데" 귀결된다고 말한다. 「이위離謂」 편은 이 문제를 더욱 명쾌하게 설파한다. "무릇 사람을 섬기는 것은 이익 때문이다. 죽음이 이롭지 않으면 죽지 않는다."[75] 사람의 이와 같은 성정은 천성적인 것으로 바뀔 수 없다.

「성렴誠廉」 편은 "성품이란 하늘로부터 받은 것이지, 선택하여 그렇게 되는 것이 아니다"[76]라고 말한다. 백성을 다스리는 도의 핵심은 바로 백성의 성정에 순응함이요, 백성의 욕구에 따르는 것이다. 「용민」 편은 말한다. "백성을 쓰는 데는 그물망의 벼리가 있다. 그 그물 벼리를 한 번 잡아당기면 모든 그물눈이 일어나고, 그 그물의 중심 벼리를 당기면 모든 그물눈이 활짝 펼쳐진다. 백성을 위한 그물의 벼리는 무엇인가? 바람이고, 미워함이다. 무엇을 바라고 무엇을 미워하는가? 영광과 이익을 바라고, 오욕과 손해를 미워한다. 오욕과 손해로써 형벌이 되도록 채울 일이며, 영광과 이익으로써 상이 되도록 실천할 일이다. 상벌에 모두 충실하면 백성 모두가 쓰이지 않음이 없을 것이다."[77] 백성의 성정과 욕구를 치국의 기강으로 간주하는 이와 같은 방식은 선진 제자백가에게 드물게 보이는 현상이다. 「귀당貴當」 편의 이 부분에 대한 논의는 특히 별난 점이 있다. "물질을 다스림은 물질 자체에 있지 않고 사람에게 달려 있다. 사람을 다스림은 사람[78]이 아니라 군주에게 달려 있다. 군주(제후)를 통제함은 제후가 아니라 천자에게 달려 있다. 천자를 제한함은 천자가 아니라 욕망에 달려 있다. 욕망을 절제함은 욕망이 아니라 천성(성정)에 달려 있다. 성정이야말로 만물의 근본으로, 더하거나 줄일 수도 없이 본래 있던 대로 그렇게 있는 것이다. 이것이 천지자연의 준칙이다."[79] 이 문단은 순서가 잘못 엮어진 것이 분명하지만 여기서 그를 논하지는 않겠다. 다만 정치가 성정에 따르는 데 있다는 논의가 매우 투철함을 알 수 있다. 「위욕爲欲」 편에서 말하는 "성왕이 하나를 붙잡고 사방 오랑캐들이 모두 모여든다 함은 이를 두고 한 말이다. 하나를 붙잡는 자는 지극히 존귀하며, 지극히 존귀한 자는 무적이다."[80] 여기서 말하는 '하나를 붙잡음'은 바로 욕구와 성정에 순종함이다. 「공명功名」 편은 말한다. "백성의 행동은 항상 일정하지 않다. 이익을 보면 모여들고 이익이 없으면 떠난다. 천자가 되고자 하면 백성이 치닫는 바를 살피지 않을 수 없다."[81] 「달욱達郁」 편은 백성의 욕구가 통달되지 못하면 온갖 손해가 생기게 된다고 지적한다. 이렇게 이야기한다. "백성의 욕구가 실현되지 못하면 이는 나라가 막혔다는 이야기다. 나라가 막힌 지 오래되면 백 가지 악이 아울러 일어나고 만 가지 재앙이 무리로 나타나게 된다."[82] 사람의 욕망은 다방면에서 나타나므로 다방면으로 이용해야 한다. 잘 이용하면 온갖 무리가 나를 위해 쓰일 것이며, 이용함이 타당치 못하면 사람과 물질 둘 다 잃게 된다. 「위욕」 편은 말한다. "사람의 욕구가 다양한데 군주가 위에서 그것을 [다 채우도록] 이끌지 말아야 한다. 사람이 욕구를 채워버리면 그 사람은 더 이용할 수가 없다. 사람으로 하여금 욕구를 채우도록 하는 방법은 자세히 살펴야 할 일이다. 훌륭한 군주는 사람의 욕구를 끝이 없도록 만들기 때문에 사람들을 이용할 가능성 또한 끝이 없다."[83] 저자가 보기에 가장 대응하기 어려운 사람은 욕망이 없는 자다. "사람에게 욕구가 없으면 아무리 현명한 자라도 그들을 이용할 수가 없다. 욕구가 많은 사람은 이용 가능성도 많으며, 욕구가 적은 사람은 이용 가능성도 적다. 욕망이 없는 사람은 쓸 수가 없다."[84] 저자들은 또 다음과 같은 관점을 제기하고 있는데, 이는 대단히 중요해 보인다. 그들은 성정, 욕구의 만족은 개인의 분투나 노력을 통해 실현되는 것이 아니며 인간 욕망의 실현이 사회적 조건을 벗어날 수 없다고 생각했다. 「시군」 편은 아주 탁월한 논의를 하고 있는데, "손발톱과 이빨이 자신을 충분히 지켜주지 못하듯이"[85] 인간 육체의 기능은 유한하다. 따라서 스스로에게만 의지해서는 자신이 필요로 하는 이익을 얻을 수가 없다고 주장한다. 이와 같은 스스로의 결함은 '군群'으로 보충해야 하며, '군'에 의지해 실현해야 한다. 이것이 바로 "이익은 무리에서 나온다"[86]는 의미다. '군'은 또 자발적인 것이 아니므로 군주에 의해 장악되어야 한다. 그래서 "군주의 도가 세워지면 이익이 무리에서 나오고, 사람들은 완전하게 갖출 수 있게 된다"[87]

고 말한다. 무리에 의지해야만 개인의 수요를 충족시킬 수 있다.

민욕民欲, 민정民情에 순종하기 위해 저자는 군주가 백성을 사랑하는 마음을 지니고 덕정德政을 실행해야 한다고 주장한다. 「정통精通」 편은 "성인은 남면하여 왕이 됨은 백성을 사랑하고 이롭게 하는 마음에서다"[88]라고 말한다. 「적위適威」 편은 말한다. "옛날의 군주와 백성과의 관계는 인의로써 다스리고, 애리愛利로써 편안케 하고, 충신忠信으로써 이끌었다. 그 재앙을 없애는 데 힘쓰고 복에 이르게 할 것을 생각했다. 그래서 백성은 군주에 대해 [만드는 모양대로 따라가는] 진흙 위의 도장처럼 [시키는 대로 따를 것을] 생각했다."[89] 「애사愛士」 편은 "덕을 행하고 사람을 사랑하면 백성이 군주에 화친하고, 백성이 군주에 화친하면 모두가 자신의 군주를 위해 죽는 것을 즐거워한다"[90]고 말한다. 「상덕上德」 편은 말한다. "천하에서 국에 이르기까지 덕으로써 한 것만 한 것이 없으며 의를 행한 것만 한 것이 없다. 덕으로써 하고, 의로써 하면 상을 주지 않아도 백성이 서로 권면하고, 벌을 주지 않아도 사악함이 금지된다. 이것이 바로 신농, 황제의 정치다."[91]

백성을 사랑함에 형벌이 필요 없다는 것은 아니다. 다만 형벌은 홀로 수립될 수 없으며 응당 인의로써 절제되어야 한다는 말이고, 형벌에 인의가 주입되어 있어야 한다는 말이다. 형벌의 목적은 사람을 선으로 인도하는 데 있다. 「의상義賞」 편은 말한다. "상벌 권력은 군주가 장악하여 사용하는 바다. 상벌이 의롭게 부가되면 충신과 친애의 도가 밝게 드러난다. 오래도록 밝게 드러나고 갈수록 늘어나면 백성이 본성처럼 편안히 그것을 따를 것이다. 이를 가리켜 교화가 성공했다고 말한다."[92] 「당상當賞」 편은 말한다. "무릇 상은 그를 사랑하기 때문이 아니다. 벌은 그를 미워하기 때문이 아니다. 상과 벌은 한 사람의 행위에 의해 이끌린 결과를 보고 결정하는 것이다. 그 결과가 좋으면 그를 미워하더라도 상을 주고, 결과가 좋지 않으면 그를 아끼더라도 벌한다. 이것이 선왕께서 난을 다스리고 위기를 이긴 방법이다."[93]「용민」편에선 역사의 정, 반 양면을 총결산한 뒤 이렇게 이야기한다. "망국의 군주는 대부분 과다한 위엄에 의지하여 백성을 부린다. 그러니 위엄이 없을 수는 없으나 그렇다고 전적으로 거기에만 의지할 수도 없다. 예를 들어 소금과 맛의 관계를 보자. 소금의 사용에는 [받쳐주는] 근거가 있는 법인데, [소금을] 적절히 넣지 않으면 그 근거를 망가뜨려 음식을 먹을 수 없게 만들어버린다. 위엄도 이와 같다. 반드시 근거하는 바가 있고 난 연후에 [위엄을] 부릴 수 있다. 그 근거하는 바는 무엇인가? 바로 애愛와 이利다. 아껴주고 이롭게 해준다는 마음을 사람들이 알게 되어야 위엄이 행해질 수 있다."[94] "위엄을 많이 부리면 부릴수록 백성을 더 이용하지 못하게 된다"[95]고도 이야기한다.

저자가 주창하는 애민은 인민을 위한 서비스가 아니라 군주와 백성이 평형을 유지하기를 바라는 것이다. 그렇지 않으면 양자 간의 균열이 생겨 마치 「치락侈樂」편의 "[군주의] 쾌락이 사치스러울수록 백성의 [욕구는] 틀어막히고, 나라가 어지러워질수록 군주는 비천해진다"[96]는 말처럼 될 수 있다. 「적위」편도 인민의 부담능력을 초과하면 반드시 반항을 초래한다고 말한다. 이를 완화하지 않고 오히려 죄로 다스린다면 "죄로 죄를 부르는 꼴이어서 상하가 서로 원수가 됨은 여기서부터 일어나게"[97] 될 수밖에 없다. 「의상」편은 더욱 명료하게 설명하고 있다. "연못의 물을 다 빼버리고 고기를 잡는다면 어찌 고기를 얻지 못하겠느냐마는 다음 해에는 고기가 없을 것이다."[98] 물고기를 먹더라도 연못을 말려버리고 고기를 잡아서는 안 된다. 이것이 바로 『여씨춘추』의 백성을 사랑한다는 실질이다. 물론 이는 연못의 물을 비우는 고기잡이보다 훨씬 더 자명한 것임은 틀림없다.

선진 제자와 정치가들은 백성을 어떻게 대할 것이냐의 문제를 광범하게 토론했다. 법가의 주류는 약민弱民, 승민勝民을 주장했고, 유가는 애민愛民, 이민利民을 주장했다. 『여씨춘추』는 이 문제에서 분명히 유가적 경향을 보인다. 진나라는 상앙商鞅 이래 법가의 주장을 받들어 정치적으로 약민, 승민 정책을 실행했다. 그러니 이와 같은 『여씨춘추』의 이론은 진나라 전통 사상에 대한 도전이었다.

무위 정치사상에
관하여

　도가와 법가는 각기 다른 각도에서 출발하여 모두 무위 정치를 주창했다. 유가 가운데 일부 인사들도 이에 대한 언급이 있다. 음양가는 분명히 말하지는 않았지만 그들의 주장과 무위 정치는 상당히 근접하는 구석이 있다. 무위 정치는 여러 학파가 보편적으로 관심을 보이고 토론한 문제 가운데 하나다. 무위 사상은 『여씨춘추』에서 현저한 위치를 차지한다. 고유高誘는 "이 책(『여씨춘추』를 가리킴)이 숭상하는 바는 도덕을 표적으로 삼고 무위를 법칙으로 삼았다"[99]고 말한다. 『여씨춘추』의 무위 사상은 마찬가지로 '잡雜' 자로 개괄할 수 있는데, 각 학파의 관련 주장들을 흡수하고 있다.

　무위는 우선 정치적으로 도에 따름因道, 사시를 본받음法四時, 자연에 순응함順自然을 가리킨다. 제2절에서 우리는 이미 법자연의 사상을 소개했다. 법자연은 『여씨춘추』 무위 정치사상의 핵심 부분이다. 「서의序意」 편에 말하는 "무위하여 행한다" 함은 바로 천지자연의 이치에 따름을 가리킨다. 십이기 전 편 모두에 이 이치를 천명하고 있다. 그리고 몇 편은 반복하여 귀인貴因을 강조한다. 인因이란 답습, 순종이며 무위를 말하는 것이기도 하다. 「군수」 편은 "무엇을 창조한 자는 혼란스러우나 그것을 답습하는 자는 평탄하다. 군주의 도를 장악했을 때 비로소 운명의 실정을 이해할 수 있다. 그래서 천하의 일에 임하고도 힘들어하지 않는 것이다"[100]라고 말한다. 「임수任數」 편은 말한다. "옛날의 군주는 일하는 것은 적고 답습하는 것이 많았다. 답습하는 것은 군주의 술이고, 일하는 것은 신하의 도다. 직접 하면 혼란스럽고 답습하니 고요하다. 겨울을 따르니 춥게 되고, 여름을 따르니 덥게 되는데 군주가 무슨 일을 더 하겠는가? 그래서 군주의 도는 무지무위無知無爲이나 유지유위有知有爲보다 나아가 [군주가 되는] 방법을 얻었다고 말하는 것이다."[101] 「지도」 편은 "도가 있는 군주는 답습하지 [직접] 하지 않는다"[102]고 말한다.

다음으로 무위는 백성의 일에 대하여 적게 간섭하고 자연스럽게 임하도록 두는 것을 가리킨다. 「임지任地」 편은 말한다. "하늘이 4시를 내리고 토지가 재부를 생산함은 자연의 도다. 아래로 백성과 상의해서 그런 것이 아니다. 풍년이 들어도 땅에 제사를 지내고, 흉년이 들어도 제사를 지낸다. 백성에게 농사철을 잃지 않도록 하고, 하찮은 일을 하지 않도록 한다. 부유함에 이르는 이로운 길을 알도록 하여 모두 때가 되면 나아가 농사 짓고 때가 다하면 그치도록 한다. 그리하면 노약자들도 힘을 다해 일어설 것이니 하루에 반만 사용해도 공은 배가 되도록 할 수 있다."[103]

셋째, 책에는 대량의 군도무위君道無爲술을 이야기하고 있다. 이 부분의 무위와 앞부분의 그 무위 정책은 크게 다르다. 여기에서 말하는 무위는 일종의 권모술수다. 겉은 무위지만 속은 지모여서 신하들을 통제하는 데 그 목적이 있다. 『여씨춘추』의 많은 편은 이 방법에 아주 열중하고 있다. 여기서는 용인用人의 술과 깊이 감추고 드러내지 않는 술만을 소개하겠다.

저자는 군주가 사람을 잘 썼을 때만이 비로소 '무위'의 경지에 처할 수 있다고 반복 설명한다. 「군수」 편은 "위대한 성인은 일함이 없으며 수천 명의 관리들이 능력을 다한다"[104]고 말한다. 「물궁勿躬」 편은 말한다. "관자管子는 신하임에도 자신이 할 수 없는 일은 하지 않고 다섯 사람에게 자기 능력을 다 발휘하도록 했습니다. 하물며 군주에 있어서입니까?"[105] 「사절士節」 편은 "현명한 군주는 사람을 구하는 데 힘쓰며 일을 할 때는 편안히 쉰다"[106]고 말한다. 「당염當染」 편은 "옛날 군주 역할을 잘한 사람은 사람을 다루는 데 힘썼을 뿐 관의 일은 편안히 쉬었으니 그 법칙을 얻은 것이다"[107]라고 말한다. 「지도」 편은 말한다. "술이 있는 군주는 일체를 스스로 나서서 행하지 않고 백관의 핵심만을 파악하고 있다. 백관의 핵심을 파악하고 있으므로 일은 적고 나라는 잘 다스려진다."[108] 군주는 어떻게 해야 수많은 관리로 하여금 제 능력을 다하도록 할 수 있을까? 군주가 아무 일도 하지 않는다거나 수수방관해서는 절대로 그렇게 될 수 없다. 정말 그렇게 한다면 군주는 대체될 위험을 맞을 것이다. 따라서 사람을 써서 일을 성사시키고 군주 자신은 무위하는 목적에 도달하기 위해서는 먼저 일련의 지혜로운 술수를 지녀야 한다. 그 요강은 '명분의 확정定分' '명실관계심사核名實' '바른말 듣기督聽' 등이다. 「신세」 편은 "천하 및 국가를 잘 다스리는 것은 직분을 명확히 정하는 데 달려 있을 따름이다"[109]라고 말한다. 「처방處方」 편은 나라를 다스리는 데 근본이 있으니 "그 근본이란 직분의 확정을 말한다"[110]고 한다. 「심분審分」 편은 말한다. "왕량王良이 말을 다룰 때는 그 핵심 요령을 살펴 말고삐를 통제했으므로 네 마리의 말 모두가 감히 힘을 다 발휘하지 않을 수가 없었다. 도가 있는 군주는 뭇 신하를 잘 다루는데, 이와 마찬가지로 고삐가 있다. 그 고삐는 어떤 것인가? 바로 명칭을 판정하여 직분을 명확히 살피는 것이 정치에서의 고삐다. 따라서 실질實에 입각해서 명칭名을 따짐으로써 진정한 사실을 구하고, 말을 들어보고 그 행동 사실을 살펴 서로 어긋남이 없도록 한다."[111] 「선기」 편은 "치우쳐 듣지 않으면 간사함이 막혀 현혹당하지 않는다"112고 말한다. 「논인論人」 편은 신하들을 시험해보는 '팔관八觀' '육험六驗'의 술을 제기한다. "[만약 그가] 통달했으면 [그가] 어떤 사람을 예우하는지 관찰하고觀, 존귀하면 그가 어떤 사람을 추천하는지 관찰하고, 부유하면 그가 어떤 사람을 양육하는지 관찰하고, 말을 잘 들으면 그가 무엇을 받아들이는지 관찰하고, 그만두고 [집에 있으면] 그가 무엇을 좋아하는지 관찰하고, 배우고 있으면 그가 무슨 말을 하는지 관찰하고, 어려움을 겪고 있으면 그가 무엇을 받지 않는지 관찰하고, 가난하면 그가 무슨 일을 하지 않는지 관찰한다. 그를 기쁘게 하여 그의 지조를 증험하고驗, 즐겁게 하여 그의 치우침을 증험하고, 화나게 하여 그의 절도를 증험하고, 두렵게 하여 그의 특기를 증험하고, 슬프게 하여 그의 사람됨을 증험하고, 힘들게 하여 그의 의지를 증험한다."113 그리고 「의사疑似」 편은 사이비한 물건을 특별히 경계하고 세심하게 관찰하여 속임수에 당해서는 안 된다고 전문적으로 논의하고 있다. 뭇 신하를 제어하고 임용하는 술을 갖고 있지 못한 상태의 무위는 스스로를 무너뜨리는 추진기로 바뀔 것이다. 그러므로 군도무위란 사실 특별한 유위술이라 말해야 할 것이다.

군도무위의 또 한 가지 방식은 깊이 감추고 드러내지 않는 술수다. 그 구체적인 표현은 무지無智, 무식無識, 무능無能, 무사無事, 앞장서지 않음不爲先, 허무청정虛無淸靜이다. 「분직分職」 편은 말한다. "군주는 맑고 빈 곳에 살며 소박함을 지켜 지혜로워 보이지 않아야無智 한다. 그럼으로써 뭇사람의 지혜를 사용할 수 있다. 지혜를 아무 능력이 없는 경지無能로 되돌릴 수 있어야 한다. 그럼으로써 뭇사람의 능력을 사용할 수 있다. 아무 행위도 하지 않는無爲 원칙을 지킬 수 있어야 한다. 그럼으로써 뭇사람의 행위를 사용할 수 있다. 이와 같은 무지, 무능, 무위야말로 군주가 지켜야 할 바다."114 「군수君守」 편은 말한다. "군주 역할을 잘하는 사람은 아무 식견115도 없는 듯해야 한다. 그다음은 직접 하는 일이 없어야 한다. 식견이 있다고 하면 완전하지 못할 수가 있으며, 직접 일을 하면 주도면밀하지 않을 수 있다."[116] 「지도」 편은 "사랑하고 미워하는 마음을 버리고 허무를 이용하여 근본으로 삼고 유용한 말을 들어야 한다"[117]고 말한다. 여기서 말하는 '무식' '무지'는 군주더러 진짜 바보가 되라는 것이 아니다. "생각과 의지를 없애고 허정虛靜으로 대응"[118]해야 한다는 말이다. 군주는 자신의 단점을 드러내서는 안 된다. 자신의 의향을 드러내서도 안 된다. 신하들에게 빈틈을 노릴 기회를 주지 않고 차가운 시선으로 신하의 일거일동을 관찰해야 한다. '무사' 또한 진짜로 일을 하지 않는 것이 아니다. "백관의 핵심을 파악하여" 신하들이 역할을 발휘토록 해야 한다. 이러한 '무지' '무식'은 오히려 신하들로 하여금 재지를 다하도록 할 수 있으며, 이런 '무사'는 오히려 신하들로 하여금 온 힘을 다하도록 할 수 있다. 「심응審應」 편은 군주가 앞장서지 않아야 할 이유를 이렇게 논하고 있다. "무릇 군주가 식견이 있으면 말함에 먼저 입을 열지 않는다. 다른 사람이 말을 꺼내면 자신은 그에 응하고, 다른 사람이 먼저 하면 자신은 그에 따른다. 그가 내뱉는 것을 보고 그의 내면을 살피며, 그의 말에 근거하여 그의 명성을 살핀다. 그 실질을 취하여 그의 명성을 규명하면 유세하는 자들이 감히 망언을 하지 못한다. 그리고 군주는 그 핵심을 장악할 수 있다."[119] 저자가 보기에 군주가 사사건건 앞장서고 뽐내며 이기기를 좋아하면 반드시 군주가 신하 대신 일을 하게 되고 신하는 오히려 두 손을 놓고 편안해지는 현상이 만들어질 수 있다. "신하들은 자리를 지키려 노력하지 않고 명령에나 따르고 [군주의] 낯빛이나 살피게 되니 이는 군주가 관리들 대신에 관리의 일을 하는 셈이다."[120] 군주가 사사건건 이기기를 좋아하면 이는 아첨이나 아부하는 무리를 길러낼 수도 있다. "군주가 스스로 직접 일하기를 좋아하면 담당자들은 직무를 버리고 군주가 하는 일에 아첨하게 된다."[121] 더욱 심각한 것은 "어긋나 지나친 것을 좋아하고 간언을 듣기를 싫어하게"[122] 될 수도 있다는 것이다. 지자는 군주가 사사건건 앞장시면 일의 발진과 변화 과정에서 주도권과 되돌릴 여지를 잃어버리고 사무주의에 빠져 힘만 들고 공로가 없게 될 수도 있음을 지적한 것이다. 또한 『여씨춘추』는 군주는 맑고 고요하여 정靜으로 동動을 통제해야 한다고 반복 강조한다. 「물궁」 편은 "군주라면 평정한 가운데 덕으로 백성을 교화함으로써 핵심을 다스려야 한다"[123]고 말한다. "[군주가 신하의 일을] 생각하면 [심지가] 쇠약해지고, [직접] 움직이면 혼미해지며, [신하가 할] 일을 하면 피로해진다. 쇠약, 혼미, 피로 이 세 가지는 군주의 도가 아니다"[124]라고도 이야기한다. 「군수」 편은 "하늘은 크게 청정하다. 청정할 뿐만 아니라 안녕하니 이로써 천하의 바른 주재자가 될 수 있다"[125]고 말한다. 군주는 하늘과 마찬가지로 청정을 지켜야 한다는 것이다. 「유도有度」 편은 "순정하면 평정할 수 있다. 평정하면 청명할 수 있다. 청명하면 허무할 수 있다. 허무할 수 있으면 무위하되 하지 않는 바가 없다"[126]고 말한다.

넷째, 절욕節欲과 절용節用이다. 「본생」 「중기重己」 「귀생貴生」 「진수盡數」 편 등은 양생養生과 치국治國 두 방면으로 절욕의 필요성을 논술한다. 사람들, 특히 군주의 욕망은 끝이 없다. 그러나 생리적 수요는 일정한 규제와 제한이 필요하다. 크게 먹고 마시며 극에 달한 사치는 오히려 몸을 상하게 만든다. 「중기」 편은 사람의 생리적 수요와 욕망 사이에는 모순이 있다고 지적한다. "무릇 생명의 장구함은 천성에 순응해서다. 생명이 순조롭지 않은 것은 욕망 때문이다. 그래서 성인은 반드시 먼저 욕망을 적절하게 절제한다. 집이 너무 크면 음기가 많고, 누대가 너무 높으면 양기가 많다. 음기가 성하면 자꾸 넘어지는 궐질이 생길 수 있고, 양기가 성하면 앉은뱅이 병에 걸릴 수 있다. 이는 음양이 적절하지 못한 데서 생긴 우환이다. 그래서 선왕은 너무 큰 집에 살지 않았으며, 너무 큰 누대를 만들지 않았고, 음식은 풍성한 진미를 구하지 않았으며, 의복은 너무 두텁거나 따뜻한 것을 찾지 않았다."[127] 과분한 사치는 몸을 상하게 하는 것 외에도 백성을 상하게 해 나라의 재앙이 될 수도 있다. 그래서 저자는 군주에게 절욕하고 절용하기를 반복하여 권고한다.

『여씨춘추』의 무위 정치사상은 도가, 법가, 유가, 음양오행가 등의 관련 논의를 흡수했다. 도가에서 일부 인사의 무위 사상은 극단으로 치달아 사람의 사회 행위 일체를 배척했으나 『여씨춘추』는 이와 같은 소극적 무위를 배제했다. 『여씨춘추』에서 무위 사상은 현실과 맞아떨어진 정책으로 적극적인 것이었다. 인류 사회와 자연의 사이에서, 사회적으로 사람과 사람 사이에서 조화와 평형을 추구하고 있으며, 권력이 무한한 군주가 일을 극단으로 몰아가는 것을 경계하고 있다.

의병義兵과
통일천하 사상에 관하여

전국 시대는 전쟁의 시대였다. 전쟁을 어떻게 볼 것이냐는 당시 사람들이 열렬히 논쟁하던 문제 가운데 하나였다. 『여씨춘추』도 이 토론에 적극적으로 참여하고 있다.

장자莊子 학파는 전쟁을 인간 본성에 대한 파괴라고 본다. 『여씨춘추』는 이 관점에 대응하여 전쟁은 인간 본성 속에서 이끌려 나온 것이라고 주장한다. 「탕병」 편은 말한다. "무릇 전쟁은 위세에 의거한다. 위세는 힘에 근거한다. 백성이 위세와 힘을 갖추는 것은 본성이다. 본성은 하늘로부터 받은 것이다."[128] 과학적으로 볼 때 이 두 가지 주장 모두 부정확하다. 전쟁의 진정한 근원을 적시하지도 못했다. 그러나 당시의 실제 수요에서 볼 때 「탕병」 편의 논의가 시대의 입맛에 더 잘 맞아떨어졌다.

당시 유행하던 전쟁 중단설偃兵說에 대하여 『여씨춘추』는 의병설義兵說을 견지했다. 「탕병」 편은 "성왕에게는 의로운 전쟁이 있을 뿐 전쟁을 중단한다는 말은 없다"[129]고 말한다. 「소류召類」 편은 일체의 전쟁에 반대하면 안정을 가져올 수 없을 뿐만 아니라 오히려 난을 초래할 수 있다고 지적한다. 이렇게 이야기한다. "[요, 순, 우] 3왕 이상의 시대에는 본래 모두가 군대를 사용했다. 혼란한 국가는 군대를 사용하고, 잘 다스려지는 국가는 군대를 사용하지 않았다. 다스려지는 데 공격을 하는 것보다 불길한 것은 없다. 혼란함에도 토벌하지 않는 것보다 백성에게 해가 되는 것은 없다. 이는 치와 난에 따른 정책 변화다. 문을 쓸 것인가 무를 쓸 것인가는 이로써 생겨난다."130

이른바 의로운 전쟁義兵은 하늘에 순응하고 백성을 위해 해를 제거하는 것이다. 「회총懷寵」 편은 말한다. "지금 전쟁을 하게 된 것은 군주가 되기에 마땅하지 않은 자를 없애 백성의 원수를 제거함으로써 하늘의 도에 따르고자 함이다."131 「논위論威」 편은 "원수가 백성의 삶을 협박한 것이 의병이 일어나게 된 까닭이다"132라고 말한다. 전쟁이 의로우냐 아니냐는 공격이냐 방어냐, 아니면 누가 먼저 발동했느냐에 의해 결정되는 것이 아니다. 「금색禁塞」 편은 공수론攻守論으로 시비하는 것을 비판한다. 이렇게 이야기한다. "따라서 토벌 공격만을 채택해선 안 되며, 토벌 공격에 반대만 해서도 안 된다. 방어 구원만을 채택해선 안 되며, 방어 구원에 반대만 해서도 안 된다. 오직 의로운 군대가 있을 때만이 가능하다. 군대가 의로우면 토벌 공격을 해도 되며, 방어 구원을 해도 된다. 군대가 의롭지 못하면 토벌 공격해선 안 되며 방어 구원을 해도 안 된다."133

의병은 천하 통일에 이르는 데 반드시 가야 할 길이다. 의병만이 분쟁 국면을 끝낼 수 있다. 새로운 천자는 의병의 대오를 따라서 역사의 무대 위에 출현하게 되리라!

결어

　『여씨춘추』를 볼 때 여불위는 전략을 구비한 정치가다. 그는 제자백가의 문파적 견해에 갇혀 있지 않고 그들 위에 높이 앉아 정치적 수요에서 출발하여 쓸 만한 것을 골라 이용했다. 하나의 학설을 주창하거나 사상가가 되면 보통 자신이 믿는 이론과 논리에 제한되어 특정 견해에 갇히게 되는 것이 일반적이다. 이는 사상가의 결점이기도 하지만 이따금 특징이나 장점이 되기도 한다. 수많은 상황에서 이와 같지 않으면 한 사상이 철저히 해명될 수 없기 때문이다. 그러나 실제 정치가가 되면 기계적으로 사상가들이 설계한 데에 따라서 일을 처리해서는 안 되며 반드시 선택이 요구된다. 선진 제자들 상호 간에 논쟁이 치열하여 물과 불처럼 서로를 용납하지 못했으나, 사실 그것은 자신의 사상을 세속 군주와 관련 짓기 위함이었다. 그들은 군주를 위해 계책을 바친 것이었다. 여불위는 이 점을 분명하게 간파하고 있었기에 문파 간 견해를 넘어서 많은 논의를 폭넓게 채택했던 것이다. 진秦, 한漢 이후 봉건 통치자들은 명분상 비록 유가를 존숭했으나 실제로 간 것은 여불위의 길이었다. 여불위의 결함은 선명한 기치가 없이 잡박하여 주체가 없다는 데 있다.

진나라의 현실적 상황으로 볼 때 여불위는 『여씨춘추』의 편집과 공포를 통하여 진나라가 유지해온 존법尊法 사상 노선을 바꾸고자 했다. 이 의도는 대단히 일리가 있으며 진나라의 통일에 유리한 것이었다고 말해야 마땅하다. 특히 진나라 통일 후 건국방략으로써 더욱 중요한 것이었다. 진시황은 비록 영웅적 지략을 갖춘 자이기는 하지만, 법가 이론에 갇혀 여불위처럼 모든 것을 수용하는 도량이 부족했다. 그 결과 일을 극단으로 몰고 가버렸다. 그가 만일 『여씨춘추』의 일부 견해를 수용했다면 진나라의 복이 어쩌면 그렇게 단명하지 않았을지도 모른다!

1 耕田之利幾倍?

2 珠玉之贏幾倍?

3 立國家之主贏幾倍?

4 나중에 진나라 효문왕孝文王이 된 사람. —옮긴이

5 以爲備天地萬物古今之事.

6 兼儒墨, 合名法, 知國體之有此, 見王治之無不貫, 此其所長也.

7 王者之治, 於百家之涂無不貫綜.(『한서』「藝文志」)

8 懸千金其上, 延諸侯遊士賓客遊能增損一字者予千金.(『史記』「呂不韋列傳」)

9 太一出兩儀, 兩儀出陰陽, 陰陽變化, 一上一下, 合而成章. 混混沌沌, 離則復合, 合則復離, 是謂天常. 天地車輪, 終則復始, 極則復反, 莫不咸當. 日月星辰, 或疾或徐, 日月不同, 以盡其行. 四時代興, 或暑或寒, 或短或長, 或柔或剛. 萬物所出, 造於太一, 化於陰陽.

10 凡人物者, 陰陽之化也. 陰陽者, 造乎天而成者也. 天固有衰嗛廢伏, 有盛盈蚠息; 人亦有困窮屈匱, 有充實達遂; 此皆天之容, 物之理也, 而不得不然之數也. 古(故)聖人不以感私傷神, 愈(愉)然而以待耳.

11 天曰順, 順維生; 地曰固, 固維寧; 人曰信, 信維聽. 三者咸當, 無爲而行. 行也者, 行其理也.

12 天道圜, 地道方, 聖王法之, 所以立上下.

13 類固相召, 氣同則合, 聲比則應.

14 鼓宮而宮動, 固角而角動; 平地注水, 水流溼, 均薪施火, 火就燥.

15 覆巢毀卵, 則鳳凰不至; 刳獸食胎, 則麒麟不來; 干澤涸漁, 則龜龍不往.

16 黃帝曰: 芒芒昧昧, 因天之威, 與元同氣. 故曰, 同氣賢於同義, 同義賢於同力, 同力賢於同居, 同居賢於同名. 帝者同氣, 王者同義, 霸者同力, 勤者同居, 則薄矣; 亡者同名, 則粗矣.(『여씨춘추』「應同」) (이 글의 저자는 황제 이하를 허튼소리로 해석하고 있다. 그러나 여기서는 『여씨춘추』의 문맥에 맞추어 저자와 달리 해석했다. —옮긴이)

17 先王之法, 胡可得而法? 雖可得, 猶若不可法. 凡先王之法, 有要於時也, 時不與法俱至. 法雖今而至, 猶若不可法. 故擇先王之成法, 而法其所以爲法.

18 故治國無法則亂, 守法而弗變則悖, 悖亂不可以持國. 世易時移, 變法宜矣.

19 古之人貴能射也, 以長幼養老也. 今之人貴能射也, 以攻戰侵奪也.

20 夫立功名亦有具, 不得其具, 賢雖過湯武, 則勞而無功矣. 湯嘗約於郼薄(亳)矣, 武王嘗窮於畢裎(畢酆)矣, 伊尹嘗居於庖廚矣, 太公嘗隱於釣魚矣, 賢非衰也, 智非愚也, 皆無其具也. 故凡立功名, 雖賢, 必有其具, 然後可成.

21 三代所寶莫如因, 因則無敵.

22 禹通三江五湖, 決伊闕, 溝回陸, 注之東海, 因水之力也.

23 湯武以千乘制夏商, 因民之欲也.

24 功名大立, 天也.

25 夫禹遇舜, 天也遇周於天下, 以求賢者, 事利黔首, 水潦川澤之湛滯壅塞可通者, 禹盡爲之, 人也.

26 日夜相殘, 無時休息.

27 聖人深見此患也, 故爲天下長慮, 莫如置天子也; 爲一國長慮, 莫如置君也.

28 人主有能以民爲務者, 則天下歸之矣.

29 凡王也者, 窮苦之救也.

30 天下之民窮矣苦矣, 民之窮苦彌甚, 王者之彌易.

31 上不順天, 下不惠民.

32 始生之者, 天也; 養成之者, 人也. 能養天之所生而勿攖之, 謂天子. 天子之動也, 以全天爲故(事)者也.

33 聖人之見時, 若步之與影不可離. 時至, 有從布衣而爲天子者, 有從千乘而得天子者, 有從卑賤而佐三王者, 有從匹夫而報萬乘者, 故聖人之所貴唯時也.

34 桀紂不遇湯武, 未必亡也; 湯武不遇桀紂, 未必王也.

35 天子之立也出於君, 君之立也出於長, 長之立也出於爭. 爭鬪之所自來者久矣, 不可禁, 不可止.

36 今周室旣滅, 而天子已絕, 亂莫大於無天子.

37 今周室旣滅, 天子旣廢. 亂莫大於無天子; 無天子則強者勝弱, 衆者暴寡, 以兵相刬, 不得休息, 今之世當之矣.

38 天子之動也, 以全天爲故(者)也.(『여씨춘추』「本生」)

39 凡擧事必先審其民心, 然後可擧.

40 先王先順民心.

41 仁人之於民也, 可以便之, 無不行也.

42 執民之命, 重任也, 不得以快志爲故(事).

43 昔先聖王之治天下也必先公, 公則天下平矣. 平得於公.

44 天下, 非一人之天下也, 天下之天下也.(『여씨춘추』「貴公」)

45 置君非以阿君也, 置天子非以阿天子也.(『여씨춘추』「恃君」)

46 當今之世濁甚矣, 黔首之苦不可以加矣. 天子旣絶, 賢者廢伏, 世主恣行, 與民相離, 黔首無所告愬.

47 爲國之本在於爲身. 身爲而家爲, 家爲而國爲, 國爲而天下爲. 故曰. 以身爲家, 以家爲國, 以國爲天下.

48 先聖王成其身而天下成, 治其身而天下治.

49 安危榮辱之本在於主, 主之本在於宗廟, 宗廟之本在於民, 民之治亂在於有司.

50 名不徒立, 功不自成, 國不虛存, 必有賢者.

51 賢主勞於求人, 而佚於治事.

52 世之人主, 得地百里則喜, 四境皆賀; 得士則不喜, 不知相賀, 不通乎輕重也.

53 전국 시대 용사로 산 채로 쇠뿔을 뺐다는 인물. ―옮긴이

54 전국 시대 진秦 무왕武王 때 정鼎을 두 손으로 들어 올렸다는 대역사. ―옮긴이

55 황제 시대에 살았다는 전설적인 인물로 백 보 밖에서도 바늘 끝을 보았다는 시력의 소유자. ―옮긴이

56 天下無粹白之狐, 而有粹白之裘, 取之衆白也. 夫取於衆, 此三皇五帝之所以大立功名也. 凡君之所以立, 出乎衆也. 立已定而舍其衆, 是得其末而失其本. 得其末而失其本, 不聞安居. 故以衆勇, 無畏乎孟賁矣; 以衆力, 無畏乎烏獲矣; 以衆視, 無畏乎離婁矣; 以衆知, 無畏乎堯舜矣. 夫以衆者, 此君人知大寶也.

57 以全擧人固難.(『여씨춘추』「擧難」)

58 昔者禹一沐而三捉髮, 一食而三起, 以禮有道之士, 通乎己之不足也.

59 賢主必自知士, 故士盡力竭智, 直言交爭, 而不辭其患.

60 賢主所貴莫如士, 所以貴士, 爲其直言也. 言直, 則枉者見矣. 人主之患, 欲聞枉而惡直言, 是障其源而欲其水也.

61 故敗莫大於愚, 愚之患在必自用.

62 自智而愚人, 自巧而拙人.(『여씨춘추』「知度」)

63 以聽從取容.(『여씨춘추』「知度」)

64 愚拙者請矣.

65 古之聖王, 未有不尊師者也. 尊師, 則不論其貴賤貧富矣.

66 君臣不信, 則百姓誹謗, 社稷不寧.

67 小忠, 大忠之賊也.(『여씨춘추』「權勳」)

68 凡奸邪險陂之人必有因也. 何因哉? 因主之爲. 人主好以己爲, 則守職者舍職而阿主之爲矣.

69 先王先順民心, 故功名成. 夫以德得民心以立大功者, 上世多有矣. 失民心, 而立功名者, 未之曾有也.

70 湯武非徒能用其民也, 又能用非己之民. 能用非己之民, 國雖小, 卒雖少, 功名猶可立. 古昔多由布衣定一世者矣, 皆能用非其有也.

71 夫陳, 小國也, 而蓄積多, 賦斂重也, 則民怨上矣. 城郭高, 溝洫深, 則民力罷矣. 興兵伐之, 陳可取也.

72 耳之欲五聲, 目之欲五色, 口之欲五味, 情也. 此三者, 貴賤愚智賢不肖, 欲之若一. 雖神農黃帝, 其與桀紂同.

73 同惡同好, 志皆有欲, 雖爲天子, 弗能離矣.

74 危身傷生, 殺頸斷頭.

75 凡事人, 以爲利也; 死不利, 故不死.

76 性也者, 所受於天也, 非擇取而爲之也.

77 用民有紀有綱, 壹引其紀, 萬目皆起; 壹引其綱, 萬目皆張. 爲民紀綱者何也? 欲也, 惡也. 何欲何惡? 欲榮利, 惡辱害. 辱害所以爲罰, 充也; 榮利所以爲賞, 實也. 賞罰皆有充實, 則民無不用矣.

78 본문의 사事 자는 문장의 맥락상 인人으로 해석함이 마땅하다. 張雙棣, 張萬彬, 殷國光 陳濤 역주, 『呂氏春秋譯注』, 870쪽 참조. —옮긴이

79 治物者不於物, 於人; 治人者不於事, 於君; 治君者不於君, 於天子; 治天子者不於天子, 於欲; 治欲者不於欲, 於性. 性者, 萬物之本也, 不可長, 不可短, 因其固然而然之, 此天地之數也.

80 聖王執一, 四夷皆至者, 其此之謂也. 執一者, 至貴也, 至貴者無敵.

81 民無常處, 見利之聚, 無之去. 欲爲天子, 民之所走, 不可不察.

82 民欲不達, 此國之郁也. 國郁處久, 則百惡竝起, 而萬災叢至矣.

83 人之欲雖多, 而上無以令之, 人雖得其欲, 人猶不可用也. 令人得欲之道, 不可不審矣. 善爲上者, 能令人得欲無窮, 故人之可得用亦無窮也.

84 使民無欲, 上雖賢, 猶不能用. 故人之欲多者, 其可得用亦多; 人之欲少者, 其可得用亦少; 無欲者, 不可得用也.

85 爪牙不足以自守衛.

86 利之出於群也.

87 故君道立, 則利出於群, 而人備可完矣.

88 聖人南面而立, 以愛利民爲心.

89 古之君民者, 仁義以治之, 愛利以安之, 忠信以導之, 務除其災. 思致其福. 故民之於上也, 若璽之於涂也.

90 行德愛人則民親其上, 民親其上, 則皆樂爲其君死矣.

91 爲天下及國, 莫如以德, 莫如行義. 以德以義, 不賞而民勸, 不罰而邪止, 此神農黃帝之政也.

92 賞罰之柄, 此上之所以使也, 其所以加者義, 則忠信親愛之道彰. 久彰而愈長, 民之安之若性, 此之謂教成.

93 凡賞非以愛之也, 罰非以惡之也, 用觀歸也, 所歸善, 雖惡之, 賞; 所歸不善, 雖愛之, 罰. 此先王之所以治亂安危也.

94 亡國之主多以多威使其民矣. 故威不可無有, 而不足專恃, 譬之若鹽之於味, 凡鹽之用, 有所托也, 不適則敗托而不可食. 威亦然, 必有所托, 然後可行. 惡乎托? 托於愛利, 愛利之心諭, 威乃可行.

95 威愈多, 民愈不用.

96 (君)樂愈侈而民愈郁, 國愈亂, 主愈卑.

97 以罪召罪. 上下之相仇也由是起矣.

98 竭澤而漁, 豈不獲得, 而明年無魚.

99 此書所尙, 以道德爲標的, 以無爲爲綱紀.(『여씨춘추』「서序」)

100 作者憂, 因者平. 惟彼君道, 得命之情. 故任天下而不強.

101 古之王者, 其所爲少, 其所因多. 因者, 君術也. 爲者, 臣道也. 爲則擾矣, 因則靜矣. 因冬爲寒, 因夏爲暑, 君奚事哉! 故曰, 君道無知無爲, 而賢於有知有爲, 則得之矣.

102 有道之主, 因而不爲.

103 天下時, 地生財, 不與民謀. 有年癉土, 無年癉土. 無失民時, 無使之治下. 知貧富利器, 皆時至而作, 渴時而止. 是以老弱之力可盡起, 其用日半, 其功可使倍.

104 大聖無事而千官盡能.

105 管子, 人臣也, 不任己之不能, 而以盡五子之能, 況於人主乎?

106 賢主勞於求人, 而佚於治事.

107 古之善爲君者, 勞於論人, 而佚於官事, 得其經也.

108 有術之主者, 非一自行之也, 知百官之要也. 知百官之要, 故事省而國治也.

109 治天下及國, 在乎定分而已矣.

110 其本也者, 定分之謂也.

111 王良之所以使馬者, 約審之以控其馭, 而四馬莫敢不盡力. 有道之主, 其所以使群臣者, 亦有彎, 其彎何如? 正名審分, 是治之彎已. 故按其實而審其名, 以求其情; 聽其言而察其類, 無使放悖.

112 督聽則姦塞不皇.

113 通則觀其所禮, 貴則觀其所進, 富則觀其所養, 聽則觀其所行, 止則觀其所好; 習則觀其所言, 窮則觀其所不受, 賤則觀其所不爲. 喜之以驗其守, 樂之以驗其僻, 怒之以驗其節, 懼之以驗其特, 哀之以驗其人, 苦之以驗其志.

114 君也者, 處虛素服而不智, 故能使衆智也. 智反無能, 故能使衆能也. 能執無爲, 故使衆爲也. 無智, 無能, 無爲, 此君之所執也.

115 식識은 직職과 통通하므로 어떤 관직도 담당하지 않는다로 해석하는 경우도 있으나(예컨대 張雙隷, 張萬彬, 殷國光, 陳濤 譯注 1993, 『呂氏春秋譯注』, 553, 556) 그다음 구절이 군주가 일하는 것에 반대하고 있으므로 이 구절은 그냥 앎, 식견으로 해석하는 것이 의미가 더 잘 통한다. ─옮긴이

116 善爲君者無識, 其次無事. 有識則有不備矣, 有事則有不恢矣.

117 去愛惡之心, 用虛無爲本, 而聽有用之言.

118 去想去意, 靜虛以待.(『여씨춘추』「知度」)

119 凡主有識, 言不爲先. 人唱我和, 人先我隨. 以其出爲之入, 以其言爲之名. 取其實以責其名, 則說者不敢妄言, 而人主之所執其要矣.

120 人臣以不爭持位, 以聽從取容, 是君代有司爲有司也.(『여씨춘추』「任數」)

121 人主好以己爲, 則守職者舍職而阿主之爲矣.(『여씨춘추』「君守」)

122 好愎過而惡聽諫.(『여씨춘추』「似順」)

123 凡君也者, 處平靜, 任德化, 以聽其要.

124 用則衰, 動則暗, 作則倦. 衰暗倦三者, 非君道也.

125 天之大靜, 旣靜而又寧, 可以爲天下正.

126 正則靜, 靜則淸明, 淸明則虛, 虛則無爲而無不爲也.

127 凡生之長也, 順之也. 使生不順者, 欲也. 故聖人必先適(合適)欲. 室大則多陰, 臺高則多陽; 多陰則蹶, 多陽則痿, 此陰陽不適之患也. 是故先王不處大室, 不爲高臺, 味不衆珍, 衣不燀熱.

128 凡兵也者, 威也; 威也者, 力也. 民之有威力, 性也; 性者, 所受於天也.

129 聖王有義兵, 而無有偃兵.

130 三王以上, 固皆用兵也, 亂則用, 治則止. 治而攻之, 不祥莫大焉. 亂而不討, 害民莫長焉. 此治亂之化也, 文武之所由起也.

131 今兵之來也, 將以誅不當爲君者也, 以除民之仇而順天之道也.

132 敵懼民生, 此義兵之所以隆也.

133 故取攻伐者不可, 非攻伐不可; 取救守不可, 非救守不可, 取唯義兵爲可. 兵苟義, 攻伐亦 可, 救守亦可. 兵不義, 攻伐不可, 救守不可.

제13장

제자백가의 정치 문화 총론

앞의 몇 장은 학파별로 나누어 제자백가의 정치사상에 대해 토론을 진행했다. 이 장에서는 간결하게 통론을 다루고자 한다. 통론이 필요한 문제는 매우 많으나 여기서는 다음 세 가지 문제만을 논의하겠다. 필자는 이세 가지 문제가 정치사상 방면에서 백가쟁명이 거둔 가장 중요한 수확이자 결정인 동시에 중국 고대의 안정적인 정치 문화 관념을 구성한 것이라고 생각한다. 이 세 문제는 상호 보완적이지만 국부적으로는 상반되고 제약하는 관계가 되기도 한다.

인문주의와
성왕 숭상:
정치사상의 기초

하夏, 상商, 서주西周 왕조는 기본적으로 신의 세계다. 춘추에서 시작하여 신의 지위는 차츰 하락하고 인간의 지위가 점차 상승한다. 노자와 공자는 인문 사상 발전 과정에서의 두 거두다. 이들은 중국 역사상 사유 방식이 전환하게 된 징표다. 두 사람은 종전의 산발적 인문 사상을 이론으로 상승시켰다. 노자는 사람을 자연으로 되돌렸으며, 공자는 사람을 사회로 되돌렸다. 이로써 중국 역사상 인문 사상의 기초가 다져졌다. 전국 시대 제자백가의 발전을 거쳐 인문 사상은 중국 전통문화의 주류가 되었으며 정치사상의 기초를 이루었다. 중국 전통적 인문 사상은 주로 다음 몇 가지 방면으로 요약된다.

첫째, 인간과 신의 관계에서 인간이 먼저이고 신은 나중이라고 주창한다.

중국 고대 사상사에서 소수를 제외한 사상가의 절대다수 모두 신을 묘당에서 내쫓지 않았다. 반대로 많거나 적게 신에게도 한자리를 남겨주었다. 노자는 도道가 최고의 존재로서 일체를 지배한다고 생각한다. 그는 본체론에서는 신을 포기했으나 신앙의 범위 내에서는 여전히 신을 남겨두고 있다. "신에게 제사 드릴 때는 신이 곁에 있는 듯 하라"[1]는 공자의 말은 역시 신앙으로부터 이야기한 것이다. 전통 사상에서 볼 때 신은 신앙에만 국한되지 않는다. 때로는 본체론과 결정론 가운데로도 침투해 들어오곤 한다. 그러나 결국은 사람이 더욱 중요하며 사람의 필요와 정신에 따라 신을 개조하기도 한다. 민정으로 천명을 알고, 인간이 먼저이고 신은 나중이며, 귀신을 공경하되 멀리하고, 신의 도에 따라 가르침을 설정하는 등의 여러 사상은 인문 사상의 신 관념에 대한 개조와 수정인 동시에 정치사상의 출발점이기도 했다.

인간이 바로 신의 목적이기 때문에 신과 인간의 관계를 처리하거나 양자 간 모순이 발생할 때 대다수의 사상가는 인간이 먼저이고 신은 나중이라고 주장한다. 이 사상이 공자의 발명은 아니지만 그는 아주 명료하게 이를 논한 적이 있다. "계로季路(즉 자로子路)가 귀신을 섬기는 일에 대해 물으니, 공자가 대답했다. '아직 사람도 섬길 수 없는데 어찌 귀신을 섬길 수 있겠느냐?'"[2] "백성에게 마땅할 일에 힘쓰며 귀신을 공경하되 멀리하는 것을 지혜라고 말할 만하다."[3] 장자莊子도 "상하 동서남북 밖의 것에 대하여 성인은 따로 논의하지 않는다"[4]고 말한다. 즉 신에 대한 문제는 이론적으로 탐구하지 않는다는 말이다. 신을 수단으로 삼음은 한 단계 더 신을 인문화시켰다는 의미다. 묵자墨子는 이런 사상을 더욱 명확히 천명했다. 그는 천신天神을 "바퀴 만드는 사람의 그림쇠" "목수의 곱자"(『묵자』「천지중天志中」)처럼 사람 수중의 도구라고 주장했다. 『역경易經』「단전彖傳」에서 제기한 "성인은 신의 도로써 가르침을 설정한다"[5]는 말은 후세의 사상에 더 큰 영향을 미쳤다. "신의 도로써 가르침을 설정함"은 해석상 신비주의로 치달을 수도 있으나 더 많게는 신의 길을 도구로 간주하고 있다는 것이다. 신을 수단으로 삼기만 하면 외관상 신이 얼마나 존엄하든 상관없이 목적으로서의 의미를 잃은 것이고 진정한 목적은 사람이 된다. 사람을 목적으로 삼는 실용주의야말로 인문 사상 발전의 징표 가운데 하나다.

둘째, 인간과 자연의 관계에서 상호 간 화해를 주장하고, 자연은 인류의 행복을 위해 쓰여야 한다고 주창한다.

사람은 어디서 왔는가? 서주 이전에는 신의 산물이라고 생각했다. 그러나 도가, 음양가, 『역경』의 출현은 이와 같은 인식을 바꾸었다. 그들은 여러 각도에서 하나의 공통된 견해를 빚어냈다. 그것은 바로 사람은 자연의 산물이며 인간은 자연적 존재라는 것이었다. 『역경』「서괘序卦」 전은 말한다. "하늘과 땅이 있고 난 뒤 만물이 있게 되었으며, 만물이 있고 난 뒤 남녀가 있게 되었으며, 남녀가 있고 난 뒤 부부가 있게 되었으며, 부부가 있고 난 뒤 아버지와 자식이 있게 되었다."6 『장자』「지북유知北遊」 편은 "사람의 생명은 기가 모인 것이다. 모이면 생명이 되고 흩어지면 죽는다"7고 말한다. 사람이 자연적 존재임은 인문 사상의 이론적 기초다.

사상가들은 사람의 활동이 자연의 제약을 받는다는 것을 보편적으로 인식하고 있었다. 자연의 힘은 사람의 힘에 비해 총체적으로 더 풍부한 위력을 지니고 있다. '하늘天, 즉 자연을 거역하는 자는 망한다'는 말은 바로 이와 같은 인식을 반영하고 있다. 그런데 자연 앞의 인간은 그렇게 무력한 존재가 아니다. 사람은 주관적인 노력과 탐색을 통해 자연과의 조화를 구할 수 있었다. "하늘을 본받고" "땅을 본받고" "사시를 본받음"(『관자』「판법해版法解」)은 인간이 자연과 화해를 얻는 기본 방식이자 정치 활동의 기본적인 근거다. 조화를 구할 수만 있다면 사람은 자연을 이용할 수 있을 뿐만 아니라 자연은 그야말로 인간을 위해 존재하게 된다. "만물이 같은 하늘 아래 있으면서 몸이 다르니 제각기 사람을 위해 마땅히 유용하게 쓰이도록 함이 그 방법이다."8

전통적인 인식 가운데는 한편으로 인간에 대한 자연의 제약을 강조하여 "자연을 본받자"를 인류가 발을 붙이고 사는 출발점으로 삼고 있다. 그러나 동시에 인간이 "천명을 통제하여 이용할"[9] 수도 있다고 지적하기도 했다. 이는 사람이 자연계의 주인으로 자연을 이용하여 인류를 행복하게 만드는 것을 가리킨다. 그렇게 함으로써 자연과 인간의 관계에서 인간의 가치를 드높였다.

셋째, 인간의 사회생활 속에서 인성을 강조하고 그 인성을 기초로 사회적 인간관계의 원칙을 연역 판단한다.

전통 사상은 인성 문제를 깊이 있게 탐구했다. 오늘날은 인성의 실질 문제를 대부분 도덕적 선악 문제로 귀결시킨다. 틀림없이 이는 인성 문제에서 십분 중요한 내용이다. 그러나 자세히 연구해보면 거기에는 더욱 깊은 함의가 있다. 그것은 바로 사람의 사회성과 자연성의 관계 문제, 즉 생리적 본능, 물질적 수요와 사회관계 및 사회적 이데올로기와의 관계 문제다. 인성 문제는 정치사상의 중요한 이론적 근거다.

넷째, 사람들이 자아를 추구하는 과정은 주로 성인이 되기 위한 과정이지 신이 되기 위한 과정이 아니다.

고대의 전통 사상 가운데 스스로 신이 되기 위한 추구가 없었던 것은 아니다. 그러나 주류를 차지한 것은 성인이 되기 위한 추구였다. 즉 자아 수양과 완성을 통하여 성인聖人, 현인, 인인仁人, 대장부, 성인成人, 군자가 되는 것이다. 이 사람들의 공통된 특징은 도덕적 모범이다. 성인이 되는 것과 신이 되는 길은 수양 과정에 공통점이 있는 것처럼 도저히 서로 용납할 수 없는 것은 아니다. 하지만 그 귀결점은 원칙적으로 구별된다. 신이 되는 것은 자아의 초월을 추구하여 마침내 피안 세계의 일원으로 바뀌는 것이다. 성인이 되는 것은 최대한도의 자아실현을 힘써 추구하고, 자신의 주관적 능동성과 집념을 충분히 발휘하는 추구 과정에서 사회의 모든 아름다움을 일신에 집중시켜 하나의 초인으로 상승하는 것을 말한다. 전통 중의 성현, 특히 유가에서의 성현은 모두 시국을 걱정하면서 세상의 구원을 자신의 임무로 여긴다. 그래서 성현, 인인을 향한 추구는 인문 사상의 발전을 촉진했다.

다섯째, 자연과 사회, 인간 자신을 인식의 대상과 실천의 대상으로 삼는다.

앞에서 말한 몇 가지는 논리상 필연적으로 자연과 사회, 인간 자신을 인식의 주요 대상 및 실천 대상으로 삼는다. 인식의 역사에는 천국에 대한 환상도 있다. 그러나 인류의 보편적 관심은 현실 생활 속의 사람 및 그 사람과 관련 있는 자연계다. 노자, 공자 이후 2000년간 지식인들이 토론한 주요 문제는 거의 줄곧 천인관계, 역사의 변동, 심성, 치란, 도덕, 민생 등의 문제를 둘러싸고 전개된 것이었다. 여기서 인식 대상과 실천은 일치하고 있다. 장학성章學誠의 "옛사람들은 [현실의] 사건을 떠나서 이치를 말한 적이 없다"[10]는 말은 바로 그것을 뜻한다. 현실 생활을 인식과 실천의 대상으로 삼았기 때문에 인문 사상을 위한 광활한 길이 개척된 것이다.

이상 여러 각도에서 전통 인문 사상의 구체적 내용을 설명했다. 그렇다면 전통 인문 사상의 사유 방식의 가장 중요한 특징은 무엇인가? 그것은 바로 사람들이 자주 이야기하는 천인합일 사상이다. 즉 자연, 사회, 인간을 하나의 화해적 통일체로 보는 것이다. 이 통일은 자연의 인간화, 사회화 및 인간과 사회의 자연화를 통해 도달한다. 이를 자연의 인간화 및 인간의 자연화라고 간단히 부를 수 있다. 자연의 인간화와 인간의 자연화 관념 가운데는 일부 합리적, 심지어는 과학적 요소가 포함되어 있다. 예컨대 인간과 자연 사이에는 일정한 통일성이 존재한다는 순자의 바로 다음 말이 그렇다. "물과 불은 기운이 있되 생명은 없다. 풀과 나무는 생명은 있되 지각은 없다. 금수는 지각이 있되 의義가 없다. 사람은 기운이 있고, 생명이 있고, 지각이 있고, 의로움도 있다. 그래서 세상에서 가장 귀한 존재다."[11] 즉 기운, 생명, 지각의 방면에서 인간은 자연과 모종의 통일성을 갖고 있다. 이와 같은 견해는 대단히 일리가 있다. 그러나 자연과 인간의 통일 이론 가운데는 여전히 인위적 대응과 모방을 통해서 만들어져 나온 것이 상당히 많다. 『역경』「계사상繫辭上」전은 말한다. "하늘은 높고 땅은 낮아 건乾과 곤坤이 정해졌다. 낮은 곳에서 높은 곳으로 펼쳐지면서 귀천이 위치 지어졌다."[12] 이어서 건은 '천天' '군君' '금金' '옥玉'을 대표하고, 곤은 '지地' '모母' '중衆(즉 신민)' '포布' 등을 대표한다고 논술한다. 「문언文言」전은 '지도地道' '처도妻道' '신도臣道'는 음에 속하며 음은 천에 순종하고 양에 따라야 한다고 말한다. 이 논술에서는 사람의 귀천을 구분하고, 천지, 건곤, 음양 또한 귀천을 구분한다. 그리고 논자가 보기에 사람의 귀천은 오히려 천지의 귀천 가운데서 이끌려 나온 것이다. 중국 고대의 각 학파 사상가는 모두 '공公'을 언급했다. 공은 본래 도덕 관념이다. 그러나 각 학파는 모두 공이 '천도'의 본성이며 외적 변화를 통해 도덕적 '공'이 된다고 설명한다. 천도를 도덕화하고 거꾸로 다시 도덕화된 천도를 이용하여 인간 세상의 도덕을 논증한다. 이것은 고대 천인합일의 중요한 내용 가운데 하나다. 인간의 자연화와 자연의 인간화 사유 방식은 일체의 개체를 모두 광대한 하늘 그물 가운데 하나의 매듭으로 본다. 개체는 관계의 그물에서 상대적 지위만을 가질 뿐이다. 군주는 인간 세상에서 가장 존귀한 자로 둘도 없는 오직 하나다. 그러나 군주 또한 관계의 그물 가운데 한 고리일 따름이다. 하늘에 순응하고 사람에게 따를 때만이 그는 자신의 안전과 존귀함을 보장받을 수 있다. 이 관념은 합리적 일면을 갖고 있음에 틀림없다. 현대 시스템론의 관점에서 보자면 고대인들은 자연, 사회, 인간을 조직적인 하나의 엄밀한 대체계로 본 것이다. 그리고 사물마다 모두 이 시스템 관계의 제약을 받는다. 그러나 고대인들이 이 대체계를 구축할 때 시스템에 대한 인식은 분석 과학의 기초 위에 수립된 것이 아니라 직관적이고 모호한 인식으로 완성된 것이었다. 그래서 이른바 시스템 관계란 대다수가 허구적이고 주관적인 것이다. 다른 한편으로 이 시스템 구조는 본질상 현실 사회의 등급 구조에 따라 조직된 것이었으며 모두 도덕이라는 꼬리표가 붙어 있다. 인간의 자연화 또는 자연의 인간화의 결과는 사람으로 하여금 그대로의 사람이 되게 하지 못했을 뿐만 아니라 자연으로 하여금 그대로의 자연이 되게 하지 못했다. 자연과 인간 모두 이 때문에 진정한 모습을 잃어버렸다. 하지만 이로 인해 당시의 군주 정치는 오히려 대단히 실질적인 혜택, 즉 대일통을 얻게 되었다. 천, 지, 인의 대일통 가운데서 군주는 위아래를 연결시키고 만물을 원만히 소통시키는 역할을 하게 되었다. 상술한 인문 사상은 근대 인문 사상과는 원칙적으로 구분이 되는데, 그것이 안내한 것은 군주 전제이지 민주가 아니었다.

성인 숭배가 정치문화의 한 현상이 된 것은 춘추 시대에 생겨나 전국 시대에 크게 이루어진 것이다. 그 후 이성적 양식과 문화 정신이 되면서 면면히 근대까지 이어져왔다. 정치문화의 관점에서 보면 성인관은 일종의 '인간에 관한 공통된 관념 체계'일 뿐만 아니라 충분히 이성화된 정치 양식이기도 하다. 정치 일체화의 입장에서 출발하면 성인이 절대화되고 보편화된 특징을 지니고 있음을 발견할 수 있다. 절대화는 성聖과 왕王의 통일을 보장하며, 보편화는 대중의 공통된 인식을 이끈다. 성화聖化란 형이상적 절대화와 형이하적 보편화의 통일이다. 이 점을 설명하기 위해 우리는 성의 어원과 그것의 역사와 문화에서의 변천을 먼저 이해해야 한다. 그리고 그것이 어떻게 하여 보통 하는 말에서 보편적 관념으로 승화되었는지를 이해해야 한다.

고힐강顧詰剛 선생의 고증에 의하면, 금문金文 가운데 '성聖' 자는 '耵' 자로 이耳를 따르고 구口를 따르니, 즉 옛날의 '청聽' 자라고 한다. 이른바 "소리가 마음에 들어가 통하니 귀로 들어가고 입으로 나온다"[13]는 의미다.

'성' 자 갑골문 가운데서의 자형은 한 사람에게서 특히 귀가 큰 것으로 나타나 있다. 금문 '耵'는 귀를 기울여 다른 사람의 말을 듣는 형태다. 처음에는 '청'을 성으로 삼았으므로 "들어서 그것을 알면 성인이다"[14]라고 했다. 옛날 사람들은 말 없음을 숭상했다. 노자는 "말 없는 가르침을 행할 것"[15]을 주장했고, 공자는 "나는 무언을 바란다,"[16] "하늘이 무슨 말을 하는가! 사시가 [때맞추어] 운행하고 만물이 [있는 대로] 생장하지만 하늘이 무슨 말을 하는가!"[17]라고 말했다. 이른바 '총명聰明'이란 청각과 시각의 합일을 말한다. '耵'의 본의는 "귀로 들어간다"이다.

『설문說文』은 "성이란 통함이다"[18]라고 말한다. 금문 가운데의 '耵'는 입과 귀가 서로 통함을 가리킨다. 나중에 이 뜻이 변화했고 '이통耳通'은 '심통心通'으로 전환되었다. 앞뒤에 차이는 있으나 '통'이라는 점에서는 한가지다. 주준성朱駿聲은 "춘추 시대 이전에 이른바 성인이라 함은 바로 통달한 사람通人이다,"[19] "전국 시대 이후의 이른바 성인이란 존경과 숭배의 허명이다"[20]라고 말한다. '별別'에 대해서는 의견이 있으나 '통'에 대해서는 의견이 없다는 관점이다. 고힐강도 상고 시대의 성인은 평범하게 귀 밝은聰 자에 불과했는데 후세의 성인은 신비로운 초인으로 바뀌어 그 간격이 너무 커졌다고 말한다. 그런데 그도 마찬가지로 전후 성인 사이에 갖추어진 숨겨져 있으면서도 의미심장한 내재적 통일성을 간과하고 있다. 사실상 전후 성인은 일맥상통하며 바로 '통' 자가 그 가운데를 관통하고 있다.

상고의 성인이 "소리를 듣고 사정을 아는 것"이 '통通'이었다. 공자의 "하나로써 관통하는 것"이 '통'이며, 맹자의 "크게 [도를 행하여 천하를] 교화시킴"이 '통'이며, 장자의 "제물齊物"이 '통'이며, 묵자의 "상동尙同"이 '통'이며, 관자의 "위로 하늘을 통찰하고, 아래로 땅을 통찰함"[21]이 '통'이며, 상앙의 "만물의 핵심을 알고, 고금의 변화를 통찰함"이 '통'이다. 『역경』이 "회통會通"을 주로 함은 더 말할 필요도 없다. 어쨌든 소위 성인이란 결국 '통'

에 있다. 초기 인민은 지력이 유치하여 사고가 자기 몸을 벗어나지 못했다. 그래서 성聖의 영역도 신체의 한 기관에 제한될 수밖에 없었고 '이통耳通'의 귀 밝은 자가 성인이 되었던 것이다. 그 후 지력이 차츰 진보하여 사고의 폭이 몸으로부터 마음 깊숙이 돌아 들어감으로써 성의 영역도 크게 넓어졌다. 대체로 천지, 만물, 음양, 사시, 인륜, 성위性僞, 형명, 도덕 등 거의 통하지 않는 바가 없게 되었다. "성은 통하지 않는 곳이 없고"22 "일을 함에 통달하지 않는 바가 없음을 성이라 부른다."23

그런데 어떻게 하여 성인은 보통 하는 말로부터 보편적 관념으로 승화될 수 있었는가? 은, 주 문화의 전통에서는 성인이 그다지 특별한 위치를 차지하지 않음을 우리는 잘 알고 있다. 은나라 사람은 신을 존중했으며, 주나라 사람은 명命을 믿었다. 따라서 은 문화의 특징은 "백성을 거느려 신을 섬기는" 데 있었고, 주 문화의 특징은 "영원한 목숨을 하늘에 기원하는" 것이었다. 물론 은, 주 문화에는 더 많은 인간적 요소가 함유되어 있지만 인성人性은 주 문화에서 여전히 침묵하고 있었다. 서주 말년에 인성이 처음 싹을 틔우기 시작했다. 이는 『시경』에 반영되어 있는데, 하늘을 원망하고 사람을 탓하는 것이라든가 천명에 대해 의심하고 저주하는 시구들은 인성의 각성이 이루어지고 있음을 예시해준다. 춘추 시대 이후 인성은 귀신과 천명이라는 외피를 벗어버리고 복잡한 사회, 정치 운동 중 충분히 겉으로 드러나게 되었다. 사람은 일단 자기를 발견하게 되면 스스로를 이상화할 줄 안다. 마치 신을 발견하고는 신을 향해 무릎을 꿇는 것과 마찬가지다. 그리하여 사람들은 각종 인성의 요소를 집합시켜 하나의 이상적 인격으로 만들고는 전통 속에서 새로운 표현 방식을 강구함으로써 사람들의 문화적, 심리적 안정성과 연속성을 유지하려 들었다. 선진의 제자백가가 자신들의 민첩한 안광을 전통에 투사하자 즉각 '성인'을 발견하게 되었다. 귀신과 천명이라는 권위의 무거운 압박 아래 있으면서 말도 잘 꺼내지 못하던 이 "귀 밝고 눈 밝은 사람聰明人"은 새로운 문화 역사의 배경 속에서 오히려 자신의 다채로운 모습을 충분히 펼칠 수 있게 되었다. 사람들은 예전에 신에게 바쳤던 정감을 바꾸어 성인에게 경주했고, 이에 성인은 사람들의 사상적 초점이자 문화의 주축이 되었다. 사람들은 속마음 깊은 곳의 갈망과 공포를 느끼는 신성神性, 그리고 필연성 모두를 성인의 한 몸에 기탁했다. 이로써 성인은 인성, 신성, 필연성 삼위일체의 화신이 되었다.

지식 운동의 규율로 볼 때 성인의 상승은 인간 의식이 감성으로부터 이성을 향해 발전하는 추세를 반영하고 있다. 소위 '성화聖化'라는 인식 발전의 관점에서 그 실질은 이성화다. 춘추 이후 윤리적인 인간의 발견과 인식론적인 심心의 각성은 같이 진행되었다. 은, 주 시대의 성인이 인간의 생리적 감각 기관상의 특성을 주로 강조하고 있다면, 춘추 이후의 성인은 정신의 우월성이 두드러진다. '이통'의 성인은 널리 듣는 데 불과하지만 '심통'의 성인은 신의 경지에 이른다. 맹자는 "성스러우면서 알 수 없는 것을 신이라 부른다"[24]고 말한다. 선진 제자들은 대부분 심의 신身에 대한 주재적 지위와 작용을 강조한다. 이는 사실 이성화가 심신 관계 위에 표현된 것이다. 바로 이성화의 필요에서 '심'으로 하여금 육체를 일탈하도록 했다. '심'의 작용은 세 가지인데, 첫째, 포용容, 둘째, 관통通, 셋째, 추상思이 그것이다. "심은 포용이다."[25] "심은 가는 선繊이다. 미세함을 알면 관통하지 못하는 물질이 없다."[26] "심의 기관은 생각함이다. 생각하면 얻고 생각하지 않으면 얻지 못한다."[27] '용'은 포용성을 가리킨다. 심은 무한한 허공과 같아 포용하지 않는 바가 없다. "만물이 모두 나에게 갖추어져 있다"[28]는 맹자의 말은 바로 심이 만물을 통섭함을 의미한다. '용'이 극치에 이르면 우리의 마음이 바로 우주이고 우주가 바로 우리의 마음이 된다. '통'은 관통성을 가리킨다. 마음은 영원한 본성과 같아 관통하지 않음이 없다. '통'이

극치에 이르면 천지 만물을 관통한다. '사'는 추상성을 가리킨다. 그것은 성인으로 하여금 포착하기 어려운 현묘한 경향을 띤 형이상의 가치를 얻도록 하며, 그것이 일약 정신적 주재가 됨으로써 생각을 극치로 끌어올리면 "성스러우면서 알 수 없는 것을 신이라 일컫게" 된다. 『역경』 「계사상」은 말한다. "역이란 성인이 그것으로 가장 심오한 이치를 탐구하는 바이고, 아주 미세한 기幾를 토론한 것이다."[29] '기'는 사물의 본질로 사람의 감각으로는 파악할 수 없는 것을 가리킨다. 역의 체계는 본질의 세계다. 추상의 과정에서 모든 현상을 증류시켜버리고 지극히 순정한 두 가닥 선, 즉 양효陽爻와 음효陰爻만을 남겨놓았다. 이 두 선이 일정한 '수數'의 규율에 따라 운동하여 '상象'이 된다. '상'은 현상세계의 원형이다. 그것은 현상세계를 초월하면서 동시에 다시 현상세계로 환원되기도 한다. 범인의 감각은 복잡한 현상세계 안에 멈추어 있으나 성인의 지혜는 음, 양 2효로 구성된 상수象數 관계 속에서 운동하므로 능히 "통달하여 먼저 알고" 길흉을 예측할 수 있다. 성인은 '역易'으로 세계를 간결하게 만든다. 그래서 '역'은 '간역簡易'으로 불리기도 한다. 그것은 사람들의 일상 경험에서 멀리 떨어져 있음에도 오히려 사람들의 일상생활 가운데를 관통하므로 "백성이 날마다 사용하면서도 알지 못한다"[30]고 말한다. 추상적 사유는 이성의 특징이다. 성인 사유의 귀족적 기질은 당시 조건하에서 이성화의 부수적인 부분이다.

'심'의 '신'에 대한 주재적 지위의 확립과 공고화는 이상화의 승리를 의미한다. 알려져 있듯이 이성화가 궁극적으로 추구하는 것은 '도'다. "사람은 어떻게 도를 아는가? 가로되 심 때문이다."[31] "심이란 것이 도의 주재자다."[32] '심'이 도를 주재할 수 있는 것은 용, 통, 사의 세 가지 작용을 갖고 있기 때문이다. 성인은 분명히 이 '심'의 작용을 극한까지 발휘시킬 수 있는 자다. 즉 맹자가 말하는 "그 심을 다하는 자"다. "그 심을 다하는 자는 그 성을 안다. 그 성을 알면 하늘을 안다."³³ '성性'과 '천天'이 있는 곳이면 도 또한 스스로 그 가운데 있다. 성을 알고 천을 알면 도는 스스로 명백해진다. 오직 '심'만이 형이상의 도를 관통할 수 있다. "심이 밝음을 성聖이라고 말한다."³⁴ 성인의 심은 "텅 비고 오직 하나이며 고요한데 이를 가리켜 크게 청명淸明하다고 말한다."³⁵ 『광아廣雅』「석고일釋詁一」은 "밝음이란 통달함이다"라고 말한다. 고로 "심이 밝음"이란 "심이 통달함"이라고도 말할 수 있다. "심이 밝음을 성이라고 말한다"는 곧 "심이 통달하면" 성인이 된다는 것이다. '이통耳通'에서 '심통心通'까지, '눈 밝음目明'에서 '심이 밝음心明'까지는 이성화의 진행 과정을 반영하고 있다. '심'과 이목의 관계를 지위의 고저를 가지고 말하면 군주, 신하와 같으며, 내외의 구별을 가지고 논하면 '궁宮' '문門'과 같다. "심이 몸에 있음은 군주의 자리다. [몸의] 아홉 구멍이 맡은 바 있음은 관직이 구분됨과 같다."³⁶ "심은 가운데 빈 곳에 있으면서 오관을 다스린다. 이를 가리켜 천군天君이라 부른다."³⁷ "그 궁을 깨끗하게 하고 그 문을 열어놓는다. 궁이란 심을 일컫는다. 심이란 지혜의 집이다. 문이란 이목을 일컫는다. 이목이란 그것으로 듣고 보는 바다."³⁸ 이와 같은 상하, 본말의 관계는 도덕 판단과 가치 지향에도 반영되었다. 맹자는 "그 대체大體에 따르면 대인이 되고, 그 소체에 따르면 소인이 된다"³⁹고 말한다. '대체'는 '심'이고 '소체'는 이목의 부류다. 제자백가 사상 가운데서 '명明'은 감각 기관의 사물 표상에 대한 뚜렷한 반영을 가리킬 뿐만 아니라 특히 사물의 본질에 대한 체인體認을 가리키기도 한다. 노자는 "항상함을 아는 것을 명이라 한다"⁴⁰고 말한다. 한비자는 "미묘함을 아는 것을 명이라 한다"⁴¹고 말한다. '항상함'과 '미묘함' 즉 이목으로 파악할 수 있는 바가 아닌 것을 알고 싶으면 심에서 찾지 않고는 불가하다. 심의 작용이 정상적으로 발휘되려면 '허심虛心'이 그 필요조건이다. 성인은 '허의 궁극虛極'이므로 광대廣大함, 즉 '용容'에 이를 수 있으며, 정미精微

함, 즉 '통通'을 다할 수 있으며, 신명神明, 즉 '사思'에 통할 수 있다. 제자백가의 성인관은 바로 '심'의 작용을 원형으로 하여 건립된 '용, 통, 사'의 일체화 구조다.

성인관은 형성, 발전 과정에서 더욱 많은 무순서성, 복잡성, 다양성을 드러냈다.

유가의 성인 만들기는 공자에서 시작되었다. 공자의 눈에 성인은 오를 수 없이 드높으며 말을 할 수는 있으나 미칠 수는 없는 존재다. "성인은 내 어떻게 만나볼 수가 없다. 군자를 보는 것이라면 가능하다."[42] 요임금, 순임금조차도 성인으로 취급할 수가 없다. "자공이 '만약 백성에게 널리 베풀고 능히 민중을 구제할 수 있으면 어떻습니까? 어질다고 할 만합니까?'라고 묻자, 공자는 '어찌 어질다고만 하겠느냐! 반드시 성인일 것이다! 요, 순도 그렇지 못함을 걱정했느니라!' 하고 대답했다."[43] 제자들이 그를 성인으로 받들자 그는 "성인과 인자라면 내 어찌 감히 그럴 수 있겠느냐? 일함에 싫증 내지 않고 사람을 가르침에 게으르지 않는 것이라면 너희에게 그렇다고 말할 수는 있겠다"고 말했다.[44] 그는 스스로를 군자라고는 명명했으나 감히 성인으로 자처하지는 않았다. "널리 베풀고 능히 민중을 구제할" 수 없음을 자신도 알고 있었기 때문이다. 성인은 군자 가운데서 분화되어 나온 존재로 군자 중에서 가장 뛰어난 자다. 성인과 병렬되는 것으로 '선인善人'과 '대인大人'도 있다. "선인은 내 어떻게 만나볼 수가 없다. 항상함이 있는 사람을 보는 것이라면 가능하다."[45] "군자에겐 세 가지 두려움이 있다. 천명을 두려워하고, 대인을 두려워하며, 성인의 말씀을 두려워한다."[46] 일반적으로 대인은 소인과 대비하고, 선인은 악인과 대비하며, 성인은 우인愚人과 대비하여 말한다. 성인의 품격은 지혜 방면에서 특출하며, 선인은 도덕적 완벽성을 강조하며, 대인은 주로 사람의 권력 의지를 표현한다. 공자는 이 세 가지를 통일시키지 않았다. 그런데 후세 유가들이 일컫는 성인은 '내성외왕內聖外王'의 길을 따라서 '삼위일체'화의 방향으로 발전해갔다. 즉 성인은 지력이 우월할 뿐만 아니라 덕행도 높으며 뜻은 지극히 존귀하다. 맹자는 이 세 가지를 개괄하여 성인이라 칭했다. 예컨대 백이伯夷는 옛날에 덕행이 뛰어난 자로 맹자는 그를 "성인 가운데 맑은 사람"이라 불렀으며, 이윤伊尹은 옛날에 효과적으로 권세를 가졌던 자로서 맹자는 그를 "성인 가운데 임무에 능한 사람"이라 불렀으며, 공자는 옛날의 지혜로운 자로서 맹자는 그를 "성인 가운데 때를 아는 사람"이라 불렀다. 다 같이 성인이지만 맹자는 그들을 같은 수준으로 보지 않고 백이와 이윤은 단지 한 방면에 우월한 사람일 뿐이며 진정 완벽한 자는 오직 한 사람, 바로 공자라고 생각했다. 그는 공자를 '집대성자集大成者'라 부르며 "소원이 있다면 공자를 배우는 것이다"[47]라고 적시했다. 지혜를 숭상하는 경향을 드러낸 것이다. 맹자의 눈에 성인은 헤아릴 수 없이 드높은 자가 아니었다. 공자의 학생조차도 성인의 일부분을 얻을 수 있었다고 생각했기 때문이다. "자하子夏, 자유子游, 자장子張은 모두 성인의 일부분을 갖고 있었다. 염우冉牛, 민자閔子, 안연顏淵은 [성인의] 모든 것을 갖추고 있었으나 미약했다."[48] 순자는 사람을 다섯 등급으로 나누었다. "사람에겐 다섯 가지 모양이 있다. 용인庸人이 있고, 사士가 있고, 군자가 있고, 현인이 있고, 대성大聖이 있다."[49] 이 다섯 등급의 사람은 신분에 의거해 만들어진 것이 아니다. 재지와 덕행의 고저에 따라 품격 구분을 한 것이다. 순자도 때로는 여전히 지혜를 성인의 주요 특질로 보고 있다. 즉 "소위 대성은 지혜가 큰 도에 통하고, 변화에 응하되 무궁하고, 만물의 성정을 능히 분변하는 자다."[50] 그러나 순자에게 성인은 단순히 지혜로운 자만은 아니다. 선을 다하고 미를 다하는 '지족至足' 자다. "누구를 지족하다고 하는가? 바로 성인이다. 성인은 인륜을 다하는 자다. 왕은 제도를 다하는 자다. 이 둘을 다하는 자는 천하를 지극하게 잘 다스릴 수 있다."[51] 성인에 대한 순자의 품격 구분은 맹자처럼 내재적 심성을 중시하지 않고 일의 성과에 중점을 두었다. 그래서 그는 성인을 성왕聖王, 성군聖君, 성신聖臣과 성사聖師로 구분했다. 성왕은 최고 급수의 성인으로 천하를 자신의 임무로 여겨 천하를 통일하는 자다. "천하는 지극히 중요하여 지극히 강하지 않으면 능히 맡을 수가 없다. 지극히 커서 지극한 분별 능력이 없으면 능히 구분 지을 수가 없다. 지극히 사람이 많아 지극히 밝지 않으면 능히 화합시킬 수가 없다. 이 세 가지 지극함은 성인이 아니고서는 다할 수가 없다."[52] 성인은 "지극히 강하고, 지극한 분별력이 있고, 지극히 밝음"으로 "따라서 성인이 아니고서는 능히 왕자가 될 수 없다."[53] 순자는 왕王과 군君이 다르다고 생각했다. 소인은 군이 될 수 있지만 절대로 왕이 될 수 없다. "소인도 국國을 가질 수 있다. 그러나 꼭 망하지 않는다고 할 수는 없다. 천하는 지극히 커서 성인이 아니고서는 가질 수가 없다."[54] 성신은 성왕의 보좌다. "위로 능히 군주를 높여주고 아래로 능히 백성을 사랑한다. 정령, 교화가 아랫사람의 모범이 되어 그림자와 같다. 갑작스러운 일에 부딪혀도 임기응변하여 메아리처럼 민첩하게 유추하여 비상사태에 대응한다. 하나하나 정성을 들어 모범적으로 성취시킨다. 이것이 성신이다. 따라서 성신을 쓰는 자는 왕자가 된다."[55] 성사는 성인 가운데 권력도 세력도 없이 "도를 전하고, 학문을 가르치고, 의혹을 풀어줌"[56]을 자신의 임무로 삼는 자다. 『순자』「비십이자非十二子」편은 말한다. "지금 어진 사람은 어디에 힘써야 하는가? 위로 요임금, 우임금의 제도를 본받고, 아래로 중니仲尼, 자궁子弓의 의를 본받음으로써 12자의 학설을 종식시키는 데 힘써야 한다. 이와 같으면 천하의 해로움이 제거되고 어진 사람의 사업을 끝낼 수 있으니 성왕의 공적이 뚜렷해질 것이다."[57] 예컨대 공자, 자궁이 바로 이른바 성사다. 성군은 성왕의 후보자다. 성군이 일국의 주인이고 성왕이 천하의 주인이라는 점에서 둘은 구분된다. 그 차이는 양적인 것이지 질적인 것이 아니다. 성군은 성왕과 마찬가지로 절대적 권위를 갖는다. "성군을 섬기는 사람은 듣고 따름이 있을 뿐 간쟁함은 없다."[58] 소위 "도를 따르지 군주를 따르지 않는다"[59] 함은 '중간 군주'나 '폭군'에 대한 말이다. 성군에 대해 말하자면 군은 바로 도이고 도는 바로 군이다. 따라서 도에 따름은 곧 군을 따름이다.

성인에 대한 유가의 품격 구분은 형이상학화와 세속화라는 이중적 경향을 갖고 있다. 한편으로 부단히 성인을 띄워 그로 하여금 천도와 동체가 되게 만들어놓는가 하면, 한편으로 수양을 통하면 사람마다 모두 요, 순이 될 수 있다고 말하기도 한다. 그리하여 유일성과 다원성이 통일되는 특징을 보여준다. 천도와 동체라 함은 위를 향해 확장하는 세력을 표현한 것이며, 사람마다 모두 요, 순이 될 수 있다고 함은 아래를 향해 보편화하는 추세를 드러낸 것이다. 두 움직임이 만들어낸 합력이 성인으로 하여금 절대성을 갖게도 하고 보편성을 띠게도 해준다. 그래서 사람들은 성인이 되기를 추구하는 동시에 반드시 저 높은 꼭대기에 있는 성왕을 향해 머리를 조아려야 한다.

성인에 관한 도가의 논의는 노자에서 시작되었다. 노자는 한편으로 "성스러움을 끊고 지혜를 버려라" 즉 그따위 이목 감각 기관의 지혜에 의거해 규정한 세계의 성인을 버리라고 주장한다. 그러면서 한편으로는 "도를 얻음得道"을 특징으로 하는 그 자신의 새로운 성인을 제기했다. 장자의 붓 아래에서 성인은 대체로 두 부류로 나뉜다. 첫 번째 부류는 "훔침에 도가 있는" 자다. 그 하나는 도척盜跖 등과 같은 "옷 고리짝을 여는 도둑질"을 한 자다. "도척이 말하기를, '아무 단서도 없이 집 안에 무슨 물건이 감춰져 있는지 아는 것이 성聖이다.'"[60] 그 둘은 "천하를 훔친" 자다. "저 갈고리를 훔친 자는 죽임을 당하지만 나라를 훔친 자는 제후가 된다."[61] 그 셋은 요, 순 등과 같이 "사람의 마음을 훔친" 자다. "예, 악을 굴절시킴으로써 천하의 형태를 바로잡는다 하고, 인, 의를 높이 내걸어 천하의 마음을 위로한다고 하여"[62] 그 결과 백성으로 하여금 소박한 본심을 잃게 만들어 "온 힘을 기울여 지혜를 좋아하고 이익을 다투어 그칠 수 없게 만들었다."[63] 두 번째 부류는 "자연 자체로 보통 사람이 아닌天而不人" 자다. 거기에는 또 두 가지 경향이 있다. 그 하나는 동물화 경향이다. "금수와 더불어 같이 살며, 만물과 더불어 나란한 족속이 된다."[64] "한편으로 스스로 소가 되고 한편으로 스스로 말이 된다."[65] 그 둘은 신선화 경향이다. "지인至人은 신이다. 큰 연못이 불타도 그를 뜨겁게 할 수 없으며, 황하黃河, 한수漢水가 얼어붙어도 그를 춥게 할 수 없으며, 천둥번개가 산을 깨뜨리고 회오리바람이 바다를 흔들어도 그를 놀라게 할 수 없다. 그저 자연스러운 듯 구름을 타고 해와 달에 걸터앉아 사해의 밖에서 노닌다."[66] "막고야藐姑射의 산에는 신인이 살고 있는데 오곡을 먹지 않고 바람과 이슬을 마신다. 구름을 타고 비룡을 몰며 사해의 밖에서 노닌다."[67] 장자의 말을 자세히 유추해보면 이와 같은 '자연 자체로 보통 사람이 아닌' 사상은 사실 인간만이 독특하게 갖고 있는 죽음의 정서에서 발원한다는 것을 발견할 수 있다. 자아의식을 가진 존재에게 죽음은 대단히 중요한 문제이며 사람을 불안하게 만드는 것이다. 『장자』 전체를 살펴보면 죽음의 어두운 그림자로 가득 차 있다고 말할 수 있다. 장자는 해골과 대화하고 인생이 마치 "흰 망아지가 문틈을 지나는" 것 같다고 슬피 탄식했으며, 먼 훗날 사람이 사람을 잡아먹는 현상이 나타날 것이라고 예언했다. 그러나 그는 구차하게 목숨을 아껴 자연스러운 죽음을 늦추라고 주장하지는 않았다. "성인은 살아 있을 때는 자연스럽게 행동하고, 죽어서는 만물과 더불어 변화한다"[68]고 말한다. 그래서 그는 아내가 죽었을 때도 통곡하지 않고 오히려 "키에 기대앉아 대야를 두드리고 노래를 부르며"[69] '즐거운 죽음樂死'의 정신을 나타냈다. 물론 장자는 인위적인 죽음에는 찬성하지 않는다. "천성을 온전히 하고 참됨을 지킴"을 목적으로 하는 그의 '양생'의 도는 바로 사람들에게 어떻게 하면 인위적인 죽음을 피할 수 있는가를 가르치고 있다. 그의 '양생'의 도는 사실 일종의 '혼세混世'술이다. 그의 '낙사'의 도는 일종의 '현해懸解'술이다. '현해'란 죽음의 정서로부터 해탈해나가는 것을 말한다. 일반적으로 동물들은 죽음의 의식이 없다. "살아 있을 때는 자연스럽게 행동하고, 죽어서는 만물과 더불어 변화한다." 따라서 동물과 나란히 보는 일체화는 필경 인간의 죽음에 대한 의식을 묽게 만들어줄 것이다. 사람으로 하여금 "시절에 편안해하고 사는 데 순응하는"[70] 자연스러운 태도를 갖게 하여 태연하게 달관한 채 죽음을 마주하라는 것이다. 즉 "죽음을 돌아간다고 여기라"[71]는 말이다. '돌아간다' 함은 본원으로 회귀한다는 의미다. 물론 장자의 사상이 여기서 끝나는 것은 아니다. 그는 '양생'의 도, '낙사'의 도를 제기하는 동시에 '대화大化'의 도 또한 제기한다. 사람은 이 세상에 살면서 '혼세'하고 해탈을 추구해야 할 뿐만 아니라 초월해야 한다고 주장한다. 그리하여 만물 일체화 사상의 기초 위에 자유화 사상도 탄생시켰다. 신선을 이상으로 삼는 자유화는 영원을 향한 집착과 무한을 향한 추구를 나타낸다. 생, 사를 초월하고 물, 아를 지워버려 생명 형식의 극한을 돌파함으로써 절대 자유를 실현한다는 것이다. 인간의 각종 정신적 본능 가운데 회귀와 초월은 인성의 깊은 단면에 뿌리를 내리고 있는 두 가지 정신적 본능이다. 인간의 자아의식은 한편으로 동물적인 근원적 욕구에 뿌리내리고 있으며, 다른 한편으로는 자아를 초월하여 신성을 향한 부단한 충동으로 나타나기도 한다. 회귀는 인간을 본원에 좀더 접근하도록 해주나 초월은 인간을 신으로 끌어올린다. 바로 이렇게 조건 좋은 신을 향하는 성질은 인간으로 하여금 신을 만들어내는 동시에 스스로 신, 즉 '만물의 영장'이 되도록 했다. 이 점에 있어서 장자의 사상은 대단히 고명하다고 말할 수 있겠다. 그러나 그의 사상은 치명적인 약점이 하나 있다. 즉 인성을 동물과 신신이라는 양극단으로 분화시킴으로써 인성이 오히려 사라져버렸다는 것이다. 회귀, 해탈, 초월 어느 것 하나 자아의 소멸을 대가로 하지 않는 것이 없다. 장자는 득도하여 성인이 되는 과정을 이야기하면서 이렇게 말한다. "내 여느 때처럼 [도를] 지키며 그것을 가르쳐주니, 3일이 지난 뒤 그는 세상을 도외시外天下할 수 있게 되었네. 세상을 완전히 도외시하게 된 뒤 내 다시 도를 지키며 가르치니, 7일이 지난 뒤 그는 사물을 도외시外物할 수 있게 되었네. 사물을 완전히 도외시하게 된 뒤 내 다시 도를 지키며 가르치니, 9일이 지난 뒤 그는 삶을 도외시外生할 수 있게 되었네. 삶을 완전히 도외시하게 된 뒤 [맑고 바른 경지로] 투철朝徹72할 수 있게 되었네. 완전히 투철하게 된 뒤 [의식의 집중으로] 절대 독립의 경지見獨에 이르게 되었네. 완전히 절대 독립의 경지에 이르게 된 뒤 고금의 시간성을 초월無古今하게 되었네. 고금의 시간성을 완전히 초월하게 된 뒤 죽음도 삶도 없는不死不生 [자연에 합치한 영원의] 경지에 이르렀다네."73 '세상 도외시 → 물질 도외시 → 삶 도외시 → 투철함 → 절대 독립 → 고금 시간성 초월 → 삶도 죽음도 없는' 과정은 세계와 자아를 부단히 방기하는 과정이며, 동시에 오도悟道, 득도得道를 통해 영원과 생사 초월에 진입하는 과정이기도 하다. 장자는 인간이 자아의식을 갖는 데 가장 반대했다. "지금 한번 사람의 형상을 갖고 있다고 하여 '사람이어야 해, 사람이어야 해'라고 말한다면 조물주(즉 도)는 반드시 그를 상서롭지 못한 사람으로 생각할 것이다."74 장자는 인성을 제 실로 자신을 묶는 번데기로 보았다. 그러므로 '삶을 도외시하는' 성인은 바로 인성의 번데기를 버리고 "깃으로 화해 신선의 경지에 오른"75 자다. 이상 기술했듯이 장자의 사상은 대체로 '양생'의 도, '낙사'의 도, '대화'의 도세 부분으로 나눌 수 있다. 이에 대응하여 사람도 혼세, 현해, 초월 세 가지 생존 방식이 있다. 그는 '득도'한 존재자로서의 성인에 대해서도 통인通

人, 진인眞人, 신인神人 등 여러 가지로 품격 구분을 한다. 공자는 비록 '도'의 문지방에 서서 배회했을 뿐이지만 어떻게 발을 붙이고 살 것인가를 이미 알고 있었으므로 통인으로 볼 수 있다고 장자는 주장한다. 노자는 장자가 마음에 새기고 떠받드는 "옛날의 넓고 큰 진인"76이다. 완전한 성인의 계보를 위해 장자는 아주 먼 옛날로 소급하여 일련의 허구적 신인들을 꾸며냈다. 예컨대 희위豨韋씨는 "[도를 체득해] 하늘과 땅을 열었으며,"77 복희伏羲는 "[도를 얻어 음양의] 기를 운용하여 만물을 만드는 어머니가 되었으며,"78 북두칠성維斗은 "[도를 얻어] 주기적 순환을 차질 없이 했으며,"79 황제黃帝는 "[도를 체득하여] 구름 위에 높이 올라 천지를 다스렸다"80 등 역사와 신화의 엇물림을 나타냈다. 장자의 붓 아래에는 또 한 가지 기인畸人이 있다. 이를테면 지리소支離疏 등은 성인으로 취급할 수는 없지만 대단한 도의 성향을 갖춘 사람이다. 장자의 성인이 갖고 있는 동물화와 신선화 경향은 후세의 문화에 깊은 영향을 미쳤다. 특히 신선화 경향은 민속 문화의 저층으로 가라앉았을 뿐만 아니라 제왕들의 의식 속에서도 보편화되었다. 이 신선화 경향이 불로장생을 추구하는 등의 공리적 소망들과 결합하면서 선명한 세속화 경향이 있는 중국 도교를 잉태하게 되었다. 그들은 인간 세상의 부귀영화에 미련을 둔다. 그래서 일반적인 성인이 되는 것에 만족하지 않고 '과거와 현재도 없고, 삶과 죽음도 없는' 신선이 되고 싶어한다. 얼마간의 안하무인 격 제왕들은 도를 묻고 신선을 찾는 데 깊이 빠져 돌아갈 줄 모르고 거기에 머묾으로써 왕권주의 정치에 울지도 웃지도 못할 황당함과 신비를 가져다주기도 했다.

법가는 역사 변천의 시각에서 성인을 보았으며, 현실에 입각하여 성인을 평가했다. 그래서 성인에 대한 그들의 품격 구분에는 또 전혀 다른 점이 발견된다. 그들은 성인의 신비성과 초월 의식을 묽게 만들고 성인을 두터운 현실의 공리성 채색 속에 가두어버렸다. 그들의 이론은 비교적 간단하지만 매우 실제적이며 문제를 아주 잘 설명하고 있다. 그들의 기본적인 출발점은 시세가 영웅을 만든다, 즉 역사 시기마다 그에 상응하는 성인이 만들어진다는 것이다. 그러므로 성인은 "시대에 따라 법을 세우고, 일에 따라 예를 만든다."[81] 법가는 역사 시대 구분에 대해 두 가지 방법을 채택하고 있다. 하나는 시대에 따라 역사를 상세, 중세, 하세 3세로 나누며, 다른 하나는 인물에 따라 역사를 "호영昊英의 시대"[82] "신농神農의 시대"[83] "황제의 시대"로 구분한다. 호영, 신농, 황제는 각기 다른 역사 시기의 성인들이다. 법가는 인간이 자신이 처한 시대를 선택할 수 없으며 과거를 그리워하는 모든 정서는 인간의 생존 능력을 부식시킬 뿐이므로 인간은 현실을 직면함으로써만이 생존의 주체적 권한을 얻을 수 있다는 사실을 명료하게 인식하고 있었다. 성인은 각기 한 시대를 대표하며 고저의 구분은 없다. "신농이 황제보다 높지 않으나 그 명성이 존귀한 것은 시대에 적합하기 때문이다."[84] 법가는 성인을 위해 그 어떠한 선험적 본보기도 만들어내지 않았다. 성인을 일정한 생산 방식과 권력 형식의 대표자로 보았다. 『한비자』에서 우리는 이 점을 간파할 수 있다. 『한비자』는 고대부터 그때까지의 역사를 네 시기, 즉 상고上古, 중고中古, 근고近古, 당금當今으로 구분한다. 시대마다 각기 성인이 있었다. 상고 시대에는 유소有巢씨, 수인燧人씨가 성인이었고, 중고에는 곤鯀, 우禹가 성인이었으며, 근고에는 탕湯, 무武가 성인이었다. 당금 세상에는 누가 성인인가? 법가의 대답은 조금도 모호하지 않다. 누군가 이 겸병 전쟁에서 이기면 그가 바로 성인이다! "상고에는 도덕으로 경쟁했고, 중세에는 지모를 좇았으며, 당금에는 기력을 다툰다."[85] 법가의 성인은 덕 있는 사람도 아니고 지혜로운 자도 아니며 힘을 숭상하는 패자覇者다. 법가가 말하는 힘은 간단히 말하면 바로 경耕과 전戰이다. 경, 전에 능하여 패업을 달성하면 바로 성인이다. "능히 패왕이 될 수 있으면 천하의 성인일 것이다."[86] 법가의 이 생각은 당시 겸병 전쟁의 필요에 적응하기 위한 것으로 전국 시대 이후의 역사 진행 과정에 심각한 영향을 미쳤다. 그러나 한 가지만은 그냥 보아 넘겨선 안 된다. 즉 법가의 대부분이 군주 목적론자라는 사실이다. 신도愼到와 관법管法이 황로黃老의 영향을 받아 군권에 대해 약간의 우회적인 비판이 있었을 뿐, 기타 상앙, 신불해申不害, 한비, 이사李斯 등은 거의 군권 앞에 온몸을 엎드리지 않는 경우가 없었다. 법가의 군주를 성인으로 삼는 경향은 후세에 정치의 법칙이 되었다. 아무리 덜떨어지고 잔혹한 군주를 만나더라도 사람들은 그의 발밑을 기며 성스럽고 밝으신 임금의 만세를 불러야 했다. 도가 군주보다 높다고 외치던 유생들마저 예외가 아니었다. 물론 이런 결과를 완전히 법가의 잘못으로 돌릴 수는 없다. 그러나 법가가 처음 시작했고 최고로 조예가 깊다는 것만은 틀림없다. 법가의 광적인 권력 편집증은 어떤 의미에서 보면 인류 정신의 퇴화를 드러낸 것이다. 법가 사상 가운데서 인간의 존엄은 무정하게 짓밟히고 말할 수 없이 무시되었다. 법가는 명리를 중시한다. 그렇다고 합리적 이기주의자도 아니었다. 그 적나라한 이기주의마저 그들의 절대 군주 전제주의라는 원대한 계산 속에 함몰되었다. 정치 심리의 각도에서 보면 법가의 정치사상은 주로 인간의 타고난 공포감 위에 건립된 것이다. 인성의 약점을 통찰하는 면에서 법가는 확실히 예리하다. 그러나 우리는 법가 특히 한비의 인성에 대한 적의에 찬 묘사로부터 다음과 같은 문제를 연상하곤 한다. 그들도 보통 사람과 마찬가지로 군주 전제의 대상이었는데 도대체 왜 이에 대한 가장 기본적인 자아의식마저 없었는가? 그들이 군주의 이익을 위해 뇌리를 쥐어짤 때 자신의 이익이 군주와는 일치하지 않는다는 사실을 인식하지 못했을까? 그들이 군권을 이용해 모든 것을 부술 것을 강조했을 때 바로 자기 자신이 예리한 검 한 자루를 이마 위에 걸어두고 있는 꼴이라는 사실을 인식하지 못했을까? 우리는 법가의 명리 사상이 객관적으로 인간의 사회성의 확장에 유리하며, 법가의 현실 군주 본위의 성인관이 인간 생존 경쟁의 본능적 측면을 충분히 불러냈다는 점에서 적극적인 의미가 있다는 사실을 부인하지 않는다. 그러나 어떤 공리적 목적을 위하더라도 인간의 존엄성을 희생한 것이라면 동기, 목적, 수단 여하를 불문하고 우리는 받아들일 수 없다. 인간의 존엄성이 없다면 명리를 이야기할 근거가 없다.

이상의 논의를 통해 우리는 제자백가가 설계한 성인이 이성화, 현세화, 신비화의 특징을 갖고 있음을 살펴보았다. 이 특징들은 제자백가 성인의 기본적인 면모를 구성할 뿐만 아니라 공통적인 경향도 반영하고 있다. 성인은 천지의 변화 발육에 참여하는 중개자이고, 인류를 구원할 별이며 사회적·정치적 이상의 설계자이자 실현자다. 진, 선, 미의 인격화이며, 이상이고 희망이며, 개인에 대해서는 초월이기도 하다. 한마디로 종합하자면 전통 정치 문화의 영혼이라 하겠다.

이상국:
정치적 추구와
조절

마르크스는 통치계급 내부에는 두 가지 사람이 있는데 하나는 실천가이고 하나는 사상가라고 말했다. 사상가의 임무는 사회와 자신의 계급을 위해 환상을 만들어내는 것이다. 만들어낸 환상은 각양각색인데 그 가운데 최고의 형식은 아마도 이상 국가 관련 이론일 것이다. 사상가나 이론가가 만들어낸 이상국의 환상은 호기심이나 기발한 생각에서 나온 것이 아니라 현실 사회 모순의 산물이다. 이 사람들은 사회의 모순 행위에 대해 심각하게 분석한다. 그들이 만든 이상국은 이와 같은 모순 행위에 귀결점을 찾아주려는 것일 뿐만 아니라 그들이 마주하고 있는 사회가 도달할 수 있는 최고점을 찾아줌으로써 그 속에서 살아가는 사람들에게 정신적인 의지처를 준다. 선진 제자백가는 각양각색의 이상국을 만들었다.

유가의 이상국은 선왕의 치세에 대한 묘사와 개괄을 통해 얻어낸 이른바 "선왕의 도"로 표현되었다. 선왕을 이상화함은 일찍이 서주 초기에 시작되었다. 주공周公은 수많은 고명誥命[87]에서 하, 상의 창업주와 유능한 계승자들을 칭송했다. 그러나 선왕을 이상화된 성주聖主 개념으로 제기한 것은 서주 말기의 일이다. 춘추 시대에 선왕 이론은 다시 한 단계 더 발전을 이루었다. 공자는 이 노선에 따라 선왕 이론을 한 걸음 너 발전시켰다. 형식적으로 볼 때 선조를 이야기함은 역사를 이야기하는 것이다. 그런데 실제적으로 그들의 붓 아래에서 선왕의 시대와 선왕의 도는 정치 이상국의 이론 형식으로 이미 변화된 것이었다. 공자 이후 모든 유가는 정치적 이상을 언급할 때마다 반드시 선왕의 도를 말했다. "요임금, 순임금을 모체로 서술하고 문왕, 무왕을 본받는다."[88] 이것은 유가 사상의 특징 가운데 하나가 되었다. 순자는 유가의 거두 가운데 한 사람인데 때로는 법후왕法後王을 주장했다. 그런데 사실 그가 말하는 후왕은 당시의 왕이 아니라 하, 상, 주 3대의 왕으로 유가의 다른 인물들이 칭송하는 선왕과 원칙적으로 차이가 없다. 유가의 선왕의 세계는 바로 그들의 이상왕국이다. 이 세계에는 군신과 귀천의 구분이 있을 뿐만 아니라 상하가 화목하게 서로 잘 살아간다. 군주는 백성을 사랑하고, 백성은 군주를 존경하며, 인정이 베풀어지고, 세금은 적으며, 교화가 행해지고, 형벌이 가벼우며, 고아와 가난한 사람들이 구제되고, 늙은이는 편안하고 어린이들은 보호받는다. 그리고 도덕이 이 세계의 영혼이다.

도가의 이상왕국은 유가와 크게 다르다. 그들의 총체적 방향은 자연으로 회귀하는 것이다. 물론 이 길 위의 여정에서 혹자는 멀리 가고 혹자는 가까이 간다. 노자는 '소국과민小國寡民'의 이상세계를 제기했다. 이 이상국에서는 "백성에게 수많은 기물을 갖게 해도 쓰지 않으며, 백성에게 죽음을 무겁게 해도 멀리 이사 가지 않는다. 비록 배나 수레가 있어도 아무도 타지 않으며, 갑옷과 병기가 있어도 아무도 늘어놓지 않는다. 백성으로 하여금 다시 노끈으로 매듭을 짓도록 하여 그것을 사용한다. 있는 음식을 달게 먹고, 있는 옷을 어여삐 입으며, 있는 집에 편안히 살며, 있는 풍속을 즐긴다. 이웃 나라와 서로 마주하고 있어 닭, 개 짖는 소리가 서로 들려도 백성은 늙어 죽도록 서로 왕래하지 않는다."[89] 장자는 노자를 계승한 뒤 더욱 멀리 치달았다. 그가 이상으로 삼는 세계는 "무하유無何有의 고을"90 또는 "지덕至德의 세계"91 등으로 불린다. 장자가 말하는 '무하유' 는 자기 자신조차 필요 없다는 것이 아니라 인간의 사회적 생활과 교류가 소멸된 세상을 가리킨다. 그 가운데 국가, 정치, 권력이야말로 우선 버려야 할 대상임에 틀림없다. 그 밖에 일체의 지식, 기술, 도덕, 욕망 등 물질문명과 정신문명은 모두 쓸데없고 해로운 것이므로 전부 다 없애버려야 한다. 장자가 보기에 도둑질은 물론 나쁘지만, 만약 도둑질할 마음과 이익에 대한 욕망이 없었다면 어떻게 도적의 행동을 하겠는가? 사람들은 모두 지혜를 바란다. 그런데 바로 이 지혜가 큰 거짓을 일으킨다. 사람들이 모두 백치와 같다면 어디에 큰 거짓이 있을 수 있겠는가? 그래서 지혜, 지식을 모두 던져버리면 사람을 해치는 따위의 행동이 없게 될 것이다. 장자는 인간도 풀밭 위를 천천히 거니는 소나 말처럼 그렇게 '자연 그대로 자유로운天放' 생활을 하여 "그 행동은 전전塡塡하고, 그 시각은 전전顚顚해야"92 한다고 주장한다. 전전塡塡은 침착하여 만족한 모양을, 전전顚顚은 겉으로 구함이 오로지 하나에 집중하는 모양을 뜻한다. "백성이 살면서 [자신이] 하는 바를 모르고, 걸어가되 가는 바를 모르고, 입에 음식을 머금고 희희낙락하며, 배를 두드리고 놀았다. 백성이 할 수 있고 하는 일이란 이것뿐이었다."93 끝내는 사람은 소나 말과 같은 무리가 되어 "백성이 들판의 사슴과 같아"94야 한다는 것이다. "금수와 더불어 같이 살며, 만물과 더불어 나란한 족속이 되니 군자와 소인을 어찌 알겠는가!"95

묵가의 이상세계는 사람과 사람이 "두루 서로 사랑하고兼相愛" "서로 이익을 나누며交相利", 이를 기초로 하여 일체가 천자에게 상동尙同(윗사람의 견해와 같아짐을 숭상함)하는 세상이다. 이 세계에서는 내가 당신을 사랑하고, 당신은 나를 사랑하며, 다른 사람의 어버이에 친함이 자신의 어버이에 친함과 같으며, 다른 사람의 재물을 아낌을 자기의 재물을 아낌과 같이 하여 인류의 생활이 한줄기 사랑의 소리 가운데 있다.

법가의 이상세계는 일체가 법에 의해 결정되는 세상이다. 법은 비록 군주에 의해서만 제정되지만 일단 법이 정해지면 대중에게 공공적인 것이 되어 모든 관리와 백성이 따라야 한다. 법을 제정한 군주라도 준수해야만 한다. "군주 되는 사람은 듣는 데 의존하지 않는다. 법수法數에 의거하여 득실을 관찰할 따름이다. 법에 입각하지 않는 말은 귀에 들어오지 못하게 하며, 법에 입각하지 않는 노동은 공으로 인정하지 않는다. 노력이 없으면 친지라도 관직에 임용하지 않는다. 관직은 사사로운 친분이 작용하지 않고 법 집행에는 사랑이 끼이지 않도록 한다. 상하 간의 일이란 존재하지 않으며 오직 법만이 있을 따름이다."96 "관리는 감히 법이 아닌 것으로 백성을 대해서는 안 되며, 백성은 감히 법을 어기면서 법을 집행하는 관리를 범해서는 안 된다."97 그가 누구라도 제아무리 총명하고 구변이 좋아도 "한마디 말이라도 법을 왜곡해서는 안 된다. 천금이 있더라도 단 일 수鉢(한 냥의 24분의 1)도 [함부로] 써서는 안 된다."98 모든 관리와 백성은 법에 따라 행동해야 한다. 법을 어기는 범죄는 절대로 안 되며, 법 밖에서 공을 세우거나 좋은 일을 했더라도 마찬가지로 벌을 받아야 한다. "법의 범위 밖에서 비록 어려운 행위를 했더라도 영달하게 해주어서는 안 된다."99 사람들의 행위가 법을 지켜야 할 뿐만 아니라 말과 사상도 법에 따라야 한다. "말과 행동이 법에 입각하지 않는 것은 반드시 금지시킨다."100 "간사함을 금지하는 법 가운데 최고의 것은 그 마음을 금지시키는 것이요, 그다음이 그 말을 금지시키는 것이요, 그다음이 그 행동을 금지시키는 것이다."101 결국 군주 이외의 모든 사람은 법의 도구요 노비로 바뀌어버렸다.

선진의 저명한 사상가는 거의 모두 자신의 이상국을 설계했다. 참으로 여러 가지로 각기 독특한 세계를 보여준다. 문예 이론의 용어를 빌려다 쓰자면 이상국 이론 가운데 어떤 것은 현실주의적이고, 어떤 것은 현실 비판주의이며, 어떤 것은 낭만주의에 속한다. 여기서 우리가 모든 이상국 이론의 의의와 역사적 작용을 일일이 분석하고 평론할 수는 없다. 다만 총체적으로 이 사조의 정치사상 및 실제 정치 속에서의 의의와 작용을 고찰해볼 필요는 있다.

인식론적으로 이상국 이론은 매 사상가의 정치사상이 승화된 것이자 사회생활에 대한 총체적인 설계다. 사상가마다 그리는 이상국은 모두가 갑자기 불쑥 솟은 것도 아니고 땅을 쪼개고 튀어나온 것도 아니다. 기본적인 이론과 논리의 발전이다. 예컨대 맹자의 왕도낙토이상은 바로 그의 성선설 이론 속에서 유추되어 나온 것이다. "차마 참지 못하는 마음이 있으므로 이에 차마 참지 못하는 정치가 있는 것이다. 차마 참지 못하는 마음을 가지고 차마 참지 못하는 정치를 한다면 천하를 손바닥에 올려놓듯이 잘 다스릴 수 있을 것이다."[102] 차마 참지 못하는 정치不忍人之政의 출발점은 바로 모든 사람으로 하여금 편안히 살게 만들어주고, 모든 사람으로 하여금 "살아서 길러지고 죽어서 장사 지내며 굶주림과 추위에 떨지 않도록"[103] 할 수 있고, "위로 부모를 충분히 섬길 수 있고, 아래로 처자를 충분히 기를 수 있도록"[104] 하여 "살아서 길러지고 죽어서 장사 지냄에 유감이 없도록 하는 것이다. 이것이 바로 왕도의 시작이다."[105] 법가의 일체를 법으로 결정하는 이론은 인성이 '자위自爲'하여 이익을 좋아한다는 기초 위에 수립된 것이다. 법가가 보기에 사람의 이와 같은 본성은 근본적으로 고쳐질 수 없으며 죽은 뒤라야만 끝난다. 사람의 본성이 기왕 모두 자신을 위한다면 사람들 사이에 무슨 인의도덕 관계 따위가 수립되기를 바랄 필요가 없다. 구두로 인애와 충신을 이야기한다고 해도 실제로는 믿을 수가 없다. "다른 사람을 믿으면 그 사람에게 제압된다."[106] 사람마다 '자위'

하지만 반드시 모든 사람을 일정한 궤도 안에 받아들여야 하므로 일체를 법으로 결정할 것을 주장한다. 도가의 자연 회귀적 이상국 이론은 사람의 자연성과 사회성이 서로 배척된다는 이론 기초 위에 건립된 것이다. 그들은 일체의 사회관계가 모두 인간의 자연 본성에 대한 파괴라고 주장한다. 사람의 자연 본성을 회복하고 유지하기 위해 그들은 일체의 사회관계를 버리거나, 사회관계를 가장 담박한 정도까지 줄이라고 요구한다. 이것이 바로 『장자』에서 이야기하는 "군자의 사귐은 물과 같이 담박하다"[107]이다. 어쨌든 이상국 이론은 일정한 이론이 승화되어 나타난 것이다.

　이상국은 정치의 총체적 설계이자 전략적 목표이기도 하다. 이상적인 정치사상이 없는 것은 정치 경험주의로 취급할 수밖에 없다. 이상 목표를 제기해야만 이론화된 정치사상이라 부를 수 있다. 이상국 이론은 사회 개조와 창조에 대한 사람들의 능동적 표현이다. 인간은 사회생활을 하면서 두 가지 각기 다른 생활 노선을 갖게 된다. 하나는 사회생활의 맹목적인 종속물이 되는 것이다. 사람들이 노동하고, 분투하고, 발악하고 있는데 도대체 어디를 향해 가는 것인가는 명료하지 않다. 강물 가운데 표류하는 물건처럼 파도에 따라 그저 흘러가는 삶을 살아갈 뿐이다. 또 하나의 상황은 이와 다르다. 그들은 생활의 주인이 되고자 하며 스스로 흘러가는 식의 생활 방식에 만족하지 않는다. 그리고 생활과 사회를 개조하려 들며 새로운 국면을 창조하고자 한다. 즉 자발적으로 적응하는 생활로부터 자각적으로 창조하는 삶을 향해 나아가고자 한다. 이상국 이론의 제기는 자각성이 가장 명료하게 드러난 징표 가운데 하나라 할 수 있다. 여기서 우리가 매 이상국 이론의 시비득실은 잠시 미루고 이 생각만 가지고 이야기하자면 그 이론들은 대단한 의미를 갖는 것이라 할 수 있다. 그것은 사람들의 사회 모순에 대한 인식을 촉진시켰을 뿐만 아니라 사회 개조를 위하여 분투할 목표를 제기한 것이다. 인간의 생활에 대한 신심과 동경을 드러낸 것 아닌가!

선진 제자의 이상국 이론과 당시 현실의 관계에서 보면 도가, 주로 초현실적 낭만주의의 장자학을 제외하고 다른 백가의 이상은 대체로 다음과 같은 두 가지 특징을 지닌다. 첫째, 이상 속에서 현실 생활과 사회의 기본 관계를 긍정한다. 둘째, 현실을 비판하면서 완벽을 추구한다.

소위 긍정이라 함은 이상국 이론과 당시의 기본 사회관계가 대립적 관계는 아니었음을 가리킨다. 따라서 이 이론가들과 당시 통치자 사이에도 근본적인 충돌은 없었다. 이를테면 맹자의 왕도 이상은 현실에서 매우 멀리 떨어진 것이었으나 그의 이상 가운데는 현실의 등급, 군신, 착취와 피착취 관계를 긍정하고 있다. 당신은 현실에 불만이 있는가? 맹자가 당신의 머리 위에 이상국을 하나 걸어줄 것이다. 당신은 그 이상국을 향하여 가겠는가? 그렇다면 당신은 반드시 현실의 기본 사회관계를 긍정해야 한다. 그러므로 이런 이상국은 모두 현실 생활에 색칠을 해둔다.

비판하면서 완벽을 추구하는 것도 이론과 현실 생활 사이에 모순이 존재하고 있음을 드러낸 것이다. 당시 사상가들은 실제 정치생활에 맹렬한 비판을 가했다. 공자, 맹자, 순자, 묵자, 한비 등의 눈에는 그 어느 군주 하나 긍정할 만한 자가 거의 없었고, 그 어느 정책 하나 그들의 이상국 이론에 부합하는 바가 없었다. 맹자는 당시 제후들의 인민에 대한 조세 징수를 강도와 마찬가지로 잔혹하다고 질타했다. "백성이 학정에 초췌해 있음이 이보다 심한 때가 없었다."[108] 그는 당시 제후들을 금수를 이끌고 사람을 잡아먹는 무리라고 노하여 꾸짖었다. 한 계급이 자신의 통치를 유지하는 데 자아비판 없이 오래 유지해가기는 어렵다. 이 점은 착취계급에 대해서도 마찬가지다. 자아비판을 행했을 때만이 자아 조절을 실현할 수 있는 것이다. 이상국 이론은 통치자의 자아 조절을 위해 이론적 근거를 제공해준다.

중국은 하나라, 상나라 이래 군주 전제가 부단히 강화되어왔으며 국가 기관에 군주를 제약하는 기구가 없었다. 그러나 역사 경험이 거듭 증명해주듯 어떤 제약도 받지 않고 절대 자유와 무한 권력을 소유한 군주는 인간 세상에 최고의 악당으로 변하기 쉽다. 이는 통치계급에게도 그다지 좋은 일이 아니다. 그렇다면 어떤 방법으로 군주에게 제약을 가할 것인가? 사상가들이 만들어낸 이상국 이론이 바로 정신적, 여론상의 제약이다. 사상가들이 묘사하는 성주聖主, 성왕, 성세盛世가 거울이 되어 군주의 옆에 놓여짐으로써 무형의 이론적 제약이 되는 것이다. 그리고 일부 충정에 찬 선비들이 무시로 일어나서 군주들에게 대조하여 살피라고 큰소리로 부르짖곤 했다. 역사적으로 이와 같은 이론과 여론의 제약이 아무 작용도 하지 못했다고 말할 수는 없다. 하지만 폭군을 만나면 이 작용은 즉각 물거품으로 화했다. 이렇게 볼 때 권력에 제약을 형성하려면 반드시 그에 대항할 만한 또 다른 역량이나 기구가 있어야 한다. 이론과 여론에만 의존해서는 근본적으로 전제 군주를 제약할 수가 없다. 이상국을 높이 치켜든 충정에 찬 선비들은 언제나 폭군의 칼날 아래 귀신이 되지 않을 수 없었으니, 이는 바로 이와 같은 제약이 얼마나 미약한 것이었나를 충분히 설명해준다!

백가는 각각의 인식 영역에서 자유로이 치달린 결과 한편으로 인식론에서 공전의 발전을 촉진하여 수많은 찬란한 인식론적 성과를 만들어냈으며, 또 한편으로 각종 정치 학설이 병존하는 국면을 형성했다. 이 국면은 표면적으로 정치적 실천 측면에선 한 가지 지도 사상만을 받들고 한 가지 정치 목표를 추구한다는 현실과 서로 모순된다. 그러나 실제로 경쟁과 개혁 환경에 처해 있던 전국 시대의 정치로 볼 때 단일 정치사상으로는 일으키지 못할 적극적인 작용을 했다.

첫째, 다양한 정치사상의 병존은 통치자가 정책을 선택하는 데 다양한

방안을 제공해준다. 방안이 많을수록 선택받을 여지가 많아지며 비교와
감별을 통해 정확한 국책을 확정하는 데 도움이 된다. 비교할 만한 다양
한 방안들이 없다면 단일한 사상에 따라 앞으로 나갈 터인데, 그러면 필
경 시야가 협애해지고 편면적인 인식을 하게 되어 잘못하면 역사의 나락
으로 떨어져 실천에서의 실패를 부를 것이다. 각종 다양한 정치 방안은
학파마다 전적으로 절대적인 진리일 수는 없고 모두 편면적인 점이 있겠
지만 결국 여기저기에서 그 상대적 합리성을 발견할 수가 있다. 권력 담당
자가 비교를 잘하여 각 학파 정치 학설 중의 합리적 요소를 발견하고 이
를 집중시킬 수만 있다면 마지막에 시의에 적절한 정책을 만들어낼 수 있
을 것이며, 실천에 대한 자각성도 늘려갈 수 있을 것이다. 따라서 여러 정
치사상의 병존은 정치적 실천의 필요상 한 가지 정치사상을 지도 원칙으
로 삼는 데 방해가 되지 않을 뿐만 아니라 오히려 특정 정치지도 사상을
선택하고 우월한 것으로 만드는 데 필요한 전제가 되고 보완이 된다. 당
시 상앙은 진秦 효공孝公을 배알하여 처음에는 왕도, 제도帝道를 가지고 유
세했다. 효공이 주목하지 않자 나중에 패도로 유세했고 효공은 그때서야
마음에 들어했다. 여기에 바로 각종 정치 주장에 대한 감별, 비교의 과정
이 들어 있다. 효공은 변법變法을 하기 전 '경법更法'의 일을 가지고 대신들
을 소집하여 토론시켰다. 감룡甘龍, 두지杜贄와 상앙은 각기 한 가지씩 주
장을 견지하며 격렬한 논쟁을 거쳤다. 그렇게 함으로써 변법논의는 바람
을 타게 되었다. 효공의 결심은 바로 감룡, 두지의 주장과 상앙의 견해를
비교해보고 후자가 더욱 합리적이란 느낌을 가진 뒤 내린 것이다.

둘째, 다양한 정치사상의 병존은 통치자의 자아의식과 자아비판 능력
을 증강시키며, 이를 통해 자아 조절 능력도 늘려준다. 경쟁과 개혁이라
는 환경에서 통치자는 보통 때보다 더 자아 조절 능력을 키워야 한다. 그
렇지 않으면 정치적 실수로 인해 권좌가 무너질 수도 있다. 이러한 자아

조절 능력의 획득은 여러 방면으로부터의 지적과 비판에 도움을 받을 필요가 있다. 양梁 혜왕惠王, 제齊 선왕宣王은 맹자의 인정仁政설을 그다지 좋아하지 않았다. 그럼에도 그들은 번거로움을 싫어하지 않고 친히 맹자에게 몸을 숙여 치국의 술에 대한 가르침을 청했다. 진秦나라 재상 여불위呂不韋는 진나라의 통일 대업을 위하여 특별히 빈객 3000명을 초빙, 브레인 트러스트를 만들어 "각자에게 자신이 들은 바를 드러내도록"[109] 함으로써 정책을 결정할 때 참고로 삼았다. 사람이 거울을 볼 때는 앞뒤 모두 보기를 좋아한다. 옷맵시나 꾸밈이 빠진 틈이 없게 함으로써 전체적 형상을 아름답게 보이고 싶어서다. 정치가가 자신의 정치 행위에 빠진 틈이 없게 하려면 정책이 전체적으로 정확해야 하며, 각종 다양한 정치 비판에 대해서도 대조를 잘함으로써 항상 자아 인식을 행해야만 비로소 영원한 생기를 보존할 수 있다. 다양한 정치 학설의 병존은 바로 이와 같은 광각 거울의 작용을 일으킬 수 있다.

셋째, 다양한 정치 학설은 그 자신의 독특한 방식으로 정치에 영향을 미치는 것 외에 각 학파 간 경쟁과 융합으로 공통의 정치문화적 성과를 일궈내기도 한다. 이와 같은 공통의 정치 문화 성과가 실제 정치에 미치는 영향은 더욱 광범하고 심원할 수 있다. 예컨대 자연을 본받자法自然는 사상을 가장 깊게 창도한 것은 도가였으며 심지어는 사회를 배척하는 지경으로 치닫기도 했다. 그런데 다른 여러 학파가 그 기본 정신을 받아들임으로써 일종의 공통된 정치문화 사상을 형성했고, 그것은 고대 자연 경제의 조건하에서 정치적 실천을 하는 데 중요한 지도 작용을 하게 되었다. 각 나라는 당시 농관農官을 설치하고 '농법農法'을 확정함으로써 '법 자연'의 관념을 반영했다. 또한 진간進諫과 납간納諫 같은 것은 어느 사상가 어느 학파를 막론하고 모두 제창했으므로 공통의 정치문화를 형성했다. 진간과 납간은 공인된 정치 미덕으로 취급되었으며 이를 가지고 현명한 군주와 충성된 신하를 헤아려보는 중요한 지표로 삼았다. 특히 중요한 것은 각 학파의 인성에 관한 토론인데, 이로써 정치가 사람이 중심이 되어야 한다는 공통된 정치문화를 형성했다. 이는 전국 시대에 신의 정치에 대한 간섭을 배척하고 인간이 주재하는 웅대하고 장엄한 변법의 무대를 연출해냈을 뿐만 아니라 이로써 중국식 인문 정치의 기초를 만들어주었다. 그리하여 2000년의 중국 봉건 사회로 하여금 유럽과 같은 신학적 암흑 통치를 면하도록 해주었다.

군주 전제주의:
정치의
귀결

백가쟁명의 결과는 군주 전제주의의 이론적 발전과 완성을 극대로 촉진했다. 실제적인 정치 발전과 사상의 이와 같은 추세가 서로 일치하면서 각 제후국은 군주 전제 제도를 부단히 강화시켰으며, 이 경향은 최종적으로 진秦왕조의 고도의 군주 전제주의로 모아졌다.

이것은 어찌된 일인가? 원래 군주제에 의문과 도전을 제기했던 농가, 장자와 같은 소수를 제외하고는 각 사상가나 학파는 거의 모두가 군주 제도를 당연한 이론적 전제로 취급했다. 몇몇 주요 학파의 열렬한 논쟁은 군주제가 필요한가 아닌가 또는 무슨 제도로 군주제를 대신할 것인가 등과는 아무 상관이 없었다. 반대로 그들의 논쟁은 어떻게 군주제를 공고화, 강화, 완성할 것인가로 이루어졌다. 그 결과 논쟁할수록 군주 전제주의 이론의 발전을 촉진했다.

각 사상가와 학파는 여러 각도에서 출발하여 군주가 국가의 치란에 결정적인 작용을 한다는 데 거의 일치된 생각을 갖고 있었다. 그래서 노魯 정공定公과 공자의 "한마디로 나라를 흥하게 할 수 있음"[110]과 "한마디 하여 나라가 망한다"[111]는 문제에 관한 토론(『논어』 「자로」 편 참조)이 생겨날 수 있었던 것이다. 공자가 이 두 마디 말을 구체적으로 분석하여 일련의 조건을 덧붙이긴 했으나 최후에는 역시 기본적으로 동의하고 있다. 한마디로 나라를 흥하게 할 수 있고, 한마디로 나라를 망하게 할 수 있는 체제에서 군주는 국가의 치란과 흥망성쇠에 결정적인 작용을 함이 틀림없다. "군주가 현명하지 못하면 나라는 혼란스럽다."[112] "군주란 백성의 원천이다. 원천이 맑으면 흐름도 맑고, 원천이 탁하면 흐름도 탁하다."[113] 이와 같은 인식에 바탕을 두면 "나라를 봄에 군주를 본다"[114]는 주장이 있게 된다. 유가는 인치人治를 주장하며 군주에 더 두터운 희망을 건다. 『중용中庸』은 "문왕, 무왕의 정치는 방책에 깔려 있다. 그런 사람이 있으면 그 정치가 행해질 것이고, 그런 사람이 없으면 그 정치가 없어질 것이다"[115]라고 말한다. 전체 봉건 시대에 거의 모든 사상가는 그들의 희망을 성명聖明한 군주의 신상에 의탁했다. 사실 군주가 모두 성명하지는 않다. 오히려 반대로 대다수의 군주는 포악한 무리다. 그래서 모순이 생긴다. 이런 상황 때문에 군주에 대한 품격 구분 이론이 각 학파나 사상가 사이에서 중요한 위치를 차지하게 된다. 사상가마다 모두 자신의 이론 표준에 입각하여 군주를 성주聖主, 명주明主, 혼주昏主, 암주暗主, 잔주殘主, 망주亡主 등으로 구분했다.

제자백가는 한편으로 군주를 치란의 근본으로 보면서도 다른 한편으로 군주를 인식의 대상으로 삼아 냉정한 분석을 행하기도 한다. 문제를 관찰하는 이 두 가지 방법은 보기에 모순된 것이다. 이를테면 군주에 대한 이론적 요구는 군주라는 현실적 표현과 모종의 충돌이 생길 수 있다. 그러나 양자는 또한 통일적인 것이기도 하다. 군주에 대한 품격 구분은 군주 전제 제도에 대한 부정이 아니라 더 높은 차원에서 군주 전제 제도를 긍정하는 것이다. 혼미한 군주에 대한 비판 속에는 현명한 군주를 향한 열렬한 희망이 깔려 있다. 이론적으로 살펴보면 군주에게 거는 희망이 많을수록 신민의 역사적 주동성 상실도 많아지게 된다. 그리하여 갈수록 군주 전제 제도의 공고화에 유리해진다.

군주 전제에 대하여 제자백가는 단순한 긍정 위에만 머물러 있지 않고 각 방면에서의 이론적 논증을 통해 군주 전제가 필연적, 필요적, 합리적이라는 것을 증명하려 했다. 정치학, 철학, 윤리학 등은 모두 이 기조를 둘러싸고 대합창을 했다. 다음은 네 방면으로 나누어 이를 분석한다.

군君, 도道 동체론

'본원本原'론 탐구의 중심은 우주 만물의 원시적 생성과 존재의 근거다. 이것은 철학에서 최고의 범주다. 선진 시대의 다양한 '본원'론은 이 글에서 토론하려는 과제가 아니다. 우리가 사색하려는 것은 '본원'론이 어떻게 군주와 연계되어 있으며 어떻게 하여 군주지상을 증명하는가다.

선진의 사상가들은 학파가 다르면 본원에 대해서 다른 주장을 했다. 요약하자면 천지(자연), 도, 음양, 기氣, 천天(신비주의) 등이 있다. '본원'론에 있어 수많은 사상가는 개념상 엄격한 규범이 없었다. 그래서 줄곧 위의 개념들을 교차하여 사용하곤 했다. 개념은 좀 뒤섞여 있었지만 표현하려는 의미는 명료했다. 그렇다면 '본원'론이 어떻게 하여 군주의 필연적이고 합리적인 증명이 되었는가? 귀납해보면 주로 다음 두 노선을 따라서 진행되었다.

하나는 대응 관계다. 군주와 본원이 서로 대응하면서 군주를 인간세계의 지고무상한 절대자로 만들었다. 『순자』「왕제王制」편은 "하늘과 땅은 생명의 시작이다. (…) 군주와 신하는 천지와 같은 이치로 수수만세 오래간다"[116]고 말했다. 『관자』「형세해形勢解」편은 말한다. "하늘이 만물을 덮어 추위와 더위를 지어내고, 해와 달을 운행하며, 별들을 순서 짓는 일을 하늘은 항상 한다. 이치에 따라 다스리고 끝나면 다시 시작한다. 군주가 만민을 거느리고 천하를 다스리고 백관 위에 군림하는 일이 군주의 항상 성이다."117 "현명한 군주는 하늘, 땅과 짝짓는 자다"118라고도 한다. 『관자』 「임법任法」 편은 "군주와 신하는 하늘과 땅의 위치다"119라고 말하고, 「군신하君臣下」 편은 "군주되는 사람은 위에 주의를 기울이고, 신하되는 사람은 아래에 주의한다. 위에 주의한 자는 천시를 법칙으로 삼아 백성의 노동력에 힘을 쓴다"120고 말한다. 옛 주석에서는 "위에 주의함이란 하늘에 주의를 기울인다는 말이다"121라고도 했다.

도와 군주도 대응 관계를 가진다. 『노자』는 천하에 네 가지 큰 것이 있는데 "도가 크고, 하늘이 크고, 땅이 크고, 왕 또한 크다"122고 말한다. 네 가지 큰 것을 병렬함은 군주에 대한 존중을 밝힌 것이다. 『한비자』 「양권揚權」 편은 말한다. "도道는 만물[의 다른 성질]과 다르며, 덕德은 음양[의 다른 부분]과 다르며, 형衡은 경중[을 재는 다른 것]과 다르며, 승繩은 [길이를 재는 다른] 드나듦과 다르며, 화和는 [보통의] 마르고 습함과 다르며, 군君은 무수한 [다른] 신하와 다르다. 이 여섯 가지는 도에서 나온다."123 군주가 기왕 도 가운데서 직접 탄생한 것이라면 군주가 일체의 신민을 초월함은 당연한 것이다.

음양은 만물의 변화를 주관한다. 양이 주고 음은 보조다. 이에 상응하여 "군주는 양이고 신하는 음이며, 위가 양이고 아래는 음이다."124 음양과 사시가 서로 짝하여 만물을 살리고 죽이는 일을 주관하는데, 군주는 이에 상응하여 상벌권을 갖는다. 『관자』 「형세해」 편은 "사시는 살리고 죽이는 일을 하지 않은 적이 없고, 군주는 상벌을 행하지 않은 적이 없다"125고 말한다.

일부 사상가는 기氣를 본원으로 본다. 이 기는 만물 가운데 머물러 있기도 하다. 성인은 기가 밀집한 결과다. 『관자』 「내업內業」 편은 말한다. "만물의 정기가 모이면 생명이 된다. 아래로 오곡이 만들어지고 위로는 뭇별이 된다. 하늘과 땅 사이에 유랑하면 귀신이라 부른다. 가슴속 가득 채워져 있는 자를 성인이라 한다."126 여기서 말하는 성인이 왕과 동의어는 아니지만 성인이야말로 가장 적합한 왕 후보자다.

『여씨춘추』「환도圜道」편은 '환圜'은 천도의 특징이고 '방方'은 지도地道의 특징이라고 말한다. '환'하니 포함하지 않는 것이 없고, '방'하니 제각기 한 모서리를 붙잡는다. 따라서 이에 상응하여 "군주는 환을 잡으며, 신하는 방에 처한다. 방과 환이 바뀌지 않아야 그 나라가 창성한다."127

전국 시대에도 신비한 천명을 우주의 근본으로 삼는 관념이 대단히 유행했다. 그에 상응하여 군권신수 관념 또한 여전히 큰 영향을 미치고 있었다.

군주와 우주 본원을 서로 대응시킴은 단순한 억지 비유다. 이론적으로 결핍되어 있고 심지어 내재적인 논리도 없다. 그러나 군주에 대한 존중이란 점에서 그것은 중요한 의미를 지닌다. 군주는 이로 인해 인간 세상의 꼭대기에 놓이며 사람들 사이의 절대자가 된다. 그 시대로 돌아가 당시 사람들이 보편적으로 따르는 사유 방식과 인식 수준을 통해 살펴보면 이런 억지 비유가 여전히 커다란 정복 역량을 갖고 있음을 알 수 있다. 직관적 인식이 주도적 지위를 차지하던 시기에는 외관상의 억지 비유가 사물 간의 연계를 찾는 기본 방식 가운데 하나가 되며, 증명을 구하는 기본 수단이 되기 때문이다. 오늘날의 입장에서 보면 천박하지만 당시로서는 유력한 것이었다.

또 하나의 노선은 하늘을 본받고 덕에 합치하는 것法天合德이다. 유가가 일관되게 이 논의를 견지했다. 공자는 "높고 높도다! 오직 하늘만이 위대하며 요堯임금만이 그것을 본받았다"128고 말했다. 순자는 말한다. "성왕의 쓰임은 위로 하늘을 통찰하고 아래로 땅과 섞이며, 하늘과 땅 사이를 가득 채워 모든 만물 위에 베풀어진다."[129]『주역周易』「계사상」 전은 "본받을 모양은 하늘, 땅보다 큰 것이 없다"[130]고 말한다. 「문언文言」 전은 말한다. "대인은 천지와 그 덕을 합치하고, 일월과 그 밝음을 합치하며, 사시와 그 질서를 합치한다."[131] 법가도 이와 유사한 주장을 한다. 『관자』「군신상」 편은 말한다. "군주되는 사람은 만물의 본원에 앉아 뭇 생명의 직무를 관장하는 자다."[132]『관자』「목민牧民」 편은 "달과 같고 해와 같음은 오직 군주만의 절도다"[133]라고 말한다. 『관자』「판법版法」 편은 말한다. "하늘을 본받고 덕에 합치하며, 땅을 본받아 [사사로이] 친함이 없으며, 해와 달에 참여하고 사시를 보좌한다."[134]『관자』「형세해」 편은 "현명한 군주는 천도를 본받는다"[135]고 말한다. 묵자도 "성인의 덕은 천지의 모든 것을 덮는다"[136]고 말한다. 도가 학파의 『노자』가 가장 먼저 "자연을 본받기法自然"를 제기했는데, 그 후 이 원칙을 따르지 않는 자가 하나도 없었다. 『경법經法』「사도四度」 편은 성인은 "하늘과 도를 같이한다"[137]고 명확히 주장한다. 『여씨춘추』「정욕情欲」 편은 "제 몸을 다스려 천하와 같이하려는 자는 반드시 하늘, 땅을 본받는다"[138]고 말한다. 음양가들도 하늘을 본받고 덕에 합치하기를 주장한다. 『관자』「사시四時」 편은 말한다. "하늘은 밝다고 하고, 땅은 성스럽다고 하며, 사시는 바르다고 한다. 왕이 밝음과 성스러움을 믿으면 신하들은 바르게 된다."[139]

하늘을 본받고 덕에 합치함은 찬란하면서도 보편적인 의미를 지니는 명제다. 제왕과 모든 인민에게 자연과 어울려 살라고 가르치고 자연으로부터 인간의 행위 규범과 도덕 원칙을 찾아낸다. 대단히 걸출하고 의미심장한 인식이다. 인간의 창조 능력이 제아무리 뛰어나더라도 자신이 자연의 아들임을 잊어서는 안 되는 까닭은 자연환경 속에서 살아가며 자연 규율에 항거해서는 안 되기 때문이다. 이 사실에 기초하여 사람들은 자각적으로 자연 규율을 인간의 행위 규범과 준칙으로 전환시켜야 했으며,

동시에 자연의 성질로부터 도덕의 근거를 찾아야 했다. 예컨대 선진의 사상가는 거의 모두 하늘을 대공무사한 것으로 생각했다. "하늘은 사사로이 뒤덮지 않으며, 땅은 사사로이 싣지 않으며, 해와 달은 사사로이 비추지 않는다."[140] 사람도 하늘과 땅의 이와 같은 품격을 본받아야 한다. 도덕이 자연에 근원한다는 주장은 근본적으로 터무니없는 말이다. 그러나 당시로서는 이 또한 대단히 의미심장한 인식으로 도덕을 위해 가장 힘 있는 기둥을 찾은 것이다.

당시 농업 사회로 보든 인류의 역사로 보든 하늘을 본받고 덕에 합치한다는 것은 모두 깊은 이치를 갖추고 있다. 그런데 선진의 사상가들은 의미심장한 철학적 이치가 풍부하면서도 영광스러운 이 사명을 전적으로 군주와 성인에게 맡겨서 관찰하고 실현하도록 했다. 그렇게 함으로써 군주의 절대적 지위는 아주 유력한 증명을 얻게 되었다. 군주에 대한 지극히 높은 요구도 군주로 하여금 인간세계에서 가장 혁혁한 역할을 맡도록 만들었다. 하늘과 땅으로부터의 위대한 품성은 군주와 성인을 거쳐야만 인간세계에 강림할 수 있으므로 군주는 바로 인간세계의 하늘이고 땅이다!

천지와 서로 짝하고 천지와 덕을 합치함은 군주로 하여금 우주 본원으로부터 자기 존재의 근거와 증명을 얻도록 해주었다. 이 이야기는 군권신수설처럼 신비롭지는 않지만 작용 면에서는 대체로 일치한다고 하겠다.

군주가 천지변화를 이끌고 역사 변천을 달성한다는 논의

선진 시대 각 학파의 사상가는 사람이 자연계의 일부분이며 역사의 산물이라고 생각했다. 동시에 인간은 자연과 사회 앞에서 단순한 피동물이 아니라 오히려 사람이면 사람이 되어야 하는 사명을 걸머지고 있다고 많은 사람이 주장하기도 했다. 따라서 '천과 인의 사이天人之際' 및 '고와 금의 변화古今之變'를 논의할 때 사람이 어떤 역할을 수행하느냐는 사상가들이 관심을 두는 가장 중요한 과제였다. 사람을 '류類'로 상정하는 것도 물론 사상가들의 주의를 끌었지만, 그들이 더욱 치중한 것은 '류' 속의 '등等'이라는 각도에서 문제를 고찰하는 것이었다. 사상가들은 인류의 '등'에 대해 각양각색의 구분법을 갖고 있었다. 요약하면 크게 두 등급으로 나눌 수 있다. 상등은 군주, 성인, 군자, 대인 등이고 그 가운데 핵심이며 중추는 군주다. 하등은 광범한 신민을 가리킨다. '천인지제'와 '고금지변'에서 이 두 가지 사람은 각기 일정한 위치를 차지한다. 이론적으로 탐구할 때도 가장 많이 논술한 것은 상등 인간들의 작용과 영향이었다. 상등 인간의 작용과 영향은 다음 세 마디로 개괄할 수 있다. 즉 천지의 변화를 이끌고, 역사의 변화를 달성하며, 필연의 이치를 장악한다.

천지가 만물을 화육化育(낳아 기름)함은 우선 자연의 과정이다. 그러나 인위가 그 사이에 더해질 수 있다. 사람의 이와 같은 활동을 '간여參' 또는 '이돕贊'이라 부른다. '찬' '참' 행렬에 일반인을 배척하지는 않지만 가장 중요한 것은 군주와 성인의 사명이다. 천지가 만물을 화육함에는 군주, 성인을 거쳐야만 비로소 현실로 바뀌고 조리 있는 질서를 세울 수 있다. 각 학파의 사상가는 여러 각도에서 이 문제를 논증했다. 『중용』은 성인이 "천지의 화육을 이끌"[141] 수 있다고 말한다. 순자는 "천지가 낳고 성인이 이룩한다"[142]고 말한다. "하늘은 물질을 낳을 수 있으나 만물을 구별지을 수는 없으며, 땅은 사람을 실을 수 있으나 인간을 다스릴 수는 없다. 우주 가운데 만물과 살아 있는 사람의 무리는 모두 성인을 기다린 연후에 구분이 지어진다"[143]고도 말한다. "군자는 천지에 참여하며 만물을 총괄하고 백성의 부모가 된다. 군자가 없으면 천지는 다스려지지 않고 예의는 통統統類, 큰 줄기가 없게 된다"[144]고도 말한다. 『주역』「이괘頤卦, 상전象

傳은 "천지는 만물을 기르고, 성인은 현자를 길러 [그 덕이] 만민에게 미치도록 한다"[145]고 말한다. 도가의 『노자』는 아직 그저 자연을 본받을 것을 말했을 뿐이나 후학들에 이르러서는 크게 찬화贊化를 이야기하게 되었다. 『관자』「심술하心術下」편은 분명하게 "성인은 만물을 싣지 물질에 의해 사역되지 않는다"[146]고 주장하고, 「백심白心」편은 "하늘은 제 갈 바를 가는데 만물이 그 이로움을 얻으며, 성인 또한 제 할 바를 하는데 백성이 그 이로움을 얻는다"[147]고 말한다. 『관자』「세勢」편은 도가의 저작인데 "천지가 형태를 지으면 성인이 그것을 완성하니 천지와 더불어 다한다"[148]고 말한다. 『관자』「주합宙合」편은 "성인은 천지에 간여한다"[149]고 말한다. 황로 사상에 속하는 마왕퇴馬王堆 백서帛書 『칭稱』은 "하늘은 추위, 더위를 만들고, 땅은 높고 낮음을 만들며, 사람은 주고받음을 만든다"[150]고 이야기한다. 도가의 이러한 논의에서 성인은 자연을 본받음으로부터 자연을 재단하고 만물을 만드는 데로 나아가고 있다. 그들은 '무위無爲'를 받들 뿐만 아니라 동시에 '유위有爲'의 총사령관이기도 하다. 『관자』 중의 「군신상」편은 법가의 작품인데 "하늘에는 항상 그러한 현상이 있고, 땅에는 항상 그러한 형태가 있으며, 사람에겐 항상 그러한 예禮가 있다. 한번 설치되면 바뀌지 않으니 이를 삼상三常이라 부른다. 두루 갖추어 그것을 하나로 하는 것이 군주의 도다"[151]라고 말한다. 군주는 천, 지, 인을 관통하는 중추다. 『관자』「치미侈靡」편은 독특한 작품으로 고소비 촉진으로 나라를 다스리라고 주장하는데, 이 역시 왕이 천지의 변화에 간여해야 한다고 말하고 있다. "천지는 신의 움직임과 같이 변화하는데 이것이 천지의 지극함이다. 능히 이 변화와 더불어 일어나면 왕이 된다."[152] 『여씨춘추』「유시有始」편은 성인이 만물을 분류하고 통찰한다고 말한다. "하늘은 만물을 짐작하고 성인은 비교하여 그 분류를 살핀다."[153]

만물에 간여하고 재단한다 함은 군주, 성인이 천지의 조수일 뿐만 아니라 그야말로 천지의 둘째라고 말할 수 있다는 표현이다. 천지는 물론 만물을 화육하는 근본이다. 그런데 만약 만물이 군주, 성인을 거치지 않고 정리정돈된다면 산만한 형태로 존재할 수 있을 뿐이다. 군주, 성인의 공로를 거친 뒤라야 만물, 특히 인간은 제자리를 찾아 정연한 질서를 갖출 수 있다. 그렇게 되면 군주는 비록 천지와 나란히 달리지는 않아도 만물 위에 군림하여 적어도 천지의 뒤를 좇아 인류의 상공에 표일하는 존재가 된다. 만물에 간여하고 재단한다는 말은 군주, 성인을 초인의 지위로 들어 올리고 있다. 초인적 인간은 이치상 당연히 사람을 지배하는 사람이어야 한다! 만물에 간여하고 재단한다는 주장은 천인관계에서 군주, 성인의 중추적 역할을 드러나게 했다. 이 이론은 군주의 절대 지위를 위해 흔들리지 않는 기초를 다져주었다.

선진 사상가들은 안광을 천인관계 위에만 한정시키지 않았다. 그들은 또 고금의 변화를 통해 군주가 초인이라는 근거를 찾아냈다. 역사는 변화하고 있는가 아닌가? 이 점에 사상가들의 원칙상 갈림은 없었다. 갈림은 변화 추세에 대한 평가의 다름에 있었다. 법가처럼 어떤 사람은 역사의 변화는 진화에 있다고 주장했으며, 일부 유가와 일부 도가처럼 어떤 사람은 퇴화한다고 주장했다. 또 어떤 사람은 진화하기도 퇴화하기도 한다고 주장하고, 음양가의 추연鄒衍처럼 혹자는 순환하는 것이라고 주장한다. 관점은 다채롭지만 그 가운데에는 하나의 공통된 관심거리가 있었는데, 바로 역사의 진화나 퇴화에 결정적 역량은 무엇이냐는 것이었다. 사상가들은 여러 입장에서 출발하여 대체로 일치하는 하나의 결론을 얻어냈다. 그것은 바로 군주의 좋고 나쁨에 따라 결정된다는 것이었다. 나쁜 군주는 사람들의 규탄과 공격의 대상이었다. 공격은 그토록 격렬했지만 나쁜 군주를 만들어내는 사회적 원인을 깊이 규명한 사람은 없었다. 그래서 정치 제도의 개선에 대한 탐구로 이끌지를 못했다. 나쁜 군주에 대한 공격은 그저 현명하고 성스러운 군주에 대한 염원을 두드러지게 했을 따름이다. 명군, 성주에 대한 염원 속에는 역사관이 내포되어 있다. 이와 관련된 선진 제자백가의 논의는 매우 많으나 여기서는 두 가지만 이야기하기로 한다. 하나는 사회 질서와 군주, 성인과의 관계이고, 또 하나는 역사 변화 중 군주, 성인의 지위다.

사상가들은 여러 입장에서 출발하여 이 문제, 즉 군주, 성인이 사회 질서의 창조자이며 체현자임을 논증했다. 묵자는 인류 최초에는 정장政長이 없어서 천하가 혼란 속에 처해 있었으니 상호 다툼이 인류 역사의 제1장이었다고 주장한다. 인류는 다툼으로 스스로를 멸망시켜서는 안 되었다. 그래서 하늘이 "천하의 현량賢良, 성지聖知, 변혜辯慧한 사람을 선택하여 천자로 세움으로써 천하의 의義를 하나로 만드는 데 종사하도록 했다."[154] 천자가 인류를 질서 있는 시대로 데려왔다는 것이다. 법가 학파도 이 도리를 이야기한다. 신도는 "천하에 하나의 소중한 사람이 없다면 이치가 관통할 길이 없다"[155]고 말한다. 신도가 말하는 이치는 바로 인간의 행위 규범과 준칙이다. "하나의 소중한 사람"인 천자는 사회 질서의 체현자다. 『관자』「군신하」 편은 인류 최초에는 "군신, 상하의 구별"이 없어 천하가 "힘으로 서로를 정벌했다"고 말한다. 나중에 현자가 나타나 천하를 평정하면서 군주가 되었다. 순자는 초민 사회에 대하여 논의한 적이 없다. 그러나 그는 인성의 악함이 다툼과 혼란을 부른다고 생각했다. 그래서 성인은 나와 "인성을 변화시키고 인위를 일으켰다化性起傷. 예의법도는 성인이 낳은 것이다."[156] 예의법도가 있고 난 뒤 비로소 질서가 잡혔다. 『여씨춘추』「시군恃君」 편도 최초의 천하는 온통 혼란했는데 "성인이 이 우환을 깊이 살펴 천하를 위해 장고하여 천자를 두는 것이 낫다고 생각했다"[157]고 말한다. 군주가 질서를 대표한다는 것은 당시의 역사적 조건에서 상당하고도 충분한 이유가 있었지만 이로 인해 군주 또한 긍정성을 얻게 되었다.

사상가들은 또 성군, 명주가 역사 진보의 동력이며 문명의 창조자임을 애써 선전했다. 유가, 묵가 두 학파는 일체의 문명과 역사의 우수한 성과를 거의 모두 당唐의 요임금, 우虞의 순임금, 하夏의 우임금, 상商의 탕왕, 주周의 문왕, 주의 무왕 등이 창조한 것이라고 말한다. 법가와 『주역』은 역사의 진화를 주장한다. 『상군서商君書』의 저자와 한비는 역사를 상고, 중고, 근고, 당금 등 여러 진화 단계로 나눈다. 그런데 이 역사 진화를 실현하는 결정적 역량은 바로 성주, 명군이다.

역사의 변화에 대한 탐구는 심오하고 철학적 이치가 풍부한 명제임이 틀림없다. 당시 사람들로 말하자면 난제였을 것이다. 이 문제에 대해 선진 사상가들이 내린 설명은 과학적인 것과는 거리가 멀지만 당시로서는 인식의 최고 수준에 달한 것일 수 있다. 이 인식이 정치적으로 가장 직접적인 성과를 보인 것은 바로 군주의 지위에 대한 긍정이다. 군주는 필연적인 존재일 뿐만 아니라 합리적인 존재다. 일정한 전제하, 즉 사상가들이 현존 군주를 전적으로 눈에 들어 하지 않았다 하더라도 이것은 군주제를 긍정하는 데 어떤 장애도 되지 못했다. 군주제를 보존하려 했을 뿐 누가 군주가 되느냐의 문제는 낮은 차원의 문제에 속했다.

선진 사상가들은 천인관계와 고금의 변화를 탐구하면서 내재적 규율과 필연성에 대한 탐구를 대단히 중시했다. 그들은 이것을 '도道' '필必' '연然' '리理' '성性' 등으로 불렀다. 이 규율과 필연성이 사람의 주관적 의지에 따라 바뀌는 것은 아니지만 군주, 성인과 평민, 백성은 이 규율 앞에서 처한 위치가 확연히 달랐다. 군주, 군자는 앉아서 도를 논하는 자들이며, 이와 반대로 "백성은 날마다 쓰면서도 [그 도는] 모른다."[158] 사상가들은 각자의 이론과 다양한 각도에서 출발하여 군주가 응당 규율과 필연성을 이해, 파악, 실천하는 것을 자신의 첫 번째 임무로 삼아야 한다고 반복 논증한다. 규율과 필연성에 대한 인식, 실천은 군주의 자아실현을 위한 필요조건 가운데 하나기도 하다. 『노자』는 "제후와 왕은 하나를 얻음으로써 천하를 올바르게 다스린다"[159]고 말한다. '하나를 얻음得一'이란 곧 '도를 얻음得道'이다. 『관자』 「백심」 편은 "그것(도를 가리킴)을 논구하고 사용하면 천하의 왕자가 될 수 있다"[160]고 말한다. 마왕퇴 『노자 을본권 전고일서』 「원도遠道」 편은 "성인이 이것(도를 가리킴)을 사용하면 천하가 복종한다"[161]고 말한다. 『관자』 「형세形勢」 편은 말한다. "도가 말하는 바는 하나다. (…) 도를 들으면서 천하를 다스리기 좋아하는 자가 있으면 천하[를 다스리는] 사람이다. 도를 들으면서 만물을 평정하기 좋아하는 사람이 있으면 천하의 짝이 된다."[162] '천하 사람' '천하의 짝'이 가리키는 것은 모두 최고 통치자다. 『관자』 「주합」 편은 "성인은 널리 듣고 많이 보며 도를 쌓아서 만물을 대한다"[163]고 말한다. 법가가 철학적으로 도가의 영향을 받았음은 아주 분명하다. 군주는 도를 알고, 도를 지키고, 도를 체현해 합치해야 한다고 특별히 강조한다. 『관자』 「군신상」 편은 말한다. "도는 사람의 삶을 참되게 하는 것으로 [보통] 사람에게 달려 있지 않다. 성왕, 명군이 그것을 잘 알아서 이끈다."[164] "도는 만물의 요체다. 군주는 그 요체를 지키며 그들을 대하고……"[165] 한비는 군주가 '도의 체현자'여야 한다고 반복 강조한다. 「해로解老」 편은 "능히 그 나라를 소유하고 제 몸을 보전할 수 있는 사람은 반드시 도를 체현해야 한다"[166]고 말한다. 도는 자연의 규율일 뿐만 아니라 인간사의 통칙이니 군주는 절실하게 "도를 체현함"이 있고 난 뒤 비로소 만물을 통제할 수 있다. 「주도」 편은 "도는 만물의 시작이며 옳고 그름의 법칙이다. 그래서 명군은 시작을 지킴으로써 만물의 원천을 알고, 벼리를 다스림으로써 좋고 나쁨의 단서를 알게 된다"[167]고 말한다.

'리' 또한 필연성을 나타내는 개념이다. 순자는 군주에게 "하늘의 리를 밝게 통달하여 써야"[168] 한다고 말한다. 마왕퇴 『노자 을본권 전고일서』

는 리에 대하여 상세하게 논술하고 있다. 천지자연의 리理, 인간과 자연이 서로 합치하는 리理, 인간 세상의 리理 등이 있다고 한다. 저자는 군주에 게 사리事理를 자세히 살피고 사리를 좇아야 한다고 거듭 강조하고 있다. 『상군서』「화책畫策」편은 "성인은 필연의 리理를 알아 반드시 그것을 시세 에 맞도록 한다"[169]고 말한다. '종시終始'도 필연성 이야기다. 『관자』「정세 正世」편은 말한다. "성인은 치, 난의 도에 밝고, 인간사의 종, 시를 숙달한 자다."[170]

'성'은 주로 본질을 나타내는 개념이며 때로는 필연의 의미를 함유하기 도 한다. 제자백가는 군주에게 사물의 [본]성에 따라야 한다고 주장한다. 『상군서』「약민弱民」편은 "성인은 성을 체현하여 서로 바뀌지 않도록 한 다"[171]고 말한다. 『관자』「주합」편은 "성인은 만물의 성을 명찰하여 반드 시 그 유에 따라 임하도록 한다"[172]고 말한다. 『여씨춘추』「귀당貴當」편은 말한다. "성이란 만물의 근본이다. 길게 할 수도 짧게 할 수도 없다. 원래 있는 그대로 그러한 것이 천지의 방법이다."[173]

제자백가는 군주에게 필연의 리理를 체찰, 파악, 준수하라고 한결같이 강조한다. 이는 틀림없이 대단히 풍부한 이성을 갖춘 명제다. 이 크고 넓 은 세계에 군주보다 더 풍부한 권위를 갖는 물건이 있으니 군주는 반드 시 그것에 순종해야 한다고 주장하고 있다. 그러나 유감스러운 것은 사상 가들이 필연의 리理를 장악할 권리를 군주, 성인에게만 주고 있다는 점이 다. 일반 평민 백성은 무능하여 관심을 가질 권리도 없다. 그리하여 대단 히 이성적인 명제가 오히려 반이성적인 결과를 가져왔다. 즉 군주, 성인만 이 이성을 조종하고 독점하게 되었다. 이 점만으로 군주, 성인은 모든 신 민 위에 군림해야 한다는 것이다.

군주가 천지의 조화에 간여하고, 고금의 변화를 이루며, 필연의 리理를 장악한다는 데 각 학파 사상가 모두가 찬동했으며 이를 논증하기도 했다. 논증이 깊어질수록 전면적이 되었으며 군주의 지위는 갈수록 두드러지고 공고해지고 신성해졌다. 마치 『관자』「임법」편의 "성군이 그로써 천하의 큰 의표가 된다"[174]는 말처럼. 이성으로 반이성적인 것을 지지함은 비이성적인 것으로 반이성적인 것을 지지함보다 더욱 힘이 있고 더욱 견고하다.

군주 1인 독재론과 천하소유론

군주 전제 제도의 기본적 특징은 군주 1인의 독재다. 선진의 사상가들은 군주를 향해 헤아릴 수 없는 아름다운 요구들을 제기하며 군주가 허심으로 간언을 들어주기를 절절히 바란다. 혹자는 비분강개한 말로 폭군, 암주를 꾸짖으며 마침내 '혁명革命'을 제기하기도 한다. 그러나 군주 전제 제도에 대해서는 아무도 의심하지 않았다. 반대로 군주를 향한 열렬한 희망과 격렬한 비판이 오히려 한데 모아져 군주 전제 제도를 촉진하고 강화했다.

각 학파 사상가는 여러 각도에서 군주를 둘도 없는 유일자獨一無二로 논증하고 있다. 법가는 모순된 쌍방은 나란히 균형을 이룰 수 없다는 철학으로 군주는 하나일 수 있을 뿐 둘일 수 없고 더더욱 많을 수는 없다는 고도의 논의를 전개한다. 신도는 '양兩'과 '잡雜'이야말로 혼란의 근원이라고 주장한다. "둘이면 다투고, 잡다하면 서로 상처를 입는다."[175] "둘이 귀하면 서로를 섬기지 못하고, 둘이 천하면 서로를 부리지 못한다."[176] 사물이 안정을 얻게 되려면 일방이 다른 일방을 압도해야만 한다. 권력 구조에서는 하나의 최고 지휘관만 존재할 수 있을 따름이다. "다수가 현명하다고 군주가 다수일 수는 없으며, 현자가 없다고 군주가 없을 수 없다."[177] 『관자』「패언霸言」편은 말한다. "천하에 두 천자가 있다면 천하는 다스려질 수 없다."[178] 천자는 하나만 있을 수 있지 둘일 수 없다. 한비자는 여러 방면에서 세는 양립할 수 없음을 논술하고 있다. 그는 "한 둥지에 수컷이 둘이고" "한 집안에 귀한 자가 둘이고" "부부가 [같이] 정권을 가지면"[179] 혼란의 근원이라고 주장한다. 결론은 군주는 한 사람뿐이어야 한다는 이야기다. 유가는 군주에게 많은 요구를 하고 있지만 군주가 유일자라는 점에 있어서는 법가와 차이가 없다. 맹자는 가장 격렬하게 군주를 비판한 인물 가운데 하나다. 그러나 그 또한 "하늘에는 해가 둘일 수 없고, 백성에게는 군주가 둘일 수 없다"[180]는 공자의 견해에 십분 찬동했다. 순자의 견해는 법가와 아주 근접하다. 군주는 하나일 뿐 둘일 수 없다고 주장한다. "군주는 나라에서 극진히 높여야 한다. (…) 하나를 높이면 다스려지지만 둘이면 어지러워진다. 자고로 둘을 높여 중심을 다투면서도 오래 유지될 수 있는 나라는 없었다."[181] 그는 또 "천자에 처가 없다고 함은 사람들에게 짝할 만한 존재가 없음을 알리는 것이다"[182]라고 말한다. 처는 나란함을 뜻한다. 이 말은 천자는 지존이므로 아무도 대등하게 나란히 할 만한 사람이 없다는 의미다. 『여씨춘추』「집일執一」편도 군주는 하나일 뿐이라고 말한다. "왕이 하나를 잡고 있으면 만물이 바르게 된다. (…) 나라에 반드시 군주가 있는 것은 하나로 하려는 까닭이다. 천하에 반드시 천자가 있음도 하나로 하려는 까닭이다. 천자가 반드시 하나를 지킴은 그것을 붙잡으려는 까닭이다. 하나이면 다스려지고 둘이면 어지러워진다."[183] 군주가 둘도 없는 유일자라는 관점은 거의 모든 이론가의 일치된 견해다. 군주 독일무이獨一無二는 군주독재의 전제다.

군주는 둘도 없는 유일자라는 관점과 짝이 되는 것이 군주 지존론이다. 사람을 존비귀천으로 나눔은 당시 보편적으로 존재하는 사회적 사실이었다. 존비귀천 가운데 군주가 지존지귀한 자라는 데 거의 모두의 견해가 일치했다. 법가는 군주가 무한한 권세를 갖고 있다는 점에 중점을 두고 군주지존을 설명했다. 『관자』 「법법法法」 편은 "군주가 군주되는 까닭은 세 때문이다"[184]라고 말한다. 「명법해明法解」 편은 한 걸음 더 나아가 신민들이 군주를 두려워하는 까닭은 인의도덕에 기초하고 있기 때문이 아니라 군주의 권세를 두려워하기 때문이라고 설명한다. 신민이 "군주를 사랑하는 것이 아니라 군주의 위세를 두려워하는 것이다. 백성이 다투어 쓰이기를 바람은 군주를 사랑해서가 아니라 군주의 법령이 두려워서다."[185] 『한비자』 「비내備內」 편은 말한다. "신하는 골육의 친척 관계가 있어서가 아니라 세에 속박당해 어쩔 수 없이 군주를 섬기는 것이다."[186] 군주의 권세는 상제가 하사한 것이 아니다. 지혜와 힘의 투쟁에서 집중, 강화시켜 이룬 것이다. 『상군서』 「개색開塞」 편은 "백성이 어리석으면 지혜로써 왕이 될 수 있고, 세상이 지혜로우면 힘으로써 왕이 될 수 있다"[187]고 말한다. 「화책」 편은 "[싸움에] 승리하지 않고 왕이 되거나 패하지 않고도 망하는 일은 자고로 아직 없었다"[188]라고 말한다. 법가는 권세의 각도에서 군주지존을 논술하는 것 외에 등급 차별의 강화를 통하여 군주를 두드러지게 하기도 한다. 『관자』 「명법해」는 "군신 간에 구별이 분명하면 군주는 높아지고 신하는 낮아진다"[189]고 말한다. 『한비자』 「충효忠孝」 편은 "신하는 군주를 섬기고, 아들은 아버지를 섬기고, 아내는 지아비를 섬김"[190]은 "천하에 항상 통하는 도다"[191]라고 말한다. 유가와 법가의 사유가 다 같지는 않으나 그들은 주로 등급 귀천과 윤리 도덕의 관계 위에서 군주지존을 논했다. 공자 사상의 주지 가운데 하나는 군신과 부자의 구별에 대한 논의다. 맹자는 친친親親, 경장敬長으로부터 존군을 연역해냈다. "의로우면서도 군주를 뒤에 두는 사람은 아직 없었다."[192] 또 사람의 죄는 "친척, 군신, 상하를 잊어버림보다 큰 것이 없다"[193]고 말한다. "아버지도 없고 군주도 없다 함은 금수다."[194] 순자는 문제를 더욱 투철하게 밝힌다. "군신, 부자, 형제, 부부는 시작하면 끝나고 끝나면 시작하니 천지와 같은 이치이고 만세와 같이 오래간다. 이것을 가리켜 큰 근본이라 한다."[195] 천자는 "더 위가 없이 존귀하다"[196]고도 말한다. 사마담司馬談은 「논육가요지論六家要旨」에서 유가의 본질을 매우 알맞게 개괄하고 있다. "유가들은 넓기는 하나 핵심은 얼마 안 되며, 힘들지만 공적은 적다. 그래서 끝까지 다하기가 대단히 어렵다. 그러나 군신, 부자를 순서 지은 예나 부부, 장유를 배열하는 구별은 바꿀 수 없는 것들이다."[197] 묵자의 '상동尙同'론은 천자가 인간 세상의 지존임을 상세하게 논하고 있다. 도가 중 황로 학파는 군, 도가 서로 짝한다는 각도에서 군주의 지존을 논술했다. 그들도 군신, 부자의 구별 및 군주가 지존이며 일체를 지휘하는 위치에 있다고 크게 이야기한다. 『관자』 「심술心術」 편은 "심은 몸에 있어서 군주의 위치다"[198]라고 말한다. 군주는 편안해야 하고 신하는 노력해야 한다는 그들의 주장 또한 군주 지존론을 기초로 삼은 것이다.

군주는 천하의 신민과 일체의 재부에 대한 최고의 소유자다. 이것은 제자백가가 선양하는 군주독재를 지지하는 또 하나의 이론이다. 『시경』 「북산北山」이 "넓은 하늘 아래 왕의 땅이 아닌 곳이 없고, 땅 위의 모든 것이 왕의 신하가 아닌 것이 없다"[199]고 말한 이래 이것은 거의 불변의 논의가 되었다. 선진 제자백가 가운데 극히 소수만이 개별적으로 여기에 의심을 가져본 것을 제외하면 대다수 사상가는 모두 이 사상을 천명했다. 법가는 단도직입적으로 "나라는 군주의 수레다"[200]라고 말한다. "군주는 인민이 우러러서 탄생했다."[201] 유가는 비교적 함축적으로 이야기한다. 그들은 대단히 열중하여 군주가 백성의 부모라고 선전한다. 겉으로 보기에 십분 온정적이다. 그러나 당시 부모와 자식은 점유와 피점유의 관계였다. 백성의 부모가 되라는 선전은 바로 온정을 빌려 백성에 대한 점유와 지배를 선전한 것이다. 순자는 비교적 솔직하다. 깨끗하게 "존귀함으로는 천자가 되고 부유함으로는 천하를 소유한다"[202]고 선포했다. 「군자君子」 편은 천자가 천하의 최고 주인임을 상세하게 논증하고 있다. 『관자』 「경중갑輕重甲」 편은 "군주되는 사람이 자신의 산림, 저택沮澤, 전답을 삼가 지킬 수 없으면 천하의 왕으로 설 수가 없다"[203]고 말하며 군주를 천하의 신민 및 일체의 최고 소유자로 보고 있다. 그리하여 군주가 일체를 지배한다는 이론 기초가 다져졌다.

　권세의 독점은 상술한 이론이 논리에 합치한 결과물이다. 이 방면에는 법가의 선전이 가장 힘이 있고 표현은 명쾌했다. 『관자』 「칠신칠주七臣七主」 편은 "권세는 군주가 홀로 지키는 바다"[204]라고 말한다. 『상군서』 「수권修權」 편은 "권세는 군주가 홀로 만드는 바다"[205]라고 말한다. 권세라는 물건은 잠시도 풀어놔서는 안 된다. 한번 풀어놓으면 군주와 신하가 전도되는 현상이 나타날 수 있다. 이에 대해 신도는 바로 다음과 같이 지적한다. "군주와 신하 사이는 저울추의 균형과 같다. 저울추 왼쪽이 가벼우면 오른쪽이 무겁고, 오른쪽이 무거우면 왼쪽이 가볍다. 가볍고 무거움이 서로 말뚝을 지나치는 것이 천지의 이치다."[206] 유가는 법가처럼 솔직하지 못하다. 하지만 그들이 말하는 군신 간의 명분은 신성불가침한 것으로 법가의 솔직한 논의와 원칙적으로 구분되지 않는다. 공자는 예, 악, 정벌이 천자로부터 나와야 한다고 주장했다. 그는 또 "오직 기구와 명분은 다른 사람에게 빌려줄 수 없다"[207]고 말한다. 묵자는 일체의 정부 명령 모두 천자에게서 명령을 들어야 한다고 선전한다. "위에서 옳다고 하는 바는 반드시 또한 옳은 것이며, 위에서 그르다고 하는 바는 반드시 또한 그른 것이다"[208]라고 하여 권력의 집중을 충분히 반영하고 있다. 도가 중 황로 학파는 도가와 법가의 결합이다. 그들이 이야기하는 군주 무위 및 군주는 쉬고 신하가 노력하는 방법은 바로 군주 권력의 집중을 전제로 삼은 것이다. 『관자』 「심술상」 편은 "명名은 성인이 그것을 만물의 법칙으로 삼는 바다"[209]라고 말한다. 따라서 군주는 '명'을 단단히 붙들어야 한다. 여기서 말하는 '명'은 공자 '정명正名'의 '명'과 법가의 '법'을 포괄한다. "명이 마땅함을 성인이라 부른다"[210]고도 말한다. 『여씨춘추』 「일행壹行」 편은 말한다. "왕자가 의거해서 이루는 바는 무엇인가? 그 위세와 그 이로움에 의거한다."[211] 「용민」 편은 "군주는 세 때문에 이로움이 있다"[212]고 말한다. 범수范雎는 "세는 왕들이 신처럼 여기는 것이다"[213]라고 말했다. 군주의 권력은 사회생활 모든 영역에 관통해야 한다. 『관자』 「임법」 편은 이것을 6병柄으로 개괄한다. "현명한 군주가 잡고 있는 것은 여섯 가지다. 생, 살, 부, 빈, 귀, 천이 그것이다."[214] 결국 일체의 권력은 군주의 손아귀에 집중되어야 한다.

독단적 처결은 제자백가가 만들어낸 군주 전제의 또 한 가지 이론이다. 독단이란 권력의 행사 과정에서 군주가 최고, 최후의 결단자라는 말이다. 독단적으로 처결했을 때만이 최종적으로 군주독재를 보장할 수 있다. 독단이 두루 듣는 것마저 배척하는 것은 아니다. 『관자』 「명법해」 편은 양자가 통일적인 것이라고 논술하는 동시에 "두루 들으면서 독단하라"[215]고 분명하게 주장한다. 법가는 공개적으로 독단을 이야기한다. 다른 학파들은 이 말을 사용하지는 않지만 누구도 군주가 최후의 결정권을 가져야 한다는 데 의심하지 않았다. 물론 유가 쪽에서는 군주 권력에 제한을 가해야 한다는 말이 있기도 했다. 예컨대 군주의 잘못에 쟁爭, 간諫, 보輔, 불拂, 교矯를 한다는 등이 그렇다. 그런데 이것들은 반드시 군주에 대한 충성을 전제로 삼고 있다. 마치 "이윤 같은 뜻이 있으면 된다. 이윤 같은 뜻이 없으면 찬탈이다"[216]라는 맹자의 말처럼. 충신은 국부적인 문제에서 군주의 독단에 방해가 되는 인물일 수 있으나 마지막 결과는 역시 군주의 지위를 강화시켰다. 선진 제자백가는 군주 이론에 적잖은 견해차이가 있었다. 그러나 유일자 군주, 지존, 일체의 소유자, 권병의 독점, 독단적 처결이란 다섯 가지 측면에서 원칙상 크게 구분되지 않는다. 오히려 반대로 여러 이론이 끝내 이곳으로 모여 다툴수록 군주 전제는 더욱 강화되어갔다.

내성외왕론과 군권 강화

'도'가 무엇을 가리키는지에 대해 각 학파 사상가는 여러 내용을 갖고 달리 해석했는데 개괄하여 말하면 우주 본원, 규율, 이론 원칙, 도덕 준칙 등을 가리킨다. 도와 군주는 어떤 관계인가? 많은 사상가가 견해 차이를 보인다. 그런데 그 차이 속에 한 가지 공통된 추세가 내장되어 있는데, 그것은 바로 도가 군주보다 높다는 것이다. 도가는 도를 넓히는 총본산이다. 모든 것이 도에 근원을 두며 일체가 도를 본받으니 군주 또한 도를 근본으로 삼아야 한다고 주장한다. 도가에게 도가 군주보다 높다는 것은 보편적 원칙이다. 유가가 말하는 '도'는 도가와 구별되는데, 그 중점은 이론 원칙과 도덕 준칙을 말하는 데 있다. 공자는 도가 군주보다 높다는 인식의 기초를 다지고 "도로써 군주를 섬기고, 안 되면 그만두라"[217]는 정치 원칙을 제기했다. 맹자는 덕행을 높이 외치며 권세, 지위와 서로 맞서라고 한다. "천하에 존중받는 것이 세 가지 있다. 벼슬 작위가 하나요, 나이가 하나요, 덕이 하나다."[218] 이렇게도 이야기한다. "도가 아니면 한 소쿠리 밥이라도 다른 사람에게서 받아서는 안 되며, 도에 입각한 것이면 순임금이 요임금의 천하를 받는다 해도 크다고 할 수 없다."[219] 순자는 문제를 더욱 명쾌하게 표현하며, 꺼리지 않고 직접 이렇게 이야기했다. "도의가 중시되면 왕공은 가벼워진다."[220] "도를 좇지 군주를 좇지 않는다."[221] 법가가 가장 열렬하게 군주독재를 주장했다. 그러나 그들도 이론상으로는 법이 왕보다 높고, 도가 왕보다 높다고 생각했다. 『관자』「군신상」 편은 말한다. "명군은 도, 법을 중시하고 나라는 가벼이 여긴다. 따라서 한 나라의 군주라

함은 도가 그를 군주로 만든 것이고, 천하의 왕이라 함은 도가 그를 왕으로 만든 것이다."²²² 법가는 또 귀공貴公, 상공尙公의 정신을 제창한다. 공公이 군주 개인보다 높다고 생각한 것이다. 묵자는 의義를 권력보다 고상하고 중요한 것으로 간주했다.

제자백가는 도의가 왕공보다 중요하다는 데서 출발하여 분분히 도의의 기치를 높이 들고 군주에 대해 품격 구분과 비판을 행했다. 어떤 비판은 극도로 첨예해서 심지어 현존 군주에 대한 전면 부정에 이르기도 했다. 이러한 말은 유가가 가장 많은데 일일이 인증할 필요도 없다. 제기할 만한 것은 법가에도 이와 유사한 말이 있다는 것이다. 예컨대 『상군서』「수권」 편은 이렇게 말한다. "지금 난세의 군주와 신하들은 모두가 한 나라의 이익에만 정신을 쏟고 있으며, 한 관직의 대권을 호령하여 사적인 편의를 도모한다. 이것은 나라를 위태롭게 만드는 소이다."²²³

도의가 왕공보다 중요하다는 이론이 강렬한 비판정신을 갖고 있음은 의심할 바 없다. 그러나 이 정신이 군주 전제 제도에 대한 부정인가? 총체적으로 고찰하면 군주 전제에 대한 부정이 아닐 뿐만 아니라 오히려 거꾸로 군주 권력을 보호하고 강화하는 작용을 일으키고 있다고 생각된다. 이 점에 대해서는 두 측면에서 고찰해볼 수 있다.

한 측면은 제자백가가 말하는 도의 자체가 군주 전제 제도와 모순된 것이 아니라 통일적이라는 것이다. 제자백가가 말하는 도의는 단순한 개별 군주에 대한 긍정이 아니라 군주 전제 제도에 대한 보편적 긍정이며 그것을 이상화시키고 있다. 이 점에 관해서는 이른바 '도의道義'가 군주 전제 제도에 맞서는 다른 정치적 설계를 갖고 있느냐 없느냐를 한번 분석해보기만 하면 문제는 곧바로 해결된다. 이에 대해서는 단언할 수 있다. 즉 선진 사상가들에게 슬픈 점은 바로 그들이 군주 전제 제도 이외에 그에 대항하는 어떤 제도적 설계가 없었다는 것이다. 그들의 최고 요구는 군주가 백성과 더불어 즐기고, 백성의 이익을 변통해주며, 민심에 순응하는 정도에 불과했다. 군주제 자체에는 어떤 의문도 제기함이 없었다. 따라서 실제로 군주가 여민동락을 실현할 수 있다고 하더라도 이는 그저 군주 개인의 은덕일 뿐 정치 제도의 산물이 아니었다. 제자백가의 도의 원칙은 이상적, 보편적 각도에서 군주 전제 제도를 긍정한 것이다.

다른 한 측면은 폭군, 암주暗主에 대한 비판에 성주聖主, 명군에 대한 희구가 깔려 있다는 점이다. 이 점은 제자백가의 공통된 사유였다. 제자백가의 폭군, 암주에 대한 비판은 말투와 내용이 제아무리 격렬하더라도, 심지어 '혁명'과 왕조의 대체를 제기하고 있더라도 이 모든 것이 결국 군주 제도에 대한 부정과 회의에는 이르지 못했다. 여기서 끌어낼 수 있는 것이라곤 고작 성주가 인간 세상에 군림해주기를 바라는 것뿐이었다. 폭군과 성주가 분명히 구별됨에는 틀림없다. 이 구별은 중요한 의미가 있다. 이는 나라 경제와 인민의 생활에 다른 결과를 가져올 수 있다. 그러나 이 차이에는 개별적 의미만 있을 뿐 제도상 원칙의 구분은 없다. 중국 고대의 성군에 대한 희망과 미화는 군주 전제를 약화시키지 못했으며 오히려 강화시키는 작용을 했다.

도가 군주보다 높다는 것은 원칙을 두드러지게 했다. 그 도가 인간에게 구현되었을 때 비로소 성聖과 관계를 갖게 된다. 전국 시대의 '성'은 신비한 개념이 아니라 인식과 도덕의 최고 범주였다. 사물의 오묘함을 통찰하여 보통 사람의 인식을 초월한 사람을 가리켜 성인이라 부른다. 『관자』「정세」 편은 "성인은 치와 난의 도에 밝으며, 인간사의 끝과 시작에 숙달된 사람이다"[224]라고 말한다. 도덕적 본보기 또한 성인이라고 부른다. 『맹자』「이루상離婁上」 편은 "성인은 인륜의 극치다"[225]라고 말한다. 『묵자』「귀의貴義」 편은 "손, 발, 입, 코, 귀가 모두 의에 잘 맞게 종사하면 반드시 성인일 것이다"[226]라고 말한다. 선진 사상가들의 성인에 대한 구체적 규정은 각각 크게 다르지만 한 가지 점은 일치한다. 즉 도를 체현하기만 하면 바로 성인인 것이다. 그렇다면 성인과 왕은 또 무슨 관계인가? 대체로 두 가지 다른 상황이 존재한다고 하겠다. 하나는 성, 왕의 병존聖王竝存으로 성은 왕자의 스승이 된다. 둘은 안으로 성인이며 밖으로 왕內聖外王이다. 첫 번째 상황은 성으로 왕을 돕는 것인데 이에 대해서는 따로 논의하겠다. 여기서는 두 번째 상황만을 토론하기로 한다. '내성외왕'은 『장자』「천하天下」편에 맨 처음 보인다. 저자는 도가의 입장에서 문제를 제기하고 있지만 실제로는 도가에 국한되는 것도 아니다. 유가에도 적용할 수 있으며, 법가에게도 일정한 영향을 미쳤다. 여기서 우선 '내'와 '외'의 문제를 설명할 필요가 있다. 『장자』를 보면 소위 '내'는 내심內心을 가리킨다. 더 정확히 말하자면 정신세계다. 외는 내와 상대적인 것으로 유형의 물질세계와 사회관계 및 행위 등을 가리킨다. '내성외왕'의 의미는 내재적 지식과 도덕 수양이 성의 경지에 도달하고, 외적 변화를 통해 이를 정치에 운용하면 왕이 될 수 있다는 뜻이다. 다시 말해 성은 왕의 조건이며 전제다. 그렇다면 한 가지 문제가 생긴다. 사람마다 수양을 통하면 요, 순 즉 성인이 될 수 있는데, 그러면 사람마다 모두 왕이 될 수 있다는 것인가? 만약 왕이 사람 모두가 얻을 수 있는 존재라면 앞 절에서 이야기한 왕 유일자론, 지존론, 독재론 등과는 충돌이 생기지 않는가? 단순한 논리로 추리하면 그럴 가능성이 있다. 그러나 성과 왕의 관계를 토론한 모든 선진 사상가가 이상의 논리 과정에 입각하여 역사와 현실을 논술하지는 않았다. '내성외왕'은 주로 다음 두 가지 함의를 갖고 있다.

첫째, 먼저 성인이 된 뒤 왕이 된다. 이를테면 요, 순이 바로 성인이기 때문에 왕이 된 사람들이다. 『관자』「승마乘馬」편은 "무위하여 다스려지게 하는 자는 제업帝業을 이룬다. 정치를 하되 억지로 무엇을 함이 없는 자는 왕업王業을 이룬다"[227]고 말한다. 『관자』「병법兵法」편은 말한다. "하나에 밝은 자가 황이며, 도를 살피는 자가 제이며, 덕에 통달한 자가 왕이다."[228]

둘째, 성과 왕의 통일이다. 왕이라면 성인이 되어야 한다. 그래야 진정으로 천하의 왕자가 될 수 있다. 제자백가의 말에 이런 논술은 대단히 많다. 『장자』 「천도天道」 편은 말한다. "천도에 밝고 성인의 도에 통하며 제왕의 [무위의] 덕에 사방으로 다 통달해 있는 자……."[229] 「천하」 편은 "성인은 탄생시키며 왕은 성취시킨다. 모두 하나에 근원이 있다"[230]고 말한다. 『순자』 「해폐解蔽」 편은 말한다. "성은 물리에 다 통달한 자다. 왕은 예제를 다 갖춘 자다. 이 둘을 다하면 천하의 지극한 법칙이 된다. 그래서 배우는 자들은 옛 성왕을 스승으로 삼으며, 성왕의 예제를 법으로 삼는다. 성왕의 예법을 본받음으로써 통류統類에 통달하기를 바라고 그 사람됨을 본받는 데 힘쓴다."[231] 『상군서』 「경법」 편은 상앙의 말을 싣고 있다. "성인이 진실로 나라를 강하게 할 수 있었으나 옛날을 본받은 것이 아니고, 진실로 백성을 이롭게 할 수 있었으나 [옛] 예법을 따른 것이 아니다."[232] 「농전」 편은 "오직 성인의 치국"[233] 운운하는 말을 싣고 있다. 여기서 성인과 왕은 통일되어 있다. 『관자』 「군신하」 편은 "신성神聖한 자가 왕이다"라고 말한다. 결국 성은 왕에 대한 일종의 요구이며, 왕이면 동시에 성인이어야 한다.

'내성외왕'은 왕에게 지극히 높은 요구를 하고 있음에 틀림없다. 이 요구는 왕의 완벽성에 대한 것이지 왕에 대한 부정이 아니다. 왕에 대해 도덕적 개조를 하려는 것이지 제도적 제약을 행함이 아니다. 왕과 성을 결합시킴은 이론적으로 왕권 공고화에 더욱 유리한 것이었다.

선진 제자는 수많은 문제에 대해 여러 방향에서 다양한 노선의 사유를 보여주었고, 한 가지 문제에 있어서도 다양한 견해를 갖곤 했다. 그런데 유독 군주 전제라는 문제에 있어서는 모든 물이 바다로 흘러드는 추

세를 보였다. 제자백가는 '이 세상 군주에 있어서'라는 눈앞의 효과만을
도모했기에 다른 새로운 사상을 제기할 수가 없었다. 이 기회를 잃었는
데, 후대 고도의 군주 집권제라는 조건에서 새로운 구상을 하기란 더더
욱 어려운 일이었다.

1 祭神如神在.

2 季路問事鬼神. 子曰. 未能事人, 焉能事鬼.(『논어』「先進」)

3 務民之義, 敬鬼神而遠之, 可謂知矣.(『논어』「雍也」)

4 六合之外, 聖人存而不論.(『장자』「齊物論」)

5 聖人以神道設教.

6 有天地然後有萬物. 有萬物然後有男女. 有男女然後有夫婦. 有夫婦然後有父子.

7 人之生, 氣之聚也. 聚則爲生, 散則爲死.

8 萬物同宇而異體, 無宜而有用爲因, 數也.(『순자』「富國」)

9 制天命而用之.

10 古人未嘗離事而言理.(『文史通義』「內篇, 易敎上」)

11 水火有氣而無生, 草木有生而無知, 禽獸有知而無義. 人有氣有生有知, 亦且有義. 故最爲
   天下貴也.(『순자』「王制」)

12 天尊地卑, 乾坤定矣. 卑高以陳, 貴賤位矣.

13 聲入心通, 入於耳, 出於口.

14 聞而知之, 聖也.

15 行不言之敎.

16 予欲無言.

17 天何言哉! 四時行焉, 百物生焉, 天何言哉!

18 聖, 通也.

19 春秋以前所謂聖人者, 通人也.

20 戰國以後所謂聖人, 則尊崇之虛名也.

21 上察於天, 下察於地.

22 聖, 無所不通.(『書經』「大禹謨」孔注)

23 於事無不通謂之聖.(『서경』「洪範」孔注)

24 聖而不可知之之謂神.

25 心, 容也.(『廣雅』「釋詁四」)

26 心, 纖也, 所識纖微, 無物不貫也.(『釋名』「釋形體」)

27 心之官則思. 思則得之, 不思則不得也.(『맹자』「告子上」)

28 萬物皆備於我.

29 夫易, 聖人之所以極深而研幾也.

30 百姓日用而不知.

31 人何以知道? 曰. 心.(『순자』「解蔽」)

32 心也者, 道之工宰也.(『순자』「正名」)

33 盡其心者, 知其性也, 知其性, 則知天矣.(『맹자』「盡心上」)

34 心明曰聖.(「洪範」五行傳注)

35 虛壹而靜, 謂之大淸明.(『순자』「解蔽」)

36 心之在體, 君之位也; 九竅之有職, 官之分也.(『관자』「心術上」)

37 心居中虛, 以治五官, 夫是之謂天君.(『순자』「天論」)

38 潔其宮, 開其門. 宮者, 謂心也. 心也者, 智之舍也.門者, 謂耳目也. 耳目者, 所以聞見
   也.(『관자』「心術上」)

39 從其大體爲大人, 從其小體爲小人.(『맹자』「告子上」)

40 知常曰明.(『노자』16장)

41 知微之謂明.(『한비자』「難四」)

42 聖人, 吾不得而見之矣; 得見君子者, 斯可矣.(『논어』「述而」)

43 子貢曰. '如有博施於民而能濟衆, 何如? 可謂仁乎?' 子曰. '何事於仁! 必也聖乎! 堯舜其
   猶病諸!'(『논어』「雍也」)

44 若聖與仁, 則吾豈敢? 抑爲之不厭, 誨人不倦, 則可謂云爾已矣.

45 善人, 吾不得而見之矣, 得見有恒者, 斯可矣.(『논어』「述而」)

46 君子有三畏. 畏天命, 畏大人, 畏聖人之言.(『논어』「季氏」)

47 乃所願, 則學孔子也.(『맹자』「公孫丑上」)

48 子夏子游子張皆有聖人之一體, 冉牛閔子顏淵則具體而微.(『맹자』「公孫丑上」)

49 人有五儀. 有庸人有士有君子有賢人有大聖.(『순자』「哀公」)

50 所謂大聖者, 知通乎大道, 應變而無窮, 辨乎萬物之情性者也.(『순자』「哀公」)

51 曷謂至足? 曰. 聖也. 聖也者, 盡倫者也; 王也者, 盡制者也; 兩盡者, 足以爲天下極矣.(『순
   자』「解蔽」)

52 天下者, 至重也, 非至強莫之能任; 至大也, 非至辨莫之能分; 至衆也, 非至明莫之能和.
   此三至者, 非聖人莫之能盡.(『순자』「正論」)

53 故非聖人莫之能王.

54 國者, 小人可以有之, 然而未必不亡也; 天下者, 至大也, 非聖人莫之能有也.(『순자』「正
   論」)

55 相則能尊君, 下則能愛民; 政令敎化, 刑下如影; 應卒遇變, 齊給如響, 推類接譽, 以待無

方, 曲成制象, 是聖臣者也. 故用聖者王.(『순자』「臣道」)

56 傳道, 授業, 解惑.

57 今夫仁人也, 將何務哉? 上則法堯禹之制, 下則法仲尼子弓之義, 以務息十二子之說, 如是則天下之害除, 仁人之事畢, 聖王之迹著矣.

58 事聖君者, 有聽從無諫爭.(『순자』「臣道」)

59 從道不從君.

60 跖曰: '夫妄意室中之藏, 聖也.'(『장자』「胠篋」)

61 彼竊鉤者誅, 竊國者爲諸侯.(『장자』「胠篋」)

62 屈折禮樂以匡天下之形, 懸跂仁義以慰天下之心.

63 踶跂好知, 爭歸於利, 不可止也.(『장자』「馬蹄」)

64 同與禽獸居, 族與萬物幷.(『장자』「馬蹄」)

65 一以己爲牛, 一以己爲馬.(『장자』「應帝王」)

66 至人神矣, 大澤焚而不能熱, 河漢沍而不能寒, 疾雷破山飄風振海而不能驚. 若然者, 乘雲氣, 騎日月, 而游乎四海之外.(『장자』「齊物論」)

67 藐姑射之山, 有神人居焉不食五穀, 吸風飮露, 乘雲氣, 御飛龍, 而游乎四海之外.(『장자』「逍遙游」)

68 聖人之生也天行, 其死也物化.

69 箕踞鼓盆而歌.

70 安時而處順.

71 視死如歸.

72 철철은 맑게 갠다는 의미의 철澈의 가차자로 볼 수 있다. ―옮긴이

73 吾猶守而告之, 三日而後能外天下; 已外天下矣, 吾又守之, 七日而後能外物; 已外物矣, 吾又守之, 九日而後能外生; 已外生矣, 而後能朝徹; 朝徹, 而後能見獨; 見獨, 而後能無古今; 無古今, 而後能入於不死不生.(『장자』「大宗師」)

74 今一犯人之形, 而曰: '人耳人耳', 夫造化者必認爲不祥之人.(『장자』「大宗師」)

75 羽化而登仙.

76 古之薄大眞人.

77 挈天地.

78 襲氣母.

79 終古不忒.

80 登雲天.

81 當時而立法, 因事而制禮.

82 昊英之世.

83 神農之世.

84 神農非高於黃帝也, 然其名尊者, 以適於時也.

85 上古競於道德, 中世逐於智謀, 當今爭於氣力.(『한비자』「五蠹」)

86 能爲覇王者, 蓋天下聖人也.(『관자』「度地」)

87 천명을 빌려 아랫사람을 훈계하는 말로 『서경』의 주된 형식이다. —옮긴이

88 祖述堯舜, 憲章文武.(『漢書』「藝文志」)

89 使民有什伯之器而不用, 使民重死而不遠徙. 雖有舟輿, 無所乘之; 雖有甲兵, 無所陳之. 使民復結繩而用之. 甘其食, 美其服, 安其居, 樂其俗. 鄰國相望, 鷄犬之聲相聞, 民至老死不相往來.(『노자』80장)

90 無何有之鄕. 어떤 존재도 없는 절대 무의 촌락, 『장자』「逍遙遊」 등에 보인다. —옮긴이

91 至德之世. 덕이 매우 잘 행해지는 세상, 『장자』「馬蹄」 등에 보인다. —옮긴이

92 其行塡塡, 其視顚顚.(『장자』「馬蹄」)

93 民居不知所爲, 行不知所之, 含哺而熙, 鼓腹而游, 民能以此矣.(『장자』「馬蹄」)

94 民如野鹿.(『장자』「天地」)

95 同與禽獸居, 族與萬物幷, 惡乎知君子小人哉.(『장자』「馬蹄」)

96 爲人君者, 不多聽, 據法依數以觀得失. 無法之言, 不聽於耳; 無法之勞, 不圖於功; 無勞之親, 不任於官; 官不私親, 法不遺愛. 上下無事, 唯法所在.(『愼子』「君臣」)

97 吏不敢以非法遇民, 民不敢犯法以干法官也.

98 不能開一言以枉法; 雖有千金, 不能以用一銖.(『商君書』「定分」)

99 法之所外, 雖有難行, 不以顯焉.(『한비자』「八經」)

100 言行不軌於法令者必禁.(『한비자』「問辯」)

101 禁邪之法, 太上禁其心, 其次禁其言, 其次禁其事.(『한비자』「說疑」)

102 有不忍人之心, 斯有不忍人之政矣. 以不忍人之心, 行不忍人之政, 治天下可運之掌上.(『맹자』「公孫丑上」)

103 養生送死, 不飢不寒.

104 仰足以事父母, 俯足以畜妻子.

105 養生喪死無憾, 王道之始也.(『맹자』「梁惠王上」)

106 信人則制於人.(『한비자』「備內」)

107 君子之交淡如水.

108 民之憔悴於虐政, 未有甚於此時者也.(『맹자』「公孫丑上」)

109 人人著所聞.

110 一言可以興邦.

111 一言而喪邦.

112 君不賢者其國亂.(『순자』「議兵」)

113 君者, 民之源也. 源淸則流淸, 源濁則流濁.(『순자』「君道」)

114 觀國, 觀君.(『관자』「覇言」)

115 文武之政布在方策. 其人存, 則其政擧; 其人亡, 則其政息.(『中庸』 27장)

116 天地者, 生之始也. (…) 君臣, 與天地同理, 與萬世同久.

117 天覆萬物, 制寒暑, 行日月, 次星辰, 天之常也; 治之以理, 終以復始, 主牧萬民, 治天下, 莅百官, 主之常也.

118 明主者配天地者也.

119 夫君臣者, 天地之位也.

120 君人者上注, 臣人者下注. 上注者紀天時, 務民力.

121 上注, 謂注意於天.

122 道大, 天大, 地大, 王亦大.(『ㄴ자』 25장)

123 道不同於萬物, 德不同於陰陽, 衡不同於輕重, 繩不同於出入, 和不同於燥濕, 君不同於群臣, 凡此六者, 道之出也.

124 主陽臣陰, 上陽下陰.(『經法』「稱」)

125 四時未嘗不生殺也, 主未嘗不賞罰也.

126 凡物之精(氣), 比則爲生, 下生五穀, 上爲列星, 流於天地之間, 謂之鬼神. 藏於胸中, 謂之聖人.

127 主執圜, 臣處方, 方圜不易, 其國乃昌.

128 巍巍乎, 唯天爲大, 唯堯則之.(『논어』「泰伯」)

129 聖王之用也. 上察於天, 下錯於之, 塞備於天地之間, 加施萬物之上.(『순자』「王制」)

130 法象莫大乎天地.

131 夫大人者, 與天地合其德, 與日月合其明, 與四時合其序.

132 爲人君者坐萬物之原, 而官諸生之職者也.

133 如月如日, 唯君之節.

134 法天合德, 象地無親, 參於日月, 佐於四時.

135 明主法象天道.

136 聖人之德, 蓋總乎天地者也.(『묵자』「尙賢中」)

137 與天同道.

138 治身與天下者, 必法天地也.

139 天曰明, 地曰聖, 四時曰正, 其王信明聖, 其臣乃正.

140 天無私覆, 地無私載, 日月無私照.(『禮記』「孔子閑居」)

141 贊天地之化育.

142 天地生之, 聖人成之.(『순자』「富國」)

143 天能生物, 不能辨萬物; 地能載人, 不能治人也; 宇中萬物, 生人之屬, 待聖人然後分也.(『순자』「禮論」)

144 君子者, 天地之參也, 萬物之總也, 民之父母也. 無君子, 則天地不理, 禮義無統.(『순자』「王制」)

145 天地養萬物, 聖人養賢以及萬民.

146 聖人載物, 不爲物使.

147 天行其所行, 而萬物被其利; 聖人亦行其所行, 而百姓被其利.

148 天地刑之, 聖人成之, 則與天地同極.

149 聖人參於天地.

150 天制寒暑, 地制高下, 人制取予.

151 天有常象, 地有常形, 人有常禮, 一設而不更, 此謂三常. 兼而一之, 人君之道也.

152 天地若夫神之動化變者也, 天地之極也. 能與化起而王.

153 天斟萬物, 聖人覽焉, 以觀其類.

154 選擇天下賢良聖知辯慧之人, 立以爲天子, 使從事乎一同天下之義.(『묵자』「尙同中」)

155 天下無一貴, 則理無由通.(『愼子』「威德」)

156 禮義法度者, 是聖人之所生也.(『순자』「性惡」)

157 聖人深見此患也, 故爲天下長慮, 莫如置天子.

158 百姓日用而不知.(『주역』「繫辭上」)

159 侯王得一以爲天下貞(正).(『노자』39장)

160 論而用之, 可以爲天下王.

161 聖人用此, 天下服.

162 道之所言者一也, (…) 有聞道而好爲天下者, 天下之人也; 有聞道而好定萬物者, 天下之配也.

163 聖人博聞多見, 畜道以待物.

164 道者, 誠人之姓(生)也, 非在人也. 而聖王明君, 善知而道之者也.

165 道也者, 萬物之要也. 爲人君者, 執要而待之….

166 夫能有其國保其身者必且體道.

167 道者, 萬物之始, 是非之紀也. 是以明君守始以知萬物之源, 治紀以知善敗之端.

168 明達用天之理.(『순자』「君道」)

169 聖人知必然之理, 必爲之時勢.

170 聖人者, 明於治亂之道, 習人事之終始者也.

171 聖人在體性也, 不能以相易也.

172 聖人明乎物之性者, 必以其類來也.

173 性者, 萬物之本也, 不可長, 不可短, 因其固然而然之, 此天地之數也.

174 聖君所以爲天下大儀也.

175 兩則爭, 雜則相傷害.(『愼子』「德立」)

176 兩貴不相事, 兩賤不相使.(『愼子』佚文)

177 多賢不可以多君, 無賢不可以無君.(『愼子』佚文)

178 使天下兩天子, 天下不可理也.

179 夫妻持政.(『한비자』「揚權」)

180 天無二日, 民無二主.(『맹자』「萬章上」)

181 君者, 國之隆也. (…) 隆一而治, 二而亂. 自古及今, 未有二隆爭重而能長久者.(『순자』「致士」)

182 天子無妻, 告人無匹也.(『순자』「君子」)

183 王者執一, 而爲天下正. (…) 國必有君, 所以一之也; 天下必有天子, 所以一之也; 天子必執一, 所以搏之也. 一則治, 兩則亂.

184 凡人君之所以爲君者, 勢也.

185 非愛主也, 以畏主之威勢也. 百姓之爭用, 非以愛主也, 以畏主之法令也.

186 人臣之於其君也, 非骨肉之親也, 縛於勢而不得不事也.

187 民愚, 則知可以王; 世知, 則力可以王.

188 不勝而王, 不敗而亡者, 自古及今, 未嘗有也.

189 君臣之間明別, 則主尊臣卑.

190 臣事君, 子事父, 妻事夫.

191 天下之常道也.

192 未有義而後其君者也.(『맹자』「梁惠王上」)

193　莫大焉亡親戚君臣上下(『맹자』「盡心上」)

194　無父無君, 是禽獸也.(『맹자』「滕文公下」)

195　君臣父子兄弟夫婦, 始則終, 終則始, 與天地同理, 與萬世同久, 夫是之謂大本.(『순자』「王制」)

196　尊無上矣.(『순자』「君子」)

197　儒者博而寡要, 勞而少功, 是以其事難盡從; 然其序君臣父子之禮, 列夫婦長幼之別, 不可易也.(『史記』「太史公自序」)

198　心之在體, 君之位也.

199　溥天之下, 莫非王土; 率土之濱, 莫非王臣.

200　國者, 君之車也.(『한비자』「外儲說右上」)

201　主者, 人之所仰而生也.(『관자』「形勢解」)

202　貴可天子, 富有天下.

203　爲人君不能謹守其山林沮澤草萊, 不可以立爲天下王.

204　權勢者, 人主之所獨守也.

205　權者, 君之所獨制也.

206　君臣之間, 猶權衡也. 權左輕則右重, 右重則左輕. 輕重迭相橛, 天地之理也.(『愼子』佚文)

207　唯器與名不可以假人.(『좌전』成公2年)

208　上之所是, 必亦是之; 上之所非, 必亦非之. (『묵자』「尙同中」)

209　名者, 聖人之所以紀萬物也.

210　名當, 謂之聖人.

211　王者之所藉以成也何? 藉其威與其利.

212　君, 利勢也.

213　勢者, 王之神(『戰國策』「秦策三」)

214　明主之所操者六. 生之, 殺之, 富之, 貧之, 貴之, 賤之.

215　兼聽而獨斷.

216　有伊尹之志, 則可; 無伊尹之志, 則簒也.(『맹자』「盡心上」)

217　以道事君, 不可則止.(『논어』「先進」)

218　天下有達尊三. 爵一, 齒一, 德一.(『맹자』「公孫丑下」)

219　非其道, 則一簞食不可受於人; 如其道, 則舜受堯之天下, 不以爲泰.(『맹자』「滕文公下」)

220　道義重則輕王公.(『순자』「修身」)

221 從道不從君.(『순자』「子道」)

222 明君重道法而輕其國也. 故君一國者, 其道君之也; 王天下者, 其道王之也.

223 今亂世之君臣, 區區然皆擅一國之利, 而管一官之重, 以便其私, 此國之所以危也.

224 聖人者, 明於治亂之道, 習於人事之終始者也.

225 聖人, 人倫之至也.

226 手足口鼻從事於義, 必爲聖人.

227 無爲者帝, 爲而無以爲者王.

228 明一者皇, 察道者帝, 通德者王.

229 明於天, 通於聖, 六通四辟於帝王之德者….

230 聖有所生, 王有所成, 皆原於一.

231 聖也者, 盡倫者也; 王也者, 盡制者也; 兩盡者, 足以爲天下極矣. 故學者以聖王爲師, 案以聖王之制爲法, 法其法以術其統類, 以務象效其人.

232 聖人苟可以強國, 不法其故; 苟可以利民, 不循其禮.

233 唯聖人之治國.

찾아보기

책명

ㄱ

『경법』 835
　-「국차」 844, 847
　-「군정」 839~840, 844, 846~847, 853
　-「논」 837~838, 841~842, 844, 851
　-「논약」 841~842, 850, 853
　-「도법」 838, 840, 843, 846, 848, 850,
　　852
　-「망론」 838, 852
　-「명리」 843, 848~850
　-「사도」 838~839, 842, 849, 854, 858,
　　1278
　-「육분」 837, 839, 847, 851
『공손룡자』 932, 981~982
『관자』 211, 388, 490, 552, 565, 614, 623,
　632, 661, 681, 723, 725~726, 772, 833,
　836, 945, 1003, 1018~1023, 1025, 1091,
　1093, 1103, 1105~1106, 1108, 1110, 1112,
　1119, 1123~1124, 1126
　　-「경중갑」 1127, 1130~1131, 1136, 1140,
　　　1144, 1147, 1152, 1156~1157
　　-「경중기」 1112~1115, 1123

-「경중무」 1126, 1157
-「경중을」 1129~1130, 1133, 1135,
　1138~1139, 1142~1144, 1155
-「경중정」 1138~1139
-「계」 1094, 1098
-「국축」 1123, 1128~1129, 1131,
　1133~1138, 1141~1143, 1149, 1152,
　1154
-「군신상」 1020, 1025, 1027, 1029, 1034,
　1040, 1043~1044, 1048, 1054, 1057,
　1062, 1066, 1073, 1278, 1281, 1285,
　1293
-「군신하」 1048~1049, 1054, 1057, 1067,
　1071, 1074, 1283, 1297
-「권수」 1025~1026, 1034, 1037, 1048,
　1050, 1077~1079, 1083
-「규도」 1123, 1126~1127, 1131, 1133,
　1136~1137, 1139, 1142, 1155, 1158
-「금장」 1025, 1030, 1033~1034,
　1045~1047, 1070, 1083, 1085, 1088
-「내업」 725, 1093, 1096, 1100~1102
-「명법」 1060, 1062~1063, 1065~1066,
　1071
-「명법해」 1034, 1040, 1063~1066,
　1068~1069, 1289, 1292
-「문」 1075, 1081~1082
-「백심」 725, 1093~1094, 1097, 1107,
　1281, 1285
-「법금」 1025, 1052, 1069
-「법법」 548, 1020, 1025, 1037, 1040,
　1043~1044, 1050, 1052~1053,

중국정치사상사 1

1판 1쇄	2019년 2월 8일
1판 2쇄	2019년 11월 25일
지은이	류쩌화 외
옮긴이	장현근
펴낸이	강성민
편집장	이은혜
편집	김은재 곽우정
마케팅	정민호 이숙재 양서연 안남영
홍보	김희숙 김상만 오혜림 지문희 우상희
독자모니터링	황치영
펴낸곳	(주)글항아리 | 출판등록 2009년 1월 19일 제406-2009-000002호
주소	10881 경기도 파주시 회동길 210
전자우편	bookpot@hanmail.net
전화번호	031-955-3578(마케팅) 031-955-1936(편집부)
팩스	031-955-2557
ISBN	978-89-6735-576-0 94100
	978-89-6735-575-3 (세트)

글항아리는 (주)문학동네의 계열사입니다.

이 도서의 국립중앙도서관 출판예정도서목록(CIP)은 서지정보유통지원시스템 홈페이지
(http://seoji.nl.go.kr)와 국가자료공동목록시스템(http://www.nl.go.kr/kolisnet)에서
이용하실 수 있습니다. (CIP제어번호 : 2018040683)